Lehrbuch der Soziologie

Hans Joas ist Leiter des Max-Weber-Kollegs für kultur- und sozialwissenschaftliche Studien an der Universität Erfurt und Professor für Soziologie an der University of Chicago.

Hans Joas (Hg.)

Lehrbuch der Soziologie

2., durchgesehene Auflage

Campus Verlag
Frankfurt/New York

Dem Lehrbuch diente als Vorlage die 6. und 7. Auflage von Sociology by C. Calhoun, D. Light and S. Keller.
Copyright © 1994 and 1997 by McGraw-Hill, Inc.
All rights reserved.

Näheres zur Textadaption in der Editorischen Notiz auf S. 9

Lektorat und Endredaktion: Adalbert Hepp
Übersetzung: Ekkehard Schöller
Redaktion: Sandra Beaufaÿs
Bildrecherche und Lektoratsassistenz: Petra Zimlich

Bibliografische Information der Deutschen Bibliothek

Die Deutsche Bibliothek verzeichnet diese Publikation in der
Deutschen Nationalbibliografie. Detaillierte bibliografische Daten
sind im Internet über http://dnb.ddb.de abrufbar.
ISBN 3-593-36765-3

Studienausgabe
2., durchgesehene Auflage 2003

Umschlaggestaltung: Guido Klütsch, Köln
Satz: Presse- und Verlagsservice, Erding
Druck und Bindung: Druckhaus Beltz, Hemsbach
Gedruckt auf säurefreiem und chlorfrei gebleichtem Papier.
Printed in Germany

Besuchen Sie uns im Internet: www.campus.de

Inhalt

Vorwort des Herausgebers

Die Soziologie bietet in der Öffentlichkeit immer wieder ein verwirrendes Bild. Berüchtigt für ihre angeblich unverständliche Sprache, von inneren Auseinandersetzungen durchzogen, zu Selbstzweifeln geneigt, hat die Soziologie Schwierigkeiten, ihr Wissen zu vermitteln. In die Medien gelangen meist nur pauschalisierende Zeitdiagnosen und demoskopische Befunde. Dies alles hat mit dem Reichtum seriöser soziologischer Forschung und Theoriebildung recht wenig zu tun.

Das hier vorliegende neue »Lehrbuch der Soziologie« setzt sich zur Aufgabe, einen leicht verständlichen Überblick über das Fach zu geben. Zwar finden sich vielerlei Einführungen in das Fach einerseits, Handbücher für Experten andererseits, aber kein Lehrbuch, das ernsthaft in den neuesten Wissensstand der Disziplin einführt. In Anlehnung an ein didaktisch besonders gelungenes amerikanisches Vorbild werden die großen Themengebiete der Soziologie: von der Familie bis zur Umwelt, vom Lebenslauf bis zur sozialen Schichtung, in diesem Lehrbuch von führenden deutschen Fachvertretern und Fachvertreterinnen in allgemeinverständlicher Weise dargestellt. Das »Lehrbuch der Soziologie« soll ein Leitfaden des akademischen Unterrichts ebenso sein wie ein Kompendium soziologischen Wissens für Studenten, Praktiker und ein interessiertes »gebildetes Publikum«.

Einige kurze Bemerkungen zur Entstehungsgeschichte dieses Lehrbuchs mögen helfen, seinen Anspruch und genaueren Charakter besser zu verstehen. Die Idee, dieses Projekt in Angriff zu nehmen, entstand in meinen Lehrveranstaltungen am John F. Kennedy-Institut für Nordamerikastudien der Freien Universität Berlin. Es gehört zu den Aufgaben der soziologischen Abteilung dieses Instituts, Studierenden in einem interdisziplinären Studiengang soziologisches Wissen über die USA und damit gleichzeitig Grundkenntnisse des Fachs Soziologie zu vermitteln. Für die genauere Ausbildung in Methoden der empirischen Forschung und in Theorie werden weitere Lehrveranstaltungen angeboten. Nun ist es relativ leicht, angesichts des hochentwickelten Lehrbuchmarkts in den USA, für eine solche Lehrveranstaltung geeignete Lehrbücher in den USA zu finden. Aber diese sind wiederum für die Lehre in Deutschland deshalb nicht ganz geeignet, weil sie kein vergleichendes Wissen über Deutschland vermitteln; eine Ausbildung hierzulande, die zwar Kenntnisse über eine andere Weltregion schafft, aber deren Rückbezug auf ein Wissen über das eigene Land nicht vermittelt, ist nicht sinnvoll.

Die Schließung dieser Lücke durch die ständige Einarbeitung deutscher Bezüge in ein amerikanisches Lehrbuch machte mich auf die – viel größere – Lücke auf dem deutschen Buchmarkt aufmerksam. Zwar gibt es in Deutschland gute Bücher zur Einführung etwa in die Methoden und Techniken empirischer Sozialforschung und in die Sozialstruktur Deutschlands. Es gibt auch vielerlei Einführungsbücher, von denen allerdings manche in etwas einführen, was so gar nicht existiert oder zumindest nicht sehr lebendig ist. Aber ein Lehrbuch im Sinne der USA – mit der gleichzeitigen Bemühung um Seriosität des Wissensstands, didaktische Präsentation des Wissens und Vermeidung theoretischer oder politischer Einseitigkeiten – gibt es nach meiner Einschätzung bisher nicht.

Die Realisierung dieses Projekts erwies sich, selbst nachdem die Zustimmung des Verlags gewonnen war, als wesentlich schwieriger denn vorausgesehen. Es war klar, dass die Soziologie über das Stadium längst hinaus ist, in dem ein einzelner das Fach wirklich umfassend überblicken und darstellen könnte. Schon für Émile Durkheim, den französischen Klassiker der Soziologie, war es gerade das Zeichen unreifer Wissenschaftsdisziplinen, wenn sie in Ein-Mann-Synthesen zusammengefasst werden konnten. Es musste also ein Kollektiv-Werk werden. Die Beiträger sollten dabei durchweg hervorragende Vertreter ihres Gebiets sein. Unter den heutigen Bedingungen sind aber hervorragende Vertreter regelmäßig zeitlich enorm gefordert. Es ist deshalb besonders erfreulich, dass in praktisch allen Fällen die zuerst gefragten »idealen« Beiträger gewonnen werden konnten; aber es ist ebenso verständlich, dass mancher Beiträger wesentlich länger brauchte als anfangs angenommen, um sein Kapitel in angemessener Weise vorzulegen.

Der Charakter eines Kollektiv-Werks wird weiterhin dadurch unterstrichen, dass es den Beiträgern freigestellt war, für ihre Kapitel Text aus dem als Vorbild gewählten amerikanischen Lehrbuch zu übernehmen. Ohne die Wahl einer solchen konkreten Vorlage – hier des Lehrbuchs von Craig Calhoun u. a. – wäre der Plan wohl überhaupt schon in den Startlöchern hängengeblieben. Das Wissen, dass eine solche Vorlage existiert, hat vielen die Schwelle zur Zusage hinreichend gesenkt. Der Umgang mit der Vorlage ist dann aber ganz unterschiedlich ausgefallen (vgl. dazu die »Editorische Notiz«, S. 9). Während in einzelnen Fällen das Kapitel völlig neu formuliert ist, wurden in anderen Fällen beträchtliche Teile des Vorbilds übernommen. Was in wissenschaftlichen Originalpublikationen ungewöhnlich bis anstößig wäre, erscheint im Falle eines Lehrbuchs nicht nur als zulässig, sondern sogar als geboten. Ein Lehrbuch soll eben nicht die Auffassungen eines einzelnen Wissenschaftlers und sein Bemühen um Innovation und Distinktion dokumentieren, sondern den gesicherten Erkenntnisstand eines Fachs – sofern die Wissenschaften mit ihrer Tendenz zur immerwährenden Selbstrevision so etwas wie einen gesicherten Erkenntnisstand überhaupt kennen.

Drei weitere Bemerkungen sind nötig. Erstens ist keineswegs versucht worden, die ursprünglichen Bezüge des Lehrbuchs zur Gesellschaft der USA durchgehend zu tilgen. Nicht nur stellen die USA eine die Welt heute prägende Kultur und Gesellschaft dar, so dass Wissen über sie zur Allgemeinbildung gerechnet werden müsste. Sondern die gleichzeitigen Verweise auf deutsche bzw. europäische und nordamerikanische soziale Tatsachen stellen wenigstens einen ersten Schritt dar, um der bei uns ständig drohenden Gefahr einer eurozentrischen Perspektive in der Soziologie zu entgehen. Da zudem Wissen über und Interesse an Asien in den Sozialwissenschaften der USA stärker ausgeprägt ist als in Deutschland, ist es nur wünschenswert, dass auch in dieser Hinsicht in Teilen des Lehrbuchs vergleichend argumentiert wird. Aber gewiss trifft auch zu, dass dem ersten Schritt weitere folgen müssten und hier noch keineswegs das Ideal einer Soziologie in globaler Perspektive erreicht ist.

Zweitens: Das vorliegende Lehrbuch wird nicht über eine spezifische theoretische Perspektive integriert, wenn darunter eine der Schulen der theoretischen Soziologie verstanden wird. Aber es zerfällt auch nicht in unverbundene oder zueinander widersprüchliche theoretische Perspektiven. Es wurde vielmehr – getreu dem amerikanischen Vorbild – der pragmatische Weg eingeschlagen, jedem Kapitel als theoretische Strukturierung ein Netz von fünf Grundbegriffen zugrundezulegen.

Selbstverständlich wäre es naiv zu behaupten, damit wäre nichts theoretisch präjudiziert. Es ist durchaus ein gemeinsamer Nenner damit bestimmt worden; den Beiträgern blieb aber in diesem Rahmen genügend Freiheit, ihre eigenen Akzente zu setzen. Zwar lassen sich aus diesem Lehrbuch der Sinn und die genaueren Argumente der theoretischen Diskussionen in der Soziologie *nicht* lernen; es ist aber ein Korridor eröffnet worden, der die Bewegung zwischen konkurrierenden Theorien erlaubt.

Drittens: Sinn eines Lehrbuchs muss es sein, den Kenntnisstand eines Fachs, nicht die subjektiven Sichtweisen der Beiträger zu präsentieren. Ich habe meine Aufgabe als Herausgeber auch so interpretiert, dass ich einem Überschuss an Subjektivität entgegenzutreten habe. Letztlich aber sind die einzelnen Beiträger für ihre Kapitel verantwortlich. Zumindest in der Wahl der Beispiele sind immer wieder Tendenzen der Wertung unverkennbar, die nicht mit allgemeiner Zustimmung werden rechnen können – selbst nicht innerhalb des Kreises der Beiträger, noch weniger in dem der Leser. Dies soll aber nicht die Bemühung verdecken, so fair wie möglich im Fall konkurrierender Auffassungen das jeweilige Pro und Contra darzustellen.

Der Anspruch dieses Lehrbuchs ist also grandios und bescheiden zugleich. Er ist grandios, insofern versucht wird, ein Buch vorzulegen, das ein ganzes Fach repräsentiert – und dies zudem in einer Form, die nicht nur die eingeübten Angehörigen des Fachs anspricht. Wenn das Fach nach außen spricht, macht es sich selbstverständlich verwundbar; seine Aussagen können nicht durch Verweise auf Methoden und Theorien immunisiert werden. Die Hoffnung ist, dass die deutsche Soziologie mit einem Lehrbuch stärker zentriert wird, als sie es gegenwärtig ist. Durch neue Erkenntnisse oder durch die neue Berücksichtigung vernachlässigter alter Erkenntnisse wird das Lehrbuch immer wieder umgearbeitet werden müssen, und dies könnte selbst ein wenig zu der gewünschten Zentrierung beitragen.

Der Anspruch ist aber zugleich bescheiden, da mir bewusst ist, dass ein Lehrbuch in diesem Sinne – als die kollektive Stimme eines Fachs – ein »work in progress« darstellt. Sicher wird das Lehrbuch, wie es jetzt vorliegt, in wissenschaftlicher und in didaktischer Hinsicht verbesserungsfähig sein, ganz zu schweigen von der Notwendigkeit, die Daten immer wieder auf den neuesten Stand zu bringen. Dabei gibt es sicherlich Zielkonflikte zwischen dem Bedürfnis nach Aktualität und dem Wunsch nach gesicherten Datenbeständen. Ich möchte deshalb seine Benutzer – von den Experten und Hochschullehrern bis zu den Studierenden, Lesern und Leserinnen – ausdrücklich um Rückmeldung bitten, in welcher Hinsicht Verbesserungen angebracht sind.

Mein Dank gilt zunächst allen Beiträgern des Bandes und den Studierenden meiner einschlägigen Berliner Lehrveranstaltungen. Dann danke ich Jens Wurtzbacher für die vielfältige Unterstützung, insbesondere bei der Erstellung der Bibliographie und der »Webliographie« sowie Thomas Schneider für die Erstellung der Register. Craig Calhoun, der Hauptverantwortliche für das amerikanische Lehrbuch, das als Vorlage diente, war in allen Phasen hilfsbereit und verständnisvoll. Ohne seine Vorarbeit und Unterstützung und die seiner Koautoren gäbe es dieses deutsche Lehrbuch nicht. Außerordentlich dankbar bin ich auch Adalbert Hepp, dem verantwortlichen Lektor des Campus Verlags, mit dem mich mehr als ein Vierteljahrhundert der Zusammenarbeit und Freundschaft verbindet. Er ist auf meine Idee mit Enthusiasmus eingegangen und hat das Projekt durch alle Schwierigkeiten hindurch und trotz seiner oft vielfältigen anderen Belastungen erfolgreich gesteuert. Auch seinen Mitarbeitern und Mitarbeiterinnen, namentlich Ekkehard Schöller, Sandra Beaufaÿs und Petra Zimlich, gebührt mein Dank. Uwe Engel und Helmut Thome halfen bei Schwierigkeiten, die sich im Methoden-Kapitel ergaben. Und schließlich danke ich meiner Frau Heidrun, die mir in diesem Fall als Repräsentantin des »gebildeten Publikums« diente und die zahllose Hinweise für die Verbesserung gab.

EDITORISCHE NOTIZ

Die Bearbeiterinnen und Bearbeiter hatten die Wahl, den Text der amerikanischen Originalausgabe (6. und 7. Auflage) entweder mehr oder weniger beizubehalten und lediglich für die deutschsprachige Leserschaft in seinem Bezügen an hiesige Verhältnisse zu adaptieren oder aber, orientiert am Rahmen des Originals, einen völlig neuen Text zu verfassen.

Die Kapitel 1, 2, 5 und 8 folgen weitgehend (mehr als 75 Prozent) dem Original, in den Kapiteln 7, 9, 11, 12, 14, 16, 18 und 20 wurde mehr als die Hälfte des Textes neu verfasst, die Kapitel 3, 4, 6, 10, 13, 15, 17, 19, 21 und 22 bieten völlig neuen Text.

ZUR 2. AUFLAGE

In der 2. Auflage sind Satzfehler korrigiert und stellenweise Daten aktualisiert. Außerdem wurden einige Formulierungen verbessert.

Kapitel 1

Die soziologische Perspektive

Inhalt

1

Gibt es etwas Natürlicheres als die Geburt eines Kindes? Wilma und Willem Stuart, ein holländisches Paar in den Dreißigern, waren überglücklich: Wilma hatte zwei gesunde männliche Zwillinge, Teun und Koen, geboren. Zuerst beachteten die Stuarts die äußeren Unterschiede zwischen den Zwillingen nicht groß, doch im Lauf der Monate traten sie immer deutlicher hervor: Teun war blond und hellhäutig wie seine Eltern, Koen hatte dunkle Haut und braunes Kraushaar. Wenn die Stuarts die Babys in ihrem Zwillingssportwagen spazieren fuhren, wurden sie zum Objekt der Neugierde: »Was? Das sind Zwillinge? Wie ist das denn möglich?« wollten die Leute wissen. »So, Koen heißt er? Nein, ein holländischer Name für so ein fremd aussehendes Kind!« Schließlich platzte eine Nachbarin damit heraus, was alle glaubten: »Nun gib dein Geheimnis schon zu, Wilma! Du hast zwei Männer gleichzeitig gehabt!« (*New York Times*, 28. Juni 1995) Wilma empfand die verschiedenfarbigen Zwillinge wie ein Symbol ehelicher Untreue.

Das ganze Geheimnis der Stuarts bestand darin, dass sie nach fünf Jahren erfolgloser Versuche, ein Kind zu bekommen, eine Spezialklinik für In-vitro-Befruchtungen aufgesucht hatten. Als das Getuschel anfing, zogen die Stuarts ihren Arzt zu Rat. Koen, so bewiesen DNA-Tests, hatte einen anderen Vater. Weitere Nachforschungen ergaben, dass die Klinik an dem Tag, als Wilma und Willem Eizellen und Sperma abgeliefert hatten, noch andere In-vitro-Befruchtungen vornahm. Offenbar hatte ein Techniker die Vorschriften nicht eingehalten und dieselbe Pipette für zwei Befruchtungen verwendet. Die Hälfte von Koens Genen stammte von einem Mann von der Karibikinsel Aruba, der mit seiner Frau ebenfalls diese Klinik aufgesucht hatte.

Eigentlich hatten die Stuarts verhindern wollen, dass ihre Kinder als Retortenbabys stigmatisiert würden. Unter Pseudonym wandte sich das Paar, von der sozialen Missbilligung im Dorf zermürbt und aus Furcht, Koens arubischer Vater könnte das Kind beanspruchen,

an die Öffentlichkeit. Über Nacht verwandelte sich die soziale Ächtung in freundliches Lächeln und Glückwünsche: Die Stuarts waren wieder akzeptiert. Trotzdem machten sich Wilma und Willem wegen der Zukunft ihres braunen Kindes in einer überwiegend weißen Gesellschaft Sorgen. Der hier geschilderte Fall ist nur einer von vielen, in denen der Einsatz neuer Technologien und der sie begleitende soziale Wandel eine Geburt zu mehr als einem »natürlichen« Vorgang machen.

Gegenwärtig nimmt in ganz Asien der Anteil von Mädchen an der Zahl der Kinder insgesamt ab. Normalerweise werden etwa 106 Jungen auf 100 Mädchen geboren. Da weniger männliche Babys das Säuglingsalter überleben als weibliche, gleicht sich das Geschlechterverhältnis in der frühen Kindheit in etwa wieder aus. Nur in Indien kamen 1991 insgesamt 929 Frauen auf 1.000 Männer. Dieses indische Muster ist kein Zufall.

In vielen asiatischen Kulturen zieht man traditionell Söhne Töchtern vor. »Ein Mädchen aufzuziehen«, so lautet die allgemeine Einstellung in weiten Teilen Indiens, »ist genauso wie die Pflanze des Nachbarn zu gießen.« Töchter bedeuten eine finanzielle Last. Nach traditioneller Sitte sind ihre Eltern verpflichtet, deren künftigen Ehemännern eine beträchtliche Mitgift zu

Wo sind die Mädchen? Asiatische Kulturen bevorzugen traditionell Jungen, wenn auch die chinesische Einkind-Politik das Geschlecht des Kindes keineswegs vorschreibt. Neue medizinische Reproduktionstechnologien, die diese traditionelle kulturelle Präferenz noch fördern, erlauben es den Paaren, sich ihren Wunsch nach einem Sohn und gleichzeitig die staatliche Anordnung zu erfüllen. Oft werden weibliche Foeten kurzerhand abgetrieben.

geben; sobald die Töchter verheiratet sind, werden sie in die Familie ihres Mannes integriert. Söhne hingegen tragen den Familiennamen weiter und halten Besitz und Vermögen in der Familie, weil sie das Land oder das Geschäft erben. Da es in Indien kein soziales Sicherungssystem und keine Altenpflegeheime gibt, sorgen die Söhne, von ihren Frauen unterstützt, für ihre Eltern im Alter.

Paaren blieb früher nichts anderes übrig, als auf Söhne zu hoffen oder um Söhne zu beten. Die neue Technologie hat aus dem bloßen Wunsch nach Söhnen eine Option gemacht. Eine Frau kann dank der Amniozentese und ähnlicher Verfahren das Geschlecht ihres ungeborenen Kindes erfahren und entscheiden, ob sie es abtreiben oder bis zur Geburt austragen möchte. Von 8.000 vorgenommenen Abtreibungen nach vorausgehender Amniozentese, so ergab eine Untersuchung von Frauenzentren in Bombay, waren 7.999 der abgetriebenen Foeten weiblich (Weltgesundheitsorganisation 1992). Als die indische Regierung den Einsatz der Amniozentese zur Geschlechtsbestimmung verbot, füllte rasch ein Sonographie-Schwarzmarkt die Lücke (Balakrishan 1994). »Besser 500 Rupien jetzt [für eine Sonographie und die Abtreibung eines weiblichen Embryos] als 50.000 Rupien später [für eine Mitgift]«, verkündeten Reklametafeln. Mit Sonographiegeräten ausgerüstete Kleinlaster fuhren in ländlichen Gegenden herum und »verkauften« Familien, die weit entfernt von modernen medizinischen Einrichtungen lebten, die »freie Wahl«.

In China wird Paaren die traditionelle Präferenz von Söhnen durch die »Einkind-Politik« der Regierung erschwert. Um das Bevölkerungswachstum zu reduzieren, führte der chinesische Staat 1979 eines der strengsten Programme zur Geburtenregelung ein, die es je gab: Die Paare sind per Gesetz verpflichtet, ihre Familien auf ein Kind zu begrenzen. Wie in Indien untersagte die chinesische Regierung den Einsatz von Medizintechniken zur Geschlechtsbestimmung. Doch da diese leicht zugänglich sind, finden viele Paare ohne Problem bestechliche Ärzte, die ihnen das Geschlecht eines Foetus mitteilen. Infolgedessen hat sich das Geschlechterverhältnis bei den Geburten in China immer mehr verschoben (siehe Schaubild 1.1).

Wie alle Technologien erhöht auch die Reproduktionstechnologie die Fähigkeit des Menschen, natürliche Prozesse zu steuern. Ursprünglich war sie entwickelt worden, um Paaren, die keine Kinder bekommen können, zu Kindern zu verhelfen, sowie zur pränatalen Diagnostik: Paare mit der Anlage zu einer Erbkrankheit

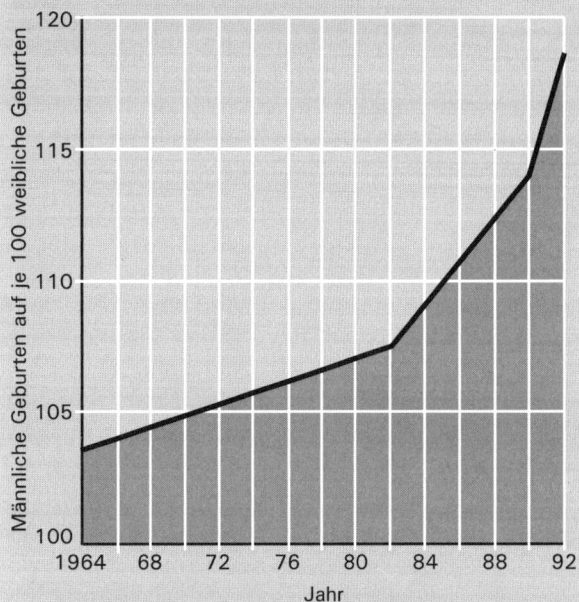

Schaubild 1.1: Die Geschlechtsselektion

Die kulturelle Präferenz für Jungen in Verbindung mit der Einkind-Politik der Regierung hat das Geschlechterverhältnis drastisch verschoben.

Quelle: Chinese Census and unpublished data, zit. in *New York Times*, 21. Juli 1993, S. A1

(z.B. Tay-Sachs oder Sichelzellenanämie) können jetzt beraten und im Falle eines älteren Partners (die ein höheres Risiko für ein Kind mit Down-Syndrom haben) rechtzeitig aufgeklärt werden. Sie hat Tausende von Paaren glücklich gemacht. Neue Technologien haben jedoch nicht selten unvorhergesehene Folgen (Merton 1968a). In Asien wird die pränatale Diagnostik – wie aufgezeigt – zur gezielten Auslese von Jungen eingesetzt, während die Hightech-Reproduktion im Westen neue Fragen hinsichtlich der Identität eines Kindes aufwirft. Heute kann eine Familie aus einer Frau und einem Mann bestehen, die beide unfruchtbar sind, sowie aus einem Kind, das mit Hilfe einer Eispenderin oder eines Samenspenders gezeugt oder von einer Leihmutter geboren wurde, die das Kind bis zur Geburt austrug – und vielleicht gehört noch ein Kindermädchen dazu, das bei der Pflege des Kindes hilft (Orenstein 1995). Wer sind nun die »wahren« Eltern des Kindes?

Um die Auswirkungen einer neuen Technologie und anderer Phänomene in ihrem ganzen Ausmaß zu verstehen, müssen wir über die Technologie selbst und die von ihr Gebrauch machenden Individuen hinaus auf die sozialen Kräfte blicken, die menschliches Verhalten

1

prägen. Neue Reproduktionstechnologien sind nicht einfach aus dem Nichts entstanden. Sie sind vielmehr Teil des anhaltenden Trends zur Medikalisierung von Zeugung, Schwangerschaft und Geburt – und ganz allgemein zur Anwendung von Wissenschaft und Technik zum Zwecke der Naturbeherrschung. In den USA und anderen westlichen Ländern haben auch der Aufschub der Elternschaft und der Wunsch nach kleinen Familien eine Rolle gespielt, genauso wie die (zumindest in den USA) potenziell hohen Profite der Spezialkliniken für In-vitro-Befruchtungen. In Asien hat einerseits die starke, kulturell bedingte Bevorzugung von Jungen, andererseits die Machtausübung der chinesischen Regierung die Entwicklung von Reproduktionstechnologien beschleunigt. Um zu erklären, warum die Individuen sich für deren Anwendung entscheiden und welche Folgen dies hat, müssen wir die sozialen Kräfte verstehen, die ihr Handeln beeinflussen. Dazu bedarf es *soziologischer Phantasie*.

Wir beginnen dieses Kapitel mit einem Überblick über die Soziologie. Was leistet die soziologische Perspektive für unser Verständnis neuer Technologien, globaler Ereignisse und unseres eigenen Lebens, und welche Dimension(en) fügt sie ihm hinzu? Wir führen in diesem Abschnitt fünf Schlüsselbegriffe ein, die uns durch das ganze Buch begleiten werden: *Sozialstruktur, soziales Handeln, Kultur, Macht* und *funktionale Integration*. Danach betrachten wir die Soziologie als Wissenschaft, die mit wissenschaftlichen Methoden soziale Tatsachen untersucht. Dann verfolgen wir die Soziologie bis auf ihre Anfänge zurück und stellen die klassischen soziologischen Theorien vor, die auch heute noch für die soziologische Theorienbildung und Forschungspraxis grundlegende Bedeutung haben. Abschliessend geben wir einen kurzen Überblick über moderne soziologische Theorien.

SOZIOLOGISCHE PHANTASIE

Die **Soziologie** untersucht die Arten und Weisen, wie das menschliche Leben sozial organisiert wird. Sie bedient sich dabei empirischer Forschungsmethoden und Theorien, um das soziale Leben in einem breiten Spektrum von Situationen zu untersuchen. Sie möchte intime Beziehungen wie Elternschaft oder Freundschaft, umfassende globale Netzwerke und alles, was »dazwischen liegt«, verstehen. Sie interessiert sich für die vielfältigen Beziehungen zwischen Menschen. Die

anderen Sozialwissenschaften hingegen stellen jeweils nur *eine* Dimension des sozialen Lebens in den Mittelpunkt: die Volkswirtschaftslehre untersucht die Dynamik von Märkten und den Gütertausch, die politische Wissenschaft Regierungsformen und Machtbeziehungen, die Ethnologie Fragen der kulturellen Unterschiede, die Psychologie die Wechselbeziehungen zwischen Biologie, Entwicklung und individuellen Merkmalen. Die Soziologie bezieht alle diese Dimensionen ein. Ihr besonderes Interesse gilt der Frage, wie die verschiedenen Aspekte des sozialen Lebens sich gegenseitig beeinflussen – wie z.B. familiäre Entscheidungen über die Anwendung von Reproduktionstechnologien von religiösen Werten beeinflusst werden und wie sich diese Entscheidungen ihrerseits auf den Markt für medizinische Dienstleistungen, die Zahl der Kinder, für die Schulen gebraucht werden, usw. auswirken.

Die Soziologie liefert uns aber nicht nur Informationen, sie lehrt uns auch, die Welt und unsere Stellung in ihr in einer spezifischen Perspektive wahrzunehmen. Oft versuchen wir unsere sozialen Erfahrungen zu erklären, indem wir die Motive der direkt beteiligten Personen analysieren. Die Soziologie geht über diesen individualpsychologischen Erklärungsansatz hinaus: Sie untersucht auch die zahlreichen wiederkehrenden Muster, d.h. die sozialen Gesetzmäßigkeiten in den Einstellungen und Handlungen der Individuen, und fragt, wie diese Muster im Lauf der Zeit, von Kultur zu Kultur und zwischen sozialen Gruppen variieren. So geht die Soziologie nicht nur der Frage nach: »Weshalb lassen sich die Individuen sonographieren und machen von der In-vitro-Befruchtung Gebrauch?« Sie fragt auch: »Welche sozialen Bedingungen führten zur Entwicklung von Reproduktionstechnologien? Welche Gruppen haben die Verwendung dieser Technologien vorangetrieben (oder wollten sie einschränken)? Wer hat Zugang zu ihnen?« Die Soziologie ignoriert die Individuen nicht. Sie zeigt vielmehr, dass wir die Handlungen der Individuen – und unsere eigenen Erfahrungen – nur aus ihrem sozialen Kontext heraus verstehen können. So ist die chinesische Bevorzugung von Jungen nur aus dem Kontext der patrilinearen Vererbung von Eigentum und Familiennamen und der Ahnenverehrung heraus zu verstehen (vgl. Kap. 12). Auf Grund dieser beiden Merkmale der chinesischen Gesellschaft wünschen sich die Chinesen männliche Nachkommen.

In den USA hängt der Zugang zu medizinischer Versorgung weitgehend von den finanziellen Mitteln der Individuen ab. Die künstliche Befruchtung ist ein großes Geschäft: Etwa drei Millionen US-Amerikaner

Reproduktionstechnologien haben soziale Folgen. In dem berühmt gewordenen Fall von »Baby M« bezahlte ein Paar aus der oberen Mittelschicht Mary Beth Whitehead dafür, dass sie sein Kind als Leihmutter austrug. Nach der Geburt des Kindes ging Whitehead vor Gericht, weil sie es behalten wollte. Sie verlor den Prozess. Doch auf Grund dieses Falles verboten zahlreiche US-Bundesstaaten die Praxis der Leihmutterschaft.

suchten dazu 1995 Spezialkliniken auf (Begley 1995). Die Paare geben mindestens 10.000 US-$ und manchmal bis zu 100.000 US-$ aus, um sich den Wunsch nach einem eigenen Kind zu erfüllen. Einige Krankenversicherungen übernehmen einen Teil der Kosten, doch viele lehnen dies ab; hinzu kommt, dass viele Frauen keine private Krankenversicherung haben. Kurz, nur die relativ Wohlhabenden können das »Wunder« der neuen Reproduktionstechnologien in Anspruch nehmen.

Viele Aspekte unseres privaten Lebens werden von »Kräften« bestimmt, auf die wir keinen Einfluss haben. Dazu gehören selbst die Verhältnisse bei unserer Geburt: Wie alt unsere Eltern sind, wie viele Geschwister wir haben, wie viele andere Individuen unseres Alters oder unserer Generation mit uns um Kindergarten- und

später um Arbeitsplätze konkurrieren werden – ja, ob wir überhaupt geboren werden. Wenn wir uns diesen Punkt klar gemacht haben, haben wir einen wesentlichen Teil dessen, wofür der große US-amerikanische Soziologe C. Wright Mills den Ausdruck **soziologische Phantasie** prägte, begriffen.

Damit ist gemeint, dass wir unsere Erfahrungen im Kontext der Ereignisse in unserer sozialen Umwelt wahrnehmen. Gemeint ist damit ferner, dass wir strukturelle Zusammenhänge und Muster wahrnehmen, die sich unserer individuellen Erfahrung allein nicht erschließen. So sehen Personen, die über eigene Erfahrungen mit Reproduktionstechnologien verfügen, oft nur einen Teil des Problems. Um ein vollständiges Bild zu gewinnen, bedarf es nicht nur systematischer Untersuchungen von Einstellungen und Verhaltensmustern zu verschiedenen Zeiten, an verschiedenen Orten und unter verschiedenen sozialen Verhältnissen, sondern auch der beabsichtigten bzw. unbeabsichtigten Folgen sozialer Handlungen.

Dank soziologischer Phantasie erkennen wir auch, dass wir mehr sind als einfach Akteure in unseren persönlichen Dramen. Wir sind eingebunden in soziale Zusammenhänge, die sich auf einer allgemeineren sozialen Bühne abspielen. So schrieb Mills Mitte des 20. Jahrhunderts:

»Heute empfinden die Menschen ihr privates Leben oft als eine einzige Kette von Fallen. Sie werden das Gefühl nicht los, dass sie mit ihren Schwierigkeiten nicht fertig werden, und sie haben damit oft Recht.

Nehmen wir als Beispiel Arbeitslosigkeit. Wenn in einer Stadt mit 100.000 Einwohnern nur eine Person arbeitslos ist, ist das ihr persönliches Problem. Um Abhilfe zu schaffen, sehen wir uns – dem Problem angemessen – ihren Charakter, ihre Fertigkeiten und unmittelbaren Jobaussichten an. [...] Wenn aber viele Tausend arbeitslos sind, ist das ein soziales Problem. Sehr wahrscheinlich finden wir unter den Jobaussichten, die jeder Person offen stehen, keine passende Lösung für sie. Denn just die Struktur der Jobaussichten, der Arbeitsmarkt, ist zusammengebrochen. Für eine korrekte Formulierung des Problems und die Abschätzung möglicher Lösungen müssen wir die ökonomischen und politischen Institutionen einer Gesellschaft und nicht nur die persönliche Situation und den Charakter isolierter Individuen analysieren.

Nehmen wir als weiteres Beispiel Kriege. Bricht ein Krieg aus, mag das individuelle Problem darin bestehen, wie man überlebt oder ehrenvoll stirbt, Geld aus ihm herausschlägt, in die höheren und sichereren Ränge des militärischen Apparats aufsteigt – oder was man tun kann, um ihn zu beenden. [...] Doch die strukturellen Probleme des Krieges haben mit seinen sozialen Ursachen zu tun: mit den Menschentypen, die er in Führungspositionen hievt, mit seinen Auswirkungen auf die wirtschaftlichen, politischen, familialen und religiösen Institutionen, mit der chaotischen Verantwortungslosigkeit einer Welt von Nationalstaaten.« (1959: 3,9)

1

Dank soziologischer Phantasie können wir sowohl unsere individuellen Erfahrungen besser verstehen als auch gesellschaftliche Fragen genauer beantworten.

Wir wiegen uns gern in dem Glauben, dass wir wichtige persönliche Entscheidungen autonom treffen – beispielsweise, ob wir Kinder haben wollen. In Wahrheit werden auch unsere persönlichen Entscheidungen von sozialen Kräften mitgeformt. Dies zeigt sich schnell, wenn man die Veränderung der Geburtenraten oder ähnliche Phänomene über eine längere Zeit und in ihrer Abhängigkeit von historischen Ereignissen, politischen Rahmenbedingungen und sich wandelnden Werten betrachtet (vgl. Kap.19).

Fünf Schlüsselbegriffe

Wie andere Wissenschaften benutzt die Soziologie spezifische Begriffe, um ihre Analyse sozialer Phänomene zu organisieren und spezifische Gegenstände und Probleme in den Vordergrund zu rücken. Viele soziologische Begriffe und Fachausdrücke sind in die Alltagssprache eingedrungen, wie etwa *Peer-group* und *Sozialisation*; allerdings haben sie im soziologischen Kontext eine präzisere Bedeutung. Wir führen im folgenden fünf soziologische Schlüsselbegriffe ein, die es uns erlauben, die wichtigsten Dimensionen des sozialen Lebens zu erfassen.

Sozialstruktur

Die *Sozialstruktur* bezeichnet ein Muster von Beziehungen, Positionen und Mengen von Individuen. Dieses Muster bildet das »Grundgerüst« der sozialen Organisation einer Population, gleichgültig ob es sich um eine kleine Gruppe oder eine ganze Gesellschaft handelt. *Beziehungen* entstehen, sobald Menschen in relativ stabile, kontinuierliche Muster spezifischer Interaktionen und/oder gegenseitiger Abhängigkeit eintreten – beispielsweise Ehen oder Beschäftigungsverhältnisse auf der interpersonalen Ebene oder Institutionen wie das Bildungssystem und Gesundheitswesen auf einer umfassenderen, mehr abstrakten Ebene. *Positionen* (manchmal auch als *Status* bezeichnet) sind anerkannte Plätze im Netz sozialer Beziehungen – beispielsweise die Positionen der Mutter, des Präsidenten oder Pfarrers –, die in der Regel mit Verhaltenserwartungen (gemeinhin als *Rollen* bezeichnet) verbunden sind. Die *Individuenmengen* in verschiedenen Kategorien (etwa die Mitgliederzahl einer studentischen Verbindung oder die Gesamtpopulation eines Landes, die Zahl unverheirateter

Mütter oder der erwerbstätigen Frauen), insbesondere aber die relative Größe dieser Kategorien (etwa der Anteil der über 65-Jährigen in einer Population oder das Verhältnis von Offizieren zu Rekruten in einer Armee) sind für die Sozialstruktur relevant.

Es ist wichtig, zwischen der Sozialstruktur und den Individuen oder dem »Personal« zu unterscheiden. So ist die Struktur einer Universität vergleichsweise stabil, während ihr Personal sich ständig verändert. In jedem Semester nehmen Neuimmatrikulierte ihr Studium auf, während Graduierte die Universität verlassen. Gleiches gilt auch für ihr Lehrpersonal: Manche Dozenten erhalten eine volle Professur, andere wechseln die Universität. Trotz dieses ständigen Personalwechsels ändert sich, wenn überhaupt, nur langsam ihre Grundstruktur – die Beziehungen zwischen Verwaltung, Fachbereichen und Studentenschaft, zwischen Professoren und Studenten, zwischen höheren und niederen Semestern usw. Die Struktur bestimmt die Möglichkeiten, die den Individuen offen stehen, aber diese beeinflussen auch die Struktur. Wenn z.B. die Zahl der Neuimmatrikulationen sinkt, werden womöglich weniger Professoren eingestellt. Wenn die Zahl der Frauen, die ein Studium aufnehmen, wächst, nimmt vielleicht die Nachfrage nach Kursen über Frauenthemen zu.

Die Sozialstruktur ist eine wichtige Quelle der Stabilität im sozialen Leben, doch strukturelle Faktoren können auch Veränderungen hervorrufen und sie prägen. So war das strikte chinesische Familienplanungsprogramm, das in der Ein-Kind-Politik gipfelte, eine Reaktion auf das rapide Bevölkerungswachstum. Nicht nur ist die chinesische Bevölkerung enorm groß, auch ihr Wachstum – das Ergebnis besserer Ernährung und medizinischer Versorgung unter der kommunistischen Regierung – ist relativ neuen Datums. Dies bedeutet, dass ein hoher Prozentsatz der chinesischen Bevölkerung jung ist und viele Frauen in den 1990er Jahren ins gebärfähige Alter eintraten, so dass selbst dann, wenn die Kinderzahl pro Paar sinkt, in den kommenden Jahrzehnten viele Kinder geboren werden. Es gab also einen *strukturellen* Grund (eine bereits riesige Bevölkerung plus einen hohen Prozentsatz gebärfähiger Frauen), der erwarten ließ, dass die chinesische Bevölkerung weiterhin rapide expandieren würde. Eine rasch wachsende Bevölkerung hätte alle potenziellen Gewinne aus der Entwicklung der Wirtschaft und der höheren Produktivität der Landwirtschaft »aufgefressen«, wenn es nicht gelungen wäre, das Bevölkerungswachstum zu reduzieren; auch der allgemeine Lebensstandard wäre auf einem relativ niedrigen Niveau verharrt. China investierte einen Teil der Ausgaben für sein Familienplanungsprogramm in Technologien zur Geburtenbeschränkung.

Wie erwähnt, reagierte China mit einer strikten Politik der Geburtenregelung. *Eine* unbeabsichtigte Folge dieser Politik war, dass chinesische Paare nun über die Instrumente (Sonographie und Abtreibung) verfügen, um ihrer traditionellen Bevorzugung von Söhnen zu folgen. Das daraus resultierende Ungleichgewicht zwischen den Geschlechtern hat erhebliche strukturelle Konsequenzen. Wenn das Geburtenverhältnis sich hin zu den Jungen verschiebt, entsteht zwanzig Jahre später ein Frauenmangel für Männer im Heiratsalter. Nicht nur gehen dann einige Männer bei der Brautsuche leer aus, erwachsene Männer werden dann auch wesentlich jüngere Frauen heiraten (wodurch oft Programme konterkariert werden, den Status der Frau durch bessere Ausbildung anzuheben). Letzten Endes wird es zu wenige Töchter und Schwiegertöchter geben, die die Alten pflegen, und folglich wird der Druck auf die Regierung wachsen, sich der Alten anzunehmen. Ermutigt die Regierung die Frauen weiterhin, eine bessere Ausbildung anzustreben und traditionell männliche Berufe zu ergreifen, wird der Frauenmangel in traditionell weiblichen Berufen und sozialen Rollen noch dramatischer werden.

Auch die Sozialstruktur westlicher Länder wird gegenwärtig durch neue Fertilitätsmuster umgeformt. Die Geburtenraten sinken, weil die Paare beschließen, weniger Kinder zu haben (zum Teil mit Hilfe moderner Methoden der Familienplanung). Die neue westliche Familienstruktur, in der Familien mit einem oder zwei Kindern die Norm sind, hat die Erfahrung des Familienlebens, die Nachfrage nach Schulen und viele andere Aspekte des Lebens in Europa und Nordamerika drastisch verändert; auch Frauen können heute viel leichter eine berufliche Karriere in den Ländern dieser Regionen starten. Paare, die kleinere Familien planen, tendieren dazu, erst später Kinder zu bekommen. Viele Erstgebärende sind heute Frauen im Alter zwischen dreißig und vierzig. In zwanzig Jahren werden deshalb viele Erstsemester Eltern haben, die im oder nahe am Pensionsalter sind. Welche Konsequenzen erwachsen daraus für die Studienfinanzierung?

Soziales Handeln

Soziales Handeln bezeichnet ein Verhalten, für das wir uns bewusst entscheiden, das also nicht instinktiv oder reflexhaft ist. Wir sprechen von sozialem Handeln, weil es sich erstens auf andere Menschen bezieht und zwei-

tens von Bedingungen abhängt, die andere Menschen geschaffen haben. Ja, gerade die »Menschwerdung«, das Heranreifen zu einem Individuum, ist ein sozialer Prozess: Wir lernen vorwiegend mittels sozialer Beziehungen eine Sprache, Werte, Normen und ganz allgemein, wie man etwas macht.

Nicht nur Individuen führen soziale Handlungen aus, sondern auch Gruppen und komplexe Organisationen wie Unternehmen oder Regierungen. Als Individuen handeln wir in der Regel, um gewisse unserer Eigenschaften zu verändern, indem wir z.B. täglich Basketball trainieren, um unser Spiel zu verbessern, oder indem wir uns den Anonymen Alkoholikern (AA) anschließen, um die ruinösen Wirkungen der Alkoholabhängigkeit auf unseren Körper und unsere Beziehungen zu stoppen. Wir können sowohl als Individuen als auch in Gruppen und Organisationen handeln, mit dem Ziel, die Gesellschaft zu verändern – interethnische Konflikte zu entschärfen, das Gesundheitssystem zu reformieren, den Wald zu retten oder eine Revolution zu machen. Durch einige der wichtigsten sozialen Handlungen entstehen neue Beziehungen, so wenn sich Heiratskandidaten ihr Jawort geben oder wenn Staaten oder Organisationen von ihren Gründern durch den Entwurf einer Verfassung ins Leben gerufen und mit einer sozialen Struktur versehen werden. Diese Handlungen wiederum schaffen neue Handlungszwänge. Nach der Heirat mögen Frau und Mann einen wachsenden inneren und äußeren Druck verspüren, ein Kind zu zeugen; nach der Geburt eines Kindes gleiten sie oft unbewusst in stereotype Geschlechtsrollen, obgleich sie sich vielleicht vorgenommen hatten, die elterlichen Pflichten gerecht zu teilen (vgl. Kapitel 11 und 12).

Wir halten manche Aspekte unserer sozialen Umwelt oft für selbstverständlich, als wären sie schon immer da gewesen oder gerade erst auf wundersame Weise und anonym entstanden; wir ignorieren dabei die Rolle sozialen Handelns. So waren die neuen Reproduktionstechnologien nicht das unvermeidliche Produkt des wissenschaftlichen Fortschritts, der aus sich heraus immer neue Entwicklungen gebiert. Sie waren vielmehr »das Ergebnis einer Reihe spezifischer Entscheidungen, getroffen von bestimmen Personengruppen an bestimmten Orten zu bestimmten Zeiten, die eigene Ziele verfolgten« (Wajcman 1994). Mit denselben Ressourcen hätte man auch die *Ursachen* der Unfruchtbarkeit und deren *vorbeugende* Behandlung erforschen oder Adoptionsdienste erweitern können, um Paare, die sich Kinder wünschen, und Not leidende, verlassene Kinder zusammenzubringen.

Während in den USA immer weniger Kinder zur Adoption frei gegeben werden, hat die chinesische Ein-Kind-Politik zusammen mit der kulturellen Bevorzugung von Söhnen dazu geführt, dass chinesische Mädchen zur Adoption durch US-Amerikaner frei gegeben werden.

Chinas Politik der Ein-Kind-Familie und die geschlechtsselektive Abtreibungspraxis indischer Familien sind eindeutige Beispiele sozialen Handelns. Doch selbst die rein privaten Entscheidungen, die eine Person trifft, sind soziale Handlungen. Betrachten wir als Beispiel eine alleinlebende 37-jährige Frau, die mittels künstlicher Befruchtung schwanger wird. In welchem Sinne ist ihre Handlung »sozial«? Einmal, weil sie von der gegenwärtigen gesellschaftlichen Situation abhängt. Zwar existierte diese Technologie bereits vor 30 Jahren, doch die meisten Ärzte hätten es seinerzeit abgelehnt, einer alleinlebenden Frau zu einer Schwangerschaft zu verhelfen. Hinzu kommt, dass eine Frau, die weit über Dreißig ist, ein höheres Risiko hat, ein Kind mit Down-Syndrom zu bekommen. Doch heute werden alleinlebende schwangere Frauen kaum mehr stigmatisiert. Und die moderne pränatale Diagnostik kann genetische Defekte bereits in der Schwangerschaft feststellen. Zum zweiten ist ihre Handlung sozial, weil sie andere betrifft: das Kind, den Vater (selbst einen anonymen Samenspender, wenn das Kind ihn später kennen lernen will) und die größere Gesellschaft.

Mittels Amniozentese und Chorionbiopsie lassen sich angeborene Fehler und genetische Abnormalitäten in utero feststellen. Mittels genetischer Tests lässt sich auch die Wahrscheinlichkeit bestimmen, dass ein Paar defekte Gene an seine Kinder weitergibt. Eltern mit dem Gen für Tay-Sachs, einer Erbkrankheit, die zu einem langsamen, schmerzhaften Tod in den ersten Lebensjahren führt, haben ein Risiko von eins zu vier, dass sie sie an ihr Kind weitergeben. Früher mussten sie sich zwischen dem Risiko, ein krankes Kind zu zeugen, und dem Verzicht auf die Elternschaft entscheiden. Heute können sie im voraus erfahren, ob sie das Gen für Tay-Sachs tragen. Tragen beide Eltern das Gen, können sie sich für eine Adoption entscheiden, statt ein Kind mit Tay-Sachs in die Welt zu setzen. Möglich geworden sind diese Entscheidungen erst, nachdem andere Entscheidungen, in die Entwicklung dieser Technologien mehr zu investieren, getroffen wurden, weil Ärzte heute bereit sind, diese Verfahren anzuwenden, usw.

Kultur

Kultur ist das mehr oder weniger integrierte, den Lebensstil von Menschen prägende Muster von Weisen des Denkens, Verstehens, Bewertens und Kommunizierens. Viele unserer Merkmale, die für uns das spezifisch Menschliche ausmachen – Sprache, Moral, Technik und Fertigkeiten – sind kulturelle Elemente, die wir durch soziale Beziehungen erlernen – zuerst innerhalb der Familie und später durch Teilnahme an kulturellen Institutionen wie Schulen und Kirchen. Die Kultur stellt die gemeinsamen Ressourcen des Denkens und Handelns bereit, deren wichtigste die Sprache ist. Sie liefert uns auch die Kriterien, mittels deren wir die Bedeutung von Handlungen bewerten. Eine immer wieder diskutierte Frage ist etwa, ob Abtreibung gesetzlich erlaubt und jeder Frau zugänglich sein soll. Über diese (und zahllose andere) Fragen haben wir alle unsere persönlichen Meinungen. Doch ob wir urteilen, das »Lebensrecht« des Fötus sei höher zu bewerten als die freie Entscheidung der Frau oder umgekehrt, immer ist es die Kultur, dank derer wir die Tragweite dieser Frage ermessen, zwischen diesen beiden Vorstellungen abwägen und sie diskutieren. Generell misst unsere Kultur dem Leben einen hohen Wert bei, aber auch der

1

Freiheit der Wahl. Die Abtreibung gehört zu den Fragen, bei denen unterschiedliche kulturelle Werte aufeinander prallen.

In vielen asiatischen Gesellschaften werden Söhne auf Grund tradierter kultureller Werte bevorzugt. Weniger offensichtlich ist, dass asiatische Kulturen dazu neigen, der Gruppe (vor allem der Familie) einen höheren Wert beizumessen als dem Individuum – und der sozialen Ordnung und Harmonie einen höheren Wert als der persönlichen Freiheit. Viele Chinesen halten es für richtig und angemessen, dass der Staat von den Paaren verlangt, ihren Wunsch nach mehr Kindern dem größeren Wohl der Gesamtgesellschaft zu opfern. Doch – wie im Fall der Abtreibung in einigen westlichen Kulturen – durchkreuzen in China die Werte der Familie und der sozialen Ordnung manchmal einander, ohne dass man sich dessen bewusst wäre: Richtet man sich nach einem Wert (dem Wohl der Gesellschaft), verletzt man einen anderen (den Wert großer Familien).

Die Kultur erschafft die Ideale, die unsere individuellen Träume und Wünsche bestimmen. Kinderlose Ehen werden im Westen heute mehr akzeptiert als früher, gelten aber nicht als Idealzustand. Von klein auf hören wir: »Wenn du groß bist«, gefolgt von, »und Mutter/Vater wirst« so oft, dass es uns vorkommt, als sei beides dasselbe (Lasker/Borg 1994). Unser Frauenideal ist auf Mutterschaft, unser Männerideal auf Vaterschaft ausgerichtet. Auf Grund kultureller Einflüsse, verstärkt durch sozialen Druck, fühlen sich kinderlose Paare Mitte Dreißig oft unerfüllt. Da immer mehr ihrer Freunde Kinder haben, sind sie (und fühlen sie sich) von gesellschaftlichen Ereignissen ausgeschlossen. Menschen ohne Kinder gelten in der westlichen Kultur im allgemeinen als egoistisch und »komisch«. Doch nicht nur Paare, auch alleinlebende kinderlose Frauen, ob lesbisch oder heterosexuell, kommen sich vor, als würden sie von der Norm abweichen. Gelten Kinderlose als egoistisch, so kommen Paare mit nur einem Kind – die ihr oder ihm ein Geschwister verweigern – nur wenig besser weg. Trotz gegenteiliger Beweise werden Einzelkinder als verwöhnt und schlecht angepasst stereotypisiert. Im übrigen zieht die westliche Kultur »natürliche« Geburten der Adoption vor, selbst wenn bei Ersteren medizinische Hightech-Eingriffe notwendig sind.

Ferner ermöglicht die Kultur die Entwicklung neuer Technologien, indem sie einen gesellschaftlich organisierten Vorrat an Informationen bereitstellt, aus dem Ärzte, Erfinder, der Staat, Planer und normale Leute gleichermaßen schöpfen können. Die westliche Kultur ist stark von der Technik geprägt. Wir verwenden enorme Anstrengungen auf den technischen Fortschritt: So haben die erstaunlichen Errungenschaften von Wissenschaft und Technik in den letzten 200 Jahren unsere Vorstellungen von den Grenzen des Machbaren drastisch verschoben. Weit seltener als unsere Vorfahren glauben wir an fest stehende Grenzen, die uns von der Natur oder Gott gesetzt sind, und wir neigen weit häufiger zu der Vorstellung, es müsse für alle Probleme eine Lösung geben, wenn wir nur über die erforderliche Technologie verfügten. Wir betrachten die Natur als eine Menge nützlicher und manipulierbarer Ressourcen, nicht als etwas Heiliges oder Mächtiges, das wir nicht antasten sollten. Das gilt selbst für die menschliche Natur, wie die Medikalisierung von Zeugung, Schwangerschaft und Geburt belegt.

Macht

Macht ist die Fähigkeit eines sozialen Akteurs, den Gang der Ereignisse oder die Struktur einer sozialen Organisation zu bestimmen. Sie kann ausgeübt werden *gegen* den Willen anderer Akteure, damit sie Dinge tun, die sie sonst nicht täten, oder um ihren Willen zu *bestimmen*, damit sie gewisse Dinge tun wollen (oder meiden). Macht der ersten Art übt ein Polizist aus, der einen Dieb daran hindert, ein Auto zu stehlen, oder ein Autodieb, der mit vorgehaltener Pistole einen Autobesitzer zwingt, an einen einsamen Ort zu fahren, wo es keine Polizei oder sonstige Zeugen gibt. Macht der zweiten Art übt ein Fabrikant aus, der durch Werbung zum Kauf seiner Produkte animiert, auch solcher Produkte, von denen die Konsumenten nicht wussten, dass sie sie wünschen oder brauchen. Macht der zweiten Art nutzt auch der Staat, wenn etwa der Eigenheimbau steuerlich bezuschusst wird; er unterstützt auf diese Weise die Mittelschicht und fördert ganz bestimmte Siedlungsstrukturen. Man beachte, dass Macht von Individuen wie etwa Beamten oder Kriminellen oder von weit »größeren« sozialen Akteuren wie etwa Unternehmen und Regierungen ausgeübt werden kann.

Der chinesische Staat nutzt offensichtlich seine Macht, wenn er anordnet, dass die Familien sich auf ein Kind beschränken müssen, und neue Technologien zur Verfügung stellt, um »minderwertige« Geburten zu verhindern. Nur ein autoritäres Regime wie das chinesische kann sich eine so extreme und kontroverse Maßnahme »leisten«. Andere Länder mit vergleichbaren Bevölkerungsproblemen – Indien, Indonesien, Nigeria – haben weit größere Schwierigkeiten gehabt, eine wirksame Familienplanung durchzusetzen.

Für die meisten Menschen in den westlichen Gesell-

1

schaften ist die Vorstellung, der Staat könne seine Macht zur Geburtenregelung einsetzen, ein Horror. Doch diese Praxis ist der westlichen Kultur nicht so fremd, wie wir glauben mögen. In den 1930er Jahren befürworteten nicht nur zahlreiche deutsche Biologen im Umfeld der nationalsozialistischen Ideologie und Herrschaft die Eugenik – d.h. Versuche, die Eigenschaften einer Population durch selektive Reproduktion zu verbessern –, sondern auch ihre Fachkollegen in anderen Ländern. Mehr als dreißig Staaten verabschiedeten Gesetze zur Zwangssterilisierung in der Absicht, die Gesellschaft von »Unangepassten« zu »säubern« – Alkoholikern, Drogenabhängigen, Epileptikern, Geisteskranken, Kriminellen und vor allem geistig Zurückgebliebenen, deren Probleme man für erblich bedingt hielt. Die Eugenik wurde als wissenschaftliche Lösung für ein soziales (und ökonomisches) Problem propagiert: Unangepasste sich frei fortpflanzen zu lassen, sei, so dachten viele, eine »Verschwendung öffentlicher Mittel«. Diese Pseudowissenschaft war allerdings mehr durch populäre Vorurteile als durch ihre prognostischen Fähigkeiten gekennzeichnet. Abraham Lincolns Eltern – der eine Elternteil war geistesgestört, der andere Alkoholiker – wären als ungeeignet für die Zeugung von Kindern klassifiziert worden! Vor allem im nationalsozialistischen Deutschland kam es zu extremen Auswüchsen dieser Praxis. Trotzdem blieben in einigen Staaten Vorschriften zur Zwangssterilisierung bis in die 1970er und 1980er Jahre hinein in Kraft. Heute fürchten manche, die Fortschritte der Gentechnik könnten dazu führen, dass erneut eugenische Maßnahmen vorgeschlagen werden.

Geld verleiht eine Form von Macht. Die Spezialkliniken für künstliche Befruchtungen in den USA sind überwiegend kommerzielle Unternehmen: »Wer bezahlen kann, schafft an«; wer es nicht kann, ist in der Regel von ihren Dienstleistungen ausgeschlossen. Hingegen haben die meisten Menschen in fast allen europäischen Ländern und in Kanada im Rahmen öffentlich finanzierter Gesundheitssysteme Anspruch auf diese Dienstleistungen. Breite Gruppen haben hier ihre politische Macht dazu benutzt, um durchzusetzen, dass die medizinische Versorgung für die gesamte Bevölkerung aus Steuergeldern oder durch öffentliche Krankenversicherungen mitfinanziert wird und nicht, wie in den USA üblich, überwiegend auf privaten Versicherungen und privater Bezahlung basiert. Doch selbst in den USA nutzen alle, die sich die teuren künstlichen Befruchtungen leisten können, aus öffentlichen Mitteln mitfinanzierte Forschungen über Fertilitätsprobleme. Es

zeigt sich mithin, dass bei diesem Problem noch andere Machtformen eine Rolle spielen: Die Macht von Regierungen, die Bürger zu besteuern und zu entscheiden, wofür die Steuereinnahmen ausgegeben werden, und die Macht der Wohlhabenden (und Besser-Organisierten), Druck auf die Regierung auszuüben, damit diese das Geld des »Volkes« zu ihrem Vorteil ausgibt.

Die Soziologie untersucht auch die Macht ganzer Sozialsysteme, die von der Macht von Einzelpersonen, Gruppen oder Organisationen verschieden ist. So verfügt die US-amerikanische Gesellschaft über mehr Macht als die äthiopische. Das heißt nicht nur, dass die USA die militärische Macht besitzen, Äthiopien in einem Krieg zu besiegen, oder die Wirtschaftskraft haben, um das Land zu schikanieren. Vielmehr ist die Diskrepanz zwischen den Niveaus der technischen, wirtschaftlichen und sozialen Entwicklung dieser Gesellschaften gemeint, die das Leben der Menschen bestimmen. So mögen US-Amerikaner gelegentlich Arbeitslosigkeit und Armut erfahren, aber sie verhungern selten. Äthiopien hingegen wird häufig von schlimmen Hungersnöten heimgesucht, an denen nicht nur das Klima schuld ist, sondern auch die relativ primitive Technik, die geringe wirtschaftliche Entwicklung und die gesellschaftliche Desorganisation. Moderne Industriegesellschaften fördern das Denken in Zeitplänen, Stechuhren und Terminen. Zunehmend bekommen diesen Zeitdruck auch Agrargesellschaften wie Äthiopien zu spüren, sobald sie Städte, Büros und moderne Industrien entwickeln. Man muss auf ihn reagieren, auch wenn einem das verplante Leben nicht immer attraktiv erscheint. Sowohl in Äthiopien wie in den USA ist die persönliche Identität enger mit der nationalen Identität verflochten als mit den separaten ethnischen Identitäten. Die Individuen zahlen in beiden Ländern Steuern und akzeptieren die Verpflichtung zum Militärdienst – jedenfalls meistens – weil sie glauben, dass ihre Existenz an die ihres Landes geknüpft ist. Nationalistische Ideologien verfügen über die Macht, solche patriotischen Gefühle zu mobilisieren. Diese Macht liegt nicht bei irgendeinem einzelnen sozialen Akteur (obgleich Individuen und Gruppen patriotische Gefühle beschwören können), sondern bei der Gesellschaft als Ganzer.

Funktionale Integration

Kinder kommen nicht isoliert von der sozialen Realität einer Gesellschaft zur Welt. Die Zahl der Geburten – ob weiblich oder männlich, gesund oder behindert – wirkt sich auf die Schule, den Arbeitsmarkt, die Heiratsmuster, die Altenpflege u.v.m. aus. Häufig sind Eigenschaften der Sozialstruktur und der sozialen Organisation funktional miteinander verknüpft. Was in einem Teil der Gesellschaft geschieht, beeinflusst, was in anderen Teilen geschieht, und wird wiederum selbst davon beeinflusst. Werden z.B. neue Medizintechniken entwickelt, um Frühgeburten am Leben zu erhalten, müssen die Versicherungsprämien steigen, um diese kostspieligen Therapien zu bezahlen.

Einige frühe Soziologen erklärten diese funktionalen Verknüpfungen oft mittels einer biologischen Analogie. Sie verglichen die Gesellschaft mit einem Organismus wie dem menschlichen Körper, in dem Herz, Lunge, Leber, Gehirn und

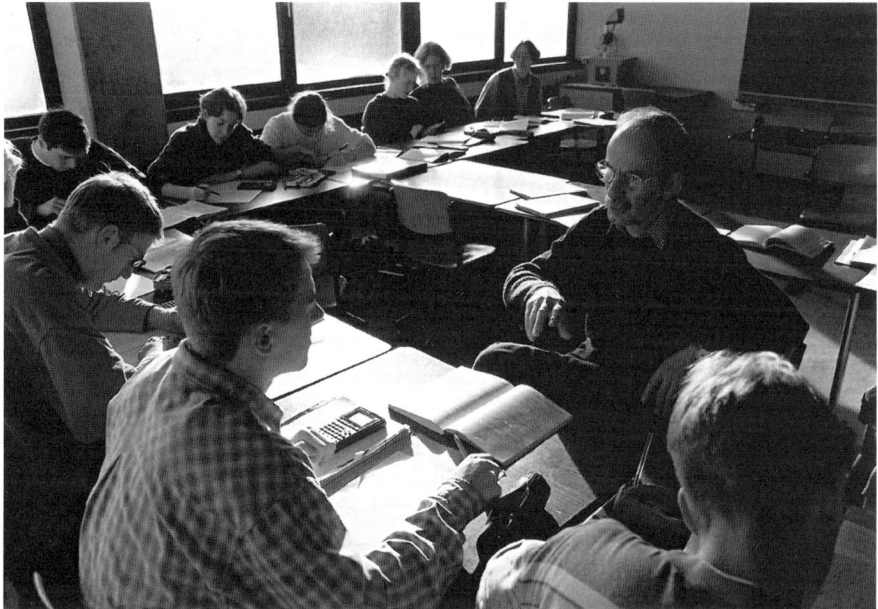

Um ihren funktionalen Beitrag für die Gesellschaft als Ganze zu leisten, müssen auch die Teile innerhalb von Schulen reibungsfrei koordiniert oder funktional integriert sein. Hier treffen sich Schüler einer städtischen Highschool in den USA mit Angehörigen der Schulverwaltung, um ihr Kursprogramm zu planen.

andere Organe strukturell differenziert, aber funktional verknüpft sind. Die Lunge benötigt das Herz, das Blut in die Lungenarterie pumpt; alle anderen Organe, also auch das Herz, hängen von der Lunge ab, die das Blut mit Sauerstoff anreichert; das Gehirn steuert durch das Nervensystem direkt zahlreiche Körperfunktionen, braucht aber Herz und Lunge, die es mit sauerstoffhaltigem Blut versorgen usw. Wenn das Herz nicht genügend und regelmäßig Blut pumpt, oder die Lunge nicht genügend Sauerstoff liefert, oder Teile des Gehirns beschädigt werden, ist das System insgesamt – der ganze Organismus – davon betroffen. Gesellschaften sind nicht so stark integriert wie biologische Organismen, doch auch ihre Teile sind wechselseitig voneinander abhängig, damit sie als System arbeiten können. So konnten die neuen Reproduktionstechnologien nur entstehen, weil die medizinischen Fakultäten Ärzte ausbilden, die Forschung die Technologien entwickelte, die Wirtschaft die finanziellen Mittel produzierte, um sie zu bezahlen, usw.

Der Ausdruck »Funktion« bezeichnet den Beitrag, den jede soziale Beziehung, Position, Organisation, jeder Wert oder jede Eigenschaft einer Gesellschaft für das soziale System als Ganzes leistet. In einem **funktional integrierten** System wird jeder Teil von seinen Beziehungen zu den anderen Teilen beeinflusst und ist

von ihnen abhängig. So besteht die Funktion von Schulen darin, Schüler auszubilden, die über die von den Unternehmen geforderten Fertigkeiten verfügen und am öffentlichen Leben als Bürger ihres Landes teilnehmen können. Wir können die Funktion der Schule nicht voll verstehen, wenn wir sie isoliert untersuchen; wir müssen auch die Beziehung von Schulen zu anderen Teilen der Gesellschaft analysieren. Schulen sind auf einer anderen Ebene selbst funktional integriert: die Lehrer der verschiedenen Fächer, das Verwaltungspersonal, die Schüler, der Hausmeister, ja selbst die Wandtafeln und Schulbücher haben verschiedene Funktionen zu erfüllen. In der sozialen Realität finden wir die funktionale Integration stets in unterschiedlichem Maß verwirklicht, d.h. die Teile einer Gruppe oder einer Gesellschaft arbeiten mehr oder weniger harmonisch zusammen und erfüllen ihre Aufgabe, sich gegenseitig aufrecht zu erhalten, mehr oder weniger gut.

Gelegentlich kommt es vor, dass ein soziales Teilsystem das effiziente Funktionieren des Gesamtsystems unterminiert, in welchem Fall es »dysfunktional« ist. So behaupten Kritiker, die neuen Reproduktionstechnologien seien dysfunktional, weil sie erstens Ressourcen von anderen, dringenderen Bedürfnissen abzögen (beispielsweise die medizinische Versorgung, eine angemessene Ernährung, die Ausbildung in Kinderpflege und

1

finanzielle Beihilfen für arme Schwangere) und zweitens Eltern, die sich ein Kind wünschen, veranlassten, eine künstliche Befruchtung der Adoption eines Waisenkindes oder eines alleingelassenen Kindes, das keine Familie hat, die es liebt und ernährt, vorzuziehen.

Einige Beobachter halten die Ergebnisse der neuen Reproduktionstechnologien für gut, vielleicht gar für wunderbar, da sie es Paaren mit Fertilitätsproblemen ermöglichen, Kinder zu haben; andere prangern sie als – gefährliche und moralisch fragwürdige –Eingriffe in die Natur oder den göttlichen Willen an. Welche Stellung wir zu ihnen beziehen, bleibt unserem eigenen Urteil überlassen. Doch um sie zu *verstehen* – warum sie entwickelt wurden, welche Auswirkungen sie auf die Individuen und ganze Gesellschaften haben, wem sie am meisten nutzen (oder schaden) und wohin sie führen könnten – müssen wir sie im Licht der oben erwähnten Dimensionen betrachten. Je nach dem Gegenstand, den sie untersuchen, und je nach ihrer genaueren theoretischen Perspektive betonen die Soziologen einen unserer Schlüsselbegriffe – Sozialstruktur, soziales Handeln, Kultur, Macht, funktionale Integration – stärker als die anderen. Alle fünf sind jedoch für das soziologische Denken wichtig.

DIE SOZIOLOGIE ALS WISSENSCHAFT

Im Alltagsleben nutzen wir unser praktisches Verständnis der Welt. Wir können gehen, ohne die Physiologie des Muskelsystems zu verstehen; wir können uns unterhalten, ohne die Diskurstheorie studiert zu haben. Mit anderen Worten, wir setzen im Alltagsleben viele Dinge als gegeben voraus und handeln, als würden wir sie verstehen, selbst wenn wir sie nicht vollständig zu erklären vermögen. Mit unserem praktischen Alltagsverständnis können wir viele Dinge tun, aber als solches ist es eng begrenzt. Ziel jeder Wissenschaft ist es, unser Verständnis der Welt zu erweitern und zu vertiefen, d.h. über das praktische Wissen und die persönliche Erfahrung hinaus ihren Gegenstandsbereich mit wissenschaftlichen Methoden zu erforschen (Bourdieu u.a. 1973).

Die wissenschaftliche Methode

Die Wissenschaften sind eine relativ neue Methode, Informationen über die Welt zu sammeln und zu organisieren. Heute verstehen wir unter **Wissenschaft**:

systematische Naturbeobachtung, objektive Interpretation unserer Wahrnehmungen, ständige Suche nach Kausalbeziehungen und logische Ordnung unseres Wissens mittels Theorien. Im 17. Jahrhundert führte diese Methode – der Astronomen und Physiker wie Kopernikus, Galilei und Newton den Weg bahnten – zu einer »wissenschaftlichen Revolution«, die alle Wissenszweige erfasste. Alle Wissenschaften, die wir heute kennen – von der Physik über die Biologie bis zur Ökonomie und Soziologie – haben ihre Wurzeln in dieser wissenschaftlichen Revolution.

Sie basierte auf zwei Grundprinzipien, die bis heute für die Wissenschaft von zentraler Bedeutung sind. Das erste Prinzip ist die **empirische Beobachtung**. Die wissenschaftliche Methode stützt sich auf empirische Beweise, nicht auf bloße Meinungen, ungeprüfte Vermutungen oder Hörensagen. Erwerben und verifizieren können wir empirische Informationen durch unsere fünf Sinne (Sehen, Hören, Riechen, Tasten, Schmecken) oder durch Erweiterungen unserer Sinnesorgane (etwa Radioteleskope, mit denen wir Radiowellen »beobachten«, die wir mit unbewaffnetem Auge nicht sehen). Das zweite Prinzip ist die **logische Analyse**. Vom Standpunkt der Wissenschaft haben wir etwas erst verstanden, wenn wir es rational erklären, wenn wir unser Verständnis in eine logische Form bringen können. Logik und empirische Beobachtung arbeiten in der Wissenschaft Hand in Hand. Allein durch Beobachtung können wir Ursache und Wirkung nicht bestimmen: Alles, was wir wahrnehmen, ist, dass zwei Ereignisse zusammen vorkommen – z.B. dass, wenn Regen fällt, die Pflanzen wachsen. Um eine Kausalbeziehung herzustellen, müssen wir auch die logischen Schritte verstehen, die die beiden Ereignisse verbinden. (Regen ist nicht die unmittelbare Ursache für das Pflanzenwachstum. Vielmehr ist er eine der notwendigen Bedingungen dafür, dass die Saat Wurzeln zieht und die Pflanzen gedeihen, *vorausgesetzt,* dass das Saatgut sich in einer Erde mit genügend Nährstoffen befindet usw.)

Im Unterschied zu bloßen Meinungen strebt die wissenschaftliche Methode nach verifizierbarem Wissen. Die Wissenschaft hält nicht etwas für wahr, weil eine Autorität (sei es die Gottes, des Papstes oder des Königs), die Tradition (die Leute haben es schon immer geglaubt) oder der allgemeine Konsens (alle sagen es) es so will. Dass wissenschaftliches Wissen im Widerspruch zu diesen »Instanzen« steht, ist nicht notwendig, kommt aber immer wieder vor. In einem der berühmtesten Fälle zog Galilei die herrschende Auffassung, wonach die Sonne sich um die Erde dreht, in

Zweifel und stützte die kopernikanische Theorie auf empirische Beobachtungen und logische Analyse. Zuerst lehnten die Leute sie rundweg ab. Galilei widersprach dem Glauben ihrer Eltern und Großeltern und vielleicht auch ihrer Mythologie (Tradition); und, was noch schwerer wog, er attackierte die Lehren der Kirche (Autorität). Außerdem sahen alle, dass die Sonne im Osten aufgeht, ihre Bahn am Himmel zieht und im Westen untergeht (Konsens). Trotzdem trug in diesem Fall die Wissenschaft letztlich den Sieg davon.

Die wissenschaftliche Methode ist ein äußerst wirkungsvolles Instrument. Sie hat in der Neuzeit einen enormen Wissenszuwachs ermöglicht, der seinerseits große technische Fortschritte hervorgebracht hat. Doch so wirkungsvoll sie ist, sie produziert kein »perfektes« Wissen. Zunächst ist wissenschaftliches Wissen stets unvollständig: Viele Phänomene sind noch nicht ausreichend erforscht worden, und neue Forschungen können scheinbar gesicherte Erkenntnisse in Zweifel ziehen. Zweitens lassen sich manche Fragen nicht durch wissenschaftliche Methoden entscheiden (z.B. die, ob Gott existiert). Hinzu kommt, dass verschiedene Personen – auch verschiedene Wissenschaftler – von unterschiedlichen kulturellen Standpunkten ausgehen, eine unterschiedliche Sicht der Dinge haben, unterschiedliche Sprachen und Begriffe zur Beschreibung der Dinge verwenden und zu unterschiedlichen Erkenntnissen gelangen. Durch Kooperation können Wissenschaftler das Wissen erweitern und vertiefen, die Technik verbessern und praktische Aufgaben – etwa beim Brücken- oder Raketenbau – meistern, doch sie können die Effekte so unterschiedlicher Perspektiven nie vollständig eliminieren und zu einer einzigen »Wahrheit« gelangen.

Als Wissenschaft steht die Soziologie vor einer besonderen Herausforderung. Wenn Soziologen Beobachtungen anstellen, beobachten sie nicht eine »Natur«, die außerhalb und unabhängig vom Menschen existiert und in Beziehung zum Beobachter mehr oder weniger fest steht, sondern eine Realität, die teilweise von Menschen geschaffen ist und sich nie vollständig vom Beobachter ablösen lässt. Die soziale Realität steht nicht still, sondern verändert sich laufend. So existiert die Sprache nur, weil die Menschen sie verwenden; bei ihrem Gebrauch werden aber fast immer kleine Veränderungen an ihr vorgenommen. Die soziale Realität ist ein Teil von uns, und wir sind ein Teil von ihr. Sozialwissenschaftliche Beobachtungen sind nicht einfach Interpretationen der Natur, sondern, zumindest teilweise, Interpretationen von Menschen, die selbst ihre Realitäten interpretieren und erschaffen (Giddens 1988).

Empirische Beobachtung

Etwas empirisch zu beobachten, klingt ziemlich unproblematisch, als würde es genügen, einfach hinzusehen. In Wahrheit ist es weit komplizierter. Soziologen müssen ihre Beobachtungen in **Daten** umwandeln, d.h. in Informationen, die für die Beantwortung soziologischer Fragen in besonderer Weise nützlich sind. Das erfolgt in drei Schritten. Zuerst kommt die *Abstraktion*. Der Soziologe muss die Merkmale des beobachteten Phänomens abstrahieren, die relevant sind. Welche das sind, hängt von der Fragestellung ab. So ist das Geschlecht des Kindes bei einer Untersuchung der offiziellen chinesischen Haltung zu Reproduktionstechnologien irrelevant, weil Eltern eine Abtreibung nur gestattet ist, wenn ihr Kind wahrscheinlich mit einem angeborenen Schaden, einer Erbkrankheit oder anderen Problemen zur Welt kommt. Untersucht man aber, wie diese Technologien tatsächlich angewandt werden (und wie die offizielle Haltung von Eltern, die unbedingt einen Sohn haben wollen, missbraucht wird), wird das Geschlecht des Kindes in hohem Maße relevant.

Der zweite Schritt ist die *Interpretation* der Beobachtungen. Dieser ist auch in den Naturwissenschaften wichtig. So müssen Meteorologen ihre Beobachtungen der Wolkenmuster interpretieren und klassifizieren. Noch wichtiger ist die Interpretation unserer Beobachtungen bei der Untersuchung der sozialen Realität, weil wir hier Handlungen von Individuen verstehen wollen (Taylor 1985). Die pränatale Diagnostik, ursprünglich für Frauen entwickelt, die ein hohes Risiko für ein Kind mit einem angeborenen Schaden oder einer Erbkrankheit haben, gehört heute in den westlichen Ländern, vor allem für Frauen über dreißig, zur Routine. Warum? Offensichtlich wollen die Frauen sichergehen, dass ihr Kind gesund zur Welt kommt (und im anderen Fall eine Abtreibung erwägen), und mit diesen Tests erhalten die Gynäkologen die erforderlichen Informationen über die Gesundheit der Mutter und des Fötus. Doch eine Umfrage unter Schwangeren könnte durchaus ergeben, dass sie diese Tests vorwiegend deswegen durchführen lassen, weil der Gynäkologe sie empfiehlt und er es am besten wissen muss. Eine Umfrage unter Gynäkologen andererseits könnte ergeben, dass sie die Tests hauptsächlich deswegen empfehlen, um sich gegen gerichtliche Klagen von Eltern zu schützen, deren Kind mit einem angeborenen Schaden zur Welt kommt. Durch bloße Beobachtung könnten wir weder die Motive der Handelnden noch die Bedeutung ihrer Handlungen entdecken.

Im dritten Schritt müssen die Beobachtungen so auf-

1

gezeichnet werden, dass eine *Replikation* möglich ist, d.h. die gleiche Untersuchung muss in einer anderen Umgebung mit anderen Probanden (Versuchspersonen) wiederholbar sein, so dass man feststellen kann, ob sie zu den gleichen Resultaten führt. Denn es ist stets möglich, dass die Probanden einer Untersuchung für die Population, die sie repräsentieren sollen, nicht repräsentativ sind oder dass man fehlerhafte Methoden angewendet hat. Wissenschaftliche Ergebnisse müssen in einer Form präsentiert oder veröffentlicht werden, die eine präzise Darstellung der Bedingungen umfasst, unter denen die Beobachtungen gemacht wurden; dazu gehört auch, wie man relevante Merkmale aus anderen Beobachtungen abstrahiert und die beobachtete Handlung interpretiert hat. (Forschungsmethoden werden im zweiten Kapitel und unter Bezug auf einzelne Studien in besonderen Kästen, die über das ganze Buch verteilt sind, diskutiert.)

Logische Analyse

Wie die empirische Beobachtung ist auch die logische Analyse weit komplexer, als es zunächst erscheinen mag. Wenn wir auf das Familienleben, religiöse Institutionen oder irgendeinen anderen Aspekt der sozialen Realität blicken, erkennen wir rasch, dass viele Fragen und Phänomene miteinander verquickt sind. Im ersten Schritt der logischen Analyse müssen wir uns daher entscheiden, welche Frage oder Fragen wir untersuchen wollen. Die *Analyseeinheiten* sind ausdifferenzierte Teile eines größeren, komplexeren Ganzen. Angenommen, ein Soziologe möchte soziale Gruppen erforschen und wählt als Untersuchungsgegenstand die Mitglieder einer Kirche aus. Die erste und offensichtlichste Analyseeinheit sind dann die einzelnen Mitglieder. Eine zweite sind die Beziehungen zwischen diesen Individuen: Das Wissen, wer miteinander befreundet ist, der gleichen Familie angehört, für das gleiche Unternehmen arbeitet usw. erzeugt ein neues Bild der Gruppe. Eine dritte Analyseeinheit ist die gemeinsame Kultur der Kirchenmitglieder: Welche religiösen Überzeugungen haben sie, was wissen sie über die Geschichte ihrer Kirche (oder Denomination), wie weit verstehen sie deren Rituale und Prozeduren? Eine weitere Analyseeinheit ist die formale Organisation der Kirche – ihre innere Struktur von Komitees und Verantwortlichkeiten, die Beziehung zwischen Priester und Kirchenmitgliedern, die Frage, ob der Priester einem Bischof verantwortlich ist usw. Jede dieser Einheiten ist logisch von den anderen verschieden. Für ein vollständiges Bild der Kirche braucht man Informationen über sie alle.

Als nächster Schritt folgt die *Ermittlung der Beziehungen* zwischen den Analyseeinheiten, seien dies Individuen, persönliche Beziehungen, kulturelle Überzeugungen oder Organisationsstrukturen. Eine wesentliche Aufgabe ist es herauszufinden, welches der zahlreichen Elemente in einer sozialen Umgebung den größten Einfluss auf die anderen hat. So muss untersucht werden, ob die Überzeugungen der Mitglieder (Kultur) oder die Art ihrer Organisation (Struktur) Entscheidungen wie die Wahl eines Priesters, Diakons oder Gemeindeältesten stärker beeinflussen. Diese Frage bezieht sich auf eine hypothetische Ursache-Wirkungs-Beziehung. Darüber hinaus ist die Soziologie auch an funktionalen Beziehungen zwischen den diversen Einheiten oder zwischen dem Ganzen und seinen Teilen interessiert. So arbeiten in einem Kirchenchor Dirigent und Sänger (mit den verschiedenen Stimmen Sopran, Alt, Tenor, Bass) zusammen, um ein gemeinsames Produkt hervorzubringen – eine musikalische Aufführung, die nur durch soziale Kooperation zustande kommt. Ihre diversen Rollen sind daher funktional verknüpft: Keine von ihnen (nicht einmal die des Dirigenten) ist im strengen Sinne die Ursache der anderen, sondern alle sind voneinander abhängig.

Als dritter Schritt in der logischen Analyse folgt die Theorienbildung, die Organisation des Wissens. Eine **Theorie** ist der systematische Versuch, Beziehungen explizit zu machen und deren Wirkungen zu erklären. Wissenschaftliche Theorien basieren auf Gesetzeshypothesen und Fakten, die durch empirische Beobachtung gewonnen werden. Warum, fragt der Theoretiker, sind die Fakten so und nicht anders? Warum bestimmen beispielsweise einige christliche Kirchen ihre Priester durch Wahl, während sie in anderen von einem Bischof eingesetzt werden? In diesem Fall hängt die Antwort erstens von der Geschichte ab (wann und wie entstanden die verschiedenen Konfessionen und Denominationen?), zweitens von der Art des religiösen Glaubens selbst (insbesondere hinsichtlich dessen, inwieweit die Gläubigen ihre religiöse Erkenntnis durch Gebet und Bibelstudium gewinnen oder darin von höheren Autoritäten unterwiesen werden), und drittens von den Kirchenstrukturen (hierarchisch gegenüber egalitär). Eine Theorie fasst all diese Teilerklärungen zusammen und bezieht sie aufeinander. So kann es sein, dass sich die Praxis der Priesterwahl von der Entstehung einer individualistischeren Denkungsart ableitet (u.a. von dem Glauben, dass die Menschen eine direkte Beziehung zu Gott haben können, eine Vorstellung, die sich während der protestantischen Reformation entwickelte) und

Schaubild 1.2: Die wissenschaftliche Methode

A. Empirische Beobachtung	B. Logische Analyse
1. Abstraktion	1. Abgrenzung der Analyseeinheiten
2. Interpretation	2. Ermittlung der Beziehungen
3. Replikation	3. Theorienbildung

auch von einer mehr demokratischen Gesinnung (u.a. von der Vorstellung, dass die Menschen ihre politischen Führer selbst bestimmen sollten).

Im Idealfall sind Theorien so präzise formuliert, dass man sie durch Rückkehr zur empirischen Beobachtung testen und eventuell neue Informationen gewinnen kann. Relativ leicht ist eine solche Präzisierung und Überprüfung bei Theorien geringer Reichweite zu erreichen – etwa einer Theorie, die voraussagt, dass persönliche Beziehungen zwischen Kirchenmitgliedern einen größeren Einfluss auf die Priesterwahl haben als unterschiedliche religiöse Anschauungen. Weit schwieriger ist dies bei Theorien großer Reichweite – etwa einer Theorie, die voraussagt, dass in allen Bereichen der sozialen Realität die Sozialstruktur wichtiger ist als die Entscheidungen von Individuen. Solche umfassenden Theorien – beispielsweise die Marxsche, wonach die Geschichte wesentlich durch Klassenkämpfe vorangetrieben wird, oder die Theorie von Adam Smith, wonach die ökonomischen Entscheidungen von Individuen einen Beitrag zum Wohl des Ganzen leisten (beide Theorien werden unten und in Kapitel 9 bzw. 16 diskutiert) – liefern uns aber Richtlinien für die Entwicklung spezifischerer Theorien, die wir direkter testen können.

Soziale Tatsachen

Alle Wissenschaften basieren sowohl auf empirischer Beobachtung wie auf logischer Analyse. Sie haben es jedoch mit jeweils besonderen Fragestellungen und Problemen zu tun und daher ihre je eigenen methodischen Ansätze entwickelt. So sind z.B. für die Chemie kontrollierte Experimente zur Überprüfung ihrer Theorien in hohem Maße charakteristisch. Generell sind solche Tests in der Soziologie nicht möglich. Diese erhebt dagegen so viele Daten wie möglich von dem fortlaufenden Prozess des sozialen Lebens und sucht auch aus un-

gewöhnlichen Ereignissen – wie Revolutionen oder Naturkatastrophen – zu lernen, in denen soziale Gesetzmäßigkeiten und Muster plastisch hervortreten.

So wie die einzelnen Wissenschaften ihre je eigenen methodischen Ansätze zur Datengewinnung besitzen, so konzentrieren sie sich auf verschiedene Arten von Tatsachen. **Soziale Tatsachen** sind relativ beständige Eigenschaften der sozialen Realität, die den Handlungen der Individuen einen Rahmen setzen und sie prägen. Sie sind Eigenschaften des sozialen Lebens und daher nicht in den isolierten Individuen lokalisierbar; vielmehr erscheinen sie als diesen äußerlich, obgleich die Individuen an ihnen teilhaben (Durkheim 1895).

Ein gutes Beispiel für eine soziale Tatsache ist die Wirtschaft. Sie ist von keiner Einzelperson konzipiert und geschaffen worden und wird von keiner Einzelperson oder Gruppe beherrscht. Gleichwohl kann sie von Einzelpersonen – durch die Einführung neuer Produkte oder Technologien oder die Bildung neuer Organisationen und die Konzeption neuer Produktionsstrategien – verändert werden. Manche Personen (Entscheidungsträger in Regierungen, Leiter großer Unternehmen) haben einen enormen Einfluss auf wirtschaftliche Trends; andere (z.B. die Obdachlosen) leben am Rand der Gesellschaft, sind »marginalisiert«. Doch wir alle spielen in der Wirtschaft bis zu einem gewissen Ausmaß eine Rolle. Ja, sie existiert nur als Resultat der Entscheidungen und Handlungen vieler *interagierender* Individuen und Gruppen. Und der Zustand der Wirtschaft – ob Boom oder Rezession – beeinflusst wiederum die Individuen in Form hoher oder niedriger Zinsen, Entlassungen usw.

Andere soziale Tatsachen sind die *Raten* sozialer Phänomene, d.h. der Prozentsatz von Fällen in einer Population pro Jahr (oder einer anderen Zeiteinheit). Eine Verbrechensrate ist eine soziale Tatsache. Ebenso gilt dies für die Rate der Eheschließungen, die Geburtenziffer oder die Rate der AIDS-Infektionen. Diese Raten nimmt man erst wahr, wenn man viele einzelne Fälle zusammen betrachtet. Sie beeinflussen – in irgendeinem gegebenen Jahr – auch Individuen, die noch ungeboren sind, kein Verbrechen begangen, nicht geheiratet oder sich nicht mit AIDS infiziert haben. Solche Gesamtraten enthüllen soziale Gesetzmäßigkeiten und Muster, die man durch Analyse von getrennten Fällen nicht entdeckt hätte. So scheint die rasche Zunahme von Spezialkliniken für künstliche Befruchtungen in den USA nahezu legen, dass immer mehr US-Amerikaner unter Unfruchtbarkeit leiden. Da die Baby-Boom-Generation aber zahlenmäßig weit größer ist als die vorigen, hat sich nicht die Fruchtbarkeits*rate* verändert, sondern die *Zahl* der Menschen, die unter Fruchtbarkeitsproblemen leiden, hat zugenommen.

Als ein allen gemeinsames Kommunikationsmedium ist auch die Sprache eine soziale Tatsache. Um die Entstehung und Verbreitung neuer Wörter, Ausdrücke und Bedeutungen zu verstehen, forscht die Soziologie nach den sozialen Kräften, die erklären, warum neue Wörter akzeptiert werden. Untersucht wird, ob die neuen Wörter mit renommierten öffentlichen Personen assoziiert, ob sie in Musiksendern oder in Filmen wiederholt, ob sie zuerst von einer Gesellschaftsgruppe übernommen und dann an andere weitergegeben werden usw.

Soziale Tatsachen sind zwar relativ stabil und beständig, doch nie vollkommen unveränderlich. Daher ist die Soziologie von der Physik verschieden. Die soziale Realität lässt sich nie vollständig mittels einer Reihe von wissenschaftlichen Gesetzen beschreiben, die für alle Menschen, an allen Orten und zu allen Zeiten gelten. Die Beziehung zwischen Masse und Schwerkraft variiert an den einzelnen Orten der Erde nur geringfügig, so dass ein Ziegel in Frankfurt so schnell fällt wie in Peking. Hingegen variiert die Beziehung zwischen Beruf und Einkommen erheblich. Anders als in Deutschland verdienen Taxifahrer in China oft mehr als Ärzte. Hinzu kommt, dass die Menschen ihre soziale Realität und ihre Lebensweise verändern können. Infolgedessen hat die Soziologie es stets mit neuen Phänomenen, die sie beschreiben und erklären muss, zu tun.

DIE ANFÄNGE DER SOZIOLOGIE

Die Soziologie entstand im späten 18. und frühen 19. Jahrhundert, in einer Zeit des tiefgreifenden sozialen Wandels sowohl in den westlichen Gesellschaften wie in der übrigen Welt. Die den Europäern jahrhundertelang vertraute soziale Welt verschwand allmählich, und die »moderne Ära« begann.

Die Soziologie und die moderne Ära

Drei Faktoren spielten eine entscheidende Rolle bei der Herbeiführung dessen, was wir jetzt die moderne Ära nennen. Der erste war *die Entstehung der urbanen, kapitalistischen Industriegesellschaft*. Bis ins 18. Jahrhundert lebten die meisten Europäer in kleinen, halb-

autonomen, landwirtschaftlichen Dörfern, in denen ihre Familien seit Generationen gelebt hatten. Die sich selbst versorgende und für sich selbst sorgende Familie war der Kern des Dorfes. Diese Dörfer waren Teil größerer Gesellschaften, deren Herrscher – meist Könige – damit begonnen hatten, große Reiche aufzubauen. Doch außer in Kriegszeiten hatten Staatsangelegenheiten wenig Einfluss auf die gewöhnlichen Menschen. Man reiste selten (es gab noch keine Eisenbahn und oft nicht einmal Postkutschen), und die »Nachrichten« bestanden im Wesentlichen aus Dorfklatsch (es gab noch keine Zeitungen und keine regelmäßige Postzustellung). Alle gingen in die gleiche Kirche (mit Ausnahme der seltenen jüdischen Enklaven). Die große Mehrzahl der Menschen waren Bauern. Den meisten gehörte das Land, das sie bearbeiteten, nicht. Sie hatten es vielmehr von einem Grundbesitzer (oft ein Mitglied des Adels) zu bereits Jahrhunderte alten Konditionen gepachtet. Diese soziale Ordnung galt als gottgegeben und wurde selten in Frage gestellt. Ein paar Leute waren zum Herrschen geboren, und die große Mehrheit, um zu arbeiten. Väter hatten die Gewalt über ihre Familien, Grundbesitzer über ihre Pächter und Monarchen über alle ihre Untertanen. Die Menschen kannten ihre Pflicht und ihren Ort in der Gesellschaft. Im Lauf von Generationen veränderte sich nur wenig.

Ähnlich stabil war auch die soziale Ordnung vormoderner Städte. Die sozialen Interaktionen waren durch eine feste Hierarchie geregelt. In den Zünften standen Meister über den Gesellen und diese über den Lehrlingen, genauso wie beim Militär und auf dem Land Herzöge über den Rittern und diese über den Leibeigenen standen. Es gab sogar eine Kleiderordnung für die einzelnen Berufe und Stände. Die Kirche war von der Geburt bis zum Tod die höchste Autorität in allen Fragen (zumindest bis zur protestantischen Reformation, die die moderne Ära mit herbeiführte).

Das Leben in diesen vorindustriellen Dörfern und vormodernen Städten war keineswegs idyllisch. Grundbesitzer beuteten ihre Pächter oft durch hohe Abgabenforderungen bis an den Rand des Hungertods aus. Nachbarn stritten miteinander und Familienfehden zogen sich manchmal über Generationen hin. Die sanitären Verhältnisse waren schlecht, die medizinische Versorgung primitiv und ein früher Tod häufig. Doch so beschwerlich sie auch waren, die Grenzen und Umrisse des sozialen Lebens waren allen bekannt.

Die industrielle Revolution veränderte sowohl die physische wie die soziale Landschaft. Fabriken, Kohlezechen, Eisenbahnen und Telegrafenleitungen zerstörten im 19. Jahrhundert die Abgeschiedenheit der traditionellen Agrargemeinschaften, die ihnen bis dahin Schutz geboten hatte. Fabrikstädte schossen fast über Nacht aus dem Boden, und die städtische Bevölkerung wuchs rasch. Um 1850 lebten in Großbritannien bereits mehr Menschen in Klein- und Großstädten als auf dem Land.

Dieser Prozess zerriss die traditionellen Sozialbeziehungen. Eine neue, auf die Warenproduktion und den Handel spezialisierte Klasse kapitalistischer Unternehmer verdrängte die alte Landaristokratie. Viele Menschen verließen ihre Dörfer (oder waren gezwungen, sie zu verlassen), um sich in den Fabrikstädten als Lohnarbeiter zu verdingen, und mussten dabei ihren selbstgenügsamen Lebensstil aufgeben. Die industrielle Revolution schuf neue Arbeitsplätze, brachte aber auch Arbeitslosigkeit hervor. Krawalle und die erbärmlichen Lebensverhältnisse in den Städten erzeugten ein alarmierendes Bild der Massenarmut und bedrohten die europäischen Gesellschaften mit Kriminalität und Rebellion.

Der zweite Faktor, der zur Entstehung der modernen Ära beitrug, war die Entdeckung (oder Wiederentdeckung) *kultureller Unterschiede*. Reisen in entlegene Weltgegenden, die Zunahme des Fernhandels und die Errichtung von Kolonialreichen zwangen die Europäer zur Auseinandersetzung mit der Fülle anderer Kulturen, die alle ihre besondere Sprache, ihre charakteristischen Sitten, Glaubensanschauungen, Regierungssysteme und Lebensstile besaßen. Durch die zunehmenden Kontakte zwischen Europäern und Nichteuropäern veränderte sich das Leben auf beiden Seiten: am sichtbarsten im Kolonialismus und in der Sklaverei. Einige der Auswirkungen waren materieller Natur, so der wachsende Reichtum und die gestiegene Macht seefahrender Handelsnationen wie Großbritannien. Genauso folgenreich war, dass diese Kontakte die herrschende Auffassung von der menschlichen Natur in Frage stellten. Waren die meisten Europäer bislang der Überzeugung, ihre Kultur sei allen anderen eindeutig überlegen, so wurden die Wissenschaftler jetzt von der Vielzahl von Kulturen irritiert. Wo war die europäische Zivilisation entstanden und wohin würde sie sich entwickeln? Die Wissenschaf-

Insassen eines englischen Kinderheims in den 1870er Jahren. Diese Jungen, durch Industrieunfälle verkrüppelt und obdachlos, führten ein unstetes Leben, weil ihre Familien auseinander gebrochen waren. Eine karitative Organisation nahm sich dieser Jungen an, die sich allerdings nur einem Bruchteil des enormen sozialen Problems widmen konnte, das durch den Industriekapitalismus geschaffen wurde.

ten begannen, sich für andere Kulturen und Epochen zu interessieren, nicht nur aus einem genuinen Interesse an diesen Menschen und Orten; sie wollten auch Lehren für die modernen westlichen Gesellschaften ziehen und diese besser verstehen lernen (Calhoun 1995).

Der dritte Faktor waren die *politischen und geistigen Umwälzungen*. Die Amerikanische und die Französische Revolution brachen mit den alten Vorstellungen von Pflicht, Tradition und Gehorsam gegen die Obrigkeit und setzten neue an ihre Stelle: die allgemeinen Menschenrechte, Freiheit und Gleichheit – Ideen, die die Monarchien überall bedrohten. Ähnlich hatten bereits die Renaissance, die protestantische Reformation, die wissenschaftliche Revolution und die Aufklärung eingewurzelte Anschauungen über Natur, Religion und Leben in Frage gestellt. Nicht nur schufen diese kulturellen »Bewegungen« in Europa eine neue Vielfalt (etwa die verschiedenen christlichen Konfessionen und Sekten), sondern ihnen verdankten sich auch die drastische Zunahme des Wissens und der Beschäftigung mit den verschiedenen Kulturen. Die Erfindung der Druckerpresse im 15. Jahrhundert – erstmals von Johannes Gutenberg für den Druck der Lutherbibel verwandt – half diese neuen Denkweisen und intellektuellen Debatten zu verbreiten.

Die vorwissenschaftlichen, auf früheren Erfahrungen basierenden Welterklärungen verloren ihre Gültigkeit. Die Sozial*philosophie*, die sich damit beschäftigte, wie die Gesellschaft sein *sollte*, vermochte nicht zu erklären, was in der realen Welt geschah. Die Menschen brauchten faktische, durch systematisch überprüfte Theorien verknüpfte Informationen, die ihnen die moderne Ära zu verstehen und sich an sie anzupassen halfen. So entstand eine neue Disziplin – die Soziologie.

Entstanden in einer Ära politischer und geistiger Umwälzungen, plagt sich die Soziologie noch immer mit den Herausforderungen ab, die diese Zeit aufwarf: der soziale Wandel und die Faktoren, die Gesellschaften – selbst mitten im Wandel noch – zusammenhalten; die diversen Gesellschaftstypen und Fragen über Ähnlichkeiten und Unterschiede zwischen ihnen; schließlich die Spannung zwischen wissenschaftlichen Erklärungen der sozialen Realität einerseits und Tradition, Common sense und öffentlicher Meinung anderseits.

Klassische soziologische Theorien

Die Theoretiker, die wir für die Begründer der Soziologie halten, sahen sich selbst keineswegs nur als die Initiatoren einer neuen wissenschaftlichen Disziplin; sie wollten darüber hinaus zur Lösung drängender öffentlicher Probleme beitragen. Auguste Comte (1798-1857), ein Philosoph, der im Chaos, das auf die Französische Revolution folgte, geboren worden war, suchte nach einem Instrument, das den sozialen Wandel zu steuern erlaubt. Nach dem Vorbild der Naturwissenschaften forderte Comte eine systematische Analyse der Gesetze des sozialen Lebens, deren Anwendung zu rationaleren Formen sozialen Handelns und schließlich auch zu einer besseren Gesellschaft führen sollte. Er nannte diese neue Wissenschaft »Soziologie« und war überhaupt der erste, der diesen Begriff verwendete. Herbert Spencer (1820-1903) orientierte sich ebenfalls an den Naturwissenschaften. Für ihn gehörte die Untersuchung menschlicher Gesellschaften in das umfassende Studium der biologischen Evolution. Sowohl in der Biologie wie in der Gesellschaft, betonte Spencer, laufen Struktur- und Funktionsänderungen parallel. Überhaupt hatte die Evolutionstheorie – vor und nach Darwin – einen enormen Einfluss auf die frühe Soziologie. Ja, Darwin entlehnte einen Schlüsselausdruck: »Überleben der Tüchtigsten (Bestangepassten)« von Spencer. Adam Smith, der Autor des einflussreichen Werks *The Wealth of Nations* (1776; dt. *Der Wohlstand der Nationen*, 1999) gilt heute in erster Linie als Nationalökonom. Doch zu Smith' Zeit unterschied man noch nicht zwischen den Disziplinen Soziologie und Nationalökonomie, und seine Schriften sind reich an (weiter unten diskutierten) soziologischen Erkenntnissen.

Erst Mitte bis Ende des 19. Jahrhunderts fand die Soziologie – im Rahmen der allgemeinen Forderung nach mehr wissenschaftlicher Erkenntnis und Bildung – Anerkennung an den europäischen Universitäten als separate wissenschaftliche Disziplin. Auch wurden die Soziologen in dieser Zeit zu Spezialisten (im Unterschied zu generalistischen Sozialwissenschaftlern). Seit Anfang des 20. Jahrhunderts spielten US-amerikanische Wissenschaftler eine prominente Rolle in der Soziologie, die sich von da an als spezialisierter Bereich der akademischen Forschung und Ausbildung um die ganze Welt verbreitet hat.

In den folgenden Abschnitten stellen wir die wichtigsten Begründer der Soziologie vor. Sie haben für uns nicht an Bedeutung eingebüßt, da sie verschiedene, bis heute andauernde Theorie- und Forschungstraditionen inspirierten. Noch immer studieren die Soziologen (und andere Sozialwissenschaftler) ihre Werke in der Absicht, neue Erkenntnisse und Anregungen in ihnen zu finden.

Adam Smith, Jeremy Bentham und die »rational choice«-Theorie

Adam Smith (1723-1790), einer der Ahnherren der Soziologie, war an dem, was Gesellschaften im Innersten zusammenhält, interessiert. Für Smith sind Macht und Autorität eines Herrschers nicht die einzige und nicht einmal die hauptsächliche Quelle der sozialen Kohäsion; Gesellschaften werden auch durch die wechselseitige wirtschaftliche Abhängigkeit der Menschen und durch Marktkräfte funktional integriert. Die Menschen, so Smith, treffen auf Grund rationaler Kosten-Nutzen-Kalkulationen Entscheidungen (was sie kaufen, was sie herstellen, welche Laufbahn sie einschlagen). Dabei ziehen sie hauptsächlich die Folgen für sich selbst in Betracht, nicht aber, wie ihre Handlungen sich auf andere auswirken. Doch in einem freien Wettbewerbs-

Nach Adam Smith werden Gesellschaften nicht nur durch Macht und Autorität eines Herrschers zusammengehalten, sondern auch durch die wechselseitige wirtschaftliche Abhängigkeit der Menschen und durch Marktkräfte.

markt, so behauptete Smith, führen rein durch Eigennutz motivierte Entscheidungen letztlich zur effizienten Produktion der von den Konsumenten gewünschten Güter und zu einem entsprechenden Anstieg des gesellschaftlichen Wohlstands. Der Wettbewerb wirkt also wie eine »unsichtbare Hand«: Er rationalisiert die Produktion, maximiert die Profite und lenkt Arbeit und Investitionen in Bereiche, wo die Nachfrage am größten ist.

Der britische Philosoph Jeremy Bentham (1748-1832) erweiterte und revidierte Smith' Ansichten. Die Menschen, so betonte Bentham (1789) neigen überall dazu, so zu handeln, dass ihre Lust maximiert und ihr Schmerz minimiert wird. Er lehnte Smith' Auffassung ab, wonach die aus Eigennutz getroffenen individuellen Entscheidungen sich automatisch zum größtmöglichen Wohl der Gesamtgesellschaft addieren. Das öffentliche Wohl (definiert als der größte Nutzen zu den geringsten Kosten für die größte Zahl) lässt sich nach Bentham am besten durch wissenschaftlich geplantes Regierungshandeln – was er die »sichtbare Hand« nannte – erreichen. Kooperation zwischen den sozialen Akteuren stellt sich nicht von selbst ein, selbst wenn sie einen größeren Nutzen für mehr Menschen produzieren würde. Wenn ein Staat, der die Macht besitzt, Kooperation zu fordern, nicht interveniert, behauptete Bentham, kommt es wahrscheinlich zu Konflikten zwischen den Akteuren, wobei jeder versucht, sich auf Kosten der anderen Vorteile zu verschaffen.

Die Theorie der rationalen Wahl (»rational choice«), für die Smith und Bentham Bahnbrechendes leisteten, hat noch heute einen großen Einfluss in der Soziologie. Individuelle Entscheidungen spielen dieser Theorie zufolge eine wesentliche Rolle in der Ausprägung sozialer Tatsachen (Coleman 1990; Esser 1993). Man hat sie angewandt auf Fragen, wie Unternehmen ihre Marktentscheidungen treffen, warum sich die Menschen entscheiden, in mehr Bildung zu investieren, und selbst darauf, wie junge Menschen sich entscheiden, mit wem sie sich treffen und wen sie heiraten. Besonders wichtig ist diese Theorie für Analysen staatlicher Politik, wo sie erlaubt, die Gewinner und Verlierer eines neuen staatlichen Programms zu bestimmen.

In vieler Hinsicht stellt die rational choice-Theorie eine Auffassung dar, gegen die andere soziologische Theoretiker rebellierten. Soziale Gesetzmäßigkeiten und Muster, so kritisierten sie, lassen sich nicht als Aggregat individueller Handlungen erklären; ihrer Ansicht nach spielen Gruppen, Sozialstruktur, Kultur und his-torischer Wandel eine wesentliche Rolle in der Ausbildung der Bedingungen für das soziale Handeln.

Karl Marx

Karl Marx (1818-1883) war Wirtschaftshistoriker, Gesellschaftstheoretiker und Revolutionär, ist aber berühmt geworden als »Vater« des modernen Kommunismus. Darüber hinaus leistete er wesentliche Beiträge auf den Feldern der Soziologie und Nationalökonomie.

Für Marx (1867) war das wichtigste Merkmal der Industriegesellschaften seiner Zeit ihre kapitalistische Struktur. Die Produktionsmittel waren in Privatbesitz und dienten der Erzeugung von Profiten. Der Kapitalismus war außerordentlich produktiv. Er schuf enormen neuen Reichtum und verbreitete sich schließlich über die ganze Welt. Marx zufolge ist er jedoch ein Wirtschaftssystem, das anfällig ist für Krisen, Rezessionen und Depressionen. Die Kapitalisten mochten zwar von einer reinen Wirtschaftsgesellschaft, in der der Staat nur eine geringe Rolle spielt, träumen, doch in Wahrheit brauchten sie die staatliche Macht, um das Wirtschaftssystem funktionsfähig zu halten und die Verlierer im Konkurrenzkampf daran zu hindern, dass sie rebellierten.

Viele zeitgenössische Soziologen sind von Marx beeinflusst. Nur wenige sind Marxisten in dem Sinne, dass sie seine gesamte Theorie und Politik akzeptieren – zumal angesichts des jüngsten Zusammenbruchs der kommunistischen Regime in Osteuropa und in der früheren Sowjetunion. Doch viele folgen seiner Analyse, dass die Sozialstruktur des Kapitalismus zu einer ungleichen ökonomischen Machtverteilung in der Gesellschaft führt. Viele stimmen auch mit seiner Ansicht überein, dass Individuen, die als Einzelne schwach sind, an Macht gewinnen, wenn sie sich kollektiv organisieren.

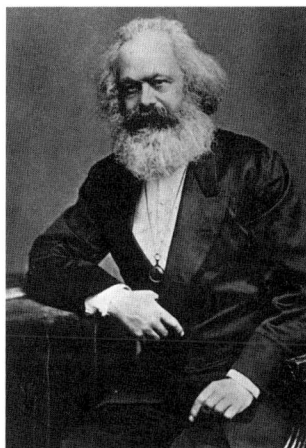

Nach Marx wird die kapitalistische Gesellschaft beherrscht von jenen, die die Produktionsmittel kontrollieren und sich die Profite aus der Arbeit anderer (den »Mehrwert«) aneignen. Die tiefe Spaltung zwischen den sozialen Klassen führt zu Kämpfen um die gesellschaftliche Macht und schließlich zur Revolution.

1

Marx über Klassenkampf und die Struktur des Kapitalismus

Ein zentrales Thema der Marxschen Gesellschaftstheorie war die Spaltung der Gesellschaft in sich bekämpfende Klassen. Diese Klassen waren nicht einfach verschieden voneinander; sie hatten unvereinbare Interessen, und der Konflikt zwischen den Klassen (beispielsweise zwischen Sklaven und Sklavenbesitzern) prägte die ganze soziale Realität. Die wichtigsten und zutiefst antagonistischen Klassen in der kapitalistischen Gesellschaft waren die **Kapitalisten** oder die **Bourgeoisie**, die das Land, die Fabriken und Maschinen besaßen, und das **Proletariat** oder die Arbeiter, die mit ihrer Arbeit faktisch die Waren herstellten.

Diese strukturelle Spaltung der Gesellschaft in sich bekämpfende Klassen hatte enorme Konsequenzen für die gesellschaftlichen Machtbeziehungen. Für Marx standen die Interessen der Kapitalisten und des Proletariats im Widerspruch zueinander. Um ihre Profite zu maximieren, mussten die Kapitalisten die Arbeiter ausbeuten und deren Löhne niedrig halten. Die Arbeiter litten. Um eine klassenlose Gesellschaft zu etablieren, die den gesellschaftlich produzierten Reichtum gerecht verteilt, mussten sie das kapitalistische System stürzen und sich die Produktionsmittel aneignen. Marx unterstellte, dass die Kapitalisten und die von ihnen unterstützten Regierungen alle ihre Macht aufbieten würden, um die Arbeiter an der Veränderung der sozialen Ordnung zu hindern; entsprechend würden diese,

um Widerstand leisten zu können, die aus ihrer Zahl resultierende Macht aufbieten und sich zum Sturz ihrer Unterdrücker wahrscheinlich auf einen langen Konflikt mit ihnen einstellen müssen. Reibungen und der Kampf um gesellschaftliche Werte und Ziele seien jedoch unvermeidlich, gleichgültig ob es am Ende zu einer Revolution komme oder nicht. Nach Marx ist der Klassenkampf dem kapitalistischen System inhärent.

Alles soziale Handeln und sogar die Kultur ist nach Marx von der in der ökonomischen Produktion und den Klassenbeziehungen wurzelnden Sozialstruktur geprägt. So brachten die kleinbäuerlichen Agrarwirtschaften des Mittelalters feste Gemeinschaften und einen starken religiösen Glauben hervor, während der Individualismus und eine wissenschaftlichere Grundhaltung ein Produkt des Industriekapitalismus seien. Marx behauptete ferner, dass der Klassenkampf die primäre Ursache des sozialen Wandels sei. Seine Theorie lässt dem sozialen Handeln einen gewissen Spielraum, doch ist dieses nie frei vom Einfluss früherer Handlungen, vor allem aber nicht von dem der Sozialstruktur. »Die Menschen machen ihre eigene Geschichte«, schrieb Marx, »aber sie machen sie nicht aus freien Stücken, nicht unter selbstgewählten, sondern unter unmittelbar vorgefundenen, gegebenen überlieferten Umständen« (1852: 2. Abs.).

Einer der zentralen Marxschen Beiträge zur Soziologie ist seine Analyse des kollektiven

Kampfes als einer Form sozialen Handelns. Da eine kleine Elite den größten Teil des gesellschaftlichen Reichtums kontrolliert, haben die meisten Individuen als Einzelne nur wenig Einfluss auf ihr Leben. Durch gewerkschaftliche Organisation und die Bildung politischer Parteien, so Marx, könnten die Arbeiter aber schließlich die Macht erringen, um diese Gesellschaftsstruktur zu verändern. Damit war nicht nur eine Aufforderung zum Handeln, sondern zu einer kulturellen Veränderung gemeint. Die Arbeiter mussten sich von der kapitalistischen Vorstellung befreien, jeder Mensch sei nur ein Individuum und nichts sonst; sie mussten ein **Klassenbewusstsein**, eine Vorstellung ihrer gemeinsamen Interessen und Probleme, entwickeln. Bis es so weit war, würden die Kapitalisten, so Marx, ihre Macht dazu nutzen, um die Religion, die Freizeitaktivitäten und Konsumpräferenzen des Proletariats zu manipulieren und ein »falsches Bewusstsein«, d.h. eine irreführende kulturelle Perspektive in den Arbeitern zu erzeugen, die sie an der Erkenntnis hindert, dass sie ausgebeutet werden. Die Kultur verstärkt somit in dieser Sicht die Macht der Eliten in der nach Klassen gespaltenen Sozialstruktur des Kapitalismus. Ohne deren Revolutionierung, so Marx, würde es den Arbeitern nicht gelingen, die Macht zu erringen. Und nur die Eroberung der Staatsmacht erschien ihm als geeignetes Instrument, die neue Sozialstruktur der klassenlosen Gesellschaft zu schaffen.

Émile Durkheim

Ein anderer enorm einflussreicher Soziologe war der Franzose Émile Durkheim (1858-1917). Durkheim lehnte zwar die Marxsche Theorie ab, wonach die Ökonomie die Basis der Sozialstruktur bilde und die gesellschaftliche Spaltung in Klassen unvermeidlich sei. Er war aber wie Marx an den Kräften interessiert, die die Menschen verbinden, an dem, was er die **soziale Solidarität** (Durkheim 1893) nannte.

Max Weber

Max Weber (1864-1920) war einer der bedeutendsten deutschen Intellektuellen seiner Zeit. Mit anderen frühen Soziologen teilte Weber (1904) die Auffassung, dass soziale Tatsachen mit wissenschaftlichen Methoden ana-

Nach Durkheim werden moderne Gesellschaften durch gemeinsame soziale Bande zusammen gehalten. Gegenseitiges Vertrauen und die wechselseitige Abhängigkeit erzeugen ein »Kollektivbewusstsein«, ein Gefühl der Zusammengehörigkeit. Das Ergebnis ist, dass die Gesellschaft als Ganze größer als die Summe ihrer individuellen Mitglieder und verschieden von ihr ist.

Durkheim über soziale Solidarität

Für Durkheim liegt der Schlüssel zu dieser sozialen Solidarität in der funktionalen Integration, die in zwei Formen, der mechanischen und der organischen Solidarität, auftritt. Die **mechanische Solidarität** beruht auf weitgehend gemeinsamen Überzeugungen, Werten, Sitten und Bräuchen. Sie hält kleine, einfache Stammesgesellschaften und traditionelle Agrardörfer zusammen, in denen alle Personen nahezu die gleiche Weltsicht teilen und die gleichen Tätigkeiten ausüben. Große, komplexe, moderne Gesellschaften hingegen werden zusammengeschweißt durch eine, wie Durkheim sie nennt, **organische Solidarität**, eine Interdependenz, die auf einer komplexen Arbeitsteilung beruht. In einer modernen Gesellschaft verdient jede Person durch eine spezialisierte Berufstätigkeit Geld, das sie zum Kauf von Waren und Dienstleistungen nutzt, auf deren Produktion bzw. Bereitstellung sich Tausende anderer Personen spezialisiert haben. Die sozialen Bande, die diese Ordnung erzeugt, sind extrem stark. Die Menschen sind miteinander »vernetzt«, weil sie auf Grund ihrer unterschiedlichen Fertigkeiten und Rollen einander zum Leben brauchen. Am höchsten ist die funktionale Integration in modernen Gesellschaften, die auf organischer Solidarität beruhen, entwickelt.

Nach Durkheim (1895) bildet die Gesellschaft ein Ganzes, das größer ist als die Summe seiner Teile; die Untersuchung der Gesellschaft erfolgt daher auf einer anderen Ebene als die der Individuen. Um diesen Punkt zu illustrieren, gebraucht Durkheim die bereits weiter oben erwähnte Analogie des Organismus (daher sein Ausdruck *organische* Solidarität). Eine Person ist mehr als die Summe der Zellen und Organe, aus denen ihr Körper besteht; ein vernetztes lebendes System lässt sich nicht auf eine Ansammlung von Teilen reduzieren. Dies gelte genauso für Gesellschaften. Dennoch sei es nützlich, die einzelnen Teile und ihren Beitrag zum Funktionieren des Gesamtsystems zu untersuchen. Durkheim weist darauf hin, wie verschiedene soziale Aktivitäten und Institutionen (etwa die Familie, die Schule und das Gerichtswesen) aufeinander abgestimmt sind und sich gegenseitig stützen – selbst wenn niemand das Ganze plant. Das Ganze wird in Durkheims funktionalistischer Sicht von den vernetzten Wirkungsweisen seiner Teile zusammengehalten.

Mittels desselben funktionalistischen Arguments versucht Durkheim nachzuweisen, dass aus der Kultur abgeleitete gemeinsame Werte und Praktiken ebenfalls einen Beitrag zum gesellschaftlichen Zusammenhalt leisten (Durkheim 1912; Alexander 1988). So sind religiöse Kulte und Gottesdienste nicht nur besondere Anlässe, Gott zu verehren, sondern sie bekräftigen auch die sozialen Bande zwischen den Mitgliedern der Glaubensgemeinschaft und zwischen dieser und der Gesamtgesellschaft. Die Funktion der Religion und anderer Elemente der Kultur ist es auch, den Menschen Regeln und Grenzen ihres Handelns sowie Vorstellungen davon zu vermitteln, was sie vernünftigerweise erwarten können. In Zeiten rapiden sozialen Wandels wie der industriellen Revolution geraten diese Vorstellungen ins Wanken. Entfernt sich die Realität zu sehr von den Erwartungen, leidet die Gesellschaft unter **Anomie** – ein Zustand, in dem die Menschen auf Grund des Zusammenbruchs der sozialen Normen oder Regeln nur mehr schwer erkennen, wer sie sind, wohin sie ihr Leben führt und was für eine Bewandtnis alles hat.

Durkheims Hauptbeitrag zur Soziologie bestand darin, dass er die den Individuen weitgehend gemeinsamen Merkmale der sozialen Realität – Kultur, Sozialstruktur und insbesondere funktionale Integration – als eine eigene Klasse sozialer Tatsachen bestimmte, die mit ihnen angemessenen, spezifischen Methoden untersucht werden müssen.

---

lysiert werden müssen. Im Gegensatz zu Durkheim sind für Weber soziale Tatsachen nicht mehr (und nicht

Max Webers Interesse galt dem Zusammenwirken ökonomischer, politischer und kultureller Faktoren, die die charakteristische soziale Organisation moderner westlicher Gesellschaften hervorgebracht haben. Für diesen Organisationstypus, so Weber, müssen sich die Individuen rationalere und weniger traditionelle Orientierungen des sozialen Handelns zu eigen machen.

weniger) als das aggregierte Resultat der sozialen Handlungen von Individuen. Soziologische Erklärungen, so Weber, basieren auf einem »deutenden Verstehen« der Ursachen, warum die Menschen so und nicht anders handeln. Anders aber als die rational choice-Theorie, sofern diese von »objektiven« Interessen der Akteure ausgeht, betont Weber deren subjektives Situationsverständnis und Motivation. Die Soziologie muss versuchen, Handlungen vom Standpunkt des Akteurs zu verstehen, d.h. über das objektiv beobachtbare Verhalten hinaus die subjektiven Gedanken und Gefühle zu analysieren, die den einzelnen Handlungen zugrunde liegen. Sie muss interpretieren und nicht nur beobachten. Weber nannte diesen Ansatz »Verstehende Soziologie«.

Max Weber über Rationalisierung und Status

Wie Marx und Durkheim wollte Weber den raschen sozialen Wandel, der sich zu seiner Zeit vollzog, verstehen. Der bedeutendste Trend der modernen Ära ist nach Weber die zunehmende *Rationalisierung* sozialen Handelns und der sozialen Institutionen, d.h. eine Abkehr von traditionellen Orientierungen – bei denen die Lehren der Vergangenheit als Richtschnur für künftiges Handeln übernommen werden, man also in die Fußstapfen der Vorfahren tritt– zu rationaleren Orientierungen – bei denen die Konsequenzen des eigenen Handelns in Entscheidungen einbezogen werden (Weber 1922; vgl. auch Brubaker 1984; Schluchter 1979). Der Aufstieg der Wissenschaft zum Hauptinstrument des Wissenserwerbs, die Entstehung von Staaten, die auf rechtsstaatlichen Prinzipien beruhen, und die Entwicklung des Kapitalismus sind für Weber alle Zeichen dieses Trends zur Rationalisierung. So benötigt der Kapitalismus Spezialisten, die Märkte analysieren, die Effizienz des Produktionsausstoßes maximieren, Zinsen auf Kapitalinvestitionen berechnen und Finanzinstitutionen zur Ankurbelung der Wirtschaft gründen – alles Aktivitäten, die eine zweckrationale, wohl durchdachte Herangehensweise an die Realität erfordern. Die Rationalisierung wiederum führte zu einer drastischen Zunahme der Macht formaler Organisationen – von Staaten bis zu gigantischen Unternehmen.

Doch Weber sah, dass der Kapitalismus auf mehr als nur zweckrationalem Kalkül beruht. Marx, so Weber, hatte der ökonomischen Struktur zu großes Gewicht beigemessen und den Einfluss der Kultur auf das soziale Handeln ignoriert. Weber hielt den Kapitalismus für ein Ergebnis kultureller Veränderungen, vor allem aber von Veränderungen im religiösen Glauben und in den Wertvorstellungen. Weber entwickelte die These, dass die protestantische Reformation, die die Individuen für ihre eigene Erlösung verantwortlich machte und die Arbeitsethik förderte, das Fundament für den Kapitalismus schuf (vgl. Kapitel 14); kulturelle Vorstellungen spielen demnach eine eigenständige und wichtige Rolle in der Ausprägung individueller Handlungen und der Gesellschaftsstruktur, einschließlich des Wirtschaftssystems. Ökonomische Veränderungen *folgen* also manchmal kulturellen Veränderungen und nicht umgekehrt, wie Marx behauptete.

Wie Marx hielt Weber Macht und Konflikt für grundlegende Elemente des sozialen Lebens. Doch für Weber legen ökonomische Positionen nicht notwendig die Linien fest, entlang derer der Machtkampf verläuft. Oft, so Weber, achten wir mehr auf andere soziale Faktoren – z.B. Rasse, Religion oder persönlichen Geschmack –, wenn wir Menschen in der sozialen Hierarchie verorten. Diese anderen sozialen Faktoren bilden die Grundlage von **Statusgruppen**. Statusgruppen sind für Weber zumindest genauso wichtig für die Art und Richtung politischen Handelns. So ist es in den USA durchaus denkbar, dass Mitglieder der weißen Arbeiterschicht ihren höheren Status gegenüber Mitgliedern der schwarzen Arbeiterschicht verteidigen, selbst auf Kosten eines gemeinsamen politischen Vorgehens zur Verbesserung ihrer ökonomischen Lage. Unterscheidungen zwischen Statusgruppen nutzen meist den Eliten. Wenn man, um nach oben zu kommen, die richtigen Schulen besuchen, mit dem richtigen Akzent sprechen und die richtigen Manieren haben muss, bleibt vielen Neureichen der Elitestatus verwehrt, mit der Folge, dass die Elitegruppen klein bleiben und ihren privilegierten Status bewahren.

George Herbert Mead

Wie Weber sind viele Soziologen des 20. Jahrhunderts von der Bedeutung der Kultur und des sozialen Handelns überzeugt. Weber befasste sich jedoch vorwiegend mit weitreichenden Generalisierungen über Typen großer Organisationen, während andere Soziologen sich

George Herbert Meads besonderes Interesse galt den alltäglichen menschlichen Interaktionen und ihren anthropologischen Grundlagen. Worte, Gesten und Mienenspiel sind für ihn Symbole dessen, was wir denken und fühlen, und bilden die eigentliche Grundlage des sozialen Lebens.

darauf konzentrierten, wie die Individuen ihre sozialen Lebenswelten subjektiv erfahren und begreifen und wie verschiedene Menschen zu einer gemeinsamen Definition ihrer Wirklichkeit gelangen (Schütz/Luckmann 1973). Insbesondere George Herbert Mead (1863-1931), ein amerikanischer pragmatistischer Philosoph, Mitbegründer der Sozialpsychologie, hat die anthropologischen Grundlagen und die Entwicklung der menschlichen Fähigkeit zur Kommunikation und Interaktion mit anderen und mit sich selbst untersucht. An ihn schließt eine stark mikrosoziologisch orientierte Schule soziologischer Forschung an.

Moderne soziologische Theorien

Die Schriften der genannten Klassiker der Soziologie und einiger weiterer Generationsgenossen von Weber, Durkheim und Mead (wie z. B. Georg Simmel und

Mead über symbolvermittelte Interaktion

Der »kleinen« Phänomene hat sich besonders der **Symbolische Interaktionismus**, eine US-amerikanische soziologische Schule, angenommen. Begründet wurde sie von George Herbert Mead (1863-1931) und William I. Thomas (1863-1947), die beide an der University of Chicago lehrten. Ausgangspunkt ihrer Überlegungen war, dass ein Großteil des menschlichen Verhaltens nicht nur von den objektiven Gegebenheiten einer Situation bestimmt wird, sondern auch davon, wie die Menschen diese Situation definieren, d.h. von den Bedeutungen, die sie ihnen zuschreiben. Die berühmteste Charakterisierung dieser Position stammt von Thomas: »Wenn die Menschen Situationen für real halten, dann haben sie auch reale Konsequenzen« (Thomas/ Thomas 1928:572). Angenommen, jemand hält die Straßen deutscher Großstädte für zu gefährlich, um sich nachts noch frei auf ihnen zu bewegen. Infolgedessen wird die Person sich nachts nicht mehr hinauswagen. Ihr Verhalten wird hier nicht so sehr von einer objektiven Tatsache (der tatsächlichen Kriminalitätsrate) als vielmehr von ihrer Einschätzung der Kriminalitätsrate bestimmt. Diese Einschätzung repräsentiert für die Person eine reale Größe, denn sie ist der Grund, warum sie zu Hause bleibt. Manchmal entwickeln sich unsere Situationsdefinitionen zu sich selbst erfüllenden Prognosen oder Prophezeiungen (Merton 1968). Wenn die meisten glauben, es sei zu gefährlich, nach Einbruch der Dunkelheit auszugehen, und daher zu Hause bleiben, werden die Straßen womöglich wirklich gefährlicher, weil dann nur wenige Menschen unterwegs sind, die ein Verbrechen beobachten und eventuell verhindern könnten.

Aus seiner Analyse unseres Alltagsverständnisses sozialer Situationen schloss Mead, dass wir die Bedeutung von Verhalten und Ereignissen durch *Interaktion* mit anderen erlernen. Wir lernen so, uns in der sozialen Realität zu »verorten« und die Rollen zu spielen, die man in verschiedenen Situationen von uns erwartet. Selbst unser Identitäts- oder Selbstgefühl erlernen wir nach Mead (1934) durch soziale Interaktion. Damit meinte er, dass wir uns selbst vorwiegend dadurch kennenlernen, dass wir wahrnehmen, wie andere auf uns reagieren. Doch unsere Gedanken und Gefühle sind anderen nicht unmittelbar zugänglich. Wir kommunizieren vielmehr mittels *Symbolen* – Worten, Gesten, Mimik, Tönen und Handlungen, deren Bedeutung weithin verstanden wird. Somit wird ein Großteil des menschlichen Verhaltens durch symbolische Interaktion geprägt.

Die an Mead anknüpfenden Symbolischen Interaktionisten interessieren sich in erster Linie für alltägliches Verhalten. Was passiert beispielsweise, wenn eine Studentin nach der Vorlesung sich mit einer Frage an den Dozenten wendet? Sie stellt zuerst fest, was dieser gerade macht, um ihr Vorgehen darauf abzustimmen. Spricht der Dozent gerade mit einem anderen Studenten, interpretiert sie dies so, dass er beschäftigt ist, und schweigt so lange, bis er fertig ist. Und wenn sie dann mit ihm spricht, registriert sie sowohl ihre eigenen Worte und Handlungen wie die des Dozenten. Lächelt er und neigt sich leicht zu ihr hin, nimmt sie wahrscheinlich an, dass er sie ermutigt, und redet zuversichtlich weiter. Blickt er aber zum Fenster hinaus oder schaut auf die Uhr, deutet sie sein Verhalten wahrscheinlich als Zeichen der Ungeduld und versucht, sich kurz zu fassen. So tauschen wir, während wir unser soziales Verhalten schrittweise »verfertigen«, sondierende Hinweise aus und orientieren uns an den Rückmeldungen unserer Partner. Im Ergebnis entsteht ein gemeinsames Verständnis der Bedeutung der Situation. Ein solches gemeinsames Verständnis, für das sich die Interaktionisten primär interessieren, ist für das soziale Leben konstitutiv (Blumer 1969). Wir werden auf diesen Ansatz im 4. Kapitel näher eingehen.

Ferdinand Tönnies in Deutschland, William Isaac Thomas und Robert Park in den USA) werden heute weltweit als wesentlich für den Charakter des Projekts »Soziologie« anerkannt. Wie in allen Fällen solcher Kanonisierung einzelner Denker handelt es sich auch hier selbstverständlich um eine retrospektive Konstruktion; es war den Zeitgenossen keineswegs offensichtlich, dass gerade die Schriften dieser Autoren von bleibender Bedeutung sein würden.

Keiner der späteren Soziologen hat mehr für die Bildung dieses Kanons einer klassischen soziologischen Theorie getan als der US-Amerikaner Talcott Parsons (1902-1979). Insbesondere in seinem ersten großen Werk *The Structure of Social Action* von 1937 lieferte er umfangreiche Interpretationen der Schriften von Weber und Durkheim – und das zu einer Zeit, als die überragende Bedeutung dieser beiden Begründer des Fachs erst noch erkannt werden musste. Er ging aber zugleich weit über diese interpretatorischen Bemühungen hinaus. Seines Erachtens zeichnete sich nämlich in den Schriften dieser Autoren der Grundriss einer ihnen gemeinsamen Theorie ab. Als die wichtigsten Bestandteile dieser Theorie bezeichnete Parsons die Rolle der Normen und Werte für das menschliche Handeln sowie die

Keiner hat mehr für die Bildung eines Kanons klassischer soziologischer Theorie und die Erarbeitung einer umfassenden und einheitlichen Theorie in der Soziologie getan als Talcott Parsons. Diese Theorie galt ihm zugleich als definitive Kritik an den Theorien rationaler Wahl und nutzenorientierten Handelns.

Entstehung und Gewährleistung sozialer Ordnung. Da Weber und Durkheim und die anderen von Parsons behandelten Autoren keineswegs demselben intellektuellen Hintergrund entstammten und sich auch wechselseitig nicht beeinflusst hatten, empfand Parsons diese sich abzeichnende Gemeinsamkeit als eine Art Bestätigung für die Plausibilität der Theorie.

Diese Theorie galt ihm zugleich als definitive Kritik an den Theorien rationaler Wahl und nutzenorientierten Handelns. Parsons wies diese zwar nicht völlig ab, wollte ihre Anwendbarkeit jedoch auf das Fach Ökonomie und einige weitere Spezialbereiche der Sozialwissenschaften eingegrenzt sehen; der Soziologie konnte diese Theorie seines Erachtens nicht zur Identität verhelfen.

In den folgenden Jahrzehnten arbeitete Parsons seine Grundgedanken in einer Vielzahl von Werken zu theoretischen Problemen und empirischen Feldern der Soziologie in beeindruckendem Umfang aus. Diese Werke stellten den bis dahin einmaligen Versuch dar, der Soziologie zu einer umfassenden und einheitlichen Theorie zu verhelfen. Auf die Details dieser Theorie kann hier nicht eingegangen werden; in vielen Kapiteln des Lehrbuchs tauchen aber Aspekte von ihr auf.

In den ersten zwei Jahrzehnten nach dem Zweiten Weltkrieg erreichte die amerikanische Soziologie eine unzweifelhaft führende und in vieler Hinsicht auch hegemoniale Rolle in der Weltsoziologie. Zwar stand ihr im Ringen zwischen Ost und West, den konkurrierenden Systemen und Ideologien, der Marxismus-Leninismus sowjetischer Prägung als großer Rivale entgegen. Dieser konnte aber schon allein aufgrund seiner dogmatischen Starre und Empirieferne kein ernsthafter Konkurrent sein, sofern die Bedingungen für freies Forschen und unzensierte theoretische Diskussion gegeben waren. Innerhalb der führenden US-Soziologie war Parsons für einige Zeit der führende theoretische Kopf. Da seine enorm anspruchsvollen und manchmal auch schwer verständlich geschriebenen Werke aber vielleicht mehr respektiert als gelesen wurden, lag das wirkliche Zentrum des Fachs in dieser Zeit wohl eher bei der Verknüpfung einer etwas weniger anspruchsvollen Variante der Parsonsschen Theorie – wie sie das Werk von Robert Merton (geb. 1910) bot – und immer raffinierter werdender Verfahren vornehmlich quantitativer Datenerhebung und –analyse.

Ende der 1960er Jahre erschien die Soziologie so als blühende, selbstbewusste, rapide wachsende Disziplin. Wie wenige andere Fächer geriet sie in ihren institutionellen Strukturen und intellektuellen Orientierungen dann mitten hinein in den Aufruhr der kulturellen Umwälzungen und sozialen Bewegungen dieser Zeit – und dies mit vielen positiven und negativen, bis heute nicht klar überschaubaren und verarbeiteten Folgen. Von den USA aus breiteten sich diese Bewegungen (Bürgerrechtsbewegung; Anti-Vietnamkriegs-Bewegung; Studentenbewegung) in alle westlichen (und einige östliche) Länder aus; ihre Aktivisten stützten sich teilweise auf die Soziologie, attackierten aber auch heftig das Fach in seiner damaligen Gestalt. In dieser Zeit verlor die Theorie, die gerade noch als Inbegriff der modernen Soziologie gegolten hatte, rapide an Einfluss. Es kam zu einer Renaissance und neuen Formen etwa der Theorien rationaler Wahl, des Symbolischen Interaktionismus und einer als Konfliktsoziologie verstandenen Orientierung an den Schriften Max Webers. Besonders spektakulär – und für die USA historisch praktisch neu – war die Renaissance eines »westlichen Marxismus«, d. h. von Varianten des Marxismus, die nicht mit dem sowjetkommunistischen Marxismus-Leninismus identisch waren. In diesen Zusammenhang gehört auch die »Kritische Theorie« der sogenannten Frankfurter Schule (Max Horkheimer, Theodor W. Adorno, Herbert Marcuse u. a.); die Selbstbezeichnung dieser Gruppe deutscher Intellektueller wurde seit dieser Zeit zum Etikett für ein immer breiteres Spektrum intellektueller Impulse.

Die sozialen Bewegungen und neuen intellektuellen Bestrebungen dieser Zeit sprengten das Gehäuse der Soziologie der ersten Nachkriegsjahrzehnte; sie führten ihr gewiss neue Themen, Sichtweisen und Impulse zu. Aber zumindest von außen und teilweise auch von innen bot das Fach durch diese Umwälzungen immer mehr den Eindruck der Zersplitterung: als gebe es eigentlich gar kein einheitliches Fach mehr mit einem verbindlichen Zuschnitt der Fragestellungen, Theorien und Methoden und einem Kanon allseits akzeptierter klassischer Schriften und vorbildlicher Forschungen. In den siebziger Jahren muss dieser Eindruck fast unvermeidlich gewesen sein. Spätestens seit Ende der siebziger Jahre aber setzten vielfältige Bemühungen ein, aus diesen Fehden konkurrierender »Ansätze« oder einer bloßen friedlichen Koexistenz herauszukommen und wieder an theoretischen Synthesen zu arbeiten. Das Feld dieser Synthesen stellt die gegenwärtige soziologische Theoriediskussion dar.

Innerhalb dieses Feldes gibt es kreative Versuche, an einzelne der Klassiker neu anzuknüpfen, dabei aber die Argumente der Konkurrenten und Alternativen ernsthafter einzubauen, als dies vorher geschehen war; bei manchen Autoren kommen auch neue zentrale Gedanken auf, von denen aus die theoretische Synthese in den Blick gefasst wird. Ebensowenig wie in diesem Buch über eine Einführung in die Forschungsmethoden (Kapitel 2) hinaus ein wirklicher Überblick über die Methoden gegeben werden kann, kann dies im Bereich der Theorie gelingen. Deshalb müssen hier einige Hinweise genügen.

Einige der bedeutendsten von Parsons' Schülern (wie Shmuel Eisenstadt in Israel, Robert Bellah in den USA) haben trotz des Umschwungs in Hinsicht auf den theoretischen Einfluss ihres Lehrers ihren Weg kontinuierlich fortgesetzt und durch schrittweise Selbstkritik und -revision bedeutende theoretische Fortschritte erzielt. In einer jüngeren Generation haben andere (Jeffrey Alexander in den USA, Richard Münch in Deutschland) mit ihren Schriften die Parsonssche Synthese wiederzubeleben versucht. Gerade auch die von Parsons für überwunden gehaltenen Ansätze zu einer Theorie der rationalen Wahl haben in den letzten Jahrzehnten beträchtlichen Einfluss entwickelt und zu einigen der ehrgeizigsten und umfassendsten Beiträge zur Soziologie geführt (James Coleman in den USA, Hartmut Esser in Deutschland). Ebenso bleibt das Werk Max Webers eine anhaltende Quelle der Inspiration für systematische soziologische Theorie und Entwürfe einer soziologischen Universalgeschichtsschreibung (Wolfgang Schluchter in Deutschland; Michael Mann in USA bzw. Großbritannien). Auch das Werk George Herbert Meads und anderer Vertreter des amerikanischen Pragmatismus ist zum Ausgangspunkt gegenwärtiger systematischer theoretischer Versuche geworden (Hans Joas). Die Traditionen des westlichen Marxismus und der Kritischen Theorie wurden in besonders eindrucksvoller und einflussreicher Weise aufgenommen und durch den Gedanken von der Spezifik menschlicher Kommunikation transformiert im Werk von Jürgen Habermas. In Großbritannien hat Anthony Giddens aus der Spannung zwischen Marxismus und klassischer akademischer soziologischer Theorie heraus seine Theorie der Strukturbildung entwickelt. In Deutschland ist die radikale und ingeniöse Weise, in der Niklas Luhmann aus Komponenten von Parsons' Soziologie eine ganz eigene und umfassende »Systemtheorie« entwickelt hat, von größtem Einfluss. In Frankreich sind insbesondere die Kultursoziologie von Pierre Bourdieu und die an der Dynamik sozialer Bewegungen entwickelte Soziologie von Alain Touraine zu Kristallisationspunkten neuer Theoriesynthesen geworden.

Trotz aller Differenzen lässt sich zwischen diesen Syntheseversuchen eine Fülle von Gemeinsamkeiten feststellen. Die theoretische Arbeit betrifft dabei oft hoch abstrakte Fragen wie die nach dem genauen Charakter menschlichen Handelns, den Grundformen sozialer Ordnung und den Mechanismen sozialen Wandels. Was in diesem Lehrbuch als Raster von fünf Grundbegriffen erscheint, wird in der Theoriediskussion detailliert ausgearbeitet und auch immer wieder problematisiert.

In einem bestimmten Sinn handelt es sich hier selbst um ein Phänomen der Arbeitsteilung. Kein Soziologe und keine Soziologin können heute mehr sowohl auf dem Gebiet der empirischen Methoden wie dem der Theorienbildung wie dem des sachlichen Überblicks über die einzelnen Forschungsfelder wirklich Expertenwissen erreichen; um zum wissenschaftlichen Fortschritt beizutragen, sind Konzentration auf einzelne Bereiche und Spezialisierungen unabdingbar geworden. Die Gefahr solcher Arbeitsteilung liegt aber, wie bereits die Klassiker der Soziologie erkannten, in der Vereinseitigung der Experten und der Verselbständigung der Wissensgebiete gegeneinander. So wird heute – und oft zweifellos zurecht – beklagt, dass sich die empirischen Forscher zu wenig am Stand der avancierten Theoriearbeit oder dass umgekehrt sich die Theoretiker zu wenig an den Erfordernissen empirischer Forschung orientierten. Die Überbrückung dieser unleugbar vorhandenen Klüfte ist einerseits eine Aufgabe jedes Individuums in der Soziologie, andererseits des Fachs als einer globalen wissenschaftlichen Gemeinschaft.

Hinzu kommt, dass die Soziologie auch weiterhin unvermeidlich – zu ihrem Nutzen und ihrem Schaden – durchlässiger gegenüber dem Wandel der Zeitfragen, den Einwirkungen sozialer Probleme und Bewegungen ist als andere wissenschaftliche Disziplinen, die ihre Aufgabe eindeutiger festgelegt haben. Das gestiegene Bewusstsein für Umweltgefahren und großtechnologische Risiken schlechthin hat so nicht nur zu einer Fülle neuer Forschungen geführt (vgl. Kapitel 22 zur Umweltsoziologie), sondern auch zu einer Infragestellung tiefsitzender Gewissheiten der Industriegesellschaft, die auch in die soziologische Theorie eingegangen sind (Ulrich Beck in Deutschland; Anthony Giddens in Großbritannien; Charles Perrow in USA). Die neue Reflexion auf den Holocaust und die Geschichte staatlich organisierter Gewalt im 20. Jahrhundert hat zu neuen Fragen auch für die soziologische Theorie geführt (etwa im Werk des polnisch-britischen Soziologen Zygmunt Bauman). Insbesondere in den USA zwingt die bis heute nicht wirklich gelöste Rassenfrage dazu, auch den Beitrag schwarzer Intellektueller und Aktivisten zur Soziologie stärker zu berücksichtigen; W.E.B. Du Bois (1868-1963) wird dabei manchmal als den Klassikern der Soziologie ebenbürtig gewürdigt.

Von ganz besonderer Fruchtbarkeit für das Fach ist bereits und kann potentiell noch mehr sein die stärkere Berücksichtigung der Geschlechtsdimension sozialen Lebens. Dies gilt nicht nur für die empirische Forschung (vgl. Kapitel 11 zu »Geschlecht und Gesellschaft«), sondern auch für die zentralen Fragen soziologischer Theorie selbst (als Versuch einer feministischen Soziologie vgl. das Werk von Dorothy Smith).

Die weltweite Ausbreitung der Soziologie und die Prozesse der Globalisierung lassen es zudem als wahrscheinlich erscheinen, dass sich die europäisch-nordamerikanische Soziologie zunehmend kulturellen Einflüssen öffnen wird, die aus anderen Kulturkreisen und -traditionen stammen. Der Charakter dieser Prozesse und das Ausmaß ihrer Rückwirkungen auf die kognitive Identität des Faches lassen sich gegenwärtig noch nicht abschätzen.

Für die Zukunft des Faches Soziologie ist es entscheidend, dass es gelingt, die Balance zwischen Engagement und Distanzierung, zwischen Synthesewillen und Offenheit immer neu zu gewinnen. Nur dann kann das Fach sowohl vor akademischer oder professioneller Erstarrung wie vor der Diffusion in Teilbereiche und konkurrierende Ansätze bewahrt werden. Nur dann lassen sich die Hoffnungen, die die Klassiker mit der Entstehung des Fachs verbanden, unter rapide sich wandelnden Bedingungen erfüllen. (Als Überblick über soziologische Theorien und Hauptwerke der Soziologie geeignet sind die Sammelwerke Käsler 1999 und Käsler/Vogt 2000.)

Zusammenfassung

1. Die Soziologie untersucht menschliche Gesellschaften und die zahlreichen Dimensionen sozialen Handelns und sozialer Beziehungen. C. Wright Mills bezeichnete mit dem Terminus »soziologische Phantasie« unsere Fähigkeit, persönliche Erfahrungen im Kontext der Ereignisse unserer sozialen Umwelt wahrzunehmen und soziale Zusammenhänge zu erfassen, die der persönlichen Erfahrung allein nicht zugänglich sind.

2. Fünf Schlüsselbegriffe haben sich für die Soziologie als nützlich erwiesen, um unsere komplexe, stets sich wandelnde soziale Realität zu verstehen. Es sind dies die Sozialstruktur (relativ stabile, beständige Muster sozialer Beziehungen, sozialer Positionen und Individuenmengen); soziales Handeln (bewusstes Verhalten, das sowohl die Handlungen anderer beeinflusst als auch von ihnen beeinflusst wird); Kultur (die gemeinsamen Weisen des Denkens, Verstehens, Bewertens und Kommunizierens, die den Lebensstil von Menschen prägen); Macht (die Fähigkeit eines sozialen Akteurs, die Handlungen anderer direkt oder indirekt zu kontrollieren); und funktionale Integration (differentieller Beitrag einer Beziehung, Position, Organisation oder eines anderen sozialen Phänomens zu einem größeren sozialen Ganzen). Für ein funktional integriertes System gilt: Was in einem Teil der Gesellschaft geschieht, beeinflusst das und wird beeinflusst durch das, was in anderen Teilen geschieht.

3. Wie alle Wissenschaften beruht die Soziologie auf empirischer Beobachtung (Daten, die durch Abstraktion und Interpretation erhoben werden und reproduzierbar sein müssen) und logischer Analyse (Identifikation der Analyseeinheiten und der Beziehungen zwischen ihnen, Theorienbildung).

4. Soziale Tatsachen sind relativ beständige Eigenschaften der sozialen Realität, die Rahmenbedingungen setzen und die Handlungen der Individuen prägen. Sie sind nicht in den Individuen lokalisierbar, sondern resultieren aus den Interaktionen von Individuen und Gruppen.

5. Die Soziologie entstand im ausgehenden 18. und beginnenden 19. Jahrhundert, einer Periode raschen sozialen Wandels. Die »moderne Ära« hat ihre Wurzeln in der Entstehung der urbanen, kapitalistischen Industriegesellschaft, der Entdeckung verschiedenartiger (nichteuropäischer) Kulturen und den politischen und geistigen Umwälzungen.

6. Adam Smith war ein Mitbegründer der Theorie der rationalen Wahl, wonach die Menschen ihre Entscheidungen so treffen, dass die gewählte Handlung für sie am vorteilhaftesten ist. Jeremy Bentham erweiterte dieses Konzept. Nach Bentham bedarf es der Intervention von Regierungen, damit die Gesellschaft reibungsfrei funktioniert und möglichst viele Menschen von den gesellschaftlichen Ressourcen profitieren.

7. Karl Marx wies nach, dass das ökonomische System einer Gesellschaft alle anderen Aspekte der sozialen Realität beeinflusst und ständig soziale Konflikte hervorbringt. Nach Marx liegt die Macht in einem kapitalistischen System in den Händen der Kapitalisten, die die Arbeiter ausbeuten und unterdrücken. Nur durch geplantes soziales Handeln und eine Revolutionierung der Sozialstruktur können die Arbeiter diesen Zustand beenden.

8. Émile Durkheim befasste sich vorwiegend mit den sozialen Kräften, die eine Gesellschaft zusammenhalten, ein Phänomen, das er soziale Solidarität nannte. Mechanische Solidarität basiert auf weitgehend gemeinsamen Werten, Sitten und Überzeugungen. Organische Solidarität ist die Interdependenz, die auf einer komplexen Arbeitsteilung basiert. Durkheim hob die Bedeutung funktionaler Beziehungen zwischen den verschiedenen Teilen der Gesellschaft hervor und warnte vor den Gefahren der Anomie.

9. Max Webers Bedeutung liegt darin, dass er in der Soziologie ein Bewusstsein für den subjektiven Charakter der sozialen Realität schuf, der Marxschen Betonung der ökonomischen Kräfte die Bedeutung der Kultur entgegensetzte und Durkheims Betonung der funktionalen Integration den Machtaspekt hinzufügte. Für Weber ist die moderne Ära vor allem durch die zunehmende Rationalisierung sozialen Handelns und der sozialen Institutionen gekennzeichnet.

10. George Herbert Mead und die Schule der symbolischen Interaktionisten interessierten sich mehr für die alltäglichen Interaktionen und die anthropologischen Grundlagen des sozialen Handelns. Soziale Interaktionen hängen nach dieser Schule davon ab, wie wir unsere körperlichen und sprachlichen Äusserungen wechselseitig interpretieren, sodass sich daraus eine gemeinsame Definition der sozialen Situation entwickeln kann.

11. Talcott Parsons hat versucht, aus den Theorien der Klassiker eine fachübergreifende Theorie zu machen. Nach zeitweiser Zersplitterung gibt es heute wieder verstärkt Versuche, in Auseinandersetzung mit diesem Erbe dieses Ziel zu erreichen.

Wiederholungsfragen

1. Definieren Sie die fünf Schlüsselbegriffe der Soziologie und geben Sie von jedem ein Beispiel.

2. Welche Rolle spielen die logische Analyse und die empirische Beobachtung in der Soziologie?

3. Skizzieren Sie die Anfänge der Soziologie. In welcher Weise wurde sie von der Entwicklung der modernen Gesellschaft geprägt?

4. Vergleichen und kontrastieren Sie die Theorie der rationalen Wahl mit den soziologischen Perspektiven von Marx, Durkheim, Weber und Mead.

Übungsaufgaben

1. Arbeiten Sie mittels der soziologischen Phantasie den sozialen Aspekt einer persönlichen Erfahrung heraus, die Sie gemacht haben. Verwenden Sie wenigstens eine soziale Tatsache in Ihrer Antwort. Zeigen Sie, dass der soziologische Ansatz für die Erklärung Ihrer Erfahrung mehr leistet als der Common sense.

2. Wählen Sie ein wichtiges zeitgenössisches Ereignis aus und charakterisieren Sie es im Licht der fünf Schlüsselbegriffe.

3. Finden Sie eine Zeitungsstory, die ein soziales Problem behandelt. Worin könnte sich eine Common sense-Erklärung des Problems von einer soziologischen unterscheiden?

4. Was könnte jeder der fünf Schlüsselbegriffe dazu beitragen, um einige Probleme im Bereich Ihrer Universität, wie z.B. sexuelle Belästigung, schlechte Studienbedingungen und Betrug durch Studenten zu erklären?

Glossar

Anomie Zusammenbruch der Normen und Orientierungen, die für die soziale Realität konstitutiv sind und den Individuen eine Vorstellung von ihrem Ort in ihr vermitteln.

Bourgeoisie Die soziale Klasse in einer kapitalistischen Gesellschaft, die im Besitz der Produktionsmittel (Land, Fabriken, Maschinen usw.) ist und sie kontrolliert.

Daten In der Wissenschaft: Informationen, die für die interessierende Fragestellung relevant sind.

Empirische Beobachtung Organisation der Sinnesdaten zu wissenschaftlich verwertbaren Daten durch Abstraktion, Interpretation und Reproduktion.

Funktion Beitrag, den eine soziale Beziehung, Position, Organisation, Wert oder ein anderes soziales Phänomen zum Funktionieren eines größeren Ganzen leistet.

Funktionale Integration Starke Interdependenz der Teile eines sozialen Systems, so dass das, was in einem Teil geschieht, die anderen Teile beeinflusst und seinerseits von ihnen beeinflusst wird.

Kapitalisten Angehörige der Bourgeoisie. Kapital ist ein Vermögen, mit dem weiteres Vermögen produziert werden kann.

Klassenbewusstsein Vorstellung der gemeinsamen Interessen und Probleme bei den Angehörigen einer sozialen Klasse.

Kultur Gemeinsame, mehr oder weniger integrierte Weisen des Denkens, Verstehens, Bewertens und Kommunizierens.

Logische Analyse Entwicklung einer Theorie durch Identifikation der Analyseeinheiten und der Beziehungen zwischen ihnen.

Macht Fähigkeit eines sozialen Akteurs, den Gang der Ereignisse oder die Struktur einer sozialen Organisation zu bestimmen.

Mechanische Solidarität Interdependenz zwischen Mitgliedern einer Gruppe oder Gesellschaft, die auf gemeinsamen Überzeugungen, Werten und Sitten basiert.

Organische Solidarität Interdependenz zwischen Mitgliedern einer Gruppe, die auf einer komplexen Arbeitsteilung basiert.

Proletariat Wirtschaftlich abhängige, besitzlose Klasse einer kapitalistischen Industriegesellschaft, die keine Kontrolle über die Produktionsmittel hat; Ausdruck, der primär »die Arbeiter« bezeichnet.

Rationale Wahl Annahme ökonomischer und einiger soziologischer

1

Theorien, derzufolge sich das menschliche Handeln nach dem Muster rationaler Kosten-Nutzen-Kalkulationen modellieren lässt.

Soziale Tatsachen Relativ beständige Eigenschaften der sozialen Realität, die den Handlungen der Individuen Rahmenbedingungen setzen und sie prägen.

Soziales Handeln Verhalten, das beabsichtigt, nicht instinktiv ist; hängt von Bedingungen ab, die andere geschaffen haben, und ist auf andere soziale Akteure bezogen.

Soziale Solidarität Zustand, der entsteht, wenn soziale Kräfte auf einer tieferen Schicht eine Gesellschaft zusammenhalten.

Sozialstruktur Relativ stabile, beständige Muster sozialer Beziehungen, sozialer Positionen und Individuenmengen; Muster, auf die die Individuen wenig Einfluss haben.

Soziologie Wissenschaftsdisziplin, die menschliche Gesellschaften einschließlich der zahlreichen Dimensionen sozialen Handelns und der Organisation sozialer Beziehungen untersucht.

Soziologische Phantasie Wahrnehmung unserer Erfahrungen im Kontext der Ereignisse der sozialen Umwelt sowie der strukturellen Zusammenhänge, die sich der individuellen Erfahrung allein nicht erschließen.

Statusgruppen Basieren auf Rasse, Religion, persönlichen Geschmacksrichtungen und anderen nichtökonomischen Faktoren, die zur Etablierung einer sozialen Hierarchie beitragen.

Symbolischer Interaktionismus Soziologischer Ansatz, der menschliches Verhalten als kulturell interpretiertes Konstrukt von Interaktionen erklärt und die kollektive Zuschreibung von Bedeutungen, die eine gemeinsame soziale Realität definieren, betont.

Theorie Systematischer Versuch zu erklären, wie zwei oder mehr Phänomene zusammenhängen.

Wissenschaft Systematische Naturbeobachtung, objektive Interpretation unserer Beobachtungen, Suche nach Kausalbeziehungen und logische Ordnung unseres Wissens mittels Theorien.

Kapitel 2

Methoden der Sozialforschung

Inhalt

2

Ein Elektrotechniker fand ihn in einer Blutlache liegend, neben sich eine Schrotflinte: Kurt Cobain, 27 Jahre, Sänger und Frontmann der Rockband *Nirvana*, oft als »Kronprinz der Generation X« bezeichnet (*Newsweek*, 18.4.1995). Offenbar kam der steile Aufstieg von *Nirvana* zu Ruhm und Reichtum für ihn nicht nur unerwartet, sondern bedeutete ihm auch nichts. Cobain und andere Bandmitglieder verachteten das raffinierte, MTV-beherrschte Rock-Establishment mit seinen falschen Idolen wie Madonna und Michael Jackson. Ganz bewusst machte die Gruppe dröhnende und provozierende Musik und trug ebenso bewusst abgerissene Kleidung und schmutzige lange Haare. Dennoch verkaufte sich ihr erstes großes Plattenalbum weltweit nahezu zehn Millionen Mal. Mit Texten wie *Oh, well, whatever, never mind* wurde Cobain zum Sprachrohr der Entfremdung in den 1990er Jahren.

Cobain, ein Scheidungskind, war kränklich und unglücklich, ließ sich auf Drogen ein und flog von der Schule. Nach seinem Tod bekannte sein Vater, mit dem er acht Jahre kein Wort mehr gesprochen hatte: »Alles, was ich über Kurt wusste, habe ich in Zeitungen und Zeitschriften gelesen.« Nach Aussage von Freunden war Cobain freundlich und hilfsbereit, neigte aber zur Selbstzerstörung, hatte oft depressive Anfälle und nahm hohe Drogendosen.

Als die Nachricht von Cobains Selbstmord die Medien erreichte, wurden die Radiosender – vor allem in seiner Heimatstadt Seattle – von Anrufen von Fans überflutet. Sie waren außer sich vor Schmerz. Ein Diskjockey begann seine Sendungen mit den Worten: »Macht es nicht!« und wiederholte immer wieder die Nummer eines Telefondienstes für Selbstmordgefährdete.

Wir halten den Suizid für die persönlichste aller menschlichen Handlungen, für eine Entscheidung, welche die Individuen aus Verzweiflung oder Angst treffen, oder weil sie lebensmüde sind. Doch als sich nach Cobains Tod mehrere junge Leute das Leben nahmen, rief ihr Tod allen in Erinnerung, dass auch gesellschaftliche Faktoren – unter anderem berühmte »Vorbilder« – die Entscheidung zu einem Selbstmord auslösen können. Allgemein liegen in den USA die Suizidraten in Gegenden höher, in denen Radiosender Musik senden, die vor allem von Ehestreit, Alkoholmissbrauch und Arbeitsentfremdung handelt (Stack/ Gunlack 1992). Hinzu kommt, dass die Suizidrate bei US-amerikanischen Teenagern momentan (1997) steigt (vgl. Schaubild 2.1). Selbstmord ist unter fünfzehn- bis vierundzwanzigjährigen US-Amerikanern die dritthäu-

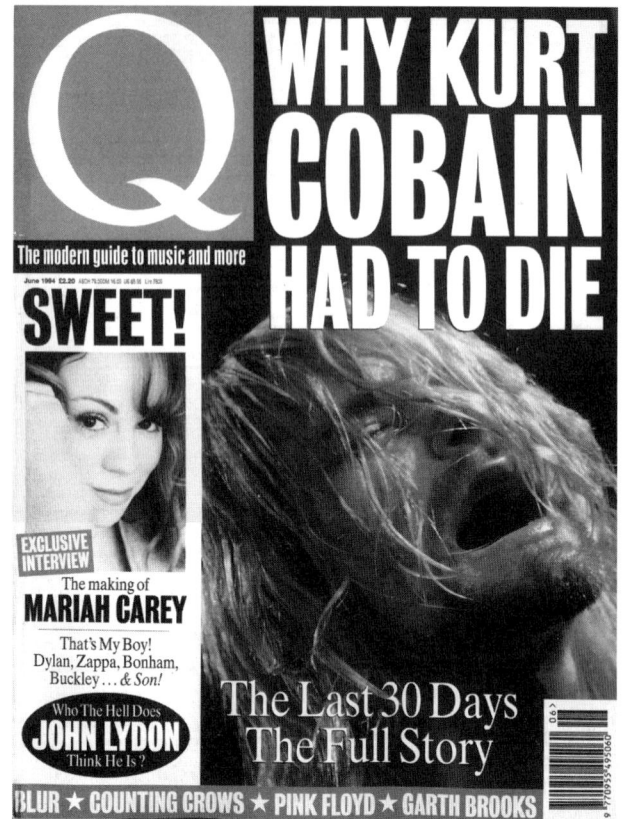

Durkheim unterschied vier Suizidtypen entsprechend den Motiven zur Selbsttötung. Der Tod von Kurt Cobain, der ein weltweites Medienecho fand, ist ein Beispiel eines **egoistischen** *Selbstmords.*

figste Todesursache (U.S. Department of Health and Human Services 1995b).

Das Motiv für einen *einzelnen* Selbstmord kann in veränderten Berufsaussichten, familiären Problemen, Ablehnung gesellschaftlicher Werte und zahlreichen anderen persönlichen Problemen liegen. Ziel der Soziologie ist es jedoch, die sozialen *Gesetzmäßigkeiten*, die dem Selbstmord zugrunde liegen, zu verstehen. Sie betrachtet nicht nur die individuellen Fälle, sondern analysiert Suizid*raten* oder -*ziffern*, d. h. die relative Häufigkeit von Suiziden in verschiedenen sozialen Gruppen. Die Erkenntnis, dass diese Raten als *soziale Tatsachen* (*faits sociaux*) erklärbar sein könnten, regte den großen französischen Soziologen Émile Durkheim zu einer der wichtigsten soziologischen Untersuchungen an, die je unternommen wurde.

Zu Durkheims Zeit wurde – wie heute noch – der Selbstmord meist individualpsychologisch erklärt. Die Opfer, so nahm man an, waren depressiv, psychisch krank oder von irgendeinem für sie unerträglichen Ver-

*Die Panik der Massen auf der Wall Street während des Großen Börsenkrachs von 1929 löste eine weit verbreitete Verzweiflung aus, die Fälle von **anomischem** Selbstmord nach sich zog.*

*Ein Akt von **fatalistischem** Selbstmord ist die Selbsttötung in einer anscheinend hoffnungslosen Situation wie etwa im Gefängnis.*

*Die japanischen Kamikaze-Piloten des Zweiten Weltkriegs – einige ließen sich vor ihrer tödlichen Mission fotografieren – opferten ihr Leben aus **altruistischen** Motiven.*

lust betroffen. Doch Durkheim wusste, dass der Selbstmord bei einigen Gruppen häufiger vorkam als bei anderen. Seine Vermutung war, dass diese Tatsache auf gesellschaftliche Faktoren zurückzuführen und nicht einfach zufallsbedingt war. Um sie zu überprüfen, zog er systematische Datenaufzeichnungen heran, sammelte Informationen über die Suizidraten in verschiedenen Ländern, zu verschiedenen Jahreszeiten und über Personen, die verschiedenen sozialen Kategorien und Gruppen angehörten, und benutzte amtliche Unterlagen, die Zahlen zu Selbstmorden auswiesen und die Opfer nach Geschlecht, Familienstand, Nationalität, Religion und so weiter statistisch erfassten.

Die üblichen Erklärungen für den Selbstmord, so stellte Durkheim bei der Analyse seiner Informationen fest, waren unzulänglich. Die Suizid*raten* (und nicht nur die *absoluten* Zahlen) variierten zwischen Ländern, Jahreszeiten und sozialen Gruppen. Warum gab es eine derart hohe Variation in den Suizidraten, wenn der Selbstmord lediglich durch persönliche Probleme verursacht war? War der Grund einfach der, dass einige Gruppen höhere Raten psychischer Erkrankungen aufwiesen? Doch eine Überprüfung seiner Daten ergab,

2

dass zwischen den Raten psychischer Erkrankungen und den Suizidraten keine eindeutige Beziehung bestand. Einige Gruppen wiesen hohe Raten psychischer Erkrankungen, aber niedrige Suizidraten auf, andere hohe Raten in beiden Kategorien. Durkheim stellte zudem fest, dass Frauen häufiger als Männer als psychisch krank diagnostiziert wurden, aber seltener Selbstmord begingen. Und es kamen andere unerwartete Dinge zum Vorschein. So fand Durkheim, dass die meisten Menschen in der wärmeren, sonnigeren Jahreszeit Selbstmord begingen, und nicht – wie man erwarten würde – an kalten, trüben Wintertagen.

Auf Grund der gesammelten Fakten und Statistiken zog Durkheim den Schluss, dass der Selbstmord, zumindest partiell, gesellschaftlich bedingt ist. So schrieb er in seiner klassischen Untersuchung *Der Selbstmord* von 1897, dass der Selbstmord »von sozialen Ursachen abhängt« »und selbst eine Kollektiverscheinung darstellt (1897: 153)«: Merkmale der *sozialen Gruppe*, der die Menschen angehören, machen einen Selbstmord mehr oder weniger wahrscheinlich, und die Selbsttötung ist nicht einfach ein privater Akt. Durkheim erklärte also scheinbar rein individuelle, private Handlungen durch kollektive Ursachen, deren sich die individuellen Akteure womöglich gar nicht bewusst sind.

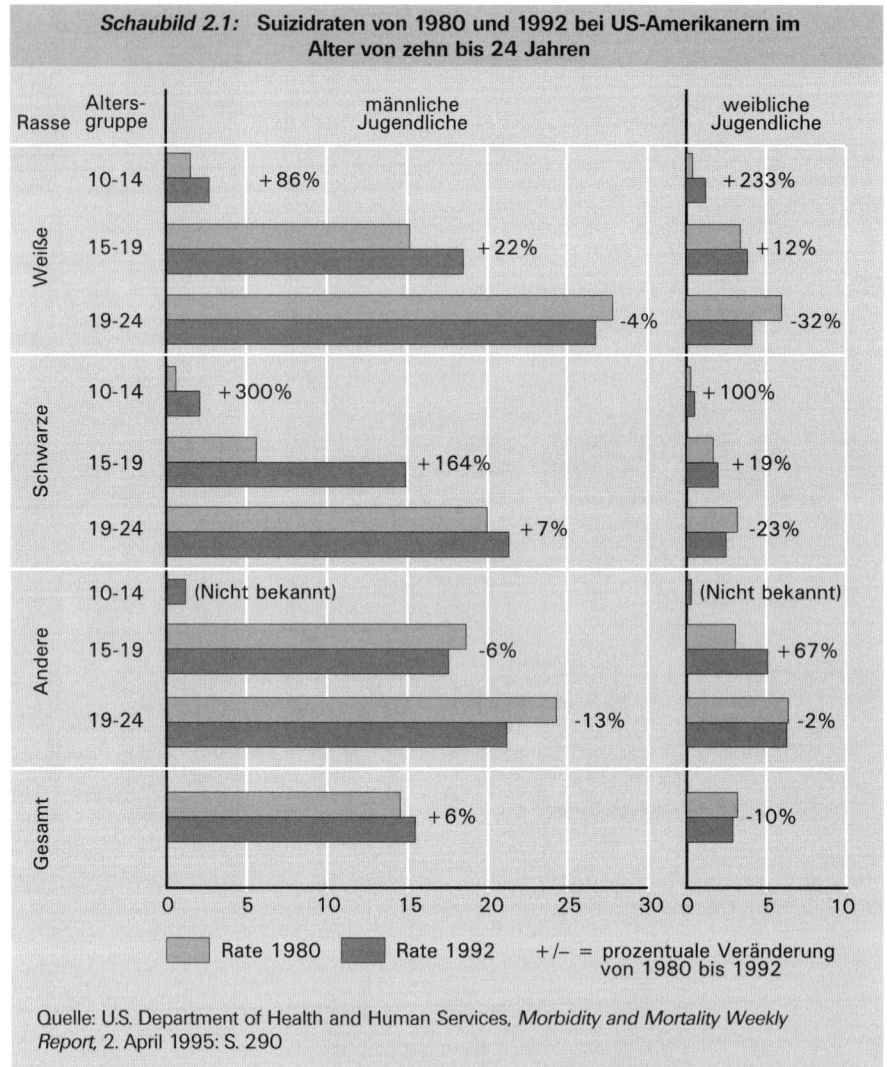

Schaubild 2.1: Suizidraten von 1980 und 1992 bei US-Amerikanern im Alter von zehn bis 24 Jahren

Quelle: U.S. Department of Health and Human Services, *Morbidity and Mortality Weekly Report*, 2. April 1995: S. 290

Psychologische Fallstudien können **individuelle** *Selbstmorde erklären, sie erklären aber nicht die Variationen oder Veränderungen der Suizidraten in verschiedenen sozialen Gruppen. Warum stieg die Suizidrate bei den Zehn- bis Neunzehnjährigen, aber nicht bei den meisten Zwanzig- bis Vierundzwanzigjährigen? Warum stieg die Suizidrate bei schwarzen Jugendlichen – vor allem schwarzen männlichen Jugendlichen – schneller als bei männlichen weißen und anderen Jugendlichen?*

SOZIOLOGIE UND WISSENSCHAFTLICHE FORSCHUNG

Vor allem ging es Durkheim darum, die Soziologie als Wissenschaft zu etablieren. Wie wir im ersten Kapitel sahen, ist die wissenschaftliche Methode durch die systematische Sammlung empirischer Daten und deren logische Analyse charakterisiert. Durkheim wollte in seiner Selbstmordstudie zum einen zeigen, dass die wissenschaftliche Methode auch auf soziales Handeln anwendbar ist, und zum anderen, dass die Ergebnisse

2

Schaubild 2.2: Etappen des exemplarischen Forschungsprozesses

Bei der Durchführung ihrer Forschungen folgen alle Soziologen den gleichen grundlegenden Schritten, wenn auch nicht immer in der gleichen Reihenfolge.

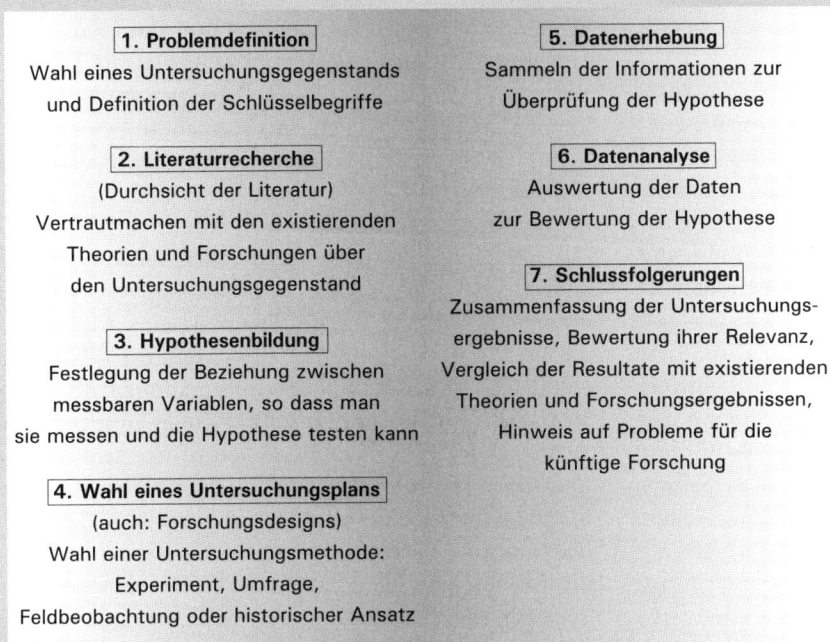

1. Problemdefinition
Wahl eines Untersuchungsgegenstands
und Definition der Schlüsselbegriffe

2. Literaturrecherche
(Durchsicht der Literatur)
Vertrautmachen mit den existierenden
Theorien und Forschungen über
den Untersuchungsgegenstand

3. Hypothesenbildung
Festlegung der Beziehung zwischen
messbaren Variablen, so dass man
sie messen und die Hypothese testen kann

4. Wahl eines Untersuchungsplans
(auch: Forschungsdesigns)
Wahl einer Untersuchungsmethode:
Experiment, Umfrage,
Feldbeobachtung oder historischer Ansatz

5. Datenerhebung
Sammeln der Informationen zur
Überprüfung der Hypothese

6. Datenanalyse
Auswertung der Daten
zur Bewertung der Hypothese

7. Schlussfolgerungen
Zusammenfassung der Untersuchungs-
ergebnisse, Bewertung ihrer Relevanz,
Vergleich der Resultate mit existierenden
Theorien und Forschungsergebnissen,
Hinweis auf Probleme für die
künftige Forschung

---

soziologischer Forschung unserem Wissen von der Welt, in der wir leben, und unserem Selbstverständnis eine neue Dimension hinzufügen.

Der Forschungsprozess

Durkheim ging in seiner Untersuchung in sieben exemplarischen Schritten vor: Problemdefinition, Literaturrecherche, Hypothesenbildung, Wahl eines Untersuchungsplans, Datenerhebung, Datenanalyse und Schlussfolgerungen (siehe Schaubild 2.2). Jeder dieser Schritte ist von entscheidender Bedeutung, doch erfolgen sie nicht immer in genau dieser exemplarischen Reihenfolge (Kromrey 1994).

Problemdefinition

Der erste Schritt, die Problemdefinition, ist nicht so einfach, wie es scheinen mag. Was ist ein Selbstmord? Der Common sense würde ihn als »bewusste Beendigung des eigenen Lebens« definieren. Ein klarer Fall von Selbstmord ist nach dieser Definition, wenn jemand von einer Brücke springt oder sich eine Kugel in

den Kopf schießt. Doch wie steht es mit den Fällen, in denen jemand ein lebenswichtiges Medikament *nicht* einnimmt oder einem anfahrenden Lkw *nicht* ausweicht? Oder wie steht es mit dem Soldaten, der sein Leben opfert, um seine Kameraden in der Schlacht zu retten? Durkheim entschied, als Selbstmord jeden Todesfall zu klassifizieren, »der direkt oder indirekt auf eine Handlung oder Unterlassung zurückzuführen ist, die vom Opfer selbst begangen wurde, wobei es das Ergebnis seines Verhaltens im voraus kannte« (1897:127). Indem er sowohl auf das »Tun« als auch das »Unterlassen« einer Handlung abhob, erweiterte Durkheim die Commonsense-Definition des Selbstmords, um sowohl Handlungen aus Heroismus (die altruistische Tat des Soldaten) als auch aus Resignation (*Nicht*vermeiden einer Krankheit oder Verletzung) einzubeziehen.

Wie andere Wissenschaftler arbeiten auch Soziologen mit **Variablen.** Eine soziologische Variable ist irgendein Merkmal der sozialen Realität, das im Lauf der Zeit fluktuieren oder sich verändern oder in verschiedenen Quantitäten oder Häufigkeiten auftreten kann. Die Suizidrate oder -ziffer ist eine solche Variable: Sie kann sowohl von einer Zeitperiode zur nächsten fluktuieren als auch zwischen sozialen Gruppen variieren. Durkheim nahm an, dass die Suizidrate von anderen Variablen, die er zu identifizieren suchte, *abhängt*. In seiner Selbstmordstudie war also die Suizidrate die **abhängige Variable,** während die anderen Faktoren, die sie beeinflussen, die **unabhängigen Variablen** waren (die aus anderen Gründen, d.h., unabhängig von Veränderungen der Suizidrate fluktuieren).

Mit der Definition der Variablen, die man untersuchen möchte, ist es freilich nicht getan. Ein Forscher muss auch definieren, *was* er an diesen Variablen verstehen möchte. Kurz, er muss das *Problem* seiner Untersuchung formulieren. Durkheims Hauptinteresse galt nicht der Frage, was der Selbstmord für Menschen bedeutet, die sich selbst töten, noch dem, was ihre

Familien dabei empfinden. Sein Problem war vielmehr, die sozialen Variationsmuster in den Suizidraten zu erklären. Warum sind sie zu gewissen Zeiten, an gewissen Orten und in gewissen sozialen Gruppen verschieden hoch?

Literaturrecherche

Welche Forschungsfragen sie stellen und wo sie nach Antworten suchen, entscheiden Soziologen im Wesentlichen auf Grund der Durchsicht der Literatur zu ihrem Thema. So recherchierte Durkheim in der Literatur, was über den Selbstmord bekannt war. Das Ergebnis war mager: Es gab nur wenige Untersuchungen über die Ursachen von Gruppenunterschieden in den Suizidraten. Die Untersuchung, die er plante, würde also bereits geleistete Arbeit nicht unnütz verdoppeln, sondern eine breite Lücke in der menschlichen Erkenntnis schließen. Die Durchsicht der Literatur machte ihn mit einer Reihe bereits existierender Theorien bekannt. So hatten einige Autoren behauptet, die meisten Selbstmorde würden wahrscheinlich an trüben, kalten Wintertagen verübt. Aus Durkheims Daten ging hervor, dass dies *nicht* zutraf. Er überprüfte auch die Theorie, wonach Selbstmörder der Macht der Suggestion »erlegen« sind, sich also zur Selbsttötung entschließen, weil andere sie dazu inspiriert haben. Nach seinen Befunden spielte Suggestion wohl eine Rolle, aber keine wesentliche. Seine Recherchen erlaubten es ihm also, sowohl alte Theorien über den Selbstmord kritisch zu bewerten als auch den Wert neuer Theorien auszuloten.

Hypothesenbildung

Im Mittelpunkt von Durkheims Analyse des sozialen Lebens steht der Begriff der *funktionalen Integration* (vgl. Kapitel 1). Mit den größten Einfluss auf die Menschen, auf ihre sozialen Beziehungen und ihre gemeinsamen moralischen Werte hat für Durkheim der Integrationsgrad der sozialen Gruppe, der sie angehören. Gut integrierte Gruppen, so Durkheim, bieten ihren Mitgliedern wirksame soziale Hilfen, ein klar definiertes Wertesystem und ein stark ausgeprägtes Identitätsgefühl. Auf Grund dieser Beobachtung entwickelte er seine Hypothese über die Ursachen des Selbstmords. Eine **Hypothese** stellt versuchsweise einen Zusammenhang zwischen zwei oder mehreren Variablen her. Durkheims zentrale Hypothese lautete: Je *besser* die Menschen in soziale Gruppen integriert sind, desto *unwahrscheinlicher* ist es, dass sie Selbstmord begehen. Die in dieser Hypothese verknüpften Variablen sind (1) der Integrationsgrad einer sozialen Gruppe und (2) die

Suizidrate. Durkheim nahm an, dass die erste dieser Variablen in umgekehrter Beziehung zur zweiten steht: Je *geringer* der Grad der sozialen Integration, desto *höher* die Suizidrate.

Wahl eines Untersuchungsplans und Datenerhebung

Um ihre Hypothesen zu testen, brauchen die Forscher Fakten oder **Daten**: Statistiken, Interviewauswertungen und andere einschlägige Informationen. In einem ersten Schritt muss geklärt werden, wie die verschiedenen zu untersuchenden Variablen beobachtet und, wenn möglich, gemessen werden können. Einige Variablen (wie die Suizidrate) können mehr oder weniger direkt, andere (wie der Grad der Entfremdung) nur indirekt untersucht werden. Ein **Indikator** ist eine Messgröße, die als »Ersatz« fungiert: Ein Merkmal, das man empirisch messen kann, um Informationen über eine abstrakte Variable, die nur schwer direkt zu messen ist, zu erlangen. Um soziale Integration zu »messen«, wählte Durkheim Indikatoren wie Familienstand und Kirchenmitgliedschaft. Seine Überlegung dabei war, dass Verheiratete und aktive Mitglieder einer Kirche besser in die Gesellschaft integriert sind als Alleinlebende und Personen ohne Bindung an eine Religionsgemeinschaft. Das Ensemble der direkt messbaren Indikatoren bot Durkheim eine **operationale Definition** der sozialen Integration.

In einem zweiten Schritt in der Datenerhebung muss ein Untersuchungsplan (auch: Forschungsdesign), d.h. ein konkreter Plan zur Gewinnung der erforderlichen Informationen, skizziert werden. Einige Forscher gewinnen ihre Daten durch statistische Erhebungen und Befragungen. Andere wählen die teilnehmende Beobachtung: Sie leben und arbeiten mit den Menschen, die sie untersuchen wollen, um »aus erster Hand« zu erfahren, was sie denken und wie sie sich verhalten. Wieder andere führen Experimente durch, etwa indem sie eine künstliche Laborsituation schaffen, in der sie beobachten können, wie die Menschen auf verschiedene Reize (Stimuli) reagieren. Gelegentlich sind auch historische Aufzeichnungen für die Datengewinnung relevant. Bei zahlreichen Problemen empfiehlt es sich, die einzelnen Forschungsstrategien zu kombinieren: statistische Erhebungen plus Beobachtung (Messung) plus historische Forschung. Wir werden alle diese speziellen Methoden später in diesem Kapitel erörtern.

Unabhängig davon, ob man sich für den einen oder anderen Untersuchungsplan entscheidet, Ziel muss es sein, genügend Informationen zu gewinnen, um (1) ein solides Verständnis des Problems zu entwickeln und (2)

Grundbegriffe der Statistik

Um aus Beobachtungen und Experimenten ermittelte numerische Daten zu charakterisieren, verwenden Soziologen eine Reihe von statistischen Maßzahlen, die alle Daten *repräsentieren*, so dass sie darauf verzichten können, diese selbst mitzuteilen. Die grundlegendsten dieser Maßzahlen sind *Mittelwerte* und *Korrelationen*.

Mittelwerte

Man unterscheidet drei Arten von Haupttrends oder Mittelwerten in den gesammelten Daten. Der Modus ist der Zahlenwert, der in der Datenmenge am häufigsten vorkommt. Angenommen, sieben Familien werden untersucht und ihre Jahreseinkommen wie folgt ermittelt:

DM	55.800
DM	55.800
DM	72.000
DM	77.400
DM	84.600
DM	99.000
DM	369.000

In dieser Gruppe beträgt das modale Jahreseinkommen DM 55.800. Der Modus liefert keine Informationen über die Streuung der Daten; er ist nützlich, um festzustellen, welcher Messwert am häufigsten vorkommt.

Das **arithmetische Mittel**, meist als »Durchschnitt« bezeichnet, wird bestimmt, indem man alle Zahlenwerte einer Datenmenge addiert und die Summe durch die Anzahl der Elemente dividiert. Das mittlere Jahreseinkommen der sieben Familien beträgt DM

116.228,57 (= 813.600 ÷ 7). Das arithmetische Mittel ist nützlich, weil alle verfügbaren Daten darin eingehen, doch es kann irreführend sein. Eine der Familien verfügt über ein Jahreseinkommen von DM 369.000, was die Tatsache verschleiert, dass die anderen sechs Familien alle Jahreseinkommen von DM 99.000 oder weniger haben. Am aussagekräftigsten ist das arithmetische Mittel, wenn der Streuungsbereich der Daten keine solchen extremen Werte enthält.

Der **Median** ist der Zahlenwert, der in der Mitte einer aufsteigenden Datensequenz liegt. Bei den sieben obigen Familien beträgt das Medianeinkommen DM 77.400. Im Gegensatz zum arithmetischen Mittel schließt dieses Maß aus, dass extreme Werte (»Ausreißer«) den Haupttrend verschleiern. Oft bestimmt man sowohl das arithmetische Mittel wie den Median, um einen exakten Eindruck von den Befunden zu vermitteln.

Häufig möchte man auch wissen, wie weit ein einzelner Messwert vom arithmetischen Mittel (oder einem anderen Zentralwert) abweicht. Die Abweichung vom arithmetischen Mittel wird in Einheiten der **Standardabweichung** angegeben. Mit diesem Maß lässt sich auch bestimmen, wie weit andere Messwerte vom arithmetischen Mittel entfernt liegen (»streuen«), und angeben, ob jeder einzelne Messwert in der Gruppe sich befindet, die dem arithmetischen Mittel am nächsten, zweitnächsten und so weiter liegt. In unserem Beispiel lässt sich die hohe Abweichung so ausdrücken, dass »die meisten

Familien innerhalb einer Standardabweichung vom arithmetischen Mittel liegen.«

Korrelationen

Unter einer Korrelation versteht man, wie später im Text erläutert, eine regelmäßige Beziehung zwischen zwei Variablen. Als Maß für die Stärke einer Korrelation wird meist der **Korrelationskoeffizient**, eine Dezimalzahl zwischen null und eins, verwendet. Besteht zwischen zwei Variablen keine Korrelation (d.h. die beiden Variablen stehen in keiner Beziehung zueinander), ist der Korrelationskoeffizient null. Verändern sich die beiden Variablen stets gemeinsam in der gleichen Richtung, liegt eine vollkommen positive Korrelation, ausgedrückt + 1.0, vor. Sind zwei Variablen umgekehrt (gegensinnig) assoziiert (d.h. hohe Werte der einen sind stets mit niedrigen Werten der anderen Variable verbunden), liegt eine vollkommen negative Korrelation, ausgedrückt – 1.0, vor. In der Regel findet man in der Welt keine vollkommenen Korrelationen, sondern nur weniger extreme Beispiele von Variablenverknüpfungen.

Am häufigsten stellt sich in der Datenanalyse die Frage, ob zwischen zwei Variablen, die korreliert sind, eine kausale Beziehung besteht. Es ist stets möglich, dass eine Korrelation zufällig oder das Ergebnis irgendeiner dritten Variable ist, welche die beiden anderen beeinflusst. Korrelationen müssen daher auf eine mögliche unabhängige Ursache hin überprüft werden.

---

die vorgeschlagene Hypothese zu testen. Obschon das einfach und unkompliziert klingen mag, ist es häufig sehr schwierig. Nicht nur kann man bei der Datensammlung auf Probleme stoßen, sondern eine gegebene Datenmenge kann oft sehr verschieden interpretiert werden. So beschloss Durkheim, amtlichen Aufzeichnungen als Quellen für die Todesursachen zu vertrauen. Bewusst akzeptierte er also die Interpretationen von Beamten, Ärzten und Familienmitgliedern. Verwandte geben aber oft nur ungern zu, dass ein Tod ein Selbstmord war. Offizielle Statistiken setzen daher die wahre Zahl von Selbstmorden vermutlich zu niedrig an.

Datenanalyse und Schlussfolgerungen

Nach der Datenerhebung folgt als nächster Schritt die Analyse und Auswertung dieser Informationen, häufig in Form von Statistiken oder quantitativen Analysen. Dabei versucht man – wie in einem Puzzle – die Teile so zusammenzusetzen, dass sie ein Muster oder Ganzes bilden, und überlegt, wie sie zusammenhängen. Um Statistiken zu analysieren, verwenden Soziologen eine Reihe von Maßen (siehe Kasten »Grundbegriffe der Statistik«). Die Analyse beginnt jedoch lange, bevor die Daten gesammelt sind. Bereits bei der Problemdefinition entscheidet der Soziologe, welche Faktoren er untersuchen will und wie sie gemessen werden können.

Bei der Analyse seiner Daten suchte Durkheim nach den sozialen Bedingungen, unter denen der Selbstmord häufiger vorkam, und nach jenen, unter denen er weniger häufig vorkam. Protestanten, so fand er, begingen dreimal so oft Selbstmord wie Katholiken, und diese wiederum öfter als Juden, Alleinlebende öfter als Verheiratete, und Verheiratete mit Kindern am seltensten von allen. Die Suizidraten, so Durkheims Schlussfolgerung, liegen höher, wenn die Menschen nur geringe oder schwache Bindungen an eine soziale Gruppe oder Gemeinschaft haben. Diesen »individualistischen« Selbstmord, der aus sozialer Isolation resultiert, bezeichnete er als egoistischen Selbstmord. Die jüdische Gemeinschaft hielt enger zusammen als die katholische und diese wiederum enger als die protestantische. Verheiratete, vor allem solche mit Kindern, hatten stärkere soziale Bindungen als Alleinlebende.

Der Common sense brachte den Selbstmord mit Armut in Verbindung. Durkheim wies nach, dass dies nicht zutraf. Hinzu kam, dass sowohl ein rascher wirtschaftlicher Auf- als auch Abstieg mit einer höheren Zahl an Selbstmorden verbunden war. Jeder rasche Wandel, so Durkheims These, zerbricht oder untergräbt oft die sozialen und kulturellen Normen, die dem Leben einen Sinn geben, den Individuen ein starkes Identitätsgefühl und geeignete Ziele vermitteln und ihren Bestrebungen Grenzen setzen. Ein solcher Norm- und Sinnverlust führt, so Durkheim, zum anomischen Selbstmord.

Durkheim fand noch zwei weitere Selbstmordtypen. Gruppen mit starken sozialen Bindungen können Individuen zu einem altruistischen Selbstmord veranlassen. So kommt es vor, dass ein Soldat sein Leben opfert, um eine Schlacht zu gewinnen, seine Kameraden zu retten oder seine Seite nicht zu verraten, wenn er in Gefangenschaft gerät. Das ist gewissermaßen das Gegenteil eines egoistischen Selbstmords. Ein fatalistischer Selbstmord schließlich liegt vor, wenn Menschen mit tödlichen Krankheiten sich selbst töten, weil sie glauben, dass sie ihr »wahres« Leben hinter sich haben und sie nur noch eine trostlose Zukunft erwarten.

Als letzter Schritt in einer Untersuchung sind die Schlussfolgerungen aus den Ergebnissen zu ziehen. Dabei ist es wichtig zu fragen, ob eine spezielle Untersuchung einen Bezug zu theoretischen Fragen (etwa zur relativen Bedeutung der Kultur und Gruppenstruktur in der Erklärung des Selbstmords) hat, eine bereits vorhandene Theorie (etwa die Nachahmungstheorie) testet oder eine neue vorschlägt (beispielsweise eine Theorie, nach der die Selbstmordhäufigkeit mit dem Integra-

tionsgrad einer Population korreliert). Durkheims Hypothese, wonach Suizidraten steigen, wenn die Bindungen an signifikante Gruppen geschwächt, und sinken, wenn die sozialen Bande gestärkt werden, wurde durch seine Resultate bestätigt.

Folgeuntersuchungen

Ein Forschungsprojekt kann einen wichtigen Untersuchungsgegenstand nie restlos ausschöpfen. Stets gibt es Raum für *Folge*untersuchungen. So kann man den Gegenstand aus einer anderen theoretischen Perspektive betrachten. Vielleicht werden bessere Maße oder andere Indikatoren für wichtige Variablen entwickelt. Man kann zusätzliche Fragen stellen und weitere Daten erheben. Das soziologische Wissen akkumuliert sich in einem fortschreitenden Forschungsprozess, in dem viele einzelne Wissenschaftler eng zusammenhängende Probleme untersuchen. David Phillips, ein amerikanischer Soziologe, hat gezeigt, dass die Theorie der sozialen Nachahmung – die Durkheim bei seiner Literaturrecherche entdeckte, durch seine Studie aber für widerlegt hielt – größere Bedeutung hat, als Durkheim glaubte.

Um diese Theorie zu testen, wählte Phillips (1974) eine Reihe berühmter Selbstmordfälle aus, u.a. den von Marilyn Monroe. Für jeden dieser Selbstmorde zählte er die Berichte auf den Titelseiten der Presse, die ihm gewidmet waren. In den darauf folgenden Monaten verglich er die Zahl der erwarteten Selbstmorde (basierend auf dem Vorjahresmuster) mit der tatsächlichen Zahl der Selbstmorde. Er fand einen direkten Zusammenhang (eine positive Korrelation) zwischen hoher Medienpublizität eines Selbstmords und einer Zunahme der Suizidrate.

Doch damit begnügte sich Phillips nicht. Er musste noch Alternativhypothesen testen. Vielleicht hatte ja die hohe Publizität nur den Zeitpunkt der Selbsttötungen verschoben, also diejenigen, die ohnehin entschlossen waren, sich das Leben zu nehmen, bewogen, jetzt zur »Tat zu schreiten« (Phillips/Carstensen 1986). In diesem Fall wäre zunächst ein Gipfel in der Suizidrate und danach ein abnormer Abfall zu erwarten. Doch Phillips fand keinen solchen Abfall. Nach einer anderen Hypothese ließen sich die den Tod feststellenden Kriminalbeamten vom Medienrummel um einen Selbstmord beeinflussen und erkannten bei einem Todesfall danach häufiger auf Selbstmord und seltener auf Mord oder einen Unglücksfall. In diesem Fall wäre eine entsprechende Abnahme in den Raten anderer Todesursachen zu erwarten. Auch diese fand Phillips nicht. Vielleicht aber hatte die Zunahme der Selbstmorde mit anderen Ursachen zu tun. In diesem Fall durfte aber weder die Suizidrate direkt nach einer Titelseitengeschichte einen Gipfel erreichen, noch durfte die Medienpublizität mit der Zunahme der Selbstmorde korreliert sein. Doch die Suizidrate erreichte unbestreitbar einen Gipfel, und die Variablen waren tatsächlich korreliert. Schließlich war es denkbar, dass nicht Nachahmung, sondern Trauer die Ursache der Zunahme war. Phillips wählte eine Stichprobe viel bewunderter Personen, deren Selbstmord, wie zu erwarten war, ungewöhnlich große Trauer weckte. Die Suizidrate, so das Ergebnis, wurde von den Geschichten über diese Todesfälle nicht *mehr* beeinflusst als von den Selbstmorden weniger bekannter Leute. (Im Anschluss an den Kasten »Wie liest man eine Tabelle?« findet sich eine Tabelle aus Phillips' Untersuchungen.)

Phillips führte seine systematischen Forschungen über Gesetzmäßigkeiten sozialer Nachahmung fort. Nach publizierten Selbstmorden, so stellte er fest, steigen auch die Raten tödlicher Autounfälle an. Dies lässt darauf schließen, dass manche Autounfälle, an denen nur ein Auto beteiligt ist, verschleierte Selbstmorde sind (Phillips 1986). Jugendliche, so fand er weiter, sind besonders anfällig für diesen Typ sozialer Nachahmung.

Phillips' Ergebnisse über den Nachahmungsselbstmord entkräften Durkheims Schlussfolgerung, wonach ein Zusammenhang zwischen Suizidraten und dem Grad der sozialen Integration besteht, keineswegs. Sie zeigen lediglich, dass Durkheims Theorie nicht die »ganze Wahrheit« ist. Auch Phillips' Theorie, die einen Zusammenhang zwischen Selbstmord und Nachahmung herstellt, enthält sie nicht. Doch wenn wir den *kombinierten* Einfluss von sozialer Integration und Nachahmung heranziehen, können wir einen größeren Teil der beobachteten Variation in den Suizidraten erklären, als wenn wir uns auf einen dieser Faktoren beschränken. In einer einzigen Untersuchung kann man den Einfluss nur einer relativ kleinen Zahl unabhängiger Variablen abschätzen. Andererseits sind die Einflüsse auf das menschliche Verhalten so zahlreich und komplex, dass man unvermeidlich einige Dinge übersieht. Es ist stets Raum für weitere Untersuchungen, neue Anläufe, um unser Wissen von der sozialen Wirklichkeit zu verfeinern.

Oft wirft die Arbeit eines Forschers Fragen auf, die andere faszinierend finden und zu beantworten versuchen. So regt Phillips' Arbeit zu mehreren neuen Fragestellungen für die künftige Forschung an: Welche anderen Verhaltensweisen löst ein hohes Maß an Publizität aus? Fördert sie sowohl soziale als auch egoistische Handlungen? Würde eine staatliche Regulierung der hohen Publizität, die Gewalt generell erhält, oder der Art, wie über Gewalt berichtet wird, den Nachahmungseffekt minimieren? Falls andere Forscher solche Fragen zu beantworten suchen, werden sie sich auf Phillips' Ergebnisse stützen. Und auf diese Weise wächst das soziologische Wissen.

PROBLEME DER EMPIRISCHEN SOZIALFORSCHUNG

Die Untersuchung menschlichen Sozialverhaltens wirft eine Reihe von Problemen auf; einige von ihnen gelten für alle wissenschaftliche Forschung, andere sind charakteristisch für die Sozialwissenschaften.

Gültigkeit und Zuverlässigkeit

Wie in anderen Wissenschaften muss auch in der Soziologie die Gültigkeit und Zuverlässigkeit empirischer Untersuchungen beurteilt werden. **Gültigkeit (Validität)** eines Indikators bedeutet, dass eine Untersuchung misst, was sie zu messen beabsichtigt – beispielsweise, dass Durkheim tatsächlich soziale Integration maß, indem er Heiratsraten als Indikatoren verwendete. **Zuverlässigkeit (Reliabilität)** einer Messung bedeutet, dass eine Wiederholungsuntersuchung zu den gleichen Ergebnissen kommt. Ein Mangel an Zuverlässigkeit weist meist auf ein Problem im Untersuchungsplan (Forschungsdesign) hin. Doch die Zuverlässigkeit einer Messung ist noch kein Beweis der Gültigkeit eines Indikators.

Folgeuntersuchungen zu Suizidraten haben bestätigt, dass Durkheims Ergebnisse zuverlässig sind. Indessen haben einige Kritiker bezweifelt, dass Durkheims Daten gültig sind. Ist es möglich, dass seine Daten verzerrt waren? Vielleicht kamen unter Katholiken nur deswegen weniger Selbstmorde vor als unter Protestanten, weil sie eher dazu neigten, Selbstmorde zu verschleiern. Einiges spricht für die Annahme, dass der Tod einer Person um so seltener als Selbstmord *diagnostiziert* wird, je besser sie in die Gesellschaft integriert ist. Es ist durchaus vorstellbar, dass Beamte in eng verbundenen Gemeinschaften den Wunsch der Familie, peinliches Aufsehen zu vermeiden, respektieren, und einen Selbstmord als Tod infolge natürlicher Ursachen ausgeben. Oder aber sie schöpfen keinen Verdacht auf Selbstmord, weil der Tote eine führende Position in der Gemeinschaft innehatte.

Noch mit einem anderen Problem sind die Forscher konfrontiert. Sie müssen die Art der Beziehung zwischen den Variablen präzisieren. Am meisten sind Soziologen an Kausalbeziehungen interessiert, Beziehungen also, in denen eine Veränderung in einer Variablen eine Veränderung in einer anderen Variablen hervorruft. In vielen Fällen ist es jedoch nicht möglich, eine Kausalbeziehung zwischen den fraglichen Varia-

2

Wie liest man eine Tabelle?

Häufig verwenden Sozialwissenschaftler Tabellen, um ihre Forschungsergebnisse darzustellen und die Beziehungen zwischen den Variablen zu *veranschaulichen*. Auch Zeitungen, Zeitschriften und Geschäftsberichte nutzen diese wissenschaftliche Form der Datenpräsentation. Wenn man jedoch nicht weiß, wie Tabellen zu lesen sind, stiften sie oft mehr Verwirrung, als sie Zusammenhänge erhellen. Worauf sollte man bei der Interpretation einer Tabelle achten? Die folgenden Schritte zur Interpretation von Tabelle 2.1 sind allgemeine Richtlinien, die für beliebige Tabellen gelten.

1. Tabellen enthalten *statistische Informationen*. Die Daten sind in Zeilen (von links nach rechts) und Spalten (von oben nach unten) angeordnet. In der Vorspalte (links) und der Kopfzeile (oben) ist angegeben, was in den Zeilen und Spalten steht. Die Plätze, an denen die Zeilen und Spalten zusammentreffen, heißen »Zellen«. Jede Zelle enthält eine spezifische Information, die als Wort, Zahl, Prozentsatz oder irgendein anderes statistisches Maß ausgedrückt sein kann.

2. Um eine Tabelle zu lesen, *verknüpft man Zeilen und Spalten*. In Tabelle 2.1 sind in der ersten Spalte die Namen der Selbstmörder

aufgeführt. Jeder Name steht am Beginn einer Zeile, die sich nach rechts fortsetzt mit dem Datum der Selbstmordgeschichte und statistischen Angaben über die Selbstmorde anderer Personen, nachdem die Geschichte veröffentlicht wurde. Man kann einer Tabelle neue, noch unbekannte Informationen entnehmen: beispielsweise, wie viel mehr Selbstmorde sich nach dem Tod von Marilyn Monroe ereigneten, als ohne ihren Tod zu erwarten gewesen wären (Zeile 8, Spalte 4).

3. Man kann in einer Tabelle einzelne Informationen nachsehen. Die wichtigste soziologische Verwendung ist jedoch *die Suche nach einem Muster* oder einer Gesetzmäßigkeit im Gesamtbild der Daten. In Tabelle 2.1 sehen wir, dass nach dem Selbstmord prominenter Personen die Selbstmordraten weitaus öfter ansteigen als fallen.

4. *Woher stammen die Daten der Tabelle?* Um die Qualität der Daten zu bewerten, sollte man genau auf die Quelle achten, die meist in der Überschrift oder einer Fußnote genannt ist. Aus der Überschrift von Tabelle 2.1 geht hervor, dass die Geschichten auf der Titelseite der *New York Times* erschienen sind. In der kleingedruckten Fußnote sind die Quellen der

Daten genannt: (1) der bereits erschienene Artikel des Soziologen David Phillips *The Influence of Suggestion on Suicide* und (2) die von der US-amerikanischen Bundesregierung herausgegebene Selbstmordstatistik. Wenn die Quelle eine Gruppe ist, die ein eigenes Interesse an dem in der Tabelle dargestellten Thema hat, beispielsweise eine Behörde zur Suizidprävention, ist Vorsicht angeraten: Die Zahlen könnten selektiv, voreingenommen oder einseitig ausgewählt worden sein.

5. Man kann aus den Daten einer Tabelle *Schlussfolgerungen ziehen* und auch Fragen für die künftige Forschung ableiten. So lässt Tabelle 2.1 darauf schließen, dass die Suizidraten nach Selbstmorden mit hoher Publizität ansteigen. Um diese Vermutung zu überprüfen, könnten wir Informationen über die Suizidrate nach den Selbstmorden anderer prominenter Personen sammeln – etwa nach dem Tod des Rockstars Kurt Cobain 1994. Wir könnten ferner fragen, ob die Suizidrate um so mehr ansteigt, je mehr über den ursprünglichen Selbstmord in der Presse berichtet wird.

---

blen nachzuweisen. Oft kann man nur zeigen, dass zwei Variablen sich in irgendeiner messbaren Weise gemeinsam verändern – *korreliert* sind (siehe Kasten »Grundbegriffe der Statistik«). Wie erwähnt, ist eine Korrelation eine regelmäßige Beziehung zwischen zwei Variablen. Stellt man beispielsweise fest, dass ein hoher Wert einer Variablen (etwa die Scheidungsrate) stets zusammen mit einem hohen Wert einer anderen Variablen vorkommt, sagt man, dass die beiden positiv korreliert sind.

Der Nachweis einer Korrelation zwischen Variablen bedeutet *nicht*, dass zwischen ihnen eine Kausalbeziehung besteht. Zwei Variablen können korreliert sein, ohne dass sie kausal miteinander verknüpft sind. Man bezeichnet diesen Sachverhalt als **Scheinkorrelation**, eine immer wieder vorkommende Fehlerquelle in empirischen Untersuchungen. Zu einem wesentlichen Teil besteht die soziologische Analyse darin, sinnvolle von Scheinkorrelationen zu unterscheiden. So könnte man fragen, ob der Beziehung, die Durkheim zwischen Suizidraten und religiöser Bindung entdeckte, ein

Kausalnexus zugrunde lag oder ob sie lediglich eine Scheinkorrelation war. Eventuell waren die Werte beider Variablen der Effekt irgendeines dritten Faktors, etwa der Unterschiede im Reichtum oder in der geographischen Herkunft der Personen. Durkheim war sich im Klaren darüber, dass womöglich ein dritter Faktor seine Befunde erklärte. Deshalb versuchte er, diese Hypothese auszuschließen.

Theorie und empirische Forschung

Theorie und empirische Forschung sind in der Soziologie nicht voneinander zu trennen. Theorien sind unentbehrlich für die Definition der zu untersuchenden Probleme, die Hypothesenbildung, die Datenanalyse und -auswertung und die Schlussfolgerungen, die daraus zu ziehen sind. Theorien dienen dazu, eine Synthese der Forschungsergebnisse herzustellen und diese zu ordnen. Zugleich werden sie auf Grund der Daten

2

Tabelle 2.1: Anstieg der Zahl der Selbstmorde nach Veröffentlichung von Geschichten auf der Titelseite der *New York Times*

Name des/r publizierten Selbstmörders/in	Datum der Selbstmordgeschichte	Zahl der beobachteten Selbstmorde im Monat nach Erscheinen der Geschichte	Zahl der erwarteten Selbstmorde im Monat nach Erscheinen der Geschichte	Veränderung in der Zahl der Selbstmorde nach Erscheinen der Selbstmordgeschichte (beobachtete minus erwartete Zahl der Selbstmorde)
Lockridge (Autor)	8. März 1948	1.510	1.521,5	-11,5
Landis (Filmstar)	6. Juli 1948	1.482	1.457,5	+24,5
Brooks (Finanzfachmann)	28. August 1948	1.250	1.350,0	-100,0
Holt (betrogener Ehemann)	10. März 1949	1.583	1.521,5	+61,5
Forrestal (Ex-Verteidigungsminister der USA)	22. Mai 1949	1.549	1.493,5	+55,5
Baker (Professor)	26. April 1950	1.600	1.493,5	+106,5
Lang (Polizeizeuge)	20. April 1951	1.423	1.519,5	-96,5
Monroe (Filmstar)	6. August 1962	1.838	1.640,5	+197,5
Graham (Verleger)	4. August 1963	1.801	1.640,5	+160,5
Ward (Profumo-Affäre)[a]	4. August 1963			
Burros (Ku Klux Klan Führer)	1. November 1965	1.710	1.652,0	+58,0
Morrison (Kriegskritiker)	3. November 1965			

[a] Ward und Graham starben beide am selben Tag (4. August 1963). Der Anstieg der Zahl der Selbstmorde im August 1963 wurde je zur Hälfte Ward und Graham zugeschrieben. Auch bei Burros und Morrison, die am 1. beziehungsweise 3. November 1965 starben, wurde so verfahren.

Quelle: Phillips (1974:344). Ursprüngliche Quelle der Selbstmordstatistik: U.S. Department of Health, Education, and Welfare, Public Health Service (Jahresbände 1947–1968).

aus der empirischen Forschung einer ständigen Revision unterzogen. Ohne diese Daten wären die Theorien lediglich unbewiesene Vermutungen und noch nicht wissenschaftlich. Mit empirischen Untersuchungen lassen sich theoretische Aussagen testen, und wenn sie neue Daten zu Tage fördern, neue oder modifizierte Theorien aufstellen. Auf diese Weise wird das soziologische Wissen aktualisiert und weiterentwickelt.

Verschiedene theoretische Perspektiven können zu einander ergänzenden Forschungsprojekten führen, insofern sie verschiedene Aspekte eines Problems beleuchten. So vertieft sowohl Durkheims Selbstmordstudie – die sich am Konzept der *funktionalen Integration* orientiert – als auch die Untersuchungsreihe von Phillips – die von der Rolle der Nachahmung im sozialen Handeln ausgeht – unser Verständnis der Variation in den Suizidraten. Um ein möglichst umfassendes Wissen über einen Aspekt der sozialen Realität zu gewinnen, bedarf es oft mehrerer Forschungsmethoden und theoretischer Ansätze. So könnte ein Soziologe kritisieren, dass Durkheim in seiner Selbstmordstudie

Fragen über die *Bedeutung* des Suizids sowohl für den, der ihn beging, als auch für die Mitglieder der Gruppe, der das Opfer angehörte, vernachlässigte. Vielleicht ist dieser Soziologe ein Schüler von George Herbert Mead und Anhänger des Symbolischen Interaktionismus, der just eine Untersuchung plant, um festzustellen, was im Einzelnen bei einer Reihe von Selbstmorden geschah und was er für die Beteiligten jeweils bedeutete. Selbstverständlich würden deren Ergebnisse Durkheims Ansatz nicht überflüssig machen, denn sie würde uns nichts über Suizid*raten* sagen. Sie könnte uns allerdings Einblicke in das Beziehungsgeflecht zwischen Selbstmord und sozialer Integration vermitteln, die Durkheims Arbeit ergänzen.

Ethische Fragen

Soziologen sind fast per definitionem »Schnüffler«. Durkheims Selbstmordstudie stützte sich zwar auf historische Aufzeichnungen, doch bei vielen soziologischen Untersuchungen ist es unumgänglich, im Leben der Menschen, im Hier und Jetzt zu »stochern«. Soziologen haben daher besondere ethische Verpflichtungen gegenüber ihren Probanden.

Zuallererst *müssen Soziologen ihre Probanden vor Schaden bewahren*. Wohl setzt die empirische Sozialforschung ihre Probanden selten der Gefahr physischer Verletzungen aus, doch oft erfordert sie, dass ihre Probanden (Untersuchungs- oder Testpersonen) private Informationen über sich selbst preisgeben. Vielleicht ist den Probanden daran gelegen, dass solche Informationen ihren Familien, Freunden oder Arbeitskollegen nicht bekannt werden, weil sie ihnen peinlich sind, ihren Arbeitsplatz gefährden oder sie gar erpressbar machen.

In vielen Fällen ist der potenzielle Schaden subtil. Arlie Hochschild untersuchte die Arbeitsteilung zwischen Frauen und Männern in heutigen Familien und schilderte die Ergebnisse. Manche Paare, so fand Hochschild heraus, charakterisierten sich selbst zwar als gleichberechtigte Partner, in Wahrheit aber leistete die Frau weitaus mehr Hausarbeit als der Mann. Gleichwohl diente der Mythos der gleichberechtigten Partnerschaft einem Paar als Kleister für seine divergierenden Ansichten über eine »gute Ehe« (Hochschild 1989). Falls sich ein bestimmtes Paar in dieser Studie wiedererkannte, war es womöglich mit der Tatsache konfrontiert, dass beide ihre Ehe als nicht so glücklich empfinden, wie sie es einander erzählen oder vor sich selbst zugeben. Um diesen Fall möglichst auszuschließen, änderte Hochschild nicht nur die Namen der untersuchten Paare, sondern auch andere identifizierende Merkmale wie ihr Äußeres und ihre Berufe.

Man kann die Untersuchungspersonen auf verschiedene Weisen schützen. Eine davon ist die *anonyme* Datenerhebung. Die Fragebogen werden so ausgeteilt und eingesammelt, dass sich eine bestimmte Antwort einem einzelnen Informanten nicht zuordnen lässt. Oft jedoch müssen Soziologen ihre Probanden persönlich interviewen oder sie in ihrem Heim, am Arbeitsplatz oder im Labor beobachten. In solchen Fällen bieten sie oft *Vertraulichkeit* an, d.h. der Forscher kennt die Identität der Probanden, sichert ihnen aber zu, keinen öffentlichen Gebrauch von diesen Informationen zu machen. Zum Schutz der Privatsphäre entfernt der Forscher in der Regel Namen und Adressen von Fragebogen, Feldnotizen und anderen Aufzeichnungen, ersetzt sie durch eine Identifikationsnummer und verwahrt die Hauptkartei, die Namen und Nummern verbindet, an einem sicheren Ort. Meist sind diese Vor-

kehrungen ausreichend. Allerdings gelten soziologische Daten sowohl vor US-amerikanischen wie deutschen Gerichten nicht als »vertrauliche Mitteilungen«, die der Schweigepflicht unterliegen. Anders als ein Anwalt, Priester oder gar (in manchen Fällen) Journalist ist ein Soziologe per Gesetz verpflichtet, seine Aufzeichnungen auszuliefern und vor Gericht auszusagen.

Rik Scarce, ein graduierter Soziologe der Washington State University, untersuchte radikale Umweltschutz- und Tierrechtsaktivisten, die gelegentlich Gesetze brachen, um ihren Zielen Nachdruck zu verleihen (Monaghan 1993a-c). Eine Gruppe, die sich selbst *Animal Liberation Front* nannte, übernahm die Verantwortung für einen Überfall auf ein Universitätslabor, bei dem die Täter 23 Nerze, Mäuse und Kojoten frei ließen und Salzsäure über Computer gossen (geschätzter Schaden: US-$ 150.000). Scarce wurde daraufhin verklagt. Er gab zu, einen Hauptverdächtigen in dem Fall persönlich ziemlich gut zu kennen, weigerte sich aber, irgendwelche weiteren Fragen zu beantworten. Wenn er seine Quellen preisgeben würde, argumentierte Scarce, würden nicht nur Umweltaktivisten es künftig ablehnen, mit ihm zu sprechen, was seine eigenen Forschungen beeinträchtigte. Darüber hinaus aber wäre die empirische Sozialforschung insgesamt betroffen: Sehr wahrscheinlich verlören Informanten dann auch zu anderen Sozialwissenschaftlern das Vertrauen; zu befürchten wäre, dass Sozialwissenschaftler künftig vor umstrittenen Untersuchungen zurückschreckten, die Vertraulichkeit erfordern. Der Richter ließ sich nicht überzeugen und blieb hart. Scarce ging jedoch lieber ins Gefängnis, als der Verpflichtung gegenüber seinen Informanten untreu zu werden.

Die zweite ethische Verpflichtung lautet: Soziologen sollten Menschen nie durch Zwang oder Bestechung zur Teilnahme an einer Untersuchung bewegen; diese sollte vielmehr stets freiwillig sein. So simpel diese Forderung klingt, können sich doch subtile Einflüsse einschleichen. Bewohner eines Pflegeheims beispielsweise sind ein »unfreiwilliges Publikum«; eventuell sehen sie in dem Soziologen einen Arzt oder Verwalter und fühlen sich zur Mitarbeit verpflichtet. Und Studierende eines soziologischen Proseminars mögen befürchten, dass ihre Klausurnote darunter leidet, wenn sie sich weigern, an einer Untersuchung des Dozenten teilzunehmen. Allerdings können Freiwillige in einigen Fällen die Untersuchungsergebnisse auch verzerren. Personen, die bereit sind, an einer Umfrage über Sexualverhalten teilzunehmen, gehören zu einer von ihnen selbst gewählten Gruppe, die womöglich etwas exhibitionistisch ist und daher nicht repräsentativ für die Gesamtpopulation.

Drittens *müssen Forscher gegenüber ihren Probanden ehrlich sein*. Im Idealfall erhalten sie von ihnen nicht bloß die einfache Zustimmung, sondern deren über mögliche Risiken *aufgeklärte* Zustimmung. Dies ist besonders dann wichtig, wenn die Probanden weniger gebildet sind, einen niederen sozialen Status haben oder über die empirische Sozialforschung nicht Bescheid wissen. Meist ist es schwierig oder gar unmöglich, eine Untersuchung geheim zu halten. Teilnehmer an einem Laborexperiment oder Personen, die einen langen Fragebogen ausfüllen, wissen, dass sie gerade untersucht werden. Manchmal aber treffen Forscher die schwierige Entscheidung, den Teilnehmern *nichts* über das wahre Ziel ihrer Untersuchung mitzuteilen, um ihnen exaktere Informationen zu entlocken. So könnte ein Soziologe, der die Geschlechtsdiskriminierung in der Musikindustrie untersucht, gegenüber seinen Probanden andeuten, dass er Führungsstile und Verkaufsstrategien erforscht. Insbesondere Feldforscher sind wohl daran interessiert, den Probanden nicht sämtliche für ihre Beobachtungen relevanten Überlegungen mitzuteilen, weil solches Wissen den sozialen Prozess, den sie untersuchen wollen, beeinflussen könnte. Soziologen, die Kulte, Szenen oder selbst Unternehmen untersuchen, werden also die wahre Natur ihres Forschungsprojekts geheim halten. Jede Täuschung muss aber durch zwingende wissenschaftliche oder humanitäre Interessen begründet sein. Moralisch gerechtfertigt mag eine verdeckte Untersuchung von intravenösen Drogennutzern zur Ermittlung von Verhaltensmustern sein, welche die Wahrscheinlichkeit einer Ansteckung mit AIDS erhöhen.

Soziologen haben auch ethische Verpflichtungen gegenüber ihren Fachkollegen, der *academic community* und der Gesamtgesellschaft. Der Idealzustand wäre natürlich, wenn sie in jeder Hinsicht die Normen *wissenschaftlicher Objektivität* und *moralischer Integrität* in ihren Untersuchungen und Publikationen einzuhalten versuchten. Eine solche Haltung erfordert nicht nur eine wahrheitsgetreue und möglichst exakte Darlegung ihrer Forschungsergebnisse, sondern auch den Hinweis auf die Grenzen einer Untersuchung, auf negative oder anomale Befunde ebenso wie auf positive Resultate. Dazu gehört auch, alle Finanzierungsquellen offen zu legen und alle Personen (Studierende eingeschlossen) namentlich zu erwähnen, die zu einer Untersuchung beigetragen haben. Werden sie aufgefordert, Expertenurteile oder Gutachten, sei es vor Gericht, in öffentlichen Anhörungen oder für die Medien, abzugeben, sollten sie den Grad ihrer Sachkenntnis präzisieren und sich jeglicher Äußerungen, die nicht wissenschaftlich fundiert sind und missbraucht werden könnten, enthalten.

Wie die Medizin, die Justiz und andere akademische Berufe ist auch die Soziologie bestrebt, sich selbst zu kontrollieren. Die *American Sociological Association* (ASA), die Hauptvereinigung der professionellen US-Soziologen, hat einen detaillierten Verhaltenskodex (*Code of Ethics*, 1989) ausgearbeitet, der die oben genannten Prinzipien enthält. Der Ethikkommission der ASA (*Committee on Professional Ethics*) obliegt es, Klagen zu untersuchen, zwischen streitenden Parteien zu vermitteln und nach einer formellen Anhörung Maßnahmen zu empfehlen. Ergänzend fordern die meisten US-amerikanischen Universitäten und Colleges, dass alle größeren Forschungsprojekte von Kommissionen überprüft werden, die den Auftrag haben, darüber zu wachen, dass die Forschungsprozeduren die Rechte der Probanden nicht verletzen. Vergleichbare Einrichtungen gibt es bei der Deutschen Forschungsgemeinschaft (DFG) und in Gestalt der Ethik-Kommission in der Deutschen Gesellschaft für Soziologie.

FORSCHUNGSSTRATEGIEN

Wir können zwei Typen der Sozialforschung unterscheiden: eine quantitative und eine qualitative. In der **quantitativen Sozialforschung** ermitteln Soziologen die Häufigkeit eines sozialen Phänomens und versuchen, einen statistischen Zusammenhang mit anderen sozialen Faktoren herzustellen. Man verfügt über eine Reihe statistischer Verfahren, um Beziehungen zwischen den Variablen zu bestimmen und sie auf einen kausalen Zusammenhang hin zu überprüfen. (Siehe Kasten »Grundbegriffe der Statistik«, in dem einige einfache, aber wichtige statistische Maße kurz vorgestellt werden.) David Phillips' Arbeiten über die von hoher Medienresonanz begleiteten Selbstmorde prominenter Personen ist ein Beispiel für quantitative Sozialforschung, ebenso auch Durkheims Selbstmordstudie. Durkheim hätte zweifellos Computer und die zahlreichen subtilen statistischen Verfahren, die man heute kennt, als ungemein hilfreich für die Datenanalyse empfunden.

Selbstverständlich können nicht alle sozialen Phänomene gezählt oder gemessen, kurz, numerisch erfasst werden. Man kann beispielsweise die Suizid*rate* messen, aber nicht die *Bedeutung*, die der Akt des Selbstmords für die Person hat, die ihn begeht. Mithin ist auch **qualitative Forschung** in der Soziologie wichtig. Hier verwendet man verbale Beschreibungen, direkte Beobachtungen und manchmal Bilder, um die Bedeutung sozialer Handlungen zu interpretieren oder um Gesetzmäßigkeiten des sozialen Lebens im Detail zu analysieren. Ein Soziologe, der Arbeitsgruppen beobachtet, um die Entstehung von Führungsrollen zu untersuchen, oder Kleinkinder interviewt, um zu ermitteln, welche Bedeutung für sie die Scheidung ihrer Eltern hat, betreibt qualitative Forschung.

Sowohl für die quantitative wie die qualitative Forschung existieren diverse Methoden der Datengewinnung: von der Durchführung von Umfragen bis zur direkten Beobachtung, von der Verwendung historischer Quellen bis zur Durchführung von Experimenten. In den folgenden Abschnitten wollen wir die wichtigsten dieser Methoden vorstellen und zeigen, dass jede in besonderer Weise für die Beantwortung bestimmter Fragen geeignet ist.

Umfrageforschung

Soziologen verwenden Umfragen, um die öffentliche Meinung zu messen, Annahmen über das Verhalten zu testen und das Handeln von Personen vorauszusagen. In einer **Umfrage** (*survey*) sammelt man Daten über eine Gesamtheit von Individuen (**Population**), indem man Interviews mit einer im voraus ausgewählten Stichprobe von Personen durchführt und/oder Fragebogen an sie austeilt. Die Personen werden gebeten, die Fragebogen per Post, telefonisch oder in persönlichen Gesprächen zu beantworten. Besonders nützlich sind Umfragen, wenn man von einer großen Population Informationen über Ereignisse erhalten möchte, die man nicht direkt messen kann. So fand eine Umfrage zum Sexualverhalten der US-Amerikaner heraus, dass sie in ihren sexuellen Praktiken konservativer sind, als es die Medien erscheinen lassen, die voll von Promiskuität und Alternativsex sind. Umfragen können auch nach sozio-ökonomischen Fakten (Alter, Einkommen, Ausbildung, Beruf und dergleichen) fragen. Da die befragten Personen die Fragen nicht immer wahrheitsgemäß beantworten, müssen Umfrageergebnisse als Näherungen angesehen werden.

Zu einer soziologischen Umfrage gehört indessen weit mehr als nur die Befragung von Personen zu bestimmten Themen. Wenn die Resultate zuverlässig und gültig sein sollen, muss man methodisch im Einzelnen festlegen, *wen* man fragt und *wie* man die Fragen formuliert. So können Telefonumfragen in Fernseh-Talkshows Öffentlichkeit herstellen und sogar öffentliche Personen beeinflussen, doch die Menschen, die diese Talkshows sehen und sich die Zeit für einen Anruf nehmen, sind nicht unbedingt repräsentativ für die gesamte Öffentlichkeit. Sorgfältige Stichprobenkonstruktion ist der Schlüssel zu exakten, wissenschaftlichen Erhebungen. Während die meisten Erhebungen an quantitativen Daten interessiert sind, fördern Interviews auch qualitative Daten zu Tage.

Konstruktion einer Stichprobe

Ziel der meisten Erhebungen ist es, Informationen von einer kleinen Zahl von Individuen zu gewinnen, die Generalisierungen über die Einstellungen, Verhaltensweisen oder andere Merkmale einer weit größeren Population erlauben. Die **Population** einer Erhebung ist die Gesamtheit der Individuen, die ein Merkmal, an dessen Untersuchung man interessiert ist, gemeinsam haben. Angenommen, ein Soziologenteam möchte die Einstellungen zur Abtreibung bei jüngeren (definiert als zwanzig- bis dreißigjährigen) und älteren (definiert als fünfzig- bis sechzigjährigen) deutschen Frauen vergleichen. Die Population der Erhebung ist in diesem Fall die Gesamtheit aller deutschen Frauen zwischen zwanzig und dreißig und zwischen fünfzig und sechzig Jahren.

Meist ist es zu kostspielig und zeitraubend, jedes Individuum in einer Population zu interviewen. Daher befragt man eine **Stichprobe**, eine begrenzte Teilmenge der zu untersuchenden Population. So könnte ein Soziologenteam, das Einstellungen zur Abtreibung erforscht, eine Stichprobe der deutschen Frauen aus den beiden Altersgruppen wählen. Eine Stichprobe soll möglichst *repräsentativ* sein, d.h. relevante soziale Merkmale – Alter, Geschlecht, soziale Schicht usw. – sollen in der Stichprobe prozentual gleich häufig vorkommen wie in der Gesamtpopulation. Je repräsentativer die Stichprobe ist, desto eher spiegeln die Resultate die Einstellungen der Gesamtpopulation wider.

Viele meinen, eine größere Stichprobe sei repräsentativer als eine kleine. Doch dies ist nicht immer der Fall. Das berühmteste Gegenbeispiel war vielleicht der Versuch, den Ausgang der US-amerikanischen Präsidentschaftswahlen von 1936 zu prognostizieren. Der *Literary Digest*, eine populäre Zeitschrift, verschickte Postkartenstimmzettel an zehn Millionen US-Bürger, deren Namen aus Telefonbüchern und Autoregistrierungen stammten. Auf der Basis von zwei Millionen zurückgesandten Postkarten sagte die Zeitschrift voraus, dass Alfred Landon die Wahl mit überwältigendem Vorsprung vor Franklin D. Roosevelt gewinnen würde. Inzwischen hatte ein junger Mann namens George Gallup eine Stichprobe von lediglich 312.551 Personen konstruiert und korrekt vorausgesagt, dass Roosevelt siegen würde. Zunächst einmal hatten 1936, mitten in der »Großen Depression«, viele Wähler *kein* Telefon oder Auto. Diese Personen – von denen die meisten für Roosevelt stimmten – waren von der Stichprobe des *Literary Digest* ausgeschlossen. George Gallup benutzte eine *Zufallsstichprobe*, in der jede Person aus der wahlberechtigten US-amerikanischen Population mit gleicher Wahrscheinlichkeit vertreten war.

Die Konstruktion einer repräsentativen Stichprobe ist keine leichte Aufgabe. Campus-Zeitungen und -organisationen führen häufig Umfragen durch, indem sie Fragebogen an ein oder zwei Stellen verteilen. Solche Umfragen sind selten repräsentativ. So können unter den ersten hundert Studierenden, die das Gebäude eines Soziologie-

2

Wie formuliert und stellt man die Fragen in Meinungsumfragen?

Bereits die Formulierung und Reihenfolge, in der Fragen in Interviews oder Fragebogen gestellt werden, beeinflussen Gültigkeit und Zuverlässigkeit der erhobenen Daten (Kromrey 1994).

Formulierung

Die Wortwahl in Erhebungsfragen kann sich auf die Ergebnisse der Untersuchung auswirken. Auf den ersten Blick scheint es, dass Wendungen wie »die freie Meinungsäußerung verbieten« und »die freie Meinungsäußerung erlauben« logische Gegensätze darstellen. Doch die Konnotationen der Wörter sind offenbar verschieden. In einer Meinungsumfrage in den USA wurden einige Personen gefragt: »Glauben Sie, dass die Regierung die freie Meinungsäußerung gegen die Demokratie verbieten sollte?« Andere wurden gefragt: »Glauben Sie, dass die Regierung die freie Meinungsäußerung gegen die Demokratie erlauben sollte?« Die Antworten allerdings reimten sich nicht zusammen: Während nur 21,4 Prozent sagten, sie würden solche Meinungsäußerungen »verbieten«, gaben 47,8 Prozent an, sie würden sie »nicht erlauben«. In manchen Fällen führt man einen Vortest eines Fragebogens durch, um sicherzustellen, dass Wortwahl und Form der Fragen die Antworten nicht einseitig beeinflussen.

Reihenfolge

Auch die Reihenfolge, in der die Fragen gestellt werden, kann bereits eine Rolle spielen. Themen, die in früheren Fragen angesprochen werden, können das, was die Befragten über spätere Fragen denken, beeinflussen. Manchmal erhält man bereits verschiedene Antworten, indem man lediglich zwei Fragen umstellt. So wurden zur Zeit des Kalten Krieges, als die Menschen in den USA sich vor der »kommunistischen Gefahr« fürchteten, die beiden folgenden Fragen gestellt: (1) »Glauben Sie, dass die US-Regierung Zeitungsreportern aus kommunistischen Ländern erlauben sollte, direkt aus den USA über die Dinge, so wie sie sie wahrnehmen, in ihren Zeitungen zu berichten?« und (2) »Glauben Sie, dass ein kommunistisches Land wie die Sowjetunion amerikanischen Zeitungsreportern erlauben sollte, direkt von dort über die Dinge, so wie sie sie wahrnehmen, in US-Zeitungen zu berichten?« Als den Personen zuerst Frage (1) gestellt wurde, beantworteten 54,7 Prozent sie mit »ja«. Als ihnen aber zuerst Frage (2) gestellt wurde, beantworteten 74,6 Prozent Frage (1) mit »ja«(Schuman/Presser 1981).

Frageformen

Die Fragen können bei Erhebungen in zwei Formen gestellt werden. Bei *geschlossenen* Fragen müssen die Befragten aus einer Reihe vorgegebener Antworten wählen; *offene* Fragen dagegen überlassen ihnen die Formulierung der Antwort. Beispielsweise könnten Soziologen wissen wollen, was die Menschen an einem Beruf am meisten schätzen. Sie können dies in einer geschlossenen Form fragen: »Sehen Sie sich bitte diese Liste mit Antworten an und sagen Sie, was Sie an einem Beruf am meisten schätzen!« Die Liste führt dann beispielsweise fünf alternative Antwortkategorien an: hohes Einkommen, Arbeitsplatzsicherheit, kurze Arbeitszeiten, Aufstiegschancen und eine befriedigende, erfüllende Arbeit. In einer anderen geschlossenen Frageform werden die Befragten gebeten, Sachverhalte oder Aussagen zu beurteilen, etwa anhand einer Skala von 1 = »stimme stark zu« bis 5 = »lehne stark ab«. Die Frage kann auch in einer offenen Form gestellt werden: »Die Menschen suchen in einem Beruf verschiedene Dinge. Was schätzen Sie an einem Beruf am meisten?« Als diese Fragen tatsächlich einmal in einer Umfrage gestellt wurden, unterschieden sich die Antworten je nach Art der Präsentation. So wählten 17,2 Prozent der Befragten die Kategorie »Aufstiegschancen«, als sie sie unter den Vorgaben entdeckten, doch nur 1,8 Prozent gaben sie spontan an, als die Frage in einer offenen Form gestellt wurde. Soziologen müssen sich im Klaren darüber sein, dass Wortwahl, Reihenfolge und Form von Erhebungsfragen die Untersuchungsergebnisse beeinflussen.

Gelegentlich kommt es vor, dass Meinungsforscher mehr Informationen benötigen, als ein kurzer Fragebogen hergibt. Dann können sie die Personen telefonisch oder persönlich interviewen. Ein **Interview** ist ein Gespräch, in dem ein Forscher eine Reihe von Fragen stellt oder ein Thema mit einer anderen Person erörtert. Bei Verwendung offener Fragen können Interviewer erkennen, ob sie tiefer bohren müssen oder gleich zur nächsten Frage weitergehen können. Gute Interviewer wissen auch, dass die Gültigkeit und Zuverlässigkeit eines Interviews von der Interaktion zwischen Interviewer und befragter Person abhängt. Sie lernen, Stil und Tempo eines Interviews auf verschiedene Typen von Befragten abzustimmen.

---

instituts verlassen, die Studenten der Natur- und Geisteswissenschaften unterrepräsentiert, und die weiblichen Studenten, die (in den USA, 1997) häufiger als männliche Studenten Soziologie belegen, überrepräsentiert sein. Repräsentativer wäre in diesem fiktiven Beispiel sicher eine Stichprobe, die hundert zufällig ausgewählte Namen aus dem vollständigen Studentenverzeichnis umfasst.

Experimente

Das **Experiment** ist in den Wissenschaften ein äußerst effizientes Instrument zum Nachweis einer Kausalbeziehung. In Experimenten lassen sich Hypothesen testen – d. h. es lässt sich überprüfen, ob eine Variable eine andere kausal beeinflusst –, indem Untersuchungspersonen in eine eigens konstruierte Situation versetzt werden, die es erlaubt, externe Faktoren zu kontrollieren, die die fraglichen Variablen eventuell beeinflussen. Um etwa den Einfluss von Musik auf soziale

Interaktionen zu untersuchen, könnten Soziologen einen geschlossenen Raum verwenden und die Zahl der Personen, Beleuchtung, Sitzordnung, Angebot an Erfrischungen usw. jedes Mal konstant halten. Um eine Hypothese zu testen, müssen die Forscher (1) systematisch eine Variable manipulieren und (2) den Effekt der Manipulation auf die andere Variable beobachten. Der Faktor, der systematisch variiert wird (in diesem Experiment die Musik), ist die unabhängige Variable, von der man annimmt, dass sie der kausale Faktor in der fraglichen Beziehung ist. Der zu untersuchende Faktor (hier die soziale Interaktion) ist die abhängige Variable, der Faktor, der durch die Manipulation der unabhängigen Variablen, wie man annimmt, beeinflusst wird.

Experimente erfordern ein hohes Maß an Kontrolle sämtlicher Variablen, die bei der Untersuchung soziologisch interessierender Fragen nur schwer zu erzielen ist. Sie ist annähernd erreichbar in *Laborexperimenten*, die mit einzelnen Personen und kleinen Gruppen arbeiten. Für größere Populationen benötigt man größere *Feldexperimente*. Doch aus praktischen und ethischen Gründen sind diese nur sehr schwierig durchzuführen und daher selten. Gleichwohl lohnt ein Blick auf beide Experimenttypen.

Laborexperimente

Laborexperimente versetzen die Probanden in eine künstliche Umgebung, in der man die Bedingungen exakt kontrollieren kann.

In einem mittlerweile klassisch gewordenen Experiment richtete der Sozialpsychologe Philip Zimbardo (1972) im Keller eines Gebäudes der Stanford University in Kalifornien ein »Gefängnis« ein. Zimbardo war an dem Einfluss, den die sozialen Rollen des Gefangenen und des Wächters auf deren Verhalten haben, interessiert. Durch Anzeigen in einer Campus-Zeitung wurden studentische Freiwillige angeworben. Die siebzig, die sich freiwillig meldeten, wurden sorgfältig überprüft. Von diesen siebzig wurden vierundzwanzig weiße männliche Mittelschicht-Studenten mit ähnlichen Persönlichkeitsmerkmalen ausgewählt. Interviews und Tests belegten, dass es sich um reife, intelligente, emotional ausgeglichene Erwachsene handelte – in Zimbardos Worten um »die crème de la crème«. Durch Münzwurf wurde entschieden, wer von den Studenten die Rolle des Gefangenen oder die Rolle des Wächters übernahm.

Um ein halbwegs realistisches Szenario zu schaffen, wurden die zwölf studentischen Gefangenen ohne Vorwarnung festgenommen. Ein Streifenwagen griff sie auf und brachte sie in eine reale Polizeistation in Palo Alto, wo man ihnen Fingerabdrücke abnahm und sie »polizeilich registrierte«. Danach wurden sie ins Campus-»Gefängnis« abtransportiert. Dort musste sich jeder studentische Gefangene ausziehen, wurde entlaust, erhielt Uniform und Identifikationsnummer und marschierte in eine Zelle. Den studentischen Wächtern war zuvor

gesagt worden, dass sie für Recht und Ordnung und Respekt in dem Scheingefängnis verantwortlich seien. Außerdem wurden sie aufgefordert, ihre eigenen Regeln und Vorschriften zu entwickeln und auf Anzeichen einer »Gefangenenrebellion« zu achten.

Obgleich das Experiment auf zwei Wochen angesetzt war, wurde es nach sechs Tagen abgebrochen. Warum? Zimbardo und seine Kollegen waren erschrocken über das, was sie beobachteten. Einige der Wächter behandelten die Gefangenen wie Ungeziefer und waren geradezu kreativ im Ausdenken von Schikanen, um sie ihre Wertlosigkeit spüren zu lassen. Andere Wächter waren fair, aber hart; einige waren freundlich. Doch es kam nicht ein einziges Mal vor, dass ein »guter« Wächter eingriff, als ein »schlechter« Wächter einen Gefangenen misshandelte, oder sich deswegen bei Zimbardo beklagte.

Auch die Veränderungen im Verhalten der studentischen Gefangenen waren alarmierend. Man hätte eigentlich erwartet, dass die Studenten sich gemeinsam gegen die schikanöse Behandlung zur Wehr setzten. (Schließlich hatten sie kein Verbrechen begangen.) Doch sie taten es nicht. Ein Student wurde in »Einzelhaft« (in ein kleines Kabuff) gesteckt, weil er sich geweigert hatte zu essen. Zuerst protestierten seine Mitgefangenen. Als ein Wächter ihnen anbot, den Gefangenen zu befreien, wenn sie eine Nacht lang auf ihre Decken verzichteten, gaben sie klein bei. Lieber behielten sie ihre Decken und ließen den einsamen Gefangenen leiden. Bei der Scheinsitzung einer »Hafturlaubskommission« baten einige darum, freigelassen zu werden, doch keiner *verlangte*, freizukommen. Binnen sechs Tagen waren die studentischen Gefangenen zu »servilen, entmenschlichten Robotern« mutiert.

Dieses Gefängnisexperiment illustriert klar, in welchem Maße die Rollen, welche die Menschen spielen (die von den Forschern kontrollierte unabhängige Variable) ihr Verhalten und ihre Einstellungen (die abhängige Variable) prägen. Alle Studenten wussten, dass sie an einem Experiment teilnahmen, dass sie in Wahrheit ein Spiel, »Wächter und Gefangene«, spielten. Doch in weniger als einer Woche war aus dem Experiment harte Wirklichkeit geworden.

Zimbardos Experiment warf auch ethische Fragen über die Behandlung menschlicher Probanden auf. Wie erwähnt, gelten heute strengere Regeln. Die heutigen Richtlinien verlangen, dass die Forscher (1) der Versuchsperson das Experiment oder die experimentellen Prozeduren erklären, (2) ihr nur Dinge sagen, die wahr sind, (3) sie auf etwaige Risiken aufmerksam machen, (4) ihr erläutern, wozu die Daten benutzt werden, (5) ihre Privatsphäre schützen und (6) sicherstellen, dass sie über das Experiment vollständig aufgeklärt wird, bevor sie ihre Zustimmung gibt.

Feldexperimente

Aus praktischen und ethischen Gründen können die meisten Situationen, die Soziologen interessieren, nicht im Labor reproduziert werden. Doch im Feld (das heißt in Situationen des realen Lebens) ist es weitaus schwieriger, Experimente durchzuführen und eine Kausalbeziehung nachzuweisen.

Das berühmteste Feldexperiment aller Zeiten verdeutlicht die Probleme. In den 1930er Jahren fanden die ersten Untersuchungen zur Erhöhung der Arbeitsproduktivität statt. So wollte man herausfinden, ob Veränderungen der Arbeitsbedingungen, wie etwa bessere Beleuchtung, die Produktivität von Arbeitsgruppen im Werk von *Western Electric* in Hawthorne (Illinois) erhöhen würden (Roethlisberger/ Dickson 1939/1961). Mysteriöserweise wurde jede untersuchte Gruppe produktiver, gleichgültig welchen Aspekt der Arbeitsumgebung die Forscher veränderten. Schließlich wurde ihnen klar, dass die Arbeiter einfach auf die ihnen gewidmete Aufmerksamkeit reagierten: Von Sozialwissenschaftlern untersucht zu werden, bewies ihnen, wie wichtig und geschätzt sie waren. Dieser »Hawthorne-Effekt« machte den Forschern deutlich, dass sie die Auswirkungen ihrer eigenen Präsenz kontrollieren müssen. Meist geschieht dies in der Weise, dass man zwei Gruppen vergleicht, die genau gleich behandelt werden bis auf den Faktor, dass die eine untersucht wird und die andere nicht. Im erwähnten Beispiel könnte die *Experimentalgruppe* im Gegensatz zur *Kontrollgruppe* bessere Beleuchtung bekommen, doch beide Gruppen würden die gleiche zusätzliche Aufmerksamkeit erhalten.

Gelegentlich werden Feldexperimente durchgeführt, wenn politische Entscheidungsträger wissen möchten, wie sich eine spezielle politische Maßnahme auswirkt. Sie testen sie zunächst an einem Ort und sammeln Daten über ihre Auswirkungen, bevor sie sie im großen Maßstab einführen. Da große Feldexperimente mit enormen Schwierigkeiten behaftet sind, ist ihr Nutzen für die Gewinnung soziologischer Daten nur minimal. Manchmal allerdings ist es möglich, ein Ereignis – etwa wenn ein US-Bundesstaat im Gegensatz zu anderen ein neues politisches Programm einführt – quasi unter experimentellen Bedingungen zu untersuchen. Wenn es gelingt, die relevanten unabhängigen Variablen hinreichend genau zu messen, kann man sie quasi als Kontrollen von Laborbedingungen auffassen. So hat man Veränderungen in der Sozialhilfepolitik einzelner US-Bundesstaaten untersucht, als ob sie im Experiment ablaufen würden. Beim Vergleich von Bundesstaaten, die Veränderungen vornahmen, mit einer »Kontrollgruppe« von Bundesstaaten, die an ihrer bisherigen Sozialhilfepolitik festhielten, haben Forscher herausgefunden, dass durch die Einführung effizienter Kinderbetreuungsprogramme die Quote allein erziehender Mütter, die Arbeit finden und nicht mehr von Sozialhilfe abhängig sind, steigt.

Ethnographie, Feldforschung und teilnehmende Beobachtung

In Experimenten versuchen Soziologen, das Verhalten der Probanden zu beeinflussen oder zu manipulieren. In den meisten Feldstudien wollen sie hingegen die Individuen unauffällig beobachten. **Ethnographien** sind Untersuchungen, in denen Forscher die Menschen in alltäglichen Situationen, in der Regel über einen längeren Zeitraum, beobachten. Ihr Ziel ist es, das soziale Leben in der Praxis detailliert zu beschreiben und zu interpretieren – etwa Kinder auf dem Spielplatz, homosexuelle Männer in Saunen oder Straßengangs in städtischen Wohnvierteln. Systematische, meist qualitative Beobachtung ist eine grundlegende soziologische Forschungsmethode. Ethnographische Untersuchungen liefern Augenzeugenberichte über die soziale Realität, just jene Informationen, die man in Experimenten im Labor nicht erhält. Man bezeichnet diesen Forschungstyp oft als *Feldforschung* oder *teilnehmende Beobachtung*.

Der Soziologe William Corsaro (1985) untersuchte beispielsweise Kinder beim Spiel. Über mehrere Monate beobachtete er, wie Kindergartenkinder spielen, und nahm sie dabei auf. Wie so oft in der Feldforschung wurde er so sehr ein Teil des sozialen Beziehungsfelds, dass die Kinder nicht viel über seine Anwesenheit nachdachten. Für sie war er einfach eine »große Person«, die sich mehr wie sie benahm als andere Erwachsene, und diese Wahrnehmung verschaffte ihm Zutritt zu ihrer Lebenswelt. Bei der Durchführung seiner teilnehmenden Beobachtung musste Corsaro einige methodische Probleme lösen. Wie konnte er in die Welt der Kinder eintreten, ohne diese Welt zu stören oder zu verändern? Er musste unauffällig bleiben, durfte den Kindern aber nicht so fern sein, dass er aus den Augen verlor, wie sie selbst ihre soziale Wirklichkeit interpretierten. Bevor er auch nur den Spielplatz betreten durfte, musste er mit den »Pförtnern« – der Kindergartenleiterin, der Sekretärin, Erzieherinnen und Eltern – verhandeln. Auf dem Spielplatz spielte Corsaro mit den Kindern, griff aber nicht in die Art oder den Ablauf ihrer Spielepisoden ein. (Er hielt kurze Spielepisoden für die zentrale Verhaltenseinheit seiner Untersuchung.) Er versuchte nie, etwas Neues anzufangen oder einem Spiel eine andere Richtung zu geben, und er schlichtete auch nie Streitereien zwischen den Kindern.

Feldforscher leben oft rund um die Uhr in engem Kontakt mit ihren Probanden. Dies kann emotionale Reaktionen bei ihnen hervorrufen – und bei ihren Probanden. So können die Forscher zu ihren Probanden eine Zuneigung entwickeln, so dass sie negative Aspekte ihres Verhaltens nicht mehr wahrnehmen oder nur ungern darüber berichten. Sie können sich bei Streit genötigt fühlen, für die Gruppe, die sie untersuchen, Partei zu ergreifen – oder sich ärgern, wenn ihre Informanten nicht ihren Erwartungen entsprechen. Soziologen, die im Feld arbeiten, müssen auf ihre Gefühle achten, ja sogar aus ihnen lernen (indem sie sich fragen, warum sie in bestimmter Weise reagierten, und überprüfen, ob andere Forscher ähnlich oder anders reagierten). Bis zu einem gewissen Grad also wird der Feldforscher zu einer Versuchsperson seiner eigenen Untersuchung.

In der Regel geben Feldforscher, wie in Corsaros Untersuchung, ihre Identität offen zu erkennen. Manchmal jedoch, wenn sie Gruppen untersuchen, die sich nach außen abschirmen und Außenstehenden misstrauen, verschleiern sie ihre Identität. In den meisten Fällen bedeutet dies, dass die Forscher die Gruppe einfach in ihrer alltäglichen Umgebung beobachten, während deren Mitglieder ihren täglichen Verrichtungen nachgehen, dass sie sich aber nicht mit der Gruppe identifizieren oder an Gruppenaktivitäten teilnehmen. So gingen Soziologen, die das Sexualverhalten von Homosexuellen erforschten, in Schwulenbäder, um dort das Verhalten der Männer passiv zu beobachten (Weinberg/Williams 1975). Da viele der Schwulen selbst lediglich herumstanden und die Stammgäste, wiewohl sie sexuelle Kontakte untereinander hatten, emotional und räumlich zueinander auf Distanz blieben, mischten sich die Forscher unter sie. Um ihre Tarnung aufrechtzuerhalten, zeichneten sie in Privatbereichen des Bades oder erst später ihre Feldbeobachtungen auf. Bei deren Interpretation stützten sie sich auf eine mehrjährige Erfahrung in der Untersuchung des Sexualverhaltens. Selbstverständlich gingen sie nicht in voyeuristischer Absicht in die Bäder, sondern als Wissenschaftler mit einer Reihe theoretischer Fragen, deren Klärung sie sich erhofften.

Indem der Forscher das wahre Ziel seiner Untersuchung geheim hält, mag er das Problem des Eingriffs, der möglichen Auswirkungen seiner Präsenz auf das Verhalten der Probanden, lösen. Doch es bleiben ethische Fragen: das Recht der Probanden auf Privatheit und die moralische Verpflichtung des Soziologen zur Ehrlichkeit.

Inhaltsanalyse

In manchen Fällen untersuchen Soziologen das soziale Verhalten nicht direkt, sondern dessen Produkte. Um relevante Informationen in historischen und zeitgenössischen Materialien zu erschließen, setzen sie oft die **Inhaltsanalyse** ein. Diese Forschungsmethode lässt sich auf nahezu alle Arten aufgezeichneter Kommunikationen anwenden: Briefe, Tagebücher, Autobiografien, Memoiren, Gesetze, Romane, Liedtexte, Verfassungen,

Zeitungen und sogar Bilder, die alle reiche Informationsquellen über das Verhalten der Menschen bilden. Die Inhaltsanalyse erlaubt es, sowohl den *manifesten* (oder offensichtlichen, beabsichtigten) als auch den *latenten* (zugrunde liegenden, vielleicht unbeabsichtigten) Inhalt von Kommunikationen systematisch zu organisieren und zusammenzufassen. Computer haben sich dabei als wirkungsvolle Forschungsinstrumente erwiesen, die es ermöglichen, den Inhalt aus zahlreichen Perspektiven zu analysieren.

Angenommen beispielsweise, eine Gruppe von Forschern möchte das Erscheinungsbild von Männern und Frauen in Rockmusik-Videos untersuchen. Da sie nicht jedes jemals gedrehte Video untersuchen können, sammeln sie zunächst eine repräsentative Stichprobe von Videos. Dann stellen sie eine Liste mit allen möglichen Inhaltskategorien wie etwa Liedtexten, Kleidungsstilen, Gesten und so weiter zusammen. Anschließend untersuchen sie ihre Videostichprobe nach Elementen ihrer Liste und notieren alle Vorkommen. Bis dahin haben sie im wesentlichen qualitative Forschung – auf Interpretationen basierende Forschung – betrieben. Sobald genügend Daten gesammelt sind, können sie zu statistischen – quantitativen – Forschungsmethoden übergehen. So können sie die Häufigkeit ermitteln, mit der Frauen gegenüber Männern in subalternen Rollen auftreten, und sie können prüfen, ob diese Frauenrollen mit anderen Variablen korreliert sind. Das Ergebnis zweier derartiger Studien wies aus, dass Frauen in Musik-Videos oft in subalternen Rollen, als Sexualobjekte oder Opfer von Gewalt, erscheinen (Brown/Campbell 1986; Sherman/Dominick 1986).

Vergleichende und historische Forschung

Man kann in der Soziologie, wie in anderen Wissenschaften, generelle Aussagen und Theorien nicht aus einer einzigen Untersuchung, etwa einer Gruppe oder Population, ableiten. So repräsentiert eine Umfrage zur Einstellung gegenüber der Religion an einer einzigen deutschen Universität nicht notwendig die Einstellung aller deutschen Studierenden, geschweige denn der deutschen Bevölkerung insgesamt. Also müssen Soziologen Ausschau halten nach Daten aus anderen Gesellschaften, nicht nur ihrer eigenen, aus anderen historischen Epochen, nicht nur heutigen Fallbeispielen, und schließlich aus dem sozialen Wandel.

In erster Linie verfolgt die vergleichende Forschung das Ziel, allzu weit reichende Verallgemeinerungen, die aus den Merkmalen einer einzigen Gruppe, Gesellschaft oder Zeit abgeleitet sind, zu vermeiden. Vergleichende Studien können sich jeder der früher erörterten Forschungsmethoden bedienen. Sie können qualitativ oder quantitativ vorgehen. Sie können Daten heranziehen aus Umfragen, Experimenten (wenn auch sehr selten), teilnehmender Beobachtung, historischen Methoden oder Inhaltsanalysen. Der entscheidende Aspekt ist der *Vergleich*, die Untersuchung von Ähnlichkeiten und Unterschieden.

Vergleichende Forschung erfolgt in der Soziologie meist in Gestalt **kulturvergleichender Untersuchungen**, in denen Daten aus sehr verschiedenen sozialen Umgebungen verglichen werden. Man zieht Daten aus diversen Ländern heran, um Themen von allgemeinem soziologischen Interesse, wie etwa Nationalismus, soziale Schichtung oder verschiedene Ansätze in der Sozialhilfepolitik, zu untersuchen. Einige Projekte der vergleichenden Forschung stellen umfassende Vergleiche vieler Fallbeispiele dar, andere beschränken sich auf wenige oder nur ein Fallbeispiel. Betrachten wir etwa das Thema Nationalismus, die Entwicklung einer starken nationalen Identität, verbunden mit territorialen Ansprüchen und dem Recht auf Selbstbestimmung, das sich auf diese Identität beruft. Anthony Smith (1993) analysierte nahezu hundert Fallbeispiele aus der ganzen Welt. Liah Greenfeld (1992) hingegen beschränkte sich auf fünf Länder und zeichnete ein detailliertes Bild von jedem der Länder. Andere Forscher (so Colley 1992) analysieren ein Land eingehend, vergleichen verschiedene Regionen dieses Landes und

Vielfalt in Erziehung und Ausbildung. Wie bei allen anderen Aspekten des sozialen Lebens prägen kulturelle Werte Inhalt und Ziele der Erziehung und Ausbildung mit. Westliche Kinder, so zeigt die kulturvergleichende Forschung, erlernen eher die neuesten Computertechniken, um sich auf ihr Leben und ihren Beruf im 21. Jahrhundert vorzubereiten, während arabische Kinder sich häufig in alte Texte ihrer Kultur in Klassenzimmern vertiefen, die weit entfernt sind vom Informationszeitalter.

ziehen nur kurz oder andeutungsweise Vergleiche mit anderen Ländern. Diese verschiedenen Forschungsstrategien lassen sich auf jedes empirische Thema anwenden: Fertilität, wirtschaftliche Entwicklung, Kriminalität usw. Zieht man eine größere Zahl von Fallbei-

2

spielen heran, geht dies auf Kosten der Fähigkeit, die Unterschiede des sozialen und kulturellen Gehalts der untersuchten Variablen im Detail zu behandeln. Je größer die Zahl der Fallbeispiele ist, desto eher wird man mittels statistischer Verfahren die Befunde zusammenfassen und die Beziehungen zwischen den Variablen analysieren.

Die international vergleichende (oder interkulturelle) Forschung wächst in der zeitgenössischen Soziologie rasch. Zum einen liegt dies an der enormen Vielfalt menschlicher Kulturen und Formen der Sozialorganisation. Würden wir das deutsche (oder ein anderes) Verwandtschaftssystem oder das deutsche religiöse, politische oder schulische System als »natürlich« ansehen und es nicht mit anderen Systemen in der Welt vergleichen, wäre das Ergebnis ein sehr beschränktes Bild vom Spektrum menschlicher Sozialorganisationen.

Ein weiterer Grund ist, dass die Menschen auf der Welt sich heute immer näher kommen. Die Volkswirtschaften aller Länder wachsen zunehmend zu einem einzigen globalen System zusammen. Die Medien werden internationaler: In Brasilien produzierte Seifenopern sind in China äußerst beliebt; im ganzen Mittleren Osten werden Filme in Hindi gezeigt; lateinamerikanische und indische Autoren zählen zu den populärsten in den USA; der US-amerikanische Fernsehsender CNN wird weltweit ausgestrahlt. Und was am wichtigsten ist, die Menschen werden durch die reale Drohung zusammengeschweißt, dass ein bewaffneter Konflikt, der in einem Teil der Welt ausbricht, sich weiter ausbreiten kann. Vergleichende Forschung erlaubt es den Soziologen, diese Prozesse der **Globalisierung** zu untersuchen (vgl. Kap. 18). Wir werden das ganze Buch hindurch über Forschungen berichten, die unsere Perspektive erweitern, indem sie Globalisierungseffekte ausloten oder soziale Gesetzmäßigkeiten in anderen Gesellschaften beleuchten.

Nicht alle relevanten Vergleiche indessen haben mit zeitgenössischen Fallbeispielen zu tun. Um langfristigen sozialen Wandel und relativ seltene Ereignisse zu verstehen, ziehen Soziologen **historische Studien** heran. So ist die Entstehung der industriellen Organisation ein ungemein wichtiger Forschungsgegenstand für Soziologen, die heutige Gesellschaften untersuchen. Doch dieser Prozess fand über mehrere Jahrhunderte hinweg statt und lässt sich nur mit historischen Methoden verstehen. Zu diesem Zweck analysieren Soziologen sowohl von Historikern als auch ihnen selbst ermittelte Daten, die vom offiziellen Zensus über Polizeiberichte, Zeitungsartikel bis zu Kirchenurkunden und Geschäfts-

aufzeichnungen reichen. Auch die Arbeiten früherer Soziologen bilden gelegentlich eine wichtige Quelle für historische Vergleiche.

In ihrer klassischen Studie *States and Social Revolutions* hat Theda Skocpol (1979) beide Methoden, die vergleichende (oder komparative) und die historische, kombiniert. Da Revolutionen sich eher selten ereignen, musste sie sich auf historische Fallbeispiele beschränken. Sie wollte allerdings generelle Aussagen nicht nur aus einem einzigen Fallbeispiel ableiten und wählte daher drei Revolutionen aus, die in verschiedenen sozialen Umgebungen stattfanden. Mittels Vergleich versuchte sie zu bestimmen, was diesen Revolutionen gemeinsam war und worin sie sich von gescheiterten Revolutionen unterschieden.

Zu Beginn definierte Skocpol – ein »Muss« in der Soziologie wie in jeder anderen Wissenschaft – das zu untersuchende Phänomen, in diesem Fall *soziale Revolutionen*. Sie definierte diese als »rasche, tiefgreifende Transformationen von Staat und sozialer Schichtung einer Gesellschaft, begleitet und zum Teil herbeigeführt durch Aufstände der unteren Schichten« (Skocpol 1979:33). Gemäß dieser Definition sind soziale Revolutionen stets mit einer tiefgreifenden Umwandlung sowohl der *politischen* Institutionen (der Staatsstruktur) wie der *ökonomischen* Institutionen (der sozialen Schichtung oder Verteilung von Reichtum und Armut) verbunden. Nicht erfüllt werden diese strengen Kriterien von einem Staatsstreich, bei dem ein totalitärer Führer lediglich einen anderen verdrängt, von einer Rebellion, die zwar den gewohnten Gang der Ereignisse unterbricht, aber keinen tiefgreifenden Wandel herbeiführt, oder von einem »revolutionären« Wandel wie etwa der Industrialisierung, der die politischen Strukturen nicht tangiert.

Skocpol verfolgte nicht die Absicht, die historischen Ereignisse minutiös nachzuzeichnen. Vielmehr wollte sie eine generelle (oder generalisierbare) kausale Theorie sozialer Revolutionen entwickeln. Dabei ging sie vergleichend vor, indem sie die drei Revolutionen auf gemeinsame und je spezifische Elemente untersuchte. In einem zweiten Schritt kontrastierte sie diese drei erfolgreichen sozialen Revolutionen mit anderen historischen Situationen, in denen Beinah-Revolutionen daran scheiterten, die politischen *und* ökonomischen Strukturen einer Gesellschaft von Grund auf zu transformieren.

Skocpol entdeckte gewisse Elemente, die in allen drei erfolgreichen Fallbeispielen – Frankreich, Russland, China – vorkamen, in den gescheiterten Revolutionen aber fehlten: (1) der Zusammenbruch einer autokratischen (oder diktatorischen) Monarchie, der aus der Unfähigkeit des Staatsapparats, mit Druck von außen und internationalen Krisen fertig zu werden, resultierte; (2) Massenaufstände von Kleinbauern als unmittelbare Ursache oder beschleunigender Faktor; (3) Konflikte zwischen Eliten, die sich bekämpften, um auf den Trümmern des gestürzten alten Regimes eine neue Staatsstruktur zu etablieren (die unvermeidlich so zentralistisch wurde wie die ihr vorausgehende). Auf Grund dieser Resultate entwickelte sie ihr theoretisches Argument, wonach in erster Linie die strukturellen Probleme in bestehenden Staaten über Erfolg oder Misserfolg einer sozialen Revolution entscheiden – und nicht die Ideologie oder Handlungen der Revolutionäre.

Wie alle Forschungsprojekte ist auch Skocpcols Studie über soziale Revolutionen Teil einer fortlaufenden, nie

2

endenden Unternehmung. Das Ringen um das Verständnis der sozialen Wirklichkeit erfordert zahlreiche verschiedene Methoden, Perspektiven und Theorien. Auch die brillantesten Forscher müssen dabei *akzeptieren*, dass künftige Untersuchungen ihre Schlussfolgerungen in Frage stellen oder modifizieren. Jack Goldstone (1991), ein ehemaliger Student von Skocpol, führte zwölf Jahre nach Skocpols Studie mit ähnlichen komparativ-historischen Methoden eine weitere Untersuchung sozialer Revolutionen durch. Goldstone nahm freilich neue Variablen und Fallbeispiele hinzu und gelangte zu neuen Resultaten – etwa dass rasches Bevölkerungswachstum oft mit zu der Staatskrise beitrug, die schließlich zu einer Revolution geführt hat.

Die Wissenschaft strebt stets nach neuen Entdeckungen, nicht nur nach bewiesenen Wahrheiten. Dies im Gedächtnis zu behalten, ist besonders wichtig für Soziologen, da die soziale Wirklichkeit, die sie untersuchen, das Produkt menschlichen Handelns ist. Und diese lässt sich nicht nur verschieden interpretieren, sie verändert sich auch fortlaufend.

Zusammenfassung

1. Wegweisend für die Untersuchung eines scheinbar privaten Problems von einem soziologischen Standpunkt aus war die Selbstmordstudie des französischen Soziologen Émile Durkheim. Diese trug mit dazu bei, die Soziologie als Wissenschaft zu etablieren.

2. Die soziologische Forschung basiert auf der wissenschaftlichen Methode. Sie besteht darin, empirische Daten für die Bildung und Überprüfung von Theorien zu sammeln.

3. Alle Wissenschaftler orientieren sich an dem gleichen grundlegenden Forschungsprozess. Im Idealfall gliedert sich dieser in sieben Etappen: Definition des Problems mittels spezifischer Variablen; Literaturrecherche; Hypothesenbildung; Wahl eines Untersuchungsplans (auch: Forschungsdesigns); Datenanalyse und -auswertung; Schlussfolgerungen.

4. Mit jeder neuen Theorie und den sich daran anschließenden Untersuchungen akkumuliert sich das soziologische Wissen. Ein Beispiel für diesen fortschreitenden Forschungsprozess sind David Phillips' Untersuchungen der sozialen Nachahmung als auslösender Faktor von Selbstmorden (ein Faktor, den Durkheim für nicht signifikant hielt).

5. Soziologen stehen vor einer Reihe von Aufgaben bei ihren Untersuchungen. Zunächst müssen sie darauf achten, dass diese Kriterien der Gültigkeit und Zuverlässigkeit erfüllen. Eine Untersuchung ist gültig, wenn sie misst, was sie zu messen beansprucht, und zuverlässig, wenn wiederholte Messungen die früheren Ergebnisse reproduzieren.

6. Zweitens müssen sie auf dynamische Weise soziologische Theorie und empirische Sozialforschung verbinden, um neue Aspekte sozialer Phänomene zu entdecken.

7. Drittens müssen sie ethische Normen einhalten. Dazu gehört, die Probanden (Versuchspersonen) vor Schaden zu bewahren, sie über die Freiwilligkeit ihrer Teilnahme zu informieren, ihnen gegenüber ehrlich zu sein und ihre Resultate so weit wie möglich objektiv und unvoreingenommen zu publizieren und zu diskutieren.

8. Es gibt zwei Grundtypen soziologischer Forschung: die quantitative, die vor allem mit Statistiken arbeitet, und die qualitative, die sich auf verbale Beschreibungen stützt.

9. Eine Umfrage ist eine systematische Sammlung von Daten über eine große Population, die durch Befragen einer im voraus ausgewählten Stichprobe aus dieser Population gewonnen werden. Eine repräsentative Stichprobe spiegelt die sozialen Merkmale der gesamten Population wider. In einer Zufallsstichprobe ist jede Person der Population mit gleicher Wahrscheinlichkeit vertreten. Antworten auf Erhebungsfragen können beeinflusst werden durch die Formulierung der Fragen, die Reihenfolge, in der sie gestellt werden, und die Form der zulässigen Antwort.

10. In Experimenten, die in der Soziologie relativ selten sind, versetzt der Forscher die Probanden in eine eigens entworfene und kontrollierte Situation, um den Einfluss verschiedener Variablen zu isolieren. Laborexperimente unterwerfen die Probanden einer exakt kontrollierbaren Manipulation. In Feldexperimenten untersuchen die Forscher den tatsächlichen Einfluss kontrollierter Veränderungen in der realen Umgebung der Probanden.

11. Ethnographische Studien geben meist Langzeitbeobachtungen von Gruppen in ihrer alltäglichen Umgebung wieder. Gelegentlich geben die Forscher ihre wahre Identität zu erkennen und nehmen auch an den Gruppenaktivitäten teil.

12. Die Inhaltsanalyse erlaubt eine systematische Organisation und Zusammenfassung sowohl der manifesten wie latenten Inhalte von Kommunikationen.

13. Durch vergleichende Forschung lassen sich allgemeine Gesetzmäßigkeiten ermitteln, die nicht an eine einzelne soziale Gruppe oder Kategorie oder an eine einzelne Gesellschaft oder Zeit gebunden sind. Derartige Untersuchungen vergleichen meist Daten aus verschiedenen Ländern und Kulturen und/oder aus verschiedenen Epochen. Die international oder interkulturell vergleichende Forschung wird wegen der Globalisierung immer wichtiger: alle Menschen werden in ein immer dichteres Beziehungsnetz hineingezogen. Historische Untersuchungen sind für die Analyse seltener, aber auch solcher Ereignisse wichtig, die sich über einen langen Zeitraum entfalten.

14. Oft verwenden Soziologen eine Kombination verschiedener Strategien – etwa die vergleichend-historische Forschung –, um wichtige Themen wie soziale Revolutionen zu untersuchen.

2

Wiederholungsfragen

1. Skizzieren Sie die einzelnen Etappen des Forschungsprozesses.
2. Erklären Sie, warum es wichtig ist, klar zwischen unabhängigen und abhängigen Variablen zu unterscheiden, und warum beide Variablentypen in einer Hypothese eindeutig bezeichnet werden müssen.
3. Definieren Sie *Gültigkeit* und *Zuverlässigkeit*.
4. Vergleichen Sie Zufallsstichproben mit nicht zufällig ausgewählten Stichproben und erklären Sie, warum Zufallsstichproben vorzuziehen sind.

5. Geben Sie Ratschläge für Erfolg versprechende Erhebungsfragen.
6. Nennen Sie Themen, die sich mit einer der folgenden Hauptmethoden am besten untersuchen lassen: statistische Erhebung, Experiment, Ethnographie, historische Untersuchung, Inhaltsanalyse, vergleichende Methoden und kulturvergleichende Forschungen.

Übungsaufgaben

1. Denken Sie sich ein interessantes Forschungsthema aus. Skizzieren Sie kurz, wie Sie eine Untersuchung dieses Themas anhand der Etappen des Forschungsprozesses durchführen würden. Erklären Sie, warum Sie ihre jeweiligen Entscheidungen getroffen haben.
2. Denken Sie sich ein mögliches Forschungsprojekt aus, das zwar nützliche soziologische Erkenntnisse erbringen könnte, aber ernste ethische Fragen aufwerfen würde. Wie würden Sie diese Fragen lösen?
3. Erklären Sie, warum manche meinen, dass der Nachweis einer Kausalbeziehung in den Sozialwissenschaften schwieriger ist als in anderen Wissenschaften.

4. Machen Sie eine quantitative Untersuchung (etwa eine Tabelle) in einer Tages- oder Wochenzeitung ausfindig. Beschreiben Sie die darin verwendete Erhebungsmethode und diskutieren Sie deren Stärken und Schwächen.
5. Manche sagen, dass man mit Menschen nicht »experimentieren« sollte. Formulieren Sie ihre eigenen Ansichten über die Verwendung experimenteller Methoden in den Sozialwissenschaften.

Glossar

Abhängige Variable Faktor (Merkmal) in einer quantitativen Erhebung, der von einer oder mehreren unabhängigen Variablen beeinflusst wird.

Altruistischer Selbstmord Durkheims Terminus für den Selbstmord, der durch eine extrem starke Bindung an eine Gruppe oder Gemeinschaft motiviert ist.

Anomischer Selbstmord Durkheims Terminus für den Selbstmord, der durch den Verlust sozialer Normen – auch als Anomie bezeichnet – ausgelöst wird.

Arithmetisches Mittel (auch *Durchschnitt*) Mittelwert, den man erhält, indem man alle Zahlenwerte einer Datenmenge addiert und die Summe durch die Anzahl der Elemente dividiert.

Daten Fakten, Statistiken, Untersuchungsergebnisse und andere beobachtbare Informationen, die zur Theorienbildung und -überprüfung gesammelt werden.

Egoistischer Selbstmord Durkheims Terminus für den Selbstmord, der durch soziale Isolation und Überbetonung der Bedürfnisse des Individuums (Individualismus) motiviert ist.

Ethnographien Untersuchungen, in denen die Forscher Menschen in der Regel über einen längeren Zeitraum in ihrer alltäglichen Umgebung beobachten.

Experiment Forschungsmethode, in der die Probanden in eine eigens konstruierte Situation versetzt werden, die dem Forscher die Kontrolle der Faktoren erlaubt, welche die hypothetische Kausalbeziehung zwischen den fraglichen Variablen beeinflussen.

Fatalistischer Selbstmord Durkheims Terminus für den Selbstmord, der durch die Erwartung einer unvermeidlich trostlosen Zukunft motiviert ist.

Globalisierung Prozess, durch den alle Menschen der Erde in ein immer dichteres Beziehungsnetz hineingezogen werden.

Gültigkeit (Validität) Ein Kriterium dafür, dass eine wissenschaftliche Untersuchung misst, was sie zu messen beabsichtigt.

Historische Studien Soziologische Untersuchungen vergangener Ereignisse, früherer Lebensformen oder langfristiger Gesetzmäßigkeiten des sozialen Wandels.

Hypothese Theoretische Aussage, die einen Zusammenhang zwischen einer oder mehreren Variablen erklärt und vorauszusagen erlaubt.

Indikator Größe, die sich direkt messen und als Näherung an eine andere komplexere Variable interpretieren lässt.

Inhaltsanalyse Forschungsmethode, die es erlaubt, sowohl den manifesten wie latenten Inhalt von Kommunikationen systematisch zu organisieren und zusammenzufassen.

Interview Gespräch, in dem der Forscher einer anderen Person eine Reihe von Fragen stellt oder mit ihr ein Thema erörtert.

Korrelation Regelmäßiger Zusammenhang zwischen zwei Variablen.

Korrelationskoeffizient Dezimalzahl zwischen null und eins, die als Maß für die Stärke einer Korrelation verwendet wird.

Kulturvergleichende Forschung Untersuchungen, die sich vergleichend mit sozialen Gesetzmäßigkeiten verschiedener Gesellschaften befassen.

Median Zahlenwert, der in der Mitte einer aufsteigenden Datensequenz liegt.

Methodologie Reflexion über Regeln und Verfahren der wissenschaftlichen Forschung.

Modus Zahlenwert, der am häufigsten in einer Datenreihe vorkommt.

Operationale Definition Gruppe der direkt messbaren Indikatoren, die eine der Variablen einer Analyse repräsentieren.

Population Gesamtzahl der Individuen mit einem gemeinsamen Merkmal innerhalb einer Erhebung.

Qualitative Forschung Forschung, die sich vorwiegend auf verbale Beschreibungen, unmittelbare Beobachtungen oder Bilder stützt, um bestimmte Fälle eingehend zu untersuchen.

Quantitative Forschung Forschung, die sich auf statistische Datenanalysen stützt.

Sekundäranalyse Forschung, die aus früheren Untersuchungen gewonnene Daten einer erneuten Analyse unterzieht.

Scheinkorrelation Korrelation zwischen zwei Variablen ohne reale kausale Basis.

Standardabweichung Statistisches Maß für die Abweichung gemessener Werte vom arithmetischen Mittel oder einem anderen Zentralwert.

Stichprobe Begrenzte Zahl von Individuen aus einer Population, die repräsentativ für sie sind.

Umfrage Forschungsmethode, die Fragebogen und/oder Interviews verwendet. Ihr Ziel ist es zu ermitteln, was die Menschen denken, was sie empfinden oder wie sie handeln.

Unabhängige Variable Faktor (Merkmal) in einem Experiment, der eine oder mehrere abhängige Variablen beeinflusst.

Variable Jeder Faktor, der sich verändern und daher verschiedene Werte annehmen kann.

Zufallsstichprobe Erhebungsmethode, die sicherstellt, dass jedes Mitglied einer Population mit gleicher Wahrscheinlichkeit in der Stichprobe vertreten ist.

Zuverlässigkeit (Reliabilität) Ein Kriterium dafür, dass eine Untersuchung die gleichen Resultate reproduziert, wenn sie von demselben oder einem anderen Forscher wiederholt wird.

Kapitel 3

Kultur

Inhalt

3

Szenen aus dem wiedervereinigten Deutschland: Ein Buchautor kalkuliert die Kollektivbeleidigung als verkaufsfördernd und beschreibt die Ostdeutschen als lernunfähige Faulpelze (Roethe 1999). Ein Bürgermeister verklagt ihn wegen »Volksverhetzung«, eine Landesregierung interveniert gegen seinen Auftritt im Fernsehen, Podiumsdiskussionen werden abgesagt, weil der Autor sich an Leib und Leben bedroht fühlt. Oder: ein ZDF-Bericht über Frankfurt/ Oder und das in derselben Stadt geschriebene Erlebnisbuch einer aus Westdeutschland zugezogenen Hausfrau (Endlich 1999), die ihre verdrossenen Nachbarn nicht verstehen kann, ebenso wenig wie die in Trainingshosen erscheinenden Besucher oder Leute, die sich irritiert von Tortellini abwenden, weil sie Bockwürste vorziehen – all das bleiben nicht bloße Lokalskandale. Oder: Im Goethe-Jubiläumsjahr 1999 wurden im Rahmen der Ausstellung *Aufstieg und Fall der Moderne* in Weimar DDR-Kunstwerke so gezeigt, dass viele Besucher darin eine Sperrmüllaktion für historisch gestrandetes Kulturgut sahen, dass Künstler ihre Bilder abhängten oder deren Entfernung gerichtlich forderten.

Überhaupt: Westdeutsche finden Ostdeutsche eher »kleinkariert, lamentierend und inkompetent«, während sie selbst von diesen als eher »überheblich, angeberisch und unmoralisch« wahrgenommen werden. Ostdeutschland habe mehr als ein halbes Jahrhundert (NS- und SED-) Diktatur hinter sich und kollektivistische und autoritäre Strukturen festgehalten, die sich in Westdeutschland in den 1960er und 1970er Jahren aufzulösen begannen, die zumindest relativiert und »modernisiert« wurden – meint man auf der einen Seite. Umgekehrt erscheinen die Westdeutschen als geld- und konkurrenzorientiert, selbstdarstellungsfixiert und oberflächlich. Zwar gibt es keineswegs nur Ost-West-Differenzen. Alle kennen die selbst schon wieder zum Stereotyp geronnenen, tiefsitzenden (und ebenfalls aus der politischen Geschichte erklärbaren) Vorurteile der Bayern gegen die »Saupreußen« und nicht weniger die umgekehrten Seppl- und Hinterwäldler-Stereotype; auch hat jede Gesellschaft ihre »Ostfriesen-Witze«: Durch Abgrenzung wird Gruppenidentität gewonnen. Aber die gegenseitigen Differenzwahrnehmungen zwischen Bürgern der »alten« und der »neuen« Bundesländer sind durch den aktuellen Problemdruck im Umbruchprozess Ostdeutschlands doch intensiver als andere regionale Konflikte.

Die aus dem Zusammenbruch des Staatssozialismus folgende Wiedervereinigung machte die Deutschen »zum glücklichsten Volk der Welt«, wie der damalige Regierende Bürgermeister von Berlin meinte. Jedoch folgte der Euphorie bald ein »Katzenjammer«, eine Phase der Resignation und Orientierungslosigkeit oder »Anomie« (Durkheim 1893; 1897), zuweilen der Bitternis – im Osten vor allem angesichts der nicht vorhergesehenen Schwierigkeiten des postsozialistischen Alltagslebens. Vielen »gelernten DDR-Bürgern« schien es nun, als seien sie »Fremde« in ihrem eigenen Land geworden. Die Lernzumutungen waren erheblich, Neuorientierungen und Neuanpassungen in vielen Lebensbereichen notwendig, man denke nur an das anders funktionierende Steuersystem, an Privatversicherungen, an Veränderungen der Massenmedien und die vielen neuen Spielregeln, angefangen beim Arbeitsplatz (soweit man einen behalten hatte) oder vom Einkaufen bis zu den Parlamentswahlen. Auch haben sich die rechtlichen Beziehungen weitestgehend verändert: Man musste sich an das neuartige Handels-, Boden- und Eigentumsrecht ebenso gewöhnen wie an neue Formen des Öffentlichen Rechts (einschließlich der neuen Verwaltungsgerichtsbarkeit). Solche Wandlungen lassen auch die kulturellen Codes nicht unberührt, verändern ebenfalls die habituellen Formen der Alltagskommunikation und der Rollenerwartungen – bis in die Ver-

---

Schaubild 3.1: Fünf Phasen eines Kulturschocks

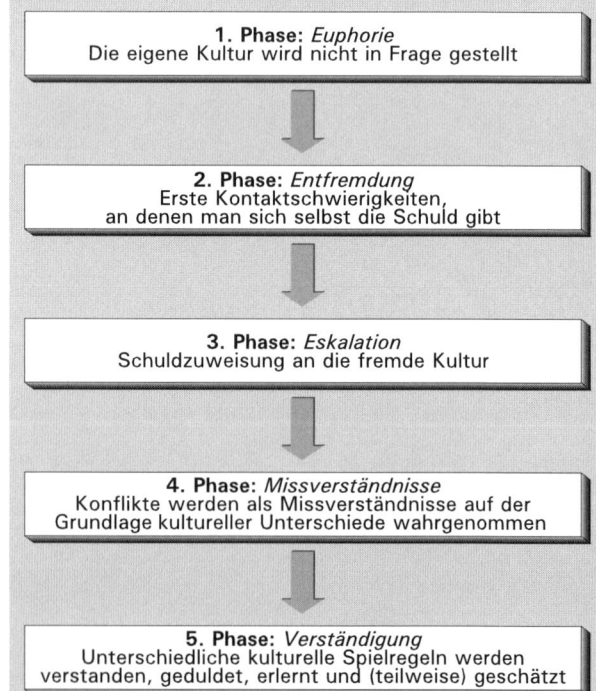

1. Phase: *Euphorie*
Die eigene Kultur wird nicht in Frage gestellt

⬇

2. Phase: *Entfremdung*
Erste Kontaktschwierigkeiten,
an denen man sich selbst die Schuld gibt

⬇

3. Phase: *Eskalation*
Schuldzuweisung an die fremde Kultur

⬇

4. Phase: *Missverständnisse*
Konflikte werden als Missverständnisse auf der
Grundlage kultureller Unterschiede wahrgenommen

⬇

5. Phase: *Verständigung*
Unterschiedliche kulturelle Spielregeln werden
verstanden, geduldet, erlernt und (teilweise) geschätzt

kehrsregeln hinein überall Eingriffe und Veränderungen.

Aber handelt es sich hier nicht um politische Prozesse, um wirtschaftliche Entscheidungen und Zwänge, jedenfalls nicht speziell um »Kultur«? Der Zwang zu neuen Erfahrungen macht deutlich, wie alle Lebenszusammenhänge von kulturell geformten Sinngehalten und Symbolisierungen abhängig sind. Durch irritierende Fremdwahrnehmungen werden auch die Selbstwahrnehmungen irritiert. Wer sich in einer Kultur wie selbstverständlich bewegt (etwa durch die problemlose Beherrschung seiner Muttersprache) erlebt in unvertrauten Situationen eine Infragestellung auch seiner Person. So auch im Transformationsprozess Ostdeutschlands: Der ist nicht ablösbar von einem »Kulturschock«, welcher – wie Wolf Wagner (1996) das unter Rückgriff auf den US-amerikanischen Anthropologen Kalvero Oberg (1960) anschaulich analysiert hat – in fünf Phasen verläuft (vgl. Schaubild 3.1).

Oft erklärt man sich die (emotional besetzten) Wahrnehmungen von Unterschieden durch regionale und gesellschaftsspezifische »Mentalitäten« und bezieht diese wiederum auf Milieu-Voraussetzungen. Jedenfalls unterstellt man tiefsitzende Strukturierungen, die erst im Generationenwechsel verändert werden.

Die vielberedete »Mauer im Kopf«, die mentalen und ästhetischen Differenzen, Autoritätsgefälle und Traditionalismen betreffen sämtlich kulturelle Aspekte des menschlichen Zusammenlebens. Eine kultursoziologische Analyse kann aber vor allem verständlich machen, warum eine gemeinsame Geschichte und Kultur, die gemeinsame deutsche Sprache und die nie abgebrochenen Kontakte Bedingungen dafür schufen, dass die Deutschen in Ost und West trotz vierzigjähriger staatlicher Trennung im Kontext verschiedener Lebensbedingungen und gegeneinander gerichteter Gesellschaftssysteme sich doch in einer Weise als zusammengehörig fühlten, dass sie – Willy Brandts Wort zufolge – relativ schnell und bruchlos wieder »zusammenwachsen« können. Deshalb sieht man auch am deutschen Fall: Ein Verständnis kultureller Übereinstimmungen und Differenzen ist ein Schlüssel für ein soziologisches Verstehen der gesamten gesellschaftlichen Prozesse.

In diesem Kapitel betrachten wir *Kultur* als Schlüsselbegriff der Soziologie *und* als speziellen Forschungsgegenstand der Kultursoziologie. Kultur als Bedingung und Form *sozialen Handelns* ist ver-

woben mit anderen Aspekten des sozialen Lebens und deshalb mit anderen soziologischen Schlüsselbegriffen (vgl. Kap. 1). Kulturelle **Wert**e wie z.B. Erfolgsorientiertheit, Toleranz, Individualismus oder Gemeinschaftsbindung sind in die jeweilige Gesellschaft funktional integriert. Unsere **Wert**e beeinflussen ganz entscheidend, wie wir handeln und denken, welche sozialen Beziehungen wir eingehen und welche Ziele wir uns setzen. Dabei ist die Unterstellung, es gebe Gesellschaft als eine Einheit, selbst eine alltagsweltliche und wissenschaftliche Abstraktion. Zumeist denken wir an die *funktionale Integration* im Rahmen von Staatsgesellschaften (die belgische, italienische, schwedische, thailändische »Gesellschaft«). Allerdings koexistieren innerhalb dieses Rahmens unterschiedliche **Subkultur**en, Wertzusammenhänge, Traditionen, regionale und persönliche Vergesellschaftungen und so weiter. Insofern wird »Gesellschaft« aus einer kultursoziologischen ebenso wie aus einer mikrosoziologischen Perspektive begrifflich »aufgelöst«. Und Individualisierungsprozesse, soziale Mobilität und anerkannter Pluralismus vollziehen solche Relativierungen in der Realität. Zugleich gibt es eine Relativierung durch die Bildung höherer Synthesen (Norbert Elias), nämlich zunehmend wichtigere transnationale Normierungen und **Wert**esysteme, wie sie für den Prozess der Globalisierung beschrieben worden sind.

Kultur ist immer auch durch die *Gesellschaftsstruktur* geprägt. Sodann wird die Ausbreitung kultureller Ideale auch dadurch vorangebracht, dass Menschen existierende Gesellschaftsstrukturen in Frage stellen und herausfordern. Politische Konflikte, soziale Auseinandersetzungen und historische Umbrüche sind immer auch kulturell legiert (*Macht*). Unsere Kultur ist zugleich von vielfältigen Traditionen und Einflüssen geprägt. Für die alte Bundesrepublik war vor allem eine »Amerikanisierung« von Lebensstilen (aber auch der intellektuelle Einfluss Frankreichs) wichtig. Während diese – nicht nur politische und militärische – »Westbindung« nach 1945 von der westdeutschen Nachkriegsgeneration als kulturelle Befreiung empfunden wurde, kritisierten konservative Kreise – kaum anders als die DDR-Oberen – diese kulturellen Tendenzen paradoxerweise als Auflösung der deutschen Kultur durch »Verwestlichung«. Zukünftig werden andere Konfliktlinien und Integrationsprozesse wichtiger werden, vor

3

allem durch Migrationsprozesse innerhalb einer sich beschleunigenden Welt-Mobilität und durch die Prozesse der europäischen Einigung.

DIE KULTURELLE DIMENSION

Kulturbegriffe

»Kultur« ist ein vieldeutiges Wort. In der Antike bezeichnete *colere* (dt.: wohnen, pflegen und anbauen, verehren) die agrarische Sicherung des menschlichen Lebens durch Pflanzenhege und deren magische Sicherung durch rituelle Opfergaben für die Götter, kurz den Ackerbau. Seit Cicero wurde der Begriff erweitert, z.B. Philosophie als *cultura animi* verstanden, als Kultivierung der Person und der Formen des sozialen Zusammenlebens. Die Natur wird durch Bearbeitung, durch rituelles und technisches Handeln umgeformt, worauf noch der aus diesem Zusammenhang entwickelte Begriff Kult als Bezeichnung für den »Gottesdienst« verweist. Ritualisierung bezeichnet die erstarrten Formen solcher Handlungsabläufe. Auch in dieser Verwendung ist Kultur ein Gegenbegriff zu dem der unbearbeiteten, der »rohen« Natur, eine allgemeinste anthropologische Kennzeichnung für die Lebensweise des Menschen. Sigmund Freud (1930:46 f.) bezeichnet sie als »Summe der Leistungen und Einrichtungen [...], in denen sich unser Leben von den tierischen Ahnen entfernt, und die zwei Zwecken dienen: dem Schutz des Menschen gegen die Natur und der Regelung der Beziehungen der Menschen untereinander.« Obwohl Kultur zuerst vor allem mit Wissen, Kunst, Religion als **nichtmateriell**en Errungenschaften einer Gesellschaft verbunden wird, meint sie im soziologischen Sinne doch das »gesamte soziale Erbe«, das die Mitglieder einer Gesellschaft in einer lebenslangen Sozialisation erwerben. So konnte der Kulturbegriff weiterentwickelt werden zu einem Begriff für historisch unterschiedliche »Lebensordnungen« (Max Weber). Dann aber ist er immer im Plural zu denken, es handelt sich also um unterschiedliche »Kulturen«.

Die Kultivierung des Menschen vollzieht sich jeweils innerhalb einer einzelnen Gesellschaft. Damit ist sie auch mit Formen der durch Abgrenzung (**Distinktion**) erzeugten sozialen Ungleichheit verknüpft, wie sie sich in jeder sozialen Schichtung (nach Vermögen, Ein-

kommen, Bildungsabschlüssen, etc.), Ständeordnung oder in (z.B. durch Berufe und Altersgruppen geprägten) sozialen Milieus zeigt. Ungleichheit drückt sich auch in unseren Vorstellungen von »Kultivierung« aus, was verfeinernde Umgangsformen, beispielsweise Bildung, meint. Leistungen auf der Grundlage hoch bewerteter Fähigkeiten und Fertigkeiten können dann zu einer maßstabbildenden Kultur, zur »Hochkultur« verdichtet und institutionell mit Geltungsansprüchen ausgestattet werden. In allen diesen Bedeutungen denkt man an schöpferische Leistungen. Kultur ist aber auch ein Bestandteil der Idealisierung der eigenen Gruppe und Lebenszusammenhänge. Deshalb führt sie auch immer zu Gegenbegriffen, so dem alten, der griechischen Antike entlehnten Begriff der »Barbarei«.

Seit dem 19. Jahrhundert entstehen neue Kennzeichnungen für das Kulturfeindliche oder doch zumindest der (eigenen) Kultur als »unterlegen« Angesehene. Zwar wurden die Ausdrücke »Kultur«, »**Zivilisation**« und »Zivilisierung« oft synonym gebraucht. Aber am Anfang des 20. Jahrhunderts wurde eine folgenreiche Entgegensetzung von »Kultur« und »Zivilisation« wirksam. Es gehörte in Deutschland zu den »Ideen von 1914«, jener intellektuellen Mobilmachung gegen die Westmächte, dass beide Begriffe nun mit Nationaleigenschaften gleichgesetzt und zu Kampfformeln wurden, »Kultur« als Wort für die schöpferische Kraft in Deutschland, dem »Lande der Dichter und Denker«, »Zivilisation« hingegen assoziiert mit »französischer Oberflächlichkeit« oder anglo-amerikanischer Komforttechnik. 1914 etwa schrieb Thomas Mann:

»Zivilisation und Kultur sind nicht nur nicht ein und dasselbe, sondern sie sind Gegensätze, sie bilden eine der vielfältigen Erscheinungsformen des ewigen Weltgegensatzes und Widerspieles von Geist und Natur [...] Kultur ist Geschlossenheit, Stil, Form, Haltung, Geschmack, ist irgendeine gewisse geistige Organisation der Welt [...] Zivilisation aber ist Vernunft, Aufklärung, Sänftigung, Sittigung, Skeptizierung, Auflösung.« (1984: 7).

Die Entstehung der Kultursoziologie

Solche Entgegensetzungen wirkten nicht nur in der Politik und formten nicht nur weitverbreitete Geschichtsdeutungen und Angstgefühle der Europäer, sondern sie prägten vor diesem Hintergrund auch die Wissenschaften. Das sieht man sehr deutlich bei der Entwicklung der Kultursoziologie. Schon Wilhelm Dilthey (1883: 49-64), der ein systematisches Ver-

Kultur und Distinktion

Geschmack – den haben wir alle. Man bevorzugt Kunststile, man hat einen eigenen Geschmack beim Essen oder in der Mode, man schätzt eine bestimmte Musik und verschiedene Formen der Inneneinrichtung, die Liste ließe sich unendlich verlängern. *De gustibus non est disputandum*, wie die Alten sagten – Über Geschmack kann man nicht streiten. Geschmack scheint angeboren, auf eine mysteriöse Weise in uns erzeugt, denn wir können nicht wirklich sagen, warum wir Rockmusik vielleicht Mozart vorziehen, Spaghetti dem Sauerbraten oder lieber Jeans tragen als Bügelfalten. Das alles scheint ein Teil von uns zu sein, eben unser individuelles Selbst. Dieses Gefühl kommt auch in der langen Tradition philosophischer Auffassungen zum Ausdruck, in denen »das Schöne« nicht als Produkt des menschlichen Zusammenlebens verstanden wird, sondern als Erscheinungsweise vollendeter Harmonie. Daraus speiste sich auch die Auffassung seiner absoluten Freiheit von aller Nützlichkeit. Von Platon bis zu Immanuel Kant und zu den Weimarer Klassikern (besonders in der idealistischen Ästhetik Friedrich Schillers) existiert eine wesenhafte Macht des Schönen, das den Zufälligkeiten des subjek-

tiven Geschmacks oder der sozialen Anerkennung enthoben ist, jedoch auf die Menschen und ihr Zusammenleben einzuwirken vermag. Dagegen hat Pierre Bourdieu in seinem Hauptwerk *Die feinen Unterschiede* (1979) die soziologische Grundannahme gesetzt, dass nicht »interesseloses Wohlgefallen« das Schöne begründe, sondern die in sozialen Prozessen sich herausbildende Schätzung von Objekten – einer Person, eines Gegenstandes oder einer kulturellen Praxis. Für ihn sind ästhetische Wertschätzungen durchzogen von Kämpfen um die Legitimität des Geschmacks, sind jedenfalls weder objektiv vorgegeben, noch etwas nur Individuelles.

Am Kunstgeschmack kann das verdeutlicht werden. Die besondere Bedeutung der »Kunst«, beispielsweise die Idee, dass bestimmte Objekte in Museen bewahrt und weihevoll inszeniert werden müssten, existiert in den meisten Kulturen *nicht*. Alle Kulturen kennen jedoch ästhetisch herausgehobene Gegenstände und Praktiken. Darin liegt wohl eine anthropologisch verankerte Reaktion auf das »Unwahrscheinliche«: Das Bizarre und Überraschende fällt ebenso auf, wie das Symmetrische und Harmonisch-Vollkommene (Gehlen

1961:181 ff., 195-202). Es wäre dies eine naturalistische und evolutionstheoretische Begründung des Schönen. Die Kultursoziologie behandelt auf dieser Grundlage hingegen die soziale Konstruktion von Schönheit. Dafür ist auch Georg Simmels (1900:21 ff.) Einsicht wichtig, dass sie aus Distanz entstehe, also auch eine Projektionsleistung des Begehrens sei. Daraus mag folgen, dass wir das sinnlich Auffällige festhalten wollen, dass wir Gebrauchsgegenstände (z.B. rituelle Geräte, Grabbeigaben oder Dekorationselemente) in losgelöste ästhetische Objekte verwandeln (vgl. Pomian 1988), wodurch eine neue Distanz, also eine gesteigerte Ästhetisierung entsteht.

Mit der Verpflanzung eines Gegenstandes in einen Kunstzusammenhang fühlen sich die Betrachter verpflichtet, über die künstlerischen Aspekte nachzudenken und zu debattieren. Dabei ist wichtig, dass man nicht nur für sich allein diese Gegenstände sieht, sondern zusammen mit anderen. In Gesellschaft anderer sind wir eher bemüht, »richtige« Urteile zu fällen; mancher, der besonders eindringlich darauf besteht, dass es sich bei einem Objekt oder Ereignis um »Kunst« handeln müsse, mag dabei vielleicht nur sicher gehen

---

ständnis von »Kultursystemen« erreichen wollte, unterschied sehr strikt zwischen Sinnzusammenhängen einerseits und der »äußeren Organisation der Gesellschaft« auf der anderen Seite. Auch Max Scheler (1924: 1-146) argumentierte dualistisch, wenn er »Kultursoziologie« (die er auch »Geistlehre« nannte) von der »Realsoziologie« (die er als soziologisch und anthropologisch reflektierte »Trieblehre« verstand) unterschied. Und Alfred Weber (1921: 44-92) setzte die »Kulturbewegung« scharf von Prozessen der gesellschaftlichen und zivilisatorischen Veränderungen ab, die durch fortschreitende Perfektionierung gekennzeichnet seien. Tatsächlich wird man kaum sagen können, die Bilder von Gainsborough, Poussin, Caspar David Friedrich oder Picasso stellten einen »Fortschritt« gegenüber Giotto, Raffael oder Caravaggio in der Art dar, in der Technologien wie Atomkraftwerke »Fortschritte« gegenüber Dampfmaschinen sind. Zwar gibt es auch in den Künsten handwerkliche und stilistische Entwicklungsprozesse, z.B. der Perfektion der Ölmalerei nach Jan van

Eyck oder der malerischen Perspektivierung von Masaccio bis hin zu Leonardo da Vinci. Aber auch Stagnation, Stilverlust, serielle Erschöpfung sind möglich. Und andererseits dann wieder wirkliche Innovationen, z.B. auch durch intelligente Dekompositionen wie in den kubistischen Erfindungen eines Georges Braque oder Pablo Picasso.

Kultursoziologie entstand auch in der Abwehr gegen die großen einheitswissenschaftlichen Ansätze des 19. Jahrhunderts und gegen deren ideologische Popularisierungen. Besonders wurde sie polemisch dem **Naturalismus** und dem **Ökonomismus** entgegengesetzt. Kultursoziologische Untersuchungen sollten Ein-Faktor-Theorien, die lediglich die ökonomische »Basis«, die menschliche Triebstruktur oder die Natur-Evolution als entscheidend ansahen, dadurch widerlegen, dass geschichtliche und kulturelle Kausalitäten ins Spiel gebracht wurden. In diesem Sinne entwickelte Max Weber (1864-1920) seine kulturwissenschaftliche Soziologie, in der es ihm nicht um abstrakte **Werte**,

3

wollen, dass andere ihn nicht für ungebildet halten.

Einstellungen zur Kunst reflektieren immer auch soziale Positionen und verweisen somit auf die *Gesellschaftsstruktur* als ganze. Beispielsweise wird abstrakte Kunst eher von Mitgliedern gehobener Sozialschichten oder eines hohen Bildungsgrades geschätzt, wenigstens strengen sie sich mehr an, diese zu verstehen. Da ihre Ausbildung oft gewisse Grundkenntnisse über die Künste einschließt, fällt es ihnen leichter, die »Pointe« eines Arrangements von Formen und Farben zu erfassen. Menschen mit weniger hohem Bildungsabschluss oder aus unteren Schichten mögen an Bilder stets die Erwartung knüpfen, dass es um visuell »erzählte« Geschichten gehen müsse und dass deren Fehlen ein Kunstwerk entwerte. Weil die soziale Position den Kunstgeschmack so grundlegend beeinflusst, können Soziologen mit einiger Wahrscheinlichkeit prognostizieren, welche Kunstwerke bei wem Gefallen finden werden und bei wem nicht.

Warum bevorzugen besser ausgebildete Mitglieder der oberen Schichten Kunstwerke, die so wenig attraktiv für Mitglieder der Unterschichten sind? Nach Bourdieu (1979) ist es keineswegs nur so, dass kultureller Geschmack von sozialen Positionen beeinflusst wird (wie das die Annahme jeder Kunst-, Musik- oder Literatursoziologie ist), sondern dass kulturelle Praktiken ein entscheidendes Medium im Prozess der Herstellung und Verfestigung sozialer Ungleichheit sind, dass Klassen- bzw. Standesunterschiede in einem Feld sozialer Abgrenzungspraktiken verankert sind. **Distinktion**sleistungen, d.h. Selbstabgrenzungen durch Geschmack werden so zu einem zentralen Medium der darstellenden Erzeugung von Geltungshierarchien. Bourdieu versucht zu zeigen, dass es neben dem ökonomischen Kapital (dessen Akkumulation Karl Marx in den Grundzügen treffend beschrieben hat) auch andere Investitionen und Vorschussleistungen gibt, die Macht und Einfluss vermitteln können. In diesem Sinne spricht er metaphorisch von »kulturellem« und »sozialem« Kapital (vgl. auch Kap. 9). Dann wird klar, dass Kultur, dass Formen des Geschmacks und der kulturellen Praxis eng mit **Macht** verknüpft sind. Das gilt nicht nur für die sozialen Eliten, die allerdings maßstabbildend sind, die definieren können, was als »legitimer Geschmack« gilt, sondern auf allen Ebenen des sozialen Beziehungsfeldes. Bourdieu nennt »soziales Kapital« alle Ressourcen, die auf der Zugehörigkeit zu einer Gruppe beruhen, sei es ein Familienhintergrund, die Ausbildung in einer Eliteanstalt oder die Zugehörigkeit zu einer einflussreichen Gruppe. Diese Beziehungsressource gibt es in allen Gesellschaften, ganz gleich ob die Bindungen zu einer Adelsgruppe, zu Militärs, zu wichtigen Presseleuten, zu führenden Parteifunktionären oder Wirtschaftsbossen oder zu Mitgliedern der Kultur- und Intelligenzszene bestehen. Eng damit verbunden ist das, was Bourdieu nicht ganz systematisch »symbolisches« Kapital nennt, nämlich »Bekanntheit und Anerkennung«, also »Ansehen, guter Ruf, Ehre, Ruhm, Prestige, Reputation, Renommee« (Mörth/ Fröhlich 1994: 37). Am wichtigsten für Bourdieus Analyse ist allerdings das *kulturelle Kapital*. Unterschieden werden einerseits objektivierte Kulturkapitalien (Bilder, Bücher, Instrumente, Maschinen etc.), die veräußert und z.B. gegen Geld getauscht, aber auch verschenkt, vererbt, gestiftet werden können. Demgegenüber ist das »institutionalisierte

sondern um die praktische Vermittlung von Interessen und Ideen, von Deutungen und Rationalisierungen ging, um die tatsächliche »Kulturbedeutung« der unterschiedlichen (religiösen, wirtschaftlichen, politischen, militärischen, erotischen etc.) Lebenszusammenhänge (Weiß 1975). Aber darüber hinaus wollten Kultursoziologen auch die Verbindungen der unterschiedlichen Kulturbereiche herausarbeiten.

Für einen systematischen Begriff von **Kultursoziologie** ist die folgende Unterscheidung wichtig: Zum einen ist Kultursoziologie die übergreifende Bezeichnung für eine Gruppe »spezieller Soziologien«, d.h. der soziologischen Analysen unterschiedlicher Lebens- und Handlungszusammenhänge. So gibt es Religions-, Literatur-, Kunst-, Film-, Medien- oder Musiksoziologie und viele andere kultursoziologische Forschungsfelder. Zum anderen jedoch ist die kultursoziologische Perspektive umfassender. Sie basiert auf einem der soziologischen Schlüsselbegriffe (vgl. Kap. 1). Weil der Mensch »von Natur aus« ein Kulturwesen ist (Gehlen 1940), erweisen sich alle »sozialen Tatsachen« (Durkheim 1894/95) als symbolisch kodierte Handlungs- und Sinnzusammenhänge, eben als kulturell vermittelt. Von daher lassen sich die Kernelemente der kulturell geformten Daseinsweise der Menschen, wie sie in diesem Kapitel dargestellt werden, entwickeln (Rehberg 1986).

Wie wir bereits im ersten Kapitel gesehen haben, wird »Kultur« in einem weiten Sinne definiert als die Gesamtheit der erlernten Normen und **Wert**e, des Wissens, der Artefakte, der Sprache und Symbole, die ständig zwischen Menschen einer gemeinsamen Lebensweise ausgetauscht werden.

Kultur schließt unsere Ansichten darüber ein, was im Leben wichtig ist, und sie formt die Art und Weise, in der wir Ereignisse interpretieren. Wir loben die Demokratie, verehren Gott oder schätzen den Wettbewerb zum Teil deshalb, weil dies zu unserem kulturellen Lernprogramm gehört. Es ist auch nicht »natürlich«, sich zu verlieben. Vielmehr ist dies eine spezielle Reaktions-

Kulturkapital« an Personen gebunden und meint Bildungstitel des anerkannten Erziehungssystems (vgl. auch Bourdieu 1984). Noch entscheidender ist der Aspekt des *inkorporierten* kulturellen Kapitals. Hier zeigt sich, dass die kulturellen »Investitionen« und Lernprozesse eine Person formen. Sprechweise, Gestik, Formen des Auftretens und der Selbstpräsentation, vor allem aber auch der Selbstbilder, prägen einen Menschen so stark, dass ein spezifischer **Habitus** entsteht, eine existenzielle Form der Persönlichkeit. Das macht auch das Missverständnis unmöglich, dass kulturelle Praktiken wesentlich *nur* als Mittel der Positions- oder Machtsteigerung verstanden werden. Gerade dadurch, dass eine kulturelle Praxis verinnerlicht und in die Körper der Akteure eingeschrieben ist, wird sie sozialstrukturell wirksam und nicht nur durch oberflächliche Anpassung oder einen instrumentellen Opportunismus. Das gibt es zwar auch und ist oft mit dem Start einer »Investition« verbunden, wie bei den Neureichen. Aber entscheidend ist die wirkliche Aneignung kultureller Praktiken, durch welche Machtbeziehungen und Ungleichheitsproduktion zugleich verdeckt und gesichert werden.

Dabei macht Bourdieu eine Entwicklungsrichtung des Verhaltens im Aufstieg sozialer Gruppierungen (z.B. Klassen und Schichten) sichtbar. Stellen wir uns das Mittagessen in einer traditionellen deutschen Familie vor, in der eine große Fleischportion, nicht anders als die üppige – im Jargon der DDR-Gastronomie zu sprechen – »Sättigungsbeilage« selbstverständlich sind. Das ist ein Muster, das immer noch die meisten Kantinen- und Mensaessensangebote prägt. Auch das verweist auf soziale Unterschiede, wie der alltagssprachliche Ausdruck »gutbürgerliche Küche« signalisiert, der verlässliche Speiseangebote kleinbürgerlicher Gediegenheit verspricht. Das ist bodenständig, verglichen mit den selbstenthaltsamen, wenn auch teuren Zwischenmahlzeiten für den »kleinen Hunger« kochentwöhnter Singles und zeitgestresster Yuppies in Brasserien. Die Verfeinerung setzt sich fort in den minimalistischen Andeutungskünsten einer nuancenreichen Gourmetküche. Oder denken wir an die Differenz von Catch-as-Can-Ringen, Boxen, Football, Fußball (mit deutlich durch gelbe und rote Karten regelgebremstem Körpereinsatz), Tennis, Baseball, Kricket und Golf – so haben wir es

gleichermaßen mit einer Tendenz zur *Entkörperlichung* zu tun, mit einer Zunahme des Andeutungsreichtums und der Wissensfunktionen (verfeinerter Sportregeln oder der unabschließbaren Kenntnisse über Schalentiere, Sushi-Variationen, asiatische Reisgerichte, Pasta oder Couscous, über Gewürze und dazu passende Weine und die Überraschungsfülle möglicher Desserts). Wie einst im höfischen Zeremoniell oder den ritterlichen Turnieren wird die *Unmittelbarkeit* der körperlichen Anstrengung oder des lebensbedrohenden Wettkampfes gebrochen – der Ess- und Trinkgenuss steigt mit der Entmaterialisierung und Erlebnisanreicherung, und beim Golf spielen alle Wettkampfteilnehmer nur noch gegen sich selbst.

weise, die wir kulturell – etwa in Büchern, Magazinen, Filmen, Fernsehshows, Liedern etc. – erlernt haben. Mag sein, dass wir nicht so lieben, wie es »im Buche steht«, aber eben nicht unbeeindruckt davon, dass und wie es in Büchern steht. Die (oft als »natürlich« aufgefassten) Gefühle sind eben kulturell geformt. Zwar beruhen sie als Verhaltensprogramme auf biologisch regulierten Erregungszuständen, die evolutionär tief verwurzelt sind. Beim Menschen jedoch hängen ihre konkreten Formen, die ihrerseits psycho-physische Spannungslagen erzeugen, von kulturellen Konstruktionen ab, die unser individuelles und soziales Verhalten prägen.

Das gilt besonders für so komplexe Emotionen wie »Liebe«, die nicht einmal »universal« genannt werden können. In einigen Teilen der Welt ist dieses schwärmerische und obsessive Verhalten nämlich gänzlich unbekannt. Die Auswahl von Ehepartnern wird in vielen Kulturen (so auch in vergangenen Phasen unserer eigenen Geschichte) als eine eher praktische Angelegenheit betrachtet. Romantische Liebe ist an besondere soziale Bedingungen geknüpft, z.B. eine bürgerliche

Kultur der Intimität. Sie konnte zur Grundlage auch ehelicher Beziehungen werden, weil die soziale Stellung in geringerem Maße durch dynastisches Geburtsrecht oder die Familienzugehörigkeit, zunehmend jedoch durch eigenen Erfolg bestimmt wurde. Das führte dann auch zu einer neuen Art der Liebe zu den (ihrer Anzahl nach verringerten, ihrer Bedeutung nach hingegen in gleichem Maße wichtiger werdenden) Kindern, in die man mehr »investieren« musste und die deshalb mehr Aufmerksamkeit bekamen. Das ist ein historisch spezifisches Familienmodell, das mit romantischen Vorstellungen der leidenschaftlichen und außerirdischen Liebe ebenso in Konflikt geraten konnte wie mit den praktischen Erwägungen der Berufs- und Eigentumssicherung (etwa auch der Weitergabe eines Geschäftes oder eines Bauernhofes). In der bürgerlichen Gesellschaft wurden beide Beziehungs- und Gefühlskonzepte kulturell (wenn auch keineswegs widerspruchs- und spannungsfrei) harmonisiert: Die Liebesheirat wurde zur idealisierten Voraussetzung der Eheschließung, zur Motivationsquelle für die institutionell regulierte und auf Dauer angelegte Beziehung (Brain 1976; Luhmann 1982).

Kultur schließt auch weit verbreitete, triviale und alltägliche Verhaltensformen ein, die wir für so selbstverständlich halten, dass wir sie kaum bemerken. Die

3

Diese Maske aus Zaire hatte ursprünglich einen zeremoniellen Verwendungszweck. Losgelöst aus ihrem kulturellen Kontext und in Museen und Galerien ausgestellt, sehen wir in ihr ein schönes Objekt und nicht ein sinnvolles, wichtiges Element einer anderen Kultur.

Deutschen beispielsweise melden sich am Telefon zumeist mit ihrem Familiennamen, Italiener dagegen mit »pronto«, Amerikaner mit »hello« und Engländer mit ihrer Telefonnummer oder ihrem Namen. Auch erwarten wir von Mitgliedern bestimmter Berufsgruppen (z.B. dem Flugpersonal), dass sie unbeirrbar lächeln, von Ärzten oder Pfarrern hingegen ein »seriöses« Auftreten. Das hat nichts damit zu tun, was diese Menschen tatsächlich fühlen (Hochschild 1983), vielmehr muss jeder seine Emotionen entsprechend den kulturellen Erwartungen formen und beherrschen. Wir fänden es unpassend, wenn der Anwalt in einem Mordprozess sich offensichtlich vergnügte und ständig lächelte, selbst wenn das Verfahren tatsächlich unterhaltsam oder ein wichtiger Schritt in seiner Karriere wäre.

Soziologen erforschen die gesamte Bandbreite kultureller Formen, und zwar sowohl die »hohe Kultur« oder Elitekultur als auch die populäre. Dabei können die kulturellen Objektivationen und Aktivitäten (wie Bücher, Gemälde, Museen, Konzerte), die mit kulturellen **Wert**en, Ansichten, Symbolen und kulturellem Wissen in Zusammenhang stehen, ebenso untersucht werden wie die kulturellen Dimensionen anderer gesellschaftlicher Phänomene (etwa der politischen Wahlen, des Schulalltags oder der Berufswelt).

Die Kultursoziologie zeigt, dass unsere Hoffnungen und Ängste, unsere Vorlieben und Abneigungen, unsere Ansichten und Gewohnheiten in hohem Maße kulturelle Schöpfungen sind, zutiefst beeinflusst durch Zeit und Raum als Rahmenbedingungen unseres Lebens. Damit soll nicht behauptet werden, dass die Kultur uns Denken und Verhalten vorschriebe. Da sie von Menschen entwickelt und gelebt wird, erlaubt sie Spielräume des Handelns. Howard Becker (1986) griff diesen Gedanken auf, indem er Kultur als »von allen geteiltes Verständnis, mittels dessen die Menschen ihre Handlungen koordinieren«, beschrieb. Indem wir die Bestandteile unserer Kultur hervorbringen und Tag für Tag leben, teilen wir uns gegenseitig unablässig mit, wie wir unsere sozialen Beziehungen auffassen. Dadurch entstehen auch Spielräume für die Veränderung der Kultur, für ihre Anpassung an neue Erfordernisse und Situationen. Deshalb ist Kultur niemals statisch, verändert sie sich dauernd.

DIE ELEMENTE DER KULTUR

Was eine Kultur beinhaltet, ist von Ort zu Ort verschieden, jedoch besitzen alle menschlichen Kulturen die gleichen Grundelemente. Zu ihnen gehören Wissen, Sprache, Symbole aller Art, sittliche **Werte**, Normen und Artefakte (also von den Menschen geschaffene Gedanken und Dinge), aber auch Körperkonzepte und **Habitus**formen.

Materielle und nichtmaterielle, objektive und subjektive Kultur – Verkörperungen

Die Soziologen unterscheiden gemeinhin zwei Aspekte der Kultur, nämlich den materiellen und den immateriellen. Die **materielle Kultur** besteht aus all den Dingen oder Artefakten, die von Menschen geschaffen sind und denen sie Bedeutung beimessen: Dinge des täglichen Gebrauchs, Bücher, Kleidung, Schulen, Kirchen, Kunstwerke, aber auch Waffen bis hin zu den hochautomatisierten modernen Vernichtungsmaschinerien, um nur einiges zu nennen. Unbearbeitete Produkte der Natur werden zwar nicht zur materiellen Kultur gezählt.

Wohl aber ist die Art und Weise, wie Menschen diese Objekte betrachten und nutzen durch und durch kulturell geprägt. Sogar die Natur, die uns umgibt, ist wesentlich ein Kulturprodukt. Ganz unterschiedlich erscheinen uns Felder und Wälder, wenn wir Ländergrenzen überschreiten. In ihnen sind Herrschaftsformen und Besitzverhältnisse vergegenständlicht, die jeweiligen Agrarkulturen mit ihren Pachtverhältnissen, Anbaumethoden und Nutzungsweisen. Hinzu kommt, dass erst eingestreute Gebäude, Siedlungen etc. eine spezielle »Landschaft« entstehen lassen, die wir halbbewusst als »natürliche Umwelt« auffassen. Auch bedeutet die »Natur« ganz Unterschiedliches: Waren beispielsweise für die Pioniere europäischer Herkunft die Prärien des amerikanischen Westens Teil der Natur – eine großartige, unberührte Wildnis – , so waren dieselben Hügel und Berge, die Bäume und die Tierwelt für die Indianer angefüllt mit Bedeutungen, die sämtlich zwangsweise verändert wurden, nachdem die europäischen Siedler ihre *claims* abgesteckt und die Ebenen durch Farmen zerteilt hatten. Was die Ureinwohner als gemeinsamen Besitz (*communal homeland*) betrachtet hatten (und heute noch betrachten), ist für die Siedler »Privateigentum« – ein typischer Begriff der europäischen Rechtskultur.

Nichtmaterielle Kultur besteht aus menschlichen Schöpfungen, die nicht in physischen Gegenständen verkörpert sind: sittliche **Werte**, Normen, Wissensbestände, Regierungsformen, die Sprachen, die wir sprechen etc. Die Hochschätzung, die man in der Moderne dem Individuum entgegenbringt, ist in keinem greifbaren Gegenstand verkörpert und doch im Verhalten der Menschen, ihren Erwartungen, ihren Ansprüchen und Enttäuschungen, ihren Freiheiten und Bindungssehnsüchten überall »greifbar«. Individualismus ist eine abstrakte Idee, die unser Denken und Handeln leitet. Da die Trennlinie zwischen materieller und nichtmaterieller Kultur niemals eindeutig ist, trägt der Stellenwert, den unsere Kultur dem Individualismus einräumt, auch zur Erklärung etwa unserer Vernarrtheit in Autos bei. Mit einem Auto kann man (anders als mit öffentlichen Verkehrsmitteln) jederzeit, ganz wie es einem beliebt, losfahren, mitnehmen, wen man will, ein Fahrtziel unterwegs ändern, mit einem Wort: sich frei fühlen. Auch drücken sich der individuelle, immer auch milieugeprägte Geschmack, ebenso der soziale Status oder einzelne Selbst- und Rollenbilder von Personen darin aus, welchen Autotyp sie kaufen.

Eine weitere Unterscheidung, die wir Georg Simmel (1900:504 ff.) verdanken, ist die zwischen sachlicher/

ER: „Der Duft, der Dich umgibt, bezaubert mich immer wieder von neuem.“

SIE: „Es ist mein Lieblingsparfum, dieser rassige Duft von »*Ellocar*-herb.« Er hebt auch meine Stimmung, wenn ich bedrückt bin. Man sollte nicht meinen, wie glücklich und zufrieden diese kleinen Genüsse des Lebens machen.“

VERKAUFSPREISE: FLASCHE DM 1.–, 1.50, 2.50, 3.75 u. 6.50

Diese Anzeige aus den 1950er Jahren ist ein Beispiel, in dem materielle und nichtmaterielle Kultur verschmolzen sind. Sie drückt auch kulturell begehrte Werte aus, etwa den Wunsch nach einem zärtlichen Beisammensein. Spezifischer suggerieren die Körperhaltungen: der Mann soll sexuell aktiv und die Frau sexuell passiv sein. Sie ist empfänglich für männlichen Charme und er für das richtige Aphrodisiakum – in diesem Fall den Duft von »Ellocar-Herb«. Glauben Sie, dass sich die kulturellen Werte in heutigen Anzeigen geändert haben?

objektiver sowie individueller/subjektiver Kultur. Objektive Kultur meint die materiellen Kulturelemente, die eben beschrieben wurden, also alle »Dinge, die unser Leben sachlich erfüllen und umgeben, Geräte, Verkehrsmittel, die Produkte der Wissenschaft, der Technik, der Kunst«. Verglichen mit der Zeit vor hundertfünfzig Jahren sind wir in diesem Sinne »unsäglich kultiviert«. Subjektive Kultur bezeichnet demgegenüber die Möglichkeit der einzelnen Individuen, sich durch die Aneignung der kulturellen Produkte so zu verfeinern, wie das einer sich zunehmend ausdifferenzierenden Kultur angemessen wäre. Ausgehend von der zunehmenden Fülle der Kulturobjektivationen ging Simmel sogar davon aus, dass die subjektive Kultur (relativ) im

Wir halten gern unsere eigenen kleinen Interaktionen, wie etwa Grußrituale, für »normal«. In einer anderen kulturellen Umgebung merken wir indes schnell, dass eine Norm, die wir als »natürlich« auffassen, nur eine aus einer Fülle von Möglichkeiten ist. So grüßen sich die Menschen in Japan traditionell durch Verbeugen, während wir die Hände schütteln. Denken Sie einmal darüber nach, wie durch solche unbedeutend erscheinenden Handlungen die typische »Persönlichkeit« einer Kultur mitkonstituiert wird.

Niedergang sei. Er meinte damit nicht einen Kreativitätsverlust, sondern die steigende Diskrepanz zwischen einer schnellen Zunahme materieller und objektivierter Kulturgüter einerseits und der nicht in gleichem Maße steigerbaren Verarbeitungskapazität der Menschen andererseits. Jede Frankfurter Buchmesse belegt uns dramatisch, was wir alles nicht werden lesen können. In einem Jahr werden allein in Deutschland ca. 70.000 Buchtitel (davon mehr als zwei Drittel Erst- und Neuauflagen) produziert (vgl. Statistisches Bundesamt 1994:123 ff.) – und das mit steigender Tendenz. Und fast jeder kennt inzwischen die unabschließbaren Chaoswelten des Internet, die subjektiv nie einzuholen sind. So gilt zum einen tatsächlich, dass der »gegenständlich gewordene Geist« die Arbeit unzähliger Generationen ist, die kein einzelner mehr ausschöpfen kann. Zum anderen entwickeln sich damit aber auch – und das wird von Kulturkritikern oft übersehen – neuartige Steigerungen der »subjektiven Kultur«, die frühere Generationen nicht besaßen, etwa eine Virtuosität der Schnellverarbeitung des Typischen und Wiedererkennbaren, eine steigende Fähigkeit zur Auswahl und Wahrnehmung vernetzter Zusammenhänge. Das »Zappen« zwischen hundert verschiedenen Fern-

sehkanälen ist eben auch eine subjektive Kulturleistung.

Werte

Die Tangu in Neu Guinea spielen ein Spiel, das »taketak« heißt. Dabei verwenden zwei Mannschaften jeweils eine gewisse Anzahl von Kokosnusspflöcken, die wie Kegel aussehen, und einen aus einer getrockneten Frucht bestehenden deckelähnlichen Gegenstand. Die Spieler der ersten Mannschaft werfen diesen »Diskus« gegen ihre »Kegel«, von denen jeder getroffene aus dem Spiel entfernt wird. Dann folgen die Spieler der zweiten Mannschaft und so fort. Das Ziel des Spieles besteht nun (für uns) erstaunlicherweise nicht darin, möglichst viele Pflöcke aus dem Spiel »zu kegeln«. Vielmehr dauert das Spiel so lange an, bis beiden Mannschaften dieselbe Anzahl fehlt. Für Mitglieder »westlicher« Gesellschaften, die auf Wettbewerb so viel Wert legen, erscheint ein solches Spiel sinnlos. Für die Tangu aber hat es durchaus einen Sinn, denn sie legen Wert auf Gleichwertigkeit, nicht auf Konkurrenz (Burridge 1957). Sie fänden es ärgerlich, wenn eine Partei gewinnen und die andere verlieren würde, denn das gäbe nur böses Blut. Als die Europäer das Fußballspiel nach Neu Guinea brachten, änderten die Tangu sogar dessen Spielregeln, so dass es für sie nun darum ging, die gleiche Anzahl von Toren zu schießen. Solche Fußballspiele konnten tagelang dauern.

Ein **Wert** ist eine von der Mehrheit einer Gruppe (z.B. Profession, Schicht, Nationalgesellschaft) geteilte allgemeine Vorstellung darüber, was gut oder schlecht, was wünschenswert oder unerwünscht ist. Werte sind bestimmend für Lebensstile. Beliebige Situationen werden durch sie in einen größeren Zusammenhang gestellt, gleichsam transzendiert. So sind viele Mitglieder westlicher Gesellschaften nicht nur im Sport, sondern auch in der Politik, im Geschäftsleben, im Klassenzimmer und im gesellschaftlichen Leben vom Konkurrenzdenken geprägt: Gibt es beispielsweise bei einer Wahl keinen eindeutigen Gewinner, wird eine Stichwahl abgehalten; das Nachspielen und Elfmeterschießen bis zum »k.o.« einer Mannschaft oder endlos sich hinziehen könnende Architektur- und Kunstwettbewerbe illustrieren die Notwendigkeit eines hierarchisierbaren Ausgangs – das »Unentschieden« bleibt eine Notlösung.

Wichtig ist, dass manche Werte sich gegenseitig verstärken können. Schätzt man beispielsweise materiellen

Komfort, dann ergibt es einen Sinn, auch Erfolg und als dessen Voraussetzung intensive Arbeit hoch zu schätzen, welche die Grundlage jener Bequemlichkeit und Sicherheit sind. Damit können andere Werte aber durchaus kollidieren. So erscheint es auf den ersten Blick widersprüchlich, dass Konformismus und Individualismus gleichzeitig geschätzt werden können oder ein harmonisches Zusammenleben verschiedener Rassen ebenso wie Rassentrennung. Wie schaffen es die Menschen, mit solchen Widersprüchen zu leben? Dadurch, dass »kognitive Dissonanzen« (Festinger 1957) halbbewusst ausgeglichen werden, etwa indem manche Werte nur in bestimmten Situationen gültig sind. Beispielsweise mag man in Deutschland rassische, kulturelle oder religiöse Unterschiede (etwa im Hinblick auf Türken) am Arbeitsplatz akzeptieren, ohne dass dies in gleicher Weise auf das Privatleben übertragen würde. Viele, denen gleiche Rechte am Arbeitsplatz selbstverständlich sind oder die eine Diskriminierung von Ausländern ablehnen (vielleicht sogar solche, die mit Lichterketten gegen brutale Anschläge auf die Wohnungen von Asylbewerbern protestieren), würden es keineswegs akzeptieren, wenn eines ihrer Kinder oder andere nahe Verwandte einen Türken oder Araber, einen russischen Aussiedler oder einen Afrikaner heiraten wollten. Wenn Werte wiederholt in scharfe Konflikte zueinander geraten und eine Versöhnung zwischen ihnen schwer fällt, kann daraus sozialer Änderungsdruck entstehen.

So gelang es der amerikanischen Bürgerrechtsbewegung der 1950er und 1960er Jahre (deren Mobilisierungsformen und Konfliktinszenierungen auch die europäische Studentenbewegung der 1960er Jahre stark beeinflusst haben), für die Konflikte zwischen den Werten »Freiheit und Gerechtigkeit für alle« und den empörenden Tatsachen einer diskriminierenden Rassentrennung weltweite Aufmerksamkeit zu erzwingen. Die Proteste rüttelten das »Gewissen der Nation« wach. Nicht nur brachte man Aktionen des passiven Widerstandes (im Geiste Gandhis, man denke an Martin Luther King, Jr.) in die Medien. Vielmehr machte man auch die Aggressivität weißer Verfechter der Rassentrennung, die auf friedliche Protestdemonstrationen gewaltsam reagierten, einem internationalen Fernsehpublikum sichtbar. Das führte dazu, dass 1954 vom Supreme Court, dem höchsten amerikanischen Bundesgericht, die seit dem 19. Jahrhundert unangetastet geltende Doktrin »separate but equal« (Plessy v. Ferguson, *Supreme Court*:163 u. 537 [1896]) – zuerst nur für den Bereich des öffentlichen Bildungswesens – verworfen wurde (*Brown v. Board of Education*:347, 483 [1954]) und die Parlamente neue Gesetze verabschiedeten, welche eine Diskriminierung in Schulen, dann aber auch in öffentlichen Einrichtungen, am Arbeitsplatz und bei der Vergabe von Wohnungen untersagten. Diese Gesetzgebung trug zum Wandel des alltäglichen Verhaltens und der Umgangsformen bei, wodurch sich wiederum Wertvorstellungen veränderten. Verbunden mit historischen Ereignissen und sozialen Umständen verändern sich Werte eben.

Mit solchem »Wertewandel« beschäftigen sich seit einigen Jahrzehnten zahlreiche Soziologen (Hillmann 1986). Am bekanntesten ist Ronald Ingleharts (1998) These von der zunehmenden Ablösung »materialistischer« durch »postmaterialistische« und neuerdings »postmoderne« Werte. Inglehart sieht (zumindest statistisch) eine enge Verbindung von ökonomischer Entwicklung und Wohlfahrtsvermehrung einerseits und dem Vordringen liberaler und demokratischer Präferenzen andererseits. Was er »postmaterialistisch« nennt, meint, dass in prosperierenden Gesellschaften sowohl die unmittelbare Lebenssicherung als auch dominante Karriereorientierungen, schließlich sogar »ethnozentrische« Überbetonungen der Werte der eigenen Gruppe zunehmend durch eher liberale Einstellungen ersetzt würden. Die Beschreibung mag zutreffend sein, der Ausdruck »postmaterialistisch« ist gleichwohl problematisch, denn zunehmende Toleranz führt nicht notwendig zur Überwindung von »Materialismus«. Tatsächlich wird ein ursprünglicher Arbeits-, Erwerbs- und Akkumulationsmaterialismus zunehmend durch Konsummaterialismus ersetzt. Und in unseren Tagen kann man erst recht sehen, dass »materialistische« Ideologien keineswegs überwunden sind, sondern im Neoliberalismus seit den 1990er Jahren einen weltweiten Siegeszug angetreten haben. Nicht zu übersehen sind auch Gegentendenzen zu Ingleharts globaler Änderungsvermutung: Bei einer amerikanischen Umfrage im Jahre 1989 sagten 80 Prozent der neu immatrikulierten College-Studenten, dass finanzielle Sicherheit für sie »sehr wichtig« sei, wogegen nur 50 Prozent das im Jahre 1970 von sich behauptet hatten (Astin/Korn/Berz 1989). Das hängt wahrscheinlich mit der unsicheren Wirtschaftslage (z.B. starkem Wettbewerb auf dem Arbeitsmarkt) und einer anderen Rekrutierung der Studierenden in einem expandierenden Bildungssystem zusammen, wodurch Leistung und materieller Erfolg wieder wichtiger wurden.

Gleichwohl sieht Inglehart (1998) die Grundtendenz einer Zunahme der »postmaterialistischen« Werte in einer Vergleichsstudie bestätigt. Mit Massendaten aus 43 Gesellschaften, die 70 Prozent der Weltbevölkerung erfassen und in denen nur die islamische Welt und Afrika weitgehend ausgeblendet blieben, meint er, die Akzeptanz gegensätzlicher Lebensweisen (z.B. Pluralisierung religiöser Einstellungen, Geschlechtsrollen und Sexualnormen) und die Zunahme von Partizipationsansprüchen (Demokratisierung) erneut belegt zu haben. Allerdings reicht auch für ihn seine erste Begründung dieser »stillen Revolution« nicht aus, denn steigender

3

Wohlstand allein vermag die kulturellen Dynamiken nicht zu erklären. Er ergänzte deshalb die ökonomische Mangelhypothese, nach der knappe Güter am meisten geschätzt werden, durch eine Sozialisationshypothese. Für die Dynamik von Wertewandlungen sind demnach jeweils generationsspezifische Zeitverzögerungen wichtig, denn nicht hinterfragte Grundannahmen eines Menschen »spiegeln in hohem Maße die Bedingungen wider, die in seinen Entwicklungsjahren herrschten« (Inglehart 1998:53). So ist es kein Wunder, dass es heute in Westdeutschland weit mehr »Alt-68er« gibt, als es selbst bei großzügiger Berechnung Akteure und entschiedene Sympathisanten in jenen Jahren gab. Nur bei Systemzusammenbrüchen ist das anders: Nach 1945 schien in Deutschland kaum einer ein Nazi gewesen zu sein. Und wer will nach 1990 noch umstandslos den Staatssozialismus rechtfertigen? Und doch blieben in beiden Fällen die generationsspezifischen Erfahrungen und Wertpräferenzen noch lange wirksam.

Gegenüber derart offensichtlichen und viel diskutierten Wertverschiebungen ist der häufigere Fall jedoch der einer latenten Veränderung von Positionen und Grundansichten, die oft kaum bemerkt und oft verleugnet wird. So konnte man während der Kosovokrise und der Bombardements der NATO in serbischen Teilen Rest-Jugoslawiens, die Ende März 1999 begannen, beobachten, dass viele frühere »friedensbewegte« Demonstranten nun die Strategie zwanghafter Pazifizierung im Kontext einer neuen »Weltinnenpolitik« nicht nur hinnahmen oder unterschwellig bejahten, sondern nun sogar zu denen gehörten, die – wie Bundesaußenminister Joschka Fischer – diese Entscheidungen trafen und als unausweichlich legitimierten.

Auch andere Wertewandlungen lassen sich nennen, etwa ein wiederbelebtes Elitedenken seit den 1980er Jahren. Allerdings wird die leistungsorientierte Hierarchisierung der Gesellschaft heute weniger substanziell elitär, eher flexibel und »spielerisch« legitimiert. Auch hat die Verschiebung von Machtpositionen aus dem politischen System in Richtung etwa finanzpolitischer Mächte eine eigentümliche »Modernisierung« von Wertpräferenzen mitproduziert. Plötzlich sehen sich die Vertreter sozialen Ausgleichs in der Rolle von »Traditionalisten«, während die Enthusiasten der börsengeleiteten ökonomischen Dynamisierung als »Modernisierer« propagiert werden.

Normen

Eine **Norm** ist eine spezielle Richtlinie, eine Regel, die aussagt, wie man sich in bestimmten Situationen verhalten soll. Wir kennen ausdrückliche Normen, wie die Zehn Gebote oder geschriebene Gesetze. Häufiger aber gelten Normen ohne schriftliche Fixierung als Sitten und Bräuche, die als »selbstverständlich« befolgt werden. Würde man beispielsweise von jemandem, den man nicht besonders mag und eher unattraktiv findet, zu einer Verabredung eingeladen, so würde man doch nicht sagen: »Ich finde dich blöd und hässlich und will keinesfalls mit dir ausgehen«, sondern man würde eher Entschuldigungen suchen wie: »Ich habe heute abend schon was vor.« Erst wenn jemand solche höflichen Ablehnungen immer wieder ignorierte und weitere Belästigungen nicht aufgeben würde, käme es vielleicht zu der deutlicheren und verletzenden Reaktion: »Mit Dir möchte ich nicht ausgehen.« Das sind Normen, die man im Prozess des Erlernens der eigenen Kultur mitbekommt, ohne dass sie ausdrücklich gelehrt worden wären.

Norm als verpflichtende Verhaltenserwartung bezieht sich zuerst auf erwünschte Gleichförmigkeiten, ausgehend vom durchschnittlichen oder häufigen Verhalten. Normen müssen gelernt werden, so dass der Begriff eng mit dem der Sozialisation verbunden ist. Soziologisch sind Norm-Durchsetzungen, die mit ihnen verbundenen Sanktionsformen, Normbrüche und Konflikte in besonderer Weise interessant. Normativ erzeugte Regelmäßigkeiten, die Normativität des Faktischen alltäglich eingespielter Verhaltenserwartungen und -formen gab es in allen Gesellschaften. Jürgen Link (1999) hat als Sonderfall der Moderne den Begriff »Normalismus« eingeführt, das heißt alle Normierungen, die sich auf statistische Mittelwerte beziehen können. Mag sein, dass zunehmend die an technischen und demographischen Modellen entwickelten Verhaltensregulierungen ältere – z.B. religiöse – »Sozialregulationen« ablösen, dass sich Normalismus durch erhöhten Konformitätsdruck in Massengesellschaften stützen kann (aller Individualisierung zum Trotz). Wie Werte variieren auch Normen von Gesellschaft zu Gesellschaft. Was in der einen als höfliches und angemessenes Verhalten gilt, kann in einer anderen möglicherweise als skandalös empfunden werden. Um ein Beispiel zu geben:

Bei bestimmten Völkern in Zentral-Afrika bekommen die Mädchen während der Erntezeit ein eigenes Haus, in dem sie mit Jungen ihrer

Wahl »Ehefrau spielen« dürfen. Es wird gesagt, dass es bei diesen Stämmen keine Mädchen gebe, die nach ihrem zehnten Lebensjahr noch Jungfrau sind. Im Gegensatz dazu werden die Mädchen bei den Tepoztlan-Indianern in Mexiko vom ersten Tag ihrer Menstruation an »eingepfercht und eingesperrt«. Ein Mädchen darf in gar keiner Weise mit einem Jungen sprechen, geschweige denn ihn irgendwie zu einem Kontakt ermutigen, sonst würde es Schande über sich bringen oder sich geradezu als »verrückt« erweisen (Ember/Ember 1988:306).

Normen variieren von Gruppe zu Gruppe innerhalb ein und derselben Gesellschaft, aber auch im Lauf der Zeit.

Ein gutes Alltagsbeispiel dafür ist die Art und Weise, wie sich Vorschriften und Verbote für das Rauchen während der letzten Jahrzehnte verändert haben. In den 1950er Jahren wäre es keinem Raucher eingefallen, dass sich jemand in einem Restaurant durch das Anzünden einer Zigarette oder Zigarre gestört fühlen könnte (es sei denn, ein anderer am selben Tisch hätte seine Mahlzeit noch nicht beendet). Erst recht hätte niemand nach separierten Zonen für Raucher und Nichtraucher in einem Lokal gesucht oder Nichtraucherzimmer im Hotel verlangt. Damals existierte eben die heute praktizierte Trennung noch nicht als Norm, ein Wandel, der gewiss mit einem zunehmenden Bewusstsein von den Gefahren des Passiv-Rauchens zusammenhängt. Einst war Rauchen ein Zeichen gepflegten Wohlstandes (mit silberner Zigarettendose und -spitze als Verfeinerungssymbolen), war Männlichkeitszeichen (entsprechend dann auch ein Emanzipationssignal der Frauen, zuerst der *femmes fatales*, später der selbstbewussten »modernen« Frau) oder Nationalcharakteristikum (wovon die Werbung für Gauloises-Zigaretten zeugt). Anfang des 20. Jahrhunderts konnte eine Tabakfabrik noch mit Stolz in Gestalt einer Moschee entworfen werden (wie in Dresden) und damit als Symbol für die Weltläufigkeit einer bürgerlich temperierten Verführung durch Orientzigaretten stehen.

Die meisten Normen sind situationsbezogen, d.h. abhängig von bestimmten Umständen. Beispielsweise mag es üblich sein, sich die Hand zu geben, wenn wir jemanden treffen oder verlassen, nicht hingegen mitten in einer Unterhaltung, es sei denn, es würde dadurch eine Abmachung besiegelt. Ähnlich mag man in einer Versammlung oder einem Klassenraum ums Wort bitten, indem man die Hand hebt, nicht hingegen in einer Gruppe von Freunden. Es gehört zur Aneignung der eigenen Kultur, zu lernen, unter welchen Bedingungen ein bestimmtes Verhalten erwartet wird und passend ist. Meistens werden Normen automatisch und alternativlos befolgt. Das trifft besonders für die unausgesprochenen Normen zu, die selbstverständlich erscheinen, wie z.B. jemandem zu antworten, der einen angesprochen hat. Der Erwartungsbruch kann skurril wirken, aber nur für nicht beteiligte Beobachter. Unmittelbare Interaktionspartner neigen eher dazu, aggressiv zu werden, wenn »natürlich« erscheinende Konventionen durchbrochen oder in Frage gestellt werden.

Das tat im wörtlichsten Sinne Harold Garfinkel (1967) mit seinen ethnomethodologischen Krisenexperimenten. Die fraglosen Alltagsabläufe in der eigenen Kultur wie eine fremde Welt zu behandeln, erschüttert alle scheinbaren Sicherheiten, löst ein sozialpsychologisches »Erdbeben« aus: Eingespielte Ausdrücke zu befragen, als wären sie in einer unbekannten Sprache formuliert, macht den (nicht eingeweihten) Anderen hilflos und deshalb oft wütend. Jemand erzählt von einer Reifenpanne und kann kaum fassen, wenn er danach gefragt wird, was das denn sei. Und ernste Komplikationen kann es heraufbeschwören, wenn vor einem Schalter die freundliche Aufforderung »Der Nächste, bitte!« problematisiert wird oder in einem Geschäft die Frage, »Was soll's sein?« oder »Was kann ich für Sie tun?« als unverstehbar behandelt wird. Zumeist verhalten sich Akteure aber konform oder versuchen, Konformität zumindest zu signalisieren, weil ihnen dies als notwendig und richtig erscheint und eine Normverletzung ihr Selbstbild beschädigen könnte, denn sie wünschen sich Anerkennung und fürchten Spott, Ächtung oder Strafe. Selbstverständlich werden Normen nicht immer automatisch befolgt, vielmehr hängt das von den jeweiligen Vorschriften ebenso ab wie von den beteiligten Personen.

Es ist wichtig, den Unterschied zwischen Normen und Werten zu verstehen. Nehmen wir den Besucher eines Fußball-Länderspiels, wenn zu Beginn die Nationalhymnen gespielt werden. Er hört auf, sich zu unterhalten, steht auf und nimmt seine Kopfbedeckung ab. Damit folgt er Verhaltenvorschriften, die dieser Situation angemessen sind (Norm). Wenn man ihn fragen würde, warum er das tut, würde er in Deutschland vielleicht antworten, »weil es sich gehört«, jedoch würde er in den USA oder in Großbritannien eher patriotische Gründe nennen, also einen besonderen Wert der eigenen Nation (Wertbezug).

Normen variieren außerordentlich in der Bedeutung, die ihnen beigemessen wird oder in der Intensität der Reaktionen, wenn sie verletzt werden. **Bräuche** sind konventionell eingewöhnte Alltagsregeln, denen man ohne viel Nachdenken gehorcht. Beispielsweise halten wir uns beim Gähnen die Hand vor den Mund, geben die Hand, wenn wir jemandem vorgestellt werden oder essen den Nachtisch eher am Ende als zu Beginn einer Mahlzeit, eben weil dies so Brauch ist. Max Weber schlug vor, Bräuche, die »auf langer Eingelebtheit beruhen«, **Sitte** zu nennen (Weber 1922:15). Wer solche eingespielten Regeln verletzt, mag als ungehobelt, bestenfalls als Exzentriker gelten, wird normalerweise aber nicht scharf sanktioniert – wenigstens nicht direkt. Denn ein »Fehltritt« (*faux pas*) kann indirekt sehr weitreichende Folgen nach sich ziehen (und dies nicht nur nach den Regeln einer gesteigerten höfischen Etikette). Ob man jemanden wieder einlädt, der sich in krasser Weise »danebenbenommen« hat, ist fraglich.

3

Und wenn dies nur eine kleine und diskrete Sanktion wäre, so kann sie doch von existentieller Bedeutung werden, wenn daraufhin das Angebot einer freien Stelle oder eine Weiterempfehlung unterlassen werden. Insofern kann die Verletzung einer Sitte sehr weitreichende Folgen haben und durchaus auch eine »scharfe Sanktion« nach sich ziehen, aber nicht in sichtbarer und unmittelbarer Reaktion auf den Normalitätsbruch.

Demgegenüber löst die Verletzung von sittlichen **Gebot**en intensivere Reaktionen aus. Solche Vorschriften werden als zentrale grundlegende Bestandteile des Zusammenlebens angesehen und sind Ausdruck der am meisten hochgehaltenen Werte. Man denke an das Inzestverbot, die strikte Ablehnung des Kannibalismus oder die Ächtung sexuellen Missbrauchs von Kindern. Wer dagegen verstößt, gilt als gesellschaftsunfähig und kann ausgeschlossen (z.B. vertrieben), kann geschlagen oder – sei es in Gefängnissen oder in psychiatrischen Anstalten – gefangengesetzt, ja in manchen Gesellschaften sogar mit dem Tode bestraft werden.

Viele Normen sind als **Gesetz**e oder Verordnungen formalisiert, als (heute zumeist geschriebene) Regeln, die in parlamentarischen Systemen von der Legislative beschlossen werden und deren Durchsetzung mit staatlicher Sanktionsmacht garantiert wird.

Während Bräuche und Sitten von den Mitgliedern einer Gruppe üblicherweise spontan durchgesetzt werden, wird die Einhaltung der Gesetze durch Polizei, Militär oder andere spezielle Erzwingungsinstanzen kontrolliert. Gesetze mögen Bräuche verbindlich machen (so wie das zuweilen bei Verkehrsregeln der Fall ist). Regierungen und Parlamente können aber auch versuchen, durch Gesetzgebung neue Verhaltensmuster zu etablieren, etwa durch die Regulierung des Verkaufs und der Abgabe von Drogen (Alkohol eingeschlossen), die Regulierung des Waffenbesitzes oder durch Erweiterung aktiv wahrnehmbarer Bürgerrechte für Minderheiten. Die in Deutschland nicht enden wollende Debatte über die Ladenschlusszeiten wird wenigstens unter diesem Motto geführt. Jedoch werden auch sittliche Gebote durch explizite Gesetzgebung gesichert (wie z.B. im Bereich der Strafgesetze). Oft sind diejenigen Gesetze am schwierigsten durchzusetzen, die sich nicht auf Bräuche oder Sitten stützen können oder diesen sogar entgegenstehen – man denke an die Durchsetzung von Bürgerrechten von Minoritäten oder die Umsetzung der rechtlichen Gleichberechtigungs- und Gleichstellungsgebote für Frauen in der Alltagspraxis. Man kann dies aber auch an trivialeren Formen der Ignoranz bestimmten Normen gegenüber beobachten, etwa wenn Geschwindigkeitsbegrenzungen notorisch missachtet werden.

Symbole

Neben den Leitlinien für richtiges Verhalten und den Wertvorstellungen darüber, was »gut« und »richtig« ist, vermittelt eine Kultur auch Kenntnisse über Dinge und materielle Objekte. Das betrifft auch Zeichen und **Symbol**e, also Gegenstände, Gesten, Töne oder Bilder, die auf etwas anderes als nur auf sich selbst verweisen. Obwohl sich in unterschiedlichen Theorien geradezu entgegengesetzte Definitionen dieser beiden Grundbegriffe finden, wird folgende Unterscheidung vorgeschlagen: Als **Zeichen** werden Träger einer relativ einfachen Verweisung auf einen bestimmten Gegenstand oder eine bestimmte Vorschrift verstanden, man denke etwa an Verkehrszeichen oder Piktogramme. Aber auch die Grundeinheiten komplexerer Informationen, etwa Buchstaben, haben Zeichencharakter. **Symbol** ist demgegenüber der Begriff für komplexere Verweisungsmedien. Symbole ermöglichen zumeist auch die Präsenz von etwas Abwesendem durch Verkörperung. Geometrisch gesehen, mag ein Kreuz beispielsweise bloß die Überschneidung zweier Linien sein, für Christen hingegen repräsentiert es Opfer, Schmerz, Leiden, aber auch die Bedeutung des eigenen Glaubens, besonders die Hoffnung auf Erlösung. Jede Nationalflagge ist physisch nichts als ein buntes Tuch, dessen Bedeutung jedoch auf nationale Größe oder Schande verweisen kann. Sie kann geachtet, geliebt oder gehasst werden als die Vergegenwärtigung einer Nation und des mit ihr verbundenen Machtanspruchs. Auch kann sie einen besonderen Lebensstil symbolisieren. Militärische Fahnenappelle ebenso wie Fahnenverbrennungen bei Protestaktionen gegen ein Land oder eine Regierung belegen das vielfältig.

Jedenfalls beruhen Symbole (wie alle Zeichen) auf Vereinbarungen, müssen physisch oder ihrem Aussehen nach keinesfalls dem gleichen, was sie repräsentieren. Manchmal allerdings gibt es Eigenschaften eines Zeichenträgers, die ihn zum Symbol werden ließen (wie der Löwe ein mächtiges Reich vergegenwärtigen kann). Aber selbst in diesem Fall sind die Zeichen willkürlich, Ergebnis von Tradition und Übereinkunft. Deshalb haben bestimmte Zeichen in unterschiedlichen Kulturen auch verschiedenartige symbolische Bedeutungen: Schwarz mag in der einen Gesellschaft die Farbe der Trauer um einen Toten sein, während in anderen Kulturen Rot oder Weiß diese Verweisungsfunktion erfüllen. Auch Wörter können Träger symbolischer Bedeutungen sein, können Vorstellungen repräsentieren, die über die wörtliche Bedeutung hinaus auf anderes

3

verweisen. Nichts in diesen Wörtern *erzwingt* jedoch eine bestimmte Bedeutung, es handelt sich eben um willkürliche, jeweils geschichtlich entwickelte Symbolisierungsgehalte.

Der Zugang zu einer kulturellen Sinnproduktion und dadurch wiederum zu bestimmten Vergesellschaftungsformen macht es notwendig, die jeweiligen symbolischen Verweisungssysteme zu verstehen. So können in unterschiedlichsten Objekten, in Häuserformen, im Liedgut, in Körperhaltungen und Kleidern etc. umfassende gesellschaftliche Gegebenheiten, Herrschafts- und **Habitus**formen, Persönlichkeitsideale und *Gesellschaftsstruktur*en verkörpert sein. All das gilt nicht nur für »frühe« Gesellschaften, sondern für alle uns bekannten sozialen Verhältnisse bis in die Moderne. Es gibt Gesellschaften mit einer hochentwickelten, rituell und magisch gestützten Symbolik – etwa die mittelalterlichen Formen der Präsenz, der räumlichen Anwesenheit des Entfernten durch Verkörperungen (des Herrschers oder des »unsichtbaren« Gottes beispielsweise). Demgegenüber sind in modernen Gesellschaften Symbolisierungsformen keineswegs weniger wichtig, wenn auch weniger reguliert.

In der Konsumgesellschaft sind viele der einstmals religiösen oder politischen, literarischen und bildkünstlerischen Symbole in die Werbewelt übersetzt worden. Dabei können sich einzelne Produkte geradezu als Schlüssel-Symbole einer ganzen Kultur erweisen, wie man das für unsere Zeit sicher vom Auto sagen kann.

Wie kaum ein anderes materielles Objekt ist das Auto erfüllt von kulturellen Botschaften über Geschlecht, Statuslagen, Privilegien, Wohlstand und soziale Unterschiede. Nicht nur nationale Mythen und Selbstverständnisse, sondern auch einzelne kulturelle Trends finden ihre Symbolisierung in den mobilen »Wandbildern« der Produktwerbung: Die *glamour*-Welten der »oberen Zehntausend« werden dargestellt oder »neue Bescheidenheit«, die Veränderung der Geschlechterverhältnisse liefert Motive, etwa freiere sexuelle Beziehungen (so in einer deutschen Mercedes-Werbung, in welcher die wetterfeste Zuverlässigkeit eines E-Klasse-Wagens durch die ebenso verlässliche Untreue zweier Ehepartner unterstrichen wird). VW hingegen spielte mit dem Klischee, dass bei der Abendeinladung eines Paares zumeist der Mann Alkohol trinken kann, weil seine weibliche Begleiterin ihn schon nach Hause fahren werde. Dieses Mal hingegen bestehen beide darauf, nichts trinken zu wollen, weil – wie sich schließlich herausstellt – jeder von ihnen unbedingt den neuen *VW Bora* chauffieren will. Weil Werbung soziale Botschaften erfolgreich vermitteln kann (Schudson 1984), ist sie »mehr als ein Verkaufsmotor, vielmehr auch eine wesentliche Ausdrucksform der modernen Kultur« (Leiss/Kline/Shelly 1986). Werbewelten und TV-Formen können geradezu als »optische Ideologien« verstanden werden, durch die Wahrnehmungsmuster beeinflusst und gesellschaftliche Zustände symbolisch repräsentiert werden.

Sprache

Sprache ist ein System phonetischer Zeichen, in dem Bedeutungen erzeugt und einander zugeordnet werden und deren Anwendung auf konventionell festgelegten Regeln beruht. So entstehen komplexere sprachliche Bedeutungszusammenhänge. Mit der Erfindung der Schrift konnte sie – ablösbar vom aktuellen Denken und Sprechen – indirekt wirken. Jetzt wurde es (bis zur Komplexität und Beschleunigung der neuesten elektronischen Medien) möglich, sprachlich codierte Wahrnehmungen, Erlebnisse oder Ideen der Vergänglichkeit zu entreißen und über weite Räume hin zu transportieren. Die Funktion der Sprache für die Entwicklung, Herausbildung und Weitergabe einer Kultur kann gar nicht überschätzt werden (vgl. Schaubild 3.1). Zwar ist die menschliche Weltwahrnehmung keineswegs nur begrifflich, sondern auch optisch (und durch andere Sinneseindrücke) strukturiert, zwar entsteht die Vielschichtigkeit symbolischer Verweisungen gerade auch durch nonverbale Zeichen: Gestik, Körperhaltungen oder Bewegungsformen. Aber auch sie funktionieren als Bedeutungsträger nur, weil der Mensch ein Sprachwesen ist. Es ist seine *Fähigkeit zur Sprache* (nicht nur sein Sprechen), es ist die »Sprachmäßigkeit« der menschlichen Antriebe und Leistungen (Herder nach Gehlen 1940), durch die kognitive Strukturen geschaffen werden, die es uns ermöglichen, Bedeutungen und Erfahrungen festzuhalten und frei zu kombinieren.

Diese anthropologische Bedeutung der Sprache führte auch zu Untersuchungen darüber, ob die entscheidenden Fähigkeiten der Menschen zu regelgeleitetem Sprechen gattungsspezifisch und angeboren sind. Der amerikanische Linguist Noam Chomsky (1968) geht von einer »Universalgrammatik« aus, von angeborenen Universalien des menschlichen Geistes. Für die kulturelle Ausprägung jeweiliger Sprachen ist jedoch entscheidend, was der Begründer der modernen Linguistik, Ferdinand de Saussure, schon 1906 zeigte, dass die Sprache nicht als notwendige Abspiegelung von Objekten oder Gedankeninhalten gegeben und fest vorgeprägt sei.

Saussure folgend nimmt die moderne Linguistik ein *willkürliches* Verhältnis zwischen dem jeweils Bezeichneten und den Wörtern an. Was wir z.B. »Pferd« nennen, heißt in anderen Sprachen »horse«, »paard«, »cheval« oder »cavallo«. Aber es bleibt nicht bei dieser relativen Zufälligkeit sprachgeschichtlicher Variationen von Benennungen, sondern die Ausdifferenzierung eines Wortschatzes hängt immer auch von den praktischen Problemstellungen ab, die für eine Gruppe gegeben sind.

3

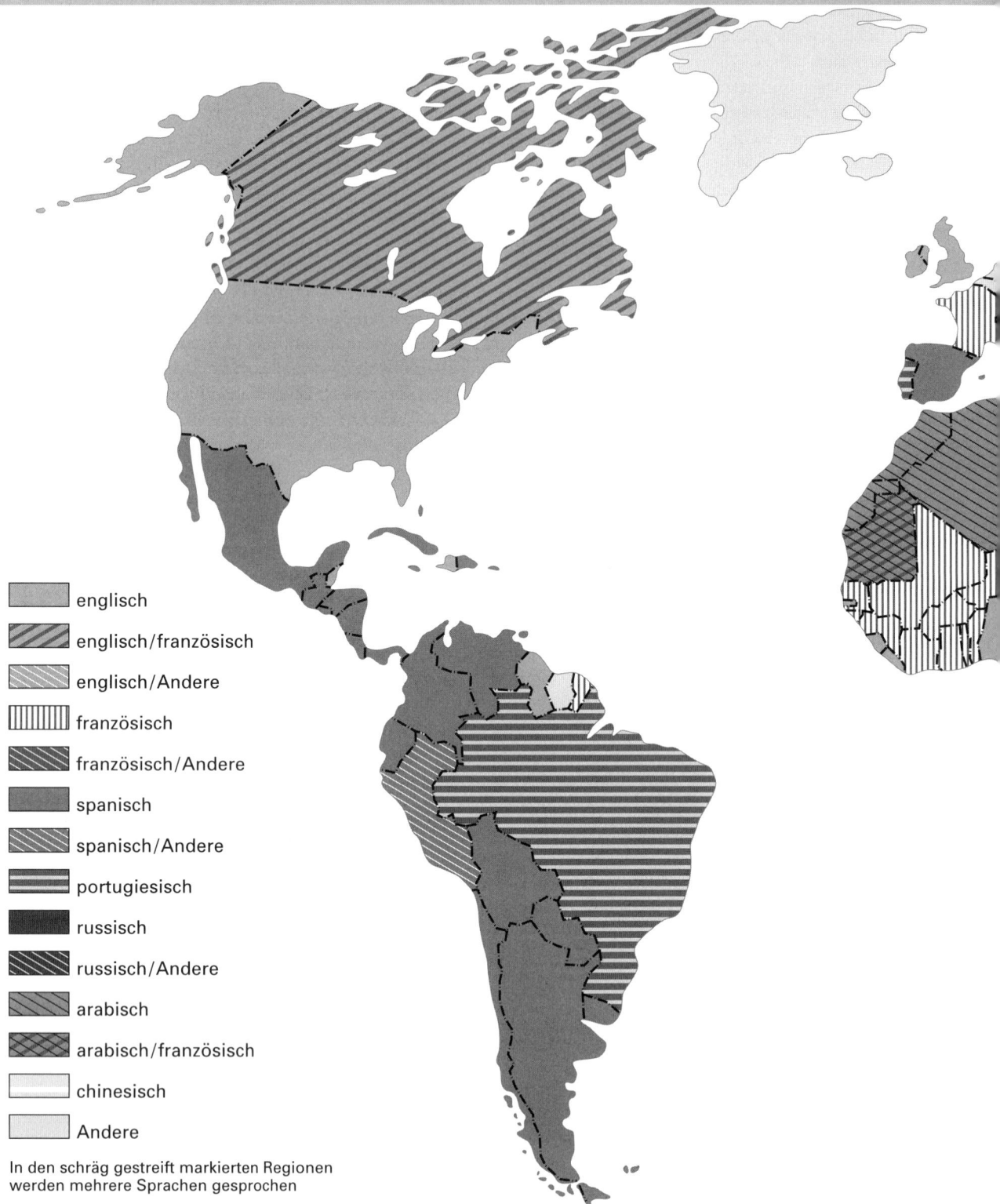

- englisch
- englisch/französisch
- englisch/Andere
- französisch
- französisch/Andere
- spanisch
- spanisch/Andere
- portugiesisch
- russisch
- russisch/Andere
- arabisch
- arabisch/französisch
- chinesisch
- Andere

In den schräg gestreift markierten Regionen werden mehrere Sprachen gesprochen

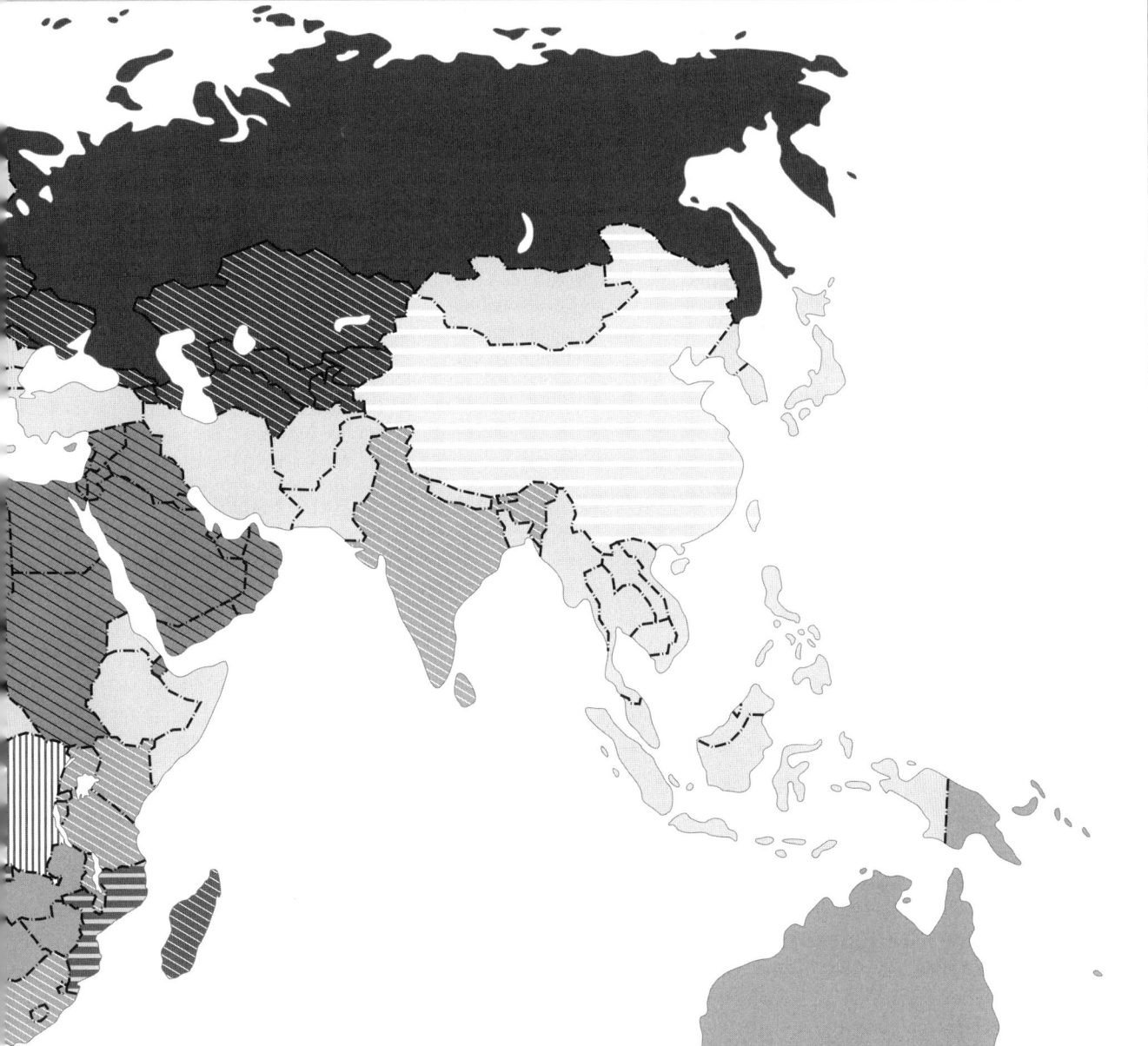

Die weite Verbreitung einer kleinen Zahl dominierender Sprachen, die als erste, zweite oder gar dritte Sprache gesprochen werden, ist Teil der kulturellen Globalisierung. Vielerorts sind die lokalen oder indigenen Sprachen vom Aussterben bedroht. In anderen Regionen jedoch (wie auf dem Gebiet der früheren Sowjetunion und des ehemaligen Äthiopien) hat die Sprache eine Schlüsselrolle im Kampf gegen kulturelle und politische Assimilation und in der Entstehung neuer Nationen gespielt.

Quelle: C. Moseley u. R. E. Asher (Hg.), *Atlas of the World's Languages*. London: Routledge, 1994:223 f.

3

Die Wissenschaftssprache mit ihrem für Außenstehende oft unverständlich und gekünstelt erscheinenden Benennungsreichtum ist dafür ebenso ein Beispiel wie die von Benjamin L. Whorf (1956:15) beobachtete Tatsache, dass Eskimos erheblich mehr Wörter für »Schnee« benötigen als die Mitglieder anderer Sprachgemeinschaften. So gibt es zwischen Handlungsgewohnheiten und praktischen Erfordernissen einerseits und den sprachlichen Ausdrucksmöglichkeiten andererseits enge Zusammenhänge. Australische Aborigines kennen – wo westliche Sprachen lediglich »Baum«, »Strauch« und »Gras« unterscheiden – mehr als zehn Objektgruppen. Oder: Für Deutsche und Engländer sind »Eiswürfel, mit denen wir ein Getränk kühlen, und Speiseeis Variationen des identischen Gegenstandes Eis«, während etwa das Italienische »zwei deutlich unterschiedene Gegenstände: gelato und ghiaccio« kennt (Hansen 1995:66).

Wenn Menschen die Sprache benutzen, um eine soziale Situation zu interpretieren, dann wird Sprache zugleich auch zu einem Mittel der sozialen Einordnung, das anzeigt, zu welcher Gruppe und Statuslage jemand gezählt wird (und man sich selbst rechnet) und was daraus für ein Verständnis der Situation folgt. Personen werden damit also in eine *Gesellschaftsstruktur* eingeordnet oder anders gesagt: Jeder sprachliche Umgang lädt Situationen gleichsam mit sozialstrukturellen Merkmalen auf.

Man stelle sich beispielsweise vor, jemand nimmt – ohne eine Vorstellung davon zu haben, wie das in diesem Fall konkret abläuft – kurz nach seiner Einstellung erstmals an einer dienstlichen Besprechung teil. Er wird sich der Situation dann mit großer Vorsicht nähern, genau beobachtend, welche Umgangsformen üblich sind, wie formell die Diskussion strukturiert ist, wobei auch wichtig ist, wie und in welcher Reihenfolge gesprochen wird, wer das Wort erteilt oder legitimerweise nehmen darf, wie lange eine Äußerung etwa sein sollte, ob man sich duzt, überhaupt ein informeller Ton herrscht etc. Daraus lässt sich schließen, um was für ein Treffen es sich handelt und beispielsweise auch, welche Führungsstrukturen in einem Betrieb herrschen.

Auch Ausspracheformen, z.B. Betonungen, grammatikalische Wendungen und Wortwahlen, machen einiges über den jeweils Sprechenden klar, signalisieren etwa seinen hierarchischen Status oder seine regionale oder soziale Herkunft. Ohne uns das immer bewusst zu machen oder es auch nur noch zu bemerken, klassifizieren wir Personen oft nach solchen Redegewohnheiten (Andrews 1984), so dass die Art und Weise des Sprachgebrauchs eines Menschen dazu beiträgt, seine soziale Identität auszubauen und zu bestätigen.

Wissen

Wissen ist die Gesamtheit von Fakten, Annahmen und praktischen Fähigkeiten, die Menschen im Laufe ihres Lebens sammeln. Es enthält Informationen darüber, wie etwas zu machen ist (Prozeduren), etwa wie ein Auto zu fahren oder ein Computer zu bedienen ist. Ebenso schließt Wissen Kenntnisse über räumliche Gegebenheiten, andere Menschen oder bestimmte Ereignisse ein: Wer ist Fußballweltmeister? Wer war der erste Bundespräsident? Was geschieht, wenn ein Bier gezapft wird?

Oft meinen wir, über ein »Wissen« zu verfügen, obwohl wir die einzelnen Aussagen nicht wirklich beurteilen können, sie aber als »Wahrheiten« akzeptieren. In unserer Gesellschaft gehört dazu auch ein Wissen darüber, dass Atomenergie nutzbar gemacht werden kann (allerdings auch darüber, mit welchen unabschätzbaren Folgen). Risikowissen ist ein Bestandteil der menschlichen Weltwahrnehmung, heute indessen von besonderer gesellschaftlicher und politischer Brisanz (Beck 1986). Was für den einen jedoch »wahres« Wissen ist, mag dem anderen als bloßer Glaubenssatz erscheinen, wie im Falle der jeweils auf wissenschaftliche Aussagen und Ableitungen sich stützen müssenden Kontroversen über die Risiken der Atomenergie, etwa der Lagerung strahlender Abfälle in Zwischen- und Endlagern etc. Das gilt genauso für Debatten über theologische oder naturwissenschaftliche Deutungen der Entstehung der Welt (bzw. des Kosmos), wenn sich etwa mit 360-jähriger Verspätung der Vatikan erst 1994 mit den Ansichten Galileo Galileis offiziell versöhnte oder – in kürzerem Zeitraum – mit den Grundannahmen der Evolutionstheorie. All solche Wissensbestandteile (zu denen immer auch Auseinandersetzungen darum gehören, was man überhaupt wissen könne) sind Teil unserer Kultur, unseres gemeinsamen Erbes.

In modernen Gesellschaften gibt es geradezu eine Wissens-Explosion. Das gilt besonders für verschiedene Bereiche der Wissenschaften, deren grundlegende Aufgabe es ist, neues Wissen zu erzeugen. Diese Beschleunigung der Wissensproduktion hängt wiederum auch von modernen Techniken der Datenspeicherung und -verarbeitung ab und von der Medienentwicklung, z.B. der Verbreitung von Büchern, Magnetbändern, CDs etc. – all diese Datenträger können Informationen für lange Zeit festhalten und zugänglich machen, und Menschen haben an den verschiedensten Orten der Erde darauf Zugriff. Für Soziologen ergibt sich daraus das Problem, dass es in der »Informationsgesellschaft« vor allem auf eine Kontrolle dieses akkumulierten Wissens ankomme (Bell 1980; Giddens 1990). Aber es mögen Chancen auch gerade in einer schwer kontrollierbaren und kaum hierarchisierbaren Datenfülle liegen, wie Lyotard (1979) es zum Programm des »postmodernen« Wissens gemacht hat, wenn er forderte, dass eine Weiterentwicklung des demokratischen Prinzips dazu führen müsse, der Öffentlichkeit letztlich »freien Zugang zu den Speichern und Datenbanken« zu verschaffen. Politik könne dann in einem nie dagewesenen Maße auf weit verbreiteter, tendenziell vollständiger Information basieren. So kommt es zu neuen Wissensverteilungen und Kompetenzen, wenn man etwa daran denkt, dass Jugendliche mit den elektronischen Informationssystemen (zumindest auf der technischen Ebene) meist vertrauter sind als Erwachsene. Informatik wird im Schulunterricht so wichtig werden wie mathematische Grundkenntnisse oder die Vermittlung von Fremdsprachen. Aus einer dezentralisierten Wissens-Welt folgt eine zunehmende Illegitimität des »Geheimnisses« (dies aber schon seit Entstehen der öffentlichen Publizistik). »Die Informatisierung der Gesellschaften« macht die Wissensmöglichkeiten unabschließbar, steigert aber auch Kontrollmöglichkeiten und eine neue Aufhebung der Trennlinien zwischen »Privatem« und »Öffentlichem«.

Wissen besteht nicht nur aus Informationen, die in Worten oder Formeln erklärt werden, die niedergeschrieben und als Daten aufbewahrt werden können. Praktisches Wissen, aber auch unsere emotionalen Erfahrungen sind häufig nonverbal oder schwer verbalisierbar. Das Wissen darum, wie man einen Fußball tritt, wie man Skier lenkt oder wie man tanzt, verlangt mehr als explizites Regelwissen über Bewegungsabläufe. Auch sehr gute Sportler können nicht erklären, wie sie es eigentlich machen, dass sie so leistungsstark sind – sie sind es eben nur. Praktisches Wissen ist in vielen Bereichen des gesellschaftlichen Lebens wichtig, etwa bei Geschmacksurteilen, beim Abschluss von Geschäften oder beim Sich-Verlieben (Bourdieu 1980).

KULTURELLE UNTERSCHIEDE UND INTEGRATION

Kulturelle Integration

Die Elemente der Kultur sind *funktional* auch mit anderen Aspekten der Gesellschaft *integriert*, z.B. mit der Sozialstruktur oder den Herrschaftsverhältnissen. Menschen, die bruchlos in ihre Kultur eingebunden sind, empfinden zwischen der Art und Weise, wie sie denken und handeln, wenig Widersprüchlichkeiten. Ihr religiöses oder wirtschaftliches Handeln oder ihr Familienleben scheinen wie aus einem Guss. Eingelebten Traditionen folgend, können die Mitglieder solcher Gesellschaften ihr Leben mit minimalen Orientierungskonflikten gestalten, aber hoch integrierte Kulturen sind – wie der Anthropologe Ralph Linton (1947) betont hat – zugleich außerordentlich verletzbar. Denn Bräuche, Glaubensüberzeugungen, Werte und technisches Wissen sind vielfältig ineinander verflochten, d.h. kaum voneinander entkoppelbar und funktional ausdifferenzierbar. Wandlungen in einem Teilbereich können dann zum Gleichgewichtsverlust eines gesamten Systems führen:

Als z.B. europäische Missionare eine große Anzahl von Eingeborenen auf Madagaskar dazu brachten, sich taufen zu lassen, waren Diebstähle und die Verwahrlosung der bisher gepflegten Häuser und Dörfer eine Folge. Der Grund lag darin, dass traditionelle Sanktionen gegen solche Formen der Unordnung ihren Einfluss angesichts der neuen, von den Europäern übernommen Annahmen und Praktiken verloren hatten: »Die Angst vor Höllenstrafen war ebenso wie die Polizei ein armseliger Ersatz für die Furcht vor den Ahnengeistern, die alles wussten und von denen ein Übeltäter mit Krankheit auf Erden

und nach seinem Tod durch den Ausschluss von den jenseitigen Wohnstätten der Ahnen bestraft wurde«. (Linton 1947:357)

Ähnlich zerstörerisch wirkte die Einführung des Stahls auf die hochintegrierte Steinzeitkultur der australischen Ureinwohner (Aborigines). Für die Europäer war die Stahlaxt nur ein Werkzeug, das den Steininstrumenten technisch überlegen war, für die Aborigines hingegen war sie viel mehr als nur dies: Die Beziehung zwischen Familien und Stämmen war auf den zeremoniellen Austausch hoch geschätzter Steinarbeiten (Arensberg/Niehoff 1964) gegründet. Diese Austauschmuster wurden durch die Einführung der Stahlinstrumente untergraben.

Die meisten Kulturen sind allerdings lockerer integriert als die traditionalen in Madagaskar oder Australien. Das gilt besonders für große, in sich differenzierte Gesellschaften wie die unsere, welche Menschen mit unterschiedlicher rassischer, ethnischer, sozialstruktureller oder religiöser Herkunft umfassen. Auch diese weisen jedoch erhebliche Integrationsunterschiede auf: Die europäischen Gesellschaften und Kulturen sind weniger integriert als beispielsweise die japanische Gesellschaft, welche im letzten Jahrhundert zwar einen enormen Modernisierungsschub und Anpassungsprozess an den industriegesellschaftlichen Kapitalismus erlebte, gleichwohl aber – ganz unabhängig von der Tatsache enger ökonomischer Beziehungen mit der ganzen Welt – relativ abgeschlossen blieb, z.B. durch die Abwehr von Einwanderungen und den ritualgestützten Erhalt alter Traditionen. England könnte man demgegenüber als einen »mittleren Fall« ansehen. Die Einwanderung aus unterschiedlichsten Teilen des Commonwealth macht es kulturell vielgestaltiger als Japan, jedoch im Vergleich zu den Vereinigten Staaten von Amerika wegen seiner viel geringeren Einwanderungsrate kulturell doch homogener und weniger differenziert. Selbstverständlich ist Einwanderung nicht die einzige Quelle für Unterschiede und kulturelle Differenzen, denn auch Menschen gleicher ethnischer Herkunft können ganz unterschiedliche Lebensstile wählen, und viele gemeinsame Werte und Ansichten können Menschen vereinigen, die ansonsten ganz unterschiedlich sind. Deshalb ist kulturelle Integration immer nur graduell.

Heterogene und wenig integrierte Kulturen produzieren eine Fülle von Widersprüchlichkeiten, jedoch sind »Kulturen [...] ebenso wie Personen«, wie Linton (1947:358) bemerkte, »ausgezeichnet in der Lage, miteinander in Konflikt befindliche Elemente und logische Unvereinbarkeiten aufzunehmen und auszugleichen«. Beispiele für solche Inkonsistenzen wurden schon bei der Behandlung von »Werten« genannt. Für moderne Gesellschaften kann man die Spannung zwischen unter-

3

Assimilation ist ein komplexer, oft widersprüchlicher Prozess. Hier blättert eine Araberin, die in Großbritannien wohnt, in einem Journal.

schiedlichen kulturellen Wertmustern als notwendig unterstellen, weshalb alle Analytiker der Moderne von der Unumkehrbarkeit eines Pluralismus der Lebensstile, Weltdeutungen und Wertpositionen ausgehen (vgl. Abschnitt über neuere Kulturtendenzen). Unterschiedlichkeit mag die kulturelle Integration schwächen, aber sie kann ebenso eine Quelle für Kreativität und Wahlfreiheit sein.

Kulturelle Unterschiede und Subkulturen

Zwei Gründe können dazu führen, dass manche Gesellschaften über lange Zeit hin kulturell relativ schwach integriert bleiben. Einerseits können sich kulturelle Minderheiten einer **Assimilation** durch die dominante Kultur widersetzen, also wichtige Werte, Normen, Traditionen und Weltdeutungen, die in der Gesamtgesellschaft als »normal« gelten, nicht übernehmen und die Hochschätzung ihrer besonderen und getrennt bleibenden Glaubensüberzeugungen, Sitten und kulturellen Identitäten dagegensetzen. Oft pflegen diese Minderheiten kulturelle Grenzziehungen gegenüber der sie umgebenden Gesellschaft, während sie gleichzeitig uneingeschränkt auf politischen Teilhaberechten oder gleichberechtigten Chancen zum ökonomischen Austausch bestehen und oftmals darin auch erfolgreich sind. Das wird z.B. ermöglicht durch rechtlichen

Schutz, etwa ein Diskriminierungsverbot gegenüber Minderheiten. Zum anderen können sich kulturelle Unterschiede aber auch dadurch verfestigen, dass dominante Gruppen und Eliten alles tun, um Minderheiten von der Mehrheitskultur fernzuhalten, so dass Ungleichheit zugunsten der Macht und der Privilegierung der herrschenden Gruppen gefestigt wird (vgl. Kap. 9). Dem dienen Interaktionsregulierungen bis hin zu Kontaktverboten oder andere diskriminierende Einschränkungen zwischen der (unterworfenen) Mehrheit und der (herrschenden) Minderheit, wie das etwa in Südafrika während des weißen Apartheid-Regimes der Fall war oder in Deutschland während der Judenverfolgung im Hitler-Regime.

Soziologisch kann man zeigen, wie Gruppenabgrenzungen mit Machtdifferentialen zusammenhängen, z.B. mit einer Charismatisierung (Außeralltäglichkeit, Heiligung und absolutem Überlegenheitsbewusstsein) der eigenen Gruppe bei gleichzeitiger Stigmatisierung und Erniedrigung der als »unterlegen« angesehenen Anderen. Die kulturell codierten Verletzungen der »Außenseiter« reichen so tief, weil sie »gewöhnlich einen Verbündeten in einer inneren Stimme der Unterlegenen selbst haben« (Elias/Scotson 1965:19). Das kann zu einer Verweigerung auch der ökonomischen und politischen Gleichheitsrechte führen. In der Realität kommen selbstverständlich beide Gründe für die Aufrechterhaltung kultureller Unterschiede vor: Mitglieder der dominanten Kultur schränken die Chancen zur **Assimilation** ein, während gleichzeitig Mitglieder kultureller Minderheiten dagegen opponieren, dass ihre unterschiedliche Identität durch Assimilation aufgelöst werden könnte.

Abgrenzungsnormen und die eigene Gruppe erhöhende Werte, distinktes Wissen, eigene Sprache und Symbole, welche den Angehörigen einer kulturellen Minorität gemeinsam sind und durch die sie sich von anderen unterscheiden, können eine **Subkultur** begründen (Fine 1987; Fine/Kleinman 1979; Schwendter 1971). Vor allem Jugendliche sind aktive und öffentlich in besonderer Weise sichtbare Erfinder subkultureller Praktiken, deren Kristallisationskern sich etwa in einer bestimmten Musikkultur herausbilden kann und in denen sich unterschiedlichste Abgrenzungen von der Welt der Erwachsenen ebenso wie von der Welt der Kinder ausdrücken. Auch jede Subkultur ist angewiesen darauf, dass Menschen sich (jenseits anderer Bindungen) mit deren Existenz, Mitgliedern und Lebensweise identifizieren. Sie muss Möglichkeiten der internen Kommunikation eröffnen, sowohl in unmittelbaren Interaktionen als auch in indirekter Weise, etwa durch spezifische Massenmedien. So wird eine eigenständige symbolische Handlungswelt erzeugt (vgl. Kap 1 und 4).

Idealtypisch wären als gesonderte Lebenszusammenhänge mit partiellen Eigenregeln zu unterscheiden 1. *Tradierungs-Subkulturen* des Erhalts eigener Kulturmuster gegen die Assimilationszwänge und -kräfte der Mehrheitskultur (vor allem bei ethnischen Minderheiten), 2. *Subkulturen der Ausgrenzung* (delinquente Subkulturen, Drogenszenen, Armutslagen, Prostitution), 3. *sozialstrukturelle Subkulturen*, ganz gleich ob sie auf Armut oder im Gegenteil auf elitären Positionen beruhen, 4. *Protestkulturen* und damit oft eng verbunden 5. *Ausstiegskulturen*. Letztere können a) *Fluchtkulturen* sein (etwa in religiöse Refugien oder Bohème-Paradiese, wie in der ersten Hälfte des 20. Jahrhunderts der Monte Verità im schweizerischen Ascona eines war) oder b) *autarke Parallelkulturen*, die auf eine auch wirtschaftlich unabhängige Sicherung freiwilliger Lebenszusammenschlüsse angelegt sind, aber durch ihr gelebtes Beispiel (also keineswegs immer durch »Missionierung«) die Umgebungsgesellschaft und -kultur zumeist doch verändern wollen.

Protestbewegungen und veränderungsorientierte Alternativkulturen leben stellvertretend und »gesinnungsethisch« (Max Weber) vor, wie ein »richtiges« Leben aussehen müsste, oder wollen zumindest durch Provokationen die eingefahrenen Regeln der Mehrheit irritieren und zum Nachdenken über sie zwingen (wie viele Mönchsorden, z.B. die Franziskaner, die römische Papstkirche, frühsozialistische Sozialexperimente oder revolutionäre Kommunen). Ein neueres Beispiel für den Modellversuch einer anarchisch-freiheitlichen Veränderung der Gesellschaft ist das von dem früheren DDR-Ökonomen und -Kritiker Rudolf Bahro (1935-1997) inspirierte und vom sächsischen Ministerpräsidenten Kurt Biedenkopf unterstützte alternative Lebensgut Pommeritz in Sachsen. Das Ziel ist in solchen Fällen immer eine Veränderung der Mehrheitskultur, wenigstens geht es programmatisch nicht allein

um den Rückzug als Eigenwert oder die dauerhafte Segregation eigener Lebensentwürfe.

Autonome Lebenszusammenhänge, Milieus und Szenen, die man der Alternativkultur zurechnen kann, haben sich in der Bundesrepublik besonders in den 1970er und 1980er Jahren herausgebildet. Ausgelöst wurden solche sub- und gegenkulturellen Lebensweisen vor allem durch die Studentenbewegung der 1960er Jahre, die – anders als die bündische Jugendbewegung am Anfang des 20. Jahrhunderts – international inspiriert war und ihre Ausdrucksformen, Symbole und Programmformeln vor allem anglo-amerikanischen Vorbildern entlehnt hatte. Aus der Protestkultur der sechziger Jahre entwickelten sich auch neue soziale Bewegungen mit langfristiger Wirksamkeit, besonders die *Neue Frauenbewegung*, sodann die gegen den letzten großen Hochrüstungswettlauf im Kalten Krieg protestierende *Friedensbewegung*. Besonders waren es Ökogruppen und -parteien, die ausgehend von außerparlamentarischen Mobilisierungsstrukturen inzwischen auf regionaler wie auf nationalstaatlicher Ebene Koalitionspartner wurden und Minister stellten; das gilt besonders für die »Grünen« in Deutschland, aber auch für die Ökoparteien in Frankreich oder Italien und deren Repräsentanz im Europäischen Parlament. Heute gibt es mit Greenpeace sogar schon einen ökopolitischen *global player*. In der DDR waren Subkulturen zwar als »antikommunistisch« und »gegen die kulturschöpferische Rolle der Arbeiterklasse gerichtet« stigmatisiert worden (Greverus 1983:672), spielten aber gerade deshalb im Prozess der Auflösung des realsozialistischen Systems eine nicht unwichtige Rolle. Wegen der notwendigen Selbstmarginalisierung und sozusagen verordneten Unsichtbarkeit führten sie allerdings eher eine Nischenexistenz in »Nebenszenen«, als dass sie Träger einer Gegen- oder Protestkultur hätten werden können.

Zudem kam es in der westlichen Konsumkultur zu schnell wechselnden subkulturellen oder auch nur halb-alternativen Habitus- und Lebensformen, vermittelt vor allem auch durch die internationale Musikkultur (deren Rhythmen und Stimmen folgenreich sogar über den einstigen »antifaschistischen Schutzwall« der DDR schallten). In den 50er Jahren war es der aus proletarischem Milieu zum Jahrhundertmythos aufsteigende Elvis Presley, später der zuerst durch Jugendliche aus dem englischen Arbeitermilieu getragene Erfolg der Beatles oder Rolling Stones, deren Musik neue Körpererfahrungen und Habitusformen prägte. Die jugendlichen Vergemeinschaftungsformen wechselten schnell: Rock'n-Roller, Halbstarke, Jazzfans, Hippies, Rocker, Motorrad- oder Ökofreaks, Tunix-Verweigerer, autonome Hausbesetzer, aber auch die Neuen Ordentlichen, die sich als »Popper« an Oberschulen ein provokativ gepflegtes Outfit gaben, sodann Punks, Skins, Neonazis etc. bevölkern die jugendlichen Alternativkulturszenen (vgl. Körfgen 1983; Soeffner 1992; Horx 1987).

Dass es sich bei der Bildung von Subkulturen nicht nur um kulturelle Ausprägungen des modernen Subjektivismus der Konsumkultur und der Generationsabgrenzungen handelt, sondern dass sie aus tiefgreifenden Kulturkonflikten erwachsen können, lässt sich an sehr unterschiedlich verlaufenen Geschichten der Einwanderergruppen in den USA oder der Juden in Europa ablesen. Vor allem seit deren Vertreibung aus Spanien nach 1492 war das Leben in einer erzwungenen Sonderkultur (bis hin zu der aus mittelalterlichen Stadtgliederungen entwickelten Ghettoisierung) für Jahrhunderte jüdisches Schicksal, selbst wo Juden unter obrigkeitlichem Schutz standen, der oft teuer genug bezahlt werden musste (vgl. zu Rassismus und Minderheitenposition auch: Wirth 1928). Die Aufhebung der Diskriminierung, die »Emanzipation« der Juden bis hin zu deren kultureller Assimilation als Ende der erzwungenen Subkultur war das aufklärerische Gegenkonzept. Eine andere Möglichkeit einer Überwindung dieser auf Duldung beruhenden Halb-Etabliertheit lag in der Neugründung einer eigenen Staatsgesellschaft, wie das die Zionisten forderten. Allerdings sind diese unterschiedlichen Möglichkeiten einer Entwicklung der Beziehungen zwischen Juden und den christlich geprägten Mehrheitskulturen in Europa heute nicht mehr vorstellbar ohne die Erinnerung an die radikalste Integrations- und Pluralitätsverweigerung, den Völkermord am europäischen Judentum durch Nazi-Deutschland.

Die Produktion der Kultur

Soziologen sehen Kultur nicht als »gegeben« an, sondern als Ergebnis *sozialen Handelns*. Die westliche Kultur betont die Rolle des schöpferischen Individuums, mehr noch der Genies und der durch sie inspirierten kulturellen Revolutionen in den Künsten, in der Wissenschaft und in anderen Bereichen. Die Soziologie zeigt demgegenüber, dass Innovationen nicht nur von der Kreativität einzelner abhängen, sondern das Resultat sozialer Interaktionen und institutioneller Rahmenbedingungen sind. Zu einer eigenständigen und neuartigen Leistung z.B. in den Bildenden Künsten tragen viele Menschen bei: Lieferanten von Farben und Leinwand, Modelle, Kunsthändler, Kritiker, Galeristen, Museumsdirektoren, Sammler und Bewunderer. Auch ist der Zusammenhang von Bedeutung, in dem eine Neuerung steht und als solche erkannt wird, etwa der Hintergrund malerischer Traditionen oder gegenwärtiger Konkurrenzen, ebenso die soziale Organisation der Künste (Akademien, Museen, Ausstellungsmöglichkeiten etc.).

Auch die Mode macht die soziale Produktion von Kultur sichtbar und ist immer auch mit sozialen Schichten und Gruppen verbunden. Eine Elite mag Mode als Markierungszeichen ihrer Überlegenheit auffassen, um sich durch teure Kleider aus der Produktion exklusiver Modedesigner von den unteren Klassen abzuheben. Nicht weniger haben viele Jugendmoden und subkulturelle Outfits die Funktion der Abgrenzung (teilweise nach oben), nicht anders die »korrekte« Kleidung von Professionals. In modernen Gesellschaften – anders als in ständischen, in denen die Kleidung fixierte Statuslagen symbolisierte – ist Mode heute auch ein Medium individueller Identitätsfindung.

Davis (1992:26) nennt drei Beispiele für Ambivalenzen und Unsicherheiten in modischen Fragen: *Geschlecht* (Sollten Frauen Anzüge, Krawatten oder dergleichen tragen? Sollten umgekehrt Männer mehr Mut zu Farbe und modischen Extravaganzen haben?); *sozialer Status* (Wie zurückhaltend sollte man gekleidet sein, um als »seriös« zu gelten oder wie weit kann man darin gehen, »zu zeigen, was man hat«?) – in Ständegesellschaften konnte es für bestimmte Positionsträger gerade darauf ankommen, sich durch Prunk und »demonstrativen Konsum« herauszuheben (Veblen 1899); *sex appeal* (vom Extrem eines keusch-jungfräulichen Stils bis zu erotisch raffinierten und freizügigen Designs). Alle diese Varianten sind nach Davis das Resultat verflüssigter gesellschaftlicher Strukturen und schnell wechselnder Werte, die eine Identitätsfindung problematisch werden ließen, zugleich aber selbst eine neue Identitätsbedingung sein können. Die damit verbundenen Konflikte werden durch Mode weniger aufgelöst als sichtbar gemacht und inszeniert. In den letzten Jahrzehnten wurde die Mode zunehmend eklektisch und »demokratisch«. Das war verbunden mit steigendem Wohlstand der Mittelschichten seit den 1960er Jahren, der Verbreitung von Kreditkarten und der Massenproduktion von einstmaligen Exklusivartikeln, beispielsweise durch das Angebot von Designermodellen als Konfektionsware (Prêt-à-porter). Auch die verbreitete Präsenz von »edlen« Markenzeichen (Yves Saint-Laurent, Lacoste, Hugo Boss) als Verweisungssymbole auf dasjenige, was man sich eigentlich nicht leisten kann, trägt zu einer Relativierung der Spitzenprodukte und zugleich zu einer »Demokratisierung« des Konsums bei, wenn die großen Namen in Accessoires (Schals, Schirmen, Krawatten etc.) »zitiert« werden. Das trägt neben massenmedialer Angleichung auch dazu bei, dass sich – wie in anderen Bereichen auch – Geschmacksurteile in unterschiedlichen Soziallagen und Milieus trotz zunehmender Einkommensungleichheit einander annähern können. In New York City beobachtete David Halle (1993) in einem Forschungsprojekt, dass Landschaften als beliebtestes Bildsujet in den Wohnräumen der Angehörigen unterschiedlichster sozialer Schichten zu finden waren. Das mag eine Kompensation für die lärmende Realität des Massenlebens außerhalb der vier Wände sein, ebenso wie die beliebten Familienfotos, gerade in einer Zeit der Instabilität der Familie. Zu dem selben Ergebnis kam eine pseudo-empirische »soziologische« Kunstaktion der russischen, heute in New York arbeitenden Künstler Vitaly Komar und Alexander Melamid auf der Basis reiner Mehrheitspräferenzen und Durchschnittsmeinungen. Mittels eines Umfrageprojekts konstruierten sie nationale Klischees von »The Most Wanted« und »The Most Unwanted Painting«. Fast überall wurde Landschaftsmalerei mit hineinkomponierter Personenstaffage (sozusagen als Claude-Lorrain-Verschnitt) bevorzugt, entsprechend (für

Himmel und Wasser) die Farbe Blau. Auch gab es die Vorliebe für traditionelle Sujets, während »abstrakte« Bilder fast überall auf Ablehnung stießen. Nur die Niederlande machten eine Ausnahme: Dort hatte man wohl genug von den, alle Museen füllenden »Niederländern«. Die von der Majorität einer Nation bevorzugten Elemente setzten die beiden Aktionskünstler dann in »ideale« (aber notwendig sterile) Bilder um, die man nun im Internet bewundern kann.

Ganz gleich, ob es um Mode, um Kunstgeschmack oder gastronomische Präferenzen, um Musikaufführungen oder Designtrends geht, viele dieser Entwicklungen vollziehen sich nicht spontan und breiten sich nicht nur durch »Ansteckung« und Nachahmung aus, sondern werden getestet und planvoll entwickelt. Richard Peterson (1979) analysierte, in welcher Weise neue kulturelle Elemente von der ersten Idee bis zur Anwendung planvoll eingeführt, vermarktet und vertrieben werden und zeigte, dass in entwickelten Industriegesellschaften wie der unseren dafür Trendspezialisten wichtig sind, die Innovationen bewusst erfinden und verbreiten helfen. Modeschöpfer und -einkäufer sind einige von diesen »Pfad-Findern«. Andere sind Kunstvermittler, Marketingspezialisten, Fernseh-Moderatoren oder Publizisten, die alle die Aufgabe haben, die bestehende Kultur zu bereichern, indem sie neue Ideen in Umlauf bringen.

Die Formen der kulturellen Produktion können aber auch grundlegender analysiert werden, beispielsweise durch eine Kritik der Kultur im Zeitalter der Massengesellschaften. In radikaler Zuspitzung findet sich diese in der vor allem von Theodor W. Adorno konzipierten Analyse der »Kulturindustrie« (Horkheimer/Adorno, 1969:128-176). Kritisiert wurde dort die manipulative Sogwirkung der elektronischen Massenmedien. Das Potential der Unterdrückung dieser manipulativen Kulturen liege gerade im Zusammenspiel von Unterhaltung mit den Zwängen des Arbeitssystems: »Amüsement ist die Verlängerung der Arbeit unter dem Spätkapitalismus« (ebd.:149). Hier wie dort erlebten die Menschen die Herrschaft der isolierten Sequenzen und der Serialisierung, im Fließbandbetrieb oder Büroalltag so gut wie in einer Dramaturgie der durch Werbeblöcke gegliederten Szenenfolgen in Radio- und TV-Serien, wie sie heute vor allem durch die Privatsender auch in Europa allgegenwärtig sind.

Diese Analyse war durchdringend, aber auch einseitig, unterschätzte die Demokratisierungs- und Bildungschancen der massenmedialen Kulturverbreitung. Solche demokratisierenden Potenziale der Massenkultur wurden besonders durch die Vertreter des 1964 gegründeten Birmingham Centre for Contemporary Cul-

tural Studies analysiert (vgl. auch zu den neuen Tendenzen der Cultural Studies: Hall 1996; Göttlich 1996; Hörning/Winter 1999; Engelmann 1999).

KULTUR UND MASSENMEDIEN

Kultur ist niemals statisch, sondern einem dauernden Wandel unterworfen. In der heutigen Welt sind es vor allem die Massenmedien, besonders Fernsehen und Computer, welche kulturelle Wandlungen beeinflussen. Diese neueste Entwicklung der Kommunikationsmedien steht in einer langen Kette von Innovationen in der Menschheitsgeschichte. Verglichen mit der ursprünglich nur gesprochenen Sprache basieren alle nachfolgenden Kommunikationsmedien auf Indirektheit, nämlich der Ablösung von der unmittelbaren Interaktion. Gedanken und Informationen können nun gespeichert und in ganz anderen Situationen, an anderen Orten und zu anderer Zeit wieder reproduziert werden. Das wurde erstmals durch die Erfindung der Schrift möglich, so dass die Menschen nicht mehr gezwungen waren, das gesamte Wissen ihrer Kultur »im Kopf« zu haben. Seither konnten sie sich auf geschriebene »Zeugen« stützen und Ideen in einer »entlasteten« (Arnold Gehlen) Weise entwickeln und analysieren. Dem folgte als weitere Innovation die Erfindung des Buchdrucks, sodann (um 1450) die Revolution der beweglichen Lettern, die meist Johannes Gutenberg zugeschrieben wird. Das gedruckte Wort ermöglichte eine viel weitere Verbreitung von Texten, als dies vorher bei Handschriften der Fall war. Wenn geübte Schreiber Monate für ein Buch brauchten, konnte ein Drucker, der mit Gutenbergs beweglichen Lettern arbeitete, in dieser Zeit Hunderte von Kopien herstellen (Eisenstein 1979). Indem Bücher für ein großes Publikum zugänglich wurden, verbreiteten sich neue Ideen schneller. So ist die Wirkung der Reformation, sind die Einflüsse der Humanisten nicht abzulösen von dieser neuen Kommunikationstechnik. Und es verwundert nicht, dass der englische Philosoph und Staatsmann Francis Bacon sagen konnte, dass der Buchdruck (gemeinsam mit dem Kompass und dem Schießpulver) die gesamte Welt grundlegend verändert habe.

Nach der noch weiteren Verbreitung von Texten durch den Rotationsdruck für die Massenpresse sind es in unserem Jahrhundert die elektronischen Medien, welche die Kommunikation erneut folgenreich revolutioniert haben. Besonders das Fernsehen macht den

Erlebniskultur – Museen, Ausstellungen und Massenkultur-Events

Museen sind Institutionen der »legitimen« Kultur. Als Schatzhäuser der Kunst werden sie sogar von jenen anerkannt, die kaum je eines besuchten. Das entzog sie aber nicht immer radikaler Kritik: Zuweilen galten sie als unproduktive, wenn auch repräsentative Depots, gar als innovationsfeindliche Hochburgen einer traditionellen Ästhetik. 1909 forderte Filippo Tommaso Marinettis *Futuristisches Manifest*: »Wir wollen die Bibliotheken, die Museen, die Akademien aller Art zerstören« und: »Zündet den Louvre an!«. Im letzten Vierteljahrhundert kam es – nachdem sich nun auch die Radikalkritiken von »1968« relativiert hatten – zu einer Renaissance des Museums, ausgelöst auch durch spektakuläre Museumsbauten, die zu postmodernen Tempeln einer Neuinszenierung und Rekombination historischer Versatzstücke aus unterschiedlichsten Kulturen wurden.

Damit war ein Besucherboom (zumindest eine starke Zunahme der Museums*besuche*) verbunden, der auch durch die erfolgreiche Vermarktung von Großausstellungen vorangetrieben wurde. Nicht nur Werkretrospektiven einzelner Künstler (seit dem Erfolg der großen Dalí-Ausstellung 1971 in Rotterdam und Baden-Baden), sondern auch Geschichts-Ausstellungen erwiesen sich als Publikumsmagneten. Und das führt zu neuen Zwängen. Die unabsehbaren Warteschlangen werden zunehmend durch vorbestellte Reservierungstickets mit festgelegten Einlasszeiten ersetzt. All diese Großereignisse sind mit kulturellen Rahmenprogrammen, Vortrags- und Filmserien und kombinierten Reisearrangements ebenso verbunden wie mit Begleitproduktionen von Souvenirartikeln und Übersetzungen der ästhetischen Hauptsignale in Alltagsgegenstände aller Art. Schließlich sind die mit diesen Großereignissen verkoppelten Forschungsanstrengungen nicht zu vergessen, die großartigen Kataloge, die oft mehrbändig das neueste Wissen und vorzügliche Reproduktionen in eine repräsentative und in jeder Hinsicht schwergewichtige Form bringen. So entsteht eine Sogwirkung, die sich zunehmend auch den Malern oder Werken zweiten oder dritten Ranges, den Neuentdeckungen des Unbekannten zuwenden muss, die einerseits durch den inszenierten Charakter der Präsentation hochgespült werden, andererseits doch das Wissen, zumindest die sinnliche Wahrnehmung kultureller Bestände ins Bewusstsein einer breiten Öffentlichkeit heben. Selbstverständlich sind Burgen- und Schlösserreisen, sind die Erlebnisanreize für Familienbesuche in Technik- und Heimatmuseen kulturhistorisch weniger spektakulär, machen aber den Hauptanteil an den über 100 Millionen jährlicher Museumsbesuche in Deutschland aus – zu denen noch einmal fast 60 Millionen Besucher von Sonderausstellungen kommen (Statistisches Bundesamt, 1994:94 ff.).

Neuerdings also sind die Museen zu Kristallisationspunkten der Aufmerksamkeit geworden, zu Medien neuer Erlebnisorientierungen. Das sind Hochkultur-Beispiele für eine Entwicklung, die Gerhard Schulze von einer *Erlebnisgesellschaft* sprechen ließ: »Typisch für die Menschen unserer Kultur ist das

Menschen Informationen in nie da gewesener Fülle zugänglich (Rogers 1986). Aber auch Radio, Tonbandgerät, Film, Videos, Telefon und dessen Dynamisierung als Handy, Faxgerät oder Computer, schließlich die Unabschließbarkeit des Internets haben Distanzen zwischen den Menschen verringert, zugleich die Kommunikation zwischen ihnen erheblich beschleunigt und neue Formen eines erweiterten Publikums geschaffen.

Aber das führt durchaus zu neuen Ambivalenzen. Die Multimedia-Welten vermitteln uns die Illusion, aus erster Hand zu wissen, was in Wirklichkeit »Erfahrung aus zweiter Hand« (Gehlen 1957:47-51) ist. Jedenfalls gilt zunehmend: »Was wir über unsere Gesellschaft, ja über die Welt, in der wir leben, wissen, wissen wir durch die Massenmedien« (Luhmann 1996:9). Es kann dies zu einer Situation führen, in der medial erzeugte Ereignisse nichts mehr repräsentieren als sich selbst, so dass die »Wirklichkeit« simuliert und virtuell erscheint. Baudrillard (1976) beschrieb das als die Macht der »Simulakren«, als Ersetzung des »alten Realitätsprinzips« durch ein »Simulationsprinzip«.

Nehmen wir das Beispiel der Fernsehnachrichten. Was in den Tagesnachrichten erscheint und in welcher Weise es präsentiert wird, hängt oft von seiner visuellen Eindruckskraft ab. Selbst wenn die unmittelbare Visualisierung ausfällt, greift man auf Ersatzformen zurück, wie auf die Verbildlichung abstrakter Zusammenhänge in Grafiken oder auf archiviertes Bildmaterial. Diese dramatisierende, action-orientierte Darstellungsweise lässt viele der TV-News als fragmentiert und aus dem Zusammenhang gerissen erscheinen, wenn man sie mit gedruckten Informationen vergleicht. Die bildhafte Darstellung ist darauf angewiesen, die Gegenstände in dauernder Bewegung zu halten, kurze Schlaglichter auf spannende Ereignisse zu werfen. Die durchschnittliche Länge der Wortbeiträge von Politikern oder anderen wichtigen Personen verminderte sich im amerikanischen Fernsehen von 43 Sekunden im Jahr 1968 auf 8,9 Sekunden 20 Jahre später (Hallin zit. in: Rosen 1991; Postman 1986). Die gesamte Abschrift einer amerikanischen TV-Nachrichtensendung am späten Abend ergibt kaum mehr Text als eineinhalb Spalten auf der Titelseite der New York Times (Meyrowitz 1985). Das führt zu einem immer schneller wechselnden Kaleidoskop von Bildern. Nichts darf so lange verweilen, dass es langweilig werden könnte. Zugleich ist

3

Projekt des schönen Lebens [...] es gibt einen gemeinsamen Nenner: Erlebnisrationalität, die Funktionalisierung der äußeren Umstände für das Innenleben« (1992:35).

Untersucht wurden milieugebundene Erlebnisorientierungen und deren Bedeutung für die Aneignung und Tradierung kultureller Werte in einer Gesellschaft, in der Events zunehmend wichtig werden. Für die Bildenden Künste heißt das, dass die Originale gerade durch die Zunahme der Qualität und die Verbreitung von Kunst-Reproduktionen – entgegen vielen Prognosen – eine neue Erlebnisqualität erhalten.

Heute stellen sich aber auch noch ganz neue Fragen: Wenn die Künste zunehmend Aktionscharakter annehmen und mit ihrer Performanz zerfallen, wenn die Resultate des künstlerischen Prozesses nicht mehr singuläre »Werke« sein sollen, sondern Prozesse der Produktion und produktiven Aneignung in situationsgebundenen Prozessen oder auf Vergänglichkeit angelegten »Realzeit«-Objekten, dann scheinen diese sich der Musealisierung zu entziehen. Aber inzwischen sehen wir, dass auch die Verursacher von Happenings, die Mail-Art- und e-mail-Künstler oder die Autoren »soziologischer« Kunst-Projekte (z.B. Vitaly Komar und Alexander Melamid – siehe Abschn. *Produktion der Kultur*) auf eine museale Präsenz (mindestens in Form einer Dokumentation) doch nicht verzichten wollen. Auch die endlos sich bewegenden Video-Installationen verbinden das Flüchtige mit Ewigkeitshoffnungen, so dass es dafür schon Spezial-Museen gibt, wie das *Zentrum für Kunst & Medientechnologie* in Karlsruhe oder das *Ars Electronica Center* in Linz. Zunehmend wird man auch in die individualisierte Variante der Internet-Präsenz von Bildbeständen abtauchen können. Die Bundeskunsthalle in Bonn vermittelt schon jetzt »authentische« Ausstellungseindrücke, indem man sich über die dortige Homepage jederzeit in einen ihrer Ausstellungsräume versetzen kann. So vollzieht sich hochkulturell für die Bildenden Künste, wofür etwa auch ausgefallene Opernaufführungen stehen. Man denke an die Aufführung von Giuseppe Verdis »Aida«, wenn sie am ägyptischen »Originalschauplatz« – zumindest nahe der Stätte ihrer Kairoer Uraufführung im Dezember 1871 –, nämlich zu Füßen der Pyramiden von Giseh gezeigt wird, oder harmloser: an die Reisearrangements zu den allabendlichen Reprisen in Musicalhäusern. Das sind Formen einer Ereignisstilisierung durch marketinggestützte und massenwirksame *promotion*. Großereignisse wie die 1989 von dem DJ Dr. Motte ausgedachte *Love Parade*, die zehn Jahre später schon fast eineinhalb Millionen *raver* und solche, die es sein wollten, nach Berlin brachte, ebenso Rockfestivals oder selbst die regierungsamtlich geförderte Millenniumsfeier rund um das Brandenburger Tor im Übergang zum Jahr 2000 bieten dafür beliebige weitere Illustrationen.

keinem Gegenstand soviel Aufmerksamkeit gewidmet, dass er tiefgründig analysiert werden könnte. Allerdings gibt es auch im Fernsehen spezielle Dokumentations- und Expertensendungen, Informationsmagazine und die Darstellung historischer Hintergründe. Aber auch für diese Sparten gilt, dass bewegte Bilder im Gegensatz zum geschriebenen Wort ein Kommunikationsmedium sind, welches wesentlich fürs Dramatische geschaffen ist und nicht für die Analyse (Eisslin 1982). Während alle elektronischen Medien die Rezeption dezentralisieren (man kann dasselbe in Millionen von Wohnungen sehen oder hören), wird durch das Internet nun auch die Produktion kultureller Objektivationen von jeder zentralen Verfügung abgelöst.

Kulturelle Globalität

Eine der bemerkenswertesten Konsequenzen der massenmedialen Vernetzung ist die Internationalisierung der Kultur. Sich stark voneinander unterscheidende lokale Kulturen werden zunehmend ersetzt bzw. überformt durch eine einzige globale Kultur, an der jedermann teilnehmen kann. Man kann Donald-Duck-Trickfilme in Indonesien sehen, französische Zeitungen in Ostasien lesen, zur Musik Michael Jacksons in Brasilien tanzen, Frühlingsrollen, Spaghetti Bolognese oder Couscous in Berlin oder New York essen, Pizza inzwischen sogar in jeder Kleinstadt, man kann die BBC-Nachrichten überall auf der Welt empfangen, ganz zu schweigen von der Allgegenwart von (zumeist amerikanischen) TV-Serien und Erfolgsfilmen. Gleichwohl muss das nicht mit einer kulturellen »McDonaldisierung« gleichgesetzt werden (Featherstone 1990; Featherstone/Lash/Robertson 1995; Beck 1997), denn diese Prozesse der kulturellen Verbreitung sind zwar mit einem Machtgefälle verbunden, jedoch keine Einbahnstraße: Neue Geschmacksformen und -stile wandern von entwickelten in weniger entwickelte Länder (wiederum vor allem durch Massenmedien transportiert), während die umgekehrte Einflussrichtung vor allem durch Migration und Tourismus gefördert wird.

Dass verschiedene Kulturen von einer grenzübergreifenden, heute: internationalen Kultur überformt und beeinflusst werden, ist nichts Neues. Die Expansion großer Reiche der Vergangenheit (etwa der römi-

3

Eindrucksvoll belegten die studentischen Demokratie-Demonstrationen auf dem Tiananmen-Platz in Beijing (Peking) 1989 nicht nur die Internationalisierung der studentischen Kultur, sondern auch den Einfluss der weltweiten Massenmedien auf die Produktion der Kultur.

Eine Vereinheitlichung des Geschmacks (wie der weltweite Wunsch nach Coca-Cola, Jeans und Rockmusik, nicht anders als die Ausbreitung asiatischer Meditationskultur oder lateinamerikanischer Rhythmen) ist nur *ein* Aspekt der Entwicklung. Erwartbar ist eine synkretistische Vermischung von globalen und lokalen Momenten der Kultur, ein widersprüchlicher Prozess, der mit einem neuen Kunstwort »Glokalisierung« genannt wird (Beck 1997:63). Allerdings entstehen weltumspannende Relevanzsysteme und Informationsverdichtungen. Und wenn eine aus Hollywood stammende Familiensaga im Mittleren Westen der USA, in Japan, Indien oder Italien auch sehr verschieden adaptiert werden dürfte, gibt es doch normative und ästhetische Prägungen rund um den Erdball, die sehr tief gehen.

schen »Welt«-Herrschaft in der Antike), die Ausbreitung der Weltreligionen oder des Kolonialismus als Schaffung eines Weltsystems konfrontierten die Menschen aus sehr unterschiedlichen Kulturen mit Bräuchen, Glaubensüberzeugungen, Symbolen und Rechtssystemen, die nicht bereits zu ihrem Traditionsbestand gehörten, an die sie sich deshalb anpassen und die sie mit eigenen Traditionen verbinden mussten (vgl. z.B. Wallerstein 1986). Auch gab es große Synthesesysteme wie die römisch-katholische Kirche. Jedoch hat sich dieser Prozess der Internationalisierung im 20. Jahrhundert enorm beschleunigt. Mittels elektronischer Medien können Informationen und neue kulturelle Ideen in wenigen Tagen, manchmal in Stunden, über den ganzen Erdball verbreitet werden. Große Wanderungsbewegungen erweisen sich als eine andere soziale Kraft, durch die die Internationalisierung der Kultur vorangetrieben wird. Tausende von Indern oder Pakistani sind nach England ausgewandert, West- und Nordafrikaner nach Frankreich, Albaner nach Italien, Menschen aus Mittel- und Osteuropa und der Türkei nach Deutschland oder Mexikaner in die USA. Selbst wenn daraus relativ sich abgrenzende Subkulturen (wie z.B. die türkische in Berlin-Kreuzberg oder die »Little Italies« oder Chinatowns vieler US-amerikanischer Großstädte) entstehen, tragen diese Migranten doch zur Stärkung einer internationalen Kultur bei.

Die Internationalisierung der Kultur spielte auch eine entscheidende Rolle für politisch wichtige Ereignisse. Ein Beispiel ist die am 3. Juni 1989 auf dem »Platz des himmlischen Friedens« blutig niedergeschlagene Demokratiebewegung in China: Sowohl die Ideen individueller Freiheit sowie des Schutzes der Menschenrechte als auch die Mittel des Protestes und die Symbole der Konfrontation mit der Staatsmacht wären ohne internationale Einflüsse nicht denkbar gewesen. Umgekehrt wirkten die Bilder unbewaffneter Studenten und Zivilisten, die sich den Soldaten und Panzern der autoritären Regierung entgegenstellten, ermutigend auf die Bürgerbewegungen in Mittel- und Osteuropa, die im selben Herbst der kommunistischen Herrschaft in ihren Ländern ein Ende bereiteten.

In einer ganz anderen Weise zeigen sich die Folgen der Internationalisierung in der wahrlich mörderischen Empörung der islamischen Fundamentalisten über Salman Rushdies 1989 veröffentlichten Roman *Die Satanischen Verse*, aber ebenso in der Gegenbewegung internationaler Unterstützungskomitees. Als Sohn muslimischer Eltern in Bombay geboren, lebte Rushdie zumeist in Großbritannien. *Die Satanischen Verse* handeln von indischen Filmstars und Schriftstellern, die gleich ihm nach ihrer Auswanderung aus Indien in einer internationalisierten, neuartigen »Hybridkultur« (Row/Schelling, zit. in: Pieterse 1998:94) leben, in der Sitten und Gebräuche ständig re-kombiniert werden. In dem Roman wird ein Traum beschrieben, in welchem der Prophet Mohammed vom Teufel verführt wird (eine Möglichkeit, die von islamischen Gelehrten seit Jahrhunderten diskutiert wurde). Das Buch war schon eine Woche

3

nach seinem Erscheinen in Indien verboten, weil die Regierung den Ausbruch von Gewalttätigkeiten zwischen Hindus und Moslems befürchtete. Pakistan und beinahe zwanzig andere Länder folgten bald aus ähnlichen Gründen. Im Dezember zogen Moslems nun auch schon in Großbritannien die Aufmerksamkeit der Weltpresse auf sich, indem sie das Buch verbrannten. Dies wiederum machte den Fall dem greisen Ayatollah Khomeini im Iran bekannt, der über Rushdie die mit einem Todesurteil gleichzusetzende *fatwa* verhängte und später fünf Millionen Dollar für denjenigen Moslem aussetzte, der das Urteil ausführe. In Angst vor seinen potentiellen Mördern lebt Rushdie seither – ausgenommen wenige unangekündigte und besonders bewachte öffentliche Auftritte – im Verborgenen, selbst nachdem sich der iranische Staatspräsident Chatami im September 1998 von dem Mordaufruf distanziert hat.

Die schnelle Verbreitung von Nachrichten, das Migrationsproblem, das Zusammenprallen von Glaubensüberzeugungen und Kämpfe um kulturelle Eigenbestimmung und Hegemonien (vgl. Kap. 14) machen deutlich, dass alle kulturellen Produkte – von einer sozialen Bewegung bis zu einzelnen Kunstwerken – heutzutage potenziell Bestandteil der Internationalisierung von Kommunikation, Aneignung, Konsum und Kritik werden.

Neuere Kulturdeutungen

Viele Autoren meinen, die Moderne sei am Ende des 20. Jahrhundert in ein neues Stadium getreten. War sie ursprünglich durch Industrialismus, die Technisierung und Verwissenschaftlichung vieler Lebensbereiche gekennzeichnet, ebenso durch Nationalstaatsbildung und parlamentarische Demokratie, durch kulturellen Pluralismus und die Universalisierung von Menschenrechten, sodann durch die avantgardistische Destruktion lange tradierter Darstellungsformen in den Künsten, folge ihr nun die **Postmoderne** (Lyotard 1979). Diese Deutungsformel wurde (aus der Literaturwissenschaft stammend) zuerst durch die Architektur populär gemacht und dann philosophisch zugespitzt. »Differenzierung« und »Pluralisierung« wurden zum kulturellen Signum der Zeit. Die Zitationscollagen literarischer Werke, der phantasiereiche Eklektizismus architektonischer Formgebungen (dem inzwischen allerdings auch schon eine serielle Verlangweiligung folgt) haben ebenso wie die ästhetisierenden Sprachspiele einer Entdeckung der eigenen Lebenswelten mit »ethnologischen« oder »archäologischen« Methoden dazu beigetragen, unsere Wahrnehmung für die Vielgestaltigkeit kultureller Ausdrucksformen, Traditionen und Sinnzusammenhänge zu schärfen. Umstritten ist, ob die Postmoderne als kritische Abwendung von der Moderne zu verstehen sei oder als deren reflexive Vollendung. Wolfgang Welsch (1987, 1988) sah die Postmoderne als Programm des Pluralismus und der Toleranz gegenüber allen geschlossenen Ordnungen und doktrinär auftretenden avantgardistischen Gegenbewegungen. In der Postmoderne geht es um Reflexivitätssteigerung durch kulturellen Synkretismus, um das Vermischen der Kulturen, Stile oder Rituale. Ulrich Beck (1997) hat das inzwischen durch den Begriff einer zweiten, einer »reflexiven Moderne« überboten (vgl. auch Giddens 1994).

Zusammenfassung

1. Der Begriff »Kultur« geht vom Menschen als einem Lernwesen aus, das seine »Welt« herstellen muss (Max Scheler), also Gegenstände (materielle Kultur) und Werte, Normen, Symbole, Sprache und Wissensbestände, Lebensstile und Habitusformen (immaterielle Kultur) produziert. Zugleich wurde »objektive Kultur« als Gesamtheit der kulturellen Vergegenständlichungen und »subjektive Kultur« als Fähigkeit der personalen Aneignung unterschieden. Einerseits grenzt der Begriff Kultur alles, was auf menschlicher Tätigkeit beruht, von der Natur ab. Zum anderen ist er ein Unterscheidungsbegriff zwischen unterschiedlichen Kulturen. Schließlich verweist er auf eine innere Hierarchisierung, z.B. auf die zwischen »Hochkultur« und »Populärkultur«. Zu erwähnen ist, dass er zuweilen als Begriff schöpferischer Kräfte polemisch gegen die (bloß technische) »Zivilisation« gesetzt wurde.

2. Kultursoziologie ist einerseits die Bezeichnung für eine Gruppe spezieller Soziologien der Kunst, der Literatur etc., zum anderen der Name für eine kulturwissenschaftliche Fundierung der Soziologie.

3. Werte sind allgemeine Ideen davon, was Menschen als gut oder schlecht ansehen. In vielen modernen Industriegesellschaften sind es Werte wie Leistung und Erfolg, Fortschritt und materieller Komfort, Demokratie und Individualität. Bei Wertkonflikten kommt es zu Hierarchisierungen und Wahlzwängen. Es können aber auch unauflösbare Wertkonflikte entstehen. Wertewandel ist ein wichtiger Gegenstand der soziologischen Analyse.

4. Normen geben spezifische Richtlinien für Handlungen, indem sie vorschreiben, wie Menschen sich in unterschiedlichen Situationen verhalten sollen. Oft beruhen sie auf unausgesprochenen Bräuchen, denen die Menschen folgen, oft auf ausdrücklich formulierten Vor-

schriften (z.B. Gesetzen). Auch Normen variieren von Gesellschaft zu Gesellschaft und sogar von Gruppe zu Gruppe innerhalb einer Gesellschaft.

5. Zeichen können materielle Objekte, Gesten, Töne oder Bilder sein, die etwas anderes repräsentieren als nur sich selbst. Symbole sind komplexere Verweisungsmedien, die insbesondere eine stellvertretende Präsenz des nicht Anwesenden herstellen. Die ihnen zugeschriebene Bedeutung ist konventionell festgelegt, zudem mögen einzelne Symbole für unterschiedliche Menschen unterschiedliche Bedeutungen haben.

6. Sprache ist ein System verbaler und in vielen Fällen auch geschriebener Zeichen, das zugleich regelt, in welcher Weise diese kombiniert werden, damit komplexere Sinnstrukturen entstehen können. Sprache ist für die Entwicklung, Ausdifferenzierung und Verbreitung der Kultur unverzichtbar.

7. Wissen ist unser Bestand von Fakten, Glaubenssätzen, praktischen Fähigkeiten etc. In modernen Gesellschaften sind Erzeugung und Verbreitung des Wissens außerordentlich beschleunigt. Auch gibt es Komplexitätssteigerungen durch neue Verbindungen sprachlicher und visueller Medien. Die Systematisierung von Wissen führt zu Kanonbildungen und zur Möglichkeit inkorporierter »Wissensbestände« und bedingt so Handlungsroutinen und Habitusformen.

8. Der Grad, in dem die Teile einer Kultur zu einem zusammenhängenden und interdependenten Ganzen werden, heißt kulturelle Integration. In einer hochintegrierten Kultur gibt es enge Wechselwirkungen und Entsprechungen zwischen Gebräuchen, Werten, Glaubenssätzen und Technologien und der strukturellen Verfasstheit einer Gesellschaft. In komplexen und vor allem durch kulturelle und ethnische Unterschiede geprägten Gesellschaften können die Wechselwirkungen und das Integrationsniveau lockerer und weniger ausgeprägt sein.

9. In großen heterogenen Gesellschaften gibt es üblicherweise eine Spannung zwischen Assimilationszwängen und dem Wunsch, kulturelle Unterschiedlichkeit zu schützen. Solche kulturell vielschichtigen Gesellschaften weisen eine große Zahl von Subkulturen auf. Damit verbunden ist eine Pluralität von »Lebenswelten«, also jeweils eigenen Selbstverständlichkeiten, Werten, Normen und Wissensbeständen, eigenen Sprachformen oder sogar Sprachen und Symbolsystemen.

10. Kulturelle Innovationen hängen nicht nur von der Kreativität einzelner ab, sondern auch von sozialen Interaktionen und institutionellen Rahmenbedingungen. Das kann an einzelnen kulturellen Trends und Artefakten ebenso gezeigt werden wie in einer umfassenden gesellschaftstheoretischen Kritik beispielsweise der »Kulturindustrie« und Massenkultur.

11. Seit der Erfindung der Schrift gab es verschiedene Revolutionierungen von Kommunikationsmedien bis hin zu den elektronischen Medien unserer Tage. Durch diese haben sich Produktion und Rezeption von Informationen und kulturellen Inhalten tiefgreifend gewandelt. Insbesondere ist das Verhältnis von »Realitäten«, unmittelbar erlebten und Sekundärerfahrungen folgenreich verändert worden.

12. Die Massenmedien haben auch zur Internationalisierung und zur Globalität der Kultur beigetragen. Allerdings ist im Weltmaßstab weniger eine allein von den USA oder den hochindustrialisierten Ländern ausgehende und über die ganze Welt sich verbreitende Einheitskultur zu erwarten (McDonaldisierung). Vielmehr dürfte es zu neuen kulturellen »Melangen« und »Hybridbildungen«, neuen Formen des Synkretismus und der gegenseitigen Beeinflussung, schließlich auch zu einem neuen Verhältnis von Weltkultur und kultureller (vor allem sprachgebundener) Regionalität kommen, also zu einem Zustand der »Glokalisierung«.

13. Die weltweiten kulturellen Veränderungsprozesse spiegeln sich in neueren Kulturdeutungen, in denen die Moderne (als Phase der Industrialisierung, Verwissenschaftlichung, Nationalstaatsbildung und Parlamentarisierung) durch neue Formen der Pluralität (»Postmoderne«) oder der Reflexivität (»Zweite Moderne«) ersetzt wird.

Wiederholungsfragen

1. In welchen Phasen verläuft nach Kalvero Oberg ein »Kulturschock«, und wie wurde er nach dem Zusammenbruch der DDR von vielen Bewohnern der neuen Bundesländer erlebt?

2. Nennen Sie einige Hauptkomponenten des »Kultur«-Begriffes und skizzieren Sie, in welcher Weise »Kultur« und »Zivilisation« als Gegensatzbegriffe entwickelt wurden.

3. Was sind Gegenstand und Anspruch der Kultursoziologie?

4. Skizzieren Sie, in welcher Weise Werte und Normen miteinander verbunden sind, und stellen Sie das an einigen Beispielen dar.

5. Unterscheiden Sie Bräuche, Sitten und Gesetze, und geben Sie Beispiele dafür.

6. Skizzieren Sie die Hauptfunktionen der Sprache und ihre anthropologische und soziologische Bedeutung.

7. Wie würden Sie »Zeichen« und »Symbol« unterscheiden und was sind deren Funktionen? Beschreiben Sie Symbole, die für Sie eine besondere Bedeutung haben, und nennen Sie dafür Gründe.

8. Schildern Sie Beispiele für die »Internationalisierung« und »Globalität« von Kultur und die Folgen für politische Handlungszusammenhänge.

9. Zeigen Sie, in welcher Weise Massenmedien eine Kultur widerspiegeln und von ihr beeinflusst werden.

10. Unterscheiden Sie ökonomisches, kulturelles und soziales »Kapital« nach Pierre Bourdieu und begründen Sie, warum auch im übertragenen Sinne von »Kapital« gesprochen werden kann, was also »Kapital« von »Geld« unterscheidet.

Übungsaufgaben

1. Wie beurteilen Sie Ronald Ingleharts These von einem Wertewandel, der sich in allen von ihm beobachteten Gesellschaften in der gleichen Richtung vollziehe?

2. Wie beurteilen Sie die wissenssoziologische Perspektive für die Soziologie?

3. Ist der Begriff »Kulturindustrie« für die Analyse neuester Entwicklungen brauchbar?

4. Erscheint Ihnen eine Gesellschaft stabiler, die einen hohen Assimilationsgrad hat, oder eine, in der die Eigenarten vieler Subkulturen erhalten werden?

5. Sind die Begriffe »Hochkultur« und »Populärkultur« und ähnliche Unterscheidungen notwendig für das Verständnis einer Kultur? Welche anderen Einteilungskriterien könnten diese Unterscheidungen ergänzen oder ersetzen?

Glossar

Assimilation Angleichung von Minderheiten an Werte, Verhaltensstandards, Normen, Traditionen und Weltdeutungen, die in der Gesamtgesellschaft als »normal« gelten. Ziel der A. ist die vollständige Integration von Minderheiten.

Brauch Konventionelle Alltagsregel, der man ohne viel Nachdenken gehorcht. Beispielsweise halten wir uns beim Gähnen die Hand vor den Mund.

Distinktion Der »feine Unterschied« (Bourdieu); Abgrenzung, die mit sozialer Ungleichheit verknüpft ist, wie sie sich in jeder sozialen Schichtung (nach Vermögen, Einkommen, Bildungsabschlüssen, etc.), Ständeordnung oder in den sozialen Milieus zeigt.

Gebot Moralische Vorschrift, die als zentraler Bestandteil des Zusammenlebens gilt und ein Ausdruck der am meisten hochgehaltenen Werte ist. Der Verstoß gegen ein G. löst intensive Sanktionen aus.

Gesetz Formalisierte, heute zumeist *geschriebene* soziale Norm, die in parlamentarischen Systemen von der Legislative beschlossen und deren Durchsetzung mit staatlicher Sanktionsmacht garantiert wird.

Habitus Existentielle Form der Persönlichkeit, bestehend aus Sprachweise, Gestik, Formen des Auftretens und der Selbstpräsentation, vor allem aber auch dem Selbstbild einer Person.

Kultursoziologie Soziologische Untersuchung symbolisch kodierter Handlungs- und Sinnzusammenhänge, der Kernelemente der kulturell geformten Daseinsweise der Menschen. Auch: Zusammenfassende Bezeichnung für eine Gruppe »spezieller Soziologien« (Religions-, Literatur-, Kunst-, Film-, Medien- oder Musiksoziologie etc.)

Materielle Kultur besteht aus all den Dingen oder Artefakten, die von Menschen geschaffen sind und denen sie Bedeutung beimessen.

Naturalismus Eine der »monistischen« oder »Ein-Faktor-Theorien« des 19. Jahrhunderts, die die gesamte Wirklichkeit auf das organische Leben und die natürliche Evolution reduzieren; auch »Biologismus«. Naturalistische Erklärungen pochen auf verifizierbare Fakten und Gesetze und schließen alles »Transzendente« als unwissenschaftlich aus.

Nichtmaterielle Kultur besteht aus menschlichen Schöpfungen, die nicht in physischen Gegenständen verkörpert sind: sittliche Werte, Normen, Wissensbestände, Regierungsformen, die Sprachen, die wir sprechen etc.

Norm Regel, die aussagt, wie man sich in *bestimmten Situationen* verhalten soll; verpflichtende Verhaltenserwartung. Häufig *gilt* eine N. auch ohne schriftliche Fixierung als Sitte oder Brauch, die als *selbstverständlich* befolgt werden.

Ökonomismus »Ein-Faktor-Theorie«, die alles soziale Handeln auf ökonomische Anreize reduziert; ein wesentlicher Teil ihrer theoretischen Basis ist die neoklassische »Grenznutzentheorie«.

Postmoderne (in der Soziologie) Nach R. Inglehart (1998) werden in prosperierenden Gesellschaften materialistische Werte (unmittelbare Lebenssicherung, Karriereorientierung) zunehmend durch postmaterialistische und postmoderne Werte (liberale und demokratische Präferenzen) abgelöst. *Differenzierung* und *Pluralisierung* wurden zum kulturellen Signum der Zeit.

Sitte Brauch, der »auf langer Eingelebtheit« beruht, auch ohne schriftliche Fixierung *gilt* und als *selbstverständlich* befolgt wird. Die Verletzung einer S. wird normalerweise nicht scharf sanktioniert.

Sprache System phonetischer Zeichen, in dem Bedeutungen erzeugt und einander zugeordnet werden und deren Anwendung auf konventionell festgelegten Regeln beruht.

Subkultur wird konstituiert durch Abgrenzungsnormen und die eigene Gruppe erhöhende Werte, distinktes Wissen, eigene Sprache und Symbole, die den Angehörigen einer kulturellen Minorität gemeinsam sind und durch die sie sich von anderen unterscheiden.

Symbole Gegenstände, Gesten, Töne oder Bilder, die auf etwas anderes als auf sich selbst verweisen. Als komplexe Verweisungsmedien ermöglichen sie meist auch die Präsenz von etwas Abwesendem durch Verkörperung; Beispiel: das Kreuz im Christentum.

Wert Grundelement jeder Kultur; eine von der Mehrheit einer Gruppe (z.B. Profession, Schicht, Nationalgesellschaft) geteilte allgemeine Vorstellung darüber, was gut oder schlecht, was wünschenswert oder unerwünscht ist. Werte sind bestimmend für Lebensstile: Wir verbinden Werte mit kulturellen Objektivationen (Recht, Moral, Wissen etc.) und Aktivitäten (wie Bücher, Gemälde, Museen, Konzerte etc.).

Wissen Gesamtheit von Fakten, Annahmen und praktischen Fähigkeiten, die Menschen im Laufe ihres Lebens sammeln. Es enthält Informationen darüber, wie etwas zu machen ist (Prozeduren). Ebenso schließt W. Kenntnisse über räumliche Gegebenheiten, andere Menschen oder bestimmte Ereignisse ein.

3

Zeichen Träger einer relativ einfachen Verweisung auf einen bestimmten Gegenstand oder eine bestimmte Vorschrift; Beispiele: Verkehrszeichen und Piktogramme.

Zivilisation Oft, vor allem in Deutschland zu Beginn des 20. Jahrhunderts, als Gegenbegriff zu Kultur gebraucht; wurde einerseits mit »Vernunft, Aufklärung, Sänftigung, Sittigung, Skeptizierung, Auflösung« (Thomas Mann) und andererseits mit (bloß) materiellen Werten und technischem Fortschritt assoziiert. Heute ist diese Gegenüberstellung weitgehend bedeutungslos.

Kapitel 4

Interaktion, Sozialstruktur und Gesellschaft

Inhalt

4

[margin note: Bsp. Vorstellungsgespräch: bewerber kommt zu spät, hat Unterlagen vergessen]

Rainer Müller, frisch examinierter Hochschulabsolvent, ist auf dem Weg zu seinem ersten Einstellungsgespräch. Die RAM-Computer GmbH sucht viel versprechende Verkaufstalente für ihr Trainee-Programm. Mit vom Laufen rotem Kopf, feuchten Händen und verschwitzt kommt er 15 Minuten zu spät zum vereinbarten Termin. Noch bevor er der Personalchefin auch nur guten Tag gesagt und die Hand geschüttelt hat, ist er schon dabei, sich zu entschuldigen. Diese fordert Rainer mit gleichmütigem Gesichtsausdruck auf, sich zu setzen. Während er seinen Platz einnimmt, redet Rainer weiterhin von Verkehrsstauungen und Parkplatzproblemen. Die Personalchefin unterbricht ihn mit der Frage nach weiteren Bewerbungsunterlagen. Rainer durchwühlt seine Taschen und stellt fest, dass er alles in seinem Auto vergessen hat. In der Manteltasche findet sich noch der handgeschriebene Entwurf des Lebenslaufs. Wieder entschuldigt er sich wortreich. In seinen Sessel geflegelt, spielt er geistesabwesend mit der Telefonschnur auf dem Schreibtisch der Personalchefin, während diese den Papierstapel vor sich überfliegt. Sie starrt irritiert auf die aufgedrehte Telefonschnur und blickt dann kurz auf ihre Armbanduhr. »Vielen Dank, Herr Müller.« Sie schiebt den Schreibtischstuhl zurück und steht auf. Rainer springt auf. »Ich habe jede Menge Erfahrungen mit Computern ...«, stottert er.
»Ja, das sehe ich. Vielen Dank und guten Tag.«
Rainer wendet sich hastig zur Tür und verschwindet.

Für jeden Beobachter der Szene ist klar, dass dieses Einstellungsgespräch von Anfang bis Ende ein Misserfolg ist. Aber was macht uns so sicher, dass Rainer die ausgeschriebene Position nicht bekommen wird? Die Antwort liegt in unserem unausgesprochenen Verständnis sozialer Interaktionen. Die wenig begeisterte Art, mit der die Personalchefin Rainer begrüßt, zeigt bereits ihr Missfallen an der Verspätung, die sie wohl als Zeichen von Unzuverlässigkeit, Unordentlichkeit oder geringem Interesse an der freien Stelle deutet. Rainer versucht zwar, ihren ersten Eindruck noch zu seinen Gunsten zu wenden, indem er sein Zuspätkommen erklärt. Doch die Personalchefin hält seine Entschuldigung für eine Ausflucht, wie ihre kühle Reaktion beweist. Der zerknüllte, aus der Manteltasche gezogene Entwurf des Lebenslaufs bestätigt sie nur noch in ihrer Einschätzung. Ihr flüchtiger Blick auf die Armbanduhr sagt Rainer endgültig, dass er keine Chance mehr hat, die Situation zu retten. Obwohl in dieser sozialen Interaktion nur sehr wenige Worte gesprochen werden, verstehen sich die Beteiligten wechselseitig.

Soziale Interaktionen haben immer Ordnung und Struktur; sie folgen nicht dem Zufall. Das Einstellungsgespräch ist ein typisches Beispiel für strukturiertes *soziales Handeln.* Bewerber und Arbeitgeber versuchen gemeinsam, ihre je individuellen Ziele zu erreichen. Ihr soziales Handeln ist aber nicht nur aufeinander bezogen, sondern wird auch von einer Reihe sozialer Kräfte bestimmt, die über die Absichten und Wünsche der direkt Beteiligten hinausreichen.

Zunächst: Alle Interaktionen sind durch sozial definierte Erwartungen strukturiert, die bestimmen, wie sich Leute typischerweise in einer gegebenen Situation verhalten sollten. In einem Einstellungsgespräch erwartet man beispielsweise, dass die Personalchefin sich geschäftsmäßig professionell verhält. So beurteilt sie in unserem Fall Rainer schnell und knapp nach seinen Qualifikationen (zu denen auch Pünktlichkeit gehört) und verschwendet keine wertvolle Zeit für weitere Gespräche, nachdem sie ihn als ungeeignet einschätzt. Eine solche effiziente Arbeitsweise beim Einstellungsgespräch gehört zur *Kultur* der westlichen Länder. In unserer Kultur ist es selbstverständlich, dass ein Bewerber oder eine Bewerberin nach beruflichen Qualifikationen zu beurteilen ist. In anderen Kulturen hingegen gilt es als normal und auch richtig, Arbeitnehmer z. B. nach den Kriterien Alter, Geschlecht oder familiärer Herkunft auszuwählen.

[margin note: Erwartungshaltungen]

Zweitens: *Soziales Handeln* wird auch durch die charakteristischen Eigenschaften der Interaktionspartner strukturiert. Diese Eigenschaften sind nicht zuletzt die Folge der jeweiligen Positionen, die Menschen in der *Sozialstruktur* innehaben. Diese Positionen in der Sozialstruktur, der soziale Status eines Individuums, bezeichnen seinen Platz in einer Gruppe, einer Organisation oder einer Gesellschaft. Zu einem sozialen Status gehören bestimmte Verhaltensweisen, Einstellungen, Verpflichtungen und Privilegien, die man die Merkmale einer sozialen Rolle nennt. Status und Rolle reichen über die an einer Interaktion beteiligten Personen und Ereignisse hinaus. In bestimmtem Sinne sind sie unabhängig von den einzelnen Menschen, die Rollen einnehmen und spielen. So sind in unserem Beispiel Status und Rolle der Personalchefin und des Bewerbers vorgegeben. Das Gespräch steht von Beginn an unter der Leitung der Personalchefin.

Drittens: Auch soziale Beziehungen zwischen Per-

*[margin note at bottom: soz. Status: Pos. i. Sozstruktur
soz. Rolle: Verhaltensweise]*

sonen, so genannte Netzwerke, beeinflussen das soziale Verhalten. Hätte z.B. Rainers Vater ihn für die ausgeschriebene Stelle empfohlen und wäre er zugleich einer der wichtigsten Kunden der Firma, hätte die Personalchefin vielleicht die Verspätung und die allgemeine Unangemessenheit von Rainers Verhalten ignoriert. Auch durch das Ausnutzen von persönlichen Beziehungen zu einflussreichen Verwandten und Freunden, also mit Hilfe seines Netzwerks, kann ein Bewerber versuchen, Einfluss auf ein Einstellungsgespräch zu nehmen. In einem solchen Fall verfügt der Bewerber über *Macht*.

Viertens: Auch der größere *sozial-strukturelle Kontext* einer Gesellschaft beeinflusst Richtung und Ergebnis sozialer Interaktionen. Die Computerfirma der Personalchefin ist selbst Teil einer Wirtschaft, in der Tausende von Firmen im Wettbewerb um das Geld der Konsumenten und um qualifizierte Mitarbeiter stehen. Und Rainer Müller ist nur einer von vielen tausend Frauen und Männern, die jedes Jahr Schulen und Hochschulen auf der Suche nach einem Arbeitsplatz verlassen. Der Markt von Kapital und Arbeit illustriert schön unseren Schlüsselbegriff der *funktionalen Integration*. Die unterschiedlichsten Teile einer Gesellschaft sind so eng miteinander verflochten, dass Veränderungen in einem Teilsystem sehr wahrscheinlich sofort auch zu Veränderungen in anderen Teilsystemen führen. Boomt beispielsweise die Wirtschaft und ist die Zahl qualifizierter Absolventen des Bildungssystems relativ gering, werden die Firmen verzweifelt nach geeigneten Leuten suchen, so dass sie sogar Personen einstellen, die bei der Bewerbung einen unordentlichen und/oder schlecht vorbereiteten Eindruck machen. Befindet sich die Wirtschaft aber in einer Depression oder schnellt die Zahl qualifizierter Absolventen aus dem Bildungssystem hoch, werden viele von ihnen selbst dann keine adäquate Beschäftigung finden, wenn sie gut qualifiziert und pünktlich zum Vorstellungsgespräch erscheinen und den besten Eindruck hinterlassen.

Unser fiktives Einstellungsgespräch ist also kein besonderes oder zufälliges Ereignis. Es ist im Gegenteil durchstrukturiert und in seinem Verlauf gut vorhersagbar, weil viele bekannte soziale Faktoren das Handeln der beteiligten Personen beeinflussen. Soziologen sind an diesen sozialen Kräften auf allen Ebenen interessiert. Sie unterscheiden vor allem zwei Ebenen: die Mikroebene

und die Makroebene. Die **Mikrosoziologie** untersucht räumlich und zeitlich begrenzte, alltägliche Verhaltensweisen und direkte Interaktionen. Die **Makrosoziologie** befasst sich mit sozialen Systemen, die in Raum und Zeit relativ konstant sind, und untersucht deren Strukturen und langfristige Effekte. Zwischen Mikrosoziologie und Makrosoziologie kann man eine weitere Untersuchungsebene, die **Mesoebene**, unterscheiden, zu der das Geflecht zwischenmenschlicher Beziehungen gehört, die wir als Netzwerke bezeichnen. In diesem Kapitel werden wir alle drei Ebenen genauer betrachten. Wir beginnen mit der Mikrosoziologie, befassen uns dann mit sozialen Netzwerken und schließen mit der makrosoziologischen Perspektive.

Soziales Leben findet auf allen drei Ebenen *gleichzeitig* statt. Was auf einer von ihnen geschieht, hat zwangsläufig Auswirkungen auf die anderen Ebenen und ist seinerseits bereits von diesen beeinflusst. Daher sind Verlauf und Ergebnis einer direkten Interaktion während eines Einstellungsgesprächs nicht von der Arbeitsmarktsituation der Bewerber oder von der wirtschaftlichen Lage der Firma zu trennen.

SOZIALE INTERAKTION

In unserem alltäglichen Leben beherrschen wir eine endlose Fülle von sozialen Verhaltensweisen. Wir husten, lachen, kratzen uns den Kopf, verziehen das Gesicht usw. Wenn andere unser Verhalten beobachten, verändern sie oft ihr eigenes Verhalten. So kann unser Husten der Anlass dafür sein, dass sich ein Gesprächspartner abwendet, um sich nicht anzustecken. Mit unserem Lachen erreichen wir vielleicht ein Lächeln bei unserem Gegenüber. Ein leidender Gesichtsausdruck mag zur Hilfe veranlassen. Da uns durchaus bewusst ist, dass wir mit unserem Verhalten das Verhalten anderer beeinflussen, richten wir uns im allgemeinen von vornherein darauf aus: Wir halten die Hand vor den Mund und erklären, dass das Kratzen im Hals nicht von einer Erkältung komme; wir bedanken uns bei der Person, die uns Hilfe angeboten hat. Diesen Prozess, in dem Menschen sich in ihrem Verhalten absichtsvoll auf andere beziehen und in dem sie ihrerseits bewusst auf das reagieren, was andere sagen und tun, nennen Soziologen **soziale Interaktion**. »Sozial« bedeutet hier, dass mehr als eine Person an diesem sozialen Handeln beteiligt ist, während »Interaktion« darauf hinweist, dass die beteiligten Akteure sich gegenseitig beeinflussen. Soziale

4

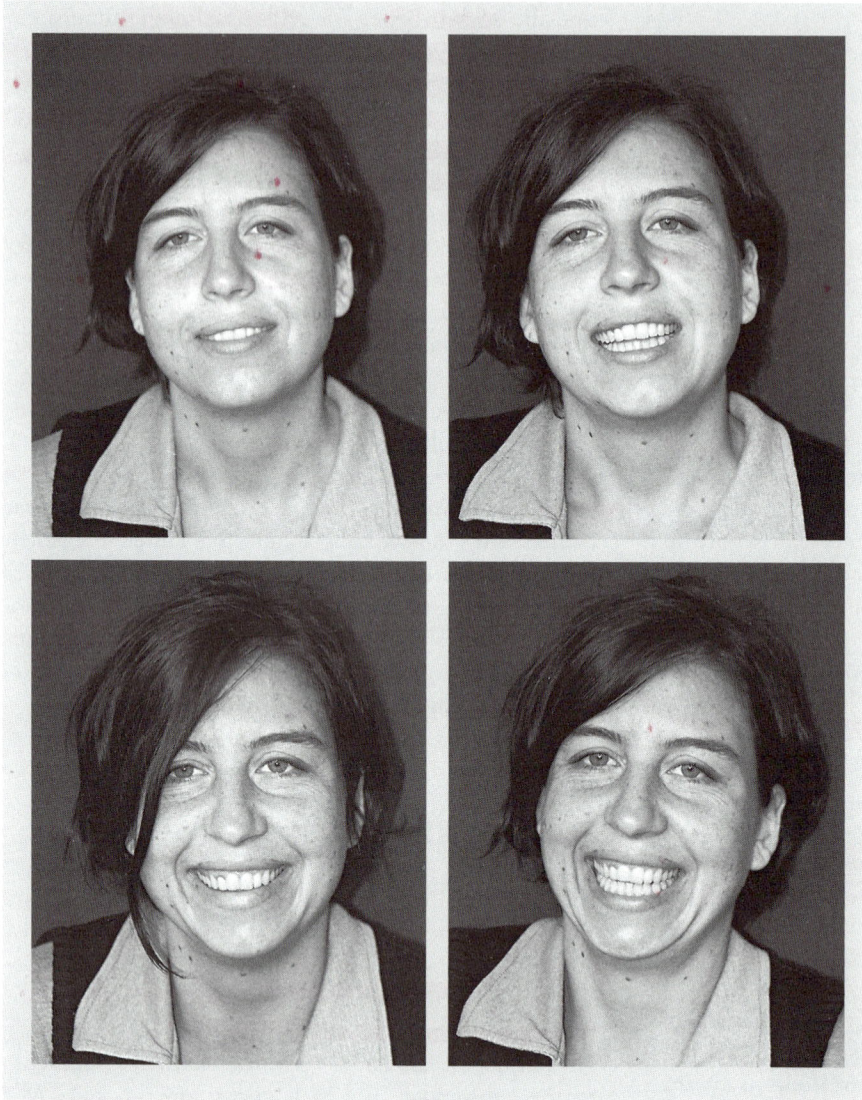

Im Verlauf einer sozialen Interaktion »lesen« wir die Mimik anderer Individuen und reagieren angemessen darauf. Unser Verhalten wird zum Teil dadurch bestimmt, dass wir z.B. ein Lächeln oder Stirnrunzeln erwarten, und wie wir beides jeweils deuten. Hier senden verschiedene Typen von Lächeln bzw. Lachen verschiedene Botschaften. Welche Botschaften lassen sich diesen vier Arten von Lachen entnehmen?

Beispiel mag die Personalchefin am gleichen Tage noch ein Dutzend anderer Stellenbewerbungen zu prüfen haben, so dass sie ihre Arbeit möglichst schnell und effizient hinter sich bringen möchte. Die Bewerberinnen und Bewerber hingegen legen es darauf an, Interesse an der eigenen Person zu wecken. Sie versuchen deshalb, das Bewerbungsgespräch in die Länge zu ziehen, um sich mit allen Qualifikationen präsentieren und die Personalchefin beeindrucken zu können. Unterschiedliche Ziele der Interaktionspartner müssen also keineswegs zu einem Konflikt führen. Oft sind sie komplementär. Neben konfligierenden und komplementären Interessen finden wir viele Situationen, in denen die Akteure von vornherein absichtsvoll unter einer gemeinsamen Zielsetzung zusammenarbeiten. So kann man sich in einer Wohngemeinschaft wechselseitig über offene Stellen und die Bewerbungsvoraussetzungen informieren. Aber diese kooperative Interaktion endet meist schnell, wenn unter den Mitgliedern eine Konkurrenz um denselben Job entsteht. Noch ein letztes Beispiel für wieder eine andere Art von sozialer Interaktion: Es kommt vor, dass einer der Interaktionspartner die andere Person zu einem Handeln zwingt, zu dem sie sich freiwillig nicht entschieden hätte – so z.B., wenn ein Firmenchef seine Angestellten vor die Wahl stellt, länger zu arbeiten oder gekündigt zu werden. Dieses letzte Beispiel macht klar, dass *Macht* ein wichtiges Unterscheidungselement zwischen verschiedenen Situationen sozialer Interaktion ist.

Gleichgültig, ob soziale Interaktion komplementär oder kooperativ, von Konkurrenz oder *Macht* geprägt ist, sie wird immer durch den Kontext der jeweiligen *Sozialstruktur* und *Kultur* bestimmt. Wenn Menschen

Interaktion braucht aber keine physische Nähe. Menschen verkehren (interagieren) auch durch Briefe, Telefon oder Fax. Physische Nähe andererseits bedeutet keineswegs, dass eine soziale Interaktion stattfindet. So kann man, umgeben von Hunderten von Leuten, durch eine Bahnhofshalle hasten, ohne mit einer einzigen Person auch nur Blickkontakt aufzunehmen.

Menschen agieren und reagieren in der Absicht, bestimmte Ziele zu erreichen. Dabei müssen die Ziele der Interaktionspartner nicht übereinstimmen. In unserem

Soziale Interaktion unabhängig von ~~physische~~ physische Nähe & Briefkontakt-Bushaltestelle

zusammentreffen, übernehmen sie Rollen: routinisierte Schemata von wechselweise erwartbarem Verhalten. Auch jemand, der noch nie zu einem Bewerbungsgespräch gegangen ist, weiß vor seinem ersten Gespräch ziemlich genau Bescheid, wie er sich vorzubereiten hat und was zu erwarten ist. Kaum etwas, was dann bei dem ersten Bewerbungsgespräch passiert, wird völlig überraschend sein. Selbst auf einer »spontanen« Party herrschen soziale Ordnung und Vorhersagbarkeit. Man geht nicht auf eine Party, um sich aufs Sofa zu setzen und ein Buch zu lesen; und man bittet die anderen nicht, ruhig und seriös zu sein. Solche Wünsche würden nicht gut ankommen, auch wenn scheinbar kein Zwang zu irgendwelchen Formen herrscht. Auf Partys ist es Pflicht, zwanglos, gut aufgelegt, locker und kontaktfreudig zu sein.

Auf der Mikroebene haben Soziologen fünf theoretische Konzepte entwickelt, um die Ursachen von sozialer Ordnung und Interaktionen zu erklären.

Bsp Party – Vorhersagbarkeit + best. Erwartungen

Die Definition der Situation

Ein erster Ansatz zur Analyse sozialer Interaktionen ist die Untersuchung des Prozesses, in dem Menschen Situationen definieren. Unser Beispiel mit dem Einstellungsgespräch zeigt den Nutzen dieses Vorgehens. Die beiden Interaktionspartner hatten genaue Vorstellungen davon, welches Verhalten in ihrer Situation – einem Einstellungsgespräch – angemessen ist. Zu dieser Situationsdefinition gehört, dass die Personalchefin den Verlauf der sozialen Interaktion bestimmt, dass es in der Regel ihre Sache ist, Fragen zu stellen, und dass sie entscheidet, wann das Gespräch zu Ende ist. Zur Situationsdefinition »Einstellungsgespräch« gehört auch, dass ganz bestimmte Themen abzuhandeln sind: Vita, Ausbildung und Berufserfahrung des Kandidaten und – im Falle eines positiven Verlaufs des Bewerbungsgesprächs – Auskünfte über den Arbeitsplatz und Angaben zum Anfangseinkommen. Andere Themen sind in einem Einstellungsgespräch tabu: So fragt man nicht nach dem Liebesleben.

Wie ist es möglich, dass eine einfache Situationsdefinition so viele Informationen darüber liefert, was hier und jetzt erwartet wird? Die Antwort liegt in dem riesigen Bestand an kulturellem Wissen über das soziale Alltagsleben, das wir im Laufe unserer Sozialisation erworben haben. Dieses kulturelle Wissen besitzen wir alle gemeinsam, denn wir haben es alle in ähnlicher Weise internalisiert und können jeder Zeit davon Gebrauch machen. Dies bedeutet aber nicht, dass wir jede Situation bewusst und ausdrücklich definieren müssen. *oft jedoch nicht eindeutig* Es gibt auch Situationsdefinitionen, die weder bewusst noch eindeutig sind. Fragt z.B. jemand eine Mitstudentin oder einen Mitstudenten, ob sie/er mit in die Universitätsbibliothek geht, macht sie/er dann einen Annäherungsversuch oder ist es eine Bitte um Hilfe? Manchmal ist das schwer zu sagen. In einigen Fällen wissen beide Seiten nicht genau, was vor sich geht; in anderen Fällen haben sie eine klare, aber doch unterschiedliche Situationsdefinition. Wenn divergierende Situationsdefinitionen aufeinander treffen, leben die Interaktionspartner in unterschiedlichen Lebenswelten. Stellen Sie sich vor, Sie wären der Chef eines zusammen mit Studienkollegen neu gegründeten Instituts für Markt- und Meinungsforschung. Kurz vor der Mittagspause betritt ein Mann Ihr Büro. Sie halten ihn wegen seiner Kleidung und seines Auftretens für den Monteur, der den defekten Fotokopierer reparieren soll. Doch der Mann fragt nach Einstellungsmöglichkeiten als Soziologe. Sie sprechen kurz und höflich mit ihm, machen ihm aber kein Angebot. Nur weil Sie den Mann spontan für einen Monteur hielten, nahmen Sie aus Ihrer Lebenswelt heraus eine Situationsdefinition vor, die ihn für die Arbeit in Ihrer Firma als ungeeignet erscheinen ließ.

Dieses Beispiel illustriert eine wichtige soziologische Grundannahme: Wenn Menschen eine Situation als real definieren, wird sie in ihren Konsequenzen real sein (Thomas/Thomas 1928:572). Dabei spielt es keine Rolle, ob wir die Situation richtig oder falsch definieren, ob wir also einen Bewerber mit dem angekündigten Monteur verwechseln. Dieser wird schon deshalb den gewünschten Job nicht bekommen, weil er eine falsche Situationsdefinition erzeugt hat.

In der Mehrzahl sind die Situationen, in die wir täglich geraten, in einem gewissen Maße vieldeutig. Deshalb sind unsere Verhaltensweisen stets tentativ: Wir korrigieren sie auf Grund der beobachteten, erwünschten oder unerwünschten Reaktionen unserer Interaktionspartner; so kommen wir schnell oder doch schrittweise zu einer präziseren, gemeinsamen Situationsdefinition. Situationsdefinitionen sind also als ein Stück ausgehandelter sozialer Ordnung aufzufassen. Die durch kulturelle Tradition oder durch Aushandeln geteilten wechselseitigen Erwartungen strukturieren zukünftige soziale Interaktionen und begrenzen die Auslegbarkeit von Situationen. Aber auch Strukturen und Begrenzungen sind nicht definitiv. Immer gibt es Raum für Improvisationen, Innovationen und neue Aushandlungen. Gute Beispiele für das Entstehen neuer Situationsdefinitionen und für das Aushandeln sozialer Ordnung bieten die Studien von Anselm Strauss über ausgehandelte soziale Ordnung in Krankenhäusern, Arbeitsbeziehungen, Justiz, Politik, aber auch in nationalen und internationalen Beziehungen und zwischen Ethnien (Strauss 1991).

Ein Musterbeispiel für die Auflösung der Selbstverständlichkeit von Situationsdefinitionen, die man bislang aus der **Lebenswelt** heraus teilte, und für das Entstehen neuer Strukturen, Regeln und Normen bietet der soziologische Klassiker *The Polish Peasant in Europe and America* von William Isaac Thomas und Florian Znaniecki (1918-1920). In diesem Werk geht es um den Kontrast zwischen der noch weitgehend vormodernen, aber schon Auflösungstendenzen zeigenden traditionalen Gesellschaft Polens einerseits und der boomenden modernen Metropole Chicago andererseits. Im Zuge der Auswanderung geraten die Kinder polnischer Großfamilien in kürzester Zeit von einem frühen Stadium der Modernisierung in ein weit vorangeschrittenes. Schrittweise unterminieren die neu entstandenen unterschiedlichen Lebenswelten die bislang identische Situationsdefinition der Auswanderer und der in Polen Zurückgebliebenen. Sie fördern eine individualisierte Situationsdefinition von Lebensweisen und -zielen im wirtschaftlichen und privaten Bereich. Sie zerstören die kollektiven Ziele und Lebensregeln der Großfamilie. Die eigenen Lebenschancen, individuelles Können und Lebenszeit sind konsequent zu nutzen. Zeit ist Geld. Viele alltägliche Erfahrungen, die man mit Mitmenschen und Zeitgenossen in Chicago teilt, lassen sich nicht mehr an die Vorwelt (Schütz/Luckmann 1979/1984) der älteren Generation in Polen vermitteln: neue Produktionstechniken in Arbeit und Beruf, eine andere Rolle von Erziehung und Bildung, die veränderten Beziehungen der Geschlechter zueinander, politische Verhältnisse in einer Massendemokratie, ein entwickeltes Bank- und Versicherungswesen, ein kompliziertes Rechtswesen oder die Rolle der Presse. Situationsdefinitionen werden also im Zuge des Modernisierungsschubs generationsspezifisch, historisch und gesellschaftlich relativiert oder unterschiedlich (Weymann 1995).

Symbolischer Interaktionismus und Pragmatismus

Mit der Entstehung sozialer Ordnung in der **Lebenswelt** befasst sich insbesondere die Theorie des *Symbolischen Interaktionismus*, ein Begriff, der auf Herbert Blumer (1969) zurückgeht. Blumer subsumiert theoretische Arbeiten des philosophischen Pragmatismus (Joas 1992), insbesondere George Herbert Meads (Joas 1985) und John Deweys (Joas 1980), und die klassischen empirischen Studien der *Chicagoer Schule* unter diesen Begriff. Drei Annahmen fassten die Grundgedanken des *Symbolischen Interaktionismus* zusammen (Blumer 1981:81):

1. Menschen handeln allen Dingen der Welt gegenüber entsprechend der Bedeutung, die sie für sie besitzen. Menschen verhalten sich anderen Menschen und Dingen gegenüber nach ihrer jeweiligen subjektiven Wahrnehmung und Interpretation.
2. Diese Wahrnehmungen und Interpretationen gehen aus symbolischer Interaktion hervor. Sie sind nicht natürlich gegeben oder in Introspektionen gewonnen.
3. Die in Interaktionen gewonnenen Deutungen werden in weiteren Interaktionen fortlaufend korrigiert und reinterpretiert. Sie sind nicht dauerhaft stabil.

Aus diesen drei zentralen Annahmen des *Symbolischen Interaktionismus* leitet Blumer Schlussfolgerungen für die Methodologie der Sozialwissenschaften ab. Wenn Menschen auf Grund von in Interaktionen gewonnenen und korrigierten Interpretationen handeln, wenn sie in symbolischen Interaktionen soziale Wirklichkeit erzeugen, dann muss der Sozialforscher an diesen Interaktionen teilnehmen, um sich in die subjektiven Perspektiven der Akteure hineinzuversetzen, um ihre sozialen Welten verstehen zu können. Ziel der Sozialforschung ist also das kontrollierte Verstehen sozialen Handelns, sozialen Wissens und sozialer Welten. Nur bestimmte Methoden ermöglichen den Zugang sowohl zum Sinnverstehen individuellen Handelns als auch zum Verstehen von sozialen Bewegungen und Organisationen.

Blumers *Symbolischer Interaktionismus* stützt sich auf die theoretischen Arbeiten Meads (1980 u. 1983). Alle Erkenntnis sowohl anderer Subjekte als auch materieller Objekte ist durch Handlung und Interaktion vermittelt (Mead 1938:69-101). Eine **Lebenswelt** konstituiert sich durch Akte des Handelnden: Sie ist kein separates Milieu, sondern das Bewusstsein des Handelnden umreißt und definiert durch beabsichtigtes Verhalten ihre Objekte. Dabei wird der Handelnde selbst Reizquelle für seine Interaktionspartner. Er muss auf seine eigenen Handlungen aufmerksam sein, da diese die Fortsetzung der Interaktion mit anderen strukturieren. Er ist ein Selbst, weil er seine eigene Reaktion nach der Tendenz anderer, auf seine Handlung zu reagieren, organisiert. Nach Mead ist menschliches Handeln also durch seinen kreativen und symbolischen Charakter ausgezeichnet. Der Mensch tritt sich in den Folgen seines (kommunikativen) Handelns selbst gegenüber. Ausgangspunkt ist die symbolische Interaktion zwischen Ego und Alter. Über signifikante Symbole bilden sich wechselseitige Verhaltenserwartungen heraus, die allerdings immer im Fluss sind. In der symbolischen Interaktion konstituieren sich Objekte, personale Identitäten und soziale

Eine einzige soziale Handlung kann je nach Kontext sehr verschiedene Bedeutungen haben. Wenn ein Mitglied einer Gemeinschaft in ein stehendes Gewässer getaucht wird, kann das bedeuten (links oben) die Siegesfeier nach einem Bootsrennen, (rechts oben) die Probe auf Hexerei (auf dem Wasser Treiben beweist Hexerei, Ertrinken die Unschuld) oder (links) das religiöse Sakrament der Taufe (das Bild zeigt die öffentliche Taufe von Mitgliedern der Berliner Evangelischen Freikirche »Neue Nazareth Kirche« im Tegeler See). In diesen öffentlichen Handlungen spielt jedes Individuum, wie ein Schauspieler, eine gegebene Rolle – vor einem Publikum, das sich aus allen anderen Beteiligten zusammensetzt.

Gemeinschaften in einem einheitlichen, *konstruktivistisch* gedachten Vorgang der Schaffung sozialer Wirklichkeit (vgl. Kap. 5 u. 11). Auch dann, wenn der Interaktionspartner nicht ein Individuum oder eine kleine Gruppe ist, sondern es sich um Institutionen oder ganze Gesellschaften handelt, verläuft symbolische Interaktion mit deren Repräsentanten als verallgemeinerten Anderen in strukturell gleicher Weise. Über den Begriff des verallgemeinerten Anderen und über die Rolle sprachlicher Symbole verknüpft Mead die Theorie der Handlung als selbstkontrolliertes Verhalten mit der allgemeinen Theorie der Gesellschaft. Die Idee des selbstkontrollierten Verhaltens und der ausgehandelten sozialen Ordnung als kollektive Selbstregulation und Problemlösung verbindet sich mit einer Vorstellung von Demokratie, die Politik als Gruppenhandeln, nicht als Gegensatz von Individuum und Gesellschaft, versteht.

*z. B. Hände schütteln
also kultur-
abhängig*

Die Bedeutung signifikanter Symbole reicht über die spezielle Interaktion und deren Beteiligte weit hinaus. Sie ist an die Alltagskultur und Sozialstruktur bestimmter Gesellschaften und Zeiten gebunden. So ist das Händeschütteln eine signifikante symbolische Grußform in westlichen Gesellschaften. Händeschütteln symbolisiert die Eröffnung einer sozialen Interaktion. Wenn jemand in unserer Kultur eine angebotene Hand nicht ergreift, dann wird dies als provokantes Abweisen der Bereitschaft zur freundlichen Interaktion und als Ausdruck ostentativer sozialer Distanzierung verstanden. Die symbolische Bedeutung des Händeschüttelns steht und fällt aber mit der Kultur der jeweiligen Gesellschaft. In anderen Kulturen, so z.B. in Japan, wird die Bereitschaft zur friedlichen Interaktion durch eine angemessene Verbeugung symbolisiert. Der *Symbolische Interaktionismus* sieht in solchen gemeinsamen signifikanten Symbolen die Grundlage für soziale Ordnung und die Vorhersagbarkeit des Verhaltens in sozialen Interaktionen. Wegen dieser Kontextabhängigkeit ist es gar nicht so leicht, sich die kulturell geteilten Bedeutungen signifikanter Symbole richtig anzueignen.

Nach Mead hängt unsere Fähigkeit, symbolische Botschaften zu interpretieren, davon ab, ob wir uns in die Rolle unserer Interaktionspartner hineinversetzen können. Zur **Rollenübernahme** (auch *Perspektiven*übernahme; vgl. Kap. 5) gehört, dass wir in unserer Phantasie den Platz einer anderen Person einnehmen, richtig beurteilen, wie diese Person denkt und fühlt, und antizipieren können, mit welchen Handlungsweisen wir rechnen müssen. Die Rollenübernahme ist ein entscheidendes Hilfsmittel zum Verständnis der Ziele und Absichten anderer Leute. In unserem Eingangsbeispiel erkannte Rainer Müller zwar, dass die Personalchefin einen negativen Eindruck von ihm gewinnen musste, tat aber nicht den folgerichtigen Schritt, sich für einen Augenblick in ihre Situation zu versetzen. Hätte er darüber nachgedacht, wie er selbst auf sein Zuspätkommen angesichts eines vollen Terminkalenders reagieren würde, wäre er vielleicht auf die Idee gekommen zu fragen, ob es für die Personalchefin angenehmer wäre, einen neuen Termin zu vereinbaren. Dieses Zeichen höflicher Aufmerksamkeit hätte möglicherweise dazu geführt, dass die Personalchefin ihren ersten Eindruck von Rainer Müller zu korrigieren bereit gewesen wäre.

In vielen sozialen Interaktionen spielen wir rasch unsere möglichen Reaktionen auf das durch, was andere Leute sagen und tun, und entscheiden uns dann für ein Verhalten, das am besten ankommt und unseren Zielen dient.

Der dramaturgische Ansatz

Die Gesichtspunkte dieser soziologischen Perspektive »sind die einer Theatervorstellung, d.h., sie sind von der Dramaturgie abgeleitet«, sagt Erving Goffman (1969), ihr bedeutendster Vertreter. Wie jede dramatische Darstellung braucht auch das Alltagstheater – sei es ein Seminar, ein zufälliges Zusammentreffen in der Mensa, ein Familienfest, eine Liebesbeziehung oder ein Kneipenbesuch – ein eingespieltes Ensemble von Darstellern, eine Bühne, Zuschauer, einen passenden Ort und eine passende Zeit. Die alltägliche Inszenierung der Auftritte besteht aus der Gestaltung der Rolle, aus Fassaden, Stilisierungen, auch aus Täuschungen. Die Darstellung benötigt Techniken der Imagepflege wie Ehrerbietung und Benehmen. Man vermeidet unerwünschte Begegnungen und korrigiert unerwünschte Eindrücke, »sammelt Punkte«, verbessert Auftrittstechniken, sucht Kooperationspartner und geeignete Gesprächsgegenstände, beachtet den rituellen Kodex des besonderen so-

zialen Milieus und der jeweiligen Situation. Schließlich erfordert die erfolgreiche symbolische Interaktion den allgemeinen Willen, Regeln der Reziprozität – der Wechselseitigkeit – sozialen Handelns zu beachten und den Willen, das Spiel fortzusetzen, es nicht zu stören oder abzubrechen.

Auch Organisationen aller Art sind routinisierte und ritualisierte Theatervorstellungen. Eine Organisation ist »[…] ein ›soziales Treffen‹, ist eine bewegliche Entität, notwendigerweise vergänglich, es entsteht durch Ankommen und hört mit dem Weggehen auf« (Goffman 1967:8). Neu hinzugekommene Personen müssen die auf der Bühne und im Ensemble bereits präsenten und gültigen Symbolwelten herausfinden. Mit der Beteiligung an der Erzeugung einer geteilten Symbolwelt entsteht eine neue gemeinsame Konstruktion sozialer Realität, eine geteilte Alltagsdefinition sozialer Wirklichkeit (Berger/Luckmann 1966). Goffman (1963) veranschaulicht diesen Vorgang einer Konstruktion des Sozialen am Beispiel von Behinderten und psychiatrischen Patienten. Im Falle von Behinderten beschreibt er die Wahrnehmung ihres »Stigmas« durch andere Behinderte und Normale, die Diskreditierbarkeit der Behinderten, ihr Bemühen um Verdecken und Informationskontrolle, die Suche nach einer eigenen Bezugsgruppe und die Abgrenzung gegen Fremde, die Prozesse von Abweichung und sozialer Kontrolle. In *Asyle* untersucht Goffman (1972) Patienten und Personal psychiatrischer Einrichtungen, beginnend mit der Entdeckung der ersten Auffälligkeiten des Kranken noch im vertrauten Kreis bis hin zu seiner Einweisung in die Psychiatrie und zu seiner schrittweisen Einrichtung in dieser »totalen Institution«, z.B. durch die Unterwerfung unter die Erwartungen der Therapeuten, die Reinterpretation der bisherigen Biographie und die Umdefinition der Identität.

Vom Akteur wird also angenommen, dass er seine soziale und personale *Identität* aus der Teilnahme am Prozess symbolischer Interaktion gewinnt. »Eine richtig inszenierte und gespielte Szene veranlasst das Publikum, der dargestellten Rolle ein Selbst zuzuschreiben, aber dieses zugeschriebene Selbst ist ein Produkt einer erfolgreichen Szene, und nicht ihre Ursache« (Goffman 1969:231). Das Selbst ist bei Goffman kein Konzept der Persönlichkeitstheorie, Psychoanalyse oder Entwicklungspsychologie; es wird vielmehr in Interaktionen fortlaufend im Kontext institutioneller und kultureller sozialer Wirklichkeit konstituiert. Im Lauf der Zeit werden aus Rollen, von denen es viele in der Selbstinszenierung gibt, Biographien, von denen jede einzig und unverwechselbar ist.

Goffmans Akteure treten nicht nur als isolierte Individuen auf, sondern auch als Mitglieder von sozialen *Gruppen, die Ensembles* genannt werden. Sie müssen sich deshalb an die Regeln des jeweiligen Ensembles halten. Das gilt nicht erst für die Mitgliedschaft, sondern bereits als Aufnahmebedingung in ein Ensemble. Denn alle Ensembles werden als Mitdarsteller nur solche Personen auswählen, von denen sie annehmen, dass sie sich später als Mitglieder auch richtig verhalten werden. Im übrigen interagieren alle Gruppen untereinander nach den gleichen Regeln wie Individuen. Der dramaturgische Ansatz geht mit dieser Annahme einen Schritt in Richtung Gesellschaftstheorie. Er behauptet, dass jedes Ensemble seine Rolle für alle anderen Ensembles in einer Weise spielt, dass man von dramatischer Interaktion, vom Zusammenspiel zwischen Ensembles sprechen kann. Es gibt also nicht nur eine symbolische Interaktion zwischen Individuen oder zwischen Individuen und Ensembles, sondern auch zwischen Ensembles, seien diese nun kleine Gruppen, soziale Bewegungen, Organisationen oder Nationen.

Sehr schön beschreibt George Orwell (1978) die Welt als Alltagstheater, in einer Szene aus seiner Zeit als Tellerwäscher in einem Pariser Hotel-Restaurant. Hauptdarsteller ist der Kellner, der durch eine Schwingtür zwischen zwei Bühnen hin und her pendelt: dem distinguierten Speisesaal des Nobelhotels und der hektischen und chaotischen Restaurantküche. »Wenn er durch die Tür geht, vollzieht er eine plötzliche Wandlung. Seine Schulterhaltung ändert sich; all der Schmutz, die Eile und Nervosität (der Küche, A.W.) fallen im Nu von ihm ab. Er gleitet mit weihevoller, priesterlicher Miene über den Teppich. Ich erinnere mich an unseren zweiten maître d'hotel, einen feurigen Italiener, wie er einmal an der Esszimmertür stehen blieb, um sich an einen Lehrling zu wenden, der eine Flasche Wein zerschlagen hatte. Er schüttelte seine Faust über dem Kopf und schrie (gottseidank war die Tür mehr oder weniger schalldicht: ›Tu me fais – Und das nennt sich Kellner, du Bastard, du! Du und Kellner! Du dürftest doch noch nicht mal den Boden aufwischen in dem Bordell, aus dem deine Mutter ist. Maquereau!‹. Und weil ihm die Worte ausgingen, wandte er sich wieder der Tür zu; und wie er sie öffnete, da gab er noch eine abschließende Beleidigung [...] zum besten. Dann betrat er den Speiseraum und durchsegelte ihn mit einer Speiseplatte in der Hand und graziös wie ein Schwan. Zehn Sekunden später verbeugt er sich sehr ehrfurchtsvoll vor einem Gast. Und man konnte nicht umhin zu glauben, wenn man ihn so sah, wie er sich verneigte und lächelte, wie ein routinierter Kellner eben milde lächelt, dass der Gast beschämt sein musste, von solch einem Aristokraten bedient zu werden« (Orwell, 1933, S. 93f).

Für jede soziale Situation gibt es ein *Skript*, ein Drehbuch, das ungefähr festlegt, was gespielt wird und welche Rollen dazu gehören. Aber im Unterschied zum professionellen Theater gibt es hier keinen Regisseur.

Die Schauspieler auf der Bühne des wirklichen Lebens müssen die Rollenverteilung selbst untereinander aushandeln. Wie im professionellen Theater versuchen wir Alltagskomödianten unsere Rollen so auszufüllen, dass sie nicht mehr als künstliche Rollen, sondern als wirkliche Charaktere wirken. Alle Mitspieler geben sich Mühe, das Publikum und auch sich selbst davon zu überzeugen, dass die dargestellten Lebensrollen echt sind. Goffman prägte dafür den Begriff Eindrucksmanagement. Zum Marketing der Rolle gehört der richtige Aufzug. So geht man zu einer Bewerbung beispielsweise in Anzug oder Kostüm, aber nicht in grellbunter Sportkleidung. Um Eindrucksmanagement geht es aber nicht nur bei solchen besonderen Anlässen, sondern immer und überall. Selbst jemand, der in ausgewaschenen und zerfetzten Jeans herumläuft und das immer gleiche alte Sweatshirt trägt, betreibt Eindrucksmanagement. Er unterscheidet sich darin nicht von einer Person, deren teures Outfit immer gut aufeinander abgestimmt ist und die niemals dieselbe Kleidung zwei Tage nacheinander trägt. Auch Wohnung und Wohnlage, Autotyp oder die Wahl zwischen Hamburgern und Pizza haben mit Eindrucksmanagement zu tun. Alle diese Dinge sind gleichermaßen Fassaden unserer Wunschidentität.

Zu den Rätseln sozialer Interaktion gehört die Beobachtung, dass Interaktionspartner oder Publikum die Darstellung einer Person selbst dann akzeptieren, wenn sie merken, dass die Rolle nur vorgetäuscht ist. Wir verzichten in der Regel darauf, einen Darsteller zu entlarven. Für Goffman liegt die Erklärung dieses Verhaltens in der allgemeinen Erfahrung erfolgreicher Interaktion: Jede Person hängt davon ab, dass ihr Eindrucksmanagement von ihren Interaktionspartnern bestätigt wird, indem diese bereitwillig ihre Komplementärrollen spielen. Man kann nicht erfolgreich den Oberkellner spielen, wenn man von Gästen und Personal ignoriert wird. Man kann nicht einmal den Gast spielen, wenn der Ober die Bestellung nicht entgegennimmt. Da wir alle diese menschliche Erfahrung kennen, geben wir uns im allgemeinen Mühe, die Rollen und Darstellungen anderer Personen zu akzeptieren. Das geht so weit, dass wir in der Regel sogar absichtlich Pech und Pannen anderer übersehen oder als unerheblich behandeln. Goffman nannte dieses Verhalten »eingeübtes Wegsehen« oder auch »zivile Unaufmerksamkeit«.

Es ist harte Arbeit, in jeder Minute seines Lebens auf der Bühne zu stehen. Deshalb bietet das soziale Leben auch Plätze hinter dem Vorhang. Auf der Bühne müssen die Rollen möglichst perfekt gespielt werden. So ist es völlig gleichgültig, wie abgehetzt, erschöpft und angeödet sich das Bedienungspersonal fühlt, es hat stets höflich und hilfsbereit zum Gast zu sein. Mit dem Wechsel in die Küche begibt es sich hinter den Vorhang. Dort erholt es sich vom Stress der Aufführung und bereitet sich für den nächsten Auftritt vor. Für so gut wie jede Rolle gibt es eine solche Vorder- und Rückseite. Das Arztzimmer im Krankenhaus ist sozusagen die Theatergarderobe des medizinischen Personals, das Lehrerzimmer in der Schule der Rückzugsort des Lehrpersonals. In ihren Wohngemeinschaften und Studentenheimen lachen die Studenten über ihre Professoren, in ihren Büros witzeln die Professoren über ihre Studenten.

Soll man daraus nun den Schluss ziehen, dass das Verhalten auf öffentlicher Bühne vor dem Vorhang eigentlich falsch und unaufrichtig ist, dass die Leute der Welt immer in einer Maske gegenübertreten? Goffman sagt, dass man immer irgendeine Art von Image erzeugt, selbst dann, wenn man dieses ausdrücklich gar nicht will. Es ist geradezu so, dass der Eindruck der Natürlichkeit und Echtheit mit der Perfektion des Rollenspiels wächst, bis wir eines Tages zusammen mit unserem Publikum davon überzeugt sind, dass wir genau die Person sind, die wir darstellen. Der Soziologe Peter Berger beschreibt dies sehr schön: »Wir fühlen leidenschaftlicher, wenn wir küssen, demütiger, wenn wir knien, zorniger, wenn wir die Fäuste ballen. Das bedeutet, dass der Kuss die Leidenschaft nicht nur ausdrückt, sondern verstärkt, wenn nicht gar hervorbringt. Zu Rollen gehören eben nicht nur bestimmte Handlungen, sondern auch das entsprechende Gefühl und die innere Verfassung. Ein Professor, der weise auf dem Katheder sein soll, fühlt sich allmählich auch weise. Der Prediger auf der Kanzel glaubt schließlich an das, was er sagt. Der Soldat entdeckt kriegerische Gefühle in seiner Brust, wenn er die Uniform anzieht. Gefühl und Einstellung mögen zwar allemal schon vorhanden gewesen sein, bevor die Rolle angelegt wurde. Aber unbedingt verstärkt sie, was vorher da war« (Berger 1963: S.108).

Fassen wir zusammen: Goffman ist der Ansicht, dass Drehbücher, die aus vergangener Lebenserfahrung und geteiltem kulturellen Vorverständnis entstehen, der sozialen Interaktion im Alltag Ordnung und Vorhersagbarkeit geben. Solche Drehbücher für die Situationen des Lebens sorgen für die Beständigkeit der *Sozialstruktur*. Trotzdem hängt in jeder besonderen sozialen Interaktion das Endergebnis davon ab, dass die Beteiligten ihr wechselseitiges Verhalten, ihre Ziele und Absichten richtig interpretieren und ihre Rollen und Darstellungen auch wechselseitig akzeptieren und unterstützen.

Ethnomethodologie

Auch Harold Garfinkel (1967) konzentrierte seine Studien auf die Routinen der alltäglichen Lebenswelt. Während aber Goffman soziale Interaktionen sozusagen aus der Distanz beobachtete, etwa so wie ein Theaterkritiker einer Aufführung beiwohnt, beschäftigte sich Garfinkel mit der Analyse der Innenseite des Geschehens. Man kann seine Arbeitsweise vielleicht damit vergleichen, dass er als neuer Schauspieler im Ensemble seinen ersten Bühnenauftritt hat und sich und andere dabei beobachtet. Diese Rolle ist nicht gerade einfach, denn im alltäglichen Leben sind wir im allgemeinen nicht wirklich Novizen. Vom ersten Tag unseres Lebens an haben wir zahllose Interaktionserfahrungen mit verschiedenen Personen in unterschiedlichen Situationen gemacht. Diese Lebenserfahrung führt dazu, dass wir nicht nur mit sehr vielen Drehbüchern unserer Kultur bereits vertraut sind, wir haben uns auch an unsere Schauspiele und Skripte so sehr gewöhnt, dass wir ihre Existenz im allgemeinen gar nicht mehr wahrnehmen.

Für dieses Routinewissen und seine Skripte interessierten sich Harold Garfinkel und seine Studenten. Da beides im allgemeinen verdeckt und völlig unbewusst ist, mussten sie einen Weg finden, es ans Tageslicht zu befördern. Sie machten es so, dass sie die Selbstverständlichkeiten der kulturellen Erwartungen vorsätzlich missachteten und dann genau beobachteten, was passiert. Diese Methode bezeichnete Garfinkel als **Ethnomethodologie**. *Ethnos* kommt aus dem Griechischen und bedeutet soviel wie Volk oder Volksstamm. Das Wort Ethnomethodologie hebt also die routinisierten Verhaltensgewohnheiten einer miteinander vertrauten Menschengruppe hervor.

In einem seiner Experimente forderte Garfinkel seine Studenten auf, sich zu Hause so zu benehmen, als ob sie Gäste ihrer eigenen Familie wären. Sie sprachen lieber über allgemeine Themen als über persönliche Dinge; baten um Erlaubnis, die Toilette benutzen zu dürfen, oder erbaten ein Glas Wasser; sie zeigten sich dankbar für die Gastfreundschaft ihrer Gastgeber usw. Zwei der 49 mit diesem Experiment beglückten Familien hielten das Ganze für einen Scherz. Eine Familie ignorierte das seltsame Verhalten völlig, die übrigen 46 waren irritiert und verärgert. »Die Familie forderte eine Erklärung: Was ist los, was soll das Ganze, ist etwas nicht in Ordnung mit Dir? Hat man Dich gefeuert? Bist Du krank? Hältst Du Dich für etwas Besseres? Bist Du verrückt geworden? Spinnst Du oder hast Du den Verstand verloren?«

(Garfinkel 1967:47 f.) Die Familien der Studenten versuchten, eine normale Beziehung wiederherzustellen. Sie machten dies mit großem Nachdruck und in einer Art, die sehr deutlich zeigte, was es bedeutet, den gewohnheitsmäßig als normal angesehenen Umgang innerhalb der Familie zu verletzen.

In einem anderen Experiment gab es Ärger in Geschäften, als die Studenten um den Preis feilschten. Sie forderten den Verkäufer auf, den Preis einer Ware zu nennen, um dann ein Gegenangebot zu machen; sie rückten ihm bei dieser Konversation so dicht auf den Pelz, dass sie dem überraschten Verkäufer sozusagen auf Nasenlänge ins Gesicht sahen. Diese offenen Verletzungen angemessenen Interaktionsverhaltens zwischen Käufer und Verkäufer erzeugten Verwirrung, Nervosität und Ängstlichkeit und führten schließlich oft dazu, dass es einen gereizten Gegenangriff gab. Gerade die Intensität dieser Reaktionen sah Garfinkel als Beweis dafür an, in welchem Maße Menschen in ihrem Verhalten auf stillschweigend akzeptierte, oft auch ganz unbewusste Regeln der Interaktion angewiesen sind, die für alle Beteiligten Struktur und Verlauf von Begegnungen kalkulierbar machen.

In jüngeren Arbeiten der Ethnomethodologie hat sich die Aufmerksamkeit von den Inhalten zu den Formen der sozialen Interaktion verlagert (Atkinson 1988). Anstatt zu untersuchen, was Akteure denken oder meinen, oder auch was sie unbewusst für richtig halten, haben Sozialforscher die Form des sozialen Verhaltens in kleinste Details und Abschnitte zerlegt. Manche haben den Verkehrsfluss auf einem Bürgersteig in allen Einzelheiten analysiert, andere das Verhalten in einer Warteschlange vor einem Kino (Livingston 1987). Die vielleicht interessantesten Arbeiten dieses Typs haben sich auf Konversationsanalyse spezialisiert. Wie beherrschen Menschen eigentlich das ziemlich komplizierte Geschäft einer Konversation? Wie vermeiden sie Unterbrechungen und peinliche Gesprächspausen oder auch Durcheinandergerede? Untersucht wurden die regelhaften Muster geordneter Konversation in Klassenzimmern (McHoul 1978; Mehan 1979), vor Gericht (Atkinson/Drew 1979) und in Krankenhäusern (West 1984). In diesen unterschiedlichen Institutionen mit ihren ganz verschiedenen Interaktionssituationen galt immer die gleiche Regel, dass diejenigen, die über Macht und Autorität verfügten, also Lehrer, Richter, Ärzte, nicht nur das ganz selbstverständliche Recht für sich in Anspruch nahmen, als erste und als letzte zu sprechen, sondern auch das Recht, den Gang der Konversation und Unterbrechungen zu bestimmen. Auch Gespräche zwischen den Geschlechtern sind in der Regel asymmetrisch (Fishman 1978; West/Zimmerman 1977). Im allgemeinen beherrschen Männer das Gespräch, während Frauen um Erlaubnis fragen, bevor sie unterbrechen oder das Thema wechseln. Unter bestimmten Bedingungen aber, wenn die Frau die Chefin ist und der Mann Assistent oder Sekretär, kehrt sich dieses Verhaltensmuster ins Gegenteil um.

Sozialer Austausch

Ganz anders analysieren Theoretiker wie Peter M. Blau (1964) und George C. Homans (1961) die Ordnung sozialer Interaktionen. Sie betrachten weite Bereiche sozialen Verhaltens als Tauschvorgänge, die zwar ganz verschiedene Formen annehmen können, denen aber die Norm der Reziprozität gemeinsam ist (Gouldner 1973). Wenn jemand uns einen Gefallen tut, dann erfordert die Norm der Gegenseitigkeit, dass wir dies mit Freundlichkeit danken, damit das Konto wieder ausgeglichen ist. Durch die Gegengabe ist der ursprüngliche Geber nun wiederum in der Pflicht, seinerseits positiv zu reagieren und das Tauschgeschäft aufrechtzuerhalten. Was immer Form und Inhalt des wechselseitigen nützlichen Tausches sein mag, Tausch stärkt die sozialen Bindungen, erzeugt neue Verpflichtungen und hält die soziale Interaktion am Laufen.

Alle Tauschtheoretiker sehen in der Reziprozität die eigentliche Grundlage von Interaktionen. Reziprozität lässt sich so gut wie überall beobachten: »Tauschvorgänge auf Gegenseitigkeit gibt es nicht nur in Marktbeziehungen, sondern auch in der Freundschaft und in Liebesbeziehungen [...] und in allen möglichen anderen sozialen Kontakten zwischen diesen Extremen. Nachbarn tauschen kleine Hilfen, kleine Freundlichkeiten, Spielzeuge aus und hüten gegenseitig ihre Kinder; Kollegen helfen sich; Bekannte schenken sich Höflichkeit und Aufmerksamkeit; Politiker handeln mit Zugeständnissen, Diskutanten mit Ideen, Hausfrauen mit Rezepten« (Blau 1964:88). Für Blau und andere Tauschtheoretiker wie den Klassiker der Soziologie Georg Simmel ist die Gegenseitigkeit der Interaktion dasjenige Element, das dem sozialen Leben Struktur, Ordnung und Vorhersagbarkeit gibt. So dehnte Georg Simmel den Gedanken des Tausches egoistischer Individuen über Markt und Recht hinaus auf alle Arten von sozialen Beziehungen aus und erklärt die Durchsetzung des allgemeinen Tauschprinzips als Wesensmerkmal der modernen Gesellschaft. »Man muss sich [...] klarmachen, dass die Mehrzahl der Beziehungen von Menschen untereinander als Tausch gelten kann [...] jede Unterhaltung, jede Liebe (auch wo sie mit andersartigen Gefühlen erwidert wird), jedes Spiel, jedes Sichanblicken« (1900:33 f.).

Heute wird die auf dem Gedanken des Tausches

beruhende soziologische Theorie primär von der Rational Choice-Theorie (Theorie der rationalen Wahl) bestimmt (Coleman 1990; Esser 1993). Coleman beschreibt, wie sich aus elementarem sozialen Handeln und aus elementarer sozialer Interaktion Austauschbeziehungen, Institutionen, Rechtsverhältnisse und komplizierte *Sozialstrukturen* entwickeln. Jede gesellschaftliche Ordnung folgt aus dem Interesse der Nutzenmehrung rationaler Akteure, das zu einer freiwilligen – und sei es antagonistischen – Kooperationsbereitschaft führen kann, wenn diese dem Zweck dient. So entstehen im Eigeninteresse der Akteure nützliche Netzwerke, Institutionen und Rechtsnormen. Nach der Rational Choice-Theorie vergleichen Menschen die erwartbaren Gewinne einer Handlung mit den wahrscheinlichen Kosten, bevor sie eine Entscheidung auf Grund des Grenznutzens treffen. Aus dieser Sicht ist *soziales Handeln* rational kalkuliert. Obwohl wir nicht ständig über alle unsere Beziehungen Buch führen und bei jeder Interaktion die Kontostände prüfen, haben wir ein Gefühl für die Balance von Geben und Nehmen, von Soll und Haben bei den ganz verschiedenen sozialen Beziehungen, in denen wir leben. So lassen sich tauschtheoretisch auf der Basis rationaler Entscheidung gleichermaßen kriminelle Verhaltensweisen und Verhaltensweisen im Strafvollzug (Opp 1972), die Beteiligung bzw. Nichtbeteiligung an den Leipziger Montagsdemonstrationen während der Zeit der »Wende« in der DDR (Opp 1991), Partnerschaften, Freizeitverhalten, Religion und Moral (Ramb/Tietzel 1993), und selbst die Familie (Becker 1981) untersuchen. Auch Gesellschaftstheorie, die das Kerngebiet des soziologischen Selbstverständnisses ausmacht, lässt sich tauschtheoretisch entwickeln. Der Weg von der Tauschtheorie zu einer allgemeinen Ökonomik des Alltags (Becker 1976; Becker/Becker 1997), in der Ökonomen den Soziologen Ernst zu nehmende Konkurrenz auf vielen eigenen Feldern machen, ist hier nicht weit.

Die Rational Choice-Theorie tut sich allerdings schwer mit offensichtlich irrationalem Verhalten. Wie ist es möglich, dass Freundschaften und Ehen über lange Zeit Bestand haben, obwohl der eine oder andere Partner unfähig oder schlicht unwillig ist, faire Gegenseitigkeit in der Beziehung zu wahren? Um solche mehr emotionalen und gewohnheitsmäßigen (habituellen) Aspekte der sozialen Interaktion erklären zu können, haben Homans und andere Anleihen bei der behavioristischen Schule der Psychologie gemacht. Nach dem Prinzip der operanten Konditionierung, des Lernens am Erfolg, neigen Menschen dazu, ein Verhalten zu wiederholen, das in der Vergangenheit belohnt worden ist, und sie vermeiden Verhalten, für das sie früher einmal Nachteile oder Strafen einstecken mussten. So gesehen kann der Fortbestand von unerwiderten Tauschbeziehungen auch die Folge früher einmal erfolgreicher, belohnter Verhaltensweisen sein. Wenn z. B. eine Frau und ein Mann eine stürmische Liebesbeziehung hatten, die ihnen für lange Jahre eine glückliche Beziehung bescherte, dann wird diese später auch Perioden überstehen, in denen ein Partner nur wenig Zeit und Zuneigung in das Zusammenleben investiert. So können auch alte Freundschaften lange Trennungen, schlechtes Benehmen und einige Querelen überleben.

Die hier skizzierte Kombination von Rational Choice-Theorie und Theorie der operanten Konditionierung erklärt manches *soziale Handeln* ganz gut. Stellen Sie sich beispielsweise vor, Sie würden gleichzeitig zwei verschiedene Jobs als Reporter angeboten bekommen: einen bei einer renommierten Großstadtzeitung und einen anderen bei der Lokalzeitung der heimischen Kleinstadt. Wenn dann Ihre Entscheidung zu treffen ist, würde diese teilweise auf rationaler Kalkulation beruhen: Wie hoch ist das Gehalt in den beiden Fällen? Was könnte man sich in der Großstadt bzw. in der Kleinstadt von dem jeweiligen Gehalt tatsächlich leisten? Und welcher der beiden Jobs wäre die bessere Ausgangsbasis für weitere Karriereschritte? Aber auch die bisherige Lebenserfahrung und die damit einhergehende Konditionierung durch frühere Erfolgserlebnisse würden Ihre Entscheidung beeinflussen: Ist es Ihnen früher leicht oder schwer gefallen, den Wohnort aufzugeben und neue Freunde zu finden? Können Sie besser unter hochgradigen Konkurrenzbedingungen (Großstadtzeitung) oder unter geruhsamen und kooperativen Verhältnissen (Heimatstadtzeitung) arbeiten? Kurz, auf welche Art von Interaktionen wir uns gerne einlassen und welche alten Beziehungen wir gerne aufrechterhalten, hängt von rationalen Kalkulationen ebenso ab wie von aus biographischen Erfahrungen gespeisten psychologischen Konditionierungen.

NETZWERKE: DAS GEWEBE SOZIALER BEZIEHUNGEN

Die bisher beschriebenen Interaktionsprozesse bilden die Grundlage für die Entstehung sozialer Beziehungen. Soziale Beziehungen sind beständige Interaktionsmuster zwischen zwei oder mehr Personen. Die meisten Menschen haben eine Vielzahl von sozialen Beziehungen, die von Zufallsbekanntschaften über enge Freundschaften zu Verwandtschafts- und Familienbeziehungen reichen. Bekannte, Freunde und Verwandte haben ihrerseits wiederum soziale Beziehungen mit anderen Personen, so dass ein mehr oder weniger dauerhaftes Netzwerk von Kreuz- und Querverbindungen entsteht, das eine große Zahl von Menschen miteinander verbindet: ein Gewebe von Beziehungen zwischen einer Anzahl von Leuten, die direkt oder indirekt durch Kommunikation oder Geschäfte miteinander verbunden sind. Mit der Untersuchung von Netzwerken bewegen wir uns von der Mikroebene der Analyse menschlicher Interaktion in Richtung auf die Makroebene der *Sozialstruktur*. Netzwerke liegen in der Mitte zwischen direkten sozialen Interaktionen und den großen Strukturen der Gesellschaft. Man nennt diese Ebene auch die **Mesoebene** des Sozialen. Netzwerke entstehen zwar aus sich wiederholenden und regelhaften Interaktionen, aber wie die großen Sozialstrukturen sind sie zugleich ein Kontext, der den Bewegungsraum der Akteure einengt und ihr soziales Handeln formt.

Die Analyse von Netzwerkmustern

Netzwerke sind manchmal als der elementarste soziale Kontext, als die persönliche Umwelt beschrieben worden, in der Menschen leben. Netzwerkdaten hat man benutzt, um unterschiedliche soziale Phänomene zu studieren, wie z. B. Berufskarrieren (Lin u.a. 1981), psychische Stimmungen und Befindlichkeiten (Fischer 1982; Kadushin 1985), die Bereitschaft, sich an Rechtsstreitigkeiten zu beteiligen (Oliver 1984), die Ausbreitung von Innovationen (Rogers 1979) und die Rolle von Meinungsbildnern (Schenk 1993), aber auch die Abbaubarkeit von Vorurteilen zwischen schwarzen und weißen Lehrern durch Weiterbildung (Robinson/ Preston 1975) oder die Rolle persönlicher Beziehungen für die Vorurteile zwischen Ost- und Westdeutschen (Rippl 1995). Wie gewinnen und analysieren Soziologen solche Netzwerkdaten (Pappi 1987)?

Ein Soziologe klingelt an der Tür und stellt einige Fragen über Freunde oder Bekannte. Die erste Frage lautet: »Von Zeit zu Zeit sprechen die meisten Menschen mit anderen Leuten über wichtige Dinge, die sie bewegen. Wenn Sie sich einmal an die vergangenen sechs Monate zu erinnern versuchen, mit welchen Personen haben Sie über Dinge gesprochen, die Sie beschäftigten? Es genügt deren Vorname oder eine Abkürzung« (Marsden, 1987).

Die Interviewanweisung lautet hier: Schreiben Sie alle genannten Namen der Reihe nach auf. Dann stellen Sie bitte dem Interviewpartner folgende Fragen zunächst zu der Person, die an der Spitze ihrer Liste steht:

»Wie nah fühlen Sie sich dieser Person verbunden?«
»Wie oft sehen Sie sich?«
»Wie lange kennen Sie sich schon?«
»Um was für eine Art Beziehung handelt es sich (Verwandte, Kollege, Nachbar, Mitglied in einer gemeinsamen Organisation, ein Freund oder eine Freundin usw.)?«
»Wie alt ist diese Person, ist sie männlich oder weiblich, zu welcher ethnischen Gruppierung gehört sie, was ist ihr Bildungsniveau, ist sie Mitglied einer Religionsgemeinschaft?«

Die nächste Interviewanweisung auf dem Fragebogen fordert dazu auf, die gleichen Fragen auch für die zweite, dritte, vierte oder fünfte Person auf der Namensliste zu stellen. Nach weiteren Personen auf der Liste wird nicht mehr gefragt, wohl aber nach Querverbindungen und Beziehungen unter den auf der Liste obenan genannten Personen:

»Kennen sich diese Personen auf der Liste auch untereinander?«
»Wer kennt wen?«
»Würden Sie diese Verbindung als sehr eng, als gelegentliche Beziehung oder als peripher bezeichnen?«
Nachdem diese Fragen für alle Personen beantwortet sind, ist das Netzwerkinterview vollständig und abgeschlossen.

Unser kleines Interviewbeispiel ist nicht für dieses Lehrbuch erfunden worden. Diese Fragen finden sich, fast wörtlich, in einer repräsentativen Zufallsbefragung von 1.534 amerikanischen Erwachsenen, die im Rahmen des Mikrozensus 1985 befragt wurden (Burt 1990; Marsden 1987, 1990a). Die Antworten aus dieser Erhebung geben ein Bild des »interpersonalen Diskussionsnetzwerks« unter US-Amerikanern. Jeder kann sich auch selbst ein Bild von seinem Diskussionsnetzwerk machen, wenn man die weiter oben gestellten Fragen für sich selbst auf einem Blatt Papier beantwortet. Zunächst macht man für sich selbst in der Mitte des Papiers einen Kreis. Darum herum macht man weitere Kreise, für jede Person aus seinem Netzwerk einen. Man ordnet sie am besten wie Satelliten auf einer Kreisbahn um sich herum an. Jetzt verbindet man mit einem durchgehenden dicken Strich alle jene Personen mit sich, zu denen enge persönliche Beziehungen bestehen. Mit einer gestrichelten Linie verbindet man sich mit den übrigen Personen, zu denen lediglich distanziertere Kontakte gepflegt werden. Anschließend macht man dasselbe noch einmal, um auch die starken und schwachen Verbindungen zwischen allen übrigen Personen

4

Nach Auffassung der Tauschtheoretiker sind Anziehung und Liebe, wie andere soziale Bindungen, von Reziprozität bestimmt. Gleich und gleich gesellt sich gern: Partner neigen dazu, ein Paar zu bilden, weil sie Ähnlichkeiten aneinander entdecken und sich gegenseitig

attraktiv finden. Doch auf welcher Basis sie immer diese Bindungen eingehen, diese sind Teil eines ausgedehnten Netzwerks von Beziehungen im Leben beider Partner.

auf dem Blatt darzustellen. Wenn zwischen Personen keine Verbindung besteht, wird natürlich auch keine Linie gezogen. Wenn man Lust hast, kann man jetzt noch in die Kreise die Art der Beziehung und eine kurze Personenbeschreibung eintragen. Das persönliche Netzwerksoziogramm ist damit fertig.

Grundbegriffe der Netzwerkanalyse

Für die Analyse von Netzwerken haben Soziologen eine Reihe nützlicher Begriffe entwickelt (Marsden 1990b). Diese Begriffe erlauben eine genauere Unterscheidung zwischen (a) den Einheiten eines Netzwerks, (b) den Arten der Querverbindungen zwischen diesen Einheiten und (c) unterschiedlichen Netzwerkmustern als Ganzem.

Soziologen bezeichnen die Einheiten eines Netzwerks als Knoten, um sie von anderen Netzwerkelementen, den Verknüpfungen, zu unterscheiden, die die Knoten miteinander verbinden. In vielen Netzwerkuntersuchungen stehen die Knoten für Individuen. Knoten eines Netzwerks können aber genauso gut kollektive Akteure sein, z.B. Gruppen, Organisationen oder Nationen. Ein Soziologe, der am Wandel der Wirtschaft interessiert ist, kann so vorgehen, dass er das Netzwerk der 50 größten Wirtschaftsunternehmen darstellt, und zwar für eine Reihe aufeinanderfolgender historischer Perioden. Wenn man nun die Netzwerke der 50 wichtigsten Unternehmen zu verschiedenen historischen Zeiten miteinander vergleicht, so werden unterschiedliche Veränderungen auffallen: Die Knoten werden nicht mehr dieselben sein, da sich die Zusammensetzung der 50 stärksten Wirtschaftsunternehmen über die

Zeit geändert hat. Aber auch die Verknüpfungen zwischen den Unternehmen sind nicht mehr die gleichen. Beides, die Zusammensetzung der beteiligten Unternehmen und die existierenden bzw. nicht existierenden Beziehungen zwischen ihnen, werfen ein interessantes Licht auf den Wandel in der Wirtschaft. Die Ausweitung der Netzwerkanalyse von persönlichen Beziehungen auf die Beziehung zwischen Organisationen und Korporationen (Körperschaften wie Gewerkschaften, Parteien, gemeinnützige Vereine oder was auch immer) gibt diesem Verfahren eine große Nützlichkeit als Forschungsinstrument.

So wie die Knoten in einer Netzwerkanalyse für unterschiedliche Dinge stehen können, so können auch die Querverbindungen zwischen den Knoten von Netzwerk zu Netzwerk etwas anderes bedeuten.

- Manchmal sagen die Verbindungslinien etwas über die *Art* der Beziehung aus. So gibt es Untersuchungen über Freundschaftsbeziehungen zwischen Menschen, über die Häufigkeit der Interaktion, über Gespräche mit Arbeitskollegen, über die räumliche Nähe von Wohnungen und über viele andere Arten von Beziehungen. Nicht selten finden wir zwischen zwei Personen eine ganze Reihe unterschiedlicher Arten von Verbindungen gleichzeitig.
- Netzwerkverbindungen können auch nach ihrer *Stärke* unterschieden werden. Stärkere Beziehungen bedeuten meist auch einen häufigeren Kontakt. Sie sind emotional intensiver und intimer, und sie stellen an die Beteiligten höhere Anforderungen (z.B. an den Zeitaufwand). Dies heißt nicht, dass schwächere Beziehungen von der Art »der Freund meines Freundes« unwichtig sind.
- Verbindungen zwischen den Knoten können sich auch im *Grad ihrer Reziprozität* unterscheiden. Nehmen wir an, dass wir im Soziologieseminar unsere Netzwerke erhoben und verglichen haben. Wenn nun die Person, die auf meiner Liste ganz oben steht, ihrerseits auch mich an die Spitze ihrer Liste gesetzt hat, dann ist unsere Beziehung wechselseitig. Es kann aber auch sein, dass ich auf dieser Liste überhaupt nicht auftauche. Reziprozität oder Nichtreziprozität ist für das Verständnis von Netzwerken unter Freunden wichtig. Generell kann man sagen, dass jemand um so populärer und öffentlich wahrnehmbarer ist, je mehr er oder sie in den Netzwerken anderer Personen auftaucht. Häufen sich hingegen bei einer Person die nichtreziproken Beziehungen, so ist die Rolle dieser Person *peripher oder marginal*.

- Schließlich lassen sich Verbindungen nach dem Ausmaß ihrer *Symmetrie* unterscheiden. In symmetrischen Beziehungen besteht Ähnlichkeit in bezug auf Alter, Bildung, Geschlecht, Einkommen.

Was lässt sich nun über unterschiedliche Netzwerkmuster als Ganzes sagen? Eine typische Charakteristik von Netzwerken ist ihre *Größe*. Die Größe eines Netzwerks wird üblicherweise an der *Anzahl der Knoten* gemessen, manchmal auch an der Anzahl der Verbindungen. So ist es möglich, dass bei der Erhebung persönlicher Freundschaftsnetzwerke manche Personen nur einen oder überhaupt *keinen Vertrauten* benennen können, woran sich ein *hoher Grad sozialer Isolierung* zeigt. Andere wiederum geben bei solchen Befragungen zehn oder auch mehr vertraute Personen an, was für eine hochgradige Integration steht.

Schaubild 4.1 zeigt eine Reihe typischer Netzwerkmuster, die sich deutlich unterscheiden. Die *Dichte* eines Netzwerks lässt sich aus der Relation zwischen den *aktuell genutzten und den potentiell möglichen Beziehungen errechnen*. Wenn sich beispielsweise alle Personen in meinem persönlichen Netzwerk untereinander kennen würden, dann würde die *Dichte 100 Prozent* betragen (a). Hohe Dichte eines Netzwerks zeigt also einen engen Verflechtungsgrad. Ein anderes Maß für Netzwerkmuster ist die *Erreichbarkeit*. Die Erreichbarkeit eines Knotens errechnet sich aus der Zahl anderer Knoten, die eine Person erst passieren muss, bevor sie den Zielknoten wirklich erreicht hat. In (a) ist die Erreichbarkeit der Person E für Person A gleich 1, in (c) hingegen ist die Erreichbarkeit von E für A gleich 4, was eine wesentlich größere soziale Distanz anzeigt. Reichweite und Zentralität schließlich bezeichnen die relative Position verschiedener Knoten in einem Netzwerk. *Reichweite* steht für die absolute Anzahl von Verbindungen, über die eine Person im Netzwerk verfügt. *Zentralität* misst jenen Anteil von Beziehungen aus der Gesamtzahl aller Verbindungen, die eine Person auch wirklich nutzt. Reichweite und Zentralität sind gute Maße, um Personen zu identifizieren, die sich im Mittelpunkt des Geschehens befinden. Dies trifft z.B. für Person C in (b) zu. Das Gegenstück dazu ist Person A in (b) und (c), die sich mit einer ausgesprochen peripheren Lage bescheiden muss.

[handschriftliche Notiz:] Dichte 100% wenn jeder jeden kennt geringe Erreichbarkeit, wenn Faktor hoch

4

Schaubild 4.1: Vier Typen von Netzwerken

(a) vollkommen verknüpft

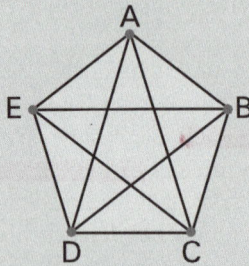

A
E
B
D
C

Dichte = 100% (10 von 10 Verknüpfungen)
Reichweite von E = 4
Erreichbarkeit von E für A = 1

(b) radial verknüpft

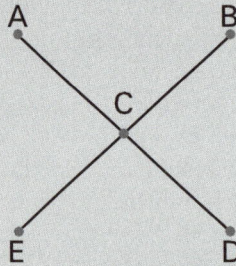

A   B
C
E   D

Dichte = 40% (4 von 10 Verknüpfungen)
Reichweite von E = 1
Erreichbarkeit von E für A = 2

(c) kettenartig verknüpft

A   B   C   D   E

Dichte = 40% (4 von 10 Verknüpfungen)
Reichweite von E = 1
Erreichbarkeit von E für A = 4

(d) randverknüpft

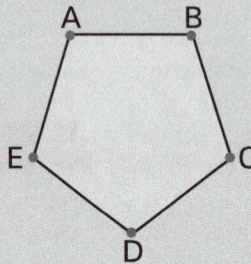

A   B
E   C
D

Dichte = 50% (5 von 10 Verknüpfungen)
Reichweite von E = 2
Erreichbarkeit von E für A = 1

Wie kriegt man einen Job?

Karl E. ist frisch gebackener Ingenieur und hat gerade die Universität verlassen. Sein Vater, auch er Ingenieur, hört von einem Kollegen, dass in einer Firma ganz in der Nähe eine passende Stelle ausgeschrieben ist. Dieser Kollege wiederum hat sein Wissen von einem Verkäufer, der kürzlich in dieser Firma zu tun hatte und dort von der offenen Stelle über eine Sekretärin informiert wurde. Die Sekretärin ihrerseits hatte ihr Wissen von ihrem Chef. Karl E. bewirbt sich unverzüglich und gezielt und wird nach einiger Zeit auch eingestellt. Soziale Netzwerke haben Karl E. also zu seinem ersten Job verholfen. Aber ist Karl E. ein typischer Fall? Kommt es für die erfolgreiche Jobsuche mehr darauf an, wen man *kennt* als was man *kann*? Bekommen wirklich die meisten Leute ihren Arbeitsplatz vor allem über persönliche Kontakte? Granovetter (1974) untersuchte Personen in akademischen Professionen, im technischen und im Managementbereich, die in den vorausgegangenen fünf Jahren einen neuen Arbeitsplatz angetreten

hatten. Nur 19 Prozent dieser Personen hatten sich an die formal vorgesehenen, unpersönlichen Wege gehalten, also z. B. auf Anzeigen reagiert oder Berufsvermittlungen bemüht. Weitere 19 Prozent hatten sich direkt bei einem Arbeitgeber beworben, ohne vorher zu wissen, ob eine spezielle Stelle frei war. Ein kleiner Rest von weiteren 6 Prozent hatte verschiedene andere Wege versucht. Die große Mehrheit von 56 Prozent aber hatte über Netzwerke Erfolg. Üblicherweise ist die Zahl der Verbindungen im Netzwerk, die zu einer erfolgreichen Jobsuche führt, klein – es sind selten mehr als drei Personen.

Warum haben so viele der von Granovetter befragten Berufstätigen sich bei der Suche nach einem Arbeitsplatz auf ihr Netzwerk verlassen? Vor allen Dingen, so gaben die Befragten an, hätten sie auf diese Weise wesentlich genauere Informationen über freie Arbeitsplätze erhalten, als Ausschreibungen, Anzeigen, Vermittlungsagenturen oder direkte Kontaktaufnahmen mit Arbeitgebern liefern könnten. Die Freunde im Netzwerk wussten, ob man selbst in ein bestimmtes Team gut passen würde, ob der Chef ein neurotischer Fall ist, wie es der Firma wirtschaftlich geht usw. Die meisten sagten außerdem, dass über persönliche Kontakte ein gutes Wort für sie eingelegt worden sei.

Eine zweites interessantes Ergebnis von Granovetters Untersuchungen betrifft die Art der bei der Jobsuche benutzten Beziehungen. Üblicherweise stellt man sich vor, dass ein möglichst starkes und enges Netzwerk die beste Unterstützung bietet. Denn Personen, mit denen man eng verbunden ist, haben vermutlich eine starke Motivation, wirklich zu helfen. Granovetters Untersuchungen aber hatten das genaue Gegenteil zum Ergebnis. So gut wie immer sind die nützlichsten Leute bei der Jobsuche nicht diejenigen, mit denen wir besonders eng verbunden sind. Entscheidend für den Erfolg sind vielmehr die vielen lockeren Beziehungen, die wir haben (Granovetter 1974, 1984). Von den bereits zitierten befragten Personen, die in den letzten fünf Jahren einen neuen Arbeitsplatz gefunden hatten, sagten nur 17 Prozent, dass sie dies einer Person verdanken, die sie oft und regelmäßig treffen, während die übrigen 83 Prozent ihre entscheidenden Helfer im Netzwerk nur gelegentlich oder selten zu Gesicht bekamen. In vielen Fällen waren die entscheidenden Kontaktpersonen Leute, die sich sogar an den äußersten Grenzen des persönlichen Netzwerks bewegten – typischerweise eine alte Universitätsfreundschaft oder jemand aus einer anderen Firma, den man über die Jahre hin gelegentlich getroffen hatte.

Wie lässt sich erklären, dass die schwächeren und selteneren sozialen Beziehungen für die Jobsuche die wichtigeren sind? Eine Antwort ist, dass auf diesem Wege eine Verbreiterung der Informationsquellen erreicht wird, denn die engsten und dichtesten Beziehungen im Netzwerk schließen immer die gleichen Leute mit immer den gleichen Informationen ein. Wenn ich selbst etwas über eine berufliche Chance weiß, dann wissen das auch meine Freunde, und wenn meine Freunde es wissen, dann weiß ich es auch. Entferntere und seltenere Kontakte hingegen verbinden mit vielen Leuten, die andere Dinge kennen und andere Kontakte haben als man selbst und mein engstes Umfeld.

Sind soziale Netzwerke auch in anderen Ländern und Kulturen für die Jobsuche entscheidend oder nicht? Sie sind es, wie internationale Vergleiche z. B zwischen Deutschland, den USA und den Niederlanden zeigen (Graaf/Flap 1988). Aber die Art der Netzwerke kann je nach den jeweiligen Traditionen in Kultur und Institutionen eines Landes ganz anders sein.

In Japan beispielsweise sind die entscheidenden Knoten im Jobvermittlungsnetzwerk nicht Personen, sondern Bildungseinrichtungen und Firmen (Rosenbaum/Kariya 1989; Rosenbaum u.a. 1991). Japaner verlassen sich weniger auf persönliche als auf institutionelle Netzwerke. So haben viele japanische Firmen dauerhafte Arrangements mit Schulen und Hochschulen getroffen. In jedem Jahr teilen sie den bevorzugten Bildungseinrichtungen die offenen Stellen mit, wobei sie die meisten und die besten Jobs jenen Bildungseinrichtungen anbieten, die sie als die qualifiziertesten und besten ansehen. Diese Prestigeliste ist das Ergebnis aus den mit früheren Absolventen der jeweiligen Einrichtungen gemachten Erfahrungen. In den Bildungseinrichtungen selbst nominieren die Lehrenden ihre Studenten für die angebotenen Arbeitsplätze. Sie vergleichen die Leistungen und Qualifikationen der einzelnen Studenten mit den angebotenen Jobs und stellen dann eine Rangliste auf mit solchen Studenten an der Spitze, die sie für die Besten halten. Die Arbeitgeber laden dann die von den Bildungseinrichtungen nominierten Absolventen zu einem Einstellungsgespräch ein, und in acht von zehn Fällen erhalten die so von Seiten des Bildungswesens Nominierten die freien Stellen. Die Bildungseinrichtungen wissen, dass sie mit großem Erfolg solange ihre Studenten für Arbeitsplätze nominieren können, wie sie die Erwartungen erfüllen. Selbst in wirtschaftlich schlechteren Zeiten, wenn die Arbeitgeber eigentlich kein neues Personal benötigen, stellen diese dennoch einige der guten Absolventen ein, um die bewährten Beziehungen zu pflegen. Auf diese Weise kann sich die Arbeitgeberseite sicher sein, dass sie auch in Zukunft mit einem stetigen Angebot von guten Absolventen rechnen kann. Die Studenten selbst spielen in diesem japanischen Entscheidungsverfahren keine große Rolle. Die Dinge werden von den beteiligten Institutionen entschieden. Auf diese Weise können gute Absolventen sich ihres ersten Arbeitsplatzes sicher sein, was die Motivation zu harter Arbeit in Schule und Hochschule verstärkt.

Es gibt nicht nur Unterschiede in den Bildungsnetzwerken zwischen den USA und Japan, sondern ebenso Unterschiede zwischen den USA und europäischen Ländern. So haben die USA eine sehr große Zahl von Colleges und Hochschulen, unter denen aber nur eine kleine, im nationalen Vergleich als besonders leistungsstark und prestigeträchtig anerkannte und in der Regel durch Studiengebühren auch sehr teure Gruppe von Universitäten entscheidende Vorteile bei der Bewerbung bietet. Frankreich hingegen mit seinem starken Etatismus regelt den Wettbewerb um Führungspositionen weniger über den Markt. Das Land verfügt oberhalb der Ebene der Universitäten über nationale Elitehochschulen, aus denen sich der Großteil des Führungsnachwuchses in Staat und Wirtschaft rekrutiert. Man muss zu deren Absolventen gehören. Daher ist es wichtig, im Wettbewerb (*concours*) um die Aufnahme in diese Hochschulen erfolgreich zu sein, was wiederum den Besuch der richtigen Schulen mit den richtigen Fächerkombinationen in den richtigen Bezirken (in der Regel in Paris) voraussetzt. England wiederum kennt das sprichwörtliche »old boy's network« der Absolventen seiner privaten *public schools* und seiner prestigeträchtigen Universitäten, Oxford und Cambridge, sowie seit einigen Jahren auch ein förmliches System der öffentlichen Rangliste. So sorgen Netzwerke und andere Faktoren der Sozialstruktur (Blossfeld/Shavit 1993; Shavit/Müller 1998) dafür, dass sich die über das Bildungswesen vermittelte Ungleichheit der Chancen auch bei Reformen nur langsam ändert.

In Deutschland gibt es bislang noch keine formalen oder allgemein anerkannten Abstufungen zwischen den Universitäten. Aber es zählen auch hier doch in einem gewissen Maße die Netzwerke einzelner Fachbereiche, Institute und Lehrstühle im Wettbewerb der Absolventen um attraktive Arbeitsplätze. Und es ist hinzuzu-

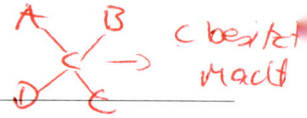

fügen, dass nach den zunehmenden Beiträgen der Massenmedien (so »Spiegel«, »Stern«, »Focus«) und mit der Unterstützung beispielsweise des »Centrums für Hochschulentwicklung« (CHE) der Bertelsmannstiftung oder der Stiftung Warentest sich langsam eine Aufmerksamkeit für *ranking*-Verfahren und -Ergebnisse zu entwickeln beginnt. Dieser Prozess wird die formale Gleichheit der deutschen Universitäten in der öffentlichen Wahrnehmung unterminieren. Eine Hierarchisierung der deutschen Universitäts- und Hochschullandschaft im öffentlichen Prestige wiederum würde die alten Netzwerke zerstören und neue Netzwerke entstehen lassen, nach denen sich dann wiederum Studenten und natürlich auch die stets stark prestigegeleiteten Professoren richten werden.

Position und Macht in Netzwerken

Woher kommt eigentlich soziale *Macht*? Warum sind einige Menschen in der Lage, anderen mit Erfolg zu sagen, was sie zu tun oder zu denken haben? Eine nahe liegende Antwort zielt auf persönliche Attribute mächtiger Personen: Vielleicht sind sie größer, stärker oder intelligenter, besser ausgebildet, geschickter oder reicher (vgl. Kap. 9 u. 17)? Macht wäre dann das Ergebnis einer persönlichen Eigenschaft. Eine andere Antwort setzt auf die Position in der Organisationsstruktur. Alle formalen Organisationen und Bürokratien ordnen ihre Positionen hierarchisch an: Präsidenten, Direktoren, Vorstandsvorsitzende haben formal eine Anweisungsbefugnis gegenüber allen anderen Mitgliedern ihrer Organisation. Eine dritte Antwort greift noch einmal auf Netzwerke zurück, um Macht und Einfluss der Position eines Individuums zu erklären.

Die alltägliche Aussage »X besitzt Macht oder Einfluss« ist völlig unverständlich, solange nicht hinzugefügt wird, auf wen X eigentlich seinen Einfluss ausüben kann. Macht und Einfluss sind an soziale Beziehungen gebunden (Emerson 1962). Die meisten sozialen Beziehungen in einem Netzwerk schließen den Austausch von wertvollen Gütern oder Dienstleistungen ein: es kann sich um Geld, Güter, Arbeitsplätze, Liebe, Freundschaft, Anerkennung oder Information handeln (Cook u.a. 1983). Die Machtunterschiede zwischen Menschen hängen davon ab, in welchem Maße einzelne Personen in einem Netzwerk solch wertvolle Ressourcen kontrollieren. Die Kontrollrechte ihrerseits sind an die Position einer Person im sozialen Netzwerk gebunden. Im allgemeinen ist es so, dass die *Macht* einer Person

mit der Zentralität der Position steigt und mit einer peripheren, randständigen Positionierung abnimmt. Wir sehen uns dazu noch einmal in Schaubild 4.1 das Netzwerk (b) an. Welche Person verfügt in diesem Netzwerk über die größte Macht? Das ist offensichtlich C. Die Zentralität von C's Position in diesem Netzwerk führt dazu, dass alle Austauschbeziehungen der Netzwerkmitglieder, seien es Liebe, Informationen, Geld, Güter oder Dienstleistungen, über diese Person laufen müssen. C ist die Spinne im Netz. Alle anderen Personen in diesem Netzwerk hängen von C ab, wenn sie etwas wollen. Anders formuliert, Macht ist das Ergebnis der Abhängigkeit anderer Personen von den Ressourcen der Mächtigen.

Soziologen haben mit Hilfe von Netzwerken Macht- und Abhängigkeitsbeziehungen ganz gut erklärt (Markovsky u.a. 1988; Marsden 1983, Yamagishi u.a. 1988). In Netzwerken, die ja auf Austausch basieren, können Macht- und Abhängigkeitsbeziehungen positiv oder negativ definiert werden, also als Erleichterung oder Behinderung von Austausch. Man stelle sich ein Drei-Personen-Netzwerk vor, bestehend aus A – B – C, in dem A und C zwar direkte Verbindungen zu B haben, aber nicht untereinander. Man stelle sich weiter vor, dass A CDs herstellt und B ein CD-Geschäft führt. C ist der Konsument, der CDs kaufen möchte. In diesem Falle ist B derjenige, der die Beziehung zwischen dem Hersteller und dem Konsumenten positiv beeinflusst, indem er Handel treibt, also den Tausch von Gütern und Geld. Das gleiche Drei-Personen-Netzwerk A – B – C kann aber auch zu ganz anderen Machtbeziehungen führen. Das ist z.B. der Fall, wenn zwischen A, B und C ein Dreiecksverhältnis in einer Liebesbeziehung besteht. B wäre dann in der vorteilhaften Lage, zwischen A und C wählen zu können. Sollte B seine Entscheidungsfreiheit dazu nutzen, A zu heiraten (wir unterstellen hier einmal eheliche Treue), dann schließt dies weiteren amourösen Austausch mit C aus. B kann aber auch seine günstige Machtposition dazu benutzen, seine amourösen Beziehungen mit A und B zugleich fortzusetzen. Im ersten Beispiel wäre B der Kern einer positiven Verknüpfung im Netz, im zweiten Beispiel wäre B der Kern einer negativen Verknüpfung. Der erste Fall fördert den Austausch zwischen A und C, der zweite verhindert ihn. In beiden fiktiven Fällen kommt die Macht von B aus der Position im Netzwerk. Allein die schlichte Tatsache, sich in der Mitte eines Netzwerkes zu befinden, gibt Macht und macht andere abhängig.

SOZIALSTRUKTUR UND GESELLSCHAFT

Wir haben uns bisher mit der Mikroebene sozialer Interaktionen beschäftigt und auf der Mesoebene gezeigt, wie aus Interaktionen relativ beständige soziale Arrangements, soziale Beziehungen und Netzwerke, entstehen können. Im letzten Abschnitt verlassen wir die Mikro- und die Mesoebene und beschäftigen uns mit der *Sozialstruktur*, mit Elementen der Makroebene und ihren Einflüssen auf das menschliche Verhalten.

Status und Rolle

Wie bereits erwähnt, ist ein sozialer Status eine Position in der Sozialstruktur, die ihrem Inhaber einen bestimmten Platz in einer Gruppe, Organisation oder Gesellschaft zuweist. In der Soziologie ist der Begriff Status nicht auf prestigeträchtige Positionen beschränkt (vgl. Kap. 9). Alle Positionen in einer Sozialstruktur haben einen Status unabhängig davon, wo sie hierarchisch angesiedelt sind. Ein Arbeitsloser, ein Kellner, eine Studentin, eine Mutter, ein Freund, ein Aussiedler oder Asylbewerber, ein Arzt, Professor, Rechtsanwalt oder Minister haben gleichermaßen einen sozialen Status. Zu jedem sozialen Status gehören ein Mindestmaß an Macht und Einfluss, bestimmte Rechte, Verantwortlichkeiten und Interessen. Personen haben immer mehrere Status gleichzeitig inne: Man ist nicht nur Student, sondern auch Sohn, Verlobter, Protestant, Weißer, Deutscher usw. Den Gesamtbestand an Positionen, den eine bestimmte Person zu einer bestimmten Zeit innehat, bezeichnet man als ihren Status-Set. Jede Person ist durch ihren Status-Set einzigartig. Status-Sets sind ein gutes Mittel, um Menschen soziologisch zu unterscheiden.

Soziologen interessieren sich nicht zuletzt dafür, wie Personen zu einem sozialen Status gelangen. Es gibt einen Typ von Status, der Personen einfach zugeschrieben wird, ohne dass diese sich darum bemüht hätten oder die Zuschreibung abweisen könnten. Diesen Typ bezeichnet man als zugeschriebenen Status. Man ist Weißer oder Schwarzer, Deutscher oder Türke, Mann oder Frau, Jugendlicher oder Rentner, eine Schönheit oder nicht, Behinderter oder Gesunder. Die Existenz und die soziale Bedeutung eines zugeschriebenen Status ist natürlich nicht zu allen Zeiten und in allen Gesellschaften die gleiche. Nehmen wir als Beispiel den Status der Juden in Deutschland zwischen Ghetto, langsamer emanzipatorischer Gleichstellung und späterer Vernichtung; oder nehmen wir den Geschlechtsstatus, Frau oder Mann zu sein. Der zugeschriebene Status Frau hat sich historisch immer wieder und in großer Bandbreite gewandelt. Der Geschlechtsstatus unterscheidet sich auch nach Nationen und Kulturen. Nehmen wir als ein Beispiel den Status von Frauen in Deutschland, in anderen europäischen Ländern und in den USA. Hier ist die Bandbreite tatsächlicher und möglicher Positionen, die Frauen innehaben können, erheblich gewachsen. Ein Gegenbeispiel ist die Rolle der Frau in fundamentalistischen islamischen Staaten, z.B. in Saudi-Arabien oder Afghanistan.

Im Unterschied zum zugeschriebenen Status bezeichnet man eine Position als erworbenen Status, die eine Person im wesentlichen durch ihre eigenen Anstrengungen erreicht hat: Arzt, Politiker, Künstler, Lehrer, Auszubildender, Strafgefangener sind erworbene Status. Analytisch lassen sich zugeschriebener und erworbener Status vollständig unterscheiden, empirisch sind beide Aspekte oft miteinander verwoben. Was Leute in ihrem Leben erreichen können, hängt nicht zuletzt auch vom zugeschriebenen Status ab, von der an eine Zeit, Kultur oder Gesellschaft gebundenen Bedeutung des zugeschriebenen Status. So sind in Deutschland nur 5 bis 6 Prozent aller ordentlichen Professoren Frauen, aber über 50 Prozent der Studierenden; in den USA sind nur 20 Prozent der Ärzte Frauen, aber 95 Prozent des Pflegepersonals (U.S. Department of Labor 1988). Wie ist so etwas möglich? Wie kann die Charakteristik »weiblich« (ein zugeschriebener Status) einen solchen Einfluss auf die Chancen einer Frau haben, Professorin oder Ärztin zu werden (ein erworbener Status)? Dies ist das Ergebnis des *sozialen Handelns* und der *Sozialstruktur* gleichermaßen. So entscheiden sich Frauen für oder gegen bestimmte Berufe (soziales Handeln) nicht zuletzt auch in Abhängigkeit von den angenommen Erfolgsaussichten in den jeweiligen Berufsfeldern und unter dem Gesichtspunkt der Vereinbarkeit von Beruf und Familie (vgl. Kap. 11). Erfolgsaussichten und Vereinbarkeit sind ihrerseits das Ergebnis geschlechtsspezifischer Diskriminierung, fehlender Infrastruktur und kultureller Traditionen, also ein Element von Sozialstruktur (Cole 1986).

Nicht selten dominiert ein ganz bestimmter – erworbener oder zugeschriebener – Status alle oder die meisten anderen Status einer Person. Diesen nennt man einen Master-Status. Der Masterstatus prägt die Identität eines Menschen sein Leben lang. Ein typischer Master-Status ist die Rolle der Königin von England, der alle übrigen sozialen Positionen ihrer Trägerin in

4

Entscheidungen treffen: Die Berufswahl

Im Laufe des Lebens gibt es viele Statuswahlen zu treffen und Statuspassagen zu bewältigen, die von großem Einfluss auf den weiteren Lebensverlauf sind (Mayer 1990). Ein besonders folgenreicher Status ist der Berufsstatus, meist bestimmt durch den Arbeitsplatz. In unserer modernen westlichen Gesellschaft definiert der Beruf sehr oft den Master-Status von Frauen und Männern, zumindest in ihren mittleren Lebensjahren. Um einen bestimmten Berufsstatus zu erreichen, reicht es nicht aus, die notwendige Bildung und Qualifikation zu erwerben sowie die richtigen Beziehungen zu knüpfen. Man kann nur dann eine bestimmte Berufsposition besetzen, wenn es auch freie Stellen gibt. Vakanzen und Vakanzketten sind eine exzellente Veranschaulichung für die Bedeutung unserer Schlüsselbegriffe *Sozialstruktur* und *soziales Handeln*. Hier wird deutlich, auf welche Weise die Sozialstruktur die Möglichkeiten sozialen Handelns begrenzt und gestaltet.

Wir wollen diese allgemeine Behauptung etwas genauer am Beispiel des Arbeitsmarktes für Rundfunk- und Fernsehjournalisten durchspielen. Alle Personen, die eine Ausbildung als Rundfunk- und Fernsehjournalist durchlaufen haben, stellen die Angebotsseite an Arbeitskräften dar, die auf diesem speziellen Arbeitsmarkt verfügbar ist. Die Nachfrage auf diesem ergibt sich aus der Anzahl offener Positionen für Rundfunk- und Fernsehjournalisten. Im ungünstigen Fall, wenn das Angebot an Arbeitskräften die Nachfrage weit übersteigt, werden selbst gut ausgebildete Rundfunk- und Fernsehjournalisten teilweise wohl als Taxifahrer enden. Im günstigen Fall jedoch, wenn die Nachfrage das Angebot deutlich übersteigt, wird nicht nur so gut wie jeder Absolvent einen angemessenen Arbeitsplatz finden, besonders gute Leute können sich dann sogar die Rosinen aus dem Kuchen picken und weit überdurchschnittliche Einkommen erzielen.

Welche Möglichkeiten gibt es nun, in etwa die zukünftigen Berufschancen in jenen Arbeitsmärkten abzuschätzen, an denen man interessiert ist? Dies ist nicht zuletzt für Abgänger aus Schulen, Berufsschulen und Hochschulen eine wichtige Frage. Glücklicherweise machen es heute Soziologie und Ökonomie einfacher, solche Informationen zu bekommen und eine Berufswahlentscheidung daraufhin zu durchdenken.

Die Bundesanstalt für Arbeit (BA) und das Institut für Arbeitsmarkt- und Berufsforschung bei der Bundesanstalt für Arbeit (IAB) geben regelmäßig Informationen über berufliche Arbeitsmärkte und ihre Entwicklungstrends in verschiedenen Sektoren des Beschäftigungssystems heraus. Diese Informationen gibt es in vielfältigen Publikationsquellen, von denen einige auch in Schulen, Berufsschulen und Hochschulen ausliegen. Zum Beispiel informieren die Zeitschriften *Blätter für Berufskunde, Abi* und *Uni* sowie die Hefte »Ihre berufliche Zukunft« (IBZ) regelmäßig. Genauere Informationen lassen sich auch über die *örtlichen Arbeitsämter* oder über das Inter-

den Hintergrund treten lässt bzw. überformt, so die privaten Rollenbeziehungen in der Königsfamilie. Ein anderer Master-Status ist die Diagnose Aids, Multiple Sklerose oder Krebs. Im Status des Schwerkranken sinken die Aussichten auf attraktive soziale Positionen, auf gute Ausbildung, gute Jobs, eine gute Wohnung, auf Freundschaft und Liebe.

Etwas anderes als der Master-Status ist der Leit-Status. Der Leit-Status ist eine soziale Position, die nur in einem bestimmten sozialen Kontext dominiert. Wenn eine Studentin den Seminarraum betritt, so ist der Status der Studentin in diesem sozialen Kontext der Leit-Status. Er bestimmt Einstellungen, Verhalten, Motive, Interaktionen. Im Kontext dieser speziellen Situation sind andere Positionen der Studentin und der damit verbundene Status ziemlich unwichtig: so die Rolle als Freundin, als Tochter, als Mitglied eines Sportteams oder als nebenher teilzeitbeschäftigte Angestellte. Wenn die Studentin hingegen ihre Eltern besucht, dann rückt der Studentinnenstatus in den Hintergrund des Geschehens und die familiäre Position tritt als Leit-Status in den Vordergrund.

Zu jedem Status gehört eine zugeschriebene **Rolle.**

Eine Rolle besteht aus einem Bündel von Verhaltenserwartungen und Einstellungen, von Pflichten und Privilegien. Von Freunden erwarten wir beispielsweise, dass sie hilfreich sind, anteilnehmend, loyal und an unseren Problemen interessiert. Dies macht den Status von Freund und Freundin aus. Der Unterschied zwischen Status und Rolle besteht darin, dass wir einen Status *innehaben,* eine Rolle aber *spielen* (Linton 1947). Ein Status ist eine Position in einem sozialen Netzwerk. Eine Rolle hingegen beschreibt, wie wir in dieser Position denken und handeln sollen.

Menschen lernen Rollen richtig spielen, indem sie erfahrene Personen beobachten oder in Interaktion mit ihnen eintreten. Dieser Prozess wird als *Sozialisation* bezeichnet (vgl. Kap. 5). Im Alter von sechs Jahren wird deutschen Kindern beigebracht, dass sie ihre Hand heben müssen, bevor sie im Klassenzimmer sprechen dürfen; sie lernen schrittweise ihre Hausarbeit zu machen, sich auf Leistungsprüfungen vorzubereiten und nicht zu betrügen. All das gehört zur Rolle von Schülern und Studierenden.

Innerhalb bestimmter Grenzen haben Individuen die Freiheit, ihre Rollen selbst zu interpretieren oder das

4

net unter *www.Arbeitsamt.de* beziehen. Eine auf die eigene Person bezogene Auskunft gibt die akademische Berufsberatung der örtlichen Arbeitsämter.

Vorhersagen über Trends auf dem Arbeitsmarkt sind schwierig. Zu einer Vorhersage gehört zunächst einmal die Schätzung der allgemeinen Entwicklung des Beschäftigungssystems in den kommenden Jahren einschließlich der erwarteten Zahl der Beschäftigten insgesamt und deren Aufschlüsselung nach Alter, Geschlecht, Bildungsabschlüssen, Berufserfahrung, Branchen und Sektoren, Inländern und Ausländern usw. Auf der Basis dieser Bestandsaufnahme werden dann die Wirkungen der erwarteten wirtschaftlichen Entwicklung veranschlagt. Mit welchem Wachstum des Bruttosozialprodukts ist in den nächsten Jahren zu rechnen? Wie werden sich Konsum, Investitionen, Außenhandel und öffentliche Haushalte entwickeln? Und schließlich: Wie werden sich die beobachteten Trends auf dem Arbeitsmarkt und die angenommenen Entwicklungspfade der Volkswirtschaft auf die unterschiedlichen Arbeitsmarktsektoren und Berufe auswirken? Hierbei sind auch spezielle Faktoren zu beachten, die in tiefgreifender Weise einzelne Berufe völlig verändern können, so die Entwicklung und Durchsetzung technologischer Innovationen.

Betrachten wir ein Beispiel. In den Massenmedien sind die Folgen des technischen Fortschrittes in den letzten beiden Dekaden dramatisch gewesen. Die alte Drucktechnik ist verschwunden und mit ihr verschwanden die jahrhundertealten Druckberufe. PC, Text- und Grafikprogramme genügen heute oft, um professionelle Druckerzeugnisse zu gestalten. Es lassen sich Bücher, Zeitschriften, Zeitungen, Werbung, Broschüren, Flugblätter, Gebrauchsanweisungen, Firmenberichte, Benutzerhinweise leicht herstellen. Der technische Fortschritt hat einerseits zahllose neue Jobs geschaffen, beginnend mit Entwicklung, Herstellung und Absatz von Computern und Software bis zum Büromöbelbedarf und zur Wartung der technischen Geräte und schließlich in der Herstellung der Druckerzeugnisse selbst. Dieser Prozess technischer Innovation hat zudem vielen Firmen sehr viel Geld erspart, das sie sonst für die konventionelle Erstellung von Druckerzeugnissen hätten ausgeben müssen. Andererseits sind sehr viele bislang sichere und angesehene Arbeitsplätze im konventionellen Druckereigewerbe verloren gegangen, was jahrelang zu begründeten Unruhen und Widerständen unter den dort Beschäftigten geführt hatte.

Die Entstehung neuer Berufe und beruflicher Karrieren bedeutet also sehr häufig zugleich, dass alte Berufe und Berufskarrieren dem Untergang geweiht sind. Die Veränderungen der Sozialstruktur, hier illustriert am Beispiel von Arbeitsmarkt und Beruf, bestimmen also, wie viele Menschen ihren persönlichen Berufswunsch realisieren können und wie viele andere gleichzeitig dazu gezwungen sind, das zu nehmen, was ihnen schließlich noch geboten wird.

Spiel zu variieren, einer Rolle also einen persönlichen Stil zu verleihen. So wird die Rolle des Studierenden von verschiedenen Personen unterschiedlich ausgefüllt. Einige studieren gerne und zielstrebig, andere sind ziellos und lernen nur unter Druck, einige beteiligen sich aktiv an Lehrveranstaltungen, andere selten oder nie. Aber trotz dieser und anderer Variationen erfüllen die Meisten die zentralen Erwartungen an ihre Rolle ausreichend. Denn sollten sie dies nicht tun, so würden sie über kurz oder lang den Status als Studierende verlieren.

Rollen sind nicht nur in einem gewissen Maße interpretierbar, Rollenanforderungen wandeln sich auch im Lauf der Zeit, und sie unterscheiden sich je nach gesellschaftlichem Umfeld. Von Universitätsstudenten wird in manchen Ländern wie Frankreich oder der Türkei verlangt, dass sie sich an die vorgeschriebenen Lehrbücher halten, in anderen Ländern wie Deutschland wird mehr Selbststudium und eine größere Selbststeuerung in der Studienorganisation vorausgesetzt. In den USA wurde früher erwartet, dass die Studenten aufstanden, wenn der Professor den Hörsaal betrat, heutzutage gilt dies als ein unangemessenes Rollenverhalten.

Noch Mitte der sechziger Jahre redeten sich Studierende in Deutschland untereinander mit »Sie« an und trugen nicht selten Schlips und Jackett; heute gelten das »Du« und der Ersatz von Schlips und Jackett durch andere Kleidervorschriften als angemessene Ausfüllung der Rolle.

Rollen stehen in einem Wechselverhältnis zu anderen Rollen. Es gibt keine Tochterrolle ohne Elternrolle. Die Rolle der Anwältin ist nicht denkbar ohne die des Klienten, zur Rolle der Professorin gehört die der Studierenden, zur Rolle des Polizisten die des Verbrechers. Der Status von zwei Personen ist über ihre Rollenbeziehungen verbunden – also über wechselseitige Verhaltensmuster und Erwartungen. Zu einem einzelnen Status gehören mehrere unterschiedliche Rollen. Diese nennt man dann einen **Rollen-Set**. Aus dem Rollen-Set eines bestimmten Status wird jeweils diejenige Rolle durch den Positionsinhaber gespielt, die zu der gegebenen Interaktionssituation passt. Die Personaldirektorin einer großen Firma z. B. spielt in dieser Position eine bestimmte Rolle in Beziehung zum Vorstandsvorsitzenden, eine andere Rolle in Beziehung zu den übrigen Direktoren, eine dritte in bezug auf die

4

Rollenflucht

In diesem einen Augenblick spielt Prinz Andrew (links mit der Rose zwischen den Zähnen) gleichzeitig die Rolle des Sohns (von Königin Elizabeth und Prinz Philip), Herzogs von York, Offiziers der Royal Navy – und schlechten Schauspielers. In späteren Jahren spielte er auch die Rolle des Ehegatten, Vater und Geschiedenen.

freiberuflichen Verkaufsrepräsentanten, eine vierte im Umgang mit Berufsanfängern und Auszubildenden, eine fünfte gegenüber dem Betriebsrat. In ähnlicher Weise gehören zum Status eines Studierenden Rollen in der Wohngemeinschaft, als Seminarteilnehmer, gegenüber Professoren und der Universitätsverwaltung oder im Umgang mit den Angestellten der Mensa.

Manchmal haben Personen Schwierigkeiten, den Pflichten einer Rolle oder eines Rollen-Sets nachzukommen. Eine **Rollenüberforderung** tritt ein, wenn die mit einem *einzelnen* Status verbundenen Rollenerwartungen die Möglichkeiten des Positionsinhabers übersteigen. Etwas anderes als Rollenüberforderung ist der **Rollenkonflikt.** Als Rollenkonflikt bezeichnet man eine Situation, in der unvereinbare und konfligierende Rollenerwartungen aus zwei unterschiedlichen Status einer Person aufeinandertreffen. Man unterscheidet u.a. zwischen *Inter-Rollenkonflikt* und *Intra-Rollenkonflikt*. Im ersten Fall stehen mehrere Rollen einer Person miteinander in Konflikt, z.B. die Rolle als Ehegatte und die

Rolle als Zeuge im Strafprozess. Im zweiten Fall werden an eine bestimmte Rolle einer Person unvereinbare Erwartungen von Bezugsgruppen gestellt, so z.B. an die Rolle als Mutter von Seiten der Kinder, des Ehemannes und der Schwiegereltern. Ein klassisches Beispiel aus dem Berufsleben ist, dass ein Manager einen engen Freund entlassen muss. Die Rollenerwartungen, die mit dem Status des Managers verbunden sind, beinhalten u.a., dass Günstlingswirtschaft zu vermeiden ist. Diese Rollenerwartung an den Manager-Status konfligiert natürlich mit den Anforderungen, die an die Rolle eines guten Freundes gestellt werden. In solchen Situationen versuchen Leute oft, die beiden Rollen-Sets voneinander zu trennen, hier also Beruf und Freundschaft. Wenn eine strikte Trennung nicht möglich ist, dann lässt sich der Rollenkonflikt dadurch etwas verringern, dass einer der Rollen Priorität gegenüber den anderen eingeräumt wird. Diese Priorität kann sich zeitlich über den Lebenslauf hin ändern. Aber weder die völlige Trennung von Rollen nach verschiedenen Lebensbereichen noch die Setzung von Prioritäten verhindert wirklich, dass ein Rollenkonflikt entsteht, wie berufstätige Eltern, vor allem Mütter, bestätigen können.

Rollenüberlastung oder Rollenkonflikt können ein solches Ausmaß annehmen, dass Menschen freiwillig oder gezwungenermaßen einen oder mehrere ihrer gesellschaftlichen Status aufgeben. **Rollenflucht** ist der Prozess, in dem eine Person eine Rolle aufgibt, die bislang zentral für ihre Identität war. Sie ordnet dann ihre Beziehungen zu früheren Partnern, die zu dem bisherigen Rollen-Set gehört haben, neu. Sie sieht sich selbst nicht länger vor allem als Trägerin der bisherigen Rolle, sondern gewinnt langsam eine andere Identität in neuen Rollen. Durch diesen manchmal dramatischen Prozess gehen beispielsweise Rentner, Schul- oder Hochschulabsolventen, verwitwete Personen, Geschiedene, entlassene Häftlinge, ehemalige Priester und Nonnen, gescheiterte Ärzte, Alkoholabstinenzler oder Transsexuelle. In ihren Untersuchungen zu Rollenfluchten oder Rollenpreisgaben fand Helen F. Ebaugh (1987), dass die Leichtigkeit oder auch die Dramatik solcher Prozesse von einer Reihe von Faktoren abhängt. Zu diesen gehört, ob die Rollenpreisgabe freiwillig oder gezwungenermaßen erfolgt, wie zentral die preisgegebene Rolle für die Identität der Person gewesen ist, ob die Rollenpreisgabe reversibel ist, wie viel Zeit der ganze Prozess gekostet hat, und ob die Person allein oder mit anderen diesen Übergang bewältigen musste. Rollenübergänge und Rollenpreisgaben sind heutzutage verbreiteter als in der Vergangenheit. Früher war ein Status

Rollenüberforderung: Rollenerw. eines einz. Status übersteigen Möglichkeiten
Rollenkonflikt: unvereinbare Rollenerwartungen 2 unterschiedl. Status
Inter RK: Rolle Vater/Lehrer
Intra RK: Erwartungen v. Schülern ↔ Eltern an Lehrer

wie Ehestand, Beruf, Religionszugehörigkeit oder auch nur Ortsansässigkeit im allgemeinen lebenslänglich festgelegt, und es spielte keine Rolle, wie zufrieden oder unzufrieden jemand mit diesem oder jenem Status war. Heute müssen wir uns auf eine große Variabilität unseres individualisierten Lebenslaufs einstellen, auf zahlreiche Statuspassagen und Risikolagen (Elder 1985; Kohli 1978; Mayer 1990; Weymann 1989).

Bevölkerung und Sozialstruktur

Ein anderes Element der Sozialstruktur leitet sich von der Zusammensetzung der Bevölkerung ab (vgl. Kap. 19). Die Zusammensetzung einer Bevölkerung bestimmt Chancen und Grenzen möglicher sozialer Beziehungen. So wie wir ein Individuum seinem persönlichen Status-Set gemäß beschreiben können (weiblich, asiatisch, Rechtsanwältin, 35 Jahre etc.), so können wir auch eine Gesellschaft entsprechend der Zusammensetzung ihrer Bevölkerung beschreiben (z.B. nach dem Anteil von Frauen, Asiaten, Rechtsanwältinnen, 35 Jahre alten Personen). Die Zusammensetzung der Bevölkerung nach Status ist eines der interessantesten Charakteristika ihrer Sozialstruktur (Blau 1977; Blau/ Schwartz 1983).

Blau hebt besonders zwei Merkmale hervor: Einmal die *Heterogenität* einer Bevölkerung (ihre Zusammensetzung z.B. nach Altersschichtung, Religion und Ethnizität), zum anderen den Grad ihrer *Ungleichheit* (Ausmaß der Unterschiede hinsichtlich Wohlstand, Einkommen oder Macht). In einer Gesellschaft mit hoher ethnischer Heterogenität würde man beispielsweise in etwa gleich viele Individuen aus unterschiedlichen ethnischen Gruppen erwarten. In einer Gesellschaft mit hoher Ungleichheit würde man eine große Zahl Arme und wenige außerordentlich Reiche finden.

Blau ist der Ansicht, dass ein hoher Grad von Heterogenität die Beziehungen zwischen den ethnischen Gruppen begünstigt, beispielsweise Heiratsbeziehungen. In einer Bevölkerung mit einer ziemlich gleichmäßigen Verteilung nach ethnischen Kategorien gibt es einfach mehr Gelegenheit zum Kontakt mit Menschen unterschiedlichster Kategorien, aus denen sich dann neue soziale Beziehungen entwickeln können. Betrachten wir als Beispiel die Situation einer Frau, die in einer sehr homogenen Gesellschaft wie Japan lebt. Die Wahrscheinlichkeit, dass sie einen Nichtjapaner ehelichen wird, ist äußerst gering. Wenn diese Frau nun nach Berlin umziehen würde, in eine Stadt mit hetero-

generer Bevölkerung, würde sich dies ändern. Allein die Heterogenität macht es wahrscheinlicher, dass sie mit einem Nichtjapaner eine Beziehung eingeht. Dies gilt unabhängig von kulturellen Normen für angemessene (eheliche) Verbindungen in verschiedenen Bevölkerungsgruppen. Auch der Grad sozialer Ungleichheit einer Bevölkerung hat Folgen für die Sozialbeziehungen, hier zwischen Menschen aus verschiedenen sozialen Schichten. Nehmen wir als Beispiel eine Schülerin an einem privaten Gymnasium. In dieser Umgebung gibt es keine Möglichkeit, auch Männer aus anderen sozialen Schichten kennen zu lernen. Falls diese Schülerin nach dem Abitur an eine Massenuniversität geht, wird die Wahrscheinlichkeit steigen, dass sie auch Männer aus anderen sozialen Verhältnissen kennen und lieben lernt.

Makrostrukturelle Muster einer Gesellschaft beeinflussen also die Interaktionen und Sozialbeziehungen von Menschen auch unabhängig von psychologischen Motivationen. Blau behauptet, dass genau in dem Maße, in dem Menschen aus strukturellen Gründen in Kontakt zu anderen sozialen Gruppen treten (so zu unterschiedlichen Ethnien oder Einkommensgruppen), Zwischengruppenbeziehungen gefördert werden. Er schließt daraus, dass soziale Kooperationsbeziehungen zwischen unterschiedlichen Gruppen (in Bildungseinrichtungen, im Beruf, bei Dienstleistungen) große und komplexe Bevölkerungen besser integrieren helfen.

Institutionen

Die Frage, was eine Gesellschaft im Innersten zusammenhält, ist die Kernfrage der Soziologie. Wir haben sie bislang beantwortet mit sozialer Interaktion, mit der Bildung von Netzwerken und mit den Querbeziehungen zwischen den Netzwerken auf Grund von Gelegenheitsstrukturen je nach Gesellschaftstyp. Ein anderer Gesichtspunkt zur Erklärung des Zusammenhalts von Gesellschaften schließt an diese Überlegungen an. Gesellschaften bestehen aus einer Vielfalt von Institutionen, die jeweils spezifische funktionale Leistungen für die Gesellschaft als Ganze erbringen und deshalb auch untereinander von der Erfüllung ihrer Leistung abhängig sind. Nach innen bestehen Institutionen aus routinisierten Verhaltensmustern und Rollenbeziehungen, die ihrer besonderen internen Arbeitsteilung und äußeren Funktion entsprechen (sollten). Die Existenz von Institutionen erleichtert menschliches Handeln ganz außerordentlich. Da es nicht instinktge-

4

steuert, sondern offen und plastisch ist, ist es einerseits extrem lernfähig, andererseits aber auch unsicher, entscheidungsbelastet und gefährdet. Institutionen entlasten individuelles Verhalten durch Vorgaben und Routinen. So dürfte es schwierig sein, um nur drei krasse Beispiele zu nennen, eine Beerdigung, Hochzeit oder Gerichtsverhandlung selbst durchzuführen, ohne auf die dafür vorgesehenen Institutionen zurückzugreifen. Institutionen erleichtern das individuelle Handeln und sie sichern zugleich die Erfüllung zentraler gesellschaftlicher Bedürfnisse. Sie organisieren die für das Überleben einer Gesellschaft essenziellen Verhaltensweisen und sozialen Beziehungen entsprechend der Arbeitsteilung und der funktionalen Differenzierung einer Gesellschaft. Innerhalb der besonderen Institution werden die als entscheidend angesehenen Aufgaben bestimmten Personen zugewiesen, die damit die wichtigsten Positionen und Status innehaben und die damit verbundenen sozialen Rollen wahrnehmen.

Welche zentralen Funktionen erfüllen soziale Institutionen? Die erste ist, neue Gesellschaftsmitglieder in die Welt zu setzen und ihnen jene Sitten, Überzeugungen und Werte beizubringen, die in ihrer Gesellschaft als zentral und richtig angesehen werden. Diese primäre Aufgabe liegt meistens in der Hand der Institution der Familie. Die traditionelle europäische Familie besteht aus Eltern und Kindern. Aufgabe der Eltern ist es, ihre Kinder zu ernähren und ihnen »recht und unrecht« beizubringen, bis sie »erwachsen« sind. Die Rolle der Kinder ist die von »Auszubildenden« für die nächste Generation der Gesellschaft. In anderen Gesellschaften sind Familien anders organisiert, erfüllen aber die gleiche Funktion. Hier reicht die Rolle der Eltern zum Teil weit über die Kernfamilie hinaus bzw. wird die Rolle der Eltern auch von Verwandten, Großeltern, Tanten und Onkeln oder von Freunden und Nachbarn wahrgenommen. Eine zweite zentrale, für das Überleben einer Gesellschaft notwendige Funktion ist, knappe Ressourcen zu mobilisieren, um Güter und Dienstleistungen zu erzeugen und zu verteilen. Deren Erfüllung ist die Aufgabe der Institutionen der Wirtschaft. Eine dritte zentrale Funktion ist der Schutz vor externen und internen Bedrohungen. In unserer Gesellschaft ist dies Sache der staatlichen Institutionen wie z.B. Polizei, Justiz, Bundeswehr. Gesellschaften müssen Menschen schließlich auch bilden und ausbilden, ihnen Kompetenzen und Qualifikationen beibringen, vor allem solche, die mit Status und Rolle als Staatsbürger und Berufstätiger zu tun haben. Dies ist die primäre Funktion des Bildungswesens. Ebenso wichtig ist die Fähigkeit einer Gesellschaft, dem Leben von Menschen Sinn und Zweck zu vermitteln. Traditionell ist dies das Feld von religiösen Institutionen, aber auch von anderen Trägern von Weltanschauungen. Schließlich sind alle Gesellschaften auf die erfolgreiche Produktion und Kommunikation neuen Wissens angewiesen und auf die Anwendung neuen Wissens in der Erzeugung notwendiger und nützlicher Güter. In modernen Gesellschaften erfüllen diese Aufgabe die Institutionen von Wissenschaft, Forschung und Technologie.

In der theoretischen Tradition des Strukturfunktionalismus gilt die gesellschaftliche Integration als abhängig von der erfolgreichen Erfüllung essenzieller Bedürfnisse einer Gesellschaft durch ihre zentralen Institutionen. Solange Institutionen die zentralen Erwartungen der Gesellschaft erfüllen und solange die Menschen in den Institutionen den an sie gerichteten Rollenerwartungen entsprechen, ist die Gesellschaft ein gut zusammengesetztes, geräuschlos arbeitendes Gebilde. Diese funktionalistische Sicht wird von marxistischen Soziologen nicht geteilt, nach deren Ansicht moderne westliche Gesellschaften niemals gut integriert sein und reibungslos funktionieren können. In bürgerlich-kapitalistischen Gesellschaften bestehe ein unauflöslicher Widerspruch zwischen den voranschreitenden technisch-wissenschaftlichen Produktivkräften und den verharrenden Klassenverhältnissen zwischen Kapital und Arbeit (vgl. Kap. 9). Der Fortbestand dieser sozialen Ordnung gilt als Folge von Zwang oder subtilerer Machtausübung durch Recht und Gesetz, Bildung und Erziehung, Medien und Kultur. Nach Auffassung neomarxistischer Soziologen der Kritischen Theorie bestimmt die politische Ökonomie des Kapitalismus das Verhältnis von materieller Basis und Kultur, die Beziehungen zwischen sozio-ökonomischer Lage und Massenbewusstsein sowie das Verhältnis zur Demokratie und auch die Zerstörung der inneren und äußeren Natur durch eine instrumentelle Wissenschaft (Dubiel 1988).

Obwohl sich also nicht alle Soziologen darüber einig sind, in welchem Ausmaß soziale Institutionen dazu beitragen, die Teile einer Gesellschaft zu einem funktionierenden Ganzen zu integrieren, herrscht doch weitgehend Konsens darüber, dass Institutionen der entscheidende Ort sind, an dem sich sozialer Wandel in Gesellschaften vollzieht. Um wieder ein Beispiel zu geben: In vielen vorindustriellen Gesellschaften war die Erzeugung und Entwicklung, Invention und Innovation neuen Wissens Angelegenheit der religiösen Institutionen. Wunderheiler, Seher, Schamanen und Propheten wurden als die größten Kenner der Natur der Welt und ihrer Menschen angesehen und geachtet. In modernen Gesellschaften ist diese Funktion typischerweise an die Institution Wissenschaft gebunden. Religion ist nur noch für die »letzten Dinge« zuständig, die dem Leben Sinn und Ziel geben. Im Lauf der Modernisierung sind die Funktionen zentraler Institutionen einem durchgreifenden Wandel unterworfen worden.

Es ist nicht notwendig, dass sich im Zuge des sozialen Wandels die Institutionen in der Wahrnehmung zentraler Funktionen einer Gesellschaft nacheinander ablösen. Institutionen unterliegen selbst fortlaufend einem tiefgehenden Wandel als Elemente der Sozialstruktur (Schäfers 1997, 1998), ohne dass sie abgelöst werden müssen. Noch in den fünfziger und sechziger Jahren bestand der traditionelle deutsche Haushalt aus einem arbeitenden Hausvater, der Hausmutter und zwei Kindern. Heutzutage sind solche Familien in den Städten bereits in der Minderheit (Bertram/Bayer/Bauereiß, 1993). Die Mehrheit besteht aus alternativen Arrangements des Zusammenlebens: aus unverheirateten Paaren, alleinerziehenden Eltern oder aus Familien, deren Mitglieder bereits mehrere Scheidungen hinter sich haben und die dadurch eine heterogene Zusammensetzung von Eltern und Kindern aufweisen. So ist die Institution der Familie zwar einem tiefgehenden Wandel unterworfen, die Familie besteht aber als *Institution* fort und erfüllt immer noch die gleichen elementaren Funktionen in der Gesellschaft: Regulierung des Sexualverhaltens, Aufzucht von Kindern, Sozialisation und Erziehung der nächsten Generation für ihr Leben als Erwachsene (Nave-Herz 2002; Blossfeld 1995). Auch die Beziehungen zwischen den Institutionen sind einem Wandel unterworfen. So gab es einen Funktionsverlust der Familie gegenüber der Ökonomie. Die traditionelle Bauernfamilie war gleichzeitig das Zentrum ökonomischer Produktion und das der Kinderaufzucht und Sozialisation. Heutzutage sind die mit den Institutionen Familie und Ökonomie verbundenen Rollen im allgemeinen strikt getrennt. Die meisten Menschen »erzeugen« ökonomische Güter am Arbeitsplatz und ziehen ihre Kinder zu Hause auf.

Ganz abgesehen von diesen verschiedenen historischen Veränderungen im Zuge der gesellschaftlichen Modernisierung sind Institutionen aber nach wie vor die entscheidende Quelle von Kontinuität und Stabilität in Gesellschaften. Denn die essenziellen Bedürfnisse menschlicher Gesellschaften haben sich über die Jahrtausende nicht verändert: Produktion der notwendigen Güter und Dienstleistungen für das Überleben, Sozia-

lisation neuer Generationen, Allokation knapper Ressourcen und politische Entscheidungen für die Zukunft. Der ziemlich stabile Bestand an Status und Rollen, an Werten und Normen, die an soziale Institutionen gebunden sind, sorgen dafür, dass die essenziellen Aufgaben einer Gesellschaft auch weiterhin erfüllt werden. Die Menschen, die die unterschiedlichen Positionen und Status innehaben, die die zugehörigen Rollen spielen und von den damit verbundenen Normen und Werten überzeugt sind, kommen und gehen, aber in jeder neuen Generation wird dieselbe anliegende Arbeit getan, werden dieselben gesellschaftlichen Bedürfnisse erfüllt werden müssen.

Gesellschaft und Gesellschaftstheorie

Ausgehend von den angesprochenen essenziellen Bedürfnissen der Gesellschaft versucht die funktionalistische **Modernisierungstheorie**, die elementaren Voraussetzungen, die jede Gesellschaft erfüllen muss, zu bestimmen (vgl. Kap. 10 u. 18). Es sind der Erhalt ihrer Struktur in den wesentlichen Elementen, ihre Integration als soziales System, die Verwirklichung zentraler Ziele und die Anpassung an Veränderungen in der Umwelt. Parsons (1971, 1966) weist diese zentralen Funktionen unterschiedlichen, sich historisch ausdifferenzierenden und autonom werdenden Teilsystemen der Gesellschaft als besondere Aufgabe zu: so den gesellschaftlichen Teilsystemen Kultur, Erziehung, Bildung, Rechtspflege, Politik, Ökonomie, Wissenschaft und Technik. Parsons behauptet weiter, dass es einen universalen Evolutionsverlauf moderner Gesellschaften gibt, der von unkontrollierter zu kontrollierter Affektivität der Menschen, von totalem Bindungsanspruch an das Individuum zu spezialisierten und vielfältigen Beziehungen, vom Kollektivismus als Organisationsform zur Individualisierung des Lebens, von zeitlich und örtlich partikularen Wertorientierungen zu universalen Normen, von der Herkunftsabhängigkeit des gesellschaftlichen Rangs zur Zuweisung von Status nach persönlicher Leistung geführt habe. Zur Evolutionsgeschichte der modernen Gesellschaft gehört auch die Ausgliederung von Ämtern aus der Beherrschung durch Verwandtschaftssysteme, die fortschreitende Differenzierung der sozialen Schichtung, die allgemeine Durchsetzung von Markt, Eigentum und Geldwirtschaft, die rasante und durchgreifende Mobilisierung aller menschlichen und materiellen Ressourcen und ein zuvor nie gekanntes wirtschaftliches Wachstum. Die Beziehungen der Bürger werden in modernen Gesellschaften durch allgemein gültige Normen, durch Vertrag und Recht, geregelt, nicht durch Tradition und Willkür. Vielfältige demokratische Assoziationen und legitime Konsensbildung vergrößern die politische Partizipation der Individuen und Gruppen. Konflikte und Konfliktregelungen werden rechtlich und politisch institutionalisiert und zivilisierter. Parsons (1972:9) betont: »[…] die moderne Gesellschaft [ist] nur auf einem einzigen evolutionären Schauplatz, dem Westen, entstanden […], d. h. im Wesentlichen in Europa […]«. Die moderne westliche Gesellschaft ist von universaler Bedeutung für die Geschichte der Menschheit, und ihre Evolution ist keineswegs zu Ende. Denn der globale Wettbewerb, die Konkurrenz politischer Eliten und soziale Bewegungen fördern weiterhin in einer Wechselwirkung von Anpassungsvorgängen und Selektionsprozessen die Evolution. Besonders einflussreich ist hier die Konkurrenz zwischen führenden und aufholenden Nationen. In bereits saturierten Staaten bildet sich jedoch starker Widerstand gegen weitere Innovationen aus, gespeist aus Ungewissheit und Angst vor der Zukunft, aber auch durch Interessengruppen, die den von ihnen erreichten privilegierten Status quo um jeden Preis zu wahren suchen. Soziale Innovationen sind deshalb immer konfliktreiche, unsichere Suchprozesse mit ungewissem Ausgang (Zapf 1994).

Wir wollen uns abschließend mit zwei Problemen moderner Gesellschaften befassen (Weymann 1998, 1999): Einmal mit der Frage nach dem Verhältnis von moderner Gesellschaft und ihren zahlreichen, oft alten Gemeinschaften, und zum anderen mit der Frage nach der Zukunft moderner Gesellschaften, die im allgemeinen die Form des Nationalstaats angenommen haben.

Beim Verhältnis von Gesellschaft und Gemeinschaft denken wir u.a. an den so unterschiedlichen Platz, den das Individuum in Gemeinschaften und Gesellschaften einnimmt. Gesellschaften haben historisch gesehen Gemeinschaften als überkommene und als natürlich empfundene Umwelt des Individuums abgelöst oder diese zumindest in ihrer Bedeutung eingeschränkt. Exemplarisch dafür ist die Ablösung der Großfamilie in ihrer autonomen Funktion als Produktions-, Ernährungs-, Erziehungs-, Bildungs-, Verteidigungs-, Pflege-, Altersversorgungsgemeinschaft durch eine Vielzahl funktional spezialisierter Institutionen der Gesellschaft, die das moderne Leben von der Geburtsklinik, dem Kindergarten und der Schule über den Betrieb und die Krankenversicherung bis zur Rente und dem Altersheim

gestalten. Manche Soziologen sprechen deshalb von einer Kolonialisierung der Lebenswelt durch die moderne Gesellschaft (Habermas 1981), andere sind sogar davon überzeugt, dass sich moderne Gesellschaften überhaupt nicht mehr auf Individuen, auf Interaktionen und Netzwerke zurückführen lassen (Luhmann 1997). Das Spannungsverhältnis zwischen Individuen, Gemeinschaften und der verfassten staatlichen Gesellschaft ist in modernen Gesellschaften überall sichtbar. Es zeigt sich in der weitreichenden Individualisierung der Lebensformen und Lebensläufe (Beck 1986), in zahlreichen Vereinigungen, Bürgerinitiativen, sozialen Bewegungen, Interessengruppen, aber auch im überkommenen Stolz der Landeskinder auf ihr Bundesland oder im städtischen Lokalpatriotismus. In der sozialwissenschaftlichen Theorie hat sich der Konflikt zwischen einem liberalen Gesellschaftsverständnis, das auf der fairen Verbindung von Individuen zu einer Gesellschaft über Verfassung, Markt und Recht aufbaut (Rawls 1971, 1993), und einem auf der Bewahrung und Entwicklung von Gemeinschaften aufbauenden Verständnis der Gesellschaft in einer interessanten Kontroverse niedergeschlagen. Der Kommunitarismus kritisiert das in westlichen, modernen Gesellschaften vorherrschende liberale Gesellschaftskonzept mit dem Argument, dass auch diese Gesellschaften des Gemeinsinns ihrer vielfältigen Gemeinschaften bedürfen und die liberalen Gesellschaften des Westens selbst eine besondere Art von Gemeinschaft unter den Gesellschaften der Erde seien. Der Kommunitarismus verlangt deshalb eine Rückbesinnung auf die gemeinschaftlichen Grundlagen moderner, liberaler Gesellschaften. Er will Familie, Schule, Nachbarschaft, Vereine als natürliche Umwelt erneuern, und er will die Wertegemeinschaft (Joas 1997) der westlichen Gesellschaften wieder stärker in das Bewusstsein rufen. Denn, so der Kerngedanke, nicht Vertragsbeziehungen und Marktfreundschaften verbinden Menschen, sondern lebendige Sinngemeinschaften (Walzer 1983; Honneth 1993).

Beim Begriff Gesellschaft denken wir auch an den Nationalstaat, an die deutsche, englische, französische, niederländische jeweils nationalstaatlich verfasste moderne Gesellschaft (Breuer 1998; Smith 1998). Zum modernen Nationalstaat gehören das Gewalt- und Steuermonopol sowie die Garantie innerer und äußerer Sicherheit, die alleinige Zuständigkeit für Rechtssetzung und Rechtsdurchsetzung, die anerkannte Souveränität nach innen und in den Außenbeziehungen, die anerkannte politische Legitimität nach innen durch Beteiligung aller Bürger, sowie eine Identität der Bürger als politischer Gemeinschaft. Diese Formgebung moderner Gesellschaft in der Fassung des Nationalstaates ist zwar heute eine verbreitete Organisationsform von Gesellschaft, sie ist aber nicht die einzig mögliche. Das erscheint nur so aus dem Blickwinkel der Gegenwart und insbesondere aus europäischer und nordamerikanischer Perspektive. Es gibt aber Staaten, in denen mehrere Gesellschaften existieren (Kanada und die Schweiz), und es gibt Gesellschaften, die über gegenwärtige Staatsgrenzen hinaus reichen und einen eigenen Nationalstaat beanspruchen (Kurden, Basken, Iren). Viele Gesellschaften haben auch die Form des modernen Nationalstaates noch nicht erreicht. Im Zuge der Globalisierung von Märkten, Information, Infrastruktur und Recht stellt sich die Frage nach der Rolle souveräner nationalstaatlicher Gesellschaften, die uns aus der modernen Geschichte Europas, vor allem aus dem 19. Jahrhundert so vertraut ist, noch einmal ganz neu und dieses Mal weltweit (Hobsbawm 1990). Die Reichweite nationalstaatlicher Gesellschaften deckt sich immer weniger mit den internationalen Handlungszusammenhängen in Wirtschaft, Technik, Verkehr, Kommunikation (Berger/ Dore 1996; Weiss 1998). Erhalt und Herstellung von Integration und Identität einer Gesellschaft gehen daher zunehmend über die nationale Gesellschaft hinaus. Sie benötigen internationale, transnationale und supranationale Regeln und Institutionen (Beck 1997; Zürn 1998).

Die moderne, nationalstaatlich verfasste Gesellschaft befindet sich damit in einem Spannungsfeld von Außenbeziehungen und Globalisierungsprozessen einerseits, von subnationalen, regionalen, gemeinschaftlichen Kräften andererseits. Für die soziologische Analyse ist diese Dynamik im Prinzip kein neuer Gegenstand. Sie bestimmte die Geschichte moderner Gesellschaften bereits seit dem 16. und 17. Jahrhundert und fand ihren Niederschlag in der Theoriegeschichte der Sozialwissenschaften, bei Klassikern wie Niccolò Machiavelli, John Locke, David Hume, Adam Smith, Émile Durkheim, Max Weber und Talcott Parsons. Die Soziologie ist zusammen mit der Politikwissenschaft und der Wirtschaftswissenschaft aus der Analyse und Auseinandersetzung mit der historischen Entwicklung moderner Gesellschaften von der traditionalen, feudalen und religiös-klerikalen Gesellschaft zur modernen Gesellschaft hervorgegangen (Weymann 1999). Die gegenwärtige Globalisierung vergrößert jedoch das Tempo und den Tiefgang der bisherigen Entwicklung. Die Soziologie muss daher – neben der Mikroebene der sozialen Interaktion, der Mesoebene der Netzwerkbildung und der Makroebene der *Sozialstruktur* – im Zuge der fortschreitenden Globalisierung auch die internationale und supranationale Ebene der Gesellschaften sowie deren Rückwirkung auf die Binnenstruktur der Gesellschaften stärker beachten.

Zusammenfassung

1. Ständig sind wir in soziale Interaktionen eingesponnen. Wir orientieren uns an anderen Personen und reagieren auf sie. Interaktion ist immer zielgerichtet, sinnhaft und auf angebbare Personen oder Gruppen bezogen. Interaktion ist immer geordnet, nicht chaotisch, sei sie nun komplementär oder kooperativ, von Wettbewerb geprägt oder erzwungen. Soziologen haben fünf unterschiedliche theoretische Perspektiven auf die Ordnung von Interaktion entwickelt.

2. Eine erste theoretische Perspektive befasst sich damit, wie Personen eine bestimmte Situation definieren. In vielen Fällen ist die Bedeutung einer Situation von vornherein allen Beteiligten klar, aber nicht selten ist die Situation auch unklar oder vieldeutig. Durch fortgesetzte Interaktion können die Interaktionspartner zu einer gemeinsamen Situationsdefinition und auch zu einer gemeinsam ausgehandelten sozialen Ordnung gelangen.

3. Die Perspektive des symbolischen Interaktionismus interessiert sich vor allem für die in sozialer Interaktion auftretenden und erzeugten Symbole. Durch Gestik, Mimik, sprachliche und andere Symbole und durch die wechselseitige Rollenübernahme sind Menschen in der Lage, ihr Verhalten untereinander zu koordinieren.

4. Die dramaturgische Perspektive betrachtet soziale Interaktion als eine Art Theateraufführung mit einer Bühne, diversen Kulissen, Übungsräumen und Garderoben und mit zahllosen Kostümen und Staffagen. In dieser Theaterperspektive kann man sagen, dass wir alle damit beschäftigt sind, Eindruck zu machen.

5. Die Ethnomethodologie interessiert sich für Interaktion vor allem von der Innenseite her. Sie befasst sich mit der Art und Weise, in der Menschen alltäglichen Interaktionen Sinn abgewinnen, indem sie auf häufig unbewusst geteilte Regeln und Wissenselemente zurückgreifen, die sie dann auf Situationen anwenden.

6. Die Austauschtheorie schließlich betrachtet die Wechselseitigkeit als das entscheidende Element menschlicher Interaktion. Sie hat ihre Grundlagen in der Rational Choice-Theorie. Diese geht von den beiden Annahmen aus, dass Menschen die erwarteten Gewinne ihres geplanten Handelns gegen die erwarteten Kosten aufrechnen und die Einschätzung erwartbarer Gewinne ein Ergebnis früherer Erfahrung ist.

7. Das Gewebe sozialer Beziehungen zwischen Gruppen von Menschen, das direkt oder indirekt durch Interaktionen, Kommuni-

4

kation, Zusammenarbeit und Tauschprozesse entsteht, nennen wir ein Netzwerk. Wenn wir Netzwerke analysieren, achten wir auf Knoten, Verknüpfungen und Muster. So unterscheiden sich Netzwerke untereinander in Größe, Dichte, Erreichbarkeit, Umfang und Zentralität. Die Forschung zeigt, dass sogar (und nicht zuletzt) »weiche« Verknüpfungen außerordentlich wichtig sein können, z.B. um eine Arbeit zu finden, und sie zeigt ferner, dass Macht insbesondere von der Platzierung innerhalb eines Netzwerks abhängt.

8. Sozialstruktur besteht aus stabilen und dauerhaften sozialen Organisationen, Institutionen und Verteilungen von Ressourcen, die das individuelle Verhalten durch einen Opportunitätsraum begünstigen oder beschränken. Zu den Elementen von Sozialstruktur gehören neben den bereits genannten Netzwerken auch Status und Rolle, vor allem der Aspekt der Ungleichheit in der Verteilung von Status.

9. Zu jeder Zeit sind Personen die Eigentümer einer größeren Zahl recht unterschiedlicher Status. Wir unterscheiden zwischen zugeschriebenem Status, wobei die Person auf die Zuschreibung keinen Einfluss hat, und erworbenem Status, den die Person durch eigene Anstrengung erreicht hat. Zum Ersten gehören beispielsweise Geschlecht oder ethnische Kategorisierung, zum Zweiten gehören etwa der Bildungsabschluss oder das Einkommen. Mit jedem Status ist eine gesellschaftlich vorgeschriebene Rolle verbunden, also ein ganzer Satz von Verhaltenserwartungen, Attitüden, Verpflichtungen und Privilegien. In gewissem Rahmen, der jeweils auszuloten ist, sind Personen frei, Rollen zu interpretieren und mit ihnen zu spielen, ihnen also ihren eigenen persönlichen Stil zu geben.

10. Die Verteilung von sozialem Status in einer Gesellschaft und die Zuordnung von Personen prägt die Muster der gesellschaftlichen Be-

ziehungen. Die Struktur von Ungleichheit und Heterogenität in einer Gesellschaft wirkt sich auf Art und Möglichkeiten von persönlichen und von Gruppenbeziehungen massiv aus. Querverbindungen zwischen Gruppen und Netzwerken sind wichtig für die Integration einer modernen, komplexen Gesellschaft.

11. Ein anderer Blick auf die Integration komplexer moderner Gesellschaften ergibt sich aus der Untersuchung von Institutionen als funktional spezialisierten Subsystemen. Zu den wichtigsten Institutionen gehören beispielsweise Familie, Regierung, Religion, Wirtschaft, Justiz usw. Institutionen erfüllen elementare gesellschaftliche Funktionen nach außen, nach innen sind sie eine Quelle der Stabilität für das Verhalten ihrer Mitglieder. Veränderungen in der Funktion von Institutionen nach innen und nach außen haben Auswirkungen auf Sozialstruktur und Gesellschaft insgesamt.

12. Mit Gesellschaft bezeichnen wir eine autonome Gruppierung von Menschen, die auf einem gemeinsamen Territorium leben, eine gemeinsame Kultur teilen, die untereinander mit routinisierten Interaktionen verbunden sind und die voneinander über definierte Status und Rollen abhängen. Die Modernisierungstheorie beschreibt die geschichtliche Dynamik und Eigenart der typischen modernen westlichen Gesellschaft und ihre weltweite Durchsetzung. Ein wichtiges Element der modernen Gesellschaft ist die Fähigkeit zu immer neuer Innovation im Wettbewerb. In den Prozess der Globalisierung ist die nationalstaatlich verfasste Gesellschaft durch inter- und transnationale Regeln und Institutionen eingebunden. Trotz aller Modernisierung stützt sich aber auch die moderne Gesellschaft auf viele Gemeinschaften.

Wiederholungsfragen

1. Beschreiben Sie, was Soziologen unter der Definition einer Situation verstehen.

2. Unterscheiden Sie in kurzen Darstellungen die fünf theoretischen Perspektiven auf Interaktion: Definition der Situation, den symbolischen Interaktionismus, den dramaturgischen Ansatz, die Ethnomethodologie und den sozialen Austausch.

3. Erklären Sie, weshalb Netzwerke den elementaren sozialen Kontext im Leben der Menschen ausmachen.

3. Skizzieren Sie, wie Ihr eigenes Netzwerk aussieht im Hinblick auf beteiligte Personen, Reziprozität, Dichte, Symmetrie, Erreichbarkeit und Ihre eigene Positionierung.

4. Vergleichen Sie Ihr eigenes Netzwerk mit dem Netzwerk anderer Personen.

5. Unterscheiden Sie Status und Rolle durch knappe Definitionen und durch knappe Darstellung von Beispielen.

6. Beschreiben Sie die deutsche Gegenwartsgesellschaft unter den Gesichtspunkten ihrer historischen Modernisierungsgeschichte als typisch europäische Gesellschaft sowie unter dem Gesichtspunkt des Verhältnisses von Gemeinschaften und Gesellschaft und unter dem Aspekt von Globalisierungsfolgen.

Übungsaufgaben

1. Man hat Sie als Soziologin/Soziologe darum gebeten, für das Bundesparlament oder ein Landesparlament eine Stellungnahme zum Problem der Armut in dieser Gesellschaft abzugeben. Begründen Sie, ob und weshalb Sie hier einen mikrosoziologischen (interaktionistischen), mesosoziologischen (netzwerktheoretischen, institutionstheoretischen) oder makrosoziologischen (gesellschaftstheoretischen, sozialstrukturellen) Ansatz wählen würden.

2. Glauben Sie, dass es zwischen Tieren auch so etwas wie soziale Interaktion gibt in dem Sinne, wie Interaktion in diesem Kapitel beschrieben wurde?

3. Wählen Sie eine Rolle, die in Ihrem Leben wichtig und sinnvoll ist: z.B. als Freundin oder Freund, als Studentin oder Student, als Familienmitglied, oder auch einfach die Rolle, jemanden erstmals zu treffen oder auf eine Party zu gehen. Erklären Sie, wie Sie die gewählte

Situation definieren würden, so dass sie eine klare Bedeutung und einen klaren Sinn hat, und wie von dieser Situationsdefinition aus die Anforderungen an die gewählte Rolle auszufüllen sind.

4. Denken Sie an eine unangenehme Begebenheit aus Ihrer Schulzeit zurück: an eine nicht bestandene Klassenarbeit, an Klausur oder Examen, an eine schief gegangene Beziehung oder an einen Streit mit einem Lehrer. Benutzen Sie die jetzt bekannten unterschiedlichen theoretischen Erklärungen für dieses Erlebnis mit Hilfe von Situationsdefinition, symbolischer Interaktion, dramaturgischem Ansatz, Ethnomethodologie, Tauschtheorie, Rolle und Funktion von Institutionen.

5. Bestimmen Sie den Charakter Ihrer Heimatstadt unter den Gesichtspunkten von sozialer und kultureller Heterogenität und Ungleichheit und deren Folgen für Ihr eigenes Leben.

Glossar

Ausgehandelte soziale Ordnung Im Zuge von Interaktionsprozessen erreichtes Arrangement von Situationsdefinitionen und institutioneller Struktur.

Dramaturgischer Ansatz Theoretische Perspektive, die soziale Interaktion in Analogie zu einer Theateraufführung beschreibt, in der Menschen ihr Verhalten dramaturgisch so gestalten, dass sie die von anderen gewünschten Reaktionen erzeugen.

Eindrucksmanagement Bemühen der Menschen, das Verhalten anderer ihnen gegenüber durch die Gestaltung des eigenen Eindrucks zu kontrollieren.

Erworbener Status Status, den eine Person vor allem durch eigene Anstrengungen erreicht; Gegenbegriff: zugeschriebener Status.

Ethnomethodologie Untersuchung sozialer Interaktion, die sich darauf konzentriert, wie Menschen Sinn und Bedeutung in alltäglichen Interaktionen erzeugen.

Grenznutzen Subjektive Wertschätzung, die ein Konsument der letzten konsumierten Gütereinheit beimisst; jede zusätzliche Gütereinheit erzeugt einen geringeren Grenznutzen als die vorhergehende.

Kommunitarismus Eine aus der Kritik der modernen liberalen westlichen Gesellschaften hervorgehende Betonung der Rückbesinnung auf die gemeinschaftlichen Grundlagen dieser Gesellschaftsordnung.

Lebenswelt Natürliche Weltanschauung, die als intersubjektiv unterstellte Welt des Alltags, Vertrautheit und Bekanntheit der alltäglichen Umwelt.

Leit-Status Status, der in einem bestimmten sozialen Kontext dominant ist.

Makrosoziologie Analyse in Raum und Zeit relativ konstanter sozialer Systeme und Strukturen (einschließlich des sozialen Wandels) und deren Effekte auf soziales Verhalten und Institutionen.

Master-Status Status, der weitgehend die soziale Identität einer Person definiert.

Mesoebene Untersuchungsebene zwischen Mikrosoziologie und Makrosoziologie, zu der das Geflecht zwischenmenschlicher Beziehungen gehört, also Netzwerke, Institutionen und Organisationen.

Mikrosoziologie Analyse sozialer Daten aus Alltagsstudien sozialen Verhaltens und direkter Interaktion.

Modernisierungstheorie Theorie der funktional differenzierten und sich im evolutionären Wettbewerb mit anderen Gesellschaften entwickelnden modernen Gesellschaftsordnung, die durch Konkurrenzdemokratie, Marktwirtschaft, Wohlfahrtsstaat und Massenkonsum gekennzeichnet ist.

Netzwerk Beziehungsgewebe in einer Gruppe von Leuten, die durch Kommunikation und andere Austauschprozesse direkt oder indirekt miteinander verbunden sind.

Rational Choice-Theorie Theorie der rationalen Wahlen der Eigentümer von Ressourcen, aus deren Austauschbeziehungen Institutionen, Märkte, Rechtsverhältnisse und komplizierte Sozialstrukturen moderner Gesellschaften wie auch individuelle oder kollektive Entscheidungsprozesse erklärt werden.

Rolle Bündel von Verhaltenserwartungen, Einstellungen, Verpflichtungen und Privilegien, die von jedem erwartet werden, der einen bestimmten Status innehat.

Rollenflucht Rückzug aus einer Rolle, die bislang zentral für die soziale Identität einer Person war.

Rollenkonflikt Konkurrierende oder unvereinbare Rollenanforderungen aus zwei oder mehreren Status oder konfligierende und unvereinbare Anforderungen innerhalb der Elemente eines einzigen Status.

Rollen-Set Bündel unterschiedlicher Rollen, die mit einem bestimmten Status verknüpft sind.

Rollenüberforderung Schwierigkeit, den vielfältigen und anspruchsvollen Anforderungen einer Rolle gerecht zu werden, die mit einem bestimmten Sozialstatus verbunden sind.

Rollenübernahme (auch Perspektivenübernahme) Hineinversetzen in die Rolle eines anderen, das es ermöglicht, die Rolle des anderen zu verstehen.

Signifikantes Symbol Gesten oder Zeichen, ausgestattet mit einer bestimmten symbolischen Bedeutung, die von Menschen in einer bestimmten Kultur geteilt werden.

Soziale Interaktion Prozess, in dem Menschen sich aufeinander hin orientieren und in dem sie in wechselseitiger Reaktion auf ihr jeweiliges Verhalten handeln.

Sozialer Status Position in einer Sozialstruktur, die bestimmt, wo der Platz einer Person innerhalb der sozialen Ordnung ist.

Status-Set Gesamtbestand an sozialen Positionen, die eine bestimmte Person zu einer bestimmten Zeit einnimmt.

Vertragstheorie (kontrafaktische) Vorstellung eines Gesellschaftsvertrages, die von einer Vereinbarung freier und gleicher Bürger über die Grundlagen des gesellschaftlichen Zusammenlebens ausgeht, mit dem Ziel einer durch Gerechtigkeit legitimierten Gesellschaftsverfassung, die Priorität vor Marktkräften und Gemeinschaften hat.

Kapitel 5

Sozialisation

Inhalt

5

In einer chinesischen Grundschule arbeiten Drittklässler emsig in ihrer Werkstatt. Die Werkstatt ist einer nahe gelegenen Fabrik angeschlossen, die unter anderem Spielsteine aus Holz für das chinesische Schachspiel herstellt. In Gruppen arbeiten die Kleinen fleißig an einer Reihe aufeinander folgender Aufgaben: Zuerst schleifen sie die Ränder der Spielsteine ab, prägen ihnen Schriftzeichen auf, malen sie an und verpacken sie zuletzt in Schachteln. Ältere Kinder verbringen mehr Zeit in der Werkstatt, jüngere weniger. Aber alle sind stolz darauf, »produktive Arbeit« für den Staat zu leisten. Sie erzählen einem Team amerikanischer Sozialwissenschaftler, das nach China gekommen ist, um das chinesische Bildungssystem zu untersuchen, dass ihre Arbeit »dem Volk dient« (Kessen 1975).

Auch in einem japanischen Kindergarten geht es ziemlich anders zu, als wir es aus westlichen Ländern gewohnt sind. Die Erzieherin fordert die Kinder auf, eine Reihe von Bildern zu malen, die eine zusammenhängende Geschichte ergeben. Nachdem die Kinder sich entschieden haben, welche Geschichte sie »erzählen« wollen, erinnert die Erzieherin sie daran, dass sie verschiedene Bilder malen müssen, die zusammenpassen; sie sollen nicht alle das gleiche Bild malen, wie es westliche Kindergartenkinder in der Regel tun. Die Erzieherin stellt die Farben in die Tischmitte, wo sie bei Balgereien auch verschüttet werden dürfen, und teilt absichtlich weniger Pinsel aus, als Kinder da sind. Beim Malen »konferieren« die Kinder, welchen Teil der Geschichte sie als nächsten malen wollen, und können es kaum erwarten, bis sie mit Pinsel und Farben an der Reihe sind.

Jede Gesellschaft formt ihre Kinder nach dem Bild ihrer eigenen Kultur. Im antiken Sparta sollten die Knaben durch Abhärtung und Entbehrungen Disziplin, Gehorsam, physische Tapferkeit und Selbstverleugnung lernen. Elterliches Erziehungsideal im nahen Athen hingegen waren Söhne, die sowohl künstlerisch sensibel und breit gebildet als auch sportlich waren. Unterschiedliche Erziehungsmethoden bringen nicht nur ganz verschiedene Individuen, sondern auch verschiedene Gesellschaftstypen hervor (Berger/Berger 1979). Heute ermutigen Angehörige der Mittel- und Oberschicht in westlichen Gesellschaften die Kinder dazu, ihre individuellen Fähigkeiten zu entwickeln und sich in ihren Leistungen mit Gleichaltrigen zu messen. Die Chinesen hingegen fördern Gruppenloyalität und die Bereitschaft, sich zum Wohl der Gesellschaft aufzuopfern. Und die Japaner bringen den Kindern Teamarbeit und Kooperation bei der Lösung von Problemen

bei. Den Prozess, durch den solche grundlegenden Kulturelemente den Mitgliedern einer Gesellschaft vermittelt werden, nennen wir **Sozialisation**.

Durch die **Sozialisation** entwickeln die Menschen spezifische Fähigkeiten zum *sozialen Handeln*. Dazu gehören, wie wir eben beim Vergleich der Erziehungsziele sahen, die umfassenden *Kultur*stile einer Gesellschaft. Durch die Sozialisation werden auch die spezifischen Merkmale von Individuen geformt, weil sie nicht nur ein Aneignungsprozess ist, sondern auch ein Prozess der Identitätsbildung. Als Jugendliche können die Menschen sogar ihre eigene künftige Sozialisation beeinflussen – indem sie sich beispielsweise um Fortbildungsmöglichkeiten wie den Besuch einer Hochschule bemühen.

Sozialisationsprozesse tragen dazu bei, die *funktionale Integration* einer Gesellschaft aufrecht zu erhalten, indem sie den einzelnen Individuen die notwendigen Fähigkeiten, Fertigkeiten und die Motivation zu angemessenem Handeln in den gesellschaftlichen Institutionen vermitteln. Dies ist allerdings nicht immer der Fall. Die Sozialisation, die ein Individuum in einer Gesellschaft erfährt, kann unter Umständen dazu führen, dass es sich später in einer Weise verhält, die nicht mit den Werten dieser Gesellschaft konform, in diesem Sinne also »abweichend« ist.

Die *Struktur* einer Gesellschaft beeinflusst die Sozialisation, indem sie festlegt, welche Fertigkeiten und Motivationen gebraucht werden (gleichgültig, ob es sich um eine große und komplexe Industriegesellschaft oder eine kleine Argrargemeinschaft handelt), und wer welche Sozialisation durchläuft. Mit anderen Worten, es ist kein Zufall, dass es in einer Gesellschaft unterschiedliche Sozialisationsmuster für Arme und Reiche und für Frauen und Männer gibt. In diesen Unterschieden spiegelt sich sowohl die für die Gesellschaftsstruktur charakteristische Gliederung als auch die *Macht*verteilung in der Gesellschaft wider.

So weiß man aus zahlreichen Untersuchungen, dass Kinder aus verschiedenen sozialen Schichten unterschiedlich sozialisiert werden (siehe unten); zum Beispiel legen Arbeitereltern mehr Wert auf Tugenden wie Disziplin und Ordnung, Eltern aus der Mittelschicht hingegen auf Werte wie Selbständigkeit und Eigenverantwortung. Man hat ferner

Unterschiede in der Art des sprachlichen Handelns, der Handlungsmotivation und der zeitlichen Perspektive des Handelns festgestellt. Auch andere sozialstrukturelle Unterschiede, zum Beispiel zwischen Stadt und Land oder zwischen verschiedenen ethnischen beziehungsweise kulturellen Gruppen, zum Beispiel Immigranten, spiegeln sich in entsprechenden Sozialisationsprozessen wider.

Wenn wir den Einfluss der *Gesellschaftsstruktur* und *Macht*verteilung auf die Sozialisation betrachten, so wird deutlich, dass jedes Individuum sie zwar anders erfährt und mit seinen Entscheidungen beeinflussen kann. Sozialisation ist aber nicht etwas, das sich das Individuum frei aussuchen kann. Vielmehr ist sie ein Prozess, in der das Individuum geformt wird – sowohl von der Gesellschaft als Ganzer als auch von seinem besonderen Ort innerhalb der Gesellschaft.

In diesem Kapitel untersuchen wir den Prozess der Sozialisation. Zunächst stellen wir sie in einen breiteren Kontext, indem wir ihr Zusammenspiel mit dem genetischen Potential analysieren, das mit der Zeugung durch unsere Eltern festgelegt ist. Im zweiten Abschnitt betrachten wir verschiedene Theorien, die zu erklären suchen, wie Sozialisation »funktioniert« und was sie leistet. Danach beleuchten wir die geschlechts- und schichtenspezifischen Sozialisationsmuster in westlichen Ländern und fragen, ob die aufgezeigten Unterschiede dazu beitragen, den sozialen Status über Generationen hinweg zu konservieren. Der vierte Abschnitt untersucht die wichtigsten Instanzen der Sozialisation in der Kindheit, die Gruppen und Organisationen, die den jungen Menschen die Elemente ihrer Kultur vermitteln. Der letzte Abschnitt behandelt die Sozialisation im Erwachsenenalter, vor allem den Prozess, der die Normen und Werte der Erwachsenen koordiniert mit den Werten der Organisationen, in die sie eintreten.

SOZIALISATION: ANLAGE UND UMWELT

Wird das Verhalten einer Person vorwiegend durch ihre biologische Anlage oder durch die Umwelt, in der sie aufwächst, bestimmt (»Erziehung«)? Diese Frage wird seit langem in den Wissenschaften diskutiert. Die eine

Seite behauptet, der menschliche Säugling sei eine weitgehend leere Tafel, die bereit ist, beschrieben zu werden. Danach würde ausschließlich durch die Umwelt bestimmt, zu was für einer Person sich ein Säugling entwickelt. Berühmt geworden sind die Worte des amerikanischen Psychologen John B. Watson (1878-1958), der diese Position am nachdrücklichsten vertrat: »Man gebe mir ein Dutzend gesunder Säuglinge [...] und meine eigene spezifische Welt, in der ich sie erziehen kann, und ich garantiere, dass ich jeden, den ich zufällig herausgreife, so erziehen kann, dass er ein Spezialist nach meinen Wünschen und Vorstellungen wird – ein Arzt, Rechtsanwalt, Künstler, Kaufmann, Chef, ja sogar ein Bettler oder Dieb, unabhängig davon, welche Talente, Vorlieben, Neigungen, Fähigkeiten, Begabungen er besitzt und welcher Rasse seine Vorfahren angehören« (1925:104).

Die Gegenseite argumentiert, dass viele menschliche Verhaltensweisen starke biologische Wurzeln haben: Erfahrung (Erziehung, Umwelteinflüsse) könne diese Verhaltensweisen zwar in gewissem Maße modifizieren, aber selten von Grund auf ändern. Eine relativ neue Forschungsrichtung, die **Soziobiologie**, vertritt die jüngste Version dieser Position. Danach haben die Menschen im Evolutionsprozess nicht nur gewisse anatomische Merkmale (etwa ein großes Hirn und geschickte Hände), sondern auch gewisse Verhaltensmerkmale entwickelt, die ihnen einen Selektionsvorteil gegenüber anderen Spezies verleihen. Als Beispiel wird das Inzestverbot angeführt, das praktisch in allen Gesellschaften gilt (E. O. Wilson 1978). Inzucht, so die soziobiologische Begründung dieses Verbots, bringt tendenziell Nachkommen mit genetischen Defekten hervor; die natürliche Selektion habe daher Individuen begünstigt, die sexuelle Kontakte mit nahen Blutsverwandten meiden, und durch die erbliche Weitergabe dieses Vermeidungsverhaltens über Tausende von Generationen hinweg sei das Inzesttabu zu einer **kulturellen Universalie** geworden. Dieses allen Kulturen gemeinsame Element sei daher ein in den Genen (den Einheiten der Erbinformation) verwurzelter Instinkt.

Allerdings lehnen die meisten Soziologen diese extremen soziobiologischen Thesen ab. Viele weisen darauf hin, dass die Reichweite des Inzesttabus zwischen den Gesellschaften stark variiert. Cousins ersten Grades können in einigen Gesellschaften, aber nicht in anderen heiraten. Ein anderer Einwand lautet, dass soziales Verhalten sich enorm schnell, ja manchmal von einer Generation zur nächsten vollkommen verändern kann. So haben unter dem Einfluss christlicher Missionare einige polynesische Völker ihr promiskuitives Sexualverhalten aufgegeben und die Praxis der vorehelichen Keuschheit übernommen. Wie könnte so etwas geschehen, wenn die Sexualmoral weitgehend genetisch angelegt wäre? Plausibler ist es anzunehmen, dass solche soziale Praktiken von den Menschen *geschaffen* und tradiert werden, weil sie ihnen die Anpassung an Umweltbedingungen und ihre biologische Ausstattung erleichtern. Kurz, der Umweltdruck begünstigt eher verschiedene Formen sozialen Handelns.

Heißt dies, dass die Gene überhaupt keine Rolle in der Entwicklung des Sozialverhaltens spielen? Nein, natürlich nicht. Es heißt lediglich, dass die Gene unser soziales Verhalten nie vollständig determinieren. Die Gene begrenzen vielmehr den Spielraum *möglicher* Reaktionen, auf den die Umwelt einwirkt, um aus einer Fülle potenzieller Verhaltensweisen jene auszulesen, die wegen ihrer selektiven Vorteile übernommen werden. Im folgenden Abschnitt betrachten wir näher, wie diese entscheidende Wechselwirkung zwischen Genen und Umwelt abläuft.

Die Wechselwirkung zwischen Anlage und Umwelt

Am eindrucksvollsten zeigt sich das Zusammenspiel zwischen genetischem Potenzial und Umwelt nicht in der Entwicklung *gemeinsamer* Verhaltensmuster, sondern in der Entwicklung *spezifischer* Stile der sozialen Interaktion, die jeder von uns besitzt, d.h. unserer so genannten Persönlichkeit. Die Menschen kommen mit Verhaltensdispositionen zur Welt, von denen viele Forscher meinen, dass sie weitgehend genetisch bedingt sind. Von den ersten Tagen ihres Lebens an unterscheiden sich Säuglinge in ihrem Aktivitätsniveau, ob sie leicht zu beruhigen sind, in ihrer »Gesprächigkeit« und Aufmerksamkeitsdauer, ob sie in neuen Situationen ängstlich sind und wie häufig sie positive und negative Gefühle haben.

Diese Verhaltensdispositionen »diktieren« nicht, was für eine Person ein Kind wird. In der Tat bleiben diese Muster frühkindlicher Temperamente nicht stabil, wenn der Säugling älter wird, was die Vermutung nahe legt, dass später viele Umwelteinflüsse auf sie einwirken. Einige dieser Umwelteinflüsse resultieren aus Merkmalen der Erwachsenen, die für ein Kind sorgen. So können selbstsichere, gelassene Eltern durch einen geduldigen, beschwichtigenden Pflegestil ein nervöses Kind beruhigen. Ängstliche Eltern hingegen, die unter

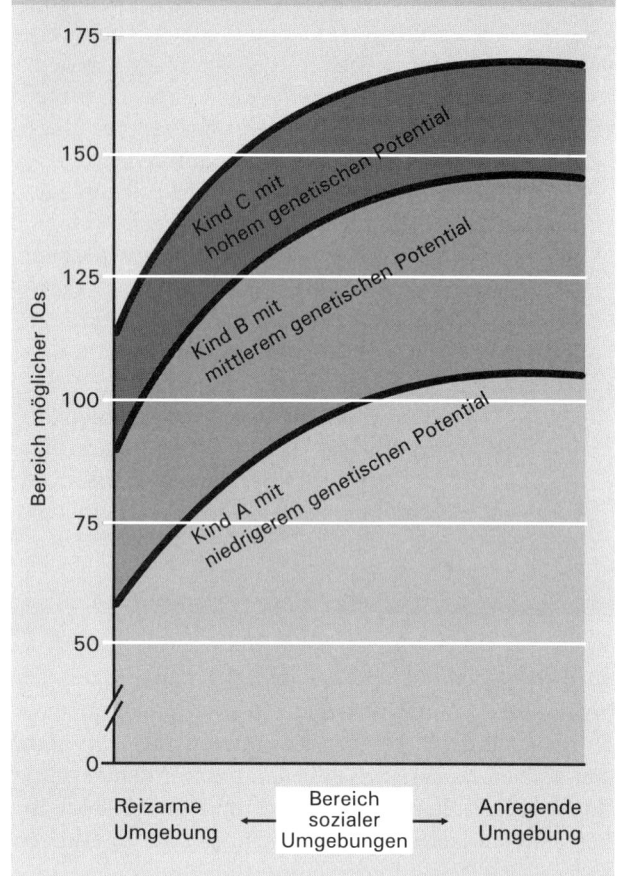

Schaubild 5.1: Die Wechselwirkung zwischen ererbtem Potenzial und sozialer Umwelt (IQ)

Zwar begrenzt das ererbte Potenzial den Spielraum der Sozialisation, doch beeinflusst die soziale Umwelt stark das Ausmaß, in dem das ererbte Potenzial verwirklicht werden kann. Das gilt besonders für Kind C, das über das größte Potenzial im obigen Schaubild verfügt. Bei einer reizarmen Umgebung ist es möglich, dass Kind C weniger von seinem Potenzial realisiert als Kind B, das in einer vorteilhaften Umwelt aufwächst.

hohem Stress stehen, bewirken wahrscheinlich das Gegenteil. Zugleich beeinflusst auch das eigene Verhalten des Kleinkinds das Verhalten der Erwachsenen. Anders als der reizbare, leicht zu beunruhigende Säugling erhält das »gesprächige«, fröhliche Kind meist positive Beachtung von anderen. Das Resultat ist ein komplexes Zusammenspiel zwischen Genen und Umwelt, das die charakteristischen Reaktionsweisen eines Kindes bedingt. Schaubild 5.1 zeigt sehr schön, wie die Wechselwirkungen von Umwelt und ererbtem Potenzial den Intelligenzgrad einer Person, gemessen in IQ-Tests, beeinflussen.

Eine ähnliche Rolle spielt die Wechselwirkung

zwischen Genen und Umwelt auch in der Entwicklung *gemeinsamer* Muster des Sozialverhaltens – das heißt in der Kulturentwicklung. So besitzen die Menschen ein biologisches Potenzial für die Entwicklung eines sprachlichen Kommunikationssystems (wir verfügen über einen Apparat zur Lauterzeugung, mit dem wir eine Fülle von Sprachlauten erzeugen können, und über bestimmte Zentren in unserem Gehirn, die für die Ausbildung von Syntax und Vokabular einer Sprache erforderlich sind). Welche *spezielle* Sprache die Menschen erwerben, ist aber nicht durch angeborene Strukturen bedingt, sondern hängt davon ab, welche Sprache in der Umwelt gesprochen wird, in der sie aufwachsen.

Nach Ansicht mancher Wissenschaftler hat, ähnlich wie im Tierreich, auch der Mensch eine angeborene Tendenz, eine soziale »Hackordnung« zu bilden. Wie dem auch sei: Die spezifische Ranghierarchie einer Gesellschaft wird weitgehend von ihrer **Struktur**, ihren **Macht**beziehungen und ihrer **Kultur** geformt. So hinterließ die Institution der Sklaverei den USA als »Erbe« eine rassistische Kultur, die im späten 19. Jahrhundert die starre Trennung zwischen dominierenden Weißen und untergeordneten Schwarzen einschloss. Jene Weißen, die die Macht besaßen, ließen sogar die Weißen mit dem niedrigsten sozialen Status glauben, sie seien den Schwarzen überlegen. Andererseits existierte auch eine Hierarchie unter den Weißen. So fanden sich die Iren als die jüngsten Immigranten im Allgemeinen am untersten Ende der Skala der Weißen wieder.

Ein anderes Beispiel für das Zusammenspiel von Anlage und Umwelt sind die Heiratssitten beziehungsweise das Partnerschaftsverhalten. Offenbar haben die Menschen eine biologisch bedingte Neigung zu irgendeiner Form der Paarbildung. Doch die spezifischen Normen, in welche diese Paarbindungen eingebettet sind, hängen von gesellschaftlichen Faktoren ab. So kommt die Polyandrie, die einer Frau die Ehe mit mehreren Männern erlaubt, oft in Gesellschaften vor, in denen es aus dem einen oder anderen Grund wesentlich mehr Männer als Frauen gibt.

Gene legen also nie starr fest, wie die Menschen sich verhalten. Vielmehr werden wir mit einer Reihe von Entwicklungs*möglichkeiten* geboren, die anschließend von der Umwelt, in der wir leben, geformt werden. Die Muster menschlichen Sozialverhaltens sind weder angeboren noch ein für allemal fixiert. Durch Umwelteinflüsse können sie ständig verändert werden. Diese für den Sozialisationsprozess wesentlichen Umwelteinflüsse sind es, die die Soziologen untersuchen.

Sozialisation im Lebenslauf

Von besonderer Bedeutung ist die Sozialisation in der Kindheit. Ohne Sozialisation in dieser frühen Lebensphase würden wir keine sozialen Wesen werden. Kein Sozialwissenschaftler würde einen Säugling, nur um herauszufinden, was für eine Person aus ihm wird, ohne jegliche Sozialisation und in völliger Isolierung von anderen Menschen aufziehen. Allerdings kam es vor, dass Menschen ihre ersten Lebensjahre fast vollkommen isoliert verbrachten und unter extremer Vernachlässigung litten. Ungewollt liefern sie uns drastisches natürliches Beweismaterial für die Bedeutung der frühkindlichen Sozialisation.

Eine solche Person war Anna, das uneheliche und unerwünschte Kind einer Bauerntochter (K. Davis 1949). Nachdem Annas Mutter vergeblich versucht hatte, ihr Kind in einem Pflegeheim unterzubringen, sperrte sie es in ein fensterloses Zimmer auf dem Dachboden. Sie gab ihm gerade genug Milch zu trinken, dass es am Leben blieb, sprach aber nur selten mit ihm, nahm es nie in die Arme und spielte nie mit ihm. Fünf Jahre dauerte dieser entsetzliche Zustand, bis Sozialarbeiterinnen Anna entdeckten. Anna war so apathisch, dass sie zuerst glaubten, sie sei taub, geistig zurückgeblieben oder beides. Sie konnte weder gehen noch reden, sich weder allein anziehen noch selbst essen und nicht einmal kauen. Sie lachte oder weinte nie. Beobachter meinten, sie habe etwas Unmenschliches an sich. Und das stimmte. Annas Sozialisation begann erst mit sechs Jahren, als sie zu einer Pflegestelle kam. Dort erhielt sie Fürsorge und Aufmerksamkeit, so dass sie langsam anfing zu reden, zu laufen und mit anderen Kindern zu spielen. Sie lernte auch, für sich selbst zu sorgen. Kurz, sie entwickelte allmählich menschliche Interessen und Fähigkeiten. Doch sie überwand nie ganz die ersten Jahre der Vernachlässigung. Schließlich starb sie mit elf Jahren an Hepatitis.

Weiteres Material, das die Bedeutung der Sozialisation in der Kindheit belegt, stammt von weniger extremen Fällen von Vernachlässigung. So führte René Spitz (1951) eine klassische Untersuchung an Säuglingen in Waisenhäusern durch. Die Säuglinge waren angemessen versorgt und gepflegt – gut genährt, regelmäßig gebadet, ihre Windeln wurden gewechselt, sie hatten saubere Laken, ihre Zimmer waren hell und gut durchlüftet – doch es fehlte ihnen an sinnvoller Kommunikation mit Erwachsenen. Als sie im Alter von einem Jahr getestet wurden, waren die meisten geistig zurückgeblieben. Sie lachten oder weinten fast nie und machten keine Anstrengungen, reden zu lernen. Physische Pflege allein genügt für die normale Entwicklung von Kindern nicht. Sie brauchen genauso wie Nahrung auch sensorische und soziale Anregungen, um sich zu vollen Menschen zu entwickeln.

Obgleich die Bedeutung der Sozialisation am sicht-

5

Klassische Beiträge zur Sozialisationstheorie

Cooley: Das gespiegelte Ich

Wir alle besitzen ein Selbstbewusstsein, das heißt ein Bewusstsein davon, dass wir eine spezifische Identität besitzen und von anderen Gegenständen und Menschen verschieden sind. Wie andere Elemente des sozialen Lebens ist es uns nicht angeboren. Wir »konstruieren« es vielmehr aktiv aus unseren Interaktionen mit anderen.

Charles Horton Cooley (1864-1909) war einer der ersten Theoretiker, der den sozialen Ursprung des **Selbst** untersuchte. Bei der Beobachtung seiner eigenen Kinder entwickelte Cooley den Begriff des **gespiegelten Ich**. Wir erwerben unser Selbstbewusstsein, sagt Cooley, indem wir unser Ich in den Einstellungen und Verhaltensweisen von anderen uns gegenüber wie in einem Spiegel wahrnehmen und uns vorstellen, wie sie über uns denken.

Nach Cooley (1902) enthält das gespiegelte Ich drei Elemente: (1) unser Bild davon, wie andere uns sehen, (2) unser Bild von ihren Urteilen über das, was sie sehen, und (3) das Gefühl, das solche Urteile in uns auslösen. So kann ein Vierzehnjähriger glauben, seine Klassenkameraden hielten ihn für »verkopft«, und sich vorstellen, sie hielten verkopfte Typen für »bescheuert«. Vielleicht verursacht ihm dieses gespiegelte Bild ein Unbehagen, und er wünscht sich, er wäre sportlicher; aber es kann ihm auch schmeicheln, weil es ihn von der Masse abhebt. Man beachte, dass das gespiegelte Ich keine *direkte* Widerspiegelung

dessen ist, wie andere uns sehen. Es ist vielmehr eine Mischung sozialer Handlungen – von Beobachtungen, Vorstellungen, subjektiven Interpretationen. Es ist auch eine gesellschaftliche Konstruktion insofern, als an ihr die soziale Schicht, der wir angehören (unsere Position in der Gesellschaftsstruktur), und die Werte mitwirken, die wir aus unserer Kultur lernen.

Cooley unterscheidet Primärbeziehungen (Familie, enge Freunde) von Sekundärbeziehungen (Gelegenheitsbekanntschaften). Er betont, dass wir die ganze Zeit darauf achten, wie wir anderen erscheinen – Fremden auf der Straße genauso wie Leuten, an denen uns wirklich etwas liegt, und zwar deswegen, weil wir daran interessiert sind, wie wir uns selbst erscheinen. Wir erkennen uns selbst, indem wir uns vorstellen, was andere – Familie, Freunde, aber auch vollkommen Fremde – über uns denken.

Mead: Perspektivenübernahme (*role-taking*)

Aufbauend auf Cooleys Analyse, erforschte George Herbert Mead (1863-1931) die Entwicklung des Selbstbewusstseins und der frühen sozialen Interaktionen (Mead 1934). (In Kapitel 1 haben wir Mead als Begründer der Theorie der symbolischen Interaktion kennen gelernt.)

Mead zufolge spüren Säuglinge fast vom ersten Lebensmoment an, dass sie für die Erfüllung ihrer Bedürfnisse auf andere angewiesen sind und ihre Handlungen einen Einfluss darauf haben, wie sich andere ihnen gegenüber verhalten. Sie lernen etwa, dass sie, wenn sie lächeln, auf den Arm genommen, und wenn sie schreien, gefüttert werden. Mit der Zeit lernen sie auch durch andere Mittel das gewünschte Verhalten anderer herbeizuführen, Mittel, die zuerst nur Gesten sind (Hinsehen, Greifen, Zeigen), und später auch Wörter umfassen. Mead nennt diese Wörter und Gesten **signifikante Symbole**. Er glaubt, dass menschliches Sozialverhalten nicht ohne Symbole auskommt und diese Symbole erst in der sozialen Interaktion ihre Bedeutung gewinnen. Durch symbolische Interaktion lernen Kinder vorwegzunehmen, was andere von ihnen erwarten, ihr eigenes Verhalten zu bewerten und es entsprechend anzupassen.

Aus den frühen sozialen Interaktionen entsteht Mead zufolge eine Struktur des Ich, das sich aus zwei Komponenten zusammensetzt. Er nennt sie das »I« und das »me«, was wir mit »Subjekt-Ich« und »Objekt-Ich« übersetzen wollen. Das »Subjekt-Ich« ist der Urheber unserer Gedanken und Handlungen. Das »Objekt-Ich« ist die Komponente, die das »Subjekt-Ich« und die anderen wahrnehmen, bewerten und auf die sie reagieren. Wenn jemand »hallo!« zu uns sagt, spricht er zu unserem »Objekt-Ich«, doch es ist unser »Sub-

---

barsten in der Kindheit und Adoleszenz zum Ausdruck kommt, ist sie tatsächlich ein ununterbrochener, lebenslanger Prozess. Manchmal verlangt die Sozialisation im Erwachsenenalter nur geringfügige Rollenanpassungen – so wenn zwei jahrelang zusammenlebende Leute, die heiraten, plötzlich lernen müssen, dass von Verheirateten etwas andere Verhaltensweisen erwartet werden. Manchmal erfordert sie aber auch drastische Veränderungen. Wenn zum Beispiel Schul- oder Hochschulabsolventen ihre erste Arbeitsstelle antreten, müssen sie eine Vielzahl neuer Verhaltensnormen erlernen. Wir werden am Ende dieses Kapitels auf diese wichtigen Übergangsphasen im Leben zurückkommen.

Eine andere intensive Form der Sozialisation im Erwachsenenalter erfahren Personen, die in ein fremdes

Land einwandern. Das Erlernen einer neuen Sprache, die Übernahme neuer Sitten und Werte, die häufig gemachte Erfahrung, dass wirtschaftlicher Aufstieg auf Schranken stößt, sind Herausforderungen, die sehr viel Stress verursachen können. Manche Immigranten vergleichen diese Erfahrung mit einer »zweiten Kindheit«. Während die Immigranten, die nach Auflösung der großen Kolonialreiche (Großbritannien, Frankreich etwa) in das Mutterland gingen, noch über entsprechende Kenntnisse der Sprache und Landeskultur verfügten, war dies zum Beispiel bei den Gastarbeitern aus Südeuropa, die nach Deutschland geholt wurden und die sich nur bedingt auf Zeit integrieren sollten, nicht mehr der Fall. Eine wiederum andere Situation erleben Immigranten, die nach dem Zusammenbruch

jekt-Ich«, das den Ton der Antwort unseres »Objekt-Ich« bewertet. Soziale Interaktionen hängen von dieser Art der Selbstüberwachung ab. Ohne Selbstüberwachung würde uns die Rückkopplung fehlen, die wir brauchen, um unser soziales Handeln auf das der anderen abzustimmen.

Kinder verfügen über den Begriff des »Objekt-Ich«, wenn sie in der Lage sind, sich selbst als Objekt der Aufmerksamkeit zu verstehen (Mama und Papa lächeln *mich* an). Allerdings sind sie in diesem frühen Stadium noch nicht fähig, die Perspektive einer anderen Person zu übernehmen und sich selbst zu beobachten. Mit anderen Worten, sie haben noch keinen Begriff des »Subjekt-Ich«. Allmählich aber lernen sie zwischen »*ich* habe Hunger« und »Mama füttert *mich*« zu unterscheiden. Das frühkindliche Spiel trägt dazu bei, die Unterscheidung zwischen Subjekt- und Objekt-Ich zu schärfen. Kinder spielen Doktor, Polizist, Feuerwehrmann oder Fantasiefiguren. Oft schlüpfen sie in Rollen wichtiger Personen in ihrem Leben, die Soziologen **signifikante Andere** nennen (Sullivan 1953). Besonders gern spielen Kleinkinder eine Mutter, die ihr Baby bemuttert, oder einen Vater, der seine Kinder belehrt, oder einen Lehrer, der eine Unterrichtsstunde hält. Solche Spiele erlauben ihnen, sich selbst aus der Perspektive einer anderen Person wahrzunehmen (als Sohn oder Tochter aus der Perspektive von Vater oder Mutter, als Schüler aus der Sicht eines Lehrers). Durch solche Rollenspiele reift auch ihr Bewusstsein von ihrem Subjekt-Ich.

Von der Übernahme der Perspektive spezifischer Anderer gelangen die Kinder schließlich zur Übernahme der Perspektive des **generalisierten Anderen**, wie Mead ihn nennt. Nun beginnen sie darüber nachzudenken, wie die Menschen *im allgemeinen* eine bestimmte Handlung bewerten. Sie lernen etwa, die Hand vor den Mund zu halten, wenn sie husten, weil *man* dies für richtig hält. Bald sind sie auch in der Lage, über sich selbst im Licht kultureller Normen und Werte nachzudenken und ihr Verhalten an allgemeinen sozialen Erwartungen auszurichten. Dies ist das vielleicht wichtigste Ziel der Sozialisation in der Kindheit.

Piaget: Aufbau kognitiver Strukturen

Von großer Bedeutung für die Analyse von Sozialisationsprozessen ist auch das Werk des Entwicklungspsychologen Jean Piaget (1896-1980). Piaget hat im Unterschied zu den vorgenannten Autoren ausführliche Untersuchungen zur Sozialisation und geistigen Entwicklung in der Kindheit durchgeführt (Ginsburg/Opper 1969; Kesselring 1988). Das Kind, so fand Piaget heraus, verinnerlicht in der tätigen Auseinandersetzung mit den in seiner Umwelt vorgefundenen Gegenständen und Personen seine Erfahrungen und baut dabei ein inneres System von Begriffen und Denkoperationen auf, das die Welt repräsentiert, begrifflich macht und **kognitive** Grundlage der Handlungsorientierung ist. Dies vollzieht sich in einem über mehrere Stufen verlaufenden Entwicklungsprozess. Dieser Prozess wird nach Piaget im wesentlichen dadurch stimuliert, dass das Kind von seinem jeweiligen Entwicklungsstand aus die Eindrücke aus seiner Umwelt nur zum Teil begreift (»Assimilation«) und durch diese Diskrepanz angeregt wird, sein Begriffssystem der Umwelt genauer anzupassen (»Akkommodation«).

Vielleicht noch wichtiger sind Piagets Beiträge zur Entwicklung des sozialen Handelns. So stellte er fest, dass kleinere Kinder zunächst noch »egozentrisch« sind, d. h. die Welt nur aus ihrer eigenen Perspektive betrachten und sich nicht bewusst sind, dass andere Menschen die gleiche Situation vielleicht ganz anders sehen. Sie sind nicht in der Lage, sich in die Perspektive (Rolle) eines anderen hineinzuversetzen (vgl. Mead). Wenn kleine Kinder miteinander reden, hören sie dem anderen nicht richtig zu und reden drauf los, ohne sich zu fragen, ob der andere zuhört und was er denkt. Piaget hat auch Untersuchungen des moralischen Bewusstseins, also auch des Verständnisses von sozialen Normen vorgelegt (Piaget 1924), aus denen hervorgeht, dass Kinder solche Normen als etwas Vorgegebenes

des Kommunismus nach Westeuropa strömen, um hier eine neue Existenz aufzubauen. Häufig kann man in Immigrantenfamilien beobachten, dass die Kinder sich schneller in die neue Kultur einleben und in den Familien einen Druck auf die Eltern ausüben, mitgebrachte Traditionen fallen zu lassen und sich anzupassen. So haben Kinder auch einen Einfluss auf die Sozialisation ihrer Eltern.

KLASSISCHE BEITRÄGE ZUR SOZIALISATIONSTHEORIE

Sozialisation spielt sich stets in sozialen Beziehungen ab – Beziehungen, in denen sogar kleine Kinder aktive Partner sind. Wir entwickeln unsere grundlegenden Vorstellungen davon, wer wir sind – unsere Identität – und unsere grundlegenden Fähigkeiten zum sozialen Handeln und zu unserem Umgang mit anderen, indem wir an relevanten sozialen Beziehungen, beginnend mit den Beziehungen in unserer Herkunftsfamilie, teilnehmen und sie zu verstehen suchen. Diesen Punkt haben vier Sozialpsychologen betont, denen wir die ersten und vielleicht wichtigsten Beiträge zur Sozialisationstheorie verdanken: Charles Horton Cooley,

und Fremdes betrachten, solange die mächtigen Eltern ihre einzigen Bezugspersonen sind, und dass sie erst auf Grund ihrer Erfahrungen mit gleichaltrigen Spielkameraden (*peers*) erkennen, dass Normen den Sinn haben, gemeinsames soziales Handeln zu ermöglichen und von den Menschen ausgehandelt und verändert werden können, also relativ sind. Dieser Ansatz in der Erforschung des moralischen Bewusstseins ist später vor allem von Lawrence Kohlberg (1995) weiter ausgebaut worden.

Freud: Die innere Dynamik der Sozialisation

Keine Sozialisationstheorie hat einen größeren Einfluss auf das westliche Denken ausgeübt als die Psychoanalyse von Sigmund Freud (1856-1939), einem Riesen der Psychologie des 20. Jahrhunderts. Freud (1996) beschreibt die Sozialisation als einen lebenslangen Kampf zwischen drei Kräften in der Seele des Menschen: dem *Es*, einem Reservoir von angeborenen Trieben, die nach physischem Lustgewinn streben, dem **Ich** als rationalem Teil des **Selbst**, das zwischen **Es** und Realität vermittelt, und dem **Überich**, im wesentlichen das Gewissen einer Person, das die verinnerlichten Gebote beziehungsweise Verbote der Eltern und insofern die moralischen Normen der Gesellschaft verkörpert. Aufgabe des Ich ist es

nach Freud, sichere Mittel zu finden, um das Es zu befriedigen, ohne dem Überich Schuldgefühle oder Gewissensbisse zu verursachen.

Nach Freud werden die Menschen nicht mit einem Ich oder Überich geboren. Diese Bereiche der menschlichen Psyche entstehen in sozialen Prozessen, vor allem in den Interaktionen des Kindes mit den Eltern. Freud glaubt, dass die Menschen bei Geburt irrationale, amoralische Wesen sind, die nur von ihren nach Lustgewinn strebenden Impulsen angetrieben sind. Doch schon bald lernt ein Kind, dass seine biologischen Triebe nicht immer sofort erfüllbar sind – Nahrung etwa gibt es nicht auf Verlangen. Dank solcher Entdeckungen beginnt das Ich sich zu entwickeln. Seine Rolle besteht darin, Impulse des Es auf Ziele zu lenken, die realistisch und gefahrlos sind. Freud behauptet, dass durch diese grundlegende Vermittlungsrolle des Ich das Bewusstsein entsteht und all seine höheren Funktionen verfeinert werden: Wahrnehmen, Lernen, Erinnern, Problemlösen, Entscheiden und Planen.

Der dritte Bereich der menschlichen Psyche in Freuds Theorie, das Überich, entwickelt sich in Auseinandersetzungen des Kindes mit den Forderungen der umfassenderen Kultur, die von den Eltern und anderen Erwachsenen vermittelt wird. Freud untersucht vor allem die gesellschaftlichen Forderungen, die den natürlichen Trieb des Kindes nach Lustgewinn unterdrücken. Freuds These ist, dass die

Formung der Persönlichkeit des Kindes dadurch bestimmt wird, wie es die Konflikte zwischen den Trieben des Es und den elterlichen Forderungen löst. Eine letzte Konsolidierung des Überich vollzieht sich nach Freud um das fünfte Lebensjahr. Um zu vermeiden, dass es ständig in Konflikt mit den elterlichen Forderungen gerät, »identifiziert« sich das Kind mit den Eltern, gewinnt so stellvertretend ihre Macht und übernimmt dabei ihre moralischen Einstellungen und Werte.

Während Cooley, Mead und Piaget den Sozialisationsprozess als allmähliches, komplementäres Verschmelzen von Individuum und Gesellschaft auffassen, begreift Freud ihn als einen lebenslangen Kampf zwischen der Gesellschaft und den biologischen Neigungen des Individuums. Alle vier Autoren heben jedoch die aktive Rolle des Individuums im Sozialisationsprozess hervor. Soziale Wesen, Mitglieder einer Gruppe, werden wir, indem wir uns handelnd in Beziehung zu anderen setzen und unser Verhalten interpretieren. Für Freud spielt sich zwar ein Großteil dieses Prozesses auf einer unbewussten Ebene ab, er hält ihn aber für einen zentralen Teil der Entwicklung zu einem vollständig sozialisierten Erwachsenen (Literatur zu Sozialisationstheorien: Geulen 1991; Veith 1996).

George Herbert Mead, Jean Piaget und Sigmund Freud (vgl. Kasten).

VARIANTEN DER SOZIALISATION

Cooley, Mead, Freud und Piaget verdanken wir bahnbrechende Einsichten in die Sozialisationsprozesse und die psychische Entwicklung des Menschen. Die soziologische Forschung hat sich seitdem an ihren Theorien orientiert. Indessen setzen alle vier Autoren voraus, dass die Sozialisation für alle Menschen im Wesentlichen gleich verläuft. Keiner (außer vielleicht gelegentlich Freud) ging näher darauf ein, dass die Sozialisation für

die Individuen je nach den sozialen Gruppen und Kategorien, denen sie angehören, variiert. Lernen, eine Frau zu sein, ist etwas anderes als lernen, ein Mann zu sein; und lernen, der Sohn einer Sozialhifeempfängerin zu sein, ist etwas anderes als lernen, der Sohn eines Rockefeller zu sein. Was genau wir lernen, wenn wir Mitglied einer Gesellschaft werden, hängt von unserer Position in der Gesellschaftsordnung ab.

Geschlechtsspezifische Sozialisation

Sobald das biologische Geschlecht eines Säuglings bekannt ist, beginnt die sozio-kulturelle Welt, das Kind zu männlichen beziehungsweise weiblichen Rollen zu sozialisieren. Geschlechtsstereotype (siehe Kapitel 11) spielen dabei eine wichtige Rolle. Doch die geschlechtsspezifische Sozialisation reicht tiefer: Kinder werden nicht bloß ermuntert, sich Geschlechtsstereotypen anzupassen. Nancy Chodorow (1978, 1994) hat akribisch untersucht, wie Mädchen (im Gegensatz zu Jungen) in unserer Gesellschaft zu der »bemutternden« Rolle sozialisiert werden, und eine an Freudsche Ideen sich anlehnende psychoanalytische Erklärung entwickelt. Die in jeder neuen Frauengeneration stattfindende Reproduktion des »Bemutterns« ist, so Chodorow, weder biologisch bedingt noch das Ergebnis eines bewussten Rollentrainings; vielmehr erzeugten Frauen als Mütter eine spezifische Mutter-Tochter-Beziehung, die in Mädchen eine Fähigkeit, andere zu pflegen, fördere, so dass sie gern für andere sorgen. Der Grund dafür sei, dass Mädchen sich nie so vollständig wie Jungen von ihrem frühen Gefühl der Einheit mit ihren Müttern lossagten. Jungen müssten sich in ihrer Entwicklung mit männlichen Rollenmodellen identifizieren, deren Männlichkeit sich im Wesentlichen durch die Ablehnung alles Weiblichen definiere, während Mädchen sich nicht so radikal von ihren Müttern loszulösen brauchten. Anders als Jungen würden sie sich im Lauf der Zeit mehr in Beziehung zu anderen definieren, was sie auf ihre künftige Rolle als emotionales Zentrum der Familie und die für die Familie sorgende Person vorbereite. Jungen, bei denen dieselben Fähigkeiten zurückgedrängt und unterdrückt würden, seien weit besser auf die unpersönliche Arbeitswelt vorbereitet.

So wie Chodorow auf Freud stützt sich Carol Gilligan, eine andere bedeutende Forscherin, auf Lawrence Kohlberg, der seinerseits an Piagets Stufenmodell der moralischen Entwicklung anknüpft. Am weitesten fortgeschritten sind nach diesem Modell Personen, die ihr moralisches Urteil an universellen ethischen Prinzipien orientieren – an dem, was unabhängig vom jeweiligen Kontext stets moralisch geboten ist. Gilligan wies nach, dass dies ein männliches Modell ist; es ignoriere die für Frauen typischere Haltung, spezifische Kontexte zu erwägen und sich in die Lage von Menschen zu versetzen, die von moralischen Entscheidungen anderer betroffen sind und auf sie reagieren. Der Grund, so Gilligan (1984), sei, dass Männer zu einer distanzierenden Haltung gegenüber anderen sozialisiert werden und sich in ihrem moralischen Urteil in der Regel an abstrakten Prinzipien wie Gerechtigkeit und Billigkeit orientieren. Frauen hingegen seien zu Bindungsfähigkeit an Familie und Freunde sozialisiert und neigten daher dazu, moralische Fragen im Kontext persönlicher Beziehungen und sozialer Verpflichtungen zu beurteilen. Gilligan zufolge heißt dies nicht, dass Männer von einer überlegenen moralischen Warte urteilen, sondern lediglich, dass Frauen beigebracht wurde, ein anderes Ensemble moralischer Werte zu betonen. Zudem seien die Geschlechterdifferenzen im moralischen Denken nicht absolut (vgl. Kap. 11). Sowohl Frauen wie Männer seien *fähig*, in abstrakten Begriffen *und* in Kategorien sozialer Verpflichtungen zu denken; ihre unterschiedlichen moralischen Stile resultierten aus ihrer unterschiedlichen Sozialisation.

Sowohl Chodorows wie Gilligans Arbeiten illustrieren eindringlich die Bedeutung der Geschlechtsrollen in der Sozialisation. Wer wir sind und wie wir zu denken und zu handeln lernen, ist von Geburt an in hohem Maße durch unser Geschlecht bestimmt. Unsere geschlechtsspezifische Sozialisation wirkt sich auf mehr als nur oberflächliche Attribute wie Kleidungs- oder Sprachstile aus. Sie beeinflusst einige unserer fundamentalsten Denkweisen und die Art, wie wir uns auf andere beziehen. Sozialisiert zu werden heißt nicht nur, ein Mitglied der größeren Gesellschaft, sondern ein Mädchen oder ein Junge, eine Frau oder ein Mann zu werden, die bzw. der in ihrem Geschlecht »gemäßen« Weisen denkt und handelt.

Schichtenspezifische Sozialisation

Früher habe ich davon geträumt, wie ich groß werde und heirate und dann in einem dieser großen, schönen Häuser wohne, wie man sie in den Zeitschriften sieht – Sie wissen schon, Zeitschriften wie *House Beautiful*. Mein Gott, wie viel Stunden habe ich mir diese Zeitschriften angesehen und davon geträumt, in einem dieser Häuser zu wohnen mit all den schönen Möbeln und allem, was dazu gehört […] Am Ende verläuft das Leben doch ziemlich anders, nicht wahr? (36 Jahre alte Arbeiterin in einer Konservenfabrik, Mutter von drei Kindern, seit 20 Jahren verheiratet, zit. in L. B. Rubin 1976:43)

Zwar gibt es in jeder Generation ein Auf und Ab auf der sozialen Stufenleiter, doch Sprünge vom »Bettler zum Krösus« sind extrem selten. Die meisten Erwachsenen bleiben in derselben sozialen Schicht, in die sie hineingeboren wurden. Warum ist dies so? Warum reichen Träume und harte Arbeit nicht aus, um Arbeitern jenes Leben zu ermöglichen, wonach sie streben? Werden die Unterschiede zwischen den sozialen Schichten von einer Generation zur nächsten immer wieder durch Sozialisation reproduziert? Gewisse Elemente der *Gesellschaftsstruktur*, wie Zugang zur Bildung und Chancen auf dem Arbeitsmarkt, spielen eine große Rolle.

In den letzten Jahrzehnten haben Soziologen, die sich mit dem Einfluss der sozialen Schicht auf die Sozialisation befasst haben, eine Antwort auf diese Fragen zu geben versucht. Ein Vergleich von Familien aus der Unter-, Mittel- und Oberschicht zeigt in der Tat, dass es Unterschiede in der Art der Sozialisation von Kindern gibt. Einige dieser Unterschiede haben mit den Werten zu tun, die die Eltern ihren Kindern vermitteln. So können die für eine bestimmte soziale Schicht spezifischen Wertvorstellungen dazu führen, dass die Kinder wieder in die gleichen Berufe gelenkt werden, die ihre Eltern ausübten.

Dass Positionen in der Gesellschaftsstruktur partiell durch die von den Eltern vermittelten Werte konserviert werden, belegen die bahnbrechenden Arbeiten des Soziologen Melvin Kohn, der sich über viele Jahre hinweg ausführlich mit diesem Thema beschäftigt hat. Die Menschen, so fanden er und seine Mitarbeiter heraus, halten sehr konstant an ihren unterschiedlichen schichtabhängigen Werten fest und geben sie an ihre Kinder weiter (Kohn 1959; Kohn 1981; Kohn/Schooler 1983). Schaubild 5.2 zeigt einige der Werte, die von Arbeiter- und Mittelschichteltern verschieden stark betont werden. Erstere legen mehr Wert auf Disziplin, Manieren, Sauberkeit, gutes Betragen in der Schule, Ehrlichkeit und Gehorsam, letztere hingegen mehr auf Rücksichtnahme, Interesse am Wie und Warum der Dinge, Verantwortung und Selbstkontrolle.

Ein Vergleich dieser Listen legt nahe, dass eine grundlegende Differenz zwischen den beiden Wertesystemen existiert. Angehörige unterer Schichten legen eher Wert auf Konformität gegenüber äußeren Autoritäten und entsprechende Verhaltensmerkmale, Angehörige höherer Schichten eher auf persönliche Autonomie und damit verbundene Persönlichkeitsmerkmale. Wer Wert auf Manieren legt, wird darauf achten, dass Kinder die Anstandsregeln der Gesellschaft befolgen. Wem hingegen Rücksichtnahme wichtig ist, der wird wünschen, dass Kinder Mitgefühl mit anderen entwickeln. Der erste Wert betont Konformität gegenüber einer *äußeren* Autorität, der zweite die Entwicklung *innerer* Normen.

Wie erklären sich diese unterschiedlichen Wertesysteme? Warum wünschen Eltern aus der Arbeiterschicht, dass ihre Kinder etablierten Konventionen folgen und gehorchen, ohne Fragen zu stellen, während Mittelschichteltern mehr Wert auf die Vermittlung von selbstbestimmten Motiven und inneren Normen legen? Kohns Forschungen belegen, dass diese schichtenspezifischen Unterschiede in direktem Zusammenhang mit den elterlichen Erfahrungen am Arbeitsplatz stehen. Eine Arbeit, die Möglichkeiten zu selbständigem Denken, Eigeninitiative und eigenem Urteil bietet, fördert tendenziell Mittelschichtwerte, eine Arbeit, die diese Möglichkeiten beschränkt, hingegen Werte der Arbeiterschicht. Gewisse Aspekte der Arbeit sind in dieser Hinsicht besonders wichtig (siehe Schaubild 5.3). Wer nicht streng überwacht wird, mit Personen oder Daten statt mit Sachen umgeht und eine Arbeit hat, die so komplex ist, dass sie auf verschiedene Weise erledigt werden kann, verfügt über die Unabhängigkeit am Arbeitsplatz, die uns den Wert der Selbstbestimmung schätzen lehrt.

Offenbar führt diese Faktorenkombination nicht nur in den USA zu solchen Ergebnissen. So legen Angehörige der privilegierten Schichten etwa in Japan, einem

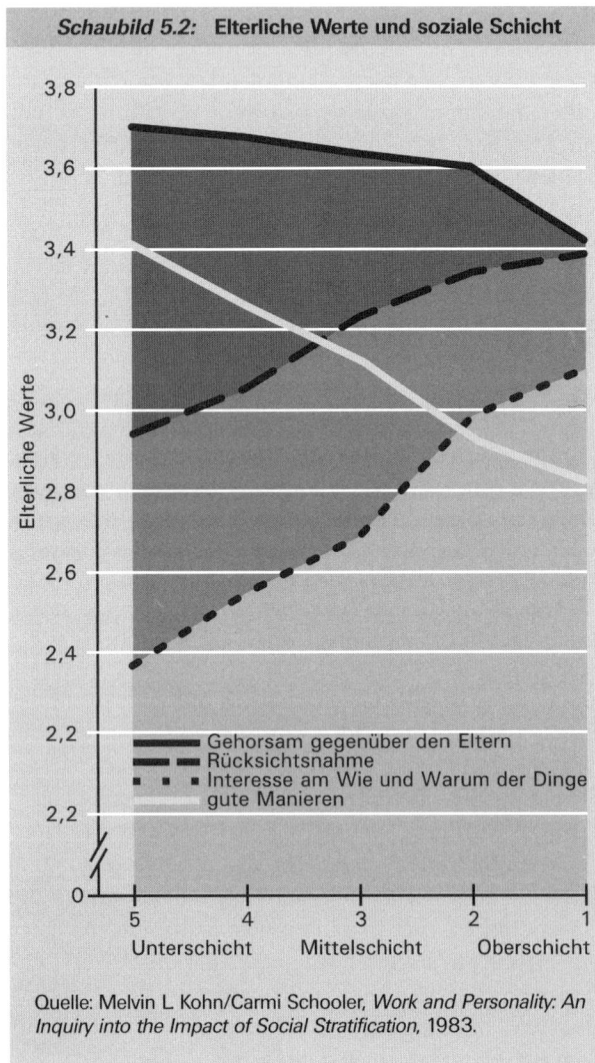

Schaubild 5.2: Elterliche Werte und soziale Schicht

Elterliche Werte

3,8
3,6
3,4
3,2
3,0
2,8
2,6
2,4
2,2
2,2
0

— Gehorsam gegenüber den Eltern
– – Rücksichtnahme
■ ■ ■ Interesse am Wie und Warum der Dinge
      gute Manieren

5   4   3   2   1
Unterschicht   Mittelschicht   Oberschicht

Quelle: Melvin L. Kohn/Carmi Schooler, *Work and Personality: An Inquiry into the Impact of Social Stratification*, 1983.

nichtwestlichen kapitalistischen Land, genauso wie im früheren sozialistischen Polen mehr Wert auf Flexibilität und Selbstbestimmung am Arbeitsplatz – sowohl für sich selbst als auch für Kinder (Kohn u.a. 1986; Kohn u.a. 1990). Studien aus den 1970er Jahren belegen auch für die frühere Bundesrepublik Kohns Resultate (Steinkamp 1991).

Wenn der Wert der Selbstbestimmung so wichtig ist für die Ausübung von Berufen mit höherem Sozialstatus, könnte man ihn dann nicht in den Schulen stärker fördern? Vielleicht hätten so die Kinder aus der Arbeiterschicht eine größere Chance, eine für den sozialen Aufstieg notwendige Lebensperspektive zu erwerben. Sicher wäre ein solches Programm realisierbar. Die Frage jedoch ist, wie weit die Gesellschaft bereit ist, Kindern aus der Arbeiterschicht größere Aufstiegschancen zu gewähren. Wir werden auf diese Frage in Kapitel 13, das sich mit dem Bildungssystem beschäftigt, zurückkommen.

Wahlmöglichkeiten und Wandel der sozialen Identität

Wenn wir sagen, die Sozialisation variiere mit Faktoren wie Geschlecht, sozialer Schicht und rassischer oder ethnischer Herkunft, heißt das nicht, dass alle Mitglieder einer bestimmten sozialen Gruppe durch dieselben Wertvorstellungen, Ziele und Verhaltensweisen charakterisiert sind. In modernen komplexen Gesellschaften, insbesondere jenen, die großen Wert auf individuelle Wahlfreiheit legen, gibt es diverse Lebensentwürfe für Frauen, Männer, Arbeiter, Oberschichtmitglieder, Katholiken, Muslime usw. Wohl existieren kulturelle Normen und soziale Rollen, die wir als Mitglieder dieser Gruppen erlernen, doch sie lassen uns auch Raum, individuell oder in der Gruppe zu entscheiden, wer wir werden wollen.

Ein Teil dieser Wahlfreiheit besteht darin, dass wir in gewissem Maße zwischen verschiedenen Rollen wählen können. Nicht immer werden uns die Rollen, die wir spielen, aufgezwungen. Viele wählen wir selbst, etwa unsere Hauptfächer oder Berufsziele in der Schule oder auf der Universität. Wir treffen in unserem ganzen Leben solche Wahlen, beispielsweise in bezug auf Arbeit, Familie, Lebensstil und persönliche Beziehungen. Früher getroffene Entscheidungen haben oft einen Einfluss auf spätere. Die Sozialisation und der Aufbau einer personalen Identität ähneln daher stark einer Art fortlaufenden Erzählung oder Geschichte, in der gegenwärtige Rollenanpassungen und Wahlen künftige Optionen nicht nur begrenzen, sondern auch erzeugen (Somers/Gibson 1994).

Wahlfreiheit schließt auch ein, dass wir uns der Sozialisation zu Rollen widersetzen können, die wir nicht mögen. Mädchen können sich weigern, bei Schönheitskonkurrenzen mitzumachen, und lieber Basketball spielen oder Botanik lernen wollen – oder Jungen stehlen sich vom Fußballfeld fort und spielen statt dessen lieber Geige. Arbeiterschichtkinder können

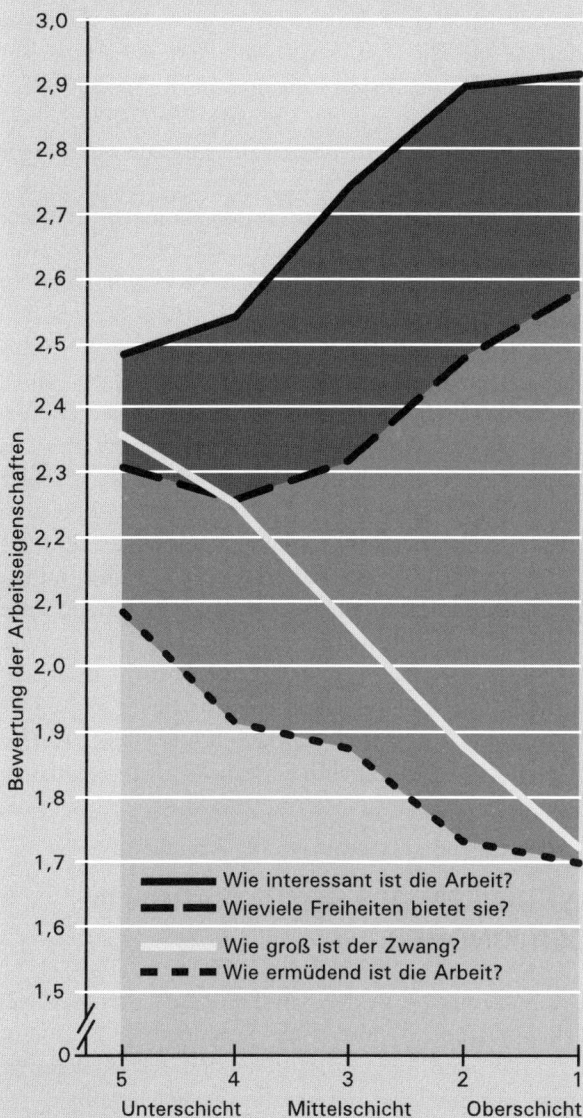

Schaubild 5.3: Wie bewerten die Menschen ihre Arbeit?

Bewertung der Arbeitseigenschaften

Unterschicht   Mittelschicht   Oberschicht
5   4   3   2   1

― Wie interessant ist die Arbeit?
▬ ▬ Wieviele Freiheiten bietet sie?
― Wie groß ist der Zwang?
▪ ▪ ▪ Wie ermüdend ist die Arbeit?

Quelle: Melvin L. Kohn/Carmi Schooler, *Work and Personality: An Inquiry into the Impact of Social Stratification*, 1983.

den von ihren Eltern geforderten Gehorsam gegenüber Autoritäten verweigern, um ihre eigenen Maßstäbe zu finden; Oberschichtkinder können den traditionell exklusiven Umgang mit anderen Kindern der eigenen Schicht satt haben und sich lieber mit Kindern aus anderen Schichten anfreunden.

Solche Veränderungen sind möglich, weil unsere Kultur nicht etwas Starres, Unveränderliches ist. In fortgeschrittenen Gesellschaften sind die sozialen Identitäten, zu denen die Individuen sozialisiert werden, nie ein für allemal fixiert. Ständig vollziehen sich – wenn auch graduelle – Veränderungen der Identitäten, die kulturell legitimiert sind und zum Kristallisationskern sozialer Gruppen und Bewegungen werden können. Man nennt diese Auffassung, wonach die soziale Identität in gesellschaftlichen Prozesse konstruiert und daher veränderlich ist, **konstruktivistisch**. Als **essenzialistisch** bezeichnet man die gegenteilige Auffassung, wonach die soziale Identität biologisch bedingt, immun gegen soziale Kräfte und daher relativ starr ist (vgl. Kap. 11). Nach dieser Auffassung gibt es ein »Wesen« z.B. des Schwarz-, Weiblich-, Schwulseins und so weiter, das man aufdecken kann, und die zugehörigen Kategorien besitzen ein mehr oder weniger stabiles Ensemble von Merkmalen, die ihre Träger von anderen Menschen abheben. Da der Essenzialismus die Rolle des individuellen Handelns und der individuellen Wahlmöglichkeiten herunterspielt, neigen die meisten Soziologen eher zum Konstruktivismus.

Ob jemand essenzialistisch oder konstruktivistisch an eine gesellschaftliche Frage herangeht, hat oft weit reichende Folgen. So impliziert eine essenzialistische Auffassung der sozialen Kategorie »Asiate«, dass alle Asiaten verglichen mit weißen oder anderen US-Amerikanern mehr oder weniger gleich sind; sie minimiert die Vielfalt asiatischer (indischer, koreanischer, chinesischer, vietnamesischer, indonesischer) Identitäten und unterschätzt die Unterschiede auf Grund der sozialen Schicht, des Geschlechts und so weiter. Andererseits kann eine konstruktivistische Perspektive die Einheit, die eine soziale Personenkategorie für sich als Basis gemeinsamen Handelns mit dem Ziel einer besseren Behandlung beansprucht, unterminieren. Dies ist einer der Gründe, weshalb z.B. viele Homosexuelle darauf beharren, dass Homosexualität ein essenzielles Persönlichkeitsmerkmal und nicht einfach ein gesellschaftliches Konstrukt oder eine wahlfreie sexuelle Orientierung ist.

Meist stellen wir uns soziale Schichten als eine vorwiegend in der Erwachsenenwelt produzierte Realität vor. Unsere Aufgabe als Soziologen ist es zu verstehen, wie soziale Schichten in der Welt der Kinder reproduziert werden, wenn sie die Verhaltensnuancen ihrer gesellschaftlichen Alltagswelt lernen. Man beachte auf diesen Fotos die Unterschiede in der Situation, der Haltung und den Reaktionen der Kinder auf die Kamera und den Fotografen. Bereits sehr kleine Kinder haben gelernt, in bestimmten Arten von Umgebungen zu leben, die sie mit sehr unterschiedlichen Pflichten, Zwängen und Erwartungen konfrontieren.

INSTANZEN DER SOZIALISATION IN DER KINDHEIT

Die Sozialisation in der Kindheit spielt sich an vielen Schauplätzen ab, und viele verschiedene Personen, Gruppen und Organisationen sind daran beteiligt. Diese Instanzen der Sozialisation in der Kindheit – sie leisten die »Sozialisationsarbeit« – spielen verschiedene Rollen, haben verschiedene Ziele und einen verschieden starken Einfluss auf die Entwicklung. Oft verstärken sie sich in einigen Bereichen gegenseitig und hemmen sich in anderen. So mögen Eltern wünschen, dass ihre Kinder die beiden Geschlechter als gleichberechtigt wahrnehmen, und die Lehrer können dieses Ziel unterstützen. Andererseits werden die Unterschiede zwischen den Geschlechtern in den Medien romantisiert und ironisiert, und die Peer-groups insistieren oft auf geschlechtertypischen Verhaltensweisen (mit Autos spielende Mädchen werden ignoriert, mit Puppen spielende Jungen ausgelacht).

Der Einfluss der einzelnen Sozialisationsinstanzen kann beabsichtigt oder unbeabsichtigt sein. Eine Mutter, die darauf besteht, dass ihr kleiner Sohn ein Spielzeug seinem Eigentümer zurückgibt, möchte sicher, dass er lernt, sich mit Gleichaltrigen zu verstehen. Unwissentlich aber bringt sie ihm auch bei, »Privateigentum« zu respektieren. Zweifellos hat sie nicht die Absicht, ihm die Prinzipien des Kapitalismus beizubringen, doch genau dies ist eine **latente Funktion** ihres Handelns (Merton 1995:59-64). Andererseits mögen Eltern wünschen, dass ihr Kind lernt, dass Rasse oder Religion eines Menschen keine Rolle spielen, doch ihre Handlungen – die Freunde, die sie sich aussuchen, die Gruppen, denen sie sich anschließen, das Wohnviertel, in dem sie leben, ihre Bemerkungen über den Lebensstil anderer – signalisieren ihm womöglich genau das Gegenteil. Die Sozialisation folgt also selten einem klar umrissenen Pfad zu einem im voraus gewählten Ziel. Die verschiedenen Sozialisationsinstanzen müssen aber bezüglich ihrer »Lehren«, wenn nicht identisch, so doch einigermaßen kongruent sein und für gewisse elementare Motivationen (etwa die Motivation zur Arbeit) sorgen, weil sonst Probleme für die *funktionale Integration* der Gesellschaft insgesamt entstünden.

Es gibt viele sich überschneidende und noch unbekannte Einflüsse auf die soziale Entwicklung eines Kindes und viele mögliche Resultate. Eingedenk dessen betrachten wir jetzt die wichtigsten Instanzen der Sozialisation in der Kindheit: die Familie, die Gleichaltrigen, die Massenmedien und die Schule. Die relative Bedeutung dieser vier Instanzen variiert entsprechend der Struktur einer Gesellschaft. In den meisten Gesellschaften ist die Familie die entscheidende Sozialisationsinstanz (vgl. auch Kapitel 12). Allerdings sind in den heutigen westlichen Gesellschaften auch die Massenmedien sehr einflussreich.

Die Familie

Die Familie ist die erste soziale Umwelt, mit der ein Kind konfrontiert ist, und die Familienmitglieder sind der Spiegel, in dem die Kinder sich erstmals selbst wahrnehmen. Zweifellos spielt heute die Familie nicht mehr die allumfassende Rolle in der Sozialisation wie früher. Die Schule und diverse andere soziale Instanzen haben viele ihrer Funktionen übernommen. Früher wurden die Kinder mit sechs Jahren eingeschult. Heute gehen die meisten mit drei oder vier in den Kindergarten, viele werden bereits als Säuglinge und Kleinkinder tagsüber in Kinderkrippen untergebracht. Auch das heute in vielen Gesellschaften als Babysitter benutzte Fernsehen greift tief in die Rolle der Familie im Sozialisationsprozess ein. Dennoch ist die Familie nach wie vor die primäre Sozialisationsinstanz in der Kindheit – aus wichtigen Gründen (Elkin/Handel 1984; Nave-Herz/Markefka 1989; Kreppner 1991; Peuckert 1991).

Die Familie führt das Kind in intime, persönliche Beziehungen ein und vermittelt ihm seine ersten Erfahrungen als besonderes Individuum. Die Familie ist die erste Bezugsgruppe des Kindes, die erste Gruppe, deren Normen und Werte es sich zu eigen macht und bei der Bewertung von Verhalten heranzieht. Die Familie macht das Kind auch mit dem Leben in einer Gruppe bekannt. In einer Familie leben, heißt lernen, Familienressourcen, wie zum Beispiel Raum, Gegenstände, elterliche Zeit und Aufmerksamkeit, zu teilen.

Meist unterhalten Väter und Mütter unterschiedliche Beziehungen zu ihren Kindern und versorgen sie so mit verschiedenen Sozialisationserfahrungen. So spielen Väter mit Säuglingen und Kleinkindern gern Körperspiele oder erfinden neue Spiele, während Mütter lieber mit ihnen kommunizieren oder Familienspiele wie Verstecken spielen. Sozialisationsmuster in der Familie spiegeln auch die Beziehungen zwischen den Eltern zueinander und die allgemeine familiäre Umwelt wider. Ob die Interaktionen in der Familie charakteristischerweise locker-entspannt und gutgelaunt oder aber angespannt und vorsichtig-verhalten sind, ob sie die Distanz zwischen Eltern und Kindern oder zwischen weiblichen und männlichen Personen betonen, ob sie typischerweise kooperativ oder wettbewerbsorientiert sind, all dies hat einen Einfluss auf die Sozialisation der Kinder zu Hause.

Die Geburt von Geschwistern führt zu neuen komplexen Konstellationen im Leben von Familien. Durch die Interaktion mit Geschwistern sammeln Kinder Erfahrungen in der Zusammenarbeit und in Kon-

5

flikten, im Aushandeln und Feilschen; sie lernen auf Körpergröße und Erfahrung basierende Ungleichheiten und die Toleranzgrenzen anderer kennen. Wie Eltern auf ein Kind reagieren, hängt nicht nur von seinem Temperament ab, sondern auch von seiner Stellung in der Geschwisterreihe. Oft verbringen Mütter mit ihren erstgeborenen Kindern mehr Zeit als mit später geborenen, ein Muster, das sich auf die Sozialisationserfahrungen der Geschwister auswirkt. Auch auf andere Weise beeinflusst die Geburtenreihe die Sozialisation. Die Ankunft eines Geschwisters weckt bei den Erstgeborenen Konkurrenzgefühle, oft mit der Folge, dass sie »gewissenhafter sind, bessere schulische Leistungen zeigen und länger zur Schule gehen als später Geborene« (Forer/Still 1982:23; Toman 1961). Zweitgeborene hingegen müssen lernen, sich an einem älteren, stärkeren Geschwister vorbei hochzuarbeiten, und erwerben so oft diplomatische Umgangsformen und Verhandlungsgeschick. Hinzu kommt, dass Eltern ein zweitgeborenes Kind meist weniger streng erziehen, so dass es leichter entspannte Beziehungen zu anderen entwickeln kann.

Selbstverständlich sind die familiären Einflüsse auf Kinder nicht statisch. Wie Individuen erleben auch Familien Übergangsphasen. Die Geburt oder Adoption eines Kindes, der Zuzug eines Großelternteils, der Weggang oder Tod eines Familienmitglieds verändern die Familienstruktur in wichtigen Hinsichten, was wiederum neue Sozialisationserfahrungen fördert. Scheidung, alleinerziehende Eltern, Wiederheirat und »gemischte« (zum Beispiel bikulturelle) Familien haben ebenfalls einen deutlichen Einfluss auf die Sozialisation in der Familie. In der Tat werden Kinder heute oft nicht nur von einer Familie sozialisiert, sondern von einer Reihe verschiedener Familien, die durch Veränderungen im Leben ihrer Eltern entstehen.

Wichtig ist es auch, die Familie als Sozialisationsinstanz in ein breiteres Bezugssystem zu stellen. Die Familie führt die Kinder in die Gesellschaft ein und »verortet« sie auf der sozialen Landkarte. In eine bestimmte Familie hineingeboren werden, heißt, einen sozialen Status zugewiesen zu bekommen. Ob die Eltern eines Kindes reich sind oder von Sozialhilfe leben, hat einen starken Einfluss darauf, wie andere es wahrnehmen. Hinzu kommt, dass sich in den Werten, Einstellungen und dem Lebensstil einer Familie ihre soziale Schicht, Religion, ethnische Gruppe und die Region eines Landes, in der sie lebt, spiegeln. Dies bedeutet, Kinder erwerben ausgewählte Versionen der Kultur einer Gesellschaft je nach Vorgeschichte, Milieu und Erfahrungen ihrer Familie.

Die Gleichaltrigen (*peers*)

Drei Viertklässler, Bonnie, Norman und Craig, überlegen, wie sie ein paar Schokoriegel unter sich aufteilen sollen, die sie als Belohnung dafür bekommen haben, dass jeder von ihnen drei Freundschaftsbänder geflochten hat. Sie sollen auch Dennis, ein jüngeres Kind, einbeziehen, der nur eins gemacht hat. Dennis ist bei ihren Überlegungen nicht dabei:

Bonnie: Wir sollten 'ne größere Belohnung kriegen, weil wir mehr gemacht haben. […]
Norman: Er [Dennis] ist noch klein […] Außerdem soll er ja nichts kriegen. Das heißt, *du* willst, dass er nichts kriegt. Du denkst bloß an uns drei. Nur weil er nicht da ist, heißt das nicht, dass wir nicht auch an ihn denken sollten.
Craig: Das hab ich nicht gesagt!
Norman: Ich weiß. Aber du hast den Mund überhaupt nicht aufgemacht. Wir streiten uns hier und überlegen, und du sitzt da und sagst kein Wort.
Bonnie: Was schlägst du vor, Craig? Einen für Dennis, und für uns andere jeder drei?
Craig: Ich will, dass Dennis genauso viel kriegt wie wir.
Bonnie: Nur so wär's fair! – Ich glaube, so sollten wir's machen.
(Damon 1977)

In Peer-groups (Gruppen Gleichaltriger) sammeln Kinder ihre ersten Erfahrungen mit gleichberechtigten Beziehungen. Da Erwachsene älter, stärker, »reicher« – sie kontrollieren Ressourcen wie den Kühlschrank und die Fernbedienung des Fernsehers – und vermutlich klüger sind als Kinder, sind die Beziehungen zwischen Erwachsenen und Kindern immer asymmetrisch. Zu Hause und in der Schule sind die Kinder den Erwachsenen stets untergeordnet. Hingegen sind sie – kraft Definition – ihren Altersgenossen sozial gleichgestellt. Dieser gleiche soziale Status macht Peer-groups zu einem idealen Rahmen für das Erlernen von Normen des Teilens und der *Reziprozität* (Gegenseitigkeit). Zweifellos sozialisieren sich in der obigen Szene die drei Kinder gerade gegenseitig hinsichtlich der Normen der austeilenden Gerechtigkeit, die für bestimmte Situationen gelten. Wäre ein Erwachsener dabei gewesen, hätte er wahrscheinlich von den Kindern einfach *gefordert*, dass sie die Schokoriegel unter vieren aufteilen. Doch dies hätte vielleicht verhindert, dass sie die »Richtigkeit« der Entscheidung so ohne weiteres akzeptierten, wie sie es taten, als sie ihre Entscheidung selbst trafen.

Bis zum Schulalter haben die Kinder eine Fülle von Überzeugungen, Normen und Werten entwickelt und verinnerlicht, unter anderem das Konzept der Freundschaft und das Verhalten, das eine Freundschaft einschließt. Sie verwenden diese Vorstellungen sowohl als Richtschnur für ihr eigenes Verhalten wie auch als Maßstab, an dem sie das Verhalten von Gleichaltrigen messen. Dies führt zu schärfer definierten Rollenerwartungen. Die Kinder spüren jetzt, dass sie wissen, was sie von Freunden erwarten können und wie sie selbst in einer Freundschaft handeln sollten. Selbstverständlich decken sich ihre Begriffe von »gut« und »richtig« noch nicht immer mit denen der Erwachsenen. Kinder entwickeln manchmal ihre eigenen spezifischen Normen und Werte, ihre Sichtweisen der Dinge, die sie mit Gleichaltrigen teilen. Infolgedessen fällt es ihnen manchmal schwer zu entscheiden, welchen Normen oder Werten sie in einer gegebenen Situation folgen sollen. Die Fähigkeit, solche Entscheidungen zu treffen, ist für das Rollenhandeln im Erwachsenenalter sehr wichtig (Krappmann 1991).

Unsere Kindheit erfahren wir vorwiegend als Unterordnung unter Erwachsene. Wenn wir als Kinder Beziehungen mit anderen knüpfen, dann schaffen wir eine Welt, die zum ersten Mal weitgehend unser eigenes Produkt ist. Peer-groups (Gruppen Gleichaltriger) haben also einen enormen und wesentlichen Einfluss darauf, wie Kinder die Welt sehen und sich in ihr verhalten. Institutionen wie der Sport bilden die Basis vieler sowohl von Erwachsenen geleiteter als auch spontan entstandener Peer-groups.

Die Grundschuljahre sind die Zeit, in der sich die Sozialisation Gleichaltriger meist in Gruppen vollzieht, die jeweils das andere Geschlecht ausschließen. Die Jungen bilden meist größere Peer-groups und engagieren sich in aggressiveren und mehr wettbewerbsorientierten Spielen, in deren Mittelpunkt häufig der Sport steht. Die Mädchen bilden im allgemeinen kleinere, intimere Peer-groups. In diesem Entwicklungsstadium bauen Kinder eine soziale Struktur auf. Sie pflegen, prüfen und bewahren Freundschaften und sie entwickeln eine soziale Identität durch Interaktion mit Gleichaltrigen.

Zur Zeit der frühen Adoleszenz gewinnt das Zusammensein mit Freunden immer mehr an Bedeutung: Akzeptiert werden, Beliebtheit und Gruppensolidarität überragen alle anderen Probleme, die Jugendliche haben. Während heranwachsende Jungen meist mit einer Clique männlicher Freunde zusammen sind, fühlen sich heranwachsende Mädchen oft zu einer einzigen »besten« Freundin hingezogen, der sie ihre Probleme, Sorgen und Ängste anvertrauen. Beide Geschlechter wählen Freunde beziehungsweise Freundinnen vorwiegend aus der gleichen Altersgruppe, der gleichen sozialen Schicht und ethnischen Gruppe. In Peer-groups entwickeln Jugendliche als Ausdruck ihrer Identität eine Reihe von Symbolen – Sprache, Musik, Haarschnitt, Kleidungsstil und so weiter. Sie benutzen diese kollektiven symbolischen Handlungen, um sich in ihrem konfusen Zustand zu orientieren, um sich ein neues eigenes Urteil zu bilden, ihre Denkweisen zu formen und ihr Verhalten zu steuern (Schäfers 1982; Willis 1990).

Auf der Suche nach der Definition ihrer Identität geraten Jugendliche oft in Konflikt mit der Macht und den Erwartungen ihrer Eltern und anderer Erwachsener. Selbst wenn sie sich nicht Bewegungen des aktiven Widerstands (wie in der Jugendkultur der 1960er Jahre) anschließen, testen sie gern die Grenzen des Erlaubten aus – indem sie etwa mit Alkohol oder illegalen Drogen experimentieren. Auch in Fragen des Geschmacks, wie etwa der Mode und musikalischer Vorlieben, widersetzen sich Jugendliche häufig der elterlichen Macht. Oft kommt es zu Konflikten mit den Eltern darüber, ob sie ihnen schon Verantwortung übertragen – etwa die Benutzung des Autos – oder das Eingehen sexueller Beziehungen erlauben sollen, Dinge, mit denen Jugendliche glauben, schon umgehen zu können.

Dennoch bleiben Jugendliche für die Präferenzen ihrer Eltern hinsichtlich künftiger Lebensziele und zentraler Werte aufgeschlossen. Tatsächlich ist es so, dass die Werte Gleichaltriger die elterlichen Werte häufiger bekräftigen, als dass sie ihnen widersprechen. Wenn in der späteren Adoleszenz der Konflikt zwischen Gleichaltrigen und Erwachsenen nachlässt, wählen die Jugendlichen sich eine Peer-group mit Werten, bei denen sie sich wohl fühlen, Werte, die oft jenen, mit denen sie in der Familie aufgewachsen sind, stark ähneln. Ab diesem Zeitpunkt verläuft die Sozialisation in der Familie und Peer-group oft parallel.

Es gibt zahlreiche interkulturelle Unterschiede in der Sozialisation durch Peer-groups. Mehrere Forscher verglichen Gruppen Jugendlicher in den USA und der Sowjetunion vor dem Zusammenbruch. In einer Untersuchung wurden die Schüler befragt, ob sie mitmachen würden, wenn ihre Freunde sich schlecht benehmen, etwa lügen und betrügen würden. Man versicherte ihnen, ihre Antworten würden nur den an der Untersuchung beteiligten Gleichaltrigen, nicht aber den Erwachsenen mitgeteilt. Im Gegensatz zu den sowjetischen Schülern neigten die amerikanischen dazu, mitzumachen. Offenbar war es für US-amerikanische Schüler wichtiger, nicht als Petzer zu gelten, als andere für inkorrektes Verhalten zurechtzuweisen. Die Werte der jugendlichen Peer-group standen im Widerspruch zu den offiziellen Normen der Erwachsenengesellschaft. In der Sowjetunion hingegen waren die Jugendlichen bereit, unerwünschtes Verhalten bei ihren Klassenkameraden zu tadeln – das heißt, die Peer-group verstärkte die offiziellen Werte der Sowjetgesellschaft. Die umfassendsten Untersuchungen zur Jugend in Deutschland werden in regelmäßigen Abständen vom Jugendwerk der Shell-AG durchgeführt und veröffentlicht (zuletzt: *Jugend '92.*; *Jugend '97*; *Jugend 2000*); sie enthalten eine Fülle von Informationen, auch zum Vergleich der westdeutschen mit der ostdeutschen Jugend (*Jugend '92*, Bd. 3).

Die Massenmedien

Kinder sind einer ganzen Reihe von Massenmedien ausgesetzt, den Kommunikationsformen, die große Menschenmengen erreichen: Fernsehen, Radio, Filme, Schallplatten, Tonbänder, Bücher, Zeitschriften und Tageszeitungen. Zwar sind alle Massenmedien wichtige Sozialisationsinstanzen, doch vermutlich hat das Fernsehen den größten Einfluss. Im Schnitt verbringen Kinder in den USA wahrscheinlich mehr Zeit mit Fernsehen als sie in der Schule sind oder sich mit ihren Eltern unterhalten. Ganz neue Medien, über deren Wirkung noch wenig bekannt ist, sind der PC und das Internet.

Eltern und Pädagogen machen sich Sorgen über Art und Umfang, in denen Kinder durch das Fernsehen sozialisiert werden. Als unheilvoll empfinden sie den Inhalt vieler Unterhaltungssendungen, vor allem aber das gezeigte Ausmaß an Gewalt und die ständige Wiederholung von Geschlechts- und anderen Stereotypen. Im Fernsehen erscheinen die Frauen meist unterwürfig und ans häusliche Leben gebunden; die Männer sind klug und selbständig; den Älteren mangelt es an gesundem Menschenverstand. Mithin zeigt das Fernsehen oft eine verarmte Version der Kultur – eine Version, die oft unausgesprochene und schädliche Botschaften transportiert.

Obgleich sich viele Eltern über die Klischees in den Massenmedien aufregen, gilt die größere Sorge der exzessiven Darstellung von Gewalt. Sie bezieht sich vor allem auf das Fernsehen. So wird immer wieder vermutet, dass die im Fernsehen gezeigte Gewalt aggressives Verhalten bei Kindern und Jugendlichen fördert. Eine Langzeituntersuchung von Teenagern fand heraus, dass eine Vorliebe für Gewaltsendungen im Fernsehen eine genauere Vorhersagevariable (*Prädiktor*) aggressiven Verhaltens ist als der sozio-ökonomische Hintergrund, familiäre Beziehungen, der IQ oder irgendein anderer einzelner Faktor (Cater/Strickland 1975). Es ist schwer zu sagen, was zuerst da ist: das aggressive Verhalten oder die Vorliebe für Gewaltsendungen. Doch eine Verbindung zwischen beiden besteht zweifellos. Viele machen sich Sorgen über die Auswirkungen, die Gewalt im Fernsehen womöglich auf sehr kleine Kinder hat: Starker Fernsehkonsum im Vorschulalter, so nimmt man an, setzt ein Kind der Gefahr aus, problematische Verhaltensweisen in der Grundschule zu entwickeln. Andere hingegen meinen, Gewalt im Fernsehen fördere Aggressionen bei kleinen Kindern nur dann, wenn sie glauben, dass die Gewalt real ist. Doch ein Großteil der von Vorschulkindern gesehenen Gewalt im Fernsehen käme in Zeichentrickfilmen vor, daher sei es für sie leichter, zwischen Realität und Fantasie zu unterscheiden; zumindest zur Zeit der Einschulung wüssten sie, dass Zeichentrickfilme nicht real sind. Kontrovers ist aber noch immer, wie verbreitet dieses Wissen bei kleinen Kindern wirklich ist.

Eine andere Kritik wird von dem Medienökologen Neil Postman (1985) vorgetragen. Durch exzessives Fernsehen, so Postman, könnten die Sprachentwicklung, insbesondere die damit verbundene begriffliche Strukturierung der Welt, und die Fähigkeit zur diskursiven Auseinandersetzung mit anderen verkümmern – mit der Folge, dass man für Realität hält, was im Fernsehen gezeigt wird.

Obgleich die Kritik am Fernsehen berechtigt ist, kann es auch positive Effekte haben (Van Evra 1990). Experimente belegen, dass Programme, die Teilen, Freundlichkeit und Zusammenarbeit betonen, soziales Verhalten bei Kindern fördern. Und für Kinder, die in einem verarmten Milieu aufwachsen, sind Sendungen wie die »Sesamstraße« zweifellos anregend und belehrend.

Es ist auch wichtig, daran zu erinnern, dass Kinder das Fernsehen nicht nur passiv auf sich wirken lassen: Sie werden angesprochen und reagieren. Das Fernsehen fördert die Internalisierung sozialer Normen und Werte, indem es die Kinder zwingt, ihr Wissen von Gut und Böse, von Realität und Fantasie heranzuziehen und anzuwenden. Wie Märchen und antike Mythen loten Zeichentrickfilme und andere Fernsehsendungen die Schranken einer Kultur – ihre Grenzen, Probleme und Widersprüche – aus. Die Helden sind oft Gesetzesbrecher, Menschen mit abweichendem Verhalten, Monster. Kinder, die solche Sendungen sehen, sammeln Erfahrungen, wie sie mit Problemen fertig werden können. »Durch das Fernsehen wird das Denken nicht abgeschaltet, wie viele fürchten: Es liefert den Gehirnen Material, stimuliert das normale **kognitiv**e Wachstum auf tausenderlei Weise« (Hodge/Tripp 1986:92). Wie andere Sozialisationsinstrumente lädt auch das Fernsehen ein zur Interaktion und zum Experimentieren, es fördert das geistige und soziale Wachstum, vor allem, wenn Eltern mit ihren Kindern die Sendungen ansehen und deren Inhalt in der Familie (oder auch im Klassenzimmer) diskutiert wird.

Einige Untersuchungen legen nahe, dass das Betrachten von Gewaltsendungen im Fernsehen bei Kindern Aggressionen fördert. Es gibt empirische Belege, dass die Vorliebe von Teenagern für Gewalt im Fernsehen, unabhängig von ihrer sozialen Schicht, mit ihrem eigenen aggressiven Verhalten korreliert. Allerdings sind dabei auch noch weitere psychologische Faktoren im Spiel.

Die Schule

Vorgefasste Meinungen machen uns nicht nur blind für die Rolle des Fernsehens in der Sozialisation. Auch Vorurteile über Schulen als Ort der Vermittlung abstrakten Wissens täuschen oft darüber hinweg, dass sie auch ein beträchtliches Maß an Sozialisationsarbeit leisten. Während der offizielle Zweck von Schulen darin besteht, junge Menschen geistige und technische Fertigkeiten zu lehren, vermittelt sie ihnen auch kulturelle Werte und Einstellungen, die sie auf ihre Rolle als Erwachsene vorbereiten.

In modernen Gesellschaften ist die Schule die primäre Instanz, welche die Kinder des Elternhauses entwöhnt und mit der Gesellschaft vertraut macht. Im Elternhaus sind, anders als in der Schule, Disziplin und Liebe in der Regel vermischt. In der Schule sollen die Kinder sich fügen, weil man Regeln und Vorschriften gehorchen muss. Die Schule führt sie also in unpersönliche, bürokratische Organisationen ein.

Diese Lektionen sind Teil des »heimlichen Lehrplans« (Zinnecker 1975). Wiewohl nie explizit gelehrt, sind Lektionen in Disziplin und Konformität Teil der sozialen Struktur des Klassenzimmers. So sitzen in traditionellen Schulen die Kinder in Zweierreihen an ihren Pulten oder Tischen. Sie lernen, ruhig zu sein, vor dem Reden die Hand zu heben, gefällig über ihnen gestellte Themen zu schreiben, sich an die Fakten zu halten und nie ihrer Fantasie freien Lauf zu lassen. Unausgesprochen vermitteln die Schulen oft auch die Vorstellung, dass Mittelschichtkinder erfolgreicher sind als Kinder aus ärmerem Milieu oder ethnischen Minoritäten. Manche Bestandteile dieses »heimlichen Lehrplans« sind Relikte des 19. und frühen 20. Jahrhunderts.

Was Deutschland angeht, so hat das frühere dreigliedrige Schulsystem durch seine hohe Selektivität wesentlich zur Reproduktion der Schichtenstruktur beigetragen. In den 1960er Jahren erkannte man, dass in diesem System bestehende Begabungsreserven nicht ausgeschöpft und soziale Ungleichheiten verfestigt wurden. Man initiierte eine Bildungsreform, die unter anderem zu zahlreichen Verbesserungen der Lehrpläne, der Didaktik, der Leistungsbewertung und der Lehrerausbildung führte. Durch diese Maßnahmen ist die soziale Selektivität des Bildungssystems deutlich abgemildert worden (zum Beispiel hat sich der Anteil der Arbeiterkinder unter den Abiturienten und Studenten erhöht), doch ist sie bis heute in keinem Bildungssystem der Welt völlig beseitigt worden.

Neuerdings zeichnet sich für die Schule das Problem ab, dass ihr immer mehr die Aufgabe der primären Sozialisation zugemutet wird, weil viele Familien dieser Funktion immer weniger gerecht werden. Ein noch gravierenderes Problem ist der tiefgreifende Wandel der Arbeitswelt, auf welche die Schule vorbereiten soll (Ausführlicher wird das Thema Schule in Kapitel 13 behandelt).

SOZIALISATION IM ERWACHSENENALTER

Früher glaubten viele Sozialwissenschaftler, dass durch unsere Kindheitserfahrungen festgelegt wird, was für Menschen wir werden. Freud war ein führender Vertreter dieser Auffassung. Sozialisation im Erwachsenenalter galt als bloße Ergänzung, als ein Lernen, das eine Person nicht mehr grundlegend verändern kann. Heute ist diese traditionelle Auffassung in erheblichem Maße revidiert worden. Wir wissen, dass die Menschen auch im Erwachsenenalter mit Sozialisationsproblemen konfrontiert werden. Bis zu einem gewissen Maße ist dies so, weil sie sich an den sozialen Wandel anpassen müssen. Der Hauptgrund aber ist, dass die heutige differenzierte Gesellschaftsstruktur nicht mehr, wie in vormodernen Gesellschaften, aus im wesentlichen ähnlichen Gruppen zusammengesetzt ist, sondern sich aus vielen verschiedenen Institutionen in Wirtschaft, Staat und Öffentlichkeit (zum Beispiel im Betrieb, in der Gemeinde, in Bildungsinstitutionen, in der Kirche und so weiter) konstituiert. Wir treffen in den verschiedenen Institutionen und Organisationen, in die wir eintreten, auf verschiedene Kulturen. Wer beispielsweise zu Daimler-Chrysler geht, muss die Dinge lernen, die von Mitarbeitern bei Daimler-Chrysler erwartet werden: einen besonderen Verhaltenskodex und einen bestimmten Umgangs-, ja sogar Kleidungsstil. In der späten Adoleszenz und im Erwachsenenalter werden wir mit einer Reihe neuer Sozialisationsprozesse konfrontiert. Wer sich als Student beziehungsweise als Studentin einer Gruppe anschließt, wird auch dort sozialisiert; das gleiche erlebt ein Rekrut bei der Bundeswehr. In den nächsten Abschnitten betrachten wir einige wichtige Sozialisationserfahrungen im Erwachsenenalter.

Desozialisation und Resozialisation

Sozialisation ist also nicht mit dem Erreichen des Erwachsenenalters abgeschlossen, vielmehr erfordert jeder Eintritt in eine Institution beziehungsweise einen neuen Status – zum Beispiel in einen Betrieb oder bei der Heirat – eine weitere Sozialisation. Einige der neu zu erlernenden Werte und Normen können im Widerspruch zu denen stehen, die das Individuum früher verinnerlicht hat und die jetzt nicht mehr für es gelten. Insofern könnte man von **Resozialisation** sprechen, die in gewissem Maße immer auch eine **Desozialisation** im Hinblick auf das früher Gelernte impliziert. Wie erwähnt, entsteht dieses Problem schon beim Eintritt in die Grundschule, deren Normen sich von denen der Herkunftsfamilie erheblich unterscheiden. Auch für Immigranten stellt dies ein spezifisches Problem dar. In praktisch allen Gesellschaften ist der Übergang vom Status des Kindes beziehungsweise Jugendlichen zu dem des Erwachsenen mit einem einschneidenden Wandel der für das Individuum verbindlichen Normen verbunden. So werden in unserer Gesellschaft von einem Kind häufig Gehorsam, Unselbständigkeit und fehlende Sexualität erwartet, von einem Erwachsenen hingegen Initiative, Selbständigkeit, Verantwortlichkeit und eine entwickelte Sexualität.

Extreme Fälle der Desozialisation und Resozialisation spielen sich in Organisationen ab, die sich bewusst von der Außenwelt abschirmen und ein äußerst isoliertes Leben führen, das formal durchorganisiert und scharf kontrolliert ist. Solche Organisationen werden oft *totale Institutionen* genannt, weil sie die Gedanken und Handlungen ihrer Mitglieder total beherrschen. Beispiele sind Gefängnisse, psychiatrische Anstalten und Ausbildungslager für Rekruten. In solchen Institutionen werden die Insassen so vollkommen wie möglich – emotional, geistig und physisch – von anderen Umgebungen isoliert. Oft wird die totale Institution zur *einzigen* Realität für ihre Mitglieder.

Die Neuankömmlinge in einer totalen Institution durchlaufen einen Prozess der Desozialisation, den der Soziologe Erving Goffman (1961) als *Demütigung* beziehungsweise *Abtötung* bezeichnet hat. Systematisch werden ihnen Kleider, Schmuck und persönliche Habe, die einen Teil ihrer früheren Identität ausdrückten, abgenommen. Dafür erhalten sie neutrale und oft schlecht sitzende Einheitskleidung – eine Uniform oder Anstaltskleidung. Manchmal werden ihnen die Haare abrasiert, um jegliche Spuren ihrer früheren Identität zu tilgen. Auch einer Art Gehirnwäsche werden neue Mitglieder unterzogen: Sie werden gezwungen, sinnlose Aufgaben zu verrichten, willkürliche und unzumutbare Befehle auszuführen und persönliche (verbale oder physische) Misshandlungen zu erdulden. Zugleich werden sie jenes Privatheitsempfindens beraubt, das ihnen normalerweise hilft, sich als Individuen abzugrenzen. Bei der Aufnahme müssen sie eine erniedrigende körperliche Untersuchung über sich ergehen lassen. Später müssen sie mit der Gruppe essen, schlafen und duschen. Sie stehen unter ständiger Beobachtung und Überwachung; jeder Augenblick wird tagaus, tagein von anderen geplant.

Diese Prozeduren zerstören das Selbstwertgefühl und richten die Menschen zur Unterwerfung ab. Totale Institutionen erzwingen die psychische Regression: Sie fördern kindliche Gefühle der Hilflosigkeit und Abhängigkeit, um das Leben ihrer Insassen leichter zu kontrollieren. Sind diese einmal soweit regrediert, können sie zu einer neuen, von der totalen Institution vorgesehenen Rolle resozialisiert werden.

Berufliche Sozialisation

Die Schulen bereiten die Kinder nur in einer sehr allgemeinen Weise auf ihre spätere Laufbahn vor. Wenn die Kinder erwachsen werden und in die Arbeitswelt eintreten, erhalten sie stets eine zusätzliche Schulung am Arbeitsplatz – wenn nicht in formalen Klassen, dann zumindest in einer informellen Einarbeitung in das, was von ihnen erwartet wird. Sozialisation für einen bestimmten Arbeitsplatz, auch **berufliche Sozialisation** genannt, vermittelt nicht nur jobspezifische Fertigkeiten, sondern auch eine Reihe von Werten und ein für die spezifische Arbeit geltendes Berufsethos, die inoffiziellen Regeln des Berufs, den die Person antritt, sowie das Wissen, wie man sich entsprechend seinem Status und seinen Rollen in der Organisation gegenüber anderen zu verhalten hat (Bammé u.a. 1983; Heinz 1991).

Es ist von erheblicher Bedeutung, ob jemand individuell oder in einer Gruppe zu einem Beruf sozialisiert wird. In einem Ausbildungslager für Rekruten oder in einem großen Verkaufsschulungsprogramm lernen sich die Menschen gegenseitig kennen. Hier werden Peer-Beziehungen und informelle Gruppennormen sehr wichtig und stimulieren gelegentlich den Widerstand gegen die Ziele der Organisation. Wer hingegen individuell statt in Gruppen sozialisiert wird, ist von den Vorgesetzten, die ihn einarbeiten, abhängiger.

Oft versuchen wir uns auf die Sozialisation zu einer neuen Arbeitsrolle vorzubereiten. So spielen Schulabsolventen, die gerade ihren ersten »wirklichen« Arbeitsplatz in einem Unternehmen antreten, im Kopf durch, was für neue Erfahrungen sie erwarten. Wenn möglich, reden sie mit Mitarbeitern der betreffenden Firma, um einen Eindruck von der Arbeit dort zu gewinnen. Auf subtile, hintergründige Weise übernehmen sie neue, konservativere Werte und Verhaltensweisen, indem sie vorwegnehmen, was in der Firma ihrer Meinung nach von ihnen erwartet wird. Alle diese Veränderungen fassen wir unter dem Begriff **antizipatorische Sozialisation** zusammen. Was die Berufsanfänger tun, läuft darauf hinaus, sich selbst unter Vorwegnahme der Sozialisation, der sie sich gerade unterziehen, »umzumodeln«.

Indessen reicht antizipatorische Sozialisation selten aus, wenn ein wichtiger Übergang im Leben ansteht. Wenn eine Person ihre erste Arbeitsstelle antritt, gelingt es ihr nie ganz vorwegzunehmen, was auf sie zukommt, da dieser Übergang mit vier sehr schwierigen Aufgaben verbunden ist. Zunächst muss die Person mit der Realität einer bürokratischen Organisation zurechtkommen. Neue Mitarbeiter merken bald, dass andere in der Organisation sich oft dem in den Weg stellen, was ihrer Meinung nach getan werden sollte. Die Kollegen erscheinen als nicht so »hell«, kompetent oder produktiv, wie sie es sein sollten. Allzu oft scheinen sie sich unlogisch, irrational oder unverständlich zu verhalten. Neue Mitarbeiter müssen lernen, die menschliche Organisation mit all ihren Schwächen zu akzeptieren. »Sich geschickt verkaufen«, »Kompromisse schließen« und »Taktie-

5

ren« werden wesentliche Elemente dessen, was man am Arbeitsplatz »können« muss.

Zweitens muss man lernen, mit dem Widerstand gegen Veränderungen innerhalb der Organisation fertig zu werden. Neue Mitarbeiter klagen, ihre guten Ideen würden untergraben, auf die lange Bank geschoben, sabotiert oder schlicht ignoriert. Sie stellen fest, dass ihre technisch offenbar so vernünftigen Empfehlungen aus dem einen oder anderen Grund nicht umgesetzt werden. Ob und inwieweit sie lernen, mit dem Widerstand gegen Veränderungen fertig zu werden, hat wichtige Konsequenzen für ihre künftigen Karrierepfade.

Drittens muss man mit mehrdeutigen Situationen am Arbeitsplatz fertig werden. Neue Mitarbeiter stellen fest, dass einige Elemente ihrer Arbeit ungenügend definiert sind. Sie bekommen auch nur schwer die Rückmeldung, die sie brauchen, um ihre eigene Leistung zu beurteilen. Sich eine Nische in der Organisation zu schaffen, ist ein wichtiger Teil der Anpassung an sie.

Schließlich muss man lernen, in der Organisation vorwärts zu kommen. Neue Mitarbeiter müssen lernen, wie sie sich gegenüber ihren Chefs verhalten müssen, und einen Mittelweg zwischen allzu großer Abhängigkeit und Rebellion finden. Zugleich müssen sie das Belohnungssystem ihrer Organisation herausfinden, das heißt, was wirklich von ihnen erwartet und was wirklich belohnt wird, auch, wie weit sie sich auf offizielle Aussagen verlassen können.

Sobald neue Mitarbeiter die erste Anfangshürde der Einweisung in einen neuen Arbeitsplatz genommen haben, beginnen sie die Werte und Sitten ihrer neuen Organisation zu verinnerlichen. Inwieweit ihnen dies gelingt, hängt von ihrem Arbeitsengagement ab, das durch eine Reihe von Faktoren gefördert wird, zu denen das Maß der Selbstbestimmung am Arbeitsplatz gehört. Je selbstbestimmter eine Person ist, das heißt, je mehr sie sich ihre eigenen Ziele setzen und ihre eigenen Entscheidungen treffen kann –, desto wahrscheinlicher ist es, dass sie sich ihrer Arbeit verpflichtet fühlt. Das Arbeitsengagement korreliert oft mit der Neuheit eines Berufs. Im allgemeinen ist es in den ersten Berufsjahren stark und stabilisiert sich später.

Zusammenfassung

1. Sozialisation ist der Prozess, durch den den Mitgliedern einer Gesellschaft fundamentale Elemente ihrer Kultur vermittelt werden. Sie ist eine der Grundkräfte, die menschliches Sozialverhalten formen. Eine andere ist das ererbte biologische Potential eines Menschen. Dieses Potential begrenzt einen Spielraum von Verhaltensmöglichkeiten, auf den Umwelteinflüsse anschließend einwirken. Menschen sind jedoch durch diese Faktoren nicht völlig festgelegt. Sie verfügen immer auch über Möglichkeiten, selber zu entscheiden, wer oder was sie werden wollen.

2. Sozialisation ist besonders in der frühen Kindheit von elementarer Bedeutung. Ohne Sozialisation in den ersten Lebensjahren würden die Menschen nicht zu sozialen Wesen werden. Doch sie beschränkt sich keineswegs auf die Kindheit. Sie dauert das ganze Leben hindurch an und ist besonders wichtig während bedeutsamer Übergänge im Leben, etwa beim Eintritt in die Schule, beim Übergang in die Arbeitswelt oder beim Wechsel einer Stelle, bei der Heirat, Elternschaft, Scheidung und so weiter.

3. Der Soziologe Charles Horton Cooley gebrauchte den Begriff des gespiegelten Ich zur Analyse der Sozialisation. Nach Cooley erwerben wir unser Selbstbewusstsein, indem wir uns im Verhalten anderer uns gegenüber wie in einem Spiegel wahrnehmen und uns vorstellen, wie sie über uns denken. Aufbauend auf dieser Analyse, betonte der Soziologe George Herbert Mead, dass Kinder durch symbolische Interaktion mit anderen sowohl lernen vorwegzunehmen, was andere von ihnen erwarten, als auch ihr eigenes Verhalten zu bewerten und entsprechend anzupassen. Der Entwicklungspsychologe Jean Piaget untersuchte den Aufbau kognitiver Strukturen in der Interaktion mit der Umwelt und stellte als eine wichtige Voraussetzung sozialen Handelns die Überwindung des Egozentrismus heraus. Eine andere wichtige Sozialisationstheorie stammt von Sigmund Freud. Freud begreift die Sozialisation als Kampf zwischen biologisch angelegten Trieben, die nach Lustgewinn streben, und den Regeln akzeptablen Verhaltens, die die Gesellschaft uns aufzwingt.

4. Cooley, Mead, Freud und Piaget verdanken wir bahnbrechende Einsichten in den Prozess der Sozialisation. Alle vier Autoren gingen jedoch davon aus, dass dieser für alle Individuen im Wesentlichen gleich verläuft. Dies ist jedoch nicht der Fall. Was wir im Einzelnen lernen, wenn wir Mitglied einer Gesellschaft werden, hängt von unserer Position in der Gesellschaftsordnung ab. So werden die beiden Geschlechter verschieden sozialisiert. Sie werden auf verschiedene Rollen in der Gesellschaft vorbereitet und lernen, auf verschiedene Weisen zu denken und zu handeln. Auch Angehörige der verschiedenen sozialen Schichten werden in der Regel verschieden sozialisiert. So lernen Unterschichtkinder, Disziplin, Gehorsam und Konformität höher zu bewerten als Mittelschichtkinder, wodurch sie in der Regel auf Jobs mit niedrigem Status vorbereitet werden, die nur wenig Möglichkeiten zu selbständigem Denken bieten. Aus der schichtenspezifischen Sozialisation erklärt sich, dass ein niedriger sozialer Status über Generationen hinweg konserviert wird.

5. Die Familie ist die primäre Sozialisationsinstanz. Sie macht die Kinder mit intimen Beziehungen und dem Gruppenleben vertraut und verleiht ihnen ihren sozialen Status. Kulturelle Werte und Normen werden Kindern in erheblichem Maße auch in Peer-groups (Gruppen Gleichaltriger) vermittelt. Normen und Werte der Fairness, des Teilens und der Reziprozität werden besonders leicht in den egalitären Beziehungen erlernt, die zwischen Gleichaltrigen bestehen. Zwar entwickeln die Peer-groups von Kindern und Jugendlichen häufig ihre eigenen Normen und Werte, doch bezüglich wichtiger Themen stimmen die Normen und Werte von Eltern und Kindern in der Regel überein. Andere wichtige Sozialisationsinstanzen in der Kindheit sind die Massenmedien und die Schulen. Die offizielle Funktion der Schule ist es, den Kindern »abstraktes« Wissen zu ver-

mitteln, doch im Klassenzimmer lernen sie auch sehr viele andere Werte.

6. Sozialisation beschränkt sich nicht allein auf die Kindheit. Sie setzt sich durch das ganze Leben hindurch fort. Besonders bedeutsam ist sie während wichtiger Übergänge im Leben, etwa bei der Heirat, der Geburt von Kindern oder bei der Pensionierung. Wenn Erwachsene neue Normen und Werte verinnerlichen müssen, die von ihren früheren sehr verschieden sind, nennen wir diesen Prozess Resozialisation. Oft geht einer solchen Resozialisation eine Desozialisation voraus, in der den Menschen ihre früheren Werte und ihr früheres Selbstbild

genommen werden. Extreme Fälle der Desozialisation spielen sich in totalen Institutionen ab, die sich bewusst von der Außenwelt abschirmen; das Ergebnis ist ein in hohem Maße isoliertes Leben, das formal durchorganisiert und streng kontrolliert ist. Beispiele sind Gefängnisse, psychiatrische Anstalten und Ausbildungslager für Rekruten. Ein wichtiger Aspekt der Sozialisation im Erwachsenenalter ist das Erlernen der Normen und Werte, welche die Menschen an ihrem jeweiligen Arbeitsplatz brauchen. Wir nennen diesen Prozess berufliche Sozialisation.

5

Wiederholungsfragen

1. Fassen Sie kurz die Positionen in der Debatte »Anlage kontra Umwelt« zusammen!

2. Vergleichen Sie Cooleys Begriff des gespiegelten Ich, Meads Analyse der Perspektivenübernahme, Piagets Begriff des Egozentrismus und Freuds Analyse der inneren Dynamik der Sozialisation!

3. Beschreiben Sie geschlechts- und schichtenspezifische Varianten der Sozialisation!

4. Skizzieren Sie kurz die Rolle, die jede der folgenden Instanzen im Sozialisationsprozess spielt: die Familie, die Peer-groups, die Massenmedien und die Schule!

5. Nennen Sie Situationen und Probleme, die für die Sozialisation im Erwachsenenalter von Bedeutung sind!

Übungsaufgaben

1. Nennen Sie Argumente und Tatsachen gegen die Auffassung, wonach die Charakterzüge des Menschen im wesentlichen angeboren sind!

2. Nennen Sie Beispiele für Sozialisation, die Sie seit dem Beginn Ihres Studiums erfahren haben!

3. Grenzen Sie in Ihrer eigenen Sozialisation die Rollen Ihrer Familie, Ihrer Peer-group, der Massenmedien und der Schulen, die Sie besucht haben, voneinander ab. Bestimmen Sie die wichtigste und begründen Sie Ihre Wahl!

4. Gelegentlich hört man die Forderung, wir sollten die Sozialisation von kleinen Kindern stärker reglementieren – etwa durch Einführung obligatorischer Erziehungsschulen, oder indem wir die Kinder schon sehr früh zur Vorschule schicken. Was halten Sie von dieser Forderung? Verwenden Sie einige Überlegungen aus diesem Kapitel!

5. Welcher künftige Anlass für eine Resozialisation wird Sie wahrscheinlich am stärksten betreffen: der Eintritt ins Berufsleben, die Heirat oder der Umzug in eine andere Stadt? Begründen Sie warum!

Glossar

Antizipatorische Sozialisation Prozess, durch den wir unsere Überzeugungen, Normen und Werte im voraus an eine neue Sozialisation anpassen, der wir uns zu unterziehen im Begriff sind.

Berufliche Sozialisation Prozess, durch den ein neuer Arbeitnehmer seine Normen, Werte und Überzeugungen an jene der Organisation oder des Berufs anpasst, in dem er beschäftigt ist.

Desozialisation Prozess, in dem wir – meist unfreiwillig – unser Selbstbild und unsere Werte aufgeben, dem meist eine Resozialisation zu einer neuen Gruppe von Werten und einem neuen Selbstbild folgt.

Egozentrismus Einstellung oder Verhaltensweise, die die eigene Person als Zentrum allen Geschehens betrachtet und alle Ereignisse nur in ihrer Bedeutung für und in ihrem Bezug auf die eigene Person wertet; Unfähigkeit, sich in die Perspektive eines anderen Subjekts zu versetzen (Perspektivenübernahme).

Es Freuds Terminus für das Reservoir angeborener biologischer Triebe, die nach Lustgewinn streben.

Generalisierter Anderer Terminus von G.H. Mead; verinnerlichte allgemeine Vorstellung dessen, was eine Gruppe oder die Gesellschaft als ganze von uns erwartet.

Gespiegeltes Ich Terminus von Charles Horton Cooley; dient der Erklärung des Einflusses anderer auf unsere Selbstwahrnehmung.

Ich Freuds Terminus für den auf die Realität und auf Handeln bezogenen Teil der menschlichen Psyche, der sozial akzeptable Mittel ausfindig macht, um die biologisch angelegten, nach Lustgewinn strebenden Triebe zu befriedigen.

Kognitiv Auf Wahrnehmung, Denken, Begrifflichkeit bezogen; Gegenbegriff: affektiv (gefühlsmäßig).

Konstruktivismus Theorie, wonach die (weibliche, männliche, schwarze, weiße, heterosexuelle, lesbische, schwule und so weiter) soziale Identität durch soziale Prozesse konstruiert und daher *veränderlich* ist.

Kulturelle Universalie In allen Gesellschaften geltende Verhaltensnorm.

Latente Funktion Unbeabsichtigte, »verborgene« Folge sozialen Handelns, die zur Erhaltung und Integration eines sozialen Systems beiträgt; Gegenbegriff: manifeste Funktion.

Resozialisation Verinnerlichung (Internalisierung) einer neuen Reihe von Normen und Werten, die sich von früheren stark unterscheiden.

Selbst Das Bewusstsein einer charakteristischen Identität, die uns von anderen Menschen und Gegenständen abhebt.

Signifikante Andere Individuen, die im Leben emotional wichtig sind.

Signifikante Symbole Terminus von George Herbert Mead für in der frühen Kindheit erworbene Gesten und Worte, welche die erwünschten Reaktionen bei anderen auslösen und soziale Interaktion ermöglichen.

Sozialisation Prozess, durch den neuen Mitgliedern einer Gesellschaft die grundlegenden Elemente ihrer Kultur vermittelt werden.

Soziobiologie Theorie, wonach der Mensch wie alle anderen Spezies gewisse evolutionär entstandene genetische Verhaltensmerkmale besitzt, die ihm einen Selektionsvorteil verschafften und daher beibehalten wurden.

Totale Institutionen Organisationen, die sich bewusst von der Außenwelt abschirmen, was zu einem in hohem Maße isolierten Leben führt, das formal durchorganisiert und strikt überwacht ist. Beispiele: Gefängnisse, psychiatrische Anstalten, Ausbildungslager für Rekruten.

Über-Ich Freuds Terminus für das Gewissen als jenen Teil der menschlichen Psyche, der die verinnerlichten gesellschaftlichen Anschauungen von Richtig und Falsch, Recht und Unrecht enthält.

Kapitel 6

Der Lebenslauf

Inhalt

Der Lebenslauf ist ein Forschungsfeld, das in der Soziologie systematisch erst seit den 1970er Jahren untersucht wird. Der beschleunigte soziale Wandel, die Krisenanfälligkeit des Beschäftigungssystems und der Familie, aber auch die steigende Erwerbstätigkeit von Frauen und nicht zuletzt die Zunahme der Lebenserwartung haben in allen modernen Gesellschaften zu Veränderungen in der Struktur des Lebenslaufs geführt. Neben diesen Veränderungen haben Entwicklungen in der empirischen Sozialforschung, nämlich in der Methodologie von Längsschnittanalysen und qualitativen Ansätzen zur Erforschung von Lebenslaufmustern und Biographieverläufen, das empirische Studium von Lebensläufen auf neue Grundlagen gestellt (Giele/Elder 1998). **Lebenslaufforschung** ist, aufbauend auf den amerikanischen Pionierarbeiten von Glen Elder (1974, Elder/Caspi 1990) und Mathilda Riley (Riley/Riley 1992), besonders lebendig in Deutschland (vgl. Kohli 1985; Mayer 1990; Heinz 1997, 2000). Als wesentliche Dimensionen zur Analyse von Kontinuität und Wandel des Lebenslaufs innerhalb und zwischen Generationen werden das Lebensalter (**Alterseffekt**), die Jahrgangszugehörigkeit (**Kohorteneffekt**) und die historischen Ereignisse (**Periodeneffekt**) unterschieden.

GENERATIONEN UND DER LEBENSLAUF

Grundlegend für die Betrachtung von Wandel und Stabilität im Lebensverlauf sind Kenntnisse über die Bevölkerungsentwicklung, die wir demographischen Untersuchungen entnehmen können (vgl. Kap. 19). Hierbei geht es um die Entwicklung der Geburten- und Sterberaten im historischen Wandel; dazu kommen Daten wie z.B. über die Alterszusammensetzung von Schulabgängern oder über das Durchschnittsalter von Männern und Frauen bei der ersten Eheschließung.

Die geburtenstarken Jahrgänge (Baby Boomers)

Seit der industriellen Revolution ist die Geburtenrate in Deutschland stetig gefallen. Im Durchschnitt sind immer weniger Kinder zur Welt gekommen. Dieser historische Trend wurde jedoch durch den sogenannten Baby Boom, der in den USA 1946 einsetzte und bis

etwa 1964 dauerte, in Westdeutschland Mitte der 1950er Jahre einsetzte und bis zum Ende der 1960er Jahre dauerte (»Pillenknick«), unterbrochen. In beiden Ländern hielt diese Geburtenexplosion etwa zwei Jahrzehnte an; Menschen, die in dieser Phase zur Welt gekommen sind, werden abgekürzt die »Baby Boomers« genannt. **Generationen**, die davor und danach zur Welt kamen, sind kleiner. Deswegen stellen die geburtenstarken Jahrgänge eine Ausbuchtung in der Bevölkerungs-

---

Die fünf soziologischen Schlüsselbegriffe sind nützlich, um diese lebenslaufanalytischen Konzepte zu erläutern. Die *Altersstruktur* ist ein spezifisches Element der *Sozialstruktur*. Veränderungen in der Anzahl der Menschen auf jeder Altersstufe haben tiefgreifende Folgen dafür, wie die Gesellschaft ihre Ressourcen verteilt, wie Menschen persönliche und private Entscheidungen treffen und wie sie das angemessene Verhalten verschiedener Altersgruppen definieren. Historische oder kulturelle Unterschiede in der Altersstruktur stellen wichtige Kontextbedingungen für das *soziale Handeln* von Individuen und Gruppen dar. Die geburtenstarken Jahrgänge haben in Verbindung mit kulturellen Veränderungen eine Entwicklung eingeleitet, in der sich altersspezifische Protestgruppen in der Friedens- und Ökologiebewegung organisiert haben, was zur Gründung der Partei der Grünen führte. Veränderungen der Altersstruktur führen aber auch zu Problemen der *gesellschaftlichen Integration*. Die gesellschaftlichen Institutionen wie das Bildungssystem oder die Wirtschaft müssen sich den Veränderungen im Anteil älterer Menschen anpassen und auf die fallende Kinderzahl in der Bevölkerung reagieren. Dies bedeutet, dass die Bildungs-, Arbeitsmarkt- und Sozialpolitik einen bedeutenden Einfluss auf die Lebensverläufe verschiedener Kohorten haben (Mayer/ Müller 1989). Dabei kommen auch *Macht*fragen mit ins Spiel. So verschiebt sich mit Veränderungen in der Altersstruktur das Gewicht der altersbezogenen Interessengruppen; beispielsweise ergibt sich aus der steigenden Zahl von über 65-jährigen eine potenziell einflussreiche Wählergruppierung, die etwaigen Veränderungen im Gesundheits- und Rentensystem Widerstand entgegensetzen könnte. Auch für *kulturelle* Ausdrucksformen dürften durch die Pluralisierung der Übergänge und die Ausdehnung der aktiven Altersphase neue Anstöße entstehen.

struktur dar. Sie bewegen sich von der frühen Kindheit durch die Jugendphase, durch die verschiedenen Stufen des Erwachsenenlebens und schließlich in den Ruhestand und das hohe Alter. Diese **Geburtskohorten** haben bis zum Ende des 20. Jahrhunderts drei bis vier Jahrzehnte erheblicher sozialer und wirtschaftlicher Veränderungen in der deutschen Gesellschaft miterlebt und mitgestaltet. Ihre Erfahrungen sind durch Perioden spürbaren sozialen Wandels geprägt: Viele erlebten ihre Kindheit in der Phase des Wirtschaftswunders und des Kalten Kriegs, sie waren Jugendliche während der Studentenrevolte am Ende der 1960er Jahre und der daran anschließenden Bildungsreform; ihr Übergang zum Erwachsenenalter fiel in eine Periode steigender Arbeitslosigkeit. Heute sind sie mehr oder weniger stabil im Beschäftigungssystem integriert und machen sich Gedanken darüber, wer einmal ihre Renten bezahlen wird.

Dieser Blick auf die geburtenstarken Jahrgänge ist exemplarisch für die soziologische Betrachtungsweise des Lebenslaufs. Unter **Lebenslauf** verstehen Soziologen die Abfolge von Stufen oder Phasen und Übergängen im Leben, von der Geburt bis zum Tod (Kohli 1985). Das Leben kann in die folgenden Phasen aufgeteilt werden: frühe Kindheit, Kindheit, Jugend, frühe, mittlere und späte Erwachsenenphase, hohes Alter. Diese Einteilung entspricht auch den alltäglichen Mustern der Wahrnehmung von Lebensstufen. Soziologen sehen einen engen Zusammenhang zwischen den Erfahrungen, die der Mensch im Lebenslauf macht, und dem historischen Wandel in der Gesellschaft. Die Lebenschancen des Individuums hängen teilweise davon ab, zu welchem Zeitpunkt es geboren wurde, und damit von historischen Bedingungen und Begebenheiten, unter denen es die wichtigen Meilensteine oder Wendepunkte des Lebens erreicht. Eine zentrale Rolle spielen hierbei die gesellschaftlichen Grundinstitutionen Familie, Bildungssystem, Wirtschaftssystem und die Gesellschaftspolitik. Von ebenso großer Bedeutung sind die sozialen Merkmale der Person, ihre Geschlechtszugehörigkeit, ob sie in der Arbeiter- oder Oberschicht geboren wurde, deutscher Staatsbürger oder Zuwanderer ist. Diese Merkmalsdifferenzierungen legen eine Betrachtung von Variationen des Lebenslaufs innerhalb von Kohorten nahe.

Daher ist es aus soziologischer Sicht eine Übergeneralisierung, von *den* Baby Boomers zu sprechen, denn ihre Mitglieder unterscheiden sich nicht nur im Alter, sondern auch in vielen grundlegenden sozialen Merkmalen. An zwei Beispielen kann diese Differenzierung deutlich gemacht werden. Ein wichtiges Ereignis war

die Einführung des Fernsehens in Deutschland. Die älteren Baby Boomers waren Schulkinder, als die Fernsehgeräte in den meisten Haushalten aufgestellt wurden. Frühere Geburtskohorten waren zu dieser Zeit schon Erwachsene, während diejenigen, die nach 1970 geboren wurden, das Fernsehen als eine selbstverständliche Einrichtung erlebten. Die Baby Boomers waren in Deutschland auch die Generation, die länger als alle anderen zuvor im Bildungssystem blieb. Insbesondere die Mädchen konnten in den 1980er Jahren in den höheren Schulabschlüssen mit den Jungen gleichziehen und sie teilweise auch überholen.

Die geburtenstarken Jahrgänge sind jedoch keineswegs ein passives Produkt der Ereignisse, die sie erlebt haben. Sie haben auch ihre Zeit beeinflusst und geformt, manches Mal außerordentlich dramatisch. Weil die Baby Boomers die Generationen, die ihnen vorangingen und nachfolgten, an Zahl übertreffen, haben sie in jedem Abschnitt ihres Lebenslaufs sozialen Wandel verursacht. In den frühen Sechzigern haben sie für den Ausbau des höheren Bildungssystems gesorgt. Darüber hinaus haben die geburtenreichen Jahrgänge einen enormen Einfluss auf den Konsumenten- und Häusermarkt. In ihrer Jugendphase waren die Baby Boomers z.B. Hauptkonsumenten der Musik- und Unterhaltungsbranche und gaben viel Geld für Kleider und Kosmetik aus. Die jüngeren Mitglieder dieser Generation schließlich haben Heirat, Kinder und Familiengründung hinausgeschoben und damit die Jugendphase bis zum Ende des dritten Lebensjahrzehnts verlängert.

Welche sozialen Veränderungen sind zu erwarten, wenn die geburtenstarken Jahrgänge das Erwerbsleben verlassen und das höhere Lebensalter erreichen? Wenn die Baby Boomers im ersten Drittel des nächsten Jahrtausends zwischen 60 und 70 Jahre alt sein werden, wird die Zahl der Ruheständler bald die Zahl der Menschen übersteigen, die noch arbeiten. Kontrovers wird heute diskutiert, dass die Regierungsprogramme der Sozialpolitik, vor allem der gesundheitlichen Versorgung und Alterssicherung, auf Grund von Geldmangel nur durch erhebliche Einschnitte bei den Leistungsansprüchen gehalten werden können. Der Wohnungsmarkt könnte auf die im Ruhestand lebenden geburtenstarken Jahrgänge so reagieren, dass mehr Apartments, Alters- und Pflegeheime gebaut werden. Und es ist nicht unwahrscheinlich, dass die Baby Boomers auch die gesellschaftliche Einstellung zum **Alter** und zum Sterben verändern: Diese Generation wird nicht nur länger, sondern aktiver und gesünder leben und über den Zeitpunkt des Sterbens selbst bestimmen wollen.

6

Als Kontrast: Aufwachsen während der Weltwirtschaftskrise in den dreißiger Jahren

Die Baby Boom-Generation ist keineswegs einzigartig in der Art, wie sie durch besondere historische Umstände geformt wurde und ihrerseits die Gesellschaft beeinflusst hat. Diese wechselseitigen Prozesse gelten für jede Generation, gleichgültig wie relativ klein oder groß sie ist. Dies zeigt beispielsweise eine Untersuchung von Glen Elder (1974) über die Kindheit in der Weltwirtschaftskrise. Er hat keine vollständige Generation untersucht, die gewöhnlich etwa 15 bis 20 Jahre umspannt, sondern Daten über eine Stichprobe von Amerikanern, die zwischen den Jahren 1920 und 1921 geboren wurden. Die Geburtskohorte, auf die Elder sich bezog, hat die Auswirkungen der Weltwirtschaftskrise in den 1930ern in ihrer frühen Jugendphase erlebt. Dieser historische Umstand beeinflusste ihre Einstellungen und Verhaltensweisen nicht nur unmittelbar, sondern auch ihr weiteres Leben. Als Teenager hatten die meisten von Elder untersuchten Personen in ihren Familien harte Zeiten zu bewältigen. Viele Eltern waren zeitweilig arbeitslos mit entsprechendem Einkommensverlust. Aber es mag eher der befürchtete Verlust sozialen Ansehens gewesen sein, der diese Familien am meisten verletzt hat, ein Gefühl, das sich nicht durch die materiellen Einschränkungen allein messen ließ. Viele Familien haben versucht, der Umwelt ihre ökonomischen Schwierigkeiten zu verheimlichen. Einer der Befragten erinnerte sich, dass seine Eltern viel Geld für einen neuen Hausanstrich ausgegeben haben, sich aber kaum leisten konnten, Essen einzukaufen. Jeder in der Nachbarschaft konnte ja den Zustand des Hauses sehen, aber keiner konnte sehen, welches Essen aufgetragen wurde.

Beinahe die Hälfte der Befragten berichtete, dass von ihnen erwartet wurde, zum Familieneinkommen durch Teilzeitjobs beizutragen. So erfuhren viele recht früh in ihrem Leben, wie viel die Lebenssicherung kostet. Diese frühen Arbeitserfahrungen haben offensichtlich eine starke Orientierung in Richtung auf finanzielle Verantwortungsbereitschaft und konservatives Verhalten erzeugt. Bei den Menschen, die die Weltwirtschaftskrise als arbeitende Teenager erlebt haben, wurden Vorstellungen wie »man kommt nicht leicht zu Geld« und »gib nicht mehr aus, als du hast« zur Handlungsmaxime. Es ist auffallend, dass Jugendliche in diesen harten Zeiten weder mit Verzweiflung noch Resignation auf die wirtschaftlichen Schwierigkeiten reagierten, sondern versuchten, diese durch Zuerwerb für die Familie zu bewältigen.

In späteren Jahren wirkten die Erfahrungen aus der Weltwirtschaftskrise weiter: Bei den Männern fand Elder ein Orientierungsmuster der beruflichen Kristallisation, d.h. dass sie sich sehr früh auf eine bestimmte Tätigkeit festlegten und dabei blieben. Dies galt besonders für solche Männer, die aus sozial sehr benachteiligten Familien kamen; ihre Interessen, Lebensentwürfe und Wünsche wurden frühzeitig auf eine stabile Erwerbstätigkeit eingeschränkt. Die meisten der männlichen Untersuchungsteilnehmer, selbst die, die nicht mit Armut kämpfen mussten, erwiesen sich im Erwachsenenleben als sehr arbeitszentriert. Sie legten mehr Wert auf berufliche Leistung und Erfolg als auf Familie, Freizeit oder freiwillige Nachbarschaftstätigkeiten. Bei den Frauen zeigte sich eine starke Präferenz der traditionellen weiblichen Rolle, indem sie sich auf Familie, Kinder und Haushalt konzentrierten (Vgl. Kap. 11). Diejenigen, die aus stark sozial benachteiligten Familien stammten, zeigten eine Tendenz, früh zu heiraten und ihre Erwerbstätigkeit aufzugeben, spätestens als das erste Kind zur Welt kam. Es kann sein, dass diese Familienorientierung ein Versuch war, die seelischen Wunden aus der frühen Sozialisation in den verarmten Familien der Weltwirtschaftskrise zu schließen.

Elder konnte auch zeigen, dass diejenigen, die die Weltwirtschaftskrise als Teenager erlebten, durch diese dramatisch anders beeinflusst wurden als jene, die sie als kleine Kinder erlebten. Für letztere hatte die Familiensituation in schweren Zeiten negativere Folgen als für jene, die sie als Jugendliche durchmachten. Da sie noch nicht aktiv zum Einkommen beitragen oder im Haushalt helfen konnten, waren sie ungeschützt der sozialen und wirtschaftlichen Krise in ihrer Familie ausgesetzt.

DER LEBENSLAUF AUS SOZIOLOGISCHER PERSPEKTIVE

Die vorangegangenen Beispiele illustrieren zwei wichtige Merkmale der soziologischen Sichtweise des Lebenslaufs. Wenn Soziologen die Erfahrungen von Menschen in ihrem Lebensverlauf nachzeichnen, dann beziehen sie herausragende historische Ereignisse, aber auch institutionelle und kulturelle Kontextbedingungen mit ein. Das bedeutet auch, Variationen in den Erfahrungen innerhalb und zwischen Generationen auf soziale, geschlechtsspezifische und ethnische Unterschiede zurückzuverfolgen. Zum anderen interessieren sich Soziologen auch für die gesellschaftlichen Veränderungen, die mit den aufeinanderfolgenden Generationen, die verschiedene Lebensphasen durchlaufen, zusammenhängen. Wie haben sich beispielsweise die Kinder der Weltwirtschaftskrise und des darauffolgenden Nationalsozialismus als Erwachsene in den 1950er Jahren am Demokratisierungsprozess und am Wirtschaftsaufschwung der Bundesrepublik beteiligt? Welche Gruppen der nachfolgenden Generation haben sich an den politischen und kulturellen Protestbewegungen der späten 1960er und 1970er Jahre beteiligt? Und wie werden sich deren Kinder in der Gesellschaft des 21. Jahrhunderts einrichten und diese verändern? Werden sie sich als junge Erwachsene konventionell, materialistisch, individualistisch oder solidarisch verhalten oder Verhaltensweisen übernehmen, die für die Generationen vor ihnen typisch waren?

Eine weitere soziologische Perspektive richtet sich auf die vertiefte Analyse der subjektiven Auswirkungen von gesellschaftlichen Ereignissen, Krisen und Umbrüchen durch die Untersuchung von Lebensgeschichten (vgl. Brose/Hildenbrand 1988; Hoerning 2000). Diese **biographische Perspektive** gewinnt insbesondere in der deutschen Sozialwissenschaft an Bedeutung; sie konzentriert sich auf einzelfallvergleichende Erforschung der Lebenspläne, -entscheidungen und -konflikte von Menschen aus verschiedenen Generationen und sozialen Milieus (Fuchs-Heinritz 2000). Studien über die Frauenerwerbstätigkeit und die Probleme, die sich für die Vereinbarkeit mit den Familienaufgaben ergeben, sind hierfür prototypisch (vgl. z.B. Born/Krüger/Lorenz-Meyer 1996).

In der modernen Gesellschaft ist der Lebenslauf zu einer sozialen Institution geworden, die drei wichtige Merkmale aufweist: *Kontinuität*, eine kulturell definierte und materiell gesicherte Lebensspanne; *Sequenzialität*, einen zeitlich geordneten Ablauf zentraler Lebensereignisse und *Biographizität*, einen Orientierungsrahmen für den individuellen Lebensplan. Mit den Worten von Martin Kohli (1989: 251f.): »Der Lebenslauf konstituiert ein Vergesellschaftungsprogramm, das an den Individuen als den neuen sozialen Einheiten ansetzt.«

In Deutschland prägen die Erwerbsarbeit und das wohlfahrtsstaatliche Sicherungssystem die Struktur des Lebenslaufs. An den Übergängen zwischen den Lebensphasen haben die individuellen Wahlmöglichkeiten und Risiken zugenommen. Die damit verbundene **Individualisierung** ist nicht unabhängig von der sozialstaatlich abgefederten Arbeitsgesellschaft zu denken. Dementsprechend wirkt sich die anhaltende Arbeitsmarktkrise auf die Labilisierung des erwerbszentrierten männlichen Lebenslaufs aus und erschwert die Realisierung beruflicher Pläne von Frauen sowie die Vereinbarkeit von Erwerbs- und Familienarbeit.

Bei der Erforschung des Lebenslaufs unterscheiden Soziologen zwischen **Alter, Alternsprozess** und **Altersstruktur**. Alter bedeutet nicht nur die Anzahl der Jahre seit der Geburt; Alter ist vor allem ein Muster sozialer Definitionen, die festlegen, was von Menschen in verschiedenen Altersgruppen erwartet wird und was für sie angemessen ist. Diese Normen differieren von Gesellschaft zu Gesellschaft, und sie verändern sich im Laufe der Modernisierung von Gesellschaften. Der Prozess des Alterns hat in der Soziologie einmal Bezug zum gesamten Lebensverlauf und zum anderen zu den jeweils für die Altersgruppe relevanten gesellschaftlichen Institutionen. Dies bedeutet, dass es für die Lebensphasen Kindheit, Jugend, Erwachsenenalter usw. jeweils spezifische institutionalisierte Rollenerwartungen gibt. Schließlich bezieht sich die Altersstruktur auf die Verteilung der Menschen in einer Gesellschaft auf die verschiedenen Phasen des Lebenslaufs, also die Altersverteilung der Bevölkerung. Alle Aspekte des gesellschaftlichen Lebens, von den Bildungschancen und Beschäftigungsmöglichkeiten bis zur Rentenhöhe, werden dadurch geprägt, wie Kultur, Politik und Wirtschaft mit dem relativen Anteil von Kindern zu älteren Menschen umgehen.

Soziale Definitionen des Alters

Alle Kulturen besitzen eine Reihe von Normen, die die erwarteten und angemessenen Verhaltensweisen für Menschen in jeder Lebensphase definieren. Als ein Aspekt der Kultur variieren diese Normen von Gesellschaft zu Gesellschaft. Sie ergeben sich nicht einfach aus den biologischen Merkmalen, die mit einem bestimmten Lebensalter in Verbindung stehen. So ist es in unserer Gesellschaft nicht akzeptiert, dass ein 12-jähriges Mädchen ein Kind bekommt, was in einigen vorindustriellen Gesellschaften durchaus als angemessenes Alter für eine junge Mutter angesehen würde.

Das Alter ist ein wesentliches Merkmal, das die **Passagen** von Menschen in und aus sozialen Rollen und Statuspositionen formt. In Deutschland ist der Führerschein erst im Alter von 18 Jahren zu haben, in den USA mit 16, das Wahlrecht kann mit 18 ausgeübt werden. Kinder unter 14 Jahren sind noch nicht strafmündig, und 14- bis 18-Jährige unterliegen dem Jugendstrafrecht, bei dem der Erziehungsgedanke im Mittel-

6

punkt steht. Die Rente ist mit 65 Jahren (für Männer) bzw. mit 62 Jahren (für Frauen) erwartbar. Die Gesellschaft errichtet also einen Zeitplan, der die normalen Altersbereiche für die zentralen Lebensereignisse definiert. Dazu gehören der Schulabschluss, der Auszug aus dem Elternhaus, der Beginn der Berufstätigkeit, Heirat und Ruhestand. Wichtige gesellschaftliche Güter wie Geld, Macht, Prestige und Einfluss werden in einer Gesellschaft auch nach Alterskriterien verteilt. So steigt in vielen vorindustriellen Gesellschaften das gesellschaftliche Ansehen mit fortgeschrittenem Alter, die Lebenserfahrung der wenigen noch lebenden älteren Stammesmitglieder wird als nützlich betrachtet und ist hoch angesehen. Demgegenüber werden in modernen Gesellschaften die Erfahrungen und Ansichten der viel zahlreicheren älteren Mitbürger häufig als überholt und wenig nützlich erachtet.

Die Gliederung der Bevölkerung nach Alterskriterien, die sich mit den jeweiligen Mitgliedschafts- bzw. Beteiligungschancen an den verschiedenen gesellschaftlichen Institutionen verbinden, ist eine historisch neuere Entwicklung, die nach Kohli (1989) mit der Chronologisierung des Lebenslaufs, nämlich seiner Dreiteilung in eine Bildungsphase, Erwerbstätigkeitsphase bzw. Familienphase und Ruhestandsphase zusammenhängt. Die nach Altersstufen definierte Zuordnung zum Schulsystem ist eine Folge der Einführung der Schulpflicht. Heute ist für uns folgende Sequenz selbstverständlich: Kindergarten zwischen 3 und 5 Jahren, Grundschule zwischen 6 und 10 Jahren, Hauptschule zwischen 11 und 16 Jahren, Realschule zwischen 11 und 17 Jahren, Gymnasium zwischen 11 und 19 Jahren; darauf folgt der Abschluss der Berufsausbildung zwischen 19 und 21 Jahren und das Diplom bzw. Staatsexamen zwischen 24 und 26 Jahren. Diese Altersnormen sind heute jedoch bei den nachschulischen Statuspassagen immer seltener einzuhalten. Dies liegt daran, dass sich die Verweildauer vor allem an den Hochschulen wegen der Erwerbsbeteiligung vieler Studierender, aber auch wegen der Verschlechterung der Arbeitsmarktchancen für Akademiker immer mehr ausgedehnt hat.

Ähnliche Verschiebungen in der männlichen und weiblichen Normalbiographie haben sich auch beim Heiratalter ergeben. Der Zeitpunkt der ersten Eheschließung wird vom gesellschaftlichen Wandel beeinflusst, wobei wirtschaftliche und politische Rahmenbedingungen und das Geschlecht eine wichti-

Tabelle 6.1: Durchschnittliches Heiratsalter lediger Männer und Frauen

Jahr	Männer		Frauen	
	früheres Bundesgebiet	Gebiet der ehemaligen DDR	früheres Bundesgebiet	Gebiet der ehemaligen DDR
1950	28,1	-	25,4	-
1955	27,0	24,6	24,4	23,2
1960	25,9	23,9	23,7	22,5
1965	26,0	24,2	23,7	22,9
1970	25,6	24,0	23,0	21,9
1975	25,3	23,2	22,7	21,3
1980	26,1	23,4	23,4	21,3
1982	26,6	23,7	23,8	21,6
1983	26,9	23,9	24,1	21,8
1984	27,0	24,1	24,4	22,0
1985	27,2	24,3	24,6	22,2
1986	27,5	24,6	24,9	22,5
1987	27,7	24,8	25,2	22,7
1988	28,0	25,0	25,5	22,9
1989	28,2	25,3	25,7	23,2
	jetziges Bundesgebiet		jetziges Bundesgebiet	
1990	26,6		24,1	
1991	27,9		25,5	
1992	28,5		26,1	
1993	28,8		26,4	
1994	29,2		26,8	
1995	29,4		27,1	
1996	30,0		27,6	

1950 und 1955 früheres Bundesgebiet ohne Saarland

Quellen:
1950 bis 1989: *Statistisches Jahrbuch für die Bundesrepublik Deutschland 1991*, S. 76
1990 bis 1996: *Statistisches Jahrbuch für die Bundesrepublik Deutschland 1998*, S. 70

Gesellschaften teilen ihre Mitglieder in Gruppen ein, die nach dem Kriterium des Alters definiert sind. Die Normen, die die Interaktion zwischen Altersgruppen regeln, entwickeln sich weiter, ändern sich aber selten radikal. Der Film **Harold and Maude** *schildert die Liebesbeziehung zwischen einer Frau in den Sechzigern und einem Mann im Alter von 18 oder 19. Weil dieser Film altersabhängige (und mit geschlechtsspezifischen Vorurteilen behaftete) Muster des sozialen Lebens aufs Korn nimmt, die als selbstverständliche Grundlagen der Gesellschaftsordnung gelten, lässt sich erklären, warum er Anfang der 1970er Jahre eine Kontroverse auslöste.*

ge Rolle spielen. Wie aus Tabelle 1 hervorgeht, ist in beiden Teilen Deutschlands das durchschnittliche Alter bei der ersten Heirat zwischen 1950 und 1975 (der Periode des »Wirtschaftswunders« in Westdeutschland) zunächst gefallen, um dann wieder in den 1980er und insbesonders in den 1990er Jahren stark anzusteigen und zwar auf 30 Jahre bei Männern und 27,6 Jahren bei Frauen.

Der Anstieg hat sich in West und Ost nach der deutschen Wiedervereinigung beschleunigt. Auffallend ist, dass im Vergleich mit der alten BRD das Heiratsalter bei beiden Geschlechtern in der DDR um 2 Jahre niedriger lag, aber in West wie Ost die Männer etwa 2,5 Jahre später als die Frauen heirateten. Diese Unterschiede verweisen auf die Wirkung der Wirtschaftslage, des Arbeits- und Wohnungsmarktes und der Dauer von Bildungsprozessen auf das timing der Eheschließung.

Wie kommt es zu solchen Veränderungen in der Übernahme und bei den sozialen Definitionen von altersgemäßen gesellschaftlichen Rollenmustern? Die Institutionalisierung von altersgestuften Bildungsprozessen hat zur Folge, dass junge Menschen mit ihren Altersgenossen aufwachsen. Sie passieren dieselben Meilensteine des Lebens zusammen und haben demgemäß gemeinsame Erfahrungen und Zukunftserwartungen. Mit Veränderungen in der Bildungsbeteiligung im dreigliedrigen Schulsystem und in der Dauer der Berufs- und Hochschulausbildung wandeln sich auch die Normen für das angemessene Alter für zentrale Lebensereignisse.

Hinsichtlich Ausbildungsdauer, Heirat oder Ruhestand gibt es heutzutage ein relativ breites Spektrum von Erwartungen und Meinungen, so dass es der Normenwandel für Menschen schwieriger macht herauszufinden, inwieweit ihre eigenen Lebensstationen dem gesellschaftlichen Fahrplan entsprechen.

Natürlich variiert das Ablaufprogramm der Lebensereignisse nicht nur historisch, sondern auch zwischen Gesellschaften. So gibt es beispielsweise beim Stamm der Massai in Ostafrika vier Altersgruppen für Männer: junge Männer, Krieger, junge Alte und alte Alte, woran jeweils spezifische Rechte und Verantwortlichkeiten geknüpft sind. Hier ist die Rollenzuweisung nahezu ausschließlich durch das Lebensalter bestimmt. Im Unterschied dazu ist in modernen Gesellschaften das Alter nur eines der Merkmale, die verwendet werden, um Rolle und Status, Rechte und Pflichten in der Gesellschaft zu verteilen. So ist es beispielsweise in Nordamerika illegal, Arbeitsplätze oder Wohnungen jemandem auf Grund seines Lebensalters zu verweigern oder zu entziehen.

Altern und die Übergänge im Lebenslauf

Im Unterschied zur Geschlechtszugehörigkeit ist das Alter ein Übergangsstatus, weil Menschen von Zeit zu Zeit von einer Alterskategorie zur anderen übergehen. Wenn wir älter werden, sind wir mit verschiedenen Erwartungen und Verpflichtungen konfrontiert, genießen verschiedene Rechte, unterliegen unterschiedlichen Abhängigkeiten und verfügen über unterschiedliche Machtpositionen. Demgemäß sind die Übergänge von einer Altersphase zur anderen gesellschaftlich besonders herausgehoben; sie werden häufig durch sogenannte **Übergangsriten** (*rites de passage*), öffentliche rituelle Symbolhandlungen (van Gennep 1909), markiert. Dazu gehören beispielsweise die Firmung in der Katholischen Kirche, die Konfirmation in der Evangelischen Kirche, Abschlusszeremonien, die Freisprechung von Gesellen, Jubiläen langjähriger Betriebszugehörigkeit, Heiratsfeierlichkeiten, die Verabschiedung in den Ruhe-

6

Übergangsriten hält man oft für Ereignisse in traditionellen Gesellschaften, doch sie kommen ebenso auch in deutschen Institutionen vor. Institutionen, die persönliche Loyalität suchen, besitzen detaillierte Rituale, über die sie ihre Mitglieder emotional und psychologisch an die Gruppe binden wollen.

stand und schließlich auch Beerdigungen. Übergangsriten sind sowohl für das Individuum, das in einen neuen Sozialstatus übergeht, als auch für die Gesellschaft von Bedeutung. Diese Zeremonien sind häufig an institutionelle Regelsysteme gebunden und verwenden symbolische Geschichten, die den kulturellen Sinn des Übergangs in den neuen Status erklären. Die Bedeutung der Übergangsriten hat sich jedoch im Verlauf dieses Jahrhunderts durch die Schnelllebigkeit institutioneller Zugehörigkeit und die schrittweise Auflösung von altershomogenen **Statusübergängen** reduziert; sie werden zu individualisierten biographischen Passagen (vgl. Weymann/Heinz 1996).

Wir können in den meisten modernen Gesellschaften beobachten, dass einerseits die Alterskategorien in ihrer Bedeutung zugenommen haben und die Menschen sich im Hinblick auf wichtige Übergänge im Lebenslauf bewusster mit der Frage auseinandersetzen, ob sie noch im richtigen Alter stattfinden, es andererseits aber eine zunehmende Variation hinsichtlich des Alters gibt, in dem Menschen tatsächlich bestimmte Lebensübergänge vollziehen. Obwohl z.B. an den Universitäten von einer Regelstudienzeit von 10 Semestern ausgegangen wird, was einem Alter der Absolventen zwischen 24 bis 26 Jahren entsprechen würde, finden wir in der Wirklichkeit, dass die Studiendauer und damit das Examensalter eine große Bandbreite aufwei-

sen. Dazu kommt, dass immer mehr Menschen erst nach einer Berufsausbildung – oder Frauen nach der Familienphase – in eine Hochschulausbildung einsteigen bzw. zur Weiterbildung an die Universität zurückkommen. Damit wird die traditionelle Altersgruppenzuordnung für die Studentenrolle unscharf.

Die Altersstruktur: das »Ergrauen« der Gesellschaft

Die **Altersstruktur** der Gesellschaft wird einmal durch die Anzahl der Menschen, die pro Jahr zur Welt kommen, und zum anderen durch die Anzahl derjenigen, die jedes darauffolgende Jahr überleben, bestimmt. Beim Vergleichen aufeinanderfolgender Geburtskohorten kann viel über den Wandel des Lebenslaufs durch historische Veränderungen gelernt werden. So machen z.B. Mitglieder verschiedener Geburtskohorten allein schon deswegen unterschiedliche Lebenserfahrungen, weil sich die Größe ihres Jahrgangs unterscheidet. Dazu kommt, dass sie in unterschiedlichen historischen, d.h. ökonomisch und politisch verschiedenartigen Perioden ihre Statusübergänge im Lebenslauf vollziehen und damit unterschiedliche Gelegenheiten haben, ihren Lebenslauf programmgemäß zu entwickeln. Dies hat z.B. die Lebenslaufstudie (Mayer 1990) am Berliner Max-Planck-Institut für Bildungsforschung belegt.

Die Größe einer Geburtskohorte beeinflusst auch die gesellschaftliche Integration, d.h. die breiten Muster der sozialen Organisation. Die Altersstruktur der gesamten Gesellschaft hat sich wegen der unterschiedlichen Größen der Geburtskohorten im Verlauf dieses Jahrhunderts dramatisch verschoben. Dieser Wandel, der das »Ergrauen« aller modernen Gesellschaften verursacht, kann an zwei einfachen statistischen Aussagen verdeutlicht werden: Einmal durch die Veränderung der »Bevölkerungspyramide«, d.h. des Aufbaus der Altersgruppen.

Schaubild 6.1 macht deutlich, dass sich seit Anfang des 20. Jahrhunderts in Deutschland die Zusammensetzung der Bevölkerung von einem »Weihnachtsbaum« zu einem unregelmäßig gewachsenen, ausgefransten Nadelbaum entwickelt hat. Dies liegt an der deutlichen Verringerung der Kinderzahl, dem »Bauch« durch die Baby Boomers und dem hohen Anteil von Frauen über 70. Diese Veränderungen zeigen sich besonders deutlich, wenn wir die Anteile der Kinder denen der älteren Menschen gegenüberstellen: Im Jahre 1910 betrug der Anteil der Kinder bis 14 Jahre 34 Pro-

Schaubild 6.1: Die Bevölkerungspyramide Deutschlands im historischen Vergleich

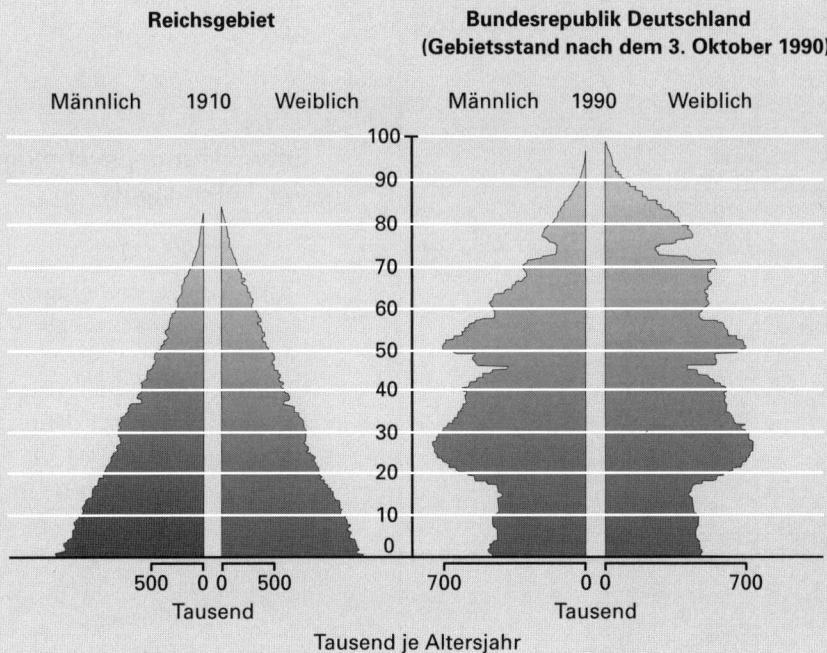

Reichsgebiet	Bundesrepublik Deutschland (Gebietsstand nach dem 3. Oktober 1990)
Männlich 1910 Weiblich	Männlich 1990 Weiblich

Tausend je Altersjahr

Quelle: *Statistisches Bundesamt 1992*, S. 45

60 Jahre alt sind, gleichsam übertrumpft. Da die jüngeren Geburtskohorten durchgängig kleiner sind als die aus den Jahren des Baby Booms, ist eine beschleunigte Überalterung der Bevölkerung im Lauf der nächsten 30 bis 50 Jahre unvermeidlich. Diese Strukturveränderung im Altersaufbau hat z.B. einmal Auswirkungen auf den Bedarf an Grundschul- und Sekundarschullehrern, zum anderen werden auf Grund der zunehmenden Anzahl von »älteren« Studierenden, die zu Weiterbildungszwecken an die Hochschulen zurückkehren, diese Bildungseinrichtungen weiterhin voll ausgelastet bleiben. Es ist auch zu erwarten, dass durch die anwachsende Zahl älterer Menschen die medizinischen und pflegerischen Professionen im Bereich der Gerontologie ausgeweitet werden. Flankiert durch die neue Pflegeversicherung wird dies zu einer steigenden Nachfrage nach ambulanter und stationärer Gesundheitsversorgung und -betreuung beitragen.

Auf der anderen Seite kann die ungünstigere Relation zwischen den erwerbstätigen und schon im Ruhestand befindlichen Menschen dazu führen, dass das öffentliche Gesundheits- und Rentensystem vor erheblichen Finanzierungsschwierigkeiten stehen wird. Wie die gegenwärtige Diskussion zeigt, wird die in der deutschen Sozialpolitik bislang selbstverständliche, über Pflichtbeiträge gesicherte Sozialversicherung in Frage gestellt und eine Teil-Privatisierung der Alters- und Gesundheitssicherung empfohlen (vgl. Schmähl/Rische 1999).

zent, der Anteil der über 65-Jährigen nur 5 Prozent. Dies hat sich 1990 dramatisch geändert; nur noch 16 Prozent waren unter 14 Jahre, aber 15 Prozent über 65 Jahre alt. Aktuelle Bevölkerungsprognosen (Birg/ Flöthmann 2002) nehmen an, dass bis 2050 die Zahl der 20- bis unter 60-jährigen um 16 Millionen fallen, aber die Zahl der über 60-jährigen um 10 Millionen steigen wird (vgl. Schaubild 6.2). Bereits im Jahr 2025 wird sich die Zahl der Bevölkerung über 80 Jahre verdoppelt haben.

Wenn wir nach Ursachen für diesen Wandel in der Altersstruktur suchen, dann stoßen wir auf zwei wichtige Zusammenhänge: Einmal hat sich die durchschnittliche Lebenserwartung im Verlauf des 20. Jahrhunderts erheblich erhöht. Ein im Jahr 1900 geborener Mann konnte erwarten, 46 Jahre alt zu werden, eine Frau 49. Mitte der 1990er Jahre konnten Männer erwarten, 72 Jahre zu werden, und Frauen beinahe 80 (vgl. Borscheid 1995). Die steigende Lebenserwartung beruht auf Verbesserungen im allgemeinen Lebensstandard und vor allem natürlich auf der medizinischen Versorgung. Zum anderen hat durch die geburtenstarken Jahrgänge eine Verschiebung in der Altersrelation über längere Zeit hinweg stattgefunden. Die Baby Boom-Generation hat die relativ kleineren Geburtskohorten, die heute über

PHASEN DES LEBENSLAUFS

Nachdem wir die Zusammenhänge zwischen Bevölkerungsentwicklung, sozialem Wandel und den Veränderungen der Sozialstruktur in ihren Folgen für die Le-

Schaubild 6.2: **Prognose der Alterstruktur der Bevölkerung Deutschlands im Jahr 2050**

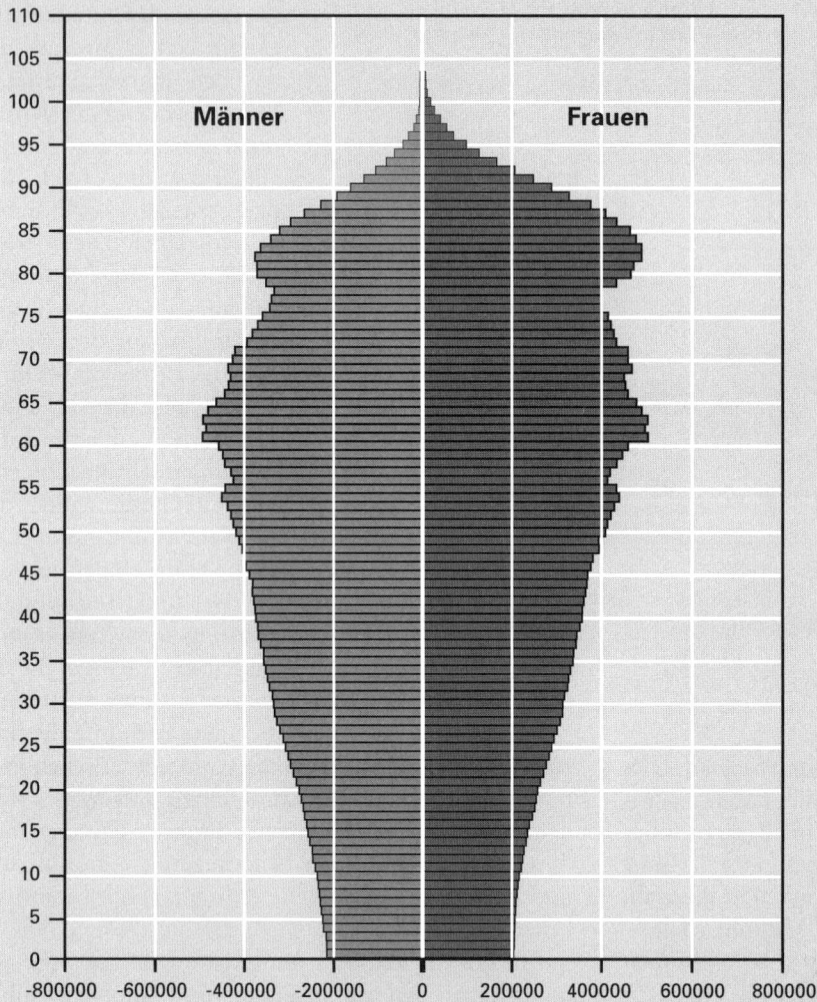

Männer   **Frauen**

Quelle: H. Birg, E.-J Flöhtmann: Langfristige Trends der demographischen Alterung in Deutschland. *Zeitschrift für Gerontologie und Geriatrie,* Band 35, Heft 5/2002, S. 387-399.

es nahe, die folgende Diskussion nach diesem Schema aufzubauen.

Entwicklungspsychologie des Lebenslaufs

Einige Theoretiker, vor allem Entwicklungspsychologen und Sozialpsychologen, haben Lebensphasen als Ausgangspunkt für die Untersuchung des Einflusses der sozialen Erfahrungen im Lebensverlauf auf die Persönlichkeitsentwicklung herangezogen. Einer dieser Theoretiker ist der Psychoanalytiker Erik H. Erikson. Ausgehend von seinem bahnbrechenden Werk *Kindheit und Gesellschaft* (1950) hat er acht Herausforderungen oder Entwicklungsaufgaben umrissen, denen Menschen sich gegenübersehen, wenn sie die Übergänge im Lebensverlauf bewältigen (vgl. Tabelle 6.2).

Jede dieser Entwicklungsaufgaben wird nach diesem Modell entweder in einer positiven (Grundstärken) oder negativen (Grundschwächen) Art und Weise bearbeitet. Die Art und Weise, wie sich die Person mit dem jeweils vorliegenden Aufgabenbündel auseinandersetzt, wirkt darauf ein, wie sie mit der

benslaufmuster betrachtet haben, können wir uns nun genauer den Hauptphasen des Lebenslaufs zuwenden: Kindheit, Jugend, Erwachsensein und Alter. Dazu kommt eine immer wichtigere Zwischenphase, nämlich die des verlängerten Übergangs von der Jugend in das Erwachsenenalter. Diese Art, den Lebenslauf aufzuteilen, ist für westliche Industriegesellschaften typisch. Einige vorindustrielle Kulturen kennen keine abgegrenzte Jugendphase, und andere machen keine deutliche Unterscheidung zwischen dem Erwachsenenalter und dem Alter. Da die Institutionen und wir im Alltag den Lebenslauf in diese 4 bzw. 5 Phasen einteilen, liegt

nächst anstehenden Herausforderung im Lebenslauf umgehen wird. Auch wenn diese Theorie von psychodynamischen Prozessen ausgeht, kann sie in eine soziologische Richtung erweitert werden, indem wir danach fragen, wie die Herausforderungen, die sich in den acht Lebensphasen stellen, für Menschen variieren, die in verschiedenen historischen oder kulturellen Kontextbedingungen leben oder die im Hinblick auf Geschlecht (vgl. Flaake/King 1995), soziale Schicht oder Rassenzugehörigkeit differieren. Eriksons Modell der psychosozialen Entwicklung gibt uns einen Bezugsrahmen, von dem aus wir die Variationen in den Erfahrungen der

Tabelle 6.2:	Entwicklungsphasen der Identität nach Erikson		
Phasen	**Psychosoziale Krisen**	**Grundstärken**	**Grundschwächen**
I Säuglingsalter	Grundvertrauen vs. Grundmißtrauen	Hoffnung	Rückzug
II Kleinkindalter	Autonomie vs. Scham, Zweifel	Wille	Zwang
III Spielalter	Initiative vs. Schuldgefühl	Entschlußkraft	Hemmung
IV Schulalter	Regsamkeit vs. Minderwertigkeit	Kompetenz	Trägheit
V Adoleszenz	Identität vs. Identitätskonfusion	Treue	Zurückweisung
VI Frühes Erwachsenenalter	Intimität vs. Isolierung	Liebe	Exklusivität
VII Erwachsenenalter	Generativität vs. Stagnation	Fürsorge	Abweisung
VIII Alter	Integrität vs. Verzweiflung	Weisheit	Hochmut

Quelle: *Erikson, Erik H. (1988, S. 36/37)*

Menschen in den Übergängen des Lebensverlaufs betrachten können. Daher werden wir die Diskussion der Lebensphasen auf seine Theorie beziehen, die Entwicklungsherausforderungen genauer betrachten und dies mit soziologischen Forschungsergebnissen über die tatsächlichen Lebensbedingungen und -erfahrungen von Menschen in der modernen Gesellschaft, manchmal auch im Vergleich zur Vergangenheit und zu anderen Kulturen, verbinden.

An dieser Stelle soll aber auch kurz darauf hingewiesen werden, dass auf Grund des rasanten sozialen und kulturellen Wandels im letzten Viertel des 20. Jahrhunderts aus der Interaktion zwischen der Person und ihrer sozialen Umwelt kein linear voraussehbarer Entwicklungsprozess im Sinne der Abwicklung eines Lebenslaufprogramms abzuleiten ist. Das Individuum als handelndes Subjekt wandelt seine gesellschaftlichen Erfahrungen um, interpretiert diese und gestaltet seinen Entwicklungsprozess mit, wodurch auch die gesellschaftliche Umwelt verändert wird. Im Rahmen gesellschaftlicher Handlungsspielräume greifen Menschen unterschiedliche Optionen auf, die sowohl aus ihrer Lebensgeschichte als auch aus ihren aktuellen sozialen Bezügen und Zukunftsvorstellungen bestehen. Die Vielfalt der Entwicklungswege hat beispielsweise Sozialpsychologen wie Gergen (1990) oder Keupp/Höfer (1997) dazu veranlasst, grundsätzlich die Annahme einer voraussagbaren **Identitätsentwicklung** in Frage zu stellen.

KINDHEIT

Gemäß der Theorie von Erikson sehen sich Säuglinge dem Problem gegenüber, dass sie zur Befriedigung ihrer Grundbedürfnisse von Bezugspersonen völlig abhängig sind. Aus dieser Konstellation kann sich Grundvertrauen bzw. Misstrauen entwickeln. Babys, die umsorgt werden und Zuneigung erleben, können lernen, anderen Menschen zu trauen und die Welt als einen im Grunde sicheren Platz zu sehen. Dagegen werden Kleinkinder, die unzuverlässig und mit emotionaler Distanz betreut werden, die Welt als nicht voraussagbar und ablehnend erleben und eher ein Misstrauen gegenüber anderen Menschen entwickeln. Die zweite psychosoziale Krise im Kleinkindalter ist, sich größere Bewegungsfreiheit gegenüber den Forderungen und Erwartungen der Bezugspersonen zu erkämpfen (das sogenannte Trotzalter). Nun geht es im Entwicklungsprozess darum, das Gefühl der Autonomie gegenüber Scham und Zweifel zu sichern. Kleinkinder, die ermutigt werden, sich unabhängig zu verhalten und zu explorieren, werden lernen, eigene Aufgabenstellungen zu lösen und Selbstvertrauen zu entwickeln, wohingegen Kleinkinder, deren Bestreben nach Handlungsautonomie eingeengt wird, eher an ihren Fähigkeiten zweifeln und sich ihrer Hilflosigkeit schämen.

Etwa in der Kindergartenzeit, also im Alter zwischen drei und fünf Jahren, sehen sich die Kinder mit Herausforderungen konfrontiert, die sich entweder auf Initiative oder Schuldgefühle beziehen. Auf dieser Stufe beginnen sie, zunehmend Beziehungen mit Gleichaltrigen aufzunehmen, und streben danach, neue Rollen zu übernehmen, wie z.B. mitzuhelfen oder in einer Gruppe Aufgaben zu übernehmen. Wenn Eltern und andere Bezugspersonen diese Initiativen des Kindes unterstützen, tragen sie dazu bei, das Selbstwertgefühl zu stärken. Wenn jedoch die Initiativen zurückgewiesen oder lächerlich gemacht werden, dann kann dies dazu führen, dass Kinder sich selbst für ihre Fehler verantwortlich machen und sich schuldig fühlen. Schließlich, wenn sie das Schulalter erreichen, geht es Kindern

6

Kindheit aus historischer Sicht

Die Vorstellung von Kindheit und Jugend als abgrenzbare Phasen im Lebenslauf ist eine relativ junge kulturelle Erfindung. Die Kindheit wurde im Mittelalter noch nicht als eigenständiger Lebensabschnitt definiert. Erst seit der Renaissance wird das Kind, zuerst in den oberen sozialen Schichten, nicht mehr als Miniaturerwachsener behandelt (Ariès 1960). Im Mittelalter verbrachten die Eltern wenig Zeit mit ihren Kindern. In den reicheren Familien wurden die Kleinkinder von Ammen und später von Bediensteten erzogen. Bauernkinder mussten sich sehr früh an der Landarbeit beteiligen, oft schon zu Beginn des heutigen Schulalters. Dies hatte zur Folge, dass Kinder aller sozialer Schichten außerordentlich früh in ihrem Leben Erwachsenenrollen übernahmen.

Im Verlauf des 18. Jahrhunderts änderte sich der Umgang mit der Kindheit. Allmählich wurde sie als eine Phase des Lernens, Explorierens und Spielens definiert. Aber bis zum Ende des 19. Jahrhunderts wurden viele Kinder im Alter zwischen 10 und 15 Jahren zur Arbeit geschickt. Wie die berühmten sozialkritischen Untersuchungen von Marx und Engels über die Lage der arbeitenden Klasse in der Industrialisierungsphase in England zeigen, haben Fabrikarbeit und maschinisierte Produktion zunächst einen großen Bedarf an

Kindheit als abgrenzbare Lebensphase ist eine Erfindung der europäischen Renaissance. Auf dem Portrait des Kindes eines Kleinbauern wären weder die speziellen Privilegien noch die besondere elterliche Fürsorge zu sehen, die diese Kinder eines deutschen Hofadeligen (ca. 1800) hatten (Ölgemälde von W. Böttner 1799).

billigen Arbeitskräften erzeugt, von denen ein großer Anteil aus Kindern und Jugendlichen bestand. In England brachte die frühe Industrialisierung bis etwa 1880 eine Ausbeutung der Kinderarbeit mit sich, wie wir sie heute in den armen Ländern in Asien und Afrika erle-

ben. Das zusätzliche Einkommen, das die Kinder in den Fabriken erzielen konnten, war notwendig für das Überleben ihrer Familien. Erst allmählich begann die Gesetzgebung, die Kinderarbeit zu verbieten, und die Schulpflicht wurde eingeführt. Dieser Prozess, der

darum, Fähigkeiten, Fertigkeiten und Informationen zu erwerben und sich in weitere soziale Beziehungen einzubinden. Diese Herausforderung kulminiert in der psychosozialen Krise, die durch das Dilemma Regsamkeit gegenüber Minderwertigkeit gekennzeichnet werden kann. In der Abhängigkeit von der Umwelt und durch eigene Erfahrungen können Kinder entweder auf ihre Fähigkeiten und Leistungen stolz sein und lernen, Spaß an Aktivitäten aller Art zu haben (Kompetenz), oder sie entwickeln ein Gefühl zunehmender Unterlegenheit und Furcht davor, dass sie bei ihren Aktivitäten versagen (Trägheit).

Vier der von Erikson beschriebenen Lebensphasen beziehen sich auf die Lösung psychosozialer Krisen bis zum Schulalter, d.h. also etwa bis zum Überwechseln in das weiterführende Schulsystem. Die darauffolgenden vier Entwicklungsphasen, von der Adoleszenz bis zum Alter, nehmen einen erheblich längeren Zeitraum im

Lebenslauf ein. Eriksons Stufung von Lebenskrisen unterstellt, dass die Kindheit eine stärkere Entwicklungsdynamik aufweist als die gesamte Wegstrecke von der Jugend bis zum hohen Alter. Diese Annahme ist durchaus typisch für die klassischen entwicklungspsychologischen Konzeptionen von Freud und Piaget, die aus dem ersten Drittel des 20. Jahrhunderts stammen. Es ist aber fraglich, ob die unterstellte höhere psychosoziale Stabilität von Erwachsenenalter und Alter noch den gesellschaftlichen Verhältnissen am Ende des 20. Jahrhunderts entspricht (vgl. Beck/Beck-Gernsheim 1994). Wir müssen davon ausgehen, dass sich unerwartete Lebensereignisse und nicht selten krisenhafte Veränderungen im Arbeits- und Familienkontext auch auf den Lebenslauf nach der Kindheit auswirken.

Die frühe Industrialisierung war mit einer brutalen Ausbeutung von Kindern verbunden, die in Europa und den USA über mehrere Generationen anhielt. Erst Anfang des 20. Jahrhunderts wurde Kinderarbeit zunächst eingeschränkt und später ganz abgeschafft. Man hielt diese Ausbeutung nicht für schändlich, weil Kinder zum Unterhalt beitragen mussten.

etwa um 1870 begann und in den verschiedenen Industrieländern erst in den 1930er Jahren abgeschlossen war, hat die kulturelle Bedeutung der Kindheit erheblich verändert. Während Kinder zunächst auf Grund ihrer wirtschaftlichen Beiträge für die Familie Wertschätzung genossen, wurden sie allmählich emotional hoch bewertete und zu schützende Mitglieder der Familie und der Gesellschaft, denen man die frühe Ausbeutung im Wirtschaftsleben nicht mehr zumuten wollte und konnte.

Was hat diese Veränderung in der Definition der Kindheit hervorgerufen?

Die wirtschaftliche Entwicklung und der technische Wandel haben viele Tätigkeiten beseitigt, die früher von Kindern ausgeführt wurden, z.B. das Arbeiten an den mechanischen Webstühlen. Da Bedienung und Wartung der Maschinensysteme immer mehr Kenntnisse und Fähigkeiten voraussetzten, wurde eine längere Phase der Berufsausbildung notwendig. Dazu kam, dass in den meisten sozialen Schichten die Einkünfte der Eltern ausreichten, um die Kinder zur Schule zu schicken. Dass Kinderarbeit jedoch beispielsweise in den USA endgültig erst um 1930 verboten wurde, zeigt, dass es durchaus noch ökonomische Motive gab, Kinder als billige Arbeitskräfte zu beschäftigen. Der Zeitgeist, geprägt durch das Aufkommen pädagogischer und psychologischer Theorien über die Bedeutung der Kindheit für das gesamte Leben, hat sich letztlich durchgesetzt (vgl. Markefka/Nauck 1993). Wenn Kinder und Jugendliche heute arbeiten, dann geschieht dies zur Aufbesserung des Taschengelds und selten zur Erweiterung des Familieneinkommens.

Verschwindet die Kindheit wieder?

Obwohl wir heute die Kindheit als eine sorgfältig behütete Entwicklungsphase ansehen, in der die emotionale Einbindung in die Familie und die Fähigkeitsentwicklung in der Schule im Mittelpunkt stehen, stellt sich seit den 1980er Jahren durch die Einflüsse der Medien und der Kulturindustrie die Frage, ob sich die Kindheit nicht in Auflösung befindet. Die Thesen vom Verschwinden der Kindheit (Postman 1982) und der Inszenierung der Kindheit (Beck-Gernsheim 1987) suggerieren, dass die Kindheit heute allzu stark von der Erwachsenenwelt vereinnahmt wird. Die Kommentatoren verweisen darauf, dass Kinder die emotionale Sicherheit in der Familie vermissen, durch das Fernsehen, computerisierte Spielsachen und durch pädagogische Experten allzu früh auf Erwachsenenrollen vorbereitet werden und damit die Kindheit ihren Schonraum verloren hat.

Als ein Grund hierfür wird die Infragestellung der elterlichen Erziehungsrolle gesehen; Eltern zweifeln daran, ob sie das Verhalten ihrer Kinder noch beeinflussen können. Dazu tritt als zweite Ursache, dass das Fernsehen Kinder mit einer für sie früher nicht zugänglichen Welt mit allen ihren Konflikten und schwer entschlüsselbaren Ereignissen konfrontiert. Schließlich dürfte die moderne Erziehungstechnologie teilweise auch dafür verantwortlich sein, wenn Kinder ohne eine eigentliche Kindheit aufwachsen. Das Kind wird zu einem Klienten von privaten oder staatlichen Erziehungsexperten, wobei häufig weniger pädagogische und psychologische Überlegungen im Zentrum stehen, vielmehr personal- und raumsparende Effizienzkriterien.

Selbstverständlich ist die These vom Verschwinden der Kindheit kontrovers. Die einen befürchten, dass die Kinder allzu früh in Erwachsenenrollen gedrängt werden und zu wenig Entwicklungs- und Explorationsspielraum zur Vorbereitung auf das spätere Leben haben. Andere argumentieren, dass es falsch wäre, Kinder von der komplexen Wirklichkeit abzuschotten. Sie finden, dass es wichtig sei, junge Menschen auf die verschiedenen Lebensbereiche zeitig vorzubereiten, in denen sie später ihre Frau oder ihren Mann stehen müssen. Schließlich sei die allseitig beschützte Kindheit mit geringen Verantwortlichkeiten und viel Freizeit nicht vereinbar mit dem modernen Familienalltag von alleinerziehenden Eltern oder Eltern, die beide erwerbstätig sind.

Die neue Kindheitsforschung (vgl. Honig/Leu/Nissen 1996) liefert Anhaltspunkte für eine Gleichaltrigenkultur, die aus dem kreativen und selektiven Verwenden von Informationen über die Erwachsenenwelt durch die Kinder selbst entsteht. Kinder imitieren nicht schlicht erwachsene Rollenmodelle. Es liegt nahe, daher die Kindheit weder als Phase der Vorbereitung auf Erwachsenenrollen noch als Entwicklungsstufe, der eine eigenständige soziale Dynamik fehlt, zu betrachten. Sie ist eine Entwicklungsphase, in der Kindergruppen ihre Sinnwelten aufbauen, Welten, in denen sie versuchen, Kompetenzen zu entfalten, sich mit Freunden zu verständigen und die Autorität der Erwachsenen herauszufordern.

JUGEND

Gemäß der Theorie von Erikson steht in der Adoleszenz die Identitätsfrage im Mittelpunkt der Entwicklungsdynamik. Eine Identität zu haben bedeutet zu wissen, wer man ist, woher man kommt und wohin man gehen wird. Als solche baut sie auf einem Gefühl biographischer Kontinuität über Vergangenheit, Gegenwart und Zukunft auf. Für die Entwicklung einer stabilen Identität ist es wichtig, dass Jugendlichen eine gesellschaftliche Explorationsphase, ein psychosoziales Moratorium eingeräumt wird und sie ihre Erfahrungen aus der Kindheit mit dem Aufbau einer eigenen Weltanschauung und eines Selbstkonzepts koordinieren können. Für Erikson ist die psychosoziale Krise der Jugend mit dem Aufbau von Identität oder aber der Identitätskonfusion verknüpft. Es entsteht entweder Selbstvertrauen oder das Gefühl der sozialen Zurückweisung. Während Erikson (1982) mit dem Begriff der Identität das Selbstwertgefühl hervorhebt, betont die Entwicklungstheorie des sozial-moralischen Denkens (Kohlberg 1995), dass in der Jugend die Fähigkeit zum abstrakten Denken ausgebildet wird. Jugendliche beginnen, die sozialen

Erwartungen und Normen zu reflektieren und sich von einem konventionellen Verständnis sozialer Rollen zugunsten von ethisch-moralischen Prinzipien zu distanzieren.

Die Erfindung der Jugend

Die Jugend ist eine noch jüngere kulturelle Erfindung als die Kindheit (Gillis 1974; Abels 1993). Etwa an der Wende vom 19. zum 20. Jahrhundert begannen Psychologen, die Periode zwischen Kindheit und Erwachsenenalter als eine besonders gefährdete und verletzliche Entwicklungsstufe zu definieren. Sie beschrieben die Jugendphase als eine Periode des »Sturms und Drangs«, aber auch als einen Lebensabschnitt voller Möglichkeiten und Zukunftsoptimismus. Sie argumentierten, ebenso wie später Erikson, dass junge Menschen mit sozialen Rollen experimentieren müssen, bevor man von ihnen erwartet, erwachsen zu werden. Diese Vorstellungen sind Folge der Veränderung wirtschaftlicher und sozialer Bedingungen im Zeitalter der Urbanisierung und Industrialisierung sowie des Ausbaus und der Verlängerung des Schulbesuchs. An Stelle der frühen und erzwungenen Integration in den Erwerbsprozess wird nun von den Jugendlichen erwartet, dass sie mindestens die Pflichtschuljahre hinter sich bringen und die daran anschließende Berufs- oder Hochschulausbildung als erstrebenswertes Lebensziel für sich akzeptieren. Dementsprechend ist in allen industrialisierten Gesellschaften die Jugendzeit mit dem Besuch der Bildungseinrichtungen je nach Schulsystem und gesetzlichen Regelungen bis zum Mindestalter von 16 oder 18 Jahren definiert.

Die Jugend, wie wir sie heute auch als eigenständige Phase von der Kindheit unterscheiden, hat sich in der Zeit vor und nach dem Zweiten Weltkrieg als eine durch den gemeinsamen Schulbesuch sozial und kulturell abgegrenzte gesellschaftliche Gruppierung herausgebildet, die in den USA als Subkultur der Teenager mit ihren eigenen Lebensvorstellungen und -praktiken, in Deutschland zur Charakterisierung einer spezifisch historischen Ausdrucksform von Jugend als die »skeptische Generation« (Schelsky 1957) bezeichnet wurde.

Jugend heute

Es gibt Anhaltspunkte dafür, dass sich das Alter, mit dem Kinder zu Jugendlichen werden, langsam nach unten verschiebt. Im Alter zwischen 10 und 14 Jahren beginnen heute die Teenager ihre nahezu selbstständige Beteiligung am Konsumsektor. Im Alter von 12 bis 14 Jahren beginnt die emotionale und soziale Ablösung von den Eltern, verbunden mit der Erweiterung der sozialen Beziehungen auf Freundschaften und außerfamiliale Handlungsfelder. Darauf folgt etwa im Alter zwischen 14 und 16 Jahren der Einstieg in jugendkulturelle Aktivitäten, z.B. Diskobesuch und Drogenerfahrungen. Erste gegengeschlechtliche Kontakte und sexuelle Erfahrungen fallen in die Altersspanne zwischen 15 und 17 Jahren (vgl. Jugendwerk der Deutschen Shell 1992). Allerdings haben sich zwischen 1981 und 1991 die Altersspannen wieder nach oben verschoben. Dieser Wandel hinsichtlich sexueller Erfahrungen hängt mit der Bedrohung durch Aids zusammen.

Für die 1990er Jahre zeichnet sich ab, dass unter den Jugendlichen die biographische Ungewissheit hinsichtlich des angemessenen Zeitraums und Zeitpunkts des Absolvierens von **Statuspassagen** zunimmt. Es werden seltener präzise Altersangaben gemacht als von den Jugendlichen Anfang der 1980er Jahre. Während der Ablösungsprozess von der Herkunftsfamilie und die Aufnahme sexueller Beziehungen verhältnismäßig früh in der Jugendphase stattfinden, sind Berufseinstieg und Familiengründung zu zeitlich offenen Statuspassagen geworden. Dies bedeutet, dass Altersnormen an Gewicht verlieren und das Ende der Jugendphase offener, also auch biographisch individueller geworden ist. Dies heißt aber nicht, dass die soziale Herkunft für die Struktur der Übergänge an Bedeutung verloren hätte. So lösen sich Jugendliche aus höheren sozialen Schichten von den Eltern früher ab, erreichen aber Berufsstart und Heiratspassagen später als Jugendliche aus unteren sozialen Schichten, die die Ablösung vom Elternhaus später erleben, aber mit Erwerbstätigkeit und Familiengründung früher beginnen. Dies bedeutet einmal, dass die Jugendphase keine einheitliche soziale Gruppierung ausbildet, sondern sozial differenziert ist nach Geschlecht, sozialer Herkunft, Bildungs- und Beschäftigungsstatus (Hurrelmann 1994). So gibt es eine hohe zeitliche Variabilität in der Aufnahme von Handlungs- und Rollenmustern Erwachsener in Abhängigkeit von Geschlecht, sozialer Herkunft und Schüler- bzw. Erwerbstätigenstatus.

DER ÜBERGANG ZUM ERWACHSENENALTER

Seit den 1960er Jahren hat sich durch die Verlängerung der Bildungs- und Ausbildungsdauer der Übergang vor allem von Jugendlichen aus den mittleren und oberen Schichten in den Erwachsenenstatus immer mehr verzögert. So lebten z.B. 1997 von den 21- bis 23-jährigen Männern 53 Prozent und 36 Prozent der Frauen in dieser Altersgruppe noch bei ihren Eltern, und ein beträchtlicher Anteil der 18- bis 24-Jährigen kehrt nach dem ersten Auszug wieder in das Elternhaus zurück (Deutsches Jugend Institut 1997). Die Übernahme von Verpflichtungen im Arbeits- und Familienleben entspricht nicht mehr den traditionellen Zeitplänen des Lebenslaufs. Für diese ausgedehnte Phase des Jugendalters hat sich in der Pädagogik und auch bei manchen Soziologen der Begriff der sogenannten »Post-Adoleszenz« (Zinnecker 1987) eingebürgert. Dahinter steht ein ambivalentes Lebensmuster: Viele kulturelle und auch materielle Erwartungen signalisieren einen zügigen Übergang, aber die fehlenden Chancen und die damit verbundenen Risiken im Arbeitsmarkt machen es zunehmend schwierig, die Erwartungen an eine unabhängige erwachsene Lebensführung zu erfüllen. So verschiebt sich die Jugendphase nicht nur nach unten in jüngere Altersgruppen, sondern sie verlängert sich in manchen Fällen sogar bis zum Ende des dritten Lebensjahrzehnts. Nach Hurrelmann (1994: 49) ist die Situation für die Jugendlichen »durch frühe soziokulturelle Selbstständigkeit bei später sozioökonomischer Selbstständigkeit charakterisiert«. Dauer und Form des Prozesses des Erwachsenwerdens weisen starke Variationen auf. Mehrere Studien (z.B. Buchmann 1989 für die USA, die Shell-Jugendstudien für Deutschland, gesellschaftsvergleichend Walther 2000) zeigen, dass höhere Bildungsabschlüsse, Heirat und Geburt des ersten Kindes heute im Vergleich zu den Schulabgängern in den 1960er Jahren in einer späteren Altersspanne stattfinden. So hatte ein Viertel der Schulabschlusskohorte von 1960 in den USA diese drei Statuspassagen innerhalb von vier Jahren nach dem Verlassen der Highschool absolviert, während dies bei nur etwa jedem Zehnten der 1980er Kohorte der Fall war. Und: Über ein Drittel der jüngeren Schulabschlusskohorte hatte nach zehn Jahren noch keine dieser drei Statuspassagen absolviert. Dies bedeutet, dass es eine zunehmende Variation im Zeitpunkt und Ablauf von Übergängen ins Erwachsenenalter gibt. Daher spricht z.B. Buchmann (1989) von einer partiellen Destandardisierung des Übergangs ins Er-

6

wachsenenleben; dies geht einher mit stärkerer **Individualisierung** der Biographien in der jungen Generation.

In Deutschland haben sich in den 1990er Jahren die Arbeitsmarktprobleme auf eine steigende Dauer der Ausbildungsplatzsuche, aber auch ein längeres Verweilen in den Hochschulen ausgewirkt. So liegt das Durchschnittsalter von Auszubildenden bei etwa 20 Jahren (1970 lag es bei 16 1/2 Jahren) und die Studiendauer an den Universitäten im Durchschnitt bei sieben Jahren. Dem entspricht, dass das Lebensalter bei der ersten Eheschließung heute bei Männern bei 30 und bei Frauen bei etwa 27,6 Jahren liegt.

Es gibt viele Anhaltspunkte dafür, dass der Übergang von der Jugend zum Erwachsenenalter zu einem eigenständigen Lebensabschnitt und Sozialisationsprozess geworden ist, der schon vor dem Schulabschluss zwischen 16 und 20 Jahren beginnt und bis zum erfolgreichen Einstieg in das Beschäftigungssystem und Aufbau einer stabilen Partnerbeziehung im Alter zwischen 21 und 30 Jahren dauern kann. Das Ende der Jugendphase ist also offen – da die Zeitpunkte für die zentralen Statuspassagen wie Auszug, sexuelle Erfahrungen/feste Partnerbeziehung, berufliche, materielle Selbständigkeit und Familiengründung erheblich variieren. Diese Entwicklung hat natürlich auch große Auswirkungen auf die Dauer der Lebenserwerbstätigkeit und damit auf die im Lebensverlauf akkumulierbaren Anrechte und Ansprüche für die Nacherwerbsphase, d.h. für den Ruhestand. Zu beachten ist auch, dass sich in dieser Übergangsphase Strukturen der geschlechtsspezifischen Benachteiligung reproduzieren, die sich in Deutschland im Hinblick auf die Qualität der Schulabschlüsse relativiert haben. So gelangen erheblich weniger junge Frauen in zukunftssichere Berufsfelder; dies gilt sowohl für gewerbliche und akademische Berufe als auch für den expandierenden Dienstleistungssektor. In allen Fällen finden junge Frauen ein engeres und schlechter entlohntes Beschäftigungsfeld vor, sind mit Weiterbildungs- und Aufstiegsbarrieren konfrontiert und haben auch noch das Problem der Vereinbarkeit von Beruf und Familie zu lösen (Heinz 1995).

ERWACHSENENALTER

Früher wurde das Erwachsenenalter als eine relativ stabile Lebensphase gesehen, heute gilt es als eine Periode, in der auch Wandel, Herausforderungen und Risiken bewältigt werden müssen (Kohli/Künemund 2000). Ehe, Elternschaft, Familie und Arbeit haben heute für Erwachsene eine andere Bedeutung als für ihre Eltern und Großeltern. Am Ende des 20. Jahrhunderts wird es immer weniger wahrscheinlich, dass jemand mit dem ersten Ehepartner verheiratet bleibt, den erlernten Beruf lebenslang ausübt oder im selben Haus über das ganze Erwachsenenleben hinweg wohnt. Erikson nahm noch an, dass für die jungen Erwachsenen (im Alter zwischen 20 und 40 Jahren) die Entwicklungsdynamik mit der psychosozialen Krise von Intimität und Isolation zusammenhängt. Es gelte, die eigene Identität mit der anderer Menschen zu verbinden, tiefe Freundschaften und Beziehungen aufzubauen, eine Liebesbeziehung zu stabilisieren und zu heiraten, Kinder zu haben und diese auch zu erziehen. Eine fehllaufende Bewältigung dieser Herausforderungen könne zu sozialer Bindungslosigkeit führen, weil das Individuum fürchtet, sein Selbst zu verlieren und sich isoliert und einsam fühlt. Im mittleren Erwachsenenalter (zwischen 40 und 60 Jahren) kreist die psychosoziale Krise um Generativität gegenüber Stagnation. Dies bedeutet, dass die **Biographie** entweder mit dem Gefühl fortgesetzt wird, einen aktiven Beitrag zur Gesellschaft durch die Erfüllung von Familien- und Arbeitsaufgaben geleistet zu haben oder aber mit einem Gefühl der Stagnation, Langeweile und Selbstzentriertheit. Obwohl Erikson annahm, dass diese Herausforderungen sowohl für Männer als auch für Frauen gelten, gibt es doch in der gesellschaftlichen Wirklichkeit Unterschiede in den biographischen Gestaltungsspielräumen beider Geschlechter, die wir uns nun genauer anschauen.

Wie Männer erwachsen werden

Daniel Levinson (1978) war, ebenso wie John Clausen (1993), ein Pionier in der systematischen Erforschung des Lebenslaufs Erwachsener, wobei er sich auf die Veränderungen im jungen Erwachsenen- und mittleren Lebensalter konzentrierte. Seine Hauptuntersuchung stammt aus den frühen 1970er Jahren und wurde mit 35- bis 45-jährigen Männern in den USA durchgeführt; seine 40 Befragten kamen aus verschiedenen sozialen Milieus, waren aber keineswegs repräsentativ für die gesamte männliche Bevölkerung. Trotz dieser Einschränkungen hat Levinsons Untersuchung unsere Sichtweise über Stabilität und Wandel des Lebenslaufs im Erwachsenenalter stark beeinflusst. Ebenso wie Erikson unterscheidet er zwei Stufen im Erwachsenenleben: die frühe Erwachsenenphase und das mittlere Lebensalter. Jede Phase hat sowohl stabile oder strukturbildende Perioden, in denen die vergangenen Lebensentscheidungen bewertet und zukünftige erwogen werden. Es gibt aber auch Phasen, in denen der Anschluss zwischen Vergangenheit und Zukunft noch fehlt und es darum geht, diese Kluft zu überbrücken. Levinson nimmt an, dass die meisten Männer in derselben Abfolge die gleichen Stufen durchlaufen, auch wenn ihr Lebensalter zu Beginn einer bestimmten Periode variiert.

Beim Übergang in das frühe Erwachsenenalter werden die Entscheidungen über Beruf, Eheschließung, Wohnort, Wohnform und Lebensstil getroffen, die den Platz des Mannes in der Erwachsenenwelt umreißen. Etwa im Alter von 30 Jahren werden diese Entscheidungen äußerst verbindlich; sie können nicht mehr als Experimente, sondern müsen als Verpflichtungen gesehen werden. Um das 40. Lebensjahr herum ist dann die Zeit, sich in der erreichten Position einzurichten, seinen Ort in der Gesellschaft zu bestimmen, das Leben fester zu verankern und in der Berufswelt voranzukommen.

Die Übergänge im mittleren Lebensalter geschehen nach Levinson im Alter von 40 bis 45 Jahren, wenn die ersten Zeichen für Begrenzungen durch gesundheitliche oder auch gesellschaftliche Einschränkungen deutlich werden. Für zwei Drittel der von Levinson befragten Männer war die sogenannte Midlife-Krise psychologisch belastend. Plötzlich begannen sie damit, ihre Ehe, Familie und Berufslaufbahn zu hinterfragen: Was ist in meinem Leben herausgekommen, was bekomme ich eigentlich, und was trage ich zur Familie, zu Freundschaften und zur Gemeinschaft bei? Was will ich wirklich für mich und andere? Diejenigen Männer, die diese Krise gut bewältigt hatten, betrachteten das mittlere Lebensalter als die kreativste Zeit ihres Lebens. Sie konnten feste und enge Beziehungen zu anderen Menschen eingehen und sich selbst positiv bewerten. Und ebenso wie Erikson glaubt Levinson, dass erfolgreiche Männer im mittleren Lebensalter ein Gefühl von Produktivität und Verlässlichkeit zugleich entwickeln konnten, d.h. sie verwenden ihre Position und Erfahrung kreativ und akzeptieren ihre Verantwortung für die jüngere Generation. Andere Studien wie die von Vaillant (1977), der 93 Universitätsabsolventen im Alter von Mitte 40 und Mitte 50 interviewt hat, differenzieren Levinsons Ergebnisse. So fand Vaillant z.B., dass das Lebensalter, in dem Männer beginnen, ihre Lebensentscheidungen zu hinterfragen, um mehr als zehn Jahre variiert. Daraus schließt er, dass das Hinterfragen der Biographie an jedem Punkt des Lebenslaufs auftreten

kann und stärker von besonderen Lebensereignissen wie z.B. einem gescheiterten Berufsstart, einer Scheidung, Arbeitslosigkeit oder einem politischen Ereignis abhängt als von dem Lebensalter der Person.

Es gibt wenige Studien, die sich vergleichend mit dem Lebenslauf von Männern und Frauen befasst haben. Dazu gehört die Längsschnittuntersuchung von Clausen (1993), der eine kleine Stichprobe von amerikanischen Frauen und Männern seit den 1920er Jahren bis in ihr hohes Lebensalter hinein verfolgte. Veränderungen in der Planungskompetenz der Befragten im Erwachsenenalter hängen mit Lebensereignissen vor allem im Berufsbereich zusammen. Männer und die (wenigen) Frauen in dieser Stichprobe, die erwerbstätig waren und berufliche Veränderungen bewältigt haben, zeigten größeres Selbstvertrauen an den Übergängen im Lebensverlauf.

Wie Frauen erwachsen werden

Es mehren sich soziologische Forschungsergebnisse, die darauf hinweisen, dass sich der Alters- und Stufenansatz für die Charakterisierung der Lebensläufe von Frauen weniger gut eignet als für Männer (z.B. Born/Krüger/ Lorenz-Meyer 1996). Dies liegt vor allem daran, dass der Zeitpunkt für die Geburt von Kindern bei Frauen außerordentlich variieren kann, was mit ihren Möglichkeiten auf dem Arbeitsmarkt und mit ihren Entscheidungen über Zeitpunkt und Art der Erwerbsbeteiligung und Berufskarriere zusammenhängt. Eine Frau, die im Alter zwischen 20 und 30 Jahren Kinder bekommt, wird dem Arbeitsmarkt erst nach mehreren Jahren wieder voll zur Verfügung stehen. Dies bedeutet, dass sie eine Berufslaufbahn wahrscheinlich erst Mitte 40 erreichen kann, d.h. 10 bis 15 Jahre später, als es bei Männern üblich ist. Andere Frauen beginnen ihre Berufslaufbahn gleich nach der Ausbildung und verschieben die Mutterschaft auf einen späteren Zeitpunkt. Solche Entscheidungen hängen mit dem Qualifikations- und Berufsniveau von Frauen und ihrer Partner zusammen, aber auch mit dem Angebot an Kinderbetreuungsmöglichkeiten. Wenn wir also das Alter einer Frau kennen, dann sagt uns dies allein noch wenig über ihren Status im Hinblick auf Elternschaft und Beruf. Wenn wir aber auch wissen, wann und wie viele Kinder sie zur Welt gebracht hat, dann ist dies ein relativ guter Indikator für ihre Erwerbsbeteiligung und ihren Status im beruflichen Karrieresystem. Wesentlich für die Handlungsspielräume und Entscheidungsmuster ist eine Gesell-

Arbeit und Ruhestand

Trotz der Einführung der Arbeiterrentenversicherung Ende des 19. Jahrhunderts hat sich der Ruhestand als »dritte Lebensphase« in Deutschland erst ab 1957 voll herausgebildet (Borscheid 1995). Dies liegt am Ausbau des Sozialstaats durch die Einführung der dynamischen Rente und am Anstieg der Lebenserwartung. Gab es 1900 im Deutschen Reich nur 7,8 Prozent über 60-Jährige, so waren es in der BRD 20,3 Prozent im Jahre 1990; für 2030 sagt das Statistische Bundesamt einen Bevölkerungsanteil der über 60-Jährigen von einem Drittel voraus.

Diese Entwicklung hat in Verbindung mit der Massenarbeitslosigkeit ab Mitte der 1990er Jahre zu einer Debatte um die Finanzierung des Systems der gesetzlichen Rentenversicherung geführt. Dazu kommt die Abnahme der Erwerbsbeteiligung im Alter, die mit mehreren Faktoren zusammenhängt: Der technologische Wandel hat traditionelle Arbeitskenntnisse und Berufsprofile obsolet gemacht, und die in den 1990er Jahren verschärften Rationalisierungsprozesse haben zu einem erheblichen Arbeitsplatzabbau geführt, der zusammen mit Betriebsstilllegungen einen frühzeitigeren Ruhestand für ältere Arbeitnehmer bedeutet.

Beim Übergang vom Erwachsenen- ins höhere Lebensalter zeigen sich ähnliche Aufweichungen traditioneller Altersgrenzen, wie wir dies für den Übergang von der Jugendphase ins Erwachsenenalter schon aufgezeigt haben. Dies wird daran deutlich, dass die

Wenn auch das Leben alter Menschen durch Erkrankung und Einsamkeit beeinträchtigt sein kann, so gibt es viele Senioren, die noch vital sind und sich neue Lebenswelten schaffen. Diese Seniorinnen besprechen die Zimmeraufteilung für eine von ihnen gemeinsam geplante Wohngemeinschaft. Neue Formen des Wohnens im Alter dokumentieren die Bereitschaft alter Menschen, sich aktiv auf ihre Lebensumstände einzustellen.

Hälfte der Männer die Erwerbstätigkeit vor dem gesetzlichen Rentenalter von 65 Jahren verlässt. Die Altersphase wird ausgedehnt durch eine schrittweise Vorverlagerung des Übergangs von der Erwerbstätigkeit in den Ruhestand. Es zeigt sich, dass die Erwerbsbeteiligung in der Altersgruppe der 55- bis 65-jährigen Männer zwischen 1972 und 1993 um ein Viertel gesunken, während sie bei den 55- bis 64-jährigen Frauen in derselben Zeit mit einigen Schwankungen etwa konstant geblieben ist. Bezieht man nur die Erwerbstätigen in die Veränderung der altersbezogenen Erwerbstätigkeit ein, dann zeigt sich, dass heute in der Gruppe der 55- bis 65-jährigen Männer 45 Prozent und bei den Frauen 22 Prozent erwerbstätig sind. Wir können also davon ausgehen, dass der vorzeitige Ren-

schaftspolitik, die für Frauen und Männer durch flexible Arbeitszeitgestaltung, beispielsweise Teilzeitarbeit, aber auch durch Elternurlaub und einen rechtlich abgesicherten Wiedereinstieg in die Berufstätigkeit, nach der Kinderphase mehr Chancengleichheit fördert (Sørensen 1990).

Es ist bislang noch nicht ganz klar, ob die steigende Arbeitsmarktbeteiligung von Frauen und die Verbindung von Erwerbstätigkeit und Familienrolle, die wir zunehmend bei jüngeren Frauen finden, neue kulturell und materiell abgesicherte Lebenslaufmuster im Erwachsenenalter hervorbringen wird. Derzeit wird in den meisten Industriegesellschaften den Frauen die Zuständigkeit für das Familienleben und für dessen Koordina-

tion mit Erwerbstätigkeit zugeschrieben. Dies gilt für alle Lebenslaufübergänge nach der Jugendphase und scheint nicht durch die spezifische Berufslaufbahn beeinflusst zu sein – es sei denn, Frauen entscheiden sich z.B. aus Karrieregründen dafür, keine Kinder zu bekommen.

An den Übergängen zwischen dem Bildungs- bzw. Ausbildungssystem und der Erwerbstätigkeit und in den frühen Jahren des Berufsverlaufs hat die Dominanz der Familienorientierung jedoch bei jungen Frauen gegenüber anderen Orientierungsmustern (z.B. der Verknüpfung von Familien- und Berufstätigkeit) abgenommen (Geissler/Oechsle 1996).

teneintritt zu einem regelhaften Übergang in die Lebensphase des Alters geworden ist. Hieran wird die Bedeutung der sozialpolitischen Steuerung und der Rentengesetzgebung deutlich: Frührenten wegen Berufs- oder Erwerbsunfähigkeit, Altersruhegeld wegen Erwerbslosigkeit ab dem 60. Lebensjahr, flexibles Altersruhegeld, das ab dem 63. Lebensjahr bezogen werden kann. Diese Übergangsoptionen hängen mit dem Verlauf des bisherigen Erwerbslebens zusammen: den Beschäftigungsjahren und der Einkommenshöhe.

Heute liegen die Erwerbsquoten in Deutschland für Ältere erheblich niedriger als in Japan und in den USA. Am höchsten ist die Erwerbsbeteiligung der 55- bis 64-Jährigen in Schweden, was daran liegt, dass in diesem Land eine sozialpolitische Sicherung von Arbeitsplätzen für ältere Arbeitnehmer festgeschrieben ist. Dies ermöglicht in Verbindung mit der Teilzeitrente einen flexiblen Übergang in den Ruhestand. 1992 lag die Erwerbsbeteiligung der 55- bis 64-Jährigen in Japan bei ca. 80 Prozent, in den USA bei 65 Prozent und in Deutschland nur noch bei etwa 50 Prozent.

Über das gesetzliche Ruhestandsalter von 65 Jahren hinaus arbeiten in Deutschland nur noch 7 Prozent, in den USA ein Viertel und in Japan über 50 Prozent der Männer; jeweils die Hälfte dieser Prozentsätze gilt für die Frauen in all diesen Gesellschaften (Noll 1996).

Die Übergänge in die Lebensphase des Ruhestands können mit erheblichen psychosozialen Belastungen verbunden sein. Männer, die voll in das Erwerbssystem integriert waren und durch unvorhergesehene Betriebsschließungen oder die rapide Verschlechterung auf dem Arbeitsmarkt zu einem verfrühten Ausscheiden aus dem Arbeitsleben gezwungen werden, verlieren einen Kern ihrer sozialen Identität. Die Berufstätigkeit war für viele die Quelle nicht nur einer gesicherten Lebensführung, sondern bedeutete auch soziale Anerkennung und Lebenssinn. Die Arbeitstätigkeit hat den Alltag organisiert, die Jahre von der Ausbildung über berufliche Stabilisierung und Aufstieg bis zum erwarteten Ruhestand mit 65 Jahren strukturiert und soziale Kontakte sowie die Möglichkeit für produktives und gestaltendes Handeln gebo-

ten. So ist für etliche Männer der Ruhestand eine Phase der Um- und Neuorientierung, die von ihnen als Verlust eines vertrauten Lebenszusammenhangs empfunden wird. Dies gilt jedoch nicht für die Mehrheit der Beschäftigten. Nur ein geringer Anteil von ihnen verlässt die Erwerbstätigkeit ungern. Nach drei bis vier Jahrzehnten belastender Arbeit sind viele der Tätigkeitsfelder nicht mehr so interessant, dass sie als Alternative zu einem einigermaßen materiell gesicherten Ruhestand betrachtet würden.

Die allgemeine Zufriedenheit mit dem Ruhestand variiert allerdings in Abhängigkeit von den Lebensverhältnissen und den Arbeitsbedingungen während des Berufslebens. Menschen, die eine anspruchsvolle Berufstätigkeit ausüben, neigen dazu, später in den Ruhestand zu gehen, und sind aufgrund ihrer vielfältigen Interessen auch im Nacherwerbsleben gesünder, aktiver und zufriedener als diejenigen, die nach einem belastenden und wenig anerkannten Arbeitsleben ausscheiden.

ALTER

Gemäß Eriksons Entwicklungsmodell ist das Alter durch die psychosoziale Konfliktkonstellation Integrität gegenüber Verzweiflung gekennzeichnet. Alte Menschen können entweder sich und ihre Biographie akzeptieren und das gelebte Leben in einen Sinnzusammenhang stellen oder die Vergangenheit verdrängen, sich gegenüber den noch verbleibenden Jahren hilflos fühlen und sich vor dem Ende des Lebens fürchten. In den meisten modernen Gesellschaften dominiert eine Idealisierung und Glorifizierung der Jugend. Dies geht einher mit Furcht vor und Verleugnung des unvermeidlichen Lebensprozesses des Alterns und mit negativen Stereotypen über die »Alten« in der Gesellschaft.

Dies war in der Geschichte nicht immer so, und es gibt auch heute noch Völker, die nicht nur eine längere Lebenserwartung, sondern auch eine hohe soziale Anerkennung der Älteren in ihrer Kultur verankert haben. Dies ist auf soziale und wirtschaftliche Bedingungen zurückzuführen, die sich von den Strukturen und den Anforderungen der modernen industrialisierten Welt

unterscheiden. Wenn sich der Rhythmus des Alltags und des Lebensablaufs noch stärker an der Natur und der landwirtschaftlichen Produktionsweise orientiert, geht dies einher mit einer hohen sozialen Integration der alten Gesellschaftsmitglieder, die kaum vom Gemeinschaftsleben abgetrennt sind. Ein solcher Lebensrhythmus und die sozialen Bindungen fördern körperliche und seelische Gesundheit bis ins hohe Alter. Diese Lebensweise unterscheidet sich stark von den Lebens- und Arbeitsbedingungen, auf die alte Menschen in den industrialisierten Gesellschaften zurückblicken und die ihre Lebensführung im Alter vorstrukturieren.

Die Lebensverhältnisse älterer Menschen

In der Bevölkerung bestehen verbreitete Vorurteile über das Leben und die Handlungsmöglichkeiten älterer Menschen. Es wird angenommen, dass sie sich mehr auf ihre Vergangenheit als auf die anstehenden Lebensanforderungen konzentrieren, kulturelle sowie

Schaubild 6.3: Spannweite der Renten

Von je 1.000 Rentnerinnen und Rentnern in Deutschland erhalten eine monatliche Rente* von ... bis unter ... DM

Rentnerinnen	Bereich	Rentner
1	Über 3.000	39
2	2.700–3.000	58
5	2.400–2.700	98
12	2.100–2.400	148
25	1.800–2.100	173
57	1.500–1.800	159
162	1.200–1.500	120
210	900–1.200	68
154	600–900	50
214	300–600	45
157	Unter 300	41

* Altersrente und Rente wegen verminderter Erwerbsfähigkeit, Nettozahlbeträge ohne Beiträge zur Kranken- und Pflegeversicherung

rundungsbedingte Differenzen
Stand Anfang 1996

Quellen: *Globus, VDR*

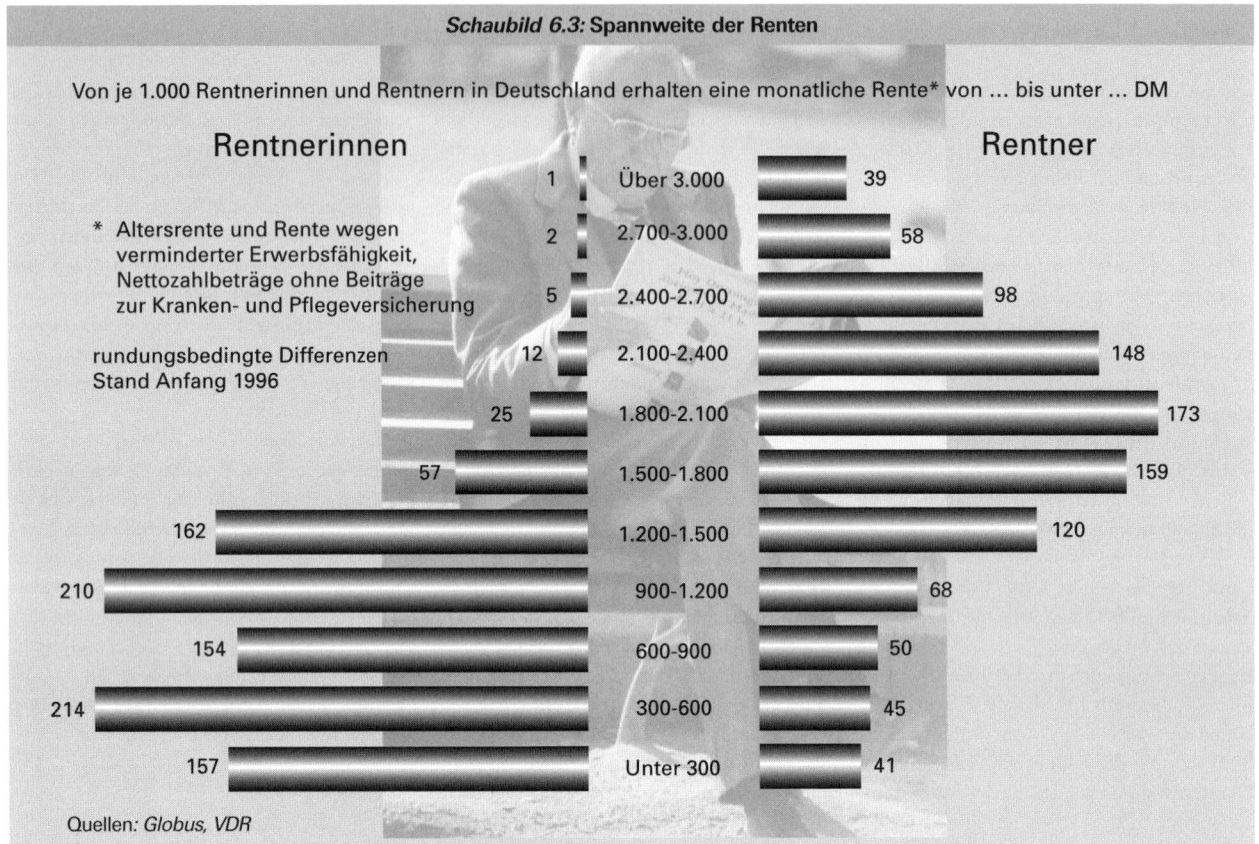

soziale Veränderungen ablehnen und konservative politische Meinungen vertreten. Dazu kommt die Annahme, dass ihr Leben durch Krankheiten und durch zunehmenden sozialen Rückzug bestimmt ist und in vielen Fällen im Alters- oder Pflegeheim zu Ende geht.

Dieses Stereotyp ist glücklicherweise nicht mit der Vielfalt der wirklichen Lebensverhältnisse alter Menschen vereinbar. Wie Befragungen alter Leute in den USA dokumentieren, sind sie mit ihrem Leben im Ruhestand recht zufrieden (Russell 1989). Die Lebenszufriedenheit ist natürlich, wie auch in anderen Lebensphasen, von der bisherigen Biographie und den konkreten Lebensumständen abhängig.

Nur etwa 5 Prozent der älteren Menschen in der Bundesrepublik leben in Alters- oder Pflegeheimen. Die Mehrheit der über 85-Jährigen wohnt noch in einem eigenständigen Haushalt und nimmt ambulante Hilfsdienste in Anspruch. Nur etwa 10 Prozent von ihnen leben im Haushalt der Kinder. Es ist üblich, dass die Älteren durch Erbschaften große Vermögenswerte auf ihre Nachkommen übertragen. An Kinder und Enkel werden zusätzlich ca. DM 10.000,- pro Jahr an Finanzmitteln weitergegeben (Mayer/Baltes 1996).

Die Selbständigkeit in der älteren Bevölkerung bedeutet aber nicht, dass sie sich gefühlsmäßig von den Kindern abgesetzt hätte, ganz im Gegenteil: viele haben enge Kontakte mit ihren Kindern und Enkelkindern nach dem Motto »Zuneigung auf Distanz«. Ältere Menschen erhalten auch ihre Beziehungen zu Freunden, helfen sich gegenseitig und gehören zu der am stärksten zunehmenden Gruppe von Menschen, die gerne und häufig verreisen. Entgegen der in den 1960er und 1970er Jahren prominenten Theorie, dass alte Menschen sich von sozialen Beziehungen zurückziehen (Disengagementtheorie), zeigt sich, dass sich die älteren Menschen keineswegs als einsam sehen, auch wenn dieses von Theoretikern und vielen jungen Leuten vermutet wird. Dem Altersbild der Defizite und des Abbaus steht eine Bandbreite der Lebensqualität im Alter gegenüber, die mit der Lebensgeschichte und den Aktivitäten alter Menschen zusammenhängt. Dementsprechend sind die individuellen Unterschiede in der körperlichen und seelischen Verfassung sowie der sozialen Kompetenz erheblich.

Witwen und Witwer

Frauen leben sieben bis acht Jahre länger als Männer. Diese Tatsache hat bedeutsame Auswirkungen auf die Sozialstruktur unserer Gesellschaft. So gibt es fünfmal mehr verwitwete Frauen als Witwer. Und da in den älteren Generationen der Altersabstand zwischen Frauen und Männern bei der Heirat noch relativ groß ist, bedeutet dies, dass Frauen in der Lebensphase des Alters länger allein leben als Männer. Unter den über 65-Jährigen wohnen drei Viertel der Männer, aber nur zwei Fünftel der Frauen in einer Lebensgemeinschaft mit ihrem Ehepartner.

Die Erfahrung der Verwitwung ist für Männer und Frauen sehr unterschiedlich. Es scheint für Männer schwieriger zu sein, sich auf die Lebensphase des Witwers einzustellen, weil sie nicht nur ihre enge emotionale Beziehung verlieren, sondern auch das gesamte häusliche Unterstützungssystem, das sie immer für selbstverständlich gehalten haben. Die heute über 65-jährigen Männer sind in der Regel mit Haushaltsaufgaben wenig vertraut und nicht gewohnt, bei anderen Hilfe zu suchen. Dieses traditionelle Geschlechtsrollenverständnis von Unabhängigkeit und Selbstverantwortlichkeit kann in ein Gefühl der Hilflosigkeit umkippen und erklärt, dass die Selbstmordraten bei verwitweten Männern erheblich über denen der Witwen liegen. Gleichzeitig ist jedoch die Wiederverheiratung im Alter weitgehend auf die Männer beschränkt. Männer über 65 Jahren heiraten erheblich häufiger als Frauen in dieser Altersgruppe. Interessanterweise hängt der soziale Status mit der Häufigkeit der Wiederverheiratung zusammen und zwar in unterschiedlicher Weise für Männer und Frauen: Je besser qualifiziert und beruflich erfolgreich eine Frau war, desto unwahrscheinlicher ist es, dass sie wieder heiratet; bei Männern ist dies genau umgekehrt.

Veränderte wirtschaftliche Bedingungen

Als Generation sind die alten Menschen heute wirtschaftlich besser gestellt als die vorangegangenen Generationen, da sie auf ein relativ ununterbrochenes und mit steigendem Einkommen verbundenes Arbeitsleben zurückblicken. Wie Schaubild 6.3 verdeutlicht, besteht eine Kluft zwischen den Altersrenten für Männer und Frauen. Die von älteren Frauen selbst erworbenen Rentenansprüche sind erheblich geringer als die der Männer. So liegt etwa die Hälfte der Frauenrenten unter

DM 600,-, also unter dem Sozialhilfesatz. Jedoch kommt in vielen Fällen noch eine Witwenrente hinzu. Mehr als die Hälfte der Männer bezieht eine Rente von über DM 1.800,-; bei den Frauen sind dies nur 5 Prozent. Daraus ergibt sich in Bezug auf die geschlechtsspezifische Ungleichheit die Folgerung, dass nicht nur das Alter weiblich ist, sondern auch die Armut im Alter.

In den USA ist der Anteil der Männer und Frauen über 65 Jahren, die unter der Armutsgrenze leben, von 35 Prozent im Jahre 1959 auf 12 Prozent im Jahre 1992 gefallen. Dort ist (Leibfried/Leisering 1995) wie in Deutschland die wirtschaftliche Ungleichheit innerhalb der Generation der über 65-Jährigen im Vergleich zu anderen Altersgruppen am stärksten ausgeprägt: In den USA bekommt das ärmste Fünftel der Alten nur 6 Prozent aller materiellen Ressourcen der älteren Generation, während das reichste Fünftel 46 Prozent davon bekommt. Dies deutet an, dass trotz der relativen materiellen Verbesserung der Situation der Alten ein beträchtlicher Anteil – vor allem Arbeiterwitwen und Rentner, die angelernte oder ungelernte Tätigkeiten ausgeübt haben – an oder unterhalb der Armutsgrenze lebt.

Politische Aktivitäten

Wenn man von den vielen gemeinsamen historischen Erfahrungen (Zweiter Weltkrieg, Wirtschaftswunder, Europäische Einigung, Arbeitsmarktkrise) und den aktuellen Problemen der Finanzierung des Gesundheits- und Rentensystems ausgeht, dann könnte man vermuten, dass die alte Generation ein Generationenbewusstsein ausbilden und gemeinsam auf viele politische Fragen und Probleme reagieren würde. Dies ist nicht der Fall: Die Parteienpräferenzen und die politischen Orientierungen der älteren Bevölkerung in Deutschland – wobei diejenigen in der ehemaligen DDR eine gesonderte Diskussion verlangen – sind nicht homogen. Viele Ältere gehen davon aus, dass sie die aktive Politik Jüngeren überlassen sollten; sie sind, verglichen mit ihrem Wähleranteil, in der aktiven Politik unterrepräsentiert.

Allerdings gibt es im Hinblick auf die Vertretung der Interessen älterer Menschen eine ganze Reihe beachtlicher sozialer Bewegungen, so z.B. die Grauen Panther, eine politische Gruppe, die sich dem Kampf gegen die Vorurteile und die ökonomische Benachteiligung von Alten widmet. Weiterhin gibt es in vielen Kommunen Seniorenverbände und -beiräte, die versuchen, die Interessen der älteren Mitbürger in den lokalen politischen Prozess einzubringen. Doch unterscheidet sich die Generation der Älteren in Deutschland von den weitaus aktiveren Älteren in den USA, von denen viele in der *American Association of Retired People* (AARP) mit 28 Millionen Mitgliedern im Alter von über 50 Jahren organisiert sind. Was den Stand der politischen Information und die Wahlbeteiligung angeht, so ist die Bevölkerungsgruppe der über 60-Jährigen aktiver und besser informiert als die Jungwähler; sie halten ihre politischen Präferenzen aus der Zeit vor dem Ruhestand aufrecht oder aber entwickeln eine eher konservative Einstellung, die mit einer Sicherheitsorientierung im Alter korrespondiert.

Angesichts der in den meisten modernen Industriegesellschaften anstehenden Reformen der Gesundheits- und Rentenversicherungssysteme ist zu vermuten, dass in der Zukunft die Interessenvertretung der älteren Generation stärker mobilisiert wird, um die erworbenen Ansprüche und gesellschaftliche Solidarität zu reklamieren.

Tod und Sterben

Heute sterben die meisten Menschen erst im Alter; dies liegt an der Zunahme der Lebenserwartung und dem steigenden Anteil der Alternden in der Gesellschaft. Durch die Veränderungen in der sozialstrukturellen Verteilung der Altersgruppen verschiebt sich auch die Bedeutung des Todes für den einzelnen und die Gesellschaft. In der Vergangenheit war der Tod als endgültiger Übergang sehr viel stärker von wirtschaftlichen und politischen Ereignissen bestimmt; durch die fehlende Gesundheitsversorgung waren Krankheiten häufig tödlich. Heute können wir den Tod eher antizipieren und erwarten ihn nicht vor dem hohen Lebensalter. Eine eher fatalistische Einstellung zum Tod ist einem Gefühl der Vorhersehbarkeit und sogar Kontrollierbarkeit gewichen. Allerdings werden die sozialen Normen und Institutionen, vor allem im Bereich der ärztlichen und Krankenhausversorgung, diesem Wandel nicht gerecht (vgl. Glaser/Strauss 1965).

In modernen Gesellschaften werden die Unvermeidbarkeit des Todes und die Furcht vor dem Tod verdrängt. Diese Verdrängung verhindert es, dass man sich auf das Sterben vorbereitet, und macht dadurch den letzten Übergang im Lebenslauf subjektiv und gesellschaftlich außerordentlich schwierig. Dies liegt daran, dass die westlichen Industriegesellschaften die Jungen und Gesunden von den Alten und Sterbenden trennen und ihnen damit die Möglichkeit nehmen, über den Tod durch persönliche Anschauung zu lernen. So bleiben die Sterbenden in Krankenhäusern und Pflegeheimen alleine: 70 Prozent sterben in diesen Institutionen. Das hat sich nicht wesentlich durch die neuen Formen der Sterbebegleitung und der Einrichtung von Sterbekliniken geändert.

Wichtige Einsichten über das Sterben beruhen auf der Studie von Kübler-Ross (1969). Durch Beobachtung und Interviews mit Sterbenden konnte sie fünf Stufen des Sterbeprozesses unterscheiden: Verleugnung und Isolation, Ärger und Groll, Verhandlung für einen Aufschub, Depression und Verlustgefühl und schließlich die Annahme des Unvermeidlichen. Diese Studie hat dazu angeregt, dass über den Sterbeprozess und die Trauer nicht nur bei Experten, sondern auch in der Öffentlichkeit nachgedacht, der Tod als weniger bedrohlich und als ein sozialer und emotionaler Prozess betrachtet wird. Andererseits haben die gestiegene Lebenserwartung und die moderne medizinische Technologie dazu geführt, dass die Verlängerung des Lebens auch gegen den Willen Sterbender möglich geworden ist. Die Autonomie von Sterbenden, ihr Recht, lebenserhaltende Behandlungen auf der Intensivstation zu verweigern und Art und Ort ihres Todes zu wählen, wird z.B. in Patientenverfügungen beansprucht.

Die demographischen Veränderungen und der Wandel in der Bedeutung des Todes sind sowohl für die Bevölkerung als auch für die sozialen Institutionen eine Herausforderung zur menschenwürdigen Gestaltung des letzten Übergangs.

Zusammenfassung

1. Die soziologische Betrachtungsweise des Lebenslaufs untersucht die Wechselverhältnisse zwischen dem Prozess des Alterns und dem historischen Wandel. Soziologen zeichnen die Entwicklung von Individuen von der Geburt bis zum Tod über den gesamten Lebenslauf nach. Und sie untersuchen die sozialen Veränderungen, die durch den Prozess des Alterns aufeinanderfolgender Generationen in verschiedenen historischen Perioden bewirkt werden.

2. Da sich die Lebenserfahrungen der Individuen nach Geburtsjahr unterscheiden, untersuchen Soziologen die Abfolge von Geburtskohorten, um den Einfluss gesellschaftlicher Veränderungen auf die Ver-

haltensweisen und Einstellungen der Menschen herauszufinden. Ein herausragendes Beispiel ist Elders Untersuchung über die Geburtskohorte, die die Weltwirtschaftskrise als Kinder bzw. Jugendliche erlebt hat. Die Erfahrung, mit wirtschaftlichen Einschränkungen in der Familie überleben zu können, wirkte sich auf die spätere Haltung gegenüber wirtschaftlichen und politischen Fragen aus.

3. Das Merkmal Alter wird von jeder Gesellschaft dazu verwendet, Menschen von einer Konfiguration von Position und Rollen, Rechten und Pflichten zu einer anderen Konfiguration zu »transportieren«. Der Prozess, der zu sozialen Kategorien führt, die auf dem Alter basieren, wird als Alters-Gradierung bezeichnet. Diese variiert von Kultur zu Kultur und von einer historischen Periode zur andern.

4. Abschnitte im Lebenslauf, an denen alte soziale Rollen durch neue ersetzt werden, sind dynamische Übergänge oder Transitionen. Übergänge im Lebenslauf können zwiespältig sein, wenn sie für Individuum und Gesellschaft nicht durch symbolische Übergangsriten markiert werden.

5. Veränderungen des Anteils von Menschen auf jeder Altersstufe (die Altersstruktur einer Gesellschaft) haben wichtige soziale Auswirkungen. Die deutsche Gesellschaft altert aufgrund steigender Lebensdauer, der zurückgehenden Geburtenrate und der Tatsache, dass die Baby-Boom-Generation in den 1990er Jahren das Ende des mittleren Lebensalters erreicht. Dieser Trend wird auch den Beginn des nächsten Jahrhunderts beeinflussen.

6. Erik Erikson war einer der ersten, der den menschlichen Lebenslauf als eine Abfolge von Stufen konzipiert hat. Er hat für jede der acht Stufen einen zentralen Entwicklungskonflikt herausgestellt, dem sich alle Menschen gegenübersehen und den sie für ihre Weiterentwicklung (positiv oder negativ) lösen müssen.

7. Die Kindheit ist eine relativ neue kulturelle »Erfindung«. Die Vorstellung, dass Kinder genährt und beschützt werden müssen, stammt erst aus der Renaissance und gehörte bis zum späten 19. Jh. nicht zur Vorstellungswelt der mittleren und unteren Schichten. Einige Beobachter der gesellschaftlichen Entwicklung glauben, dass wir am Ende des 20. Jahrhunderts in eine Zeit »zurückkehren«, in der Kinder den Erwachsenen immer früher ähnlich werden.

8. Die Adoleszenz ist ein Lebensabschnitt, in dem Teenager ihre Identität entwickeln, indem sie gesellschaftliche Normen hinterfragen und mit verschiedenen Lebensformen experimentieren. Dazu gehören auch die schwierigen Übergänge, die mit Selbstständigkeit, eigenen Wertvorstellungen und Sexualität zu tun haben. Das Alter, in dem junge Menschen mit sexuellen Aktivitäten beginnen, variiert stark – in Abhängigkeit von ihrer biologischen Entwicklung, ihrem Geschlecht und einer Vielzahl sozialer und kultureller Umstände.

9. Auch das Erwachsenenalter ist eine Periode des Wandels, die durch neue Herausforderungen und Krisen gekennzeichnet ist. Übergänge in der Mitte des Lebens können für Männer und Frauen Krisenerfahrungen darstellen. Diese verlangen häufig, die bisherige Biographie neu zu bewerten und den Lebenslauf in Familie, Arbeit und im Freundeskreis im Hinblick auf die noch möglichen Lebensziele zu überdenken.

10. Die gegenwärtigen Gesellschaften sind jugendzentriert; dies führt zu vielen falschen Vorstellungen über die Lebenssituation älterer Menschen. Die Forschung zeigt, dass die älteren Mitbürger keineswegs einsam und in Verzweiflung leben. Viele von ihnen haben ein hohes Selbstvertrauen, sind sozial aktiv und hochmobil. Die Lebensverhältnisse älterer Menschen haben sich verbessert; ihr Anteil an den Sozialhilfeabhängigen hat sich in den letzten beiden Jahrzehnten verringert.

11. Der Tod ereilt die meisten heute im Alter und findet in einem Krankenhaus oder in einem Pflegeheim statt. Das Verhältnis zum Tod in der Gesellschaft ist dadurch eher abstrakt; wenige jüngere Menschen werden mit der Realität des Sterbens konfrontiert.

Wiederholungsfragen

1. Begründen Sie, warum die Konzeption des Lebenslaufs für die soziologische Forschung von Bedeutung ist.

2. Wenn Soziologen Lebensläufe untersuchen, dann heben sie die Rolle von bestimmten historischen Bedingungen, institutionellen und kulturellen Kontexten hervor. Erläutern Sie diese Kontexte und geben Sie Beispiele.

3. Wie werden Alter, Altern und Altersschichtung in der soziologischen Analyse unterschieden?

4. Was bedeutet es, Kindheit und Adoleszenz als Lebensphasen zu betrachten, und welchen Beitrag leistet dies zum Verständnis des Lebenslaufs?

5. Diskutieren Sie verschiedene Ansichten über das Alter aus soziologischer und sozialpolitischer Sicht.

6. Welche gesellschaftlichen Veränderungen führen zur Individualisierung des Lebenslaufs, und welche Folgen hat dies für die individuelle Biographie?

Übungsaufgaben

1. In diesem Kapitel wurden die besonderen Erfahrungen der geburtenstarken Kohorte (Baby Boomers) und derjenigen angesprochen, die in der Weltwirtschaftskrise aufgewachsen sind. Welche besonderen Erfahrungen werden später einmal Soziologen hervorheben, um die Generation zu charakterisieren, zu der Sie gehören?

2. Stellen Sie sich vor, Sie würden in den Bundestag gewählt. Erläutern Sie, welche Gesetzesvorschläge Sie zur Altersfrage und zum Verhältnis der Generationen einbringen würden.

3. Diskutieren Sie kritische Einwände zu Eriksons Stufenmodell der Lebenskrisen.

4. Stellen Sie Ihre Überlegungen zum »Verschwinden der Kindheit« dar.

5. Wie sehen Sie vor dem Hintergrund der dargestellten Entwicklung des Alters Ihr eigenes Leben im Alter?

6. Welche gesellschaftlichen und kulturellen Veränderungen könnten zu einer Annäherung der Lebensläufe von Männern und Frauen führen?

Glossar

Alter Das soziale Alter bezieht sich auf ein Bündel von gesellschaftlichen Erwartungen und Anforderungen, die an Menschen verschiedenen Alters gerichtet werden.

Altern Prozess des Wanderns durch den Lebenslauf von der Geburt bis zum Tod.

Altersschichtung Abfolge von Altersphasen, die durch Altersnormen und Übergangsriten gesteuert wird.

Altersstruktur Anzahl der Menschen auf jeder Stufe des Lebenslaufs in einer Gesellschaft.

Biographie Die individuell gestaltete und erlebte Lebensgeschichte als subjektiv gedeuteter Erfahrungszusammenhang.

(Geburts-)Kohorte Gruppierung von Menschen, die im selben Abschnitt der Kalenderzeit geboren wurden und daher gleiche gesellschaftliche Verhältnisse erfahren.

Generation Gruppierung von Geburtskohorten, deren Lebenssituation und Erfahrungswelt aufgrund des gesellschaftlichen Wandels unterschiedlich sind.

Identität Das subjektive Gefühl von (sozialer) Zugehörigkeit, innerer Stimmigkeit und biographischer Kontinuität.

Individualisierung Auflösung vorgegebener sozialer Lebensformen und Leitbilder bei gleichzeitigem Bedeutungszuwachs von Arbeitsmarkt, Bildungssystem und Wohlfahrtsstaat. Dies bedeutet für die Individuen, ihren Lebenslauf aktiv und selbstreflektiv zu gestalten.

Lebenslauf Zeitliche Abfolge von Ereignissen und Handlungen von der Geburt bis zum Tod im Rahmen von gesellschaftlichen Lebensbereichen und Institutionen.

Lebenslaufsforschung Längsschnittanalyse von Ereignisabfolgen im Lebenslauf unter Berücksichtigung von Alters-, Kohorten- und Periodeneffekten.

Periodeneffekt Die Auswirkungen historischer Bedingungen und Ereignisse (z.B. Weltwirtschaftskrise) auf Lebensläufe.

(Status-)Passagen Gesellschaftlich organisierte und individuell gestaltbare Übergänge von einem Alters- bzw. Mitgliedschaftsstatus in gesellschaftlichen Handlungsfeldern zu einem andern.

Übergangsriten (rites de passage) Öffentliche Zeremonien, durch die der Übergang von einem Altersstatus zu einem andern gefeiert und registriert wird.

Kapitel 7

Abweichung und Kriminalität

Inhalt

Ivan Boesky ist ein Paradebeispiel einer amerikanischen Erfolgsstory. Der Sohn eines russischen Emigranten kämpfte zunächst hart um seinen Abschluss an der Rechtsfakultät von Detroit. Danach schlug er sich einige Jahre als Buchhalter und als Angestellter einer Rechtsanwaltskanzlei durch. Im Alter von 29 Jahren gelang es ihm, einen Job an der Wall Street zu ergattern. Bis dahin nannte ihn sein reicher Schwiegervater, der damals noch die Miete für ihn aufbringen musste, »Ivan der Schnorrer«. Mit 49 Jahren jedoch war es »Ivan dem Schnorrer« gelungen, ein persönliches Vermögen von schätzungsweise 200 Millionen US-$ anzuhäufen, und in der Wall Street hatte er sich nebenher einen Ruf als »Ivan der Schreckliche« erworben.

Boesky ritt auf der Welle einer neuen Geschäftstaktik ins finanzielle Glück – dem sogenannten *Corporate Takeover*, ein Phänomen, das die nordamerikanische Geschäftswelt vollständig umkrempelte. Denn anstatt wie bisher mit den Führungskräften der Firmen, die sie übernehmen wollten, selbst zu verhandeln, kauften »Firmen-Stoßtrupps« nunmehr die Aktien der betreffenden Firma auf dem Markt, und zwar möglichst so schnell und effizient, dass sie in den Besitz der Aktienmehrheit gelangt waren, bevor jemand davon Wind bekommen hatte. Wenn die avisierte Übernahme ruchbar wurde, stieg der Aktienkurs in die Höhe, weil die »Stoßtrupps« und das Management der betroffenen Firma durch vermehrte Ankäufe um die Kontrolle des Unternehmens wetteiferten.

Boesky, ein Superstar dieses Geschäfts, besaß eine geradezu unheimliche Treffsicherheit bei der Voraussage solcher Firmenübernahmen. So kaufte er zum Beispiel zwischen dem 22. und 29. Mai 1985 377.000 Aktien der Nabisco Corp. Am 30. Mai kündigten Nabisco Corp. und R.J. Reynolds ihre Fusion an, und Boesky konnte seine Anteile an Nabisco mit einem Gewinn von 4 US-$ Millionen veräußern. Boesky selbst führte seinen Erfolg stets auf eine Mischung aus Instinkt und Information zurück. Tatsächlich jedoch, so sollte sich später herausstellen, gründete sein Erfolg auf schlichtem Betrug.

Denn eine der zentralen Regeln im Investment-Geschäft lautet, dass Insider keinen Vorteil aus Informationen ziehen dürfen, zu denen die Öffentlichkeit keinen Zugang hat. Diese Regel verletzte Boesky äußerst großzügig. Er zahlte dem Investment-Banker David Levine beträchtliche Summen; dieser verriet ihm dafür geplante Unternehmensfusionen. Levine wurde dafür im August 1986 rechtskräftig verurteilt, und im Verlauf dieses Verfahrens benannte er Boesky als seinen Komplizen. Während der folgenden Monate wurde mit Boeskys Hilfe ein ganzes Netz von Insider-Geschäften aufgedeckt. Im Frühjahr des folgenden Jahres waren sämtliche Firmen der Wall Street damit beschäftigt, auf die offenbar gewordene Abweichung in den eigenen Reihen zu reagieren.

Abweichung ist jede Handlung, von der angenommen wird, dass sie eine allgemein geltende Norm einer Gesellschaft oder einer bestimmten Gruppe dieser Gesellschaft verletzt. Daher ist Abweichung nicht ein Geschehen, das lediglich als untypisch oder ungewöhnlich gilt (Drachenfliegen etwa ist ein zwar ungewöhnliches, aber kein abweichendes Verhalten). Damit ein Verhalten als abweichend betrachtet werden kann, muss es als ein Verhalten bewertet werden, das gegen verbindliche, sozial definierte Standards verstößt. Und da eine Reihe derartiger Standards in Gesetzen kodifiziert sind, andere jedoch nicht, beinhaltet Abweichung sowohl kriminelles Verhalten (wie das von Boesky), aber auch solches, das zwar nicht als illegal gilt, aber doch allgemein als unethisch, unmoralisch, eigenartig, unanständig oder einfach als »krank« angesehen wird.

Deviante Handlungen variieren nach dem Grad der ihnen beigemessenen Schwere. Einige Handlungen ziehen starke öffentliche Missbilligung auf sich, während bei anderen nur mit den Schultern gezuckt wird. Personen, die als sehr schwerwiegend beurteilte Akte der Abweichung begehen, werden als »Perverse«, »Gauner« oder »Verrückte« etikettiert. Diejenigen, deren abweichendes Verhalten als geringfügig gilt, werden als »normale« Leute angesehen, die einen einmaligen Fehltritt begangen haben. Diese geringfügigen Devianzhandlungen sind sehr verbreitet. So sind uns kaum Menschen bekannt, die niemals versäumt haben, ausgeliehene Bücher zurückzugeben, oder die niemals Papier und Bleistifte aus ihren Büros mitnehmen, oder die niemals gelogen oder bei der Einkommensteuer betrogen haben. An diesen Beispielen wird deutlich, dass wir, wenn wir diese als geringfügig betrachteten Abweichungen zu den als schwerwiegend geltenden hinzunehmen, Abweichung als ausgesprochen verbreitet anerkennen müssen.

Auch abweichendes Verhalten lässt sich im Licht unserer fünf Schlüsselbegriffe analysieren. Eine abweichende Handlung stellt gewöhnlich insofern *soziales Handeln* dar, als sie sich an den Handlungen anderer orientiert bzw. auf diese abgestimmt ist. So waren etwa Ivan Boeskys Insidergeschäfte mit dem Verhalten seines Komplizen David Levine abgestimmt, und sie waren orientiert an den Finanzgeschäften von Unternehmensmanagern und Investoren.

Eine abweichende Handlung stellt definitionsgemäß eine Normverletzung der eigenen *Kultur* dar. Boesky verletzte die Norm, dass Wertpapierhändler aus Insiderinformationen keinen persönlichen Nutzen ziehen dürfen. Diese Norm dient einem weiteren Aspekt der amerikanischen Kultur: dem Vertrauen in das Finanzsystem bzw. der Überzeugung, dass in diesem System Integrität und die Beachtung ethischer Standards vorherrschen. Die Aufdeckung der Insidergeschäfte von Leuten wie Boesky und ihren Komplizen hat die Grundlagen dieses kulturellen Vertrauens erschüttert.

Abweichendes Verhalten hat fast immer etwas mit *Macht* zu tun. Der gesetzeswidrige Gebrauch von Insiderinformationen stärkt die Macht der unehrlichen Broker an der Wall Street. In einer modernen Wirtschaftswelt wie der der USA sind sowohl Informationen wie Geld Quellen der Macht, die zu abweichendem Handeln missbraucht werden können. Wir werden den Zusammenhang zwischen abweichendem Verhalten und Macht weiter unten etwas ausführlicher erörtern.

Abweichendes Verhalten vollzieht sich im Kontext einer *sozialen Struktur* – d.h. im Innern eines Systems sozialer Beziehungen und Positionen. Die Wall Street stellt eine solche soziale Struktur dar, die Insiderhandeln ermöglicht. Eine kleine Gruppe von Investmentbrokern kauft und verkauft Wertpapiere in Milliardenhöhe. Die Elite dieser Broker kennt sich untereinander, besucht mittags die gleichen Restaurants und trifft sich in den gleichen privaten Clubs. Ebenso hat sie dank ihrer sozialen und familiären Kontakte zu Mitgliedern von Aufsichtsräten und Vorständen Zugang zu Insiderinformationen über die Welt der Unternehmen. In einer solchen dicht verknüpften sozialen Struktur wimmelt es geradezu an Gelegenheiten für Insidergeschäfte.

Die soziale Struktur, in der sich abweichendes Verhalten vollzieht, bildet oft genug ein *funktional integriertes* System. So ist der Handel mit Aktien und Wertpapieren ein zentraler Bestandteil des Finanzsystems, auf dem der Kapitalismus beruht. Ohne einen offenen Markt für den Kauf und Ver-

kauf von Wertpapieren könnten sich die großen Wirtschaftsunternehmen die für ihre Geschäfte und Expansionen notwendigen Mittel nicht verschaffen. Innerhalb dieses Systems kann abweichendes Verhalten wie das von Boeskys Insider-Geschäften eine Quelle der Dysfunktion sein, die das ganze System erschüttert. Andererseits jedoch kann abweichendes Verhalten, so überraschend es klingen mag, auch positive Funktionen haben – ein Umstand, auf den wir weiter unten zurückkommen werden.

In den weiteren Teilen dieses Kapitels betrachten wir Abweichung aus einer soziologischen Perspektive und

In der Regel stellen wir uns Devianz als relativ scharf umrissene Fälle »richtigen« und »falschen« Verhaltens von Individuen vor. Soziologen meinen jedoch, dass Devianz weitaus komplexer und stets ein gesellschaftliches Konstrukt ist. Wir könnten die beiden Fotos als Beispiele negativer Folgen einer kapitalistischen Wirtschaft interpretieren: Die Braunkohlegruben sind Zeichen eines fragwürdigen Umgangs mit natürlichen Ressourcen, die Arbeitsbedingungen in den Ölfeldern sind Zeichen einer unverantwortlichen Ausbeutung der Lohnarbeit.

beziehen uns dabei auf einige unserer Schlüsselkonzepte, um dieses komplexe Phänomen darstellen zu können. Im ersten Abschnitt vertiefen wir uns in die Natur der Abweichung. Wir werden sehen, dass sie nichts Absolutes und Unverrückbares ist, sondern immer in einem engen Verhältnis zu den unterschiedlichen Zeiten, Gruppen und Situationen steht, dass sie weiterhin an die Verteilung von Macht gekoppelt ist, und dass sie schließlich wichtige soziale Funktionen erfüllt. Im zweiten Abschnitt diskutieren wir verschiedene Erklärungen, warum sich bestimmte Personen abweichend verhalten, andere jedoch nicht. Im letzten Abschnitt konzentrieren wir uns auf die Kriminalität, das System der Strafverfolgung und das Gefängnis, das benutzt wird, um diejenigen zu bestrafen, die gegen kodifizierte Regeln – die Gesetze – verstoßen haben.

DIE GESELLSCHAFTLICHE KONSTRUKTION VON ABWEICHUNG

Abweichung kann nur im Verhältnis zu den sozialen Normen existieren, die ihrerseits an bestimmte Orte, Zeiten, Gruppen oder Situationen gebunden sind. Abweichung, mit anderen Worten, existiert in den Augen der jeweiligen Betrachter und ist eine Frage der sozialen Definition. Daher kann es per definitionem überhaupt kein a priori abweichendes Verhalten geben.

Abweichung ist eine Eigenschaft, die bestimmten Verhaltensformen auf der Grundlage geteilter normativer Übereinstimmung darüber, was »gut« und was »schlecht« sei, zugeschrieben wird.

Variationen in der sozialen Definition von Abweichung

Dass Abweichung eine Frage der jeweiligen sozialen Definition ist, wird schon daran deutlich, wie viele unterschiedliche Anschauungen darüber bestehen, was als abweichend gelten soll (vgl. Tabelle 7.1). Sie variiert etwa zwischen unterschiedlichen ethnischen Gruppierungen: für viele in Deutschland lebende Türken ist es eine bösartige und schwerwiegende Abweichung, sich nicht um die eigenen alten Eltern zu kümmern; unter Deutschen dagegen ist dieses Verhalten eher akzeptiert. Abweichung variiert auch zwischen verschiedenen sozialen Schichten: in sozial benachteiligten Wohngegenden wird eine junge, ledige Schwangere kaum als Abweichende betrachtet, womit sie in einem Mittelschichtmilieu eher zu rechnen hätte. Sie variiert auch zwischen verschiedenen Berufsgruppen: so wird es als abweichend betrachtet, wenn Psychoanalytiker eine intime Beziehung zu ihren Patienten unterhalten, nicht aber gilt dies für Zahnärzte. Schließlich unterscheidet sie sich nach geographischen Regionen: auf dem Hamburger Hauptbahnhof wäre es eindeutig abweichend, Fremde auf dem Bahnsteig freundlich anzulächeln oder gar zu grüßen, während es in einem niederbayerischen Dorf genauso unangenehm auffallen würde, gruß- und blicklos an eine Bushaltestelle heranzutreten. Und endlich unterscheidet sie sich nach Geschlechtern: ein gelegentlich in Faustkämpfe verwickeltes junges Mädchen würde als weitaus abweichender betrachtet werden als eine Gruppe von jungen Männern, die sich regelmäßig samstagabends auf eine Schlägerei einlässt.

Abweichung, um die Sache vollends verwirrend zu machen, kann nicht nur von Gruppe zu Gruppe, sondern auch von Si-

Tabelle 7.1:	Kulturelle Relativität von Abweichungen[a]				
Art der Handlung	Indien	Iran	Italien (Sardinien)	USA	Jugoslawien
Homosexualität im Privatleben zwischen mündigen Erwachsenen	74	90	87	18	72
Öffentlicher, nichtgewaltsamer politischer Protest	33	77	35	6	46
Unterlassene Hilfeleistung in Gefahrensituation	45	56	80	28	77
Luftverschmutzung durch eine Fabrik	99	98	96	96	92

[a] Prozentsatz derer, die glauben, dass die Handlung gesetzlich verboten werden sollte (Prozentsätze sind abgerundet).

Quelle:
nach Graeme Newman, *Comparative Deviance: Perception and Law in Six Cultures*. 116, Tab.4. New York: Elsevier, 1976.

tuation zu Situation innerhalb derselben Gruppe variieren. So ist das Töten anderer Personen in den meisten Gesellschaften ein Akt der Abweichung – allerdings bekanntlich nicht, wenn der Täter aus Notwehr handelt oder wenn es eine Kriegshandlung betrifft. Und da sich gesellschaftliche Normen und gesellschaftliche Gruppierungen mit der Zeit verändern, ändern sich auch die Definitionen von Abweichung. So war es vor noch gar nicht langer Zeit ein Akt der Abweichung, als unverheiratetes Paar zusammenzuleben, und vielerorts musste man sogar damit rechnen, deswegen von der Schule oder der Universität verwiesen zu werden. Heute akzeptieren die meisten Menschen »wilde Ehen« – besonders, wenn das betreffende Paar jung, kinderlos und heterosexuell ist.

Änderungen in der Definition von Abweichung sind ein wichtiger Aspekt des sozialen Wandels. Manche dieser Änderungen treten ein, wenn sich soziale Normen wegen veränderter gesellschaftlicher Bedingungen wandeln: So wirkten Antibaby-Pille und Kondome, als sie allgemein zugänglich wurden, schrittweise auf die Normen ein, die sich gegen voreheliche sexuelle Beziehungen richteten.

Andere Definitionsänderungen sind eher das Ergebnis gesellschaftlicher Auseinandersetzungen, wie etwa der Konflikte, die homosexuelle Männer und Frauen ausfochten, um gegen die Ächtung ihrer sexuellen Präferenzen und ihrer Lebensstile anzugehen. In solchen Konflikten steht viel auf dem Spiel, denn, wie wir bereits gezeigt haben, unterliegt ein als abweichend bezeichnetes Verhalten im allgemeinen einer Strafandrohung: entweder dadurch, dass es als kriminelle Handlung bewertet wird und staatliche Strafmacht bereitsteht, dieses Verhalten zu unterbinden; oder die Bestrafung verläuft informell, etwa dadurch, dass Personen, die gegen rassengemischte Paare eingestellt sind, solche Paare missbilligend anstarren und verächtliche Kommentare abgeben. Haben sich die entsprechenden Definitionen jedoch soweit gelockert, dass zuvor intolerables Verhalten eher akzeptiert wird, so sind die entsprechenden Personen weit weniger das Ziel solcher formellen oder informellen Bestrafung.

Die sozialen Funktionen abweichenden Verhaltens

Unser Schlüsselbegriff der **funktionalen Integration** hilft uns bei der Analyse und dem Verständnis abweichenden Verhaltens. So kann Abweichung einge-

lebte soziale Prozesse aufbrechen und damit wichtige soziale Funktionen erfüllen. Emile Durkheim, einer der Gründer der Soziologie, war der erste, der auf dieses vermeintliche Paradoxon aufmerksam machte. Für ihn ist Abweichung ein normaler, unverzichtbarer Bestandteil des sozialen Lebens, »ein integraler Teil aller gesunden Gesellschaften« (Durkheim 1895:67). Wie kann Abweichung für die Gesellschaft gesund sein? Durkheims Antwort besteht aus zwei Teilen. Erstens, durch die Bezeichnung bestimmter Verhaltensweisen als abweichend definiert eine Gruppe oder ein Gemeinwesen zugleich, welche Verhaltensweisen akzeptiert werden können. Typischerweise verfügen alle Gesellschaften über eine, in Durkheims Worten, »permissive Zone von Variationen«, die sogar sehr zentrale und spezifische Normen umgibt. Allerdings sind die meisten Normen nicht ausdrücklich spezifiziert und niedergelegt, sondern werden zumeist informell im Rahmen von Alltagshandlungen definiert. Abweichende Personen testen die Grenzen des Erlaubten und zwingen auf diese Weise die anderen Gesellschaftsmitglieder, sich darüber zu verständigen, was als normal und richtig zugrundegelegt werden soll.

Abweichendes Verhalten hat noch eine weitere positive Funktion: sie stärkt die soziale Solidarität der normtreuen Gesellschaftsmitglieder. Wenn Eltern zusammen gegen einen Sexladen in ihrer Nachbarschaft protestieren oder Bürger einen neuen, diesmal hoffentlich ehrlicheren Bürgermeister wählen, sind sie durch ein gemeinsames Band gegen den Abweichenden zusammengeschlossen – gegen den Geschäftsmann, der mit seinem Sexladen Geld verdienen will, bzw. gegen den korrupten Politiker. Öffentlicher Widerstand gegen Abweichung und die Bestrafung von Abweichenden bekräftigen also nicht nur die verletzten Normen, sondern geben den Gesellschaftsmitgliedern die viel weitergehende Gelegenheit, ihre vereinte Energie zur Stärkung ihres Sozialgefüges einzusetzen.

Ähnlich wie der Betreiber eines Sexladens oder wie der käufliche Politiker haben die wegen ihrer Insider-Geschäfte verurteilten Börsenmakler mit ihren devianten Handlungen positive Funktionen. In den 1980er Jahren wandelte sich die Finanzwelt nachhaltig. Die Entwicklung in der Telekommunikation und bei den Personalcomputern erlaubte es den Brokern, neue Wege zu beschreiten, für die noch keine verbindlichen Regeln festgelegt waren. Der Skandal um Boesky und die anderen war ein Anlass, die Grenzen und Regeln des Geschäfts mit Wertpapieren neu fest zu setzen, wie es in den USA 1988 auch geschah.

Forschungsmethoden

Inseln auf der Straße: Eine Untersuchung städtischer Gangs von Martín Sánchez Jankowski

Gangs. Schon das Wort weckt Furcht in den Herzen der US-amerikanischen Mittel- und Oberschicht. Die Mitglieder von Gangs sind für sie erklärtermaßen gesetzlose, von den Normen abweichende Burschen, die zu brutalen Gewaltakten gegen rivalisierende Gangs oder gegen wen auch immer, der ihnen in die Quere kommt, neigen. Doch in den Milieus, in denen sie operieren, gehören sie zum vertrauten »Inventar« der sozialen Landschaft.

Der Soziologe Martín Sánchez Jankowski wollte wissen, wie es Gangs gelingt, sich zu behaupten – trotz der ständig gegen sie laufenden Kampagnen. Frühere Studien, stellte Sánchez bei der Literaturdurchsicht fest, hatten sich mit Gangs in einem Wohnviertel oder einer Großstadt oder mit Gangs, die nur einer ethnischen Gruppe angehörten, befasst. Um zwischen gang-spezifischen und allen Gangs gemeinsamen Merkmalen unterscheiden zu können, entschied sich Sánchez Jankowski für eine vergleichende Untersuchung als teilnehmender Beobachter.

Für die Untersuchung wählte Sánchez Jankowski nach drei Kriterien eine Stichprobe von Gangs aus. Um den Einfluss verschiedener politischer und sozio-ökonomischer Faktoren zu kontrollieren, wollte er Gangs in drei verschiedenen Städten untersuchen. Um festzustellen, welche Rolle – wenn überhaupt – die ethnische Identität in Gangs spielt, musste er Gangs aus verschiedenen ethnischen Gruppen erforschen. Schließlich wollte er Gangs unterschiedlicher Größe studieren.

Sánchez Jankowski entschied sich für (1) New York mit seinen dicht besiedelten öffentlichen Wohnhochhäusern, in denen vorwiegend Puertoricaner, Einwanderer aus der Dominikanischen Republik und Afro-Amerikaner leben; (2) Boston mit seinen Reihenhäusern, in denen hauptsächlich Iren aus der Arbeiterklasse wohnen; und (3) Los Angeles mit seinen wuchernden Vierteln aus Einfamilienhäusern, in denen oft erweiterte oder Mehr-Generationen-Familien von Latinos oder asiatischen Immigranten leben. Nach der Identifizierung ethnischer Wohnviertel nahm Sánchez Jankowski Kontakt zu lokalen Amtsträgern auf, um von ihnen zu erfahren, welche Gangs in den einzelnen Stadtgebieten operierten, und wählte anschließend einen Querschnitt aus afro-amerikanischen, Latino-, asiatischen und weißen Gangs aus.

Zu diesem Zeitpunkt konnte Sánchez Jankowski nicht einfach an der Straßenecke erscheinen und verkünden: »Ich bin ein Soziologieprofessor und möchte euch untersuchen« (1991:9). Er nahm Kontakt zu leitenden Kommunalbeamten, Sozialarbeitern und Geistlichen, die mit den Gangs zusammenarbeiteten, auf und bat sie, ihn vorzustellen, verzichtete aber auf ihre weitere Unterstützung. Er wollte mit den Gang-Mit-

gliedern allein zusammentreffen und die Art seiner Beziehungen zu ihnen selbst aushandeln. Bei diesen ersten Treffen waren die meisten Gang-Führer von der Idee eines Buches über verschiedene Gangs fasziniert, verhielten sich aber gegenüber dem Professor vorsichtig. Seine eigene Identität und sein Äußeres, so merkte Sánchez Jankowski rasch, arbeiteten sowohl für als auch gegen ihn. Die Tatsache, dass er kein Weißer war – »Jankowski« ist der Name seines polnischen Adoptivvaters –, machte ihn für Latino- und afro-amerikanische Gangs akzeptabler, aber weniger akzeptabel für weiße und asiatische Gangs. Italienische und irische Gangs in New York wollten genauso wie asiatische Gangs in Los Angeles auf keinen Fall teilnehmen. Doch die vier Bostoner irischen Gangs erlaubten ihm den Zutritt, da er als Nicht-Puertoricaner ihnen – Puertoricaner bildeten eine rivalisierende Gang – nicht als Bedrohung erschien. Schließlich erhielt er von zehn Gangs in New York, zehn in Los Angeles und vier in Boston die Zustimmung.

Im nächsten Schritt musste Sánchez Jankowski das Vertrauen und die Akzeptanz gewinnen, die für eine teilnehmende Beobachtung unerlässlich sind. Dazu musste er zwei Prüfungen bestehen. Die erste war ein Test seiner Loyalität: Gang-Mitglieder beteiligten sich in seiner Gegenwart an illegalen Aktivitäten, um herauszufinden, ob er sie anzeigen

---

So wie Abweichung hilft, bedrohte Normen erneut zu stärken, so kann sie auch als Katalysator für sozialen Wandel dienen. Dies zeigte sich etwa bei dem Widerstand gegen die Rassendiskriminierungen in den Vereinigten Staaten während der fünfziger Jahre. In der ersten Hälfte des 20. Jahrhunderts wurden Afro-Amerikaner zusehends in die nordamerikanische Ökonomie integriert, und während des zweiten Weltkrieges kämpften viele Schwarze Seite an Seite mit weißen Soldaten. Diese ökonomische und militärische Integration machte es zusehends schwieriger, die Rassentrennung in Schulen, im Wohnungswesen und in öffentlichen Einrichtungen aufrecht zu halten: viele Afro-Amerikaner hörten schlicht auf, die damit verbundenen

Regeln zu befolgen. Als sich daher Rosa Parks aus Montgomery in Alabama 1955 weigerte, auf einem der für Schwarze vorgeschriebenen hinteren Sitzplätze in einem öffentlichen Bus Platz zu nehmen, leistete sie zwar noch einen individuellen Akt von Widerstand und Abweichung. Doch zu diesem Zeitpunkt hatten die Versuche der Weißen, sie als Abweichlerin zu bestrafen, nicht mehr zum Ergebnis, die traditionellen Normen der Rassentrennung zu bekräftigen. Die individuelle Handlung von Mrs. Park wurde Teil einer groß angelegten Bewegung, mit der die soziale Position der Afro-Amerikaner mit ihrer realen gesellschaftlichen Bedeutung in Übereinstimmung gebracht werden sollte.

Ob Abweichung dazu führt, die bestehenden Nor-

würde. Die zweite war ein Tapferkeitstest: er sollte beweisen, was für ein »Kern« in ihm steckt: Gang-Mitglieder verwickelten ihn in einen Kampf, um seine Kraft zu testen und um herauszufinden, ob er für sie, wenn ihnen eine rivalisierende Gang auflauerte, ein Aktivposten oder eine Belastung sein würde. Man gehörte unter Gang-Mitgliedern zwar dazu, wenn man kämpfte und verlor, durfte sich aber nicht weigern zu kämpfen. Trotzdem war er froh, dass er Karate trainiert und in seinen Kämpfen nur wenige blaue Flecken abgekriegt hatte.

Bei der teilnehmenden Beobachtung muss der Forscher sowohl an den Gruppenaktivitäten teilnehmen als auch die Individuen beobachten, die er oder sie untersucht. Ungefähr jeden Monat war Sánchez Jankowski abwechselnd bei einer anderen Gang, schlief da, wo sie schliefen, wohnte bei ihren Familien, ging überallhin mit und kämpfte in Situationen, wo er nicht neutral bleiben konnte, auf ihrer Seite. Nach einer ersten Phase, als sie noch Verdacht geschöpft hatten, schienen die Gang-Mitglieder zu vergessen (oder hörten auf, daran zu denken), dass er eine Untersuchung durchführte. Immer wieder wurde ihm gesagt: »Du siehst nicht wie ein Professor aus«, oder hörte: »Du benimmst dich nicht wie einer«. In den Beobachtungsperioden machte er sich Notizen und nahm Interviews und gemeinsame Treffen auf Band auf. Später schrieb er tägliche und wöchentliche Zusammenfassungen der Ereignisse.

Sánchez Jankowski wollte auch etwas über die Beziehungen der Gangs zu den Gemeinden erfahren, in denen sie operierten. Da er als Gang-Mitglied auftrat, beobachtete er, wie Nachbarn, Geschäftsbesitzer und verschiedene Kommunalbeamte mit den Gang-Mitgliedern interagierten. Später gab er seine Identität preis. Er beobachtete, ob diese Leute sich anders verhielten, nachdem sie erfahren hatten, dass er kein Gang-Mitglied war, und bat sie um formelle Interviews. Fast alle Gang-Mitglieder waren unter der Bedingung einverstanden, dass er Vertraulichkeit wahrte.

Nicht überraschend für Sánchez Jankowski war, dass er in mehrere ethische Dilemmata geriet. Er beobachtete zahllose Male illegale Aktivitäten, hielt sich aber an sein Versprechen, neutral zu bleiben und bei den Behörden nichts über die Identität der Individuen oder Gangs verlauten zu lassen. Hätte er ihnen keine Vertraulichkeit zugesichert, hätten die Gangs nicht kooperiert, er wäre nicht Zeuge krimineller Handlungen geworden und sein Bild wäre unvollständig geblieben. Teil dieser Vereinbarung war es, dass er nicht an illegalen Handlungen teilnahm (einschließlich Drogenkonsum). Ebenso wahrte er die Vertraulichkeit von Kommunalbeamten, die freimütig die unausgesprochenen Regeln und nichtoffiziellen Abmachungen diskutierten, die es ihm erlaubten, mit den Gangs zu arbeiten. Insgesamt beobachtete Sánchez Jankowski die 24 Gangs über einen Zeitraum von 10 Jahren.

Kurz gesagt, fand Sánchez Jankowski heraus, dass der scharfe Gegensatz, der oft zwischen »devianten« Gang-Mitgliedern und »normalen« jungen Erwachsenen konstruiert wird, falsch ist. Alles andere als faul, waren die meisten Gang-Mitglieder tatkräftig, unternehmend und erpicht, die gleichen Dinge zu besitzen, die die meisten US-Amerikaner haben wollen: Geld, Besitz, Macht und Prestige. Die Jungen schlossen sich Gangs an, nicht wegen pathologischer Neigungen oder weil sie von älteren Gang-Mitgliedern dazu genötigt worden wären, sondern weil sie im Leben vorankommen wollten. Gangs boten ihren Mitgliedern Möglichkeiten, Geschäfte zu machen, Unterhaltung, einen Ort der Zuflucht, eine schützende Gruppenidentität, aber auch physischen Schutz. Am wichtigsten aber war, dass die Gang-Mitgliedschaft eine Möglichkeit bot, Jobs ohne Aufstiegschancen, chronischer Armut und der Hoffnungslosigkeit, die sie im Leben ihrer Eltern sahen, zu entgehen oder sie hinaus zu schieben.

Quelle:
Martín Sánchez Jankowski, *Islands in the Street: Gangs and American Urban Society.* Berkeley: University of California Press, 1991.

7

men zu bestärken, oder, ob sie als Katalysator für neue Normen Wirkung entfaltet, hängt zum Teil von dem jeweiligen Gesellschaftstyp ab. Die Struktur traditionaler Gesellschaften befördert eher Handlungen, die auf Übereinstimmung beruhen und Übereinstimmung bekräftigen. In diesen Gesellschaften dient die Reaktion auf Abweichung eher dazu, den Status quo zu wahren. Komplexere, moderne Gesellschaften sind dagegen viel heterogener. Hier finden wir viele miteinander konkurrierende Lebensstile und daher die unterschiedlichsten moralischen Haltungen. Hier sind Normen und Gesetze nicht gegebene und konstante Größen, sondern sie werden gesetzt, zwischen den verschiedenen Gruppen der Gesellschaft ausgehandelt und vereinbart.

Daher führt Abweichung in modernen Gesellschaften eher zu Neuverhandlungen von Normen und befördert auf diese Weise den sozialen Wandel.

Definitionen von Abweichung als Ausfluss von Machtbeziehungen

Wenn die Definition abweichenden Verhaltens von den Normen abhängt, die in einer bestimmten Zeit, an einem gegebenen Ort und in einer bestimmten Situation gelten, so stellt sich die zentrale Frage: wessen Normen gelten in einer Gesellschaft? Mit anderen Worten: Welche Mitglieder einer Gesellschaft sind im

Besitz der Macht zu definieren, welche Normen vorherrschen sollen und welche Verhaltensweisen von ihnen abweichen?

In den meisten Gesellschaften sind materieller Besitz, Bildung und nationale (ethnische) Zugehörigkeit entscheidende Einflussgrößen dieser Definitionsmacht über abweichendes Verhalten. Typischerweise wird das Etikett »abweichend« auf jene Mitglieder der Gesellschaft bezogen und angewandt, die über relativ wenig Macht verfügen. Selbst wenn die Mächtigen anderen Mitgliedern der Gesellschaft oder der Gesellschaft insgesamt bedeutenden Schaden zufügen, dauert es lange, ehe sie als abweichend definiert werden. Obwohl zum Beispiel in den 1980er Jahren reiche Manager im Kreditgewerbe zahlreiche Amerikaner um Milliarden von Dollars betrogen haben, wurde ihr Verhalten keineswegs umstandslos und allgemein als abweichend definiert.

Die relativ Machtlosen, die mit größerer Wahrscheinlichkeit als abweichend definiert werden, müssen nicht notwendigerweise arm oder nicht-weiß sein. Für Jahrhunderte besaßen die Männer die Macht, Frauen als abweichend zu behandeln, wenn diese versuchten, die ihrem Verhalten auferlegten sozialen Grenzen neu zu definieren. Selbst heute noch werden Frauen, die Opfer von Vergewaltigung sind, die von ihren Ehemännern misshandelt werden, oder die am Arbeitsplatz sexuelle Belästigung erfahren, als abweichend definiert, wenn sie es wagen, zu laut dagegen aufzubegehren. Zwar verfügen die Frauen inzwischen über mehr Macht und Selbstbewusstsein als zuvor, um diesen traditionellen männlichen Vorstellungen entgegenzutreten, das Problem jedoch besteht fort, weil noch immer Männer die meisten Führungspositionen in der Gesellschaft besetzen.

Karl Marx zufolge bestimmt die zahlenmäßig kleine Klasse der ökonomischen Elite die moralischen Normen (und damit auch das abweichende Verhalten), weil sie diese zur Stützung ihrer herrschenden ökonomischen Ordnung einsetzen kann. Damit würde die Intensität der gesellschaftlichen Reaktion auf abweichendes Verhalten davon bestimmt, wie stark die Normverletzungen die bestehenden Machtverhältnisse bedrohten. Solange zum Beispiel illegaler Drogenkonsum nur die Armen und ethnischen Minoritäten betraf, wurde er von der nordamerikanischen Elite weitgehend toleriert. Als jedoch der Drogengebrauch und Drogenprobleme in der weißen Mittelschicht zunahmen, wurde der Kampf gegen die Drogen verschärft. Durch diese Ausweitung des Drogengebrauchs hatte sich der Drogenhandel so vermehrt und war so profitabel ge-

worden, dass seine Träger sich anschickten, die traditionalen Machtstrukturen zu untergraben. Das löste von Seiten der Eliten Anstrengungen aus, dieser Bedrohung ihrer Macht Einhalt zu gebieten.

Aus der Sicht des Marxismus wie anderer soziologischer Positionen, die Macht in den Mittelpunkt ihrer Analyse stellen, ist das Recht an erster Stelle ein Reflex der Interessen der herrschenden Klasse. Danach spiegelt das Recht die Interessen und Werte derjenigen, die über die Chancen verfügen, die Gesetzgebung, die Polizei und die Gerichte zu kontrollieren. Eine solche Perspektive steht in scharfem Gegensatz zu einem Ideal von Gerechtigkeit, das blind ist gegenüber sozialen Machtdifferenzen. Wie zutreffend spiegelt ein solches Ideal die amerikanische Gesellschaft wider?

Etzioni hat geschätzt, dass zwei Drittel der 500 größten amerikanischen Unternehmen innerhalb jedes Jahrzehnts in unterschiedlichem Ausmaß Rechtsverletzungen begehen (in: Gellerman 1986). In einem Fall, dessen Aufklärung Jahrzehnte dauerte, haben die Ermittlungsbehörden die Verbrechen der Manville Corporation als eine Form von Mord bezeichnet. Manville war einer der ältesten und größten Asbesthersteller. Obwohl der Firma bekannt war, dass die Berührung mit Asbeststaub zu lebensbedrohenden Lungenerkrankungen führen kann (dies war bereits Ende der 1920er Jahre medizinischen Zeitschriften zu entnehmen), unternahm sie nichts, um die Arbeiter zu warnen oder zu schützen. Diese Vertuschungspraxis hielt vierzig Jahre an und verursachte zahlreiche Todesfälle (Calhoun/Hiller 1988). Während der ganzen Zeit ist kein rechtlicher Hebel in Gang gesetzt worden, um Manville zu einer Änderung seiner Unternehmenspolitik hinsichtlich Asbesterkrankungen zu bewegen. Offensichtlich bestimmten Größe und Macht des Unternehmens seine Behandlung durch das Recht. Ob eine bestimmte Handlung als abweichend betrachtet wird, hängt deshalb oft nicht nur von der Höhe des durch sie verursachten Schadens ab, sondern auch von der Macht derjenigen, die die Grenzen überschritten haben.

Natürlich ist die Macht der Eliten niemals total. Insbesondere in Demokratien mit pluralistischer Tendenz gibt es gewöhnlich für Gruppen außerhalb der herrschenden Schicht Gelegenheiten, einigen Einfluss auf die Definition abweichenden Verhaltens auszuüben. So begannen Anfang der 1960er Jahre Verbraucherschutzverbände erfolgreich mit ihrer Lobby-Arbeit zum Schutz der Verbraucher gegen gefährliche Produkte, wie etwa Asbest und krebserzeugende Nahrungszusätze. Ein aktuelles Beispiel aus den USA ist der öffentliche Druck zum Erlassen strengerer Gesetze gegen das Zigarettenrauchen – gegen den Widerstand der Unternehmen, die ihren Profit aus dem Verkauf von Zigaretten erzielen. Für die Öffentlichkeit ist es bei hinreichender gemeinsamer Anstrengung also ebenfalls möglich, das Verhalten der Machteliten als abweichend zu definieren.

Wie die Etikettierung funktioniert

Der Soziologe William Chambliss hat den Prozess der Etikettierung an einer Oberschule in Missouri, an der er sich zwei Jahre als Beobachter aufhielt, untersucht. Chambliss fand zwei Cliquen von Jungen vor, denen er die Namen »Heilige« bzw. »Rowdies« gab. Die acht Mitglieder der »Heiligen« kamen aus Familien der oberen Mittelschicht, waren gute Schüler und engagierten sich in Schulangelegenheiten. An Wochenenden oder an Tagen, an denen sie die Schule schwänzten, ergingen sich die »Heiligen« in unterschiedlichen Formen der Delinquenz: in übermäßigem Alkoholgenuss, rücksichtslosem Autofahren, kleineren Diebstählen, Vandalismus. Die Leute in der Stadt betrachteten sie trotzdem als gute Jungen, zwar ein wenig übermütig, doch stießen sie sich schließlich noch die Hörner ab. Die Polizei hat während der zwei Jahre, die Chambliss dort verbrachte, nicht einen dieser »Heiligen« aufgegriffen.

Dagegen kamen die sechs Mitglieder der »Rowdies« aus Familien der Unterschicht, und sie waren keine besonders guten Schüler. An den Wochenenden konnte man sie meistens am örtlichen Drugstore herumhängen sehen, wo sie aus versteckten Flaschen Alkohol tranken. Etwa einmal im Monat verwickelten sie sich in eine Schlägerei (gewöhnlich untereinander), und kleine Diebstähle gehörten ebenfalls zur Regel. Dadurch lagen sie ständig in Konflikt mit der Polizei. In der Stadt galten sie als Taugenichtse.

Warum entschuldigten die Leute die »Heiligen« und verurteilten die »Rowdies«? Die »Heiligen« kleideten sich anständig, fuhren teure Autos und waren gegenüber ihren Lehrern, der Polizei sowie anderen Autoritätspersonen durchaus höflich. Jedermann konnte sie als »gute Jungen« ausmachen, als die Führer von morgen. Ganz anders dagegen die »Rowdies«: »Für jeden war klar, dass diese nicht so gut gekleideten, nicht so manierlichen und nicht so reichen Jungen geradewegs auf Konflikte und Schwierigkeiten zusteuerten« (Chambliss 1973:27). Hinzu kam, dass die Polizei genau wusste, dass ihr die Eltern der »Heiligen« Probleme bereiten würden, falls sie ihre Kinder verhaften sollten, während die Eltern der »Rowdies« nicht über die Macht und den Einfluss zur Gegenwehr verfügten. Kurzum, die soziale Struktur der Gemeinde (ihr System sozialer Schichtung) sowie ihre Verteilung der Macht schützten die »Heiligen«, nicht aber die »Rowdies«. Selektive Wahrnehmung und Etikettierung machten die einen also zu »Delinquenten«, die anderen gleichermaßen delinquenten Jungen aber nicht.

Fast ausnahmslos reagierten sowohl die »Heiligen« als auch die »Rowdies« auf ihre unterschiedliche Etikettierung, indem sie den Erwartungen der Umwelt entsprachen. Mehrere Mitglieder der »Rowdies« wurden wiederholt von der Polizei aufgegriffen, nicht nur als Teenager, sondern auch noch als junge Erwachsene. Im Gegensatz dazu blieben die Mitglieder der »Heiligen« in ihrer Adoleszenz unbehelligt, bewegten sich in den sicheren Bahnen der oberen Mittelschicht und blickten auf ihre Delinquenz als Teenager gerne als »Jugendsünden« zurück.

Prozesse der Etikettierung

Fast jeder bricht gelegentlich das Recht oder verhält sich zeitweise »seltsam«, ohne dass sich die meisten Leute deshalb als abweichend empfinden oder als solche angesehen werden. Gemäß der dem Symbolischen Interaktionismus entstammenden Labeling-Theorie hat die öffentliche Brandmarkung als »abweichend« langfristige Konsequenzen für die soziale Identität einer Person (Blumer 1969; Lemert 1951). Wer als abweichend etikettiert wird, hängt nicht bloß davon ab, was jemand tut, sondern auch von seinen sonstigen sozialen Eigenschaften wie Alter, ethnischer oder rassischer Zugehörigkeit und Schichtzugehörigkeit.

Wie das im Kasten vorgestellte Beispiel zeigt, wirken Etikettierungen tendenziell wie »sich selbst erfüllende Prophezeiungen«. Dies kann so weit gehen, dass sich dieser Prozess selbst an den Kindern stigmatisierter Eltern vollzieht. Der Mechanismus der Etikettierung treibt Menschen in abweichende Karrieren, zur Übernahme devianter Lebensstile und in die Identität abweichender Subkulturen. Dabei spielt es eine Schlüsselrolle, von sozialen Bezügen abgeschnitten zu werden. Gemieden von »normalen« Menschen (dem *mainstream*), beginnt der Süchtige, fast nur noch mit anderen Süchtigen zu verkehren, die Prostituierte nur noch mit anderen Prostituierten, der Delinquente nur noch mit anderen Delinquenten. So lernen diese Menschen Schritt für Schritt von den schon erfahrenen Rechtsbrechern die unterschiedlichen Techniken der Regelverletzung. Und ebenso wichtig: so lernen sie die Rechtfertigungen für ihr abweichendes Verhalten. Prostituierte etwa betrachten ihr Handeln als Dienstleistung und diejenigen als scheinheilig, die Sexualität gegen Geld verurteilen. Auf diese Weise trägt die Gesellschaft gerade durch die Etikettierung einiger ihrer Mitglieder als abweichend sowie durch deren Ausschluss aus dem konventionellen Leben in Wirklichkeit zur Erhaltung des Verhaltens bei, das sie zu unterbinden trachtet.

WER WIRD EIN ABWEICHLER?

Abweichendes Verhalten birgt immer das Risiko der Bestrafung in sich, sei es nun in Form sozialer Missbilligung oder strafrechtlicher Sanktionen. Warum nun begehen einige Menschen regelmäßig abweichendes Verhalten und andere nicht? Können wir mit einiger Gewissheit sagen, wer in eine abweichende Karriere gerät und wer nicht?

Vererbung

Immer wieder ist versucht worden, die Erklärung für Abweichung in angeborenen Eigenarten der Menschen zu finden. So analysierte zum Beispiel im 19. Jahrhundert der italienische Kriminologe Cesare Lombroso auf der Suche nach vererbten kriminellen Tendenzen die Schädelform von Kriminellen. Seine Forschungen legten die Vermutung nahe, dass viele Kriminelle hohe Backenknochen, große Kieferknochen und hervorstehende Augenbrauenknochen hätten – und damit ähnliche Gesichtsstrukturen wie Affen aufwiesen. Für Lombroso waren Kriminelle atavistische Überbleibsel einer früheren Entwicklungsstufe, »Wilde« unter zivilisierten Menschen. Lombroso beging indessen einen fatalen Fehler. Er untersuchte nur die Schädel von Kriminellen, nicht jedoch die einer repräsentativen Gruppe der gesamten Bevölkerung. Als einige Jahre später der englische Arzt Charles Goring die Schädel von Kriminellen mit denen anderer Menschen verglich, fand er keine Unterschiede zwischen den beiden Gruppen (Goring 1913) – ein Befund, der sich immer wieder bestätigte.

Andere Forscher jener Zeit suchten nach den körperlichen Merkmalen, die einen Hang zur Prostitution verrieten (Gilman 1985). Sie machten fünf ganz zentrale Fehler. Erstens gingen sie von ihren eigenen kulturellen Stereotypen aus und suchten nach Belegen für deren Richtigkeit. Zweitens verwechselten sie die äußere Erscheinung (den Phänotyp) mit den ihr zugrunde liegenden, ererbten Eigenschaften (dem Genotyp). Drittens verwendeten sie keine Kontrollgruppen (Nicht-Kriminelle, Nicht-Prostituierte). Viertens ignorierten sie mögliche intervenierende Variable (z.B. Einwandererarmut). Fünftens schlossen sie von kleinen nicht-zufälligen Stichproben auf die Gesamtheit der jeweiligen sozialen Gruppe.

Heutige Wissenschaftler gehen davon aus, dass das menschliche Verhalten viel zu komplex ist, um es alleine

biologisch zu erklären. Selbst wo die Biologie eine Rolle spielt (wie bei der Schizophrenie, Depression und bei anderen Geisteskrankheiten), beeinflussen Umweltfaktoren die Fragen, ob, wann und wie sich körperlich bedingte Anlagen manifestieren werden. Die Vorstellung indessen lebt fort, dass Abweichler sich physisch von den übrigen Mitgliedern der Gesellschaft unterscheiden.

allein biol. Erklärung nicht mögl.
→ Umweltfaktoren berücksichtigen

Sozialisation

Die Art und Weise, wie ein Mensch sozialisiert wird – was er etwa über die Normen und Werte seiner Kultur gelehrt bekommt – hilft bei der Bestimmung, wer sich abweichend verhält. So hat der Begründer der Psychoanalyse, Sigmund Freud, festgestellt, dass die meisten Menschen frühzeitig lernen, wie sie ihre inneren Triebe unterdrücken oder sie in produktiver Weise auf Lust und Aggression ausrichten können. Fehlt Kindern jedoch ein geeigneter Erwachsener, mit dem sie sich identifizieren können, d.h. eine Person, deren moralische Normen und Werte sie als ihre eigenen übernehmen können, so misslingt nach Freud die Entwicklung eines starken Über-Ich, aus dem sich ein Gewissen herausbildet, das maßgeblich an der Steuerung des Verhaltens beteiligt ist. Solche Menschen hielt Freud für besonders anfällig für abweichendes Verhalten.

Vertreter der Theorie sozialen Lernens haben untersucht, wie Menschen abweichendes Verhalten durch Beobachtung und Imitation anderer abweichender Personen erlernen, insbesondere jener, die sie bewundern und respektieren. In einer klassischen Studie haben Bandura und Walters (1959) delinquente und nichtdelinquente männliche Gruppen aus finanziell gesicherten Familien miteinander verglichen. Aggressive Kinder kommen oft aus Familien, deren Eltern selbst psychisch gestört, antisozial und übermäßig punitiv und aggressiv zu ihren Kindern sind (Capaldi und Patterson 1991; Bandura 1986). Den Kindern mangelt es an Vorbildern der Selbstkontrolle, und sie reagieren auf Strafe mit wachsender Aggression – ein Zirkel von Aggression und Strafe. Der zentrale Punkt besteht darin, dass abweichendes Verhalten denselben Prozessen der Sozialisation unterworfen ist wie konformes Verhalten.

Eine eher sozial-strukturelle Ergänzung zur Lerntheorie enthält die Theorie der **differentiellen Assoziation**. Diese Theorie besagt, dass Menschen, die sich abweichend verhalten, zu anderen Personen mit abweichendem Verhalten soziale Bande knüpfen und von diesen abweichende Normen und Werte erlernen (Gaylord/Galliher 1988; Sutherland 1949). Jede soziale Gruppe gibt ihre eigenen kulturellen Normen und Werte an ihre neuen Mitglieder weiter, ein Prozess, der das ganze Leben hindurch anhält. So können Personen auf dem Wege der differentiellen Assoziation in eine Drogen-Subkultur, in eine delinquente Gang-Subkultur, in eine Subkultur des Insider-Handels an der Börse oder in eine Vielzahl anderer abweichender Lebensstile sozialisiert werden.

In seiner klassischen Studie über Marihuana-Konsumenten hat Howard S. Becker (1963) die Rolle differentieller Assoziation für das Erlernen einer abweichenden Gewohnheit erforscht. (Becker schrieb zu einer Zeit, als Marihuana weithin für ebenso gefährlich wie Heroin gehalten wurde und der Gebrauch von Marihuana noch nicht in die Mittelschicht vorgedrungen war). Ob eine Person zum Marihuana-Konsumenten wurde, so fand Becker heraus, hängt davon ab, in welchem Umfang sie an der Subkultur der Marihuana-Konsumenten teilnahm. Je intensiver ihre sozialen Bindungen mit dieser waren, desto wahrscheinlicher wurde es, dass sie einen abweichenden Gebrauch dieser Droge entwickelte. Was lernten die Neulinge in der Marihuana-Subkultur von denen, die schon länger dazu gehörten? Zunächst lernten sie die Regeln des Gebrauchs der Droge. Bereits geübte Marihuana-Konsumenten brachten den Anfängern bei, wie man einen Joint raucht, wie man dessen Wirkungen »kultiviert« und wie man sich den Genuss verschafft. Weiterhin lernten die Neulinge von den schon erfahrenen Nutzern die »richtige« Haltung zum Marihuana-Gebrauch, so auch die Überzeugung, dass Menschen, die Marihuana verurteilen, »Ewiggestrige« sind.

Heranwachsende sind besonders offen für das Erlernen von Normen, Haltungen und Werten jeglicher Subkultur, der sie ausgesetzt sind – einschließlich den abweichenden Subkulturen. Akers (1985:148) schreibt dazu: »Der einzige und beste Voraussagefaktor für das Verhalten von Heranwachsenden, sei es nun konform oder abweichend, ist das Verhalten der engen Freunde«. Das Teenager-Verhalten in Bezug sowohl auf den Gebrauch von Drogen wie auf Delinquenz ist in erster Linie Gruppenverhalten. Wenn deshalb die Freunde eines Heranwachsenden Kokain nehmen oder aus Jux randalieren, kann von diesem Heranwachsenden Gleiches erwartet werden. Dabei geht es nicht schlicht darum, dass Gleichaltrige das Verhalten der Teenager beeinflussen. Sondern ein Teenager wählt sich auch solche Freunde aus, die seine Vorlieben und Wünsche akzeptieren oder sogar gutheißen. Diese Muster setzen sich bis in die Zeit des Erwachsenseins fort. So wird etwa jemand, der seine Homosexualität in einer kleinen Stadt in Niederbayern »entdeckt«, nach München wechseln, um mit Menschen zusammenzukommen, die

seinen Lebensstil teilen. Seine zu Hause als abweichend bewertete Homosexualität wird in der Großstadt mit geringerer Wahrscheinlichkeit so definiert werden. Zwar ist die Suche nach Nähe zu Menschen, die den eigenen Lebensstil unterstützen, nicht nur auf diejenigen beschränkt, die von der dominanten Kultur als abweichend behandelt werden, aber sie ist für die Herausbildung von Abweichung von besonderer Bedeutung. Sie führt – über den Mechanismus der differentiellen Assoziation – zur weiteren Verfestigung der Haltungen und Normen in der abweichenden Subkultur.

Die Theorie der differentiellen Assoziation hilft auch erklären, warum gelegentlich ganze Gruppen zu abweichendem Verhalten tendieren. In anderen Worten, die Theorie vermag plausibel zu machen, warum die Quote der Abweichung (der prozentuale Anteil abweichender Handlungen in einem bestimmten Teil der Bevölkerung) von Gruppe zu Gruppe, von Stadtteil zu Stadtteil oder von Gemeinde zu Gemeinde variiert. Sack (1972) hat sozialräumliche (ökologische) Kontinuitäten von Problemvierteln am Beispiel der Stadt Köln über längere historische Zeiträume und über einschneidende gesellschaftliche und politische Strukturwandlungen hinweg beschrieben.

Strukturelle Spannung

Ein weiterer Ansatz zur Erklärung, warum einige Personen oder Gruppen anfälliger für Abweichung sind als andere, liefert Robert Mertons Theorie der strukturellen Spannung (Merton 1968a). Diese Theorie beruht auf dem Konzept der Anomie von Durkheim. Mit Anomie ist der Schwund des Vertrauens in soziale Normen und Institutionen gemeint. Hohe Devianz-Raten sind nach Merton das Ergebnis der Diskrepanz zwischen gesellschaftlichen Erwartungen und kulturellen Zielen einerseits und den verfügbaren Gelegenheiten und Mitteln zu ihrer Realisierung andererseits. Merton argumentiert, dass alle Mitglieder einer Gesellschaft bis zu einem gewissen Grade die Ziele internalisieren, die in der entsprechenden Kultur als erstrebenswert betrachtet werden. Jedermann verinnerlicht auch die Normen, die die angemessenen und legitimen Mittel zur Erlangung dieser Ziele vorschreiben. Wenn jedoch legitime Möglichkeiten zur Verwirklichung der kulturell definierten Ziele nur spärlich oder überhaupt nicht verfügbar sind, suchen die Menschen nach alternativen Wegen, um ihre Ziele zu erreichen, oder sie geben diese Ziele schlicht auf. Der zentrale Punkt in Mertons Argument lautet, dass Spannungen in der *Gesellschaftsstruktur* sich in Abweichung entladen. »Die soziale Struktur mancher Gesellschaften«, so Merton, »übt einen definitiven Druck auf bestimmte Personen innerhalb der Gesellschaft aus, sich nichtkonform statt konform zu verhalten« (Merton 1968a:132).

Sein Hauptbeispiel bezieht sich auf die amerikanische Gesellschaft, die enormen Nachdruck auf finanziellen Erfolg legt. Den Kindern wird beigebracht, dass sie es zu etwas bringen können, wenn sie nur hart genug arbeiten. Gleichzeitig jedoch sind die gebotenen und erlaubten Gelegenheiten, zu Wohlstand zu kommen, strukturell begrenzt. Wie reagieren die Menschen nun auf diese Kluft zwischen kulturellen Zielen und den legitimen Mitteln zu ihrer Realisierung? Merton nennt fünf mögliche Reaktionsmuster:

1. Konformität: Trotz der Diskrepanz zwischen den Erwartungen und den Mitteln zu ihrer Verwirklichung wird daran festgehalten, die kulturell geschätzten Ziele mit den kulturell gebilligten Mitteln zu verfolgen. Ein Beispiel für diese Reaktionen sind Bankiers und Börsenmakler, die strikt die Regeln gegen Insider-Geschäfte beachteten, obwohl sie wussten, dass viele ihrer erfolgreichsten Kollegen diese Regeln verletzten.

2. Innovation: Dies meint das Verfolgen kulturell vorgeschriebener Ziele mit kulturell missbilligten Mitteln (einschließlich illegalen Verhaltens). Boesky und andere, die Insider-Geschäfte betrieben, fallen in diese Kategorie. Und die Untersuchung von Jankowski zeigt auf, wie sich junge Menschen in den armen Vierteln Banden anschließen, um ihre Ziele zu erreichen. Sie alle »verdienen Geld« (ein kulturell gebilligtes Ziel) – auf welche Weise auch immer.

3. Ritualismus: Bezeichnet die strikte Konformität mit den sozial vorgeschriebenen Mitteln der Zielverwirklichung – bis zur Verleugnung der weitergehenden Ziele selbst. Die Abweichung besteht in einer derartigen Betonung der Konformität mit den Regeln, dass die negativen Konsequenzen eines solchen Verhaltens ignoriert werden. Das klassische Beispiel eines solchen Ritualismus ist jener Bürokrat, der selbst dann noch rigide an den Regeln und Vorschriften festhält, wenn sie ineffizient sind und jegliche Kreativität ersticken.

4. Rückzug: Meint den Verzicht sowohl auf die Ziele als auch auf die Mittel ihrer Realisierung, die einem die Kultur vorschreibt. In den Augen der Gesellschaft handelt es sich bei den so reagierenden Menschen um Aussteiger – etwa Menschen, die die Suche nach Arbeit aufgeben und stattdessen herumstreunen, chronisch drogensüchtig werden und sich treiben lassen.

5. Rebellion: Bezeichnet die Zurückweisung der kulturell gebilligten Ziele und der Mittel ihrer Realisierung bei gleichzeitiger Betonung eines neuen, sozial missbilligten Systems von Zielen und Mitteln. Ein Beispiel sind die »Finanzrebellen« der Wall Street, die zunächst das neue Ziel der Restrukturierung der amerikanischen Wirtschaft entworfen und dann die Mittel zu diesem Zweck erfunden haben: die aggressive Übernahme von Unternehmen. Die Rebellen von gestern können indessen die Konformen von heute werden. So haben heute praktisch alle Wall-Street-Firmen eine Abteilung, die Firmenzusammenschlüsse und -übernahmen betreibt.

Mertons Theorie deckt sich teilweise mit dem Modell rationalen Handelns zur Erklärung von Abweichung. Abweichung ist danach unter bestimmten sozialstrukturellen Bedingungen eine rationale Option, und zwar dann, wenn legitime Wege zur Erreichung kulturell wünschenswerter Ziele fehlen. Solange diese Bedingung fortbesteht und die Kosten abweichenden Verhaltens nicht zu hoch sind – wenn das Risiko der Entdeckung und der Bestrafung relativ gering ist oder die negative Bewertung anderer nicht weiter ins Gewicht fällt –, ist es für manche Menschen sinnvoll, auf abweichende Art und Weise an die Dinge heranzukommen, die die meisten anderen sich auch wünschen. Neben dieser rationalen Komponente enthält Mertons Theorie auch einen sozialpsychologischen Aspekt. Das Fehlen legitimer Mittel zur Erlangung kulturell erwünschter Ziele erzeugt nach Merton Frustration. Diese Frustration schürt ihrerseits abweichendes Verhalten, weil es manche Personen auf diese Weise der Gesellschaft, die ihnen ihre Möglichkeiten beschneidet, heimzahlen.

Warum allerdings gehen manche, denen sozialer Erfolg versagt bleibt, den Weg ins abweichende Verhalten, andere jedoch nicht? Neuere Versionen der Theorie nehmen sich dieser Probleme an. Einige vertreten die These, dass die tagtäglichen Frustrationen und Irritationen Menschen, die zur Abweichung neigen, tatsächlich zu abweichenden Handlungen treiben. Andere ergänzen die Theorie durch die These, dass die Zugehörigkeit zu devianten Gruppen Abweichung zu fördern vermag. So leisten strukturelle Spannung, sozialer Stress und differentielle Assoziation wohl alle ihren je eigenen Beitrag zur Förderung abweichenden Verhaltens.

Eine der wichtigsten Schlussfolgerungen aus der Theorie der strukturellen Spannung lautet, dass abweichendes Verhalten sich nicht allein aus dem Blick auf seine Träger erschließt. Ebenso müssen wir darauf schauen, welche Ziele und Werte eine Kultur ihren Mitgliedern als erstrebenswert ansinnt und welche Mittel der Realisierung sie dafür akzeptiert. Wir müssen weiter unser Augenmerk auf die allgemeine *Gesellschaftsstruktur* richten, um die Hindernisse auf dem Weg zum Erfolg und die Anreize zu abweichendem Verhalten zu erkennen. Schließlich müssen wir auf die *funktionale Integration* der verschiedenen Teile einer Gesellschaft achten. Ein geringer Integrationsgrad fördert strukturelle Spannungen und unterschiedliche Vorstellungen darüber, welche Verhaltensweisen akzeptabel und welche abweichend sind.

Stehlen lernen. Auf diesem Kupferstich aus Charles Dickens' Oliver Twist versucht Oliver, die gestohlene Nahrung umklammernd, seinen Verfolgern auf einer Straße in London zu entkommen. Dickens' Held, kaum ein geborener Dieb, stiehlt, um seinen kargen Lebensunterhalt zu bestreiten. Dickens' Romane und Erzählungen förderten die Entwicklung der Sozialfürsorge für Kinder, um sie vor Armut zu bewahren – und die Gesellschaft vor den Verbrechen, die sie eventuell begehen.

Soziale Kontrolle

Soziale Kontrolle bezieht sich auf die Bemühungen einer Gruppe oder einer Gesellschaft, das Verhalten ihrer Mitglieder auf Konformität mit etablierten Normen auszurichten. Entgegen der Vorstellung, dass Menschen sich von selbst konform verhalten, weil sie die Normen verinnerlicht, sie also fest in ihrem Denken verankert haben, ist eine derartige automatische Normbefolgung keineswegs regelmäßig gesichert. Folglich muss bei Nichteinhaltung der Normen mit Sanktionen bzw. von außen auferlegten Zwängen reagiert werden. Bei einigen handelt es sich um informelle Sanktionen: nicht-offiziellen Druck zur Erzielung von Konformität. Positive informelle Sanktionen umfassen Belohnungen für Konformität: ein Lächeln, einen Kuss oder ein Wort der Zustimmung. Negative informelle Sanktionen sind nicht-offizielle Bestrafungen für Nichtkonformität, etwa jemanden lächerlich machen oder ihm Verachtung zeigen. Wenn diese informellen Sanktionen nicht ausreichen, greift man zu **formellen Sanktionen.** Hierbei handelt es sich um offiziell auferlegten Druck zur Erzeugung von Konformität, wie Geldstrafen oder Gefängnis. Formelle Sanktionen sind

insbesondere in großen und komplexen Gesellschaften wie der unseren erforderlich, in denen es konkurrierende Vorstellungen über angemessenes Verhalten gibt und in denen die meisten Menschen nicht in kleinen und eng aufeinander bezogenen Gemeinschaften mit nahezu allgemeiner Konformität aufgrund ausschließlich informeller Zwänge leben.

Hirschi (1969) hat sich in einem bedeutenden Beitrag mit unzureichender sozialer Kontrolle beschäftigt, um eine Antwort auf die Frage zu bekommen, wer kriminelles oder abweichendes Verhalten begeht. So findet man bei kleinen Kindern nur sehr wenig Kriminalität, weil sie ständig unter elterlicher Aufsicht stehen (Hirschi/Gottfredson 1988). Erst in ihrer Adoleszenz-Phase sind sie von elterlicher Kontrolle so weit freigesetzt, dass sie sich auf kriminelle Aktivitäten einlassen können. (Das sinkende Alter einiger heutiger jugendlicher Delinquenten spiegelt vielleicht eine frühere Unabhängigkeit von elterlicher Kontrolle wider.) Drogenabhängige leben gewöhnlich in Stadtvierteln, die durch Armut, hohe Kriminalitätsraten und soziale Minderheiten gekennzeichnet sind. Nach Hirschi führt Drogengebrauch nun nicht schlicht zu Kriminalität und neigen Minderheiten nicht eher zu Kriminalität und Drogengebrauch. Vielmehr liegt ein entscheidender Faktor darin, dass in solchen Stadtvierteln die soziale Kontrolle nur schwach ausgeprägt ist: Es gibt dort weniger Polizeipräsenz, und das missbilligende Auge der »anständigen« Gesellschaft ist weiter weg als in anderen Stadtvierteln.

Hirschi und seine Kollegen beschäftigen sich auch mit *Selbst*kontrolle – mit Ausdauer, Geduld, sozialer Sensibilität und der Bereitschaft zu aufgeschobener Belohnung. Nach Hirschi führt unzureichende elterliche Kontrolle auch zu unzureichender Selbstkontrolle. Wenn sich niemand nachhaltig um das Kind kümmert, lernt das Kind auch nicht, sich um andere zu kümmern – oder auch um sich selbst. Falsches oder unvollständiges soziales Lernen macht abweichendes Ver-

7

Schaubild 7.1: Entwicklung der Gewaltkriminalität 1975-1995 in der BRD

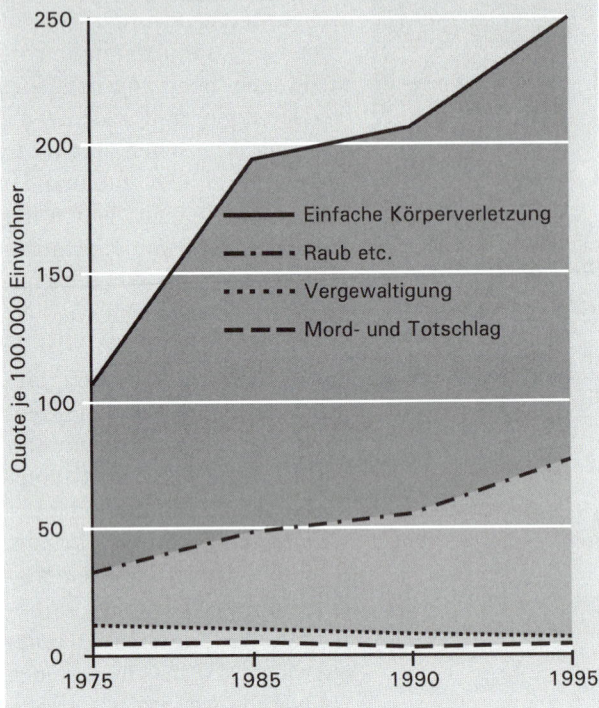

Quote je 100.000 Einwohner

— Einfache Körperverletzung
—·—· Raub etc.
········ Vergewaltigung
— — — Mord- und Totschlag

Schaubild 7.2: Entwicklung der Eigentumskriminalität 1975-1995 in der BRD

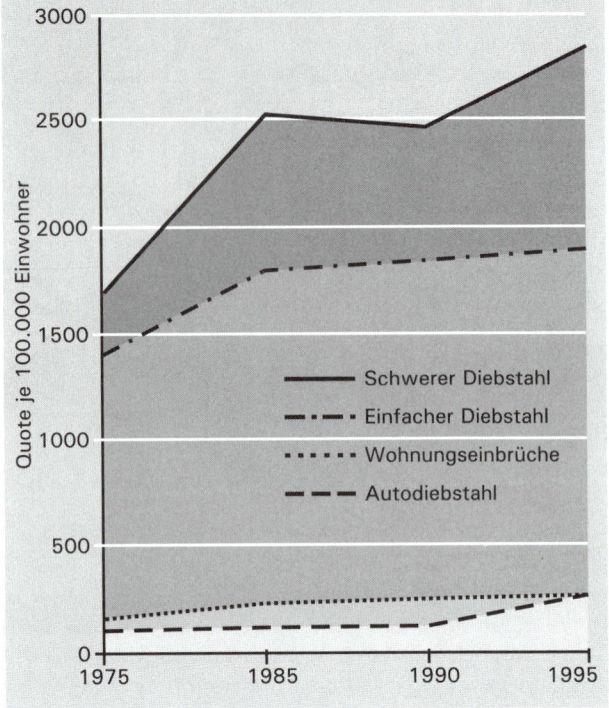

Quote je 100.000 Einwohner

— Schwerer Diebstahl
—·—· Einfacher Diebstahl
········ Wohnungseinbrüche
— — — Autodiebstahl

in Stadtviertel mit hoher Kriminalität oft auch schwache Fam. strukt.

halten wahrscheinlicher. So finden sich in kriminell höher belasteten Stadtvierteln tendenziell auch schwache Familienstrukturen. Selbst von vielen Problemen heimgesucht, versagen die Eltern bei der Aufsicht ihrer Kinder, ignorieren Anzeichen von Abweichung und sind inkonsequent in der Kritik »bösen« und der Belohnung »guten« Verhaltens.

Hirschis Position ist nicht unwidersprochen geblieben – das betrifft sowohl seine These der Irreversibilität früher Erfahrungen für den erwachsenen Menschen (Sampson/Laub 1990), als auch das Übersehen der Möglichkeit, dass das abweichende Verhalten der Kinder die Eltern zu ihnen auf Distanz bringt und diese deshalb *Ursache* und nicht Konsequenz mangelnden elterlichen Erziehungsverhaltens darstellt (Conklin 1992).

Die dargestellten unterschiedlichen Erklärungsversuche für die Frage, wer zum Abweicher wird, ergänzen einander mehr als dass sie miteinander konkurrieren. Abweichendes Verhalten ist weder angeboren noch kommt es aus dem Nichts. Vielmehr ist es das Ergebnis eines prozesshaften Geschehens, das individuelles Handeln, sozialen Druck und soziale Umstände einschließt.

KRIMINALITÄT UND DAS SYSTEM DER STRAFVERFOLGUNG

Trotz eines ausgebauten und teuren Systems strafrechtlicher Sozialkontrolle ist Kriminalität nach wie vor ein fester Bestandteil unserer sozialen Wirklichkeit (vgl. Schaubild 7.1/2 u. Tabelle 7.2). Der Tabelle lässt sich ebenfalls auf Anhieb die überproportionale Bedeutung der Eigentums- vor der Gewaltkriminalität in modernen Gesellschaften entnehmen, auch wenn der Zuwachs der Gewaltkriminalität – jedenfalls im niederschwelligen Bereich – in den letzten Jahren größer ist als der der Eigentumskriminalität.

Auch ist schon hier zu vermerken, worauf noch genauer zurückzukommen ist, dass nämlich die Entwicklung der Kriminalität nicht jene allgemeine Zunahme verzeichnet, wie dies nach der öffentlichen und politischen Diskussion zu vermuten ist. Eher lässt sich – bei einem geringeren Dramatisierungsinteresse – aus dem verfügbaren kriminalstatistischen Datenwerk Entwarnendes von der Front der Inneren Sicherheit und der Kriminalitätsentwicklung herauslesen.

Vor allen weiteren Einzelheiten einige allgemeine Bemerkungen: Eine **Straftat** ist die Verletzung einer Norm, die Eingang in das Strafgesetz gefunden hat und durch die Gewalt und die Autorität des Staates zur Verhängung von formellen Sanktionen (Geldstrafe, Gefängnisstrafe) gestützt wird. Kriminalität und abweichendes Verhalten überlappen sich, sind aber nicht identisch. Nicht jedes abweichende Verhalten ist auch illegal. Weder Alkoholmissbrauch noch sexuelle Promiskuität sind eine Straftat, auch wenn die meisten Menschen darin Verletzungen ihrer Normen erblicken mögen. Bei den im Strafrecht verankerten Normen handelt es sich um solche, die die Menschen vor bedeutendem Schaden schützen sollen und deren Befürworter über die soziale Macht verfügen, den Staat dazu zu bringen, ihre Vorstellungen von Recht und Unrecht durchzusetzen.

Wie abweichendes Verhalten generell, ist auch Kriminalität eine sozial definierte und variable Kategorie. Jahrhunderte lang war Gotteslästerung in den meisten westlichen Ländern ein Verbrechen. Nach islamischem Recht steht darauf die Todesstrafe. Freie sexuelle Beziehungen unter Gleichgeschlechtlichen stellen in einigen amerikanischen Bundesstaaten eine Straftat dar, nicht jedoch in allen Staaten und Gesellschaften. Einige Straftaten, die einst als sehr schwerwiegend angesehen wurden, wie z.B. der Genuss von Marihuana, stehen inzwischen nicht mehr im Brennpunkt des Interesses. Andere weitgehend ignorierte illegale Handlungen erfahren mittlerweile eine viel größere öffentliche Beachtung, wie etwa die Entsorgung giftiger Abfälle an unautorisierten Orten.

Tabelle 7.2: Entwicklung der Kriminalität und einiger ausgewählter Delikte in der Bundesrepublik von 1975-1998

Delikte	1975	1985	1990	1995	1998
Kriminalität insgesamt:					
HZ [1]	7.869	4.721	6.909	7.108	8.179
AQ [2]	48,3	47,2	47,0	46,0	52,3
Gewaltkriminalität					
Insgesamt:					
HZ	227	131	169	175	209
AQ	76,8	74,1	69,9	68,2	71,9
Mord u. Totschlag:					
HZ	4,7	4,6	3,8	4,8	3,5
AQ	95,8	95,2	94,6	88,3	95,4
Vergewaltigung:					
HZ	11,1	9,7	8,2	7,6	9,6
AQ	72,4	70,1	70,3	73,5	77,8
Raub etc.:					
HZ	32,9	48,7	56,0	78,0	78,0
AQ	54,9	50,0	43,7	45,8	49,9
Einf. Körperverletzung:					
HZ	106	194	206	251	289
AQ	89,9	90,9	90,0	88,6	90,1
Eigentumskriminalität					
Diebstahl insgesamt:					
HZ	3.088	4.309	4.295	4.720	4.051
AQ	28,8	30,8	30,2	27,7	32,3
Schwerer Diebstahl:					
HZ	1.689	2.523	2.465	2.842	2.191
AQ	19,8	17,7	14,5	12,9	14,8
Einfacher Diebstahl:					
HZ	1.399	1.785	1.830	1.877	1.860
AQ	39,7	48,4	51,3	50,2	52,8
Autodiebstahl:					
HZ	101	114	115	247	137
AQ	32,9	33,0	30,7	21,7	26,4
Wohnungseinbrüche:					
HZ	162	225	242	259	203
AQ	27,5	22,9	16,2	15,1	17,5
Sonstige Delikte					
Sachbeschädigung:					
HZ	346	561	630	681	788
AQ	25,1	24,6	24,0	24,0	26,5
Sexueller Mißbrauch von Kindern:					
HZ	23,5	17,1	20,3	18,5	20,2
AQ	68,6	63,1	60,4	67,2	70,5
Rauschgiftdelikte:					
HZ	48,2	100	165	194	264
AQ	96,5	94,4	94,6	96,0	95,8

Werte über 100 sind abgerundet worden;
[1] HZ = Häufigkeitsziffer, d.h. die Anzahl bekannt gewordener Straftaten auf 100.000 der Wohnbevölkerung;
[2] AQ = Aufklärungsquote, d.h. das Verhältnis ermittelter Tatverdächtiger zu den bekannt gewordenen Straftaten.
Quelle: *Polizeiliche Kriminalstatistik*, hg. Bundeskriminalamt Wiesbaden, div. Jahrgänge.

7

Gänzlich neue Straftaten entstehen mit dem Wandel der Gesellschaft. So hat die Transformation der Wirtschaft von einem industrie- zu einem finanzwirtschaftlichen Typus, gepaart mit einer massiven Deregulierung, Gelegenheiten zu neuen strafbewehrten Formen des Betrugs geschaffen. So führt der Einzug einer großen Anzahl von Frauen auf den Arbeitsmarkt sowie eine soziale Neudefinition der Geschlechterrollen dazu, sexuelle Belästigung zu einem tendenziell strafbaren Verhalten zu machen.

Der allgemeine Trend in den modernen Gesellschaften geht dabei in die Richtung einer wachsenden Verwandlung von sozialen in strafrechtliche Normen. Damit wird zunehmend die Verantwortung für die soziale Kontrolle dem System der Strafverfolgung übertragen. Es stellt sich deshalb zunehmend das Problem einer »Überkriminalisierung« in den modernen Gesellschaften.

FORMEN DER KRIMINALITÄT

Das Bundeskriminalamt (BKA) veröffentlicht alljährlich eine »Polizeiliche Kriminalstatistik« (PKS). Dabei wird eine Systematik zugrunde gelegt, die weitgehend den Strafgesetzen folgt. Die PKS verzeichnet sämtliche der Polizei bekannt gewordenen Verbrechen und Vergehen sowie die ermittelten Tatverdächtigen, die nach einer Reihe geographischer und demographischer Gesichtspunkte geordnet werden. Die einzelnen Straftaten werden zu größeren Straftatengruppen zusammengefasst, wobei in stärkerem Maße auch kriminologische und kriminalpolitische Gesichtspunkte berücksichtigt werden.

Die Verwendung der amtlichen Kriminalstatistiken erfordert eine generelle methodische Vorbemerkung. Zu unterstreichen ist nochmals der Hinweis, dass sich sämtliche Daten nur auf den Ausschnitt und die Aspekte der kriminellen Realität beziehen, die den formellen und öffentlichen Instanzen der strafrechtlichen Sozialkontrolle – also der Polizei und der Strafjustiz – nach ihren eigenen (geschriebenen) Regeln bekannt sind. Die sogenannte »Dunkelziffer« (Sack 1993) ist in den Daten nicht enthalten, obwohl es dazu mittlerweile eine stattliche, vor allem in den USA entwickelte »viktimologische« Forschungstradition (Jung 1993) gibt.

Gewalt- und Eigentumskriminalität

Die öffentliche Aufmerksamkeit richtet sich besonders auf die Gewaltkriminalität, also Morde, Raubüberfälle, Vergewaltigungen. Viele Menschen in den USA wie in Deutschland wähnen sich in einer Flutwelle der **Gewaltkriminalität**. Die offiziellen Kriminalstatistiken sprechen indessen eine andere Sprache – in den USA wie in der Bundesrepublik. Die allgemeine Kriminalitätsentwicklung in den USA verzeichnete ihren Höhepunkt um 1980, begann dann abzuflachen und sank in den 1990er Jahren. Mit einer gewissen zeitlichen Verzögerung vollzog sich die Entwicklung in der Bundesrepublik sehr analog: ein deutlicher Anstieg der registrierten Kriminalität bis Mitte der 1980er Jahre, ein Schub nach oben in der ersten Hälfte der 1990er Jahre im Zusammenhang mit der Wiedervereinigung und der Öffnung der Grenze, danach eine konstant rückläufige Entwicklung.

Woraus speist sich, so lässt sich angesichts dieser »objektiven« Entwicklung fragen, die Kriminalitätsfurcht der Menschen? Längst hat sich die Frage nach den Gründen der Kriminalitätsfurcht und des subjektiven Sicherheitsempfindens der Gesellschaft verselbständigt und abgekoppelt von dem Verweis auf die offiziellen Daten zur Sicherheitslage. Für die amerikanische Situation hat Katherine Beckett (1997) sehr überzeugend die Parallelität und Unabhängigkeit – zum Teil sogar Gegenläufigkeit – der Verlaufskurven der gemessenen Kriminalität, der demoskopisch erhobenen Verbrechensfurcht, der massenmedialen Aufmerksamkeit sowie der politischen Thematisierung nachgewiesen. Für die Bundesrepublik gibt es einen analogen methodisch gesicherten Nachweis dieser Zusammenhänge noch nicht, wohl aber eine intuitive Evidenz und Beobachtung, dass es sich hier nicht anders verhält. Für eine solche Diskrepanz zwischen der »objektiven« Sicherheitslage und dem »subjektiven« Sicherheitsempfinden werden in der wissenschaftlichen Diskussion eine Reihe von Faktoren verantwortlich gemacht.

Gewiss hat man auf den Angst erzeugenden Beitrag der Massenmedien zu verweisen. Dokumentardramen im Fernsehen, Shows aus der Welt der Polizei sowie des Verbrechens, Talkshows und auch die Nachrichtensendungen pflegen Sensationsereignisse »über«-, dagegen »normale« Kriminalität ohne Tote und Verletzte »unter«-zuberichten. Politiker greifen schnell nach dem »kriminellen« Profit. Der Gesetzgeber votiert praktisch für jedes Gesetz mit höheren Strafen, um ja nicht als »soft« gegenüber dem Verbrechen gezogen zu werden. Allerdings sind marktschreierische Medien und politische Kraftmeierei nur ein Teil der Erklärung für die Kluft zwischen der Kriminalitätsfurcht der Öffentlichkeit und der offiziellen Kriminalitätsstatistik. Einige weitere Aspekte sind zu bedenken.

Erstens sollte man zwischen der Kriminalität als individuellem raum-zeitlichen Ereignis und Kriminalitätsraten, die gewöhnlich auf der Basis von 100.000 Personen berechnet werden, unterscheiden. Letztere sagen uns etwas über die Strukturen und Muster kriminellen Geschehens. Die Öffentlichkeit denkt jedoch nicht in Raten, sondern im Modus sich häufender individueller Tragödien (Walinsky 1995). Ein Rückgang der Raten von Tötungsdelikten oder Fällen sexuellen Missbrauchs an Kindern ist statistisch eine gute Nachricht, für die Öffentlichkeit zählen alleine die trotz statistischen Rückgangs verbliebenen individuellen tragischen Schicksale. Und bei jedem Mord gibt es nicht nur ein Opfer, sondern zahlreiche: Familienmitglieder, Nachbarn, Arbeitskollegen, Schulkameraden, deren Schock, Kummer, Ärger und Furcht noch lange nachwirken – längst nachdem der »Fall geschlossen ist« (wenn er denn je geschlossen wird).

Als zweites ist zu bedenken, dass die PKS ja nur die der Polizei *bekannten* Straftaten enthält. Aus repräsentativen Opferbefragungen, die in den USA regelmäßig, in Deutschland nur sporadisch durchgeführt werden, wissen wir, dass weniger als die Hälfte aller Straftaten – aus Angst vor Rache oder wegen vermuteter Folgenlosigkeit – überhaupt zur Kenntnis der Polizei gelangen; für einige Delikte liegt der Anteil noch darunter.

Drittens schließlich hat, so scheint es zumindest für die USA, die »rein zufällige Gewalt« zugenommen – die Körperattacke durch einen namen- und gesichtslosen Fremden. Unter Kriminologen wie Praktikern galt es bislang als ausgemacht, dass Tötungsdelikte überwiegend »Beziehungstaten« sind. Diese Beobachtung galt praktisch für alle Länder, über die es kriminologisches Wissen gibt. Für die USA hat sich dies nachweislich seit Beginn der 1990er Jahre gewandelt. Die meisten Tötungsdelikte sind keine »Taten aus Leidenschaft«, aus Eifersucht oder gärenden Fehden zwischen Familienmitgliedern oder Nachbarn. Das FBI hält 53 Prozent aller Mörder für »Fremdenmörder«, weder verwandt noch bekannt mit dem Opfer. Die Polizei klärt darüber hinaus weniger als drei von fünf Mordtaten auf. Wer einen Fremden bei einem räuberischen Überfall auf der Strasse ermordet, hat sogar eine Chance von 80 Prozent, nicht gefasst zu werden.

Die vorstehenden Überlegungen stehen für allgemeine Zusammenhänge, auch wenn für sie der amerikanische Bezug – nicht unüblich in der Kriminologie – in besonderer Weise Pate gestanden hat. Aus internationaler Perspektive ist die amerikanische Gesellschaft in der Tat ausgesprochen gewalttätig – jenseits des oben vermerkten statistischen Rückgangs der Kriminalität in den letzten Jahren. Die Anzahl der Morde, die jährlich nur in Manhattan verübt werden, ist immer noch ebenso hoch wie die von England und Wales zusammengenommen.

Auch in Deutschland richtet sich die Kriminalitätsdiskussion vor allem auf die Gewaltkriminalität – mit anderen Worten: auf den Anteil von sechs bis sieben Prozent, den sie an der Gesamtkriminalität hat. Betrachtet man die Entwicklung der Gewaltkriminalität in der Bundesrepublik etwas näher (vgl. Tabelle 7.2), dann gibt dies Anlass vor allem zu zwei Beobachtungen:

1. Zwar ist die Häufigkeitsziffer für Gewaltkriminalität insgesamt zwischen 1975 und 1998 ebenfalls von 131 um knapp 100 auf 227 angestiegen, aber dieser Zuwachs speist sich ausschließlich aus dem Anwachsen der weniger gravierenden Formen der Gewaltkriminalität. Die Raten für Mord und Totschlag sind in diesen zweieinhalb Jahrzehnten praktisch bemerkenswert konstant geblieben, ja sogar gesunken. Gleiches gilt für die Häufigkeitsziffer für Vergewaltigung: Sie ist von 11,2 im Jahre 1975 auf 9,6 im Jahre 1998 gesunken. Entgegengesetzt sieht es für den Raub aus: hier hat sich die Häufigkeitsziffer im gleichen Zeitraum von 32,9 (1975) auf 78 (1998) mehr als verdoppelt. Auf das fast Dreifache von 106 im Jahre 1975 auf 289 im Jahre 1998 haben sich einfache Körperverletzungen erhöht.

2. Erst zu Beginn des letzten Jahrzehnts, d.h. nach der deutschen Vereinigung im Jahre 1990, hat es einen sprunghaften Anstieg der Gewaltkriminalität gegeben, allerdings wiederum mit Ausnahme der schweren Kapitaldelikte. In den letzten Jahren unmittelbar vor der historischen Wende ist das Niveau der Gewaltkriminalität praktisch gleich geblieben. Der beschleunigte Anstieg der Gewaltkriminalität in den letzten Jahren hat in der Bundesrepublik in Politik, Öffentlichkeit und den Medien zu einer an Panik grenzenden Besorgnis um die »Innere Sicherheit« geführt, die den erwähnten deutlichen subjektiven »Überschuss« über die objektive Kriminalitätslage aufweist und ebenso deutlich noch über Jahre hinweg andauert, nachdem die Kriminalität längst schon eine Kehrtwende nach unten gemacht hat.

Gewaltkriminalität sucht die Menschen in ihren Köpfen heim, obgleich sie in Wirklichkeit ein relativ geringes Opferrisiko tragen. Tabelle 7.2 belegt die weitaus höhere Wahrscheinlichkeit, dass die Bevölkerung Opfer von Eigentumsdelikten oder auch von Einbrüchen wird. Die zu diesen Straftaten notierten Häufigkeitsziffern sind zum Teil um ein Vielfaches höher als diejenigen aus dem Bereich der Gewaltkriminalität.

Kriminalität ohne Opfer

Üblicherweise denken wir bei einer Straftat an ein Verhalten mit einem identifizierbaren Täter und Opfer. Einige Straftaten scheinen allerdings keine Opfer zu haben. Bei dieser **Kriminalität ohne Opfer** handelt es sich etwa um Prostitution, strafbare sexuelle Handlungen unter einwilligenden Erwachsenen, verbotenen Drogenkonsum und illegales Glücksspiel. Diese Straftaten werden normalerweise nicht angezeigt, weil sich niemand als verletzt oder als Opfer empfindet. Diese Verhaltensweisen werden trotzdem als kriminell bewertet, weil die Gesellschaft als Ganzes oder einflussreiche Teile von ihr sie als moralisch anstößig empfinden. Menschen mit anderen moralischen Vorstellungen sind der Ansicht, dass wenigstens einige dieser Verhaltensweisen nicht als kriminelle Handlungen betrachtet werden sollten.

Einige argumentieren aber auch, dass diese opferlosen Verbrechen in Wirklichkeit doch Opfer erzeugen. Süchtige Spieler entziehen ihrer Familie ihre materielle und finanzielle Grundlage; Prostituierte verbreiten AIDS und andere sexuell übertragbare Krankheiten; Drogensüchtige begehen Straftaten, um ihrer Sucht nachzugehen. Mit solchen Argumenten wird gefordert, dass die Gesellschaft diese Formen des Verhaltens kontrollieren sollte, weil sie schädliche Auswirkungen haben.

Die Gegner einer Kriminalisierung opferloser Delikte berufen sich dagegen auf das Argument, dass der Staat Moral nicht zu schützen habe. Warum sollte ihm das Recht zustehen, mündigen Erwachsenen zu sagen, was sie zu tun und zu unterlassen haben, solange sie mit ihrem Verhalten niemanden verletzen oder belästigen? Was gewinnt man unter rein pragmatischen Gesichtspunkten dadurch, dass man großen Teilen der Gesellschaft Dinge und Leistungen verwehrt, die sie begehren? Denn solche Verbote sind nicht nur schwer durchzusetzen, sondern sie schaffen auch illegale Märkte und bereiten den Boden für Organisierte Kriminalität.

Organisierte Kriminalität

Organisierte Kriminalität ist eine auf die Erreichung von Profit und Macht angelegte Verschwörung zur Verübung von Straftaten, die sich durch die Erzeugung von Furcht und durch Korruption Immunität vor dem Gesetz zu verschaffen versucht (Abadinsky 1981). Organisierte Kriminalität unterscheidet sich vom normalen Wirtschaftsleben durch ihre kriminellen Methoden sowie durch den routinemäßigen Einsatz von Bestechung und Gewalt. Sie spezialisiert sich üblicherweise auf die Beschaffung illegaler Erzeugnisse und Dienstleistungen – den Verkauf illegaler Drogen, die Hehlerei von gestohlenen oder illegalen Erzeugnissen (etwa illegalen Waffen oder gestohlenen Autos oder Kreditkarten) oder den Kreditwucher (Geldverleih zu Zinssätzen oberhalb des gesetzlichen Limits). Organisierte Kriminalität umfasst aber auch die Bereitstellung von legalen Gütern und Dienstleistungen mit illegalen Mitteln. In vielen amerikanischen Städten monopolisieren z.B. kriminelle Syndikate die Müllentsorgung, den Automatenverkauf sowie das Taxi- und Leihauto-Geschäft. Diese Monopole haben sie sich durch die Bestechung von öffentlich Bediensteten und die Bedrohung möglicher Konkurrenten mit Gewalt geschaffen. Darüber hinaus werden rechtmäßige Unternehmen für die Geldwäsche des durch die kriminellen Aktivitäten erworbenen Profits benutzt.

Statistische und quantitative Informationen über Umfang und Struktur der Organisierten Kriminalität sucht man trotz einer blühenden und detaillierten Kasuistik vergeblich in den offiziellen Routine- und Standardwerken des Kriminaljustizsystems. Der PKS des Bundeskriminalamtes sind ebenso wenig Informationen darüber zu entnehmen wie dem normierten Katalog von Straftaten aus den Strafgesetzen. Dies hat nur nebenbei etwas mit geschickter Tarnung und dem Dunkelfeld zu tun. Es verweist vielmehr darauf, dass es sich bei der Organisierten Kriminalität nicht schlicht um konkrete Straftaten handelt, die einer rechtsstaatlich präzisen Definition zugänglich sind, sondern um einen »polizeilich bestimmten Begriff« mit der Funktion einer »abstrakten Bedrohungsvokabel« (Albrecht 1999:376). Das Bundeskriminalamt selbst spricht von einem »komplexen Kriminalitätsphänomen«, das die Polizei in »Lagebildern«, nicht jedoch in nachrechenbaren Dokumenten festhält (Bundeskriminalamt 1996).

Die von der deutschen Polizei erarbeitete »Definition« der Organisierten Kriminalität ist erst nach jahrelangen Diskussionen in Arbeitskreisen der Bundesinnenministerkonferenz sowie auf einschlägigen Veranstaltungen und Kongressen zustande gekommen (Busch 1992). Sie ist dabei so vage und weit geraten, dass die Abgrenzung zu legalen Formen von »Gewinn- und Machtstreben« im Falle von Waffenhandel, Subventionsbetrug, Insidergeschäften u.a. ebenso zum Problem wird wie die Grenzziehung zu Wirtschaftsdelikten

(Bundeskriminalamt 1991). So bedarf es etwa keiner sonderlich geschulten Subsumtionsfertigkeit, um die derzeit Gesellschaft, Öffentlichkeit und Staat umtreibenden Praktiken von Parteienfinanzierung als von der herrschenden Definition Organisierter Kriminalität erfasst zu erkennen.

Dennoch greift man nicht in diese Höhen und Ecken der Gesellschaft, wenn man nach Beispielen für das spontane Verständnis und die intuitive Anschaulichkeit der Organisierten Kriminalität sucht. Dieses Bild knüpft sich vielmehr an Kategorien der beteiligten Täter: Die eigentliche und echt Organisierte Kriminalität ist eine, deren Täter von jenseits der Grenzen kommen und im eigenen Land nur geduldet oder sogar unerlaubt sind, bevorzugt solche, die aus den Ländern des einstigen Sowjetblocks oder der Dritten Welt kommen. Da lässt es sich leicht und eingängig von den verschiedenen ethnischen Mafias und *connections* reden, die für den alltäglichen Menschenverstand zum Inbegriff Organisierter Kriminalität gehören. Die selektive politische und praktische Handhabung des gesetzlichen und staatlichen Instrumentariums zur Bekämpfung und Kontrolle der Organisierten Kriminalität hat somit eher einen ausländerpolitischen als kriminalpolitischen Akzent.

Diese auf die deutsche Situation gemünzte Interpretation von Idee und Wirklichkeit der Organisierten Kriminalität mag auf das klassische Land der Organisierten Kriminalität, die USA, nur bedingt zutreffen. Auch dort haben sich Verbrechersyndikate oft unter Einwanderern entwickelt – bis hin zu »ethnischen Mustern«, denen die Organisierte Kriminalität gefolgt ist. Den irischen Verbrechersyndikaten des neunzehnten Jahrhunderts folgten in den USA diejenigen der osteuropäischen Juden, die ihrerseits in den 1920er Jahren von italienischen Familien abgelöst wurden, die während der Prohibition zu Macht gelangten. Nach der erneuten Legalisierung des Alkoholkonsums in den 1930er Jahren verfügten die italienischen Syndikate über das nötige Kapital, über Erfahrungen, Personal und die überseeischen Kontakte, um in den Heroinhandel einzusteigen. Allerdings waren Bekämpfung und Kontrolle Organisierter Kriminalität in den USA kein Instrument der Ausländer- oder Einwanderungspolitik.

Organisierte Kriminalität ist längst nicht mehr ein »Privileg« der USA. In Russland, noch vor kurzem das Zentrum eines Polizeistaats, betreiben Gangster und Ganoven ihre Geschäfte in aller Öffentlichkeit; die Mafia erlebt eine Renaissance im Italien; im durch fünf Jahre Bürgerkrieg geschwächten Liberia durchstreifen

Banden von jungen Männern, in dämonischer Frauenkleidung und mit Perücke, das Land; in Indien werden Assam und andere Einzelstaaten von verurteilten Kriminellen und von Killern regiert; Journalisten schreiben routinemäßig über die »Kriminalisierung der Politik«. In den USA gehen Banden »in die Wirtschaft«, vor allem in die der Drogen, und sie werden zunehmend zu kriminellen Syndikaten.

»Weiße-Kragen«- und Wirtschaftskriminalität

Ein Mann überfällt eine Tankstelle und erbeutet 250 DM. Er erhält dafür sechs Monate Gefängnis. Ein anderer ergaunert sich 2,5 Mio DM, was ihm lediglich die Verpflichtung zur Zurückzahlung des zu Unrecht erworbenen Geldes (zuzüglich Zinsen in Form einer Geldstrafe) einträgt. Terroristen, die im Auto eines Diplomaten eine Bombe versteckt hatten, wurden wegen Hochverrats und Totschlags angeklagt. Die Autofirma Ford verkaufte Millionen von Fahrzeugen der Marke Pinto, von denen der Firma bekannt war, dass die rückwärtig angebrachten Benzintanks explodieren könnten, wenn jemand von hinten auffährt. Für die 500 Menschen, die bei solchen Unfällen ums Leben kamen, musste Ford zwar Millionen an Schadensersatz leisten, aber eine strafrechtliche Verantwortung wurde verneint. Zweifellos: unsere Reaktionen auf »Weiße-Kragen«- und Wirtschaftskriminalität unterscheiden sich sehr deutlich von unserem Umgang mit »normalen Kriminellen«.

Der Ausdruck Weiße-Kragen-Kriminalität wurde in den 1940er Jahren von dem amerikanischen Soziologen Edwin H. Sutherland geprägt. Damit bezeichnete er die »kriminellen Handlungen von Personen mit hohem Ansehen und Status, die diese im Zuge ihrer beruflichen Tätigkeit verüben« (Sutherland 1949:9). Veruntreuung, das Fälschen von Konten, das Bestehlen des Arbeitgebers oder Steuerhinterziehung fallen hierunter. Dazu gehört auch der Missbrauch öffentlicher Gelder durch Angestellte des öffentlichen Dienstes (etwa Bestechlichkeit im Amt oder das Ausstellen falscher Gehaltsbescheinigungen). Ein wesentlicher Unterschied zwischen der »Weiße-Kragen«-Kriminalität und »normaler« Kriminalität besteht darin, dass erstere nur sehr selten mit Gewalt oder Zwang verbunden ist. »Weiße-Kragen«-Kriminalität ist für die Gesellschaft jedoch viel kostspieliger. Amerikanische Kriminologen haben errechnet, dass ein Bankbetrug zum Beispiel einen durchschnittlichen Schaden von 23.000 US-$ verursacht, während der durchschnittliche Schaden eines Bankraubs 3.000 US-$ beträgt. Trotzdem wandern – wiederum in den USA – nur drei Prozent der Betrüger ins Gefängnis, verglichen mit 90 Prozent der Bankräuber. Weiter und allgemeiner, nun nicht mehr beschränkt auf die USA: Wenn Politiker nach mehr Recht und Ordnung rufen, so meinen sie damit in der Regel mehr Geld für die Polizei, um die Straßenkriminalität zu bekämpfen, nicht jedoch für zusätzliche Ermittler zur Bekämpfung der »Weiße-Kragen«- Kriminalität – trotz der immer wieder einmal und insbesondere in Wahlkampfzeiten aufkommenden Forderung nach mehr Personal für die Steuerfahndung.

Im Gegensatz zur »Weiße-Kragen«-Kriminalität, bei der es um das Erreichen eines individuellen Vorteils für die Täter geht, meint Wirtschaftskriminalität Straftaten, die für eine formale Organisation zwecks Steigerung ihres Gewinns oder Abwendung ihres Verlusts begangen werden. Anders als »normale« Kriminelle sind Organisationen keine Personen, die inhaftiert werden können. Aus diesem Grund wird Wirtschaftskriminalität sehr oft außerhalb der öffentlichen Gerichtsbarkeit durch andere staatliche Institutionen (z.B. Kartell- oder Umweltbehörden) verhandelt – in der Bundesrepublik unterliegt ein Großteil solcher Verfahren dem Ordnungswidrigkeitenrecht. In den meisten Fällen führt dieses Vorgehen zu Sanktionen in Form von Geldbußen, die allerdings im Verhältnis zu den Gewinnen verschwindend gering ausfallen. Daran ändert vermutlich auch das Instrument der Gewinnabschöpfung nur in Einzelfällen etwas.

Die offensichtlichste Erklärung für Unternehmenskriminalität ist Profit. Amerikanische Kriminologen haben etwa errechnet, dass es die oben erwähnte Firma Manville im Jahre 1972 12 Millionen US-$ gekostet hätte, um die gesetzlich vorgeschriebene Ausrüstung zu kaufen, die ihre Arbeiter vor Asbeststaub hätte schützen können, und weitere 5 Millionen US-$ jährlich, um diese Ausrüstung zu unterhalten. Dagegen kosteten die jährlichen Schadensersatzleistungen an die Arbeiter lediglich 1 Million US-$. Der Schutz der Arbeiter war für die Firma daher nicht »kosteneffektiv«. Darüber hinaus fördert die komplexe Organisationsstruktur von Unternehmen das Begehen von Unternehmensdelikten dadurch, dass sie die Täter vor Verfolgung abschirmt. In großen Organisationen ist in der Regel keine Einzelperson für eine bestimmte Handlung alleine verantwortlich: die Verantwortungsstruktur ist diffus – manche sprechen von einer Art »organisierter Unverantwortlichkeit«. Dies gestattet Managern, eine Geschäfts-

politik zu verfolgen, die sie sich sonst nicht trauen würden. Gleichzeitig können diese Manager Normen und Sanktionen etablieren, die es den Anzeigewilligen schwer machen, Unternehmenskriminalität zu melden. So erklärt sich die weite Verbreitung der Unternehmenskriminalität.

Alles dies zusammen genommen trägt zu dem Sachverhalt bei, dass das *crime in the streets* die Aktivitäten von Politik und Staat ebenso wie die Sorgen der Bürger mehr beherrscht, als es das *crime in the suites* vermag.

VERBRECHENSKONTROLLE

Im ersten Halbjahr 1995 wiesen in New York die Kriminalitätsraten für Mord, Raub und Einbruch ihren niedrigsten Stand seit 25 Jahren auf. Die Bewohner New Yorks lebten 1995 sicherer als im Jahre 1970.

Wie erklärt sich dieses »Wunder« von 1995 – ein Wunder, das nicht nur in den USA für Aufsehen und kontroverse Diskussionen sorgte, sondern das auch dazu führte, dass sich die Kunde über die erfolgreiche Eindämmung einer scheinbar nicht zu brechenden Flutwelle der Kriminalität auch in vielen Ländern außerhalb der USA verbreitete. Es mag kaum überraschen, dass New Yorks damaliger Polizeipräsident, William J. Bratton, die Lorbeeren dieser Entwicklung für die Polizei reklamierte. Er tat dies nicht nur in den USA, sondern auf Einladung auch in vielen anderen Ländern, Deutschland eingeschlossen. Bratton steht für die so genannte *Zero-Tolerance*-Politik auf dem Feld der Inneren Sicherheit (Ortner u.a. 1998).

Seit Januar 1995 veranlasste Bratton nicht nur mehr Polizeipräsenz auf den Strassen New Yorks, sondern auch mehr Festnahmen für geringere Delikte, wie Urinieren auf der Strasse und unerlaubten Straßenhandel. Dies verschaffte der Polizei die Möglichkeit, die verhafteten Missetäter nach illegalen Waffen oder Drogen zu durchsuchen, ausstehenden Haftbefehlen nachzugehen sowie Informationen über den Waffen- und Drogenhandel zu sammeln. Außerdem wies Bratton die Leiter der örtlichen Polizeireviere an, täglich das Kriminalitätsgeschehen ihrer Reviere nach Art militärischer Kriegsberichterstattung aufzuzeichnen, um daran die Strategie der Kriminalitätskontrolle zu orientieren.

Bratton hatte natürlich ein genuines Interesse daran, die Entwicklung auf dem Konto der Polizei zu verbuchen. Aber nur wenige Kriminologen glauben an eine

niedrigste Kriminalitätsrate in NY
a) zero-toleranz Politik
b) demograph. Gründe
c) Veränderung Drogengebrauch

einzige, allzu leichte Erklärung. Einige ziehen demographische Faktoren heran: nicht nur gehe der Anteil der kriminalitäts- anfälligen Jahrgänge zwischen 16 und 25 Jahren in New York zurück, sondern unter den jüngsten Einwanderern befinde sich auch ein höherer Anteil mit starken Familienbindungen und einer ausgesprochenen Abnei- gung, mit dem Gesetz in Kon- flikt zu geraten. Andere Krimi- nologen verweisen auf Verände- rungen des Drogengebrauchs und -handels: Heroin als eher dämpfende verdränge Crack als eher stimulierende Droge. Noch andere halten eine zurückge- hende Verbreitung von Schuss- waffen für mit Ausschlag gebend.

Die Anwendung von Gewalt, auch die durch eine Polizeiuniform legitimierte, wird von der Gesell- schaft nicht immer gebilligt.

Schließlich führen einige Kriminologen den dämmenden Einfluss der Gerichte und Gefängnisse ins Feld. Noch stehen die verschiedenen Antworten neben- einander und sind kaum auf einen gemeinsamen Nenner zu bringen. Weitere Forschung scheint nötig, um das Geheimnis New Yorks zu lüften. Allerdings wären noch ganz andere Fährten als die genannten auf dem Wege zur Klärung des New Yorker Wunders zu beschreiten, wollte man der Vermutung des pro- minenten amerikanischen Kriminologen W. Chambliss (2001) nachgehen, dass staatliches *crime reporting* durch und durch politischen Vorgaben und Zwecksetzungen und nicht der sozialen Wirklichkeit folgt – dies behauptet er jedenfalls für die USA und belegt es mit einer ganzen Reihe von Argumenten und empirischen Beobachtungen aus der Welt der Praxis von Polizei und Politik. Chambliss wendet damit auch auf das New Yorker »Kriminalitätswunder« jene bereits aus den 1960er Jahren stammende Überlegung der kritischen Kriminologie an, wonach die offiziellen Daten der Kriminalstatistik als zu analysierender Gegenstand der Kriminologie und nicht als Abbild der Kriminalität selbst genommen werden können.

Alle bisher vorgestellten Versuche zur Erklärung des Kriminalitätswunders von New York vertrauen entweder auf die Effektivität des Strafrechts – sein Instrumentarium sowie seine Institutionen – oder sie beziehen sich auf kriminalpolitisch kaum zu beackerndes Terrain: die demographische Entwicklung der Bevölkerung und die soziale Dynamik von Sucht(Drogen)prozessen. Völlig ausgeblendet aus den Überlegungen im Zusammenhang mit dem New Yorker Wunder erscheinen kriminalsoziologische Erwägungen, wie wir sie oben vor allem unter den Stichworten der Anomie sowie der Sozialisation kennen gelernt haben – jene von »radikalen Rechten« polemisch als *root causes of crime* abgetanen Faktoren, auf denen niemand so be- harrlich insistiert wie der amerikanische Kriminologe Elliott Currie. Currie (1996) vertritt die These, dass die konventionellen Mittel der Verbrechenskontrolle, etwa mehr Polizei auf den Straßen und längere Gefängnis- strafen für immer mehr Menschen, nur wenig Erfolg versprechen. Nach seiner Ansicht besteht die einzige Möglichkeit einer nennenswerten Reduzierung der Kriminalität in der Bekämpfung ihrer eigentlichen Wurzeln, die seines Erachtens in Arbeitslosigkeit, sozia- ler wie ökonomischer Ungleichheit sowie einem Mangel an Familien- und Gemeinschaftsbindungen liegen. Der Staat, so Currie, könnte eine gewichtige und positive Veränderung der gesellschaftlichen Strukturen herbei- führen.

Die Polizei als Instanz der staatlichen Kontrolle

Die Diskussion über die Zero-Tolerance-Strategie der New Yorker Polizei hat trotz aller Kontroversen wieder *schutz*

aufdecken

7

ins Bewusstsein gehoben, dass die Polizei die »Front«-Institution des Kriminaljustizsystems darstellt. Die Polizei hat herkömmlich zwei zentrale Funktionen: erstens ist es ihre Aufgabe, unschuldigen Personen Schutz zu gewähren sowie Kriminalität zu verhüten – das ist ihre *präventive* Funktion; zweitens hat sie begangene Straftaten aufzuklären, Tatverdächtige zu ermitteln und festzusetzen und vor Gericht die ermittelten Sachverhalte zu vertreten – dies ist ihre *repressive* Aufgabe. Funktion und Rolle der Polizei erhalten eine besondere politische Bedeutung – gelegentlich: Brisanz – dadurch, dass Kriminalität oft in einem politischen Zusammenhang steht, z.B. als Begleiterscheinung kollektiven Protests und sozialer Bewegungen. In solchen Konflikten gerät die Polizei leicht zwischen die Fronten und damit in die Gefahr parteilicher und Gewalt eskalierender Interventionen.

Die Polizei hat ihre heutige Struktur in den europäischen Nationalstaaten im Verlaufe der letzten beiden Jahrhunderte gewonnen. Entsprechend dem Wandel der gesellschaftlichen Teilstrukturen steht auch die Polizei unter der permanenten Herausforderung, sich veränderten sozialen, politischen und ökonomischen Bedingungen anzupassen. Die säkulare Entwicklungsrichtung der Struktur und Funktion der Polizei bestand dabei in der Reduzierung ihrer umfassenden Allzuständigkeit staatlicher Für- und Vorsorge auf die exekutivische Funktion der präventiven und repressiven Durchsetzung der staatlichen Gesetze sowie in ihrer konsequenten Einbindung in das System der rechtsstaatlichen Gewaltenteilung. In ihrer repressiven Funktion ist die Polizei als »Hilfsorgan« der Staatsanwaltschaft der Verantwortung und Kontrolle des zentralen Strafjustizsystems unterworfen. Als präventive Institution unterliegt sie den (Landes-)Gesetzen der Gefahrenabwehr.

In den letzten beiden Jahrzehnten hat sich in den meisten modernen Gesellschaften – zwar nicht in strikter zeitlicher und sachlicher Parallelität, aber doch in relativ gleichsinniger Richtung – ein einschneidender Struktur- und Funktionswandel der Polizei vollzogen, der insgesamt auf eine Verlangsamung, zum Teil Umkehrung des skizzierten Prozesses hinausläuft. Die Polizei hat an Bedeutung gewonnen, sie ist ausgebaut worden, und sie erfreut sich auch einer »Aufrüstung« in technologischer und personaler Hinsicht und vor allem im Hinblick auf die ihr zugewachsenen gesetzlichen Möglichkeiten von Intervention und Kontrolle in gesellschaftliche Abläufe (»Großer Lauschangriff«, Telefonüberwachung, Anlass freie Kontrollen etc.).

Indessen haben zahlreiche Untersuchungen gezeigt, dass etwa die bloße Erhöhung der Anzahl von Streifenpolizisten und anderer konventioneller Mittel der Verbrechensbekämpfung und der polizeilichen »Aufrüstung« in den meisten Fällen nicht zu den angestrebten Erfolgen führt. Diese Erkenntnisse haben – ausgehend im wesentlichen von den USA und Kanada, mittlerweile jedoch auch in Europa kopiert und praktiziert – zur erfolgreichen Erprobung völlig neuer Strategien polizeilicher Kontrolle geführt. Diese Ansätze – inzwischen auch international unter dem Konzept des *community policing* (Dölling/Feltes 1992) diskutiert – zielen vor allem auf die *Mobilisierung der Gesellschaft* für die Zwecke der Kontrolle der Kriminalität und der Erzeugung innerer Sicherheit. Besonders bemerkenswert unter den Varianten des community policing ist die Strategie »problemorientierter« polizeilicher Arbeit. Sie bemüht sich um die Verbesserung jener lokalen Bedingungen, die das soziale, geschäftliche und politische Leben des Alltags beeinträchtigen. Diese Strategie setzt sich in dem Versuch zur Beseitigung einiger der Gründe der Kriminalität ganz bewusst von der traditionellen »Anlass orientierten« Polizeiarbeit ab.

Einen wichtigen Ausgangspunkt dieser neuen »Philosophie« und Strategie der Kriminalitätskontrolle haben die beiden Harvard-Wissenschaftler Wilson und Kelling bereits im Jahre 1982 mit ihrer *broken-windows*-Theorie gesetzt, derzufolge die Kontrolle der Kriminalität im leichten oder auch vorstrafrechtlichen Bereich abweichenden Verhaltens anzusetzen (Wilson/Kelling 1982) und darüber hinaus einer Prioritätenordnung zu folgen habe, die stärker auf die Bedürfnisse der Bevölkerung als auf abstrakte Kriterien zentraler Normen setze. Diese vielfältigen neuen Ansätze und Methoden der polizeilichen Arbeit zur Kontrolle der Kriminalität und zur Politik der Inneren Sicherheit werden weltweit als eine Strategie und »Philosophie« eines Polizeiverständnisses diskutiert, das den veränderten gesellschaftlichen Strukturen in spätmodernen Gesellschaften entspricht (Bayley 1994). In Deutschland ist diese Entwicklung indessen erst mit einiger Verspätung angekommen (Feltes 1996).

Neben der Einbeziehung bzw. der Mobilisierung der Gesellschaft für Zwecke der Kriminalitätskontrolle hat ein anderer Aspekt polizeilichen Struktur- und Funktionswandels eine überragende Bedeutung: die Prävention neuen Typs. Über die traditionelle polizeiliche Gefahrenabwehr hinaus, jenseits auch der präventiven mittelbaren Funktionen des Strafrechts, entwickelt sich ein neues Geflecht theoretisch-ideologischer und praktisch-institutioneller Art, das verschiedene hoheitliche und private Akteure zu kooperativen Anstrengungen präventiver Zielsetzung zusammenführt, in der Regel auf lokaler und kommunaler Basis. Sichtbarster Ausdruck dieser Entwicklung ist die Einrichtung »Kriminalpräventiver Räte«, die es mittlerweile in den meisten Bundesländern und in zahlreichen Städten und Gemeinden gibt.

Der Ausbau der Polizei sowie ihre funktionale Aufrüstung hat Kehrseiten, die zunehmend an Aufmerksamkeit gewinnen. In den USA, besonders im New York der *zero tolerance*, stehen Polizeibrutalität und Menschenrechtsverletzungen durch die Polizei vermehrt auf der Tagesordnung. Das Problem des Rassismus wird offen diskutiert, in den letzten Jahren auch in Deutschland. In Hamburg hat sich ein »Polizeilicher Untersuchungsausschuss« des Senats über Monate hinweg mit Vorwürfen von Brutalität, mit der Aussetzung von vermeintlich Tatverdächtigen vor den Toren der Stadt, mit Scheinerschießungen von Ausländern sowie mit nachlässig geführten Ermittlungen durch die Staatsanwaltschaft in Verfahren gegen Polizisten beschäftigt – mit dem Ergebnis, dass Hamburg als erstes Bundesland eine extern besetzte dreiköpfige Polizeikommission mit weitreichenden Kontroll- und Recherchebefugnissen eingesetzt hat.

Die Verteidiger der Polizei entgegnen ihren Kritikern oft, dass die innerstädtische Drogenkriminalität dramatisch zugenommen habe und dass die Kriminellen oft besser bewaffnet seien als die Polizei. Polizeiarbeit ist möglicherweise so gefährlich geworden, dass die Polizei ihrem Arbeitsstress nicht mehr gewachsen ist. Als Antwort darauf haben einige Polizeibehörden Kurse zur Gewaltreduzierung in ihre Ausbildungsprogramme aufgenommen, und viele Polizeibehörden bemühen sich darum, Bewerber auszusondern, die psychologisch ungeeignet für den Polizeiberuf erscheinen. Darüber hinaus wenden sich einige Polizisten selbst gegen das ungeschriebene Gesetz, bei Fehlverhalten von Kollegen keine oder falsche Aussagen zu machen. Auf diese Weise werden sich die Polizei wie die Öffentlichkeit mehr und mehr bewusst, dass das Problem des möglichen Machtmissbrauchs durch die Polizei nur durch die Zusammenarbeit beider Seiten gelöst werden kann.

Die Trichterfunktion des Systems strafrechtlicher Kontrolle

Im Jahre 1998 ist in Deutschland gerade einmal jedes zweite Raubdelikt aufgeklärt, d.h. ein Tatverdächtiger ermittelt worden. Bei den Diebstahlsdelikten betrug die »Aufklärungsquote« ein knappes Drittel; in Fällen des schweren Diebstahls, wozu etwa auch Wohnungseinbrüche zählen, konnte nur etwa jede siebte Straftat aufgeklärt werden (vgl. Schaubild 7.2). Von den ermittelten Tatverdächtigen gelangt nur ein Bruchteil vor Gericht, und die Zahl derjenigen, die schließlich im Gefängnis landen, ist noch wesentlich geringer. So lässt sich das Strafjustizsystem als ein Trichter darstellen. An seinem Anfang steht eine große Anzahl bekannt gewordener Straftaten, in seiner Mitte eine relativ große Zahl von Tatverdächtigen, an seinem Auslass gibt es dann wenige Verurteilungen, und an seinem Ende finden sich noch weniger Gefängnisinsassen (Kerner 1993). Wie erklärt sich dies?

Viele Straftäter werden niemals angeklagt oder verurteilt, weil ihre Opfer nicht gegen sie aussagen. Wenn Leute die Polizei holen, tun sie es oft nur als Drohung gegen den Täter oder aus purem Ärger. Wenn sie dann später als Zeuge auftreten müssen, ist ihr Ärger entweder verflogen, oder sie fürchten sich vor Rache. Das ist aber nur eine Konstellation. Die meisten angezeigten Straftaten, insbesondere solche aus dem weiten und prozentual größten Bereich der Eigentums- und Vermögensdelikte, sind Rechtsverletzungen, deren Täter unbekannt bzw. von der Polizei erst noch zu ermitteln sind. In einer zunehmend mobiler und anonymer werdenden Gesellschaft gestaltet sich diese Aufgabe der Polizei immer schwieriger. Die höchsten Aufklärungsquoten verzeichnet die Kriminalstatistik deshalb auch bei solchen Delikten, bei denen die Anzeigeerstatter entweder den Täter gleich »mitliefern« (Ladendiebstahl) oder bei den sogen. »Kontrolldelikten«, die der Polizei durch ihre eigene Kontrolltätigkeit bekannt werden (Drogendelikte, Verkehrsdelikte). Die zunehmende Komplexität der Ermittlungsarbeit stellt einen wesentlichen Grund für die Ausstattung der Polizei mit technischen Hilfsmitteln der Überwachung, Kontrolle und Beobachtung dar.

Die Trichterfunktion des Strafjustizsystems, die sich in der stufenweisen Verringerung bzw. im sukzessiven Ausscheiden von Taten und Tätern aus dem System niederschlägt, lässt sich aus einer anderen Perspektive auch als eine Art selektiver Durchsetzung des Strafrechts beschreiben. Entgegen dem Bild der blinden Justitia,

7

Schaubild 7.3: **Aufklärungsquoten 1998 in der Bundesrepublik**

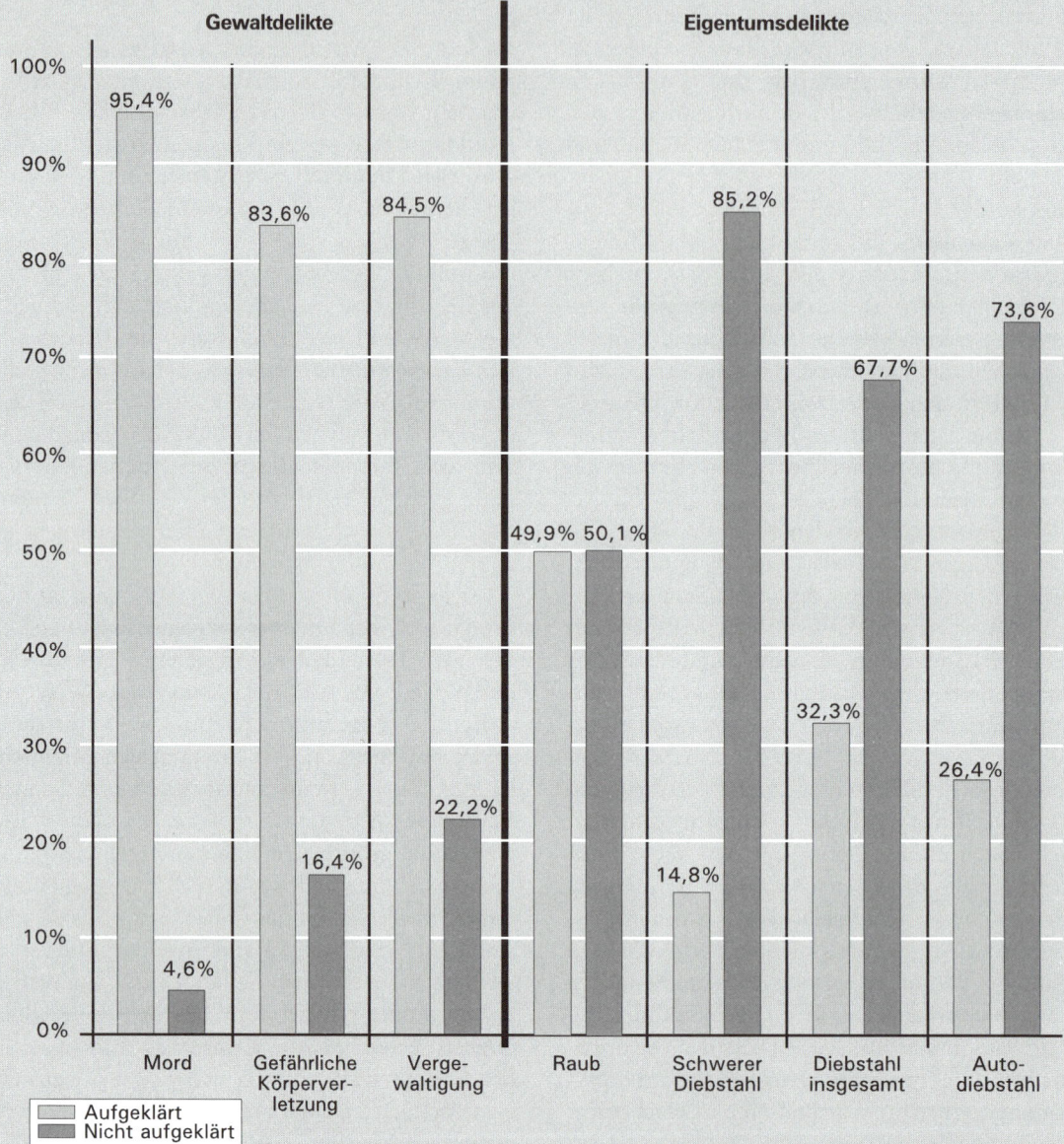

| | Gewaltdelikte | | | Eigentumsdelikte | | |

100%

95,4%

90%

84,5%
83,6%   85,2%

80%

73,6%

70%
67,7%

60%

50%   49,9% 50,1%

40%

32,3%

30%
26,4%

22,2%
20%
16,4%   14,8%

10%

4,6%

0%

Mord | Gefährliche Körperverletzung | Verge- waltigung | Raub | Schwerer Diebstahl | Diebstahl insgesamt | Auto- diebstahl

☐ Aufgeklärt
☐ Nicht aufgeklärt

Quelle: *Polizeiliche Kriminalstatistik 1998*, hg. Bundeskriminalamt. Wiesbaden 1999. Die »Aufklärungsquote« ist das pro-zentuale Verhältnis von aufgeklärten zu bekannt gewordenen Fällen in einem Jahr; »aufgeklärt« ist ein Fall, für den die Polizei einen Tatverdächtigen ermittelt hat.

die das Recht »ohne Ansehen der Person« in gleicher Weise gegen jedermann durchsetzt, sprechen erdrückend viele rechtssoziologische Befunde dafür, dass es »An-wendungsregeln« oder einen *second code* (MacNaugh-ton-Smith 1968) des Rechts gibt, denen zufolge die Wahrscheinlichkeit, bei Rechtsverletzungen auch die dafür vorgesehenen Rechtsfolgen zu erfahren, von Fak-toren abhängt, die nicht rechtlicher Art sind, sondern mit der sozialen, wirtschaftlichen und politischen Stellung des Täters zusammenhängen. Diese These lässt sich auf den verschiedenen Stufen des Rechtsprozesses durchbuchstabieren – angefangen auf der Ebene der Sichtbarkeit bzw. Sichtbarmachung von Rechtsver-stößen bis hin zu den diversen Entscheidungen im Verlaufe der Karriere einer Tat und ihres Täters durch die verschiedenen Instanzen des Strafprozesses.

Ein besonders augenfälliger Fall dieser selektiven Strafverfolgung lässt sich auf dem Feld der Beteiligung von Ausländern an der Kriminalität und ihrer Verfolgung beobachten. Diese Frage – ein notorisches Problem in der amerikanischen Strafjustiz – spielt auch bei uns seit Jahren eine andauernde, seit der deutschen Vereinigung eine bisweilen aufsehenerregende Rolle. Während anfänglich die kriminelle Belastung von Ausländern im Vordergrund stand, rücken die Ausländer zunehmend als Opfer »fremdenfeindlicher« Gewalt sowie als »Opfer« diskriminierender Behandlung durch das Strafjustizsystem in den Mittelpunkt des Interesses (Villmow 1993; Rebmann 1998). Tabelle 7.3 enthält einige statistische Vergleichsdaten über die unterschiedliche Belastung von deutschen und nicht-deutschen Personen im System der strafrechtlichen Sozialkontrolle (Anteil

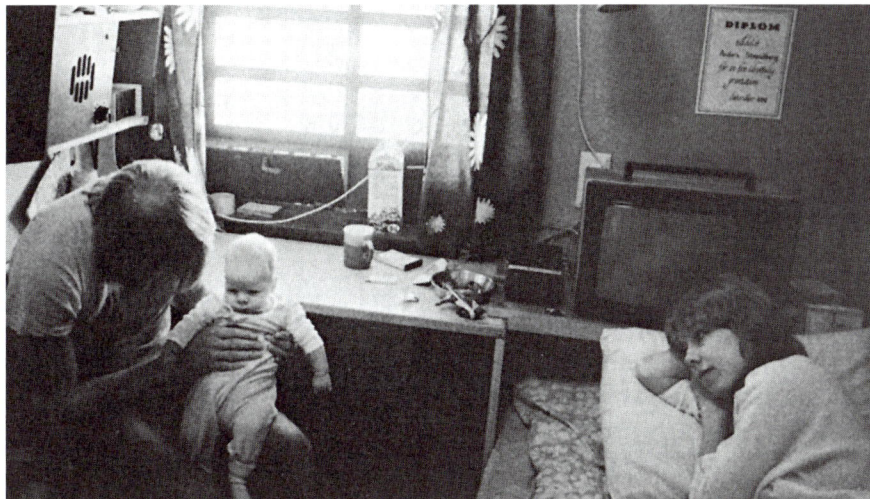

Die Unterschrift auf diesem Foto aus Schweden lautet: »Dies ist ein Familienbesuchszimmer in einem schwedischen Gefängnis im Rahmen eines Versuchsprogramms für Rauschgiftdelinquenten. Manche behaupten, die Erlaubnis privater Familienkontakte für Gefangene während der Haftzeit sei allzu mild; nach Ansicht anderer hilft es den Gefangenen, sich nach ihrer Freiheitsstrafe in die Gesellschaft zu reintegrieren, wenn die Haftanstalten so gebaut werden, dass sie sinnvolle soziale Kontakte aufrecht erhalten können.« Unsere eigene Gesellschaft tendiert dazu, den ersten Punkt in den Vordergrund zu stellen: Deutsche Gefängnisse legen in der Praxis noch immer mehr Wert auf Strafe als auf Resozialisierung. Welchen Ansatz halten Sie für wirkungsvoller?

der Ausländer an der Gesamtbevölkerung der Bundesrepublik im Berichtszeitraum unter 10 Prozent).

Die Gefängnisgesellschaft

»Schließt sie ein und werft den Schlüssel weg!« titelte das amerikanische Nachrtichtenmagazin *Time* in seiner Beilage vom 7. Februar 1994. Diese Schlagzeile kennzeichnet die derzeitige Haltung vieler Nordamerikaner. Während sich die 1960er und 1970er Jahre noch durch eine relative Milde gegenüber Straftätern auszeichneten, begann das Pendel Anfang der 1980er Jahre in die entgegengesetzte Richtung auszuschlagen. Heute müssen die Vereinigten Staaten mit einer höheren Inhaftierungsrate leben als jede andere Nation der westlichen Welt; gegenwärtig gibt dieses Land mehr Geld für seine Gefängnisse als für Erziehung aus.

»Three strikes and you're out« – auf diese Formel lässt sich eine Reihe neuerer amerikanischer Bundesgesetze bringen, die dieser gestiegenen Straforientierung der amerikanischen Gesellschaft staatlichen Ausdruck gegeben haben. Mit ihnen werden verbindliche Mindeststrafen gegen Wiederholungstäter durchgesetzt. In Kalifornien, dem diesbezüglichen Vorreiter-Bundesstaat, erhalten Personen mit einer früheren ein-

Tabelle 7.3: Strafrechtliche Belastung von Ausländern 1995 – Tatverdächtige und Strafgefangene in Prozent		
Bevölkerungsgruppe	Deutsche	Nichtdeutsche
Tatverdächtige		
Tatverdächtige insgesamt	71,5	28,5
Jugendliche	78,3	21,7
Heranwachsende	66,5	33,5
Jungerwachsene	58,3	41,7
Strafgefangene		
Insgesamt	78,4	21,6
Jugendliche	68,1	31,9
Heranwachsende	52,7	47,3
Jungerwachsene	65,0	35,0

Quellen:
Tatverdächtige: *Polizeiliche Kriminalstatistik 1995*, hg. Bundeskriminalamt Wiesbaden 1996:88, 90, 92; Strafgefangene: *Statist. Bundesamt, Rechtspflege*, Fachserie 10, Reihe 4.1 (Strafvollzug), Wiesbaden 1997: 84f.

7

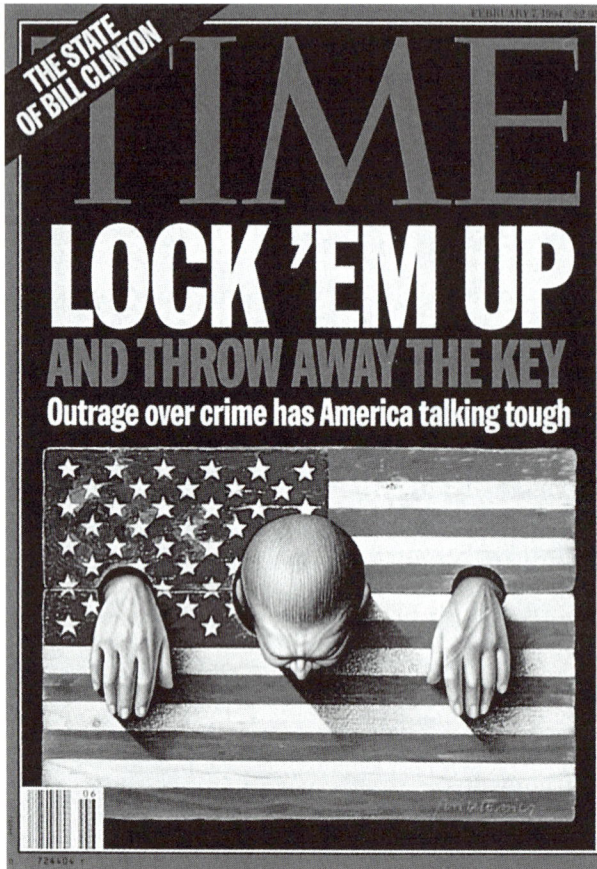

Obligatorische Gefängnisstrafen mögen in einigen US-Bundesstaaten populär sein, doch die Gesetze hatten auch einige unbeabsichtigte Folgen. So schießt angesichts einer langen Gefängnisstrafe ein Krimineller eher auf Polizisten, als dass er sich ihnen ergibt.

schlägigen Verurteilung wegen schwerer oder gewalttätiger Verbrechen im ersten Wiederholungsfall das Doppelte der dafür vorgesehenen Bestrafung. Beim dritten Mal sind es 25 Jahre oder lebenslänglich.

Mit dieser Strafzumessungspolitik sollen zwei Ziele erreicht werden: Erstens sollen Wiederholungstäter aus der Gesellschaft entfernt, und zweitens sollen die Gerichte und die Geschworenen davon abgehalten werden, Milde walten zu lassen. Zusätzlich hat die *U.S.-Sentencing Commission* strenge Strafzumessungsrichtlinien vorgeschrieben. Daher war es den Richtern auf Bundesebene ohnehin nicht gestattet, wie ihre Kollegen in den Ländern mildernde Umstände zu berücksichtigen und die Familien-, Wohn- und Arbeitssituation sowie die geistige und seelische Verfassung der Angeklagten in ihre Urteile einzubeziehen.

Schon vor diesen gesetzlichen und gerichtlichen Zumessungsverschärfungen sind die Inhaftierungsraten in den Vereinigten Staaten stetig gestiegen. Zwischen 1980 und 1992 wuchs die Zahl der Insassen im Schnitt um 900 Menschen wöchentlich und überstieg 1994 die 1-Millionen-Grenze (U.S. Department of Justice, 1996). Die USA stehen heute mit einer Gefangenenquote von über 600 pro 100.000 Einwohner weltweit an der Spitze aller Länder, lediglich mit Russland konkurrierend. Schätzungen laufen darauf hinaus, dass die amerikanischen Strafvollzugsbehörden 1995 $ 30 Milliarden für den Strafvollzug aufwenden mussten. 1975 waren es erst $ 4 Milliarden. Trotz dieser Anstrengungen sind sie nicht in der Lage gewesen, mit dem steten Zustrom von Gefangenen fertig zu werden. Chronische Überfüllung der Gefängnisse und eine latent explosive Lage sind die nur schwer zu kontrollierenden Folgen (Logan 1985).

In Deutschland, wie generell in Europa, kann von einer »Gefängnisgesellschaft« in den Ausmaßen wie in den USA nicht gesprochen werden, wenngleich auch hier die Kriminalpolitik eine schärfere Gangart eingeschlagen hat. Dies zeigt sich ebenfalls in gestiegenen Gefängnisraten: In nur sechs Jahren von 1990 bis 1996 hat sich die Zahl der Gefängnisinsassen in den Ländern der Europäischen Union um insgesamt 21 Prozent erhöht, wobei die Gefangenenquoten zwischen 60 und 120 schwanken, Deutschland mit einem Wert von 84 einen mittleren Platz einnimmt (Taylor 1999).

Ein genauerer Blick auf die Entwicklung bei uns zeigt die unterschiedlichen Tendenzen der Strafpolitik in Deutschland und den USA recht deutlich: zwischen 1980 und 1995, in der Periode explosionsartiger Zunahme der Gefängnispopulation in den USA, veränderte sich die Gefängnisquote in der Bundesrepublik von 92,1 auf 87,9 pro 100.000 Einwohner, blieb also vergleichsweise stabil (vgl. Dünkel 1996:146). Diese Periode war in Deutschland auf dem Gebiet der Strafpolitik von einer zunehmenden Ersetzung punitiver und stationärer durch »erzieherische« und ambulante Sanktionen gekennzeichnet. Unter dem Stichwort der »Diversion« sind insbesondere im Bereich des Jugendstrafrechts alternative und »informelle« Reaktionsformen entwickelt worden, die dem Delinquenten den oft langwierigen und stigmatisierenden Gang durch die regulären Instanzen des Strafrechts ersparen sollen. In die gleiche Richtung weisen jüngere Programme des Täter-Opfer-Ausgleichs, die darauf zielen, als sanktionierende Reaktion eine befriedende Wiedergutmachung zwischen den Konfliktpartnern zu organisieren. Unabhängig von diesen fortdauernden Tendenzen macht sich auch in der Bundesrepublik eine Gegenströmung in der Kriminal- und Strafpolitik bemerkbar. Sie schlägt sich in überfüllten Untersuchungsgefängnissen nieder, im Ruf nach der Wiedereinführung geschlossener Heime für Jugendliche, in einer artikulierten Skepsis gegenüber dem Resozialisierungsprinzip als dem dominanten Bezugspunkt staatlichen Strafens sowie in einer Reihe anderer kleiner Mosaiksteine einer Kehrtwende im Strafbereich. Symptomatisch für einen solchen stärker punitiven Trend auch in Deutschland dürfte auch das laute Nachdenken von Politikern und Praktikern über die versuchsweise Erprobung des elektronisch überwachten Hausarrests sein, die es ermöglicht, die Mauern des Gefängnisses zu überwinden, ohne dadurch die Freiheit einzuräumen (Lindenberg 1997).

Geht von der Inhaftierung überhaupt eine abschreckende oder eine die Kriminalität Einzelner verhindernde oder eine resozialisierende oder eine strafende Wirkung aus? Es liegen kaum Belege vor, dass mehr und längere Haftstrafen eine abschreckende Wirkung entfalten. Zudem lassen Rückfallraten den Schluss zu, dass nur wenige Gefangene resozialisiert werden. Auch die dauerhafte Verhinderung von Kriminalität einzelner Personen durch ihre Inhaftierung (*incapacitation*) ist in der Praxis kaum vorstellbar. Dies würde zunächst eine abschließende Klärung erfordern, von welchen dieser Personen eine Wiederholungstat zu erwarten ist, und sodann, welche davon als besonders gefährlich einzustufen sind. Diese Menschen müssten dann möglichst langfristig eingesperrt werden. Da die meisten Gewaltverbrechen jedoch nicht von Wiederholungstätern mit einschlägigen Delikten begangen werden, sondern von Personen mit einem langen Vorstrafenregister im Bereich der Eigentumskriminalität, lässt sich diese Klärung im Vorwege nicht mit hinreichender Sicherheit erreichen.

Gegen die Renaissance von Strafe und Gefängnis sind deshalb nach wie vor die bislang nicht überholten soziologischen und kriminologischen Befunde zu setzen, dass das Gefängnis gerade auf junge Erstverurteilte brutalisierend wirken und sie in eine Subkultur führen kann, in der sie andere zu Opfern machen müssen, um nicht selbst zum Opfer zu werden. Zudem kann das Gefängnis für sie zu einer »Schule der Kriminalität« werden, in der sie diejenigen Techniken und Grundprinzipien der Kriminalität lernen, die aus bisherigen Amateuren professionelle Kriminelle machen.

Zusammenfassung

1. Abweichung ist ein Verhalten, das die Mitglieder einer Gruppe oder einer Gesellschaft als Verletzung ihrer Normen ansehen. Einige Normabweichungen lösen heftige Missbilligung aus, während die Verletzung anderer Normen als Ausrutscher im Rahmen eines ansonsten respektablen Verhaltens betrachtet wird.

2. Abweichendes Verhalten ist das Resultat einer sozialen Definition. Ob eine bestimmte Handlung als Abweichung angesehen wird oder nicht, hängt von der Zeit, dem Ort und den sozialen Umständen ihres Auftretens ab.

3. Ob jemand als abweichend etikettiert wird, hängt nicht nur davon ab, was er macht, sondern auch davon, wer er ist. Als abweichend werden meistens diejenigen Handlungen und Täter definiert, die die Interessen der gesellschaftlichen Eliten bedrohen.

4. Obwohl abweichendes Verhalten soziale Systeme in Unordnung stürzt, hat es auch die positive Funktion, die Grenzen des Akzeptablen wach zu halten und die soziale Solidarität zu stärken. Auf diese Weise kann abweichendes Verhalten die bestehenden Normen bekräftigen; es kann aber auch zu sozialem Wandel beitragen.

5. Soziale Kontrolle bezieht sich auf die Aktivitäten der Gruppe oder der Gesellschaft, das Verhalten ihrer Mitglieder zu regulieren. Im idealen Fall internalisieren die Mitglieder die Normen; die Gesellschaft bedient sich aber auch der Sanktionen (von außen auferlegte Zwänge). Sanktionen können informeller (Tratsch) oder formeller (Freiheitsstrafe) Art sein.

6. Frühe Versuche, zu zeigen, dass abweichendes Verhalten auf biologische Faktoren zurückgeht, sind gescheitert. Heute betonen die Wissenschaftler eher Prozesse der Sozialisation, des sozialen Lernens und der sozialen Struktur, gebündelt in der Theorie der differentiellen Assoziation. Eine der ersten genuin soziologischen Theorien abweichenden Verhaltens war Mertons Theorie struktureller Spannungen, des Konflikts zwischen kulturell geprägten Bedürfnissen und den sozialen Gelegenheitsstrukturen.

7. Praktisch jedermann begeht gelegentlich abweichende Handlungen, nur wenige münden aber in eine abweichende Karriere. Primärabweichungen sind erstmalige Normverletzungen; Sekundärabweichungen entspringen aus der langfristigen Übernahme der Rolle des Abweichlers. Die Labeling-Theorie zeigt, dass Sanktionen ihr Ziel verfehlen und Primär- in Sekundärabweichungen transformieren können. Primärabweichung kann als fehlgeschlagene Sozialisation mit dem Ergebnis inadäquater Selbstkontrolle betrachtet werden.

8. Ein Verbrechen ist die Verletzung einer Norm, die Eingang ins Gesetz gefunden hat und durch die Macht und die Autorität des Staates gestützt wird. Nicht sämtliches abweichende Verhalten ist kriminell (und nicht sämtliche Kriminalität wird als ernste Abweichung begriffen). In modernen Gesellschaften besteht die Tendenz, Normen im Strafrecht zu kodifizieren.

9. Umfragedaten zeigen, dass die Amerikaner der Ansicht sind, Gewalt- und Eigentumsdelikte würden ständig ansteigen; die offiziellen Statistiken zeigen allerdings das Gegenteil. Gleiches gilt für Deutschland. Die Konzentration der Medien auf besonders sensationelle Verbrechen, die öffentliche Wahrnehmung der Kriminalität, die hohe Anzahl nicht angezeigter Verbrechen und die Zunahme der

Straftaten durch Fremde haben zu gesellschaftsweiter Kriminalitätsfurcht beigetragen.

10. Die sogenannten Verbrechen ohne Opfer (Prostitution, illegaler Drogenkonsum) werfen Fragen des Zusammenhangs von Recht und Moral auf. Die Organisierte Kriminalität vertreibt illegale Güter oder Dienstleistungen oder bedient sich beim Handeln mit legalen Gütern und Dienstleistungen illegaler Mittel. Obwohl die Weiße-Kragen- sowie die Wirtschaftskriminalität der Gesellschaft teurer zu stehen kommt als die Straßenkriminalität, löst sie selten harte Strafen, Freiheitsentzug oder kriminelle Reputation aus.

11. Die weithin empfohlene Kriminalpolitik setzt auf mehr Polizeipräsenz in der Öffentlichkeit, bessere Kooperation zwischen Polizei und Bevölkerung und auf härtere Bestrafung durch die Justiz.

12. In den USA besteht eine Tendenz zum längeren Freiheitsentzug für mehr Kriminelle. »Three strikes«-Gesetze und andere obligatorische Regeln zum Freiheitsentzug mögen die Kriminalität reduzieren, sie haben indessen unbeabsichtigte Nebenfolgen (Verstopfung der Gerichte). Es gibt zudem keine nachhaltigen Belege dafür, dass das Gefängnis abschreckend wirkt, die Zahl potentieller Gewalttäter in der Bevölkerung reduziert oder Verurteilte bessert.

Wiederholungsfragen

1. Inwiefern ist abweichendes Verhalten eine Frage der sozialen Definition?

2. Wie erklären Labeling-Theoretiker Abweichung?

3. Fassen Sie die Theorien zusammen, die als Erklärungen zur Entstehung abweichenden Verhaltens entworfen worden sind: Natur, soziales Lernen (einschließlich differentieller Assoziation), strukturelle Spannung, ungenügende soziale Kontrolle.

4. Erklären Sie, in welchen Punkten Kriminalität und abweichendes Verhalten einander ähneln und worin sie sich unterscheiden.

5. Skizzieren Sie in Kürze die Formen von Kriminalität, die in diesem Kapitel beschrieben wurden.

Übungsaufgaben

1. Sie sind von Ihrer Gemeinde/Stadt gebeten worden, ein Programm zur Behandlung abweichenden Verhaltens zu entwickeln. Skizzieren Sie ein solches Programm auf der Grundlage der wichtigsten Erklärungen von Abweichung. Machen Sie deutlich, welche Aspekte Ihres Programms sich auf welche Erklärungen beziehen.

2. Wir haben gesehen, dass die Mitgliedschaft in einer Straßengang von vielen Teilen der US-amerikanischen Gesellschaft für normal gehalten, von andern jedoch als Abweichung betrachtet wird. Begehen Sie selbst Handlungen, die von Angehörigen einer anderen Schicht, einer anderen Subkultur oder von der Gesellschaft als Ganzes als abweichend betrachtet werden?

3. In diesem Kapitel wurden verschiedene Kriminalitätsformen beschrieben: Gewaltkriminalität, Kriminalität ohne Opfer, Organisierte Kriminalität, »Weiße-Kragen«-Kriminalität und Wirtschaftskriminalität. Bringen Sie diese Kriminalitätsformen in eine Rangfolge nach ihrer Schwere und begründen Sie Ihre Abstufungen.

4. Erörtern und begründen Sie Möglichkeiten, den strafjustiziellen »Trichter« zu verändern.

5. Schlagen Sie unter Berücksichtigung dessen, was Sie in diesem Kapitel gelernt haben, andere Wege als den der Einsperrung vor, um mit dem Problem der Kriminalität umzugehen.

Glossar

Abweichung Ein Verhalten, das die Mitglieder einer sozialen Gruppe als Verletzung einer ihrer Normen definieren.

Differentielle Assoziation Der Prozess, durch den Menschen in Verhaltensmuster sozialisiert werden, die in der Gruppe vorherrschen, mit der sie sich am meisten abgeben. Wenn in dieser Gruppe abweichende Verhaltensmuster zu finden sind, so ist die Abweichung kulturell vermittelt.

Formale Sanktionen Von formalen staatlichen Organisationen wie Polizei, Gerichten und Gefängnissen ausgeübter offizieller Druck, sich gegenüber den vorherrschenden sozialen Normen und Werten konform zu verhalten.

Gewaltkriminalität Kriminalitätsformen wie Mord oder gefährliche Körperverletzung oder Totschlag, Raub oder Vergewaltigung, also Handlungen, die physische Gewaltanwendung gegenüber einem Opfer erfordern.

Informelle Sanktionen Inoffizieller Druck zur Konformität. Dies beinhaltet Missbilligung, Spott und Ächtung auf der einen (negative Sanktionen) sowie Zustimmung und Lob auf der anderen Seite (positive Sanktionen).

Innovation In der Theorie der Strukturellen Spannung von Robert Merton die Verfolgung von gesellschaftlich anerkannten Zielen mit abweichenden Mitteln.

Internalisierung Der Prozess, durch den gesellschaftliche Standards Teil der Persönlichkeitsstruktur werden.

Konformität In der Theorie Robert Mertons das Streben nach kulturell anerkannten Zielen mittels kulturell anerkannter Mittel.

Kriminalität Die Verletzung einer Norm, die Eingang in ein Strafgesetz gefunden hat und durch staatliche Macht und Autorität abgesichert ist.

Kriminalität ohne Opfer Kriminalitätsformen wie etwa illegale Glücksspiele oder Prostitution, bei denen es an Opfern mangelt, weil sich keiner der Beteiligten als Opfer definiert.

Labeling-Theorie Diese Theorie besagt, dass Menschen eine Identität als sozial Abweichende annehmen und einen abweichenden Lebensstil verfolgen, weil andere sie als abweichend bezeichnet haben und sie auf diese Weise von dem gesellschaftlichen Hauptstrom abschneiden.

Organisierte Kriminalität Eine auf die Erreichung von Profit und Macht angelegte Verschwörung zur Verübung von Straftaten. Die Beteiligten versuchen durch Bestechungen und Bedrohungen, sich gegen das Gesetz zu immunisieren. Sie spezialisieren sich dabei auf die Bereitstellung illegaler Güter und Dienstleistungen.

Primäre Abweichung Die erste Verletzung einer sozialen Norm, aus der jedoch noch keine Rückschlüsse auf die Motive oder den Charakter der Person, die diese Handlung begangen hat, gezogen werden.

Rebellion In der Theorie Robert Mertons die Entwicklung neuer Ziele und neuer Mittel, um diese neuen Ziele verfolgen zu können.

Ritualismus In Robert Mertons Theorie die strikte Befolgung von Normen, wobei das Verständnis für die mit diesen Normen verfolgten Ziele verloren geht.

Rückzug In der Theorie Robert Mertons die Aufgabe gesellschaftlich definierter Ziele und der zu ihrer Erreichung notwendigen Mittel.

Sanktionen Belohnungen für konformes Verhalten gegenüber sozialen Normen bzw. Strafen für deren Verletzung.

Sekundäre Abweichung Ein Muster, das Menschen dazu bringt, sich selbst als abweichend zu bezeichnen und als Reaktion auf diese Bezeichnung einen abweichenden Lebensstil zu wählen.

Soziale Kontrolle Der Versuch der Gesellschaft, sich selbst zu regulieren; der Mechanismus, durch den soziale Normen aufrechterhalten und ihre tatsächlichen oder möglichen Verletzungen in engen Grenzen gehalten werden.

»Weiße-Kragen«-Kriminalität Kriminalität, die von Personen mit hohem gesellschaftlichen Status im Zuge ihrer beruflichen Tätigkeit ausgeübt wird.

Wirtschaftskriminalität Illegale Aktivitäten zugunsten einer formalen Organisation.

7

Kapitel 8

Gruppen und Organisationen

Inhalt

8

Komm zur Tupperware-Party! Deine Nachbarin lädt zu einer ein. Auch viele von deinen Freundinnen aus der Nachbarschaft kommen. Bring die Kinder mit: Deine Gastgeberin hat einen Babysitter bestellt. Die Party, sagt sie, soll einfach ein nettes Beisammensein bei Kaffee und Kuchen sein, wobei absolut keine Kaufverpflichtung bestehe. Sie hat eine ›Verabredung‹ mit einer ›Vertreterin‹ von der großen Familie der *Tupperware*-Verkäuferinnen getroffen, die das neueste Plastikgeschirr zum Aufbewahren von Speisen, aber auch alte *Tupperware*-Verkaufsschlager und die *TupperToys*-Artikel vorführt. Die Gäste machen Spiele (eine Auktion mit Spielgeld), und eine glückliche Gewinnerin erhält ein Überraschungspräsent.

Auf einer Ebene ist diese *Tupperware*-Party ein rein gesellschaftliches »Ereignis« – ein informelles Treffen von Freunden und Nachbarn, die miteinander plauschen und Spaß haben wollen. Auf einer anderen Ebene ist sie jedoch auch Big Business. *Tupperware* ist, wie etwa *Avon Kosmetik* oder *Vorwerk*, eine Direktverkaufsorganisation, in der ein Verkäufer (oder »Vertreter«) Produkte oder Dienstleistungen im persönlichen Gespräch mit Konsumenten, typischerweise in deren Haus, verkauft. In einem der letzten Jahre erzielten Direktverkaufsorganisationen in den USA einen Gewinn in Höhe von 8,36 Milliarden US-$ und beschäftigten 5,12 Millionen Vertreter.

Zum Teil erklärt sich dieser erstaunliche Erfolg dadurch, dass Direktverkaufsorganisationen die übliche Trennung zwischen der persönlichen Welt der Familie, Freunde und Gefühle und der ökonomischen Welt der Märkte, Produkte und Profite verwischen. Wer bei *Tupperware* oder einer ähnlichen Organisation kauft, hat nicht das Gefühl, bei einer großen **formalen Organisation** wie *Siemens* oder *Opel* zu kaufen. Vielmehr betrachtet er oder sie sich als Glied einer kleinen sozialen Gruppe von Freunden und Nachbarn.

Die Unterscheidung zwischen einer Gruppe und einer formalen Organisation (oder Bürokratie) ist für die Soziologie wichtig. Eine **soziale Gruppe** besteht aus einer Reihe von Individuen, die sich miteinander identifizieren und auf der Basis gemeinsamer Werte, Normen und Ziele in informell strukturierten Weisen interagieren. Die *Tupperware*-Party illustriert einige Eigenschaften sozialer Gruppen. Die Freunde und Nachbarn, die sich einfinden, sind durch gemeinsame Werte, Gewohnheiten und Praktiken verbunden (sie gehen eventuell in dieselbe Kirche), fühlen sich (als Ehefrauen und Mütter, die in einer bestimmten Nach-

barschaft wohnen) einer gemeinsamen Gruppe zugehörig und verkehren regelmäßig ungezwungen miteinander. Viele dieser Eigenschaften charakterisieren auch die *Tupperware*-Vertreterinnen. Sie sind in familienartigen Gruppen organisiert, in denen mehr Wert auf freundschaftliche Zusammenarbeit gelegt wird als auf Wettbewerb. Hohes Ansehen genießt jedoch auch selbständiges Unternehmertum. Neue Vertreterinnen werden durch Netzwerke von Familien und Freunden angeworben; dabei wird ihre potenzielle Leistung als Verkäuferinnen kaum bewertet. Sämtliche Vertreterinnen kommen zu Versammlungen und zu einem Jahresjubiläum zusammen, wo den Spitzenverkäuferinnen Prämien verliehen werden und über die weitere Planung in einer festlichen, informellen Atmosphäre entschieden wird.

Diese sozialen Arrangements heben sich deutlich von den Strukturen in einer typischen bürokratisch organisierten formalen Organisation ab. Eine **formale Organisation** besteht aus einer Reihe von Individuen, deren Handlungen zur rationellen Erfüllung explizit formulierter Ziele präzise und zweckmäßig geplant sind. Einige Merkmale von Direktverkaufsorganisationen rücken diese mehr in die Nähe formaler Organisationen. So werden die Spiele bei *Tupperware*-Partys nicht nur zum Vergnügen gespielt. Vielmehr sind sie sorgfältig geplant, um zum Kauf anzureizen. Auch für die Prämienverleihung gelten bestimmte Regeln. So gewinnt eine Gastgeberin, die ihre Freundinnen dafür wirbt, eigene *Tupperware*-Partys zu geben, selbst *Tupperware*-Produkte. Ferner sind *Tupperware*-Vertreterinnen zur besseren Kontrolle, Lenkung und Motivation hierarchisch organisiert. Vertreterinnen an der Spitze verdienen einen gewissen Prozentsatz an jedem Verkauf der (meist von den »höheren Tieren« für die Organisation angeworbenen) »unteren Chargen« mit. Darüber hinaus arbeiten Hunderte von Personen an der Herstellung von *Tupperware*-Produkten in Fabriken, wo sie für die Ausführung explizit definierter, genau überwachter Arbeitsgänge nach Stundenlohn bezahlt werden. Schließlich unterliegt *Tupperware* als Unternehmen Gesetzen, die die Geschäftspraktiken regeln, nicht aber für informelle Gruppen gelten.

In diesem Kapitel befassen wir uns mit sozialen Gruppen und formalen Organisationen. Wir beginnen mit einem Abschnitt über die Natur von Gruppen – ihre charakteristischen Merkmale, ihre dynamischen Prozesse und die verschiedenen von Soziologen beschriebenen Gruppentypen. Anschließend betrachten wir, wie die Individuen in Gruppen eingebunden werden – manchmal sogar so weit, dass sie ihre personale Identität preisgeben. In diesem Zusammenhang untersuchen wir die Gruppenbindung bei den Zeugen Jehovas, einer sozialen Gruppe mit extrem hoher Gruppenloyalität. Danach wenden wir uns formalen Organisationen zu und diskutieren deren Schaffung als Versuch, Probleme, die sich bei der Verfolgung kollektiver Ziele stellen, zu lösen. Wir analysieren die Hauptmerkmale von Bürokratien, betrachten, wie sie in der realen Welt operieren, und sehen uns einige ihrer Fehlentwicklungen näher an. Wie das Beispiel von *Tupperware* lehrt, florieren manche formalen Organisationen, wenn sie sich gerade nicht an das bürokratische Vorbild anlehnen.

Die meisten dieser Themen sind mit unseren fünf soziologischen Schlüsselbegriffen verknüpft. Sowohl Gruppen wie Organisationen haben ihre eigene *soziale Struktur*, wozu ihre Größe, ihre Verteilung von *Macht* und Autorität, ihre Regeln und ihre Arbeitsteilung zählen. Diese sozio-strukturellen Elemente sind nie endgültig: Organisatorische Neuerungen von Individuen oder Bürokratien sind Beispiele für *soziales Handeln*. Herbeigeführt werden solche Neuerungen oft durch Veränderungen im externen Umfeld einer Gruppe oder Organisation, wenn sie mit der Gesamtgesellschaft (mehr oder weniger) *funktional integriert* werden. Auch *kulturelle* Faktoren, etwa gemeinsame Überzeugungen und Werte der Gruppe oder Überzeugungen und Werte der Gesellschaft, in die eine Organisation eingebettet ist, beeinflussen die Struktur von Gruppen und Organisationen und die in ihnen ablaufenden Prozesse stark. Schließlich gibt es Parallelen zwischen der Art, wie Individuen in sozialen Gruppen und in formalen Organisationen *Macht* erwerben und erhalten.

DIE NATUR SOZIALER GRUPPEN

William Goldings Roman *Herr der Fliegen* beginnt auf einer unbewohnten Tropeninsel: Eine Gruppe sechs- bis zwölfjähriger englischer Schuljungen ist mit ihrem Flugzeug abgestürzt. Alle Erwachsenen kommen um. Die Jungen sind, als sie sich eine Ordnung geben und auf Rettung sinnen, auf sich allein gestellt. Doch nicht alles funktioniert so, wie sie zuerst hoffen. Eine vernünftige Gruppe, angeführt von Ralph, wird von einer unvernünftigen und gewalttätigen, angeführt von Jack, überwältigt. Die Jungen werden von unbegründeten Ängsten gepeinigt, sie empfinden Rivalität und Hass, werden angetrieben von unmittelbarer Lustbefriedigung und leben primitive Aggressionen aus.

Die ganze Geschichte hindurch zeigt uns Golding, wie sehr wir durch Gruppenerfahrungen geprägt sind. Soziale Gruppen verknüpfen unser privates Leben mit der größeren Gesellschaft. Sie bieten uns Sicherheit und Unterstützung, formen unsere Werte, Einstellungen und Verhaltensweisen, und sie geben uns eine Ordnung, damit wir Aufgaben erfüllen, Entscheidungen treffen und Abweichungen von Gruppennormen kontrollieren können. *Selten handeln wir in einer Gruppe so, wie wir es tun würden, wenn wir allein wären.*

Gruppeneigenschaften

Nach dem Absturz des Flugzeugs tauchen aus dem Dschungel als erste ein dicker, zu sehr behüteter, intellektueller Junge mit dem Spitznamen Piggy (»Schweinchen«) und ein blonder, sportlicher zwölf-jähriger Junge namens Ralph auf. Piggy bringt Ralph auf die Idee, die anderen Überlebenden durch Blasen in ein großes Muschelhorn herbeizurufen. In zerrissenen Schuluniformen schlagen sich kleine Jungen durch den Dschungel zum Strand durch. Diese Jungen bilden noch keine soziale Gruppe. Sie sind zunächst einfach eine Masse von Individuen, die sich zufällig zur gleichen Zeit am gleichen Ort befinden – ganz ähnlich wie Passanten in einer Einkaufsstraße oder Passagiere im gleichen Bus. Doch die Jungen werden bald zu einer Gruppe, indem sie interagieren, eine informelle Struktur bilden, sich auf Normen als Richtlinien ihres Verhaltens einigen und ein Wir-Gefühl entwickeln.

Eine soziale Gruppe hat vier Eigenschaften. Zunächst ist sie durch *regelmäßige Interaktion* zwischen den Gruppenmitgliedern charakterisiert. Individuen, die nicht miteinander kommunizieren und kaum von der Existenz anderer Individuen Kenntnis nehmen, bilden eine amorphe Masse, keine soziale Gruppe. So wird der desorganisierte Haufen der überlebenden Jungen erst dann zu einer Gruppe, als das Muschelhorn ertönt und die erste Versammlung »einberuft«. Danach treffen sich die Jungen regelmäßig als Gruppe, diskutieren ihre Lage und treffen Entscheidungen über ihre Zukunft.

Zweitens sind *strukturierte Interaktionen* zwischen

den Gruppenmitgliedern für eine soziale Gruppe kennzeichnend. Individuen in einer Gruppe verkehren miteinander nicht plan- oder wahllos. Jedes Individuum hat typischerweise einen bestimmten Status inne und übernimmt eine bestimmte Rolle. Diese Statuspositionen und Rollen werden nicht offiziell geschaffen, wie dies in formalen Organisationen geschieht. Vielmehr entwickeln sie sich meist informell und werden neu ausgehandelt, wenn die Individuen ihre Lage überdenken und sich auf soziale Interaktionen einlassen. Dennoch sind die Beziehungen in einer Gruppe in irgendeiner Form strukturiert. So übernehmen die ältesten Jungen bei der ersten Versammlung schon bald das Kommando; sie werden die Gruppenführer. Die Jüngsten verhalten sich respektvoll und gehorsam; sie sehen sich als Geführte, nicht als Führer.

Drittens ist die *Einigung auf gemeinsame Normen, Ziele und Werte* für eine soziale Gruppe wesentlich. Eine Ansammlung von Individuen mit widerstreitenden Zielen bildet kaum eine Gruppe. Als die überlebenden Jungen zu Beginn erkennen, wie notwendig Regeln sind und wie wichtig die Rettung für sie ist, haben sie mehr von einer Gruppe an sich als später, wenn dieser Konsens immer mehr zerbröselt. Normen, Ziele und Werte einer Gruppe brauchen nicht ausdrücklich formuliert zu sein; oft gelten sie stillschweigend, oder man hält sie für selbstverständlich. Gleichwohl können auch stillschweigende Vereinbarungen Gruppen stark binden.

Schließlich besitzen die Mitglieder einer sozialen Gruppe ein *Gefühl der gemeinsamen Identität (Wir-Gefühl)*. In ihrer Vorstellung bilden sie eine Einheit, sind voneinander abhängig und unterscheiden sich wesentlich von anderen Individuen. Auf Goldings Insel, wo sich die Jungen – von allen anderen Menschen isoliert – schon bald als Robinson Crusoes erleben, die ein gemeinsames Abenteuer bestehen, entsteht dieses Gefühl der kollektiven Zusammengehörigkeit rasch. »Das ist unsere Insel«, verkündet Ralph den anderen bei ihrer zweiten Versammlung. »Es ist 'ne gute Insel. Bis die Erwachsenen kommen und uns holen, wollen wir unsern Spaß hier haben.« Die Jungen bilden also ein Ensemble von Individuen, die sich miteinander identifizieren und in informell strukturierten Weisen auf der Basis von Normen, Zielen und Werten interagieren, die sie stillschweigend teilen. Kurz, sie bilden eine soziale Gruppe.

Gruppendynamik

Obgleich die Jungen sich ihr Leben auf der Insel als ein Abenteuer voller Spaß vorstellen, entwickelt sich die Realität anders. Gleich zu Beginn entbrennt ein Machtkampf zwischen dem blonden Ralph, der die zivilisierte, rationale, regelgeleitete Gesellschaft verkörpert, und dem hoch gewachsenen, hageren, hässlichen Jack, der die primitive, sich spontan entladende Gewalt und ungehemmte Erregung repräsentiert. Zuerst unterwirft sich Jack; die Jungen halten eine gewisse Ordnung aufrecht und akzeptieren eine Reihe von Regeln, die ihrer Rettung dienen. Doch allmählich gewinnt Jack die Oberhand. Schließlich laufen die meisten Jungen zu Jacks »Horde« über, die über die restlichen »Außenseiter« herfällt und sie systematisch versklavt und tötet. Am Ende ist Ralph der Einzige auf der Insel, der die Stimme der Vernunft und Zivilisation vertritt. Die anderen hetzen ihn wie ein Tier. Es scheint für ihn keine Hoffnung mehr zu geben, bis schließlich ein Marinekreuzer zufällig an der Insel anlegt und die Erwachsenenwelt eingreift.

Der Roman schildert einige hervorstechende Beispiele gruppendynamischer Prozesse. Unter **Gruppendynamik** versteht man die Gesetzmäßigkeiten sozialer Interaktionen zwischen den Mitgliedern einer Gruppe. Diese Gesetzmäßigkeiten werden von verschiedenen Faktoren beeinflusst. Einer der wichtigsten von ihnen ist die Gruppengröße.

Der Einfluss der Gruppengröße

Als Ralph und Piggy einander entdecken, glauben sie zuerst, sie beide hätten als Einzige den Absturz überlebt. Zu der Zeit bilden sie eine Dyade oder Zweiergruppe. Dann bläst Ralph in das Muschelhorn, und der sechsjährige Johnny stößt aus dem Busch dazu. Aus der **Dyade** war eine **Triade**, eine Dreiergruppe, geworden. Diese scheinbar einfache Hinzufügung einer weiteren Person (eine Änderung der Gruppenstruktur) beeinflusst die Interaktionen in einer Gruppe drastisch, wie bereits der Soziologe Georg Simmel (1908:82-100) herausgearbeitet hat. Beispielsweise müssen in einer Dyade beide Gruppenmitglieder teilnehmen, oder aber die Gruppe hört auf zu existieren. In einer Triade hingegen kann eine Person die Gruppe verlassen, ohne deren Existenz zu gefährden. So entsteht ein Druck auf die Mitglieder der Dyade, die Interaktion aufrechtzuerhalten, wenn sie wollen, dass die Gruppe weiter besteht. Diese Rückzugsdrohung macht Dyaden spannungsanfälliger als Triaden.

Ferner unterscheiden sich Dyaden und Triaden darin, dass Dyadenmitglieder ihre Verantwortung für Ereignisse, die in ihrer Gruppe geschehen, nicht verbergen können. Isst einer von zwei Zimmergenossen den letzten Schokoriegel auf, den sie aufheben wollten, wissen beide ganz genau, wer es war. Leben drei oder mehr Zimmergenossen zusammen, weiß möglicherweise nur die Person, die sich den Riegel nahm, wen die Schuld trifft. In Gruppen mit drei oder mehr Personen kann eine von ihnen Konflikte zwischen den anderen beiden schlichten, in einer Dyade nicht. Andererseits braucht sich eine Dyade nicht um das Problem von Ein-

dringlingen oder Zuschauern zu kümmern. Keine der beiden Personen muss etwas tun, wovon eine dritte Partei profitiert; und keine muss sich Gedanken machen, wie sie einer dritten Partei »gleich viel Zeit« widmen kann. Schließlich unterscheiden sich Dyaden und Triaden darin, dass in letzteren die Möglichkeiten zu Koalitions- und Mehrheitsbildungen bestehen.

Sobald die Gruppengröße über drei Personen hinausgeht, nimmt das Potenzial für eine spezialisierte Arbeitsteilung zu. Schon früh in Goldings Roman, als alle Jungen noch in einer großen Gruppe vereint sind, weist die Gruppe ihren Mitgliedern erfolgreich bestimmte Aufgaben zu. Einigen wird die Jägerrolle übertragen, andere werden zu Wasserträgern bestimmt. Wieder andere sollen ein Rauchsignal zünden, falls ein Schiff in der Nähe der Insel auftaucht. Gegen Ende des Romans, als Jack die meisten Jungen in seine abgesplitterte Gruppe gelockt hat, hält nur noch ein Junge zu Ralph. Die wohldurchdachte Arbeitsteilung bricht zusammen. Ralphs geschrumpfte Gruppe kann nicht einmal mehr nach dem Signalfeuer sehen. Die relativ komplizierte Struktur, die sich aufrechterhalten ließ, solange die Gruppe groß war, löst sich auf.

Mit zunehmender Gruppengröße ändert sich auch die Gruppendynamik. So gibt es in großen Gruppen hinsichtlich Intensität und Qualität der Kommunikation zwischen ihren Mitgliedern eine Grenze. Wenn eine Gruppe größer wird, sind die einfachen Mitglieder im allgemeinen in ihren Möglichkeiten stärker beschränkt, vor allem nehmen sie an weniger Diskussionen teil. Auch die Art der Lösung von Problemen ändert sich mit der Gruppengröße. Eine größere Gruppe verfügt über mehr Fertigkeiten und Hilfsmittel, um Probleme zu lösen, doch der durchschnittliche Beitrag eines Mitglieds ist meist geringer als in einer kleinen Gruppe. Zudem ist es wegen des vielstimmigen Chors der Meinungen für Mitglieder großer Gruppen oft schwierig, einen Konsens zu erzielen. Solche lediglich auf der Gruppengröße basierenden Unterschiede in der Gruppendynamik haben einen enormen Einfluss auf die Erfahrungen der Menschen in diesen Gruppen.

Konformität und Kontrolle

Zuerst bilden die Jungen in *Herr der Fliegen* eine harmonische Gruppe, die die aus Schule und Erwachsenenwelt vertrauten Normen übernimmt. Auf einer der ersten Versammlungen ermahnt Ralph die anderen:

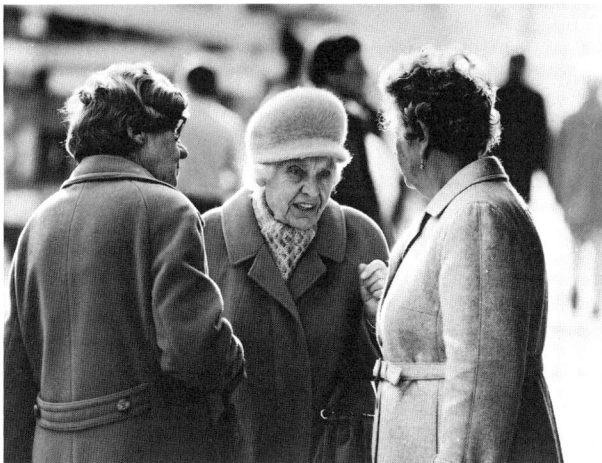

Dyadenmitglieder kommunizieren direkt miteinander und sind unmittelbar füreinander verantwortlich. Triadenmitglieder können Koalitionen bilden (oder vermeiden), die Verantwortung teilen oder sich ihr entziehen und bei Streit vermitteln. In dem einen oder anderen Kontext haben wir alle diese Grundeinheiten sozialer Interaktionen erlebt.

»[…] Es geht nicht, dass alle gleichzeitig reden. Wer was sagen will, hebt die Hand, wie in der Schule […] Dann kriegt er von mir das Muschelhorn.«

»Muschelhorn?«

»So heißt das Ding hier. Der Nächste kriegt jetzt die Muschel. Er kann sie halten, solange er spricht.« […]

Jack sprang auf.

»Und Vorschriften müssen wir erlassen«, rief er erregt, »'ne ganze Menge Vorschriften.« (Golding 1983:29)

Die Jungen einigen sich auf Regeln, die festlegen, wo das Signalfeuer errichtet wird, wer dafür sorgt, dass es nicht ausgeht, wie Nahrung und Wasser gesammelt werden, und so weiter. Die Annahme derlei gemeinsamer Normen trägt zum inneren Zusammenhalt einer Gruppe bei. Die Normen schreiben den Gruppenmitgliedern vor, wie sie handeln und Gruppenziele erfüllen sollen. Verfügt eine Gruppe über Normen, kann sie einen Konformitätsdruck auf ihre Mitglieder ausüben.

Doch die Normkonformität ist selten von Dauer. Konsens und Konformität brechen sehr rasch zusammen. Jack, dem die Verantwortung für das Feuer übertragen wurde, lockt die Feuerhüter von ihrer Aufgabe weg, damit sie ihm bei der Jagd auf Wildschweine helfen können. Auch den Bau ihrer Schlafhütten und das Sammeln von Nahrungsmitteln und Trinkwasser beginnen die Jungen zu vernachlässigen. Schon bald wird ihr geordnetes Leben ziel- und planlos. Jack setzt sich auf seine aggressive und tyrannische Art immer mehr durch. An die Stelle von regelbasierter Konformität und Konsens tritt die Kontrolle durch Gewalt. In einer Szene, die diesen Übergang markiert, stellt Jack die Gruppennorm, dass nur der reden darf, der die Muschel hat, in Frage:

Piggy hockte in einem Winkel zwischen zwei Felsen, mit dem Muschelhorn auf den Knien […]

»Ich hab die Muschel!« rief Piggy aufgebracht.

»Ich bin jetzt dran!«

»Hier oben auf dem Berg gilt die Muschel nicht«, sagte Jack, »halt gefälligst die Klappe!« […]

»Ich hab die Muschel —!«

Jack drehte sich wütend um. »Halt's Maul!« (Golding 1983:36)

Diese Drohung mit Gewalt verfehlt ihre Wirkung nicht, weil Jack den anderen an Körperkraft überlegen ist. Später festigt er seine Herrschaft, indem er die Muschel zerstört – und damit auch den letzten Rest von Autorität, den Ralph noch besitzt. Ohne die Muschel als Symbol des Gruppenkonsenses und der gemeinsamen Normen geht die Macht an die Speere und Steine über.

Führung

Nicht nur Konformität und Kontrolle, sondern auch Führungsmuster oder *Macht*beziehungen verändern sich im Leben einer Gruppe, wenn sie vor neuen Situationen steht. In *Herr der Fliegen* wird Ralph als Erster zum Anführer gewählt. Ralph ist nicht nur einer der größten und ältesten Jungen, er sieht auch gut aus und beweist Entschlusskraft, indem er die überlebenden Jungen zusammenruft. Als sie ihn zu ihrem Anführer wählen, klatschen die Jungen; sie erwarten von ihm, dass er zu Versammlungen aufruft, Regeln erlässt und ihnen Aufgaben zuteilt. Doch im Fortgang der Geschichte wird immer deutlicher, dass Ralph die Führerrolle weitgehend durch die Umstände (etwa seinen zufälligen Muschelfund) aufgezwungen worden ist. Alles andere als eine Führernatur, sind ihm die Aufmerksamkeit und Verantwortung, die mit der Führung verbunden sind, unangenehm. Oft weiß er nicht weiter. Schon bald taucht Jack als Rivale auf, der an das Bedürfnis der Jungen nach Abenteuern und emotionaler Befreiung appelliert.

Untersuchungen haben ergeben, dass Gruppen aus zwei Gründen Führer brauchen: um die Gruppe bei der Ausführung von Aufgaben zu leiten und zur Pflege der Stimmung und der Beziehungen zwischen den Mitgliedern (Secord/Backman 1964). Der erste Aspekt wird als **instrumentelle**, der zweite als **expressive Führung** bezeichnet. Wie in Goldings Roman erfüllt in den meisten Gruppen zu Beginn eine einzige Person beide Rollen.

Später übernimmt Jack die Führung, wobei die expressive Führung bei ihm im Vordergrund steht. Die beiden Führungsrollen werden in diesem Fall allerdings nicht zwischen Ralph und Jack geteilt, sondern beide konkurrieren miteinander um die Gruppenführung. Normalerweise werden mit der Zeit instrumentelle und expressive Führung zwischen zwei Personen aufgeteilt. So wird bei einer Gruppe, die sich zu einem Picknick trifft, eine Person für die Organisation verantwortlich sein. Eine andere wird für gute Stimmung sorgen.

Meist ist der expressive Führer eine Person, die die anderen gern haben. Ralph besitzt die Eigenschaften eines guten expressiven Führers. Er legt Wert auf harmonische und demokratische soziale Beziehungen, er stellt sich vor Piggy und andere Schwächere, und er geht auf die Ideen und Bedürfnisse von allen ein. Weniger erfolgreich ist er bei der Leitung wichtiger Gruppenaufgaben. Ja, bei der Aufgabe, das Signalfeuer zu hüten, hat er derart große Probleme, dass er die expressiven Bedürfnisse der Gruppe zu vernachlässigen beginnt – weshalb ihm Jacks »Machtergreifung« droht. Jack, von Machtgier getrieben, ahnt die unerfüllten Bedürfnisse der Gruppe und stößt in die Führungslücke, die Ralph geschaffen hat, indem er zuließ, dass eine einzige, »stinklangweilige« Aufgabe eine so dominierende Bedeutung angenommen hat. Während Ralph sich um das Feuer kümmert, verspricht Jack allen, die Ralph verlassen wollen, Spaß und Abenteuer.

Auch wenn die Führungsrollen in andere Hände übergehen, müssen noch immer die expressiven und instrumentellen Bedürfnisse der Gruppenmitglieder erfüllt werden.

Der Entscheidungsprozess in einer Gruppe

Die Jungen auf Goldings Insel haben keine Ahnung, warum die Dinge so und nicht anders verlaufen. Alles geschieht mit ihnen; die Entscheidungen fallen einfach. Soziologen, die sich mit Gruppendynamik befassen, gewinnen tiefere Einblicke. Sie haben herausgefunden, dass eine Gruppe, wie immer sie zusammengesetzt sein mag und unabhängig von der zu erfüllenden Aufgabe vier Phasen in einem Entscheidungsprozess durchläuft.

Am Anfang steht die Orientierungsphase. Die Gruppenmitglieder analysieren die vor ihnen liegende Aufgabe, tauschen Informationen aus und schlagen Lösungen vor. In der zweiten Phase bewerten sie die Alternativen; in der dritten scheiden sie die weniger erwünschten Optionen aus und wählen die ihnen am besten erscheinende. In der vierten Phase wird das Gleichgewicht wiederhergestellt – das heißt, die Gruppenbeziehungen werden nach der Anspannung durch den Entscheidungsprozess wieder normalisiert.

Wenn die Jungen die Entscheidung treffen, auf der Insel zu bleiben und auf Rettung zu warten, steht die Gruppe bei dieser Entscheidungsfindung unter einer großen Anspannung. Die Entscheidung muss möglichst schnell getroffen werden, aber es müssen ebenfalls die unterschiedlichen Meinungen der Gruppenmitglieder berücksichtigt werden, um überhaupt eine Lösung zu finden, die für die Gruppe als Ganze tragbar ist. Eine Phase der Juxereien und des informellen gegenseitigen Veralberns ist daher nötig, um nach der getroffenen Entscheidung das Gleichgewicht wiederherzustellen. Dabei werden auch diejenigen wieder auf Gruppenkurs gebracht, die mit der getroffenen Wahl nicht einverstanden sind. Gerade in dieser Phase ist die expressive Führung der Gruppe wichtig.

Die Entscheidung der Jungen, auf der Insel zu bleiben, ist unter den gegebenen Umständen die beste, die sie treffen können. Ein Spiel mit dem Feuer wäre es gewesen, wenn sie ein Behelfsboot gebaut und sich auf den Ozean hinausgewagt hätten. Nicht alle Entscheidungen jedoch sind so gut. Nehmen wir beispielsweise eine Gruppe junger Leute, die illegal in ein baufälliges Haus eindringt. Die Gruppe trifft diese Entscheidung, obwohl wahrscheinlich viele der Beteiligten das Haus alleine nie betreten hätten. Es wäre jedem Einzelnen, wenn er für sich entschieden hätte, zu riskant gewesen. Innerhalb der Gruppe diffundiert jedoch die Verantwortung. Niemand fühlt sich allein verantwortlich für das Geschehen, und somit wächst auch die Risikobereitschaft. Der Wunsch, sich der Gruppe zugehörig zu fühlen, zwingt zur Konformität, und so kann die Beteiligung an einer Aktion, auch wenn sie gefährlich ist, durchaus richtig erscheinen. Konformitätsdruck kann auch zum Bagatellisieren oder Verschweigen von Ängsten führen, wodurch für den Einzelnen der Eindruck entstehen kann, dass er sich, wenn die anderen sich scheinbar keine Sorgen machen, selbst auch keine machen sollte.

So können also kollektiv riskante oder sogar falsche Entscheidungen getroffen werden, die ein Einzelner so nicht getroffen hätte. Diesen Prozess nennt der Sozialwissenschaftler Irving L. Janis (1982, 1989) **groupthink**: die Neigung von Gruppenmitgliedern, unbedingt an der Gruppensolidarität festzuhalten, so dass sie die Mängel ihrer Entscheidungen leicht übersehen oder als irrelevant abtun. Opfer des *groupthink* rationalisieren kollektiv ihre Entscheidungen und verdrängen ihre Zweifel. Sie schirmen sich von den Meinungen informierter Outsider ab und diskreditieren Ansichten, die von den ihren abweichen. Auf diese Weise gelangen sie zu der Überzeugung, dass ihre Entscheidungen vernünftig sind und ihre Handlungen notwendig zum Erfolg führen. Natürlich werden sie oft unangenehm überrascht.

Wann sind Gruppen besonders anfällig für falsche Entscheidungen? Janis meint, kleine hoch kohäsive Gruppen mit überzeugungskräftigen und respektierten Führern seien besonders anfällig dafür, gravierende Fehlentscheidungen zu treffen.

Ein klassisches Beispiel eines durch *groupthink* bedingten Fiaskos ist die »Schweinebuchtinvasion« in Kuba, zu der sich der damalige US-Präsident John F. Kennedy und seine Berater 1961 entschlossen. Geplant war, dass 1.400 von der CIA geschulte Exilkubaner in Kuba landen und das kommunistische Regime von Fidel Castro stürzen sollten. Die Invasion war jedoch ein totaler Fehlschlag. Nicht nur brachte sie die USA in eine peinliche Lage, sie festigte auch die kubanisch-sowjetische Allianz. Als Kennedy und seine Berater ihre Entscheidung trafen, zog die Gruppe nur zwei Pläne in Betracht. Sie unterließ es, den zweiten Plan noch einmal zu erwägen, als die Mängel des ersten offensichtlich wurden, ignorierte widersprechende Informationen, die ihr zur Kenntnis gebracht wurden, und versäumte es, angemessene Vorkehrungen für eventuelle Komplikationen zu treffen. Der Hauptgrund für dieses Debakel, so Janis (1972), war der in dem kleinen, engen Zirkel der Kennedy-Berater herrschende starke Gruppenzwang, um jeden Preis Geschlossenheit und Einigkeit zu wahren.

Das Mitglied einer Gruppe wird sich selbst und die anderen Gruppenmitglieder als Insider, Außenstehende hingegen als Outsider auffassen. Das Bestehen einer Gruppe markiert also eine Grenze. Die Unterscheidung zwischen In- und Outsidern bedeutet für eine Person die Möglichkeit, sich selbst gegenüber einer Gruppe zu positionieren. Wenn die Person diese Unterscheidung zwischen »uns« und »den anderen« trifft, schließt das »uns« logisch das »ich« mit ein.

Ohne solche Gruppengrenzen wäre es nicht möglich, Gruppen voneinander zu isolieren und Mitglieder von Nichtmitgliedern zu unterscheiden. Diese Grenzen erfüllen zwei Funktionen. Sie halten Outsider »draußen« (sie hindern sie, in bestimmten Formen mit Insidern zu interagieren), und sie halten Insider »drinnen« (sie hindern sie, die Gruppengrenzen zu überschreiten, und fördern die Konformität gegenüber Gruppennormen aus Furcht vor möglichem Ausschluss).

Gruppenmitglieder sind bestrebt, die Gruppengrenzen zu konservieren und sie für andere zu markieren. Dazu benutzen sie unter anderem sichtbare Symbole. Eine Gruppenmitgliedschaft wie beispielsweise in einem Sportverein wird oft nach außen durch einen Autoaufkleber symbolisiert. Dem gleichen Zweck dient das spezielle Vokabular einer Gruppe. Ein anderes wirksames Mittel, Gruppengrenzen zu etablieren und aufrechtzuerhalten, sind Konflikte mit Outsidern. Ein gemeinsamer Feind hilft die Menschen zusammenzuschweißen und fördert ihr »Wir-Gefühl«. Sogar eine gegnerische Mannschaft im Sport kann diese Wirkung erzeugen. Ein anderes Beispiel sind lokale Rivalitäten zwischen Dorfgemeinschaften. Wenn in ländlichen Gegenden die jungen Männer versuchen, in der Mainacht den Maibaum des Nachbardorfes abzusägen, dann stehen die Fehden zwischen Dorfgemeinschaften im Vordergrund. Latent erfüllt dies allerdings die Funktion, die soziale Kohäsion innerhalb jeder der Dorfgemeinschaften zu stärken.

Primär- und Sekundärgruppen

Obgleich wir uns alle mit einer Reihe verschiedener Gruppen identifizieren, verkehren wir nicht unbedingt mit allen Mitgliedern dieser Gruppen, geschweige denn, dass wir alle persönlich kennen. Wenn eine Gruppe durch enge persönliche Bindungen charakterisiert ist, heißt sie eine **Primärgruppe**. Dieser Terminus wurde von Charles Horton Cooley (1909/1929) geprägt, der Primärgruppen fünf Eigenschaften zuschrieb (vgl. Kap. 5):
1. Kontinuierliche persönliche Interaktion.
2. Starke persönliche Verschmelzung mit der Gruppe.
3. Starke Bande der Zuneigung zwischen den Gruppenmitgliedern.
4. Vielseitige Kontakte.
5. Relativ lange Dauer.
Hinzuzufügen ist, dass man sich eine Primärgruppe oftmals nicht auszuwählen vermag beziehungsweise die Mitgliedschaft nicht leicht aufkündbar ist.

Die Kernfamilie – Ehefrau, Ehemann und ihre Kinder – ist die prototypische Primärgruppe. Mitglieder einer Kernfamilie lassen sich häufig auf intensive persönliche Kontakte ein. Die Familie ist für sie eine wichtige Quelle der Identität und der Ziele ihres Strebens. Liebe und Zuneigung verbinden sie; ihre Beziehungen zueinander sind vielseitig (von gegenseitigen Diensten – »du deckst den Tisch, und ich mache den Abwasch« – bis zu emotionalem Rückhalt und physischem Schutz). Schließlich hat die Familie eine Tendenz zu relativ langer Dauer. Selbst wenn die Mitglieder sich voneinander entfernen, fühlen sie sich noch immer als Teil derselben Einheit.

Cooley wählte das Adjektiv *primär* zur Charakterisierung dieses Gruppentypus, weil diese Gruppen die primären oder »ersten« Instanzen der Sozialisation sind. Sie formen im wesentlichen das soziale Selbst (Individualität) der Menschen. Cooley nannte die Primärgruppe »die Kinderstube der menschlichen Natur«. Die Werte und Normen, die die Menschen in ihren Primärgruppen erlernen, bleiben ihnen meist ihr ganzes Leben lang erhalten.

Golding illustriert diese Tatsache in einer Szene seines Romans. Roger und Maurice, zwei der älteren Jungen, treten gegen die Sandburgen, die ein paar kleine Jungen gerade bauen. Dabei stößt Maurice versehentlich Sand in die Augen eines der kleinen Jungen. Dieser weint, und Maurice fühlt sich schuldig, obschon kein Erwachsener da ist, der ihn dafür tadeln könnte. Maurice war wegen derselben Sache früher einmal von seinen Eltern ausgeschimpft worden, weshalb er sich jetzt wieder schuldig fühlt. Noch immer beeinflusst die

Sozialisation, die er in dieser fernen Primärgruppe erfahren hatte, sein Denken und Fühlen.

Dieses Beispiel beleuchtet einen zweiten Grund, warum das Adjektiv »primär« gut auf Gruppen wie Familien passt: Oft werden gerade in solchen Gruppen soziale Normen verstärkt. In ihren häufigen und engen persönlichen Kontakten haben die Mitglieder von Primärgruppen zahllose Gelegenheiten, das Verhalten der anderen akribisch zu untersuchen und jene wieder auf Vordermann zu bringen, die von den Normen abweichen. Dies kann durch einen tadelnden Blick, eine Zurechtweisung oder einen zeitweiligen Liebesentzug geschehen. Auf diese Art fungieren Primärgruppen als Instanzen der sozialen Kontrolle »an vorderster Front«.

Primärgruppen sind noch in einer dritten Hinsicht primär: Die Beziehungen in Primärgruppen erfüllen die grundlegendsten emotionalen und psychischen Bedürfnisse der Menschen. Ihre Mitglieder geben einander Zuneigung, Geborgenheit und Anerkennung, sie vermitteln Gemeinschaftsgefühle und Wohlbehagen. Solche Gruppen bilden unsere wichtigste Verankerung in der Gesellschaft. Ohne sie kämen wir uns einsam und verletzlich vor.

Sekundärgruppen weisen demgegenüber entgegengesetzte Eigenschaften auf:
1. Begrenzte persönliche Interaktion.
2. Schwache persönliche Verschmelzung mit der Gruppe.
3. Schwache Bande der Zuneigung zwischen den Gruppenmitgliedern.
4. Begrenzte, oberflächliche Kontakte.
5. Relativ kurze Dauer.

Die Mitgliedschaft in einer Sekundärgruppe kann zumeist selbst gewählt und auch relativ leicht aufgekündigt werden. Ein Beispiel einer Sekundärgruppe ist ein Studentenausschuss, der sich zur Auswahl von Filmen für ein bevorstehendes Campusfest konstituiert hat. Die Ausschussmitglieder treffen sich nicht oft, jeweils nur ein paar Stunden und um ein explizit formuliertes Ziel zu erreichen; ihre Interaktionen geschehen nicht um ihrer selbst willen. Ja, vermutlich nehmen die Mitglieder Abschweifungen von der gestellten Aufgabe ziemlich ungeduldig auf. Zwar mögen sie durchaus ähnliche Einstellungen und Werte haben, doch im wesentlichen verbindet sie ein gemeinsames Ziel und nicht ein Gefühl der Zuneigung. Gelegentlich kommt es vor, dass Sekundärgruppen durchaus informell werden und die Mitglieder sich relativ gut kennenlernen. Dennoch bestehen ihre Freundschaften nur in einem umschriebenen Kontext; sie pflegen keine engen persönlichen Kontakte auf vielen Ebenen.

Wie viele Unterscheidungen in der Soziologie ist auch die zwischen Primär- und Sekundärgruppen nicht klar umrissen. Im realen Leben überschneiden sich die beiden Gruppentypen oft. So kann (in unserem Tupperware-Beispiel) das Teamwork der Vertriebsspezialisten, obgleich ihre Beziehungen auf den Arbeitsplatz beschränkt sind, durchaus die Züge der Primärgruppe besitzen: Intimität, Zuneigung und Loyalität.

Wie im Fall anderer soziologischer Unterscheidungen liegt der Nutzen auch bei der zwischen Primär- und Sekundärgruppen darin, dass sie soziale Dimensionen beleuchtet, die wir sonst vielleicht nicht sehen würden. Doch darf man sie nicht in einem absoluten Sinne verstehen. Oft ist es angemessener, den primären beziehungsweise sekundären Charakter von Gruppen graduell aufzufassen. So bieten Arbeitsgruppen in Unternehmen ihren Mitgliedern zahlreiche – wenn auch zielorientierte – enge und herzliche Beziehungen. In diesen Gruppen erkennen wir einige Züge von Primärgruppen im Rahmen größerer Sekundärgruppen wieder. Die Unterscheidung zwischen Primär- und Sekundärgruppen wird durch eine solche »Merkmalsvermischung« nicht hinfällig. Diese Vermischung ist lediglich ein Indiz, dass im realen Leben die Gruppenmerkmale sehr komplex sein können.

Bezugsgruppen

Nicht immer sind wir *Mitglieder* der Gruppen, mit denen wir uns identifizieren. **Bezugsgruppen** sind Gruppen, auf die wir uns beziehen, wenn wir unser Verhalten bewerten, auch wenn wir ihnen nicht notwendig angehören.

Bezugsgruppen erfüllen zwei Funktionen. Zum einen liefern sie uns Maßstäbe, um uns und unsere Lebenssituation zu bewerten. Zum anderen erfüllen sie oft eine normative Funktion, indem sie uns Richtlinien liefern, welches Denken und Verhalten angemessen ist. Da wir mit unseren Bezugsgruppen identifiziert werden wollen (vor allem, wenn wir ihnen nicht angehören), versuchen wir so zu handeln wie die, von denen wir glauben, dass sie die Gruppen verkörpern. Wenn unsere Bezugsgruppe Sportler an unserer Uni sind, ziehen wir uns anders an, reden und handeln wir anders, als wenn unsere Bezugsgruppe Intellektuelle sind. Kurz, eine Bezugsgruppe formt unsere Einstellungen, unser Äußeres und unseren Stil mit.

8

Das Überleben von Gruppen – das Beispiel der Zeugen Jehovas

Viele von uns haben schon einer Gruppe angehört, die auseinanderbrach und schließlich ganz zu existieren aufhörte. Was ist mit ihr passiert? Soziologen möchten wissen, warum manche Gruppen jahre-, ja sogar jahrhundertelang existieren, während andere, kaum dass sie sich gebildet haben, verschwinden.

So gibt es Freundschaftsgruppen, die, wiewohl alle Beteiligten sehr gut miteinander ausgekommen sind, zerbrechen, wenn Einzelne beispielsweise den Wohnort wechseln. Andere Cliquen hingegen bleiben auch dann noch bestehen. Sie treffen sich zum Beispiel jedes Jahr zu Silvester. Ein solches Ritual kann also beim Überleben von Gruppen eine wesentliche Rolle spielen. Ein weiterer kritischer Faktor ist der Grad der Verpflichtung, den eine Gruppe ihren Mitgliedern abverlangen kann. Langlebige Gruppen verstehen es, ihre Mitglieder dazu zu motivieren, Zeit, Energie, Geld und andere Ressourcen für ihre Gruppe bereitzustellen. In kurzlebigen Gruppen verlieren die Mitglieder rasch ihr Interesse und weigern sich, Zeit und Ressourcen aufzubringen, die notwendig wären, um die Gruppe am Leben zu erhalten.

Die Zeugen Jehovas sind ein sehr gutes Beispiel für eine Gruppe, deren Mitglieder sich ihr in einem hohen Maße verpflichtet fühlen. In der über hundertjährigen Geschichte der Gemeinschaft, die von C. T. Russell unter dem Namen »Wachtturm – Bibel- und Traktat-Gesellschaft« gegründet wurde, gab und gibt es immer wieder Absplitterungen. Trotzdem haben die Zeugen Jehovas bis Ende 1989 weltweit etwa 3,8 Millionen Prediger und circa 6 Millionen Sympathisanten rekrutieren können (Pape 1990). Sie verstehen sich als »Neue Welt-Gesellschaft« unter der Führung Gottes. Da sie sich als die einzig Auserwählten sehen, glauben sie an die Notwendigkeit, sich von der übrigen Gesellschaft fern zu halten, beständig Gottes Wort – so wie sie es verstehen – zu verbreiten und auf die Erlösung im Reich Gottes zu warten (Hutten 1968).

Trotz der harten Entbehrungen, die mit dieser Überzeugung verbunden sind, bleibt die Mehrzahl der Mitglieder der Gemeinschaft treu, was wohl stark damit zusammenhängt, dass die Zeugen Jehovas von ihren Mitgliedern absolute Verpflichtung verlangen. Diese religiöse Gemeinschaft illustriert, was der Soziologe Lewis Coser (1974) eine **Besitz ergreifende Gruppe** nennt: eine Gruppe, die allumfassende Ansprüche an Herz, Geist und Loyalität ihrer Mitglieder stellt. Während die meisten anderen sozialen Gruppen nur einen kleinen Teil des Lebens ihrer Mitglieder prägen, ergreifen Gruppen wie die Zeugen Jehovas von der ganzen Person Besitz.

Wie schaffen es die Zeugen Jehovas und andere Gruppen wie sie, diese Art der Verpflichtung bei ihren Mitgliedern zu erreichen? Um diese Frage zu beantworten, hat Rosabeth Moss Kanter (1972) religiöse Gemeinschaften des 19. Jahrhunderts untersucht, von denen einige den Zeugen Jehovas sehr ähnlich waren. Sie fand heraus, dass diejenigen dieser Gruppen, die lange existierten, eine bestimmte soziale Form hervorgebracht hatten, die Verpflichtung begünstigte. Mit anderen Worten, Verpflichtung wurde durch die soziale Struktur der Gruppe erzeugt und bestärkt. In Kanters Modell waren dabei sechs wichtige Mechanismen im Spiel: Opfer, Investition, Verzicht, Gemeinschaft, Abtötung und Transzendenz.

Opfer bedeutet, dass Gruppenmitglieder etwas von Wert aufgeben müssen, um der Gruppe beitreten und angehören zu können. Je größer das Opfer ist, so Kanter, umso stärker ist die Hingabe an die Gruppe, weil Menschen dafür, dass sie so viel ausgegeben haben, eine Rechtfertigung brauchen. Opfer baut überdies dadurch Verpflichtung auf, dass potentielle Mitglieder, die nicht bereit sind, sich der Gruppe ganz hinzugeben, ausgesiebt werden. Das lässt nur die übrig, die bereit sind, sich voll und ganz zu binden. Bei den Zeugen Jehovas bedeutet Opfer, dass die Mitglieder sich von der Welt der »politischen, religiösen und kommerziellen Mächte« so weit wie möglich entfernt halten müssen. Zwar können sie weiterhin meist ihren bisherigen Beruf ausüben – es sei denn, sie wären in kirchlichen Einrichtungen oder im Tabakverkauf tätig –, die Kinder besuchen staatliche Schulen, aber die Mitgliedschaft in Parteien, Gewerkschaften, Verbänden oder Vereinen ist den Zeugen Jehovas nicht gestattet. So werden auch die Dienste für die Gesellschaft, ob bei der Feuerwehr, der Bundeswehr oder dem Zivildienst, abgelehnt. Ebenfalls wegen ihrer angeblich heidnischen Herkunft verboten sind Feste wie Geburtstag oder Weihnachten. Die Bluttransfusion wird als unbiblisch strikt abgelehnt.

ENTSTEHUNG FORMALER ORGANISATIONEN: BÜROKRATISCHE INNOVATIONEN

Die meisten von uns sind auf Bürokratien nicht gerade gut zu sprechen. Vielleicht fällt uns ein, wie wir einmal zwei Stunden in einer Schlange gewartet haben, nur um zu erfahren, dass wir in der Schlange vor dem Zimmer am anderen Flurende hätten warten sollen. Oder wir beklagen uns, dass wir als Nummer statt als Person behandelt werden. Trotz dieser frustrierenden, entmenschlichenden Züge sind Bürokratien aus dem Leben moderner Gesellschaften nicht wegzudenken. Wir verbringen unser Leben buchstäblich in formalen Organisationen und geraten von einer Bürokratie in die nächste: Wir werden geboren in großen Krankenhäusern, unterrichtet in formalen Bildungskomplexen, beschäftigt von multinationalen Unternehmen, gelenkt von staatlichen Behörden und schließlich sogar von großen Begräbnisfirmen bestattet. Ja, die meisten wichtigen unser Leben tangierenden Entscheidungen – insbesondere jene, die mit Wirtschaftsfragen oder Krieg und Frieden zu tun haben – werden von großen Organisationen getroffen. Bei aller Inkompetenz und

Das Opfer bedeutet also für den Zeugen Jehovas, dass er sein Recht, bestimmte Dinge zu tun, aufgibt, um der Gruppe anzugehören. Damit lässt sich das Mitglied auch darauf ein, sanktioniert zu werden. Und Vergehen gegen die aufgestellten Regeln werden streng sanktioniert: Verharrt ein Mitglied in seinen Sünden oder macht sich der Verbreitung falscher Lehren oder der Rebellion gegen die Organisation schuldig, wird ihm die Gemeinschaft entzogen. Der Ausgestoßene wird boykottiert. Kein Zeuge darf ihm die Hand reichen, ihn grüßen, geschweige denn seinen Besuch empfangen. Die Sanktionen gehen sogar noch weiter. Ist der Ausgestoßene mit einem Zeugen verheiratet, ist zwar die Ehe aufrechtzuerhalten, aber es wird vorgeschrieben, dass die geistige Gemeinschaft zwischen den Ehepartnern aufzuhören hat. So werden also auch hier Mitglieder, die sich nicht völlig der Gemeinschaft hingeben wollen, ausgeschlossen.

Investition bedeutet, dass die Mitglieder ihre Ressourcen der Gruppe überlassen müssen – sowohl Besitz und Geld als auch Zeit und Fähigkeiten. Je mehr verlangt wird, dass in die Gruppe investiert wird, umso größer ist auch der Einsatz für das Überleben der Gruppe. Investition baut Verpflichtung auf, indem daran erinnert wird, dass die Bedürfnisse der Gruppe Priorität vor egoistischen Wünschen haben. Investition bedeutet bei den Zeugen Jehovas in erster Linie einen enorm hohen unbezahlten Arbeitsaufwand. An fünf Abenden in der Woche finden so genannte »Schulungen« statt, die das Mitglied auf den »Verkündigungsdienst« vorbereiten

sollen. Dieser »Verkündigungsdienst« soll die Botschaft vom »aufgerichteten Königreich« als einzige Rettung verbreiten. Der Zeuge Jehovas verpflichtet sich als »Verkünder« zu monatlich 15 bis 20 oder mehr »Felddienststunden«, oder er wird, noch weitgehender, ein »Pionier«, der mindestens 100 »Felddienststunden« im Monat leistet. Leistet der Zeuge Jehovas keinen »Verkündigungsdienst«, verliert er die Anwartschaft auf das Reich Gottes. Der Zeuge Jehovas muss auch seine Predigten vorbereiten, Zeitschriften anbieten und Hausbibelstunden besuchen. So investiert er so gut wie jede freie Minute in die Gruppe. Materielle Ressourcen werden in Form von Spenden und der Aufforderung, Testamente zu Gunsten der Zeugen Jehovas zu verfassen, eingefordert.

Verzicht heißt, dass von den Gruppenmitgliedern verlangt wird, auf Beziehungen, die Verpflichtungen gegenüber der Gruppe stören oder aber Zweifel am Glauben und an den Werten der Gruppe hervorrufen könnten, zu verzichten oder sie aufzugeben. Im extremsten Fall führt der Verzicht dazu, dass die Mitglieder nur noch untereinander in Kontakt stehen. Auf diese Weise wird die Gruppenbindung gestärkt. Die Zeugen Jehovas regeln den Kontakt zu außerhalb der Gruppe Stehenden dadurch, dass diese als »Ungläubige« nur Missionsobjekte sind. Ein Mitglied muss darauf verzichten, einen Außenstehenden zu heiraten. Tritt eine Person der Gemeinschaft erst nach der Eheschließung bei, muss sie mit aller Kraft versuchen, den Ehepartner zu bekehren, was oft zu heftigen

Konflikten führt. Die Pflicht, die Beziehung zum Ehepartner aufzugeben, wenn dieser aus der Gemeinschaft ausgestoßen wird, stellt natürlich ebenfalls einen immensen Verzicht dar. Um Verzicht bei den Mitgliedern hervorzurufen, werden oft symbolische Grenzen errichtet. Die Zeugen Jehovas demonstrieren durch ihre radikale Ablehnung der meisten in den Kirchen gefeierten Feste und Riten ihre grundlegende Distanz zur Kirche, wobei die Mitglieder durch das Verbot, an diesen Festen teilzunehmen, von der Außenwelt isoliert werden.

Gemeinschaft bedeutet das Zusammenkommen der Gruppe zu gemeinsamen Aktivitäten, oft um in symbolischen Ritualen die Macht der Gruppe über das Individuum zu feiern. Wie beim Verzicht baut die Gemeinschaft Verpflichtung auf, indem das Wir-Gefühl erhöht wird. Die Gemeinschaft stärkt im Gegensatz zum Verzicht, bei dem von den Mitgliedern erwartet wird, die Beziehungen zu Outsidern abzubrechen, die Beziehungen zwischen den verbleibenden Insidern. Der Kalender des Zeugen Jehovas beinhaltet eine Vielzahl von Gruppenveranstaltungen. Dazu gehören die Hausbibelstunden, die Schulungen, der öffentliche Vortrag am Sonntag oder die Dienstversammlungen. Die Bezirkskongresse werden mit großem Aufwand als »Feste zu Ehren Jehovas« begangen und fördern ebenfalls den Zusammenhalt. Auch das jährliche Abendmahl spielt eine große Rolle im Gemeinschaftsleben der Zeugen Jehovas. Sehr wichtig ist schließlich die Taufe. Mit ihr werden die Verbindungen zum »Heidentum«

dem notorischen Amtsschimmel muss es mit Bürokratien also noch eine andere Bewandtnis haben.

Trotz ihrer Mängel und Grenzen ermöglichen uns bürokratisch strukturierte formale Organisationen eine effiziente Zusammenarbeit, so dass wir Aufgaben erfüllen können, die eine informelle, locker strukturierte Gruppe nicht zu leisten imstande wäre. Sobald die Zahl der beteiligten Personen zunimmt und die Aufgaben vielfältiger und komplexer werden, zeigt es sich, dass es keine effizienteren Vehikel *sozialen Handelns* gibt als bürokratische Organisationen. Moderne Gesellschaften sind also von bürokratisch strukturierten

formalen Organisationen durchdrungen, weil sich gewisse Aspekte von ihnen als erfolgreich erwiesen haben. Bürokratisch organisierte Individuen haben einen Wettbewerbsvorteil gegenüber anderen.

Besonders deutlich wurde dieser Wettbewerbsvorteil im Zuge der Industrialisierung. Große Unternehmen konnten durch Arbeitsteilung produktiver arbeiten und bis dahin verbreitete Formen wirtschaftlicher Produktion, die im familialen Rahmen stattfanden, verdrängen. Schaubild 8.1 verdeutlicht, wie in bürokratischen Organisationen durch Verteilung der Aufgaben komplexe Problemstellungen bearbeitet werden

endgültig abgebrochen. Als symbolisches Ritual stärkt sie die Gemeinschaft und bildet gleichzeitig eine symbolische Grenze der Gruppe.

Der Begriff *Abtötung* wird von Kanter im Sinne eines »Todes des privaten Selbst« gebraucht. Die »Besitz ergreifenden« Gruppen fordern, dass die Mitglieder ihr privates, autonomes Selbst aufgeben und es durch ein Selbst ersetzen, das nur als Teil der Gruppe besteht. Abtötung baut Gruppenverpflichtung dadurch auf, dass das Mitglied die Gruppe braucht, um sich als vollständig und sein Leben als sinnerfüllt zu erfahren. Die Mitglieder der Zeugen Jehovas werden so mit Schriften, Studienaufgaben und Gesprächen überschüttet, dass sie zu einer eigenständigen und kritischen Prüfung keine Zeit mehr finden. Kritisches Potenzial wird weiterhin dadurch unterbunden, dass die Schulung der Mitglieder streng an die von der Zentrale ausgegebenen Schriften und Normen gebunden ist. Selbständiges Bibelstudium ohne Anleitung durch »Bibelkenner« und außerhalb der kostenlosen Bibelstudiengruppen ist ausdrücklich verboten. Die Texte, die von der Organisation herausgegeben werden, beanspruchen dabei Alleingültigkeit. Zu dieser Indoktrination kommt ein hoher Psychodruck. Die Mitglieder stehen unter einem Dauereinfluss, der die Angst vor der bevorstehenden Apokalypse mit der Hoffnung auf das dann anbrechende Erdenparadies verbindet. Das Ergebnis der starken Gefühle zwischen Angst und Hoffnung und des Verbots eigener Gedanken kann eine tiefgreifende

Veränderung der Persönlichkeit sein. Das Mitglied wird an die Gruppe gebunden.

Mit *Transzendenz* ist gemeint, dass Menschen eine besondere Kraft oder Tugend auf Grund ihrer Gruppenzugehörigkeit fühlen. Sie haben den Eindruck, dass die Gruppenmitgliedschaft es ihnen erlaubt, die Gewöhnlichen zu übersteigen, wobei diese Gruppenzugehörigkeit ihrem Leben eine höhere Bedeutung gibt, die für die anderen nicht verfügbar ist. Verpflichtung wird durch Transzendenz dadurch gestärkt, dass die Mitglieder glauben, allein durch ihre Verbindung mit der Gruppe in den Genuss eines »besonderen« Lebens zu kommen. Die Transzendenz ist fest in die Überzeugungen der Zeugen Jehovas eingebaut. Sie sind der Ansicht, dass sie die einzigen Christen sind, die wahres Christentum lehren und leben. Sie sehen sich als die Heerschar Gottes in einer Welt, die vom Satan regiert wird, und nur sie allein werden nach der Apokalypse in das Reich Gottes kommen.

Inwieweit die sechs Prozesse (Opfer, Investition, Verzicht, Gemeinschaft, Abtötung und Transzendenz) in einer sozialen Gruppe präsent sind, hängt weitgehend von dem Grad der Verpflichtung, den die Gruppe für sich beansprucht, ab. Zumindest einige Verpflichtungen aufbauende Prozesse müssen in einer sozialen Gruppe vorhanden sein, weil sie sich sonst in der Regel sehr rasch auflösen würde. Sind alle sechs dieser Prozesse in die soziale Struktur einer Gruppe eingewoben, ist die Bindung an diese Gruppe zumeist stark, und die Gruppe selbst ist wahrscheinlich von Dauer.

Ein nicht für alle »Besitz ergreifenden« Gruppen typisches Merkmal, das bei den Zeugen Jehovas hinzukommt, ist die strikte Hierarchie der Organisation und, damit verbunden, der eingeforderte Gehorsam. Die Führung erhebt den Anspruch, dass Christi Befehle die gesamte Organisation nur durch sie erreichen. Eine Rebellion gegen die Organisation wird als Rebellion gegen Gott ausgelegt. Den irdischen Führern zu gehorchen, bedeutet hingegen, Gott zu gehorchen. Es gibt für das einzelne Mitglied keine Möglichkeit, unmittelbar mit Gott in Verbindung zu treten. Gott handelt nur mit der Organisation, die dann Befehle weiterleitet. Auch sind nur 144.000 »Geweihte« dazu auserwählt, im kommenden Gottesreich mit Christus im Himmel zu regieren. Alle übrigen Mitglieder werden nur den irdischen Teil des »Tausendjährigen Reiches« bevölkern. Dieser streng hierarchische Aufbau wird sogar in drei Riten der Gruppe sichtbar. Am jährlich gefeierten Abendmahl dürfen nur die Geweihten teilnehmen. Die restlichen Mitglieder nehmen nur als Zuschauer teil. Wegen dieser hierarchischen Struktur kann man auch sagen, dass die Zeugen Jehovas einer formalen Organisation ähneln. Damit illustrieren sie – auf andere Weise als die erwähnten *Tupperware*-Partys –, wie eng soziale Gruppen und formale Organisationen als kollektive soziale Gebilde zusammenhängen können.

können. Dabei ist es natürlich genau so wichtig, dass die Teilaufgaben, die in einzelnen darauf spezialisierten Einheiten der Organisationen bearbeitet werden, auch wieder zusammengeführt werden. Ohne diese *funktionale Integration*, wie sie durch innerorganisatorische Koordinierungsmechanismen geleistet wird, verfiele die Bürokratie in ein zusammenhangloses Nebeneinander – ja, mehr noch, oftmals in ein Gegeneinander.

Im folgenden Abschnitt betrachten wir verschiedene bürokratische Innovationen, die sich bei der Verwirklichung kollektiver Ziele als äußerst erfolgreich erwiesen. Diese bürokratischen Innovationen lösten

drei wichtige Probleme: die Organisierung einer großen Zahl von Menschen zur Verfolgung eines Ziels, die gleichzeitige Erfüllung mehrerer verschiedener Aufgaben sowie die Reduzierung des Widerstands gegen die Ziele einer Organisation.

Organisierung großer Menschenmengen: das Militär

Napoleon I. gehört zu den größten Feldherren aller Zeiten. Er überblickte jedes Detail einer Schlacht, ritt von einer strategischen Position zur nächsten, inspizierte seine Truppen, beriet sich mit seinen Generälen, ja begab sich selbst auf Aufklärung. Doch selbst Napoleons eindrucksvolle Führungstalente begannen zu versagen, als seine Armee größer wurde. Während er 1805 in der Schlacht von Austerlitz brillant eine Armee von 85.000 Mann führte, entglitt ihm ein Jahr später in Jena die Kontrolle über ein Drittel bis zur Hälfte seiner Truppen von 150.000 Mann (Van Creveld 1985).

Nach Napoleons Niederlage entwickelte Helmuth (Graf) v. Moltke, der Chef des preußischen Generalstabs, ein neues Konzept für die Führung großer Armeen. Eine seiner Neuerungen war die einheitliche Spezialschulung für Generalstabsoffiziere. So erhielten junge Männer jetzt keine Stabspositionen mehr, nur weil sie aus Militärfamilien stammten; potentielle Stabsoffiziere wurden statt dessen sorgfältig aus den Absolventen jedes Jahres der renommierten *Kriegsakademie* ausgewählt. Ferner wurde ein Offizier auch nach seiner Berufung in den Generalstab mehrere Jahre auf Probe ernannt, in denen er eine weitere Schulung in Militärstrategie und -technik absolvierte. Erst wenn Moltke mit der Leistung des Mannes völlig zufrieden war, wurde der junge Offizier endgültig in den Führungsstab berufen. Auf diese Weise schulte Moltke seine Offiziere gründlich in seiner Art zu denken und zu agieren – ganz ähnlich wie ein großes Unternehmen wie IBM seine jüngeren leitenden Angestellten nach »IBM-Art« schult. Diese Übereinstimmung im Denken und Handeln der Stabsoffiziere gewährleistete die fein abgestimmte Koordinierung im Krieg. Sie garantierte darüber hinaus, dass niemand unersetzlich war, denn alle waren gleich gut ausgebildet und ähnlich talentiert. An die Stelle des einsamen, heroischen Generals à la Napoleon trat ein Stab von »Managern«.

Eine zweite organisatorische Neuerung Moltkes betraf die Vereinheitlichung der preußischen Armeedivisionen, indem er die Divisionen einander in Größe, Zusammensetzung und Struktur weitgehend anglich (an jede Division wurde sogar die gleiche Zahl von Messern, Gabeln und Löffeln ausgegeben). Die Divisionen der preußischen Armee wurden gewissermaßen austauschbare Teile in einer wohldurchdachten Militärmaschinerie.

Die überlegene Effizienz von Moltkes System erklärt zum großen Teil Preußens raschen Sieg über Frankreich im Deutsch-Französischen Krieg von 1870-1871. Beide Seiten verfügten über etwa die gleiche Rüstung und Mannschaftsstärke. Doch Moltkes organisatorische Neuerungen verschafften Preußen den entscheidenden Vorteil. Sie wurden bald überall in den westlichen Ländern kopiert. Heute nutzen alle Armeen sein bürokratisches System. Sie schulen ihre Offiziere in einer Reihe gemeinsamer Taktiken und operativer Verfahren, und sie vereinheitlichen die Gliederung und Struktur ihrer militärischen Einheiten. Ohne diese organisatorischen Prinzipien ist eine effiziente Kampfführung moderner Armeen nicht denkbar.

Die Integration unterschiedlicher Aufgaben: Swift and Company

Im 19. Jahrhundert entstanden nicht nur gewaltige Armeen, sondern auch riesige Industrieunternehmen. Diese Unternehmen waren sowohl von ihrem Produktionsausstoß wie von der Vielfalt ihrer Aufgaben her exorbitant. Wie war es möglich, ein weit gefächertes Firmenkonglomerat zu führen, das seine eigenen Rohstoffe förderte, eine Fülle von Produkten herstellte und sie noch dazu an verschiedenen Orten vertrieb? Wieder lautet die Antwort: durch neue Techniken der formalen Organisation.

Swift and Company ist ein gutes Beispiel dafür, wie neue organisatorische Methoden es ermöglichten, verschiedene Operationen zu integrieren (Chandler 1962).

Gustavus Swift war ein Fleischer aus Massachusetts, der sich Mitte der 1870er Jahre in Chicago niederließ. Er wusste, dass in den Ostküstenstädten die Nachfrage nach Frischfleisch größer war als das Angebot. Swift kam auf die Idee, gekühlte Eisenbahnwaggons für den Transport von großen Mengen im Westen erzeugten Rindfleischs an die Ostküste einzusetzen. Der Verkauf dieses Fleisches war zunächst gar nicht so einfach. Die Leute hüteten sich, Fleisch zu essen, das so lange unterwegs war; sie mussten erst überzeugt werden, dass Kühlung das Fleisch frisch hält. Da die lokalen Fleischerläden unschlüssig waren, ob sie ihren Kunden Fleisch, dem sie nicht ganz trauten, verkaufen sollten, gründete Swift in jeder der größeren Ostküstenstädte seine eigene Vertriebsorganisation. Bald besaß jede Stadt ein Kühlhaus zur vorübergehenden Lagerung ankommender Lieferungen samt einem Netz von Groß- und Einzelhändlern, die das Fleisch zu den Kunden brachten. Zweifellos wäre ein derart großes und kompliziertes System nur schwer ohne eine weitere bürokratische Innovation zu koordinieren gewesen: eine hierarchische Befehlsstruktur, die die Filialleiter in jedem der Ballungsräume mit der Zentrale in Chicago verband. Nicht nur erlaubte es diese vertikale Integration, Informationen (beispielsweise über die Lagerbestände) von den Lagerhallen vor Ort an das Management in den höchsten Etagen weiterzuleiten, sie ermöglichte auch die rasche Übermittlung wichtiger strategischer Entscheidungen (etwa die Schinkenproduktion zu erhöhen) von den obersten Entscheidungsträgern in die einzelnen Filialen.

Diese beiden bürokratischen Methoden – eine Vielfalt von

8

Schaubild 8.1:   **Die bürokratische Struktur einer formalen Organisation: Das Bundesministerium für Verkehr**

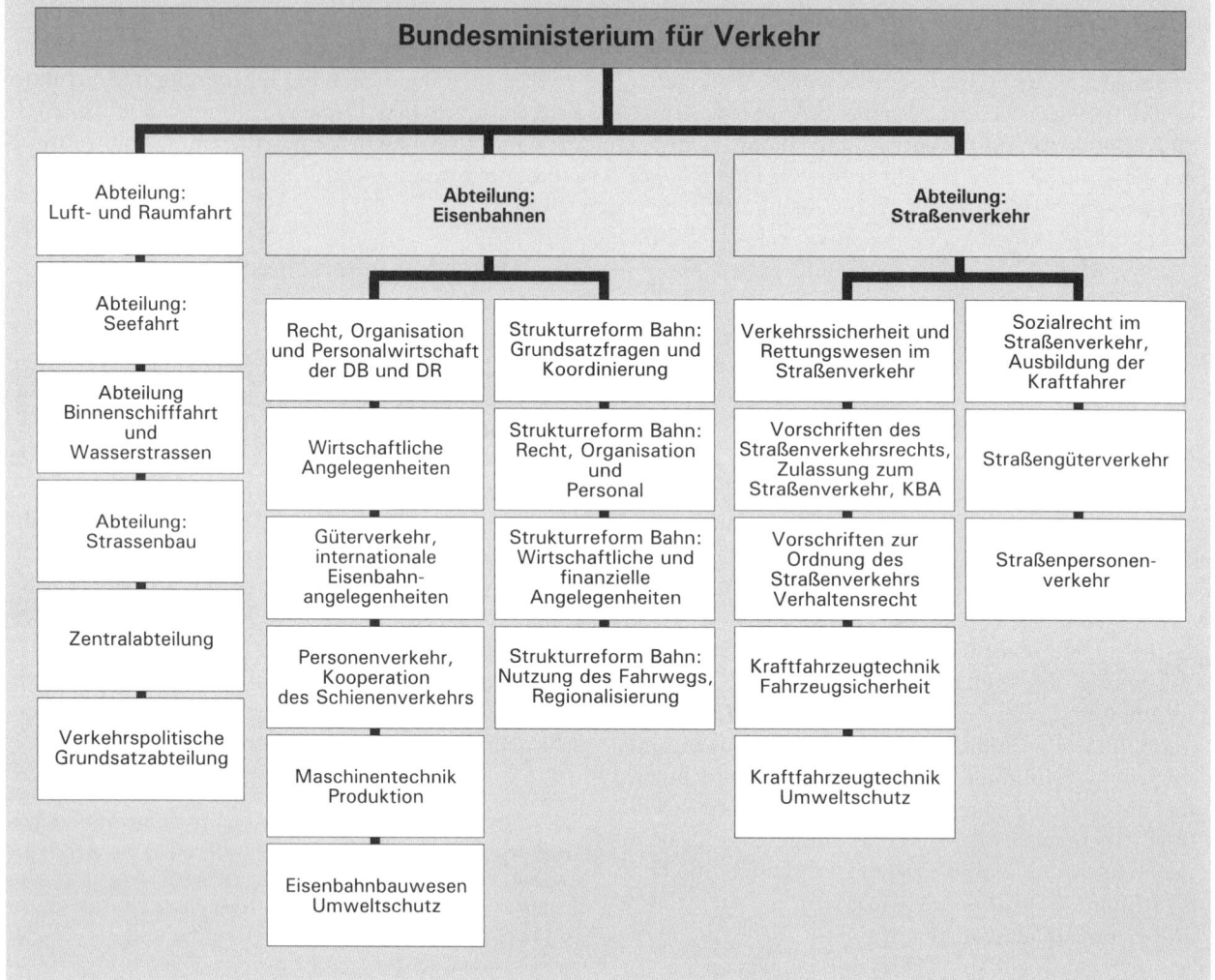

Bundesministerium für Verkehr

Abteilung:
Luft- und Raumfahrt

Abteilung:
Seefahrt

Abteilung
Binnenschifffahrt
und
Wasserstrassen

Abteilung:
Strassenbau

Zentralabteilung

Verkehrspolitische
Grundsatzabteilung

Abteilung:
Eisenbahnen

Recht, Organisation
und Personalwirtschaft
der DB und DR

Wirtschaftliche
Angelegenheiten

Güterverkehr,
internationale
Eisenbahn-
angelegenheiten

Personenverkehr,
Kooperation
des Schienenverkehrs

Maschinentechnik
Produktion

Eisenbahnbauwesen
Umweltschutz

Strukturreform Bahn:
Grundsatzfragen und
Koordinierung

Strukturreform Bahn:
Recht, Organisation
und
Personal

Strukturreform Bahn:
Wirtschaftliche und
finanzielle
Angelegenheiten

Strukturreform Bahn:
Nutzung des Fahrwegs,
Regionalisierung

Abteilung:
Straßenverkehr

Verkehrssicherheit und
Rettungswesen im
Straßenverkehr

Vorschriften des
Straßenverkehrsrechts,
Zulassung zum
Straßenverkehr, KBA

Vorschriften zur
Ordnung des
Straßenverkehrs
Verhaltensrecht

Kraftfahrzeugtechnik
Fahrzeugsicherheit

Kraftfahrzeugtechnik
Umweltschutz

Sozialrecht im
Straßenverkehr,
Ausbildung der
Kraftfahrer

Straßengüterverkehr

Straßenpersonen-
verkehr

Operationen, die von einer einzigen Firma ausgeführt werden, plus eine vertikale Befehlskette, die das Gesamtsystem integriert – erscheinen uns heute trivial und teilweise überholt. Doch zu Swifts Zeiten waren sie innovativ. Um mit Swift zu konkurrieren, mussten andere Unternehmen im Fleischgeschäft seine Organisationsform kopieren. Schon bald wurde die Industrie von ein paar riesigen, durchorganisierten Firmen beherrscht, die alle eine Fülle von Operationen durch eine vertikale Befehlskette integrierten.

CHARAKTERISTISCHE MERKMALE VON BÜROKRATIEN

Diese beiden Beispiele – Moltkes Armee und *Swift and Company* – belegen, wie gewisse bürokratische Innovationen einen Wettbewerbsvorteil verschafften. Als die preußische Armee die Schulung ihrer Offiziere und den Aufbau ihrer Divisionen vereinheitlichte, verbesserte sie die Führung großer Menschenzahlen. Als *Swift and Company* Personalhierarchien einführte, verbesserte das Unternehmen die Integration vielfältiger Operationen. Methoden der formalen Organisation ermöglichten es also, wichtige Ziele zu erreichen und Kriegsgegner oder Konkurrenten zu besiegen. Infolgedessen wurden diese Methoden weithin nachgeahmt, und formale Organisationen breiteten sich aus, so dass sie heute in allen modernen Gesellschaften existieren.

Max Webers Idealtypus

Max Weber (1922) blieb es vorbehalten, diese (und andere) Innovationen zu einer Definition der Bürokratie zusammenzufassen. Dazu konstruierte Weber einen »Idealtypus«, ein Modell, das die charakteristischen Merkmale von Bürokratien hervorhebt. Webers Idealtypus beschreibt nicht *alle* Bürokratien, so wie sie tatsächlich funktionieren. Wie wir bald sehen werden, sind reale Bürokratien zu verschieden, um sämtlich in ein einziges Schema zu passen. Webers Idealtypus ist vielmehr ein *analytisches Instrument*, das auf generelle Merkmale hinweist, die gemeinhin in Bürokratien anzutreffen sind. Es sind dies die fünf folgenden Merkmale:

1. Spezialisierung
In Bürokratien wird das Arbeitsvolumen in klar umrissene Einzelaufgaben und -schritte zerlegt, zu deren Erfüllung einzelne Individuen speziell geschult und ausgebildet werden. Eine solche Spezialisierung gilt als effizienteste Methode der Arbeitserledigung. Gustavus Swift machte von ihr in seinem Fleischvermarktungsbetrieb Gebrauch. Seine Angestellten spezialisierten sich auf den Viehankauf auf den Viehhöfen, das Schlachten der Rinder, das Verladen des Fleisches in die Zugwaggons, die Leitung der Lagerhallen im Osten und

schließlich den Verkauf der Erzeugnisse von *Swift and Company* an die Groß- und Einzelhändler. Dieses System war weit effizienter, als eine Gruppe von Arbeitern mit dem Auftrag zu versehen, jede einzelne Rindfleischlieferung von den Prärien im Westen der USA bis auf die Ladentische der Lebensmittelgeschäfte in New York zu begleiten.

2. Hierarchisch gegliederte Ordnung
Sobald die Operationen einer Organisation in kleinere, leichter handhabbare Aufgaben zerlegt sind, müssen die diversen Aktivitäten koordiniert werden – die Räder der Maschine müssen ineinander greifen. Tun sie es nicht, kann es vorkommen, dass eine Schraube in einer Abteilung einen Achtelmillimeter größer geplant wird als in einer anderen Abteilung (Blau/Meyer 1987). Die Lösung besteht darin, die Arbeiter hierarchisch zu organisieren, und zwar so, dass jede Person sich unmittelbar vor der in der Befehlskette über ihr stehenden Person verantworten muss. Swift schuf eine solche Hierarchie in seinem Unternehmen. So unterstanden die Angestellten in jedem der Ballungsräume einem Filialleiter, der seinerseits der Geschäftsleitung in der Unternehmenszentrale unterstellt war.

Organisatorische Hierarchien à la *Swift and Company* bestehen aus Positionen, nicht aus einzelnen Personen. Jede Position ist mit gewissen Pflichten und Privilegien verbunden, und jede erhält ein bestimmtes Gehalt bezahlt. Die Autorität von Vorgesetzten liegt bei den Positionen oder Ämtern, die sie innehaben, und nicht bei den Personen als solchen. Alle Autoritäten sind stets klar definiert und begrenzt. So mochte ein Filialleiter von *Swift and Company* die Autorität haben, einen Lagerarbeiter zu entlassen; er durfte ihm aber nicht befehlen, wo er zu wohnen oder wen er zu heiraten hatte.

3. Regeln
Aktivitäten und Beziehungen in einer Bürokratie werden durch explizite Regeln bestimmt. Auf diese Weise wissen die Menschen genau, was sie tun müssen. Regeln machen den

Das Militär ist einer der Ursprünge der modernen Bürokratie. Priorität haben im Militär Rollen vor Individuen, betont werden strikte Disziplin, emotionsfreies Handeln und normierte»Darstellungen des Selbst« (Erving Goffman 1959), wie sie diese Soldaten der Nationalen Volksarmee (DDR 1964) vorführen.

8

Aufstieg im Unternehmen: Wege zur organisatorischen Macht

Wer ein Fachstudium absolviert und einen Ganztagsjob gefunden hat, arbeitet sehr wahrscheinlich für eine bürokratisch strukturierte Organisation. Wie kann man in dieser Organisation aufsteigen? Wie kann man die nötige Macht erlangen um Hilfsmittel zu mobilisieren und die gesteckten Ziele zu erreichen? Über Macht verfügt in Webers idealtypischem Bürokratiemodell, wer eine Position inne hat, die in Richtung der Spitze einer klaren hierarchischen Leiter liegt. Je höher nach diesem Modell die Position, mit desto mehr Macht ist sie ausgestattet. Neuere Forschungen belegen indessen, dass in modernen Bürokratien die Macht einer Person durch andere Faktoren als die Position ihres Berufs beeinflusst wird. Ja, die Position einer Person in der Organisationshierarchie kann genau so gut ein *Ergebnis* wie eine Determinante ihrer (im Lauf der Zeit akkumulierten) Macht sein. Rosabeth Moss Kanter weist auf diesen Punkt in ihrem einflussreichen Buch *Men and Women of the Corporation* (1977) hin. Ihre Untersuchungen können Entscheidungen klären helfen, die ein Vorankommen in der Unternehmenswelt erleichtern.

Kanter zufolge resultiert Macht in einem Unternehmen partiell aus Leistung. Doch hohe Leistung garantiert noch keinen Machtzuwachs. Drei Bedingungen müssen erfüllt sein, damit Leistung sich in Macht transformiert. Zunächst muss die spezifische Leistung in irgendeiner Hinsicht *außergewöhnlich* sein; sie muss mit einer hoch geschätzten Innovation verbunden oder trotz widriger Umstände erreicht worden sein. Beispiele sind die Entwicklung eines neuen Produktionssystems, das die Outputrate bei sehr geringer

Kostensteigerung verdoppelt, oder eine Umsatzsteigerung um 50 Prozent trotz einer wirtschaftlichen Rezession. Zweitens muss die spezifische Leistung wie in diesen Beispielen *gut sichtbar* sein. Machterwerb in einer Organisation, so Kanter, ist partiell dadurch bedingt, dass das, was man tut, wahrgenommen wird. Drittens führt Leistung zu Macht, wenn das, was man tut, besonders *relevant* ist für vitale Ziele der Organisation. Wer hart an trivialen Dingen arbeitet oder belanglose Probleme löst, wird wahrscheinlich keine Unternehmensmacht erringen. Erforderlich ist eine Leistung, die etwas beisteuert zu dem, was das Unternehmen vordringlich anstrebt.

Eine außergewöhnliche, sichtbare und relevante Leistung ist nicht der einzige Weg zu Unternehmensmacht. Eine andere Route, so Kanter, besteht darin, geschickt das Spiel der Unternehmenspolitik zu spielen und sich Personen anzuschließen, die einem dabei helfen können. Nach Kanter gibt es drei Typen interpersonaler Allianzen, die in einem Unternehmen eine Art »durch andere verliehene Macht« stiften können. Eine ist die Allianz mit einem Förderer, der als Mentor oder Anwalt fungiert. Ein Förderer kann sich für unsere Interessen einsetzen, vor Widersachern schützen und zeigen, wie man die »Ochsentour« umgeht und Fallen meidet. Ferner kann ein Förderer ein Signal aussenden, dass wir »auf dem Sprung« sind: eine Person, auf die andere achten sollten. Und ein Förderer trägt mit dazu bei, dass das, was wir tun, nicht ignoriert wird.

Ein zweiter Typ machtbildender Allianzen wird mit *Gleichrangigen* hergestellt, das heißt mit Personen, die den gleichen Rang in

bürokratischen Organisationen einnehmen wie wir. Wenn Gleichrangige eine vorteilhafte Meinung von uns haben, sind sie wahrscheinlich bereit, ihre Hilfe bei schwierigen Aufgaben anzubieten oder bei Vorgesetzten ein gutes Wort einzulegen. Kanter fand heraus, dass Angestellte, die als »egoistisch« gelten, nicht das Vertrauen und die Achtung ihrer Gleichrangigen gewinnen, die machtbildende Allianzen mit ihnen schmieden könnten.

Schließlich lässt sich Macht vermehren durch Allianzen mit *Untergebenen*, Personen, die in der Organisationshierarchie unter uns stehen. Starke Allianzen mit Untergebenen können wesentlich dazu beitragen, dass eine Arbeit gut und rechtzeitig erledigt wird, denn Untergebene legen sich besonders ins Zeug für Vorgesetzte, die sie mögen. Allianzen mit Untergebenen, die selbst nach oben streben, sind besonders nützlich beim Machterwerb, denn sie sehen die Möglichkeit, dass für sie selbst etwas »abfällt«, und arbeiten um so härter für unseren Aufstieg in dem Unternehmen.

Keiner dieser Wege zur Unternehmensmacht hat Weber vorgeschwebt, als er sein Bürokratiemodell entwickelte. Sie sind jedoch Teil der Realität des bürokratischen Lebens. Es ist unwahrscheinlich, dass jemand rein auf Grund fachlicher Qualifikation in einer Organisation Macht ausübt. Man muss auch geschickt die »richtigen« Leistungen, die es anzustreben gilt, auswählen, sicher stellen, dass sie von denen, auf die es ankommt, bemerkt werden, und Allianzen mit anderen in der Organisation schmieden, die beim Aufstieg zur Macht hilfreich sein können.

Betrieb einer Bürokratie auch bei Änderungen des Personals planmäßig und voraussagbar.

4. Unpersönlichkeit
Weber glaubte, Emotionen seien in einer Bürokratie fehl am Platz, da sie deren Effizienz beeinträchtigten. Innere Distanz fördere die rationale Entscheidungsfindung. Unpersönlichkeit gegenüber Arbeitskollegen und Geschäftspartnern fördere den fairen Umgang ebenso wie die Unterordnung persönlicher Interessen.

5. Leistungsbezogene Entlohnung
Positionen in einer Bürokratie werden auf Grund fachlicher Qualifikationen, nicht auf Grund persönlicher Beziehungen vergeben. Würden es sich Personalleiter zur Regel machen, Stellen und Beförderungen an Freunde oder Verwandte zu vergeben, würde die Organisation letztlich darunter leiden. Nicht nur würden dann weniger qualifizierte Personen viele Positionen besetzen, auch die individuelle Leistungsbereitschaft und die »Moral« der Organisation würden sinken.

Wenn die Menschen nach besten Kräften einer Organisation dienen, müssen sie wissen, dass ihre Arbeit angemessen entlohnt wird. In einer Organisation, die Einstellungen und Beförderungen nach Leistung vornimmt, gelten die Mitglieder in der Regel als Fachkräfte, die eine »Karriere« anstreben. Wieder ist die preußische Armee ein ausgezeichnetes Beispiel. Moltke war ein strikter Anhänger des Prinzips, Positionen streng nach Leistung zu vergeben. Offiziere hielt er für Fachkräfte, die ihren Rang durch Schulung und harte Arbeit erwarben. Dieser Professionalismus in der preußischen Armee war einer der Gründe für ihren Erfolg.

REALITÄTEN DES BÜROKRATISCHEN LEBENS

Wie bereits erwähnt, entspricht keine der realen Bürokratien Webers Idealtypus. Im folgenden Abschnitt betrachten wir – wie bereits im Kasten »Aufstieg im Unternehmen« – einige häufige Abweichungen von Webers Modell.

Informelle Verhaltensnormen

Im Jahr 1927 begannen zwei Industriesoziologen eine Untersuchung des Betriebs der *Western Electric Company* in Hawthorne im US-Bundesstaat Illinois (Roethlisberger/Dickson 1939/1961). Sie beobachteten eine Arbeitsgruppe von vierzehn Männern, die am Fließband Telefonschalttafeln montierten. Ihre Ergebnisse überraschten alle, die glaubten, formale Organisationen würden streng nach Regeln geführt. Das Verhalten der Arbeiter wurde genauso sehr durch inoffizielle Normen, die sie durch *soziales Handeln* erzeugten, bestimmt wie durch die *soziale Struktur*, die durch die offiziellen Vorschriften von *Western Electric* geschaffen wurde.

So erwartete das Unternehmen von den Arbeitern in der Montagehalle, dass sie in gleichmäßigem Takt arbeiteten. Doch in Wirklichkeit arbeiteten sie am Morgen härter und ließen es nachmittags gemächlicher angehen. Entsprechend missbilligte die Arbeitsgruppe jeden, der mehr Schalttafeln montierte als die »normale« Menge, obgleich *Western Electric* den Ausstoß durch Bezahlung auf Akkordbasis (je größer die Stückzahl, desto mehr Lohn) zu maximieren versuchte. Sie glaubten nämlich, dass ihr Akkordlohn gesenkt würde, falls ihr Gesamtausstoß zu hoch wäre. Zudem belebten die Arbeiter die Monotonie, indem sie – entgegen den

Unternehmensvorschriften – die Arbeitsplätze untereinander tauschten, und manchmal legten sie – ebenfalls gegen die Vorschriften – die eigene Arbeit beiseite, um einem Kollegen zu helfen, der zurückgefallen war. Selbst das Aufsichtpersonal handelte nicht so, wie *Western Electric* erwartete. Die Fließbandinspektoren, so nahm man im höheren Management an, würden ihre Autorität ausüben und Zuwiderhandlungen melden. Doch in Wirklichkeit hielten die Arbeiter die Inspektoren (einen Inspektor sahen sie als »einen der ihren« an) massiv davon ab, einen solchen offiziellen Weg zu beschreiten.

Die Ergebnisse der Hawthorne-Studie belegen die Existenz sowohl einer formalen als auch einer informellen Struktur in Organisationen. Die **formale Struktur** besteht aus den offiziellen Positionen und Pflichten sowie den von der Geschäftsleitung erlassenen Vorschriften. Die **informelle Struktur** wird von den inoffiziellen oder informellen Normen gebildet, die die Arbeiter zwangsläufig unter sich entwickeln. Sie sollen Probleme, die nicht durch Vorschriften geregelt sind, lösen, um unangenehme oder nicht notwendige Plackerei zu beseitigen und allgemein die Interessen der Arbeiter zu schützen. Im Fall von *Western Electric* reduzierte die informelle Struktur des Unternehmens den Produktionsausstoß, ohne dass die Geschäftsführung etwas davon merkte.

Informelle Normen können sich jedoch auch positiv auf das Arbeitsergebnis einer Organisation auswirken. In einer bürokratischen Struktur, wie etwa der einer öffentlichen Verwaltung, können einzelne Mitarbeiter bestimmte, für ihre Aufgabenerledigung wichtige Informationen auf dem so genannten »kleinen Dienstweg« austauschen. Dies ist nur ein Beispiel für etwas, was der Soziologe Niklas Luhmann (1964b:304-314) als »brauchbare Illegalität« charakterisiert. Dass die Leitung einer Organisation einen angekündigten »Dienst nach Vorschrift« der Mitarbeiter als Drohung empfindet, beweist, wie wichtig für Effizienz und Effektivität informelle Umgehungen der formalen Regeln oft sind.

Wäre es für eine Bürokratie vorteilhafter, informelle Normen und Verfahren zu verbieten und darauf zu bestehen, dass ihre Mitarbeiter die formalen Vorschriften buchstabengetreu befolgen? Formale Vorschriften, so glaubte Weber, fördern die rationale Entscheidungsfindung und erhöhen die Effizienz, doch Luhmanns Hinweis auf »brauchbare Illegalität« widerspricht dem. Darüber hinaus hat Robert Merton (1968) darauf hingewiesen, dass, wenn Individuen sich strikt an formale Prozeduren halten, sie diese oft schlicht als Rituale vollziehen und aus den Augen verlieren, warum die Vorschriften überhaupt eingeführt wurden (vgl. Kap. 7). Zu einem Selbstzweck geworden, werden die Prozeduren unreflektiert ausgeführt. Ein solcher *Ritualismus* hindert die Menschen oft, neue Situationen zu erkennen und mit ihnen fertig zu werden, so dass Effizienz und Ziele der Organisation unterminiert werden.

Protektion der Unfähigen

Bürokratische Organisationen, so glaubte Weber, fördern die optimale Nutzung der verfügbaren Talente und merzen alles Veraltete routinemäßig aus. In Wirklichkeit stufen Unternehmen nur ungern inkompetente Mitarbeiter zurück, weil es zu teuer ist, sie zu ersetzen, und Zurückstufungen andere entmutigen. Gewöhnlich behalten sie daher unrentable Mitarbeiter und verringern so ihre Gesamteffizienz.

Wie kommt es, dass Menschen in Positionen aufsteigen, für die sie nicht qualifiziert sind? Ein Weg dahin ist der offenbar rationale Prozess der Beförderung von Personen, die ihre gegenwärtige Arbeit gut machen. Wer beweist, dass er fähig ist, mit neuen Aufgaben fertig zu werden, wird immer wieder befördert, bis er sein Kompetenzniveau, den Punkt, wo die Anforderungen der Position seine Fähigkeiten übersteigen, überschritten hat. Laurence Peter und Raymond Hull (1969) nannten dies das **Peter-Prinzip**. Angenommen, ein guter Lehrer, der Schulleiter geworden ist, wird zum Leiter des Oberschulamts befördert, eine Position, die seine Fähigkeiten übersteigt: So entsteht ein weiterer unfähiger Bürokrat, der die Protektion seiner Organisation benötigt. Vermutlich wird jemand, der auf eine derart empfehlenswerte Karriere zurückblicken kann, nicht zurückgestuft. Vielmehr werden andere das Beste aus einer schlechten Situation zu machen suchen. Und die wirkliche Arbeit wird von denen erledigt, die noch nicht über ihr Kompetenzniveau hinaus aufgestiegen sind.

UNTERSCHIEDLICHE FORMEN BÜROKRATISCHER ORGANISATIONEN

Es gibt erhebliche Unterschiede in der *sozialen Struktur* bürokratischer Organisationen. Sie unterscheiden sich in ihrer *Größe*, die von Tausenden von Mitarbeitern in staatlichen Verwaltungen bis zu ein paar Dutzend in einem kleinen Unternehmen reicht. Ferner unterscheiden sie sich in der *Komplexität* ihrer Organisation

(wie viele verschiedene Arbeitsaufgaben gibt es?), der *Zentralisierung der Führung* (konzentriert sich die Entscheidungsfindung auf wenige Personen, oder ist sie weit gestreut?) und dem *Spektrum der Ziele* (viele oder wenige?). Soziologen haben sich gefragt, warum formale Organisationen derart viele verschiedene Formen aufweisen. Warum sind einige Bürokratien groß und komplex, andere hingegen klein und relativ einfach?

Die Bedeutung des externen Umfelds

Nach Auffassung der meisten Soziologen sind die strukturellen Unterschiede formaler Organisationen durch ihr externes Umfeld, die soziale und kulturelle Realität außerhalb ihrer Grenzen, bedingt. Mit anderen Worten, formale Organisationen sind in die Gesellschaft *funktional integriert*. Und was schließlich aus ihnen wird, hängt mit davon ab, wie gut sie an die größere Gesellschaft angepasst sind.

Obgleich es allgemeiner Konsens ist, dass eine Beziehung zwischen dem externen Umfeld und der Struktur einer Organisation besteht, sind sich die Soziologen nicht darüber einig, was diese Beziehung impliziert. Dem **Adaptationsmodell** zufolge passt sich eine Organisation aktiv an ihr externes Umfeld an, indem sie organisatorische Strategien wählt (etwa klein zu bleiben oder größer zu werden), die die Wahrscheinlichkeit ihres Erfolgs im Wettbewerb mit anderen Organisationen erhöhen. In extremen Fällen mag es vorkommen, dass eine Organisation sich gar nicht an ihr Umfeld anpasst, sondern es de facto verändert oder beherrscht.

Nicht alle Soziologen akzeptieren das Adaptationsmodell. Nach Ansicht der einen sind große Organisationen oft zu träge, um sich mit nennenswertem Erfolg gezielt an ihr Umfeld anzupassen. Eine Ursache davon kann der von Merton aufgedeckte Ritualismus der Regelbefolgung sein. Wenn, so das Argument, das externe Umfeld Chancen bietet oder Hindernisse errichtet, kommen Organisationen mit bereits an diese Umweltbedingungen »angepassten« Strukturen zum Zug: Sie überleben und gedeihen. Organisationen mit Strukturen hingegen, die schlecht an diese Umweltbedingungen angepasst sind, verfallen: Sie haben zu kämpfen oder sterben ab. Man bezeichnet diese Theorie über den Einfluss des sozialen Umfelds auf formale Organisationen als **Selektionsmodell**.

So besitzen in einem sehr instabilen externen Umfeld – eines mit einer hohen Veränderungsrate – Unter-

Bürokratien waren lange Zeit ein Hort der Frauendiskriminierung, wenngleich diese die Effizienz beeinträchtigt. Als Frauen schließlich in die »Unternehmenselite« aufgenommen wurden, riet man ihnen, männliches Auftreten und Verhalten zu imitieren, damit sie ihren männlichen Kollegen weniger bedrohlich erschienen. Die Frau auf diesem Foto besitzt zweifellos den gleichen oder gar einen höheren Status als die Männer; ihre Kleidung, Frisur und Haltung unterstreichen allesamt ihre Rolle in der Gruppe.

nehmen mit einer breiten Produktpalette, so genannte »Generalisten«, einen Vorteil gegenüber »Spezialisten« (Firmen mit einem oder nur ein paar Produkten). Generalisten sind durch ihre »Diversifizierung« gegen die instabilen Bedingungen geschützt. Wenn die Verbraucher eines ihrer Produkte ablehnen oder wenn die Herstellung eines Produkts zu teuer wird, können sie auf ein anderes Produkt ausweichen und damit einen Profit erzielen. Spezialisten hingegen sind davon abhängig, dass die Nachfrage auf ihre enge Angebotspalette ausgerichtet ist. Wenn beispielsweise zu einem bestimmten Zeitpunkt mexikanisches Essen »in« ist, schießen diese Restaurants aus dem Boden. Ebbt diese Modewelle ab, müssen die meisten von ihnen schnell wieder schließen.

Bislang ist noch nicht klar, welches der beiden Modelle – Adaptation oder Selektion – die Beziehung zwischen bürokratischen Organisationen und ihrem externen Umfeld besser erklärt. Es ist durchaus möglich, dass beide wichtig sind, wobei jedes womöglich für verschiedene Phasen im Leben einer Organisation relevant ist (Blau/Meyer 1987). Vielleicht ist der Selektionsdruck am stärksten, wenn eine Organisation jung ist, was erklären mag, warum so viele neu ge-

gründete Firmen scheitern. Nachdem eine Organisation mehrere Jahre überlebt hat, ist sie vielleicht besser in der Lage, sich gezielt an ihr Umfeld anzupassen.

Alternativen zur Bürokratie

Einige Varianten bürokratischer Strukturen weichen offenbar drastisch von Webers idealtypischem Modell ab. Bilden sie eventuell ein anderes soziales Vehikel, um große Zahlen von Menschen zur Erfüllung bestimmter Aufgaben zu organisieren? Gibt es, mit anderen Worten, eine Alternative zu den traditionellen Bürokratien, wie sie Weber beschrieben hat? Ein kurzer Blick auf zwei Unternehmen – *Mitsubishi* in Japan und *Apple* in den USA – mag einige Antworten geben.

Mitsubishi: eines der erfolgreichsten Unternehmen der Welt

Einiges von *Mitsubishis* erstaunlichem Erfolg verdankt sich den klassischen bürokratischen Aspekten der Organisation. So ging *Mitsubishi* noch einen Schritt weiter als Gustavus Swift, indem das Unternehmen eine Fülle von Produkten und Aktivitäten unter einem einzigen organisatorischen Dach zusammenfasste: Autos, Öl, Banken, Nahrung, Computerchips, Grundbesitz, Plastikwaren, Fernsehgeräte und Chemikalien tragen alle den Namen *Mitsubishi*. *Mitsubishi* ist Japans größter *keiretsu*; so nennt man eine Gruppe großer Unternehmen, die alle im Besitz derselben Muttergesellschaft sind und unter ihrer Führung stehen.

Prosperiert hat *Mitsubishi* aber auch deswegen, weil das Unternehmen organisatorische Strategien übernommen hat, die nicht ohne Weiteres zu Webers idealtypischem Modell passen. Fünf dieser Strategien, denen man nicht nur bei *Mitsubishi*, sondern auch anderen großen japanischen Unternehmen begegnet, hat William G. Ouchi (1981) ermittelt:

1. Beschäftigung auf Lebenszeit. Viele japanische Arbeiter werden (bis zur obligatorischen Pensionierung im Alter von 55 Jahren) auf Lebenszeit eingestellt und riskieren daher nie Arbeitslosigkeit oder Entlassung (es sei denn, sie werden eines Verbrechens überführt). Sinkt die Nachfrage nach Arbeitskräften, weisen große japanische Unternehmen den betroffenen Arbeitern in der Regel Aufgaben in Geschäftsbereichen zu, die noch immer wachsen.

2. Beförderung nach Beschäftigungsdauer. In der typischen westlichen Organisation werden die Mitarbeiter auf Grund ihrer Arbeitsleistung befördert. Japanische Unternehmen hingegen befördern ihre Mitarbeiter seltener und nehmen Beförderungen vorwiegend auf Grund der Zahl der Jahre, die ein Beschäftigter für die Firma gearbeitet hat, vor. Sie stellen ihre Mitarbeiter gruppenweise als Absolventen von Sekundarschulen und Colleges ein, und im allgemeinen steigen diese gemeinsam in der Unternehmenshierarchie auf, wenn sie älter werden.

3. Betonung der Gruppenleistung. In großen japanischen Unternehmen werden die Mitarbeiter in kleine Arbeitsgruppen von acht bis zehn Personen eingeteilt. Ihr Erfolg bemisst sich nach der Gruppen-, nicht nach der individuellen Leistung. Ist ein Mitglied einer Arbeitsgruppe talentierter als die anderen, werden ihm die schwierigeren Aufgaben zugeteilt, um auf diese Weise seinen Beitrag zur Gruppenleistung zu maximieren.

4. Dezentralisierte Entscheidungsprozesse. In vielen japanischen Firmen verteilt sich die Entscheidungskompetenz auf eine größere Zahl von Beschäftigten als in Firmen westlicher Länder. In manchen Fällen ratifizieren die Spitzenmanager lediglich die Entscheidungen, die ihre Untergebenen getroffen haben. Mit dieser von unten nach oben gerichteten (*bottom-up*) Entscheidungsfindung sollen Partizipation und Moral der Mitarbeiter gestärkt und die Wahrscheinlichkeit maximiert werden, dass kreative Lösungen für die Probleme gefunden werden.

5. Ganzheitliche Fürsorge für die Mitarbeiter. Große japanische Unternehmen sind bestrebt, die Barrieren zwischen Arbeitswelt und Privatleben zu überwinden, indem sie ihren Mitarbeitern persönliche Dienstleistungen anbieten. Dazu gehören Wohnungen, Hypotheken, Erholungseinrichtungen und eine umfassende Gesundheitsfürsorge, die allesamt vom Unternehmen subventioniert werden. Diese ganz-

heitliche Vereinnahmung der Arbeitnehmer weist im Übrigen Züge auf, wie wir sie an den »Besitz ergreifenden« Gruppen kennen gelernt haben.

Sicher wäre es voreilig, daraus den Schluss zu ziehen, das eindrucksvolle Wachstum vieler japanischer Unternehmen verdanke sich ausschließlich ihren nichtbürokratischen Prozeduren. Auch andere Faktoren haben zweifellos zu diesem Erfolg beigetragen, unter anderem die Unterstützung der Privatindustrie durch den japanischen Staat sowie die Bereitschaft japanischer Arbeitnehmer, lange Arbeitszeiten (gelegentlich sogar unter Verzicht auf Urlaub) in Kauf zu nehmen. Nach Meinung vieler Beobachter haben jedoch die nichtbürokratischen Merkmale der japanischen Unternehmensorganisation maßgeblichen Anteil am großen Erfolg dieser Firmen.

Manche Soziologen meinen, es sei schwierig, diese organisatorischen Strategien auf Firmen in westlichen Ländern zu übertragen, weil die japanische Unternehmensorganisation in der japanischen *Kultur* – einem Ensemble von Einstellungen und Werten, die stark von denen in westlichen Ländern abweichen – verwurzelt sei. So ließe sich die Betonung der Gruppenleistung und die Beförderung nach Arbeitsjahren, wie sie in Japan dominieren, nicht mit den westlichen Werten der individuellen Initiative und Konkurrenz vereinbaren. Ferner laufe eine ganzheitliche Fürsorge für die Mitarbeiter einigen tief verwurzelten Einstellungen in westlichen Gesellschaften zuwider. Und vielen Arbeitnehmern in westlichen Ländern erscheine die Vorstellung, in firmeneigenen Häusern zu wohnen oder am Wochenende Volleyball in einer Firmenmannschaft zu spielen, als Invasion in ihr Privatleben.

In Wirklichkeit jedoch stellen diese Diskrepanzen zwischen der japanischen und etwa der amerikanischen Kultur ein geringeres Hindernis dar, als viele meinen. Nach einer Untersuchung von Lincoln und Kalleberg (1990) kann die Übernahme gewisser Merkmale der japanischen Unternehmens-

Die japanischen Unternehmen haben Mittel und Wege gefunden, um einen größeren Teil der gesamten Person in die Arbeitswelt zu integrieren, und erzielen so ein größeres berufliches Engagement ihrer Mitarbeiter. Hier beginnen die Arbeitnehmer ihren Arbeitstag, indem sie etwas Gymnastik treiben. Gibt es kulturelle Werte in westlichen Ländern, die solche Aktivitäten fördern? Oder schrecken die Menschen hier eher davor zurück?

organisation (beispielsweise kleine Arbeitsgruppen, dezentralisierte Entscheidungsprozesse und umfassende Gesundheitsfürsorge) Engagement und Arbeitszufriedenheit nicht nur japanischer, sondern auch westlicher Arbeitnehmer erhöhen, was wiederum zu Produktivitätssteigerungen führen kann. Zwar sind noch weitere Untersuchungen notwendig, bevor irgendwelche definitiven Schlüsse gezogen werden können. Doch lassen sich offenbar tatsächlich Elemente der japanischen Unternehmensorganisation auf westliche Firmen gewinnbringend übertragen.

Das japanische Modell wird jedoch auch in seinem Herkunftsland inzwischen in Frage gestellt. Große Unternehmen gehen dazu über, immer mehr Geschäftsbereiche in kleinere Firmen auszulagern (*outsourcing*), die ihren Mitarbeitern nur wenige kostspielige Vergünstigungen und geringere Arbeitsplatzsicherheit bieten. Der ökonomische Druck nimmt zu – und damit auch das Streben nach kurzfristigen Profiten.

Einige jüngere japanische Arbeitnehmer begrüßen den Wandel. Sie wünschen sich mehr individuelle Freiheit, als das alte System ihnen bot. Andere fürchten lediglich, sie könnten die Vorzüge dieses Systems einbüßen, wenn die Manager westliche Methoden übernehmen – nicht nur die (für den japanischen Staat bereits typische) herkömmliche Bürokratie, sondern auch organisatorische Strukturen, in denen Loyalität eine geringere Rolle spielt und Entlassungen häufiger sind.

Apple Computer: das Unternehmen als Campus

Es gibt in den USA kaum einen durchgreifenderen und erfolgreicheren Versuch, eine Alternative zu bürokratischen Strukturen zu entwickeln, als *Apple Computer* (Garsten 1994). *Apples* Hauptsitz im Silicon Valley – ein zerstreuter Haufen einstöckiger verputzter Gebäude mit roten Ziegeldächern, einige verglaste Bürokom-

In jungen Unternehmen der sogenannten New Economy regiert wieder eine stärker persönliche Note: Der individuelle Stil der Angestellten spiegelt sich deutlicher in ihrer Kleidung. Mit einer liberalen Unternehmenskultur hoffen diese Unternehmen, ihre Mitarbeiter zugleich zufriedener und kreativer zu machen.

plexe, eine Bibliothek und ein Fitness-Center – erweckt mehr den Eindruck eines Universitätscampus als den einer Zentrale eines größeren Unternehmens. Architektur und Anlage des Ganzen sind bewusst so gewählt. *Apple* versteht sich gern als Ort, an dem die Menschen lernen und sich entfalten und selbst verwirklichen – aber auch gute Bezahlung erwarten können.

Wie *Mitsubishi* möchte *Apple* Loyalität sowohl zum Unternehmen als Ganzem wie auch zu den einzelnen Arbeitsgruppen (oder »Teams«) innerhalb der Organisation aufbauen, damit die Arbeit Spaß macht, und Dienstleistungen in Nichtarbeitsbereichen wie Kinderbetreuung und Weiterbildung bereitstellen. Doch *Apple* verfolgt diese Ziele auf charakteristisch amerikanische Weise. Eines der ersten Dinge, die der Besucher wahrnimmt, sind die vielen leuchtend bunten T-Shirts mit diversen Slogans (und stets dem *Apple*-Logo). Informeller Stil in der Kleidung und im persönlichen Umgang ist nicht nur erlaubt, sondern ein Muss.

Die Arbeit bei *Apple* beginnt mit einer Orientierungswoche in der »*Apple*-Universität«. Neue Mitarbeiter bekommen Dias und Videos gezeigt, die die Geschichte von *Apple* rekapitulieren und die leitenden Angestellten des Unternehmens und seine Produkte vorstellen. Freimütige Informationen und Worte von Gastrednern werden abgerundet durch Videoaufzeichnungen spontaner Kommentare von *Apple*-Mitarbeitern, wie »die *Apple*-Leute sind meschugge, das ist ein anderer Menschenschlag«. Periodisch wird eine Liste der *Apple*-Werte und -Ziele auf einer Leinwand eingeblendet, auch solche an Zen erinnernde Parolen wie: »Der Weg ist das Ziel.« Ferner nehmen die neuen Mitarbeiter an einer Projektsimulation teil, in dem eigens dazu gebildete Teams etwa eine Statue modellieren, die sie dann der ganzen Gruppe zu »verkaufen« suchen. Am Ende der Orientierungswoche erhält jede Person eine Urkunde, ein Namensschild sowie ein Sweatshirt mit einem Slogan.

Apple definiert sich weitgehend durch das, was es nicht ist. Und was es nicht ist – stillschweigend, aber oft auch in explizit negativen Vergleichen –, ist *IBM*. *Apple* glaubt, der Schlüssel zum Erfolg liege in der Veränderung, und rühmt sich der Fähigkeit, seine Produkte veränderten ökonomischen Situationen, Gewohnheiten und Verbraucherinteressen anzupassen oder als Reaktion darauf neu zu entwickeln. Man will sich radikal absetzen von Unternehmen des »Industriezeitalters« wie *IBM*, die Wert legen auf *Stabilität*, Konformität, Titel und Ränge. Stabilität führt, so das Verdikt von *Apples* Unternehmenskultur, zur Verstärkung von Fehlern, die in der Vergangenheit gemacht worden sind, oder zu dem, was Insider »das Rad neu erfinden« nennen. Um alles in Bewegung zu halten und die Kreativität zu stimulieren, lässt sich *Apple* auf häufige Reorganisationen der Menschen, Funktionen und Produkte ein.

Nicht wenige Mitarbeiter glauben, bei *Apple* sei ein Traum wahr geworden; andere fühlen sich durch das Fehlen solch vertrauter »Wegweiser« wie Titel, Abteilungen und klarer Karrierepfade verwirrt. Hinzu kommt, dass *Apples* »Antibürokratie« mehrere immanente Probleme heraufbeschwört. Zunächst beeinträchtigen häufige Reorganisationen die gewachsenen Loyalitäten, was das Engagement der Mitarbeiter im Unternehmen schwächen kann (Howard 1985). Zweitens kann die Verpflichtung, dafür zu sorgen, dass die Arbeit Spaß macht, das Gegenteil bewirken: »Spaß« hört auf, Spaß zu machen, wenn er obligatorisch wird. Diese Praxis höhlt die selbstbestimmte Aushandlung eigener Beziehungen und informeller Routinen unter den Mitarbeitern aus. Schließlich fühlt sich die Unternehmensleitung dadurch, dass sie eine Kinderbetreuung und andere Dienstleistungen außerhalb des eigentlichen Arbeitsbereichs bereitstellt, berechtigt, als Gegenleistung zusätzliche Forderungen zu stellen – etwa Arbeitssitzungen am späten Abend. *Apples* »sorgenfreie« Atmosphäre verschleiert in Wahrheit ein hohes Stressniveau.

Auch innovative Unternehmen sind vom Erfolg am Markt abhängig. Da die Profitmargen in der Computerindustrie geschrumpft sind, bedrohen wirtschaftliche Zwänge *Apples* charakteristischen Unternehmensstil.

Allgemein stellt sich heute die Frage, ob es Unternehmen als formalen Organisationen möglich ist, zugleich ihre Produktivität und die Zufriedenheit ihrer Mitarbeiter zu *optimieren*. Einige Merkmale traditioneller bürokratischer Strukturen – wie das Fließband – beschleunigen zwar das Tempo der Herstellung bestimmter Produkte. Aber welchen Preis bezahlen die Mitarbeiter für diesen Produktivitätsgewinn?

Zusammenfassung

1. Es gibt zwei Methoden, kollektive Aktivitäten zu organisieren: soziale Gruppen und formale Organisationen. Eine soziale Gruppe besteht aus einer Anzahl von Individuen, die sich miteinander identifizieren und in informell strukturierten Weisen, die auf gemeinsamen Werten, Normen und Zielen beruhen, interagieren. Eine formale Organisation besteht aus einer Reihe von Individuen, deren Handlungen zur Erfüllung explizit formulierter Ziele präzise und zweckmäßig geplant sind.

2. Die Gruppendynamik (wiederkehrende Interaktionsmuster in einer Gruppe) wird durch mehrere Faktoren beeinflusst. Einer der wichtigsten ist die Gruppengröße. Besonders auffallend sind die Unterschiede in den Interaktionsmustern zwischen einer Dyade (Zweiergruppe) und einer Triade (Dreiergruppe). Dyaden sind spannungsanfälliger, da sie von beiden Mitgliedern aktive Teilnahme verlangen. Triaden besitzen ein größeres Potenzial für eine spezialisierte Arbeitsteilung, für Konfliktschlichtung und für Koalitionsbildungen.

3. Andere wichtige Aspekte der Gruppendynamik sind die Art und Weise, wie eine Gruppe die Normenkonformität aufrecht erhält (durch Konsens oder Zwang), wie die Führung in der Gruppe ausgeübt wird (durch instrumentelle oder expressive Führung) und wie Gruppenentscheidungen getroffen werden. Hoch kohäsive Gruppen mit starken, respektierten Führern sind besonders anfällig für Fehlentscheidungen, da sie dazu neigen, um jeden Preis Einstimmigkeit herzustellen, ein Prozess, der als *groupthink* bezeichnet wird.

4. Soziologen unterscheiden ferner zwischen Primär- und Sekundärgruppen. Eine Primärgruppe ist charakterisiert durch enge persönliche Bindungen, eine starke Verschmelzung mit der Gruppe, starke Bande der Zuneigung zwischen den Gruppenmitgliedern, vielseitige Beziehungen und eine Tendenz zu relativ langer Dauer. Das beste Beispiel ist die Kernfamilie (in ihrer idealen Gestalt). Eine Sekundärgruppe hingegen weist die gegenteiligen Merkmale auf: begrenzte persönliche Interaktionen, geringe oder schwache persönliche Verschmelzung mit der Gruppe, schwache Bande der Zuneigung zwischen den Gruppenmitgliedern, begrenzte Beziehungen und eine Tendenz zu relativ kurzer Dauer. Ein zur Bewertung der Lehrpläne gebildeter Universitätsausschuss ist ein Beispiel einer Sekundärgruppe.

5. Gruppen markieren ihre Grenzen, wonach Mitglieder zu Insidern, Außenstehende zu Outsidern werden. Oftmals werden Unterschiede künstlich überspitzt und immer wieder demonstriert, um Gruppengrenzen deutlich zu machen und so den inneren Zusammenhalt der Gruppe zu stärken.

6. Das Überleben einer sozialen Gruppe hängt vom Grad der Teil-

nahme und der Verpflichtung ab, die sie bei ihren Mitgliedern wecken kann. Langlebige Gruppen verstehen es, ihre Mitglieder dazu zu motivieren, Zeit, Energie, Geld und andere Ressourcen ihrer Gruppe zu widmen. Rosabeth Kanter hat sechs Verpflichtung aufbauende Prozesse in Gruppen ermittelt: Opfer, Investition, Verzicht, Gemeinschaft, Abtötung und Transzendenz.

7. Bürokratisch organisierte formale Organisationen haben insofern einen Wettbewerbsvorteil gegenüber informellen Gruppen, als sie die Menschen in die Lage versetzen, bei der Erfüllung diverser und komplexer Aufgaben effizienter zusammen zu arbeiten. Formale Organisationen erlauben es großen Gruppen und Institutionen, große Zahlen von Menschen zu führen, diverse Aufgaben vertikal zu integrieren, Widerstände zu verringern und Konkurrenten auszuschalten.

8. Eine Bürokratie besitzt nach Max Webers »idealtypischem« Modell fünf Merkmale: (1) eine klar umrissene Arbeitsteilung mit spezialisierten Aufgaben, (2) eine Ämterhierarchie, wobei jede Person unmittelbar der über ihr in der Befehlskette stehenden Person verantwortlich ist, (3) explizit formulierte Regeln und Vorschriften, (4) Unpersönlichkeit und emotionale Distanz, um die rationale Entscheidungsfindung zu optimieren und (5) leistungsbezogene Entlohnung.

9. Keine reale Bürokratie entspricht jedoch streng Webers Idealtypus. So wird das Verhalten in Bürokratien meist genau so von inoffiziellen Normen wie von offiziellen Regeln und Vorschriften geprägt. Entsprechend wird in modernen Unternehmen Machtbesitz durch Faktoren wie politisches Manövrieren und nicht nur durch die Position in der Hierarchie bestimmt. Schließlich produzieren ins Extrem getriebene Bürokratien oft ihre eigenen Fehlschläge, unter anderem Ritualismus, Verschwendung und Protektion unfähiger Mitarbeiter.

10. Soziologen haben herausgefunden, dass unterschiedliche Strukturen formaler Organisationen das Ergebnis von Unterschieden im externen Umfeld sind. Zwei Theorien beanspruchen zu erklären, wie das externe Umfeld organisatorische Strukturen beeinflusst. Nach dem Adaptationsmodell passt sich eine Organisation aktiv an ihr Umfeld an, indem sie gezielt organisatorische Strategien wählt, die ihre Erfolgschancen in diesem Umfeld erhöhen. Nach dem Selektionsmodell werden Organisationen mit an das Umfeld angepassten Strukturen zum Überleben und Gedeihen seligiert.

11. Wie es scheint, gibt es einige moderne Alternativen zu Webers idealtypischem Bürokratiemodell. So werden in großen japanischen Unternehmen Arbeitnehmer nie entlassen (außer sie machen sich strafbar), Beförderungen nach Arbeitsjahren vorgenommen, individuelle Leistungen der Gruppenleistung untergeordnet und Entscheidungsprozesse weitgehend dezentralisiert. Eine ganz andere Alternative zu traditionellen bürokratischen Strukturen, die auf »Wegweiser« wie Stabilität, Konformität, Titel und Ränge bewusst verzichtet, verfolgt *Apple Computer*, ein Unternehmen, das sich gern als Ort versteht, an dem die Menschen lernen und sich selbst verwirklichen – aber auch gute Bezahlung erwarten können. Bis heute sind Soziologen dabei zu untersuchen, wie gut diese Innovationen funktionieren und ob sie sich erfolgreich auf andere Industrien und Länder übertragen lassen.

Wiederholungsfragen

1. Zeigen Sie, dass die vier Merkmale sozialer Gruppen auch für eine Gruppe gelten, der Sie angehören!

2. Zeigen Sie an der gleichen oder einer anderen Gruppe, dass sie die vier Phasen des in diesem Kapitel skizzierten Entscheidungsprozesses durchlief, wenn sie mit einem Problem konfrontiert war!

3. Wenden Sie Webers idealtypisches Bürokratiemodell auf eine formale Organisation an, die Sie gut kennen!

Übungsaufgaben

1. Versuchen Sie nach der Lektüre des Abschnitts über die Gruppengröße zu bestimmen, wie groß eine Gruppe allenfalls sein darf, wenn sie nicht ineffektiv werden soll! Erläutern Sie ihre Gründe! Ziehen Sie eigene Erfahrungen heran!

2. Denken Sie an drei Gruppen, denen Sie angehören! Bestimmen Sie für jede, ob die expressive oder instrumentelle Führung in ihr maßgeblich war! Erklären Sie warum!

3. Manche behaupten, die Bürokratie werde zum Totengräber des modernen gesellschaftlichen Lebens. Führen Sie ein Argument für und wider diese Behauptung an!

4. Welche Gründe sprechen dafür, eine Universität als eine Organisation anzusehen, die sich wandelnden Umweltgegebenheiten anzupassen vermag – und was spricht mehr für fehlende Anpassungsfähigkeit?

5. Manche meinen, die westlichen Länder sollten dem japanischen Modell formaler Organisationen folgen; andere halten dagegen, dass es im Westen nicht sehr gut funktionieren würde. Verwenden Sie Ihr Wissen über die westliche Kultur, um Ihre Ansichten zu erläutern!

Glossar

Adaptationsmodell Theorie, nach der eine Organisation sich aktiv an ihr externes Umfeld anpasst, indem sie organisatorische Strategien und Strukturen wählt, die ihre Erfolgschancen in diesem Umfeld erhöhen.

Aggregat Individuen, die sich zufällig zur gleichen Zeit am gleichen Ort befinden (Beispiel: einander fremde Fahrgäste in einem Bus).

Besitz ergreifende Gruppe Gruppe, die umfassende Ansprüche an Herz, Geist und Loyalität ihrer Mitglieder stellt.

Bezugsgruppe Gruppe, auf die wir uns beziehen, wenn wir unser Selbst und unser Verhalten bewerten, der wir aber nicht notwendigerweise angehören.

Bürokratie Organisationsstruktur, die charakterisiert ist durch Spezialisierung und klare Arbeitsteilung, Ämterhierarchie, explizite Vorschriften, Unpersönlichkeit in der Entscheidungsfindung und leistungsbezogene Entlohnung.

Dyade Zweiergruppe.

Expressive Führung Typ der Gruppenführung, der bezweckt, für gute Stimmung unter den Mitgliedern zu sorgen und ihre Beziehungen untereinander aufrecht zu erhalten.

Formale Organisation Eine Reihe von Individuen, deren Handlungen zur Erfüllung explizit formulierter Ziele bewusst und präzise geplant sind.

Formale Struktur Offizielle Positionen, Pflichten, Regeln und Vorschriften, die von der Leitung einer Organisation geschaffen werden.

Gruppendynamik Wiederkehrende Muster sozialer Interaktionen zwischen den Mitgliedern einer Gruppe.

Groupthink Neigung von Mitgliedern kleiner, hoch kohäsiver Gruppen mit starken und respektierten Führern, unbedingt an der Gruppensolidarität festzuhalten, so dass sie die Mängel ihrer Entscheidungen leicht übersehen oder als irrelevant abtun. Das schließt die Neigung ein, Risiken einzugehen, die man allein nicht wagen würde.

Informelle Struktur Inoffizielle Normen, die sich unter Gruppenmitgliedern zur Lösung von nicht durch Vorschriften geregelten Problemen entwickeln, um sich unangenehme Plackerei zu ersparen und die Gruppeninteressen zu wahren.

Instrumentelle Führung Typ der Gruppenführung, der bezweckt, die Mitglieder bei der Ausführung verschiedener Aufgaben zu leiten.

Peter-Prinzip Versuch, die Inkompetenz vieler Angestellter in Bürokratien dadurch zu erklären, dass »in einer Hierarchie jeder Angestellte tendenziell über sein Kompetenzniveau hinaus aufsteigt.«

Primärgruppe Gruppe mit besonders engen persönlichen Kontakten, die durch die fünf folgenden Eigenschaften charakterisiert ist: Kontinuierliche persönliche Interaktion; starke persönliche Verschmelzung mit der Gruppe; starke Bande der Zuneigung zwischen den Gruppenmitgliedern; vielseitige Kontakte und eine Tendenz zu relativ langer Dauer.

Ritualismus R.K. Mertons Terminus für den Eifer, mit dem eine Person Regeln und Vorschriften um derer selbst willen, losgelöst von deren ursprünglichen Zwecken, befolgt.

Sekundärgruppe Gruppe ohne enge persönliche Kontakte, die charakterisiert ist durch: begrenzte persönliche Interaktion; schwache persönliche Verschmelzung mit der Gruppe; schwache Bande der Zuneigung zwischen den Mitgliedern; begrenzte, oberflächliche Kontakte und eine Tendenz zu relativ kurzer Dauer.

Selektionsmodell Theorie, nach der das externe Umfeld die erfolgreichen organisatorischen Strukturen auswählt. Organisationen prosperieren, wenn sie über Strukturen verfügen, die an das externe Umfeld gut angepasst sind; andernfalls gehen sie über kurz oder lang zugrunde.

Soziale Gruppe Ein Ensemble von Individuen, die sich miteinander identifizieren und auf der Basis stillschweigend geteilter Werte, Normen und Ziele interagieren.

Triade Dreiergruppe.

Vertikale Organisation Befehlskette oder vertikale Kompetenzhierarchie, die die Weiterleitung von Informationen und strategischen Entscheidungen sowohl von unten nach oben als auch von oben nach unten erleichtert.

Kapitel 9

Klassenstruktur und soziale Schichtung

Inhalt

9

Vor allem in den 1980er Jahren entstanden in den deutschen Innenstädten viele überdachte, mit edlen Materialien architektonisch aufwändig gestaltete Einkaufspassagen. Einkaufen ist für viele zum *Erlebnis* geworden. Nicht mehr die *Knappheit*, sondern ein Leben im *Überfluss* scheint zumindest für Westdeutschland typisch zu sein.

ARMUT IN EINER REICHEN GESELLSCHAFT

Manchmal »lungern« in diesen postmodernen »Konsumtempeln« Individuen, die mehr oder weniger gelangweilt die Passanten beobachten: Bettler, Junkies, Alkoholiker, Penner ... Es sind vor allem wohnungslose Männer und Frauen, die das auffällige Fortbestehen von Armut in einer reichen Gesellschaft demonstrieren. Arbeitslosigkeit und Scheidung, Überschuldung und Zwangsräumung sind häufig die Zäsuren, die sie »aus der Bahn« geworfen haben.

Doch nicht nur sie sind arm. Hinter der Fassade von Reichtum und Luxus hat sich eine *ungleiche Verteilung* von materiellem Wohlstand und sozialer Sicherheit erhalten. In der Grauzone zwischen manifester Armut und ungesichertem Wohlstand ist eine angemessene Teilhabe am öffentlichen Leben oft nur noch mit mehreren Jobs und mit Hilfe zusätzlicher sozialstaatlicher Leistungen möglich. Mittlerweile sind es nicht nur vor allem ältere Menschen, die Not leiden. Immer öfter sehen sich auch Familien mit mehreren Kindern oder Alleinerziehende mit einem Leben in oder am Rand der Armut konfrontiert. Mit ihrem prekären Wohlstand kann es schnell zu Ende sein, wenn eine Arbeitsstelle verloren geht, wenn Scheidung oder Krankheit den Ausfall einer Einnahmequelle mit sich bringt und zusätzliche finanzielle Belastungen drohen.

Angesichts solcher Entwicklungen sprechen manche bereits von einer drohenden Spaltung oder Polarisierung der deutschen Gesellschaft. Sie sind vor allem durch die deutsche Vereinigung, die vielfältige Verwerfungen in den Lebenschancen und Lebensläufen mit sich gebracht hat, wieder stärker ins öffentliche Bewusstsein getreten.

REICHTUM, MACHT UND PRESTIGE: DIE DIMENSIONEN DER SOZIALEN SCHICHTUNG

Neben der Beschreibung statistischer Verteilungen geht es der Soziologie um *Erklärungen* für die Ursachen sozialer Ungleichheit, um die *Folgen* ungleicher Lebensbedingungen und **Lebenschancen** sowie um die *Formen* und *Dimensionen* sozialer Ungleichheit in modernen Gesellschaften. Kurz, sie versucht, *institutionalisierte Muster* sozialer Ungleichheit zu erklären, und will herausfinden, *wer was bekommt – und warum* (Lenski 1966).

Zum Teil erklärt sich unterschiedlicher »sozialer Erfolg« der Individuen durch individuelle Unterschiede. In jeder Gesellschaft gibt es Kluge und weniger Kluge, Starke und weniger Starke, Schöne und weniger Schöne, Talentierte und weniger Talentierte. Und in der Regel besteht ein Zusammenhang zwischen diesen Variationen und ihrem Lebensstandard, ihrem **Prestige** und Einfluss. Doch das System der sozialen Schichtung beruht auf mehr als nur den Unterschieden zwischen den Individuen.

Der Terminus **soziale Schichtung** bezeichnet die Gliederung einer Gesellschaft in Schichten, deren Mitglieder über ungleiche Mengen an knappen, aber begehrten Ressourcen verfügen, ungleiche **Lebenschancen** besitzen und einen ungleich großen gesellschaftlichen Einfluss haben. Entsprechend der relativen »Höhe« ihrer Schicht haben die Individuen **Statuspositionen** inne, von denen ihr Zugang zu den drei Hauptdimensionen der sozialen Schichtung: **Reichtum** (einschließlich **Einkommen**), **Macht** und **Prestige** abhängt. Der Status eines Bankiers ist in allen drei Dimensionen hoch, der eines Obdachlosen niedrig. Andere Statuspositionen erreichen in einer Dimension hohe, in den anderen niedrige Werte. So verfügen Pfarrer in ihren Gemeinden über beträchtliches Prestige oder gesellschaftlichen Respekt, doch ihr Status ist im allgemeinen nicht mit großer Macht oder mit Reichtum verbunden.

Wenn wir sagen, die soziale Schichtung sei institutionalisiert, so meinen wir damit, dass soziale Ungleichheiten in die Gesellschaftsstruktur integriert sind und meist von einer Generation zur nächsten weitergegeben werden. Ein Schichtungssystem gilt in dem Maße als **geschlossen**, in dem es schwierig oder unmöglich ist, in der sozialen Hierarchie aufzusteigen. So war in Südafrika unter dem Apartheidregime die soziale Hierarchie für Schwarze weitgehend geschlossen. Hingegen ist das Schichtungssystem in den westlichen Industriegesellschaften vergleichsweise **offen:** Niemand wird formell auf Grund von Geburt oder ererbten Eigenschaften von einer Position ausgeschlossen. So behauptet die besonders in den USA ausgeprägte Ideologie der Leistungsgesellschaft, eine erreichte soziale Position sei überwiegend ein **erworbener Status** (siehe Kapitel 4) oder, anders ausgedrückt, sie sei das Ergebnis individueller Anstrengung und Leistung. Doch dies ist nur zum Teil richtig. Unbestritten spielt die individuelle Leistung eine Rolle, doch nach wie vor ist der sozio-ökonomische Status der Eltern die beste Voraussagevariable (Prädiktor) der sozialen Position, die ihre Kinder einnehmen werden.

Soziale Schichtung ist kein Zufallsprodukt oder die Folge individueller Begabungsunterschiede. Sie ist vielmehr ein System, das die Interessen einiger Individuen über die Interessen anderer stellt. Wir kennen keine menschliche Gesellschaft, deren Mitglieder hinsichtlich Reichtum, Macht und Prestige vollkommen gleich sind, obschon der Grad der Ungleichheit zwischen den einzelnen Gesellschaften enorm variiert (Lenski u. a. 1991).

Bis vor kurzem gab es bei den !Kung-Buschleuten der Kalahari in Afrika bis auf Alter, Familienstand und Geschlecht nur wenige Ungleichheiten (Thomas 1959; vgl. aber Yellen 1990). Die meisten kollektiven Entscheidungen werden von den Älteren getroffen, Eltern bestimmen über ihre Kinder, und Männer besitzen Macht und Privilegien, die Frauen verwehrt sind. In größeren, bereits wohlhabenderen Gesellschaften sind ganze Gruppen in einer stabilen Hierarchie verankert, und die Positionen in dieser Hierarchie werden von Generation zu Generation tradiert. Die hierarchische Gliederung basiert durchaus auf verschiedenen Kriterien (Smith 1974, 1991). Nicht immer wird materieller Besitz höher bewertet als religiöser Rang oder andere Quellen kulturellen Prestiges. So besaß in Indien Mahatma Gandhi weitaus mehr Prestige und Macht als viele reiche Geschäftsleute, obschon er über wenig Besitz verfügte, nur einen einfachen Lendenschurz trug und lange Zeit seines Lebens fastete. In Wahrheit trug die Tatsache, dass er die Armut *wählte*, zu seinem Prestige und seiner Macht bei. Das traditionelle indische Kastensystem stuft religiösen Rang höher ein als materiellen Reichtum. In anderen Umgebungen wäre Gandhis asketisches Leben nicht genauso hoch bewertet worden. Quellen der Macht bilden statt dessen häufig physische Stärke, Reichtum, Ausbildungszeugnisse oder demokratische Wahlen.

In modernen Industriegesellschaften, wie in den USA oder den westeuropäischen Ländern, spielen **Reichtum** und **Einkommen** als Kriterien der sozialen Schichtung eine herausragende Rolle. Der Terminus **soziale Schicht,** insbesondere aber der Begriff der **sozialen Klasse,** spiegelt das Gewicht ökonomischer Unterschiede wider. Eine soziale Schicht ist eine Gruppe von Personen, die ähnliche Positionen im Schichtungssystem innehaben, weil sie einen ähnlichen ökonomischen Status besitzen. Wenn Amerikaner oder Europäer von der **Mittelschicht** sprechen, meinen sie damit meist Personen, die weder extrem reich noch extrem arm sind. Positionen in der Schichtungshierarchie beeinflussen viele Aspekte unseres Lebens – von der Ernährung bis zu den Wohnverhältnissen, von der Ausbildung, dem Beruf und Einkommen bis zu der Wahl des Heiratspartners, von unserem Kunstgeschmack bis zur Lebenserwartung. Wir wollen in diesem Kapitel die Schichtenstruktur der USA und Deutschlands ausführlicher analysieren und fragen, welche Chancen die Individuen in diesen Ländern haben, ihren sozialen Status zu verändern.

Kein System der sozialen Schichtung – nicht einmal jene, in denen der ökonomische Status maßgeblich ist – ist so einfach, dass sich alle Schichten bruchlos in eine perfekte Hierarchie, deren Koordinaten Reichtum und Einkommen, Macht und Prestige sind, einfügen. So kann ein Drogenhändler zwar reich sein, doch würden wir ihn nur widerwillig zur **Oberschicht** rechnen. Andererseits gehört für die meisten von uns ein Bischof, auch wenn er nicht besonders reich ist, zur Elite. Macht kann auf der Kontrolle einer Bürokratie und nicht bloß auf Reichtum basieren. Und gelegentlich begrenzen Faktoren, etwa eine rechtsextreme Einstellung, Macht und Prestige einer Person, unabhängig von ihrem **Reichtum.**

Bis heute spielt für nahezu alle soziologischen Theoretiker die soziale Schichtung eine zentrale Rolle, weil sie, wie erwähnt, eine der grundlegenden Dimensionen der *Gesellschaftsstruktur* ist. Wegweisend für die modernen Schichtungstheorien waren die Untersuchungen von Karl Marx. Marx zeigte, dass selbst im System des freien Unternehmertums, das den Individuen größere Entfaltungschancen bot als frühere Ökonomien, das Leben der Menschen noch immer weitgehend durch ihre **soziale Klasse** bestimmt wurde. Allerdings weist Marx nicht nur auf die zentrale Bedeutung der Klassenstruktur hin. Er behauptet ferner, dass sie zutiefst in der Produktionsweise des Kapitalismus verwurzelt sei und die ungleiche Machtverteilung zwischen den Klassen stets zu Kampf und Konflikten führen werde. Wie Marx halten auch die meisten anderen Soziologen die Gesellschaftsstruktur für zentral. Doch viele lehnen nicht nur seine Klassenanalyse ab, sondern ziehen auch seine Voraussage eines unvermeidlichen Klassenkampfs in Zweifel. Wie wir sehen werden, legen sie statt dessen das Schwergewicht auf die Schlüssel-

9

begriffe *funktionale Integration*, *Macht* und *Kultur*. Zum Schluss wollen wir kurz die verschiedenen Mittel betrachten, in denen Soziologen das Potential sehen, etablierte Schichtenstrukturen durch *soziales Handeln* zu verändern.

Funktionale Integration

Einer der bekanntesten kritischen Einwände gegen Marx (siehe Kasten) besagt, dass Ungleichheit zur funktionalen Integration der Gesellschaft beitragen kann. Zuerst von den frühen funktionalistischen Soziologen Herbert Spencer (1874) und Émile Durkheim (1893) vorgebracht, wurde dieses Argument von den amerikanischen Soziologen Kingsley Davis und Wilbert Moore (1945) weiterentwickelt. Wie Marx gehen sie von der ökonomischen Struktur der Gesellschaft aus. Doch statt auf die Klassenbildung oder die Akkumulation ererbten Reichtums abzuheben, betonen sie die ökonomischen Anreize, die aus den Möglichkeiten, verschiedene Einkommensniveaus zu erreichen, resultieren. Ihr Argument zielt hauptsächlich auf Einkommensunterschiede und nicht auf ererbten Reichtum. Sie entwickeln keine Theorie, die das gesamte soziale Schichtungssystem mit seiner institutionalisierten Hierarchie abdeckt. Mithin ergänzt ihre Theorie eher die Marxsche, als sie zu widerlegen. Doch sie zieht die Marxsche Vorstellung in Zweifel, die Ungleichheit des Kapitalismus ließe sich durch eine vollkommen egalitäre, nichthierarchische Form der gesellschaftlichen Organisation ersetzen.

Einige Berufe sind nach der Davis-Moore-Theorie für die funktionale Integration komplexer Gesellschaften wichtiger als andere: Da nur eine begrenzte Zahl von Menschen das Talent hätte oder bereit sei, in ihre Ausbildung zu investieren, sei es, um sie zu motivieren, notwendig, ihnen mehr als die Durchschnittslöhne zu bezahlen (oder ihnen zusätzliche Belohnungen wie Prestige, Macht oder angenehme Arbeitsbedingungen zu geben). Gesellschaftliche Ungleichheit sei daher funktional notwendig. Eine Gesellschaft, die es unterlasse, die Menschen zur Erfüllung dieser wichtigen Berufe zu motivieren, breche zusammen.

Es besteht kaum ein Zweifel, dass man die Menschen durch Bezahlung oder andere Anreize zur Wahl bestimmter Berufe motivieren kann. Als beispielsweise in den USA in den 1980er Jahren Computerwissenschaftler fehlten, verbesserten sich ihre Gehälter und Arbeitsbedingungen drastisch, da die Unternehmen um diese Spezialisten konkurrierten. Indessen hat die Kritik andere Aspekte der Davis-Moore-Theorie in Frage gestellt (Kerbo 1991:129-134). So ist es zwar evident, dass die bestbezahlten Berufe in modernen Industriegesellschaften meist auch jene sind, die funktional am wichtigsten sind oder die höchsten Investitionen in Erziehung und Ausbildung erfordern. Kaum jemand wird bestreiten, dass Ärzte sehr wichtig sind, spezielle Begabungen brauchen und viel Zeit, Geld und Energie in ihre Ausbildung investieren müssen, und dass Schuhputzer nicht so wichtig sind, keine speziellen Begabungen brauchen und leicht auszubilden sind. Daher sind Ärzte besser bezahlt als Schuhputzer. Lassen wir aber einmal Extreme beiseite, so ist es weit weniger klar, ob die Theorie weiterhin gilt. Braucht man, um Lehrer zu werden, nicht eine umfassendere Ausbildung und vermutlich auch größere Begabung, als um Bankdirektor zu werden? Doch Lehrer werden schlechter bezahlt. Sind LKW-Fahrer wirklich wichtiger als Krankenschwestern, oder werden sie besser bezahlt, weil die meisten von ihnen Männer sind? Haben Anwälte höhere Einkommen als Müllmänner, weil sie funktional wichtiger sind? Kurz, es ist äußerst schwierig, funktionale Relevanz objektiv zu bestimmen. Allenfalls spiegelt das, was die Davis-Moore-Theorie funktionale Relevanz nennt, die Präferenzen auf dem Arbeitsmarkts wider.

Es gibt jedoch noch einen grundlegenderen Einwand gegen die Davis-Moore-Theorie. Sie ignoriert vollkommen die Auswirkungen von Macht, Einfluss und ererbtem Reichtum auf den Arbeitsmarkt (Collins 1975). Kinder von Ärzten (und anderen Angehörigen der **Mittel-** und **Oberschicht**) haben eine größere Chance, wieder Ärzte zu werden als gleich begabte arme Kinder, die sich in der Schule genauso anstrengen. Manche Eltern können ihre Kinder auf teure Privatschulen schicken, wo sie – egal, ob diese einen besseren Unterricht bieten oder nicht – meist in Kontakt mit anderen Elitekindern kommen. In Ländern wie den USA oder Großbritannien wirkt sich das Einkommen der Eltern auch darauf aus, ob sie in der Lage sind, ihren Kindern eine Collegeausbildung oder ein Universitätsstudium zu bezahlen. Schließlich sind die Chancen der Individuen auf dem Arbeitsmarkt von ihrer Rasse oder ethnischen Herkunft und von ihrem Geschlecht abhängig.

Auf ein weiteres Problem von Theorien, die die funktionale Integration betonen, wies bereits Thorstein Veblen (1899) hin. Veblen argumentierte, die höchsten Löhne müssten eigentlich Leuten bezahlt werden, die

Die Klassenstruktur nach Marx

Für die ersten modernen, Mitte des 19. Jahrhunderts entstandenen Schichtungsanalysen war das Hauptproblem: Wie erzeugte der damalige Frühkapitalismus eine Neueinteilung in Reiche und Arme? Für Marx (1867) war sie in zweierlei Hinsicht neu. Zunächst schuf der Kapitalismus neue Reichtumsquellen, etwa durch die rasche Ausweitung des Handels, vor allem aber durch die industrielle Warenproduktion. Scheinbar über Nacht gelangten Kaufleute und Fabrikanten zu spektakulärem Reichtum, der es ihnen erlaubte, die Aristokratie der alten Feudalära als einflussreichsten Stand der Gesellschaft allmählich zu verdrängen. Zweitens erfolgte nach Marx diese Zweiteilung der Gesellschaft in Reiche und Arme auf neue Weise. Gab es früher eine vielschichtige Hierarchie (in England: Kleinbauern, Landjunker, Ritter, Lehnsherren, König; in Deutschland: freie und unfreie Bauern, Klerus und Adel), die gleichermaßen auf religiösen, politischen und ökonomischen Kriterien basierte, so trat jetzt an ihre Stelle eine zweiteilige Klassenstruktur, deren Grundlage das Privateigentum war. Der Kapitalismus teilte die Gesellschaft in Besitzer von Produktionsmitteln (Kapitalisten) und Individuen, die nur durch Verkauf ihrer Arbeitskraft leben konnten (Proletarier). Zahlreiche früher wohlhabende, selbständige Handwerker und kleine Bauern verloren ihren traditionellen Lebensunterhalt und sanken zu landlosen Arbeitern ab.

Berühmt wurde, wie wir in Kapitel 1 sahen (und in Kapitel 16 weiter untersuchen werden), die marxsche These, wonach die Kapitalisten, um zu überleben und Profite zu erzielen, die Arbeiter ausbeuten müssen; die Interessen der beiden Gruppen stehen in fundamentalem Gegensatz, eine Situation, die zwangsläufig zu ökonomischen Krisen und Klassenkonflikten führen muss. Immerhin erkannte Marx an, dass die kapitalistische Produktionsweise immensen neuen Reichtum produziert und für die Menschen mehr Möglichkeiten schafft, der Armut zu entgehen, als frühere ökonomische Systeme. Doch Marx zufolge muss der Kapitalismus, statt den neuen Reichtum so zu verteilen, dass alle Gesellschaftsmitglieder einen Nutzen daraus ziehen, ihn zum Zweck der Kapitalinvestition akkumulieren, wovon die Besitzer der Produktionsmittel auf Kosten der Arbeiter profitieren. Kleinunternehmer mögen mit außergewöhnlich harter Arbeit und glänzenden Ideen einen Vorsprung erzielen, doch auf lange Sicht – wenn etwa ihre Ururenkel ihre Unternehmen erben – reduziert sich die Erklärung des Reichtums auf den Besitz der Produktionsmittel, und geht nicht auf Talent, harte Arbeit oder einen sonstigen individuellen Vorzug zurück.

Die Marxsche Theorie bildet die Grundlage der modernen Schichtungsanalyse, insbesondere ihrer ökonomischen Komponente. Überzeugender als jeder andere Denker hat Marx gezeigt, dass strukturelle Ungleichheit für die gesellschaftliche Organisation, insbesondere aber für den Kapitalismus wesentlich ist. Eine Reihe moderner Soziologen knüpft an Marx an und konzentriert sich auf die ökonomische Basis der Schichtstruktur, auf soziale Konflikte und die Probleme, die diese Ungleichheit provoziert. Andere haben Marx in allen diesen Punkten in Frage gestellt und ziehen – neben der Gesellschaftsstruktur – andere Schlüsselbegriffe heran.

die unangenehmste Arbeit verrichten, die Arbeit, die sonst niemand tun möchte. Danach müssten Müllerbeiter und Erdarbeiter am höchsten, weniger gut aber Berufe bezahlt werden, die interessante Arbeit, gute Arbeitsbedingungen und hohes Prestige bieten. In Wahrheit ist es natürlich genau umgekehrt. Die Berufe, die das höchste Prestige genießen und an sich interessant sind, sind meist auch diejenigen, die sehr gut bezahlt sind.

Offensichtlich ist die Davis-Moore-Theorie kein adäquater Ersatz für die Marxsche Theorie. In der Tat steht sie nicht in totalem Widerspruch zur Marxschen Theorie. Ein Marxist könnte durchaus zustimmen, dass Ungleichheit als Anreiz *innerhalb* des Kapitalismus fungiert, selbst wenn sie letztlich ein so extremes Ausmaß annehmen wird, dass der Kapitalismus von Krisen oder Revolutionen erschüttert wird. Und wer die funktionale Integration betont, könnte durchaus zustimmen, dass die Schichtenstruktur in dem Maße dysfunktional ist, wie sie bewirkt, dass ererbter Reichtum oder ererbte Macht die Motivation der Individuen beeinträchtigt, die gesellschaftlich notwendige Arbeit zu tun (Tumin 1953). Davis und Moore klammern die Frage aus, die Marx für zentral hielt: Wer besitzt die Produktionsmittel (den Reichtum)? Indem sie die Perspektive auf das Problem verengen, inwiefern motivationale Anreize für die Gesellschaft als ganze funktional sein können, versäumen sie es, die Frage zu stellen, wer am meisten von einer spezifischen Struktur der Ungleichheit profitiert. Sicher hätten sie dann auch die Rolle der Macht bei der Ausdifferenzierung und Konservierung von Schichtungssystemen analysiert.

Macht

Max Weber zufolge sah Marx in der *Macht* lediglich ein Mittel zur Konservierung der ökonomischen Schichtung. Marx, so Weber, habe geglaubt, dass auf lange Sicht der Besitz der Produktionsmittel die einzige entscheidende Quelle der Macht sei. Für Weber gibt es jedoch in modernen Gesellschaften andere Quellen der

9

Macht: Macht, so Weber, sollte als eigene Dimension der Schichtung aufgefasst werden und nicht nur als Stützpfeiler der ökonomischen Schichtung.

Vor allem weist Weber auf die Macht von Personen oder Gruppen hin, die in der Lage sind, Bürokratien zu lenken, die in modernen Gesellschaften immer einflussreicher werden. Dies ist besonders für die Analyse kommunistischer Gesellschaften relevant. Obgleich sich Marx den Kommunismus als klassenlose Gesellschaft vorgestellt hatte, entwickelte sich in kommunistischen Regimen faktisch die Macht staatlicher Bürokratien zur Grundlage einer neuen Form der Ungleichheit. Ranghöhere Bürokraten und Funktionäre verschafften sich – in der früheren Sowjetunion und DDR, in China und anderen kommunistischen Ländern – durch besondere Läden Zugang zu mehr und besseren Lebensmitteln und anderen Waren. Sie besaßen gewöhnlichen Bürgern verwehrte Privilegien, von Reisemöglichkeiten bis zu Landhäusern (»Datschen«) und Wagen mit eigenem Chauffeur. Wer wichtige Ressourcen (wie den Zugang zu guten Berufen oder knappen Wohnungen) kontrollierte, konnte Bestechungsgelder und Geschenke von Hilfe Suchenden verlangen. Sogar besondere Ausbildungsmöglichkeiten und Arbeitsplätze konnten die Bürokraten ihren Kindern zuschanzen und so ihre individuelle Fortüne in ererbte Klassenprivilegien verwandeln (Lenski u.a. 1991).

Selbst in kapitalistischen Gesellschaften wie den USA oder Deutschland kann sich bürokratische Macht zu einer wichtigen Grundlage der Schichtung entwickeln. Selbstredend gibt es Beispiele für Korruption zuhauf, etwa wenn Ressortleiter für den staatlichen Straßenbau Schmiergelder von Baufirmen annehmen. Doch auch ohne Korruption können hohe öffentliche oder bürokratische Ämter zu lukrativen Einnahmequellen werden. Nicht nur beschließen Abgeordnete ihre eigenen Gehälter (»Diäten«), sie erhalten auch oft Gratisreisen an exotische Ferienorte oder andere Geschenke von Lobbygruppen. Pensionierte Admiräle und Generäle werden oft als Berater für Unternehmen reich, die sich ihres Einflusses bedienen, um Produkte an das Militär zu verkaufen.

Weber geht es jedoch nicht nur um den Nachweis, dass sich bürokratische Macht in **Einkommen** oder **Reichtum** transformieren lässt. Vielmehr betont er, dass Macht eine unabhängige Dimension sozialer Schichtung sei und nicht nur den Besitz der Produktionsmittel – in der Marxschen Terminologie: die »Produktionsverhältnisse« – widerspiegele. In den meisten modernen kapitalistischen Gesellschaften werden die großen Unternehmen nicht von den Eigentümern, sondern von professionellen Managern geleitet. So besitzen Millionen von Individuen, Pensionsfonds und andere Körperschaften Aktien von IBM. Doch das Unternehmen selbst ist eine Bürokratie, die von einem Generaldirektor, von einem Vorstandsvorsitzenden und anderen leitenden Angestellten geführt wird. Sie alle haben Verbindungen mit ihren Pendants in anderen Unternehmen und zu hohen Regierungsbeamten. Indem sie aufgrund solcher Verbindungen ihren Einfluss gemeinsam geltend machen, etablieren sie eine Art »Klassenmacht« (Domhoff 1993).

Ein anderes Beispiel sind Parlamentswahlen. Jeder Bürger hat die gleiche »Macht«: eine Stimme. Das ist Demokratie. Doch nicht alle Bürger sind gleich, was die Mittel für Werbung, den Einfluss auf die Berichterstattung in Zeitungen oder im Fernsehen oder die Ressourcen für eine Wahlkampagne angeht. Hier spielt die Machtdimension der sozialen Schichtung hinein. Sie basiert nicht nur auf dem Einkommen, sondern auch auf der Kontrolle der Bürokratie und anderen Organisationen.

Kultur

Nicht einmal Reichtum und Macht zusammen können nach Weber die Schichtungssysteme in modernen Gesellschaften vollständig erklären. Auch *kulturelle* Faktoren müssen einbezogen werden, sowohl als spezifische Quelle der Schichtung wie als Dimension der Ungleichheit. So hat der geringere Wert, den viele Kulturen »Frauenarbeit« beimessen, eine geringere Entlohnung in bestimmten Berufen – wie etwa der Krankenpflege – zur Folge, unabhängig davon, wer die Produktionsmittel besitzt (siehe auch Kapitel 11). Ein anderes Elemente der kulturellen Identität, das die Wirkung der Schichtung beeinflusst, ist die ethnische Herkunft. Weber verwendet den Begriff »Stand« zur Bezeichnung solcher Gruppen, deren Prestige sich eher von kulturellen als ökonomischen oder politischen Faktoren herleitet.

Prestige ist die gesellschaftliche Achtung, der Respekt oder die Billigung, mit der belohnt wird, wer Eigenschaften besitzt, die in der Gesellschaft als bewundernswert gelten (Goode 1978). Verschiedene Gesellschaften verbinden Prestige mit verschiedenen Attributen. Wie erwähnt, verleihen spirituelle Qualitäten in der traditionellen indischen Gesellschaft ein besonderes Prestige. Doch spirituelle Qualitäten gelten keineswegs als individuelle Leistung. So wurden im traditionellen indischen **Kastensystem** spiritueller Status und Position in der sozialen Hierarchie durch Geburt bestimmt; jedes Individuum war Mitglied einer Kaste und im allgemeinen verpflichtet, ein Mitglied der gleichen Kaste zu heiraten und strenge Rituale entsprechend des Kastenrangs zu befolgen. Von Indern höherer Kasten, insbesondere Hindus, wurde verlangt, dass sie eine bestimmte formale Distanz zu Mitgliedern niederer Kastengruppen einhielten. Ein Brahmane (Mitglied der höchsten Kaste) fühlte sich befleckt, »unrein« oder beschmutzt durch den physischen Kontakt mit einem Harijan, einem »Unberührbaren« (Harijans bilden die niederste, kastenlose Gruppe, der Straßenkehrer, Latrinenreiniger und Schweinehirten angehören). Das Kasten und ihrer rituellen Reinheit beigelegte Prestige wirkte getrennt von Reichtum und Macht und hatte Vorrang. Trotz staatlicher Versuche, das Kastensystem abzuschaffen und die Diskriminierung niederer Kasten zu verbieten, hat die kulturelle Position noch immer einen Einfluss darauf, wie jemand behandelt wird. Hindus niederer Kasten, die wirtschaftlich oder politisch sehr erfolgreich sind, werden noch immer von Mitgliedern höherer Kasten gemieden, während ein armer Brahmane vielen Indern noch immer als rein und heilig gilt.

Vermutlich verleiht rituelle Reinheit in Deutschland heute nur noch selten Prestige. Statt dessen betonen die Deutschen andere kulturelle und gesellschaftliche Faktoren, beispielsweise wie die Menschen ihr Geld verdienen (ihren Beruf), wie sie es ausgeben (ihren Konsumstil), wer sie sind (ihre Vorfahren), wen sie kennen und wie erfolgreich oder bekannt sie sind. Prestigequellen in modernen Industriegesellschaften sind etwa die Position eines Chefarztes, ein hohes Einkommen, ein großes Haus, die Mitgliedschaft in den richtigen »Clubs« und Freunde in Machtpositionen. Für die meisten Deutschen ist der Beruf der wichtigste Prestigefaktor. Gewisse Berufe schätzen sie wegen der Ehre, die ihrer Meinung nach damit verbunden ist, und nicht nur wegen Macht und Reichtum.

Soziologen messen das Prestige von Berufen, indem sie repräsentative Stichproben nach dem gesellschaftlichen Ansehen verschiedener Berufe befragen, beispielsweise durch Bewertungen auf einer Skala von hoch über mittel bis niedrig. Sie übertragen diese Bewertungen in Prestigepunkte, die von null (niedrigste) bis hundert (höchste Punktzahl) reichen. Im Allgemeinen sind die Ergebnisse solcher Erhebungen zum gesellschaftlichen Ansehen von Berufen in den meisten Industriegesellschaften recht ähnlich und oft über lange Zeit stabil.

Prestige ist ein weit verbreitetes und wichtiges Element moderner Schichtungssysteme (Bourdieu 1982). Ärzte, Rechtsanwälte und Professoren halten ihre hoch ausgebildeten Berufe für besonders angesehen. Viele

Beruf	Bev. Insg.	Westdeutschland					Ostdeutschland	
		1966	1975	1985	1991	1995	1991	1995
Arzt	81	84	79	76	79	79	89	86
Rechtsanwalt	37	37	37	30	35	35	51	41
Pfarrer, Geistlicher	37	49	48	46	42	39	25	25
Hochschulprofessor	32	-	38	39	41	31	31	32
Botschafter, Diplomat	30	29	33	32	33	31	39	28
Unternehmer	30	21	22	21	36	30	21	29
Apotheker	29	34	28	23	30	30	32	27
Ingenieur	28	41	28	25	28	29	20	25
Grundschullehrer	24	37	26	17	17	21	34	34
Schriftsteller	23	-	-	-	-	22	-	25
Direktor in großer Firma	22	23	20	22	22	22	18	24
Atomphysiker	22	37	34	30	27	22	26	21
Journalist	17	15	11	18	18	17	20	15
Studienrat	16	28	26	15	16	7	11	14
Politiker	12	15	22	16	14	12	15	7
Offizier	11	12	16	9	9	13	7	8
Gewerkschaftsführer	11	-	-	-	-	11	-	11
Buchhändler	7	6	7	8	9	7	8	7

Tabelle 9.1: **Prestige von Spitzenberufen 1966-1995**

Die Angaben beziehen sich auf die Anteile (in Prozent) der Personen, die den betreffenden Beruf zu den fünf meistgeschätzten der genannten Berufe zählen.
Die gestellte Frage lautete: »Hier sind einige Berufe aufgeschrieben. Können Sie bitte vier oder fünf davon heraussuchen, vor denen Sie am meisten Achtung haben.«

Quelle: Hradil 1999:284.

9

9

wären enttäuscht, wenn ihre Kinder einen Beruf in der Geschäftswelt ergreifen würden, auch wenn sie dort gleich viel oder mehr Geld verdienen würden. Innerhalb solcher akademischen Berufe sind die Individuen oft mehr durch das Streben nach Ansehen bei Kollegen als durch das Streben nach Reichtum motiviert. Dies ist in der Tat einer der grundlegenden Unterschiede zwischen akademischen Berufen und Bereichen wie der Geschäftswelt. Wer einen Schallplattenladen betreibt, ist genauso angesehen wie jemand, der ein Bekleidungsgeschäft führt, und wer ein Stahlwerk leitet, ist genauso angesehen wie jemand, der eine Automobilfabrik leitet. Wir beurteilen solche Läden oder Betriebe und jene, die sie leiten, hauptsächlich nach dem Geld, das sie verdienen. Wir erwarten aber nicht, dass Ärzte einander danach beurteilen, wie viel Geld sie verdienen. Wenn wir jemanden nach dem besten Kinderarzt in der Stadt fragen, möchten wir wissen, wer sich mit den Kindern die meiste Mühe gibt, und nicht, wer das meiste Geld verdient. Und Ärzte beurteilen einander danach, wie gut sie über neue Techniken informiert sind, ob sie die anerkannten Therapien gewissenhaft befolgen und das Patientenwohl über ihre »bloß finanziellen« Interessen stellen. Wir halten jemanden für einen schlechten Arzt, wenn er oder sie sich weigert, jemanden, der in Not ist, zu behandeln. Wir halten aber jemanden nicht für einen schlechten Lebensmittelhändler, wenn er oder sie es ablehnt, Gemüse an mittellose Leute umsonst abzugeben. Prestigeüberlegungen spielen zwar in akademischen Berufen die größte Rolle, finden aber auf allen Ebenen der Berufshierarchie Anwendung (Bourdieu 1982).

In der Tat meint Bourdieu, dass die Individuen nicht einfach nur Reichtum oder Macht anhäufen, sondern auch »kulturelles Kapital« – Ressourcen, von denen sie wegen des damit verbundenen Prestiges profitieren. So ist ein akademischer Grad an sich kein Produktionsmittel oder Machtinstrument. Unter gewissen Bedingungen kann er jedoch in Reichtum oder Macht »umgemünzt« werden, etwa wenn er dazu benutzt wird, um eine gute Stelle zu bekommen oder um jemanden zu beeindrucken (Bourdieu 1982). Manchmal »zieht« kulturelles Kapital da, wo Geld versagt. So mag es einem Absolventen einer amerikanischen Eliteuniversität gelingen, in gewisse Eliteclubs aufgenommen zu werden, die Leuten ohne eine entsprechende Ausbildung, selbst wenn sie Millionäre sind, verschlossen bleiben. In diesen Clubs kann er oder sie sich mit anderen Mitgliedern der Elite aus der Geschäftswelt, der Justiz oder Regierung treffen.

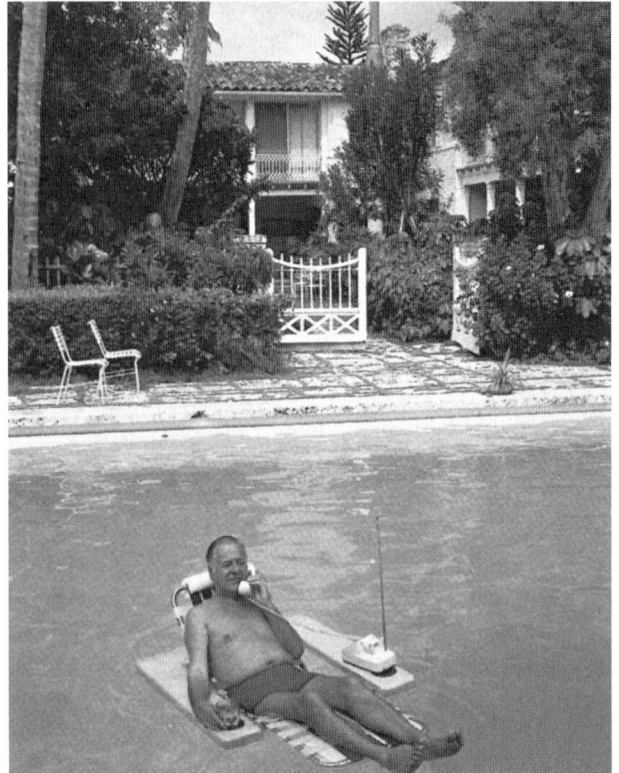

Der Manager mag davon überzeugt sein, dass er seinen hohen Lebensstandard und Erfolg jahrelanger harter Arbeit und Selbstaufopferung verdankt…

Soziales Handeln

Das Beispiel des kulturellen Kapitals zeigt, dass Statuspositionen durch *soziales Handeln* geformt werden. Ein Auslandsstudium und das zeitaufwendige Erlernen einer Fremdsprache sind Beispiele solchen Handelns. Die Chancen zu solchem Handeln hängen von der sozialen Herkunft, aber auch von individuellen Entscheidungen ab, die nur einen geringen Einfluss auf die Schichtenstruktur als ganze haben, aber eine große Bedeutung für die Individuen haben können, die sie treffen. Wer seine Berufsausbildung abbricht, kann häufig seine Hoffnungen auf eine Mittelschichtkarriere begraben. Allerdings müssten sich Hunderttausende zum Ausbildungs- oder Studienabbruch entscheiden, um die Schichtenstruktur durch eine Absenkung des allgemeinen Ausbildungsniveaus in der Gesellschaft zu beeinflussen.

Marx, Davis, Moore (und andere Funktionalisten) und Weber haben die Beziehung zwischen sozialer Schichtung und sozialem Handeln auf verschiedene Weise analysiert. Marx wies auf zwei Punkte hin. Zunächst zeigte er, dass soziale Ungleichheit nicht in erster

…aber wird der Grad an Arbeitsleistung und Selbstaufopferung ein vergleichbares Ergebnis für die südkoreanischen Bergarbeiter auf der Schachtanlage Friedrich Thyssen in Duisburg haben?

Linie das Ergebnis individuellen Handelns ist. Einige Jungunternehmer steigen zu Geschäftsführern auf, andere machen Bankrott. Doch ändert dies nichts am System selbst. Zudem beuten nach Marx die Kapitalisten die Arbeiter nicht aus, weil sie schlechte Menschen sind, sondern weil dies die einzige Möglichkeit ist, Profit zu machen und im kapitalistischen Wettbewerb zu überleben. Ihr Handeln – etwa der Versuch, die Löhne so niedrig wie möglich zu halten – wird durch ihre Position in der Klassenstruktur bestimmt. Analog wäre es für einen Arbeiter illusorisch zu hoffen, er könne einfach durch harte Arbeit und Sparen Kapitalist werden oder auch nur in die **Mittelschicht** aufsteigen. Nach Marx braucht das kapitalistische System, um zu funktionieren, eine große Zahl Arbeiter und nur eine kleine Zahl von Kapitalisten. Zwar mag es einigen Arbeitern gelingen, »aus Lumpen zu Reichtum« aufzusteigen, doch die Zahl derer, die durch individuelles Handeln (oder Glück) reich werden, ist nicht groß genug, um Armut und Ungleichheit aus der Welt zu schaffen. Durch diese Beobachtung wurde Marx zu seinem zweiten Punkt über die Beziehung zwischen so-

zialem Handeln und Schichtenstruktur geführt. Die Arbeiter, so Marx, hätten nur dann eine objektive Chance, ihre Lage zu verändern, wenn sie aufhörten, sich gegenseitig Konkurrenz zu machen, und sich zum Sturz des kapitalistischen Systems vereinten. Marx glaubte, die durch den Kapitalismus herbeigeführte Ungleichheit würde sich so sehr verschärfen, dass die Arbeiter durch eine Revolution ihre Ausbeutung beenden würden (Marx/Engels 1848). Das meinte er mit dem Begriff »Klassenkampf«. Statt des individuellen Kampfes, um *innerhalb* des Kapitalismus voranzukommen, forderte Marx die gesamte **Arbeiterklasse** zum Kampf gegen den Kapitalismus auf, um ihn durch den Sozialismus zu ersetzen. Individuelles Handeln konnte in seiner Theorie nicht viel bewirken, wohl aber kollektives Handeln.

Davis und Moore hingegen betonen stärker das individuelle Handeln, da für sie das Problem der funktionalen Integration im Vordergrund steht. Ihnen erscheint das gesellschaftliche Ziel, die Individuen zur Arbeit zu motivieren, als zu wichtig, um es dem Zufall oder der individuellen Laune zu überlassen: Auf eine gesellschaftlich organisierte Weise müsse sichergestellt werden, dass die Individuen die notwendige Ausbildung erhalten und die notwendige Arbeit tun – und Strukturen der Ungleichheit erfüllten diesen Zweck. Nach dieser Theorie motiviert die Schichtenstruktur die Individuen dazu, so zu handeln, dass sie zur funktionalen Integration der gesamten Gesellschaft beitragen. Davis und Moore räumen ein, dass die Schichtenstruktur sich nur langsam ändert, weisen aber darauf hin, dass sie auf neue Techniken und Zwänge reagiert. So hat die Entwicklung des modernen Automobils und des Autobahnsystems das Prestige von Eisenbahningenieuren und Lokomotivführern gesenkt. Und als Computer für die Organisation von Wirtschaft und Gesellschaft wichtig geworden sind, haben Computerprogrammierer als Berufsgruppe einen hohen Status erlangt.

Weber und andere Theoretiker, die den Schwerpunkt

auf Macht und Kultur legen, betonen ebenfalls die Funktion des sozialen Handelns (wie wir in Kapitel 1 sahen). Marx befasste sich mit kollektivem Handeln zur Veränderung der gesamten Schichtenstruktur, Weber hingegen mehr mit den Anstrengungen der Individuen, ihre Position oder die ihrer sozialen Gruppe innerhalb der Schichtenstruktur zu verändern. Diese Anstrengungen führen zwangsläufig zur Konkurrenz mit anderen Individuen und Gruppen – und sind in ihren Resultaten sowohl abhängig von der unterschiedlichen Macht, die sie besitzen, als auch von ihren handlungsleitenden Strategien. Weber diskutierte beispielsweise, wie einige Minderheitengruppen – vor allem religiöse Minderheiten und Immigrantengruppen – enge Gemeinschaften bilden und ihre Mitglieder sich gegenseitig in ihren wirtschaftlichen Aufstiegsbemühungen unterstützen. Da sie als Individuen nur wenig Macht besitzen, brauchen solche Gruppen jene Stärke, die aus koordiniertem sozialem Handeln resultiert (Parkin 1976). Webers Beispiel folgend, untersuchen Soziologen die Handlungen subkultureller Gruppen wie die der jüngst nach Deutschland eingewanderten Türken. Sie fanden heraus, dass diese Gruppen zwar das System des freien Unternehmertums schätzen, es aber nicht in völlig individualistischer Manier ausüben. Ihr Handeln ist sozial organisiert und orientiert sich an Familie und Gemeinschaft. Mitglieder solcher Gruppen leihen einander Geld, um kleine Geschäfte zu gründen, beschäftigen Familienmitglieder als Angestellte, sparen große Teile ihres Einkommens und verzichten auf Vieles, um ihre Kinder studieren zu lassen. Durch all diese Handlungen verbessern sie die Statusposition ihrer Familien und ihrer ethnischen Gemeinschaften.

Fassen wir zusammen: Die heutige Soziologie folgt Marx, indem sie von der ökonomischen Struktur als dem wichtigsten einzelnen Faktor für die soziale Schichtung ausgeht. Doch sie folgt auch Weber, indem sie erkennt, dass nicht allein Reichtum soziale Schichtung bedingt. Schichtenspezifische Verteilung von Macht und kulturellen Werten wie Prestige sind ebenfalls wichtige Faktoren, die sich nicht völlig auf ökonomische Ursachen reduzieren lassen. Marx untersuchte vor allem, wie Strukturen der Ungleichheit Konflikte hervorrufen, die heutige Soziologie interessiert sich darüber hinaus auch dafür, wie dieselben Strukturen als Motivationsquellen fungieren und der funktionalen Integration dienen können. Wir betrachten die wichtigsten Formen schichtenspezifischer Machtverteilung in Kapitel 17. Kapitel 18 ruft uns in Erinnerung, dass die fundamentalste Ungleichheit in der Welt nicht *innerhalb* von Deutschland und anderen reichen Ländern vorkommt, sondern *zwischen* den reichen und armen Ländern der Welt besteht – und ihre Ursachen in der Ökonomie, Machtverteilung und Kultur hat. Kapitel 10, 11 und 13 widmen sich verschiedenen Dimensionen der sozialen Schichtung. In der folgenden Diskussion des deutschen Schichtensystems werden wir kulturelle Faktoren nicht ignorieren, unser Hauptinteresse gilt aber den ökonomischen Aspekten der sozialen Schichtung, das heißt den Strukturen von Reichtum und Macht.

DIE VERTEILUNG VON VERMÖGEN UND EINKOMMEN IN DEUTSCHLAND

Der größte Teil der Bevölkerung in Deutschland hat *Ersparnisse*: In der Einkommens- und Verbrauchsstichprobe des Statistischen Bundesamtes (EVS) gaben 1993 fast 98 Prozent der Haushalte an, Geldvermögen in irgendeiner Form zu besitzen. Insgesamt ist das *Bruttogeldvermögen* in Westdeutschland zwischen 1960 und 1995 um das 27fache gestiegen (Hradil 1999: 229ff.). Zusätzlich werden in jüngster Zeit größere *Erbschaften* immer häufiger, denn die Nachkriegsgeneration, die im Laufe des »Wirtschaftswunders« z.T. erhebliche Vermögenswerte ansparen konnte, vererbt nun diese Werte an die nachfolgende Generation – allein 1997 wurden so Vermögenswerte in Höhe von rund 250 Milliarden Mark weitergegeben. Berücksichtigt man schließlich noch die weitgehend freie Zugänglichkeit der Gesundheitsversorgung und des Bildungswesens, so ergibt sich insgesamt das Bild eines recht *wohlhabenden* Landes.

Diese allgemeine und besonders rapide Wohlstandssteigerung, die in den 50er Jahren begann und sich bis in die 70er und 80er Jahre hinein erstreckte, hat nun nach Ansicht einiger Soziologen zu einer deutlichen *Veränderung der Bedeutung sozialer Ungleichheit* im Alltagshandeln und im Bewusstsein der Menschen geführt. Nach Ulrich Beck (1986) hat dieser »Fahrstuhleffekt« zwar die Abstände zwischen Oben und Unten nicht gravierend verändert, jedoch in Kombination mit dem Ausbau der sozialen Sicherung, mit der Bildungsexpansion, mit Veränderungen im Arbeitsleben, in den Mobilitätsströmen und in den Biographien zu einer »Individualisierung« von Lebenslagen und Lebenswegen beigetragen. Damit haben in seinen Augen auch Schicht- und Klassenzugehörigkeiten ihre Bewusstsein und Handeln prägende Kraft eingebüßt. Freigesetzt aus traditionellen Bindungen stehen die Menschen nun oftmals nicht mehr materiellen Knappheiten gegenüber, sondern befinden sich häufig eher in einer Situation des Überflusses, in der sie Entscheidungen treffen und rechtfertigen müssen: Was kaufe ich? Wie soll ich mein Leben gestalten? Wen heirate ich – wenn ich überhaupt heiraten möchte? Was will ich eigentlich im Leben erreichen? Solche Fragen gewinnen im Unterschied zu früheren Zeiten, in denen die Antworten wesentlich stärker durch Traditionen vorgeformt waren, an Gewicht. Ähnlich sieht es Schulze (1992): Er geht von einem Wandel von Situationen des »Nahelegens« hin zu Situationen des »Wählenmüssens« aus. Während noch in der Nachkriegszeit vor allem die Knappheit von Ressourcen und materielle Not die Orientierungen, Wertmuster und Verhaltensweisen beeinflussten und somit schichtspezifische Unterschiede stärker ausgeprägt waren, gewinnen nun Unterschiede der Lebensstile an Bedeutung. Im Unterschied zu Bourdieu (1982), der im Frankreich der 1970er Jahre noch enge Zusammenhänge zwischen sozialen Klassen und Lebensstilen feststellte, stimmen für Schulze (1992) die Grenzen zwischen Lebensstilen und sozialen Milieus in der Bundesrepublik Deutschland der 80er Jahre nicht mehr mit den Grenzen zwischen Klassen und Schichten überein.

Eine mittlere Position vertreten hier Michael Vester u.a. (1992). Sie erkennen einerseits nach wie vor eine deutliche *vertikale* Über- und Unterordnung sozialer Milieus in Deutschland, halten aber andererseits die *horizontale* Unterscheidung nach modernen, teil-modernen und traditionellen Milieus und Lebensstilen für genauso wichtig. Folgt man diesem Modell »lebensweltlicher Sozialmilieus«, das – Vorschläge des deutschen Schichtungssoziologen Theodor Geiger (1932) aus den 1930er Jahren aufgreifend – neben beruflichen Positionen und Bildungsabschlüssen vor allem unterschiedliche Einstellungen, Wertorientierungen und Lebenshaltungen zugrunde legt, so haben sich in der vertikalen Dimension in den 1980er Jahren in Westdeutschland nur geringe Verschiebungen ergeben. Veränderungen vollzogen sich hingegen vorwiegend in der horizontalen »Modernisierungsdimension«, in der sich nicht nur der Trend zu eher »postmaterialistischen« Werthaltungen (Inglehart 1989), sondern auch der Bedeutungsgewinn von Dienstleistungsberufen, insbesondere pädagogischer und pflegerischer Art, widerspiegelt.

Gerade angesichts solcher Forschungsergebnisse zur vertikalen Differenzierung von Lebenshaltungen und Milieus in Deutschland wäre es nun ein krasses Missverständnis, wenn Wohlstandssteigerungen und die Modernisierung von Lebensstilen oder Mentalitäten als eine *Auflösung* sozialer Ungleichheit interpretiert würden. Denn nach wie vor gibt es erhebliche Ungleichheiten in der Verteilung von Einkommen und Vermögen, die in Deutschland zwar nicht ein Ausmaß wie in den USA oder gar in einigen Entwicklungsländern erreichen, allerdings doch zu deutlichen Unterschieden in den Lebensbedingungen und **Lebenschancen** führen. Trotz methodischer Probleme bei der Erfassung erlauben Analysen der Verteilung von Vermögen und Einkommen Aussagen darüber, ob eine relative Gleichheit erreicht wurde. Darüber hinaus lässt sich mit Hilfe solcher Analysen feststellen, welche Personenkreise mehr oder weniger Vermögen haben oder ein hohes bzw. niedriges Einkommen erzielen können. Damit können dann auch Fragen der folgenden Art beantwortet werden: In welcher materiellen Situation leben Familien mit mehreren Kindern? Können Alleinerziehende mit der Entwicklung des allgemeinen Lebensstandards mithalten? Ist die Vermögens- und Einkommensverteilung (un)abhängig von der beruflichen Stellung?

Indikatoren und Zahlen

Der materielle Wohlstand oder die Knappheit dient hier als ein Indikator für die *Teilhabemöglichkeit* der Menschen am Lebensstandard einer Gesellschaft. Zudem bietet ein höherer materieller Wohlstand auch eine bessere Absicherung gegenüber Risiken im Lebenslauf: Scheidung, Arbeitslosigkeit oder Krankheit tragen immer die Gefahr in sich, dass sich die Einkommenssituation für die betroffenen Personen drastisch verschlechtert. Bei einem Leben in prekärem Wohlstand (Hübinger 1996) reichen bereits solche Ereignisse aus, um die oft mühsam hergestellte Balance zwischen Einnahmen und Ausgaben aus dem Gleichgewicht zu bringen, so dass Schulden und der Abstieg in die Armut drohen. Einkommen und Vermögen eröffnen also Handlungschancen und bieten ein höheres Maß an Zukunftssicherheit; zu geringes Einkommen oder fehlendes Vermögen begrenzen die Handlungsmöglichkeiten und verdüstern die Zukunftsaussichten.

Wie geschildert, lässt sich zwar eine allgemeine Verbesserung der Einkommens- und Vermögenssituation beobachten. Dadurch haben sich jedoch Ungleichheiten nicht oder nur minimal vermindert: 1983 besaßen die obersten 10 Prozent der Haushalte ungefähr 50 Prozent des statistisch erfassten Vermögens, die ärmere Hälfte der Haushalte besaß jedoch weniger als 2,5 Prozent (Huster 1997:123). 1998 konnte nach dem ersten *Armuts- und Reichtumsbericht der Bundesregierung* (Lebenslagen in Deutschland 2001, Band 1:55) das obere Zehntel mehr als 42 Prozent des Privatvermögens (abzüglich Bau- und Konsumschulden) auf sich vereinigen; die untere Hälfte verfügte nur über 4,5 Prozent des privaten Vermögens. Wenn man Haushalte nach der beruflichen Stellung der Bezugsperson aufgliedert, scheint seit den siebziger Jahren die Ungleichheit der Vermögenseinkommen konstant geblieben zu sein: So verfügen Haushalte von Selbständigen über mehr als das dreifache des durchschnittlichen Vermögenseinkommens aller Haushalte, während Haushalte von Arbeitern (etwas mehr als die Hälfte des Durchschnitts) und insbesondere von Arbeitslosen (etwas mehr als ein Fünftel des Durchschnitts) ein deutlich geringeres Einkommen aus Vermögen erzielen können.

Auch zeigen sich deutliche Unterschiede zwischen Ost- und Westdeutschland: Erstens wurden in Ostdeutschland, zumindest noch in den frühen 1990er Jahren, eher »sichere« Geldanlagen wie z.B. Bausparverträge oder »sonstiges Geldvermögen«, die freilich eine eher geringe Rendite haben, bevorzugt. Zudem ist der Grundbesitz geringer bewertet als in Westdeutschland, und der Anteil der Haushalte mit einer Kreditverpflichtung war doppelt so groß (6,9 zu 3,2 Prozent). Zweitens betrug die Höhe des Vermögens eines ostdeutschen Haushaltes z.B. 1993 nur etwa ein Drittel des durchschnittlichen Vermögens eines westdeutschen Haushaltes. Damit verbunden ist – drittens – eine geringere Ungleichheit der Vermögensausstattung der Haushalte *innerhalb* Ostdeutschlands. Während sich die Einkommensungleichheiten in Ostdeutschland relativ bald den westdeutschen Mustern anpassen dürften, kann man dies jedoch kaum von der Höhe des durchschnittlichen Vermögens erwarten. Nach Modellrechnungen dürfte hier eine Angleichung noch mehrere Jahrzehnte dauern.

Eine der Vermögensverteilung ähnliche, aber weniger ausgeprägte Ungleichverteilung ergibt sich für Westdeutschland, wenn man das verfügbare Einkommen (Haushaltsnettoeinkommen) betrachtet: 1998 konnten die untersten 10 Prozent der Haushalte über rund 4 Prozent und die obersten 10 Prozent der Haushalte über etwa 22 Prozent der gesamten Haushaltseinkommen verfügen (Lebenslagen in Deutschland 2001, Band 2:47). Da dabei jedoch die Bezieher besonders hoher Einkommen nicht erfasst sind, dürfte die Ungleichheit sogar noch etwas höher ausfallen, als diese Daten zeigen.

Zwischen 1978 und 1993 hat sich auch hier kaum eine Veränderung in der Gesamtverteilung ergeben. In eine ähnliche Richtung weisen Daten, die Geißler (1996) und Hradil (1999) zur Verteilung der Einkommen nach so genannten »Quintilen« zusammengestellt haben.

Schlüsselt man die Angaben des Statistischen Bundesamtes nach Haushaltsgruppen auf, so zeigt sich nach Analysen von Huster (1997) jedoch ebenfalls ein eher gleichbleibender und teilweise sogar zunehmender Abstand der Haushalte von Sozialhilfeempfängern und der Bezieher von Arbeitslosengeld bzw. Arbeitslosenhilfe gegenüber dem Gesamtdurchschnitt: 1972 hatten sie das 0,54fache des durchschnittlichen Einkommens zur Verfügung, 1993 nur noch das 0,49fache. Dagegen konnten Haushalte von Selbständigen außerhalb der Landwirtschaft ihr Einkommen überdurchschnittlich steigern – jedoch schwankt ihre relative Einkommensposition im Zeitverlauf sehr stark. Diese Daten haben den Nachteil, dass sie auf einer groben Einteilung der Haushalte beruhen und die Größe bzw. die Zusammensetzung der Haushalte nicht berücksichtigt wird. Deshalb greifen Analysen zur Einkommenssituation und Entwicklung häufig auf sozialwissenschaftliche Umfragedaten wie z.B. das »Sozio-ökonomische Panel« (SOEP) zurück. Sie erlauben eine detailliertere Untersuchung der materiellen Situation von unterschiedlichen Haushalten. Habich und Krause (1997) kommen auf dieser Basis zu dem Ergebnis, dass insgesamt der Anteil der »reichen« und der »armen« Bevölkerung *nicht* gestiegen ist.

Als arm gilt hier nach einer weit verbreiteten Definition jemand, der maximal *die Hälfte* des durchschnittlichen Nettoäquivalenzeinkommens bezieht. Entsprechend werden Personen dann als reich betrachtet, wenn ihnen mehr als *das Doppelte* dieses Durchschnittsbetrages zur Verfügung steht. Das »Nettoäquivalenzeinkommen« berechnet sich dabei aus dem verfügbaren Haushaltseinkommen und der Anzahl der Personen in einem Haushalt, wobei mit Hilfe so genannter »Bedarfsgewichte« die Tatsache berücksichtigt wird, dass Erwachsene und Kinder je nach Alter unterschiedliche Bedürfnisse haben und ein Zusammenleben in einem Haushalt, der dann z.B. nur eine Waschmaschine braucht, kostensparend ist. Diese etwas komplizierte Umrechnung des Haushaltseinkommens ist notwendig, um die Situation von Haushalten unterschiedlicher Größe und Zusammensetzung vergleichen zu können: Betrachtet man etwa zwei Haushalte, die beide nach Abzug der Steuern und einschließlich Transfereinkommen (wie Kindergeld, BaföG oder Sozialhilfe) 5.000 Mark zur Verfügung haben, so kann sich der erste Haushalt aus zwei erwachsenen Personen zusammensetzen, während der zweite Haushalt als »normaler« Familienhaushalt zusätzlich zwei minderjährige Kinder zu versorgen hat. Trotz eines nominell gleichen Haushaltseinkommens ist die finanzielle Lage dieser beiden Haushalte also *nicht* identisch. Deshalb hat es sich eingebürgert, mittels geeigneter Gewichtungen dieses Einkommen so umzurechnen, dass trotz unterschiedlicher Haushaltskonstellationen ein direkter Vergleich möglich wird – eben dazu dient das Nettoäquivalenzeinkommen.

Wie bei der Vermögensverteilung lassen sich auch hier deutliche Ungleichheiten erkennen: Das Risiko eines Arbeitslosen, arm zu sein, ist beinahe fünfmal so hoch wie das eines Erwerbstätigen; gleiches gilt für Hauptschulabsolventen im Vergleich zu Hochschulabsolventen.

Kinder bis zu 15 Jahren haben dabei ein dreifach höheres Risiko, unterhalb der Armutsschwelle zu leben, als über 75jährige Personen. Umgekehrt ist die Chance, »reich« zu sein, bei Erwerbstätigen fünfmal so hoch wie bei Arbeitslosen, bei über 75jährigen gegenüber unter 16jährigen viermal so hoch, und bei Hochschulabsolventen gegenüber einer Person mit Hauptschulabschluss beträgt sie das 16fache. *Ausländische* Haushalte oder Personen sind dabei insgesamt mehr als doppelt so oft arm als deutsche. In *Ostdeutschland* sind Arbeitslose und Nichterwerbstätige im Vergleich mit Erwerbstätigen weniger von Armut bedroht, dagegen tragen die mittleren Bildungsabschlüsse ein höheres Armutsrisiko als in Westdeutschland. Schließlich leben in Ostdeutschland auch Ledige, Getrenntlebende und Geschiedene häufiger in Armut als Verheiratete (Habich/Krause 1997).

Neben der sozialen Differenzierung der Einkommen nach beruflicher Stellung treten in jüngster Zeit vor allem Ungleichheiten zwischen unterschiedlichen Lebensformen bzw. zwischen verschiedenen Phasen im Lebenslauf stärker ins öffentliche Bewusstsein: »Große Haushalte sind häufig von Armut betroffen; hohe Reichtumsquoten sind hingegen vorwiegend bei Ein- und Zweipersonenhaushalten zu finden. Kinder leben häufiger in von Armut betroffenen Haushalten als Erwachsene und selten in reichen Haushalten. Familien mit drei und mehr Kindern sowie Einelternhaushalte sind überaus häufig von Armut betroffen; in diesen Haushaltstypen ist Einkommensreichtum praktisch kaum anzutreffen. Dies gilt nahezu gleichermaßen für West- und Ostdeutschland« (Habich/Krause 1997:525). Damit gerät auch ein altbekannter Tatbestand wieder in den Blick: Nicht nur die Stellung im und zum Erwerbsbereich bestimmt die Lebenssituation der Haushalte, sondern auch die Größe und Zusammensetzung eines Haushalts. Zugleich macht dieses Zitat auf die zeitliche Dimension von sozialen Lagen und Ungleichheiten aufmerksam (Berger 1990). In Zeiten der wirtschaftlichen Prosperität konnten die meisten Personen davon ausgehen, dass ihre materielle wie auch soziale Lage entweder relativ *stabil* blieb oder sich sogar in absehbarer Zeit verbessern würde. Auch wenn kein sozialer Aufstieg realisiert werden konnte, erlaubte die wirtschaftliche Entwicklung doch regelmäßigen Fleischkonsum und jährliche Urlaubsreisen, den Kauf eines Autos und den Bau eines Hauses. Vielen Kindern der Aufbaugeneration wurde sogar der soziale Aufstieg über die Expansion des Bildungswesens ermöglicht: in der DDR bereits in den 1950er und 1960er Jahren, in der BRD erst in den 1960er und 1970er Jahren.

Die Umstellung der Betriebe von langfristiger Beschäftigung hin zu einer flexibleren Beschäftigungspolitik, das gestiegene Risiko von Arbeitslosigkeit, die Entwertung von Bildungstiteln, aber auch steigende Scheidungsquoten lassen mittlerweile viele Biographien zu einem Experiment mit unsicherem Ausgang werden: Wie lange kann ich die erreichte Position halten? Bin ich nur eine Scheidung weit vom Bezug von Sozialhilfe entfernt? Können meine Kinder den sozialen Status halten – oder wird es ihnen schlechter gehen? Auch wenn die Veränderungen in der Einkommensverteilung in Deutschland noch nicht vergleichbar mit der Entwicklung in den USA sind, warnen manche in diesem Zusammenhang bereits vor einer Verschärfung der Verteilungskämpfe und vor dem Risiko eines Ausschlusses ganzer Bevölkerungsteile vom gesellschaftlichen Wohlstand (Berger/Vester 1998). So resümieren Becker und Hauser (1997:11) in dem von ihnen herausgegebenen Buch über »Einkommensverteilung und Armut«: »Als Fazit [...] ergibt sich ein Bild zunehmender Spaltungstendenzen in der gesellschaftlichen Entwicklung in der Bundesrepublik Deutschland.«

Würde dies zu einer dauerhaften Ausgrenzung ganzer Bevölkerungsteile vom Beschäftigungssystem und vom gesellschaftlichen Wohlstand führen, wäre zugleich eine der zentralen Grundlagen der *Legitimation* bestehender Ungleichheiten in der Bundesrepublik Deutschland gefährdet: die Vorstellung von einer offenen Gesellschaft, in der individuelle Leistungen und Anstrengungen sozialen Aufstieg erlauben – oder wenigstens den Statuserhalt sichern. Damit stellen sich Fragen nach der Ungleichheit von Aufstiegschancen und nach den Mustern sozialer Mobilität.

Soziale Mobilität

Soziale Mobilität bezieht sich auf Bewegungen von einer sozialen Position in eine andere, von einer sozialen Schicht in eine höhere oder tiefere. Sie kann die Form einzelner, kleiner Schritte aufwärts bzw. abwärts, eines schnellen Kletterns bis an die Spitze oder eines jähen Absturzes ganz nach unten annehmen. Unter *intragenerationeller* oder *Karriere*mobilität versteht man Berufswechsel oder Wechsel der Schicht- bzw. Klassenzugehörigkeit im jeweiligen Lebenslauf; unter *intergenerationeller* oder *Generationen*mobilität Statusveränderungen zwischen den Eltern- und Kindergenerationen.

Mit Geschichten über jene seltenen Menschen, die von einem Leben in Lumpen zu Reichtum aufgestiegen sind, haben im 19. Jahrhundert vor allem in den USA Schriftsteller wie z.B. Horatio Alger den *American dream: Vom Tellerwäscher zum Millionär* populär ge-

9

Muster sozialer Mobilität in der Bundesrepublik Deutschland, in der DDR und im Transformationsprozess

Wegen der geschärften Aufmerksamkeit für Chancenungleichheiten, die dem z.B. im sogenannten »American dream« formulierten Prinzip eines Aufstiegs durch persönliche Anstrengungen und Leistungen zuwiderlaufen und damit die Legitimation westlich-kapitalistischer Gesellschaftsformen gefährden können, kam es vor allem in der Zeit nach dem 2. Weltkrieg zu einer Vielzahl international vergleichender Untersuchungen zur *intergenerationellen* **Mobilität**. Dabei wurde unter anderem deutlich, dass sich die Mobilitätsmuster einzelner Gesellschaften teilweise deutlich voneinander unterscheiden. Mit Blick auf die so genannten *absoluten* Raten intergenerationeller Mobilität, die auch den berufsstrukturellen Wandel erfassen, findet man allerdings in den westeuropäischen Gesellschaften durchgängig einen Rückgang der Immobilität bei den Landwirten, einen Anstieg der Mobilität aus der Landwirtschaft in den Bereich der industriellen Arbeiterschaft und eine leichte Zunahme bei den Söhnen, deren Väter Landwirte oder Arbeiter waren und die nun als Angestellte oder Beamte in so genannte »Dienstklassenpositionen« einrücken. Für die Bundesrepublik Deutschland ergibt sich aus einer vergleichenden Perspektive bei diesen beiden Mobilitätspfaden bis in die frühen 70er Jahre hinein eine besonders starke Zunahme der absoluten Mobilitätsquoten (Erikson/Goldthorpe 1992).

Sowohl berufsstrukturelle Wandlungen in Richtung einer Dienstleistungsgesellschaft wie auch die Bildungsexpansion, die insbesondere zum Abbau von Chancenungleichheiten zwischen Männern und Frauen beitrug, haben in der Bundesrepublik vor allem in den 70er Jahren zu einer *Zunahme* der Aufstiegsmobilität bei einem gleichzeitigen *Rückgang* der Abstiege geführt (Berger 1996:181 ff.). In der westdeutschen Bevölkerung hat die *Bildungsexpansion* auch zu einem tendenziellen Rückgang des Einflusses der sozialen Herkunft auf Bildungslaufbahnen und -abschlüsse und insofern zu etwas mehr Chancengleichheit im Bildungsbereich geführt (Henz/Maas 1995; Müller/Haun 1994). Die darin sich abzeichnende »Öffnung« der westdeutschen Sozialstruktur, die mit dem Übergang in die 80er

Jahre wieder zum Stillstand gekommen zu sein scheint (Geißler 1996; Vester u.a. 1992), brachte allerdings für ausländische Arbeitnehmer in Westdeutschland nur wenig verbesserte Aufstiegschancen mit sich.

Im Unterschied zur BRD hatten in der DDR insbesondere Kinder aus den »Dienstklassen« (mittlere bis höhere Angestellte und Beamte) und Söhne bzw. Töchter von Selbständigen schlechtere Chancen, den Status ihrer Väter bzw. Eltern zu halten. Häufig waren demgegenüber intergenerationelle Aufstiege aus der geringer qualifizierten Arbeiterschaft (Hradil 1999: 393ff.). Zumindest für die Söhne von *Facharbeitern* erweist sich jedoch nach neueren Untersuchungen überraschenderweise die Bundesrepublik als die offenere Gesellschaft (Mayer/Solga 1994). Im historischen Rückblick zeigt sich in den beiden deutschen Staaten eine *deutliche Auseinanderentwicklung* der Mobilitätsmuster: Ähnlich wie sich in der Bundesrepublik für die um 1940 Geborenen die Aufstiegsmöglichkeiten verbesserten, hatte zwar zunächst auch in der DDR die »Aufbaugeneration« der um 1930 Geborenen besonders viele und gute Chancen des sozialen Aufstiegs. Zumindest bis zum Mauerbau trugen dazu auch die hohen Abwanderungsraten hochqualifizierter Personen nach Westdeutschland bei. Die folgenden Geburtsjahrgänge, insbesondere die um 1960 und danach Geborenen, fanden dann jedoch erheblich verschlechterte Aufstiegschancen vor (Mayer/ Solga 1994:203f.; Solga 1995). Auf eine verstärkte »Schließung« und eine zunehmende Selbstreproduktion einer »sozialistischen Dienstklasse« deutet auch hin, dass z.B. noch um 1970 75-82 Prozent der Angehörigen von DDR-Führungsschichten (Betriebsleiter, Staatsanwälte, Richter, Offiziere) der in der DDR ja sehr weit gefassten **Arbeiterklasse** entstammten, gegen Ende der 1980er Jahre diese Quoten jedoch auf 64-76 Prozent gesunken waren (Geißler 1996:240 ff.). Verstärkt wurde diese *Blockade von Aufstiegskanälen* in der DDR, mit der sich vor allem die jüngeren Generationen konfrontiert sahen, schließlich noch durch den politisch gesteuerten Ausleseprozess.

Solche Forschungsergebnisse zeichnen ein

Bild von der DDR als einer zunehmend *immobiler* gewordenen Gesellschaft. Insbesondere die jüngeren Generationen fanden schlechtere Chancen des beruflichen Aufstiegs vor. Die hohen und sogar steigenden Raten innerbetrieblicher Mobilität verweisen zugleich auf die für das Leben in der DDR besonders auffällige *Zentralität des Betriebes*, an den ja nicht nur vielfältige soziale Leistungen, sondern auch eine Vielzahl informeller Tauschnetzwerke gekoppelt waren. Zusammen mit der ungewöhnlich hohen Erwerbsbeteiligung von Männern und Frauen hat dies die DDR zu einem exemplarischen Fall einer »Arbeitsgesellschaft« gemacht (Kohli 1994).

Die besondere Bedeutung der Arbeitssphäre sowie die ideologische Überhöhung von »Arbeit« macht schließlich auch verständlich, warum die deutsche Vereinigung und der damit einhergehende, extrem beschleunigte Strukturwandel im Beschäftigungssystem vielfach zu *Statusunsicherheiten* geführt haben. Nach den Daten des »Sozio-ökonomischen Panels« wechselten in Westdeutschland innerhalb eines Jahres (1988/89) gut 18 Prozent der erwerbstätigen Männer und rund 20 Prozent der erwerbstätigen Frauen ihre berufliche Stellung. Schon im Übergang von der Noch-DDR des Jahres 1990 zu den »Fünf Neuen Ländern« des Jahres 1991 haben demgegenüber in Ostdeutschland fast 28 Prozent der Männer und gut 40 Prozent der Frauen eine Veränderung ihrer beruflichen Stellung erfahren. Im Unterschied zu Westdeutschland und zum »Regelfall« beruflicher Mobilität zeichnete sich dabei auch eine Vielzahl von *Abstiegs*prozessen ab, von denen Frauen und ältere Männer am stärksten betroffen waren. Zählt man noch Wechsel in die Arbeitslosigkeit und in die Nichterwerbstätigkeit hinzu, haben allein im Zeitraum von 1990 bis 1991 mehr als ein Drittel der ostdeutschen Männer und fast die Hälfte der ostdeutschen Frauen mehr oder weniger einschneidende Statusveränderungen erlebt (Berger 1996:260 ff.). Besonders häufig waren dabei Abstiege aus den einstigen Leitungspositionen und aus der hochqualifizierten Angestelltenschaft (Diewald/Solga 1997:256; Tab.9.2).

Lediglich knapp die Hälfte der ostdeutschen Männer und sogar nur ein knappes Drittel der Frauen konnten zwischen 1989 und 1994 eine durchgehende Erwerbsbeteiligung aufrechterhalten; 13 bzw. 14 Prozent waren in diesem Zeitraum einmal, um 5 Prozent sogar mehrmals arbeitslos (Diewald/Solga 1997:238 f.). Berücksichtigt man zusätzlich Berufs- und Betriebswechsel, so verblieb zwischen Dezember 1989 und Frühjahr 1993 in Ostdeutschland jeweils nur rund ein Drittel ohne Unterbrechung in derselben Stelle. Anhaltende Arbeitslosigkeit einerseits, die Zugehörigkeit zur Altersgruppe der um die 50jährigen, die »zu jung« waren, um aus dem Erwerbssystem auszuscheiden, und »zu alt«, um ihre Berufslaufbahnen unter den veränderten Bedingungen nochmals neu zu beginnen, andererseits, erwiesen sich dabei als besonders ungünstig für das *Selbstwertgefühl* und die psychologisch wichtigen Überzeugungen der Betroffenen, ihr Leben selbst »kontrollieren« zu können (Huinink u.a. 1995: 324, 342ff.).

Dies deutet darauf hin, dass **soziale Mobilität** nicht allein für die Beurteilung von Chancen(un)gleichheiten von großer sozialer und politischer Relevanz ist. Vielmehr spielen hier auch die individuellen Konsequenzen sozialer Mobilität eine Rolle: So können durch das mobilitätsbedingte Herauslösen aus vertrauten Sozialmilieus Berufs- und Lebenserfahrungen »entwertet« werden, wodurch *Orientierungsschwierigkeiten und Identitätsprobleme* hervorgerufen werden können. Soziale Mobilität und sich häufende Statusunsicherheiten können zudem zum Verlust tradierter Bindungen führen und mit *sozialer Desintegration* bis hin zur Anomie in Verbindung gebracht werden – insbesondere dann, wenn bei steigender oder anhaltend hoher Arbeitslosigkeit die Chancen eines (Wieder-)Einstiegs in das Erwerbssystem schwinden. Dagegen kann ein hohes Maß an sozialer Mobilität auch als ein Indikator für die notwendige Offenheit und Pluralität einer modernen Gesellschaft aufgefasst werden, denn soziale Mobilität bringt zugleich neue *Lern- und Selbstverwirklichungschancen* mit sich. Dies kann in ökonomischer Hinsicht zu größerer *Flexibilität und Anpassungsfähigkeit* der Gesellschaft führen. In sozialer Hinsicht kann das durch soziale Mobilität ermöglichte Kennenlernen unterschiedlicher Berufsfelder, gesellschaftlicher Bereiche oder Milieus auch das Entstehen und Fortbestehen wechselseitiger Klischees und Vorurteile verhindern – und so die *soziale Integration* einer Gesellschaft fördern. Diese positiven Funktionen sozialer Mobilität stehen jedoch in Frage, wenn sich Anzeichen dafür finden lassen, dass bestimmte Bevölkerungsgruppen – etwa »die Armen« – dauerhaft ausgegrenzt werden.

Tabelle 9.2: **Berufs- und Erwerbsmobilität in West- und Ostdeutschland, 1990/94 (Abstromprozente)**

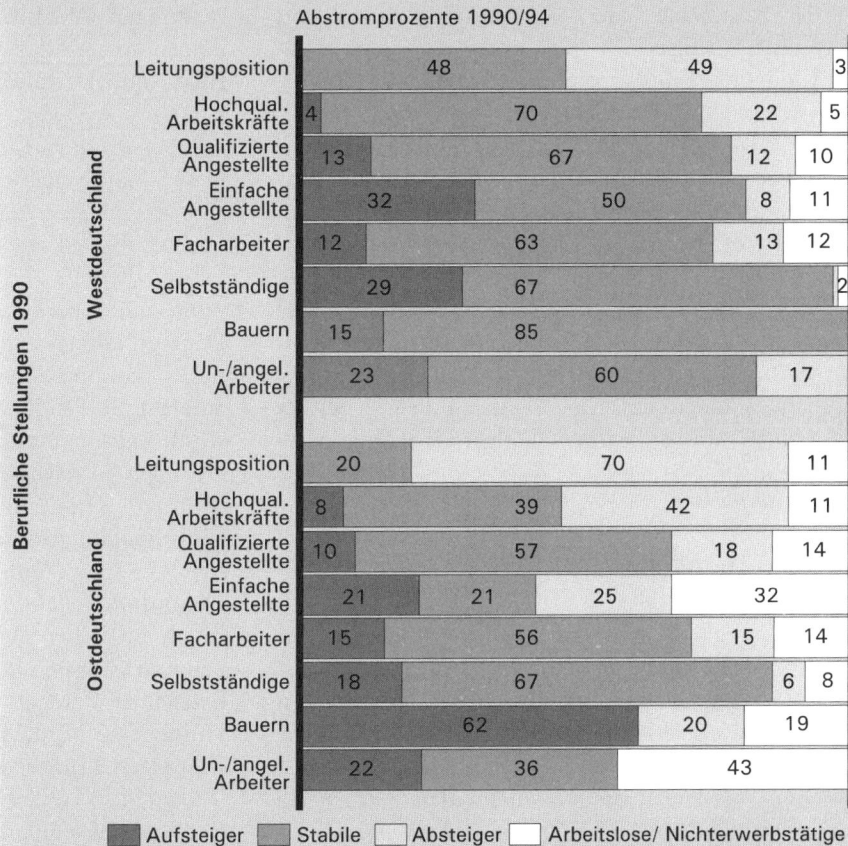

Abstromprozente 1990/94

Berufliche Stellungen 1990		Aufsteiger	Stabile	Absteiger	Arbeitslose/ Nichterwerbstätige
Westdeutschland	Leitungsposition		48	49	3
	Hochqual. Arbeitskräfte	4	70	22	5
	Qualifizierte Angestellte	13	67	12	10
	Einfache Angestellte	32	50	8	11
	Facharbeiter	12	63	13	12
	Selbstständige	29	67		2
	Bauern	15	85		
	Un-/angel. Arbeiter	23	60		17
Ostdeutschland	Leitungsposition	20	70	11	
	Hochqual. Arbeitskräfte	8	39	42	11
	Qualifizierte Angestellte	10	57	18	14
	Einfache Angestellte	21	21	25	32
	Facharbeiter	15	56	15	14
	Selbstständige	18	67	6	8
	Bauern	62	20		19
	Un-/angel. Arbeiter	22	36		43

Legende: ■ Aufsteiger ■ Stabile □ Absteiger □ Arbeitslose/ Nichterwerbstätige

Quelle: Diewald/Solga 1997:256, Datenbasis: SOEP

macht. Soziologen weisen jedoch darauf hin, dass **soziale Mobilität** oft aus *strukturellem Wandel* und nicht aus individuellem Erfolg resultiert (Levy 1987). Ein Großteil der Aufwärtsmobilität, so zeigen die Untersuchungen, vollzieht sich zudem in kleinen Schritten auf der beruflichen oder ökonomischen Leiter und kaum je in Sprüngen von ganz unten nach ganz oben: Das Kind eines Fabrikarbeiters wird meist nur ein Vorarbeiter; das Kind eines Lehrers vielleicht ein Professor. Studien aus den USA belegen, dass sowohl Aufstiege wie Abstiege entlang der sozialen Hierarchie weit verbreitet sind, das US-amerikanische Schichtungssystem also relativ **offen** ist (Blau/Duncan 1967; Featherman/Hauser 1978). Bei raschem Wirtschaftswachstum, wie in den 1960er Jahren, gab es in den USA einen Überschuss an Aufstiegschancen, und zwischen den 1940er und 1970er Jahren waren Armut und Abstieg meist nur vorübergehende Rückschläge (Duncan 1982). Seither sind jedoch Abstiege wieder häufiger und dauerhafter geworden.

Armut in Deutschland

Armut ist relativ. Im Unterschied zu vielen Ländern der Zweiten oder Dritten Welt scheint Armut, zumindest auf den ersten Blick, in wohlhabenden Weltregionen wie Westeuropa oder in reichen Gesellschaften wie Deutschland kaum noch vorzukommen. Lediglich manchmal wird man daran erinnert, dass es auch bei uns materiellen Notstand gibt – wenn man etwa durch die Fußgängerzonen der größeren Städte schlendert und dabei immer wieder Obdachlose ins Blickfeld geraten. An solchen Wahrnehmungen macht sich dann meist auch unsere Vorstellung von Armut fest: Ein Leben auf der Straße und ohne schützendes Dach, angewiesen auf Almosen Anderer; abgetragene, schäbige Kleidung; zerschundenes, von Krankheiten, Alkohol- oder Drogenmissbrauch geprägtes Aussehen. Aber das Gefühl von Armut, oder genauer: materieller Knappheit, kann auch in ganz anderen Situationen entstehen – selbst ein Topmanager, der gerade entlassen wurde, kann sich als »arm« empfinden. Dabei bezieht er sich vermutlich nicht so sehr auf seine materielle Lage, sondern eher auf den Verlust eines zentralen Bezugspunktes für sein Selbstwertgefühl, nämlich seiner hervorgehobenen beruflichen Position.

An diesen Beispielen wird die Bandbreite von Vorstellungen deutlich, die mit »Armut« verbunden sein können: Zu geringes oder fehlendes Einkommen, finanzielle Knappheit, eine schlechte Wohnungssituation und -ausstattung, keine Arbeit, mangelndes Selbstwertgefühl, das nicht vorhandene Netzwerk an Freunden und Bekannten, unzureichende (Aus-)Bildung, Zeitmangel oder fehlender Zugang zu öffentlichen Einrichtungen sind Elemente, die häufig in diese Vorstellungen mit einfließen. Dabei müssen Selbsteinschätzung und Fremdwahrnehmung keineswegs übereinstimmen. So bedeutet für eine Frau oder einen Mann aus einer Führungsposition der Verlust des Arbeitsplatzes häufig auch den Verlust des »Lebenssinns«. Und er oder sie mag sich angesichts der neuen Situation fragen, ob und wie lange ein aufwändiger, luxuriöser Lebensstil noch aufrecht erhalten werden kann – und wann die Gefahr beginnt, relativ »arm« zu werden. Dagegen können sich Menschen, die eigentlich berechtigt wären, Sozialhilfe zu beziehen, durchaus als »nicht arm« empfinden – und sie sind vielleicht sogar empört, würde man sie umstandslos »den Armen« zurechnen.

In den Sozialwissenschaften hat es sich eingebürgert, dann von Armut zu sprechen, wenn die Teilhabemöglichkeiten am gesellschaftlichen Leben erheblich eingeschränkt sind (Andreß 1999). Eine der bekanntesten Definitionen stammt von Peter Townsend (1979:31), einem britischen Armutsforscher: »Individuen, Familien und Gruppen in einer Bevölkerung können als arm bezeichnet werden, wenn ihnen die Mittel fehlen, in Hinsicht auf Ernährung, gesellschaftliche Aktivitäten, Lebensverhältnisse, Einkaufs- und Unterhaltungsmöglichkeiten so zu leben, wie dies in der Gesellschaft, der sie zugehören, üblich ist oder zumindest allgemein gefördert oder gebilligt wird. Ihre Ressourcen liegen so deutlich unter dem Durchschnitt, dass sie praktisch von normalen Lebensmustern, Gewohnheiten und Aktivitäten ausgeschlossen sind.«

Im Zentrum der sozialwissenschaftlichen Aufmerksamkeit steht damit die Frage, inwieweit bestimmten Menschen die Teilhabe an den in ihrer Gesellschaft angebotenen Möglichkeiten oder Ressourcen verwehrt ist, sie also depriviert sind oder ausgeschlossen werden. Zu den Ressourcen gehören dann neben Einkommen, Nahrung, Kleidung und Wohnung beispielsweise auch Chancen der Beteiligung am politischen Geschehen, der Zugang zu Informationen und Wissen, die Möglichkeit, seinen Kindern eine Teilnahme am Schulleben, z.B. an Schulausflügen, zu finanzieren, u.a.m. Dieses komplexe und umfassende Verständnis von Armut muss freilich, will man empirisch damit arbeiten und z.B. Aussagen über Umfang und Entwicklung von Armut treffen, wieder eingeschränkt werden.

So kann man für eine Analyse der Armutsentwicklung in Deutschland von der im Rahmen der Sozialhilfe gewährten »laufenden Hilfe zum Lebensunterhalt« ausgehen, die bei den Sozialämtern der Städte und Gemeinden beantragt wird. Sie wird in der Regel bewilligt, wenn andere Systeme der sozialen Sicherung, wie etwa die Arbeitslosenversicherung, keinen ausreichenden Lebensunterhalt ermöglichen oder wenn die betroffenen Einzelpersonen bzw. Familien keinen Anspruch auf Leistungen »vorrangiger« Sicherungssysteme (Arbeitslosenversicherung, Rentenversicherung) haben, sich aber in einer materiellen Notlage befinden. Seit diese Regelung Mitte 1961 eingeführt wurde, ist die Zahl der Empfänger dieser Hilfeleistung (außerhalb von Einrichtungen) mehr oder weniger kontinuierlich von etwas über 0,5 Millionen auf 2,89 Millionen (Ende 1997) angestiegen – dies sind 3,5 Prozent der Bevölkerung (Statistisches Bundesamt 1998).

Da es in Deutschland, anders als in den USA, keine offizielle Armutsdefinition gibt, muss man auf diese Angaben zurückgreifen. Dabei erhält man jedoch Armutsquoten, die nicht allein von »echten« materiellen Notlagen abhängen, sondern zugleich von politisch-rechtlichen Regelungen, in denen festgelegt wird, wer Anspruch auf wieviel Unterstützung hat. Nicht zuletzt deshalb ist die »Sozialhilfequote« als eine Art amtlicher Indikator für Armut wissenschaftlich und politisch umstritten: Von politischer Seite wird z.B. argumentiert, dass dies nicht »Armut« im Sinne extremer Notlagen sei, sondern nur mehr »bekämpfte« Armut, da den Betroffenen ja ein ausreichender Lebensunterhalt gesichert werde. Von wissenschaftlicher Seite wird dagegen eingewandt, dass mit den Beziehern »laufender Hilfe zum Lebensunterhalt« nur ein Teil der armen Bevölkerung erfasst werde, denn nach verschiedenen Schätzungen würden nur etwa die Hälfte der dazu berechtigten Personen auch tatsächlich Sozialhilfe beantragen bzw. beziehen. Somit läge die eigentliche Armutsquote in Deutschland nach den Richtlinien der Sozialhilfe bei ungefähr sechs Prozent.

Eine in den Sozialwissenschaften üblichere Methode wurde bei der Behandlung von Einkommensungleichheiten bereits angesprochen (vgl. Abschnitt »Die Verteilung von Reichtum und Wohlstand in Deutschland«): Als arm können danach Menschen bezeichnet werden, die lediglich bis zu 50 Prozent des sog. »Nettoäquivalenzeinkommens« beziehen. Entsprechende Berechnungen auf der Basis des »Sozio-ökonomischen Panels« ergeben dann für das Jahr 1995 und für Westdeutschland eine Armutsquote von 13 Prozent und für Ost-

deutschland von 8 Prozent (Habich/Krause 1997:518). In Westdeutschland ist auf dieser Datengrundlage seit 1984 bis 1990 ein Rückgang zu beobachten, seither steigt die Armutsquote; in Ostdeutschland ist dagegen, ähnlich wie bei der Sozialhilfequote, ein kontinuierlicher Anstieg zu verzeichnen. Mithilfe solcher Umfragedaten können auch Untersuchungen zu *Ursachen und Konsequenzen* sowie zur *Dauerhaftigkeit* von Armut vorgenommen werden. Zudem können neben der 50-Prozent-Grenze auch andere »Armutsgrenzen« – z.B. eine 40-Prozent-Grenze (»Strenge oder absolute Armut«) oder eine 60-Prozent-Grenze (»Milde oder relative Armut«) – verwendet werden. Beurteilt auf der Basis der Quoten für »relative« oder »milde« Armut lebt in den 80er und 90er Jahren ungefähr ein Fünftel der Bewohner Westdeutschlands in »prekären«, ungesicherten materiellen Verhältnissen. Gemessen an »absoluten« Armutsquoten sind jedoch nur wenige Menschen (ca. 4–5 Prozent) extremer finanzieller Knappheit ausgesetzt. In Ostdeutschland ergibt sich bei der »absoluten« Armut von 1990 bis 1995 eine Steigerung von einem auf etwa drei Prozent, die »relative« Armut nimmt von 9 auf 14 Prozent zu (Habich/Krause 1997:518). Zu beachten ist dabei auch, dass diese Berechnung von Armutsquoten vom jeweiligen west- bzw. ostdeutschen Durchschnittseinkommen ausgeht. Legt man hier einen *gesamtdeutschen* Durchschnitt zugrunde, ergeben sich bei der 50-Prozent-Grenze für Ostdeutschland deutlich höhere, für Westdeutschland dagegen geringere Armutsquoten (vgl. Tab. 9.3; s.a. Andreß 1999; Hanesch u.a. 1994).

Gegen diese Form der Messung von Armut auf der Grundlage von Umfragen werden insbesondere zwei Argumente ins Feld geführt: Zum einen würde auch dadurch das »wahre« Ausmaß der Armut unterschätzt, da Menschen in Armut oder mit einem hohen Armutsrisiko – wie z.B. die Insassen von Gefängnissen oder Altersheimen, Obdachlose oder Ausländer – in Umfragen oftmals nicht vollständig erfasst werden. Zum anderen – und ähnlich wie bei der Sozialhilfequote – reduziere auch diese Art der Messung Armut auf »Einkommensarmut«, da jene umfassenderen Aspekte von Armut, die in dem Zitat von Townsend zum Ausdruck kommen, nicht berücksichtigt werden. In Anlehnung an Untersuchungen in Großbritannien, Irland und anderen Ländern liegen jedoch mittlerweile auch für Deutschland Untersuchungen vor, die von einem komplexeren Armutsverständnis ausgehen: So zogen z.B. Hanesch u.a. (1994) in ihrem Armutsbericht für Deutschland neben Einkommen auch die Versorgung

9

mit Wohnraum und die Bildungsabschlüsse als Armutsindikatoren heran. Andreß (1999) versuchte darüber hinaus, aus dem Besitz bzw. NichtBesitz von als notwendig erachteten Gütern einen umfassenderen Armutsindikator zu bilden, wobei freilich damit z.Zt. noch keine Aussagen über Veränderungen in der Zahl der Armen möglich sind.

Wer sind die Armen?

Wer sind nun die Armen in Deutschland? Wie schon erwähnt, verbinden sich mit Armut oft Vorstellungen von extremem Mangel und von einem dauerhaften Ausschluss vom gesellschaftlichen Wohlstand. Betrachtet man jedoch die Armutsbevölkerung genauer, so wird ihre Vielschichtigkeit und soziale Heterogenität deutlich. Denn zu den Beziehern von »laufender Hilfe zum Lebensunterhalt« gehören z.B. auch Menschen, die »nur« eine kurze Wartezeit oder Lücke zwischen einem Erwerbseinkommen und dem Bezug von Arbeitslosengeld oder Rente *überbrücken* müssen. Andererseits sind ältere Frauen, deren eigene Rentenansprüche z.B. lediglich knapp über 200 Mark betragen, *dauerhaft* auf Sozialhilfe angewiesen. Auch junge ledige Mütter, die ihre Ausbildung wegen der Geburt eines Kindes abgebrochen haben, oder junge Männer und Frauen, die gerade ihr Studium abgeschlossen haben und nun auf der Suche nach einer Stelle sind, können Sozialhilfe beziehen. Unter den Beziehern von Sozialhilfe sind kinderreiche Familien, deren Erwerbseinkommen nicht reicht, um die Miete und den Lebensbedarf zu decken, ebenso zu finden wie alleinlebende Männer ohne Ausbildung und mit Gelegenheitsjobs. Und schließlich gehören dazu auch jene z.T. auf der Straße lebenden Obdachlosen, Alkohol- und Drogenabhängigen, an die bei »Armut« meist zuerst gedacht wird.

Diesen Menschen und Schicksalen ist zunächst nur gemeinsam, dass sie aktuell nicht genügend finanzielle Ressourcen oder kein Vermögen haben und daher sozialhilfeberechtigt sind – oder dass sie zumindest ein deutlich niedrigeres Einkommen beziehen als der Durchschnitt der Bevölkerung. Über diese Gemeinsamkeiten hinaus verdeutlicht diese sicherlich unvollständige Aufzählung dauerhaft oder vorübergehend armer Bevölkerungsgruppen jedoch vor allem, wie problematisch es ist, von einer *homogenen* Gruppe »der Armen« zu sprechen.

Vielmehr sind bei diesen Gruppen sowohl die Gründe für ihre Armut, aber auch ihre aktuelle ökonomische und soziale Lage, ihre Einbindung in soziale Netzwerke und ihre Zukunftsperspektiven höchst unterschiedlich – was u.a. auch dazu führt, dass in der Öffentlichkeit wie in der Wissenschaft immer wieder andere »Armutsbilder« die Diskussion bestimmen (Leibfried u.a. 1995).

Bis in die Mitte der 80er Jahre dominierte in der öffentlichen und in der sozialwissenschaftlichen Diskussion vor allem die Altersarmut. Insbesondere alte Frauen, die in jüngeren Jahren nicht am Erwerbsleben teilnehmen konnten oder wollten, waren damals aufgrund fehlender Rentenansprüche auf eine dauerhafte Unterstützung durch Sozialhilfe angewiesen – im Unterschied zu alten Männern, die sich durch eigene Erwerbstätigkeit Rentenansprüche erwerben konnten. Das Armutsproblem erschien deshalb als Ausdruck der Mängel eines beitragsfinanzierten Alterssicherungssystems, das ganz auf eine männliche »Normalerwerbsbiographie« mit möglichst lebenslanger Vollzeitbeschäftigung zugeschnitten war. Mit dem Beginn der 80er Jahre gerieten dann Arbeitslosigkeit und die damit zusammenhängenden Armutsrisiken verstärkt in die öffentliche Wahrnehmung. Dabei wurde auch der Begriff der »neuen Armut« geprägt, der u.a. darauf hinweisen sollte, dass immer mehr arbeitslose Männer und Frauen im erwerbsfähigen Alter auf Unterstützungsleistungen bzw. auf Sozialhilfe angewiesen sind – darunter vor allem jene Langzeitarbeitslosen, die kein Arbeitslosengeld und nur unzureichende Arbeitslosenhilfe beziehen konnten. Zudem traf Arbeitslosigkeit häufig gering qualifizierte oder unqualifizierte Arbeitnehmer, die wegen ihres meist niedrigen Einkommens nur einen

Tabelle 9.3: Relative Einkommensarmut in West- und Ostdeutschland 1973-1998 (Arme Personen in Prozent der Gesamtbevölkerung)

Jahr	Westdeutschland		Ostdeutschland	
	50 %	60 %	50 %	60 %
1973	6,5	16,0		
1978	6,5	16,0		
1983	7,7	16,9		
1988	8,8	17,1		
1993	10,1	19,6	3,1	9,3
1998	10,9	20,0	4,4	11,9

Daten: Einkommens- und Verbrauchsstichprobe (nur Deutsche, Jahreseinkommen)

Quelle: Bundesminister für Arbeit und Sozialordnung 2001, Band 1:26.

Anspruch auf ein wiederum niedriges Arbeitslosengeld erwerben konnten. Armut wurde nun vor allem als Ergebnis von Arbeitsmarktentwicklungen, eines verschärften Konkurrenzkampfes und von Verdrängungen auf dem Arbeitsmarkt sowie eines teilweisen Versagens der Arbeitslosenversicherung betrachtet. Seit Anfang der 90er Jahre spricht man schließlich immer öfter von einer »Infantilisierung der Armut« (Klocke/Hurrelmann 1998): Neben Arbeitsmarktproblemen kommen damit auch unterschiedliche *Haushalts- bzw. Familienkonstellationen* sowie die Vervielfältigung von Lebensläufen und die Pluralisierung von Lebensstilen als weitere Armutsursachen in den Blick. Nicht nur die Armutsgefahren, die mit Erwerbsunterbrechungen und Arbeitslosigkeit, sondern z.B. auch die Risiken, die mit Scheidung oder mit dem Status eines/einer Alleinerziehenden verbunden sind, werden, so die Argumentation, nicht mehr oder nicht ausreichend durch das soziale Sicherungssystem »abgefedert«. Auch die zumindest für Westdeutschland lange Zeit typische »Normalfamilie« mit einem meist männlichen »Haupternährer«, einer nicht-erwerbstätigen Hausfrau und zwei bis drei Kindern laufe daher Gefahr, »arm« zu werden. Für Ostdeutschland gilt, dass die bis zur Wende gewohnten Vorteile einer umfassenden staatlichen Kinderversorgung teilweise weggefallen sind und damit größere Familien und vor allem Alleinerziehende vor zusätzlichen Problemen stehen.

Wurde bis in die 80er Jahre hinein Armut vor allem als dauerhafter oder »statischer« Zustand behandelt, widmete sich die Soziologie unter dem Stichwort »Armutsdynamik« seither verstärkt der *Mobilität* zwischen unterschiedlichen Einkommenslagen sowie den Einstiegen in bzw. den Ausstiegen aus Armut. Vor allem in der »Bremer Sozialhilfestudie« (Leibfried u.a. 1995) konnte durch eine Analyse von Sozialhilfeakten gezeigt werden, dass die »Aufenthaltsdauer« in Armut oft wesentlich kürzer ist, als gemeinhin angenommen wurde: Von den 1983 in Sozialhilfe eingetretenen Personen bezogen danach in Bremen fast die Hälfte (46 Prozent) weniger als ein Jahr lang Sozialhilfe, und »nur« 23 Prozent wiesen eine ununterbrochene Bezugsdauer von mehr als fünf Jahren auf. Für einen kurzfristigen Sozialhilfebezug sind dabei meist Wartezeiten auf die Leistungen aus anderen Versicherungssystemen, vor allem aus der Arbeitslosen- und der Rentenversicherung, verantwortlich. Auch Untersuchungen mit den Daten des »Sozio-ökonomischen Panels« zeigen, dass ein großer Teil der Armut in Deutschland eher *kurzfristiger* Natur ist. Zugleich wird in solchen Analysen

zur Armutsdynamik deutlich, wie verbreitet kurzfristige Armutserfahrungen selbst in einer reichen Gesellschaft wie der Bundesrepublik Deutschland sind: Denn im Zeitraum von 1990 bis 1995 befanden sich 23 Prozent der Befragten zumindest einmal für eine kurze Zeit in einer Armutslage. Da Armut mithin zwar für die Mehrzahl der Betroffenen eher von kurzer Dauer ist, sie jedoch gleichzeitig eine durchaus verbreitete Erfahrung in der Gesellschaft darstellt, fällt es schwer, eine klare Grenze zwischen Armut und Nichtarmut zu ziehen.

Armut und Lebenschancen

Armut bezieht ihre sozialpolitische Brisanz nicht allein daraus, dass ein geringes Einkommen bezogen wird, sondern vor allem auch aus den Konsequenzen, die damit für die **Lebenschancen** und für die Zukunft der Betroffenen verknüpft sein können. In den USA gibt es eine lange Tradition von Untersuchungen über die kurz- und langfristigen Folgen von Armut (Walper 1995), deren Ergebnisse jedoch nur bedingt auf Deutschland übertragbar sind, da in beiden Gesellschaften höchst unterschiedliche Systeme der sozialen Sicherung eingerichtet wurden. In Deutschland ist, vor allem wegen der steigenden Sozialhilfequoten und der Verschiebungen von Altersarmut zu Kinderarmut, in letzter Zeit ebenfalls das Interesse an diesen Fragestellungen erwacht (Klocke/Hurrelmann 1998; Mansel/Neubauer 1998). Dabei wird u.a. vermutet, dass Armut zu Mängeln bei der Ernährung und zur Erfahrung sozialer Ausgrenzung führt und dies auch zu einer *Reproduktion* von Armut über die Generationen hinweg beiträgt: So lässt sich z.B. zeigen, dass Kinder aus armen Familien wesentlich öfter nur eine Hauptschule besuchen als Kinder aus nicht-armen Familien, womit wiederum das Risiko, nur einen schlecht bezahlten und unsicheren Arbeitsplatz zu bekommen, wächst: Einkommensarmut wird also gewissermaßen über mangelhafte schulische Qualifikationen »vererbt«.

Die Ermittlung eindeutiger Zusammenhänge zwischen Armut und (zukünftigen) Lebenschancen wird jedoch nicht nur durch die schon skizzierte Vielfalt von Armutslagen und durch ihre unterschiedliche Dauer erschwert. Häufig bleibt zudem unklar, ob »Armut« die Ursache für mangelnde Teilhabechancen ist, oder ob andere Faktoren, etwa fehlende bzw. niedrige schulische und berufliche Qualifikationen oder beispielsweise auch Suchtprobleme, sowohl Einkommensarmut als auch geringe Lebenschancen bewirken. Darüber hinaus ist in den letzten Jahren verstärkt die Frage in den Vordergrund getreten, ob es so etwas wie »schützende« Mechanismen gibt, die die kindliche Entwicklung vor den unmittelbaren Auswirkungen eines Lebens in Armut bewahren können. Vor allem familiale Konstellationen, die Beziehungen der Eltern zueinander und die Einbindung in weitere Netzwerke scheinen hier eine wichtige Rolle zu spielen (Walper 1995).

Trotz dieser Einschränkungen gilt jedoch, dass Armut häufig zu einer Kumulation von Mängellagen und Problemen führt: Nach Hübinger (1996) geht in Deutschland Einkommensarmut oftmals mit Einschränkungen bei der Ernährung sowie in Qualität und Ausstattung der Wohnung einher. Sie ist zudem häufig mit Beeinträchtigungen der subjektiven Befindlichkeit (insbesondere Perspektivlosigkeit und Sorgen) und einem Rückgang der sozialen Kontakte verbunden. Vor allem bei längerfristigen Verlusten der sozialen Einbettung besteht dann die Gefahr einer Abspaltung der Armen vom Rest der Bevölkerung – und auch in Deutschland könnte bei lang anhaltenden Arbeitsmarktkrisen und einer Verstetigung von Armutslagen eine »neue Unterklasse« von dauerhaft Ausgeschlossenen entstehen, wie sich dies in den USA oder in Frankreich bereits abzeichnet.

Zusammenfassung

1. »Soziale Schichtung« bezeichnet die Gliederung einer Gesellschaft in Schichten, deren Mitglieder über unterschiedliche Mengen an knappen, aber begehrten Ressourcen verfügen, die ihre Lebenschancen und ihr gesellschaftliches Prestige beeinflussen. Einige Schichtungssysteme (darunter das US-amerikanische oder das deutsche) streben danach, offen zu sein; andere sind geschlossen (das traditionelle indische Kastensystem und das Apartheidregime in Südafrika). In der Praxis liegen die meisten zwischen diesen Extremen.

2. Populäre Erklärungen der ungleichen Verteilung von Reichtum betonen individuelle Unterschiede in Begabung, Fleiß und Glück. Die Soziologie (beginnend mit Marx) betont die äußeren, strukturellen Kräfte, die Vorteile für einige Mitglieder der Gesellschaft und Nachteile für andere erzeugen.

3. Den Ausgangspunkt der modernen Schichtungstheorie bildet die Marxsche These, dass die Spaltung der Gesellschaften in Klassen auf der Position der Individuen in der ökonomischen Struktur (den »Produktionsverhältnissen«) basiere. In Frage gestellt und ergänzt wurde sie durch Einbeziehung der *funktionalen Integration*, *Macht* und *Kultur*. Heute teilt man weitgehend Webers Auffassung, dass die soziale Schichtung auf mehreren Faktoren basiere, darunter Reichtum und Einkommen, Macht (»jede Chance, in einer sozialen Beziehung den eigenen Willen durchzusetzen, gleichviel worauf diese Chance beruht«) und **Prestige** (Achtung oder Respekt der Öffentlichkeit).

4. Trotz des Glaubens an die individuelle Leistung spielt der Familienstatus eine wichtige Rolle für den individuellen Bildungserfolg und daher den Berufsstatus im späteren Leben. Der sozio-ökonomische Status der Eltern ist der beste Prädiktor (statistische Voraussagevariable) der sozialen Position der Kinder.

5. Deutlich lassen sich die Auswirkungen der sozialen Schichtung an den verminderten Lebenschancen der Armen ablesen. Je niedriger die soziale Herkunft, desto geringer die Lebenserwartung, desto ungesünder die Ernährung und desto schlechter die Wohnverhältnisse.

Wiederholungsfragen

1. Was ist soziale Schichtung, und wie wird sie institutionalisiert?
2. Vergleichen Sie die drei grundlegenden Ansätze zur Analyse der sozialen Schichtung: Marxens Schwerpunkt auf der Gesellschaftsstruktur, Webers Betonung der Macht und das Konzept der funktionalen Integration, auf das sich Moore und Davis stützen!
3. Welche Rolle spielt Prestige in der sozialen Schichtung?

4. Erklären Sie den Zusammenhang zwischen den Unterschieden in Reichtum und Einkommen und der Klassenstruktur der deutschen Gesellschaft!
5. Führen Sie einige wichtige Prädiktoren sozialer Mobilität an!
6. Skizzieren Sie ein Profil der Armut in Deutschland!

Übungsaufgaben

1. Untersuchen Sie die Auswirkungen der sozialen Schichtung im Licht von zumindest drei der fünf Schlüsselbegriffe: Gesellschaftsstruktur, soziales Handeln, funktionale Integration, Macht und Kultur!

2. Welche Auswirkungen der sozialen Schichtung sehen Sie in Ihrer Umgebung? Halten Sie die Marxsche Perspektive oder die der funktionalen Integration für nützlicher bei deren Beurteilung?

3. Sollte die soziale Mobilität in Deutschland größer sein? Warum – oder warum nicht?

4. Halten Sie eine Wirtschaftspolitik für möglich, von der zugleich die Reichen, die Mittelschicht und die Armen profitieren? Oder muss die Wirtschaftspolitik stets einen Kompromiss zwischen den Interessen dieser drei Gruppen suchen?

Glossar

Arbeiterklasse Soziale Klasse, der Personen angehören, die wenig oder kein Eigentum besitzen und wenig oder kein Prestige genießen; ihre Berufe haben ein mittleres bis niederes Einkommen und Prestige.

Einkommen Was die Menschen in einem bestimmten Zeitraum durch eigene Arbeit oder (Kapital-)Investitionen verdienen.

Erworbener Status siehe **Statuspositionen, erworbene**.

Geschlossenes Schichtungssystem Soziales Schichtungssystem, das es den Individuen schwierig oder unmöglich macht, in der sozialen Hierarchie aufzusteigen.

Kastensystem Geschlossenes System der sozialen Schichtung, das den Individuen ihren Status durch Geburt zuschreibt, sie an die soziale Position ihrer Eltern kettet und als Grundlage der Hierarchie Unterschiede in der rituellen Reinheit und im Prestige verwendet.

Lebenschancen Chancen, Gesundheit, ein langes Leben und individuelles Glück in einer Gesellschaft zu verwirklichen.

Mittelschicht Soziale Schicht, deren Mitglieder zwar über relativ wenig Eigentum verfügen, aber dank ihrer Berufe ein hohes bis mittleres Einkommen und Prestige genießen. Sie lässt sich weiter untergliedern in eine obere und untere Mittelschicht.

Oberschicht Soziale Schicht, die sich aus Familien zusammensetzt, die über großes Eigentum verfügen, worauf ein Großteil ihrer Macht und ihres Einflusses basiert.

Offenes Schichtungssystem Schichtungssystem, in dem nur wenige Hindernisse für soziale Mobilität bestehen, Positionen auf der Basis von individuellen Verdiensten belohnt werden und der gesellschaftliche Rang an die individuelle Leistung gebunden ist.

Prestige Ansehen, Respekt oder Billigung, womit jemand belohnt wird, der in der Gesellschaft als bewundernswert geltende Eigenschaften besitzt.

Reichtum Was die Menschen besitzen, in Notzeiten »anzapfen« und an nachfolgende Generationen weitergeben können.

Schichtung, soziale Gliederung der Gesellschaft in Schichten, deren Mitglieder über unterschiedliche Mengen an knappen Belohnungen oder Ressourcen verfügen.

Soziale Schicht/Klasse Personen, die dieselben Statuspositionen in einem System der sozialen Schichtung innehaben.

Soziale Mobilität Die Auf- und Abwärtsbewegungen von einer Position zur anderen in einer sozialen Hierarchie.

Statuspositionen, erworbene Elemente des Gesamtstatus einer Person, die das Ergebnis individueller Anstrengungen und Leistung sind; Gegensatz: durch Geburt *zugeschriebene* Statuspositionen.

Strukturelle Mobilität Veränderungen in der Anzahl und in den Arten von Berufen relativ zu der Zahl von Erwerbstätigen, die sie ausfüllen können.

Unterschicht Soziale Schicht, deren Mitglieder über kein Eigentum verfügen, häufig arbeitslos sind, keine Macht haben und meist auch keine Achtung genießen.

9

Kapitel 10

Ethnizität und Nation

Inhalt

10

Als in Jugoslawien 1991 Kämpfe zwischen bundesstaatlichem Militär, Polizeieinheiten der jugoslawischen Bundesländer, politischen Milizen und Banden von Plünderern ausbrachen, war in den ersten Tagen nicht klar, worum es ging. War es ein Verfassungskonflikt um den Zentralstaat, versuchten politisch bedrängte Regionalparteien mit Gewalt die politische Landschaft zu korrigieren oder schlugen uniformierte Kräfte (oder uniformierte Räuberbanden) als Räuber zu, um unter politischem Getöse rasch Beute zu machen? Nach wenigen Tagen destillierte sich in der internationalen Presse eine Standard-Antwort heraus, die einfach genug war, um in Kurznachrichten kommuniziert zu werden: es ging, so hieß es, um ethno-nationale Konflikte. Die meisten Kämpfer passten sich dieser Interpretation an oder vertraten sie sogar aktiv (besonders aktiv die professionellen Räuber und Geiselnehmer). Nach wenigen Wochen wurde auch eine Erklärung geliefert: Serben, Kroaten und Bosnier hätten unterschiedliche Kulturen, es verbinde sie nur ein historisch tief verwurzelter Hass.

Kultur – kulturelle Traditionen – sollte also die Konflikte erklären. Dass in allen Bürgerkriegsparteien an prominenter Stelle auch aus »Mischehen« stammende oder in Mischehe lebende Akteure oder sogar Angehörige der je anderen Ethnie wirkten, wurde in der Propaganda und in den meisten Presseberichten unterschlagen. Dass *zwischen* den Bürgerkriegsparteien die Kultur unterschiedlich sei, lässt sich nicht nachweisen. Im Gegenteil, die Homogenität ist auffallend. Alle drei Gruppen sprechen Serbokroatisch. Nur die Orthographie unterscheidet Kroatisch (in lateinischen Buchstaben geschrieben) und Serbisch (meist, aber nicht immer, in Kyrillisch geschrieben). Auch die Religion trennt heute insofern nicht mehr, als sich im 20. Jahrhundert – verstärkt seit dem Zweiten Weltkrieg – Agnostizismus (Glaubenslosigkeit) durchsetzte. Es gibt zwar in der Alltagskultur erhebliche Differenzen zwischen Dörflern und Städtern, zwischen den Generationen, zwischen der früheren Partei-Elite der kommunistischen Partei und den früher parteifernen Kulturschaffenden. Aber diese Differenzen gehen quer durch alle Bürgerkriegsparteien hindurch.

Bis ins 19. Jahrhundert war die Religion in der Tat eine trennende Referenz. Die konfessionellen Grenzen zwischen den Dörfern – die ein ethnisches Mosaik bildeten – waren wichtig für den Umgang mit Konflikten. Man konnte der Auseinandersetzung, der Niederlage oder einer Strafe entweichen, indem man in ein anderes Dorf flüchtete und sich durch Konversion integrierte.

Durch diese Auszugs-Option wurden nur geringe Anforderungen an Institutionen der Konflikt-Lösung gestellt. Diese waren nur schwach ausgebildet. In vielen Gegenden waren Konflikte in Formen von Fehde und Blutrache kanalisiert. Die autoritären Herrschaften des 20. Jahrhunderts bis hin zur kommunistischen Partei stärkten die institutionellen Kapazitäten zur Konfliktlösung kaum.

Nach dem Zweiten Weltkrieg kam es zu einem – im europäischen Vergleich – sehr raschen industriellen Wirtschaftswachstum mit Migration in die Städte (und ins Ausland), mit einem deutlichen Wachstum der Staatsausgaben und mit neuen Mobilitätschancen durch Bildung und durch staatliche Verwaltungsapparate. Der heutige Ethno-Nationalismus der Länder des früheren Jugoslawien repräsentiert folglich eine andere *Sozialstruktur* als jene der vergangenen Jahrhunderte, die immer zur Legitimation der heutigen Politik herangezogen wird. Diese Sozialstruktur weist im Vergleich mit der westlicher Industriestaaten Defizite im Bereich der *Institutionen* der Konflikt-Regelung auf. Es bauen sich daher Formen der *Macht* auf, die nicht oder wenig auf solche Institutionen zurückgreifen. Schon unter der kommunistischen Herrschaft wurden klientelistische Netze zum wichtigsten – Macht und Wirtschaft verflechtenden – Bezug. Um sich in der Konkurrenz verschiedener politischer, wirtschaftlicher und politisch-wirtschaftlicher Klientel-Netze durchzusetzen, entschieden sich einige – eher marginale – Akteure für ein soziales Handeln, das Konflikte provozierte und anheizte. Die drohende Gewalt »der Anderen« machte eigene radikale Positionen (für gewaltsame Lösungen, für ethnische Grenzziehung) plausibler. So konnten sie innerhalb der sich selbst abgrenzenden **Wir-Gruppen** Macht erlangen. Aus dem Konflikt entstand eine neue Konfiguration neu zusammengesetzter, neu strukturierter, nun politisch verfasster, d.h. durch die Staatengründung zu Nationen gewordener ethnischer Gruppen. Ethnische »Säuberungen« (d. h. Massenmorde und Vertreibung), Neudefinitionen der eigenen Identität und die Erfindung von nationalen Traditionen und trennenden Sprachmerkmalen geben diesen neuen Gebilden den Anschein von Natürlichkeit.

Anders, als man zunächst glauben könnte, erklären *kulturelle* Merkmale nicht die Differenzierung und den Konflikt. Vielmehr haben sie sich als Reaktion auf die *Gesellschaftsstruktur* ausgebildet bzw. werden dafür instrumentalisiert. Für die heutige Situation ist besonders wichtig, dass sie sich im Verlauf dieser Prozesse als Wir-Gruppe in der besonderen Form der ethnischen Gruppe bzw. der Nation organisieren. Diese ethnische Gruppe soll Gegen*macht* aufbauen. Anders als in der volkstümlichen Vorstellung ist es also nicht eine gemeinsame Kultur, die die Menschen zu einer ethnischen Gruppe zusammenfasst, sondern die *soziale Handlung* der Selbstabgrenzung.

ETHNIE

Ethnien sind Gruppen, die sich selbst eine kollektive Identität zuschreiben. Der Begriff der Ethnie, wie er gegen den vageren und politisch aufgeladenen Volksbegriff definierte wurde (Mühlmann 1964), ist weiter als der der Nation. Gegenüber diesem fehlen der Bezug auf eine Zentralinstanz mit Gewaltmonopol und die exklusive Staatsbürgerschaft.

Lange glaubten auch wissenschaftliche Autoren, wenn nicht die Nation, so doch zumindest die Ethnie an ein Substrat gemeinsamer Sprache, gemeinsamer Kultur oder gemeinsamer Abstammung binden zu können. Heute ist diese Position – der Essenzialismus – (vgl. Kap. 5 u. 11.) nicht mehr haltbar (Lentz 1995). Denn es gab und gibt Gruppen, die sich als Ethnie oder sogar als Ethnie und Nation zugleich ansehen und von anderen als solche anerkannt werden, aber keine gemeinsame Sprache oder gemeinsame Abstammung besitzen (Mühlmann 1962). Ethnien ohne gemeinsame Sprache finden sich vor allem dort, wo Gesellschaft nicht über schriftsprachliche Kommunikation organisiert wird. Bei der Entstehung ethnischer Gruppen in Zufluchtsräumen beispielsweise vereinen sich Flüchtlinge verschiedener Abstammung ganz bewusst, um eine Ethnie auf der Basis eines Schutzbündnisses zu errichten. Angesichts der Vielfalt von Gruppen, die von sich und ihren Nachbarn als Ethnien bezeichnet werden, bleibt als einziges Definitionsmerkmal von Ethnien nur die *Selbst- und Fremdzuschreibung* übrig. Entscheidend ist dabei, dass beide in einem Wechselverhältnis zueinander stehen und sich bedingen. Eine Selbstzuschreibung als Ethnie, die sich nicht in einer entsprechenden Fremdzuschreibung spiegeln kann, ist instabil.

Es fehlte nicht an Versuchen, diesen »formalis-tischen« mit einem essenzialistischen Ethniebegriff zu vereinbaren. Der formalistische Ethniebegriff hebt vor allem das **emisch**e (= kulturimmanente) Merkmal, die Selbst- und Fremdabgrenzung von Ethnien, hervor (Höllmann 1992). Der essenzialistische Ethniebegriff hingegen bezog sich nur auf einige – in Europa häufige – Ethnien, die eine gemeinsame Sprache oder Abstammung besitzen. Zufluchtsbündnisse und andere »Ethno-Formen« ohne gemeinsame Sprache und Abstammung wurden als Ausnahmen ausgeschlossen.

Nach dem Kriterium der Selbst- oder Fremdzuschreibung könnten auch politische oder religiöse Gruppen als Ethnien gelten. Aus diesem Grund wurde als weiteres Definitionsmerkmal der Bezug zur Familie eingeführt (Elwert 1989). Mit »familienübergreifend und familienerfassend« ist die Ethnie einerseits vom Verwandtschaftsverband unterschieden, andererseits ist die Erblichkeit der Zuordnung impliziert, unabhängig davon, ob der Vererbende selbst durch Geburt oder durch Beitritt in die Ethnie aufgenommen wurde. Auch eine ethnische Konversion schafft eine erbliche Identität. Damit ist die Ethnie beispielsweise von einer politischen Vereinigung abgegrenzt. Ein wichtiger Aspekt rückt damit in den Vordergrund: Ethnien organisieren Verwandtschaft. Man wird in die Zugehörigkeit hineingeboren. Wer durch ethnische Konversion oder durch Adoption beitritt, erhält Verwandte, zumindest durch seine Nachkommen.

Zusammen mit sozialen Klassen und religiösen Organisationen gehören Ethnien zum größeren Sozialtypus der Wir-Gruppen. Ihnen allen ist gemeinsam, dass sie auch als »Bewegung« bestehen können. Anders ausgedrückt, man kommuniziert öffentlich über Wege, wie ein kollektives Ziel, das der Stabilisierung oder Neudefinition der Gruppe dient, zu erreichen ist. Zumindest in der Phase der Bewegung definieren sich Ethnien, soziale Klassen und ähnliche Wir-Gruppen vorwiegend durch Konstruktionen: Sie beschreiben weniger eine soziale Realität, als dass sie ein Verhalten von den Individuen fordern, das ihrer Zugehörigkeit zur Ethnie würdig ist. Kurz, hinter der noch fiktiven Zukunft und der postulierten Tradition (Hobsbawm/Ranger 1973) verbergen sich Verhaltensanforderungen, die schließlich eine neue gesellschaftliche Organisation hervorbringen können.

Tendenziell unterscheiden sich Ethnie und Nation im Verständnis ihrer Grenzen, auch wenn das keinen definitorischen Unterschied begründet. Während die Grenze eine Nation ihrer Ideologie nach als selbstgenügsame Einheit abschließt, organisiert die ethnische

Grenze häufig gerade grenzüberschreitende Sozialbeziehungen.

Die Kultur einer Ethnie kann sich durchaus ändern. So wechselten die Chinesen auf Jamaika erst die Sprache und dann die Religion und behielten doch ihre ethnische Identität bei, indem sie die neu erworbene katholische Religion als Abgrenzungskriterium benutzten (Patterson 1978). Die Definitionsmerkmale ändern sich, die Grenze bleibt erhalten. Doch ethnische Grenzziehungen sind nicht notwendigerweise exklusiv: Man kann sich umgreifende, sich überkreuzende oder auch zum Wechsel offene Identitäten zuschreiben (Schlee 1985). Multiple Identitäten sind eher der häufigere als der seltenere Fall. Allerdings ist die Selbstzuschreibung einer kollektiven Identität kein Akt des freien Willens. Sie reagiert in Abwehr, Distanzierung, Anlehnung oder Übernahme auf Fremdzuschreibungen (Canfield 1973). Bei staatlich verfassten Gesellschaften spielt dabei die staatliche Regulierung von »Ethnizität« eine zentrale Rolle.

Ethnische Gruppen werden sehr häufig als kulturell einförmig dargestellt. Jede nähere ethnographische Studie zeigt jedoch eine große interne Vielfalt. Dieser Widerspruch lässt sich aufklären. Es handelt sich um eine von innen oder außen betriebene Reduktion von Komplexität. Wenn eine ethnische Gruppe als Organisation auftritt, liegt es für ihre Repräsentanten nahe, ein Bild der Geschlossenheit zu vermitteln, um den Zusammenhalt natürlich erscheinen zu lassen. Wenn von außen eine ethnische Gruppe diskriminiert wird, verlöre diese Diskriminierung an Legitimation, wenn deutlich würde, wie weit die Individuen von dem behaupteten Negativ-Stereotyp abweichen. Daher sind ethnologische Darstellungen eines sogenannten Volkscharakters immer mit Vorsicht zu genießen. Als besonders gefährlich erweisen sich solche Vereinfachungen, wenn es um Nationen geht. In Europa werden häufig Nationen und Ethnien unter dem (kaum präzis zu definierenden) Ausdruck »Volk« zusammengefasst. Gegenüber der Ethnie zeichnet die Nation dabei der Bezug zu einem Staatsapparat aus.

Insofern Nationen oder Ethnien sich reproduzieren und sich selbst organisierende Einheiten sind, wäre interne Gleichförmigkeit für sie ein Problem! Sie sind auf Arbeitsteiligkeit angewiesen, und sie benötigen variable Formen, um sich auch von innen heraus verändern und neuen Bedingungen anpassen zu können. Die besonders ausgeprägte kulturelle Vielfalt ist ein Merkmal moderner Staaten. Sowohl die kulturelle Vielfalt innerhalb ethnischer Gruppen wie die ethnische Vielfalt innerhalb eines Staates trägt dazu bei.

KULTURELLE VIELFALT UND ETHNISCHE DIFFERENZIERUNG

Im Treueschwur zur US-amerikanischen Flagge heißt es, die USA seien »eine [...] unteilbare Nation«. Kulturell gesehen sind die USA eine sehr heterogene Nation. Die Menschen, die sich als »Amerikaner« bezeichnen, haben ihre kulturellen Wurzeln in allen Ländern der Erde und identifizieren sich noch immer, wenn auch verschieden stark, mit dem Erbe ihrer Vorfahren. Das ist nicht außergewöhnlich: In den meisten modernen Nationen kollidiert das Ideal der kulturellen Einheit oft mit der Wirklichkeit der kulturellen Vielfalt.

Die Vorstellung, alle Mitglieder einer Gesellschaft sollten eine gemeinsame Kultur haben, ist relativ jung. Betrachten wir als Beispiel Frankreich: Viele meinen, dieses Land besitze eine überaus einheitliche Kultur und sei stark von gemeinsamen Traditionen geprägt. Tatsächlich aber sprachen die meisten Menschen in Frank-

Mehrere im Verlaufe des 19. und 20. Jahrhunderts aufeinander folgende Einwandererwellen haben die USA zu einer heterogenen Nation mit einer vielfältigen Kultur gemacht. Hier wartet eine abgelehnte Familie im so genannten Saal der Deportierten auf Ellis Island (1932).

reich erst seit den 1850er Jahren französisch. Jahrhundertelang hatten Burgund, die Bretagne, das Languedoc und die Provence ihre eigenen Provinzfürsten, ihre besonderen lokalen Traditionen, Sprachen oder Dialekte. Selbst heute prallen die Rechtsvorstellungen »der« Korsen bisweilen mit denen »der« Pariser zusammen. Aber so verschieden sich die in Frankreich lebenden Menschen empfinden mögen, sie sind sich sicher, dass Franzosen ganz anders sind als Deutsche.

Häufig fördert das Ideal der kulturellen Einheit den **Ethnozentrismus**, den Glauben, die eigene Kultur sei allen anderen überlegen (siehe Kapitel 3). In Europa erreichte der Ethnozentrismus einen dramatischen Gipfel in der Massenvernich-

Als »Bürde des weißen Mannes« bezeichnete der englische Romancier Rudyard Kipling die Verpflichtung der Europäer, vor allem der Briten, die Völker, die sie als rassisch und kulturell unterlegen ansahen, zu regieren und zu zivilisieren. Hier sieht man Arbeiter und Aufseher in einer Sägerei, die vermutlich von einer Missionsgesellschaft als Ausbildungsbetrieb unterhalten wurde – 1910.

tung (auch als Holocaust bezeichnet). Millionen Juden, Sinti, Roma und sowjetische Kriegsgefangene starben in den Vernichtungslagern der Nazis. Indessen war dies kein isoliertes Ereignis in der Geschichte. Spanien, Frankreich, Großbritannien und andere Mächte z.B. verfolgten nicht nur das Ziel, die Welt politisch zu erobern, sondern auch zu ihrer Kultur zu bekehren. Wenn die einheimische oder »eingeborene« Bevölkerung nicht kooperierte, wurde sie von den Invasoren verschleppt (Nordamerika), gewaltsam unterworfen (Indien und Afrika) oder niedergemetzelt (Lateinamerika).

Das Bild, das Europa heute von sich entwirft, ist uneinheitlich. Einerseits entwickelt sich infolge der EU-Verträge eine immer engere Zusammenarbeit zwischen den europäischen Nationen auf wirtschaftlichem, politischem und kulturellem Gebiet. So werden vielleicht alle Europäer eines Tages einen gemeinsamen Pass und eine gemeinsame Währung besitzen. Andererseits suchen Scharen von Immigranten aus früheren Kolonien in Europa eine neue Heimat. Inder, Pakistani und Jamaikaner wandern nach Großbritannien aus, Algerier und Westafrikaner nach Frankreich, Indonesier nach Holland. Deutschland, Österreich und die Schweiz sind zur Heimat für Italiener, Jugoslawen, Spanier, Türken und viele Menschen aus anderen ärmeren Ländern geworden. Nicht alle heutigen Immi-

granten sind arm: Eine wachsende Zahl von ihnen sind gut ausgebildete, hoch bezahlte Akademiker, die z.B. in internationalen Organisationen oder Industrieunternehmen arbeiten. Die Neuankömmlinge sind nicht immer willkommen. In Deutschland haben Skinheads (»Glatzen«) Wohnblocks und Häuser von Immigranten angezündet, ein Phänomen, in dem manche Beobachter ein Wiederaufleben des Nazismus sehen. Hinzu kommt, dass durch den Zusammenbruch der kommunistischen Regime in Osteuropa und der früheren Sowjetunion ethnische Antagonismen wieder zum Mittel der Politik werden. Im früheren Jugoslawien setzten orthodoxe serbische und katholische kroatische »Christen« ein Projekt der »ethnischen Säuberung« in Gang, mit dem Ziel, die bosnischen »Muslime« mit allen Mitteln aus ihrer Heimat zu vertreiben.

Die Illusion einer kulturellen Homogenität entsteht auch aus der Neigung, die Komplexität zu reduzieren. Entfernte Menschengruppen sähen wir gerne als gleichförmig, weil sie sich dann leichter beurteilen ließen. So fasste z. B. der in den USA populäre Politologe Huntington (1993) die sehr heterogenen Gesellschaften Chinas und Japans als »konfuzianisch« zusammen und warf industrielle, bäuerliche, friedliche und aggressive Staaten der arabischen Welt unter der Überschrift Islam in einen – als besonders gefährlich bezeichneten – Topf.

KULTURELLE UND SPRACHLICHE HETEROGENITÄT DEUTSCHLANDS – HOMOGENITÄT ALS MYTHOS

Viele Theorien gehen davon aus, dass Deutschland homogen sei. Für eine genauere Prüfung müssen wir neben Normen auch vorbewusste Orientierungsmuster (Mentalitäten), ritualisiertes Brauchtum, Kontaktroutinen (Begrüßung und so weiter), Religion und Sprache in Betracht beziehen. Im Bereich der ethischen Normen und der Normen des Wirtschaftslebens findet sich tatsächlich eine relative Homogenität; diese aber hat Deutschland auch mit seinen Nachbarn gemein. Die vorbewussten Orientierungsmuster (Relevanzstrukturen, Semantiken, Plausibilitätsmuster) sind zu wenig systematisch erforscht, um hier herangezogen werden zu können. Also bleiben uns das Brauchtum und die Routinen der Kontaktaufnahme sowie Sprache und Religion.

Brauchtum

Als die moderne Nationenidee formuliert wurde, war Deutschland (als geografischer Raum verstanden) noch überwiegend bäuerlich. Wir beschränken uns daher auf den ländlichen Raum. Eine ganze Wissenschaft, die Volkskunde, wurde eigens geschaffen, um das ursprünglich Gemeinsame der Deutschen herauszufiltern. Nachdem es den Brüdern Grimm schon gelungen war, die von zweisprachigen Hugenotten erzählten deutschen Versionen gedruckter französischer Fabeln zu den beliebtesten und heute typischsten deutschen »Volks«-Märchen zu machen, hätte man viele Nachweise gemeinsamen »Erbguts« erwarten können. Es kam anders. Volkskundliche Handbücher zeichnen eine beeindruckende Vielfalt landschaftlich unterschiedlichen Brauchtums. Vieles variiert sogar von Dorf zu Dorf. Das Dorf erscheint in vielen Landschaften Europas als die wichtigste Wir-Gruppe; zumindest in Deutschland war es zu Anfang des 19. Jahrhunderts wichtiger als »die Nation«.

Interessanterweise fallen die landschaftlichen Variationen des Brauchtums nicht mit Sprachgrenzen zusammen. Lange suchte man nach »dem Slawischen« im sorbischen Brauchtum. Selbst lokale Sondertraditionen, wie die Ostereierbemalung, sind nicht »gemeinsorbisch« und weichen nicht einmal von denen der deutschsprachigen Nachbarn in Sachsen und Brandenburg ab. Man kann das sorbische Brauchtum als beson-

ders altertümliches »deutsches« charakterisieren, typisch für Gegenden an der Peripherie der Märkte, die von den Moden weniger oft und meist verspätet erreicht wurden. »Deutsch« ist es insofern, als es in der Mitte der Variationen jener Formen liegt, die üblicherweise als »deutsch« bezeichnet werden. Ähnliche Probleme entstehen, wenn man in Österreich oder der Schweiz slowenisches bzw. ladinisches bäuerliches Brauchtum von dem der deutschsprachigen Nachbarn abgrenzt.

Seit der dreifachen innerdeutschen Migration, bedingt durch den Wirtschaftsboom der 1890er Jahre, später durch Arbeitslosigkeit in der Zwischenkriegszeit und schließlich durch die Umsiedlungs- und Fluchtbewegungen nach dem Zweiten Weltkrieg, haben sich die landschaftlichen Kulturen verändert. Die ländlichen Bevölkerungen gemischter Herkunft wurden seit den 1970er Jahren in der BRD, Österreich und der DDR der westdeutsch-amerikanischen Fernsehkultur ausgesetzt. Die neuen Angebote wurden aber nicht nur passiv konsumiert. Vielmehr hatte sich schon vorher der ländliche Raum durch den Übergang zu Lohnarbeit und Kleingewerbe entbäuerlicht. Die vom Fernsehen vermittelte Welt des synchronisierten Konsums ist nur der Schlusspunkt einer Marktanbindung, die in der DDR im ländlichen Raum schon früher durchgesetzt worden war. Somit ist heute bei der Jugend, der tragenden und kulturschöpfenden Gruppe der Volkskultur, die soziale Basis für landschaftliches Brauchtum weitgehend weggefallen.

Dieser seit 100 Jahren einsetzenden Homogenisierung steht eine in dieser Intesität neue von den Massenmedien und Märkten geförderte Diversifizierung gegenüber: die in sozio-kulturelle Milieus (Schulze 1992). Diese Milieus entwickeln in Bezug auf Lebensziele, Konsumpräferenzen, Ästhetik, Reproduktionsverhalten und politische Orientierung erhebliche Differenzen. Aus ethnographischer Sicht ist es nicht möglich, sie unter die Rubrik »deutsche Alltagskultur« zu subsumieren. Jeder solche Versuch geht auch an den Intentionen der Akteure vorbei, die sich von anderen Deutschen gerade abheben wollen. Zu Wir-Gruppenbildungen kommt es aber durch diese vor allem über die Massenmedien vermittelten Differenzen nicht. Eine – vielleicht nicht zu vernachlässigende – Ausnahme stellen etwa Kämpfe zwischen ostdeutschen Jugendlichen – Punks und Skins – dar.

Die Regionalsprachen

Der frühe deutsche Nationalismus des beginnenden 19. Jahrhunderts hat die »Einheit der Nation« mit der sprachlichen Einheit Deutschlands begründet. Da es zwischen den hochdeutsch schreibenden Führern der Nationalbewegung des frühen 19. Jahrhunderts keine Verständigungsprobleme gab, wurde die wahrnehmbare sprachliche Vielfalt zur dialektalen Variation herabgestuft. Verständigungsprobleme wurden damit freilich nicht beseitigt. »Damals wie heute verstand der friesische Bauer ebenso wenig die Sprache des bayerischen Bergbauern wie umgekehrt.« (König 1996:59)

Zwischen den vier großen Dialektgruppen der fränkischen, sächsischen (plattdeutschen), alemannischen und bayerischen Dialekte kommt keine Verständigung zustande, wenn keine dem Hochdeutschen nahe Umgangssprache gewählt wird. Innerhalb der intern besonders stark differenzierten fränkischen und alemannischen Dialekte (vom bayerischen Franken über den Mittelrhein und Luxemburg bis zu den Niederlanden, von Schwaben über die Innerschweiz bis zum Walserdeutschen) ist zwischen den Extremen keine Verständigung möglich.

Man sollte daher bis zum Ende des 19. Jahrhunderts präziser nicht von deutschen Dialekten sprechen, sondern von deutschen Regionalsprachen. Bis zur Wende vom 19. zum 20. Jahrhundert, als die Folgen der allgemeinen Schulpflicht spürbar wurden – mithin also noch lange nach dem Beginn der deutschen Einigung – war die Mehrheit der Bevölkerung Deutschlands (und auch Deutschösterreichs und insbesondere der deutschsprachigen Schweizer Kantone)

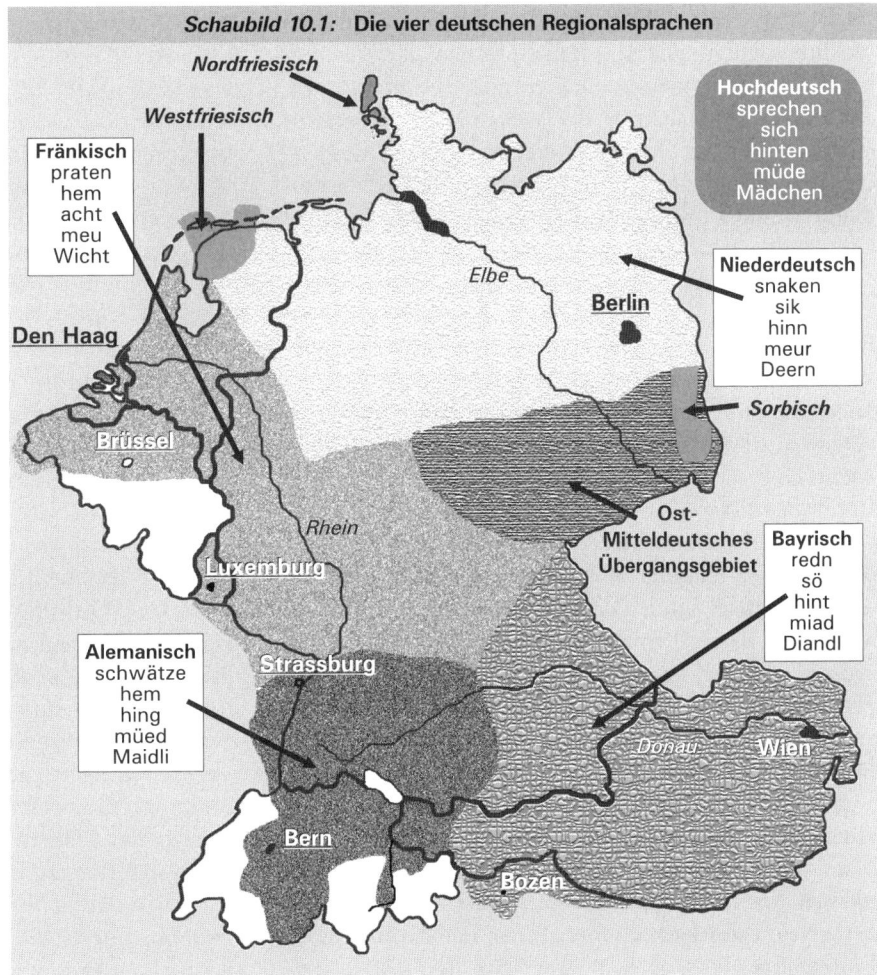

Schaubild 10.1: Die vier deutschen Regionalsprachen

Nur in den Übergangszonen ist eine Verständigung zwischen den Regionalsprachen ohne den Umweg über das Hochdeutsche möglich. Die Wortbeispiele – rechts oben in Hochdeutsch – sind in deutscher Standardschreibweise aus verschiedenen Gebieten (beim Fränkischen meist von der niederländisch-deutschen Grenze, beim Alemannischen meist aus der Nordschweiz) ausgewählt, um die Differenzierung der vier Regional-Sprachen untereinander zu zeigen. Das Fränkische (dem auch die Hochsprachen Deutsch, Niederländisch und Jiddisch zuzuordnen sind) ist vom Flämischen und Niederländischen über das Rheinische, das Mittelfränkische und Letzeburgische bis zum Ostfränkischen (in Nordbayern) besonders stark differenziert. Ebenso stark differenziert ist das Alemannische vom Schwäbischen über das Schwytzerdütsche zum Walserdütschen. Das Niederdeutsche ist in sich relativ homogen; in der Grammatik ist es dem Friesischen und Englischen näher als den anderen deutschen Regionalsprachen. Das ebenfalls relativ homogene Bayrisch, in Bayern, Österreich und Südtirol, setzt sich besonders in Lautgestalt (Diphtongisierung), Syntax und Grammatik (Reste des Dual) ab.

zweisprachig. Man sprach zu Hause Regionalsprachen und im Verkehr mit Fremden eine dem Hochdeutschen nahe (in der Lautgestaltung noch »dialektale«) Ausgleichssprache. Eine starke Minderheit auf dem Lande sprach nur Regionalsprachen und musste beim Kontakt mit Fremden (zum Beispiel Beamten) auf zweisprachige Helfer wie Pfarrer, Lehrer oder die eigenen schulpflichtigen Kinder zurückgreifen. Eine in den Städten starke Minderheit sprach nur Hochdeutsch (und dem Hochdeutschen nahe Ausgleichssprachen). Letztere beherrschten dafür häufig auch europäische Fremdsprachen. Trotz Angleichung der äußeren Gestalt besteht auch im heutigen Deutschen die strukturelle Zweisprachigkeit weiter. Die Sprache der populären Massenmedien und die Intellektuellensprache divergieren in Grammatik und Wortschatz.

Religionen

Nicht die sprachlichen Unterschiede – diese wollten sie vergessen und beseitigen (selbst Sorben) – erschienen »den« Deutschen des 19. Jahrhunderts als wichtigste Inhomogenität, sondern die Religion. Das Problem waren dabei bis zum letzten Viertel des 19. Jahrhunderts weniger religiöse Minderheiten (wie Mennoniten, Agnostiker oder Juden, die damals im Gegensatz zu heute ein Randthema waren) als die Differenzen zwischen den christlichen Konfessionen. Neben der preußischen Zwangsvereinigung der beiden evangelischen Konfessionen galt das Verhältnis zwischen Evangelischen und Katholiken als zentrales Problem.

Man stellte in Frage, ob ein Katholik Deutscher sein könne. Wer einer Autorität jenseits der Alpen gehorcht, kann nicht loyal sein, hieß es. In der Bevölkerung blieben Katholiken und Evangelische auch nach der Integration der katholischen Partei (Zentrum) durch Endogamie getrennt »wie zwei Stämme«. Diese Meidung der Andersgläubigen war nicht nur Folge repressiver kirchlicher Autoritäten, sie war auch durch unterschiedliche Lebensart motiviert.

NATION

Unter Nation verstehen wir eine gedachte Ordnung mit reziproken Verpflichtungen und familienerfassenden Zugehörigkeitsregeln, die einen überzeitlichen Charakter beansprucht und auf einen vorhandenen oder erstrebten Staat hin orientiert ist.

Diese Definition verlangt keine faktische Gemeinsamkeit kultureller Merkmale, wohl aber dass die Mehrzahl der Mitglieder einer solchen Nation glaubt, dass gewisse Gemeinschaftselemente sie alle in einer bestimmten **Gesellschaftsstruktur** verbinden. Reziproke Beziehungen mit Verpflichtungscharakter und Leistungsansprüchen werden vorausgesetzt. Nur imaginiert,

aber nicht real, sind diese Gemeinschaftselemente insofern, als die Nation nicht über die Sanktionsmittel einer auf persönlicher Bekanntschaft aufbauenden Gemeinschaft verfügt. Wenn auch Ehre und Schande wichtige Garanten der Bindung an nationale Normen sind, so können sie doch nicht in der gleichen Intensität funktionieren, die Bekanntschaftsgruppen (*face-to-face*-Gruppen) auszeichnet.

Der intentionale Bezug auf einen Staatsapparat (Lepsius 1966) ist ein einschränkendes Definitionsmerkmal, das für den Begriff der Ethnie nicht gefordert ist. Dieser Bezug muss nicht unbedingt eine reale Grundlage haben. So ist für separatistische Bewegungen lediglich das Streben nach einem Staatsapparat charakteristisch. Eine Anschlussbewegung (*irredenta*) kann sich sogar als »Nation« in Bezug auf den Staatsapparat des Nachbarstaates verstehen. Was jeweils eine Nation ist, muss also auch entsprechend der Orientierung zur gedachten Ordnung bestimmt werden. Wo die einen eine Nation sehen, sehen die anderen nur eine imperialistische Anmaßung oder nur eine irredentistische oder tribalistische Bestrebung (Waldmann 1985).

Nationen waren ein Mittel, um allgemeine soziale Verpflichtungen auch unter einander anonymen Personen durchzusetzen. Bei den Gaben und Leistungen jenseits der Marktwirtschaft kam es dabei zu gewichtigen Änderungen. In Stammes- und Dorfgesellschaften herrschen häufig Verpflichtungen zu reziproken Gaben und Leistungen, die mit zunehmender Entfernung von der eigenen Familie abnehmen. An die Stelle der abnehmenden Reziprozität tritt mit der Schaffung von Nationen der Anspruch auf generalisierte Reziprozität (nationale Solidarität, Bürgertugend), die dem Netz der anonymen Sozialbeziehungen entspricht, das den Markt kennzeichnet.

Die Durchsetzung solcher Gemeinsamkeitsideologien in der Form des Nationalismus ist auffallend häufig mit (meist zentralisierten) kriegerischen Unternehmungen verknüpft. Auch daher wird bei Nationen – im Unterschied zu Ethnien – fast immer eine exklusive Zugehörigkeit vorausgesetzt. Multiple Zugehörigkeiten gelten als problematisch, in Deutschland etwa die doppelte Staatsbürgerschaft.

Häufig knüpft man die Zugehörigkeitsvorstellungen und -regeln an eine ethnische Selbstdefinition der Nation und leitet daraus die Forderung nach ethnischer Homogenität ab. Insofern ist im Nationalismus das Potenzial einer Politik der »ethnischen Entmischung«, der territorialen Trennung durch Vertreibung oder Genozid angelegt. Soziologische Forschung zeigt je-

Ethnische Optionen: Identitätenwahl in den USA

Alle US-Amerikaner – auch die indigenen, die zahlreichen verschiedenen Nationen oder Stämmen angehören – haben Wurzeln in wenigstens einer anderen Kultur. Nach welchen Kriterien bestimmen sie ihre ethnische Identität? Für welche ethnische Identität entscheidet sich eine Frau mit einem deutschen und einem italienischen Elternteil? Aus welchem Grund bezeichnet sich ein Mann als Latino und nicht als mexikanischer (*Chicano*), guatemaltekischer oder puertoricanischer US-Amerikaner?

Mary Waters (1990) untersuchte die ethnischen Identitäten von US-Bürgern aus soziologischer Perspektive. Sie fand heraus, dass bei US-Bürgern mit europäischer Herkunft in späteren Generationen die ethnischen Identitäten ständig im Fluss sind. Die Mischehenraten sind hoch, und die ethnische Identität vieler Individuen ist ambivalent. Eltern schreiben manchmal ihren Kindern eine andere als die von diesen selbst gewählte Identität zu, Brüder und Schwestern identifizieren sich mit verschiedenen Linien ihrer Familie, oder man nimmt in verschiedenen Situationen verschiedene ethnische Zugehörigkeiten in Anspruch: Man bezeichnet sich etwa im Hinblick auf den Zweiten Golfkrieg als 100-prozentiger Amerikaner, beruft sich, um am Arbeitsplatz Anschluss zu finden, auf einen irischen Vater und geht lieber in eine katholische polnische Kirche, weil die religiöse Erziehung stark von der Mutter geprägt wurde. Oder man beansprucht zu verschiedenen Zeitpunkten des Lebens verschiedene

Identitäten – oder erweckt den Anschein, als könne man zwischen verschiedenen Vorfahren nach Belieben wählen.

Nach welchen Kriterien entscheiden sich die US-Amerikaner? Manche Eltern legen Wert auf ihre ethnische Identität (»Wir machen das, weil wir Italiener sind«) und kontrastieren vielleicht manchmal die eine Abstammungslinie eines Kindes mit der anderen (»Das ist dein irisches Naturell«, sagt eine italienische Mutter, wenn ihr halb-irischer Sohn sich schlecht benimmt). Eine Mehrheit der Erwachsenen nimmt die ethnische Identität in Anspruch, die ihrem – meist von der Vaterseite der Familie stammenden – Nachnamen entspricht. Doch das ist nicht immer der Fall. Einige ethnische Identitäten sind beliebter als andere, wenn auch die Vorlieben für ethnische Identitäten kommen und gehen: So haben sich bei der Volkszählung von 1990 weit mehr Personen als 1980 zu ihrer indigenen amerikanischen Abstammung bekannt – eine Zunahme, die sich weder durch höhere Geburtenziffern noch durch gestiegene Immigrationsraten erklären lässt.

In der Kindheit und Adoleszenz zählen die jungen Menschen in der Regel alle Vorfahren auf, von denen sie wissen. Wenn sie als junge Erwachsene heiraten, eine Familie gründen und Kinder großziehen, legen sie sich immer stärker auf eine einzige Identität fest. Im mittleren Alter tauchen oft multiple Identitäten wieder auf, die im hohen Alter wieder aufgegeben werden.

Für US-Bürger europäischer Abstammung

hat die ethnische Identität flexiblen, freiwilligen und weitgehend symbolischen Charakter, ist also eine weitgehend kostenfreie Option. Nicht so für die anderen US-Bürger, für die die Angelegenheit problematischer ist. Afro-Amerikaner, Latino-Amerikaner, indigene Amerikaner und Amerikaner asiatischer Herkunft können sich ihre ethnische Identität nicht einfach frei aussuchen. Häufig werden ihnen, je nachdem, ob ihre äußere Erscheinung von weißen Normen abweicht, ethnische Etiketten angeheftet. Das ist *ein* Grund, warum nahezu alle Kinder aus Mischehen zwischen Schwarzen und Weißen als schwarz gelten.

Dennoch betonen alle US-Amerikaner gern ihre ethnische Zugehörigkeit, auch wenn sie nicht dazu gedrängt werden. Waters meint, der Grund sei, dass ihre Ethnizität ihnen einen grundlegenden Widerspruch in der US-amerikanischen Kultur aufzulösen hilft: den Antagonismus zwischen Individualismus und Gemeinschaftssinn. Ihre ethnische Identität gibt ihnen das Gefühl, etwas Besonderes zu sein. Als Individualisten wollen die US-Amerikaner ihren eigenen Weg gehen und »ihre eigenen Sachen machen«. Trotzdem sehnen sie sich nach einer Gemeinschaft: Sie wollen »irgendwohin« gehören. Ethnische Identitäten geben ihnen das Gefühl, Teil einer Gemeinschaft zu sein, ohne allerdings die Zwänge und Ansprüche realer Gemeinschaften in Kauf nehmen zu müssen; sie wollen für den Eintritt in oder den Austritt aus einer ethnischen Identität keinen Preis bezahlen.

---

doch, dass ethnische oder kulturelle Homogenität nicht zu den Bedingungen nationaler Kohäsion gehören. Nationale Kohäsion wird vor allem durch einen gemeinsamen Rechtsraum geschaffen, sofern allen Gliedern ein realer Zugang zu den Rechtsgütern möglich ist (Elwert 1998). Moderne Nationen als Träger von Kultur (im Sinne eines kreativen Prozesses) setzen das Management von Heterogenität voraus und gerade nicht kulturelle Homogenität. Kommunikationsmedien und konfliktregelnde Institutionen vermitteln eine fruchtbare Auseinandersetzung und die konfliktbegrenzende Steuerung der Vielfalt.

Ethnische Gruppen fordern von ihren Mitgliedern in

Konfliktsituationen ein eindeutiges Bekenntnis der Zugehörigkeit. Nicht nur dort, wo der europäische Kolonialismus auf gewaltsamen Eroberungen und Interventionen fußte, sondern auch nach den innereuropäischen Kriegen musste daher das Bild einer naturnotwendig eindeutigen Zuordnung zu nur einer Ethnie entstehen. Außerhalb solcher Situationen finden wir jedoch etwas anderes: Die Menschen halten verschiedene Zugehörigkeiten parallel aufrecht. Sie können mal die eine, mal die andere in den Vordergrund rücken: Sie »schalten um«. Es können sich fließende Übergänge herausbilden. Solche hybriden Milieus zeichnen sich oft durch eine besondere Kreativität aus.

INSTITUTIONELLE DISKRIMINIERUNG

Wenn der Staat ethnischen Gruppen Rechte zuweist oder ihnen wegnimmt, kann Ethnizität zum Konflikt werden. Ethnien nehmen ihre Abgrenzungen oft willkürlich vor. Damit sie Bestand haben, werden sie durch Selbst- oder Fremdzuschreibungen kultureller Eigenschaften und/oder durch selbstorganisierte soziale Strukturen stabilisiert. Vier Begriffe werden bei solchen Abgrenzungen häufig herangezogen: Minderheit, Rasse, Kaste und Nationalität.

Minderheit

Als Minderheiten bezeichnen wir Bevölkerungsgruppen, die durch ein Merkmal, das der Mehrheit fehlt, abgegrenzt werden können. Solche Merkmale sind Religion, Muttersprache, Abstammung, sexuelle Orientierung und ethnische Selbstorganisation.

Minderheiten werden häufig dadurch charakterisiert, dass sie bewusst an ihrem Status festhalten und über eine eigenständige innere Organisationen verfügen. Dies trifft bisweilen zu: Dann lassen sich diese Minderheiten als Wir-Gruppen ansprechen. Häufig erfolgt aber diese Charakterisierung nur analog zur Selbstorganisation der Mehrheit, von der die Minderheit ausgeschlossen wird. Man schreibt also der Minderheit eine Selbstorganisation zu, ob sie diese hat oder nicht.

Minderheiten wird oft eine organisatorische Kraft kultureller oder ethnischer Natur zugeschrieben – sowohl in der diskriminierenden Fremddarstellung als auch in der mobilisierenden Selbstdarstellung. Gelegentlich mögen sie diese Kraft besitzen. Doch man übersieht dabei, dass der Begriff der Minderheit untrennbar mit dem des modernen Staats verbunden ist. Die Erfassung nach festen Kriterien, das Zählen, Zuweisen oder Versagen von Rechten sind staatliche Leistungen. Wenn Forderungen gegen oder von Minderheiten erhoben werden, so wird an den Staat appelliert – oder an die eigene Gruppe, sich (para)-staatliche Strukturen zu schaffen.

Rasse

Der Begriff »Rasse« nimmt heute auf körperliche Merkmale Bezug. Die Unterscheidung erfolgt nach Hautfarbe, Haar, Größe und Gesichtsschnitt. Sie erschien lange plausibel, da sich die so definierten Rassen unge-

fähr Kontinenten zuordnen lassen. Sozialanthropologen wiesen jedoch schon früh nach, dass diesen äußerlichen Merkmalen keine Gemeinsamkeiten der psychischen Kompetenz oder der sozialen Organisation entsprechen. Andere Unterscheidungsmerkmale der modernen Humanbiologie – etwa nach Blutgruppen oder Fingerlinien –, die genauso wenig über Charakter und Sozialorganisation aussagen, würden ganz andere Einteilungen (die quer zu den erstgenannten Merkmalen verlaufen!) ergeben.

Was oft als eine natürliche Grenzziehung zwischen Rassen erscheint, ist tatsächlich ein Ergebnis administrativen Handelns. Das Apartheidregime in Südafrika etablierte eine Rassenordnung von Afrikanern, Asiaten, Mischlingen und europäischstämmigen Weißen, die man als biologisch begründet ansah. Tatsächlich aber ist die Bevölkerung Südafrikas insgesamt seit zwei Jahrhunderten eine Mischlingsbevölkerung. Die bessergestellten Mischlinge definierten sich, wenn sie gerade »hell« genug aussahen, als Weiße.

Kasten

Als Kasten bezeichnen wir **endogame** (nur unter sich heiratende) soziale Gruppen, die ihre Familienordnungen intern in rechtlicher Form regulieren. Solche Kasten können sich zueinander als höher- oder tieferstehend verhalten, und sie können versuchen, bestimmte Berufe für sich zu reservieren und andere von ihnen auszuschließen. In Indien sind heute für die wirtschaftlich schlechter gestellten Kasten bestimmte Quoten an Studienplätzen und staatlichen Arbeitsstellen reserviert.

Nationalitäten

Als Nationalitäten wurden im sowjetischen System und heute noch in seinen Nachfolgestaaten die Gruppen bezeichnet, die zumindest in einer regionalen Verwaltungseinheit den Status einer Titularnation hatten. Titularnationen sind Abstammungsgruppen, denen eine gemeinsame Geschichte zugeschrieben wird und die in der territorialen Einheit, die ihren Namen trägt (wo sie »titular« sind), besondere Vorrechte haben.

Diese Zugehörigkeiten scheinen natürlich – insbesondere durch Abstammung – gegeben zu sein. Tatsächlich aber sind sie durch administrative Regelungen entstanden, die oft ein hohes Willkürpotenzial einschließen. Ihnen allen ist gemeinsam, dass sie *Gruppen*

Formen des Widerstands gegen fremde Dominanz

Nur selten ertragen die Opfer von Vorurteilen und Diskriminierung vollkommen passiv ihre Misshandlung. So kam es 1992 in Los Angeles, nachdem weiße Polizisten, die einen schwarzen Autofahrer niedergeschlagen hatten, von der Anklage der Brutalität freigesprochen wurden, zu schweren Krawallen, die auch auf andere Städte übergriffen. Gewalt und Protestaktionen lösen die Probleme von Minderheiten nicht, können aber die öffentliche Aufmerksamkeit auf ihre Misere lenken. In den meisten Fällen aber hindert die gesellschaftliche *Macht*verteilung die Angehörigen von Minderheiten daran, ihren Protest zu artikulieren oder offenen Widerstand zu leisten. Als Gegenwehr bleiben ihnen nur die »Waffen der Schwachen« (James Scott 1985, 1987).

Eine Strategie zur Vermeidung von Konfrontation und unliebsamen Interaktionen ist die freiwillige soziale Absonderung oder Selbst*segregation*. Selbst da, wo Angehörige einer *Minderheitsgruppe* nicht per Gesetz zur Segregation gezwungen sind, ziehen sie es oft vor, zusammenzuhalten. Selbstsegregation hat den Vorteil, soziale Beistandsnetze zu knüpfen und das ethnische Selbstwertgefühl zu stärken. Vor allem deswegen gehen viele der besten afro-amerikanischen Schüler lieber auf schwarze Colleges; und aus demselben Grund schaffen sich schwarze Studenten an mehrheitlich weißen Universitäten oft lieber ihre eigenen Institutionen in Form von Studentenverbindungen, afro-amerikanischen Kulturzentren oder einer schwarzen Studentenbewegung.

Eine andere Strategie ist der passive Widerstand. Beispielsweise können Angehörige von Minderheiten sich weigern, härter zu arbeiten, als die dominante Gruppe von ihr fordert – eine Quelle des verbreiteten Mythos, Angehörige von Minderheitsgruppen seien faul. Oder sie können Krankheit vortäuschen, über die dominante Gruppe Gerüchte kolportieren – oder, noch immer ohne eine offene Rebellion zu riskieren, Maschinen in Fabriken lahm legen, Geheimnisse an Feinde der dominanten Gruppe verraten oder die Eliten bestehlen.

Nicht immer sind Minderheiten so schwach, dass sie sich auf indirekte, mehr oder weniger geheime Aktionen verlegen müssen (Scott 1987). So hat in Indien Mahatma Gandhi den gewaltlosen Widerstand als Form des Protests gegen die britische Kolonialherrschaft entwickelt. Dem Beispiel von Jesus (den Gandhi bewunderte) sowie Vorbildern aus der indischen Kultur folgend, blieben Gandhi und seine Mitstreiter passiv – sie marschierten nicht weiter –, wenn sie von der Polizei angegriffen wurden. Der gewaltlose Widerstand verfolgt zwei Hauptziele. Zum einen will er die bestehenden Muster sozialer Interaktionen aufbrechen, zum anderen aber die Polizei demoralisieren und ihre Brutalität vor aller Öffentlichkeit entlarven. Häufig greift eine Gruppe zu diesen Strategien, wenn ihr die Mittel fehlen, um in offener Feldschlacht zu siegen. Tausende von Indern wurden inhaftiert, verletzt oder gar getötet, doch Indien errang durch eine gewaltfreie Revolution seine politische Unabhängigkeit. Auch Martin Luther King, Jr., setzte sich in der US-amerikanischen Bürgerrechtsbewegung der 1950er und 1960er Jahre nachdrücklich für ähnliche Strategien ein.

Gewaltloser Protest ist bis heute vorwiegend eine Waffe der Schwachen. Er vertraut darauf, dass einige Mitglieder der dominanten Gruppen bereit sind, die Leiden der Minderheitsgruppe wahrzunehmen und die Berechtigung ihrer Ziele anzuerkennen. So haben Sit-ins im Süden der USA nicht nur das Bewusstsein der Schwarzen für ihre Lage geschärft, sondern auch viele Weiße veranlasst, rassistischen und segregationistischen Firmen und Politikern ihre Unterstützung zu entziehen. Dabei sind Lagerbildungen innerhalb der dominanten Bevölkerungsgruppe oft eine entscheidende Voraussetzung für den Erfolg des gewaltlosen Protests.

Manchmal sind die Angehörigen einer Minderheitsgruppe stark genug, um eine offene Revolte wagen zu können. Am häufigsten ist dies der Fall, wenn die soziale Minderheitsgruppe *numerisch* die Mehrheit der Bevölkerung stellt. In Kenia und Rhodesien (heute Zimbabwe), wo die Schwarzafrikaner den britischen Kolonisten zahlenmäßig weit überlegen waren, spielte ein bewaffneter Aufstand eine entscheidende Rolle im Kampf um die politische Unabhängigkeit. Die Briten, ausgerüstet mit überlegenen Armeen und Waffen, bekämpften die Aufständischen, wurden aber schließlich des Tötens überdrüssig. Sie scheuten zudem die enormen Kriegskosten und sahen keine Aussicht auf eine Friedensperspektive zu ihren Bedingungen. Auch Algerien und die portugiesischen Kolonien in Afrika errangen ihre politische Unabhängigkeit durch bewaffnete Aufstände.

Rechte gewähren, die andere Gruppen vom Zugang zu gewissen Gütern ausschließen – in europäischen Rechtsstaaten gibt es statt dessen in der Regel *individuelle* Rechtsgarantien. Im postsowjetischen System wie in vielen afrikanischen und asiatischen Staaten kann das Recht, sich einer bestimmten Gruppe zurechnen zu dürfen, über den Zugang zu landwirtschaftlichen Flächen entscheiden. Was als politisch-rechtliche Antwort auf ökonomische Benachteiligung gedacht war, kann in negative Diskriminierung anderer umschlagen. Umstritten sind auch die ökonomischen Effekte **posi-** tiver Diskriminierung – wie die Beispiele Indien und USA (*affirmative action*) zeigen – auch wenn die Quotenzuteilungen ökonomisch benachteiligten Gruppen, die das Bildungssystem deutlich marginalisierte, eine gewisse Kompensation verschafften.

Zweifellos aber haben administrative Zugehörigkeitsregelungen einen deutlichen Effekt auf die Klientelbildung. Wenn ein knappes Gut auch – aber nicht nur – nach Zugehörigkeit verteilt wird, dann muss ein Patron dieses Gut zuweisen. Klientelnetze bauen sich auf, um den Zugang zu diesem Gut zu gewährleisten. Dadurch stabilisieren sich diese ethnisch eingefärbten Klientelnetze, ein Effekt, der oft durch Konkurrenzverhältnisse zwischen ihnen noch verstärkt wird.

Die Integrationskraft einer Gesellschaft zeigt sich unter anderem darin, inwieweit sie den Auf- oder Abbau zweiter Zugehörigkeitsvorstellungen – Sonderidentitäten – zulässt. Betrachten wir als Beispiel das wiedervereinigte Deutschland. Die »Ossis«, die Bürger der ehemaligen DDR, stimmten massiv für eine Integration in den Rechtsraum des Grundgesetzes. Man wollte ohne Abstriche zum Teil der BRD in der Form, in der man sie bisher wahrgenommen hatte, werden. Sonderidentitäten schienen ausgeschlossen. Nachdem sich aber die erhoffte Gerechtigkeit vor allem im Verlust von als Eigentumsäquivalente verstandenen Rechten (Arbeitsplatz, Mietwohnung) manifestierte, nahmen Abgrenzungen zu. Die Fremdbezeichnung »Ossi« wurde zur Selbstbezeichnung. Die Beteiligung an Wahlen ging zurück. »Gelernter Ossi« wurde zur stereotypen Selbstbezeichnung von Politikern im Wahlkampf. Soziologisch gesehen könnten »die Ossis« als »stationäre Migranten« bezeichnet werden. Sie wechselten in ein anderes System, blieben dabei aber sesshaft.

AUSLÄNDER ALS TEIL DER INLÄNDISCHEN GESELLSCHAFT

Zur Migrationsgeschichte gehören nicht nur die Einwanderungen, sondern auch die Auswanderungen. Ob deutsche Auswanderer sich weiterhin als Deutsche sahen, hängt zum einen von der Auswanderungssituation ab; wer ausgegrenzt und vertrieben wurde (wie etwa jüdische Deutsche und Österreicher), neigt eher zu einer neuen Zuordnung. Zum anderen hängt es davon ab, ob man glaubt, die neue Situation dank dem sozialen System des Gastlands erreicht zu haben oder trotz seiner. Ersteres gilt vor allem für die Auswanderer nach Nordamerika, die selbst bei Remigration in deutschsprachige Länder nicht die alte Identität wieder aufnahmen. Letzteres gilt vor allem für die Auswanderer nach Südamerika, die sich als eine abgegrenzte Gruppe sehen. Ihr ökonomischer Aufstieg ist ihnen eher Beleg für die Differenz zu den Einheimischen.

Die überwiegend deutschsprachigen Länder Deutschland, Schweiz und Österreich sind nach den USA heute das wichtigste Einwanderungsziel. 7,3 Millionen »ausländische Wohnbevölkerung« (so der statistische Fachbegriff) allein in Deutschland zeigen an, dass die BRD aus soziologischer Sicht ein Einwanderungsland ist. Die Einwanderung nach Deutschland, Österreich und der Schweiz erfolgt überwiegend aus ökonomischen Motiven. Doch bei vielen Migranten spielt neben den ökonomischen Motiven auch die Hoffnung auf eine freiere Entfaltung ihrer Individualität als in der Herkunftsregion eine Rolle spielt; auch Hoffnung auf Pluralismus ist ein Migrationsmotiv.

Zu den Auswirkungen der Immigration auf das Einwanderungsland gehört auch die Vergrößerung der kulturellen Vielfalt. Vielfalt ist eine Ressource; dies belegen die vergleichenden Studien der Sozialanthropologie. Je vielfältiger die vorhandenen Muster in einem Sektor der Kultur – von der industriellen Produktion bis zur Musik – sind, desto wahrscheinlicher ist die Entwicklung neuer, international durchsetzungsfähiger Muster. Dies zeigt sich an klassischen Einwanderungsländern wie den USA und Kanada (aber auch an Taiwan, Singapur und Malaysia). Freilich wurden die Einwanderer nicht ins Land geholt, um die Vielfalt zu vergrößern; dies war ein nicht intendierter Nebeneffekt.

Für die Selbstwahrnehmung einer Gesellschaft entstehen allerdings Probleme, wenn die strukturellen Auswirkungen von Einwanderung und die Motive, die zu ihrer Förderung führten, auseinander klaffen. Arbeiter wurden angeworben, Menschen mit ihrem Recht auf Differenz kamen. Das mythische Selbstbild von der deutschen Nation als kulturell homogener Ethnie sah die Integration von Immigranten nicht vor. Entsprechend schwierig war bis 1991 die Einbürgerung. Diese juristische Ausgrenzung verhinderte jedoch nicht, dass auf der gesellschaftlichen Ebene Einwanderer zunehmend integriert wurden.

In dieser Ambivalenz zwischen ökonomischer Integration und juristischer Diskriminierung verläuft die Wir-Gruppen-Bildung und -Umbildung der Immigranten sehr unterschiedlich. Während in Frankreich und Großbritannien vorwiegend Prozesse der Fusionierung ablaufen – zu großen Teilen akzeptieren jugendliche Einwanderer oder Einwandererkinder aus Asien und der Karibik in England für sich den Begriff »black« genauso wie junge Nordafrikaner in Frankreich das Etikett »beur« – spielen sich in Deutschland vorwiegend Prozesse der Fragmentierung ab.

Die größte Gruppe (zwei Millionen) der offiziell erfassten 7,2 Millionen Einwanderer stammt aus der Türkei. Diese Menschen identifizieren sich keineswegs alle primär als Türken. Ein Teil bezeichnet sich als Kurden und gehört kurdischen nationalistischen Organisationen an. Ohne die Emigration nach

Deutschland, Schweden und Syrien hätten diese Organisationen nicht ihre heutige Bedeutung und Stärke erlangt. Paradoxerweise gilt das Gleiche auch für die extrem türkisch-nationalistische Organisation der »Grauen Wölfe«. In der Fremde fanden sie nicht nur zahlungskräftige Mitglieder, sondern vor allem auch Menschen, die starke Stereotype suchten, um sich von der negativen Stigmatisierung ihrer Umwelt abzusetzen. Auch die religiöse Minderheit der Aleviten sucht eine solche Absetzung.

In dem Maße, wie die »Grauen Wölfe« und andere sie kopierende oder mit ihnen kooperierende Organisationen und Parteien ein bestimmtes Stereotyp des »wahren Türken« propagierten, wurde die türkische Identität für andere unattraktiv. Eine andere häufig primär gewählte Identität ist die der Muslimin und des Muslims als *übernationale* Referenz. Besonders strenggläubige Gruppen, die in der Türkei als Sekten gelten, bilden in Deutschland die größten Moschee-Verbände. Dies überrascht viele deutsche Beobachter. Wieso wird gerade in der Emigration eine Referenz gewählt, die von der Mehrheitsbevölkerung des Einwanderungslandes gering geschätzt wird? Drei Gründe können dieses Phänomen erklären:

1. Der Versuch, sich den in Deutschland dominanten Referenzen als Christ oder Atheist anzuschließen, kann nur schwer gelingen. Wer nach den Maßstäben der Altansässigen nur Zweitbester ist, geht diesem Vergleich lieber aus dem Wege, indem er eine andere Referenz wählt. Atheistische türkische Intellektuelle können ein Lied davon singen, wie wenig ihre schon aus der Türkei mitgebrachte Weltanschauung hier von Deutschen wahrgenommen wird. Wenn irgendwo im Namen des Islam eine auffallende Gewalttat vollbracht wird, werden sie unweigerlich von Bekannten gefragt: »Wie stehen Sie als Muslim dazu?«
2. Gerade für jemand, der als Türke Diskriminierungen ausgesetzt ist, ist die Weltreligion Islam ungemein attraktiv. Mit dem Islam lässt sich eine glorreiche Geschichte, Wirtschaftsmacht und damit auch Modernität und eine große Anhängerschaft assoziieren.
3. Wer als Muslim Immoralität, Alkoholismus und Verbrechen in der deutschen Wohnumwelt erfährt, der wird nur zu bereitwillig am Aufbau einer vor diesen Übeln schützenden moralischen Ordnung, wie sie der Islam bietet, mitwirken.

Man kann auch auf andere Weise – außer als Kurde, sunnitischer Muslim oder Alevit – dem Stereotyp Türke zu entgehen versuchen. Eine weitere, allerdings heute fast verschwundene, ist, sich über leninistische Organisationen als proletarischer Internationalist zu definieren.

Nicht zuletzt kann man aus der faktischen Integration in die deutsche Gesellschaft den Schluss ziehen, dass jemand sich als aktiver Mitbürger, als Deutscher, wahrnimmt. Ein Ausdruck dessen – freilich nicht der einzige und kein völlig eindeutiger – ist die Übernahme der deutschen Staatsbürgerschaft. Diese ist aber mit Nachteilen verbunden, wenn man nicht die türkische gleichzeitig behält. Zudem besteht ein Risiko der Vertreibung, wie die deutsche Geschichte und aktuelle gewaltsame Übergriffe auf Ausländer schmerzhaft lehren. Die gleiche Perspektive legt auch die türkische Geschichte nahe. Wer möchte gern in beiden Ländern als unsicherer Kantonist gelten? Die Selbstidentifikation als Deutscher nimmt daher ab. 1991 lag sie noch bei 14 Prozent, bei den Kindern der Einwanderer sogar bei 30 Prozent. 1996 sind die entsprechenden Zahlen auf 11 bzw. 21 Prozent gefallen (Seifert 1998:57). Wenn die Aufnahmegesellschaft sich abzuschließen scheint, wird es weniger attraktiv, die Zugehörigkeit zu ihr zu suchen. Denn zum Abschließen gehört auch, dass Grenzzonen bereinigt werden und Vielfalt geleugnet wird. Wer nicht den Standards entspricht und wer doppelte Zugehörigkeiten aufweist, ist dann von Ausschluss bedroht.

Assimilation und Integration

Einwanderer suchen eine Integration in die Aufnahmegesellschaft, und von ihnen wird Integration verlangt. Doch was unter Integration zu verstehen ist, ist umstritten. Oft wird gesagt, es bedrohe die demokratische Gesellschaft, wenn nicht alle ihre Gruppen – und dies wird besonders mit Blick auf die Ausländer gesagt –, die gleichen Werthaltungen teilen. Wie Hirschman (1994) zeigte, ist dies nicht zwingend notwendig und für eine pluralistische Gesellschaft sogar problematisch. Notwendig für eine Integration ist vielmehr die Anerkennung der gleichen konfliktregelnden Institutionen. Dies kann man auch als Anerkennung der Werte bezeichnen (vgl. Kap. 3); es handelt sich allerdings um einen engen und klar bezeichneten Satz von Regeln.

Mit Integration ist freilich oft mehr gemeint als nur das geregelte Miteinander. Die Begriffsdefinitionen schwanken zwischen einem eher kulturellen Begriff von **Assimilation** und einem sozio-strukturellen Integrationsbegriff. Unter Assimilation wird Anpassung an die kulturellen Muster der Einheimischen verstanden. Doch an welcher der zahlreichen Subkulturen soll man sich als Einwanderer ausrichten? Sinnvoll erscheint es, die Sprache des aufnehmenden Landes zu erlernen, um kommunizieren zu können. Dies kann zu Zweisprachigkeit führen. Zweisprachige Subkulturen einer Gesellschaft erhöhen die Fähigkeit der Gesellschaft insgesamt, Kontakte nach außen zu suchen und zu pflegen. Durch Mehrsprachigkeit steigt die interne Vielfalt; das heißt auch, dass die Chancen zur Bereicherung aller beteiligten Sprachen wachsen.

Zweisprachigkeit als Problem

Viele sprachwissenschaftlich ungebildete Menschen schreckt die Zweisprachigkeit. Sie stellen sich das menschliche Gehirn als ein Gefäß vor, das, wenn es mit einer Sprache gefüllt ist, kaum noch Raum für andere lässt. Die Beobachtung mancher Migrantenkinder, die Mutter- wie Landessprache nur schlecht beherrschen und unter »doppelter Halbsprachigkeit« leiden, scheint sie darin zu bestätigen.

Die Sprachfähigkeit unseres Hirns ist jedoch komplexer aufgebaut. Kinder können offensichtlich zwei oder drei Sprachen gleichzeitig erlernen, wenn die jeweiligen Sprachkontexte klar getrennt sind. Durch diese Mehrsprachigkeit steigt die Sprachkompetenz in jeder dieser Sprachen. Wenn die Eltern jedoch bemüht sind, mit ihrem Kind die Fremdsprache, die sie selbst nur unvollkommen beherrschen, zu sprechen und ihm von ihrer Muttersprache nur Rudimente vermitteln, wird das Kind später in keiner Sprache je komplexe Sprachstrukturen aufnehmen können.

Assimilation ist eine der möglichen Formen von **Akkulturation**, der Anpassung von Kulturmustern. Während Akkulturationsprozesse jedoch fast immer zweiseitig verlaufen – auch die Mehrheit kann sich in bestimmten Bereichen an die Minderheit anpassen –, führt die Assimilation zur Übernahme der Werthaltungen, Normen und Verhaltensstandards etc. der aufnehmenden Gesellschaft. Damit sinken deren Chancen, von den Einwanderern zu profitieren.

Solche Überlegungen zur Entwicklung von Gesellschaften interessieren Migranten selbst nur bedingt, die zu beruflichem Erfolg, Wohlstand und Ansehen gelangen wollen. Gelingt ihnen dies, kann man zweifellos von einer sozio-ökonomischen Integration, die zumindest den Zugang zu den **Statuslinie**n der Gesellschaft umfasst, sprechen (Hoffmann-Novotny 1973). Da eine solche Integration nicht zwingend mit Assimilation verbunden ist, können wir in der Soziologie nach der Beziehung zwischen beiden Begriffen fragen.

Bei den Japanern in den USA fiel beides auseinander. Sie sind beruflich besonders erfolgreich – erfolgreicher als die Alteingesessenen –, aber in der ersten Generation verzichteten sie auf den Erwerb des Englischen und mieden Kontakte mit den angelsächsischen Amerikanern. De Vos (1975) untersuchte sie genauer. Sie sind zu 85 Prozent bäuerlicher Herkunft. In der japanischen Gesellschaft ist »Bauer« – anders als in Europa und China – ein relativ hoher sozialer Status;

er folgt auf den Samurai und steht noch vor dem Händler. Diese Japaner stiegen nun als Einwanderer tief unten in die amerikanische Status-Hierarchie ein, übernahmen aber das angebotene **Heterostereotyp** nicht. Während die Japaner den US-Amerikanern als ungebildete Hilfsarbeiter erschienen, sahen sie selbst sich als Lernende und stellten den unmittelbaren Genuss von Konsumgütern zurück. In ihrer Heimat genießt der Lernende ein großes Ansehen. Sie behielten ihre mitgebrachte Zukunftsorientierung, Status durch Kompetenz zu erringen, bei. Sie schützten sich durch Meidung von Kontakten – und Konflikten – vor der stigmatisierenden Fremdeinschätzung durch Einheimische. Später verstanden sie es, gestützt auf eine spezifische Subkultur, ihre hohe Statusaspiration – das Bewusstsein, zu Höherem berufen zu sein –, in eine erfolgreiche Karriere umzumünzen.

Wenn innerhalb einer Gruppe eine intensive Interaktion besteht und sich die Gruppenmitglieder auf für diese spezifische Institutionen beziehen, sprechen wir von Binnenintegration (Elwert 1982). Binnenintegrierte Einwanderergruppen können

1. Selbsthilfe-Strukturen aufbauen,
2. als Pressure-groups wirken,
3. eine normorientierte Sozialisation der nachwachsenden Generation sichern und
4. ein hohes Selbstbewusstsein aufrecht erhalten, auch wenn die soziale Umwelt die Einwanderer mit einem negativen Stereotyp belegt. Selbstbewusstsein brauchen sie besonders in risikoreichen Unternehmungen wie Bildungsinvestitionen oder Unternehmensgründungen.

Führt die Binnenintegration jedoch zur Nichtanerkennung konfliktschlichtender und normdurchsetzender Institutionen, weil die Gruppe ihre eigene – illegale – »Polizei« aufbaut, so scheitert die **soziale Integration**. Beruflichen Erfolg in einem illegalen Gewerbe (zum Beispiel Mafia) schließt dieser Typ von Binnenintegration indessen nicht aus.

Binnenintegration kann auch dann zu einer sozioökonomischen Integration führen, wenn das Ziel der internen Integrationsbemühungen eigentlich die Rückkehr in die Heimat ist (oder war). Dies illustriert der Fall der überwiegend wirtschaftlich erfolgreichen Kubaner in den USA.

STEREOTYPEN UND VORURTEILE

Die Vielfalt des tatsächlichen Verhaltens der Mitglieder einer sozialen Einheit wird durch Generalisierungen vereinfacht. Dies gilt sowohl für die Fremd- wie für die Selbstwahrnehmung. Wenn solche Generalisierungen resistent gegen Informationszufuhr sind, nennen wir sie

Vorurteile. Vorurteile werden durch selektive Wahrnehmungen aufrechterhalten.

Die ersten türkischen Einwanderer in die BRD kamen aus einem Land, in dem das »Hamam«, das Dampfbad, zu den wichtigsten alltäglichen Lebensfreuden gehörte. Sie zogen in Städte, in denen ihnen anfangs häufig Wohnungen mit ungenügenden sanitären Anlagen vermietet wurden. Daraus entwickelten viele von ihnen das Vorurteil, »den« Deutschen fehle es an Reinlichkeitssinn. Sie schlossen aus einem engen Wahrnehmungssegment auf das Ganze.

Wir wissen aus kriminologischen Studien, dass männliche türkische Einwanderer der ersten Generation weniger oft zu Mördern wurden, als altansässige »deutsche« Männer jeweils gleichen Alters und gleicher Schicht. Diese wenigen Mörder wurden aber wahrgenommen. So entstand das Vorurteil vom »messerstechenden Türken«. Vorurteile haben also das Faktum ausgeblendet, dass diese Fälle vergleichsweise weniger repräsentativ waren.

Selektive Wahrnehmung umfasst also ein Spektrum von falscher Generalisierung bis zu vollständiger Ausblendung. Insbesondere die Ausblendung verweist uns darauf, dass Vorurteile über die »Anderen« durch Bezüge gesteuert werden, die in erster Linie nicht bei der ausgegrenzten Gruppe liegen, sondern im (meist ebenso vorurteilsvollen) Selbstbild.

Eine der am meisten verbreiteten Formen des Vorurteils ist der **Rassismus**. Das ist die Anschauung, dass gewisse physische Merkmale mit moralischen, geistigen und anderen nichtphysischen Eigenschaften assoziiert sind, die ihre Träger anderen unter- bzw. überlegen machen (Van den Berghe 1978). Rassisten rechtfertigen häufig Dominanz und soziale Meidung mit der Behauptung, wesentliche Rassenmerkmale seien biologisch ererbt und daher nicht veränderbar. Sie sagen beispielsweise, alle Schwarzen seien faul, und meinen damit, dass Faulheit quasi an die schwarze Hautfarbe gekoppelt sei. Rassistische Ideologien schreiben auch vor, wie Angehörige vermeintlich minderwertiger Gruppen zu behandeln seien. So haben Weiße, die meinten, Schwarze seien faul, daraus abgeleitet, es sei nur billig, Schwarze zu schlagen, damit sie zum Vorteil der Weißen arbeiten. Schließlich fördert die rassistische Ideologie den Glauben, es gebe scharfe Trennlinien und Grenzen zwischen den Rassen. Man ist entweder weiß oder schwarz. Gehört einer nicht zu »uns«, ist er einer von »ihnen«.

Vorurteile gegen rassische oder ethnische Gruppen haben vor allem eine Wirkung: Sie ziehen **Diskriminierung** nach sich. Unter Diskriminierung versteht man signifikante soziale Entscheidungen und Handlungen, die auf der mutmaßlichen rassischen oder ethnischen Identität ihrer Adressaten basieren. Ein **Vorurteil** ist mithin ein Ensemble kulturell gestützter Meinungen;

Diskriminierung besteht in einer Reihe sozialer Handlungen, die sich auf diese Meinungen stützen.

Vorurteil und Diskriminierung führen oft zu Zirkelschlüssen, die Ursache und Wirkung verwechseln (Myrdal 1944): Man zieht die Auswirkungen von Vorurteil und Diskriminierung als Beweis dafür heran, dass die eigene Bewertung oder Einschätzung richtig war. So leben Afro-Amerikaner in den USA tatsächlich in schlechteren Wohnungen als Weiße, sie haben tatsächlich schlechter bezahlte Berufe, und sie schneiden in akademischen Prüfungen tatsächlich schlechter ab. Doch diese Fakten sind eine *kausale Folge* von Vorurteil und Diskriminierung und nicht umgekehrt: Sie können Vorurteil und Diskriminierung nicht rechtfertigen. Trotzdem stellen weiße Rassisten die Fakten auf den Kopf und führen sie als Beleg dafür an, dass die Schwarzen den Weißen nicht ebenbürtig seien.

Es ist daher zu vermuten, dass es extrem schwierig ist, Vorurteile zu überwinden und Diskriminierungen zu beseitigen. Politische Programme – insbesondere jede Art von Quotenregelungen, die das Ziel verfolgten, Chancengleichheit herzustellen – sind in der Praxis umstritten.

Vorurteile beruhen nicht so sehr auf Wahrnehmungen; sie sollen vielmehr eigenes Handeln bzw. Unterlassen rechtfertigen. Wenn weiße US-Amerikaner sich weigern, Steuergelder für öffentliche Schulen auszugeben, die überwiegend von Kindern der schwarzen Unterschicht besucht werden, »begründen« sie ihr Verhalten mit ihrem Vorurteil von der vermeintlichen intellektuellen Unterlegenheit der Schwarzen. Auch außerhalb derartiger alltäglicher Handlungszusammenhänge können sich Vorurteile aufbauen. Sie helfen, diffuse Hoffnungen und Ängste auf etwas Konkretes zu lenken.

Wer Angst vor Einbrechern hat, dem erscheint das Problem besser bewältigbar, wenn er z.B. Einbrecher und »rumänische Zigeuner« gleichsetzt. Wenn die Erlösung aus einer Wirtschaftskrise, deren Ursachen zuvor unauflösbar komplex erschienen, mit einem konkreten Handlungsvorschlag, z. B. der Ausschaltung, Vertreibung oder Vernichtung einer bestimmten Gruppe, verbunden wird, dann können auch die dümmsten Vorurteile attraktiv werden. Denn sie sind mit einer großen Hoffnung verknüpft. So konnten im Deutschland der 1930er Jahre Vorurteile gegen deutsche und ausländische Juden Anhänger finden.

Das Objekt der zuvor diffusen Angst oder Hoffnung erscheint durch das Vorurteil fassbar. Je stärker das Engagement für ein bestimmtes Handeln ist, je größer die Angst oder die Hoffnung wird, desto stärker ist die Beharrung auf dem Vorurteil.

10

KONFLIKTE

Konflikte zwischen ethnischen Gruppen werden auffallend stereotyp begründet: Fremdheit der Anderen oder deren Schädlichkeit werden als Ursache von Konflikten angegeben. Gelegentlich klaffen die von den Protagonisten konstruierte und zum Teil selbst geglaubte Fassade und die reale soziale Struktur eklatant auseinander. (Hier durch Aufklärung zu vermitteln, ist eine klassische Aufgabe der Soziologie). Moderne Gesellschaften verfügen über das Normen- und Institutionenrepertoire, um Fremdheit in interne Vielfalt zu verwandeln und eventuelle Schäden durch ihre Rechtsordnung und Sanktionen zu begrenzen.

Damit es überhaupt zu einem Konflikt zwischen Gruppen kommt und nicht bei einem Rededuell zwischen lautstarken Möchtegern-Anführern bleibt, muss zweierlei geschehen. Einerseits muss das Risiko

In den 1990er Jahren wurden in Deutschland Ausländer von rechter Propaganda als Schmarotzer bezeichnet. Etwa die Hälfte der knapp 100 Personen, die von 1990 bis 2000 Opfer rechtsradikaler Gewalt wurden, waren Ausländer. 1993 z.B. fielen einem Brandanschlag in Solingen fünf Mitglieder einer türkischen Familie zum Opfer (hier die Überlebenden der Familie am Gedenkstein).

der Konfliktaustragung abgewertet werden und andererseits müssen die jeweiligen Gruppen in sich virtuell homogenisiert werden. Zur Abwertung des Risikos gehört die Hervorhebung der eigenen Stärke und die Kompensation der Furcht, das eigene Leben zu verlieren, durch die Verheißung von Ehre.

Zur virtuellen Homogenisierung gehört, dass in der Eigenwahrnehmung der einzelnen Individuen die vielen Einzelinteressen und die vielen sie unterscheidenden Merkmale sich zu gemeinsamen Interessen und gemeinsamen Charakteristiken vereinen.

Konflikte entstehen aus realen Interessendivergenzen zwischen den Gruppen oder aus der Konstruktion solcher äußeren Gegensätze für Zwecke einer gruppeninternen Strategie. In den meisten Konflikten findet sich von beidem etwas. Allerdings ist es relativ selten, dass die als Gruppeninteressen dargestellten Ziele tatsächlich Interessen der Mehrheit der Mitglieder repräsentieren. Die Regel ist vielmehr, dass ein Konflikt die Gruppen intern zusammenschmiedet und neue Führer nach oben bringt.

Äußere Gegensätze werden oft konstruiert, um neue Normen und Führungsstrukturen durchzusetzen und um die Grenzen zu »den Anderen« zu betonen. Wenn man Konflikte zwischen Ethnien oder Nationen begreifen will, darf man nicht nur nach ihren divergierenden Interessen fragen, sondern auch danach, wer *innerhalb* der jeweiligen Gruppen durch den Konflikt an Macht, Einfluss oder Ressourcen gewinnt. Zuvor marginale, aber als strategische Gruppe organisierte, Personen können die Führung in ihrer Wir-Gruppe erringen, wenn sie unter Berufung auf den äußeren Feind bestimmte – ihnen dienliche – Normen und Entscheidungsverfahren durchsetzen und andere Personen als inneren Feind stigmatisieren. In der Bedrohungssituation werden neue politische Strukturen zu plausiblen Angeboten. Wer schon immer Abgrenzung gegen »die Anderen« predigte, erscheint glaubwürdiger. Strategische Gruppen können (Evers/ Schiel 1988) innerhalb ihrer Wir-Gruppe Dominanz erlangen, wenn es ihnen gelingt, ein glaubwürdiges Feindbild zu erzeugen, oder wenn ein tatsächlich bedrohlicher Gegner (der häufig erst durch Provokation bedrohlich wird) auf den Plan tritt.

Wenn die Konkurrenz um materielle Ressourcen als Argument zur Mobilisierung der Wir-Gruppe nicht ausreicht, greift man häufig auf eine vollständig sozial konstruierte Ressource zurück: auf Prestige. Das heißt, der Konflikt wird überhöht zu einem Konflikt um die Ehre der beteiligten Gruppen.

Institutionen der Konfliktlösung

Im Alltagsleben werden Konflikte oft mit gewaltsamer Konfliktaustragung assoziiert. Das ist nicht zwangsläufig so, wenn auch bei Gruppenkonflikten die Gewalt im Hintergrund häufig mitschwingt. Konflikten kann man erstens ausweichen, indem man sich aus dem Weg geht (Hirschman 1970). Zweitens können Konflikte durch Vernichtung der einen Seite »gelöst« werden (Genozid). Drittens können sie in geregelte Formen der Konfliktaustragung kanalisiert werden, etwa Fehden oder durch klare Kriegsziele und internationales Kriegsrecht begrenzte Kämpfe. Viertens können Konflikte durch Verfahren gelöst werden, in denen Macht und Gewaltpotenzial der Konfliktparteien für die Dauer des Verfahrens suspendiert sind (Luhmann 1969).

Wo gesellschaftliche Institutionen der Konfliktlösung unzuverlässig oder schwach ausgeprägt sind oder ganz fehlen, entsteht indessen kein Vakuum. Hier bietet sich Klientelismus als alternatives Organisationsmodell an.

Im Klientelismus wird eine knappe Ressource (landwirtschaftliche Fläche, sichere Arbeitsplätze, Schutz vor Gewalt) von einem Patron verwaltet. Er vergibt dieses Gut als Gefälligkeit oder Gabe (im Grenzfall nimmt er dafür Bestechungsgelder) und erwartet dafür reziproke Dienste (Gefolgschaft) und Gaben. Klientelnetze sind hierarchisch organisiert. Ihr materielles Leistungsziel wird oft ideologisch überhöht. Wenn materielle Ziele »niedrig« wirken, werden oft emotionale Bezüge wie »Heimat« oder Prestige-Konstruktionen wie »Stammesehre« in den Vordergrund gerückt. Besonders wirksam ist die Verkleidung klientelistischer Netze als Wir-Gruppen. Die Konkurrenz klientelistischer Netze wird so in einen ethnischen Konflikt umfunktioniert. Die Patrone der Klientelnetze agieren als Schiedsrichter, handeln untereinander Kompromisse aus oder schicken ihre Gefolgschaft in den Kampf. Was in anders geformten Gesellschaften Institutionen leisten, muss hier die Persönlichkeit der Patrone oder Gewalt leisten.

Wirtschaftswachstum kann Klientelismus fördern: Wenn etwa durch marktwirtschaftliche Reformen der Boden an Wert gewinnt oder wenn durch ein wachsendes Staatseinkommen staatsnahe Tätigkeiten einträglicher werden, die konfliktregelnden Institutionen zugleich aber unverändert bleiben, dann werden sie dem wachsenden Regelungsbedarf nicht mehr gerecht. Je schwächer – gemessen an den an sie gestellten Anforderungen – gesellschaftliche Institutionen der Konfliktlösung sind, desto eher werden die Menschen Zuflucht zur Patronage klientelistischer Netze in ethnischer oder religiöser Form nehmen.

10

Zusammenfassung

1. Ethnische Gruppen – auch solche, die sich als Völker, Nationen oder Rassen verstehen – sind nicht durch gemeinsame Merkmale, sondern durch sozial konstruierte Abgrenzung definiert.

2. Die Abgrenzung kann von der Gruppe selbst vorgenommen werden oder ihr von außen aufgezwungen werden. Allerdings beansprucht die betreffende Gruppe in ihrer Ideologie oft solche gemeinsamen – kulturellen oder natürlichen – Merkmale. Tatsächlich aber wird sie bei einer rein schematischen Abgrenzung immer auch Zugehörige ausschließen und Nicht-Zugehörige einbeziehen.

3. Moderne Nationalstaaten sind durch eine interne kulturelle Vielfalt charakterisiert. Ihre Modernisierungschancen sind unter anderem durch ihre Fähigkeit bestimmt, Vielfalt als Quelle der Kreativität zu nutzen und mögliche Konflikte durch institutionalisierte Verfahren einzugrenzen. Management von Vielfalt zeichnet also moderne Nationalstaaten aus. Diese Vielfalt spiegelt sich aber nicht immer in der gesellschaftlichen Selbstwahrnehmung wider. Während etwa die Schweiz schon im 19. Jahrhundert konfessionelle und sprachliche Vielfalt (freilich in rigider Form) anerkannte, hat sich Deutschland erst in der zweiten Hälfte des 20. Jahrhunderts diesem Standard genähert.

4. Wenn ethnische Vielfalt auf Gruppenrechte reduziert wird, entstehen kaum Chancen zur Veränderung durch Gruppenfusion und -neubildung. Mehrfache Zugehörigkeiten sind dann ausgeschlossen. Flexibler ist ein Gerichtswesen, das individuelle Rechtsgarantien durchsetzt.

5. Gruppenrechte in der Form administrativer Abgrenzung erzeugen privilegierte oder diskriminierte Minderheiten. Ob diese Minderheiten dadurch begünstigt oder benachteiligt werden, ist häufig Gegenstand gesellschaftlicher Auseinandersetzungen. Wo konfliktschlichtende Institutionen schwach entwickelt sind, bilden sich als Alternative häufig klientelistische Netze. Diese können sich als ethnische Gruppen verstehen.

6. Einwanderung vermehrt – meist ungewollt – die kulturelle Vielfalt. Was als Bereicherung wirkt, wird gesellschaftlich häufig nicht als solche anerkannt. Obwohl sie soziologisch gesehen Teil der aufnehmenden Gesellschaft sind, werden Einwanderer meist nicht als solche akzeptiert; auch definieren sie sich selbst oft ausschließlich mit Bezug auf ihre Herkunftsgesellschaft. Trotzdem können sich Einwanderer in die Aufnahmegesellschaft erfolgreich sozio-ökonomisch integrieren, wenn sie Zugang zu den Statuslinien, zu ökonomischen Aufstiegschancen und zum Prestige erhalten.

7. Manchmal begleitet eine alltägliche interaktive Integration – Freundschaften mit Altansässigen oder die Übernahme von Sprache und Konsummustern – die sozio-ökonomische Integration. Einwan-

derergruppen, die durch negativ diskriminierende Vorurteile behindert sind, haben jedoch häufiger Erfolg, wenn sie sich vor allem intern zusammenschließen

8. Erscheinen die Chancen gering, individuell Zugang zu Konfliktschlichtung zu erhalten und Anrechte langfristig zu sichern, ist die Neigung groß, sich an klientelistische Netze zu wenden oder Wir-Gruppen als Druckverstärker einzusetzen. Aus einer Vielzahl von potenziellen (nicht notwendigerweise ausgetragenen) Individualkonflikten können so ethnische Konflikte werden. Insofern kann man sagen: ethnische Konflikte sind Indikatoren einer Schwäche des Rechtsstaats.

9. Ethnische Konflikte sind nicht nur Ausdruck von Ressourcenkonkurrenz, obwohl dies in der Selbstdarstellung der Protagonisten oft in den Vordergrund gerückt wird. Konflikte entstehen häufig auch aus einer Strategie der Binnenmobilisierung innerhalb einer mehr oder weniger vage definierten Gruppe. Eine Gruppe eher randständiger

Akteure mobilisiert in einer »radikal« erscheinenden Politik gegen einen vorgestellten oder realen »Feind«. Dieser »Feind« kann außen stehen, er kann aber auch ein Mitglied der eigenen Gesellschaft sein, das aus der Wir-Gruppe herausdefiniert worden ist.

10. Eine solche Strategie der Mobilisierung wird gebremst, wenn es eine gesellschaftliche Öffentlichkeit gibt, die zwei Bedingungen erfüllt:

a) sie kann zwischen den Perspektiven der verschiedenen Akteure vermitteln und

b) kann die Kommunikation durch Verfahren der Tatsachenfeststellung mit der gesellschaftlichen Realität rückkoppeln.

Wo diese Bedingung nicht erfüllt sind, kann es leicht zu einer positiven Rückkopplung (Eskalation) der Ängste zwischen den Konfliktparteien kommen, die zu Gewalt drängt. Die Erfahrung kollektiver Gewalt lässt ethnische Grenzen als natürlich erscheinen.

Wiederholungsfragen

1. Welche Faktoren fördern ethno-nationale Konflikte?

2. Inwiefern sind fremdländische Arbeiter aus soziologischer Sicht Teil der Gesellschaft, in der sie arbeiten?

3. Benötigen Nationalstaaten kulturelle Gemeinsamkeiten und/oder andere Merkmale, um ihre politische Einheit zu erhalten?

4. Unter welchen Bedingungen fördert bzw. behindert die Binnenintegration von Einwanderern ihre gesellschaftliche Integration?

Übungsaufgaben

1. Beschreiben Sie je eine als solche offiziell anerkannte und eine nicht anerkannte Wir-Gruppe!

2. Beschreiben Sie Einwanderung als sozialen Prozess und benutzen Sie dabei mindestens drei der fünf Schlüsselbegriffe (Gesellschaftsstruktur, soziales Handeln, funktionale Integration, Macht und Kultur)!

3. »Schmelztiegel« ist eine unpassende Metapher für die Gesellschaft

der USA. Entwickeln Sie eine andere Metapher und begründen Sie Ihre Wahl!

4. Beschreiben und vergleichen Sie zwei Wir-Gruppen in Europa in Bezug auf den Zugang ihrer Mitglieder zu konfliktschlichtenden Institutionen, auf kulturelle Homogenität und auf den Zugang zu gesellschaftlichen Statuslinien!

Glossar

Akkulturation Übernahme von Bestandteilen einer fremden Kultur durch Individuen oder ganze Gesellschaften anderer Kulturzugehörigkeit; ein meist zweiseitig verlaufender Prozess.

Assimilation Angleichung von Minderheiten an Werte, Verhaltensstandards, Normen, Traditionen und Weltdeutungen, die in der Gesamtgesellschaft als »normal« gelten. Ziel der A. ist die vollständige Eingliederung von Minderheiten.

Diskriminierung Benachteiligung, Ausschließung oder Ausbeutung auf Grund von Gruppenzugehörigkeit. D., wenngleich oft beabsichtigt, kann auch institutionell bedingt sein, das heißt ein Nebenprodukt des normalen Funktionierens sozialer Institutionen, die einzelne Gruppen ungleich behandeln.

Emisch Differenzierung von Begriffen und Kollektiven, die nicht von den Beobachtern, sondern von den Angehörigen einer Gruppe selbst praktiziert wird.

Endogamie Meist durch spezielle Regeln festgelegte Heiratsordnung, nach der nur innerhalb eines bestimmten sozialen Verbandes (z.B. Clan, Stamm, Kaste) geheiratet werden darf.

Ethnische Gruppe (Ethnie) Personenkategorie, die von sich glaubt, dass sie gemeinsame Merkmale besitzt, und von anderen auch so gesehen wird.

Exogamie Meist durch spezielle Regeln festgelegte Heiratsordnung, nach der nur außerhalb eines bestimmten sozialen Verbandes geheiratet werden darf.

Integration Aufnahme als systemeigenes Element in die Sozialstruktur einer Gesellschaft.

Kolonialismus Inbesitznahme eines Landes durch ein anderes, mächtigeres Land, verbunden mit Besiedelung und/oder politischer und sozialer Herrschaft über die indigene Bevölkerung.

Laizismus Weltanschauliche Richtung, die die radikale Trennung von Kirche und Staat fordert.

Minderheitsgruppe Personenkategorie, die zur ungleichen Behandlung in der Gesellschaft, in der sie lebt, selektiert wird und sich als Opfer kollektiver Diskriminierung empfindet.

Modernisierung Gesellschaftliche Entwicklung, die durch Versachlichung der Beziehungen, Rationalisierung, Verstädterung, Industrialisierung, demokratische Verfassungen und Bürgerrechte, Massenbildung und Massenmedien charakterisiert wird.

Multikulturalismus Lebensmodell einer pluralistischen Gesellschaft, das die Menschen dazu auffordert, nach Wegen zu gegenseitigem Verständnis und der kulturellen Begegnung zu suchen, die nicht auf ihrer Gleichheit, sondern auf dem Respekt vor ihrer Verschiedenheit beruhen. Von anderen Formen des Pluralismus unterscheidet sich dieses Modell dadurch, dass es die Interaktion zwischen den Gruppen und ihr gleichberechtigtes Miteinander betont.

Pluralismus Koexistenz verschiedener differenzierter – auch ethnischer – Gruppen, von denen jede ihre Identität und ihr soziales Netz bewahrt und zugleich am allen gemeinsamen politischen und wirtschaftlichen System teilhat.

Positive Diskriminierung Privilegierung von Gruppen, oft in Form von Quotenregelungen, als Ausgleich für ihre sozio-ökonomische Benachteiligung

Rasse Personenkategorie, die von sich selbst oder von anderen als erkennbar genetisch verschieden betrachtet wird.

Rassismus Doktrin, wonach biologisch fassbare Unterschiede Gruppen definieren könnten und die so definierten Rassen einander unter- bzw. überlegen seien.

Segregation Durch Gesetz (de-jure-S.) oder Sitte (de-facto-S.) erzwungene Beschränkung bzw. Verbot des Kontakts zwischen Gruppen auf Grund von Merkmalen wie Rasse, ethnischer Identität, Geschlecht oder Alter.

Soziale Distanzierung Betonung von abwertenden Eigenschaften bei einer anderen Gruppe. Wichtigste Äußerungen s. D. sind Vorurteil und Diskriminierung.

Soziale Mobilisierung Rasche Veränderung gesellschaftlicher Strukturen und das Ingangsetzen von Bewegungen. Wichtige Formen der s. M.: Auf- und Abstiege, Wanderungen, Revolutionen und die Modernisierung von Gesellschaften.

Statuslinien Nacheinander eingenommene jeweils günstigere Statuspositionen, z.B. im Fall eines Medizinstudenten die des Assistenz-, Oberarztes, niedergelassenen Arztes.

Stereotyp Klischeehafte Verallgemeinerung über soziale Gruppen und ihre Mitglieder. Heteros. (Autos.): S., das man von einer anderen (der eigenen) Gruppe hat.

Vorurteil Durch Erfahrungen kaum beeinflussbare positive oder negative Voreingenommenheit gegenüber Personen auf Grund realer oder bloß vorgestellter Merkmale.

Wir-Gruppe Gruppe, deren Mitglieder ein Gefühl der Zusammengehörigkeit (Wir-Gefühl) entwickeln und über längere Zeit relativ kontinuierlich kommunizieren und interagieren, um ein gemeinsames Ziel zu erreichen.

10

Kapitel 11

Geschlecht und Gesellschaft

Inhalt

Sich Gefahren auszusetzen ist etwas anderes, als im Kampf eingesetzt zu werden. Beschossen, ja selbst getötet zu werden, ist nicht dasselbe, wie im Kampfeinsatz zu sein. Kampfeinsatz heißt, den Feind aufspüren, mit ihm handgemein werden, ihn töten oder gefangen nehmen. [...] Frauen können das nicht, und niemand sollte es je von ihnen erwarten! Dazu sind Kraft und Ausdauer erforderlich. Vielleicht bin ich altmodisch, doch ich glaube, dass Frauen von Natur aus ungeeignet zum Kampfeinsatz sind. Frauen schenken Leben. Bewahren Leben. Hegen Leben. Sie nehmen es nicht. (General Robert H. Barrow, zitiert in der *New York Times*, 21.7.1991)

Diese Worte aus dem Mund eines US-Generals belegen nur zu deutlich, dass sich an den eingewurzelten Überzeugungen hinsichtlich der Natur und gesellschaftlichen Stellung der Frau allein durch die Zulassung von Frauen zu Männerberufen – etwa zum Wehrdienst – praktisch nichts verändert hat.

Frauen haben in allen Militäroperationen der USA seit dem Amerikanischen Revolutionskrieg eine Rolle gespielt. Mehr als einer von zehn US-Soldaten ist heute weiblich. 35.000 Frauen waren im Zweiten Golfkrieg von 1990 bis 1991 im Einsatz; elf wurden getötet – fünf im Gefecht – und zwei gerieten in Gefangenschaft. Dennoch sind Frauen noch immer von einer der wichtigsten militärischen Operationen ausgeschlossen: dem direkten Kampfeinsatz am Boden.

In Deutschland waren Frauen nur zum Sanitätsdienst und Musikkorps zugelassen. Der Europäische Gerichtshof hat aber am 11. Januar 2000 entschieden, dass die deutschen Rechtsvorschriften, die Soldatinnen bisher von allen Kampfeinheiten ausschlossen, nicht mit der europäischen Richtlinie über die berufliche Gleichstellung der Geschlechter vereinbar sind. Auslöser war die Klage einer Elektrotechnikerin, deren Bewerbung um eine Stelle bei der Bundeswehr als Instandsetzungselektronikerin 1996 abgelehnt wurde. In Deutschland, so die Begründung, sei es gesetzlich ausgeschlossen, dass Frauen Dienst an der Waffe leisten.

Offiziell wird – in den USA wie in Deutschland – der Ausschluss von Frauen vom Kampfeinsatz damit begründet, dass Frauen Männern physisch unterlegen seien und sich daher weniger gut verteidigen könnten. Bereits heute, kontern die Soldatinnen, riskierten sie ihr Leben oder Gefangenschaft in nichtkämpfenden Einheiten, etwa im Fernmelde- und Transportwesen oder im Sanitäts- und Geheimdienst; außerdem erfordere die fortgeschrittene Militärtechnologie von heute Intelligenz genauso wie Muskelkraft, und der Nahkampf

werde immer seltener. Manche Kritiker des Kombattantenstatus für Frauen befürchten, Soldatinnen könnten schwanger werden und im Ernstfall würde ihren Einheiten Personal fehlen. Doch im Zweiten Golfkrieg mussten mehr US-Soldaten wegen Sportverletzungen als wegen einer Schwangerschaft den Militärdienst quittieren. Andere wiederum behaupten, die Gegenwart von Frauen beeinträchtige die starken Männerbindungen zwischen den Soldaten. Doch ein sechsmonatiger Test mit gemischter Besatzung auf einem Flugzeugträger erwies sich als erfolgreich. Nicht nur schnitten die Frauen genauso gut ab wie die Männer, sie verbesserten sogar die Atmosphäre an Bord.

Viele Frauen haben den Verdacht, das eigentliche Motiv für den Ausschluss von Kampfeinsätzen sei **Sexismus** – die ungleiche Behandlung von Frauen und Männern auf Grund ihres Geschlechts – und männlicher Widerstand gegen Frauen, die in früher Männern vorbehaltene militärische Positionen vordringen.

Der eingeschränkte »Kampfauftrag« ist nicht das einzige Hindernis, dem sich Frauen im Militär gegenübersehen. Ein gravierendes Problem ist auch die sexuelle Belästigung von Frauen in allen Militärabteilungen, quer durch alle Ränge und Dienststellen. Über 73 Prozent der weiblichen und 18 Prozent der männlichen Befragten einer empirischen Untersuchung (Firestone/ Harris 1994) gaben an, dass sie in den letzten zwölf Monaten belästigt (»Opfer unerwünschter und nicht provozierter sexueller Annäherungsversuche«) geworden seien.

Trotzdem haben die US-amerikanischen Frauen in den letzten Jahren einige große Fortschritte im Militärdienst erzielt. Seit 1993 dürfen sie Kampfeinsätze der Luftwaffe fliegen. Zuständige Ministerin für die Luftwaffe war bis vor kurzem eine Frau. Seit 1994 sind nahezu 260.000 früher Männern vorbehaltene Stellen im Militärdienst für Frauen geöffnet worden. 1995 wurde zum ersten Mal eine Frau Erste ihrer Abschlussklasse an der Militärakademie in West Point; sie war Klassenbeste in drei Programmen – im militärischen, akademischen und physischen Ausbildungsgang. Tagesbetreuung für Kinder ist heute in Militärbasen normal. Einer von sechs Leutnants ist weiblich. Dennoch begrenzt das Verbot von Kampfhandlungen offensichtlich die Karrierechancen von Frauen: Nur einer von dreißig Obersten ist weiblich, und nur drei von 407 Generälen sind Frauen (Moskos 1990). Um in Spitzenränge aufzusteigen, muss man Bodentruppen ins Gefecht geführt haben. Soziologisch gesprochen mag das Kampfverbot für Frauen die *manifeste Funktion* haben, sie zu schützen. Doch seine *latente Funktion* ist es, ihre militärischen Karrieren zu begrenzen.

Das **gesellschaftlich konstruierte Geschlecht** ist mehr als nur biologische Natur. Es ist ein Ensemble von Distinktionen und Bewertungen, das sowohl die **Macht**verteilung und **Kultur** einer Gesellschaft als auch soziale Funktionen widerspiegelt. Zweifellos ist der Militärdienst für die Geschlechtersoziologie ein Extremfall. Doch kulturelle Vorstellungen über die Unterschiede zwischen Frau und Mann beeinflussen das gesamte soziale Leben. Distinktionen zwischen den Geschlechtern gehören zu den fundamentalsten Merkmalen der **Gesellschaftsstruktur**. Und sie werden durch Machtbeziehungen konserviert. Alle unsere Schlüsselbegriffe haben einen Bezug sowohl zum biologischen als auch zum gesellschaftlich konstruierten Geschlecht, doch diese drei sind die wichtigsten für die folgende Diskussion.

In der Debatte über die Zulassung von Frauen zu Kampfeinsätzen spiegeln sich fundamentale, ungelöste Fragen über die Rollen von Frauen und Männern in der Gesellschaft und über die Geschlechterbeziehungen wider. Diesen Fragen widmen wir uns in diesem Kapitel. Im ersten Abschnitt fragen wir, welche Unterschiede zwischen Frau und Mann biologisch und welche kulturell bedingt sind und analysieren die diversen Rollen, die die westliche Kultur Frauen und Männern vorschreibt. Im zweiten Abschnitt skizzieren wir, wie jede Generation diese kulturellen Erwartungen an die nächste weitergibt. Im dritten Abschnitt befassen wir uns mit den gesellschaftlichen Strukturen, die der ungleichen Behandlung der Geschlechter am Arbeitsplatz, in der Familie und Politik zugrunde liegen. Wir fragen, wie die Machtverteilung die Beziehungen zwischen Frauen und Männern formt, und betrachten, wie die Unterschiede zwischen den Geschlechtern in die Organisation der Gesellschaft funktional integriert sind. Und immer wieder stellen wir in diesem Kapitel die Frage, inwieweit soziales Handeln die Menschen in die Lage versetzt, tradierte Formen der Differenz und Ungleichheit zwischen den Geschlechtern zu verändern.

DIE GESELLSCHAFTLICHE KONSTRUKTION DES GESCHLECHTS (GENDER)

Vom Augenblick der Geburt an wird ein Kind in unserer Gesellschaft auf Grund seiner physischen Merkmale als Mädchen oder Junge klassifiziert. Die Unterscheidung zwischen »männlich« und »weiblich« beruht auf biologischen Unterschieden. Schwieriger ist die Frage zu beantworten, wie man sich als Frau oder Mann verhalten sollte, da die Biologie der gesellschaftlichen Konstruktion einen großen Spielraum lässt. Wenn frisch gebackene Eltern zum ersten Mal ihren neugeborenen Jungen hellblau oder ihr neugeborenes Mädchen rosa kleiden, wird die geschlechtliche Identität des Kindes gesellschaftlich konstruiert. Anders ausgedrückt, die Gesellschaft stellt ein Ensemble kultureller Erwartungen für jedes Geschlecht bereit. Kinder lernen sich anzupassen an das, was ihre Gesellschaft von ihnen als Junge oder Mädchen erwartet.

Soziologen bezeichnen mit dem Terminus »Geschlechtsrolle« (*gender role*) die nichtbiologischen, gesellschaftlich konstruierten Distinktionen zwischen Frauen und Männern, zwischen Männlichkeit und Weiblichkeit. Zwar werden mit dem Terminus »Geschlecht« (*sex*) oft männliche und weibliche Merkmale generell bezeichnet, doch ist es angemessener, ihn für die fortpflanzungsrelevanten biologischen Unterschiede zu reservieren. Biologische Unterschiede sind das Produkt von Vererbung und Biologie, Unterschiede der Geschlechtsrollen resultieren aus der Sozialisation.

Alle Gesellschaften, von den primitivsten bis zu den fortgeschrittensten, bedienen sich der Geschlechtsrollen als Organisationsprinzip, das Last und Lust des sozialen Lebens auf die Rollen von Frauen und Männern verteilt. »[...] kein Aspekt des sozialen Lebens – weder das Sammeln von Früchten, der religiöse Kult, die festliche Abendgesellschaft noch die Organisation des Staates – ist von dem dichotomen Denken, das die Welt in die Kategorien ›männlich‹ und ›weiblich‹ einteilt«, ausgenommen (Epstein 1988:232). »Die Gesellschaft« erwartet, dass sich Frauen und Männer von der Art der Bekleidung bis zu ihren Lebensentwürfen unterscheiden.

Ein Blick auf die Geschichte lehrt, dass Frauen und Männer nicht einfach nur als verschieden, sondern auch als ungleich angesehen wurden. Fast immer und überall galten weibliche Arbeit, Freizeitbeschäftigungen, Charaktermerkmale, Vorstellungen und sogar die Frauen zugeschriebenen Tugenden als weniger erstrebenswert

11

und wertvoll als die der Männer. Trotz des gesellschaftlichen Wandels haben die modernen westlichen Kulturen noch immer die gleichen Präferenzen: Angeblich ist Rationalität (eine vermeintlich männliche Eigenschaft) der Gefühlsbestimmtheit (einer weiblichen Eigenschaft) überlegen, Konkurrenzverhalten (eine männliche Eigenschaft) wertvoller als Fürsorglichkeit (eine weibliche Eigenschaft) und Geldverdienen (bis vor kurzem eine Männerrolle) wichtiger als Kindererziehung (noch immer eine vorwiegend weibliche Beschäftigung). Und fast immer haben Männer in der Geschichte größeren Reichtum, größere Macht und höheres Prestige besessen als Frauen.

Im Grunde ist die Ungleichheit zwischen den Geschlechtern ein universelles Phänomen. Viele glauben daher, die weite Verbreitung unterschiedlicher Geschlechtsrollen sei letztlich biologisch bedingt.

Längst sind Frauen in Berufe eingedrungen, die immer als klassische Männerdomäne galten. Doch nach wie vor beschränken tief eingewurzelte Vorstellungen über Geschlechterrollen – z.B. durch sogenannte Schutzbestimmungen – die Chancen sozialer Mobilität für Frauen.

Ist die Biologie unser Schicksal?

Zweifellos hat die Biologie wesentlichen Anteil an der Differenzierung der Geschlechter und der Formung ihres Verhaltens, insbesondere was Sexualität und Fortpflanzung betrifft. Indessen sind die Soziologen überzeugt, dass die Biologie zwar unser Verhalten und Potenzial formt, aber nicht streng determiniert, was für Menschen wir werden. Die Menschen sind enorm anpassungsfähige Lebewesen, fähig, auf sehr verschiedene Weise in allen möglichen Umgebungen zu leben. Verglichen mit anderen Spezies besitzen sie wenige Instinkte oder angeborene Verhaltensmuster, dafür aber eine weit größere Fähigkeit, zu lernen und sich anzupassen. Stark vereinfachende Theorien, warnt der Evolutionsbiologe Stephen Jay Gould (1984), die von der »Natürlichkeit« der Geschlechterungleichheit ausgehen, betonen statt des Spektrums an Möglichkeiten (das enorm ist) allzu oft genetische Beschränkungen (die gering sind).

In der Debatte über die biologische Determinierung der Geschlechtsrollen unterstellen beide Seiten oft, dass es klare Unterschiede zwischen Frauen und Männern gibt, und machen sich dann auf die Suche nach deren Ursachen. Tatsächlich aber besteht ein hohes Maß an *Ähnlichkeit* zwischen Frauen und Männern: Wir sollten uns hüten, über Unterschiede zu spekulieren, die sich empirisch nicht verifizieren lassen. Nach einer Durchsicht von mehr als 2.000 Büchern und Artikeln über Geschlechterdifferenzen zogen Maccoby/Jacklin (1974) das Fazit, dass Frauen und Männer sich in Bezug auf Geselligkeit, Beeinflussbarkeit, Selbstachtung, Leistungsmotivation, analytische Fähigkeiten sowie Reaktionen auf akustische und visuelle Stimulation nicht wesentlich unterscheiden. Neueren Untersuchungen zufolge unterscheiden sich Frauen und Männer im Allgemeinen auch nicht in verbalen und mathematischen Fähigkeiten, wenngleich Jungen im unteren Extrembereich verbaler Fähigkeiten (starke Leseschwierigkeiten, Legasthenie; Halpern 1986) sowie im unteren und oberen Extrembereich mathematischer Fähigkeiten überrepräsentiert sind (Hyde 1990; Stanley 1990). Die höheren mathematischen Spitzenleistungen bei Männern werden auf deren größeres mathematisches Selbstvertrauen und auf ihr besseres visuell-räumliches Vorstellungsvermögen zurückgeführt (Casey u.a. 1997). Allerdings haben interkulturelle Vergleiche gezeigt, dass selbst die Geschlechterdifferenzen im räumlichen Denken variieren, und zwar vermutlich in Abhängigkeit von zugestandenen Freiheitsspielräumen. So sind (strikt überwachte) mexikanische Mädchen ihren männlichen Altersgenossen deutlich, Eskimo-Mädchen hingegen überhaupt nicht unterlegen. Ein Unterschied allerdings ist auffällig: Männer neigen stärker zu offener physischer Aggression. Berücksicht man allerdings auch Beziehungsaggression (z.B. gezielte Verbreitung von Gerüchten), gibt es unter hoch aggressiven Kindern nahezu gleich viele Mädchen wie Jungen (Crick/Gropeter 1995; Crick 1997). Insgesamt also sind Frauen und Männer einander sehr ähnlich.

Besonders gering sind die Unterschiede zwischen Jungen und Mädchen vor der Pubertät. Sexuelle Reifung und kulturelle Normen tragen zu Beginn der Adoleszenz gemeinsam zu einer neuen Differenzierung des Verhaltens und der Erfahrung bei. Heranwachsende Mädchen erleben oft Krisen der Selbstachtung und beginnen ihre Erwartungen für sich selbst zu reduzieren (Flaake/King 1992). Im Sekundarschulalter ist die Spaltung in eine männliche und weibliche Welt klar vollzogen (Richmond-Abbott 1992). Biologische Faktoren spielen eventuell eine Rolle in diesem Prozess, doch kulturelle Einflüsse sind derart durchdringend, dass es nahezu unmöglich ist, sie von den Effekten der biologischen Entwicklung zu trennen.

Noch ein weiterer Grund mahnt zur Vorsicht, wenn aus Beweismaterial über biologische Unterschiede Schlüsse gezogen werden: Es gibt einen weiten Bereich individueller Variationen in der Ausprägung irgendeines gegebenen Merkmals. Im Durchschnitt können Männer schwerere Gewichte heben als Frauen, doch heißt das nicht, dass ein bestimmter Mann stärker ist als eine bestimmte Frau. Praktisch bei jedem Verhaltensmerkmal ist die Variation *innerhalb* eines jeden Geschlechts weitaus größer als im Durchschnitt *zwischen* den Geschlechtern (Bleier 1984; Hyde 1984; Lewontin u.a. 1984, Kap. 5).

Es ist nicht einmal klar, ob es für physiologische Unterschiede rein biologische Erklärungen gibt. Männliche Athleten können schneller rennen und höher springen als weibliche. Doch trotz ihrer Evidenz sind solche »Beweise« für angeborene Unterschiede zwischen den Geschlechtern weniger stringent, als es zunächst scheint. Zum einen ermutigt, ja drängt die US-amerikanische Kultur (wie die meisten anderen) die Jungen weit mehr zu sportlichen Aktivitäten. Es überrascht daher nicht, dass sie sich darin hervortun. Zum anderen sind Mädchen und Frauen während der letzten fünf-undzwanzig Jahre sportlich weit aktiver geworden – auch in von Jungen und Männern ausgeübten Sportarten. Die Folge war, dass der Abstand zwischen männlichen und weiblichen Athleten zunehmend geschrumpft ist (Doyle 1986; Jordan 1983). Dass heute Frauen unlängst von Männern erzielte Rekorde überbieten, belegt den enormen Einfluss, den sowohl der kulturelle Wandel (größere Akzeptanz für Athletinnen) als auch individuelles soziales Handeln (verstärktes Training) auf das »Rohmaterial«, das die Biologie uns mitgibt, haben kann.

Interkulturelle und sozialhistorische Vergleiche

Wären Geschlechtsmerkmale einfach eine biologische Angelegenheit, so würde man erwarten, dass die Geschlechtsrollen zwischen den Kulturen nur geringfügig variieren. Doch dies ist nicht der Fall. Was wir für typisch männliches oder weibliches Verhalten halten, ist tatsächlich durchaus variabel. So glauben US-Amerikaner, Männer seien von Natur aus stärker und zäher als Frauen und besser geeignet für anstrengende körperliche Arbeit. In vielen traditionellen Kulturen indessen, vor allem in Afrika südlich der Sahara und in Südamerika, verrichten Frauen die schwere Arbeit – tragen Waren auf den Markt, schleppen Brennholz und bauen Häuser. Die Männer jagen – und verbringen viel Zeit mit Reden. In den USA wiederum sind die meisten Ärzte Männer, in Russland hingegen Frauen. Bei einigen Völkern sind vorwiegend die Männer die Geschichtenerzähler. Bei einigen Völkern ist die Landwirtschaft ausschließlich Sache der Männer, in anderen Gesellschaften gilt sie als Frauenarbeit, und in wieder anderen arbeiten Frauen und Männer nebeneinander auf den Feldern. Worin auch immer die angeborenen Unterschiede zwischen Frauen und Männern bestehen mögen, sie lassen jedenfalls eine breite Variation im konkreten sozialen Leben zu.

Nicht nur zwischen den Kulturen, auch zwischen den Epochen finden sich Unterschiede in den Rollenzuweisungen und Deutungen der Geschlechter. In der bäuerlichen Familienökonomie hatte die Frau ihren eigenen Herrschaftsbereich – Haus, Garten, Kleinvieh, Milchwirtschaft, Vermarktung überschüssiger Produkte – und die Befehlsgewalt über das Gesinde. Ihr Beitrag zur Existenzsicherung des »ganzen Hauses« war unverzichtbar. Es herrschte zwar ein Über- und Unterordnungsverhältnis zwischen den Geschlechtern – die Frau war dem Hausvater Gehorsam schuldig und in der

Das »schwächere« Geschlecht? In westlich geprägten Kulturen erwartet man von Frauen nicht, dass sie schwere körperliche Arbeit verrichten. In Indien hingegen gilt Arbeit in der Bauindustrie als Frauenarbeit.

Öffentlichkeit erbrachte sie ihn auch. Daneben aber wusste sie vielfältige informelle Macht- und Einflusschancen zu nutzen (Honegger/Heintz 1984:14 f.). Sie wusste zu kämpfen und sich durchzusetzen: »Diese Frauen gleichen in nichts dem züchtigen, sittsamen, in Sprache und Bewegung reduzierten Frauenbild des 19. Jahrhunderts: Die Zeitgenossen beschreiben sie als wild, frech, aufrührerisch und ungebärdig.« (Bock/Duden 1977:135, zit. nach Alder 1992:31)

Mit der Industrialisierung erfolgte die Trennung von Produktions- und Reproduktionsaufgaben. Der Frau zugewiesen wurde die Hausarbeit: »Zur natürlichen Berufung erklärt und unbezahlt, wird sie zugleich abgewertet und verklärt. Was früher schlicht Arbeit war, soll nun ein Akt der Liebe sein und Liebe – so das Schweizer Frauenheim Ende des vorigen Jahrhunderts – ›kann

opfern, sich selbst vergessen, um zu beglücken, will nur geben, Freude säen, will nicht Lohn und Dank‹«. (Honegger/Heintz 1984:32; Schütze 1986; Hausen 1978). Nach der Auflösung der geburtsständischen Gesellschaft war die Unterordnung der Frau nicht länger mehr durch ihren Stand bestimmt und von Gott gewollt (»das Weib sei dem Manne untertan«). Dem Aufklärungsdenken zufolge galt: Wollte man die Frauen weiterhin als ungleich behandeln, so konnte allein die »Natur« zur Rechtfertigung dienen (Alder 1992). So erklärt sich die nun einsetzende Biologisierung des Geschlechterverständnisses (oder auch – analog – die Biologisierung der Rassenunterschiede im Interesse der Rechtfertigung der Sklavenhaltung in den USA (Meuschel 1981): »Die einstigen partikularen Standesdefinitionen, die Pflichten und Tugenden von Mann und Frau vor allem aus ihren sozialen Positionen ableiteten, wurden durch universelle Charakterdefinitionen ersetzt, die dem gesamten männlichen bzw. weiblichen Geschlecht unterschiedliche, komplementär konzipierte Wesensmerkmale zuordnen. Der Mann steht für Vernunft, Eigenständigkeit und Pflicht; er ist ›stark im Handeln, Mittheilen und Befruchten‹. Die Frau verkörpert Gefühlsabhängigkeit und Sittlichkeit; ihre Stärke liegt im ›Dulden, Empfangen und Gebären‹«. Kurz: »Die Frau ist, was sie ist [...] wegen ihrer Gebärmutter allein« (Honegger/Heintz 1984:30 f.).

Schon die *Definition* von Geschlecht also ist gesellschaftliche Konstruktion. In unserer modernen Klassifikation ist die Anatomie das Kriterium (vgl. zum folgenden Tyrell 1986; Lipp 1986; Hagemann-White 1984): Mann ist, wer einen Penis besitzt, Frau ist die Restklasse der Besitzlosen. (Andere Kulturen verweisen stärker auf soziale Tätigkeitsmerkmale, etwa Kriegführen oder Kinderversorgen.) Die Zuweisung ist *binär*: Frau oder Mann (andere Kulturen kennen die Kategorie des Hermaphroditen und weisen dieser Zwischengruppe gar einen hohen Status zu); *inklusiv*: Jeder wird zugeordnet und *askriptiv*: die Zuweisung erfolgt unmittelbar bei der Geburt (andere Kulturen behandeln Kinder als geschlechtsneutral oder fassen Kinder und Frauen zu einer Klasse zusammen und verleihen Männlichkeit erst im Initiationsritus). Dieses letztlich biologisch begründete klassifikatorische Denken bestimmt noch die scheinbar soziologisch so aufgeklärte Unterscheidung zwischen *sex* und *gender* mit: Wenn wir biologisches und gesellschaftlich konstruiertes Geschlecht kontrastieren, machen wir uns stillschweigend die für das moderne Denken grundlegende Polarisierung von Natur und Gesellschaft zu eigen.

Auch in den *inhaltlichen* Merkmalen, die den Geschlechtern zugeschrieben werden (ob etwa die Frau als fragil und fürsorglich oder aber als »wild und aufrührerisch« gilt), unterscheiden sich die Kulturen und Zeiten. Christa Wolf hat dies bündig auf den Punkt gebracht: »An der Frage, ob das Weib überhaupt eine Seele hat, entzündete sich (im mittelalterlichen Christentum) der Streit der Gelehrten. Heute, wo die Seele kein wertvoller Besitz mehr ist, wird sie nur dem Weibe zugeschoben.«

Eine radikale Zurückweisung dieser Basisschematisierungen findet sich in neueren **konstruktivistischen** Ansätzen, die Geschlecht nicht einmal mehr als stabiles Merkmal begreifen: »Menschen ›haben‹ kein Geschlecht und ›sind‹ nicht Frauen und Männer, sondern sie ›geben‹ und ›sehen‹ sich als solche« (Knapp 1998; Wobbe/Lindemann 1994). Empirisch werden solche Konstruktionsleistungen der Darstellung und Wahrnehmung von Geschlechtszugehörigkeit in konkreten Interaktionen insbesondere in Untersuchungen von Transsexuellen nachgezeichnet (vgl. Hirschauer 1989; 1993a, b; kritisch dazu Lindemann 1994). Diese Ansätze allerdings werden der Tatsache nicht gerecht, dass Geschlechtszuschreibungen über bloß situative Darstellungs- und Anerkennungsleistungen hinaus sich in sozialen Strukturen verfestigen, wobei über alle Kulturen und Zeiten hinweg zu gelten scheint, dass die den Männern zugeschriebenen Eigenschaften und Fähigkeiten höher bewertet werden. Warum dies so ist, ist nicht ganz klar. Eine Erklärung setzt an biologischen Ausgangsunterschieden an: Anfangs hatten die Männer die Frauen beherrscht, weil sie physisch stärker waren – eine biologische Differenz. Doch je länger dieser Zustand andauerte, desto mehr Ressourcen konnten die Männer akkumulieren und desto größer wurde daher die Ungleichheit zwischen Frauen und Männern. Männliche Dominanz wurde ein Teil der Gesellschaftsstruktur, untermauert sowohl von kulturellen Normen und Werten als auch von physischer Stärke oder Macht.

Der Schlüsselbegriff der **Macht** erhellt, warum das Ausmaß der Geschlechterdisparitäten zwischen den Kulturen variiert, obgleich eine gewisse Ungleichheit stets vorhanden ist. So hat in der Neuzeit in der industriellen Produktion die Körperkraft durch den technologischen Wandel an Bedeutung eingebüßt; der Kapitalismus betonte statt der von Männern kontrollierten militärischen Macht den monetären Reichtum, den Frauen wie Männer besitzen konnten; und die Demokratie sorgte für die Verbreitung der Gleichheitsidee, die allmählich die Beziehungen zwischen den Geschlechtern transformierte.

Nach wie vor ist umstritten, ob die Unterschiede zwischen den Geschlechtern in der Biologie verankert oder durch **Kultur, Gesellschaftsstruktur** und **Macht**beziehungen bedingt sind. Sollte sich zeigen, dass sie biologisch bedingt sind, wäre sowohl die Fortdauer der männlichen Dominanz über die Frauen als auch die Fortdauer der Arbeitsteilung auf Grund des Geschlechts gerechtfertigt. Sollten jedoch noch andere Ursachen für die Unterschiede zwischen den Geschlechtern gefunden werden, könnten Frauen und Männer ihre Beziehungen und ihre Arbeitsteilung so gestalten, wie sie es wünschen. Freilich müsste eine Gesellschaft auch dann noch ihre **funktionale Integration** leisten, indem sie dafür sorgt, dass notwendige Aufgaben wie die Erziehung der Kinder und der Schutz der Gemeinschaft erfüllt werden. Doch der »Ort« jeder Person wäre in dieser Gesellschaft nicht durch ihr oder sein Geschlecht determiniert.

Oft wird die Forderung erhoben, die Unterschiede zwischen den Geschlechtern müssten beseitigt werden, um wirkliche Gleichheit zwischen Frauen und Männern herzustellen. Doch dies ist nicht unbedingt richtig. Das Ziel ist, die Unterdrückung der Frauen durch die Männer zu beenden, nicht die Unterschiede zu eliminieren. In der Tat betonen heute viele feministische Wissenschaftlerinnen den Wert des Argumentationsstils von Frauen in moralischen und anderen Entscheidungssituationen (Benhabib/Cornell 1986; Gilligan 1982, 1984). Während Männer ihren Entscheidungen gewöhnlich eine kleine Zahl klarer und generalisierbarer Prinzipien zugrunde legen, beziehen Frauen ein breiteres Spektrum kontextueller Faktoren ein. Männer akzeptieren häufiger die Grenzen, innerhalb derer sich ihnen ein Problem ursprünglich stellt, während Frauen häufiger auch andere Möglichkeiten erwägen.

Diese Behauptungen sind allerdings nicht unumstritten: Kontextsensitivität mag persönlicher Betroffenheit geschuldet sein. So etwa fanden Döbert/Nunner-Winkler (1986) heraus, dass junge Frauen in der Diskussion um den Schwangerschaftsabbruch detailliert Randbedingungen und Kontextaspekte abwägten – in der Frage der Wehrdienstverweigerung jedoch plakativ und prinzipalistisch urteilten. Junge Männer hingegen berücksichtigten gerade umgekehrt bei der Debatte um Wehrdienstverweigerung Situationsfaktoren und verfuhren in der Abtreibungsfrage abstrakt und rigide. Kontextsensitivität mag auch Folge eines erweiterten Wissensstandes oder persönlicher Reifung sein. Die meisten Menschen nämlich – so das Ergebnis einer Repräsentativbefragung zum Paragraph 218 (Minist. f. Arbeit, Gesundh. u. Sozialordnung, 1983) – sind bereit, unter besonders schwierigen Bedingungen Ausnahmen von Regeln zuzulassen, und wer über mehr Erfahrung verfügt, der weiß eher um solche Extremsituationen und wird sie in seiner Urteilsbildung berücksichtigen. Schließlich mag Prinzipientreue oder situative Flexibilität auch eine Frage der Macht sein: Überzeugungen konsequent durchsetzen kann nur, wer sich in einer Machtposition befindet. Der Ohnmächtige wird mit Nachgiebigkeit besser fahren, wobei zuweilen die Grenze zu bloßem Opportunismus fließend sein mag (Harding 1991; Nunner-Winkler 1991; Nagl-Docekal/Pauer-Studer 1993; Horster 1998).

Einer der wichtigsten Beiträge der interkulturellen und sozialhistorischen Forschung ist der Nachweis, dass es kein männliches oder weibliches »Wesen« gibt (Fuss 1989). Es gibt verschiedene Weisen männlichen und weiblichen Verhaltens, und die Kulturen messen den gleichen Typen von Aktivitäten einen verschiedenen Wert bei. Alle Gesellschaften unterscheiden zwischen Frauen und Männern, obgleich nicht alle das biologische Geschlecht als starren und dominanten Aspekt der personalen Identität ansehen, wie dies in den westlichen Gesellschaften typischerweise geschieht. Geschlechtsrollen sind also in unterschiedlichem Maße eine Quelle von Differenzen zwischen den Menschen in der ganzen Welt. Diese Unterschiede sind jedoch sozial und kulturell konstruiert und nicht einfach biologisch bedingt.

Geschlechtsrollen und -stereotype

Die frühen 1950er und 1960er Jahre könnte man als »Zeitalter der Hausfrau« bezeichnen. In diesen Jahren des Wirtschaftsaufschwungs nach dem Zweiten Weltkrieg gehörte ein großer Teil der Bevölkerung in den westlichen Industriestaaten Familien an, in denen der Mann der einzige Verdiener und die Frau Vollzeithausfrau war. Papa ging seiner regelmäßigen, sicheren Arbeit nach und verdiente das »Familieneinkommen«; Mama widmete sich der Erziehung ihrer 2,4 Kinder, hielt das Haus blitzsauber und arbeitete vielleicht noch freiwillig in einem Wohltätigkeitsdienst oder einer Gemeindehilfe. Viele unserer Vorstellungen über männliche und weibliche Rollen datieren aus dieser historisch ungewöhnlichen Periode.

Geschlechtsrollen bilden das Ensemble erwarteter Verhaltensweisen, Einstellungen, Verpflichtungen und Privilegien, das eine Gesellschaft jedem Geschlecht zuschreibt. Obgleich heute mehr Frauen einer Erwerbsarbeit nachgehen und sich ihnen neue Berufschancen in früher reinen Männerdomänen öffnen, haben sich die in den 1950er Jahren entwickelten Inhalte der Geschlechtsrollenerwartungen erhalten, wiewohl sie auf einer Reihe von Geschlechtsstereotypen beruhen, die mittlerweile von den Sozialwissenschaften wie von der Frauenbewegung problematisiert worden sind.

Geschlechtsstereotype sind grob vereinfachende, aber tief verwurzelte Vorstellungen über männliche und weibliche Eigenschaften. Sie tragen zur Konservierung der Geschlechtsrollen bei, indem sie die Vorstellungen über die »naturgegebenen« Unterschiede von Frauen und Männern prägen. So ergab eine Allensbach-Umfrage (*Jahrbuch der Demoskopie 1993*, Bd.9:74), dass über 80 Prozent der Bevölkerung dem Satz zustimmten: »Frauen denken, empfinden ganz anders als Männer.« (In den USA vertraten in einer Gallup-Umfrage 1990 nur 60 Prozent die Meinung, dass sich die Geschlechter unterscheiden.) Auch über die Frage, wie diese Unterschiede inhaltlich aussehen, gibt es klare Vorstellungen: Interesse an Technik, Handwerk und Politik, aber auch Ehrgeiz und Durchsetzungswünsche und -fähigkeiten sind »männlich«, Einfühlungsvermögen, Gefühlsbestimmtheit sowie Nachgiebigkeit sind eher »weiblich«. An unseren Stereotypen halten wir trotz persönlicher gegenteiliger Erfahrungen fest (vgl. Tab. 11.1).

Geschlechtsrollen und –stereotype beeinflussen sich wechselseitig. Einerseits tragen Stereotype dazu bei, Erwartungen hinsichtlich der Aufgaben zu erzeugen, die Frauen und Männer erfüllen sollten, andererseits verstärkt die alltägliche Wahrnehmung von Personen in traditionellen Rollen unsere Überzeugung, dass Geschlechtsstereotype eine reale Grundlage haben. So glauben wir, dass Männer stark und energisch und daher für die Polizeiarbeit geeignet sind; wenn wir meistens nur Männer als Polizisten sehen, schließen wir daraus, dass unsere Geschlechtsstereotype richtig sein müssen. Problematisch an solchen Schlüssen ist, dass sie zirkulär sind. In der Regel sehen wir Frauen und Männer nicht außerhalb traditioneller Geschlechtsrollen, daher haben wir nur wenig Gelegenheit, unsere Annahmen zu überprüfen. So tun wir die Polizistin oder den Krankenpfleger rasch als Ausnahmen ab, die die Regel bestätigen. Da aber immer mehr Frauen frühere Männerrollen (und umgekehrt) übernehmen, verlieren

Tabelle 11.1: **Männer aus der Sicht der Frauen – Frauen aus der Sicht der Männer**

Fragen an Frauen/Männer: »Hier auf dieser Liste ist einiges aufgeschrieben, was auf Männer/Frauen zutreffen kann. Würden sie mir bitte alle Punkte nennen, wo sie sagen würden: ›Das trifft auf Männer/Frauen zu‹?«

»Wenn Sie jetzt einmal an den Mann/die Frau in Ihrer Familie (an den Nachbarn/die Nachbarin, an den Kollegen/die Kollegin) denken, den/die Sie besonders gut kennen. Wenn Sie diesen Mann/diese Frau einmal beschreiben, was von dieser Liste trifft auf diesen Mann/diese Frau zu?« (Zahlen in Prozent)

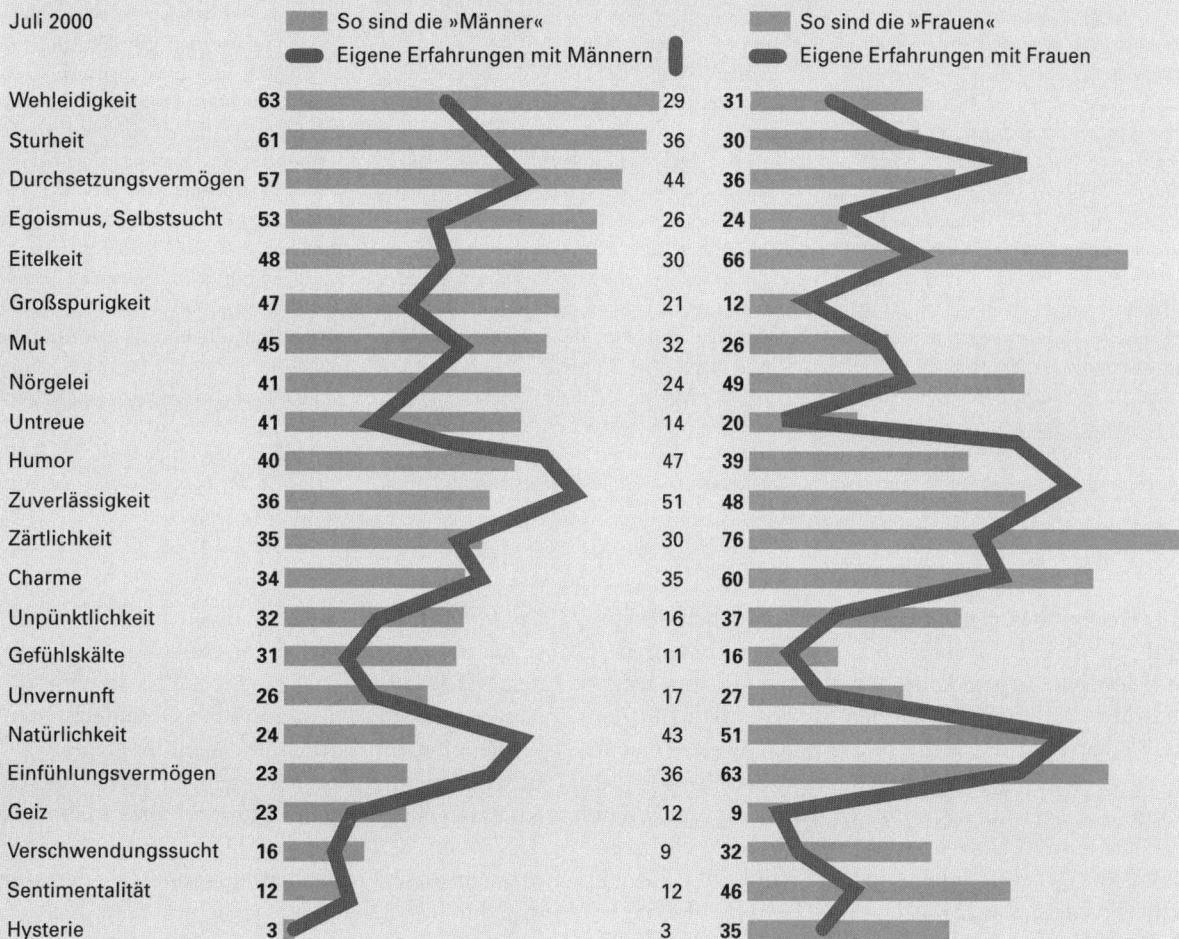

Juli 2000	So sind die »Männer« / Eigene Erfahrungen mit Männern		So sind die »Frauen« / Eigene Erfahrungen mit Frauen	
Wehleidigkeit	63	29	31	
Sturheit	61	36	30	
Durchsetzungsvermögen	57	44	36	
Egoismus, Selbstsucht	53	26	24	
Eitelkeit	48	30	66	
Großspurigkeit	47	21	12	
Mut	45	32	26	
Nörgelei	41	24	49	
Untreue	41	14	20	
Humor	40	47	39	
Zuverlässigkeit	36	51	48	
Zärtlichkeit	35	30	76	
Charme	34	35	60	
Unpünktlichkeit	32	16	37	
Gefühlskälte	31	11	16	
Unvernunft	26	17	27	
Natürlichkeit	24	43	51	
Einfühlungsvermögen	23	36	63	
Geiz	23	12	9	
Verschwendungssucht	16	9	32	
Sentimentalität	12	12	46	
Hysterie	3	3	35	

Quelle: *Allensbacher Jahrbuch der Demoskopie 1998–2002*. Bd. 11:92f. Hg. v. Elisabeth Noelle-Neumann und Renate Köcher. München: Saur 2002.

11

diese Stereotype tendenziell an Einfluss. Doch sie besitzen noch immer genug Macht, um Frauen wie Männer in gravierende *Rollenkonflikte* zu stürzen.

Oft sind es Frauen, die durch Rollenkonflikte mit besonderen Problemen konfrontiert werden. Viele von ihnen fühlen sich zwischen den Forderungen der Mutterschaft und der Karriere (von Haushalt und Ehemännern, wie wir später sehen werden, ganz zu schweigen) hin und her gerissen. Häufig haben Frauen das Gefühl, dass sie keinen ihrer beiden Berufe gut machen. Selbst wenn sie in der Lage sind, beide Verpflichtungen zu bewältigen, haben sie bei Arbeitgebern und Kollegen meist keine gute Karten, wenn Beförderungen anstehen. Vaterschaft ist am Arbeitsplatz weder mit dem gleichen Stigma behaftet noch erzeugt sie derart starke Rollenkonflikte. Vielmehr gilt: Je

Sexuelle Orientierung und personale Identität: das Beispiel Homosexualität

Auch wenn uns die Sexualität als der am stärksten biologisch determinierte Aspekt der Geschlechter erscheint, so gibt es doch erhebliche kulturelle und interpersonale Unterschiede in der **sexuellen Orientierung**, der Entwicklung charakteristischer Muster für die Wahl von Sexualpartnern (Reiter 1989). Wie die Menschen Sexualität erleben und mit ihr umgehen, ist zum großen Teil erlernt. Ein Teil dieses Lernens orientiert sich an *kulturell* vorherrschenden Stereotypen. So gelten bei uns langbeinig-schlanke Frauen als attraktiv – den fülligen Weibern auf Rubens' Gemälden würden wir eine Diät empfehlen. Erlernt ist darüber hinaus, wie Sexualität sich ausdrückt – mit wem die Menschen schlafen, wie oft sie es tun und wie.

Sexuelle Orientierung ist ein Terminus, der am häufigsten in Diskussionen über Homosexualität gebraucht wird. Wir reden oft so, als sei jemand schlechthin heterosexuell oder homosexuell. Doch es gibt viele Formen der Hetero- und Homosexualität, und manche halten sich nicht für ausschließlich das eine oder andere. Manche haben in ihrem Leben nie Geschlechtsverkehr, während andere ständig angetrieben sind von der Suche nach Sex. Für manche dient der Geschlechtsverkehr hauptsächlich dem Zeugen von Kindern, für andere ist er eine Quelle der Lust. Es gibt ebenso viele Formen der sexuellen Orientierung wie der Wahl eines gleichgeschlechtlichen oder andersgeschlechtlichen Partners.

Am gebräuchlichsten ist die Unterscheidung zwischen »heterosexuell« (»hetero«) und homosexuell (»lesbisch« bzw. »schwul«) in unserer Kultur. Wir betrachten die Wahl des Sexualpartners meist als eine Entweder/Oder-Alternative, die sowohl für die sexuelle Orientierung wie die personale Identität grundlegend ist. Danach ist Homosexualität ein so wichtiger Teil der personalen Identität, dass im Vergleich dazu andere Aspekte der personalen Identität belanglos sind. Man bezeichnet diese Denkweise als **Essentialismus**: Ihr gilt eine Dimension der Identität als so fundamental, dass andere Aspekte der Identität als unwesentlich erscheinen (Fuss 1989). Nicht nur ist der Essentialismus eine Quelle der **Homophobie** (der irrationalen Angst vor und Abneigung gegen Homosexualität), er hat auch der Schwulenrechtsbewegung Auftrieb gegeben, indem er die Suche nach einer biologischen Erklärung der Homosexualität stimuliert hat. Neuere Forschungen, die auf eine mögliche biologische Anlage für Homosexualität bei manchen Männern hindeuten (LeVay 1991), sind bei einigen Homosexuellen und anderen auf Interesse gestoßen: Sollte sich nachweisen lassen, so hoffen die Schwulen, dass Homosexualität eine angeborene Eigenschaft ist, könnte man Homosexualität nicht mehr als moralisch verwerfliche Abweichung anprangern, da Schwule ja keine andere Wahl haben.

Problematisch an biologischen Erklärungsversuchen der Homosexualität ist, dass sie in

erfolgreicher Männer sind, um so häufiger heiraten sie und gründen eine Familie. Bei den Frauen hingegen – so belegt eine neuere Untersuchung des Wissenschaftszentrums Berlin (WZB) zu den Karrieremöglichkeiten weiblicher Führungskräfte in der Bankenwelt – macht es einen deutlichen Unterschied, in welchem Land junge Managerinnen starten. In den skandinavischen Ländern sind 91 Prozent der Managerinnen verheiratet, 86 Prozent von ihnen haben Kinder. Deutlich schlechter lassen sich Karriere und Familie offenbar in angelsächsischen und westeuropäischen Banken realisieren. In den westeuropäischen Banken sind zwar auch 78 Prozent der Managerinnen verheiratet, aber nur 43 Prozent von ihnen haben Kinder. Besonders krass fällt hierbei das Beispiel Deutschland aus. Mehr als die Hälfte der Befragten ist alleinstehend, geschieden oder verwitwet und nur 8 Prozent haben Kinder (*Die Bank*, Ausgabe 1/1999). Zudem riskieren Frauen, die sich gegen Kinder entscheiden, stigmatisiert zu werden. Zweifellos ist für sie die Wahl zwischen Karriere und Familie anstrengender und der Preis, den sie für ihre Wahl zu bezahlen haben, manifester als für Männer.

Doch trotz Macht- und Prestigevorteilen kann die männliche Rolle Stress verursachen. Versagensangst und das Gefühl, den Anforderungen nicht gewachsen zu sein, sind die Kehrseite des Leistungsdrucks, der auf den Männern lastet. Männer sollen stets Stärke und Mut zeigen. Da das männliche Geschlechtsstereotyp verbietet, warm, zärtlich und feinfühlig zu sein, fühlen sie sich in ihren Beziehungen zu ihren Frauen und Kindern gehemmt. Hinzu kommt, dass Männer infolge des hohen Werts, den sie Härte und Dominanz beimessen, diese Eigenschaften immer wieder erproben und durch aggressives Vorgehen und Gewaltanwendung unter Beweis stellen. Der Preis, den die männliche Rolle fordert, ist oft eine schlechte Gesundheit. Männer haben eine um Jahre niedrigere Lebenserwartung als Frauen, sie haben mehr Herzinfarkte und leiden öfter an stressbedingten Krankheiten und Alkoholismus.

Mitglieder beider Geschlechter klagen zwar über die ihnen durch traditionelle Geschlechtsrollen auferlegten Beschränkungen, doch hat es nicht den Anschein, als würde sich an diesen Rollen Wesentliches ändern. Nach wie vor wählen die meisten Männer überwiegend Männerberufe, und noch immer sind die meisten Frauen verantwortlich für die Kinderbetreuung und Hausarbeit, selbst wenn sie ganztags außer Haus arbeiten.

der Regel die Variationsbreite dessen, was als »Homosexualität« bezeichnet wird, ignorieren. Homosexualität ist unter anderem ein Verhalten, eine Identität, ein Empfinden; einige Homosexuelle sind Männer, andere Frauen, einige sind verheiratet, andere haben oft oder gelegentlich heterosexuelle Beziehungen und manche sind sexuell überhaupt nicht aktiv.

Die Auffassung, Homosexualität sei ein wesentliches Merkmal der personalen Identität, ist ziemlich neu. Der Ausdruck *homosexuell* wurde erst im späten 19. Jahrhundert geprägt; per Analogie entstand später der Ausdruck *heterosexuell* (Halperin 1989). Homosexuelle Beziehungen gab es vermutlich in nahezu allen Gesellschaften und zu allen Zeiten. Und obgleich man homosexuelle Handlungen als solche wahrnahm und oft stigmatisierte, kam es bis in die jüngste Zeit selten vor, dass Individuen als »Homosexuelle« kategorisiert wurden. Die Grenzen zwischen den diversen Formen der Sexualität waren früher fließender, zumindest bis um die Mitte des 19. Jahrhunderts.

Wie groß auch immer der Anteil der Biologie in der Ausprägung der sexuellen Orientierung sein mag, fest steht, dass Lernen dabei eine Rolle spielt. Richard Troiden (1984) hat im Rahmen der Theorie des Symbolischen Interaktionismus (siehe Kapitel 5, *Mead: Perspektivenübernahme*) die Entwicklung der homosexuellen Orientierung untersucht. Danach entwickelt eine Person eine homosexuelle Identität in Beziehungen zu anderen Individuen in spezifischen sozialen Umgebungen: Sie ist homosexuell in romantischen oder sexuellen Kontexten, braucht aber in anderen Kontexten nicht notwendig ein ausgeprägtes Gefühl als »Homosexuelle(r)« zu haben.

Nicht nur die größere Wahlfreiheit in Bezug auf sexuelle Beziehungen, die wir heute in unserer Gesellschaft haben, sondern auch der rasche Wandel, den sie in jüngster Zeit erfuhren, machen die Ausbildung einer sexuellen Identität besonders schwierig. Wie immer man den »Beitrag« der Biologie einschätzen mag, sexuelles Verhalten wird durch die Einflüsse der Gesamtkultur genauso erlernt wie andere Aspekte der personalen Identität. Die diversen Kulturen und Epochen haben ein unterschiedliches Verständnis von sexuellen Orientierungen entwickelt. So ist die Zuschreibung einer homosexuellen Identität für die heutige Zeit genauso charakteristisch wie die *soziale Handlung* des »Coming out«. In allen sexuellen Orientierungen gibt es ein wahlfreies Element. Die Soziologie lehrt uns zu erkennen, dass solche Wahlen durch *Kultur*, *Macht*beziehungen und **Gesellschaftsstruktur** geprägt werden: Sie werden nicht vollkommen frei von autonomen Individuen getroffen.

GESCHLECHTERSOZIALISATION

Wenn wir hören, dass eine Freundin (oder ein befreundetes Paar) ein Kind bekommen hat, ist unsere erste Frage häufig: »Junge oder Mädchen?« Es ist, als ob wir das Geschlecht des Kindes erfahren müssten, ehe wir uns ein Bild von ihm oder ihr machen können. Die Sprache verstärkt diese Tendenz: Wir wollen wissen, ob es ein »Er« oder eine »Sie« ist, weil die Rede von einem »Es« nicht sehr freundlich klingt. Um als Mensch angesprochen zu werden, braucht das Baby ein Geschlecht.

Sobald das Geschlecht des Säuglings bestimmt ist, beginnt die sozio-kulturelle Welt, in die er oder sie hineingeboren wurde, ihn oder sie in männliche beziehungsweise weibliche Rollen zu sozialisieren. Bewundernde Großeltern werden sagen, »sie« ist hübsch, und »er« sieht gut aus. Wenn das Baby ins Kleinkindalter kommt, wird »er« Spielzeugautos und »sie« Puppen geschenkt bekommen. Selbst Eltern, die ihr Kind ohne Geschlechtsstereotype erziehen wollen, scheitern, weil Freunde, Familie, Schule, die Medien und die Gesellschaft als Ganze die Kleinen zwingen, sich anzupassen. Auch wenn Mama und Papa glauben, Barbiepuppen förderten ein zweifelhaftes Stereotyp, wird ihre Tochter sich weiter eine wünschen, wenn ihre Freundinnen eine haben.

Zwar erlernen wir kulturelle Normen und Werte in allen sozialen Interaktionen, doch die wichtigsten Instanzen der Geschlechtersozialisation sind die Eltern, Gleichaltrigen, Lehrer und die Massenmedien (für umfassende Darstellungen vgl. Hagemann-White (1994) aus soziologischer und Golombok/Fivush (1994) aus entwicklungspsychologischer Sicht).

Der Einfluss der Eltern

Eltern behandeln Jungen und Mädchen in vielen Hinsichten gleich, wie eine Übersicht über die Literatur zu Geschlechtern und Sozialisation ergab (Lytton/Romney 1991). Sie fand nur geringe Unterschiede in Kommunikation, Körperspiel, Wärme und Verständnis, Leistungsförderung oder Strenge und Disziplin. Doch Eltern nehmen ihre Kinder in einer geschlechtsbezogenen Weise wahr und fördern »geschlechtsangepasste« Aktivitäten.

Die Geschlechtersozialisation durch die Eltern beginnt bereits bei der Geburt. Für Eltern sind ihre Töchter »weich«, »sanft«, »feingliedrig«, »linkisch«, »zart«, während ihre Söhne »stark«, »fest«, »grobgliedrig«, »gewandt« und »hart« sind. Väter verhalten sich besonders gegenüber Jungen geschlechtsbewusst und reagieren bei einem Sohn meist stärker auf »unangemessenes« Verhalten als bei einer Tochter, selbst wenn ihr Kind erst ein Jahr alt ist (M.E. Snow u.a. 1983).

Die heutigen Eltern ermuntern Mädchen häufiger zu sportlichen Aktivitäten als frühere Elterngenerationen und tolerieren Aggressionen bei Söhnen etwas weniger häufig. Doch andere Formen stereotypisierender Geschlechtererziehung bestehen noch immer. Eltern, die ihrem Mädchen einen Laster oder ihrem Sohn eine Puppe schenken, sind tatsächlich selten.

Gelegentlich wenden Eltern Geschlechtsstereotype auch auf intellektuelle Leistungen an. Den Erfolg ihrer Tochter in Mathematik schreiben sie gern deren Fleiß, den ihres Sohns aber dessen Talent zu. Da sie Talent vermutlich als konstante Eigenschaft ansehen, geben Eltern ihrem Sohn so auf subtile Weise zu verstehen, dass sie auf seinen künftigen Mathematikerfolg vertrauen, und säen in ihrer Tochter Zweifel an ihrem. Diese elterliche Neigung erklärt vielleicht, warum die Mädchen – unabhängig von ihren tatsächlichen Leistungen – von Beginn des Sekundarschulalters an eine negative Einstellung zur Mathematik haben und ihre Fähigkeiten in diesem Fach geringer einschätzen.

Was die Eltern ihre Kinder lehren, ist vielleicht nicht so wichtig, wie das, was sie selbst tun (ob die Mutter außer Haus arbeitet, und wenn ja, was für einen Beruf sie ausübt), wie sie zu Hause miteinander umgehen (ob sie etwa die Hausarbeit teilen) und wie die allgemeine Struktur der Familie und die anderer Institutionen beschaffen ist. Laut Nancy Chodorow (1989) spiegeln zahlreiche Geschlechterunterschiede die traditionelle Arbeitsteilung in der Familie wider, wobei primär die Frauen für die Kinderversorgung zuständig sind. Mädchen identifizieren sich mit ihren Müttern und übernehmen so viele von deren Zügen, einschließlich ihrer »weiblichen« Fähigkeit, Liebe und Wärme zu geben und zu hegen und pflegen. Mädchen definieren sich gern über intime Freundschaften und legen Wert auf Einfühlungsvermögen. Von Jungen erwartet man, dass sie sich mit ihren Vätern oder anderen männlichen Erwachsenen identifizieren. Dies führt dazu, dass Jungen die weibliche, bemutternde Rolle meiden und sich statt dessen der unpersönlichen Arbeits- und Lebenswelt jenseits des Elternhauses zuwenden. Jungen definieren sich gern als Einzelpersonen und legen Wert auf Individualismus. Nach Chodorow wird dieser Kreislauf der Geschlechtersozialisation so lange fortbestehen, als Frauen in erster Linie für die emotionale Betreuung und Pflege von Säuglingen und Kleinkindern verantwortlich sind.
Frühe Prägungen sind allerdings nicht unausweichliches Schicksal. In der Adoleszenz – einem Moratorium, das in der Moderne

zunehmend mehr Jugendlichen (steigende Bildungspartizipation) für eine längere Zeitspanne (»Postadoleszenz«) eingeräumt wird – können Heranwachsende die Beziehungen zu den Eltern und frühe Festlegungen zum Teil überarbeiten (Erikson 1959; Blos 1962; Jacobson 1964; Döbert/Nunner-Winkler 1975).

Der Einfluss von Gleichaltrigen (*peers*)

Gleichaltrige üben einen enormen Einfluss auf die Geschlechtsrollen aus. Von klein auf fördern und verstärken sie Vorstellungen von akzeptabler Kleidung und akzeptablen Spielen und berufen sich, was die »Norm« des Richtigen betrifft, oft auf Medien und Reklame. (Jungen spielen mit Eisenbahnen, Mädchen mit Puppenküchen.) Wenn die Kinder heranwachsen, formen Peer-groups (Gruppen Gleichaltriger) die Einstellungen zu Rendezvous und Sexualität – etwa dazu, welche sexuellen Praktiken erlaubt sind. Besonders groß ist der Einfluss von Peer-groups in der Tat in Fragen des Sexualverhaltens, da es vielen Teenagern unangenehm ist, mit ihren Eltern oder Lehrern über dieses Thema zu sprechen. Gleichaltrige beeinflussen auch Berufswahl und Ziele – so wird ein Junge, der Krankenpfleger werden will, ausgelacht, während einer, der Feuerwehrmann werden will, bestärkt wird. Der Druck von Peergroups kann auch Mädchen davon abhalten, mit Jungen in ihren akademischen Arbeiten zu konkurrieren (Gilligan 1984).

Unterschiede zwischen Peer-groups spiegeln partiell die im Elternhaus entwickelten unterschiedlichen Werte und Stile des sozialen Handelns der Kinder wider. Allerdings ist es für Eltern schwer, darüber zu wachen, was für Spielgefährten ihre Kinder haben, sobald sie das Schulalter erreichen. Verschiedene Peer-groups (etwa eine Gruppe von Rapmusik-Fans und eine kirchliche Jugendgruppe) haben zwar meist unterschiedliche Interessen und Werte, doch fördern und verstärken sie in der Regel ihre – nur etwas verschiedenen – Geschlechterdistinktionen.

Der Einfluss der Schule

Die meisten Untersuchungen belegen, dass Schulen nur das verstärken, was Eltern und Gleichaltrige begonnen haben. Jungen werden beispielsweise gebeten, die Schultafel abzuwischen oder Tische zu rücken, Mädchen, Kekse zu reichen. Schon im Kindergarten erhalten Mädchen am häufigsten Aufmerksamkeit und Lob für Gehorsam und Hilfsbereitschaft, Jungen erhalten hingegen öfter Aufmerksamkeit und Tadel für schlechtes Benehmen.

Auch Lektionen in Geschlechtsrollen sind Bestandteil der Sozialstruktur der typischen Schule. So sind in Bayern 68 Prozent der Volksschullehrer weiblich, aber nur 28 Prozent haben eine Leitungsfunktion inne (Auskunft des Bayer. Ministeriums für Unterricht, Kultus, Wissenschaft und Kunst). Wenn Kinder immer wieder Männer in Positionen mit Befehlsgewalt über Frauen sehen, so verfehlt dies nicht seinen Eindruck auf sie. Erstklässler in Grundschulen mit weiblichen Schulleitern, so fanden Paradiso/Wall (1986) heraus, hatten weniger stereotype Ansichten über Geschlechtsrollen als Kinder in Schulen mit männlichen Schulleitern. Noch 1986 ergab eine umfassende Bestandsaufnahme vorhandener Schulbücher, dass die Rollendarstellung der Geschlechter der traditionellen geschlechtsspezifischen Arbeitsteilung entspricht: Die Frau ist Hausfrau, »Helferin«, der Mann »ernährt« die Familie. Jungen repräsentieren »männliche« Eigenschaften: Aktivität, Verstand, Kraft; Mädchen gehen in Passivität und Gefühlswelt auf. Der weibliche Aktionsradius ist beschränkt auf die Familie, öffentlicher Handlungsträger ist ausschließlich der Mann (Dirk u.a. 1986). Curricula können geschlechtsspezifische Rollenklischees verstärken. Zwar können heute Jungen am Unterricht in Hauswirtschaftslehre und Mädchen am Unterricht in Technik und Handwerken teilnehmen, doch ist dieser Unterricht noch immer weitgehend nach Geschlechtern getrennt.

Die Typisierung der Geschlechter setzt sich in der Mittel- und Oberstufe fort. Vermutlich gehören junge Heranwachsende tatsächlich zu der am meisten sexistischen Altersgruppe in westlichen Gesellschaften. 1956, als die Geschlechter in der westlichen Kultur noch scharf differenziert waren, befragte Miriam Lewin (1957) Heranwachsende. Beide Geschlechter, so stellte sie fest, hielten es für wichtig, dass Jungen die Führung übernehmen, an ihren Entscheidungen festhalten, im Auto am Steuer sitzen und gern Sport treiben; Mädchen hingegen sollten Musik und Kunst lieben, still sein, nicht die Aufmerksamkeit auf sich lenken und gutmütig sein. 1982 stellten Lewin und eine Kollegin Heranwachsenden die gleichen Fragen wieder (Lewin/Tragos 1987). Zu ihrer Überraschung waren die Antworten ziemlich die gleichen – allenfalls waren die Heranwachsenden in den 1980er Jahren noch rigider in ihren Anschauungen als ihre Altersgenossen vor einem Vierteljahrhundert. Der einzige Unterschied bestand darin, dass das Selbstbewusstsein der Mädchen stärker geworden war.

Der Einfluss der Medien

Natürlich sind Eltern, Gleichaltrige und Schulen nicht die einzigen Informationsquellen. In den Massenmedien – Fernsehen, Radio, Illustrierte, Bücher – wimmelt es von Beispielen traditioneller Geschlechtsrollen. Von klein auf werden Kinder mit Botschaften über das »richtige« Verhalten für Frauen und Männer bombardiert.

Eine Untersuchung bekannter Kinderbücher ergab, dass nahezu alle klischeehafte und unrealistische Bilder von Jungen und Mädchen zeichnen. Mehr als zwei Drittel der Hauptfiguren waren männlich. Prestigesymbole wie Verdienst, Macht, Unabhängigkeit wurden fast ausschließlich männlichen Gestalten zugeordnet; diese übten Berufe mit hoher Reputation aus, die ein umfangreiches Spektrum repräsentieren. Frauen hingegen wurden zumeist im Zusammenhang mit Anlern- und Hilfsberufen genannt und ihr Berufsrepertoire war eng umgrenzt (Fischer 1991).

Fernsehprogramme und Werbespots verstärken diese geschlechtsspezifischen Stereotype. Analysen in den USA belegen, dass in Kinderprogrammen zwei Mal so viel männliche wie weibliche Gestalten auftreten und die männlichen noch dazu vorteilhafter charakterisiert sind. Auch in US-Fernsehprogrammen für Erwachsene spielen Frauen »die zweite Geige«. Nancy Signorielli (1989) analysierte zwischen 1969 und 1985 zur Haupteinschaltzeit ausgestrahlte Fernsehserien. Mit ein paar Ausnahmen, so ihr Fazit, ist das Erscheinungsbild der Geschlechtsrollen im Verlauf der fünfzehn Jahre, die sie analysiert hat, konstant, traditionell und konservativ geblieben.

Was die Printmedien angeht, so ergab noch in den achtziger Jahren eine Untersuchung der vier am weitesten verbreiteten kommerziellen deutschen Jugendzeitschriften, dass sie trotz zum Teil progressiver Aufmachung die tradierten Geschlechtsstereotypen weiter transportieren. Bei *Bravo* etwa werden in den Darstellungen von Stars, Idolen und Vorbildern die klassischen Gegensatzpaare einander gegenüber gestellt: Zum »großen Jungen« gehört das »saubere Mädchen«, zum »harten Mann« die »gefühlvolle Frau«. Schönheit, Verständnis für den Mann, Konsumorientierung und Anschmiegsamkeit sind die charakteristischen Merkmale des Mädchen- und Frauenbildes. Und die Ratschläge und Aufklärungsserien suggerierten, dass die »wahren Bedürfnisse« der Mädchen in der Beziehung zum Mann liegen, deren Gestaltung dann ihre Aufgabe sei. So sind sie auch und vor allem zuständig für die Sexualität des

Mannes, über die eigene wird nicht gesprochen (Schmerl 1984).

Auch die Illustriertenreklame nutzt Geschlechtsstereotype. Eine Inhaltsanalyse von Werbeanzeigen im *Stern* über zwei Jahrzehnte in den 1970er und 1980er Jahren zeigte zwar eine überproportionale Zunahme der Darstellung von Karrierefrauen, die zudem häufig als beruflich erfolgreicher dargestellt wurden als Männer – die nonverbalen Signale der bildlich dargestellten Frauen und Männer verwiesen aber auf das Stereotyp des dynamischen, aktiven und dominanten Mannes, während Frauen als statisch, passiv und unterwürfig präsentiert wurden (Brosius/Staab 1990). Eine US-amerikanische Untersuchung von Illustriertenanzeigen resümiert ihre in die gleiche Richtung weisenden Ergebnisse kurz und bündig: »Für den männlichen Konsumenten lautet die implizite Botschaft, wenn du Produkt *x* kaufst, bekommst du auch das junge hübsche Ding dazu. Für die weibliche Konsumentin enthält sie eine Aufforderung zur Introjektion: Kaufe Produkt *x* und *sei* so wie das junge hübsche Ding!« (Masse/Rosenblum 1988:143) Neuere Untersuchungen belegen zwar einen leichten Rückgang der traditionellen Geschlechterbilder, und zwar zumal in der Werbung, sofern diese auch erfolgreiche Frauen oder homosexuelle Männer anzusprechen sucht. Ein Ende der Stereotypisierung bedeutet dies gleichwohl noch lange nicht (Coltrane/Messineo 2000).

Worin besteht die kumulative Wirkung dieses Sperrfeuers von Stereotypen? Untersuchungen belegen, dass Kinder, die viel fernsehen, Frauen und Männer öfter in Klischees beschreiben und häufiger geschlechtsspezifische Aktivitäten bevorzugen als Kinder, die selten fernsehen oder sich vorwiegend Bildungsprogramme ansehen. Nicht nur spiegeln die Massenmedien – bis auf einige Ausnahmen – die in westlichen Gesellschaften vorherrschende Ambivalenz gegenüber einer Veränderung der Frauen- und Männerrollen, sondern konservieren sie auch.

TYPEN DER DISKRIMINIERUNG AUF GRUND DES GESCHLECHTS

Zweifellos sind die Geschlechtsrollen in den westlichen Gesellschaften heute weit offener als noch vor einer Generation. Und die heutigen Frauen sind in weit höherem Maße den Männern gleichgestellt, als es noch ihre Mütter und Großmütter waren. Doch die Diskriminierung der Frauen dauert an und betrifft uns alle,

Frauen wie Männer. Besonders manifest ist sie – aber auch der inzwischen eingetretene Wandel – in zwei Bereichen des öffentlichen Lebens, wo wir eigentlich erwarten würden, dass »Quotenregelungen« zur Gleichstellung der Geschlechter besonders wirksam sind: im Beruf und in der Politik.

Soziale Schichtung der Geschlechter in der Arbeitswelt

Der Vormarsch der Frauen in der Arbeitswelt ist als »die grundlegende soziale Revolution unserer Zeit« bezeichnet worden (Hochschild 1989:249). Die Zahl der Frauen, die seit der Wende zum 20. Jahrhundert einer außerhäuslichen Erwerbstätigkeit nachgehen, ist stetig gestiegen, und das gilt zunehmend auch für Frauen mit kleinen Kindern (vgl. Schaubild 11.1). Am drastischsten vollzog sich dieser Wandel bei Frauen aus der Mittelschicht.

In der Vergangenheit erschienen Mittelschichtfrauen vorwiegend in »Notzeiten« auf dem Arbeitsmarkt – so etwa während des Zweiten Weltkriegs, als Frauen für ihre zum Militärdienst eingezogenen Männer »einsprangen«. Nach dem Krieg wurden die Frauen aus dem

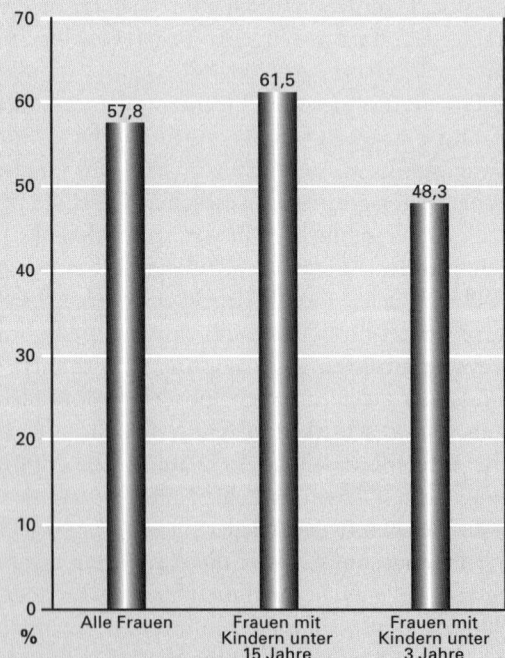

Schaubild 11.2: Erwerbstätige Frauen 2000

Quelle: *Statistisches Jahrbuch 2001 für die Bundesrepublik Deutschland*, Stuttgart:109.

Tabelle 11.2a: Entwicklung der Erwerbsquoten von 1882 bis 1950

Jahr	Erwerbsquote der Frauen im erwerbsfähigen Alter %	Erwerbsquote verheirateter Frauen im erwerbsfähigen Alter %
1882	37,5	9,5
1895	37,4	12,2
1907	45,9	26,3
1925	48,9	29,1
1933	48,0	30,1
1939	49,8	33,8
1950	44,4	26,4

Quelle: *Brück u.a.* 1992:120.

Tabelle 11.3: Anteil der Frauen an Erwerbstätigen

Jahr	Deutsch-land	Frank-reich	Italien	Schweden	EU
1885	39,0	41,6	32,2	47,0	38,2
1890	40,4	42,5	34,2	47,9	39,7
1995	42,2	44,3	35,5	48,1	41,5
1997	42,9	44,5	36,1	47,7	41,5

Quelle: *Statistisches Jahrbuch 2000*:46.

Arbeitsleben verdrängt, um Platz für die zurück-kehrenden Soldaten zu schaffen. In den 1960er Jahren nahmen aber immer mehr Frauen eine Erwerbsarbeit auf – diesmal jedoch, um zu bleiben. Eine Reihe von Faktoren trug zu diesem Trend bei (Maxwell 1990). Einige waren ökonomischer Natur. Die Zahl der traditionell von Frauen ausgeübten Dienstleistungsbe-rufe – Verkäuferin, Sekretärin, Kellnerin oder Kranken-schwester – nahm rapide zu (vgl. Tabelle 11.3). Um einen akzeptablen Lebensstandard zu erreichen, brauch-ten viele Paare zwei Einkommen.

Auch der Anstieg der Scheidungsrate, die sich in Deutschland zwischen 1965 und 1984 mehr als ver-doppelt hat, veranlasst immer mehr Frauen zur Auf-nahme einer Erwerbsarbeit (Schneider 1990). Viele geschiedene Väter bezahlen zu niedrige Alimente für ihre Kinder. Zum anderen üben verheiratete Frauen, deren Männer genug verdienen, um eine Familie zu ernähren, einen Beruf als eine Art Versicherung aus, um nicht ohne Arbeitserfahrung da zu stehen, falls ihre Ehe irgendwann geschieden werden sollte.

Schließlich haben sich auch die Einstellungen zu be-rufstätigen Frauen gewandelt. So befürworteten 1959 in Westdeutschland 59 Prozent der Bevölkerung (55 Pro-zent der Männer, 61 Prozent der Frauen) den Vorschlag, ein Gesetz herauszubringen, das allen Müttern, die Kinder unter 10 Jahren haben, die Berufsarbeit ver-bietet. Noch 1973 sprachen sich 30 Prozent (29 Prozent der Männer, 32 Prozent der Frauen) für ein gesetzliches Verbot müt-terlicher Berufstätigkeit aus (E. Neumann/E.P. Neumann 1965 und 1974). Heute hingegen bil-ligen eine Mehrheit der Frauen wie der Männer, insbesondere unter den jüngeren und in den neuen Bundesländern, dass ver-heiratete Frauen außer Haus arbeiten (vgl. Tabelle 11.4 u. 11.5; Ministerium für Arbeit 1983).

»Frauenarbeit« heute

Trotz des Einstellungswandels spiegelt die Berufs- und Lohn-struktur noch immer die alte Vorstellung wider, dass der

Tabelle 11.2b: Entwicklung der Erwerbspersonen von 1950 bis 2000
Anteil der Erwerbspersonen an 100 Männern bzw. Frauen

Jahr	Männer		Frauen		Verheiratete Frauen		Insgesamt	
	Ost[1]	West[2]	Ost	West	Ost	West	Ost	West
1950[3]	–	63,2	–	31,3	–	25,0	–	46,2
1960	–	63,2	–	33,6	–	32,5	–	47,7
1970	–	58,3	–	30,2	–	35,6	–	43,5
1980	–	58,4	–	32,6	–	40,6	–	44,9
1985	–	60,3	–	35,9	–	42,5	–	47,6
1991	59,9	60,0	50,0	38,8	73,0	47,2	54,7	49,1
1995	57,1	58,0	48,4	39,2	68,9	48,4	52,6	48,3
1997	57,6	57,3	48,5	39,6	67,7	49,2	53,0	48,2
1998	58,2	57,3	48,6	39,7	67,1	49,4	53,3	48,1
1999	58,7	56,9	48,5	40,5	65,9	50,3	53,5	48,5
2000	58,2	56,2	47,9	40,6	64,4	50,3	53,0	48,2

[1] Neue Länder und Ost-Berlin   [2] Früheres Bundesgebiet
[3] Diskrepanzen zu Tabelle 11.2a ergeben sich aus dem Bezug auf unterschiedliche Grundgesamtheiten

Quelle: *Datenreport 2002*:89. Hg. v. Statistischem Bundesamt. Bonn 2002.

Tabelle 11.4:	Frau im Beruf: Traditionelle Arbeitsteilung						

»Es ist für alle Beteiligten viel besser, wenn der Mann voll im Berufsleben steht und die Frau zu Hause bleibt und sich um den Haushalt und die Kinder kümmert.«
»Stimme voll und ganz zu« bzw. »stimme eher zu« (in Prozent)

	Ost			West			
	1991	1996	2000	1982	1991	1996	2000
Insgesamt[1]	33	26	31	70	50	50	49
Geschlecht							
Männer	35	27	35	71	51	53	51
Frauen	30	26	27	70	49	47	47
Verheiratete Frauen[2]							
Berufstätig	23	18	19	66	31	30	30
Nicht berufstätig	37	30	36	85	58	65	62
Alter							
18–30 Jahre	22	18	21	48	33	30	29
Über 65 Jahre	53	38	46	90	77	80	78

[1] Befragte mit deutscher Staatsangehörigkeit
[2] Verheiratet und mit dem Partner zusammenlebend

Quelle: *Datenreport 2002*:537. Hg. v. Statistischem Bundesamt. Bonn 2002.

Tabelle 11.6). In den Führungsetagen deutscher Großkonzerne sind nur 5,8 Prozent Frauen, in mittelständischen Firmen bekleiden immerhin 16,2 Prozent Frauen leitende Positionen (Berliner Morgenpost, 17.11.1996). Von den gut 1.000 Personen aus Politik, Wirtschaft, Wissenschaft, Medien und Kultur, die im Taschenbuch des Öffentlichen Lebens namentlich aufgeführt werden, sind deutlich unter 15 Prozent Frauen (Oeckl 1998); von den Mitgliedern wissenschaftlicher Akademien sind nur 4 Prozent Frauen (Loder 1990).

Berufe, die als »Frauenarbeit« gelten, sind meist schlechter bezahlt, bieten weniger Aufstiegsmöglichkeiten und besitzen weniger Prestige als Berufe, die vorwiegend von Männern ausgeübt werden. Nach wie vor trennt Sekretärinnen und Schuldirektoren, Verkäuferinnen und Verkaufsleiter, Krankenschwestern und Ärzte eine große Kluft. In praktisch jedem Industriezweig, in dem sowohl Frauen wie Männer arbeiten, befinden sich Frauen eher auf den unteren Ebenen der Hierarchie. Beförderungen aus den unteren in höhere Einkommensgruppen sind selten. So steigt eine exzellente Sekretärin allenfalls in eine Aufsichtsposition über andere Sekretärinnen auf, oder es wird ihr eine Stelle bei einem wichtigeren Manager angeboten. Doch sie hat kaum Aussichten, ihren Fuß auf die Sprossen der Karriereleiter im Management zu setzen (Blau/ Jusenius 1976). Frauen also finden sich insbesondere in den unteren Einkommensgruppen.

Mann der Hauptverdiener ist und die Frauen nur ein Taschengeld hinzu verdienen. Im Großen und Ganzen sind die Frauen in weibliche Berufe segregiert – in die Dienstleistungsghettos der Pflegeberufe, Sekretärinnenarbeit und Kinderbetreuung. In typisch männlichen Berufen wie etwa im Maschinenbau und Baugewerbe sind Frauen mit weniger als 5 Prozent vertreten (vgl.

Tabelle 11.5:	Konsequenzen der Erwerbstätigkeit						

»Ein Kleinkind wird sicher darunter leiden, wenn seine Mutter berufstätig ist.«
»Stimme voll und ganz zu« bzw. »stimme eher zu« (in Prozent)

	Ost			West			
	1991	1996	2000	1982	1991	1996	2000
Insgesamt[1]	58	49	41	88	76	76	71
Geschlecht							
Männer	59	49	43	88	79	80	77
Frauen	57	49	39	87	73	72	66
Verheiratete Frauen[2]							
Berufstätig	54	46	30	77	71	64	52
Nicht berufstätig	61	52	41	93	75	77	78
Alter							
18–30 Jahre	47	45	42	82	68	67	58
Über 65 Jahre	63	54	47	93	85	88	84

[1] Befragte mit deutscher Staatsangehörigkeit
[2] Verheiratet und mit dem Partner zusammenlebend

Quelle: *Datenreport 2002*:539. Hg. v. Statistischem Bundesamt. Bonn 2002.

Aber auch dort verdienen Männer mehr, wie der Vergleich von Männerberufen mit niedrigerem Status mit entsprechenden typisch weiblichen Berufen in Kapitel 9 zeigte. Und höhere

Tabelle 11.6: Geschlechtertrennung im Arbeitsleben (ausgewählte Berufe) Mai 2000		
Beruf	**Insgesamt (1.000)**	**Prozent weibl.**
Haus- und ernährungs-wissenschaftliche Berufe	260	95,4
Gesundheitsdienstberufe (ohne Ärzte, Apotheker)	1.756	86,7
Verkaufspersonal	1.655	81,1
Soziale Berufe	1.176	82,5
Reinigungs-, Entsorgungsberufe	1.074	81,8
Büroberufe	4.574	73,3
Hotel – Gaststätten	668	63,5
LehrerInnen	1.191	57,1
Bank-, Bausparkassen-, Versicherungsberufe	935	50,2
Landwirtschaftliche Berufe	495	35,2
Ärzte, Apothekerinnen	448	44,2
Chemieberufe	179	16,2
UnternehmerInnen	622	21,2
Ingenieur	959	9,9
Elektroberufe	824	6,3
Maschinenbau, -wartung	522	4,4
Hoch-Tiefbau	651	0,0

Quelle: *Statistisches Jahrbuch* 2001:11 o (Mikrozensus)

Ausbildung beseitigt diese Ungerechtigkeit nicht (Wetterer 1992). Kurz: In jeder Leistungsgruppe und über alle Bereiche hinweg liegt das Durchschnittseinkommen der Männer höher (vgl. Schaubild 11.2).

Diese Zahlen spiegeln noch nicht das ganze Ausmaß der Frauendiskriminierung wider. Unser Netz sozialer Sicherungen ist ganz auf die Idee des Ernährer-Ehemanns aufgebaut und unterstellt noch einen kontinuierlichen vollzeitbeschäftigten Erwerbsverlauf als Norm, die viele Frauen nicht erfüllen. Hausarbeit gilt dabei zwar im Familienrecht als der Erwerbsarbeit gleichwertig – sozialversicherungsrechtlich jedoch ist sie ungleichwertig. Viele Frauen unterbrechen mindestens einmal für zwei oder mehrere Jahre ihre Berufstätigkeit und suchen dann eine Teilzeitbeschäftigung, die – solange Hausarbeit vorwiegend Sache der Frauen ist – mit der Familienarbeit besser vereinbar ist. Etwa ein Drittel aller derzeit erwerbstätigen Frauen arbeiten nur Teilzeit. Damit aber verringern sich die eigenständigen Ansprüche auf Sozialleistungen. Im Durchschnitt weisen Frauen in der Arbeiterrentenversicherung 22, in der Angestelltenversicherung 27 Versicherungsjahre auf – Männer hingegen 35. Die diskontinuierlichen Erwerbsverläufe von Frauen und ihr geringeres Durchschnittseinkommen erklären die Tatsache, dass 63 Prozent der Arbeiterinnen und 53 Prozent der weiblichen Angestellten (im Vergleich zu 12 Prozent der Arbeiter und 11 Prozent der männlichen Angestellten) ein Rentenein-

kommen von nur bis zu DM 800.- pro Monat beziehen, dass von den über 65-jährigen Sozialhilfeempfängern 81 Prozent Frauen sind und dass alleinerziehende Mütter einen steigenden Anteil unter den Armen in unserer Gesellschaft ausmachen (Wichert 1988; Gerhard/Schwarzer u.a. 1988; Ostner 1994).

Segregation in der Arbeitswelt und Lohndiskriminierung sind weltweite Phänomene (UNO 1991). Praktisch überall in der Welt herrscht Geschlechtersegregation am Arbeitsplatz. Doch immer mehr Frauen gehen einer Erwerbsarbeit nach, und viele sind die Haupt- oder alleinigen Versorgerinnen ihrer Familien (oft unter Einschluss alter Eltern). Noch immer aber gilt Frauenarbeit eher als weniger wichtig, und Frauen verdienen weitaus weniger als Männer – selbst wenn sie in traditionell von Männern beherrschte Berufe vordringen. Der durchschnittliche Lohnabstand beträgt 30 bis 40 Prozent, und es gibt nur wenig Anzeichen, dass sich die Lücke schließt.

Alle diese Ungerechtigkeiten machen die Entscheidung, ob und wie sich Beruf (Karriere) und Familie verbinden lassen, schwieriger denn je (siehe Exkurs *Schwierige Wahlen*).

Geschlechtervorurteile in der Arbeitswelt

Chancengleichheit und gleicher Lohn für gleiche Arbeit sind geltendes Recht. Warum arbeiten dann so viele Frauen in Berufen der unteren Lohngruppen? Ein wesentlicher Teil der Antwort ist in der *Kultur*, einem unserer Schlüsselbegriffe, zu suchen. Jungen werden, wie erwähnt, in unserer Kultur dazu sozialisiert, Selbstbewusstsein, Wettbewerbsorientierung und emotionale Distanz zu entwickeln, Eigenschaften, die die berufliche Leistungsmotivation fördern; Mädchen hingegen sollen Rücksichtnahme, Sensibilität und Selbstaufopferung lernen, lauter Eigenschaften, die sich im Beruf oft als nachteilig erweisen. Kinder wissen von klein auf, welche Berufe als männlich oder als weiblich gelten. Sobald Mädchen in das Alter kommen, in dem sie Entscheidungen über Ausbildung und Beruf treffen müssen, lenkt der Druck von Familie und Gleichaltrigen sie meist in die passenden »weiblichen«, mit der Gründung einer Familie nicht kollidierenden Bahnen.

Die Geschlechtersozialisation setzt sich in der Arbeitswelt fort. Frauen in unkonventionellen Rollen werden hier oft zur Zielscheibe von Witzen und sexueller Belästigung, wertvolle Geschäftskontakte werden ihnen vorenthalten – und dergleichen mehr (Epstein 1988; Exkurs *Sexuelle Belästigung am Arbeitsplatz*).

Tabelle 11.7: **Durchschnittliche Bruttomonatsverdienste in DM im Produzierenden Gewerbe**

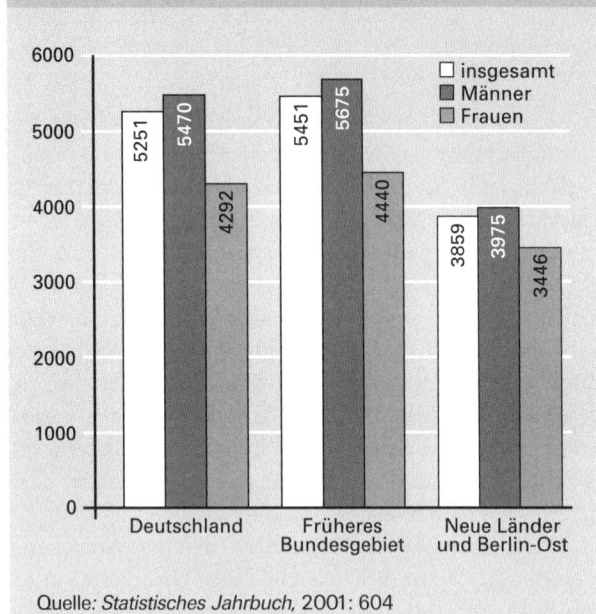

Quelle: *Statistisches Jahrbuch*, 2001: 604

11.7). In der Max-Planck-Gesellschaft wies die Personalstatistik 1991 nur 0,5 Prozent Frauen in den C4-Positionen aus, bei einem Anteil von immerhin 19,2 Prozent Frauen in BAT-1B/2A-Positionen. In der Öffentlichkeit allerdings wächst das Bewusstsein um die Benachteiligung von Frauen, und Druck wird ausgeübt. Dies zeitigt kleinere Erfolge. Ob diese geringfügigen Veränderungen, die unter anderem auch durch das Gesetz zur Gleichstellung mitbewirkt wurden, mehr sind als bloß symbolische Politik, wird sich zeigen. Immerhin ist in der Max-Planck-Gesellschaft der Anteil von C4-Positionen auf 2,1 Prozent gestiegen und ein 1996 initiiertes Sonderprogramm zur Errichtung von Arbeitsgruppen hat den Anteil von Frauen in C3-Positionen von 4 Prozent 1996 auf 11 Prozent 1999 erhöht. (Eine ausführliche Bibliographie über die Lage von Frauen in Wirtschaft, Wissenschaft und anderen Professionen findet sich in Wetterer 1992:292 ff.)

Trotz der Fortschritte, die sie erzielt haben, sehen sich Frauen noch immer massiven Hindernissen gegenüber. Manche Frauen glauben, dass sie im Beruf benachteiligt werden, weil sie sich für den »Mommy track« (*Mutti-schiene*) entschieden haben. Heute versuchen zahlreiche Unternehmen den Frauen die Balance zwischen Beruf (Karriere) und familiären Verpflichtungen zu erleichtern, indem sie flexible Arbeitszeiten und großzügigen Mutterschaftsurlaub anbieten. Oft aber demonstrieren sie ihr Engagement in Geschlechtsneutralität einfach, indem sie ein paar Alibifrauen einstellen oder einige Frauen in Spitzenpositionen hieven. Je mehr ein Beruf Männer begünstigt, um so höher sind im allgemeinen das damit verbundene Prestige und die Bezahlung und um so unwillkommener das Eindringen von Frauen (Allmendinger/Hackman 1994). Noch ein weiterer Faktor erschwert Alibifrauen das »Leben« in traditionell geschlechtssegregierten Berufen: Sie müssen nicht nur Kompetenz am Arbeitsplatz beweisen, sondern ihre Geschlechtsrolle »überwinden«. Dies mag dazu führen, dass manche Frauen überkompensieren und »einer aus dem Verein« werden (Lorber 1994).

Manchmal kommt die Frauendiskriminierung in Gestalt des Vorurteils daher, Frauen seien von Natur aus nicht für bestimmte Positionen geeignet, oder kaschiert sich in der Abwertung bestimmter Berufe, weil sie traditionell von Frauen ausgeübt werden (Beck-Gernsheim 1981). Nach dem empirischen Beweismaterial zu schließen, kommen beide Typen der Diskriminierung mehr oder weniger regelmäßig vor. Eine Reihe von Studien unter Laborbedingungen belegen, dass derselbe Lebenslauf schlechter bewertet und für eine ausgeschriebene Stelle ein niedrigeres Anfangsgehalt geboten wird, wenn die Gutachter erfahren, dass der Bewerber weiblich ist; dass vielfach geglaubt wird, als »weiblich« ettiketierte Berufe erforderten weniger Anstrengung

Sicher verlieren die kulturellen Stereotype gegenwärtig an Kraft, und die Frauen dringen zunehmend in traditionell nichtweibliche Bereiche vor wie Elektrotechnik, Architektur, Vermarktung landwirtschaftlicher Produkte, militärischer Geheimdienst, Bankwesen, Barbetrieb und Postzustellung. Frauen lassen inzwischen auch die Reihen der Ärzte, Anwälte und Manager anschwellen. Nach wie vor aber sind ihre Zahlen gering. Und in von Männern beherrschten Organisationen stoßen sie noch immer an eine »gläserne Decke« – informelle und oft unsichtbare Barrieren, die den Zugang zu den oberen Etagen des Managements versperren.

Um dies an einigen Beispielen zu erläutern: 1992 waren unter den Studierenden, die erfolgreich das juristische Staatsexamen abgelegt hatten, 40,1 Prozent Frauen. Unter den Staatsanwälten hingegen waren 1993 nur 25,9 Prozent und auch 1995 erst 28,9 Prozent weiblich (Statistisches Jahrbuch 1996). Unter den Architekturstudierenden, die 1992 ihre Prüfung ablegten, waren 40,1 Prozent Frauen. Noch 1984 aber wiesen die Architektenkammern den Anteil der freiberuflich tätigen weiblichen Mitglieder mit nur 4 Prozent, 1987 mit 5 Prozent als extreme Minderheit aus (Martwich 1992, S. 274). Die höheren Ränge bleiben für Frauen auch in der Wissenschaft weitgehend versperrt – allerdings gibt es deutlich disziplinenspezifische Unterschiede. Nur etwa 5 Prozent der Professuren in der Medizin sind mit Frauen besetzt, wiewohl fast die Hälfte der Studierenden weiblich ist – in den Musikwissenschaften sind 20 Prozent der Professuren mit Frauen besetzt (vgl. Tabelle

Beruf und Familie – eine schwierige Verbindung

In verschiedenen neueren soziologischen Untersuchungen sind US-amerikanische Collegestudierende nach ihren Plänen für die Zukunft befragt worden. Ein Ergebnis war, dass die jungen Frauen und Männer »alles wollen« – eine gute Ehe, glückliche Kinder und Erfüllung im Beruf.

Erwartungen von Frauen und Männern

Wenn sie jedoch ihr künftiges Familienleben beschreiben, orientieren sich beide Geschlechter meist an traditionellen Geschlechtsrollen. Befragt, wessen Beruf zuerst kommt, antworten die meisten: der des Mannes. Beide Geschlechter erklären übereinstimmend, die Kinderversorgung sei primär Aufgabe der Frau. Zwar hoffen die jungen Frauen, dass ihre Männer sich die Hausarbeit gleichberechtigt mit ihnen teilen, doch die meisten jungen Männer äußern nur die Bereitschaft zu »helfen« – ein Wort, das impliziert, dass der Mann nicht seinen Anteil an den Pflichten übernimmt, sondern nur Hand anlegt bei Aufgaben, die eigentlich in den Zuständigkeitsbereich der Frau fallen.

Beide Geschlechter erhoffen sich eine berufliche Karriere, doch unterscheiden sich ihre Einstellungen zur Erwerbsarbeit. Die männlichen Studenten sehen ihre Zukunft als eine kontinuierliche Linie von Erwerbsarbeit und Leistung. Die meisten haben klare Vorstellungen, was sie erreichen wollen und wie sie dorthin gelangen. Sie rechnen damit, dass sie den Rest ihres Lebens arbeiten und die Hauptversorger ihrer Familie sein werden, selbst wenn ihre Frauen arbeiten. Anders die Frauen, die sich nur unsicher und vage über ihre Berufsziele aussprechen. Sie möchten

arbeiten, erkennen aber, dass ihre Berufspläne von den Bedürfnissen ihrer Männer und Kinder abhängen. Sie rechnen damit, dass ihre berufliche Karriere mehrmals unterbrochen oder gar gestoppt wird.

Kurz, keines der beiden Geschlechter erwartet für sich eine symmetrische Beziehung in der Ehe, in der Frau und Mann die gleiche Verantwortung für die Versorgung der Familie und die Kindererziehung übernehmen. Müssen Kompromisse geschlossen werden, gehen beide Geschlechter davon aus, dass die Frau ihre Karriere der Familie (und der Mann die Familie seiner Karriere) opfert.

Indifferenz der Arbeitswelt

Der durchschnittliche Arbeitsplatz ist nicht für Personen konzipiert, die sich in Beruf und Familie gleichermaßen engagieren wollen. Zwar gibt es in Deutschland – im Gegensatz zu den USA – arbeits- und sozialrechtliche Schutzregelungen für Mütter, insbesondere die Garantie des Arbeitsplatzes mit Hilfe von Kündigungsverboten während des Schwangerschafts- und Mutterschutzurlaubs. Allerdings ist die Wirkung dieser Regelungen umstritten: »Die Kehrseite und unvermeidliche Nebenwirkung aller arbeitsrechtlichen Schutzvorschriften und Privilegien der Frauen, die zu Lasten des Arbeitgebers gehen, ist die Verminderung der Konkurrenzfähigkeit der Frauen auf dem Arbeitsmarkt«. (Köbl 1995:380 f.) Obgleich mehr als die Hälfte der Mütter von kleinen Kindern arbeitet, stellen nur wenige Arbeitgeber irgendeine Form von Kinderbetreuungshilfen (wie etwa betriebliche Tagesbetreuungen oder Zuschüsse für Babysitter) zur Verfügung. Staatliche Beihilfen für die

Tagesbetreuung von Kindern sind bisher minimal gewesen. Da die Kinderversorgung noch immer als Frauenarbeit gilt, tragen die Frauen die Last des Versuchs, Erwerbsarbeit und Elternschaft auszubalancieren. Unsere Kultur geht noch immer davon aus, dass Männer Teilzeitväter sind, die ab und zu für Mama einspringen.

Es gibt Alternativen. In Schweden, wo neun von zehn Frauen im Alter zwischen 25 und 34 arbeiten, gibt es staatliche Tagesbetreuungsstätten für alle Kinder. Eltern beider Geschlechter, die sich entscheiden, zu Hause bei ihrem Neugeborenen oder einem frisch adoptierten Kind zu bleiben, wird ein achtzehnmonatiger Erziehungsurlaub garantiert, sie erhalten die ihrem seitherigen Lohn oder Gehalt entsprechenden Sozialversicherungsbeiträge bezahlt und haben nach Ende des Erziehungsurlaubs Anspruch auf die Rückkehr an ihren früheren Arbeitsplatz. Die schwedischen Arbeitgeber sind gesetzlich verpflichtet, Eltern für die Pflege eines kranken Kindes freizustellen, und ihnen, so lange die Kinder im Vorschulalter sind, Teilzeitarbeit anzubieten. Jeder Elternteil kann diese Programme nutzen oder auch beide abwechselnd (Sorrentino 1990). Von allen Industrienationen bieten lediglich die USA und Südafrika frisch gebackenen Eltern keinerlei Form staatlicher Beihilfen an (siehe Wiatrowski 1990). Doch die Struktur der Arbeitswelt ist nicht allein maßgebend; auch kulturelle Faktoren kommen ins Spiel. Selbst in Schweden nutzen nur wenige Männer den Vaterschaftsurlaub, und jene, die es tun, müssen sich oft den Spott der Kollegen gefallen lassen (Moen 1989). So kommt es, dass heute viele Frauen

und Können als die gleichen als »männlich« bezeichneten Berufe; und dass bei Frauen gute Leistungen ihrem Glück, bei Männern aber ihrem Fleiß zugeschrieben werden. Insbesondere haben sowohl Frauen wie Männer häufig negative Einstellungen zu Managerinnen, als ob sie glaubten, Frauen hätten nichts in Autoritätspositionen zu suchen. Passen sich Managerinnen traditionellen Weiblichkeitsdefinitionen an, unterstellt man ihnen, es fehle ihnen das notwendige Durchsetzungsvermögen; passen sie sich män-

lichen Rollenmodellen an, wirft man ihnen vor, sie seien zickig, und man könne nur schwer für sie arbeiten.

Geschlechtervorurteile sind oft dann besonders virulent, wenn Frauen in traditionelle Männerberufe eindringen, wie etwa beim Militär, wie wir zu Beginn des Kapitels sahen, und bei der Polizei. Polizeibeamtinnen berichten, sie würden von ihren männlichen Kollegen ständig beobachtet und auf die Probe gestellt, man erwarte von ihnen, dass sie »weibliche« Arbeiten wie Kaffeemachen und Aufräumen verrichten, zwei Vollzeitjobs haben: einen am Arbeitsplatz und einen zu Hause.

Die zweite Schicht der Frauen

Die Soziologin Arlie Hochschild (1989) charakterisiert den Zustand der Geschlechterbeziehungen in den USA heute als »stecken gebliebene Revolution«. Die Zusammensetzung des Arbeitskräftepotentials hat sich verändert, die Frauen haben sich verändert, doch die meisten Arbeitsplätze und viele Männer haben sich nicht mitverändert.

Das sichtbarste Zeichen dieser stecken gebliebenen Revolution ist das Phänomen, das als »zweite Schicht« der Frauen beschrieben wird. Immer mehr Frauen arbeiten eine Achtstundenschicht am Arbeitsplatz und legen zu Hause noch eine weitere Schicht ein, indem sie kochen, sauber machen und die Kinder versorgen. Aus ihren eigenen Zeitbudgetstudien und denen anderer Autoren errechnet Hochschild, dass arbeitende Frauen fünfzehn Arbeitsstunden pro Woche mehr leisten als ihre Ehemänner. Das entspricht einem zusätzlichen Monat mit 24-Stundentagen pro Jahr. Deutsche Zeitbudgetstudien bestätigen diese Ergebnisse. Die ungleiche Beteiligung der Partner an der alltäglichen Arbeit im Haushalt bleibt auch dann weitgehend bestehen, wenn die Frauen einer Erwerbstätigkeit nachgehen. Im Durchschnitt übernehmen die Frauen im früheren Bundesgebiet 2,08 Mal so viel Hausarbeit wie die Männer, in den neuen Bundesländern ist dies 1,75 Mal so viel (Glatzer 1998:297 f.; Glatzer u.a. 1991). Auch wenn die Ehemänner bereit sind, genauso viel Zeit in die Kinderversorgung und Hausarbeit zu investieren, fühlen sich die Frauen stärker für das Funktionieren der Familie und des Heims verantwortlich. Die Frauen sind es, die sich über Arzttermine auf dem Laufenden halten, die Besuche der Kinder bei Freunden arrangieren und vom Arbeitsplatz aus anrufen, um den Babysitter zu kontrollieren. Die Frauen verrichten mehr von den täglichen Arbeiten wie Kochen und Saubermachen, die sie in feste Routinen zwängen. Die Männer kümmern sich um Auto, Garten und Haushaltsreparaturen – nicht regelmäßig anfallende Pflichten, die sie oft dann erledigen, wenn sie Zeit haben. Die meiste Zeit, die Männer zu Hause verbringen, widmen sie den Kindern, nicht der Wäsche. Zudem machen die Männer häufiger Dinge mit den Kindern, die Spaß machen, wie etwa Zoobesuche, während sich die Frauen öfter um Routineaufgaben wie Füttern und Baden der Kinder kümmern. Somit existiert nicht nur eine Lohnlücke am Arbeitsplatz, sondern auch eine »Freizeitlücke« zu Hause.

Hochschild führt die »stecken gebliebene Revolution« auf antagonistische gesellschaftliche Kräfte zurück. Einerseits haben neue wirtschaftliche Möglichkeiten und Bedürfnisse die Frauen veranlasst, auf den Arbeitsmarkt zu drängen, was einen Druck auf die Männer erzeugt, ihren Teil an der zweiten Schicht zu übernehmen. Andererseits führen die Lohnlücke und die hohe Scheidungsrate dazu, dass Frauen an ihrer Ehe festhalten – und die Männer sich ihrem Anteil an der Hausarbeit entziehen. Hochschild meint, viele moderne Frauen fühlten sich von den Männern doppelt unterdrückt: Nicht nur in der ersten Schicht (in der der Chef männlich, privilegiert und besser bezahlt ist als sie), sondern auch in der zweiten Schicht (aus der die Männer »aussteigen«).

Tabelle 11.8: Prozentsatz der Professorinnen und weiblichen Studierenden an deutschen Hochschulen

Fachrichtung	Professorinnen Prozent	Studentinnen Prozent
Sprach- und Kulturwissenschaften	16,2	67,2
Sport	9,3	44,6
Rechts-, Wirtschafts-, Sozialwissenschaften	12,6	45,5
Mathematik, Naturwissenschaften	5,5	35,2
Humanmedizin	5,9	53,1
Veterinärmedizin	11,0	80,4
Agrar-, Forst-, Ernährungswissenschaften	12,0	53,9
Ingenieurwissenschaften	4,3	20,5
Kunst, Kunstwissenschaften	21,8	62,9

Quelle: *Statistisches Jahrbuch* 2001: 400,394

und klagen, sie würden zur Zielscheibe sexistischer Zoten und taktloser Witze. Ihre männlichen Kollegen wollen sie nicht als Partner auf Streife dabeihaben, und die leitenden Beamten halten sie nur für Schreibtischarbeiten geeignet. Männer, die traditionelle Frauenberufe wählen, machen die gegenteilige Erfahrung. Krankenpfleger werden rasch anerkannt. Sowohl Ärzte wie Patienten nehmen sie meist ernster als Krankenschwestern und bitten sie häufiger um technische oder medizinische Hilfe als um Routinepflege. Vorgesetzte kritisieren sie weniger oft, geben ihnen mehr Freiheit bei der Arbeitsplanung und empfehlen ihnen häufiger, sich fortzubilden und sich um besser bezahlte Stellen zu bewerben (Ott 1989; Heintz/Nadai 1998).

Sexuelle Belästigung am Arbeitsplatz

Die 1984 veröffentlichte Infas-Untersuchung zur sexuellen Belästigung in Büros und Betrieben sowie andere Veröffentlichungen machen das Ausmaß und die Folgen sexueller Belästigungen am Arbeitsplatz offensichtlich und öffentlich (Plogstedt/Bode 1984). Jede vierte berufstätige Frau wird demzufolge einmal oder mehrfach am Arbeitsplatz sexuell belästigt. 7 Prozent der belästigten Frauen haben daraufhin ihren Arbeitsplatz verloren, werden gekündigt oder sehen sich gezwungen, selbst zu kündigen. Fast jede neunte Frau wäre bereit, den Arbeitsplatz von sich aus aufzugeben, würden sie vom Arbeitsmarkt »wegbelästigt«. Das betrifft etwa 900.000 Frauenarbeitsplätze.

Nur 6 Prozent der belästigten Frauen beschweren sich beim Betriebsrat und nur 3 Prozent bei einem Vorgesetzten, obwohl eine solche Beschwerde zum Beispiel Voraussetzung dafür sein kann, Sperrfristen zum Bezug des Arbeitslosengeldes zu vermeiden. Jede vierte Frau, die wegen einer sexuellen Belästigung Widerstand leistet, hat direkte Nachteile am Arbeitsplatz – von schlechteren Arbeitsbedingungen bis zur Versetzung.

Opfer sexueller Belästigungen sind in der Regel Frauen. Berichte von betroffenen Frauen zeigen, dass vor allem ganz junge und ältere Frauen belästigt werden, da sie im Berufsleben noch nicht oder nicht mehr so recht verankert sind. Dass eine einzelne Frau einen Mann belästigt, wird in der Infas-Studie mit 0 Prozent, und dass mehrere Frauen einen Mann belästigen, mit 2 Prozent angegeben.

Vom Arbeitsplatz wegbelästigt
Beispiele aus der Bundesrepublik
Deutschland

Im Falle einer 24-jährigen Altenpflegerin, die während des Nachtdienstes von ihrem Chef sexuell belästigt worden war, wird der Leiter des Altenpflegeheims, der dabei tätlich wurde und die Pflegerin verletzt hat, vom Amtsgericht (AG) Frankenthal wegen Körperverletzung, Freiheitsberaubung, Nötigung und Beleidigung zu einem Jahr Gefängnis mit Bewährung verurteilt.

Anders entscheidet das Oberlandesgericht (OLG) in Zweibrücken, das Ende 1986 dem belästigenden Chef einen sensationellen Freibrief erteilte. Zwar erkennt das Gericht den Tatbestand der Freiheitsberaubung an, von einer sexuellen Beleidigung der Altenpflegerin könne aber keine Rede sein: »Die Werbung des Angeklagten um die Zeugin, die unter seinem Ansinnen, mit ihr geschlechtlich zu verkehren, zu würdigen ist«, erklären die Richter, »stellt noch keine Beleidigung dar.«

Das Zweibrücker »Skandal-Urteil« steht in der bundesdeutschen Rechtsgeschichte nicht allein da. Häufig genug geben die Urteile eher Aufschluss über die Einstellungen der Richter zu Sexualität und Moral.

Im Sinn der Opfer urteilen die Gerichte fast nur dann, wenn Minderjährige sexuell missbraucht wurden, vor allem dann, wenn es um die Fürsorgepflicht des Staates für Kinder geht. Die Rechtsprechung gegen Lehrer, die sich ihren Schülerinnen nähern, ist eindeutig. Wegen passiver Bestechlichkeit wird 1985 zum Beispiel ein Lehrer verurteilt, der sexuelle Vergünstigungen von einer Schülerin erpres-

sen wollte. Eine schlecht geschriebene Klassenarbeit ist sein Druckmittel. Sein Versprechen: Er wolle die Zensur höher setzen.

In Gewerbebetrieben fallen diese Urteile nicht immer so eindeutig aus. 1982 verwirft der Bundesgerichtshof (BGH) die Verurteilung eines Wirts, der seinen weiblichen Lehrling zwang, ihn manuell zu befriedigen. Der Wirt, heißt es, sei sich der Abhängigkeit des Mädchens nicht bewusst gewesen. (Az 1 StR 88/82)

Ob ein Chef seine Angestellten sexuell ausbeuten darf, diese Frage ist nicht Gegenstand des Verfahrens. Da Belästigung von den Gerichten oft als minderschwerer Fall behandelt wird, haben die klagenden Frauen es schwer, sich gegen die ihnen zugefügte Unbill zu wehren. Die Belästigung kann bei uns nur über die so genannten Umwegparagraphen im Strafrecht, wie Nötigung, Beleidigung, Vergewaltigung, Freiheitsberaubung, verfolgt oder im Arbeitsrecht als Störung des Betriebsfriedens behandelt werden.

Die heutige Rechtssituation entmutigt viele Frauen, sich in dem Paragraphendschungel ihren Weg zu bahnen. Jedes Urteil aber, in dem der sexuelle Missbrauch von Frauen im Betrieb nicht negativ sanktioniert wird, bringt Frauen davon ab, sich gerichtlich gegen Belästigung zur Wehr zu setzen.

Die IG Metall gibt der Botin Sylvia K. Rechtsschutz, nachdem sie 1983 aus »betriebsbedingten Gründen« die Kündigung erhalten hat. Sylvia K. vermutet den privaten Racheakt eines leitenden Angestellten, dessen sexuelle Annäherung sie zurückgewiesen hat. Die Richter der ersten Instanz glauben Sylvia

---

Die Geschlechterpolitik

Lange Zeit galt die Politik als Männerwelt. Frauen, so lautete eines der vorherrschenden Stereotype, fehle es an Ehrgeiz und Machtgier, die man in der Politik brauche; sie seien zu »nett«, um sich die Hände im Machtkampf schmutzig zu machen. Erst 1918, nach jahrzehntelangem Ringen, erhielten die Frauen in Deutschland das Wahlrecht (in den USA 1920). In Kapitel 21 betrachten wir die Entstehung des Feminismus und der zeitgenössischen Frauenbewegung.

In den Parteien aber, in den Parlamenten und erst recht in der Regierung waren Frauen lange eine Seltenheit. Selbst heute noch – nachdem auf Grund der Erstarkung der Frauenbewegung Politiker gezielt Frauen einzubinden suchen, um das Stimmpotential der weiblichen Wähler zu gewinnen – bleiben Frauen in der Politik unterrepräsentiert, und zwar umso stärker, je höher die Hierarchie-Ebene ist. So sind 1996 im Deutschen Bundestag 26,6 Prozent der Abgeordneten weiblich, auf der Ebene von Staatssekretären und Ministerien finden sich nur noch 12,5 Prozent Frauen

K. nicht. Sie sprechen von einem »Rufmord« an dem leitenden Angestellten. Über sein Auftreten urteilt das Gericht: »Der Zeuge hat bei seiner Einvernahme ruhig, sicher und bestimmt ausgesagt und wirkte in keiner Weise voreingenommen.« Die Glaubwürdigkeit der Sylvia K. dagegen wird bezweifelt. So ist es denn kein Wunder, dass die Klägerin in zweiter Instanz ihren Rechtsanspruch freiwillig aufgibt, als auch noch eine Kollegin als Zeugin kneift, um den eigenen Arbeitsplatz nicht zu gefährden. Schließlich rät ihr auch der Richter, einem Vergleich zuzustimmen: Der fällt aber dann schlechter aus, als es im betrieblichen Sozialplan vorgesehen wäre.

Wie schwer es den Gerichten fällt, in Prozessen über sexuelle Gewalt geschlechtsneutrales Recht zu sprechen, wird deutlich an einem Urteil des BGH vom 21.4.1959 (Az 5 StR 75/79):

Ein Zahnarzt hat eine Patientin in Vollnarkose versetzt, um sie, ihre Hilflosigkeit ausnutzend, zu vergewaltigen. Der BGH führt damals dazu aus, dass die Patientin ja mit der Narkose einverstanden gewesen sei: »Als diese sich freiwillig – wenn auch infolge einer Täuschung – in Bewusstlosigkeit versetzen ließ, wurde ihr keine Gewalt angetan.«

Zur Rechtssituation im Ausland

Der Internationale Gewerkschaftsverband hat einen Vorschlag erarbeitet, wie ein Beschwerdeverfahren geregelt werden könnte. In die Tarifverträge solle folgender Passus eingefügt werden: »Gewerkschaft und Arbeitgeber erkennen sexuelle Belästigung am Arbeitsplatz als Problem an und verpflichten sich, darauf hinzuwirken, dass dem ein Ende gesetzt wird. Als sexuelle Belästigung ist folgendes anzusehen:

- Unnötiger körperlicher Kontakt, Berühren oder Betätscheln;
- anzügliche oder unangenehme Bemerkungen, Witze, Kommentare über das Aussehen und vorsätzlich beleidigende Äußerungen;
- obszöne und kompromittierende Aufforderungen;
- Zeigen pornografischer Bilder am Arbeitsplatz
- Aufforderung zu sexuellen Handlungen;

- tätliche Bedrohung.

Beschwerden gemäß dieser Klausel sind rasch und vertraulich zu behandeln. Im Zuge des Beschwerdeverfahrens sind gegen Beschäftigte und Vorgesetzte, die irgendeine der gemäß dieser Klausel verbotenen Handlungen ausgeführt haben, Disziplinarmaßnahmen einzuleiten. Es muss alles darangesetzt werden, dass erforderlichenfalls der Belästiger und nicht das Opfer versetzt wird.«

Rechtspolitische Forderungen

In den Betrieben müsste es Ansprechpersonen geben, an die sich die Betroffenen wenden können. Solche Beschwerdestellen sollten auch die Kompetenz erhalten, in disziplinarische Ermittlungen einzugreifen, selber Zeugen und Zeuginnen zu hören und eine vorzeitige Einstellung solcher Ermittlungen zu verhindern.

Quellen:

Sybille Plogstedt, in: Lucke/Berghahn (Hg.) (1990):116-122; Sibylle Plogstedt/Kathleen Bode (1984).

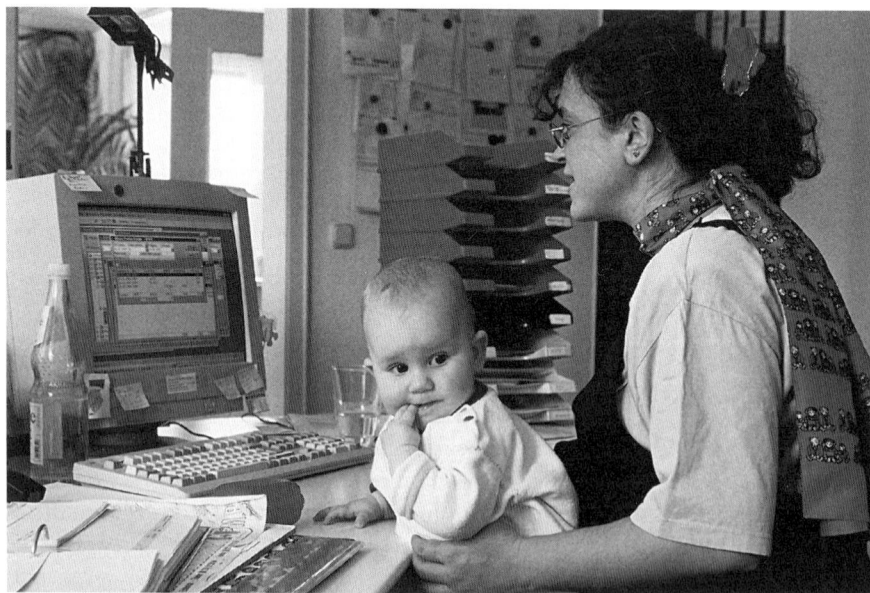

In unserer Gesellschaft hält sich die Unterstützung berufstätiger Mütter in Grenzen. Kinder aufzuziehen und gleichzeitig im Beruf erfolgreich zu sein – und dazu noch den Erwartungen eines Ehemannes gerecht zu werden –, das erfordert außerordentliche Energie, physische und psychische Leistungskraft, organisatorische Fähigkeiten und viel, viel Geduld.

(vgl. *Taschenbuch des öffentlichen Lebens*, 1996/97). Ähnliches gilt auch für andere Länder.

Trotz ihrer zunehmenden Zahl sind Frauen unter den gewählten und ernannten Beamten noch immer unterrepräsentiert. Das gilt für alle Staaten. Sehr viele Frauen arbeiten in den unteren Rängen der öffentlichen Verwaltung, der politischen Parteien, Gewerkschaften und anderen politischen Organisationen. Und nur sehr wenige haben Positionen mit Entscheidungskompetenz inne.

In anderen Hinsichten jedoch sind junge Frauen heute besser dran als ihre Mütter. Sie studieren weit häufiger, gehen häufiger einer Erwerbsarbeit nach und erfahren weniger

Diskriminierung als frühere Frauengenerationen. Die Gleichstellung der Geschlechter liegt für sie in Reichweite. Doch viele leben allein und haben keine Kinder. Es wird sich zeigen, ob sie noch so optimistisch sein werden, wenn sie einmal um die Balance zwischen Beruf (Karriere) und familiären Verpflichtungen ringen müssen.

Zusammenfassung

1. Die Soldatinnen-Debatte illustriert ungelöste gesellschaftliche Fragen hinsichtlich der Ähnlichkeiten und Unterschiede zwischen den Geschlechtern. Soziologen unterscheiden zwischen biologischem Geschlecht (*sex*, der männlichen bzw. weiblichen Biologie) und dem gesellschaftlich konstruierten Geschlecht (*gender*, dem Ensemble von Vorstellungen über männliche bzw. weibliche Merkmale in den Köpfen der Menschen). Das Letztere ist ein gesellschaftliches Konstrukt. Wir können also nicht davon ausgehen, dass Frauen und Männer mit verschiedenen Fähigkeiten und Anlagen geboren werden.

2. Alles menschliche Verhalten ist biologisch bedingt. Biologisch bedingt sind auch die anatomischen und physiologischen Unterschiede zwischen den Geschlechtern und die Rolle eines Individuums in der Fortpflanzung. Doch in der Biologie findet sich keine Basis für die Anschauung, dass Frauen und Männer gegensätzliche Exemplare der menschlichen Spezies sind. Vielmehr zeigt die Forschung, dass Frauen und Männer eher ähnlich als verschieden sind. Frauen und Männer besitzen, wie interkulturelle Studien belegen, das Potenzial zu einer Fülle von Aktivitäten und Aufgaben. Dennoch unterscheiden praktisch alle Gesellschaften zwischen Frauen- und Männerarbeit und bewerten die der Männer höher.

3. Geschlechtsrollen sind Ensembles kultureller Erwartungen, die festlegen, wie Frauen bzw. Männer denken, fühlen und sich verhalten sollten. Sie beruhen auf stereotypen Vorstellungen (Klischees) über Unterschiede zwischen den Geschlechtern. Obgleich sich das Sozialverhalten momentan verändert, leben Geschlechtsstereotype fort und erzeugen sowohl für Frauen wie Männer Rollenkonflikte.

4. Der Terminus »sexuelle Orientierung« bezeichnet die sexuellen Einstellungen, Wünsche und Verhaltensweisen einer Person. In unserer Kultur wird er meist zur Unterscheidung zwischen Homosexualität und Heterosexualität gebraucht, die als charakteristische oder wesentliche Elemente der personalen Identität gelten. Doch es existieren zahlreiche Variationen und Kombinationen dieser beiden Orientierungen.

5. Wir erlernen Geschlechtsrollen und (zumindest partiell) sexuelle Orientierungen durch die Sozialisation. Dieser Prozess beginnt im Elternhaus, setzt sich in Peer-groups und in der Schule fort und wird durch die Massenmedien verstärkt. Die Geschlechtersozialisation illustriert, wie Muster des Sozialverhaltens (etwa Eltern-Kind-Interaktionen) und soziale Strukturen (etwa die Arbeitsteilung zu Hause) sich verbinden und dabei gegenseitig verstärken.

6. Infolge verschiedener Faktoren (größeres Stellenangebot in traditionell weiblichen Dienstleistungsberufen, höhere Scheidungsrate und Wandel der Einstellungen) ist der Frauenanteil an der Gesamtzahl der Erwerbstätigen erheblich gestiegen. Doch ein Muster der Geschlechterdisparitäten am Arbeitsplatz besteht nach wie vor. Noch immer werden Frauen häufig in traditionell »weibliche« Berufe gelenkt und verdienen für gleiche Arbeit weniger als Männer.

7. Der Vormarsch der Frauen in der Arbeitswelt macht sich am unmittelbarsten zu Hause bemerkbar. Die Einstellungen zu den Verpflichtungen von Frauen und Männern im Haushalt und in der Kindererziehung haben sich nicht im gleichen Maß verändert wie die Arbeitswelt und das Eheleben der Frauen. Die meisten Frauen legen, ungeachtet der Art ihrer Erwerbsarbeit, zu Hause eine zweite Schicht ein.

8. Frauen spielen heute eine aktivere und sichtbarere Rolle in der deutschen Politik als je zuvor. Doch sie sind nach wie vor von den höchsten Rängen und »Hinterzimmern« der politischen Entscheidung ausgeschlossen. Diese Feststellung gilt nahezu für alle Länder der Welt.

Wiederholungsfragen

1. Warum verwenden Soziologen den Terminus »gesellschaftlich konstruiertes Geschlecht« (*gender*) in ihren Untersuchungen von Frauen und Männern?

2. Beurteilen Sie die Argumente, die die Existenz biologischer Unterschiede zwischen Frauen und Männern postulieren!

3. Geben Sie Beispiele für die interkulturellen Unterschiede zwischen Frauen und Männern!

4. Wie beeinflussen sich Geschlechtsrollen und –stereotype gegenseitig?

5. Nennen Sie einige Auswirkungen des essentialistischen Verständnisses der Homosexualität!

6. Welchen Anteil haben Eltern, Gleichaltrige und die Medien an der Geschlechtersozialisation?

7. Skizzieren Sie den Zustand der geschlechtsspezifischen Schichtung in der Arbeitswelt!

Übungsaufgaben

1. Warum sind so viele Menschen an einer Erklärung der Unterschiede zwischen Frauen und Männern interessiert? Glauben Sie, dass die Wissenschaft sich mehr für Unterschiede zwischen den Geschlechtern als für Unterschiede zwischen Altersgruppen interessiert?

2. Untersuchen Sie Geschlechtsrollen, indem Sie mindestens drei der fünf Schlüsselbegriffe heranziehen (Gesellschaftsstruktur, soziales Handeln, funktionale Integration, Macht und Kultur)!

3. Entwickeln Sie unter Berücksichtigung dessen, was Sie bisher gelernt haben, politische Programme zur Reduktion der Geschlechtsstereotypen!

4. Nennen Sie einige Beispiele von Rollenklischees, die Sie erlebt oder selbst benutzt haben!

5. Überlegen Sie, wie die Streitkräfte – wenn überhaupt – verändert werden müssten, damit Frauen und Männer in ihnen gleich gestellt werden oder damit Homosexuelle die gleichen Rechte in ihnen erhalten! Verwenden Sie dabei die fünf Schlüsselbegriffe!

Glossar

Essentialismus Denkweise, die ein komplexes Phänomen auf eine Entweder/Oder-Alternative reduziert und ein Merkmal als Wesensdefinition behandelt.

Gesellschaftlich konstruiertes Geschlecht (*gender*) Alle gesellschaftlich konstruierten, nichtbiologischen Merkmale, die Frauen und Männern zugeschrieben werden.

Geschlechtsrollen Die unterschiedlichen Aufgaben, die die Gesellschaft jedem der beiden Geschlechter zuschreibt und als männlich oder weiblich charakterisiert.

Geschlechtsspezifische Schichtung Zuweisung ungleichwertiger Positionen an Frauen und Männer in der sozialen Hierarchie (einschließlich der Arbeitswelt, des politischen Systems und der Familie).

Geschlechtsstereotype Stark vereinfachende, eingewurzelte Vorstellungen über angeblich charakteristische Merkmale von Frauen und Männern.

Homophobie Irrationale Furcht vor und Hass auf Homosexuelle.

Konstruktivismus Theorie (erkenntnistheoretische Position), nach der wir die Welt durch unsere Wahrnehmung erschaffen oder hervorbringen.

Machismo Zwanghafte Betonung männlicher Überlegenheit, demonstriert durch Körperhaltung, Prahlen und eine auf Ausbeutung zielende Einstellung zu Frauen.

Segregation Gesellschaftliche Absonderung einer Gruppe auf Grund sozialer Merkmale wie zum Beispiel Alter und Geschlecht.

Sexismus Ungleiche Behandlung von Frauen und Männern auf Grund ihres biologischen oder gesellschaftlich konstruierten Geschlechts; bezeichnet in der Regel Vorurteile gegen und die Diskriminierung von Frauen.

Sexuelle Belästigung Aufforderung auf unerwünschte sexuelle Annäherungen einer Person, die Macht über das Opfer hat, einzugehen oder sie zu dulden.

Sexuelle Orientierung Grundeinstellung einer Person zu sexuellen Beziehungen einschließlich Partnerwahl und Aktivitäten samt der diesen beigelegten Bedeutung.

Kapitel 12

Familie

Inhalt

Am 7. Dezember 1999 stand in den Zeitungen eine Meldung über einen spektakulären und außergewöhnlichen Kriminalfall:

»dpa: Flensburg. Im sog. ›Backofen-Fall‹ um ein zu Tode misshandeltes und anschließend verbranntes Baby hat die Mutter vor dem Landgericht Flensburg ein Geständnis abgelegt. Sie habe die Leiche ihres Kindes in einem Küchenherd verbrannt und die Reste in den Hausmüll geworfen, sagte die 19-jährige gestern. Der 30 Jahre alte Vater ist der Körperverletzung mit Todesfolge angeklagt. Er soll den acht Monate alten Säugling so schwer misshandelt haben, dass er an den Folgen starb. Er sitzt seit Ende Juni in Untersuchungshaft und hat die Tat bisher bestritten, beteuerte auch gestern, am ersten Prozesstag, das Kind und seine Frau nie geschlagen zu haben. Die 19-jährige hingegen schildert stockend und fast emotionslos das schreckliche Geschehen. Die Beweisaufnahme ergab, dass der kleine Adriano, weil er ständig geschrien und den Vater genervt habe, von diesem des öfteren geschlagen und gekniffen worden sei, so dass der Säugling blaue Flecken an Kopf und Beinen gehabt habe. Bei einem erneuten Schreien im Februar sei das Kind von dem 30-jährigen in eine gefüllte Badewanne gesetzt und seinem Schicksal überlassen worden. Erst nach mehreren Minuten habe der Mann sein Kind aus der Wanne genommen und ins Bett gelegt. Nachdem Adriano wieder geschrien habe, habe der Vater den Kopf des Babys ›hochgerissen und ins Kissen geworfen‹. Wiederbelebungsversuche seien erfolglos gewesen. Die angeklagten Eltern wollten seinerzeit den Notarzt nicht rufen, weil sie befürchteten, die Misshandlungen könnten entdeckt werden. Aus diesem Grunde auch hätten sie beschlossen, die Leiche verschwinden zu lassen. Der Prozess wird fortgesetzt.«

Derartige Zeitungsmeldungen erregen die Öffentlichkeit. Schließlich gilt gerade die Familie als ein sozialer Raum, in dem der Einzelne sich geborgen fühlen soll, der frei von Gewalt und Machtmissbrauch ist, in dem man sich gegenseitig hilft und zu verstehen versucht. Wieso kann also ein Vater das Schreien seines Kindes nicht ertragen? Warum kümmert er sich nicht um die Ursachen? Warum stellt die Mutter sich nicht schützend vor den hilflosen Säugling, das eigene Kind? Wie kann sie »fast emotionslos« ihre eigene Tat schildern? Zwar gilt die Familie als Inbegriff des Privaten, doch diese Tatsache bedeutet keineswegs, dass der Einzelne in der Familie außerhalb sozialer Normen stände.

Wenn die allgemeingesellschaftlichen Normen für das Familienleben gelten – reichen dann nicht auch die gesellschaftlichen Zwänge in den familialen Raum hinein? Aufgabe der Familiensoziologie ist es, diese Macht des Gesellschaftlichen aufzudecken, indem sie systematisch erklärt, wie und in welchem Maße soziale Zwänge und Abhängigkeiten in das Familienleben eingreifen, und ihre Hypothesen durch empirische Funde belegt. Im Folgenden werden wir immer wieder auf dieses Zusammenspiel zwischen Gesellschaft und Familie stoßen.

In diesem Kapitel untersuchen wir die Rolle der Familie in der heutigen deutschen Gesellschaft aus einer soziologischen Perspektive. Unser Interesse gilt dabei vor allem den grundlegenden Veränderungen in den *sozialen Strukturen*, wie etwa dem augenfälligen Trend zu kleineren Familien, zur Kinderlosigkeit und zum Single-Dasein. Zahlreiche dieser strukturellen Veränderungen sind das Ergebnis *sozialen Handelns*, u.a. von Scheidungen, von persönlichen Entscheidungen, die Kinderzahl zu beschränken, oder von der Entscheidung, dass beide Eltern ihre Berufslaufbahn weiter verfolgen und gleichzeitig ihre Kinder großziehen. Moderne Gesellschaften bieten den Menschen mehr Optionen zur Gestaltung ihrer Familienstruktur. Gleichwohl betont die deutsche *Kultur* nach wie vor den Wert einer mehr traditionellen Familienstruktur. Politiker stilisieren Familienwerte zu politischen Fragen hoch, um Wähler zu hofieren, die von starken traditionellen Werten geprägt sind und alternative Lebensstile und Familienoptionen strikt ablehnen. In der Tat kommt es vor, dass Menschen, die eine bestimmte Familienstruktur favorisieren, ihre Option durch Einsatz von *Macht*mitteln anderen aufzuzwingen versuchen. Auch innerhalb der Familien, auf einer individuellen Ebene, kommt es oft zu Machtmissbrauch, sowohl physisch (wie im Fall von Kindsmisshandlung) als auch seelisch.

Ein Großteil der Debatte über die Rolle der Familie dreht sich um die Tatsache, dass sich die *funktionale Integration* des Familienlebens in die deutsche Gesellschaft gegenwärtig verändert. Die Familien haben zahlreiche ihrer traditionellen Funktionen abgegeben: Weder stellen sie heute, von Arbeitsplätzen ganz zu schweigen, die grundlegende Pflege und Betreuung der Kinder noch deren Erziehung und medizinische Versorgung bereit. Da gesellschaftliche Institutionen außerhalb der Familie diese Funktionen übernommen haben, spezialisieren sich die Familien zunehmend auf die Bereitstellung von Nahrung und emotionaler Geborgenheit.

Der erste Abschnitt beschreibt die Funktionen und sozialen Strukturen der Familie und deren Variationsbreite innerhalb einer Kultur bzw. zwischen verschiedenen Kulturen. Historisch gesehen haben sich nicht nur die Aufgaben der Familie in Deutschland, sondern auch die familialen Strukturen verändert. Der zweite

Abschnitt beleuchtet diesen Strukturwandel; dabei wird deutlich, dass die traditionelle Kernfamilie – selbst in Deutschland – nur *eine* Familienform unter anderen ist. Auch auf alternative Lebensformen wird in diesem Zusammenhang eingegangen. Die Themen des nächsten Abschnitts sind die Partnerwahl, die Eheschließung und die Ehescheidung. Aus welchen Gründen heiratet man heute überhaupt noch? Warum lassen sich immer mehr Leute scheiden, und welche Folgen hat eine Ehescheidung? Anschließend diskutieren wir – anknüpfend an das eingangs zitierte Beispiel – Fragen der Machtkonstellationen innerhalb der Familie und analysieren verschiedene Ursachen für die familiale Gewalt. Schließlich versuchen wir, eine Prognose für die Zukunft der Familie zu stellen.

FUNKTIONEN UND STRUKTUREN DER FAMILIE

Die Familie ist eine soziale Gruppe, die zumindest zwei Generationen umfasst. Sie zählt zu den verbreitetsten und grundlegendsten Institutionen in allen Gesellschaften, weil sie fundamentale individuelle und kollektive Bedürfnisse zu befriedigen hat.

Funktionen der Familie

In allen Gesellschaften werden der Familie folgende Funktionen zugeschrieben:

- *Befriedigung der Bedürfnisse* nach Liebe und emotionaler Geborgenheit ihrer Mitglieder;
- *Regulierung der Sexualität*: Alle Gesellschaften setzen dem sexuellen Verhalten ihrer Mitglieder Schranken und bestimmen – jedoch mit unterschiedlichen Verbindlichkeitsgraden – wer mit wem sexuelle Beziehungen eingehen darf. Ein Verbot von sexuellen Beziehungen zwischen nahen Familienmitgliedern, das Inzesttabu, gilt in fast allen Gesellschaften;
- die *Selbstrekrutierung* ihrer Mitglieder: Diese Funktion bezieht sich auf ihre biologische Reproduktion und die *Sozialisation* der Kinder. Sozialisation kann definiert werden als sozial vermitteltes Erlernen der Bereitschaft und der Fähigkeit, soziale Erwartungen und Ansprüche der jeweiligen Gesellschaft zu erfüllen, d.h. soziale Rollen auszuüben und zu gestalten. Sie bezweckt die soziale Handlungskompetenz des

Individuums in seinem sozialen Umfeld. Die Familie spielt vor allem in der frühkindlichen Sozialisation in fast allen Gesellschaften eine fundamentale Rolle;
- *Schutz und Fürsorge* gegenüber Säuglingen und Kleinkindern, die ohne Erwachsene zunächst keine Überlebenschancen hätten, und gegenüber Kranken, Pflegebedürftigen und Alten;
- *soziale Platzierung eines Individuums*: Die Struktur der Gesellschaft ist ein kompliziertes Netz von sozialen Rollen und Positionen. Menschen müssen motiviert werden, diese Rollen zu übernehmen, und in der Lage sein, die Anforderungen an diese Positionen angemessen zu erfüllen. In Deutschland und in vielen anderen Ländern wird der Grundsatz der beruflichen Chancengleichheit betont. Jedem soll durch das Schul- und Ausbildungssystem – entsprechend dem geltenden Leistungsprinzip – die gleiche Chance des sozialen Aufstiegs offen stehen. Gleichwohl ist die soziale Position, die der Einzelne in der Gesellschaft einnimmt, in hohem Maße – vor allem auf Grund der familialen Sozialisation – abhängig vom Status seiner Herkunftsfamilie, d.h. von der beruflichen Position der Eltern (insbesondere des Vaters) sowie deren ethnischer Zugehörigkeit.

Variationen in den Familienstrukturen

Die genannten Funktionen der Familie gelten für alle Gesellschaften. Variabel ist allerdings, *wie* sie in den einzelnen Gesellschaften erfüllt werden. Zwar beruht die Familie auf biologischen Gegebenheiten (auf dem Geschlecht der Eltern, der Gebärfähigkeit der Frau und der extremen Hilflosigkeit der kleinen Kinder), doch die Art der Beziehungen zwischen den Familienmitgliedern – überhaupt die Ausgestaltung des Familienlebens – wird von materiellen Bedingungen und sozialen Normen bestimmt und ist nicht »naturbedingt«. Wie stark Familienstrukturen voneinander abweichen können und welche Variationsbreite es in der Organisation der Familienbeziehungen zwischen verschiedenen Kulturen gibt, illustrieren folgende Beispiele:

- Für die Nayar aus Kerala (Indien) ist es selbstverständlich, dass sich – an Stelle des biologischen Vaters – der Mutterbruder an der Erziehung der Kinder beteiligt. Ein Nayarmädchen wird während der Adoleszenz ermutigt, sich mit mehreren männlichen Partnern »einzulassen«. Falls sie schwanger wird, erkennt einer (oder sogar mehrere) ihrer Liebhaber die Vaterschaft an. Sie zahlen für die Geburt des Kindes einen Betrag. Darüber hinausgehende Leistungen oder Verpflichtungen haben sie jedoch gegenüber der Mutter oder

12

In vielen Teilen der Welt sind die Familien formal oder informell erweitert – d.h. die Generationen leben unter einem Dach oder nah beieinander. Die Familienmitglieder unterhalten sehr enge Beziehungen, wenn auch informelle kulturelle Normen die Interaktionsmuster zwischen potenziell problematischen Mitgliedern, etwa die zwischen älteren Frauen und ihren Schwiegertöchtern, festlegen. Die Familien bieten den Neuverheirateten einen finanziellen, sozialen und emotionalen Rückhalt. Das Foto zeigt drei Generationen einer Familie vor ihrer Slum-Hütte in Madurei/Indien.

12

dem Kind nicht zu erbringen, weil für die Versorgung von Mutter und Kind allein die Abstammungslinie der Frau verantwortlich ist. Eigentum und Status gehen hier nicht vom Vater auf den Sohn, sondern vom Mutterbruder auf den Neffen über (Gough 1978).

- Bei den Betsileos von Madagaskar ist es einem Mann erlaubt, mehrere Ehefrauen zu haben. Jede dieser Frauen lebt in einem Dorf, an das ein Reisfeld ihres Mannes angrenzt. Je wohlhabender ein Mann ist – je mehr Reisfelder er besitzt –, desto mehr Frauen kann er ernähren. Die erste und älteste Frau, the big wife, lebt in dem Dorf in der Nähe des besten und produktivsten Reisfeldes ihres Mannes. Der Ehemann lebt hauptsächlich mit dieser Frau, besucht aber die anderen regelmäßig beim Kontrollieren seiner anderen Felder (Kottak 1991).

- Am Fuße des westlichen Himalaja teilen sich die Brüder einer Familie eine Frau. Der älteste Bruder arrangiert die Heirat und seine Brüder werden Mit-Ehemänner. Alle leben zusammen in einem einzigen Haushalt. Jedes Kind, das die Frau bekommt, nennt sämtliche Brüder »Vater«. Den anderen Brüdern steht es frei, als Gruppe zusätzliche Ehefrauen zu heiraten, in diesem Fall teilen sich alle Ehemänner sämtliche Frauen (Berreman 1975).

Man unterscheidet die Familienstrukturen – von einem interkulturellen Standpunkt aus – nach folgenden Kriterien:

Anzahl der Ehepartner

Sowohl kulturell als auch rechtlich gilt in Europa die **Monogamie**, d.h. eine Ehe kann nur zwischen *einem Mann* und *einer Frau* geschlossen werden (nur in wenigen Staaten, wie z.B. in Dänemark, können zwei gleichgeschlechtliche Personen eine Ehe eingehen). Hingegen ist in anderen Gesellschaften die **Polygamie** erlaubt. Man unterscheidet zwischen **Polygynie** (eine Ehe zwischen einem Mann und mehreren Frauen; vgl. das Beispiel über die Betsileos in Madagaskar) und **Polyandrie** (eine Ehe zwischen einer Frau und mehreren Ehemännern; z.B. in Nordindien);

Zusammensetzung des Haushalts

Leben nur die Ehefrau, der Ehemann und ihre leiblichen Kinder zusammen, sprechen wir von der **Kernfamilie**. Diese Familienform ist die verbreitetste Familienstruktur in Europa, den USA, Kanada, Australien, Neuseeland und setzt sich immer stärker auch in anderen Ländern durch. Leben mehrere seitenverwandte, familienfremde Personen oder zwei Kernfamilien der horizontalen Verwandtschaftslinie (z.B. zwei Brüder mit ihren Familien) in einem Haushalt zusammen, bezeichnen wir diese Familienstruktur als **erweiterte Familie**;

Anzahl der vertikalen Generationen

Zwei oder mehrere Kernfamilien in vertikaler Generationenfolge bezeichnen wir als **Mehr-Generationen-Familie**. Unter Berücksichtigung der Zahl der Generationen sprechen wir z.B. von Zwei-, Drei- oder Vier-Generationen-Familien, wobei nicht immer jede Generation beide Ehepartner umfassen muss. Die zuletzt genannte Vier-, sogar die Fünf-Generationen-Familie, nimmt in allen Industriestaaten durch die steigende Lebenserwartung zahlenmäßig immer stärker zu. Für die Existenz einer »Mehr-Generationen-Familie« ist es nicht erforderlich, dass ihre Mitglieder zusammenwohnen;

Wohnsitz

Man unterscheidet zwischen **patrilokalen**, **matrilokalen** und **neolokalen** Familien;

Abstammungslinien

In den westlichen Gesellschaften (Europa, USA, Kanada, Australien, Neuseeland usw.) gelten die Kinder sowohl mit der mütterlichen als auch mit der väterlichen Abstammungslinie als verwandt. Man bezeichnet dieses Verwandtschaftssystem als **bilateral**. Es findet aber nicht in allen Gesellschaften Anwendung; nach G.P. Murdocks Erhebung (1949) galt es nur in 30 Prozent der 250 von ihm untersuchten Gesellschaften. Verbreiteter sind die **patrilinearen** Abstammungslinien (= 40 Prozent). Hier ist das Kind nur mit den Angehörigen der väterlichen Seite verwandt. Seltener (= 20 Prozent) ist die **matrilineare** Abstammungslinie, eine Verwandtschaftszurechnung nur mit der mütterlichen Linie; am seltensten hingegen sind die Gesellschaften, in denen beide Abstammungslinien – sowohl die matrilineare als auch die patrilineare – nebeneinander bestehen (10 Prozent). Matrilineare Abstammungslinien korrespondieren mit Matrilokalität und patrilineare Herkunftslinien mit patrilokalen Wohnformen;

Rollenbesetzung

Zuweilen spricht man in der Familiensoziologie noch von »unvollständigen Familien« im Gegensatz zu »vollständigen«, wenn eine der familialen Rollen, z.B. durch Tod oder durch Scheidung, nicht besetzt ist, etwa die des Vaters oder der Mutter. Da diese Klassifizierung eine Bewertung einschließt, vermeidet man heute in der Regel in der Familiensoziologie diese Bezeichnungen und spricht statt dessen von *Eltern-Familien* (auch *Zwei-Eltern-Familien* genannt) und von **Ein-Eltern-Familien** bzw. von **Mutter-Familien** und **Vater-Familien**;

Autoritätsverhältnisse

Theoretisch sind drei Autoritätsmuster denkbar: das Patriarchat, das Matriarchat und egalitäre Machtstrukturen. Historisch gesehen hatte das Patriarchat in vielen Staaten eine rechtliche Basis: Es existierte sowohl bei den Griechen, Römern, antiken Juden als auch in vielen Gesellschaften der Neuzeit. Sieht man einmal von der Amazonen-Sage ab, war das Matriarchat nirgends die Norm. Zudem fiel in den meisten matriarchalisch strukturierten Gesellschaften dem Bruder der Frau eine bestimmte Machtkompetenz zu. Heute finden egalitäre Autoritätsstrukturen mehr und mehr Verbreitung. In modernen Gesellschaften ist die Gleichheit zwischen den Geschlechtern eine gesetzlich verankerte soziale Norm, wenngleich in der sozialen Realität noch viele patriarchalische Strukturen und Relikte weiter bestehen.

Halten wir fest: Familienstrukturen variieren von Gesellschaft zu Gesellschaft und unterliegen historischen Veränderungen. Selbst innerhalb eines einzigen Kulturbereiches können Familien unterschiedliche Strukturen haben. Dies trifft auf das geschichtliche Europa zu und gilt in besonderem Maße für die Gegenwart. Wir werden uns später mit den verschiedenen zur Zeit in Deutschland existierenden Familienformen befassen. Zunächst aber wollen wir einige allgemeine familiale Veränderungsprozesse beschreiben.

DIE KERNFAMILIE

Die traditionelle Vorstellung von der Familie und ihre heutige Realität

In einer TV-Sendereihe mit dem Titel »Ein Herz und eine Seele« wurde in den 1970er Jahren und in späteren Wiederholungen ein Prototyp eines deutschen »Spießbürgers« namens Alfred Tetzlaff gezeigt, der mit seinen reaktionären Sprüchen jedes Mal hohe Einschaltquoten garantierte. Mit seinem Schwiegersohn Michael, dem »langhaarigen Anarchisten«, lag er sich ständig in den Haaren; und seine Frau Else, deren Lebensinhalt ihr Haushalt war, war gut beraten, wenn sie nicht allzu oft ihrem Mann widersprach. Die Tochter Rita wurde als ebenso naiv wie ihre Mutter gezeigt, hatte aber eine eigene politische Meinung, die der von Michael ähnelte. Als permanenter »Meckerer«, Nörgler und Familientyrann sorgte das »Ekel Alfred« für anregende Unterhaltung und löste manche Diskussion über »die« deutsche Familie aus. Viele Szenen zeichneten eine bestimmte familiale Realität nach, wenn auch zum Teil durch ihre starke »Verdichtung« in überspitzter Form. Aber gerade darüber lachte das Fernsehpublikum – und das auch heute noch! Im Prolog zur ersten Folge vom 15.1.1973 wurden die damals wie heute gültigen Normenvorstellungen über die traditionelle Familie ironisiert:

»Noch vor vielen Jahren war eine Familie unbezweifelte Basis einer geordneten Gesellschaft. Da war eben, kurz gesagt, eine Familie noch eine Familie. Heute ist das leider anders. Die allgemeinen Auflösungserscheinungen haben bedauerlicherweise auch vor dieser kleinsten Zelle der Nation nicht haltgemacht. Das muss anders werden, meinen wir. Eine Familie muss wieder wie früher ein sicherer Hafen in dieser unsicheren Welt sein, wo jeder, Vater, Sohn, Mutter oder Tochter, wieder den Platz einnimmt, den ihm die Natur zugewiesen hat. Nicht allein auf sich gestellt dürfen wir den Lebenskampf bestreiten, sondern als harmonische Gemeinschaft.«

Mit Fernsehsendungen wie dieser wurde die Frage gestellt, ob »die deutsche Familie« wirklich »ein Herz und eine Seele« ist, wie Alfred Tetzlaff sie in seiner reaktionären Art gerne hätte – oder »krisengeschüttelt«, wie viele Deutsche heute die Familie sehen. Viele wünschen sich die »heile Familie« zurück wie Alfred Tetzlaff, der als Verfechter traditioneller Familienvorstellungen – mit der Realität konfrontiert – an nostalgischen Vorstellungen festhalten will.

Idealisierte Vorstellungen über »die« Familie hat es zu allen Zeiten gegeben. Man wünschte sich stets ein harmonisches und konfliktfreies Leben in einer Großfamilie, in der jedes Familienmitglied für die anderen sorgte: Eltern für die Kinder und die Jungen für die Alten. Doch man muss zwischen einem familialen Ideal und der Familienrealität unterscheiden. So galt – und gilt zum Teil noch heute – als Familienideal die hochbürgerliche Familienform, wie sie sich Ende des 18. Jahrhunderts in dieser Schicht allmählich etabliert hatte: Die Ehefrau und Mutter ist nicht außerhäuslich erwerbstätig, sondern lediglich für Haushalt und Kindererziehung zuständig; der Ehemann und Vater hat die zentrale Rolle des Familienernährers inne, ist für alle übrigen Respektperson und vertritt die Familie in der Öffentlichkeit.

Doch weder auf dem Land noch in kleineren Gewerbebetrieben oder in der Arbeiterschicht waren diese Familienstrukturen – vor allem was die Rolle der Frau angeht – weit verbreitet. Erst in den 1950er und 1960er Jahren, dem *golden age of marriage*, wie es in der amerikanischen Familiensoziologie bezeichnet wird, stimmten Ideal- und Realbild in allen sozialen Schichten weitgehend überein. Der Mann übte das juristische Bestimmungsrecht über die Erziehung der Kinder aus; er entschied über den Wohnort der Familie, über größere finanzielle Ausgaben der Familie, ferner ob seine Frau erwerbstätig sein durfte oder nicht, usw. Die Quote der erwerbstätigen Mütter war damals am geringsten, die der Eheschließungen hoch. Man heiratete in einem früheren Alter als zuvor (und als heute), und die Zahl der Ehescheidungen war niedrig.

Ende der 1960er Jahre wurde dieses traditionelle Familienideal zuerst von der Studenten- und anschließend von der Neuen Frauenbewegung in Frage gestellt. Grundlegende sozialstrukturelle und normative Veränderungen (sogar Gesetzesänderungen wie die Abschaffung des »Kuppeleiparagrafen« 1973, die Neufassung des Familienrechts 1976/77) haben seitdem neue Alternativen und soziale Handlungsspielräume eröffnet und sowohl das Idealbild der Familie als auch die familiale Realität selbst verändert.

Seit den 1970er Jahren hat die Vielfalt privater Lebensformen stark zugenommen. Der Trend zu kleineren Familien, kinderlosen Ehen, Ein-Personen-Haushalten, zur außerhäuslichen Erwerbstätigkeit von Müttern, vor allem auch mit kleinen Kindern, zu egalitäreren Entscheidungsstrukturen zwischen den Ehepartnern hält unvermindert an. Auch die Zahl der Ehescheidungen ist seither gestiegen. Parallel zu diesem familialen Wandel wird in der Öffentlichkeit und Wissenschaft diskutiert, ob die nicht-traditionellen Familienformen (Ein-Eltern-Familien, Nichteheliche Lebensgemeinschaften mit Kindern, Familien mit erwerbstätigen Müttern, Stieffamilien) sich auf den Sozialisationsprozess von Kindern nachteilig auswirken. Im nächsten Abschnitt werden wir dieser Frage nachgehen.

Zunächst gibt es »die« Familie heute so wenig wie in der Vergangenheit. Zweifellos haben moderne Familien weniger Mitglieder als früher; sie definieren sich in der Regel als eine relativ geschlossene Einheit gegenüber der Öffentlichkeit und grenzen sich von anderen Familien durch Privatheit bzw. Intimität ab. Die strikte innerfamiliale Rollenverteilung und die Zahl der Familien mit alleinverdienendem männlichem »Familienoberhaupt« haben stark abgenommen. Vor allem ist die Kinderzahl in den Familien zurückgegangen. Häufig wird behauptet, in Deutschland gebe es überhaupt nur noch Ein-Kind-Familien. Stimmt das? Und warum wollen heute Eltern nur noch wenige Kinder? Man könnte umgekehrt die Frage stellen: Warum wollen Eltern überhaupt noch Kinder? Im Folgenden wollen wir versuchen, diese Frage zu beantworten.

Die heutige Kinderzahl in den Familien

Nach dem »Baby-Boom« in den 1960er Jahren hat es in Deutschland einen drastischen Geburtenrückgang gegeben. In der DDR wurde ein kurzzeitiger Wiederanstieg durch familienpolitische Maßnahmen erreicht. So betrug in der DDR 1987 die durchschnittliche Kinderzahl pro Frau 1,9 gegenüber nur 1,4 Kindern in der alten Bundesrepublik (Nave-Herz 1992:91). Seit dieser Zeit

Schaubild 12.1: Lebendgeborene im Ländervergleich 2000 (je 1.000 Einwohner)

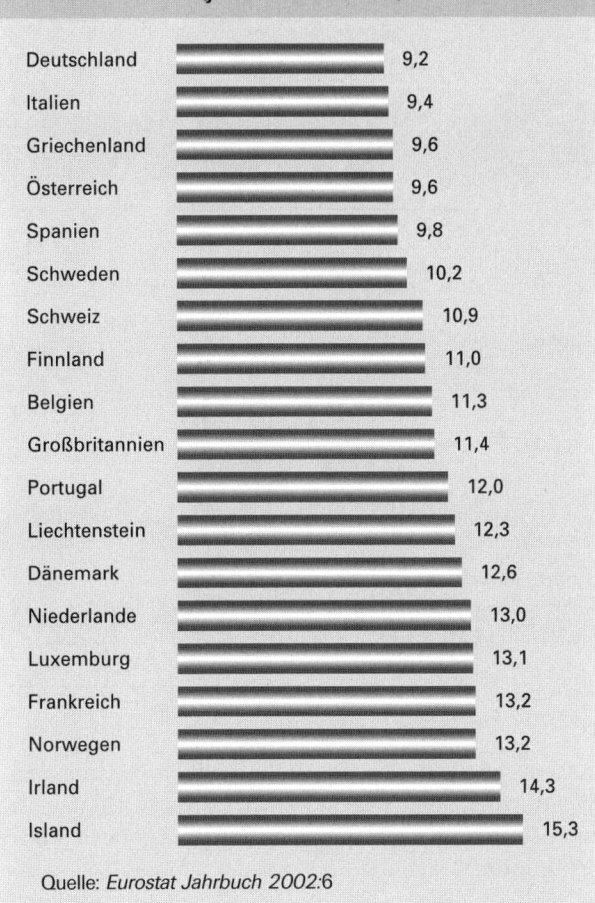

Deutschland	9,2
Italien	9,4
Griechenland	9,6
Österreich	9,6
Spanien	9,8
Schweden	10,2
Schweiz	10,9
Finnland	11,0
Belgien	11,3
Großbritannien	11,4
Portugal	12,0
Liechtenstein	12,3
Dänemark	12,6
Niederlande	13,0
Luxemburg	13,1
Frankreich	13,2
Norwegen	13,2
Irland	14,3
Island	15,3

Quelle: *Eurostat Jahrbuch 2002*:6

Viele Faktoren haben einen Einfluss auf die Familiengröße: das Alter der Ehepartner, die Art der Paarbeziehung, ihre finanzielle Lage, die Erfahrung mit Kindern sowie die Berufsorientierung der Frau. Vor allem aber haben sich die Gründe verändert, warum Eltern sich heutzutage Kinder wünschen. In vergangenen Jahrhunderten wurden Kinder, insbesondere in agrarisch strukturierten Gesellschaften, als spätere Arbeitskräfte geschätzt. Darüber hinaus stellten sie für die Eltern eine Art »Alters- und Krankenversicherung« dar. Heute hingegen verbinden viele mit Kindern nur noch immaterielle Werte wie die Befriedigung emotionaler Bedürfnisse, die Freude, sie aufwachsen zu sehen; man schätzt das Zärtlichsein mit ihnen, und dazu reichen ein oder zwei Kinder aus (vgl. Nave-Herz 1994).

Der Geburtenrückgang in Deutschland hat also nichts mit einer grundsätzlichen Ablehnung von Familie und Kindern zu tun, sondern ist auf einen Funktionswandel der Kinder zurückzuführen.

Selbst die weit überwiegende Mehrheit kinderloser Frauen wollte ursprünglich Kinder, konnte sich aber ihren Kinderwunsch nicht erfüllen. In Deutschland stehen vor allem strukturelle und normative Barrieren der Verwirklichung des Kinderwunschs entgegen. Einerseits engagieren sich kinderlose Frauen oft stark in ihrem Beruf, andererseits antizipieren sie die Probleme, mit denen sie die Verbindung von Beruf und Familie konfrontiert. Sie schieben daher die Einlösung ihres Kinderwunschs zeitlich immer weiter hinaus – in der Hoffnung, dieses Problem irgendwann besser lösen zu können, bis es häufig zu spät ist.

Zunehmende Kinderlosigkeit ist in Deutschland also eine Folge sozio-struktureller Veränderungen: des gestiegenen Bildungsniveaus und des damit verbundenen hohen Berufsengagements der Frauen. Nach wie vor fehlen Infrastruktureinrichtungen (Krippen, Kindergärten, Ganztagsschulen und Horte), während die traditionellen familialen Leitbilder bzw. die traditionellen »Mutterbilder« weiter konserviert werden (Schuchard/Speck 1997).

Familien mit erwerbstätigen Müttern

Seit 1882 werden amtliche Statistiken über die Erwerbstätigkeit von Frauen in Deutschland geführt. Zeitlich gesehen spiegeln sie keine großen quantitativen Veränderungen wider (Sommerkorn/Liebsch 2002). Lediglich die Zahl der *erwerbstätigen Mütter* hat – vor allem in den letzten 25 Jahren – stark zugenommen. Ihr Anteil

fiel die Geburtenquote in beiden Teilen Deutschlands stetig, besonders stark aber nach der Vereinigung 1990 in den neuen Bundesländern (1993 = 0,8 pro Frau). Gegenwärtig beträgt sie für die gesamte Bundesrepublik 1,3 (= 2002; *Eurostat Jahrbuch* 2002:6). Im Vergleich zu anderen europäischen Staaten ist die Zahl der Lebendgeborenen in Deutschland sehr gering.

Statistisch gesehen war der Rückgang der Geburtenzahlen eine Folge der Abnahme von Familien mit drei und mehr Kindern, der Zunahme von Ein-Kind-Familien und der zunehmenden Kinderlosigkeit in Deutschland. Gleichwohl hat sich die Bundesrepublik nicht zu einer Einzelkind-Gesellschaft entwickelt: Nur 24,4 Prozent aller Kinder wachsen in dieser Familienform auf; 48,4 Prozent aller Kinder haben zumindest eine Schwester oder einen Bruder, und 19,1 Prozent sammeln Erfahrungen mit mehreren Geschwistern. Allerdings leben heute weit mehr Kinder (über zwei Drittel) als früher in Kleinfamilien (Bauereiss u.a. 1997:22).

ist ständig gestiegen: 1950 war nur jede vierte Frau mit Kindern unter 18 Jahren erwerbstätig, 1960 jede dritte, 1997 bereits etwas mehr als jede zweite. Selbst von den Müttern mit Kindern unter sechs Jahren gehen über ein Drittel in den alten und zwei Drittel in den neuen Bundesländern einer Erwerbstätigkeit nach. In Ostdeutschland ist also – trotz der derzeit hohen Arbeitslosenquote – auch heute noch die Erwerbstätigkeit von Müttern verbreiteter als in den alten Bundesländern. Sie war in der DDR viel stärker zu einer kulturellen und politischen Selbstverständlichkeit geworden und ist es nach der »Wende« geblieben (vgl. Wissenschaftlicher Beirat für Frauenpolitik beim BMFJ 1993).

Allerdings gibt es quantitative Unterschiede bei erwerbstätigen Müttern hinsichtlich der Zahl ihrer Kinder, ihres Familienstands und ihres Ausbildungsniveaus. Alleinerziehende Mütter sind am häufigsten erwerbstätig; sie sind auch in stärkerem Umfang ganztags beschäftigt. Die Zahl von Familien mit erwerbstätigen Müttern läge sogar noch höher, würde man die Gruppe erwerbstätiger Frauen mitberücksichtigen, die in »geringfügigen Arbeitsverhältnissen« beschäftigt sind.

Ein Grund für die zunehmende Zahl erwerbstätiger Mütter ist die stärkere Berufsorientierung der Frauen seit den 1960er Jahren. Immer mehr Frauen nahmen damals eine außerhäusliche Berufsarbeit nicht nur wegen der wirtschaftlichen Vorteile auf, sondern sahen in ihr auch ein Mittel der Selbstverwirklichung. Berufsarbeit wurde für sie zu einer Basis für ein eigenständiges Leben. Dieser Trend setzte sich verstärkt in den 1970er Jahren fort. In der Literatur sprach man von der »Doppelorientierung der Frauen« in Westdeutschland. Immer mehr Frauen, insbesondere junge mit qualifizierten Ausbildungsabschlüssen, wollten damals – und wollen auch heute – weder auf Beruf noch Familie verzichten. Für die Frauen in der DDR war diese Einstellung schon viel früher normal.

Diese Doppelorientierung hat aber zu einer spezifischen Problematik im Lebenszusammenhang von Frauen geführt, die bis heute andauert: Weder der Arbeitsbereich noch die Familie nehmen aufeinander Rücksicht! Der Beruf erfordert den Einsatz der »ganzen« Person; die arbeitsfreie Zeit soll der Erholung oder – unter dem Aspekt der Arbeitsproduktivität gesehen – der »Regenerierung der Arbeitskraft« dienen. Die Freizeit von erwerbstätigen Müttern ist aber auf Grund der bestehenden geschlechtsspezifischen familialen Arbeitsteilung sehr knapp bemessen. Auf sie wartet, wie Arlie Hochschild und Anne Machung (1989) es formulierten, nach dem Beruf noch eine »zweite Schicht«.

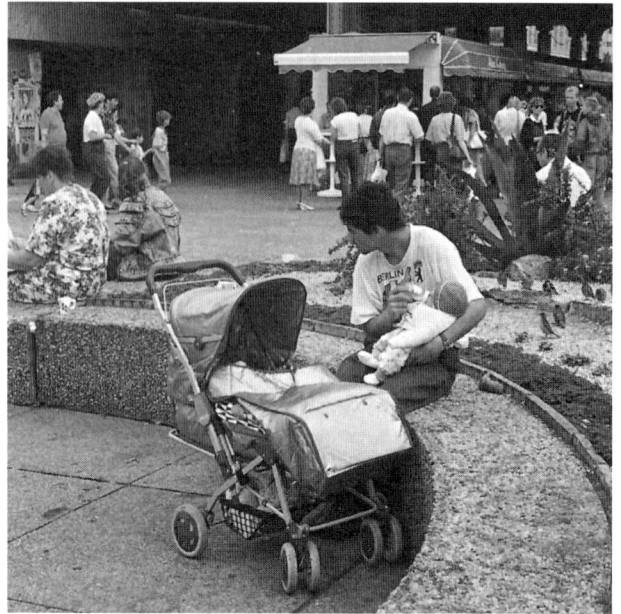

Die sich verändernde Dynamik der Doppelverdienerehe erlaubt es Männern, an gewissen Formen der Kinderbetreuung und des Familienlebens teilzunehmen, die früher ausschließlich Frauensache waren. Oft beginnt das gewachsene Partnerschaftsgefühl der Eltern füreinander damit, dass Väter mehr an den frühesten Lebensstadien ihrer Kinder teilnehmen.

Obgleich beide, Frauen und Männer, sich einig sind, dass die ungleiche Verteilung der Hausarbeit unfair ist, hat sich nichts daran geändert. Selbst in jungen Familien kümmert sich die Frau um den Haushalt, und der Mann fasst gelegentlich und ausnahmsweise mit an – unabhängig davon, ob die Frau erwerbstätig oder wie stark ihre berufliche Belastung ist. Eine Ausnahme bilden allein Ehepaare, bei denen beide Ehepartner in einem qualifizierten Beruf mit höherem Einkommen tätig sind, weil es hier nicht viele häusliche Pflichten gibt, die zu teilen wären. Sie können den größten Teil der Hausarbeit an bezahlte Haushaltshilfen delegieren und sich zumeist auch eine »Kinderfrau« oder eine »Tagesmutter« für die Betreuung ihrer Kinder leisten. Hingegen steht die Mehrzahl der Mütter – vor allem in Deutschland, weniger in den skandinavischen Ländern – vor dem Problem, einen bezahlbaren und ihren Ansprüchen gemäßen Krippen- oder Hortplatz für ihr Kind zu finden.

Ein weiterer Umstand kommt hinzu. In den letzten 30 Jahren hat die Zahl der Großeltern, die ihre Enkel während der Arbeitszeit ihrer Töchter oder Schwiegertöchter versorgen, abgenommen. Warum? Wollen sie den jungen Müttern nicht mehr so gern helfen wie die früheren Großeltern-Generationen, oder haben sie weniger Interesse an ihren Enkeln? Nein! Viele empirische Untersuchungen belegen, dass nach wie vor eine enge Beziehung zwischen Großeltern, Eltern und Enkeln besteht und sie sich gegenseitig mit materiellen wie immateriellen Hilfeleistungen unterstützen (Vaskovics u.a. 1992; Mayer/Baltes 1996). Doch immer weniger Großmütter sind heute zeitlich in der Lage, sich an der Kinderbetreuung zu beteiligen, da parallel zum Anstieg erwerbstätiger Mütter auch die Zahl der erwerbstätigen Großmütter zugenommen hat.

Trotz des hohen Anteils an erwerbstätigen Müttern in Deutschland ist die Mehrzahl der deutschen Bevölkerung – jedenfalls in den alten, weniger in den neuen Bundesländern – der Ansicht, dass sich die berufsbedingte mütterliche Abwesenheit nachteilig auf die Entwicklung von Kindern auswirkt: Mütter von Kindern unter drei Jahren, so meint die Mehrheit, sollten nicht erwerbstätig sein. Zahlreiche empirische Untersuchungen belegen jedoch, dass diese Einstellung dem höchst komplexen Sozialisationsprozess nicht gerecht wird. Sicher wäre es falsch, aus der Erwerbstätigkeit von Müttern als solcher etwas über die Risiken oder Chancen für die kindliche Entwicklung abzuleiten. Viele Faktoren spielen in ihr eine Rolle; sie können sich gegenseitig kompensieren oder auch verstärken, wie z.B. der Grund der Erwerbstätigkeit der Mutter, ihre Einstellung zur Berufsarbeit, die Arbeitsbedingungen und -zeiten, die Einstellung des Ehemannes zur Erwerbstätigkeit seiner Frau, die Qualität der Ersatzbetreuung, die Einstellung der Betreuerin zu ihrer Tätigkeit u.v.m. Gleiches gilt im Hinblick auf die Sozialisation von Kindern durch »Ganztags-Hausfrauen«. Auch hier sind zu berücksichtigen: die mütterliche Zufriedenheit und die Einstellung der Mutter zur Hausfrauenrolle, die Einstellung des Mannes zur Nichterwerbstätigkeit seiner Frau, ökonomische Belastungen u.a.m. (Künzler 1994).

Die Ein-Eltern-Familie

Vor einiger Zeit waren in einer Tageszeitung folgende Sätze über das »typische neue Kind« zu lesen: »Seine Eltern sind geschieden. Es hat keine Geschwister und lebt bei der Mutter. Familienerziehung hat es nie erfahren.«

An dieser Charakterisierung ist fast alles falsch. Vor allem in ihrer Generalisierung ist sie unzutreffend. Mit der Geschwisterzahl haben wir uns bereits in einem früheren Abschnitt beschäftigt und wissen, dass Deutschland keine Einzelkind-Gesellschaft ist. Alles andere als »typisch« ist es für Kinder, in einer Scheidungsfamilie aufzuwachsen, auch wenn die Zahl der Ein-Eltern-Familien in den letzten 25 Jahren in der Bundesrepublik stetig zugenommen hat. Ihr Anteil an allen Familienformen mit Kindern unter 18 Jahren beträgt heute 21,6 Prozent (Stat. Jahrb. 2001:64).

Entgegen der oben zitierten Pressemitteilung bilden die Kinder, die in Deutschland in einer Ein-Eltern-Familien aufwachsen, eine Minderheit. Noch immer leben über 90 Prozent aller Kinder mit ihren leiblichen Eltern zumindest bis zum Alter von vier Jahren zusammen. Bis zum Alter von 18 Jahren reduziert sich dieser Anteil allerdings auf etwa 80 Prozent (Nave-Herz 2002:24f.). Richtig an der Pressemitteilung ist lediglich, dass die Kinder von Ein-Eltern-Familien zumeist in einer Mutter-Familie aufwachsen. Der Anteil von Vätern an allen Alleinerziehenden liegt bei nur 17 Prozent (Stat. Jahrb. 2001:64).

Alleinerziehende Mütter klagen häufig über die Belastungen der Alleinverantwortung. So schreibt eine Mutter in einem Leserbrief:

»Als alleinerziehende Mutter von vier Kindern weiß ich aus erster Hand, dass ein Elternteil allein es unmöglich schaffen kann, dem Erziehungsauftrag gerecht zu werden. Psychische Schäden bei den Kindern sind vorprogrammiert, auch wenn sicher nicht alle zu gewalttätigem Verhalten führen. Auch die mangelhafte staatliche Unterstützung alleinerziehender Elternteile prangere ich an. Solange Eltern aus finanziellen Gründen (und nicht etwa wegen des Zweitwagens) gezwungen sind, von zu Hause abwesend zu sein, die Kinder- und Jugendbetreuung aber nicht ausreichend gewährleistet ist (zu langsame Einführung der verlässlichen Grundschule, zu niedriger Sozialhilfesatz) werden Alleinerziehende weiterhin mit schlechtem Gewissen ihre Kinder sich selbst überlassen müssen und sich vor den Folgen fürchten.« (*Nordwest Zeitung vom 10.12.1990*)

Häufig ist die wirtschaftliche Lage von alleinerziehenden Müttern (weniger von alleinerziehenden Vätern) sehr schlecht. Unter allen Sozialhilfeempfängern ist die Zahl der Mutter-Familien am höchsten (also nicht die Zahl der jungen oder alten Allein- oder in einer Partnerschaft Lebenden, der Ehepaare mit Kindern oder der Vater-Familien). Dennoch lässt sich daraus nicht verallgemeinern, dass alle alleinerziehenden Mütter zu der Gruppe der Armen in unserer Gesellschaft gehören. Ausweislich vieler empirischer Untersuchungen über Ein-Eltern-Familien gibt es unter ihnen eine große Variationsbreite, und zwar sowohl in Bezug auf die finanzielle Basis, den Erziehungsstil, das »Familienklima« und die Außenkontakte, wie auch darauf, ob die Wohnung mit einem Partner geteilt wird usw.

12

Psychische Schäden sind bei Alleinerziehung nicht »vorprogrammiert«, wie die Leserbrief-Schreiberin meint. Auch in Zwei-Eltern-Familien hat oft ein Elternteil die Hauptlast der Erziehung zu tragen, weil der Ehepartner beruflich bedingt länger abwesend ist.

Im Übrigen sind es bei beiden Familientypen die gleichen Faktoren, die für die Sozialisation der Kinder ausschlaggebend sind: Vor allem sind dies die häusliche Atmosphäre und die Finanz- und Wohnsituation, aber auch der Lebensstil sowie die kulturellen Erwartungen.

Die Stieffamilie

Die Zahl von Ein-Eltern-Familien wäre noch höher, würde nicht ein Teil der alleinerziehenden Eltern eine neue Ehe eingehen. So ist in Deutschland, vor allem wegen der Zunahme der Ehescheidungen, auch die Zahl der Stieffamilien gestiegen. Von allen Kindern in Deutschland wachsen aber nur 0,6 Prozent in Stieffamilien auf (Nauck 1991).

In der vorindustriellen Zeit waren Stieffamilien sehr viel verbreiteter als heute. Auf Grund der geringeren Lebenserwartung von Frauen (z.B. infolge von Geburtskomplikationen, Kindbettfieber) überwogen damals die Stiefmutter-Familien gegenüber den Stiefvater-Familien. Heute ist die quantitative Verteilung umgekehrt: das Verhältnis Stiefvater-Familien zu Stiefmutter-Familien beträgt 80 : 20 (Nauck 1991).

Krähenbühl u.a. (1986) unterscheiden auf Grund der Entstehungsursachen bzw. auf Grund des vorherigen Familienstandes des wiederverheirateten leiblichen Elternteiles fünf Typen von Stieffamilien:

- Stiefmutter-Familie: Der leibliche Vater heiratet nach dem Tode der Ehepartnerin oder nach der Scheidung eine Frau, die selbst keine eigenen Kinder in den Haushalt mitbringt;
- Stiefvater-Familie: Die leibliche Mutter heiratet einen Partner, der keine eigenen Kinder in den Haushalt mitbringt;
- legitimierte Stieffamilie: Die Mutter eines nichtehelichen Kindes heiratet einen anderen Mann als den Vater des Kindes;
- zusammengesetzte/komplexe Stieffamilie: Beide Partner haben Kinder aus einer früheren Ehe in die Haushaltsgemeinschaft mitgebracht;
- Stieffamilie mit gemeinsamem Kind bzw. gemeinsamen Kindern, die zuvor in einer nichtehelichen Partnerschaft zusammenlebte.

Welche besonderen Charakteristika weisen Stieffamilien auf? Zunächst unterscheiden sie sich durch ihre Entstehungsgeschichte von anderen Familien und sind durch eine Erweiterung des verwandtschaftlichen Netzes gekennzeichnet. Heiraten beide Elternteile nach einer Scheidung erneut, kommen zu den leiblichen Großeltern noch Stiefgroßeltern hinzu. Leider gibt es keine Untersuchung in Deutschland, die Auskunft über die Art der Beziehungen zu den neuen Stiefgroßeltern gibt. Aus den USA ist bekannt, dass aus der neuen großen Verwandtengruppe bestimmte Personen je nach persönlicher Neigung als Freunde ausgewählt oder zu Verwandten erklärt werden (Stacey 1990).

Stieffamilien sind in Deutschland vor allem mit dem Problem fehlender Rollendefinitionen konfrontiert. Viele Stiefeltern wissen nicht, was von ihnen erwartet wird: Sollen sie sich als Mutter bzw. Vater, als Freundin bzw. Freund oder als Verwandte verhalten? Auch ihre Zuständigkeit in Erziehungsfragen ist meist nicht eindeutig festgelegt. Oft haben sie unrealistisch hohe Vorstellungen von der neuen Beziehung zu ihrem Stiefkind, möchten den Platz des getrennt lebenden leiblichen Elternteils einnehmen und erwarten deshalb Liebe, Akzeptanz, Gehorsam und Respekt von dem Stiefkind im selben Maße, wie ein »echter Elternteil« sie sich wünscht (Cherlin/Furstenberg 1994). Entsteht eine emotionale Beziehung zu einem Stiefelternteil, dann haben die Kinder oft das Gefühl, ihrem getrennt lebenden leiblichen Vater oder ihrer Mutter »untreu« zu werden.

Das »Klima« in einer Stiefelternfamilie ist abhängig von verschiedenen Faktoren: z.B. vom Alter der betroffenen Kinder (jüngere Kinder akzeptieren eher als ältere die Stiefeltern als »echte« Eltern), von der Kontakthäufigkeit zum getrennt lebenden Elternteil und von der Beziehung zwischen dem Stiefeltern- und dem biologischen Elternteil.

In den USA sind seit den 1980er Jahren zahlreiche Untersuchungen über Stieffamilien, Stiefkinder und Zweitehen durchgeführt worden. Aber ihre Ergebnisse sind – wegen des unterschiedlichen sozialen und kulturellen Systems beider Staaten – kaum auf deutsche Verhältnisse übertragbar. Über die Stiefelternproblematik in der Bundesrepublik wissen wir nur wenig; vor allem fehlen sowohl quantitative wie qualitative empirische Untersuchungen. Nur Fallbeispiele aus der therapeutischen Praxis, Fachaufsätze aus der Sozialarbeit sowie juristische Abhandlungen liegen vor.

PARTNERWAHL, EHESCHLIEßUNG UND EHESCHEIDUNG

Partnerwahl und Eheschließung

Die **Ehe** ist eine durch Sitte oder Gesetz anerkannte, auf Dauer angelegte Form der Partnerschaft zwischen zwei oder mehreren Personen, die gegenseitige wirtschaftliche und sexuelle Rechte und Pflichten einschließt. Die Legitimierung beschränkt sich in fast allen Gesellschaften auf gegengeschlechtliche Beziehungen (vgl. Abschnitt »Variationen in den Familienstrukturen«).

In allen Gesellschaften hängt die Wahl des Ehepartners nicht nur von persönlichen Präferenzen ab, sondern wird von sozialen Faktoren mitbestimmt. Allerdings dominiert in westlichen Ländern die Vorstellung von einer grundsätzlich freien und völlig persönlichen Entscheidung für einen bestimmten Partner, die allein auf einer emotionalen Beziehung, der so genannten romantischen Liebe, beruht.

Auch die Höhe des Heiratsalters wird von konkreten gesellschaftlichen und individuellen Bedingungen, weniger von biologischen Reifungsprozessen bestimmt. Das Eheschließungsalter hat sich z.B. in Deutschland in den letzten 20 Jahren stark in die höheren Altersgruppen hinein verschoben. Warum? Im Folgenden wollen wir dieser Frage nachgehen. Zuvor aber beschreiben wir verschiedene kulturelle Formen der Partnerwahl.

Arrangierte Heiraten

»Ganz schön verrückt erscheint es mir im Rückblick: Mit 25 habe ich geheiratet, ohne verliebt gewesen zu sein. Jetzt – drei Jahre später – finde ich die Beziehung zu diesem brillanten Mann interessant […].« So beschrieb Shoba Narayan ihre arrangierte Heirat mit einem indischen Landsmann (*New York Times*, 4.5.1995). Shoba, eine amerikanische Studentin, dachte, sie hätte sich an die individualistisch geprägte westliche Welt angepasst: Eines Tages würde sie sich verlieben und irgendwann einen Mann heiraten, der nicht aus Indien stammt. Sie hatte sich auch schon verliebt, aber herausgefunden, dass es für eine Ehe nicht reichen würde. Also stimmte sie ihren Eltern zu, als sie ihr anboten, einen »passenden« Lebenspartner für sie zu suchen. Zuerst wurde ihr Horoskop mit dem eines potenziellen Heiratskandidaten nach Religion, Kaste und sozialer Klasse verglichen. Anschließend trafen sich ihre Eltern mit denen des potenziellen Ehemannes, um die Überein-

stimmungen zu prüfen. Die letzte Entscheidung lag bei dem Paar selbst. Nach einer kurzen Verlobungszeit war Shoba mit einer Hochzeit einverstanden. Die ersten zwei Jahre nach der Hochzeit waren eine Kennenlernzeit, in der sich die beiden Partner tatsächlich ineinander verliebten.

Arrangierte Ehen werden aus unterschiedlichen Gründen bevorzugt. Die Gesellschaften, die sie kennen, stimmen aber darin überein, dass die Partnerwahl zu wichtig sei, um sie den jungen Leuten selbst zu überlassen. Manchmal arrangieren Erwachsene sogar Ehen für ihre Kinder, ohne sie zu Rat gezogen zu haben. Und es kommt vor, dass sich das Paar bis zu seinem Hochzeitstag nicht einmal kennen gelernt hat.

Diese arrangierten Partnerwahlen sind vor allem in jenen Gesellschaften weit verbreitet, in denen die Mehr-Generationen-Familie, insbesondere in den besitzenden Schichten, die Norm ist. Die Ehepartnerin wird ein neues Mitglied des gesamten Familienverbandes, in dem alle bestimmte Pflichten, festgelegte Tätigkeiten, eventuell auch Rechte im und für den gesamten Haushalt zu übernehmen haben. Für das Gelingen der Kooperation ist die ältere Generation zuständig, weshalb sie auch das Recht besitzt, neue Familienmitglieder nachträglich aufzunehmen. Auf diese Weise kann sie auf die Weitergabe familialer Werte, Normen (einschließlich des Ahnenkultes), eventuell auch bestimmter Verhaltensweisen achten. Man befürchtet in diesen Gesellschaften sogar, dass eine intensive emotionale Beziehung zwischen den Ehepartnern sich unter Umständen negativ auf die innerfamilialen Beziehungen auswirken könnte.

Arrangierte Ehen haben eine niedrige Scheidungswahrscheinlichkeit. Mit anderen Worten, sie haben eine hohe »Erfolgsquote«: 90 Prozent im Iran, 95 Prozent in Indien, und ähnlich hohe Zahlen findet man bei den chassidischen Juden in Brooklyn oder den Muslimen in der Türkei und in Afghanistan (*New York Times,* 4.5.1995). Einerseits sind diese niedrigen Scheidungsraten auf die geringeren Erwartungen an die Partner zurückzuführen; anderseits haben Kinder und die Zugehörigkeit zu einer bestimmten Familie in diesen Kulturen einen höheren Stellenwert als die emotionale Beziehung zum Partner. Zudem achten die Eltern bei der Partnerwahl auf bestimmte »passende« Charaktereigenschaften der zukünftigen Ehepartner. Daher ist der Verlauf von Shobas Ehe keineswegs so außergewöhnlich, wie man vermuten könnte. Im Übrigen haben beide Herkunftsfamilien ein großes Interesse am Fortbestand dieser Ehe, weil in den meisten dieser Gesellschaften bei der Heirat

12

Die Idee der romantischen Liebe gehört zum Kernbestand der westlichen Kultur. Es ist eine große Ironie, dass sich zwei Menschen zu Beginn ihrer Beziehung in erster Linie physisch anziehen, das gemeinsame Leben in der Ehe aber von äußerst komplexen und zerbrech-

lichen sozialen Beziehungen abhängig ist. Sowohl Picassos »Liebende« (links) als auch Parfümreklame (rechts) wecken Erwartungen auf Liebesbeziehungen, die sich im realen Leben selten erfüllen.

ein hoher Preis (in Gestalt des Brautpreises oder der Mitgift) gezahlt wird. Eine Scheidung zöge daher komplizierte finanzielle Auseinandersetzungen nach sich.

Die »freie Partnerwahl« in Europa

Wie bereits erwähnt, hat sich in westlichen Gesellschaften das Prinzip des »freien Heiratsmarkts« durchgesetzt. Nur wenige rechtliche Rahmenbedingungen beschränken die Partnerwahl (vgl. z.B. §§ 4-10 des Deutschen Ehegesetzes). Dennoch wird der Kreis der möglichen »Heiratskandidatinnen« bzw. »-kandidaten« eingeengt, und zwar – was zunächst verwunderlich klingen mag – durch den bei uns einzigen anerkannten Heiratsgrund, die so genannte romantische Liebe. Sie gilt als Vorbedingung für eine Eheschließung und als Grundlage für eine Ehebeziehung. »Es funkt« meist dann zwischen zwei Menschen, wenn sie sich als be-

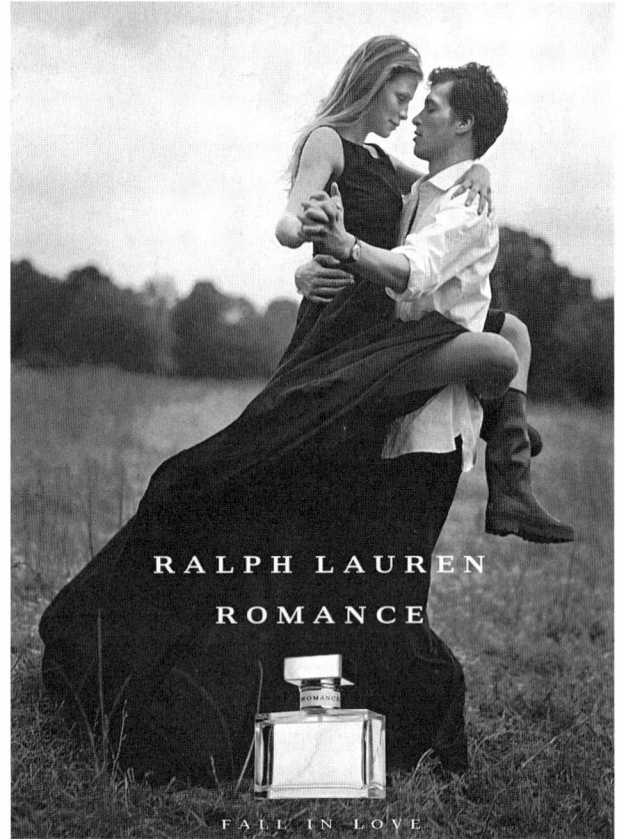

sonders attraktiv erleben und empfinden. »Attraktivität« hängt aber nicht allein von äußeren Erscheinungsbildern ab, sondern wird durch soziale und kulturelle Gemeinsamkeiten, Verhaltensweisen und ähnliche Interessen bestimmt, die schichtabhängig erworben wurden. »Attraktiv« erscheinen uns häufig – ohne dass wir uns dessen bewusst wären – nur Personen aus der gleichen sozialen Schicht, mit gleicher oder ähnlicher Bildung und gleichen religiösen Glaubensvorstellungen. So erklärt sich, dass bei uns die Schichtendogamie überwiegt und trotz des »freien Heiratsmarkts« soziale Auf- oder Abstiege durch Eheschließungen selten sind.

Die in modernen Gesellschaften die Partnerwahl bestimmende romantische Liebe steht jedoch in gewissem Widerspruch zu den täglichen Anforderungen des Ehelebens. Romantik basiert auf Geheimnissen, Imagination, Distanz und Unsicherheit, während das tägliche Leben alles andere als geheimnisvoll ist. Die Ehe ist auch eine Geschäftsbeziehung und – juristisch gesehen – ein

Schaubild 12.2: Entwicklung des durchschnittlichen Erstheiratsalters in Ost und West

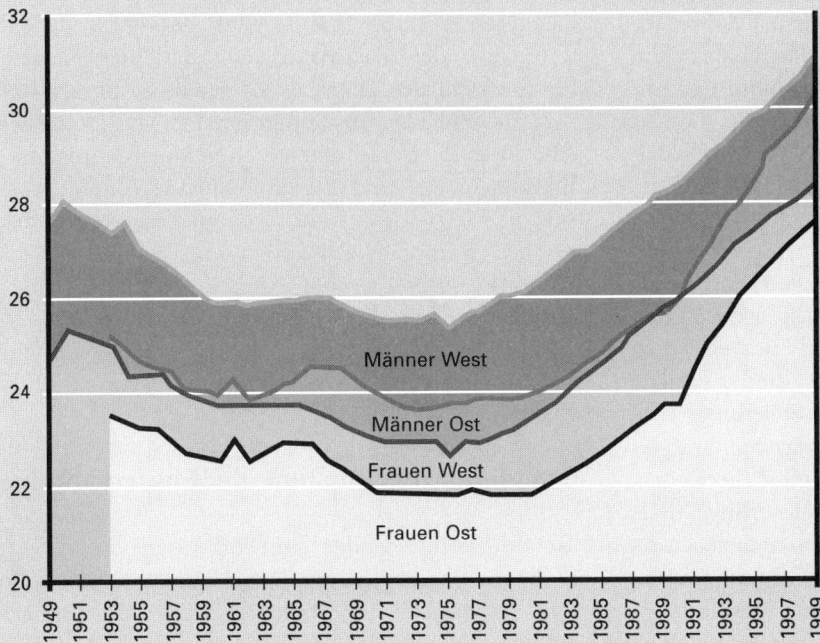

Quelle: zusammengestellt aus: *Statistisches Jahrbuch der Bundesrepublik Deutschland 2000, Statistisches Jahrbuch der DDR 1980.*

hinduistische Tradition ist noch immer in so hohem Maße akzeptiert, dass die Eltern sie bis heute praktizieren, obgleich sie eine Geld- oder sogar Gefängnisstrafe riskieren. In Deutschland hat es nie Kinderheiraten gegeben; lediglich Verlobungen im Kindesalter, und zwar in feudalen Familien aus dynastischen Gründen, kamen vor.

In Deutschland sind Frauen und Männer ab dem 18. Lebensjahr – in der Sprache der Juristen – »ehemündig«. Im Durchschnitt heiraten heute jedoch Frauen erst mit 28 und Männer erst mit 30 Jahren. Noch vor 20 Jahren lag im früheren Bundesgebiet das durchschnittliche Heiratsalter von ledigen Frauen bei 23 und von ledigen Männern bei 25 Jahren; in der früheren DDR lag es für ledige Frauen bei 22 und für ledige Männer bei 25 Jahren (vgl. Dorbritz u.a. 1998). Der Anstieg des durchschnittlichen Heiratsalters Lediger ist vor allem eine Folge der längeren schulischen und universitären Ausbildungszeiten und der Zunahme Nichtehelicher Lebensgemeinschaften und der Singles.

»Vertragsverhältnis«. Die Beziehung zwischen den Ehepartnern verlangt Kompromisse, Spezialisierungen in der Arbeitsteilung, finanzielle Arrangements usw. Allen diesen Anforderungen zu genügen, ist für die Ehepartner nicht immer leicht. Sie sind eine Quelle potenzieller Spannungen und Konflikte in einer Ehe, auf die wir im nächsten Abschnitt zurückkommen, wenn wir die Frage zu beantworten versuchen, warum in den letzten Jahrzehnten die Ehescheidungen immer häufiger geworden sind und warum es überhaupt Gewalt in der Ehe gibt.

Das Heiratsalter

In allen Gesellschaften gibt es Regelungen, die vorschreiben, ab wann Frauen und Männer ihre erste Ehe schließen dürfen. Offiziell verboten sind »Kinderheiraten« heute in allen Staaten. Dennoch gibt es Ausnahmen. So ist in Indien die Eheschließung von Kindern zwar illegal, aber de facto werden noch immer in ländlichen Gegenden 40.000 bis 50.000 Kinder unter sieben Jahren am ersten und zweiten Tag des Vollmondes im Mai von ihren Eltern verheiratet. Diese

Nichteheliche Lebensgemeinschaften und Gründe für Eheschließungen

Nicht nur in Deutschland, sondern auch in den meisten westlichen Staaten haben in den letzten 20 Jahren die Nichtehelichen Lebensgemeinschaften stark zugenommen. Ihre Zahl beträgt heute 1.904.000 (= 1997; Stat. Jahrb. 1998). In dieser Lebensform wachsen in Deutschland aber kaum Kinder auf. 1994 hatten von allen Nichtehelichen Lebensgemeinschaften in den alten Bundesländern 20,3 Prozent und in den neuen 27,9 Prozent Kinder; aus den Statistiken geht aber hervor, dass ein Drittel der nichtehelichen Eltern kurz nach der Geburt heiraten, so dass die angegebenen Zahlen um diesen Anteil nach unten korrigiert werden müssen. In Deutschland sind die Nichtehelichen Lebensgemeinschaften (im Gegensatz z. B. zu Skandinavien) eher als eine neue

12

Lebensform im Jugendalter bzw. während der Postadoleszenz zu definieren (Fünfter Familienbericht 1994: 51).

Die Nichteheliche Lebensgemeinschaft hat Ehe und Familie keineswegs verdrängt. Vielmehr hat diese Partnerschaftsform bewirkt, dass sich der Phasenablauf bis zur Ehegründung und die Sinnzuschreibung der Ehe verändert haben. In Deutschland wird heute die Ehe überwiegend wegen einer Schwangerschaft, eines Kindeswunschs oder wegen des Vorhandenseins von Kindern (z.B. aus früheren Partnerschaften) geschlossen.

Ehe und Nichteheliche Lebensgemeinschaft unterscheiden sich also in Deutschland vorwiegend durch ihren Gründungsanlass: Eine partnerbezogene Emotionalität führt immer häufiger zu einer Nichtehelichen Lebensgemeinschaft, die emotionale kindorientierte Partnerbeziehung hingegen zur Eheschließung. Ehe und Familie sind immer häufiger zur bewussten und erklärten Sozialisationsinstanz für Kinder geworden. Möglich geworden ist die Ausdifferenzierung dieses neuen Systems »Nichteheliche Lebensgemeinschaft« durch strukturelle Veränderungen (Wohnungsmarkt, verbesserte wirtschaftliche Lage, längere Ausbildungszeiten bei gleichzeitig schlechteren Berufsaussichten u.a.m.), aber auch durch veränderte soziale Normen (veränderte Einstellung zur Sexualität, Abschaffung des Kuppeleiparagrafen usw.).

Singles

Zu allen Zeiten hat es *unverheiratete* Frauen und Männer gegeben. Vor allem im 18. und 19. Jahrhundert war ein Leben ohne Ehe sowohl für Frauen wie für Männer durchaus üblich. Sie wurden aber als »Jungfern« oder »Junggesellen« bemitleidet. Noch in den 1960er Jahren, als die Zahl der Eheschließungen besonders hoch war, glaubte man, eine unverheiratete Frau bzw. ein lediger Mann sei entweder krank, neurotisch oder unmoralisch (vgl. Nave-Herz/Sander 1998). Heute teilen nur noch wenige diese Ansicht, was sich bereits an der neuen Bezeichnung für sie ablesen lässt: »Singles«. Der Begriff »Single« wird in der Literatur jedoch sehr unterschiedlich verwendet. Häufig wird er gleichgesetzt mit Unverheiratetsein, mit alleinlebend und/oder mit einem Lebensstil, der auf eine dauerhafte Partnerschaft bewusst verzichtet.

Die Zahl der allein lebenden Erwachsenen unter 35 Jahren ist seit Beginn des 20. Jahrhunderts gestiegen. 1900 gab es noch 44,4 Prozent Fünf- und Mehrpersonen- und nur 7,1 Prozent Einpersonenhaushalte.

Dieser statistische Tatbestand hat sich bis heute fast umgekehrt: 2000 gab es 36,1 Prozent Einpersonen- und nurmehr 4,4 Prozent Fünf- und Mehrpersonenhaushalte (Stat. BA.: FS 1, R 3, 2000). Sowohl in der Literatur wie in den Massenmedien wird die stetig sinkende Personenzahl pro Haushalt als gesellschaftlicher Trend zur Entsolidarisierung interpretiert. Man unterstellt, dass durch die fortschreitende Individualisierung, durch Bindungsängste und die zunehmende Bindungslosigkeit die Heiratsbereitschaft generell nachgelassen habe, wodurch immer neue »Konflikt-, Risiko- und Problemlagen« heraufbeschworen würden. Etablierte Lebensformen würden durch diese Entwicklung in Frage gestellt. Auch die Zunahme der Scheidungen wird zum Teil auf diesen gesellschaftlichen Wandel zurückgeführt.

Gründe für die Zunahme der Ehescheidungen

Trotz der zunehmenden Zahl von »Singles« und Nichtehelichen Lebensgemeinschaften heiraten über 80 Prozent der deutschen Bevölkerung zumindest einmal in ihrem Leben (Huinink 1991). Viele dieser Ehen enden jedoch später durch Scheidungen, und zwar jede dritte, eine zu Anfang des 20. Jahrhunderts fast undenkbare Zahl.

Vor allem nach dem sechsten Ehejahr in den alten und nach dem achten in den neuen Bundesländern wird die Ehe häufig wieder gelöst. Zwar geht die Initiative zur Trennung meist von den Frauen aus (62 Prozent), doch überwiegend stimmen beide Partner darin überein, dass ihre Ehe nicht mehr »zu retten« gewesen sei, wobei sie diese einvernehmliche Erklärung in den neuen Bundesländern etwas seltener als in den alten angeben (80: 84 Prozent).

Schlüsselt man die Scheidungsraten nach Bundesländern auf, so sind neben den Bürgern der Stadtstaaten (Berlin, Bremen, Hamburg) vor allem die Saarländer besonders scheidungsfreudig und die Baden-Württemberger am scheidungsunwilligsten. Statistisch gesehen ist zu erwarten, dass die Zahl der Scheidungen weiter steigt, da Ehen, in denen ein oder beide Partner aus einer Scheidungsfamilie stammen (man spricht von so genannten »Scheidungsketten«) ein höheres Scheidungsrisiko besitzen: »Scheidungswaisen« haben also später selbst wieder ein höheres Scheidungsrisiko. Allein im Jahr 1999 hatten 52 Prozent aller geschiedenen Ehen minderjährige Kinder (Stat. BA.: FS 1, R 1, 2000)!

Zahlreiche Untersuchungen belegen, dass bestimmte Ehen statistisch häufiger als andere geschieden werden.

Schaubild 12.3: Gerichtliche Ehelösungen je 10.000 Einwohner

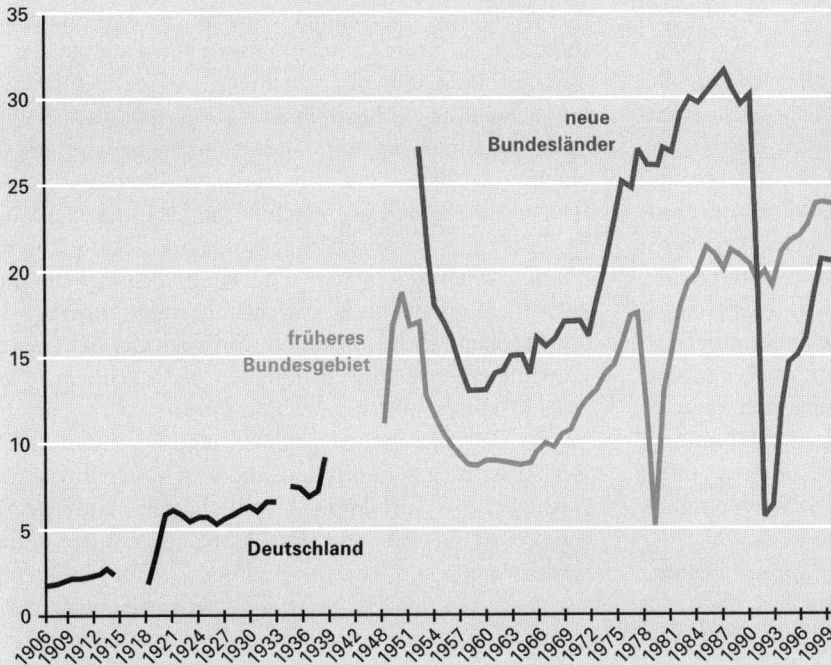

Quelle: errechnet aus *Stat. Jahrbücher der BRD*, Wiesbaden; *Statistisches Jahrbuch der DDR*, Berlin 1980:367.

und Scheidungsrisiko: Je geringer die Kinderzahl, desto höher die Scheidungswahrscheinlichkeit, oder umgekehrt formuliert: bei höherer Kinderzahl lösen sich Ehen seltener auf. Ist dieser Zusammenhang darauf zurückzuführen, dass Eltern mit vielen Kindern sich eine Scheidung finanziell nicht leisten können oder sind die Ehepartner so kindorientiert (weshalb sie auch so viele Kinder haben), dass dieses gemeinsame Lebensziel partnerschaftliche Konflikte kaum zulässt oder zumindest in den Hintergrund drängt?

Der Wert demographischer Studien wird durch diese Kritik nicht etwa völlig in Frage gestellt; zu warnen ist nur vor eilfertigen Interpretationen solcher Korrelationen, wie sie immer wieder in der Literatur auftauchen. Sie geben erste Anregungen zu weiterführenden empirischen Untersuchungen. Auf deren Ergebnisse soll nun kurz eingegangen werden.

Als Gründe für eine Ehescheidung werden häufig genannt: Alkoholismus, Drogenkonsum, physische und psychische Gewalt sowie Untreue eines Partners, ferner finanzielle Probleme, unterschiedliche sexuelle Bedürfnisse, Konflikte in Bezug auf die innerfamiliale Arbeitsteilung. Individuelle Schwierigkeiten und Nöte erklären aber nicht den Anstieg der *Ehescheidungsrate*. Diese zeitgeschichtliche Entwicklung ist nur mit dem Wandel der sozialen Institution »Ehe und Familie« zu erklären.

So hat sich unter anderem die rechtliche Grundlage der Ehe verändert. Noch vor 30 Jahren mussten für eine Ehescheidung Gründe, z.B. eheliche Untreue oder seelische Grausamkeit, nachgewiesen werden. Heute gilt das »Zerrüttungsprinzip«, d.h. eine Ehe wird geschieden, wenn der Tatbestand der »unüberwindbaren Schwierigkeiten« bzw. des »unwiederbringlichen Scheiterns« erfüllt ist. Die Frage nach der »Schuld« eines der Partner ist juristisch irrelevant geworden. Inwiefern die neue Rechtslage die hohe Scheidungsrate verursacht oder begünstigt hat, ist schwer zu belegen: Einerseits hat der Anstieg der Scheidungszahlen bereits vor Inkraft-

So steigt beim Vorliegen bestimmter Merkmale die Wahrscheinlichkeit einer Ehescheidung signifikant. Das Ehescheidungsrisiko ist z.B. höher:

- in Großstädten,
- wenn beide Partner erwerbstätig sind und über kein hohes Einkommen verfügen,
- die Ehe in einem frühen Alter geschlossen wurde,
- weder der Ehemann noch die Ehefrau religiös stark gebunden sind,
- einer oder beide Partner schon einmal geschieden wurden,
- die Ehe kinderlos geblieben ist.

Auch jene Ehen, die auf einer langfristigen Nichtehelichen Lebensgemeinschaft aufbauen, sind nicht stabiler als andere. Mit anderen Worten, die Nichteheliche Lebensgemeinschaft reduziert ein späteres Ehescheidungsrisiko nicht (Klein/Lauterbach 1999).

Die Aussagekraft solcher Korrelationen ist beschränkt, weil nicht klar ist, welchen empirischen Sachverhalt die einzelnen Variablen messen. Nehmen wir als Beispiel die negative Korrelation zwischen Kinderzahl

treten des neuen Gesetzes zu der Forderung nach neuen liberalen Gesetzen geführt, andererseits könnten diese – später – umgekehrt den Anstieg von Ehescheidungen verstärkt haben.

Auch der Wandel der Geschlechtsrollen gilt als eine Ursache für den zeitgeschichtlichen Anstieg der Scheidungsraten. Der Eintritt von Millionen Frauen in den Arbeitsmarkt hat Ehefrauen und Müttern eine gewisse finanzielle Unabhängigkeit gebracht. Doch lässt sich aus der Tatsache, dass eine Frau erwerbstätig ist, allein noch nicht auf ihre höhere Scheidungsbereitschaft schließen. Eine finanziell eigenständige Frau braucht allerdings – im Gegensatz zu einer finanziell abhängigen – nicht an einer disharmonischen Ehe festzuhalten. Auch hier sind Ursache und Wirkung schwierig voneinander zu trennen. Während Frauen mit unabhängigem Einkommen eine unglückliche Ehe auflösen können, nehmen andere Frauen womöglich nur deshalb eine Erwerbstätigkeit auf, weil sie eine Scheidung planen.

Der Wandel der Geschlechtsrollen ist im Zusammenhang mit einem allgemeinen Wertewandel zu sehen, der von Pflichtwert- zu Selbstwert-Orientierungen verlaufen ist (Klages 1979) und auch die Einstellung zur Familie verändert hat. Statt »Selbstaufopferung« soll die Familie Autonomie, privates Glück und Selbstentfaltung ermöglichen. Die Ehe ist immer mehr zu einer partnerschaftlichen Beziehung geworden. Ihr institutioneller Aspekt ist heute hingegen in den Hintergrund getreten, weshalb bei Konflikten der soziale und kulturelle Druck, z.B. der Kinder wegen zusammen zu bleiben, geringer wurde. Man bezeichnet diese Entwicklung als »Deinstitutionalisierung« von Ehe und Familie. Anstelle einer lebenslangen Verpflichtung, unterstützt durch ein Netz formaler Rechte und informeller Normen, ist die Ehe heute eine Angelegenheit persönlicher Präferenzen, eine Beziehung, die freiwillig aufrecht erhalten wird, aber auch wieder aufgelöst werden kann.

Je länger eine Ehe dauert, um so geringer wird ihr Scheidungsrisiko. Warum? Nimmt die eheliche Zufriedenheit tatsächlich zu? Sie ist, wie empirische Untersuchungen belegen, in den ersten Ehejahren am höchsten und lässt anschließend nach (Gloger-Tippelt 1988). Entscheidend ist, dass die »Barrieren«, die bei einer Auflösung zu überwinden sind, im Laufe der Ehe höher werden. Als solche Barrieren gelten Kinder, Immobilienbesitz, das Eingebundensein in soziale Netze und das Wissen, kaum noch attraktive Alternativen zu besitzen (z.B. nehmen die Wiederverheiratungschancen ab).

Auswirkungen von Ehescheidungen

Sowohl Frauen wie Männer leiden unter einer Ehescheidung. Doch Frauen sind im allgemeinen die größeren Verliererinnen, obwohl von ihnen meist die Initiative zur Scheidung ausgeht. In der Regel lebt die Mutter nach der Trennung mit ihren Kindern gemeinsam in einem Haushalt und hat diese zu versorgen. Die Alimentenverpflichtung geschiedener Männer liegt häufig unter den Lebenshaltungskosten der Kinder; viele Mütter haben zudem Schwierigkeiten, die ihnen zustehenden Unterhaltsmittel regelmäßig, wenn überhaupt, einzutreiben. Viele von ihnen sind nach der Scheidung gezwungen, eine Erwerbstätigkeit aufzunehmen. Der Wiedereinstieg in den Beruf fällt um so schwerer, je länger der Berufsaustritt zurückliegt. Häufig werden ihnen nur Arbeitsplätze angeboten, die weit unter ihrem ursprünglichen Ausbildungsniveau liegen. Gleichzeitig müssen sie das Problem der Doppelbelastung von Erwerbs- und Familientätigkeit lösen. Dennoch ist die Quote geschiedener Frauen, die wieder heiraten – wodurch sie eventuell ihre wirtschaftliche Situation verbessern könnten – niedriger als die der Männer.

Vor allem aber sind die Kinder von einer Scheidung betroffen. Schließlich wollten sich die Eltern voneinander trennen, meistens sie sich aber nicht von ihren Eltern. Enttäuschung, Wut, Unverständnis über die elterliche Entscheidung sind häufig die ersten kindlichen Reaktionen. Überhaupt kann das »Auseinanderbrechen« der Familie zu psychischen Auffälligkeiten bei Kindern führen, vor allem während der ersten beiden Jahre: Hyperaktivität, Angst, Depressionen, Regressionen, Nachlassen in den Schulleistungen, aggressives Verhalten u.a.m. können (aber müssen nicht) von der Trennung der Eltern ausgelöst werden (Cherlin 2000). Die meisten Kinder »fangen« sich nach dieser Krise wieder; nur einige weisen Langzeitschäden nach einer Scheidung der Eltern auf. In ihrer Studie von 60 Mittelklasse-Familien weisen Wallerstein und Kelly (1980) nach, dass noch nach 18 Jahren – wenn auch nur bei einigen wenigen – das Gefühl der Einsamkeit, des Unglücklichseins und die Schwierigkeit, eine eigene Partnerbeziehung aufzubauen, eine Folge der elterlichen Trennung ist.

Zahlreiche empirische Studien erhärten jedoch, dass das – oft traumatische – Erlebnis der Trennung der Eltern nur ein Faktor unter vielen ist, die für die physische und psychische Entwicklung des Kindes bedeutsam sind. Im übrigen weiß man aus empirischen Untersuchungen seit langem, dass die konfliktreiche

Zeit vor der Trennung die Kinder am meisten belastet; dauernd affektiv ausgetragene Auseinandersetzungen zwischen den Eltern können ihrer Sozialisation mehr schaden als der fehlende Einfluss eines Elternteils (Haffter 1948).

GEWALT IN DER FAMILIE

Von klein auf haben wir gelernt, dass Fremde Gefahr bedeuten und die Familie ein Hort der Sicherheit ist. In Wirklichkeit ist oft das Gegenteil wahr: Das elterliche Heim gehört zu den Orten mit dem höchsten Gewaltpotential. So werden 75 Prozent der durch Gerichte verurteilten Kindesmisshandlungen von einem Elternteil oder einem nahen Verwandten verübt.

Warum ist die Familie so anfällig für Gewalt? Ein Grund ist, dass wir alle in unseren familialen Beziehungen emotional stark engagiert sind. Infolgedessen eskalieren geringfügige Differenzen leicht zu größeren Konflikten. Ein anderer Grund liegt im Machtgefälle in der Familie. Die Männer sind meist größer und stärker als ihre Frauen, und Eltern sind größer und stärker als ihre Kinder (vgl. aber Kap. 11). Physische Aggression ist ein Mittel, um die Kontrolle über die familialen Beziehungen zu verteidigen.

Ein dritter Faktor ist kultureller Natur. Männer billigen in der Regel physische Aggressionen – etwa im Sport, in Filmen oder Fernsehsendungen. In der Tat akzeptieren wir Gewalt in der Familie in höherem Maße als in anderen sozialen Gruppen. So halten es viele Deutsche noch immer für normal, dass Brüder sich prügeln, für verständlich, dass ein Mann im Zorn seine Frau schlägt, und für notwendig, dass Eltern ihre Kindern züchtigen.

Viertens führt die Isolierung der Kernfamilie dazu, dass Gewalt in der Familie weniger sichtbar wird und in geringerem Maße sozialer Kontrolle unterliegt. Wegen der hohen Wertschätzung der Privatsphäre der Familie greifen noch nicht einmal Nachbarn oder Freunde, selten Behörden ein.

Schließlich spiegeln sich in der familialen Gewalt eingewurzelte kulturelle Einstellungen gegenüber ihren hauptsächlichen Opfern – Frauen und Kindern. Und wie nicht anders zu erwarten ist, variieren die Einstellungen zur Familie von Kultur zu Kultur und im Lauf der Geschichte.

Kindesmisshandlung

Wird ein Kind misshandelt, wenn ihm der Po »versohlt« wird? Die Schweden meinen ja; in Schweden begeht jede erwachsene Person, die ein Kind schlägt, eine strafbare Handlung. Andererseits haben in einer deutschen Untersuchung 10 Prozent der befragten Mütter und 8 Prozent der befragten Väter angegeben, ihre Kinder unter Zuhilfenahme von Gegenständen schwer gezüchtigt zu haben (Schneewind in Nave-Herz 2002a: 131-158). Aber auch umgekehrt gilt: 90 Prozent wenden keine körperlichen Strafen zur Durchsetzung ihrer elterlichen Vorstellungen an.

Zweifellos lässt sich trefflich darüber streiten, wie mildere Bestrafungsformen aussehen müssten. Doch Einigkeit herrscht weitgehend darüber, was die ernsthaften Formen der Kindesmisshandlung angeht: körperliche Züchtigungen, die blaue Flecken, Kopfverletzungen, Verbrennungen, Knochenbrüche und dergleichen verursachen. Noch weiter verbreitet, wenn auch weniger offensichtlich und dramatisch, ist die Vernachlässigung von Kindern – die Vorenthaltung angemessener Ernährung, Kleidung, Geborgenheit, Gesundheitsfürsorge oder Aufsicht,.

Zwar kommt die Misshandlung von Kleinkindern am häufigsten zur Anzeige, doch auch Teenager werden oft Opfer familialer Gewalt. Ihre Eltern führen ähnliche Gründe an: Sie seien zu anspruchsvoll, verursachten Stress und nähmen keine Vernunft an. Auch Kinder, die behindert sind, Lernschwierigkeiten haben oder sonst irgendwie »anders« sind, laufen Gefahr, misshandelt zu werden.

Kinder, die misshandelt oder gravierend vernachlässigt werden, erleiden oft einen Intelligenzabfall und haben ein höheres Depressions- und Selbstmordrisiko. Als Kleinkinder sind sie meist hyperaktiv, leicht ablenkbar und bei Gleichaltrigen unbeliebt. Als Heranwachsende und Erwachsene neigen sie häufiger zu Drogen- und Alkoholmissbrauch und sind öfter in Jugenddelinquenz und Gewaltverbrechen verwickelt.

Nach Ansicht mancher Soziologen werden Kindesmisshandlungen erst aufhören, wenn es gelingt, die sozialen Missstände, die sie hervorbringen, zu lindern (Gelles 1985; 1995). Notwendig wäre dazu, dass Familien, die ein Risiko für Misshandlungen haben, identifiziert und mit verschiedenen Formen von Hilfen und psycho-sozialer Unterstützung (Kurse über Kindererziehung, Mietbeihilfe, Drogentherapie, Tagesbetreuungsstätten, Elterntherapiegruppen usw.) versorgt werden. Allgemein ist feststellbar, dass die Menschen zu

Gewalt als letztem Hilfsmittel greifen, um einen Mangel an anderen Ressourcen wie Geld, Wissen und Achtung zu kompensieren.

Spezifische – zumeist trotz vielfacher Ermahnungen und Drohungen anhaltende – Verhaltensweisen der Kinder, z. B. Quengeleien, Unruhe, Lärm u.a.m. (vgl. das einleitende Beispiel) oder ungewöhnliche Eigenschaften lösen bei Eltern zuweilen aggressive Reaktionen aus.

Ehegattenmisshandlung

Gewalt oder Gewaltandrohung ist auch in den Beziehungen zwischen verheirateten Männern und Frauen ein verbreitetes Phänomen. Michael Johnson (1995) unterscheidet zwei Typen von Gewalt in der Ehe. Der eine Typ, den er »gewöhnliche Gewalt in Paarbeziehungen« nennt, kommt in einer Familie sporadisch vor und entsteht aus Konflikten, die »außer Kontrolle geraten sind«. Selten eskalieren solche Zwischenfälle zu ernsthaften Gewaltakten, und sie werden genau so oft von Frauen wie von Männern verübt.

Weniger verbreitet, aber weitaus gravierender ist der andere Typ von Gewalt. Auslöser dieser Gewalt ist das Bedürfnis des Mannes, seine Frau absolut zu beherrschen und diese Herrschaft fortwährend unter Beweis zu stellen, gleichgültig, wie gefügig sie ihm ist. Johnson nennt diesen Typ »patriarchalischen Terrorismus«, weil er in patriarchalischen Traditionen verwurzelt ist und zur systematischen Terrorisierung von Frauen führt.

Eine Reihe von Forschern bringt das Schlagen von Frauen in Verbindung mit der *Statusinkonsistenz* – d.h. einer Kluft zwischen der Rolle, die ein Mann in Beziehung zu anderen glaubt spielen zu müssen, und der tatsächlichen Position, in der er sich befindet. Statusinkonsistenz kommt in jeder sozialen Schicht vor. Ein Mann, der einen Universitätsabschluss hat, aber Taxi fährt, um seinen Lebensunterhalt zu verdienen, empfindet vermutlich eine Statusinkonsistenz; desgleichen ein Mann, dessen Frau mehr verdient als er selbst oder eine ständige Arbeit hat. Auch die *Statusambiguität* hat man mit dem Schlagen von Frauen in Verbindung gebracht: Einer Untersuchung zufolge schlagen in Nichtehelicher Lebensgemeinschaft lebende Männer ihre Partnerinnen häufiger als verheiratete Männer, weil ihre Rolle im gemeinsamen Haushalt weniger klar definiert ist (Ellis 1989).

Letztlich liegen die Wurzeln der Frauenmisshandlung in unserer Kultur (Okun 1986). Die Tradition

Dieses Foto zeigt einen Vorfall, der sich tatsächlich so ereignete: eine Frau wird geschlagen. Es erinnert in erschütternder Weise daran, dass für viele Frauen die Ehe zu einem Gefängnis wird – trotz der Funktion der Familie, die Liebe zwischen zwei Menschen zu institutionalisieren, und trotz kultureller Werte, die häusliche Gewalt missbilligen.

männlicher Überlegenheit schreibt dem verheirateten Mann vor, ständig den Befehl zu führen. In der Tat hat die westliche Kultur traditionell die Anwendung von Gewalt verheirateter Männer gegen ihre Frauen gebilligt, »um sie bei der Stange zu halten«. Ein Mann, der seine untreue Frau tötete, hatte in der überlieferten Geschichte fast immer das Recht auf seiner Seite. Hinzu kommt, dass Männer in einer Weise sozialisiert werden, die brutales Vorgehen belohnt. Schließlich hält sich unter Männern die – auch in der männlichen Pornografie virulente – Legende, dass Frauen die aggressive Behandlung durch Männer genießen.

Viele geschlagene Frauen bleiben bei ihren Männern. Im Gegensatz zu den Frauen, die ausziehen oder Hilfe suchen, haben die Frauen, die sich mit ihrer Misshandlung abfinden, häufig geringere berufliche Qualifika-

Ein aktuelles gesellschaftliches Problem: die Zunahme von kinderlosen Ehen in Deutschland

Die Eheschließung hatte in allen früheren europäischen Kulturen grundsätzlich die Zeugung von Nachwuchs zum Ziel, nicht nur, weil man sich Stammhalter und Erben wünschte, sondern vor allem, weil Kinder eine Versorgung im Alter und im Krankheitsfall sicherten. Kinderlose Ehen galten als »unnatürlich« und unnormal. Wenn Ehen kinderlos blieben, gab man in der Regel den Frauen die Schuld.

Heute ist Kinderlosigkeit aufgrund des medizinischen Fortschritts kein Schicksal mehr, sondern immer häufiger eine freie persönliche Entscheidung. Empfängnisverhütung und Reproduktionsmedizin haben zudem Kinderlosigkeit bzw. die Entscheidung zum Kind zeitlich genau planbar gemacht.

Seit Beginn des 20. Jahrhunderts, aber vor allem während der letzten zwei Jahrzehnte, nimmt der Anteil kinderloser Frauen in fast allen Industriestaaten zu. In der Bundesrepublik sind von den Frauen des Geburtsjahres 1935 nur 9 Prozent kinderlos blieben, beim Geburtsjahrgang 1945 sind es bereits 13 Prozent. Die Geburtsjahrgänge 1955, 1958 und 1961 haben jeweils 21 Prozent, 23 Prozent und voraussichtlich 24 Prozent kinderlose Frauen, mit weiter steigender Tendenz (vgl. Kaufmann 1995).

Im Hinblick auf die vor 1935 geborenen Frauen erklärt sich Kinderlosigkeit aus dem starken Frauenüberhang als Folge der zwei Weltkriege, was für danach geborene kinderlose Frauen nicht mehr zutrifft. Die zunehmende Kinderlosigkeit ist immer mehr Folge einer bewussten Entscheidung. Gründe für diese Entwicklung scheinen zu sein: ein verändertes Rollenbild der Frau, der Wunsch beider Geschlechter nach uneingeschränkter Selbstverwirklichung, Angst vor Verantwortung, die finanzielle Belastung, die starken beruflichen Anforderungen, die gestiegene Erwerbstätigkeit von Frauen und oft auch ein Zukunftspessimismus, demzufolge Kinderverzicht geradezu ein Zeichen von Verantwortung ist.

Doch in letzter Zeit mehren sich die Stimmen, nach denen die Kinderlosigkeit nicht als Folge bewusster Entscheidungen steigt, sondern zunehmend physiologisch und psychosomatisch bedingt ist. Als Gründe hierfür werden genannt: der gestiegene Verbrauch von Nikotin und Alkohol, veränderte Umweltbedingungen, bestimmte organische Erkrankungen und ihre Therapieverfahren, ferner psychischer Stress sowie veränderte sexuelle Einstellungen und Praktiken. Doch ursächliche Zusammenhänge sind in Deutschland wissenschaftlich noch nicht belegt. Stattdessen weisen sozialwissenschaftliche Untersuchungen darauf hin, dass im Hinblick auf die Zunahme der Kinderlosigkeit viele Faktoren »ineinandergreifen«. Strukturelle wie normative Veränderungen haben die Entscheidung für ein Kind erschwert.

Drei Typen von kinderlosen Ehen lassen sich unterscheiden:

- die organisch und die psychosomatisch bedingte kinderlose Ehe,
- die lebenslang bewusst geplant kinderlose Ehe,
- die befristet kinderlose Ehe.

Mehrere Untersuchungen (Pohl 1985; Nave-Herz 1988; Schneewind/Vaskovics u.a. 1992; Nave-Herz/Onnen-Isemann u.a. 1996; Onnen-Isemann 2000) zeigen, dass sich in der Bundesrepublik Paare – jedenfalls am Anfang ihrer Ehe – sehr selten für eine lebenslange Kinderlosigkeit entscheiden. Der Kinderwunsch wird aus den verschiedensten Gründen zunächst nur hinausgeschoben. Vor allem die gestiegene Erwerbstätigkeit der Frauen spielt hierbei eine Rolle. Arbeitslosigkeit ist meist ebenfalls ein Grund, kein Kind bekommen zu wollen. In den seltensten Fällen wird die Zeit der Arbeitslosigkeit als »Kinderphase« genutzt. Der Aufschub des Kinderwunsches hängt häufig auch mit höheren Ansprüchen an ein Familienleben mit Kindern zusammen. Erwerbstätigkeit der Frau und Mutterrolle erscheinen immer noch als schwer vereinbar, weshalb der starke Wunsch

tionen, sind häufiger arbeitslos und haben oft noch kleine Kinder (Gelles/Straus 1988). Es fehlen ihnen also die sozialen und wirtschaftlichen Ressourcen, um den Mann zu verlassen – und manchmal auch der Wille dazu. Typischerweise folgen bei misshandelnden Männern auf Schläge Phasen, in denen sie freundlich sind und Reue zeigen, Zeiten, die ihre Frauen hoffen lassen, dass das Problem endgültig gebannt sei (Walker 1979). Oft schämen sich geschlagene Frauen, irgendjemandem zu gestehen, was passiert ist; viele geben sich selbst die Schuld daran. Doch nur wenige ertragen die Misshandlung passiv. Die meisten berichten, dass sie sich wehren und Hilfe suchen, um dem gewaltsamen Angriff ein Ende zu machen (Gelles/Straus 1988; Gondolf/Fisher 1991).

DIE ZUKUNFT DER FAMILIE

Ehe und Familie – so die Diagnose in manchen wissenschaftlichen Abhandlungen und Medienberichten – befinden sich auf Grund des Anstiegs der Scheidungsraten, der hohen Zahl Nichtehelicher Lebensgemeinschaften, der Abnahme der Eheschließungen und Geburtenquoten sowie der gewandelten Rolle der Frau vor einem »Scheideweg«. Sie haben – so das Fazit – keine Zukunftschance mehr und werden als »Auslaufmodelle« apostrophiert. Andere Autoren teilen diesen Pessimismus, was die Zukunft von Ehe und Familie angeht, fordern aber alle »gesellschaftlich relevanten« Gruppen (vor allem die Repräsentanten des Schul- und Bildungssystems, der Kirchen und der Politik) auf, dieser Entwicklung entgegen zu steuern. Nicht nur klammern sie sich an das bürgerliche Ehe- und

nach beruflicher Betätigung bei Frauen einen Entscheidungskonflikt hervorruft, der meist mit einem wenigstens vorrübergehenden Hinausschieben des Kinderwunsches gelöst wird. Das traditionelle Bild der Mutter, die zu Hause ihre Kinder betreut, wird auch von den Männern als Erwartung an die Frauen herangetragen. Sie verstärken den Zielkonflikt von Frauen, die berufstätig bleiben wollen, statt ihn durch ein stärkeres eigenes Engagement bei der Kinderbetreuung zu entschärfen. Trotz eines rhetorischen Klimawechsels scheinen sich althergebrachte Verhaltensmuster und Vorstellungen von Männern faktisch nur schwer ändern zu lassen.

Aber auch mangelnde Infrastruktureinrichtungen (fehlende Kindergärten oder Ganztagsschulen) und andere Rahmenbedingungen (z. B. Schwierigkeiten bei der Wohnungssuche und finanzielle Folgelasten) fördern den Verzicht auf Kinder. Kaufmann spricht in diesem Zusammenhang von der in Deutschland gegebenen »strukturellen Rücksichtslosigkeit« (1995). Empirische Erhebungen zeigen weiterhin, dass die zunächst vermeintlich befristete Kinderlosigkeit durch unvorhergesehene Ereignisse, wie z.B. durch Unfall, Krankheit oder Arbeitslosigkeit und schließlich das Alter sehr oft zu einer lebenslangen führt.

Der heute typische Entscheidungskonflikt zwischen weiblicher Berufsorientierung und traditioneller Mutterrollen-Konzeption resultiert gerade bei den Paaren, die ihren Kinderwunsch zunächst aufschieben, aus gesellschaftlichen Veränderungen, die auf der individuellen Handlungsebene zu neuen Entscheidungsparametern führen. So hat sich das Schul-, Ausbildungs- und Berufssystem für Frauen verändert und damit auch ihr Berufsengagement; das Familiensystem selbst, einschließlich der familialen Rollendefinition, hat sich demgegenüber für Frauen in der Bundesrepublik nicht in gleichem Maße gewandelt.

Wie sehr gesellschaftliche Rahmenbedingungen, seien es Institutionen oder Normen, individuelle Entscheidungen bedingen, belegt die Tatsache, dass der Anteil kinderloser Ehen dort sehr viel niedriger ausfällt, wo die Erwerbstätigkeit von Müttern als ganz »normal« gilt und entsprechende Infrastruktureinrichtungen für die Betreuung von Kindern geschaffen wurden, wie beispielsweise in den skandinavischen Ländern und in Frankreich.

Familienideal, sie sehnen sich auch nach der Einhaltung und Verfestigung traditioneller Werte und Familienformen, die jedoch – anders als sie glauben – in Deutschland quantitativ nie stark verbreitet waren. Heute stehen diese zudem im Widerspruch zu anderen gesellschaftlich anerkannten Lebensidealen und -werten, z.B. zur Gleichberechtigung der Geschlechter, zur Aufhebung personenbezogener Abhängigkeiten und zur Freiheit individueller Entscheidungen.

Man darf sich von diesen düsteren Prognosen und einem nostalgischen Familienideal nicht irreführen lassen. Gestiegen ist in den letzten Jahrzehnten die *Toleranz* in weiten Teilen der Bevölkerung gegenüber alternativen Lebensformen und Lebensstilen – Nichteheliche Lebensgemeinschaften, Alleinerziehende, kinderlose Ehen, Alleinlebende und Geschiedene –, wie Umfragen immer wieder bestätigen. Doch diese liberalere Einstellung resultiert nicht etwa aus einer »Abkehr« von Ehe und Familie. Nach wie vor stehen Ehe und Elternschaft, überhaupt das Familienleben, hoch im Kurs; ja, Ehe und Familie rangieren sogar an oberster Stelle der Lebensziele. Beide haben, anders als in den Medien häufig zu hören ist, in Deutschland historisch nicht an Bedeutung eingebüßt (Nave-Herz 2002). Verändert haben sich ihre Strukturen und die Erwartungen, die an sie gerichtet werden: Sie sind pluralistischer geworden und werden sich vermutlich in Zukunft weiter verändern. Aber das bedeutet nicht den »Untergang« von Ehe und Familie.

Wie immer man zu dem Lamento über »verlorene Werte« und den Rückgang einer bestimmten Familienform stehen mag, für eine demokratische Gesellschaft ist es wichtig, die gesellschaftlichen Rahmenbedingungen (z.B. die Arbeitszeitstrukturen, die Infrastruktureinrichtungen für die Kinder- und Altenbetreuung) so zu verändern, dass die Menschen Ehe und Familie miteinander verbinden und sie in einer Partnerschaftsform, die sie sich selbst wünschen, »leben« können.

Zusammenfassung

1. Die Familie ist eine soziale Institution mit verschiedenen Funktionen: Sie gewährt emotionale Geborgenheit und Schutz, reguliert das Sexualverhalten ihrer Mitglieder, dient der biologischen Reproduktion und ist die erste Sozialisationsinstanz der Kinder. Ferner bietet sie ihren Mitgliedern die Möglichkeit der sozialen Platzierung.

2. Die Familienstrukturen variieren zwischen den Kulturen. Sie sind veränderbar. In allen Gesellschaften stellt die Kernfamilie eine soziale Grundform dar. Ihre Strukturen unterscheiden sich jedoch z.B. hinsichtlich der Abstammungslinien, der Wohnform, der Anzahl der Partner, der Zusammensetzung des Haushalts, sowie hinsichtlich der Rollenbesetzung und der Autoritätsverhältnisse.

3. Sowohl die Partnerwahl als auch das Heiratsverhalten unterliegen sozialen Beschränkungen. Man unterscheidet Nichteheliche Lebensgemeinschaften von Ehen. Obwohl die Zahl Nichtehelicher Lebensgemeinschaften in Deutschland immer mehr zunimmt, favorisiert die Mehrzahl der Deutschen die Ehe. Die Nichteheliche Lebensgemeinschaft hat sich in Deutschland als eigenständige Lebensphase vor der Eheschließung etabliert und unterscheidet sich von der Ehe hauptsächlich durch den Gründungsanlass: Eine partnerbezogene Emotionalität führt immer häufiger zur Gründung einer Nichtehelichen Lebensgemeinschaft, eine emotionale kindorientierte Partnerbeziehung hingegen zur Heirat.

4. Die Zahl der Ehescheidungen ist in Deutschland seit dem Ende des 19. Jahrhunderts stetig gestiegen. Die erhöhten Scheidungszahlen weisen auf eine Abnahme des institutionell abgestützten Verpflichtungs- und Verbindlichkeitscharakters der Ehe hin. Ehescheidungen werden heute mit der hohen subjektiven Bedeutung der Ehe für den Einzelnen und der nicht mehr gegebenen Unauflösbarkeit der Ehe gerechtfertigt. Dennoch wachsen die meisten Kinder bis zum 18. Lebensjahr mit beiden Elternteilen gemeinsam auf.

5. Vor allem Frauen werden oft von den Folgen einer Ehescheidung hart getroffen. So ändert sich ihr Alltag durch die häufige Schlechterstellung nach der Scheidung und durch die Aufnahme (eventuell auch Weiterführung) einer Erwerbstätigkeit – mit der bekannten Doppelbelastung. Auch tragen sie überwiegend die alleinige Verantwortung für die Erziehung ihrer Kinder.

6. Durch die Zunahme von Ehescheidungen sind neue Familienformen entstanden, z.B. die Ein-Eltern-Familie und die Stieffamilie.

7. Ein besonderes Problem in Familien ist die Gewalt. Sie ist kein neues Phänomen. Doch erst in den letzten Jahren hat sich die Einstellung zur Gewaltanwendung verändert. Ein wesentlicher Auslöser familialer Gewalt ist der stark emotionale und intime Charakter der familialen Beziehungen. Hinzu kommt, dass die Familie als relativ geschlossenes soziales System kaum mehr äußeren sozialen Kontrollen unterworfen ist: Extreme Privatheit, soziale Isolierung und die heute üblichen Wohnverhältnisse bzw. -formen senken tendenziell die familiale Gewaltschwelle.

8. Eine Rückkehr zur traditionellen Kernfamilie der 1950er Jahre ist wohl eben so wenig wahrscheinlich wie die totale Abkehr von »der« Familie. Gesellschaft und Politik sind daher aufgefordert, die Rahmenbedingungen in der Arbeitswelt und im Bildungsbereich so zu verändern, dass die Menschen ihre unterschiedlichen Optionen »leben« können.

Wiederholungsfragen

1. Welche Funktionen hat die Familie? Nennen Sie die für Sie wichtigste und begründen Sie Ihre Wahl.

2. Beschreiben Sie Familienstrukturen, die von den deutschen abweichen.

3. Erklären Sie die Begriffe
- Patrilokalität, Matrilokalität und Neolokalität;
- patrilineare, matrilineare und bilaterale Herkunft;
- Patriarchat, Matriarchat und egalitäre Autoritätsverhältnisse.
- Diskutieren Sie die Vor- und Nachteile der jeweiligen Familienstrukturen.

4. Nennen Sie Gründe und/oder Motive, die für die Partnerwahl ausschlaggebend sind.

5. Welche Ursachen werden für die heutige hohe Ehescheidungsquote angeführt?

6. Vergleichen Sie die moderne Familie mit dem Ideal der traditionellen bürgerlichen Familienform.

7. Stellen Sie eine Tabelle mit Daten zu den Lebens- und Wohnformen Alleinlebender, Ein-Eltern-Familien, Nichtehelicher Lebensgemeinschaften und kinderloser Ehen zusammen.

8. Welche gesellschaftlichen Gruppen könnten von der Thematik »Gewalt in der Familie« besonders betroffen sein? Begründen Sie warum.

9. Welche Gründe können den Zeitpunkt der Einlösung eines Kinderwunsches beeinflussen?

Übungsaufgaben

1. Beschreiben Sie Ihre eigene Herkunftsfamilie, Ihre Kernfamilie (Gegenwart oder Zukunft) und Ihre erweiterte Kernfamilie.

2. Das Matriarchat war nach Aussage in diesem Kapitel in keiner Gesellschaft die Norm. Erklären Sie, warum dies so ist, und verwenden Sie in Ihrer Erklärung wenigstens drei der fünf Schlüsselbegriffe (Sozialstruktur, soziales Handeln, funktionale Integration, Macht und Kultur).

3. Diskutieren Sie die »Zukunft« der Familie unter Berücksichtigung der fünf Schlüsselbegriffe und anderer familienrelevanter Aspekte aus den vorangehenden Kapiteln!

4. Die freie Partnerwahl auf der Basis der romantischen Liebe führt nicht zu mehr stabilen Ehen. Welche Vor- und Nachteile haben arrangierte Ehen gegenüber der individuellen Ehepartnerwahl?

5. Wie spiegeln sich die Charakteristika der modernen deutschen Familie in der deutschen Kultur wider?

6. Diskutieren Sie, ob Kinderlosigkeit ein gesellschaftliches oder eher ein individuelles Problem ist.

7. Diskutieren Sie, ob – und wenn ja, inwieweit – die gesetzlich geschützte Privatsphäre der deutschen Familie die Verheimlichung des Kindermordes aus dem einleitenden Beispiel begünstigt hat.

8. Überlegen Sie, ob sich die amerikanische Diskussion über das Für und Wider von Schwangerschaften im Teenageralter auf deutsche Verhältnisse übertragen lässt.

Glossar

Bilaterale Abstammungslinie Verwandtschaftszurechnung sowohl zur Familie des Vaters als auch zu der der Mutter.

Dual-career family Familie, in der beide Ehepartner einer Erwerbstätigkeit nachgehen, die ihnen beruflichen Aufstieg ermöglicht.

Egalitäre Autoritätsverhältnisse Familiales Autoritätsmuster, das weibliche und männliche Familienmitglieder mit der gleichen Macht ausstattet.

Ehe Gesellschaftlich anerkannte und legalisierte Verbindung zwischen zwei oder mehreren Personen, die typischerweise mit sexuellen und wirtschaftlichen Rechten und Pflichten verbunden ist.

Ein-Eltern-Familie Alleinerziehender Elternteil (Mutter oder Vater) mit einem oder mehreren Kindern.

Endogamiegebot Vorschrift, nach der eine Person nur eine andere Person aus ihrer sozialen Gruppe – ihrem Stamm, ihrer Ethnie, Religion, Rasse, Gemeinschaft oder anderen sozialen Gruppierung – heiraten darf.

Erweiterte Familie Haushalt, bestehend aus zwei Kernfamilien der horizontalen Verwandtschaftslinie (z.B. zwei Brüdern mit ihren Familien) und mehreren Seitenverwandten oder familienfremden Personen.

Exogamiegebot Vorschrift, nach der eine Person nur eine andere Person außerhalb ihrer eigenen sozialen Gruppe heiraten darf.

Familie Eine Gruppe Personen von mindestens zwei miteinander verwandten Generationen, die eine Eltern-Kind-Beziehung beinhalten (auch Kernfamilie).

Inzesttabu Verbot sexueller Beziehungen zwischen nahen Familienmitgliedern (vgl. **Endogamie-** und **Exogamiegebot**).

Kernfamilie s. Familie

Matriarchat Familienstruktur, in der die Macht innerhalb der Familie den Frauen zugeschrieben wird.

Matrilineare Abstammung Verwandtschaftszurechnung nur zur Linie der Mutter.

Matrilokalität Wohnsitzarrangement: das verheiratete Paar lebt mit oder in der Nähe der Familie der Muttereltern.

Mehr-Generationen-Familie Familie, bestehend aus zwei oder mehreren Kernfamilien in vertikaler Generationenfolge; für die Existenz einer »Mehr-Generationen-Familie« ist es nicht wesentlich, dass ihre Mitglieder zusammenwohnen.

Monogamie Ehe zwischen *einer* Frau und nur *einem* Mann.

Mutter-Familie Kernfamilie, bestehend aus der Mutter mit ihrem Kind bzw. ihren Kindern.

Neolokalität Wohnsitzarrangement: das verheiratete Paar verfügt über eine neue, eigene Wohnung – unabhängig vom Wohnsitz der Eltern.

Nettoreproduktionsziffer Die Geburtenzahlen liegen unterhalb des Bestandsniveaus der Bevölkerung (vgl. Kap. 19).

Nichteheliche Lebensgemeinschaft Nichtlegalisierte Lebensformen zweier Partner.

Patriarchat Familiales Autoritätsmuster, das die Männer mit der Macht in der Familie ausstattet.

Patrilineare Abstammung Verwandtschaftszurechnung nur zur Linie des Vaters.

Patrilokalität Wohnsitzarrangement: das verheiratete Paar lebt bei oder in der Nähe der Familie des Ehemanns.

Polyandrie Ehe zwischen einer Frau und zwei oder mehreren Männern.

Polygamie Form der Ehe zwischen einem Mann und mehreren Frauen oder einer Frau und mehreren Männern.

Polygynie Ehe zwischen einem Mann und zwei oder mehreren Frauen.

Vater-Familie Kernfamilie, bestehend aus dem Vater mit seinem Kind bzw. seinen Kindern.

Zusammengesetzte/komplexe Stieffamilie Familienform, in der einer oder beide Partner Kinder aus einer früheren Ehe in die Haushaltsgemeinschaft mitgebracht haben.

Kapitel 13

Bildung

Inhalt

Schulen sind ein selbstverständlicher Teil unseres Alltagslebens. Wir kommen damit klar, ohne uns große Gedanken über sie machen zu müssen. Das macht sie soziologisch interessant. Denn für die Soziologie ist gerade das Selbstverständliche fragwürdig. Die Selbstverständlichkeiten, die sich mit den Schulen verbinden, werden deutlich im internationalen Vergleich, den das Gespräch zwischen einem Deutschen und einem Amerikaner im Kasten auf den folgenden Seiten oben andeuten soll. Die Bildungssoziologie untersucht den Sinn, den wir, bewusst oder nicht, mit der Schule verbinden. Sie will diesen Sinn buchstäblich in Frage stellen, ihn bewusst machen und Widersprüche darin aufspüren. Sie fragt auch nach Widersprüchen zwischen dem, was wir von der Schule erwarten, und dem, was sich im Alltag tatsächlich daraus ergibt. Was aus diesen Analysen praktisch folgen könnte, bleibt der Entscheidung des Lesers überlassen. Von anderen wissenschaftlichen Disziplinen kann man die Bildungssoziologie nicht eindeutig abgrenzen. Überschneidungen

ergeben sich vor allem mit der Psychologie und der Pädagogik; in Deutschland wird ein erheblicher Teil der bildungssoziologischen Forschung überhaupt unter der Überschrift Pädagogik betrieben.

THEMEN DER BILDUNGSSOZIOLOGIE

Im nebenstehenden Gespräch über die Schule werden viele der Themen angesprochen, die auch Gegenstand der Bildungssoziologie sind. Bedeutsam sind vor allem (1) das Verhältnis zwischen Bildung und Arbeit, (2) Bildungsfunktionen der Schule, (3) Bildungssystem und soziale Ungleichheit und (4) Reformprobleme. Sie sollen nach der folgenden knappen Übersicht ausführlicher dargelegt werden.

Bildung und Arbeit

Die beiden Eisenbahnpassagiere bringen die Schulbildung ganz selbstverständlich mit Arbeit zusammen. Aber ihre Vorstellungen von diesem Zusammenhang unterscheiden sich. Für den Amerikaner besteht der Sinn der Schule darin, jedem als zukünftigem Bürger zu helfen, etwas aus sich zu machen, auch beruflich. Der deutsche Mitreisende dachte dagegen, die Schulen müssten die jungen Leute als zukünftige Arbeitskräfte an den wirtschaftlich-technischen Qualifikationsbedarf anpassen. Wir finden diese Auffassungen auch in der Bildungssoziologie und wollen ihnen im ersten Abschnitt nachgehen.

Die Bildungsfunktion der Schule

Mit den staatlichen Bildungssystemen ist festgelegt, was unter Bildung zu verstehen ist. Fragt man nach den Inhalten der Bildung, denkt man vor allem an die Unterrichtsfächer. Die Schüler machen im Schulleben aber auch praktische Erfahrungen, zum Beispiel in der Auseinandersetzung mit der Schulorganisation, mit ihren Mitschülern und mit dem, was ihre Eltern und Freunde von ihnen als Schülern erwarten usw. Diese Erfahrungen gehen an keinem von ihnen spurlos vorbei. In der Bildungssoziologie werden sie im Begriff des heimlichen Lehrplans zum Thema. Lehrplan und **heimlicher Lehrplan** sind Gegenstand dieses Abschnittes.

13

Bildung lässt sich als die individuelle Aneignung der Kultur definieren; sie ist also aufs Engste mit der Kultur einer Gesellschaft verknüpft. *Kultur* und Bildung sind immer auch Ausdruck von *Macht*verhältnissen. Die Schüler und Lehrer können z.B. über ihr Schulleben nicht frei verfügen. Sie sind mit Schulordnungen und Lehrplänen konfrontiert, die auf der Grundlage legaler politischer Macht von den Kultusministerien und Schulbehörden definiert werden. Lehrer üben Macht über Schüler aus, wenn sie über deren Versetzung entscheiden; und sie unterliegen der Macht der Schüler, wenn diese ihnen in der Klasse Widerstand entgegensetzen oder gegen ihre Entscheidung, z.B. die Versetzung betreffend, vor Gericht ziehen. Zudem haben jede Schule und jede Klasse ihre eigenen Muster sozialer Beziehungen mit Über- und Unterordnung. Von Bedeutung für die Bildung ist die *funktionale Integration* einer Gesellschaft. Gesellschaftlicher Wandel kann mit neuen Anforderungen an das Bildungssystem einher gehen: So hat es nach dem Ende des Nationalsozialismus in Ost und West weitreichende Veränderungen des Bildungssystems gegeben. Es versteht sich schließlich von selbst, dass Bildungserfahrungen auf *soziales Handeln* zurückgehen. Schüler zu sein, bedeutet, eine soziale Rolle zu spielen, die auf andere bezogen ist, auf Mitschüler, Eltern, Lehrer etc.

Ein deutsch-amerikanisches Gespräch über die Schule

Das folgende Gespräch über Schulen ist fiktiv; es vereinfacht auch; aber es ist nicht willkürlich konstruiert. Dem Amerikaner und dem Deutschen werden Überzeugungen von der Schule in den Mund gelegt, die sich aus Meinungsumfragen und anderen bildungssoziologischen Befunden in ihren Heimatländern ergeben. Stellen wir sie uns in einem Eisenbahnabteil vor. Der Amerikaner spricht gut Deutsch, und sie kommen ins Gespräch. Der Deutsche lässt seine Zeitung sinken, deren Bildungsseite er gerade gelesen hat, und berichtet seinem Nachbarn von seiner Lektüre:

Unsere Schulen stecken in einer Krise. Die Kinder lernen dort alles mögliche, nur nicht was der wirtschaftlich-technische Fortschritt eines Tages von ihnen verlangen wird.

Der Amerikaner hat in seiner Kleinstadt in Nevada ebenfalls gehört, die Bildung in den USA befinde sich in einer Krise. So entgegnet er:

Bei uns ist es genauso. Die Schule müsste den jungen Leuten wirklich besser helfen, etwas aus sich zu machen.

Der Deutsche versteht das als Zustimmung und fühlt sich ermutigt, eine längere Passage über das Thema ›Bildungskrise‹ vorzulesen. Sein Zeitungsartikel zitiert die Diagnose aus dem Bildungsprogramm der CDU-Deutschland. Sie scheint ihm die Situation der Bildung besonders gut zusammenzufassen: *Das Bildungs- bzw. Ausbildungssystem und das Beschäftigungssystem laufen zunehmend auseinander. Auf der einen Seite gibt es immer mehr Abiturienten, die ein wissenschaftliches Studium aufnehmen wollen, ohne dafür geeignet zu sein; auf der anderen Seite nimmt trotz des qualitativ hohen Standards der deutschen Berufsausbildung und guter Beschäftigungsperspektiven für Fachkräfte das Interesse der jungen Menschen an dieser Ausbildung ab. Aus dem Mangel an qualifizierten Fachkräften erwächst eine weitreichende Gefährdung der Leistungsfähigkeit unserer Volkswirtschaft. Eine Korrektur der Bildungspolitik zugunsten berufsbezogener Bildung ist unverzichtbar.*

Der Amerikaner ist sich nicht sicher, ob er das Vorgelesene richtig verstanden hat und fragt: *Was ist eigentlich ein ›Beschäftigungssystem‹? Gibt es in Deutschland nicht einen Arbeitsmarkt wie bei uns?*

Der Deutsche versichert:
Doch, doch, wir haben auch einen Arbeitsmarkt.

Der Amerikaner stutzt:
Haben Sie nicht gerade vorgelesen, die CDU wolle entscheiden, wie viele Akademiker und wie viele Facharbeiter usw. ausgebildet werden sollen? Darf die Regierung in Deutschland tatsächlich eine Bildungs- und Arbeitskräftelenkung vornehmen?

Sein Nachbar überlegt. Ihm fällt seine Cousine ein, die einmal in der DDR lebte. Sie hatte dort Abitur machen wollen, war aber abgewiesen worden. Die staatssozialistische Bildungs- und Arbeitskräfteplanung war nämlich davon ausgegangen, es gäbe zu viele Oberschüler und Studenten. Dann sagt er:

Nein, eine Bildungs- und Arbeitskräfteplanung gibt es in der Bundesrepublik natürlich nicht. Der Staat darf sich in die Bildungs- und Berufsfreiheit der Bürger nicht einmischen.

Noch bevor die beiden klären können, worin sich ein ›Beschäftigungssystem‹ und der Arbeitsmarkt unterscheiden, kommt der Kellner mit dem Büffetwagen und unterbricht das Gespräch. Der Deutsche nimmt es kurz darauf mit einem anderen Gedanken wieder auf:

Die Entwicklung des Bildungssystems und der sozialen Ungleichheit

In diesem Abschnitt werden die soziale Ungleichheit und ihre Entwicklung in den Schulen der BRD und der DDR verglichen. Auf getrennten, aber ähnlichen Wegen kam in Ost und West die Gleichheit voran. Dabei folgte man im Westen der liberalen und im Osten der staatssozialistischen Idee des Bürgers.

Bildungsreformen: Rationalität und Irrationalität der Schulorganisation

Mit den Schulen verbindet sich die Erwartung, sie könnten Bildungsprozesse planmäßig bewirken; zugleich ist die Befürchtung allgegenwärtig, sie steckten in einer Krise. Beides äußert sich in den Auseinandersetzungen um Bildungsreformen. Dass die Schulen Bildungsprozesse tatsächlich planmäßig herbeiführen können, lässt sich wissenschaftlich nicht bestätigen.

DAS VERHÄLTNIS ZWISCHEN BILDUNG UND ARBEIT

Bildung und Arbeitskräftebedarf

Wir bringen das Bildungssystem wie selbstverständlich mit Arbeit und Wirtschaft in Verbindung. Wie wird diese Verbindung in der Bildungssoziologie bestimmt? Drei Theorien, die sich dieser Frage annehmen, haben besondere Aufmerksamkeit erlangt: der **Arbeitskräftebedarf-Ansatz**, die **Humankapitaltheorie** und **Professionalisierungstheorien**.

Um es vorweg zu sagen, der Ansatz des Arbeitskräftebedarfs steht der Auffassung des deutschen Reisenden nahe; er dominiert auch in der bildungssoziologischen Forschung in Deutschland. Die Humankapitaltheorie entspricht dagegen der Auffassung des amerikanischen Reisenden und dominiert in der amerikanischen Forschung. Mit diesen beiden Theorien wollen wir beginnen. Eine detaillierte Übersicht über die internationale bildungsökonomische Diskussion

Es gibt einfach zu viele junge Leute, deren Begabung für eine weiterführende Bildung nicht ausreicht. Sie lernen nichts und behindern die Lernfortschritte der übrigen. In der weiterführenden Bildung ist kein Platz für sie.

Die Klage über schlechte Schüler überrascht den Amerikaner nicht. Er kennt die Schulprobleme der Afroamerikaner und Latinos und äußert dann:

Viele Schüler geben sich zu wenig Mühe. Sie würden besser abschneiden, wenn sie es ernsthafter versuchten. Es ist manchmal schwer, die Hoffnung nicht aufzugeben.

Der Deutsche fühlt sich jetzt zu einer Ermahnung herausgefordert:

Man muss aber realistisch bleiben! Vielen ist wirklich nicht zu helfen, glauben Sie mir.

Dem Ermahnten fällt ein: Auch in Nevada wird gelegentlich behauptet, den Afroameri-

kanern fehle es von Natur aus an Begabung. Er hält das für ein bedenkliches Vorurteil und will das Thema vermeiden. Gewissheit will er sich aber verschaffen, ob er das CDU-Programm richtig verstanden hatte:

Gibt es in Deutschland wirklich politische Parteien, die die Ausdehnung der weiterführenden Bildung ablehnen? In den USA denkt man: Je gebildeter alle Einzelnen, um so gebildeter ist Amerika.

Der Deutsche erwidert:

Sie sprechen jetzt vom ›American Dream‹.

Der Amerikaner übergeht den Anflug von Spott, den er in dieser Bemerkung zu hören glaubt, und fragt:

Wovon träumt man eigentlich in Deutschland?

Den Angesprochenen trifft diese Frage unvorbereitet. Er gerät in eine gewisse Verlegenheit und formuliert dann zögernd:

Wissen Sie, wir haben einen Alptraum hinter uns, den Nationalsozialismus. Viele sind immer noch unsicher, ob die Demokratie in Deutschland Bestand hat. Sie können das den Zeitungen entnehmen. Ich selbst halte diese Furcht für übertrieben.

Sein Gegenüber stimmt dieser Einschätzung zu:

Wenn sich eine große Mehrheit vor einem Wiedererstarken des Rechtsradikalismus fürchtet, dann kann diese Gefahr nicht allzu groß sein.

Eine andere Antwort auf seine Frage nach einem deutschen Traum erhält er nicht. Der Zug fährt jetzt in den Bahnhof ein. Die beiden Herren erheben sich, versichern sich gegenseitig ihrer Wertschätzung und gehen auseinander.

findet sich in Psacharopoulos/Woodhall (1985); Bodenhöfer (1988).

Der Grundgedanke des Arbeitskräftebedarf-Ansatzes ist in Deutschland jedem vertraut; er klingt im Zitat aus dem CDU-Bildungsprogramm schon an. Das Verhältnis zwischen Bildung und Arbeit wird hier etwa so konzipiert: Wissenschaftliche Forschung und Entwicklung entdeckten immer mehr Naturgesetze, die in der Technik und Arbeitsorganisation umgesetzt werden. Letztere legten wiederum den wirtschaftlichen Qualifikationsbedarf der Gesellschaft fest, den Bildungspolitik und Bildungssystem zu bedienen hätten. Versäumten sie das, entstünden Wirtschaftskrisen, Arbeitslosigkeit und Niederlagen in der internationalen Wirtschaftskonkurrenz. Letztlich bestimmen dieser Auffassung zufolge also Naturgesetze die Entwicklung des wirtschaftlichen Qualifikationsbedarfs und der Bildung.

Auf der Grundlage der Bildungsfreiheit lässt sich der unterstellte Arbeitskräftebedarf nicht befriedigen; denn die Schüler folgen ihren persönlichen Bildungs- und Karriereinteressen. Nur eine staatliche Bildungs- und Arbeitskräftelenkung kann dafür sorgen, dass sich die Schüler auf den unterstellten Arbeitskräftebedarf vorbereiten und die für sie ins Auge gefassten Arbeitsplätze auch tatsächlich einnehmen. Die Vorstellung des Arbeitskräftebedarfs steht deswegen in einem Gegensatz zur Bildungs- und Ausbildungsfreiheit. Sie ist in der

bildungspolitischen Diskussion aber trotzdem dauerhaft verbreitet.

In einer populär gewordenen Artikelserie *Die deutsche Bildungskatastrophe* hatte Georg Picht bereits zu Beginn der Reformperiode in den 1960er Jahren

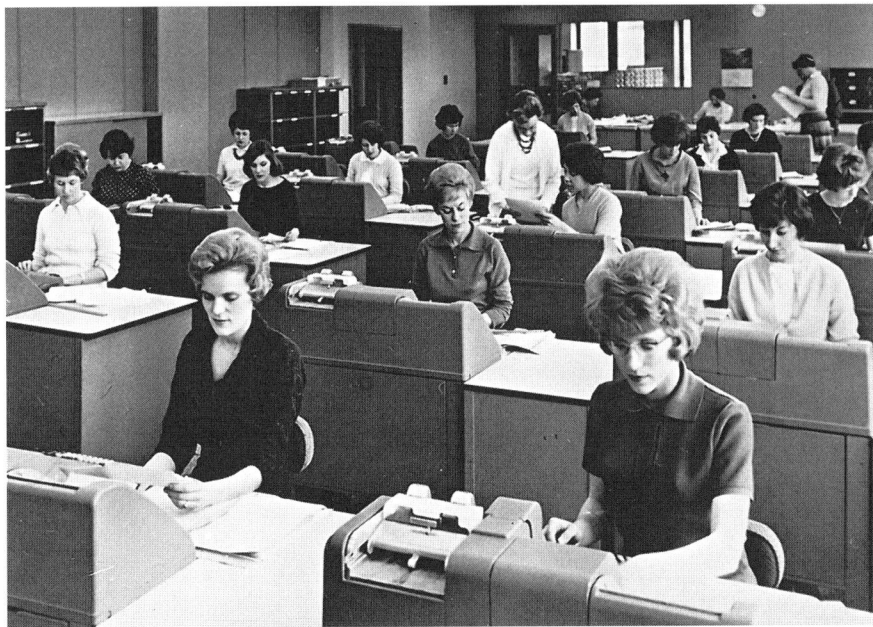

Soziologen haben untersucht, wie der »heimliche Lehrplan« der Schulen – die Erziehung zu Gehor-sam, Disziplin und Konformität – die großen Massen der deutschen Gesellschaft auf Berufe und Fabriken und bürokratische Organisationen vorbereitet hat, in denen Konformität (Regeleinhaltung) und die Wiederholung einfacher Aufgaben weit wichtiger sind als Kreativität und die Fähigkeit zum Lösen von Problemen.

argumentiert: »Die Zahl der Abiturienten bezeichnet das geistige Potential eines Volkes. Von dem geistigen Potential sind in der modernen Welt die Konkurrenz-fähigkeit der Wirtschaft, die Höhe des Sozialprodukts und die politische Stellung abhängig.« In der Bildungs-forschung ist die Theorie des Arbeitskräftebedarfs ebenso seit je verbreitet. »Beziehungen zwi-schen Hochschule und Beruf sind zweifellos in der Forschung über Hochschulfragen in der BRD eines der am häufigsten behandelten Themen« (Teichler 1984:193). Dabei wurde der Arbeitskräftebedarfsansatz be-vorzugt. »In der Bundesrepublik Deutschland überwog – ähnlich wie in den osteuropäischen Län-dern – das Interesse, den Ar-beitskräftebedarf nach der vo-raussichtlichen Wirtschaftsent-wicklung einzuschätzen und in der Hochschulplanung zu berücksichtigen« (Teichler 1995:64).

Eine staatliche Bildungs-planung gibt es bei uns jedoch so wenig wie in den anderen westlichen Demokratien. Ihr stehen die Bürgerrechte ent-gegen. Die Numerus Clausus-Urteile des Bundesverfassungs-gerichtes von 1972 und 1977 machten das Bürgerrecht auf Bildung zur Richtschnur der Hochschulpolitik. Tatsächlich ist der Anteil der jungen Leute, die ein Hochschulstudium auf-nehmen, ganz ungeplant empor-geschnellt; seit den fünfziger Jahren ist er von unter fünf Pro-zent auf heute über 30 Prozent gestiegen. Der Theorie des Arbeitskräftebedarfs zufolge hätte die ungeplante Bildungs-expansion zu einer Arbeits-marktkrise mit arbeitslosen und falsch platzierten Akademikern führen müssen. Eine solche Krise blieb jedoch aus. Die

13

Arbeitslosenquote der Hochschulabsolventen beträgt weniger als die Hälfte der Quote aller Arbeitskräfte. Die Einkommen der Hochschulabsolventen sind wesentlich höher als diejenigen aller anderen Ausbildungsgruppen; sie haben sich im Durchschnitt auch nicht verringert. Offenkundig haben es die Hochschulabsolventen verstanden, sich mit ihren Qualifikationen nützlich zu machen, und die Arbeitgeber haben es verstanden, daraus Profit zu ziehen. (Über die Entwicklung des Arbeitsmarktes informieren regelmäßig die »Mitteilungen aus der Arbeitsmarkt- und Berufsforschung« des Instituts für Arbeitsmarkt- und Berufsforschung bei der Bundesanstalt für Arbeit.)

Die Humankapitaltheorie

Die **Humankapitaltheorie** geht von anderen Vorstellungen von der Natur, vom Individuum und von der gesellschaftlichen Ordnung aus. Zum ersten Mal wurde diese Theorie von Schultz (1961) und Becker (1964) formuliert. Die Natur gilt hier nicht als ein totalitäres Zwangssystem, das die Arbeitswelt determiniert. Ohne dass es explizit dargelegt würde, wird ihre Gesetzmäßigkeit als eine Voraussetzung autonomen Handelns verstanden. Weil die Natur gesetzmäßig ist, kann sich der Einzelne rational auf sie beziehen. Hier gilt deswegen auch die Vorstellung: Je größer das technische Potential der Gesellschaft, desto unabhängiger ist sie von der Natur und umso freier kann die Bildung sein. Ob diese Möglichkeit einer freien Bildung genutzt wird, hängt von den sozialen Verhältnissen ab. Die marktwirtschaftliche Ordnung gestatte die Nutzung dieser Möglichkeit, davon gehen die Vertreter dieser Theorie ohne weitere Diskussion aus.

In der Humankapitaltheorie werden die Einzelnen als Teilnehmer des Arbeitsmarktes definiert. Sie spielen hier eine Doppelrolle. Sie sind zum einen Arbeitskraft und zum andern Bürger, die die Arbeitskraft als Humankapital besitzen. Die Arbeitskraft gleicht dinglichem Kapital darin, dass über sie instrumentell verfügt werden kann. Der Humankapitaltheorie zufolge liegt die Verfügungsgewalt über die Arbeitskraft bei den Bürgern selbst, dem Arbeitskräftebedarfsansatz zufolge muss sie letztlich bei einer staatlichen Planung liegen. Die Bürger, so die Humankapitaltheorie, können ihr Humankapital durch Bildungsinvestitionen vermehren, indem sie sich qualifizieren. Dabei folgen sie, so unterstellt diese Theorie, persönlichen Kosten-Nutzen-Kalkulationen. Zu dem Nutzen werden sie zum Beispiel die zu erwartenden materiellen Vorteile zählen und die Befriedigung, die sie von der angestrebten Arbeit erhoffen – zu den Kosten ihre finanziellen Bildungsaufwendungen, die Bildungsmühe des Studentenlebens abzüglich dessen Annehmlichkeiten usw. Den Ausgleich zwischen eigenen und fremden Interessen an Bildung und Arbeit stellt sich die Humankapitaltheorie als Ergebnis rationaler Interessenkalkulation und freier Verhandlungen vor; sie setzt also die Geltung der Bürgerrechte voraus. Dem Einzelnen bleibt überlassen, welche Wahl er trifft. Besser informiert wird er aber eine rationalere Entscheidung treffen können mit günstigeren Folgen für ihn selbst und für die Gesellschaft insgesamt. Die Humankapitaltheorie will auch der Politik zu Hilfe kommen. Sie will bildungspolitische Optionen transparent machen. Sie kann

Jahrhundertelang fand die Erziehung zu handwerklichen Grundfertigkeiten in der Familie statt. Als sich besondere Gewerbe wie etwa das Schmiedegewerbe entwickelten, entstanden formale Schulungsmethoden – Lehren. Dieses System verlegte die Ausbildung aus der Familie, behielt aber das traditionelle Muster bei, in dem die Söhne die Berufe ihrer Väter ergriffen.

zum Beispiel untersuchen, ob eine restriktive Hochschulpolitik, die auf Eliteuniversitäten setzt, größeren volkswirtschaftlichen Gewinn abwirft als eine expansive, die die Hochschulbildung verallgemeinern will. Was dabei als Nutzen und was als Kosten gelten soll, entscheidet auch hier prinzipiell der Investor, in diesem Fall also letztlich das Parlament. Dem Arbeitskräftebedarfsansatz zufolge müssen dagegen die Experten in der Bildungsforschung und in der Verwaltung entscheiden.

Professionalisierungstheorien

Die Konzepte der Humankapitaltheorie sind der neoklassischen Volkswirtschaftslehre entnommen und beziehen sich auf marktförmige Beziehungen. Wo Marktbeziehungen nicht bestehen, können sie nur wenig erklären. Ihre Reichweite ist daher begrenzt. Innerhalb der Betriebe, wo die als Humankapital verstandenen Qualifikationen wirksam werden, herrschen keine Marktbeziehungen. Die Beschäftigten tauschen die Ergebnisse ihrer jeweiligen Teilarbeiten nicht miteinander aus; sie kooperieren in anderen sozialen Formen miteinander, z.B. in bürokratischen. Auch außerhalb der Betriebe herrschen keineswegs immer marktförmige Beziehungen. Auf dem Arbeitsmarkt stehen sich häufig nicht individuelle Markteilnehmer gegenüber, die frei verhandeln, sondern Berufsgruppen mit bestimmten kollektiven Rechten. Bei der Entwicklung der Berufsgruppen spielt das Bildungssystem eine große Rolle. Auf diese Zusammenhänge richten sich die Theorien der Professionalisierung (vgl. Übersichten bei Abbott 1988 und Siegrist 1988).

Die meisten **Professionalisierungstheorien** stimmen in Folgendem überein: (a) Mit der Professionalisierung der Arbeit werden die merkantile, die bürokratische und die proletarische Berufskultur zurückgedrängt. (b) Die Ausbildung der Professionellen hat wissenschaftlichen Charakter und vollzieht sich in Hochschulen. Sie wird vermittelt von Theoretikern, die die Universität selbst hervorgebracht hat. Praktiker sind im Lehrpersonal der Universität nur ausnahmsweise vertreten. Die Hochschule entlastet die Dozenten von den Anforderungen der Praxis und bietet ihnen damit Gelegenheit, ihre Lehre nach rein innerwissenschaftlichen Gesichtspunkten zu entwickeln. (c) Der Inhalt der Lehre dringt auf dem Wege der Ausbildung in die Praxis ein. Elemente davon werden hier als geltende Kunstlehre, als Stand der Wissenschaft und als Berufsethik verbindlich vorgeschrieben. (d) Zur Wirksamkeit der Lehre in der Praxis trägt eine Reihe institutioneller Regelungen bei. Sie legen fest, dass nur die Absolventen bestimmter Ausbildungsgänge zur Berufsausübung berechtigt sind; sie legen die Ausbildungsgänge fest sowie die Examina. (e) Die Ausbildungs- und Prüfungsregelungen haben häufig Gesetzescharakter; ihre Einhaltung wird vom Staat oder von Berufsverbänden überwacht.

Die Entwicklung der Hochschullehre folgt der Praxis also nicht, sondern geht ihr voraus. Sie wird damit zu einer Determinante der Berufsentwicklung und mithin der Arbeitsteilung. Begonnen hat dieser Wirkungszusammenhang zwischen Hochschule und Praxis bereits in der mittelalterlichen Universität. In deren größter Fakultät, der theologischen, wurden die religiösen Überzeugungen des Alltagslebens zur Theologie rationalisiert, und diese wurde zur Sache des Priesterberufs und geschulter Priester. Das gleiche gilt für die juristische Fakultät. Hier wurde die bis dahin übliche Rechtskunde zu einem logisch konsistenten, theoretischen Rechtssystem rationalisiert, und dieses wurde zur Sache der Rechtsberufe und förmlich ausgebildeter Juristen. Ebenso entstanden die Schulmedizin, der Beruf des Arztes und das Personal, das ihn ergreifen darf. Entsprechendes gilt heute mit Blick auf die Volkswirtschaftslehre, die Betriebswirtschaft, die Psychologie, die Ingenieurwissenschaften usw. Brachten die Hochschulen in Deutschland bis zum ersten Weltkrieg fast auschließlich Staatspersonal hervor, so arbeiten ihre Absolventen heute in allen Bereichen der Gesellschaft.

Das Bildungssystem ist in diesem Prozess zu einer wichtigen Zuweisungsinstanz für Berufs- und Lebenschancen geworden. Dabei spielt es eine zweifache Rolle: Mit dem Schulbesuch wird festgelegt, wer zu bestimmten Positionen in der beruflichen Schichtenpyramide zugelassen wird. Die Bildungssoziologie hat dem die größte Aufmerksamkeit gewidmet. Weitgehend unbeachtet blieb dagegen, dass das Bildungssystem auch zu einem Konstruktionselement der Berufspositionen geworden ist, die zu erringen sind. Es trägt zur Form der beruflichen Schichtenpyramide bei, zur Konstruktion von Unten und Oben und damit zum Ausmaß der gesellschaftlichen Ungleichheit. Um die Frage nach Ungleichheit geht es in den professionalisierungstheoretischen Auseinandersetzungen ebenfalls. Die dazu vertretenen Auffassungen lassen sich zu zwei allgemeineren Thesen zusammenfassen. Die eine unterstellt, bei der Professionalisierung gehe es um die Vergrößerung der Ungleichheit, d.h. um die Vermehrung von Einkommen und Macht. Der anderen zufolge führt die Professionalisierung zu einem Mehr an Gleichheit, das sich in der Ausdehnung des modernen Individualismus in der Arbeitswelt manifestiert.

Um Einkommensvorteile und Macht zu erringen, so die erste Auffassung, würden die Professionellen mit

13

Veränderungen in den Hochschulen und in der betrieblichen Ausbildung

Die Demokratisierung der Gesellschaft und die Professionalisierung der Arbeit haben die Hochschulen verändert. Die unterschiedlichen Hochschultypen, die im 19. Jahrhundert als Teil der beruflichen Ständeordnung entstanden, sind sich immer ähnlicher geworden (zur Hochschulentwicklung vgl. Ringer 1987; Ellwein 1997; Schelsky 1971). Das betrifft zunächst die Unterscheidung zwischen der Universität und den Technischen Hochschulen. Die deutsche Universität bildete vor allem Staatsdiener aus, die die obrigkeitsstaatliche Autorität ausübten, also Juristen für die Verwaltung, Pfarrer für die staatlich privilegierten Kirchenanstalten und Gymnasiallehrer für die elitären staatlichen Oberschulen. Die technischen Bildungseinrichtungen bildeten vor allem Personal für den technischen Staatsdienst aus.

Die Universitäten achteten auch damals schon eifersüchtig darauf, dass die technische Bildung in der Standesordnung nicht zu weit nach oben rückte. Erfolgreich waren sie damit nicht. Einrichtungen der technischen Bildung wurden zu Hochschulen; andere wurden mit ihren Bildungsprogrammen in die Universität aufgenommen. In der BRD sind in den 1970er Jahren aus diversen Fachschulen die Fachhochschulen entstanden. Sie sollen den gleichen Rang und die gleiche akademische Freiheit haben wie die Universitäten. Mit gewissen Einschränkungen und gegen den Widerstand der Universität hat sich diese Gleichstellung auch hergestellt (Peisert/Framhein 1990; Oehler 1989). Verändert haben sich auch die Universitäten. Die akademische Freiheit, die im 19. Jahrhundert ein quasi-feudales Privileg war, entwickelt sich im Sinn der Bürgerrechte. Dem entsprechen Veränderungen innerhalb der Hochschule. Der feudale Sozialcharakter des Ordinarius wich allmählich Mitbestimmungsmöglichkeiten der am Hochschulleben Beteiligten und einem rationaleren Hochschulmanagement. In der DDR hatte man dem Typus der Fachschule den Vorzug vor der Universität gegeben. Während in der BRD ungefähr 20 Universitäten gegründet wurden, entstand in der DDR nicht eine einzige neue. Man näherte sogar die Universitäten dem Typus der Fachschule an, indem man den Professoren und Studierenden die akademische Freiheit nahm. Forschung und Lehre sollten nicht frei sein, sondern den Zwängen der Arbeitswelt folgen, die als objektiv notwendig galten.

Werfen wir noch einen Blick auf die berufliche Bildung am Fuß der sozialen Schichtenpyramide. Mit der Überwindung der ständischen Verhältnisse hat auch die einstige berufliche Bildung an Bedeutung verloren. An ihre Stelle trat eine Bildung, die sich zunehmend an der Vorstellung des effizienten Bürgers orientiert und die auf die Vermittlung der Schlüsselqualifikationen zielt (Benavot 1983). Besonders anschaulich wird diese Entwicklung an den Colleges der USA. Die Unterscheidung zwischen beruflicher und allgemeiner Bildung ist dort weitgehend verwischt. Als College werden Bildungseinrichtungen bezeichnet, die in deutschen Augen als sehr unterschiedlich erscheinen, die bescheidenen *city colleges* ebenso wie berühmte und tradi-

---

dem Ausbildungserfordernis die Zahl der Berufsanwärter gering halten und damit die Last der Konkurrenz. Festgelegt wird nicht nur, wer einen bestimmten Beruf ergreifen darf, sondern auch, welche Aufgaben er umfasst: zum Beispiel, welche Aufgabe eine Krankenschwester nicht übernehmen darf, und welche sich ein Arzt nicht zumuten lassen muss. Mit der Abgrenzung der Berufskompetenzen, so fürchten kritische Beobachter, entsteht die Unterscheidung zwischen Experten, die bestimmte Kompetenzen besitzen, und Laien. Der Professionalismus wird zu technokratischer Herrschaft.

Der instrumentelle Charakter dieser Herrschaft reicht bis in die unmittelbaren Arbeitsbeziehungen hinein. Die Professionellen verfügen über ihre Klienten und lassen ihnen lediglich die Rolle eines zu behandelnden Objekts. Die Ungleichheit zwischen beiden wird reguliert durch eine paternalistische Berufsethik. Der Paternalismus schützt vor Missbrauch, er bekräftigt zugleich aber auch das Machtgefälle zwischen Fachmann und Laien. Die Herrschaft der Experten, so hatte Max Weber in seiner Theorie des Fachmenschentums gewarnt, werde die Freiheit der Bürger radikaler ersticken als die kapitalistische Herrschaft.

Gegen Webers pessimistische Prognose richtet sich der zweite Typus der Professionalisierungstheorien. Ihr herausragender Vertreter ist Talcott Parsons (Parsons 1964; Parsons/Platt 1990). In Deutschland kommen der Parsonsschen Theorie die Arbeiten von Oevermann (1996) besonders nah, ebenso die Aufsätze in Dewe/Ferchhoff/Radtke (1992), sowie Lenhardt/Stock (2000). Die moderne professionelle Berufskultur wird hier als Ausdruck des institutionalisierten Individualismus begriffen. Parsons zufolge ist die Professionalisierung der Arbeit nicht nur mit der Hochschulexpansion verbunden, sondern auch mit der Demokratisierung der Gesellschaft. Demokratie, Hochschule und Professionalismus stimmen in einem individualistischen Wertmuster überein, das Parsons *associational pattern* nennt. Dieses Wertmuster wird durch Regeln gebildet, die eine argumentative Einlösung von Geltungsansprüchen ermöglichen sollen. Im gesellschaftlichen Verkehr soll man sich also allein mit Argumenten und nicht mit Befehlen und Macht durchsetzen können. In den Hochschulen äußert sich dieses Wertmuster in der akademischen Freiheit, in der Gesellschaft in den Bürgerrechten und in der Arbeitswelt im Pro-

tionsreiche Eliteinstitutionen. Diese Bildungseinrichtungen tragen ihrer zahlreichen Unterschiede ungeachtet die gleiche Bezeichnung, weil sie der gleichen Bildungsidee folgen, nämlich der Bildung ihrer selbst bewusster, effizienter Bürger.

Den amerikanischen Colleges steht in Deutschland u.a. das **duale System** der beruflichen Bildung gegenüber. Die oben aufgestellte Behauptung, dass moderne Gesellschaften ihre Bildung typischerweise in Schulen vermitteln, trifft auf diesen Zweig des Bildungssystems nicht zu. Er ist wie unsere mehrgliedrige Sekundarstufe weltweit eine Sondererscheinung. Anders als ihre amerikanischen und französischen Altersgenossen, die sich in Colleges und Fachschulen qualifizieren, verbringen die jungen Deutschen nur ein oder zwei Tage ihrer wöchentlichen Ausbildungszeit in Schulen, den größeren Teil also in Ausbildungsbetrieben. Mit dem dualen System erhält das System der tertiären Bildung in Deutschland eine eigentümliche Form. Die Zahl der Fachschulen ist gering, so

dass das deutsche Hochschulsystem weitgehend auf den Typus der *research university* begrenzt ist. Es erscheint deswegen im internationalen Vergleich als sehr homogen; und es nimmt sich aus dem gleichen Grund auch kleiner aus als zum Beispiel das US-amerikanische Hochschulwesen mit seiner breiten Collegestufe. Zieht man aber die gesamte tertiäre Bildung in Betracht, also auch die Lehre, dann erweisen sich die deutschen Bildungsverhältnisse im internationalen Vergleich als außerordentlich heterogen.

Viele Ausbildungsbetriebe des dualen Systems unterhalten schulische oder schulähnliche Ausbildungsabteilungen; denn in der Praxis selbst ist häufig nicht viel zu lernen, oder das Lernen wäre hier zu gefährlich oder kostspielig. Andere bieten eine anspruchsvolle praktische Ausbildung, wie es dem Begriff des dualen Systems entspricht. Wieder andere vermitteln ihren Auszubildenden vor allem die Erfahrung unqualifizierter Arbeit in aussichtslosen Berufen. Für sie sind die jungen Leute als preisgünstige Arbeitskräfte interessant.

Wenn sie ihre Lehre beendet haben und das tarifliche Entgelt einer Fachkraft beanspruchen können, werden sie entlassen und durch einen neuen Auszubildenden ersetzt. Sie müssen sich dann Arbeit in einem ausbildungsfremden Beruf suchen. Dazu sind, wie der Ausbildungsbericht der Bundesregierung alljährlich ausweist, sehr viele der Absolventen gezwungen.

Das duale System ist nicht Sache des Staates, sondern hat korporativen Charakter. Hier wirken die Ausbildungsbetriebe und Berufsschulen mit den Kammern, den Gewerkschaften, der staatlichen Verwaltung und Gesetzgebung zusammen. Die bürgerliche Komponente der hier gepflegten Berufskulturen ist schwach. Nach Inhalt und Form ist dieser Ausbildungstypus nicht Bildung »effizienter Bürger«, sondern Bildung von Berufsangehörigen.

fessionalismus. Die Hochschulexpansion verallgemeinert die Erfahrung akademischer Freiheit, die Demokratisierung der Gesellschaft begründet bürgerliche Autonomie und die Professionalisierung der Arbeit ersetzt bürokratische Unterordnung durch Verhältnisse intersubjektiver Anerkennung.

Was bedeutet das in den Betrieben? Das Management, so Parsons, befiehlt den Professionellen nicht, wie es bürokratischem Geist entspräche, und es nimmt andererseits von ihnen auch nicht technische Handlungsanweisungen entgegen, wie es technokratischen Ordnungsvorstellungen entspräche. Das Management kann nur in Ansehung der Möglichkeiten herausfinden, worin sein Anliegen im wörtlichsten Sinne bestehen könnte. Dazu bedarf es der Professionellen. Deren Kompetenz besteht darin, sich auf diese Anliegen einlassen zu können und entsprechende Möglichkeiten zu entwickeln. Die Kompetenz der Professionellen besteht nicht im Wissen um festliegende technische Lösungen. Worin das Problem und seine Lösung bestehen könnte, können beide also nur ermitteln durch Verständigung über die Ziele, Möglichkeiten und Kontextbedingungen sachlicher, sozialer und kultureller Natur. Dabei müssen sie die zentralen Werte der Gesellschaft berücksichtigen, wollen sie nicht Konflikte erzeugen. Das aber sind mit zunehmender Demokratisierung die Werte des institutionalisierten Individualismus. Die Unternehmen

nähern sich damit der normativen Vorstellung einer company of equals. In Deutschland werden entsprechende Befunde zum Beispiel von Heidenreich 1996 berichtet.

Parsons' Überlegungen zur Professionalisierung nehmen die moderne Diskussion der **Schlüsselqualifikationen** vorweg. Dazu zählen Entscheidungsfähigkeit, Teamfähigkeit, Kommunikationskompetenz, Konflikttoleranz, Innovationsbereitschaft, Autonomie im Umgang mit den eigenen inneren Impulsen und mit äußeren Mächten, von denen suggestiver Einfluss ausgehen kann usw. Das sind bürgerliche Tugenden, die der demokratischen Kultur entsprechen. Sie sind an die Stelle der alten Ordnungstugenden mit ihren militaristischen Anklängen getreten. Wie es scheint, werden sie heute zu einer Produktivkraft. Wie ist dieser Wandel zu erklären? In der Perspektive des Arbeitskräftebedarfsansatzes lautet die Antwort: Der wirtschaftlich-technische Fortschritt erzwingt die Entwicklung der Schlüsselqualifikationen. In der Perspektive der Humankapitaltheorie ergibt sich diese These: Die Bürger haben Schlüsselqualifikationen als Humankapital erworben; sie waren damit auf dem Markt besonders

13

erfolgreich und deswegen sind Wirtschaft und Technik dynamischer geworden.

DIE BILDUNGSFUNKTION DES SCHULSYSTEMS

Moderne Gesellschaften schreiben mit ihren Bildungssystemen fest, was als Bildung gelten soll. Konkurrierende Bildungsideale verlieren damit ihre Bedeutung. (a) Die Lehrpläne der Schulen enthalten bestimmte Vorstellungen vom Individuum und der sozialen Ordnung, von ihrer Geschichte und Zukunft, und von der Natur. (b) Die Schule bildet des Weiteren durch die Erfahrungen, die die jungen Leute als Schüler machen. Dafür hat sich der Begriff des **heimlichen Lehrplans** eingebürgert. So macht die staatliche Schule aus Bildung Schulbildung; und aus den Kindern unterschiedlicher sozialer Herkunft macht sie gleiche Schüler. Sie werden als Schulabsolventen mit bestimmten Berechtigungen zu erwachsenen Bürgern. In modernen Gesellschaften wird Schulbildung zur Bildung der Nation (Meyer 1977). Wie sich der konfliktreiche Prozess der Nationsbildung in der deutschen Schulgeschichte vollzog, haben Becker und Kluchert (1993) für die Zeit des Kaiserreichs und der Weimarer Republik gezeigt. (c) Beendet wird dieser Abschnitt mit einem Blick auf die internationale Schulentwicklung.

Lehrpläne: Was in der Schule unterrichtet wird

An erster Stelle steht der *muttersprachliche Unterricht*. Mit ihm ist festgelegt, was als Nationalsprache zu gelten hat. Dialekte oder konkurrierende Sprachen werden damit zurückgedrängt. Da Sprache für die individuelle und nationale Selbstdefinition einen hohen Symbolwert hat, kommt dem muttersprachlichen Unterricht eine erhebliche Bedeutung für den Zusammenhalt des jeweiligen Vaterlandes zu.

Hinzu tritt der Unterricht in modernen *Fremdsprachen*; er spiegelt die Verdichtung der internationalen Beziehungen. Mit der Herausbildung der Weltgesellschaft entstehen heute auch zweisprachige Schulen; dabei dominiert das Englische, das zur Lingua franca geworden ist. Dagegen scheinen die deutsch-türkischen zweisprachigen Schulen wieder zu verschwinden. Sie haben, gewollt oder nicht, die Funktion ethnischer Grenzziehung und stoßen vermutlich deswegen auch

bei der türkischen Minderheit auf wenig Interesse. Schließlich sind die toten Fremdsprachen mit religiöser oder anderer kultureller Bedeutung zu nennen, in Deutschland Latein und Griechisch. Sie scheinen ebenfalls an Interesse zu verlieren.

Großes Gewicht wird der *Mathematik* zugemessen. Sie gilt als Bildungselement in einer als berechenbar verstandenen Welt. Das gleiche gilt für die *Naturwissenschaften*, die an die Stelle mythischer Naturvorstellungen getreten sind. Die Natur wird hier als berechenbar dargestellt. Dass diese Naturvorstellung alles andere als selbstverständlich ist, zeigt der religiöse Eifer, mit dem in den USA gelegentlich auch alternative Naturbegriffe behauptet werden, z.B. die Schöpfungsgeschichte der Bibel gegen den Darwinismus.

Mit Geschichte und Geographie werden nationale Selbstdefinitionen festgeschrieben. Sie weichen allmählich den Sozialwissenschaften. Diese vermitteln Begriffe, in denen die sozialen Beziehungen als berechenbare dargestellt werden, und sinnen dem einzelnen damit ebenfalls rationale Verhaltensorientierungen an. Hinzu kommen schließlich die musischen Fächer, Sport, häufig auch Hygiene usw.

Die Curricula spiegeln das Selbstverständnis und die Wertordnung der modernen Gesellschaften. In direkten Bezügen zur wirtschaftlich-technischen Entwicklung stehen sie dagegen nicht. Ingenieurwissenschaften und dergleichen werden in den allgemeinbildenden Schulen nicht unterrichtet. Was in den Schulen gelehrt wird, kann der wirtschaftlich-technischen Entwicklung aber zugute kommen, weil die gesellschaftliche Wertordnung, in deren Dienst die Allgemeinbildung steht, rationales Verhalten begünstigt und damit auch den wirtschaftlichen Fortschritt.

Der Bildungskanon erlangt weltweit wissenschaftlichen Charakter. Aber unter Wissenschaftlichkeit wird nicht immer das gleiche verstanden. Das zeigt ein Blick auf die Schulen der BRD und der ehemaligen DDR. In der BRD soll die Auseinandersetzung mit einer wissenschaftlichen Disziplin die wissenschaftliche Disziplin schlechthin vermitteln. Sie gilt als eine persönliche Haltung, die Voraussetzung individueller Autonomie ist. Auf ihre Kultivierung kommt es an. In der DDR zielte der wissenschaftliche Unterricht dagegen auf die Vermittlung objektiven Wissens. Die persönlichen Bedingungen des Denkens galten als Quelle von Verzerrungen, die die angestrebte Objektivität des Wissens trübten. Schüler und Lehrer wurden deshalb einem dichten Netz curricularer Vorschriften und bürokratischer Kontrollen unterworfen. In der BRD, wo Wissenschaftlichkeit eher als Voraussetzung persönlicher Autonomie gilt, erlangten sie dagegen beträchtliche Freiheitsrechte.

Eine weitere Differenz zwischen Ost und West kommt hinzu: Wissenschaftlichkeit als persönliche Disziplin kann in der Auseinandersetzung mit beliebigen Gegenständen erworben werden. Deswegen können die Unterrichtsfächer den Schülern zur Wahl gestellt werden. In der DDR, wo der Unterricht objektiv notwendiges Wissen vermitteln sollte, durfte die Auswahl der Unterrichtsfächer den Schülern nicht überlassen bleiben. So betrug der Anteil des Wahlunterrichts in der Sekundarstufe lediglich 5,5 Prozent; die entsprechende Quote in der BRD liegt dagegen bei 20 Prozent. Der Glaube an die Notwendigkeit bestimmter Bildungsinhalte findet aber auch in der BRD noch zahlreiche Anhänger. Das zeigen die Konflikte um die Freiheit der Fächerwahl, um Haupt- und Nebenfächer und um den Bildungswert von Fächerkombinationen. Die Zahl der Fächerkombinationen, die den Schülern zum Beispiel in Berlin zur Wahl stehen, beträgt einige hundert. Es gilt aber die Vorstellung, dass Bildung nicht stattfände, würde eine von dieser Liste abweichende Kombination gewählt. In anderen Bundesländern wecken andere Fächerkombinationen die Befürchtung ausbleibender Bildung. Wie stark der Glaube an die Notwendigkeit staatlich zu kanonisierender Bildungsinhalte in Westdeutschland noch ist, verdeutlicht ein Vergleich mit den USA. Dort ist der Anteil des Wahlunterrichts mit 40 Prozent ungefähr doppelt so hoch wie in der BRD.

Der heimliche Lehrplan

Der Begriff des **heimlichen Lehrplans** bezieht sich auf die Erfahrungen, die das Schulleben den Schülern vermittelt. In seiner Untersuchung »*Was wir in der Schule lernen*« zeigt Dreeben (1968), dass in der Schule die gleichen Normen gelten wie in der Welt der Erwachsenen. Die Schule bietet den jungen Leuten deswegen Gelegenheit, sich aufs Erwachsenenleben vorzubereiten. Schule und gesellschaftliche Ordnung, so Dreeben, zeichnen sich aus durch die Norm der Unabhängigkeit, das Leistungsprinzip, die Norm des Universalismus und die Norm der Spezialisierung.

- Die Schüler sollen ihre Leistungen unabhängig, also ohne fremde Hilfe erbringen. Ihre Leistung wird als individuelle Leistung verstanden.
- Sie sollen ausschließlich nach Leistung bewertet werden.
- Im Übrigen gelten sie nach Maßgabe universalistischer Normen als gleich.
- Schließlich wird ihnen angesonnen, sich auf bestimmte Gegenstände zu konzentrieren und sich auf Auseinandersetzungen mit rasch wechselnden Lehrern einzulassen.

Diese Normen, so zeigt Dreeben detailliert, kennzeichnen alle Elemente des Schullebens. Beispielhaft soll im Folgenden gezeigt werden, wie sie in der Schulform zum Ausdruck kommen. Die nationalen Bildungssysteme sind Einrichtungen des Staates. Privatschulen spielen nur eine untergeordnete Rolle; sie unterliegen zudem detaillierter staatlicher Regelung. Das weltweit verbreitete Standardmodell nationaler Bildungssysteme ist die **Einheitsschule**. Diese Organisationsform entspricht der Idee der Allgemeinbildung. Die Einheitsschule macht aus den Kindern unterschiedlicher sozialer Herkunft *gleiche* Schüler. Zwischen den Schülern soll keine Unterscheidung nach sozialer Herkunft, Geschlecht, Religionszugehörigkeit, Rasse, ethnischer Zugehörigkeit oder anderen leistungsfremden Merkmalen getroffen werden, auch wenn diese Merkmale faktisch eine Rolle spielen können. Die Schüler gelten im Sinne der *universellen* Bürgerrechte als zukünftige gleiche Bürger und sollen deswegen auch die gleiche Bildung erfahren. Es liegt im allgemeinen Interesse, dass niemand von der Bildung ausgenommen wird. Denn wenn einer nicht gelernt hat, seine Interessen produktiv und zivilisiert zu vertreten, wird er es in anderen Formen tun und damit das Interesse aller gefährden.

Die Schule versetzt die Schüler in ein direktes Verhältnis zum Staat. Das ist ein massiver Eingriff in die Rechte, die Eltern an ihren Kindern unter traditionalen Verhältnissen hatten. Als Schüler sind die Kinder unabhängig: Sie sind familialer Abhängigkeiten, aber auch der unmittelbaren Unterstützung durch die Familie enthoben. Mütter und Väter dürfen nur ausnahmsweise in die Schule kommen. Die Schüler sollen auf sich selbst gestellt sein wie moderne Bürger. Der Schülerstatus gilt als so wichtig, dass mit Hilfe der Schulpflicht dafür gesorgt wird, dass alle Kinder eines bestimmten Lebensalters auch tatsächlich die Schule besuchen. Da Kinder in der Landwirtschaft und in der frühen Industrie einmal als Arbeitskräfte fungierten, war die Durchsetzung der Schulpflicht ein langwieriger Prozess. Mit der Schulpflicht wurden die Kinder vor der Welt der Erwachsenen geschützt, und die Welt der Erwachsenen vor den Kindern.

In der Einheitsschule erfährt das *Leistungsprinzip* eine Ausprägung, die dem Bürgerstatus entspricht. Es enthält die Vorstellung, dass sich jedes Kind durch die Bildungsfähigkeit auszeichnet, die allen Menschen eigen ist. Unterschiede ihrer tatsächlichen Leistungen sollen gegen diese Vorstellung nichts besagen. Leistungsversagen soll mit einer neuen Anstrengung beantwortet werden und mit der Zuversicht, dass der Erfolg

13

prinzipiell nicht ausbleiben kann. An den Erfolgsaussichten zu zweifeln, ist nicht statthaft. Das Leistungsprinzip in der Einheitsschule entspricht demjenigen, das die Bürgerrechte begründet. Man kann in der bürgerlichen Gesellschaft beruflich, familiär oder politisch versagen und die größten Niederlagen erleiden; die Bürgerrechte kann man jedoch nicht verlieren. Dass ihr Besitz an keine Bedingung gebunden ist, bedeutet: Man bleibt mit der Erwartung konfrontiert, eine neue Anstrengung zu unternehmen, und damit zugleich mit dem Vertrauen, ihr auch gewachsen zu sein. Diese Erwartung und dieses Vertrauen gelten so bedingungslos wie die Bürgerrechte, in denen das optimistische Menschenbild der Demokratie rechtlichen Ausdruck findet.

Die demokratischen Einheitsschulen weichen von den Normen Unabhängigkeit, Leistung, Universalismus und Spezifizierung faktisch in vielen Fällen ab, teilweise auch ganz erheblich. Man denke nur an die Unterschiede zwischen den Schulen reicher und armer Viertel in den Städten der USA. Aber die Geltung einer Norm wird nicht dadurch in Frage gestellt, dass in der Praxis dagegen verstoßen wird. Normverstöße sollen als Herausforderung verstanden werden, der Ordnung zu größerer Wirksamkeit zu verhelfen. Dieses Verständnis verleiht der Einheitsschule ein utopisches Element. Schulversagen soll Bildungsanstrengungen so wenig erlahmen lassen wie die Sünde das religiöse Engagement. Diese Überzeugung stand dem amerikanischen Reisenden mit seinem *American dream* auch wie selbstverständlich vor Augen; seine Haltung sticht scharf ab vom erwartungslosen Realismus seines deutschen Gegenübers.

Damit sind wir bei dem Bildungssystem in Deutschland. Was soweit über die Verwandtschaft zwischen Schule und Bürgerschaft gesagt wurde, trifft auch auf das deutsche Bildungssystem zu. Jedoch fallen hier gewisse Einschränkungen auf. Sie sollen skizziert werden, weil vor diesem Hintergrund die Veränderungen des Bildungswesens um so plastischer hervortreten, von denen danach die Rede sein soll. Unser mehrgliedriges Bildungssystem bringt die Vorstellung zum Ausdruck, dass die Schüler nicht gleich sind, nicht gleich sein können und nicht gleich sein sollen. Streng genommen gibt es in Deutschland keine Allgemeinbildung. Unsere Schulen vermitteln nur in den ersten vier Klassenstufen eine Bildung, die unterschiedslos an alle Kinder adressiert ist. Auf der **Sekundarstufe** gibt es keine einheitliche Bildung mehr; das Nebeneinander von Haupt- und Realschule, Gymnasium und Gesamt-

schule und Berufsschule sorgt hier für Unterscheidungen. In der DDR hatte es wie in den übrigen europäischen Ländern die Einheitsschule gegeben; sie hat sich in den neuen Bundesländern aber nicht gehalten.

In der mehrgliedrigen Sekundarstufe in Deutschland gelten die Kinder nicht als gleich, sondern als Inhaber ungleicher Begabungen. Gegen die Begabungsunterschiede, so wird unterstellt, könne die Schule nur wenig ausrichten. Diese Schulform erteilt also der Idee universeller Bildungsfähigkeit eine Absage. Sie schränkt zugleich das Leistungsprinzip ein. Denn die niedrigere Einstufung leistungsschwacher Schüler ist gleichbedeutend mit einer Zurücknahme des Leistungsanspruchs. Es heißt zwar, in ungleichen Schulen könnten die Lehrer auf ungleiche Begabungen besser eingehen. Tatsächlich werden die Lernschwächen der Betreffenden aber nicht durch einen besonderen schulischen Aufwand kompensiert. Ihre Bildungsmöglichkeiten werden vielmehr gekürzt; die Anzahl der Schuljahre ihrer erfolgreicheren Kameraden im Gymnasium ist größer. Weiterreichende Bildungsanstrengungen erscheinen auch arbeitsmarktpolitisch als inopportun. Denn seit je entspricht in der Perspektive des neokonservativen Materialismus dem Bedarf des »Beschäftigungssystems« ein Mehr an Facharbeitern besser als ein Mehr an Hochschulabsolventen. Gegenüber dem Begabungsglauben hat der pädagogische und demokratische Optimismus jedoch an Gewicht gewonnen: Die Schulen selektieren heute weniger aggressiv als noch vor einer Generation. Die Chancen eines Anfängers im Gymnasium, auch tatsächlich das Abitur zu erlangen, haben beträchtlich zugenommen. Zugleich ist der Anteil der jungen Leute geschrumpft, die die Schule ohne einen förmlichen Abschluss verlassen.

Die Mehrgliedrigkeit unserer Sekundarstufe und der darin enthaltene Begabungsglaube entfalten als heimlicher Lehrplan erhebliche Bildungswirkungen. Das soll hier mit einer international vergleichenden Studie gezeigt werden (Little u.a. 1995). Schüler aus Los Angeles, West- und Ostberlin sowie Moskau wurden unter anderem daraufhin befragt, wie sie auf Leistungsversagen reagieren. Junge US-Amerikaner, so zeigte sich, lassen sich durch schlechte Testergebnisse den Glauben an ihr Leistungsvermögen nicht nehmen. Mehr als alle anderen sind sie davon überzeugt, dass man mit persönlichen Anstrengungen weiterkommt. Westberliner Schüler neigen dagegen eher dazu, sich durch schwache Leistungen das Vertauen in die eigenen Fähigkeiten nehmen zu lassen. Zugleich sind sie eher als ihre US-amerikanischen Alterskameraden von der Bedeutung natürlicher Begabungen überzeugt, weshalb Leistungsversagen bei ihnen eher eine lähmende Wirkung hat. Die Ostberliner Schüler schlossen sich bei der Selbstdefinition ihres Leistungsvermögens am engsten an die

Schaubild 13.1: **Sekundarstufe: Schülerquoten (Prozent der alterstypischen Jahrgänge) nach Regionen, 1970 bis 1997**

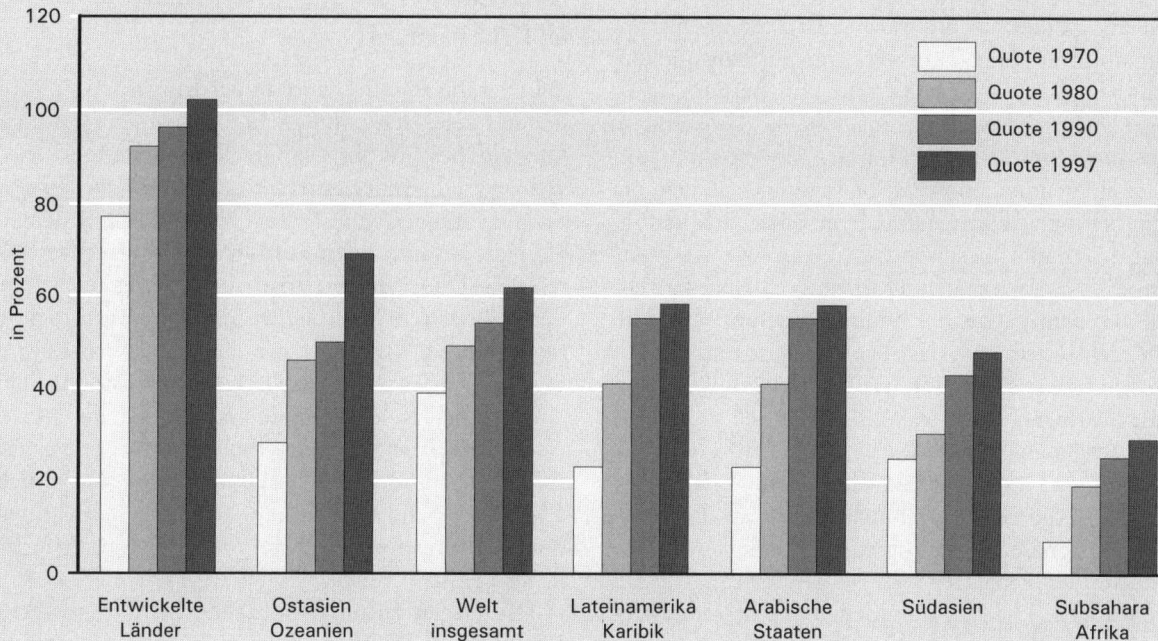

Quelle: *UNESCO Statistical Yearbook 1999,* Table 9. Paris: UNESCO Publ. & Bernan Press

Leistungsergebnisse an. Hier galt zwar der Begabungsglaube nicht; die sozio-kulturellen Verhältnisse der DDR ließen ihnen jedoch nur wenig Möglichkeiten für die Entwicklung eines unabhängigen Selbstbildes. Fremd ist der Begabungsglaube jedoch auch der amerikanischen Schule nicht (Rosenholtz/Simpson 1984).

Internationale Schulentwicklung

Internationale Vergleiche ermöglichen die Überprüfung von Hypothesen zur Erklärung der Schulentwicklung . Mit ihrer Hilfe lässt sich prüfen, ob die Bildungsentwicklung tatsächlich als Reaktion auf die wirtschaftliche Entwicklung zu verstehen ist. Darauf soll im Folgenden eingegangen werden.

Die gesetzliche Schulpflicht entstand weltweit zum ersten Mal in dem deutschen Kleinstaat Weimar. Die Kleinstaaten, die dem Beispiel Weimar als Erste folgten, zeichneten sich gegenüber den anderen nicht durch wirtschaftliche Überlegenheit aus, sondern durch den Protestantismus. Die Einführung der Schulpflicht war motiviert durch das protestantische Dogma. Der Einzelne steht danach in einem direkten Verhältnis zu Gott; er soll nicht den Vertretern der Kirche folgen, sondern seinem eigenen wohl zu erforschenden Gewissen. Deswegen muss er fähig sein, die Bibel zu

studieren. Zur Aneignung dieser Fähigkeiten sollte die Schulbildung beitragen. Hinzu kam das ebenfalls religiös begründete Interesse an der Systematisierung der Lebensführung, also an Selbstzucht, an beruflich geordneter Arbeit usw. Außerhalb Deutschlands setzte sich die Schulpflicht zunächst in wirtschaftlich rückständigen Ländern durch wie Österreich, Dänemark, Schweden, Norwegen, Griechenland, Spanien, Haiti, Argentinien, in den agrarischen USA usw.; im industriell entwickelten England, in den Niederlanden und Belgien wurde sie erst viel später eingeführt.

So wenig wie die Einführung der Schulpflicht, so wenig scheint heute die Expansion der weiterführenden Bildung eine Antwort auf die wirtschaftlich-technische Entwicklung zu sein. Ramirez/Boli-Bennett (1982) haben untersucht, wie sich die Bildungssysteme in 128 Ländern zwischen 1950 und 1975 entwickelt haben. Dabei ergab sich: Der Anteil der Kinder, die eine Elementarschule besuchten, stieg im weltweiten Durchschnitt von 59,9 Prozent auf 86,5 Prozent, der Anteil der Sekundarschüler stieg von 11,5 Prozent auf 40,7 Prozent und derjenige der Schüler im tertiären Bildungsbereich von 1,3 Prozent auf 9,8 Prozent. Das Wachstum der internationalen Durchschnittsquoten ging im Wesentlichen auf die Bildungsentwicklung in

13

den Ländern der Dritten Welt zurück. Ein Zusammenhang zwischen der wirtschaftlichen und schulischen Entwicklung dieser Länder war nicht zu erkennen.

Wegen ihrer Allgemeinheit und institutionellen Gleichförmigkeit, so Ramirez und Boli-Bennett, lässt sich die Schulentwicklung aus lokalen Umständen heraus nicht erklären. Man muss sie vielmehr als Resultat einer supranationalen Bewegung verstehen, an der die Nationalstaaten Teil haben. Diese Schlussfolgerung erscheint überraschend. Denn wir sind gewohnt, die Nationalstaaten als unverwechselbar zu verstehen und damit auch ihre Bildungssysteme. Man darf jedoch nicht übersehen, dass Nationalstaat und Schule per se schon eine supranationale Gleichförmigkeit zum Ausdruck bringen. Selbst der Glaube an die Einmaligkeit der »eigenen« Nation ist weltweit verbreitet und stellt somit eine internationale Gleichförmigkeit dar.

Während die Schulen üblicherweise als Einrichtungen nationalen Charakters verstanden werden, gelten die Universitäten seit je als supranationale Einrichtungen. Die Normen, denen das wissenschaftliche Denken folgt, gelten uns als allgemein menschlich. Die Idee des wissenschaftlichen Universalismus galt bereits in der mittelalterlichen Universität. Die Universität entstand damals in Bologna und Paris als Bildungseinrichtung der ganzen Christenheit. Ihre Studenten kamen aus dem gesamten Abendland, und eben dort suchten sie als Absolventen auch Arbeit, zumeist als Geistliche im Dienst der Kirche. Im frühen Absolutismus, als die Macht des Kaisers und des Papstes zerfiel, wurden die deutschen Universitäten zu fürstlichen Landesuniversitäten. Die meisten Universitäten waren in Deutschland und Italien entstanden. Die wirtschaftlich-technische Entwicklung spielte dabei keine Rolle. Die große Zahl der Universitäten ergab sich vielmehr aus der Kleinstaaterei; jeder Landesherr wollte sein kirchliches und staatliches Personal unter eigener Kontrolle ausbilden. Um 1800 herum sterben in Deutschland die konfessionellen Universitäten zusammen mit den konfessionellen Staaten. Die Universitäten gewinnen seitdem ihren supranationalen Charakter wieder zurück.

DIE ENTWICKLUNG DES BILDUNGS-SYSTEMS UND DER SOZIALEN UNGLEICHHEIT

Das Bildungssystem wirkt an der Konstruktion bürgerlicher Gleichheit mit. Es hat aber auch Teil an der Ungleichheit, die in der Gesellschaft besteht. In den sechziger Jahren dominierte sogar die Überzeugung, die Schulen fungierten vor allem als Mittel, mit dem Ungleichheit und Unterdrückung aufrechterhalten würden. Dabei deutete man auf diejenigen, die rechts der politischen Mitte gegen die Expansion der weiterführenden Bildung eintraten. Der Streit über den Beitrag der Schule zu gesellschaftlicher Gleichheit und Ungleichheit ist leicht aufzulösen: Da sich die Schule in Abhängigkeit von der Gesellschaft entwickelt, spiegelt sie deren ständischen beziehungsweise bürgerlichen Charakter. Sehen wir uns die deutsche Schulentwicklung der vergangenen Jahrzehnte an (vgl. dazu ausführlicher Lenhardt/Stock 1997).

Die Organisationsstruktur der Schulen war in der BRD und der DDR noch lange ständisch geprägt; und die Bildungsorientierungen der Schüler waren es auch. Diese Verhältnisse wurden zu Beginn der bildungspolitischen Reformperiode in der soziologischen Konstruktion des »katholischen Arbeitermädchens aus der süddeutschen Provinz« zum Thema. In dieser Konstruktion waren die ständischen Merkmale zusammengefasst, die in Gesellschaft, Bildungsorganisation und Bildungsorientierungen der Schüler noch wirksam waren. Das waren also religiöse Orientierungen, die traditionalen Geschlechtsrollen, die berufsständischen Subkulturen, die Differenz zwischen dem städtischen und ländlichen Milieu und regionale Besonderheiten.

In den sechziger Jahren wurden die »katholischen Arbeitermädchen« und ihre Cousinen und Cousins zu Kultfiguren der Bildungspolitik: Es ging um ihre Emanzipation zu Bürgern und um die Entwicklung der BRD zu einer demokratischen Republik. Das hatte damals niemand so eindeutig und publikumswirksam dargestellt wie Ralf Dahrendorf. In dem zum Schlagwort gewordenen Titel *Bildung ist Bürgerrecht* hatte er argumentiert:

»Der Bildungspolitik stellt sich bei uns das deutsche Problem der *civil rights,* das dem der faktischen Befreiung der Farbigen in den Vereinigten Staaten an Pathos und Bedeutung nicht nachsteht. Bildungspolitik in der BRD ist [...] vielfach noch immer ein Instrument, um Menschen die Teilnahme am Leben der Gesellschaft überhaupt erst zu ermöglichen. Ihre Aufgaben sind weit fundamentaler als etwa in Großbritannien oder den Vereinigten Staaten. Mit der Bereitschaft zu einer Bildungspolitik für die Verwirklichung des Rechts auf Teilnahme aller Bürger an der Bildung entscheidet sich für Deutschland mit dem Weg in die Modernität auch der in die Freiheit.« (Dahrendorf 1965:25)

Man kann diese beschwörende Feststellung durchaus wörtlich nehmen. Denn Bildung und Gesellschaft waren damals von bürgerlichen Verhältnissen noch weit entfernt, auch wenn die BRD eine demokratische Verfassung hatte. Das zeigte sich in den Schulformen und in den individuellen Bildungsorientierungen, die in der Konstruktion des katholischen Arbeitermädchens zusammengefasst worden waren:

- Das liberale Prinzip, nach dem Kirche und Staat zu trennen sind, war in den Volksschulen nur ansatzweise realisiert. Die Amtskirchen hatten in verschiedenen Bundesländern offiziell Einfluss auf die Volksschulen und auf die Lehrerbildung erlangt. Die Religionszugehörigkeit war noch eine wichtige Determinante des individuellen Bildungsinteresses; im katholische Milieu kam der weiterführenden Bildung keine hohe Priorität zu.
- Die traditionellen Geschlechtsrollen hatten noch weit reichende Autorität. Sie spiegelte sich in der schulischen Segregation der Geschlechter im Unterricht, in Unterschieden des Bildungskanons und in der Trennung der Oberschulen für Mädchen und Jungen. Das Interesse der Mädchen an weiterführender Bildung war noch gering. Bei deren Zukunft dachte man noch eher an Aussteuer als an Bildung.
- Es gab ausgeprägte Unterschiede zwischen dem städtischen und dem ländlichen Bildungswesen und den Bildungsorientierungen der Stadt- und Landkinder.
- Es gab eine Vielfalt regional unterschiedlicher Bildungsregelungen. Sie betrafen von der Ferienordnung bis zu den Schulformen alle Aspekte der Schulorganisation.
- Dem konservativen Charakter der Bildung entsprach die Organisation des Schullebens. Es folgte konventionellen Normen der Schicklichkeit und war im übrigen von der Verwaltung bürokratisch geregelt. Es galt die Rechtsfigur des besonderen Gewaltverhältnisses, ähnlich wie im Militär und im Strafvollzug. Danach gehörte die Schule zum staatlichen Binnenbereich, dessen Einwohnerschaft keine Rechte besitzt. Da die Schüler rechtlos waren, konnten sie in ihren Rechten durch die staatlichen Schulen auch nicht verletzt werden. Deswegen bedurften sie auch nicht des Schutzes durch das Gesetz, das sonst der staatlichen Exekutive Zügel anlegt. Sie bedurften folglich auch keines Rechtswegs, um Schulentscheidungen gerichtlich überprüfen zu lassen.
- Zu nennen sind schließlich die schichtenspezifischen Differenzen des Bildungssystems. Die einzelnen Schultypen der mehrgliedrigen Sekundarstufe vermittelten unterschiedliche Curricula: Die Gymnasien pflegten den klassischen Bildungskanon und die wissenschaftlichen Propädeutika, die Realschulen sollten wenigstens z.T. den bürgerlichen Handel und Wandel berücksichtigen, und die Volksschulen sollten die einfachen Kulturtechniken vermitteln, Religion und Disziplin sowie die sogenannte volkstümliche Bildung, deren Volkstümlichkeit eine Erfindung des Bildungsbürgertums war. Wissenschaftlichen Fachunterricht gab es hier noch nicht.

Formal stand allen Kindern der Weg in die höheren Schulen frei. Man hatte in den fünfziger Jahren auch die Schulgeldfreiheit eingeführt, um materielle Bildungsbarrieren zu schleifen. Aber faktisch beschritten nur sehr wenige Arbeiterkinder diesen Weg. Ohne allzu grobe Vereinfachung lässt sich sagen: Das Gymnasium rekrutierte Kinder aus der oberen Mittelschicht, um sie als Absolventen eben dorthin zu befördern, die Mittelschulen und die Volksschulen verfuhren mit den Kindern der übrigen sozialen Schichten entsprechend. Die berufsständischen Ordnungsvorstellungen, die das Bildungswesen noch beherrschten, hatte der Deutsche Ausschuss für das Bildungs- und Erziehungswesen zu Beginn der sechziger Jahre folgendermaßen zusammengefasst.

»Man ist bestrebt, den gegenwärtigen Schulaufbau zu erhalten und macht dafür geltend, er habe sich bewährt. Die Dreiteilung in höhere Schulen, Volksschulen und Mittelschulen entspräche den drei Hauptschichten der Berufe, die sich im modernen Leben herausgebildet hätten: einer geistig führenden, einer ausführenden und einer dazwischen vermittelnden Schicht praktischer Berufe mit erhöhter Verantwortung. Die Dreiteilung werde auch den drei Haupttypen der Begabung gerecht: einem theoretischen, einem praktischen und einem theoretisch-praktischen Typ.«

Zwischen dem beruflichen Schichtensystem und den individuellen Begabungen schien ein Verhältnis natürlicher Harmonie zu bestehen. Die Bildungspolitik verstand die Arbeitswelt als schicksalhaft hinzunehmendes »Beschäftigungssystem« und die ständischen Bildungsorientierungen als natürliche Unterschiede der Begabung. Das Bildungsbürgertum verstand seine eigene Kultur nicht als eine universalistische, die zu verallgemeinern wäre, sondern als eine ständische, deren Exklusivität zu verteidigen sei (von Friedeburg 1993).

13

13

Die schichtenspezifischen schulischen Leistungen sind wesentlich mitbedingt durch das kulturelle Kapital der Eltern (Pierre Bourdieu). Mittel- und Oberschichteltern fühlen sich dank ihrer sozialen Herkunft in Schulen wohl; sie betrachten die Lehrer als »Partner« und nicht als »Experten«. Sie bieten ihren Kindern mehr außerschulische Bildungserfahrungen und nehmen aktiv an deren Lernen teil.

Von diesen Verhältnissen ist heute nur noch wenig geblieben. Eine Fülle von Reformen und unbeabsichtigten Veränderungen des Schullebens entsprach der Idee der demokratischen Einheitsschule. Die Schüler fügen sich nicht mehr Rang und Stand ihrer Eltern, sondern lernten, von der Schule nach Maßgabe eines bürgerlichen Individualismus Gebrauch zu machen. In der Bildungsexpansion äußern sich also Tugenden wie Eigenverantwortlichkeit, Offenheit, Leistungsorientierung, Risikobereitschaft, Disziplin usw. Hier ist seit der Nachkriegszeit ein sozio-kultureller Wandel eingetreten, den man kaum überschätzen kann. Mit Hilfe der weiterführenden Schulen streben immer mehr der jungen Leute einen Arbeitsplatz an, auf dem man von sich selbst mehr geltend machen kann und Anerkennung findet, wo mit einem höheren Einkommen gerechnet werden kann, das eine unabhängigere Lebensführung erlaubt, und wo man Arbeitsplatzsicherheit erwarten kann, also eine zuverlässigere Grundlage der Lebensplanung

Bürgerliche Wertnormen zeigen sich auch in den Veränderungen der schulischen Organisationsstruktur (vergl. Lenhardt/Stock 1997). Stichworte sollen das demonstrieren.

- Das liberale Prinzip der Trennung von Kirche und Staat ist zwar nicht vollends verwirklicht, es ist jedoch vorangekommen. Der Zusammenhang zwischen religiöser Konfession und Bildung hat sich gelockert. Der katholische Glaube scheint nur noch bei Mädchen die Bildungsbeteiligung zu mindern (Mayer/Blossfeld 1990).

- Mit der Auflösung der traditionellen Geschlechtsrollen ist auch das Schulwesen für Mädchen weitgehend verschwunden. Die Bildungsmöglichkeiten der Mädchen haben sich denjenigen angeglichen, die die Jungen bereits zuvor erlangt hatten. Die Bildungsbeteiligung der Mädchen im Bereich der weiterführenden Schulen hat diejenige der Jungen inzwischen überflügelt.

- Mit der Auflösung des ländlichen Milieus wurde dessen Schulwesen dem städtischen angeglichen.

- Die Vereinheitlichung der Lebensverhältnisse erfasste die Schulen aller Bundesländer und relativierte regionale Besonderheiten.

Die versäulten Bildungswege der Sekundarstufe gibt es zwar noch, sie haben aber an ständischer Distinktion verloren.

- Die Curricula aller Schulformen wurden verwissenschaftlicht und insofern angeglichen. Auch in den Volksschulen, deren Oberstufe zur Hauptschule geworden ist, wird wissenschaftlicher Fachunterricht erteilt von Lehrern, die eine wissenschaftliche Berufsausbildung durchlaufen haben und insofern den Studienräten der Gymnasien angeglichen worden sind. Hinzugekommen ist auch der Fremdsprachenunterricht.

- Die Dauer der Schulzeit wurde angeglichen. In den Hauptschulen aller Bundesländer ist das neunte Schuljahr seit den sechziger Jahren obligatorisch, in einigen Bundesländern auch das 10., in anderen wird es den Schülern als Möglichkeit angeboten.

- Vielerorts zeichnet sich das Ende der Hauptschule ab, weil die Schüler für die weiterführende Bildung optieren. In vielen Bundesländern sind Haupt- und Realschulen zusammengelegt worden.

- Die Schultypen der Sekundarstufe sind durch Übergänge verbunden worden, von denen die Schüler auch lebhaften Gebrauch machen. Nicht zuletzt wurde die Quote der Abiturienten durch den Ausbau des Zweiten Bildungswegs, der zum Abitur führenden berufsbildenden Schulen und der Gesamtschulen erhöht.

- Die überkommenen Verhaltenskonventionen und das besondere Gewaltverhältnis wichen freimütigeren Umgangsformen, den liberalen Bürgerrechten und kollektiven Mitbestimmungsmöglichkeiten für Lehrer, Schüler und Eltern. Bis hin zum Streikrecht verfügen die Schüler heute über die meisten Bürgerrechte. Die Schulentscheidungen wurden gerichtlicher Kontrolle zugänglich, und die Bildungspolitik erhielt eine parlamentarische Grundlage. Als Bildung soll nicht mehr gelten, was Tradition gebietet, sondern worauf sich die Bürger in demokratischen Willensbildungsprozessen verständigen.

Das Bildungswesen der DDR

Die Schulen in der DDR emanzipierten sich ebenfalls von den überkommenen ständischen Verhältnissen. Die dortige Bildungspolitik zielte mit dem »Gesetz zur Demokratisierung der Deutschen Schule« von 1946 auf eine Bildungsgleichheit, die über bloße Chancengleichheit hinausgehen sollte. In einer Erörterung dieses Gesetzes heißt es, das formale Bürgerrecht auf Bildung habe die schichtenspezifische Ungleichheit der Bildungsmöglichkeiten nicht verhindern können. Es habe vielmehr die Funktion der Bildung als »Mittel der Rangbehauptung nur bestätigt«. Deshalb hänge von der Entscheidung »zwischen der prinzipiellen Ausrichtung auf die formale Demokratie und der auf eine Demokratie der wirklichen Mehrheit des Volkes« der Charakter der sozialistischen Umgestaltung der Gesellschaft ab. »Beide Richtungen stellen die jeweilige Volksbildungsarbeit vor ganz verschiedene Anforderungen«. Mit der »Verkündigung des gleichen Rechts auf Bildung für alle Jugendlichen, Mädchen und Jungen, Stadt- und Landkinder, ohne Unterschied des

Vermögens der Eltern […] wird der fein konstruierte Vermittlungszusammenhang der politischen und ideologischen Herrschaft einer kleinen Oberschicht zerschlagen.«

Die im Gesetz genannten Sozialkategorien stimmten mit jenen überein, die im Westen in der Konstruktion der »katholischen Arbeitermädchen« zum Thema der Bildungspolitik wurden:

Einer alten Forderung der Arbeiterbewegung entsprechend, sollten die Kirchenanstalten in den öffentlichen Schulen nicht länger Einfluss haben. Für einige Zeit behielten sie noch das Recht, Religionsunterricht zu erteilen. Mit der Säkularisierung, die in der DDR zu einem großen Teil erzwungen wurde, verloren religiöse Überzeugungen innerhalb und außerhalb der Schule überhaupt an Bedeutung.

Die neue Schule sollte auch der geschlechtsspezifischen Segregation entgegenwirken. Sie verfuhr von Anfang an koedukativ. Die Diskriminierung der Mädchen in der Oberstufe war in den siebziger Jahren

überwunden; Mädchen dominierten seitdem gegenüber den Jungen.

Die Differenzen zwischen dem städtischen und ländlichen Milieu erwiesen sich als so zählebig wie in der BRD; es gelang jedoch schneller, die einklassigen Landschulen abzuschaffen, auch wenn es ähnlich wie im Westen noch bei gewissen Disparitäten blieb.

Länderspezifischen Partikularismen standen die neuen staatlichen Verhältnisse entgegen. Das Schulgesetz wurde 1946 von allen Ländern der SBZ nahezu einheitlich verkündet. Unterschiede in den Schulverhältnissen, die sich aus je spezifischen Ausgangsbedingungen ergaben, verloren allmählich an Bedeutung.

Schließlich ist von der schichtenspezifischen Ungleichheit der Bildung zu reden. Mit der allmählichen Ausdehnung der für alle Schüler gemeinsamen Schulzeit wurde das Problem der Wettbewerbsgleichheit reduziert. In den achtziger Jahren war eine Einheitsschule mit zehn Klassenstufen entstanden, in der alle Kinder die gleiche Bildung erfahren

---

Mit der Angleichung von Haupt- und Realschule sowie Gymnasium hat die Ungleichheit der Bildungsmöglichkeiten abgenommen. Eine andere Frage ist es, ob die schichtenspezifische Ungleichheit beim Zugang zu den weiterführenden Bildungseinrichtungen abgenommen hat. Diese Ungleichheit ist mit Sicherheit immer noch beträchtlich; darin stimmt eine Vielzahl von Studien überein. Über Veränderungen und deren Richtung liegen aber widersprüchliche Befunde vor. Meulemann (1992) kommt zum Beispiel zu dem Befund, dass die Bildungsexpansion die Ungleichheit der Bildungschancen nicht vermindert habe. Köhler resümiert: Die schichtenspezifische Ungleichheit der Bildungschancen sei nicht unbedingt geringer geworden. »Gleichwohl bedeuten die Verbreiterung des Zugangs zum Gymnasium und der Verlust an Exklusivität höherer Bildungsabschlüsse einen wichtigen Schritt zur längerfristigen Demokratisierung und Modernisierung des Bildungswesens, die nicht allein nach der statistischen Abweichung vom Modell absoluter Gleichverteilung der erreichten Bildungsabschlüsse beurteilt werden kann« (Köhler 1992: 127).

Dass die Gleichheitsnorm an Autorität gewonnen hat, kann man auch an der Bildungssoziologie selbst

ablesen. Kaum ein anderer Gegenstand der Soziologie wird mit größerem Aufwand untersucht wie die Gleichheit und Ungleichheit der Bildungschancen. Man kann diese Forschungspraxis mit dem Zugewinn an soziologischem Wissen kaum erklären. Sie verdankt sich eher der Aufmerksamkeit, die die Gesellschaft der Gleichheitsnorm und ihrer Verletzung widmet. Als man noch von der natürlichen Harmonie jener Trinität von Schulhierarchie, Begabung und beruflicher Schichtung überzeugt war, hätte man es abwegig gefunden, die ständischen Werdegänge zu vergleichen, um etwas über Ungleichheit in Erfahrung zu bringen. So ist diese bildungssoziologische Forschungspraxis selbst als Teil des soziokulturellen Wandels zu verstehen.

13

sollten. Ein sehr großer Teil von ihnen durchwanderte diese Schule tatsächlich auch erfolgreich. Aber auf den folgenden Stufen des Bildungssystems war das Gleichheitsproblem damit noch nicht gelöst. Mit einem Bündel von Maßnahmen gelang es zunächst, den Anteil der Arbeiter- und Bauernkinder an den Studierenden drastisch zu erhöhen.

Diese Bemühungen verdankten sich nicht allein dem Gesichtspunkt kompensatorischer Bildungs- und Sozialpolitik. Sie waren auch durch die Vorstellung motiviert, die Arbeiterklasse müsse zur herrschenden Klasse werden. Die Erfahrung der Lohnarbeit würde den Arbeitern mit Notwendigkeit zu einem überlegenen politischen Bewusstsein verhelfen; an dieser Überlegenheit schienen per Abstammung noch ihre Kinder zu partizipieren. Deswegen seien sie bildungspolitisch zu privilegieren. Das proletarische Abstammungsprestige verblasste aber im Lauf der Zeit. Hatte die schichtenspezifische Ungleichheit der Bildungschancen bis in die sechziger Jahre abgenommen, so nahm sie seitdem wieder zu.

Schließlich war die Benachteiligung der Arbeiterkinder gegenüber Mittelschichtkindern beim Zugang zur weiterführenden Bildung in der DDR größer als in der BRD (Lenhardt/Stock 1997 und die dort genannte Literatur).

Die Normen der Unabhängigkeit, Gleichheit, Leistung und Spezifizierung wurden im Bildungssystem der DDR in bürokratischer Form institutionalisiert, in der BRD dagegen eher in liberaler. Polarisierend lässt sich resümieren: Sollten die Schüler in der DDR auf Konformität mit bürokratischen Normen festgelegt werden, so sollen diejenigen in der BRD eher die Disziplin individueller Autonomie erwerben und lernen, etwas aus sich zu machen.

Unabhängigkeit bedeutet, dass sich Bindungen an traditionale Wertorientierungen aufgelöst haben. An deren Stelle sollte in der DDR die Schulbürokratie über die individuelle Bildung entscheiden, in der BRD die Schüler selbst.

Leistung soll als einziges Kriterium gelten, nach dem die Schüler unterschieden werden.

In der DDR sollte Leistung eher in der Aneignung objektiven Wissens bestehen; in der BRD wird sie eher als persönliche Disziplin individueller Unabhängigkeit verstanden.

Gleichheit bedeutete in der DDR eher uniforme Gleichbehandlung. In der BRD ist sie eher als eine Voraussetzung individueller Unabhängigkeit institutionalisiert.

Spezifizität, die sich im Fachunterricht manifestiert, begünstigt differenzierte Bildungsinteressen, wenn sie mit Individualrechten wie zum Beispiel der Freiheit der Fächerwahl verbunden ist; wo diese fehlen, kann sie die Erfahrung von Zusammenhanglosigkeit vermitteln.

13

BILDUNGSREFORMEN: RATIONALITÄT UND IRRATIONALITÄT DER SCHULORGANISATION

Mit den Schulen verbindet sich die Vorstellung, sie würden Bildungsziele planmäßig verwirklichen. Der Gesetzgeber setze die Ziele und sorge mit Bildungsreformen für zweckmäßige Vorkehrungen innerhalb der Schulen. Dem Glauben an die Zweck-Mittel-Rationalität der Schule widerspricht die Befürchtung, die Bildung stecke in einer Krise. Der Glaube an die Zweck-Mittel-Rationalität der Schule und der Glaube an Bildungskrisen gehören seit je zum Bildungssystem. Beides hat der Bildungsforschung Auftrieb gegeben. Die Forschung, so wird erwartet, könne den Politikern sagen, was sie bildungspolitisch wollen sollen. Heute ist zum Beispiel die Krise des mathematischen Unterrichts in aller Munde, nachdem deutsche Schüler in international vergleichenden Leistungstests mittelmäßig abgeschnitten haben. Manchen Beobachtern scheint deswegen sogar der »Wirtschaftsstandort Deutschland« in Gefahr. Diese bildungspolitische Aufregung überrascht. Denn bereits bei der Zulassung zum Mathematik-

studium an der Universität spielen der Umfang des schulischen Mathematikunterrichts und die indivi-

Pädagogik   A. Geigenberger

„Die sittliche Verrohung der deutschen Jugend wächst von Tag zu Tag — heute sind mir nicht weniger als fünf Fälle von ut cum Indikativ untergelaufen."

Schaubild 13.2: Studienanfängerquoten 1955 bis 1989 – BRD und DDR

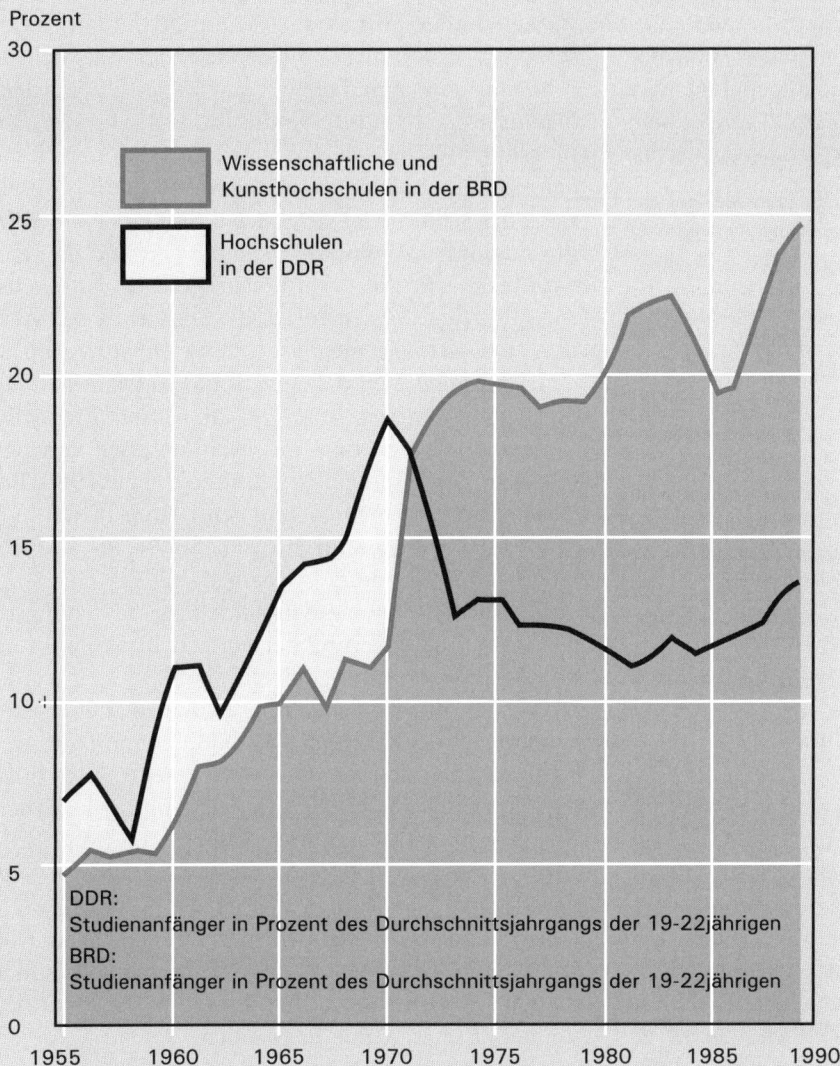

Prozent

- Wissenschaftliche und Kunsthochschulen in der BRD
- Hochschulen in der DDR

DDR:
Studienanfänger in Prozent des Durchschnittsjahrgangs der 19-22jährigen
BRD:
Studienanfänger in Prozent des Durchschnittsjahrgangs der 19-22jährigen

Quelle: Arbeitsgruppe Bildungsbericht am Max-Planck-Institut für Bildungsforschung (Hg.): *Das Bildungswesen in der Bundesrepublik Deutschland*. Reinbek b. Hamburg 1994, S. 655.

tungen an die Forschung gewandt, damit diese ihr einen Ausweg aus der unterstellten Krise zeige.

Die Forschung kann der Bildungspolitik jedoch nicht den Weg weisen; über die Entwicklung der Schulen kann nicht einmal die Politik verfügen. Die Bildungspolitik treibt die Bildungsentwicklung nicht voran, sondern wird von ihr vielmehr getrieben. Das soll im Folgenden gezeigt werden. Das erste Beispiel betrifft die Rolle der Bildungspolitik bei der Expansion der weiterführenden Bildung. Das zweite Beispiel bezieht sich auf die Standardisierung der Schulklassen als Bildungsmittel, also auf die schulische Binnenorganisation. Schließlich soll von der schichtenspezifischen Ungleichheit der Bildungsbeteiligung die Rede sein. Sie gilt in der Demokratie als skandalös, niemand hat sie gewollt, aber zu beseitigen war sie bis heute auch nicht.

Bildungsexpansion

Wäre es nach den Anhängern des Arbeitskräftebedarfsansatzes gegangen, hätte sich die Entwicklung der Bildung an der Entwicklung der Wirtschaft orientieren müssen. Tatsächlich

duelle Mathematikleistung keine Rolle mehr. Diese Zulassungspraxis entspricht der Erkenntnis, dass Leistungstests keinen Prognosewert haben. Ganz abgesehen davon, müssen ohnehin nur die wenigsten Schulabsolventen in ihrem Berufsleben anspruchsvolle mathematische Aufgaben lösen. So entsteht der Eindruck, dass die bildungspolitische Erregung weniger auf die Sache zurückgeht als auf mythische Vorstellungen von der Bedeutung der Schulbildung. Mythen können sehr wirksam sein, und so hat sich die Bildungspolitik mit umfangreichen Geldmitteln und umfangreichen Erwar-

vollzog sich die Expansion der weiterführenden Bildung jedoch ungeplant. Sie setzte ein in den frühen fünfziger Jahren, also lange bevor die Politik an eine Bildungsplanung dachte. Ihr Wachstum setzte sich auch dann noch fort, als die bildungspolitische Reformperiode in den siebziger Jahren zu Ende gekommen war.

Die bildungspolitischen Prioritäten der einzelnen Landesregierungen hatten keinen steuernden Einfluss auf die Expansion der weiterführenden Bildung. Das zeigt Köhler (1996) mit einem Vergleich, der die Entwicklung der gymnasialen Oberstufe in den westdeutschen Bundesländern betrifft. Gegenüber dem Bundesdurchschnitt konnten konservative Landesregierungen die Expansion der weiterführenden Bildung in ihren Ländern nicht hemmen, und sozialdemokratische konnten sie nicht beschleunigen (vgl. von Friedeburg 1993:476). Kein Bundesland konnte sich dem säkularen Trend der Bildungsexpansion entziehen.

Anders als geplant vollzog sich auch die Bildungsentwicklung der DDR. Dort war eine ökonomisch orientierte Bildungsplanung rechtlich und politisch möglich. Die Politik zögerte nicht, die Studienplätze zu quotieren und die Schüler in entsprechenden Zahlen zu den Hochschulen zu delegieren. Die Ergebnisse dieser Versuche wichen aber dramatisch von den Absichten der Planer ab. Solange die Nachfrage nach Hochschulabsolventen das Angebot überstieg, »regelten sich viele Probleme des Einsatzes gewissermaßen ›von selbst‹« (Wolter 1977:114). Nach 1971 wurde die Expansion der weiterführenden Bildung unter Berufung auf den wirtschaftlichen Qualifikationsbedarf weitgehend wieder zurückgenommen. Man sorgte zudem für einen »zentralen Bewerberausgleich« und für »Umlenkungen« der Studenten in weniger nachgefragte Grundstudienrichtungen. An der ungleichmäßigen Erfüllung der Zulassungspläne änderte dies aber wenig. Bildung und Arbeit wurden politisch reglementiert, aber sie entwickelten sich anders, als es das Reglement vorsah.

Standardisierung des Unterrichts

Fassen wir jetzt die Standardisierung des Unterrichts ins Auge. Sie ist ein weltweit verbreitetes Mittel, das zur planmäßigen Bildung der Schüler beitragen soll. Dabei ist als erstes von der Standardisierung der Schulklassen zu sprechen. Die Schulklassen sollen aus Schülern mit ähnlicher Leistungstüchtigkeit gebildet werden. Würden sich ihre Fähigkeiten allzu sehr unterscheiden, müssten die Lehrer Ungleiches gleich behandeln, was dem anvisierten Unterrichtserfolg abträglich sei. So werden die Schüler zu homogenen Klassen nach dem Kriterium des Lebensalters als Indikator der Reife zusammengestellt. Hinzu tritt die vorgängige Schulerfahrung; man darf so leicht keine Klasse überspringen. Die Schulleistung spielt eine Rolle zum Beispiel in der mehrgliedrigen Sekundarstufe und bei der Binnendifferenzierung des Unterrichts. Da die **Gesamtschule** gegen dieses Organisationsprinzip zu verstoßen schien, provozierte ihre Einführung den heftigsten Widerstand. Kurz, die Bildung leistungshomogener Schulklassen gilt wie selbstverständlich als Mittel, mit dem sich die Unterrichtsrationalität erhöhen lässt.

Im Gegensatz zu dieser Alltagsgewissheit ist wissenschaftlich gänzlich ungewiss, ob und wie dieses »Mittel« im Unterricht wirksam wird. Es gibt in der Wissenschaft keinen Konsens darüber, ob zum Beispiel die schwächeren Schüler durch Anwesenheit der stärkeren angespornt oder entmutigt werden, ob die stärkeren durch die Anwesenheit der schwächeren gehemmt oder stimuliert werden; wie es den mittleren Schülern ergeht, und wie die Entwicklung des Leistungsdurchschnitts der ganzen Klasse von ihrer Homogenisierung abhängt. Kein anderes Organisationselement der Schule ist so gründlich untersucht worden wie die Zusammensetzung der Schulklassen und ihre Auswirkungen auf die Lernfortschritte ihrer Mitglieder. »Seit fünfzig Jahren wird auf diesem Gebiet geforscht, ohne dass sich allgemein akzeptierte Antworten für die dem pädagogischen Alltagsverstand so wichtige Frage ergeben hätten, wie man auf die unterschiedlichen Lerngeschwindigkeiten und Lerninteressen von Kindern am besten eingehen könnte.« (Fend 1980:290) Zum gleichen Ergebnis sind zehn Jahre früher auch Hopf (1970) und zehn Jahre später Aurin (1990) in eingehenden Literaturauswertungen gelangt.

Ungeachtet derartiger Befunde hält die Schulpraxis an der Standardisierung der Unterrichtssituation mit den größten Hoffnungen fest. Standardisiert werden *sollen* nicht nur die Schüler der einzelnen Schulklassen, sondern auf dem Wege der Ausbildung und Dienstvorschriften auch das Verhalten der Lehrer, ebenso Inhalt und Material des Unterrichts sowie dessen zeitliche Struktur usw. Der gezielte pädagogische Eingriff des Lehrers soll damit die festgelegten Bildungsziele umso zuverlässiger hervorbringen. Alles soll gleichsam wie in einem naturwissenschaftlichen Experiment unter Kontrolle genommen werden. Die Schulpraxis widerspricht diesem Glauben zwar, sie hat ihn aber nicht erschüttern können. Er hat mythische Qualität.

Irrationale Folgen schulischer Zweck-Mittel-Rationalität

Wie oben erwähnt, ist die Beteiligung der Unterschichtkinder an der weiterführenden Bildung sehr viel niedriger als die ihrer mittelständischen Alterskameraden. Bildungspolitisch beabsichtigt ist das nicht; zu ändern war es bis heute aber auch nicht. Der geringe Schulerfolg der Unterschichtkinder hat vor allem in den USA aufwendige Untersuchungen angeregt. Sie sollten Ursachen klären und damit Abhilfe ermöglichen. Mit diesem Interesse hat Coleman (1966) die Qualität von Schulen verglichen, die von weißen oder von schwarzen Kindern besucht wurden. Die finanziellen Aufwen-

Für die fantasievolle, begeisterungsfähige, engagierte Lehrerin, die sich aufs Unterrichten versteht, gibt es keinen Ersatz. Unsere Gesellschaft erweist der Bedeutung des Lehrberufs einen Lippendienst, da sie gerade nicht die »Besten und Klügsten« dazu ermutigt, LehrerInnen zu werden.

dungen pro Schüler, so ergab sich, differierten erheblich. Aber Einfluss auf das eigentliche Lernen hatten sie nicht, auch nicht Unterschiede wie Klassengröße, Anzahl der verfügbaren Lehrbücher, Charakteristika der Lehrer, Beschaffenheit der Gebäude usw. Geringfügig waren auch die Effekte der Unterrichtsqualität. Als entscheidend für die schulischen Leistungen erwies sich das soziale Umfeld der Schüler, also etwas, worauf die Schulen keinen Einfluss haben. Ein paar Jahre nach der Veröffentlichung des Coleman-Berichts kamen Jencks (1972) und seine Mitarbeiter zu einem ähnlichen Befund. Sie zogen daraus den Schluss, dass nicht Bildungsreformen, sondern nur Reformen der Gesellschaft insgesamt an der Ungleichheit der Bildung etwas ändern könnten. Wie man aber die Gesellschaft insgesamt reformiert, wenn man nicht einmal die Schulen reformieren kann, ist eine offene Frage.

Auch über die Wirkung des heimlichen Lehrplans lässt sich nicht planmäßig verfügen. So schreibt Dreeben über die Aneignung der vier Normenmuster: »Die Übernahme von Normen ist eine Variable; [… sie] kann zwischen Internalisierung, Bekenntnis zu einer tiefen inneren Überzeugung, deren Verletzung Angst und Schuldgefühle auslöst, und zynischer Zustimmung wechseln« (Dreeben 1968:45). Ob sich ein Schüler die Gleichheitsnorm mit Zynismus zu eigen macht oder im Sinn eines bürgerlichen oder christlichen Ethos ist

offenkundig aber höchst bedeutsam. Dreebens Beobachtung erinnert daran, dass niemand mit der sozialen Ordnung identisch ist, in der er lebt. Wie man sich darauf bezieht, soll in der modernen Gesellschaft Sache individueller Entscheidung sein. Eine »Variable« ist auch das individuelle Verhalten, das sich auf die Leistungsnormen der Schule bezieht. Gleiche Leistung kann auf sehr unterschiedliche individuelle Orientierungen zurückgehen.

Diese individuellen Orientierungen sind nicht zuletzt durch die soziale Existenz der Schüler bedingt. Die Schüler können die Beziehungen, in denen sie außerhalb der Schule leben, und die Erfahrungen, die sie hier machen, im Unterricht nicht abstreifen (vgl. dazu Krappmann 1971; Bourdieu/Passeron 1971). Sie müssen ihre soziale Existenz als Schüler in einen sinnhaften Zusammenhang bringen mit ihrer Existenz als Kinder einer bestimmten Familie, in einer bestimmten Nachbarschaft, in Freundeskreisen usw. Was ihnen dort als sinnvoll erscheint, ist immer auch in dem präsent, was sie in der Schule von sich äußern, und es geht immer auch in ihr Verständnis dessen ein, was ihnen in der Schule begegnet. Das bleibt alles präsent, auch wenn man sie bei der Klassenarbeit isoliert und an einzelne Tische setzt, die Leistungstests standardisiert und die Testergebnisse nach dem gleichen förmlichen Maßstab bewertet und in einer unpersönlichen Note zusammenfasst usw. Sie werden dadurch nur scheinbar gleich. Würden sie in der Schule von ihren außerschulischen Lebensverhältnissen und ihrer vorgängigen Lebenserfahrung so absehen, wie es der Idee der Gleichheit durch Isolierung bei der Klassenarbeit entspricht, dann wären sie als pathologisch anzusehen und bedürften der Therapie.

Ihr außerschulisches Leben müssen alle Schüler mit den Anforderungen des Schullebens vermitteln. Diese Aufgabe ist aber nicht für alle gleich. Sie ist umso schwieriger, je stärker Herkunftsmilieu und Schulkultur voneinander abweichen, und je weniger sie dem Einzelnen Mittel an die Hand geben, mit deren Widersprüchen nach innen und außen überzeugend zu leben.

13

Die Schulkultur steht aber der Kultur der mittleren sozialen Schichten näher als derjenigen der unteren. Die Schulen sind in Lehrplänen und heimlichen Lehrplänen eher »Mittelschichteinrichtungen«. Für die Schüler aus den unteren sozialen Schichten ergibt sich daraus ein Problem, das ihre besser situierten Kameraden nicht haben (Bourdieu/Passeron 1971). In der Funktionslogik der Schule erscheinen ihre Anpassungsschwierigkeiten als Lernprobleme und unter Umständen gar als Ausdruck naturgegebener Begabungsmängel. Sie können dann zum Grund von Selektion werden. Mit Begabungsglauben und Selektion gibt die Schule aber ihren Anspruch auf, überhaupt bilden zu können.

Wenn sich Bildungsprozesse der Planung entziehen, entsteht die Frage, wie überhaupt etwas in die Köpfe der Schüler hinein kommt. Eine mögliche Antwort findet sich bei Meyer (1977). Sie lässt sich in der Volksweisheit zusammenfassen: »Wem Gott ein Amt gibt, dem gibt er auch den Verstand.« Ein solches Amt ist die Rolle des Schülers. Mit ihr verbinden sich innerhalb und außerhalb der Schule bestimmte Verhaltenserwartungen und Selbstdarstellungsressourcen. Nicht nur Lehrer, sondern auch Eltern, Verwandte, Freunde, die Regisseure von Fernsehserien für Teenager usw. wissen, was zum Beispiel von einem Achtklässler im Gymnasium oder in der Hauptschule zu erwarten ist, wie man ihn ansprechen kann, welche Bücher und Zeitschriften er liest, was man ihm zum Geburtstag schenken kann usw. Eltern wissen sehr genau, welche Freunde ihrer Kinder mit der Schule umzugehen verstehen, und achten darauf, dass ihre eigenen Kinder insofern den »richtigen« Umgang pflegen. Die Kinder stellen sich auf diese Verhaltenserwartungen ein, die ihnen als Schülern im Alltag von allen Seiten angesonnen werden, und machen sie sich so zu eigen. Sie durchleben also einen heimlichen Lehrplan, den die gesamte Gesellschaft für sie schreibt.

Zusammenfassung

1 Die Bildungssoziologie versucht das Verhältnis zwischen Bildung und Arbeit in unterschiedlichen Theorien zu begreifen. Am verbreitetsten in Deutschland ist der Arbeitskräftebedarfsansatz. Hier wird die Arbeitswelt als ein System von ungesellschaftlichen Sachzwängen konzipiert, dem sich die Bildung zu fügen hätte. Die Humankapitaltheorie begreift die Arbeitswelt dagegen als eine normative Ordnung von Marktbeziehungen und Bildung als Investition. Sie stellt also die Geltung der Bürgerrechte in Rechnung. Ihre Begriffe werden aber allein Marktbeziehungen gerecht, die nur einen Teil der Arbeitswelt ausmachen. Nicht-marktförmigen Beziehungen entsprechen Professionalisierungstheorien besser. Eine Gruppe von Professionalisierungstheorien unterstellt Beziehungen technokratischer Herrschaft und eine andere Beziehungen eines zunehmenden Individualismus.

2 Die Bildungsfunktion des Schulsystems beruht auf den Lehrplänen und auf dem heimlichen Lehrplan, also auf den Erfahrungen, die die Schüler mit dem Schulleben machen. Die Lehrpläne enthalten normative Vorstellungen vom Individuum, der Sozialordnung und der Natur, die in der Gesellschaft gelten. Die gleichen Vorstellungen kommen im heimlichen Lehrplan zum Ausdruck, also in der Schulorganisation, dem Verhalten der Lehrer, Mitschüler, Eltern etc. Mit Lehrplänen und heimlichem Lehrplan macht die Schule aus Kindern unterschiedlicher sozialer Herkunft, Geschlecht, Rasse etc. gleiche Schüler, die als Schulabgänger zu erwachsenen Bürgern werden.

3 Die Entwicklung der sozialen Ungleichheit im Schulsystem findet in der Bildungssoziologie die größte Aufmerksamkeit. Immer wieder wird die Benachteiligung der Kinder bestimmter sozialer Herkunft beim Zugang zur weiterführenden Bildung nachgewiesen. Ungleichheit ist aber auch ein Kennzeichen der Schulorganisation selbst; dabei kommt in Deutschland der Mehrgliedrigkeit der Sekundarstufe große Aufmerksamkeit zu. In der Schulentwicklung der BRD und der DDR hat die Ungleichheit allmählich abgenommen. In der DDR sollten Lehrpläne und heimlicher Lehrplan den Normen folgen, die im Begriff des sozialistischen Staatsbürgers zum Ausdruck kamen, und in der BRD denjenigen, die im liberalen Begriff des Bürgers zum Ausdruck kommen.

4 Mit den Bildungssystemen verbindet sich die Vorstellung, man könne mit Hilfe der Schulen planmäßig über die Entwicklung der jungen Leute verfügen. Der Staat müsse nur die Bildungsziele und die schulorganisatorischen Mittel festlegen. Tatsächlich entwickeln sich Schule und Bildung aber nicht nach dieser Vorstellung instrumenteller Zweck-Mittel-Rationalität. Die Bildungsexpansion hat sich, wie auch die individuellen Bildungsprozesse, politisch nicht steuern lassen.

13

Wiederholungsfragen

1. In Deutschland gelten widersprüchliche Vorstellungen vom Verhältnis zwischen Bildung und Arbeit. In der Bildungssoziologie kommen sie im Arbeitskräftebedarfsansatz und in der Humankapitaltheorie zum Ausdruck. Nennen Sie die Unterschiede.

2. Welche Bürgerrechte stehen einer staatlichen Bildungs- und Arbeitskräfteplanung entgegen?

3. Das Verhältnis zwischen Bildung und Arbeit wird in unterschiedlichen Professionalisierungstheorien beschrieben. Nennen Sie die Strukturmerkmale der Professionen und beschreiben Sie die unterschiedlichen Interpretationen, die Sie finden.

4. Worin gleicht die Rolle des Schülers in allgemeinbildenden Schulen dem Bürgerstatus?

5. Worin unterscheidet sich das Bildungssystem in der BRD von den Normen des Bürgerstatus?

6. Inwiefern tragen die Schulen zur Reproduktion sozialer Ungleichheit bei?

Übungsaufgaben

1. Nach welchen Kriterien wählen Sie Ihre Lehrveranstaltungen aus, sofern sie nicht vorgeschrieben sind? Von welchen wissen Sie, dass sie für Ihre zukünftige Berufsarbeit nützlich sind?

2. Der Wissenschaftsrat empfiehlt den Ausbau der Fachhochschulen zu Lasten der Universität. Welche Argumente sprechen Ihrer Meinung nach für und gegen diese Empfehlung?

3. Inwiefern trägt das Bildungssystem zur gesellschaftlichen Modernisierung bei, und inwiefern hat es konservative Funktionen?

4. Warum expandieren zweisprachige Schulen, wenn die Zweitsprache Englisch ist, während sie verschwinden, wenn die Zweitsprache Türkisch ist?

5. Was würde sich ergeben, würde das Bildungssystem auf Noten und auf Abschlusszeugnisse verzichten?

6. Die Schulen wollen den universalistischen Normen der wissenschaftlichen Kultur Geltung verschaffen. Wie steht dieser Anspruch zu der Forderungen nach einer multikulturellen Schule?

Glossar

Arbeitskräftebedarfsansatz Konzipiert das Verhältnis zwischen Bildung und Arbeit etwa so: Die Wissenschaften entdecken immer mehr Naturgesetze, die die Technik und Arbeitsorganisation bestimmen und damit den wirtschaftlichen Qualifikationsbedarf, den das Bildungssystem zu bedienen hat. Im Grunde bestimmen danach also Naturgesetze die Entwicklung des wirtschaftlichen Qualifikationsbedarfs und der Bildung.

Dreigliedriges Bildungssystem Traditionelles deutsches Schulsystem mit geteilter Sekundarstufe, bestehend aus Haupt- und Realschule sowie Gymnasium. Eine Besonderheit ist die Gesamtschule (siehe dort).

Duales System Das duale System der beruflichen Ausbildung umfasst die betriebliche Lehre und begleitende Berufsschule. In ihm wirken Ausbildungsbetriebe und Berufsschulen mit den Kammern, den Gewerkschaften, der staatlichen Verwaltung und Gesetzgebung zusammen.

Einheitsschule Weltweit verbreitetes Standardmodell nationaler Bildungssysteme; entspricht der Idee der Allgemeinbildung. Die E. macht aus den Kindern unterschiedlicher sozialer Herkunft *gleiche* Schüler.

Gesamtschule Allgemeinbildende Schulform, die in einigen Bundesländern die drei herkömmlichen Schulformen Hauptschule, Realschule und Gymnasium vereint. Sie soll dem demokratischen Menschenbild, der Idee bürgerlicher Gleichheit und dem Leistungsprinzip Ausdruck verschaffen und die Idee der Einheitsschule zum Ausdruck bringen. Kennzeichnend ist auch die Konzeption als Ganztagsschule.

Heimlicher Lehrplan Bezieht sich auf die Erfahrungen, die die jungen Leute als Schüler machen. Lehrer, Mitschüler, Eltern, Medien etc. konfrontieren sie mit bestimmten Verhaltenserwartungen und sinnen ihnen ein bestimmtes Selbstverständnis als Schüler an. Darauf müssen sie sich einlassen. Sie machen sich diese Erwartungen und Ansinnen auf ihre Weise zu eigen. Zu diesen Wertorientierungen kommen diejenigen der Lehrpläne.

Humankapitaltheorie Definiert die Individuen zum einen als Bürger auf dem Arbeitsmarkt und zum andern als Arbeitskräfte mit bestimmten Qualifikationen. Als Bürger entscheiden sie über ihre Bildung und die dabei erworbenen Qualifikationen autonom nach ihren eigenen Wertvorstellungen und Interessen und nach Maßgabe der Marktverhältnisse. Dem Arbeitskräftebedarfsansatz zufolge soll demgegenüber letztlich eine staatliche Bildungs- und Arbeitskräftelenkung über Bildung und Beruf des einzelnen entscheiden. Die Humankapitaltheorie versteht die Arbeitswelt als eine normative Ordnung, als ein freies Vertragssystem und geht davon aus, dass sich mit dem technischen Fortschritt die Möglichkeiten für autonomes Verhalten erweitern können. Folglich gilt: Je größer das technische Potential der Gesellschaft, desto unabhängiger ist sie von der Natur und umso freier kann die Bildung sein. Der Arbeitskräftebedarfsansatz versteht die Arbeitswelt dagegen als ein materielles System von Zwängen der Natur, dem sich alle zu fügen haben.

Professionalisierungstheorien Beschreiben Berufskulturen, die die überkommen bürokratischen der Angestellten, die proletarischen der Arbeiter und die marktförmigen der Kaufleute verdrängen. Im

Mittelpunkt des P. stehen wissenschaftliche Ausbildung und berufliche Selbstorganisation der Ps.mitglieder. Zwei Typen von P.-theorien lassen sich unterscheiden: Der eine sieht in der Professionalisierung die Errichtung von Berufs-, Einkommens- und Machtmonopolen, der andere begreift sie als Ausdruck des institutionalisierten Individualismus.

Schlüsselqualifikationen Bezeichnen bürgerliche Tugenden wie Entscheidungsfähigkeit, Teamfähigkeit, Kommunikationskompetenz, Konflikttoleranz, Innovationsbereitschaft, Autonomie im Umgang mit den eigenen inneren Impulsen und mit äußeren Mächten usw. Derartige Qualifikationen gelten als eine immer wichtigere Voraussetzung erfolgreicher Arbeit.

Sekundarstufe Auf die Primarstufe aufbauende weiterbildende Schule, die allen Jugendlichen einen allgemeinbildenden Abschluss vermittelt. In Deutschland zählen Hauptschule, Realschule und Gymnasium zu der S.

Kapitel 14

Religion

Inhalt

Er lockt Millionen an, kann Regierungen stützen oder zu Fall bringen, sein Wort hat Gewicht in der nationalen und internationalen Politik, er hat einen Bestseller geschrieben, und in aller Welt werden Kinder nach ihm benannt. Die Rede ist von Papst Johannes Paul II., dem geistlichen Oberhaupt der römisch-katholischen Kirche und einer eminent einflussreichen Persönlichkeit in vielen mehrheitlich katholischen Ländern.

Ralph Reed, der langjährige ehemalige Führer der »Christian Coalition« in den USA, verfügte nicht über das Prestige und die gewaltige Anhängerschaft des Papstes, besaß aber politische Macht. Die »Christian Coalition«, eine in der »religiösen Rechten« der USA verankerte Basis-Organisation, setzt sich – wie sie es nennt – für eine Pro-Familien-Agenda ein: vor allem aber für das Schulgebet und Abtreibungsverbot. Die Republikanischen Kandidaten für die Präsidentschaftswahlen 1996 wagten kaum einen öffentlichen Schritt, ohne sich mit Reed zu beraten; ihre Programme waren auf Reeds Agenda zugeschnitten.

Auch in anderen Teilen der Welt und in anderen religiösen Traditionen ist die säkulare Macht der Religionen unverkennbar. In Nordafrika, im Mittleren Osten, auf dem indischen Subkontinent und in manchen Regionen des Fernen Ostens versuchen fundamentalistische Sekten im Augenblick – oft mit großem Erfolg –, ganzen Nationen ihre religiösen Überzeugungen durch offene oder verdeckte Kontrolle der Regierungen zu oktroyieren.

Diese Beispiele machen deutlich, dass Religion heute überall in der Welt eine zentrale Rolle spielt. Nicht nur vermittelt sie *kulturelle* Werte, sie übt auch politische *Macht* aus. Doch als Soziologen sollten wir nicht verkennen, dass die Religion nur eine von vielen sozialen Institutionen ist. Millionen Menschen lassen sich von religiösen Fanatikern und deren Einmischung in die Politik weder beeinflussen noch beeindrucken. Viele stehen der Religion nach wie vor gleichgültig gegenüber; und die Agnostiker und Atheisten sind keineswegs ausgestorben. Noch vor nicht allzu langer Zeit haben Parolen wie »Gott ist tot« (Nietzsche) das vermeintliche Ende der Religion verkündet. Es schien, als würden die Wissenschaft und das rationale Denken der Neuzeit der Religion die Totenglocke läuten. Immerhin ist die Religion durch neue Denkweisen *verändert* worden, wenn sie auch nicht verschwunden ist. Statt des Untergangs der Religion erleben wir ihre gewachsene »Anpassungsfähigkeit«. Mit anderen Worten, als Reaktion auf die Herausforderungen durch die Religionenvielfalt und durch nichtreligiöse kulturelle Bewegungen artikulieren manche Religionsführer ihren Glauben heute militanter, rekrutieren emsig neue Mitglieder und bedienen sich zunehmend politischer Instrumente zur Förderung ihrer religiösen Ziele. Nicht nur stoßen sie dabei oft auf ähnliche Strategien anderer Religionsführer, sondern auch auf Kritik von Seiten der Politik, die auf einer strikten Trennung von Kirche und Staat insistiert. Eine soziologische Betrachtung der Religionen in der heutigen Welt kommt also nicht umhin, auch das Verhältnis der religiösen zur säkularen Sphäre der Gesellschaft zu untersuchen.

DEFINITION DER RELIGION

[Scientology] birgt die Geheimnisse des Universums. [Der Schauspieler John Travolta (in *Time*, 6.5.1991)]
Scientology ist sehr wahrscheinlich der erbarmungsloseste, im klassischen Sinne terroristischste, streitsüchtigste und lukrativste Kult, den das Land je gesehen hat. [Vicky Aznaran, frühere Scientology-Führerin (in *Time*, 6.5.1991)]
[Scientology erstrebt] die Beherrschung der Welt nach einem totalitären und menschenverachtenden System. (*Frankfurter Rundschau*, 2.4.1996)

Was ist Scientology tatsächlich? Die Scientology-Kirche wurde Ende der 1950er Jahre von L. Ron Hubbard, einem früheren Science-Fiction-Autor, gegründet. Ziel der Organisation ist es, die Menschen von den Fesseln schmerzhafter psychischer und physischer Erfahrungen zu befreien, so dass Enthusiasmus und Heiterkeit sie erfüllen statt Leid und Apathie. Um dieses Ziel zu erreichen, müssen die Mitglieder an einer Reihe von Seminaren teilnehmen, die alle rational durchgeplant und deren Ergebnisse gemessen werden (daher der Name »*Scient*ology«). Nur eine kleine Zahl derer, die sich auf diese Suche begeben – sie kostet oft Tausende von Mark und kann bis zu ihrem Ende Jahre dauern –, werden der Harmonie mit dem Universum teilhaftig und erlangen die Herrschaft über ihr Schicksal.

In gerade mal vier Jahrzehnten ist Scientology von einer Handvoll Selbsthilfegruppen zu einer Multimillionendollar-Organisation gewachsen, die nach eigenen Angaben über 700 Zentren in 65 Ländern mit etwa 6,5 Millionen Anhängern verfügt. Allerdings sind diese Zahlen umstritten. Von Beginn an war Scientology kontrovers. Viele Psychiater und Soziologen tun die Sekte als Schwindel ab. In zahllosen Prozessen ist die Sekte bezichtigt worden, ihre Kritiker zu terrorisieren, neue Anhänger einer Gehirnwäsche zu unterziehen und auszubeuten. Auch soll sie ihre Mitglieder um Tausende von Dollar geprellt haben.

Ist Scientology also wirklich eine Religion? Die Antwort ist von mehr als nur akademischem Interesse. Sie ist wichtig für Eltern, die die Gerichte um Hilfe ersuchen bei der »Entprogrammierung« ihrer Kinder, die nach ihrer Überzeugung von der Sekte einer Gehirnwäsche unterzogen wurden. Sie ist wichtig für Menschen, die überzeugt sind, dass Scientology ihre psychische Gesundheit zerstört, ihre lebenslangen Ersparnisse geplündert oder ihre Familien zerbrochen hat. Sie ist wichtig für Unternehmen und Kommunen, die sich auf Geschäfte mit Partnern einließen, ohne zu wissen, dass sie Verbindungen zu Scientology hatten. Sie ist wichtig für Mitglieder der Sekte, die ihre staatliche Anerkennung fordern, um ihre Spenden bei der Steuer geltend machen zu können.

Und sie ist wichtig für die ganze Gesellschaft. Auf Grund der verfassungsmäßigen Trennung von Kirche und Staat entscheidet gewöhnlich nicht die Exekutive, ob eine Gruppe als Religionsgemeinschaft anzusehen ist. Als solche genießt sie Privilegien, etwa die Befreiung von der Körperschafts- und Grunderwerbssteuer. Voraussetzung ist allerdings, dass sie kein gewinnorientiertes, ihre Geschäfte nur religiös bemäntelndes Unternehmen ist, sondern tatsächlich religiöse Ziele verfolgt. So erkennt das US-Bundesfinanzamt gewöhnlich nur solche Gruppen als Religionsgemeinschaften an, die eine feste Gebetsstätte haben, regelmäßig Gottesdienste durchführen, eine formale Lehre besitzen, von ordinierten Pfarrern geleitet werden und gewisse Glaubensgrundsätze ernsthaft befolgen. Seit Beginn der 1960er Jahre ist sich das Finanzamt unschlüssig über den Status der Scientology-Sekte und hat ihr wiederholt die Steuerbefreiung verweigert. Ursprünglich entschied es, dass an sie entrichtete Honorare für die Betreuung von Seminaren – einem nach Auffassung von Scientologen wesentlichen Element ihrer Religionsausübung – steuerlich nicht abzugsfähig seien. 1993 aber revidierte es sein erstes Urteil – als Teil einer geheim gehaltenen Vereinbarung mit der Scientology-Sekte. Dieser Positionswechsel macht deutlich, dass die Grenze zwischen religiösen und kommerziellen Praktiken nur schwer zu ziehen ist. Um nur zwei Entwicklungen aus anderen Ländern anzuführen: Während die spanische Regierung die Scientology-Sekte des Landes verwies, hat der australische *High Court* sie formell als Kirche anerkannt.

Wie dieses Beispiel zeigt, ist es außerordentlich schwierig, Religion zu definieren. Gehört zu ihr der Glaube an ein übernatürliches Wesen? Dann würde der Konfuzianismus in China, der die richtige Lebensführung in dieser Welt lehrt, *ein* Kriterium nicht erfüllen. Muss eine Religion ein höchstes Wesen (einen einzigen Gott) enthalten? Wenn ja, würden Religionen wie der Hinduismus mit seinen vielen Göttern ausgeschlossen. Genügt die Erlösungsidee, um eine Weltanschauung als Religion zu klassifizieren? Wenn dem so ist, müssten gewisse psychologische Therapieformen als Religionen gelten. In der Tat hat noch niemand eine allgemein befriedigende Definition von Religion vorgelegt. Die diversen Definitionsversuche haben meist einige Aspekte besonders herausgestellt und andere vernachlässigt.

Soziologische Religionsdefinitionen heben in verschiedenem Maße auf drei grundlegende Elemente ab, auf die bereits Émile Durkheim (1912), der eminent einflussreiche Begründer der Religionssoziologie, hinwies. Das erste Element sind *Überzeugungen*. Überzeugungen sind Grundelemente jeder Kultur. Für viele religiöse Menschen ist der Glaube an Gott oder ein höchstes Wesen entscheidend. Zweitens ist die Religion nicht nur eine Sache des Glaubens, sondern auch des praktischen Handelns. Viele soziologische Religionsdefinitionen betonen daher das Vorhandensein charakteristischer *sozialer Praktiken* – organisierter, hoch strukturierter Formen sozialen Handelns. Die wichtigsten sind Rituale oder Kulte, etwa Zeremonien wie der christliche Gottesdienst. Die Religion formt auch das soziale Handeln der Gläubigen, indem sie ihnen befiehlt oder sie lehrt, bestimmte Dinge zu tun und andere zu unterlassen. Bekannte Beispiele sind die Zehn Gebote oder die »Goldene Regel«. Ein drittes für soziologische Religionsdefinitionen wesentliches Element ist, dass die fragliche Gruppe eine *moralische Gemeinschaft* bildet. Eine Religion bindet die Menschen in eine soziale Struktur ein und organisiert ihre Beziehungen durch moralische Verpflichtungen und Normen des richtigen oder guten Verhaltens.

Zunächst und vor allem ist die Religion ein Element der *Kultur*. Allerdings ist sie eine so machtvolle, alles durchdringende soziale Institution, dass wir sie auch aus der Perspektive der anderen Schlüsselbegriffe: *Handlung, Struktur, Funktion, Macht* betrachten müssen. Wir können die Religion nicht völlig verstehen, wenn wir sie nicht in allen diesen Dimensionen analysieren.

14

Kultur: Religiöse Überzeugungen und Symbole

Den Kern von Religionen bildet ein System geheiligter Überzeugungen und Symbole. Überzeugungen sind kulturelle Gewissheiten, die keiner empirischen Bestätigung bedürfen, um als wahr oder real zu gelten. So glauben die Mbuti-Pygmäen in Afrika, der Urwald, in dem sie leben, sei ein übernatürliches Wesen. Sie personifizieren ihn als große Mutter oder großen Vater, als Lebens- und gelegentlich auch als Todesspender. Ihr Glaube ist ein Beispiel des **Animismus**, der Anschauung, die Dinge in der Welt (Bäume, Wälder, Tiere, Flüsse beispielsweise) seien von Geistern beseelt. In anderen Religionen werden die Ahnengeister verehrt. Ein Beispiel ist der Schintoismus, dessen 38 Millionen Anhänger überwiegend in Japan leben.

Vertrauter ist den Menschen im Okzident der als **Theismus** bezeichnete religiöse Glaube, dass mächtige übernatürliche Wesen das irdische Geschehen lenken. Monotheisten – Christen, Juden und Muslime – verehren ein höheres Wesen, das sie Gott, Jahwe oder Allah nennen. Polytheisten hingegen kennen mehrere Gottheiten. Der Hinduismus, der heute 750 Millionen Anhänger zählt, von denen die meisten in Indien leben, besitzt ein Pantheon mit vielen kleineren und fünf größeren Gottheiten, die selbst als Inkarnationen des Brahman, des höchsten Seins, eines noch heiligeren Prinzips, gelten.

In anderen Religionen richtet sich der Glaube mehr auf übernatürliche Kräfte, die sich in Personen oder Dingen finden, als auf übernatürliche Wesen. So glauben die Polynesier an eine Kraft, die sie *Mana* nennen, die sowohl Gegenständen wie Menschen innewohnen kann. Von einem Kanu, das heftigen Stürmen trotzt, oder einem Bauern, dessen Früchte gedeihen, sagt man, dass sie Mana besitzen. Einem solchen Glauben begegnet man häufig in vorindustriellen Gesellschaften.

Émile Durkheim war einer der ersten Soziologen, die religiöse Überzeugungen soziologisch erklärten. Nach Durkheim ist die Unterscheidung zwischen dem *Heiligen* und dem *Profanen* wesentlicher Teil jeder Religion. Unter dem *Heiligen* verstand er jene von der Alltagserfahrung abgehobene Sphäre, die Ehrfurcht und »heilige Scheu« einflößt. Die gewohnte Alltagswelt hingegen bildet den *profanen* Bereich. Entscheidend ist für ihn, dass *die Gemeinschaft den Dingen ihre Heiligkeit verleiht*. Die Religion hat die Funktion, die soziale Einheit einer Gruppe zu fördern und ihren moralischen und intellek-

Das Wort »Religion« ist vom Lateinischen »religio«, »(an Gott) Gebunden-Sein«, abgeleitet. Religionen »binden« uns an die Vergangenheit, an die Natur oder an andere Mitglieder unserer Gesellschaft. Sie verstärken auch unser Empfinden, dass die Welt und unsere Stellung in ihr ein Geheimnis bilden. Ursprung und Zweck dieser prähistorischen Monolithen im englischen Stonehenge sind nicht völlig aufgeklärt.

tuellen Konsens herzustellen. Eine soziologische Religionsdefinition muss also nach Durkheim wesentlich auf das, was die Gemeinschaft für heilig erklärt, Bezug nehmen.

Durkheim untersuchte zunächst die Clans der australischen Aborigenes. Diese, so nahm er an, repräsentierten den einfachsten Typ menschlicher Gesellschaften; entsprechend elementar sollten die Formen ihrer Religion sein. Im Mittelpunkt der Religion der Aborigenes steht das **Totem**: ein Objekt (meist ein Tier oder eine Pflanze), das sowohl den Clan selbst als auch das symbolisiert, was ihm heilig ist. Durkheim war von diesem doppelten – den Clan und das Heilige repräsentierenden – Symbolismus fasziniert. In der Verehrung des Totems, so seine These, verehrten die Aborigenes im Grunde ihre eigene Gesellschaft oder soziale Gruppe. Religiöse Überzeugungen, so nahm er an, haben ihren Ursprung in den Erfahrungen der Menschen mit den sozialen Kräften, die ihr Leben prägen. So habe der Glaube an eine göttliche Schöpfung seinen Ursprung darin, dass wir Produkte einer Kultur sind, in die wir hineingeboren werden und die nicht unser Werk ist. Erst recht erfahren wir uns selbst, so Durkheim, als Pro-

14

dukt äußerer Kräfte, die unserem Einfluss entzogen sind, uns Ehrfurcht einflößen und Verehrung heischen. Die gleiche Projektion enthalte der Glaube an einen Gott, der die Welt erschaffen hat.

Bestimmte Glaubenssätze sind in der Welt weit verbreitet, wenn auch in unterschiedlichem Maße. An Gott oder ein höheres Wesen glauben in den USA mehr als 90 Prozent der Bevölkerung, in Westdeutschland etwa drei Viertel, in Ostdeutschland dagegen nur etwas mehr als ein Drittel (vgl. Tab. 14.1). Auch hinsichtlich der Akzeptanz anderer Glaubensinhalte sind die Länderdifferenzen erheblich. In den USA geben etwa 80 Prozent der Bevölkerung an, an ein Leben nach dem Tod zu glauben, gegenüber 55 Prozent in Westdeutsch-

land und etwa 15 Prozent in Ostdeutschland. Entsprechend groß sind auch die Unterschiede in dem Ausmaß, in dem man sich als religiös einschätzt. In den USA bezeichnen sich 77 Prozent, in Westdeutschland 41 Prozent und in Ostdeutschland 18 Prozent als religiös.

Außer einem Glauben an Gottheiten, Geister oder übernatürliche Wesen enthalten die meisten Religionen moralische Prinzipien – oft sehr konkrete Vorstellungen von dem, was recht und unrecht, gut und schlecht, schicklich und unschicklich ist. In einigen nichttheistischen Religionen (die keine Gottheit kennen) sind vor allem die moralischen Prinzipien bedeutsam. So steht für Buddhisten weniger die Verehrung des Buddha im Vordergrund als das Erreichen der ethischen und spirituellen Ziele, die der Buddha in seiner Lehre von den »Vier edlen Wahrheiten« verkündet hatte. Auch der Konfuzianismus und Taoismus, Religionen, die beide ihren Ursprung in China haben, lehren ihre Anhänger, nach moralischer Vervollkommnung zu streben.

Praktisch bringen alle Religionen ihren Glauben durch *Symbole*, die für etwas anderes stehen als sie selbst, zum Ausdruck. Nichts ist per se symbolisch. Die Menschen einigen sich auf symbolische Bedeutungen, die sie dann verschiedenen Wörtern, Handlungen und Gegenständen beilegen. So umfasst die christliche Abendmahlszeremonie sowohl symbolische Handlungen (man trinkt zur Erinnerung an das letzte »Abendmahl des Herrn« Wein und isst Brot) als auch symbolische Gegenstände (der Wein und das Brot selbst), die das Blut und den Leib Christi symbolisieren. Nach Durkheim ist der Gebrauch solcher religiöser Symbole oft verbunden mit einer *kollektiven Repräsentation*: der Kommunikation von größeren sozialen Gemeinschaften mit den Individuen. Mittels der diversen Symbole des christlichen Abendmahls kommunizieren also all jene, denen der christliche Glaube gemeinsam ist (einschließlich der vergangenen Generationen), mit den gegenwärtigen Teilnehmern an der Abendmahlszeremonie.

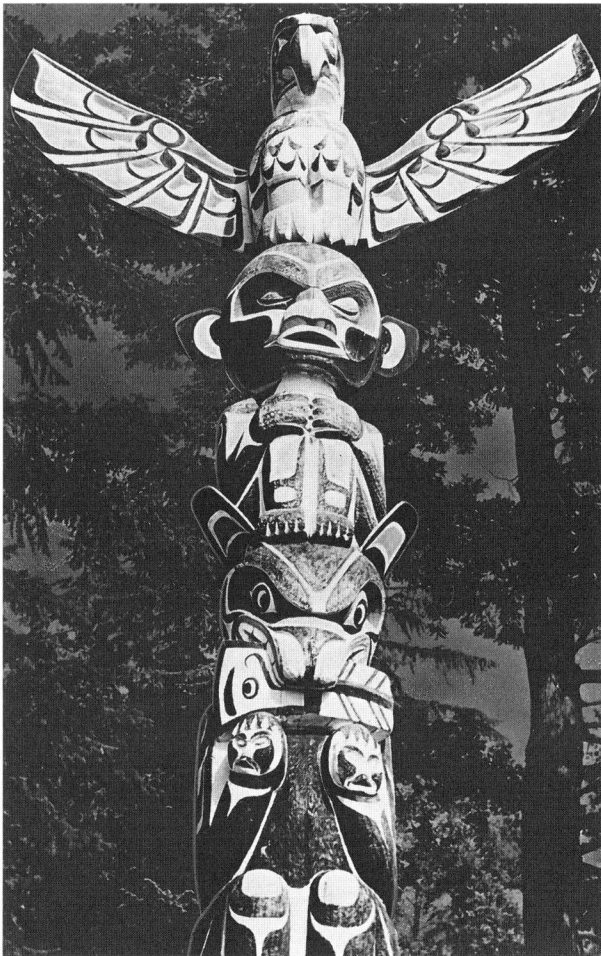

Nach Durkheim entwickeln die Gesellschaften Religionen, die ihre Grundstrukturen widerspiegeln. Am Ende dieses Prozesses verehren sie schließlich ein Abbild ihrer tatsächlichen sozialen Beziehungen. Ein **Totem** *(hier ein indianischer Totempfahl) ist meist ein natürlicher Gegenstand, der den Clan oder eine andere elementare soziale Einheit repräsentiert und als zentrales Kultobjekt fungiert.*

Soziales Handeln: Religiöse Praktiken und Erfahrungen

Religiöse Rituale und Zeremonien sind eine Form *sozialen Handelns*. Soziologen sprechen oft von »rituellen« oder »religiösen Praktiken«. Das sind Handlungen, die wiederholt und gemäß Regeln oder gemäß einer Übereinkunft über ihren tieferen, allen Gläubigen gemeinsamen Symbolgehalt vollzogen werden. Sie können persönliche religiöse Bedürfnisse erfüllen, etwa die Herstellung einer persönlichen Verbindung zu Gott im Gebet, sie können aber auch eine Gemeinschaft der Gläubigen, z.B. im Gottesdienst, konstituieren.

Religionen sind auch in anderen Hinsichten Formen sozialen Handelns. Die Gläubigen drücken durch religiöse Praktiken ihren Glauben aus, teilen ihn anderen mit, bitten um übernatürliche Hilfe oder Gottes Eingreifen, verehren ihre Gottheiten, bekräftigen geheiligte Überzeugungen oder erzeugen einfach nur religiöse Erfahrungen. Die religiösen Praktiken können vielerlei Formen annehmen. Man vollzieht sie mit anderen oder allein, obligatorisch oder wahlfrei, in strenger oder in einer für kreative Neuerungen offenen Form. Musik, Tanz, Gebet, Meditation, Feiern und Fasten sind nur ein paar der mannigfachen Handlungen, die im Namen der Religion vollzogen werden.

Einige religiöse Praktiken lassen sich als **Rituale** – standardisierte Abfolgen von Handlungen – klassifizieren, die man in besonderen Zeremonien oder bei anderen speziellen Anlässen verwendet. Rituale stützen sich, um ihre Bedeutung den Teilnehmern zu vermitteln und ihnen einzuprägen, auf Symbole. Die rituelle Waschung bei der christlichen Taufe oder die rituelle Torah-Lesung bei einer jüdischen Bar-Mizwa sind feierliche Handlungen, die den Teilnehmern eine tiefe spirituelle Bedeutung vermitteln und das Gefühl der Zugehörigkeit zu einer Glaubensgemeinschaft wecken sollen.

Religionen können auch Handlungen vorschreiben, die keinen rituellen Charakter haben. Dazu gehören sowohl moralische Instruktionen, wie man sein Leben führen soll, als auch Verbote. Die Juden lernen, nur koschere Nahrung zu essen. Die Christen sollen »anderen tun, was sie wollen, dass man auch ihnen tut«. Die Muslime lernen, es sei unmoralisch, von anderen Muslimen Zinsen zu nehmen. Wie alle diese Beispiele zeigen, tragen Religionen dazu bei, die sozialen Handlungen der Menschen (sowohl das, was sie tun, als auch das, was sie unterlassen) und ihre Überzeugungen zu strukturieren.

Wer sich zu einer bestimmten Religion bekennt, muss nicht unbedingt alle ihre Rituale und Praktiken befolgen. Nicht alle, die behaupten, Christen zu sein, gehen zur Kirche, und nicht alle, die zur Kirche gehen, nehmen am Abendmahl teil. Der Europäischen Wertestudie zufolge gehören heute etwa 70 Prozent der Europäer einer Kirche an, aber nur etwa ein Viertel von ihnen besucht regelmäßig mindestens einmal in der Woche den Gottesdienst (Zulehner/Denz 1993:12 ff.). In den USA gehören nach Umfragen mehr als vier Fünftel der Gesamtbevölkerung einer Konfession an; ungefähr drei Viertel der Amerikaner sagen, dass Religion für sie in ihrem Leben sehr wichtig sei. Nur ungefähr 32 Prozent der Amerikaner geben hingegen an, mindestens einmal pro Woche zur Kirche oder zur Synagoge zu gehen (vgl. Tabelle 14.1). Befragt, ob sie in den letzten sieben Tagen die Kirche oder Synagoge besucht haben, antworten 38 Prozent mit Ja. Bei all diesen Daten handelt es sich um Selbsteinschätzungen der Befragten. In Ländern, in denen religiöse Praxis und religiöse Einstellungen zu den gesellschaftlich akzeptierten Normen gehören, muss man damit rechnen, dass solche

Tabelle 14.1: Glaubensvorstellung und religiöse Praxis im Ländervergleich							
Land in Prozent	Konfessions- zugehörigkeit	Kirchgang mindestens 1mal wöchentlich	Es fühlen sich religiös	Es glauben an Gott	An ein Leben nach dem Tod glauben	An die Hölle glauben	An den Himmel glauben
USA	86,2	31,8	76,6	91,9	80,5	74,4	58,8
Deutschland (West)	84,7	13,9	41,4	76,1	55,0	35,5	45,8
Deutschland (Ost)	31,2	4,2	17,6	34,4	14,9	10,8	22,4
Ungarn	72,8	15,0	45,1	76,6	39,2	27,8	36,2
Italien	92,3	29,4	64,9	91,0	72,6	58,7	67,7
Irland	93,8	63,2	69,5	93,7	77,3	53,2	84,3
Norwegen	90,0	6,5	39,8	76,2	52,5	19,0	76,0
Portugal	92,2	29,6	75,9	94,7	72,4	64,0	40,9
Slowakei	83,8	31,8	54,6	79,4	64,7	49,0	56,8
Quelle: ISSP 1998							

Selbsteinschätzungen übertrieben hoch ausfallen. Die Umfrageforschung spricht in solchen Fällen von sozial erwünschtem Antwortverhalten. Es tritt vor allem bei Personen auf, die bestimmte soziale Normen (etwa die, jeden Sonntag zum Gottesdienst zu gehen) tief verinnerlicht haben und deshalb gegenüber dem Interviewer und vor sich selbst nicht zugeben wollen, dass sie diese Normen nicht erfüllen.

Sozialstruktur: Religiöse Gemeinschaften

Eine der wichtigsten Funktionen von Religionen ist, dass sie – mit Durkheims Terminus – eine **moralische Gemeinschaft** stiften. Dieser Gemeinschaft gehören Individuen mit gemeinsamen Überzeugungen, Symbolen, Praktiken und Erfahrungen an, die sie in ein größeres soziales Ganzes einbinden. Ohne eine solche Gemeinschaft sähen die Menschen die Existenz ihrer Religion ernsthaft in Gefahr. Ein Grund, warum, zumindest in den USA, viele Kirchenleute gegenwärtig über die Verbreitung der Fernseh-Evangelisation besorgt sind, besteht darin, dass sie eine Religion ohne Gemeinschaft befördert (Bretthauer 1999). Im Fernsehen übertragene Gottesdienste mögen bei den Zuschauern die Illusion wecken, als säßen sie in einer Kirche und kommunizierten direkt mit ihrem Seelsorger. Doch in Wahrheit sitzen sie allein zu Hause vor der Mattscheibe und bleiben sich gegenseitig, aber auch den Teilnehmern an dem übertragenen Gottesdienst fremd. Sie könnten jeder Zeit die Verbindung zu ihrer Religionsgemeinschaft herstellen oder lösen, indem sie einfach ihren Fernseher ein- oder ausschalten.

Religionsgemeinschaften sind nicht einfach soziale Gruppen, die zufällig einen gemeinsamen Glauben besitzen und an gemeinsamen Ritualen teilnehmen. Sie haben eine organisierte – meist dauerhafte – *soziale Struktur*. In vielen Ländern haben die Religionsgemeinschaften formale Organisationen, die ihnen eine nationale Struktur geben. In Deutschland sind die einzelnen evangelischen Landes- und Provinzialkirchen in der Evangelischen Kirche in Deutschland (EKD) zusammengefasst. Eine vollkommen internationale Struktur hat hingegen die römisch-katholische Kirche mit ihrer Hierarchie von Priestern, Bischöfen und Kardinälen, an deren Spitze der Papst steht. Im allgemeinen umfasst die soziale Struktur von Religionsgruppen eine Vielzahl von Organisationen: zentrale Dienststellen, Seminare für die Schulung religiöser Führer, Gebets- und Gesangbuch-Verlage, Läden für Abendmahlshostien und Chor-

Religionen sind ein universelles Phänomen, doch die Glaubensformen und -praktiken variieren. So ist für den Buddhismus der Glaube zentral, dass die Befreiung von irdischen Begierden und letztlich auch vom personalen Selbst zum Nirvana führe. In vorwiegend buddhistischen Ländern treten die meisten jungen Männer für ein Jahr oder länger in ein Kloster ein (hier tibetanische Mönche in Dharmasala, Indien); manche bleiben ihr Leben lang Mönch.

kleider, Jugendlager und Auslandsmissionen. Auch hinsichtlich der Beziehungen zwischen ihren Mitgliedern haben Religionsgruppen eine charakteristische Struktur. So heiraten die Menschen häufiger in ihrer eigenen Religionsgruppe. In den USA gibt es Gebetsgruppen von christlichen Geschäftsleuten, die Beziehungsnetze geschaffen haben, die sowohl der Belebung des Geschäfts dienen als auch der Stärkung der Religion.

Die Größe einer Religionsgemeinschaft variiert mit dem Typ der Gesellschaft. In einem kleinen Stamm, in dem alle Individuen einer einzigen Religion angehören, beeinflusst sie alle Aspekte des Lebens – die Regelung von Familienangelegenheiten, in denen man den Rat der Ahnengeister sucht, die Entscheidung politischer

14

Fragen, die Wahl des Zeitpunkts der Aussaat und Ernte oder der Jagd und des Fischfangs oder die Wahl des Heilmittels für eine Krankheit. Religionsgemeinschaft und Gesellschaft sind in diesem Fall praktisch identisch (Evans-Pritchard 1965). In größeren und komplexeren Gesellschaften hat die Religion viele ihrer früheren Funktionen eingebüßt. Vielleicht sucht man hier noch bei einem Seelsorger Rat in Familienangelegenheiten; wird aber ein Familienmitglied krank, geht man zum Arzt, und wer Investitionen plant, wendet sich an einen Bankier. Soziologen sprechen davon, dass im Gegensatz zu früheren Gesellschaften komplexe moderne Gesellschaften funktional differenziert sind. Zudem gibt es in größeren Gesellschaften oft eine Fülle von Religionen mit ihren eigenen Kirchen, Schulen, sozialen Diensten und so weiter.

Religionen und funktionale Integration

Selbst in großen, komplexen Gesellschaften trägt die Religion zur *funktionalen Integration* sowohl der Religionsgemeinschaft selbst als auch der Gesamtgesellschaft bei. Religiöses Engagement trägt auf verschiedene Weisen dazu bei, die Gesellschaft zusammenzuhalten. Zunächst fördert es die Einhaltung gemeinsamer sozialer Normen. In lokalen Religionsgemeinschaften hilft es, wichtige soziale Bindungen zwischen den Menschen herzustellen. So haben in den USA die Kirchen Immigranten oft bei der Anpassung an ihre neue Heimat geholfen. Außerdem verbinden Religionen lokale Gemeinschaften sowohl durch nationale und internationale Organisationen als auch durch gemeinsame Rituale. Schließlich tragen Religionen zur Legitimation der bestehenden Gesellschaftsordnung bei, indem sie in Theorie und Praxis die Achtung der säkularen sozialen Institutionen fordern.

Allerdings variiert von Gesellschaft zu Gesellschaft das Maß, in dem religiöse Institutionen zur funktionalen Integration beitragen. In einigen Gesellschaften gehören fast alle Individuen der gleichen Religion an. So sind Italien, Spanien, Polen oder Irland mehrheitlich katholisch. In anderen Ländern, etwa in den USA oder Indien, existiert eine Vielfalt von Religionen. Im Iran, in Großbritannien oder Finnland unterstützt der Staat offiziell eine Religion. In anderen wie in den USA, Australien, Kanada, den Niederlanden oder Frankreich sind Kirche und Staat offiziell getrennt.

Religionen legitimieren die bestehende Gesellschaftsordnung, indem sie etwa die herrschenden sozialen Arrangements sanktionieren. Dies belegt Guy Swansons Untersuchung (1974) von fünfzig nichtwestlichen Gesellschaften. Alle diese Gesellschaften neigen dazu, ihre Strukturen in ihre Religionen zu projizieren. Gesellschaften, in denen die Älteren wichtige Positionen besetzen, verehren ihre Ahnen; Gesellschaften, in denen es große Vermögensunterschiede gibt, haben meist Religionen, die eine breite Kluft zwischen den Reichen und Armen rechtfertigen.

Auch National- oder Zivilreligionen fungieren als religiöse Legitimierung bestehender Gesellschaftsordnungen (Bellah 1970; Schieder 1987; Vögele 1994). Mit **Zivilreligion** werden die religiösen Elemente des Konsenses, der eine Gesellschaft trägt, bezeichnet, d.h. jene Elemente, die der gesellschaftlichen Integration und der staatlichen Legitimierung dienen. Es gibt sie in allen Gesellschaften. In Deutschland gehören dazu beispielsweise die Bezugnahme auf Gott in Verfassungen und Politikerreden, religiöse Symbole wie das Kruzifix in Gerichtssälen oder Klassenzimmern, die Beflaggung öffentlicher Gebäude, der Vollzug von feierlichen Ritualen, etwa öffentliche Vereidigungen oder der gemeinsame Gesang der Nationalhymne. Allerdings ist in Deutschland das Nationalbewusstsein durch die Erfahrungen während des Nationalsozialismus so sehr diskreditiert worden, dass sich eine staatslegitimierende religiöse Symbolik nur sehr begrenzt entwickelt hat. Die Kirchen selbst üben eine deutliche Zurückhaltung gegenüber einer zivilreligiösen Inanspruchnahme des christlichen Glaubens (Daiber 1995). Das Land, in dem Formen der Zivilreligion am weitesten verbreitet sind und in dem die Debatte über die Zivilreligion auch am intensivsten geführt wurde, ist die USA. Die meisten Erwachsenen glauben, Amerika sei mit Gottes Segen geschaffen worden und die Regierung beziehe ihre letzte Legitimität von Gott. Dennoch nimmt die Zivilreligion auch in den USA, wo die Verfassung explizit jede Verbindung zwischen dem Staat und einzelnen Religionen verbietet, nur in sehr allgemeiner Form Gottes Segen in Anspruch. Angerufen wird Gottes Beistand etwa bei der Kongresseröffnung, bei Parteitagen, Vereidigungszeremonien und in politischen Reden.

Die Zivilreligion verbindet also die sakrale mit der profanen Sphäre. Sie fördert so die Bereitschaft, für das öffentliche Wohl zu sorgen und für es Opfer zu bringen. Dabei kann sie in konservativem oder liberalem Gewand auftreten und unsere individuelle Freiheit der Wahl oder unsere Verpflichtungen gegenüber den anderen betonen (Wuthnow 1988).

Manchmal wird die Idee der Religionsgemeinschaft

in radikalerer Form praktiziert. So haben die Franziskanermönche im Mittelalter auf allen persönlichen Besitz zu Gunsten des Ordenskollektivs verzichtet. Ihr Lebensstil, der der Welt zeigen sollte, wie ein wahrer Christ zu leben hat, beschwor Konflikte mit der Kirchenhierarchie herauf. Ein ähnlicher Vorgang spielte sich in der jüngsten Vergangenheit ab, als die Befreiungstheologie, eine von lateinamerikanischen Priestern initiierte Bewegung, die wachsende Kluft zwischen Reich und Arm anprangerte und sich für die Armen und grundbesitzlosen Landarbeiter einsetzte (Gutierrez 1979). Ihre Blütezeit hatte die Befreiungstheologie in den 1960er und 1970er Jahren. Ihr Einfluss hat in jüngster Zeit aus mehreren Gründen abgenommen: Einer war der politische Rechtsruck und die zunehmende Popularität des evangelikalen (fundamentalistischen) Protestantismus in Lateinamerika, ein anderer der Konflikt mit den Institutionen der römisch-katholischen Kirche mit ihrer zentralistischen Hierarchie und vertikalen Autoritätsstruktur. Der Papst wies die Priester an, sich auf den »geistlichen Auftrag« der Kirche zu beschränken und sich aus der Politik herauszuhalten.

Unter »Häresie« versteht man eine religiöse Doktrin, die von der offiziellen Kirchenlehre abweicht. Seit dem 13. Jahrhundert, als sie die Inquisition zur Ketzerverfolgung schuf, erlaubte die katholische Kirche die Folter, um Geständnisse zu erzwingen. Wer gestand, verlor all sein Eigentum (zur Hälfte an die Kirche) und wurde öffentlich ausgepeitscht. Wer nicht gestand, wurde auf dem Scheiterhaufen verbrannt. Die Macht, strikten Gehorsam gegenüber ihren Glaubenslehren einzufordern, wurde der Kirche von einer Gesellschaft übertragen, die überzeugt war, dass die kirchlichen Lehren der einzige Weg zum »Heil« sind.

Die Rolle der Macht in Religionsgemeinschaften

Wie die gegensätzlichen Beispiele der Zivilreligion und der Befreiungstheologie illustrieren, ist es oft der Glaube, der die Einstellung zu den bestehenden *Macht*verhältnissen bestimmt: Entweder legitimiert man sie durch eine Zivilreligion oder aber bekämpft sie wie in der Befreiungstheologie.

Viele Religionsgruppen betonen die Gleichheit (oder zumindest die Gemeinschaft) der Gläubigen. Doch sie gewähren einigen Mitgliedern größere Macht als anderen. Generell können wir zwei Rollen in einer Religionsgruppe unterscheiden: die für einige wenige Mitglieder reservierte Führungsrolle und die für »normale« Mitglieder charakteristische Anhängerrolle.

Priester haben bei der Ausformulierung moderner Religionen und der Entfaltung ihrer spezifischen Kultur eine zentrale Rolle gespielt. Religionsführer verfügen über die Macht, religiöse Gemeinschaften zu mobilisieren und die Trennlinie zwischen dem Sakralen und Profanen zu ziehen. Die Geschichte vieler Religionen lässt sich als Kampf diverser Gruppen um die Definitionsmacht hinsichtlich des richtigen Glaubens und der richtigen Praxis, kurz, als Kampf um die Vorherrschaft in der Gemeinschaft begreifen. Jedes Religionssystem, so Bourdieu (1991), ist ebenso ein Ausdruck der Macht seiner gegenwärtigen Führer wie das Ergebnis früherer Kämpfe um die Definition dieser Religion und die Organisation des religiösen Lebens.

Hinzu kommt, dass oft mehrere Religionen oder religiöse Splittergruppen um die Macht in der Gesellschaft konkurrieren. Alle Kirchen formen sich ihre eigene Religionsgemeinschaft. Meistens sind sie sich nicht einig, welche Gestalt das Gemeinwesen der größeren Gesellschaft und welchen Einfluss jede von ihnen darin haben sollte. Selbst in Deutschland, wo in Religionsfragen Toleranz herrscht, laufen zwischen Protestanten und Katholiken sichtbare Konfliktlinien:

14

Beide Konfessionen achten auf die Bewahrung des Gleichgewichts, etwa bei der Besetzung von Gremien und Ämtern. Und wie viel mehr spielt die Konkurrenz zwischen unterschiedlichen Religionen und Denominationen in einem multireligiös geprägten Land wie den USA eine Rolle!

Sobald Religionen nationale und internationale Kirchenbürokratien ausbilden, entwickeln sich diese zu Waffen in den Machtkämpfen zwischen den Gläubigen um die richtige religiöse Praxis: Sollen beispielsweise die christlichen Kirchen Homosexuelle aufnehmen und sie sogar predigen lassen? Bei größeren Gesellschaften mit verschiedenen Religionen (aber auch nichtreligiösen Menschen) mehren sich die Anlässe zu Konflikten und Rivalitäten. So protestieren Juden und andere Nichtchristen in den USA regelmäßig, wenn Christen ihre Macht dazu gebrauchen, dass mit öffentlichen Geldern religiöse Symbole (etwa Weihnachtsdekorationen) oder die Förderung religiöser Praktiken (etwa das christliche Schulgebet) finanziert werden.

TYPEN RELIGIÖSER INSTITUTIONEN

Die meisten Religionsgemeinschaften entwickeln sich zu irgendeiner Art Institution – einer Reihe relativ stabiler Rollen, Statuspositionen, Gruppen und Werte. Allerdings variieren die Formen, die religiöse Institutionen annehmen, erheblich, je nach ihrer Größe, Doktrin, Mitgliedschaft, ihrem Ursprung und ihren Beziehungen zum Rest der Gesellschaft. Auf der Basis dieser Faktoren unterscheiden Soziologen zwischen **Kirche**, **Sekte** und **Kult** als den drei Hauptformen religiöser Institutionen.

Merkmal	Kirche	Sekte
Größe	groß	klein
Beziehung zu anderen Religionsgruppen	tolerant	ablehnend; glaubt sich im Besitz der alleinigen Wahrheit
Reichtum	beträchtlich	begrenzt
religiöser Kult	begrenzte Teilnahme der Gemeinde; formell; verstandesbetont	große Teilnahme der Gemeinde; spontan; gefühlsbetont
Klerus	spezialisiert; professionell	unspezialisiert; geringe Schulung; Teilzeitberufe
Doktrin	liberale Auslegung der heiligen Schriften; Diesseitsorientierung	wörtliche Auslegung der heiligen Schriften; Jenseitsorientierung
Mitgliedschaft	kraft Geburt oder ritueller Teilnahme; soziale Institution, die alle würdigen Personen einschließt	durch Bekehrung; moralische Gemeinschaft, die Unwürdige ausschließt
Gesellschaftsschicht der Mitglieder	vorwiegend Mittelschicht	vorwiegend Unterschicht
Verhältnis zur säkularen Welt	unterstützt die herrschende Kultur und Gesellschaftsordnung	distanziert sich von oder widersetzt sich den herrschenden kulturellen Normen; verlangt strikte Befolgung biblischer Vorschriften

Tabelle 14.2: **Kirche und Sekte**

Quelle: Liston Pope, *Millhands and Preachers: A Study of Gastonia.* 1942.

Kirchen und Sekten

Religiöse Institutionen lassen sich nach dem Vorschlag des Historikers und Religionssoziologen Ernst Troeltsch (1912) typischerweise als »Kirche« oder »Sekte« klassifizieren. In Tabelle 14.2 sind die von Troeltsch und seinen Anhängern identifizierten Merkmale von Kirchen und Sekten zusammengefasst. Man beachte, dass nicht jede existierende Religionsgruppe vollständig einer der beiden Merkmalslisten entsprechen muss. Beide beschreiben lediglich *Idealtypen* – begriffliche Instrumente, die dazu dienen, reale Entitäten zu erfassen und Vergleiche durchzuführen.

Troeltsch definiert eine **Sekte** als kleine, exklusive, kompromisslose Glaubensgemeinschaft, die nach spiritueller Vervollkommnung strebt. Ihre Mitglieder sind freiwillige Konvertiten, deren Leben weitgehend von der Sekte kontrolliert wird. Weiter ist nach Troeltsch eine Sekte meist durch eine asketische Haltung charakterisiert; ihre Mitglieder befolgen einen enthaltsamen, streng geregelten Lebensstil. Die meisten Sekten befassen sich ausschließlich mit ihren eigenen religiösen

Doktrinen (siehe auch Kapitel 8: Zeugen Jehovas). Sie begreifen sich als auserwählte Gemeinschaften, denen eine besondere Erleuchtung oder Offenbarung zuteil wurde. Oft verwehren sie ihren Mitgliedern eine allzu weitreichende Teilnahme an weltlichen Angelegenheiten, da sie die äußere Welt für dekadent, verderbt und sündhaft halten.

Nach Troeltsch entwickelt sich eine Sekte, sobald sie größer wird, in der Regel zu einer **Kirche** – einer großen, konservativen, universalistischen Institution. Ihre Mitglieder rekrutieren sich zunehmend aus den in die Gruppe hineingeborenen Individuen und nicht mehr aus Konvertiten. Eine Kirche ist gegenüber anderen Religionsgruppen toleranter als eine Sekte. Auf Grund ihrer Größe erwirbt sie meist ein gewisses Maß an gesellschaftlicher und politischer Macht und erhält sich diese oft, indem sie sich mit dem Staat oder der herrschenden Klasse verbündet. Eine Kirche passt sich also den Forderungen mächtiger Gruppen und den herrschenden Institutionen an. Sie neigt dazu, den gesellschaftlichen Status quo zu konservieren. Sehr nahe kommen diesem Idealtypus die anglikanische Kirche in England, die katholische Kirche in Spanien und die muslimischen Schiiten im Iran.

So wertvoll zahlreiche Einsichten Troeltschs über Kirchen und Sekten sind, so kritisieren doch manche Soziologen, dass sein Modell bei der Klassifikation einiger existierender religiöser Institutionen eher Verwirrung stiftet. Zweifellos gibt es Kirchen und Sekten mit all den Merkmalen von Troeltschs Definitionen – doch es gibt auch Kirchen mit Sektenmerkmalen und Sekten mit Kirchenmerkmalen. Aus diesem Grund ziehen manche Soziologen es vor, religiöse Institutionen nur nach dem Kriterium, ob sie ihre gesellschaftliche Umgebung akzeptieren oder ablehnen, zu unterscheiden. Am einen Ende dieses Kontinuums steht dann die Kirche, die ihre gesellschaftliche Umgebung akzeptiert, am anderen die Sekte, die mit der größeren Gesellschaft in ständiger Spannung lebt. Die meisten Religionsgruppen liegen irgendwo zwischen diesen Extremen.

Dieses Modell verdient den Vorzug, weil es die Dynamik des Auf und Ab auf der Skala der Spannungen zwischen einer Organisation und ihrer Umgebung betont. Wird eine Sekte stabiler und respektabler, koexistiert sie immer harmonischer mit ihrer gesellschaftlichen Umgebung und nähert sich somit dem kirchlichen Pol des Kontinuums.

Kulte

Stark/Bainbridge (1985) reservieren den Terminus **Sekte** für schismatische Institutionen, die entstehen, wenn Dissidenten sich von einer etablierten Kirche abspalten und behaupten, eine authentische, gereinigte Glaubensversion zu verkünden. Ein Beispiel für eine so definierte Sekte sind die Puritaner, die sich von der Kirche von England lossagten und ihre eigene Religionsgemeinschaft gründeten. Es gibt noch andere mit ihrer Umgebung in Spannung lebende Religionsgruppen: Sie sind entweder ein Import aus anderen Kulturen oder entstehen, wenn Menschen völlig neue Glaubensformen und -praktiken entwickeln. Solche Gruppen haben sich also nicht aus etablierten Religionen ihrer Gesellschaft abgespalten. Stark/Bainbridge bezeichnen sie als **Kulte**. In seiner Frühzeit wurde das Christentum als Kult angesehen, und in der Tat begannen alle Hauptreligionen der Welt als Kult.

Stark/Bainbridge unterscheiden drei Typen von Kulten je nach dem, wie straff sie organisiert sind. Reine *Publikumskulte* (»audience cults«) haben praktisch keine formale Organisation. Ihre Mitglieder sind bloße Konsumenten von Kultlehren, die über Rundfunk, Bücher, Zeitschriften oder Zeitungsartikel verbreitet werden. In *Klientenkulten* hingegen bieten die Religionsführer ihren Anhängern spezielle Dienste an. Obgleich die Führer über genügend Mittel verfügen, sind ihre Klienten nicht in Gemeinden organisiert. Scientology wird oft als Beispiel eines Klientenkults genannt, weil die Organisation sich eines organisierten Netzes von bezahltem Lehrpersonal bedient, das ihre Klientengruppen in den Kultlehren unterweist.

Manche Kulte entwickeln sich, sobald sie größer werden und straffer organisiert sind, zu *Kultbewegungen* weiter. Wachsen sie rasch, sind sie innovativ und ungewöhnlich, stoßen sie in ihrem sozialen Umfeld oft auf Widerstand und werden mit dem Etikett »Kult« in einem abwertenden Sinne belegt. In Reaktion auf diesen sozialen Widerstand straffen Kultführer oft die organisatorischen Strukturen, ziehen sie die Grenzen zwischen Insidern und Outsidern schärfer und erhöhen sie die Loyalitätsanforderungen an ihre Mitglieder. Kulte, die ihren Anhängern erlauben, ein normales Leben zu führen und einen normalen Beruf auszuüben, stoßen meist auf geringeren Widerstand als Kulte, deren Anhänger ihre normalen Tätigkeiten aufgeben und ihre Bande zu konventionellen Institutionen abbrechen, um ihr Leben ganz ihrer Organisation zu widmen.

Ob eine Religionsgruppe eine Kirche, eine Sekte oder

14

Zwei Beispiele religiöser Innovation

Die Gründung der Mormonenkirche

Die »Kirche Jesu Christi der Heiligen der Letzten Tage«, besser bekannt als Mormonenkirche, wurde 1830 im Norden des Bundesstaats New York von Joseph Smith gegründet. Nach eigener Aussage war er von einer Reihe heiliger Visionen inspiriert. Die erste erlebte Smith noch als Jugendlicher. Verwirrt von den zahlreichen christlichen Sekten, die um Anhänger konkurrierten, entschied sich Smith, Gott selbst zu fragen, welcher Glaube der richtige sei. Er schildert sein Erlebnis in der Waldeinsamkeit, in die er sich zurückzog, um Gottes Rat zu suchen: »[…] plötzlich wurde ich von einer Macht ergriffen, die mich vollständig überwältigte, und zwar mit solch erstaunlicher Wucht, dass meine Zunge gefesselt war und ich nicht mehr sprechen konnte. Vollständige Dunkelheit umgab mich, und es schien mir eine Weile, als müsste ich augenblicklich sterben. […] Genau in diesem Augenblick größter Angst erblickte ich eine Lichtsäule unmittelbar über mir und darüber das Strahlen der Sonne, die sich allmählich senkte, bis sie auf mich herabfiel.« (Zitiert in Marty 1985:199)

Aus der Lichtsäule traten zwei Wesen, die am Himmel hingen und Smith durch ihre Helligkeit blendeten. Das eine Wesen gab das andere als seinen »geliebten Sohn« aus und hieß Smith, auf das zu hören, was er ihm zu sagen habe. Kühn fragte Smith, welche von all den Sekten die richtige sei. Alle seien falsch, erhielt er als Antwort: Alle seien in Wahrheit verderbt und Gott ein Gräuel.

Manche rieten Smith, seine Vision als Blendwerk des Teufels, der den christlichen Glauben erschüttern will, oder als Halluzination, vielleicht als Folge geistiger Überanstrengung, zu betrachten. Doch Smith deutete das Erlebnis als Prüfung Gottes, der sein starkes Missfallen mit den bestehenden Kirchen ausdrücken wollte. Später hatte Smith, wie er behauptete, eine zweite Vision, in der ihm ein Engel Gottes die Existenz eines heiligen auf Goldplatten geschriebenen Textes offenbarte. Smith fand nach eigenen Angaben die Platten, übersetzte sie und veröffentlichte sie als »Buch Mormon«. Kurz danach »konfirmierte« er seine beiden Brüder und drei andere junge Männer zu den ersten Anhängern des Mormonenglaubens. Damit war die Saat einer neuen Religion gesät.

Am Beginn vieler neuer Religionen steht die Opposition gegen immer stärker säkularisierte Kirchen. Doch die meisten von ihnen verschwinden wieder. Nicht so die Mormonenkirche. Von allen neuen Religionen hat sie in der Geschichte der USA die höchste Wachstumsrate. Um 1840, nur zehn Jahre, nachdem Smith und seine Anhänger sich zu den ersten Mormonen erklärt hatten, zählte die Mormonenkirche etwa 30.000 Anhänger. Zehn Jahre später hatte sich ihre Zahl verdoppelt – trotz der Verfolgung durch Nichtmormonen, eines Wechsels in der Kirchenführung und einer zermürbenden Wanderung quer durch die Great Plains zum Großen Becken in den Rocky Mountains, um im US-Bundesstaat Utah ein neues Leben zu beginnen. Um 1950 gab es 1 Million und um 1990 7,5 Millionen Mormonen in 129 Ländern und Regionen. Die Mormonenkirche besitzt ein starkes missionarisches Element, wobei besonderer Wert auf Bekehrungen gelegt wird. Durch fast 300.000 Bekehrungen und/oder Taufen pro Jahr gelingt es ihr, sowohl was ihre Mitgliederzahlen angeht als auch geografisch zu expandieren.

Die Vereinigungskirche des San Myung Mun

Wie Joseph Smith hatte San Myung Mun als Jugendlicher in Korea eine Vision, die ihm

ein Kult ist, kann für die gesellschaftliche Konkurrenz um Macht und Einfluss relevant sein.

RELIGIÖSE INNOVATION

Wir betrachten Religionen gern als konservative Kräfte, die den Status quo unterstützen. Doch Religionen sind nicht immer »konservativ«. Wir kennen auch das Phänomen der **religiösen Innovation**: der Reformations-, Erneuerungs- und Erweckungsbewegungen. Einzelne Gruppen entwickeln neue Religionen oder verändern bestehende so, dass sie die Bedürfnisse der Menschen besser zu erfüllen vermögen. Ein Beispiel ist der Islam. Er wurde in wichtigen Hinsichten erneuert, als seine religiösen Führer sich immer öfter der Massenmedien bedienten, um ihre Botschaften den Gläubigen in aller Welt zu verkünden. Dieses internationale Kommunikationsnetz rief Veränderungen innerhalb des Islam hervor, die seine religiösen Führer wohl weder vorausgeahnt noch beabsichtigt hatten. *Eine* dieser Veränderungen war, dass prominente Führer (wie der Ayatollah Khomeini im Iran) weitaus größeren Einfluss auf entfernt lebende Gläubige gewannen und muslimische Religionsführer in anderen Ländern ihrer Autorität beraubten.

Gelegentlich entstehen durch religiöse Innovationen neue religiöse Bewegungen oder neue Kirchen. So gingen im 16. Jahrhundert aus der protestantischen Reformation von Priestern und anderen Religionsführern, die ursprünglich die römisch-katholische Kirche reformieren wollten, schließlich neue Konfessionen hervor. Im obigen Kasten betrachten wir zwei Beispiele religiöser Innovationen: die Mormonenkirche und die »Vereinigungskirche« des San Myung Mun.

eingab, eine auserwählte Person zu sein. Darin war ihm Jesus erschienen, der ihm offenbarte, es sei ihm nicht gelungen, seine Mission zu vollenden und die Menschheit zu vervollkommnen, und er, Mun, solle dieses Werk zu Ende führen. Im Lauf der nächsten Jahrzehnte formulierte Mun seine Lehren, wobei er sich auf koreanische Varianten des Konfuzianismus, Buddhismus, Taoismus und Schamanismus stützte. Seine Religion hat auch Wurzeln in einigen nichtorthodoxen christlichen Glaubenslehren, die aus der Begegnung protestantischer Missionare mit der koreanischen Kultur erwachsen waren (Chryssides 1991). Nach der Lehre der Vereinigungskirche hatte Jesus bereits die Tore zum Paradies geöffnet. Doch seine Kreuzigung habe es ihm unmöglich gemacht, durch eine Eheschließung eine echte Familie zu gründen und das himmlische Königreich zu errichten. Diese Aufgabe falle dem zweiten Messias zu, der im 20. Jahrhundert in einem Land wie Korea erscheinen werde, wo es viele Religionen und starke politische Spaltungen gebe, die der Vereinigung bedürften.

San Myung Muns Mission als Herr der Zweiten Wiederkunft (oder Messias) sei es, drei Segnungen zu verwirklichen, die Gott dem Menschen bestimmt habe: Selbstvervollkommnung, Gründung einer echten Familie und Errichtung einer idealen Gesellschaft unter Gottes Herrschaft. Kraft seines messianischen Status habe Mun die Selbstvervollkommnung erreicht. Durch Heirat, Zeugung sündloser Kinder und indem er Mitglieder der Vereinigungskirche in der heiligen Familie durch deren eigene Heiraten verankere, erfülle Mun die zweite Segnung. (Dies ist der Grund für die Massenhochzeiten von Anhängern der Vereinigungskirche.) Um die ideale Gesellschaft, das himmlische Königreich, zu errichten, seien die Kräfte des Bösen zu besiegen. Lange Zeit hielt Mun den Kommunismus für das satanische Element in der Welt, das es auszumerzen gelte. In einem bis heute (2001) geteilten Land mit Myriaden religiöser Doktrinen übte Muns **synkretistische** Vereinigungsdoktrin eine große Anziehungskraft aus. In den letzten Jahren nutzte Mun den Zusammenbruch des Kommunismus in der Sowjetunion und den Aufstieg des Kapitalismus in China zu hochrangigen politischen Kontakten und beachtlichen Investitionen (Clifford 1990). Diese Unternehmungen im politischen Bereich spiegeln auch eine koreanische Tradition der Verflechtung religiöser mit politischen Verhaltensweisen wider. So war der Konfuzianismus eng verknüpft mit der traditionellen koreanischen Herrscherdynastie, und die koreanischen Christen machten keinen Hehl aus ihrem gegen Japan gerichteten Nationalismus.

Als die Vereinigungskirche sich in andere Länder ausbreitete, waren die koreanischen Wurzeln ihrer Lehren in neuen »Gastländern« kein Hindernis: Die Innovation schritt fort. So passte sie sich in den USA dem amerikanischen Individualismus an, indem sie dem Ausdruck persönlicher Gefühle größere Freiheiten einräumte. Was die Interaktionsmethoden, moralischen Praktiken und sozialen Gewohnheiten betrifft, stützt sich die Vereinigungskirche in den USA auf die säkulare Gefühlskultur in der US-amerikanischen Gesellschaft. Dennoch musste sie rigide Schranken gegenüber der säkularen Gesellschaft der USA errichten, um die Reinheit ihres Glaubens zu wahren – eine Strategie, die im koreanischen Umfeld nicht notwendig war.

RELIGION UND SOZIALER WANDEL

Neben den Innovationen »von innen« gibt es auch die Reaktionen religiöser Institutionen und Glaubensformen auf Veränderungen in ihrem sozialen Umfeld. So war die protestantische Reformation nur zum Teil eine Reaktion auf interne Differenzen in der römisch-katholischen Kirche. Sie war darüber hinaus eine Reaktion auf tiefer gehende soziale Veränderungen: den Aufstieg der Städte aus den feudalen Agrargesellschaften, den Verfall der nach militärischen und religiösen Grundsätzen organisierten feudalistischen Macht und die Entstehung einer neuen Mittelschicht. Die Reformation hatte ihrerseits einen enormen Einfluss auf die modernen Gesellschaften. Sie brachte Könige zu Fall, entfachte nationalistische Emotionen, als sich nationale Identitäten mit spezifischen religiösen Glaubensformen verbanden, und säkularisierte den in Klöstern akkumulierten Reichtum. Im Kontext der Reformation erfand Gutenberg die Druckpresse mit beweglichen Lettern, die die Bibel einfachen Menschen weithin in ihrer Umgangssprache zugänglich machte. Als die Menschen lesen lernten, um die Bibel zu studieren, machten sie selten an dieser Stelle Halt: Die Fähigkeit von immer mehr Menschen zu lesen und zu schreiben hatte ihre eigenen politischen und sozialen Auswirkungen. Und vielleicht der wichtigste Beitrag der protestantischen Reformation zum Aufbruch in die Moderne bestand darin, dass sie das Denken der Menschen über rationelles Wirtschaften veränderte.

Die religiösen Wurzeln der Modernisierung

In seiner Abhandlung *Die protestantische Ethik und der Geist des Kapitalismus* (1904) entwickelt Max Weber die

These, dass gewisse Elemente der protestantischen Reformation das Fundament für den modernen Kapitalismus legten, indem sie eine neue Einstellung zur Arbeit und zu Investitionen förderten. Weber stellt zunächst fest, dass der Kapitalismus im mehrheitlich christlichen Europa und nicht in Asien oder Afrika entstanden war und die überwiegend protestantischen Niederlande und England sich rascher industrialisierten als jene Teile Europas, die überwiegend katholisch blieben. Als weiteres Indiz führt er an, dass unter den Industriemillionären häufiger Protestanten als Katholiken zu finden sind. Wie, so fragt Weber, sind diese Muster zu erklären? Zu diesem Zweck untersucht er die protestantischen Glaubenslehren, insbesondere jene des Johannes Calvin (1509-1564) und seiner Anhänger.

Im Mittelpunkt der calvinistischen Lehre steht der Prädestinationsglaube, die Vorstellung, das Schicksal eines Menschen nach seinem Tod – ewige Erlösung oder Verdammnis – sei ihm bereits von Geburt an vorherbestimmt. Nach calvinistischer Auffassung ist das ewige Leben eine Gnadengabe Gottes, nicht das Verdienst des Einzelnen. Calvinisten können einen Priester also nicht um Fürsprache bei Gott bitten oder das Versprechen der Sündenabsolution von einer Kirchenhierarchie erlangen. Kein menschliches Bemühen, nicht einmal das von Mitgliedern des Klerus, vermag Gottes Plan zu ändern. Auch können Menschen nie hoffen, Gottes besondere Absichten mit ihnen zu erforschen. Diese Anschauungen erzeugten bei Calvinisten eine fundamentale Verunsicherung über ihre Zukunft und ein tiefes Einsamkeitsgefühl. Als Reaktion darauf versuchten sich viele durch irdischen Erfolg zu beweisen, dass sie einen Platz unter den Wenigen von Gott Auserwählten hatten. Das hieß harte Arbeit, Sparsamkeit, Selbstverleugnung und kluge Investitionen in künftige Profite – kurz, eine Art »innerweltlicher Askese« (Max Weber 1904:84-163). Gut drücken die calvinistische Lebenshaltung traditionelle Redensarten aus wie: »Auch für Müßiggänger hat der Teufel Arbeit« oder »Ein Pfennig gespart ist ein Pfennig verdient«. Weber bezeichnet sie als »protestantische Ethik«.
Diese Ethik förderte nach Weber den Geist des Kapitalismus, da sie Gedanken und Einstellungen enthielt, die den »Erwerbstrieb« stimulierten, der das Wachstum privater Unternehmen ermöglichte. Zunächst bestärkte sie die Besitzer der Produktionsmittel darin, ihre Profite zu reinvestieren, statt (wie viele Aristokraten früher) für Luxusdinge auszugeben. Da die Calvinisten im Verzicht auf materiellen Genuss den Weg zu geschäftlichem Erfolg sahen, hatten sie ein starkes Motiv, dieses persönliche Opfer zu erbringen; und Erfolg war in ihren Augen ein Beweis von Gottes Wohlwollen.

Webers Theorie, nach der protestantische Wertvorstellungen das Fundament für den Kapitalismus und die wirtschaftliche Modernisierung legten, war von Anfang an stark umstritten (Marshall 1982; Coleman 1991, Bd.1:7-12). So haben einige Kritiker eingewandt, nicht nur Protestanten, sondern auch manche Katholiken seien von den Veränderungen erfasst worden, die Weber beschreibt. Andere Kritiker kehren die Kausalbeziehung um: Nach ihrer Ansicht waren die religiösen Veränderungen eine Folge der kapitalistischen Entwicklung – und hatten ihr nicht den Weg gebahnt. Dennoch illustriert Webers Theorie ausgezeichnet die Wechselwirkung zwischen Religion und säkularer Welt. Als Glaubenslehren in dem Bemühen um Reinigung des Christentums verändert wurden, setzten sie Kräfte frei, die das Potential zur Transformation des Wirtschaftssystems hatten. Weber zeigte mithin, dass religiöse Reformen und Veränderungen in den säkularen Bereichen einer Gesellschaft Hand in Hand gehen können.

Religiöse Reaktionen auf die Säkularisierung

Ein unbeabsichtigtes Nebenprodukt der protestantischen Reformation war die **Säkularisierung** moderner Gesellschaften: Nicht mehr spirituelle Fragen standen jetzt im Mittelpunkt ihres Interesses, sondern weltliche Angelegenheiten (Martin 1978). Ausgelöst wurde die Säkularisierung durch mehrere Ursachen:

- Wie bereits erwähnt, lenkte der Kapitalismus das Interesse auf wirtschaftliche Dinge. Auch wenn die Calvinisten durch religiöse Sehnsüchte motiviert waren, wurde im Endeffekt ein Keil zwischen die religiösen und nichtreligiösen Aktivitäten getrieben.
- Die Reformation förderte das fragende Forschen und ganz allgemein rationalistischere Denkweisen. Entstehung und Wachstum der Naturwissenschaft, die das Primat der Vernunft und der systematischen Beobachtung in unserer Welterkenntnis betont, gingen mit der Modernisierung einher. Mit der Zeit vertrauten die Menschen der Wissenschaft, akzeptierten ihre rationalistische Perspektive, so dass es ihnen immer schwerer fiel, an übernatürliche Dinge zu glauben.
- Auf Grund der funktionalen Differenzierung moderner Gesellschaften in einzelne Teilbereiche – Wirtschaft, Recht, Politik, Erziehung, Medizin und so weiter – können Religion und Kirche nicht mehr wie früher Normen, Werte und Symbole anbieten, die für die gesamte Gesellschaft gültig sind. Die gesellschaftlichen Teilbereiche funktionieren weitgehend ohne religiöse Unterstützung, so dass sowohl der Bedarf an religiösen Vorstellungen und Ritualen als auch die Möglichkeit zu ihrer Installierung zurückgeht (Luhmann 1977). Als Folge davon verlieren

religiöse Werte und Normen zunehmend ihre soziale Verbindlichkeit und Religion wird mehr und mehr an den Rand der Gesellschaft gedrängt. Allerdings bedeutet, wie José Casanova (1994) hervorgehoben hat, funktionale Differenzierung nicht automatisch die Abdrängung der Religion ins Private. Vielmehr ergeben sich unter den Bedingungen funktionaler Differenzierung durchaus auch neue Chancen für die Einflussnahme von Religionen auf die Öffentlichkeit, vor allem jenseits des Staates im zivilgesellschaftlichen Bereich.

- Moderne Gesellschaften sind heterogener als traditionelle Gesellschaften, und zwar sowohl hinsichtlich ihrer rassischen und ethnischen als auch hinsichtlich ihrer religiösen Vielfalt. Wer aus einer großen Zahl religiöser Glaubensformen wählen kann, dem fällt es schwer sich vorzustellen, dass eine von ihnen die absolute Wahrheit verkörpert. So ist die traditionelle Autorität der Religion wohl weiter geschwunden.
- Das moderne Leben mit seinen komplexen Maschinen und seinem raschen Tempo ist nicht immer mit einem spirituellen Leben vereinbar. Würden die Engel zu allen Zeiten zu uns sprechen, bemerkt Peter L. Berger (1979), käme das moderne Leben knirschend zum Stillstand. Ohne ein substanzielles Interesse an weltlichen Angelegenheiten können moderne Gesellschaften nicht »funktionieren«.

Zahlreiche Wissenschaftler und rationalistische Philosophen haben seit dem 18. Jahrhundert immer wieder vorhergesagt, dass die unaufhaltsam fortschreitende Säkularisierung letztlich das Ende der Religion bedeuten würde. Für Marx ist die Religion, nachdem der Sozialismus die gesellschaftliche Planung auf eine wissenschaftlichere und egalitärere Basis gestellt hat, funktionslos geworden, da ihre objektive Funktion weitgehend darin bestanden habe, die Menschen an die alte Ordnung zu ketten und an deren Umsturz zu hindern. Durkheim und Weber gingen nicht ganz so weit; beide waren aber überzeugt, dass weltliche Perspektiven und Interessen so dominierend würden, dass nur noch wenig Raum für spirituelle Lebensformen bliebe.

Doch trotz solcher düsteren Vorhersagen lässt sich gegenwärtig nicht erkennen, dass der religiöse Glaube aus der modernen Welt verschwindet. Zwar haben die christlichen Kirchen in fast allen europäischen Ländern an Bedeutung verloren. Sogar in Ländern, in denen sie besonders stark waren, wie etwa in Italien oder Spanien, ist die Zahl der Kirchenmitglieder rückläufig. Aber die zunehmende Distanzierung von den offiziellen religiösen Organisationen muss nicht in jedem Fall mit einer Absage an die Inhalte des religiösen Glaubens einhergehen, obschon dies häufig der Fall ist. Und außerhalb der etablierten Religionen entstehen neue religiöse Gruppen, wenn diese auch den Verlust an Kirchenmitgliedern nicht auszugleichen vermögen. Tatsächlich scheint Europa jedoch der einzige Kontinent in der Welt zu sein, auf dem die Bedeutung von Religion und Kirche schwindet. Selbst in einer so hoch industrialisierten Gesellschaft wie den USA stellt die Religion eine mächtige gesellschaftliche Kraft dar. Allerdings zeigen sich auch dort seit einigen Jahren beachtliche Entkirchlichungstendenzen. So ist zum Beispiel die Zahl derjenigen, die nie einen Gottesdienst besuchen, seit den achtziger Jahren stark steigend. Nach wie vor aber glauben sehr viele an Gott, an Himmel und Hölle und an ein Leben nach dem Tod, ja, ihre Zahl nimmt sogar zu.

Die Frage, ob eine Gesellschaft religiös oder säkular ist, lässt sich also nicht ohne weiteres beantworten. Oft ist sie beides zugleich. Säkularisierung hat zur Folge, dass immer mehr Aspekte des gesellschaftlichen Lebens der unmittelbaren Kontrolle durch religiöse Institutionen entzogen werden. Ein Beispiel ist die Einrichtung öffentlicher Schulen. Nach wie vor aber können alle Personen in diesen Schulen weiterhin an Gott glauben und regelmäßig zur Kirche gehen. Die meisten Religionsführer maßen sich keine Autorität mehr an in Fragen der Physik – wie noch zu Zeiten Galileis, als die katholische Kirche die kopernikanische Theorie, wonach die Erde sich um die Sonne dreht, kategorisch ablehnte. Nicht aufgegeben haben sie allerdings ihre Autorität in moralischen Fragen.

Eine Reaktion der Religionen auf die Säkularisierung ist also eine Art Arbeitsteilung zwischen weltlichen und religiösen Instanzen – Kirche und Staat, Religion und Wissenschaft teilen sich die Aufgaben. In der Tat ist es vermutlich angemessener, die Säkularisierung nicht als Ende der Religion, sondern als Beschränkung des Geltungsbereichs der religiösen Autorität aufzufassen. Zahlreiche große Kirchen existieren harmonisch in weitgehend säkularen Gesellschaften und spielen wichtige funktionale Rollen in ihnen. Wenn eine religiöse Organisation in der heutigen Gesellschaft allzu sehr säkularisiert wird, kann es ihr passieren, dass sie von einer neueren, kraftvolleren und weniger weltlichen Religion verdrängt wird. Und nur weil die Menschen zahlreiche Aspekte ihres sozialen Lebens in nichtspirituellen oder nichtreligiösen Begriffen definieren,

14

Zwei Beispiele für Fundamentalismus

Islamischer Fundamentalismus

Als der Schah von Persien sein Land mit dem Geld aus dem Ölexport und der militärischen Unterstützung durch die USA modernisierte, schien er alles unter Kontrolle zu haben. Doch von der Modernisierung profitierte nur eine kleine Zahl von Iranern, eine Elite, die sich bereitwillig an westliche Vorstellungen und Lebensstile angepasst hatte. Die große Mehrheit der Iraner war arbeitslos, in ihrer Moral erschüttert und von einer repressiven Geheimpolizei verfolgt. Viele versammelten sich in Moscheen, verschworen sich zum Sturz des Schahs und der Rückkehr zu einer reinen, von westlichen Anschauungen unberührten Form des Islam. Zum Erstaunen der Welt gelang es ihnen, den Schah zum Rücktritt zu zwingen und ein fundamentalistisches Regime unter Führung des Ayatollah Ruholla Khomeini zu etablieren (Abrahamian 1985).

Die iranische Revolution strahlte in die ganze muslimische Welt aus. Heute gibt es aktive und mächtige fundamentalistische (oder »wahre«) islamische Bewegungen in so verschiedenen Ländern wie Ägypten, Algerien, Irak, Nigeria und in Regionen wie in Zentralasien, im Gazastreifen und in der Westbank. Allen diesen Bewegungen gemeinsam ist die Orientierung auf eine religiöse Moral, die Rückkehr zu den grundlegenden islamischen Lehren, der wieder erwachte Stolz auf das Muslimsein und der Drang zum politischen Handeln mit dem Ziel, theokratische Staaten zu errichten. Um den enormen Einfluss dieser Bewegungen zu verstehen, müssen wir einen Blick auf die Geschichte des Islam werfen.

Der Islam entstand im 7. Jahrhundert n. Chr., als (wie seine Anhänger glauben) ein von Allah gesandter Engel sich einem arabischen Kaufmann namens Mohammed offenbarte. Die von Mohammed gestiftete Religion hat viele Züge mit dem Judentum, dem Christentum und anderen früheren Traditionen gemein. Der Hauptunterschied ist, dass die Muslime sich auf den Koran (*Qur'an*) berufen, das heilige Buch des Islam, in dem Mohammed die Botschaft Allahs aufgezeichnet haben soll. Die Muslime verehren den Koran als wörtliche Niederschrift der Gedanken Allahs, die nicht der Interpretation oder auch nur der Übersetzung unterworfen werden dürfen.

Wie das Christentum entwickelte auch der Islam im Lauf seiner Verbreitung in der Welt zahlreiche regionale Varianten. Doch allen Muslimen gemeinsam sind die fünf »Säulen des Islam«. Sie umfassen das Glaubensbekenntnis: »Es gibt keinen Gott außer Allah, und Mohammed ist sein letzter Prophet«; die fünf täglichen Gebete zu bestimmten Tageszeiten; die Entrichtung eines Teils des Einkommens für karitative Zwecke (Almosensteuer); das Fasten während des Tages im Monat Ramadan; und, wenn möglich, eine Pilgerfahrt (*Hadsch*), zumindest einmal im Leben, in die heilige Stadt Mekka in Saudi-Arabien.

Von Anfang an war der Islam eine missionarische Religion, mit dem Ziel, andere zu bekehren und seine Botschaft universell zu verbreiten. Aus dem Expansionsdrang und der Pflicht zum Schutz der Religionsgemeinschaft entstand die Tradition des »Heiligen Krieges« (*Dschihad*) gegen die Feinde der Religion – und der Glaube, dass alle, die im Kampf gegen die Ungläubigen fallen, als Märtyrer sterben. Muslimische Reiche beherrschten bis zum Ende des Ersten Weltkriegs den größten Teil des Mittelmeerraums und des Orients fast bis nach China. Indessen wird die ruhmreiche Vergangenheit des Islam von Demütigungen in der jüngsten Vergangenheit überschattet: Arabische und andere muslimische Länder wurden von den europäischen Kolonialmächten zuerst erobert und später gezwungen, die Existenz des Staates Israel hinzunehmen, dessen Armee sie mit militärischer Unterstützung durch die USA und andere westliche Länder mehrfach besiegte. Der islamische Fundamentalismus lässt sich verstehen als Versuch, »diese Geschichte zu retten« (Hunter

heißt das nicht notwendig, dass sie religiöse und spirituelle Aspekte geringer schätzen. Die Kirchen sind heute nicht mehr so mächtig wie im Mittelalter. Doch die religiöse Indifferenz der einfachen Leute war im Mittelalter vermutlich größer als heute. Wer sich heute zu einer Religion bekennt, tut dies wahrscheinlich vorrangig auf Grund einer persönlichen Entscheidung und nicht mehr nur infolge der Sozialisation und eingewurzelter Gewohnheiten (Demerath 1995).

Fundamentalismus

Nicht alle religiösen Institutionen oder Religionsführer akzeptieren die oben beschriebene Arbeitsteilung mit säkularen Institutionen. Gleichgültig zu welcher Religion sie sich bekennen, beharren viele nicht nur auf dem Primat der Religion, sondern auch auf der Bedeutung, die es hat, an den ursprünglichen »Grundlagen« oder »Fundamenten« strikt festzuhalten. Der **Fundamentalismus** ist eine religiöse Bewegung, die eine in den religiösen Doktrinen und Grundsätzen wurzelnde *reine* Lebensform, die ihren Anhängern bedroht erscheint, herstellen oder wieder herstellen möchte. Zu den »Fundamenten« einer solchen Bewegung zählen im allgemeinen folgende Elemente: eine zentrale Doktrin oder Weltanschauung, der absolute Wahrheit zukommt; ein Verkünder, der diese Wahrheit verkörpert und sie als erster mitteilte; eine auserwählte Gemeinschaft von Gläubigen, die sich klar von Außenstehenden abgrenzt; ein festes Ziel oder die Gewissheit einer utopischen Zukunft; und ein sicheres Gefühl für das Böse, das sowohl in der Außenwelt als auch latent unter den Gläubigen selbst existiert. Der Fundamentalismus entsteht aus der

1990:60). Viele fromme Muslime sehnen den Tag herbei, an dem sich die westliche Kultur dem wieder erwachten Islam unterwerfen wird.

Es gibt noch weitere Faktoren, die zum Erstarken des islamischen Fundamentalismus beitragen. Dazu gehören die Verzweiflung, die Armut und Desillusionierung, die die gescheiterte Modernisierung begleiten; die Zersplitterung der religiösen Autorität in muslimischen Gesellschaften; ein ausgeprägtes Bedürfnis zur Reinhaltung des Glaubens; und das Auftauchen von »Schutzpatronen« fundamentalistischer Bewegungen wie der Regierungen Saudi-Arabiens und des Iran. Allerdings ist der islamische Fundamentalismus kaum monolithisch zu nennen. Rivalisierende fundamentalistische Gruppen konkurrieren in vielen Ländern um die Macht, etwa in Ägypten, Algerien, im Irak und in den Gebieten unter palästinensischem Einfluss. In der iranischen Variante spiegelt sich eine frühe und tiefe Spaltung zwischen verschiedenen Zweigen des Islam wider (Arjomand 1996). Als Folge dieser Machtkonkurrenz verschärft und radikalisiert sich die Ideologie, was die diversen fundamentalistischen Gruppen zu immer extremeren Anschauungen und Aktionen treibt.

Vielleicht zeigt sich die bedeutsamste Spaltung innerhalb des Islam in den

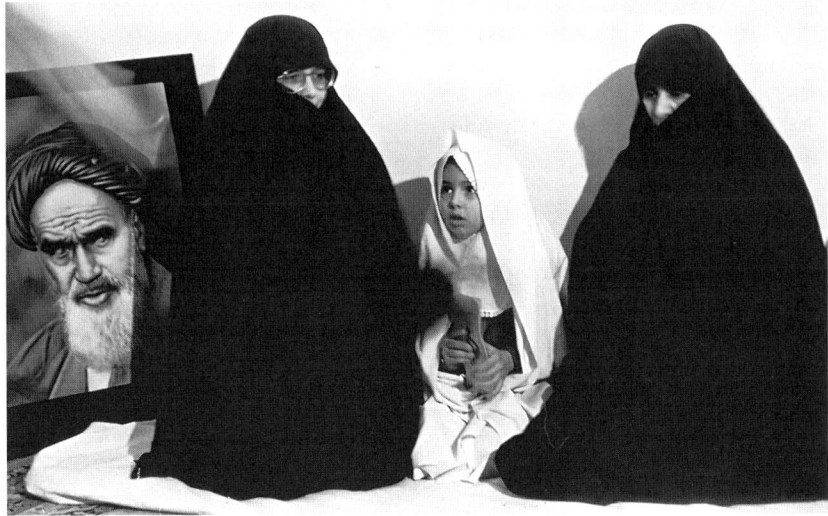

Der schiitische Zweig des Islam, auf den die Welt durch den Sturz des Schahs von Persien 1979 aufmerksam wurde, lehnt säkulare Einflüsse aus dem Westen ab. Nach schiitischem Glauben muss zur Reinigung der Gesellschaft ein religiöser Staat an die Stelle weltlicher Führer und Gesetze treten. Hier gedenken traditionell gekleidete schiitische Frauen der Organisation »Kolonie der Märtyrer« nördlich von Teheran iranischer Gefallener.

Differenzen zwischen den Sunniten und den Schiiten – eine Spaltung, die aus dem 7. Jahrhundert stammt, als der Kampf um die Nachfolge in der Führung des Islam entbrannt war. Die meisten arabischen Führer, darunter jene im Irak, in Ägypten und Algerien, gehören dem sunnitischen Zweig des Islam an. Sie betrachten sich – oder präsentieren sich zumindest – als fromme Muslime, bekennen sich aber zur Trennung von Religion (Moschee) und Staat. Bei den Schiiten hingegen gibt es eine lange Tradition der Verschmelzung von Politik und Religion. Schiiten waren es auch, die sich zum Sturz des Schahs verschworen

Konfrontation mit Menschen, die diese Überzeugungen nicht teilen – entweder weil sie Anhänger konkurrierender Religionen oder weil sie nicht religiös sind. Am häufigsten entwickeln sich fundamentalistische Bewegungen in modernen, pluralistischen, säkularen Gesellschaften, in denen kulturelle Gewissheiten und traditionale Gemeinschaften verdrängt oder in Frage gestellt worden sind. Fundamentalistische Bewegungen scheinen »einen Weg zu eröffnen, mit der Erfahrung des Chaos, dem Identitäts- und Bedeutungsverlust und dem Verschwinden sicherer sozialer Strukturen fertig zu werden – allesamt Folgen der raschen Einführung moderner gesellschaftlicher Verhältnisse, der Säkularisierung, der wissenschaftlichen Kultur und der ökonomischen Entwicklung«. (Ruether 1992)

In den zurückliegenden Jahrzehnten haben fundamentalistische Bewegungen fast überall in der Welt

einen enormen Einfluss gewonnen. Hier beschränken wir uns auf zwei neuere Episoden einer fundamentalistischen Renaissance: den islamischen Fundamentalismus im Vorderen Orient und den christlichen in den USA (s. Kasten oben).

RELIGION UND KIRCHE IM WIEDERVEREINIGTEN DEUTSCHLAND

Wohl in kaum einem anderen kulturellen Sektor hat die vierzigjährige Teilung Deutschlands eine derart tiefe Kluft zwischen Ost- und Westdeutschland aufgerissen wie in dem Bereich von Religion und Kirche. Gehörten nach dem Zweiten Weltkrieg sowohl im Westen als auch im Osten Deutschlands noch deutlich mehr als 90 Prozent der Bevölkerung zur katholischen oder evan-

und eine Theokratie im Iran errichteten. Fundamentalisten beider Zweige des Islam beanspruchen für sich das einzig richtige Verständnis der »wahren« Fundamente des Glaubens und liegen daher oft im Streit miteinander.

Die islamischen Fundamentalisten stehen heute im Zentrum der Weltpolitik. Außer im Iran sind sie auch in anderen Ländern an die Macht gelangt oder haben Teil an ihr – insbesondere im Sudan. Historisch gesehen war der sudanesische Zweig des Islam relativ gemäßigt, unter anderem weil ihm die Tradition einer klerikalen Elite wie die der »Mullahs«, die im Iran nach der Macht strebten, fehlte. Der islamische Fundamentalismus im Sudan ist Teil des politischen Programms eines Regimes, das um jeden Preis eine multiethnische Population zusammenhalten will (Viorst 1995). Fundamentalisten bedrohen im Augenblick die säkularen Regierungen in vielen anderen Staaten. So kontrollieren in Algerien wohl noch immer säkulare Gruppen Regierung und Militär, doch muslimische Fundamentalisten beherrschen das Gemeinschaftsleben in den Schulen, Krankenhäusern, Gewerkschaften, Moscheen und Läden (Shirley 1995). Etwas Ähnliches passiert seit einigen Jahren in der Türkei, wo die islamischen Fundamentalisten eine der stärksten politischen Parteien stellen; ihre geschickt agierende Basisorganisation hat die Partei auf lokaler Ebene fest etabliert. Zwar wurde 1997 die islamisch-fundamentalistische »Wohlfahrtspartei« (*Refah Partisi*) verboten, sie ist aber unter dem Namen »Tugendpartei« neu gegründet worden. Geringschätzige Behandlungen der Türkei durch andere Länder werden als religiöse Vorurteile wahrgenommen. Als Reaktion auf das drohende Veto gegen die EU-Mitgliedschaft der Türkei warnte der damalige türkische Ministerpräsident Erbakan von der »Wohlfahrtspartei«: »Wenn unsere europäischen Freunde uns ablehnen mit der Begründung, dass wir eine andere Religion haben, dann machen sie sich zu einem christlichen Club, und es wird in der Welt zu einer Konfrontation kommen.« (*New York Times*, 2.3.1995)

Die islamischen Fundamentalisten opponieren auch gegen die durchweg westliche Konzeption der Menschenrechte. Muslime verdammten 1989 weltweit Salman Rushdies Roman *Die Satanischen Verse* wegen einer Szene, die sie als blasphemischen Angriff auf ihre Religion empfanden. Der Ayatollah Khomeini des Iran erließ eine Fatwa, die jedem Muslim das Paradies versprach, der Rushdie oder seine Verleger tötete. Rushdie war gezwungen, im Untergrund zu leben, sein italienischer und sein japanischer Übersetzer wurden niedergestochen (einer wurde tödlich verletzt). Eine Taschenbuchausgabe des Romans wurde verschoben, weil niemand es wagte, sie herauszubringen.

Christlicher Fundamentalismus

Wie andere religiöse Traditionen enthält auch das Christentum fundamentalistische Elemente. Diese können von Land zu Land variieren. So hat der Fundamentalismus in manchen Ländern seine Wurzeln im römisch-katholischen Glauben wie etwa in Italien und vielen lateinamerikanischen Staaten; in anderen Ländern ist er hingegen in protestantischen Religionsgemeinschaften verankert. Allen christlichen fundamentalistischen Bewegungen ist der Wunsch gemeinsam, eine chaotische, instabile, moralisch unklare Gesellschaft in ein gottesfürchtiges und von Gott geführtes Land zu verwandeln, in dem die Autorität der Moral unangefochten herrscht. Durch Bekehrung anderer Menschen hoffen sie, nicht nur ihre eigenen Seelen erlösen, sondern letztlich ganze Völker retten zu können. Sie glauben, die Welt sei in die Mächte des Guten und des Bösen gespalten, sie wüssten, wer der Feind ist, und dürften keine Kompromisse schließen. Meistens führt der Weg in die Zukunft geradewegs zur Wiederherstellung der Traditionen der Vergangen-

gelischen Kirche, so unterscheiden sich die kirchlichen Mitgliedschaftsverhältnisse in Ost- und Westdeutschland nach dem Zusammenbruch des Staatssozialismus radikal. In den alten Bundesländern zählen sich noch immer knapp 80 Prozent der Bevölkerung zu einer der beiden Großkirchen, wobei sich die Anteile auf die katholische und die evangelische Kirche in etwa gleich verteilen (vgl. Schaubild 14.1). In den neuen Bundesländern sind nach 40 Jahren kommunistischer Herrschaft dagegen nur noch ungefähr 30 Prozent der Bevölkerung Mitglied der evangelischen oder katholischen Kirche. Etwa 25 Prozent gehören zur evangelischen, etwas weniger als 5 Prozent zur katholischen Kirche.

Kirchenmitgliedschaft ist, wenn es um Religiosität und Kirchlichkeit geht, selbstverständlich ein recht äußerliches Merkmal. Aber auch wenn man andere religiöse Dimensionen heranzieht, etwa die eingangs dieses Kapitels erwähnte Ritual- und die Überzeugungsdimension, bleiben die Unterschiede zwischen Ost- und Westdeutschland erhalten. 24 Prozent der westdeutschen Bevölkerung geben an, niemals zum Gottesdienst zu gehen, im Osten sind es 62 Prozent (*Allbus* 1998). Während in Westdeutschland gut 90 Prozent der Kinder getauft sind, sind es in Ostdeutschland nur etwa ein Drittel. Auf die Frage, ob es eine göttliche Kraft gibt, antworteten im Westen 65 Prozent mit Ja, im Osten 25 Prozent. Einem Anteil von 17 Prozent, die sich im Westen Deutschlands als »überhaupt nicht religiös« einschätzen, steht ein Prozentsatz von mehr als 50 Prozent im Osten gegenüber.

Betrachtet man diese Unterschiede, erhält man den Eindruck, es mit zwei unterschiedlichen Gesellschaften zu tun zu haben. Während die eine bezüglich ihres

heit (Ammerman 1994) – und die Mittel dazu finden sich in der Politik, wie wir im Fall der »Christian Coalition« sahen.

Zu einer eminent wichtigen Stimme hat sich der christliche Fundamentalismus in der religiösen Szene der USA entwickelt (Marsden 1990). Ein Geflecht sozialer Bedingungen und Vorstellungen trug im letzten Jahrhundert zu seiner Entfaltung bei: zum einen destabilisierende äußere Faktoren in der Gesellschaft, wie etwa die Zunahme der ethnischen Vielfalt, Migration und Entfremdung; zum anderen einigende innere Faktoren in der Bewegung selbst, beispielsweise die theologische Ausbildung, eine autoritäre Führung, strenge Normen, eine starke Ideologie und Organisation sowie missionarischer Eifer. In den letzten beiden Jahrzehnten hat der Fundamentalismus in den USA manche Veränderungen erfahren. Wurde er früher mit ländlichen und kleinstädtischen, weniger gebildeten Südstaatlern aus der Mittelschicht assoziiert, blüht er heute in großstädtischen Ballungsräumen in sämtlichen Regionen der USA, auch bei den Gebildeteren. Außerhalb ihrer kirchlichen Gemeinschaften sind die Fundamentalisten durch eine Reihe von Organisationen miteinander verbunden, etwa durch überkonfessionelle Seminare für die Priesterausbildung, Spezialbuchhandlungen und christliche Schulen.

Für die Fundamentalisten ist die Bibel die oberste Autorität in geistlichen Fragen, und sie glauben, ihre historischen und wissenschaftlichen Behauptungen seien wortwörtlich wahr. Die meisten Fundamentalisten lehnen daher die Evolutionstheorie ab; für wahr halten sie allein die biblische Schöpfungsgeschichte. Auch sie fühlen sich von gewissen Tendenzen in der säkularen Gesellschaft der Gegenwart bedroht. Ein wichtiges Anliegen ist es ihnen, Kinder vor schädlichen Einflüssen zu bewahren. Wenn sie sich heute verstärkt politisch engagieren, so weil sie Entwicklungen wie die gesellschaftliche Akzeptanz der Homosexualität, steigende Scheidungsraten sowie alleinerziehende Mütter und Väter als Bedrohung der sozialen Werte empfinden, die ihnen teuer sind. Dies verbindet sie mit den Konservativen, die nicht der fundamentalistischen christlichen Bewegung angehören – und trennt sie von vielen in der oberen Mittelschicht, deren Wertvorstellungen in den 1960ern und 1970ern liberaler geworden sind.

Aus der zunehmenden politischen Aktivität fundamentalistischer Gruppen hat sich eine Bewegung herauskristallisiert, die man in den USA als *die neue christliche Rechte* bezeichnet hat. Zahlreiche Faktoren trugen zur Politisierung der Fundamentalisten bei. Ein Faktor war die Präsidentschaft des »wiedergeborenen«

Christen Jimmy Carter, die die öffentliche Anerkennung der **Evangelikalen** förderte und ihnen größere Legitimität verlieh. Ein zweiter Impuls ging von der Entstehung einer breiten konservativen Bewegung und einer Reihe sozialer Fragen aus: von der Abtreibungsdebatte, dem Zusatz zur US-Verfassung über die Gleichberechtigung von Frauen (*Equal Rights Amendment*) und dem Feminismus allgemein, von der sexuellen Befreiung, den Rechten der Schwulen und Lesben, vom Drogenmissbrauch, vom Verbot des Schulgebets und von der Pornografie. Plötzlich schienen wichtige politische Probleme mit moralischen Fragen eng verknüpft. Der frühere US-Präsident Ronald Reagan umwarb aktiv die neue christliche Rechte und ergriff bei den meisten Fragen für sie Partei. Noch aus einem dritten Grund wurden die Fundamentalisten auf der politischen Bühne verstärkt wahrgenommen: Sie hatten eine umfangreiche Infrastruktur – riesige »Superkirchen« (*superchurches*), weitreichende Kommunikationsnetze, modernste Methoden computergestützter Geldbeschaffung, gezielte Lobbyarbeit und elektronische Gottesdienste – entwickelt, die sie in die Lage versetzten, sowohl politische Konservative als auch religiöse Traditionalisten zu mobilisieren, die mit der Politik gewöhnlich nichts zu tun haben wollen.

Religiositäts- und Kirchlichkeitsgrades durchaus im europäischen Durchschnitt liegt, gehört die andere zu den säkularisiertesten Ländern der Welt. Wenn wir uns im Folgenden mit der religiös-kirchlichen Lage in Deutschland ausführlicher beschäftigen wollen, wird es daher notwendig sein, den Osten und den Westen Deutschlands getrennt zu behandeln.

Religion und Kirche in den alten Bundesländern

Soziologische Darstellungen der Entwicklung von Religion und Kirche in Westdeutschland tendieren dazu, den religiösen Wandel überzubetonen. Sie charakterisieren die 1950er Jahre als die Zeit eines stabilen Volkskirchentums, die 1960er und den Anfang der

1970er Jahre als eine Epoche des Umbruchs und die Jahre danach als eine Periode zunehmender religiöser Individualisierung und Pluralisierung, in der die gesellschaftliche Kraft des institutionell verfassten Christentums weitgehend gebrochen und an die Stelle des volkskirchlichen Christentums eine Vielzahl individuell produzierter Sinnsysteme getreten sei. In Zeitschriften und Zeitungen ist sogar schon zu lesen, die Bundesrepublik sei ein heidnisches Land mit christlichen Restbeständen. Während die Kirchen sich leerten, seien es allenfalls nichtchristliche Religionspraktiken wie New Age, Yoga, Zen-Meditation, Bach-Blüten-Therapie oder Geomantie, an denen breitere Teile der Bevölkerung heute noch Interesse hätten.

Im Gegensatz zu dieser Auffassung könnte man angesichts der religiösen Entwicklung in der Bundesrepublik seit dem Zweiten Weltkrieg freilich auch zu dem

Schaubild 14.1:   **Konfessionszugehörigkeit in West- und Ostdeutschland**

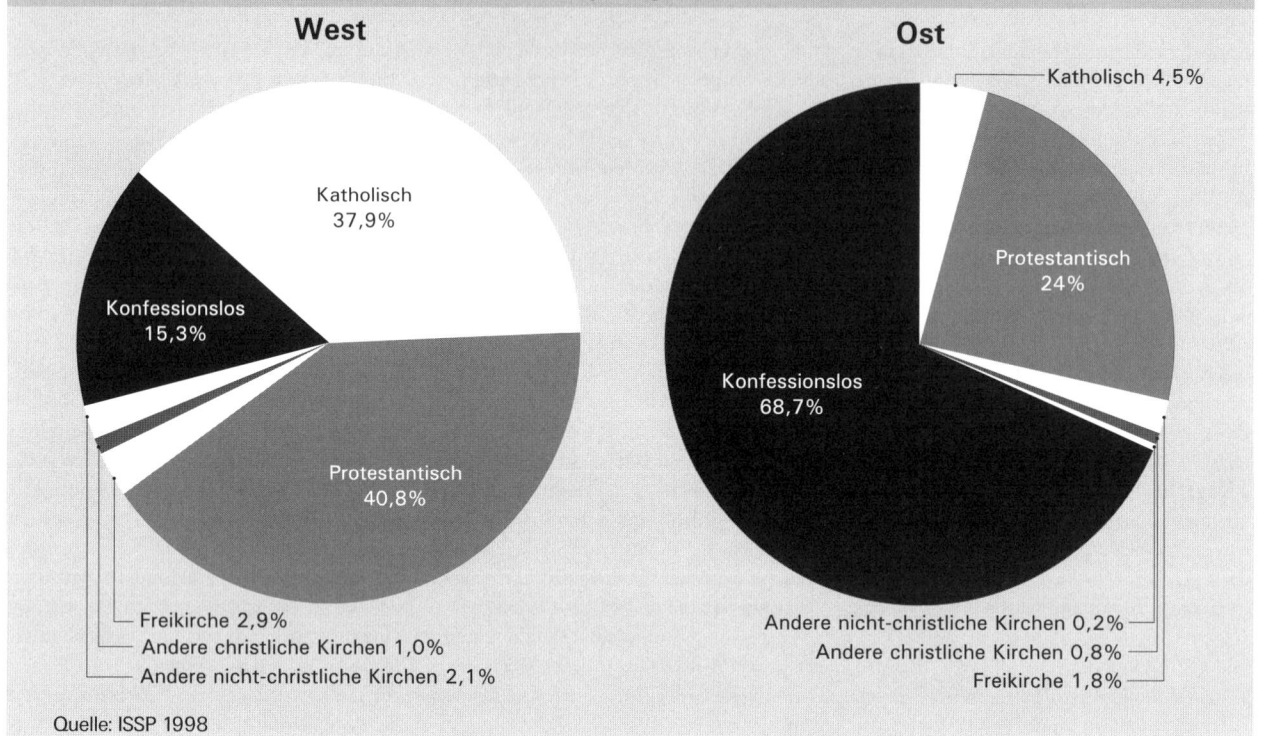

West

Katholisch
37,9%

Konfessionslos
15,3%

Protestantisch
40,8%

Freikirche 2,9%
Andere christliche Kirchen 1,0%
Andere nicht-christliche Kirchen 2,1%

Ost

Katholisch 4,5%

Protestantisch
24%

Konfessionslos
68,7%

Andere nicht-christliche Kirchen 0,2%
Andere christliche Kirchen 0,8%
Freikirche 1,8%

Quelle: ISSP 1998

Schluss gelangen, dass sich im Grunde wenig verändert hat. Wie vor vierzig oder fünfzig Jahren wird die religiöse Szene in der alten Bundesrepublik noch immer von den beiden christlichen Großkirchen beherrscht (Daiber 1988:61). Noch immer umfassen sie den größten Teil der Bevölkerung. Die Anteile der christlichen und der außerchristlichen Sondergemeinschaften überschreiten kaum die Zwei-Prozent-Marke, die der Freikirchen liegen bei etwa drei Prozent. Weder hat sich nach US-amerikanischem Vorbild ein breiter Denominationalismus – eine Pluralisierung der Religionsgemeinschaften – durchgesetzt, noch sind die Volkskirchen verschwunden. Und auch eine fassbare Kristallisation von eigenständigen nichtkirchlichen Religionsformen ist bislang weitgehend ausgeblieben.

Beschränkt man sich nicht auf die Erfassung von Oberflächenphänomenen, muss man freilich feststellen, dass der religiöse Wandel, der sich im Laufe der Geschichte der Bundesrepublik vollzogen hat, beachtlich ist. Das wesentliche Kennzeichen dieses Wandels besteht in einer auffälligen Schwächung der beiden großen Kirchen.

Katholische und evangelische Kirche

Auch wenn die beiden Großkirchen noch immer den weitaus größten Teil der Bevölkerung umfassen, mussten sie in ihrem Mitgliederbestand in den letzten Jahren empfindliche Verluste hinnehmen. Deutlich wird das an der Entwicklung der Austrittsraten (vgl. Schaubild 14.2). Bis in die Mitte der 1960er Jahre lagen die Austrittszahlen der katholischen und der evangelischen Kirche auf einem historisch einmalig niedrigen Stand. Die Kirchen waren Ende der 1940er und in den 1950er Jahren als Autorität gesellschaftlich weithin akzeptiert. Nach dem Zusammenbruch des Dritten Reiches stellten sie die einzigen noch existierenden Institutionen dar, die nicht moralisch diskreditiert waren. Sie agierten in einem politischen, geistigen und kulturellen Vakuum und mussten daher stellvertretend für die noch nicht wieder funktionierenden gesellschaftlichen Institutionen politische, kulturelle, erzieherische und teilweise sogar ökonomische Funktionen wahrnehmen, die streng genommen nicht zu ihrem Auftrag gehörten. Gegenüber dem skeptischen Ausland konnten sie aufgrund ihres moralischen Kredits die Interessen des deutschen Volkes vertreten, und auch im Innern galten sie als moralische und geistige Instanzen

Schaubild 14.2: Kirchenaustritte in Deutschland in Prozent der Mitglieder 1900-1996

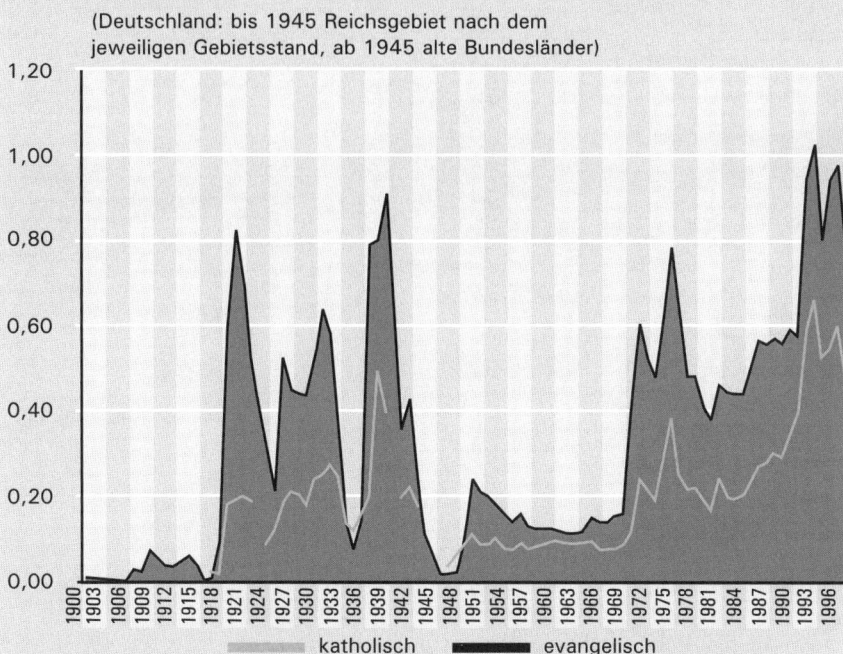

(Deutschland: bis 1945 Reichsgebiet nach dem jeweiligen Gebietsstand, ab 1945 alte Bundesländer)

katholisch   evangelisch

Quelle: Pittkowski/Volz 1989, *Statistischer Bericht 1992 ff.*; Institut für kirchliche Sozialforschung

unmittelbar miteinander verschmolzen (Gabriel 1992). Ausgelöst wurde dieser Wandel durch den gestiegenen Wohlstand, die Ausweitung des Bildungssektors, die Individualisierung der Erwerbschancen – und die damit zusammenhängende Verstärkung regionaler Mobilisierungsprozesse – sowie durch die Erweiterung des sozialen Horizonts auf Grund des zunehmenden Einflusses der Massenmedien. Alle diese Prozesse trugen zur Auflösung der gewachsenen traditionalen konfessionellen Milieus bei und schwächten die Bindungsfähigkeit der Kirchen. Dabei waren es vor allem die jüngeren, höher gebildeten und in den Großstädten lebenden Kirchenmitglieder, die der Kirche zuerst den Rücken kehrten.

von Gewicht. Die beiden ersten Jahrzehnte der Nachkriegszeit waren Perioden relativer kirchlicher Stabilität, denn in dieser Zeit waren die Kirchen in viele gesellschaftliche Zusammenhänge unmittelbar integriert.

Diese Situation änderte sich innerhalb weniger Jahre dramatisch. Von 1966 bis 1971 erhöhte sich die Austrittsrate in den evangelischen Kirchen um das Fünffache, und auch in der katholischen Kirche stieg sie, wenn auch ausgehend von einem niedrigeren Niveau, um das Vierfache an. Mit der Entstehung der Emanzipationsbewegungen der 1960er Jahre, den Studentenunruhen, der sich vor allem gegen den Vietnam-Krieg richtenden Antikriegsbewegung und der sich ausbreitenden Kritik am Industrialismus und Technizismus der modernen Gesellschaft war es zu einem gesellschaftlichen Klimawechsel gekommen. Nicht mehr Werte der industriellen Moderne – Disziplin, Gehorsam, Leistung, Fleiß, Bescheidenheit und Selbstbeherrschung – bestimmten die geistig-moralische Haltung der Individuen. Vielmehr setzte Ende der 1960er Jahre ein Wertewandel ein, in dem »Pflicht- und Akzeptanzwerte« abgebaut wurden und Selbstentfaltungswerte expandierten (Klages 1985), ein Wandel, der die institutionell verfasste Religion besonders traf, denn in ihr waren traditionell-religiöse und industriell-bürgerliche Werte

Eine auf dem Höhepunkt der Austrittswelle durchgeführte Studie, die unter dem Titel »Wie stabil ist die Kirche?« 1974 erschien (Hild 1974), trug zu einer gewissen Beruhigung der aufgeheizten Diskussion in den Kirchen bei. Sie stellte fest, dass das Kirchenverhältnis der Mehrheit der Befragten – es wurden allerdings nur Evangelische in die Untersuchung einbezogen – relativ stabil ist. Nur eine Minderheit signalisiere eine Bereitschaft zum Kirchenaustritt, wobei auch hier wieder Jugendliche, Bewohner von Großstädten und Höhergebildete als am stärksten zum Austritt neigende »Problemgruppen« ausgemacht wurden. Zweitens stellte sie fest, dass es unterschiedliche Grade der Nähe und Distanz zur Kirche gibt und dass der Einzelne sein Mitgliedschaftsverhältnis auch bei relativ schwachem Verbundenheitsgefühl mit der Kirche und geringer Partizipationsbereitschaft aufrecht erhalten kann. Schließlich fand die Studie heraus, dass sich die Erwartungen der Kirchenmitglieder an die Kirche an deren hergebrachten und vertrauten Aufgaben orientieren. Kirche solle ihre traditionellen Funktionen erfüllen: Diakonie, Verkündigung und Seelsorge. Modernere Formen kirchlichen Handelns wie etwa Hilfe für die Dritte Welt oder Wahrnehmung politischer Verantwortung wurden demgegenüber nicht so stark gewünscht.

Offenbar ist dieses traditionell ausgerichtete Kirchenverhältnis nur wenig belastbar. Nachdem die Austrittszahlen Ende der 1970er und in den 1980er Jahren zurückgingen, ohne allerdings das niedrige Niveau der 1950er Jahre wieder zu erreichen, haben sie sich aufgrund der Wiedervereinigung und der damit im Zu-

14

sammenhang stehenden finanziellen Mehrbelastungen wieder deutlich erhöht. Anfang der 1990er Jahre waren die Austrittszahlen so hoch wie noch nie in der Geschichte der Bundesrepublik. Auf dem Höhepunkt der Austrittswelle im Jahr 1992 lagen sie in den evangelischen Kirchen (West) bei 254.406 (Statistischer Bericht 1992:27) und in der katholischen Kirche (West) bei über 170.000 (Daiber 1995:167). Es scheint, dass die Kirche für eine wachsende Minderheit keinen hohen Wert darstellt, für den es sich lohnt, finanzielle Opfer zu bringen. Dementsprechend weisen der Frage nach der Wichtigkeit einzelner Lebensbereiche die meisten der Befragten,

Tabelle 14.3: Regelmäßiger Gottesdienstbesuch der Katholiken und Protestanten in Westdeutschland 1952-1999

Es besuchten regelmäßig den Gottesdienst	1952	1963	1967/69	1973	1982	1991	1999
			in Prozent				
Katholiken insgesamt	**51**	**55**	**48**	**35**	**32**	**33**	**26**
Katholiken im Alter von							
16-29	52	52	40	24	19	17	10
30-44	44	51	42	28	26	21	15
45-59	50	56	53	46	29	34	24
60 Jahre und älter	63	64	62	57	54	54	50
Protestanten insgesamt	**13**	**15**	**10**	**7**	**6**	**8**	**7**
Protestanten im Alter von							
16-29	12	11	6	3	4	4	4
30-44	7	10	6	3	4	4	3
45-59	13	16	11	7	6	7	6
60 Jahre und älter	23	24	22	12	12	17	15

Quelle: Allensbacher Institut für Demoskopie, *Allensbacher Markt- und Werbeträgeranalyse 1999*, AWA 1991, Köcher 1987: 175.

und zwar auch der befragten Kirchenmitglieder, Religion und Kirche neben der Politik den niedrigsten Rang zu (*Allbus* 1992, 1998). Waren es 1949 noch vier Prozent der Bevölkerung, die keiner religiösen Gemeinschaft angehörten, so hat sich der Anteil der Konfessionslosen innerhalb von 50 Jahren fast vervierfacht. Da die Zahl der kirchlichen Bestattungen sowohl in der evangelischen als auch in der katholischen Kirche über der Taufzahl liegt und die Austrittsziffern nach wie vor hoch sind, ist mit einer Umkehrung des Trends zur Verkleinerung der kirchlichen Mitgliederbestände in den nächsten Jahren nicht zu rechnen.

Derselbe Phasenverlauf, den wir bei der Austrittswelle gesehen haben, zeigt sich auch in der Entwicklung des Gottesdienstbesuchs (vgl. Tab. 14.3). Heute gehen nach starken Rückgängen, die vor allem in die Zeit Ende der 1960er und Anfang der 1970er Jahre fallen, etwa 26 Prozent der katholischen und etwa 7 Prozent der evangelischen Kirchenmitglieder regelmäßig zum Gottesdienst. Diese Angaben sind allerdings Selbstaussagen von Befragten; die realen Gottesdienstbesucherzahlen liegen noch darunter.

Obwohl die Bereitschaft der Kirchenmitglieder, sich am kirchlichen Leben innerhalb und außerhalb der Gottesdienste zu beteiligen, insbesondere in der evangelischen Kirche, äußerst gering ist, steht die Mehrheit der Kirche nicht gleichgültig gegenüber. Ein Drittel der Kirchenmitglieder fühlt sich mit ihrer Kirche ziemlich stark verbunden, ein Drittel fühlt sich etwas und ein

weiteres Drittel kaum oder überhaupt nicht verbunden. Die Mehrheit möchte zum einen, dass die Kirche sich um Minderheiten wie Obdachlose, Alte, Kranke und Behinderte kümmert, und zum andern, dass sie die christliche Botschaft verkündigt, Raum für Gebet, Stille und inneres Zwiegespräch gewährt und Gottesdienste durchführt. Auch diejenigen, die nicht zur Kirche gehen, wünschen, dass es die Kirche gibt und sie die ihr zugewachsenen Aufgaben erfüllt.

Gleiches gilt auch für das Verhältnis der Kirchenmitglieder zu den »Kasualien«, zu Taufe, Erstkommunion, Firmung, Konfirmation, Trauung und Bestattung. Anders als die sonntäglichen Gottesdienste sind diese kirchlichen Handlungen in starkem Maße nachgefragt. Noch immer werden 90 Prozent der Kinder kirchlich getauft (*Allbus* 1992) und über 90 Prozent der Kirchenmitglieder kirchlich bestattet (Daiber 1988:67). Positiv ist auch die Einstellung zu den Weihnachtsgottesdiensten. Offenbar ist die Kirche für viele an biografischen Wendepunkten oder im Kontext des familiären Zusammenlebens nach wie vor wichtig: Sie stellt so etwas wie einen lebensweltlichen Hintergrund dar, mit dem man zwar nicht immer beschäftigt sein will, auf den man aber im Bedarfsfall zurückgreifen können möchte.

Abgenommen hat zweifellos der Einfluss des Christentums auf die Gestaltung des Alltagslebens. Die Praxis des Tischgebetes ist aus dem Raum der Familien weitgehend verschwunden. Auch die Beschäftigung mit der Bibel hat nachgelassen: Nur noch 14 Prozent nahmen 1994 die Bibel außerhalb des Gottesdienstes zumindest »hin und wieder« zur Hand (Allensbacher Jahrbuch 1997:264). Und auch die Bejahung christlicher Glaubenssätze hat sich in den letzten Jahrzehnten abgeschwächt. Trotzdem messen die Westdeutschen der Weitergabe des Glaubens an ihre Kinder noch immer eine beachtliche Bedeutung bei. Mehr als drei Viertel der Westdeutschen sprachen sich

1999 dafür aus, die Kinder im Glauben zu erziehen. Doch die Vermittlung *religiöser Inhalte* gehört heute nicht mehr zu den wichtigsten Erziehungszielen.

Auffällig an diesen Enttraditionalisierungsprozessen ist, dass die jüngeren Generationen stärker von ihnen erfasst sind als die älteren. Die in Tabelle 14.3 dargestellten Generationsunterschiede im Kirchgangsverhalten der Westdeutschen lassen im Zeitverlauf erkennen, dass 1952 sowohl bei Katholiken wie Protestanten der Anteil der regelmäßigen Gottesdienstbesucher unter den unter 30jährigen etwa dem Durchschnitt der Kirchenmitglieder entsprach. 45 Jahre später liegt er mit deutlichem Abstand darunter. Wie Jagodzinski/ Dobbelaere (1993:82) festgestellt haben, sind die teilweise erheblichen Generationsunterschiede im Grad der Kirchlichkeit und der christlichen Religiosität nicht auf Alters-, sondern auf Periodeneffekte zurückzuführen. Mit anderen Worten, wer in seiner Jugend kirchlich und religiös distanziert ist, bleibt dies auch im Alter. Vermutlich ist daher auch in Zukunft mit einem weiteren Entkirchlichungs- und Enttraditionalisierungsprozess zu rechnen.

Zweifellos ist das Tempo dieses Entkirchlichungsprozesses in den beiden Konfessionen verschieden hoch. Die katholische Kirche ist, wie die geringeren Austrittszahlen, der höhere Gottesdienstbesuch, die intensivere Religiosität ihrer Mitglieder und andere Merkmale belegen, wesentlich stabiler als die evangelische Kirche. Letztere scheint hingegen eher in der Lage zu sein, eine gewisse Anziehungskraft auch auf Außenstehende auszuüben. Ein Indiz dafür sind die höheren Eintrittszahlen bei den Evangelischen. Die konfessionellen Differenzen in den Norm- und Wertorientierungen nehmen jedoch ab (Lukatis/Lukatis 1989). Feststellen lassen sie sich noch im Bereich der religiösen Orientierungen, die bei den Katholiken, wie erwähnt, eine größere Kirchennähe aufweisen, und im Bereich der politischen Orientierungen, wo die Katholiken eine stärkere Affinität zu eher rechts stehenden Parteien haben. In ihren Einstellungen zu Arbeit und Beruf, zur Demokratie, zur Frage nach dem Sinn des Lebens, zu Erziehungszielen oder auch zur Wichtigkeit einzelner Lebensbereiche unterscheiden sich Katholiken und Protestanten kaum noch. Allgemein tendieren die Kirchennahen beider Konfessionen eher zu einer konservativen Haltung, während die Kirchenferneren mehr auf Liberalität, Individualismus und Autonomie drängen. Hingegen haben die konfessionellen Milieugrenzen ihre identitätsstiftende Wirkung weitgehend eingebüßt.

Schließlich muss auch noch auf den Rückgang des politischen Einflusses der christlichen Kirchen eingegangen werden. Unmittelbar nach 1945 waren die Kirchen noch ein politischer Faktor ersten Ranges. Insbesondere der Katholizismus sah sich durch die Verschiebung der konfessionellen Gewichte – erstmals seit dem Reformationszeitalter waren die beiden Konfessionen in Deutschland etwa gleich stark – dazu motiviert, politische Aktivitäten zu entfalten. Da er sich nicht mehr wie früher bemühte, eine abgegrenzte Sonderkultur aufrecht zu erhalten, konnte er seine Milieugrenzen überschreiten und Einfluss auf die allgemeine Öffentlichkeit gewinnen. Christliche Ideen, etwa das **Subsidiaritäts**prinzip der katholischen Soziallehre, strömten in die Gesellschaft ein. Und in dem Maße, wie der Katholizismus Einfluss auf die gesellschaftliche Entwicklung erlangen konnte, fielen gewichtige Motive zur Bewahrung der konfessionellen Grenzen weg. Auch der Protestantismus, veranlasst durch die Erfahrungen im Dritten Reich, bemühte sich um engere Kontakte zu den Menschen und wollte stärker in die Öffentlichkeit hineinwirken. Die evangelische Kirche sah sich vor allem durch die Spaltung Deutschlands zur Wahrnehmung politischer Funktionen herausgefordert und begriff sich als Klammer und Vermittlungsinstanz zwischen den getrennten Teilen Deutschlands. Inzwischen haben aber beide Kirchen ihren prominenten politischen Status weitgehend verloren. Heute stehen sie eher am Rande der gesellschaftlichen Auseinandersetzungen, auch wenn sie nach wie vor zu gesellschaftlichen Problemen Stellung beziehen.

Insgesamt gesehen haben die Kirchen in Westdeutschland seit dem Zweiten Weltkrieg einen umfassenden Bedeutungsverlust erlitten, der ihre rituelle Dimension ebenso wie ihre Glaubens- und Überzeugungsdimension, ihre alltagsweltliche Relevanz ebenso wie ihre Präsenz in der Öffentlichkeit betrifft. Auch wenn sie eine gewisse traditionsbedingte Stärke besitzen, so ist ihre Entwicklung seit 1945 durch einen zwar langsam, aber kontinuierlich fortschreitenden Auszehrungsprozess charakterisiert. Dabei sind die organisatorischen Anstrengungen, die die Kirchen zur Bewahrung ihres institutionellen Bestandes unternehmen, nicht unbeträchtlich. Sie haben sich in Lehre und Praxis modernisiert, ihre Strukturen flexibilisiert, neue funktionale Dienste eingerichtet und über Jahre hinweg ihren Personalbestand erweitert (Daiber 1995). 1964 hatte die evangelische Kirche in der BRD 13.452 Pfarrer, 1991 waren es in den alten Bundesländern 19.007 (Statistischer Bericht 1988/90:65). Heute stehen

14

14

im Dienst der evangelischen Kirche 200.000 Mitarbeiterinnen und Mitarbeiter; dazu kommen 370.000 bei der Diakonie. In der katholischen Kirche hat sich die Zahl der Priester zwar von 27.519 im Jahr 1963 auf 19.707 im Jahr 1990 (*Kirchliches Handbuch* 1992:15 ff.) verringert, doch die Zahl der Mitarbeiter ist gestiegen. Heute arbeiten in der katholischen Kirche 170.000 Mitarbeiterinnen und Mitarbeiter, bei der Caritas 430.000 (*Focus*, 6.4.1996:58).

Trotz dieser organisatorischen Anstrengungen konnten die Kirchen den Abwärtstrend nicht aufhalten. Ihre Stabilität ist nicht nur ein Produkt ihrer organisatorischen Aktivitäten. Vielmehr sind sie gesamtgesellschaftlichen Prozessen ausgesetzt, auf die sie keinen Einfluss haben. Einige dieser Prozesse haben wir im Kontext der Behandlung der Säkularisierung bereits erwähnt: Verwissenschaftlichung des Weltbildes, funktionale Differenzierung der Gesellschaft, religiöse und kulturelle Pluralisierung. Beschleunigt hat den Abwärtstrend aber auch das zunehmende Auseinanderstreben von gesellschaftlichem und kirchlichem Wertesystem, eine Polarisierung, die innerhalb der katholischen Kirche besonders weit fortgeschritten ist. Welche enormen kognitiven Spannungen von der katholischen Kirche getragen und überbrückt werden müssen, machen folgende Zahlen deutlich: Nur noch 32 Prozent der Katholiken glauben an die Unfehlbarkeit des Papstes, nur 6 Prozent bejahen das päpstliche Verbot von Verhütungsmitteln, und 85 Prozent fordern die Aufhebung des Zölibats (*Der Spiegel*, 15.6.1992:50). Die meisten Katholiken stehen trotzdem zu ihrer Kirche. Die kognitiven Spannungen aber zeigen, dass die Kirche von ihrer historisch erworbenen Substanz lebt und diese langsam aufzehrt.

Religiosität außerhalb der Kirche

Viele Soziologen lehnen es ab, den Prozess der Entkirchlichung, wie er sich in der Bundesrepublik vollzogen hat, als Säkularisierung zu interpretieren. Sie warnen davor, den Bedeutungsverlust der Kirchen mit schwindender Religiosität gleichzusetzen. Vielmehr sei es zu einer Privatisierung des Religiösen gekommen, deren Ergebnis Luckmann (1991) die **unsichtbare Religion** nennt: Die Religion tritt nicht mehr als gesellschaftliche Großinstitution auf, sondern nimmt Formen der privaten und subjektiven Sinngebung an, die weitgehend ohne soziale Außenstützung und daher gesellschaftlich diffus bleiben. In ihnen haben sich Elemente christlicher Religiosität mit Elementen anderer religiöser Traditionen zu einem individuellen **Synkretismus** vermischt, in dem das Individuum sich selbst zum zentralen Thema wird.

Tatsächlich ist der Anteil derer, die meinen, auch ohne Kirche religiösen oder gar christlichen Vorstellungen folgen zu können, ausgesprochen hoch. Von den Konfessionslosen in Westdeutschland behaupten 88 Prozent, dass man auch, ohne der Kirche anzugehören, Christ sein kann; von den Evangelischen sagen das 87 Prozent und von den Katholiken 82 Prozent. Nur 50 Prozent der kirchlich Nichtorganisierten lehnen den Glauben an Gott ab (vgl. Tab. 14.4). Es hat den Anschein, als ob Glaube und Kirche bzw. Religiosität und Kirchlichkeit auseinander gedriftet wären. Untersucht man allerdings das Verhältnis zwischen Religiosität und Kirchlichkeit genauer, so zeigt sich ein hoher statistischer Zusammenhang. Ganz gleich, ob man den Glauben an Gott, die Bedeutung der Religion für das eigene Leben oder die religiöse Selbsteinschätzung als Indikatoren für Religiosität bzw. den Gottesdienstbesuch, das Verbundenheitsgefühl mit oder das Vertrauen in die Kirche als Indikatoren für Kirchlichkeit wählt, in allen Fällen ist die Korrelation zwischen Religiosität und Kirchlichkeit hoch signifikant (Köcher 1987; Jagodzinski/ Dobbelaere 1993). Tabelle 14.4 bildet den Zusammenhang zwischen dem Verbundenheitsgefühl mit der Kirche und dem Glauben an Gott ab. Sie zeigt: Je stärker das Gefühl der Verbundenheit mit der Kirche ist, desto höher ist auch die Wahrscheinlichkeit, dass man an Gott glaubt.

Wie weit außerchristliche Religionspraktiken und -vorstellungen verbreitet sind, lässt sich schwer einschätzen. Auf jeden Fall ist das *Interesse* an Astrologie, New Age, Zen-Meditation, Telepathie, Schwarzer Magie, Pendeln, Tischerücken und ähnlichen Praktiken, insbesondere unter Jugendlichen, hoch. Etwa 25 Prozent der Jugendlichen haben schon einmal eine esoterische Praktik ausprobiert (Zinser 1993). Untersucht man aber, inwieweit diese subkulturellen magischen und religiösen Praktiken in der Lage sind, an die Stelle kirchlicher Religiosität zu treten, so stellt man fest, dass es zwischen abnehmender Verbundenheit mit der Kirche und Erfahrung mit diesen Religionspraktiken keine signifikante Korrelation gibt (*Studien- und Planungsgruppe der EKD* 1993:11). Das heißt zum einen, alternative Religiosität kompensiert den Rückgang an Kirchlichkeit nicht, zum andern, es finden sich alternative Religionsformen auch in Kreisen von Kirchenmitgliedern.

Wer der Kirche nicht zugehört oder aus ihr austritt, verzichtet deshalb nicht darauf, die Frage nach dem Sinn des Lebens zu stellen. Zwar werden agnostische Aussagen wie: »Man kann schwer sagen, ob das Leben einen Sinn hat« von den Konfessionslosen etwas häufiger unterstützt als von den Konfessionsangehörigen, doch finden sich keine Hinweise darauf, dass Konfessionslose signifikant häufiger mit grundlegenden Lebenszweifeln oder Sinnlosigkeitsgefühlen beschäftigt sind (Pittkowski/Volz 1989). Die Aussage, dass das Leben keinen Sinn hat, wird von ihnen genauso stark verneint wie von den Kirchenmitgliedern. Allerdings unterscheiden sie sich von den Kirchenmitgliedern insofern, als sie die Sinnfrage nicht durch Rückgriff auf die tradierte religiöse Symbolwelt beantworten. Den Sinn des Lebens sehen sie vor allem darin, dass man dem Leben selber einen Sinn gibt. Erstaunlicherweise stimmen sie in der Bejahung dieser Aussage mit den Konfessionsangehörigen völlig überein. Dies weist darauf hin, dass eine aktive Lebenshaltung und Kirchlichkeit sich nicht gegenseitig ausschließen.

Die Konfessionslosen unterscheiden sich von den Kirchenmitgliedern aber nicht nur hinsichtlich der Akzeptanz religiöser Sinngebungen, sondern auch hinsichtlich ihrer Lebensorientierung allgemein. Sie schätzen sich politisch engagierter ein als Kirchenmitglieder, verorten sich eher auf der linken Seite des politischen Spektrums, orientieren sich in ihren Erziehungszielen stärker an liberalen Leitbildern und befürworten auch stärker die Selbstverwirklichung der Frau. Kirchenmitglieder sind also im großen und ganzen konservativer eingestellt. Unter anderem spiegeln diese Einstellungsunterschiede die Überrepräsentation von Konfessionslosen unter Jüngeren, Höherqualifizierten, Einkommensstärkeren und Großstädtern wider.

Tabelle 14.4: Glaube an Gott nach Grad der Verbundenheit mit der Kirche (Evangelische und Konfessionslose in Westdeutschland)

Glaube an Gott	Verbundenheit Evangelische (n=1.585)					Konfessionslose (n=295)
	sehr	ziemlich	etwas	kaum	gar nicht	
Ich glaube, dass es einen Gott gibt, der sich in Jesus Christus zu erkennen gegeben hat	86	67	34	9	7	4
Ich glaube an Gott, obwohl ich immer wieder zweifle und unsicher werde	6	23	39	23	9	9
Ich glaube an eine höhere Kraft, aber nicht an einen Gott, wie ihn die Kirche beschreibt	9	9	24	51	47	38
Ich glaube weder an Gott noch an eine höhere Kraft	0	0	3	16	20	20
Ich bin überzeugt, dass es keinen Gott gibt	0	1	0	2	17	30

Quelle: Studien- und Planungsgruppe der EKD, 1993.

Religion und Kirche in Ostdeutschland

Während in Westdeutschland die Erosion von Religion und Kirche sich schleichend vollzog, waren die Kirchen Ostdeutschlands einer politisch forcierten Säkularisierung ausgesetzt. Der Anteil der Konfessionslosen stieg während der Zeit der kommunistischen Herrschaft um das Zehnfache, von 7 auf fast 70 Prozent. In den Kernlanden der Reformation wurde innerhalb von vier Jahrzehnten aus der evangelischen Volkskirche eine Minderheitskirche.

Dass politische Ursachen für die Entkirchlichung verantwortlich sind, zeigt sich daran, dass die höchsten Austrittsraten in die Zeiten der schärfsten politischen Repression fielen: In den 1950er Jahren mit einer Spitze im Jahr 1958, als die Auseinandersetzungen um die Einführung der Jugendweihe ihren Höhepunkt erreichten, und in die zweite Hälfte der 1960er Jahre, als der Staat verstärkt auf die Abkopplung der evangelischen Kirchen in der DDR von den evangelischen Kirchen in der Bundesrepublik drängte, waren auch die Austrittszahlen am höchsten (Pollack 1994). Auch an der äußerst geringen Taufrate wird deutlich, dass der Mitgliederschwund politisch forciert war. Von den Evangelischen ließen in den 1960er Jahren nur etwas mehr als 50 Prozent ihre Kinder taufen. Offenbar wollten sie, auch wenn sie selbst nicht aus der Kirche austraten, zumindest ihren Kindern eventuell zu befürchtende politische Auseinandersetzungen und Diskriminierungen ersparen. Mit anderen Worten, nicht

14

nur Repression und Diskriminierung trugen zum Mitgliederschwund der Gemeinden bei, sondern auch ein Klima der Angst, das aus der gesellschaftlichen Stigmatisierung von Religion und Kirche resultierte.

Neben den politischen spielten auch andere Faktoren eine Rolle: Prozesse der Modernisierung, der Rationalisierung und Urbanisierung (Dähn 1988), Prozesse des Traditions- und Kulturabbruches sowie der politisch erzwungenen sozio-strukturellen Umschichtung und Mobilisierung. Außerdem umfasste die DDR Gebiete, in denen sich bereits im 19. Jahrhundert in weiten Teilen der Bevölkerung ein distanziertes Kirchenverhältnis herausgebildet hatte (Daiber 1988). Die harte Kirchenpolitik der SED traf so auf ein innerlich geschwächtes Volkskirchentum, das dem auf umfassende gesellschaftliche Steuerung und Kontrolle drängenden politischen System nur relativ geringen Widerstand entgegenzusetzen hatte.

Infolge der niedrigen Taufrate und der hohen Austrittsbereitschaft sind die Kirchengemeinden in Ostdeutschland überaltert: Etwa zwei Fünftel der evangelischen Kirchenmitglieder Ostdeutschlands sind über 60 Jahre alt, während der Anteil dieser Altersgruppe an der ostdeutschen Gesamtbevölkerung nur etwas mehr als ein Fünftel ausmacht (*Allbus* 1991).

Mit der Überalterung hängt zusammen, dass die evangelischen Kirchenmitglieder in Ostdeutschland kaum ein anderes Einstellungs- und Verhaltensprofil zeigen als die westdeutschen. Im Durchschnitt gehen sie nicht häufiger zum Gottesdienst, beteiligen sich nicht intensiver am kirchlichen Leben, zeigen kaum höhere Grade der Verbundenheit mit ihrer Kirche, haben ähnlich konventionelle Erwartungen an die Kirche, glauben nicht in stärkerem Maße an Gott und schätzen sich auch nicht als religiöser ein. Da eine kleine Gemeinde von dem Einzelnen eine bewusstere Entscheidung für die Kirche verlangt, mag dies zunächst überraschen, zumal religionssoziologische Untersuchungen seit langem belegen, dass in dem Maße, wie Kirchenmitgliedschaft aufhört, zum guten Ton einer Gesellschaft zu gehören, und statt dessen zu einer individuellen Option wird, sich die Bereitschaft zum kirchlichen Engagement erhöht. Die Tatsache, dass genau dieser Effekt in Ostdeutschland nicht eingetreten ist, hat vor allem mit dem erwähnten Altersprofil der Kirchenmitglieder zu tun. Jüngere Kirchenmitglieder in Ostdeutschland zeichnen sich hingegen in der Tat durch höhere Engagementbereitschaft aus (Grabner/Pollack 1994). Sie gehen durchschnittlich häufiger zum Gottesdienst als ältere Kirchenmitglieder und sind eher als diese bereit, sich intensiv am kirchlichen Leben zu beteiligen. In ihrer Partizipationsbereitschaft unterscheiden sich die jungen nicht nur von den älteren Kirchenmitgliedern im Osten, sondern auch von den kirchlich gebundenen Jugendlichen und jungen Erwachsenen im Westen, die in der Regel dem kirchlichen Leben distanzierter gegenüberstehen als ihre Eltern. Bei den jugendlichen Kirchenmitgliedern in Ostdeutschland findet sich die Erwartung eines bewussteren Christseins am ehesten bestätigt. Im übrigen ist die Gruppe der konfessionsgebundenen Jugendlichen im Osten auch insofern interessant, als sie im Unterschied zu den gleichaltrigen Kirchenmitgliedern im Westen Deutschlands eher unkonventionelle Lebenseinstellungen bevorzugt, eine besondere politische und gesellschaftliche Offenheit besitzt und – darin ebenfalls unterschieden von den jugendlichen Konfessions-

angehörigen im Westen – in der Regel höher gebildet ist als die Gruppe ihrer konfessionslosen Altersgenossen (Eiben 1992). Ihre höhere Engagementbereitschaft wird im kirchlichen Leben allerdings nicht sichtbar, da sie in der Gesamtheit der Kirchenmitglieder nur einen verschwindend kleinen Prozentsatz ausmacht.

Nach dem gesellschaftlichen Umbruch von 1989 traten vor allem die Katholiken politisch hervor. Während sie sich zu DDR-Zeiten politisch eher zurückhielten und sich im Windschatten der politisch aktiveren Protestanten aufhielten, sahen viele von ihnen mit dem Zusammenbruch des ungeliebten DDR-Systems die Chance, auf die politische und gesellschaftliche Entwicklung aktiv Einfluss zu nehmen. In vielen Gremien und Institutionen auf Landesebene und in den Kommunen traten auf einmal die Katholiken politisch hervor. Im Bundestag von 1990 bis 1994 machten die Katholiken 20 Prozent der ostdeutschen Abgeordneten aus – bei 4 bis 5 Prozent Katholiken in der Gesamtbevölkerung Ostdeutschlands. Auch die Protestanten Ostdeutschlands waren im ersten gesamtdeutschen Bundestag überrepräsentiert, allerdings nicht so stark wie die Katholiken. Ihnen bereitete die Integration in das neue wiedervereinigte Deutschland eher Mühe. Sie hatten mehr Vorbehalte gegen die deutsch-deutsche Einheit und äußerten auch Bedenken gegen Tempo und Form der innerkirchlichen Vereinigung. Konfliktthemen im Dialog mit den westdeutschen evangelischen Kirchen waren der staatliche Einzug der Kirchensteuer, die Militärseelsorge und die Durchführung des Religionsunterrichtes an staatlichen Schulen. In allen Fällen vermuteten die ostdeutschen Protestanten eine zu große Staatsnähe der Kirchen in der Bundesrepublik. Gleichzeitig mussten sie sich jedoch selbst des Vorwurfs einer allzu engen Verstrickung mit dem Staatssicherheitsdienst der DDR erwehren. Die Auseinandersetzung mit der Vergangenheit band in den Auseinandersetzungen über die Gegenwart des vereinigten Deutschland ihre Kräfte zusätzlich.

Nach dem Ende des Staatssozialismus hatten viele einen Aufschwung alternativer Religiosität und Esoterik erwartet. Sie gingen davon aus, dass ein Großteil der ostdeutschen Bevölkerung nach dem Wegfall des ideologischen Orientierungsrahmens nach einer neuen weltanschaulichen Stütze suchen würde und daher auf religiöse »Ersatzangebote« besonders leicht ansprechbar sei. Bei vielen Ostdeutschen scheint aber die Entfremdung von Religion und Kirche bereits so weit fortgeschritten zu sein, dass ihnen alle religiösen Ideen und Vorstellungen gleich welcher Herkunft suspekt erscheinen. Manche hat wohl auch das bunte und unangepasste Erscheinungsbild der neuen religiösen Gruppierungen eher abgeschreckt als angezogen. Außerdem erwarten offenbar viele Ostdeutsche nicht, dass ihnen Religion und Glaube bei der Bewältigung ihrer Umstellungs- und materiellen Existenzprobleme von Nutzen sein könnten. Viele möchten zudem einer neuerlichen Ideologisierung der Lebensgestaltung aus dem Wege gehen (Pollack/Pickel 2000).

Zusammenfassung

1. Drei Grundelemente sind für soziologische Definitionen der Religion wesentlich: Glaubensinhalte, soziale Praktiken und die moralische Gemeinschaft. Durkheim definierte die Religion als ein Ensemble von auf heilige Dinge bezogenen Glaubensüberzeugungen und Praktiken, die die Menschen zu einer moralischen Gemeinschaft verbinden.

2. Ungeachtet der spezifischen Merkmale einzelner Religionen haben alle gewisse Elemente gemeinsam. Dazu gehören religiöse Überzeugungen und Symbole, die Elemente der Kultur sind; ferner Rituale und Zeremonien, die Formen sozialen Handelns repräsentieren; schließlich die moralische Gemeinschaft, eine bestimmte Form der Sozialstruktur. Religionen können die bestehende Ordnung stützen oder bekämpfen, d.h. zur funktionalen Integration der Gesellschaft beitragen oder auf Machtkonflikten basierende Spaltungen auslösen.

3. Soziologen unterscheiden zwischen drei Typen religiöser Institutionen: Kirchen, Sekten und Kulte. Kirchen sind große, konservative religiöse Institutionen, die meist in harmonischer Koexistenz mit der größeren Gesellschaft leben. Sekten hingegen sind kleine, exklusive, kompromisslose Religionsgemeinschaften, die nach spiritueller Vervollkommnung streben und die größere Gesellschaft meist ablehnen. Sekten entstehen, wenn sich religiöse Gruppen von etablierten Kirchen abspalten und eine authentischere, reinere Version ihres Glaubens für sich reklamieren. Kulte gleichen bis auf ihren Ursprung in den meisten Hinsichten Sekten. Kulte werden aus anderen Kulturen importiert oder entstehen, wenn religiöse Gruppen vollkommen neue Glaubensformen und –praktiken entwickeln.

4. Religionen verhalten sich nicht notwendig als konservative Kräfte in einer Gesellschaft. Religiöse Innovationen (Reformations-, Erneuerungs- oder Erweckungsbewegungen) in bestehenden Religionen führen zu Veränderungen, die die Bedürfnisse der Menschen besser zu erfüllen vermögen, oder zur Schaffung einer neuen Religion. Die Mormonenkirche und die Vereinigungskirche des San Myung Mun sind das Ergebnis religiöser Innovationen.

5. Religionen verändern sich nicht nur von innen heraus. Sie reagieren auch auf sozialen Wandel: Veränderungen in der Gesellschaft. So war die protestantische Reformation zum Teil eine Reaktion auf tief greifende soziale Veränderungen. Umgekehrt kann auch ein religiöser Wandel sozialen Wandel beschleunigen. Nach Max Weber hatte die Entstehung des modernen Kapitalismus wichtige Wurzeln in gewissen religiösen Vorstellungen der protestantischen Reformation. Vor allem die calvinistische Prädestinationslehre bestärkte die Menschen in der Vorstellung, nur durch harte Arbeit, Sparsamkeit und kluge Investitionen gelange man zu Erfolg im Leben, in dem sie einen Beweis von Gottes Wohlwollen sahen.

6. Modernisierungsprozesse gingen im allgemeinen mit einer Säkularisierung einher, in deren Folge das Interesse an weltlichen Angelegenheiten zu- und das an spirituellen abnahm. Doch die Säkularisierung hat der Religion nicht den Todesstoß versetzt. Viele etablierte Kirchen haben sich in der säkularen Welt eingerichtet und eine Art Arbeitsteilung zwischen säkularer und religiöser Autorität entwickelt.

7. Eine andere Reaktion auf die Säkularisierung war das Wiedererstarken fundamentalistischer Bewegungen, in denen konservative religiöse Gruppen sich zusammenfanden. Diese geben an, weltliche Interessen abzulehnen und dem reinen Glauben im Leben der Menschen wieder Geltung verschaffen zu wollen. Oft verwenden sie dazu politische Instrumente. Fundamentalistische Gruppen gibt es heute in allen großen Weltreligionen, unter anderem im Islam, Hinduismus, Judentum und Christentum.

8. Sowohl in West- als auch in Ostdeutschland ist es in den letzten Jahrzehnten zu einem beachtlichen Entkirchlichungsprozess gekommen. Auf Grund der kirchenfeindlichen Politik des SED-Staates ist dieser Prozess in den neuen Bundesländern ungleich weiter fortgeschritten als in den alten. In besonderem Maße sind die evangelischen Kirchen von diesem Traditionsabbruch betroffen, aber auch die Bindung der jüngeren Generation der Katholiken an ihre Kirche ist schwächer geworden. Aus dem Erbe des Volkskirchentums erklärt sich das distanzierte Verhältnis der Mehrheit der Kirchenmitglieder zu ihrer Kirche bei gleichzeitiger Akzeptanz ihrer gesellschaftlichen Funktion und konstanter Nachfrage nach kirchlichen Kasualien. Trotzdem bejaht noch immer eine Mehrheit der Westdeutschen den Glauben an Gott. Im Osten hingegen sind die Religionslosen in der Mehrheit. Obgleich sich die Zahl religiöser Angebote neben den beiden großen christlichen Kirchen deutlich erhöht hat, nimmt sie nur eine Minderheit wahr. Auch die Freikirchen und Sekten erleben keinen beachtenswerten Aufschwung. Im Gegensatz zu anderen Ländern der Welt geht die soziale Bedeutung von Religion und Kirche in Deutschland immer weiter zurück.

14

Wiederholungsfragen

1. Nennen Sie die drei Grundelemente der Religion!
2. Skizzieren Sie die Unterschiede zwischen Kirchen, Sekten und Kulten. Geben Sie von allen dreien ein Beispiel.
3. Inwiefern und in welcher Weise trugen Religionen zum sozialen Wandel bei?

4. Was versteht man unter religiösem Pluralismus und welches sind seine Folgen?
5. Fassen Sie die gegenwärtigen Tendenzen in der Entwicklung von Religion und Kirche in Deutschland zusammen.

Übungsaufgaben

1. Beschreiben Sie unter Verwendung der fünf Schlüsselbegriffe – Gesellschaftsstruktur, soziales Handeln, funktionale Integration, Macht und Kultur –, wie Ihre eigene Religion oder eine andere Religion, die Sie kennen, als soziale Institution funktioniert.
2. Ein Thema dieses Kapitels war, wie Religionen sozialen Wandel herbeiführen können. Versuchen Sie einige soziale Veränderungen vorherzusagen, die von Religionen eventuell herbeigeführt werden, indem Sie das, was Sie in diesem und vorausgehenden Kapiteln gelernt haben, heranziehen.
3. In diesem Kapitel wurde gesagt, dass US-Amerikaner religiöser

sind als Europäer. Skizzieren Sie mögliche Erklärungen für diesen Unterschied und verwenden Sie dabei das, was Sie über die Kultur und die Gesellschaftsstruktur der US-amerikanischen und europäischen Gesellschaften wissen.
4. Wie würden Sie die Entwicklung der Kirchen in Deutschland charakterisieren? Ist es wahrscheinlich, dass die Kirchen durch eine neue stark außerchristlich bestimmte **synkretistische** Religiosität ersetzt werden? Werden beide Kirchen auch in Zukunft Mitglieder verlieren?
5. Hat die Lektüre dieses Kapitels Ihr Verständnis von Religion und Religiosität ganz allgemein beeinflusst und, wenn ja, wie?

Glossar

Animismus Glaube, dass die Dinge in der Welt von aktiven, lebendigen Geistern beseelt sind.

Evangelikale Christen, die sich berufen fühlen, öffentlich für die Lehren der Bibel einzutreten und Zeugnis für Gottes Wirken in der Welt abzulegen.

Fundamentalismus Glaubensform, die behauptet, in modernen Gesellschaften seien die religiösen Lehren und Prinzipien ausgehöhlt worden; nur die Rückkehr zu den religiösen »Fundamenten« könne eine »reine« Lebensform wiederherstellen.

Kirche Nach Troeltsch eine große, konservative, universalistische religiöse Institution, die an ihre Mitglieder nur wenige Forderungen stellt und sich an die sie umgebende Gesellschaft angepasst hat.

Kult Nach Stark und Bainbridge eine religiöse Gruppe, die oft in Spannung mit ihrem kulturellen Umfeld lebt und keine früheren Verbindungen zu etablierten Religionen in der Gesellschaft hat.

Moralische Gemeinschaft Gruppe von Personen mit gemeinsamen religiösen Überzeugungen, Symbolen und Praktiken, die sie zu einer sozialen Einheit verbinden.

Religion Nach Durkheim ein Ensemble von auf heilige Dinge bezogenen Überzeugungen und Praktiken, die die Individuen zu einer moralischen Gemeinschaft verbinden. Nach Stark und Bainbridge ein soziales System, das primär damit befasst ist, den Menschen Hoffnung auf künftigen Lohn zu machen, um sie für Dinge zu entschädigen, nach denen sie sich in diesem Leben sehnten, die sie aber nicht erhielten. Grundlage dieser Hoffnung ist der Glaube an übernatürliche Kräfte, höhere Wesen oder heilige Orte.

Religiöse Innovation Versuch, neue Glaubensformen zu entwickeln oder bestehende Religionen so zu transformieren, dass sie die Bedürfnisse der Menschen besser zu erfüllen vermögen.

Ritual Standardisierte Abfolge von Handlungen, derer man sich in einer speziellen Zeremonie oder bei anderen Anlässen bedient.

Säkularisierung Prozess, in dessen Verlauf die Menschen und ihre sozialen Institutionen sich mehr mit weltlichen und weniger mit spirituellen Angelegenheiten befassen. Die Säkularisierung ist oft begleitet von einem Modernisierungsprozess.

Sekte Nach Troeltsch eine kleine, exklusive und kompromisslose Religionsgemeinschaft, die massive Forderungen an ihre Mitglieder stellt und sie von der Gesellschaft absondert. Nach Stark und Bainbridge eine religiöse Gruppe, die sich von einer etablierten Religion abgespalten hat.

Subsidiarität Gesellschaftspolitisches Prinzip, nach dem übergeordnete gesellschaftliche Einheiten (besonders der Staat) nur solche Aufgaben übernehmen sollen, zu deren Wahrnehmung untergeordnete Einheiten (besonders die Familie) nicht in der Lage sind.

Synkretismus Vermischung verschiedener religiöser Traditionen zu einer neuen Religionsform auf der individuellen oder der kollektiven Ebene.

Theismus Glaube, wonach mächtige übernatürliche Wesen in das irdische Geschehen eingreifen und es lenken.

Totem Gegenstand, Pflanze oder Tier, die als mythische Ahnen einer Gesellschaft oder anderer spezieller Gruppen verehrt werden.

Unsichtbare Religion Form einer subjektiven, sozial kaum abgestützten Religiosität; ein Begriff von Thomas Luckmann.

Zivilreligion Bezeichnung für den religiös begründeten Grundkonsens einer Gesellschaft; gebräuchlich vor allem zur Kennzeichnung des religiös aufgeladenen Nationalbewusstseins in den USA.

14

Kapitel 15

Gesundheit und Gesundheitswesen

Inhalt

Während das 19. Jahrhundert von Infektionskrankheiten geprägt war, stand das 20. Jahrhundert im Zeichen chronischer Leiden. Auch zu Beginn des 21. Jahrhunderts ist das Krankheits- und Sterbegeschehen in Deutschland noch weitgehend von chronisch degenerativen Erkrankungen, z.B. des Herz-Kreislauf-Systems, des Stütz- und Bewegungsapparats und von malignen Tumoren, bestimmt. Weltweit aber gilt die Infektionskrankheit AIDS als das vielleicht größte Gesundheitsproblem. Nach Schätzungen der Weltgesundheitsorganisation (WHO) lebten Ende 1997 über 30 Millionen Menschen mit einer AIDS-Infektion. Die Zahl der Neuinfektionen wurde im gleichen Jahr auf 5,8 Millionen und die der AIDS-bedingten Todesfälle auf 2,3 Millionen geschätzt. Laut einem Bericht des Robert-Koch-Instituts ist die Situation in Deutschland vergleichsweise günstig. Als Ursache dafür werden insbesondere effektive vorbeugende Maßnahmen angegeben (Hamouda u.a. 1999:9); trotzdem komme auch in Deutschland diesem Thema eine anhaltend hohe gesundheitspolitische Bedeutung zu wegen des bisher meist tödlichen Ausgangs, des niedrigen durchschnittlichen Erkrankungs- (39 Jahre) und Sterbealters (41 Jahre) und der hohen Behandlungskosten. Die ersten AIDS-Fälle wurden hierzulande 1982 aus Frankfurt, München und Berlin gemeldet. Bis 1989 stieg die Zahl der Neuinfizierten auf jährlich 2.000 an und blieb seitdem weitgehend konstant. Durch verbesserte Behandlungsmöglichkeiten ist die Zeitspanne zwischen Infektion und Ausbruch manifester AIDS-Erkrankungen deutlich größer geworden. Die Zahl der zu versorgenden Patienten mit fortgeschrittenem Immundefekt wird bei einer konstanten Zahl der Neuinfektionen daher weiter ansteigen.

Mit AIDS infizieren sich in Deutschland vorwiegend Homosexuelle und intravenös drogenabhängige Männer. Leider enthält der erwähnte Bericht keine Daten zur Schichtabhängigkeit des AIDS-Infektionsrisikos. Weltweit ist von dieser Epidemie insbesondere die ärmere Bevölkerung in den Entwicklungsländern betroffen. Europaweit gibt es erhebliche Unterschiede sowohl in der Verbreitung der AIDS-Infektion als auch in den Strategien zur AIDS-Bekämpfung. Als wichtigste vorbeugende Maßnahmen gelten Aufklärung der Hochrisikogruppen, Kondomgebrauch und Verwendung steriler Infektionsnadeln bei Drogenabhängigen. Neben dem wachsenden Einfluss auf individuelle Schicksale hat die AIDS-Epidemie eine ganze Reihe gesellschaftlicher Konsequenzen. Die hohe Sterblichkeit der Infizierten hat den in westlichen Industriegesellschaften

Vom 14. bis ins 17. Jahrhundert wurde Europa vom Schwarzen Tod, der Beulenpest, heimgesucht. Das Ausmaß dieser Pestepidemien war verheerend: Die Bevölkerung Europas wurde um über 50 Prozent reduziert, das soziale Gefüge brach zusammen, und die wirtschaftliche Entwicklung stagnierte. Im späten 20. Jahrhundert schien die moderne Medizin ansteckende Krankheiten besiegt zu haben. Aber dieses Zutrauen in die Wissenschaft war verfrüht. AIDS, die erneute Ausbreitung der Tuberkulose und neue Viruserkrankungen wie Ebola machen das deutlich.

verbreiteten Glauben an die Allmacht der Medizin erschüttert und die lange unterschätzte Bedeutung vorbeugender Maßnahmen erneut ins öffentliche Bewusstsein gerückt. Das große öffentliche Interesse an AIDS hat schließlich zahlreiche Struktur- und Prozessinnovationen im Gesundheitswesen angestoßen und – auch bedingt durch geschickte Öffentlichkeitsarbeit der Betroffenen – einen gewissen Schub in Richtung patientenorientierter AIDS-Versorgung ausgelöst (Rosenbrock u.a. 1999).

Zum Verständnis von Gesundheit, Krankheit und Sterblichkeit, aber auch der Strukturen, Prozesse und

Ergebnisse unseres großen und weit verzweigten Gesundheitswesens sind soziologische Fragestellungen und Methoden von grundlegender Bedeutung. Nicht nur die Art, Verteilung und Wirkung der uns verfügbaren Gesundheitspotenziale, sondern auch die Art, Verteilung und Wirkung von Herausforderungen, Risiken und Belastungen, mit denen wir im Lauf unseres Lebens konfrontiert sind, werden von den sich ständig verändernden politischen, ökonomischen und kulturellen Rahmenbedingungen unserer Gesellschaft beeinflusst. *Soziale Strukturen*, etwa Bildungsgrad und Berufsstellung, haben einen erheblichen Einfluss auf Lebenserwartung und Lebensqualität, z.B. weil eine bessere Qualifizierung und ein höherer Berufsstatus meist mit Fähigkeiten und Ressourcen (z.B. Bildung, Einkommen, sozialen Beziehungen, Handlungsspielräumen) verbunden sind, die es uns erlauben, Herausforderungen leichter zu bewältigen, mit unvermeidlichen Risiken und Belastungen besser fertig zu werden und einer chronischer Überforderung zu entgehen. Enorm wichtig für Gesundheit und Wohlbefinden ist ferner der Einfluss *kultureller Traditionen* und familiärer Sozialisationsstile auf die individuelle Gefühlsregulierung und soziale Kompetenz. Kulturelle Traditionen beeinflussen auch für den Gesundheitszustand der Bevölkerung relevante Lebensgewohnheiten, wie Ernährung, Bewegung, Alkohol- und Zigarettenkonsum. So bilden Bewegungsmangel, starker Zigarettenkonsum und Fehlernährung verbreitete Risikofaktoren für Entstehung und Ausbruch der heute vorherrschenden chronischen Erkrankungen (Herz-Kreislauf-Erkrankungen, maligne Tumoren, Atemwegserkrankungen). *Soziales Handeln* wird einerseits von der Struktur und dem Wertsystem der Gesellschaft geprägt. Andererseits eröffnet es Individuen, sozialen Gruppen und sozialen Bewegungen Einfluss auf jene Lebens- und Arbeitsbedingungen, die sie als positiv oder negativ für ihre Gesundheit empfinden. Schließlich bestimmen *Macht- und Herrschaftsverhältnisse* wesentlich die Verteilung von Gesundheitspotenzialen und -risiken. Sie beeinflussen den Zugang, die Leistungen, Organisationsformen und die Finanzierung unseres Gesundheitswesens. So ist in den vergangenen Jahrzehnten durch Arbeitsteilung, Spezialisierung und Trägervielfalt eine von Überkapazitäten und einer Zersplitterung der medizinischen Versorgung gekennzeichnete Situation entstanden, die erhebliche Anstrengungen zu mehr Bürgerbeteiligung und einer besseren *funktionalen Integration* der Anbieter (Ärzte, Krankenhäuser usw.) und Trägerinstitutionen (Kranken- und Rentenversicherung usw.) notwendig machen wird.

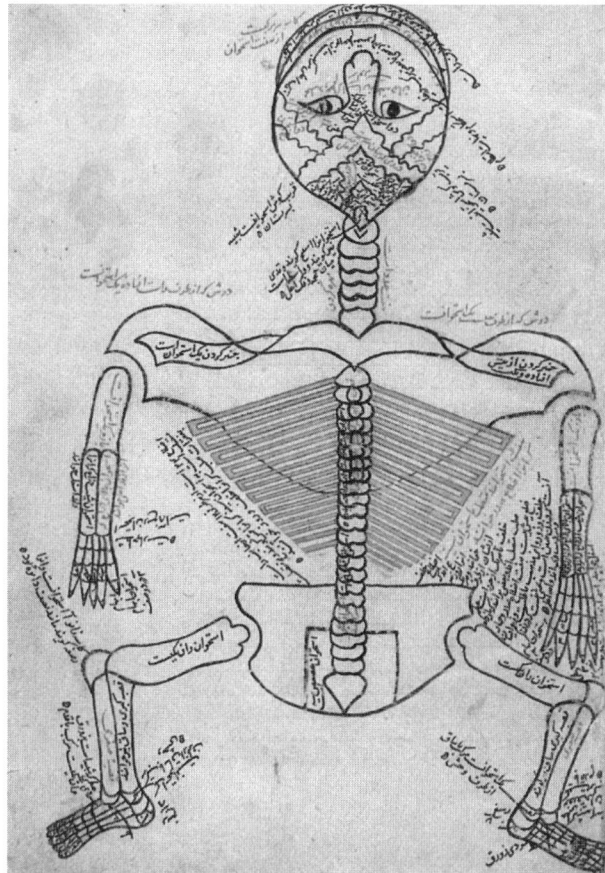

Erst in relativ neuer Zeit hat man weithin akzeptiert, dass Heilkundige, um zu heilen, in den Körper eindringen müssen. Strukturen des Körpers unter der Haut mussten daher vom forschenden Geist der frühen praktischen Ärzte erraten werden. Diese islamische Zeichnung aus dem 15. Jahrhundert ist ein Versuch, das menschliche Skelettsystem darzustellen.

15

SOZIALE EINFLÜSSE AUF GESUNDHEIT UND KRANKHEIT

An der Wende zum 20. Jahrhundert war die **Todesursachenstatistik** des Deutschen Reichs und anderer vergleichbarer, im Stadium der Industrialisierung und Urbanisierung befindlicher Gesellschaften von Infektionskrankheiten bestimmt. An der Wende zum 21. Jahrhundert hat sich das Krankheits- und Sterbegeschehen grundlegend gewandelt: An die Stelle zahlreicher Infektionskrankheiten sind einige wenige chronische Krankheiten getreten. Einerseits ist dieser Wandel auf gesellschaftliche Veränderungen in der Wohn- und Ernährungssituation, in den sozialen Beziehungen, im Bildungsniveau und bei den Arbeitsbedingungen, andererseits auf den anhaltenden demographischen Wandel zurückzuführen. Glich der Altersaufbau im Deutschen Reich noch einer Pyramide, so haben sich die Verhältnisse heute völlig verändert: Der prozentuale Anteil älterer Menschen nimmt weiter zu. Sinkende Geburten- und Sterblichkeitsraten sorgen dafür, dass dieser Trend weiter anhält. Für die chronischen Leiden, die heute das Krankheitsspektrum und die Todesursachen bestimmen, ist kennzeichnend, dass sie sozial (mit-)verursacht sind, eine lange **Latenzzeit** haben und, zumindest beim gegenwärtigen Wissensstand, weitgehend unheilbar sind. Akutmedizin und Rehabilitation zielen daher auf eine Stabilisierung des Krankheitsgeschehens, nicht seine völlige Beseitigung. Nicht Heilung, sondern Verlangsamung des Krankheitsverlaufs ist das realistische Ziel medizinischer Anstrengungen bei chronischen Erkrankungen. Da diese sich nicht heilen lassen, sollte man sich, so die Auffassung zahlreicher Experten, verstärkt auf ihre **Prävention** und auf die Förderung allgemeiner sozialer, psychischer und körperlicher Widerstandskräfte konzentrieren.

Nach Fries (1983) lässt sich durch veränderte gesundheitspolitische Prioritäten – etwa durch Rationalisierung in der Akutmedizin und den Einsatz dadurch frei gewordener Mittel für die Gesundheitsförderung und Prävention – nicht nur Krankheit und Leiden auf die allerletzte Lebensphase komprimieren, sondern auch die Lebensqualität erheblich verbessern. Allerdings müssen dazu nicht nur die Faktoren bekannt sein, die dazu beitragen, dass Menschen gesund bleiben, sondern auch jene, die Entstehung und Verlauf der heute am meisten verbreiteten chronischen Krankheiten bestimmen. Weiter braucht man dazu Interventionen, mittels derer die Gesundheit zuverlässig gefördert, Krankheiten früh erkannt und Krankheitsprozesse stabilisiert werden können. Schließlich müssen der Aufwand für diese Interventionen (ihre Kosten) und das Ergebnis (ihr Nutzen) in einem vertretbaren Verhältnis stehen und die Interventionen selbst ethisch akzeptabel sein.

Dass soziale, politische und ökonomische Entwicklungen einen überwältigenden Einfluss sowohl auf die Qualität wie auf die Quantität des Lebens haben, zeigt insbesondere der durch internationale Vergleichsdaten gut belegte positive Einfluss von Industrialisierung und Modernisierung auf die Lebenserwartung (vgl. Schaubild 15.1).

Dass dabei die Fähigkeit der Medizin, durch technisierte Leistungen zur Lebensverlängerung beizutragen, nicht überschätzt werden darf, ist ebenfalls durch zahl-

Schaubild 15.1: Lebenserwartung von Frauen und Männern 1950 und 1990

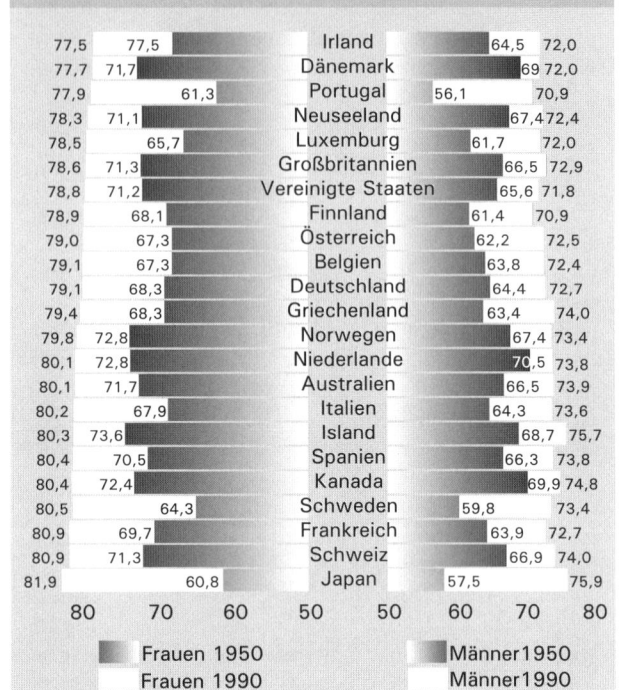

Frauen 1990	Frauen 1950	Land	Männer 1950	Männer 1990
77,5	77,5	Irland	64,5	72,0
77,7	71,7	Dänemark	69	72,0
77,9	61,3	Portugal	56,1	70,9
78,3	71,1	Neuseeland	67,4	72,4
78,5	65,7	Luxemburg	61,7	72,0
78,6	71,3	Großbritannien	66,5	72,9
78,8	71,2	Vereinigte Staaten	65,6	71,8
78,9	68,1	Finnland	61,4	70,9
79,0	67,3	Österreich	62,2	72,5
79,1	67,3	Belgien	63,8	72,4
79,1	68,3	Deutschland	64,4	72,7
79,4	68,3	Griechenland	63,4	74,0
79,8	72,8	Norwegen	67,4	73,4
80,1	72,8	Niederlande	70,5	73,8
80,1	71,7	Australien	66,5	73,9
80,2	67,9	Italien	64,3	73,6
80,3	73,6	Island	68,7	75,7
80,4	70,5	Spanien	66,3	73,8
80,4	72,4	Kanada	69,9	74,8
80,5	64,3	Schweden	59,8	73,4
80,9	69,7	Frankreich	63,9	72,7
80,9	71,3	Schweiz	66,9	74,0
81,9	60,8	Japan	57,5	75,9

Skala: 80 70 60 50 | 50 60 70 80

Frauen 1950
Frauen 1990
Männer 1950
Männer 1990

Quelle: OECD Health Data, Paris 1995

reiche Daten gut belegt. Tuberkulose, die im 19. Jahrhundert häufigste Infektionskrankheit, verlor z.B. in England und Wales im Verlauf der Industrialisierung ihre Bedeutung als Todesursache bereits lange, bevor die **kurative Medizin** zu ihrer Bekämpfung durch Impfstoffe und Medikamente dazu in der Lage war (Schaubild 15.2), (McKeown 1976:136; Sagan 1987). Obgleich die Bevölkerung von Griechenland in der Europäischen Union mit die höchste Lebenserwartung hat, begnügt sich das Land lange mit den geringsten Pro-Kopf-Aufwendungen für Gesundheit (Schaubild 15.3).

Soziale Ungleichheit, Armut, Krankheit und Sterblichkeit

Gesellschaft macht krank. Auf diese einfache Formel lassen sich zahlreiche frühe sozialwissenschaftliche Versuche über den Zusammenhang zwischen Gesellschaft und seelischem Befinden reduzieren. Diese bei Karl Marx und in den kulturtheoretischen Schriften Sigmund Freuds so eindringlich vorgetragene These ist bis

Schaubild 15.2: Tuberkulose der Atmungsorgane: Mittlere jährliche Todesraten (standardisiert auf die Bevölkerung von 1901): England und Wales

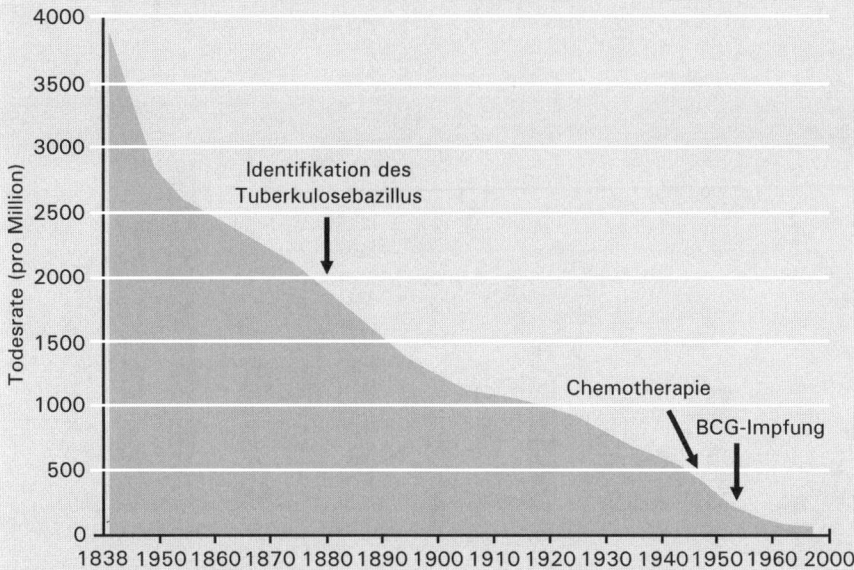

Quelle: OECD Health Systems, *Facts and Trends*, 1960-1991, Vol. I, Paris 1993, S. 17

Schaubild 15.3: Gesundheitsausgaben in Kaufkraftparitäten in Prozent des Ausgabenniveaus in den USA 1990

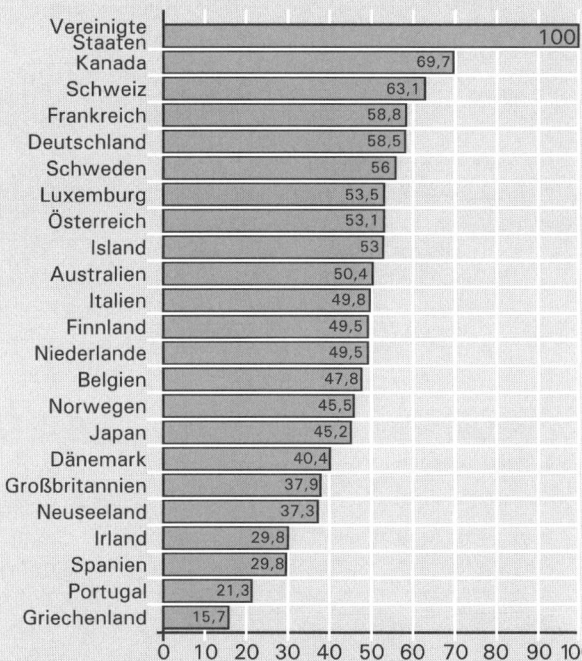

Vereinigte Staaten	100
Kanada	69,7
Schweiz	63,1
Frankreich	58,8
Deutschland	58,5
Schweden	56
Luxemburg	53,5
Österreich	53,1
Island	53
Australien	50,4
Italien	49,8
Finnland	49,5
Niederlande	49,5
Belgien	47,8
Norwegen	45,5
Japan	45,2
Dänemark	40,4
Großbritannien	37,9
Neuseeland	37,3
Irland	29,8
Spanien	29,8
Portugal	21,3
Griechenland	15,7

Quelle: OECD Health Systems, *Facts and Trends*, 1960-1991, Vol. I, Paris 1993, S. 17

heute ein Leitmotiv insbesondere medizinsoziologischer Arbeiten (Gerhardt 1989). Der Mensch wird in der modernen Kultur unglücklich, ja seelisch krank – so Freud –, »weil er das Maß an Versagungen nicht ertragen kann, das ihm die Gesellschaft im Dienste ihrer kulturellen Ideale auferlegt« (Freud 1930). Der Soziologe Norbert Elias (1939) spricht von »spezifischen Zivilisationsnöten«, deren Ursachen allerdings noch unerforscht seien. Eines jedoch scheint ihm sicher: Die Familie ist für ihn die »primäre und vorherrschende Produktionsstätte des Triebverzichts« (Elias 1976, I:186). Zugrunde liegt bei beiden die bereits in der französischen Aufklärung bei Rousseau formulierte These, die Gesellschaft mute dem einzelnen Verhaltensweisen zu, die sich mit seinen angeborenen Verhaltenspotenzialen nicht ohne Schaden vereinbaren lassen. Das Tierische im Menschen bedürfe einer zugleich humanisierenden und krank machenden Affekttransformation (Elias 1976). Ein solcher vermeintlicher Gegensatz zwischen angeborenen Bedürfnissen und gesellschaftlichen Zumutungen findet sich noch bei Ralf Dahrendorf, der in seinem *Homo Sociologicus* schreibt: »Die Soziologie hat es mit jedem Menschen im Angesicht der ärgerlichen Tatsache der Gesellschaft zu tun« (1967: 131). Immerhin steht bei ihm bereits dem eher destruktiven Bild von Gesellschaft als »Hemmschuh und Ärgernis« ein sehr viel gesundheitsförderlicheres, auf Émile Durkheim zurückgehendes gegenüber, das die Gesellschaft als »Stütze und Quelle der Sicherheit« zeichnet (Dahrendorf 1967: 163).

In der Tradition von Marx, Freud und Elias konzentrierte sich die sozialmedizinische und später die sozial-epidemiologische Forschung auf die **pathogenetische** Fragestellung und den Nachweis statistischer Zusammenhänge zwischen sozialer Ungleichheit, Armut und Arbeitslosigkeit auf der einen, seelischer Not, überhäufiger Erkrankung und Sterblichkeit auf der anderen Seite. Hierzu wurden in den vergangenen Jahrzehnten national wie international eine Vielzahl empirisch gut belegter Erkenntnisse zusammengetragen (z. B. Black

15

Schaubild 15.4: **Einkommensabhängige Sterblichkeit männlicher Angestellter im mittleren Lebensalter – BRD 1986**

Sterbefälle pro100.000 Angst. D. Vj. (1985)

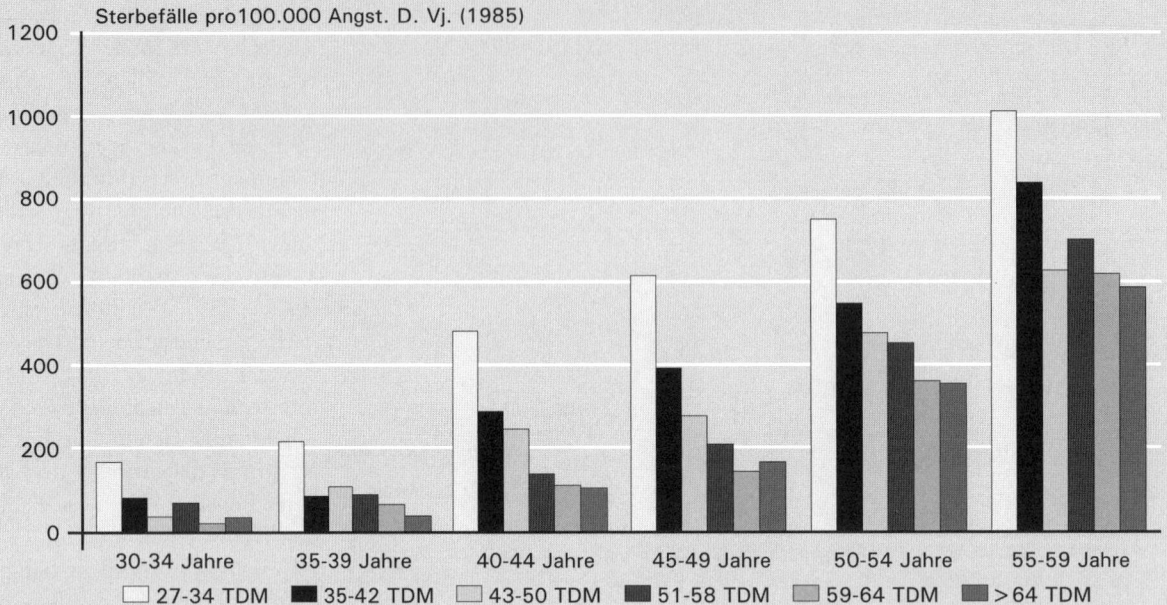

□ 27-34 TDM ■ 35-42 TDM □ 43-50 TDM ■ 51-58 TDM □ 59-64 TDM ■ >64 TDM

Quelle: Müller-Fahrnow/Klosterhuis 1993.

Report 1992; Badura/Kickbusch 1991; Mielk 1994; Siegrist 1996). Auch nach über 100 Jahren aktiver Sozialpolitik und trotz enormer Aufwendungen für Bildungs-, Sozial- und Gesundheitsleistungen ist die These von der sozial ungleichen Verteilung von Gesundheitsrisiken und Gesundheitspotenzialen nach wie vor hoch aktuell (z. B. Laaser u.a. 1995). Für die englische Bevölkerung wurden bis zu sieben Jahre Differenz in der **Mortalität** in Abhängigkeit von Einkommen, Bildungsgrad und Sozialstatus ermittelt. Auch in Deutschland, wo die Datenlage immer noch vergleichsweise sehr viel schlechter ist, zeigen sich erhebliche soziale Unterschiede im Mortalitätsrisiko.

Durkheim (1899) hat in der Soziologie die Tradition begründet, Gesellschaft unter einem eher gesundheitsförderlichen Blickwinkel zu betrachten. Für ihn sind Religion und soziale, insbesondere familiäre Beziehungen wesentliche Quellen sozialer Integration, die den Einzelnen vor den destruktiven Folgen von Ungewissheit, Unsicherheit und Isolation schützen. Er spricht von ihrem wohltätigen Einfluss. Religion und Gruppenbindungen stiften Sinn, fördern Solidarität und moralische Unterstützung und tragen dazu bei, dass die Erwartungen der Gesellschaft mit den Bedürfnissen des Menschen »im Einklang stehen« (1973:279). Der

Schaubild 15.5: **Schichtenspezifische Differenzen des Krankheitsrisikos für ausgewählte Krankheitsarten**

	Morbidität in der unteren Sozialschicht (obere Sozialschicht = 1,0)	
	Frauen	Männer
Bandscheibenschäden	1,2	1,8
Chronische Brochitis	1,4	2,1
Diabetes	3,9	1,9
Herzkreislaufkrankheiten[1]	1,8	2
Herzinfarkt	2,5	2
Schlaganfall	2,9	2,2
Karies	2,1	2,1
Krebskrankheiten	0,9	0,8
Lungenkrankheiten[2]	1,2	1,3
Magenkrankheiten[2]	1	1,4
Psychische Morbidität	1,8	3
Rheumatische Erkrankungen	1,1	2

[1] Herzkreislaufkrankheiten allgemein (Angina pectoris, Herzinfarkt, Schlaganfall, Herzschwäche, Durchblutungsstörungen)

[2] ohne Krebs

Quelle: Mielk 1994.

Mensch ist als »soziales Wesen« zur Regulierung seiner persönlichen Gedanken und Gefühle zwingend auf zwischenmenschliche und kulturelle Regulierung angewiesen.

Gesellschaft macht nicht krank, sondern erhält gesund. Anders als Freud und Elias hat sich Durkheim jedoch nicht mit der theoretischen Ausformulierung dieser These begnügt, sondern auch die empirische Erforschung der dazu in seiner Zeit bereits beobachteten großen Varianz in den Selbstmordraten verschiedener Regionen vorangetrieben. Er wurde damit zum intellektuellen Wegbereiter der sozialen Unterstützungsthese und zum Begründer der modernen **Sozial-Epidemiologie**. Aaron Antonovsky (1987) hat den von Durkheim vorgezeichneten Weg wohl am konsequentesten weiter verfolgt mit seiner Frage nach den sozialen und persönlichen Voraussetzungen gelungener und damit gesundheitsförderlicher Anpassung an eine potentiell riskante Umwelt.

Unbestritten ist, dass die mit sozialer Ungleichheit verbundenen Unterschiede in den sozialen und persönlichen Voraussetzungen einen erheblichen Einfluss auf Gesundheit und Wohlbefinden haben. Die Forschung richtet sich daher immer mehr auf die Ermittlung der diesen Einfluss erklärenden Faktoren. Prinzipiell kommen für den Zusammenhang zwischen Gesellschaft und Gesundheit zwei Kausalpfade in Betracht: der *sozio-psychosomatische* Kausalpfad und der teils damit verbundene, teils auch unabhängig davon über Sozialisation und Wertbindung wirkende *verhaltensbedingte* Kausalpfad. Im Folgenden betrachten wir diese beiden Kausalpfade an den Beispielen Stress und Rauchen.

Soziale Risiken und Gesundheitspotenziale: Stress, soziale Unterstützung, Handlungsspielraum

Den bisher wohl größten Beitrag zum Verständnis sozio-psychosomatischer Zusammenhänge hat die moderne biologische **Stress**forschung geliefert. Im biologischen Modell wird Stress als physiologischer Vorgang durch Einflüsse aus der physischen und sozialen Umwelt hervorgerufen. Es beschreibt einen über Jahrmillionen bei höheren Tieren und später auch im Menschen wirksamen psycho-physiologischen Zusammenhang zur Bewältigung außerordentlicher Herausforderungen. So kommt es bei Wahrnehmung einer Bedrohung – sehr vereinfacht ausgedrückt – zur Ausschüttung

von Hormonen, die Energiereserven für extreme Muskelleistungen mobilisieren. Biologischer Stress ist also, phylogenetisch betrachtet, zunächst einmal ein höchst gesundheitsförderlicher, weil die Bewältigung physisch herausfordernder Situationen wie etwa Kampf, Jagd oder Flucht begünstigender Prozess. Nun leben wir heute nicht mehr in einer Gesellschaft, die aus kleinen Gruppen von Jägern und Sammlern besteht, sondern in einer Gesellschaft, in der Stress vielleicht noch sehr viel häufiger als zur Zeit der Jäger und Sammler erzeugt wird – überflüssigerweise, denn Stressreaktionen zur Vorbereitung auf Kampf oder Flucht haben für das Überleben des Einzelnen wie der Gattung erheblich an Bedeutung verloren. Alltägliche Bedrohungen zielen heute weniger auf unsere physische Existenz, dafür umso mehr auf unseren sozialen Status, die persönliche Lebensplanung oder das Selbstwertgefühl. Stresserfahrung und -bewältigung ist heute kaum mehr ein kollektiver, von der Lebensgemeinschaft insgesamt erfahrener, sondern ein meist individuell durchzustehender Prozess. Beansprucht werden immer weniger unsere Muskelleistungen, dafür immer mehr unsere kognitiven, emotionalen und kommunikativen Fähigkeiten. Mit dem Wandel der politischen, ökonomischen und sozialen Rahmenbedingungen haben sich im Übergang von der Jäger- und Sammler- zur Agrargesellschaft und mehr noch in dem von der Agrar- zur Industrie- und Dienstleistungsgesellschaft auch die Herausforderungen, Risiken und Gefahren verändert, mit denen die Individuen im Verlauf ihres Lebens konfrontiert werden. Verändert haben sich aber auch ihre persönlichen und sozialen Gesundheitspotenziale und die sozialen Regeln individueller Gefühlsregulierung.

Neben der Biologie tragen heute vor allem auch Psychologie und Soziologie wesentlich zur Stressforschung bei. Stressoren wirken unspezifisch als Kofaktoren bei der Entstehung zahlreicher übertragbarer und nichtübertragbarer Krankheiten. Untersucht werden in der soziologischen Stressforschung die Auswirkungen von Alltagsbelastungen (z.B. Hetze, Zeitnot), von belastenden Lebensereignissen (z. B. Verlust wichtiger Rollen, wichtiger Bezugspersonen oder der Gesundheit), von chronischen Belastungen in Familie und Beruf sowie von kritischen Übergängen im Lebenszyklus (z.B. Adoleszenz, »leeres Nest«-Syndrom, Übergang ins Rentnerdasein). Gegenstand der Stressforschung sind bedrohlich oder als Kränkung oder Verlust empfundene soziale Umweltfaktoren und ihr Einfluss auf Kognition, Emotion, Physiologie und Verhalten. Psychologen beschäftigen sich vor allem mit der individuellen Stressbewältigung, Sozio-

15

Epochentypische Stressquellen

Von grundlegender Bedeutung für die soziologische Stressforschung ist der von Elias (1939) untersuchte Wandel in den Angst erzeugenden Strukturelementen einer Gesellschaft: der Wandel dessen, was man als die epochentypischen Stressoren bezeichnen könnte. Kennzeichnend für die Bedrohungssituation der mittelalterlichen Kriegergesellschaft im Frühstadium der Zivilisation war nach Elias die Bedrohung des Einzelnen vor allem durch die physische Gewaltsamkeit der Mitmenschen. Der Alltag des Mittelalters war bestimmt von einer »unaufhebbaren Unruhe«, einer »steten Nähe der Gefahr« physischer Gewalt, sei es durch familiäre Fehden, räuberische Überfälle oder kriegerische Auseinandersetzungen. Diese allgegenwärtige Gewalt schuf eine Atmosphäre allgemeiner Unberechenbarkeit und persönlicher Unsicherheit, die die zivilisierte Neuzeit Westeuropas nur noch in Ausnahmesituationen kennt. Gefordert war am Beginn der Zivilisation, so Elias, vor allem die kämpferische Kompetenz des Einzelnen. Auf dem ersten Höhepunkt des zivilisatorischen Prozesses in der höfischen Gesellschaft des

17. und 18. Jahrhunderts spielt die physische Bedrohung keine entscheidende Rolle mehr. An ihre Stelle tritt, was wir heute als psychosoziale Bedrohung bezeichnen: die Bedrohung der Selbstentwertung, die mit einem Statusverlust einhergeht. Gefordert ist seitdem nicht mehr kämpferische, sondern kommunikative Kompetenz zum Erhalt oder zur Erringung der Gunst der Mächtigen.

Typisch für die Bedrohungssituation des modernen Menschen ist nach Elias, dass sie »innere Ängste« erzeugt, die »ihn unter dem Druck eines starken Über-Ich, auch unabhängig von jeder Kontrolle durch andere, automatisch gebunden halten« (II:449). Elias anerkennt, wie erwähnt, jedoch auch äußere Bedrohungen als Angst auslösende Faktoren, z.B. Spannungen zwischen den Staaten, die beim Einzelnen »einen verstärkten Arbeitsdruck« und eine »tiefgreifende Unsicherheit« auslösen können. »Entbehrungen, Unruhe und Arbeitslast« moderner Gesellschaften (II:448) erregen ebenso Ängste wie die physischen Bedrohungen im Alltag einer mittelalterlichen Kriegergesellschaft. In seiner Analyse

des Wandels kollektiver Bedrohungssituationen weist Elias nach, dass das menschliche Handeln nicht nur von Werten, Erwartungen und Wissensvorräten, sondern auch von wahrgenommenen oder antizipierten Risiken, Belastungen und Verlusterlebnissen bestimmt wird – was vermutlich für die Erklärung individuellen Verhaltens ebenso bedeutungsvoll ist wie für die Erklärung kollektiver Aktionen und sozialer Bewegungen. Der moderne Mensch wird, so Elias, bedroht durch Liebesverlust, durch Verlust sozialer Anerkennung und durch die von seinem eigenen Über-Ich ausgelösten Schuld-, Scham- und Peinlichkeitsängste. Diese »Epidemie« negativer Gefühle ist – am vorläufigen Ende des Zivilisationsprozesses – begleitet von klaren Einbußen bei der gesellschaftlich zulässigen Befriedigung positiver Lustempfindungen. Elias macht die historische Rekonstruktion dieses von Freud mit »Kulturfortschritt«, von ihm selbst als »Zivilisationsprozess« bezeichneten Entwicklungsprozesses zum zentralen Gegenstand.

---

logen mit der gesellschaftlichen Erzeugung individueller und kollektiver Stressoren sowie mit strukturellen und situativen Einflüssen auf die Stressbewältigung (Badura/Pfaff 1989; Badura 1992; Siegrist 1996).

GESUNDHEITSPOTENZIALE

Soziale Unterstützung

Was am Stressprozess (Stressoren, Stressreaktionen, gezielte Stressbewältigung) macht eigentlich krank? In den letzten Jahren neigen Experten immer mehr zu der Auffassung, dass nicht Über- oder Unterforderung durch kritische Lebensereignisse oder chronische Anforderungen an sich, sondern mangelhafte Bewältigungsfähigkeiten (*Coping*) und fehlende oder mangelhafte Gesundheitspotenziale (soziale Unterstützung, soziale Handlungsspielräume) von Ausschlag gebender Bedeutung sind (z.B. Badura/Pfaff 1989; abweichend davon Siegrist 1996). Für die Entwicklung von Strategien zur

gezielten Gesundheitsförderung folgt daraus, dass sie nicht nur an den Stressoren (z. B. Arbeitsbelastungen) anzusetzen, d.h. Risikobekämpfung zu leisten haben, sondern dass die Förderung persönlicher (z. B. Qualifikation) und sozialer Gesundheitspotenziale mindestens ebenso wichtig, wenn nicht sogar weitaus vielversprechender ist. Die auf Durkheim zurückgehende **soziale Unterstützungsthese** hat sich in diesem Zusammenhang als besonders erklärungskräftig erwiesen: Art, Umfang und Qualität sozialer Integration eines Menschen sind für seine seelische und körperliche Gesundheit von grundlegender Bedeutung.

Soziale Beziehungen haben einen direkten positiven Einfluss auf das seelische Wohlbefinden und die physische Gesundheit und bilden eine wesentliche Ressource bei der Bewältigung belastender Herausforderungen und Lebensumstände. Indessen verlieren sie auf Grund des Wandels zunächst zur Industrie-, heute zur Dienstleistungsgesellschaft und durch die damit verbundene Individualisierung immer mehr ihren stabilen gruppenförmigen Charakter. An ihre Stelle tritt ein Geflecht unterschiedlicher, eher instabiler Netzwerkbeziehungen.

Enge, stabile und dichte Primärbeziehungen sind jedoch lebenswichtig, vor allem im ersten und letzten Lebensabschnitt eines jeden Menschen (siehe Kap. 5). Sie bilden eine wesentliche Ressource bei der Stressvermeidung und -bewältigung (Waltz/ Badura 1990).

Erst allmählich beginnen wir die Folgen von Individualisierung und Wertepluralismus für Wohlbefinden und physische Gesundheit zu verstehen. Deutung und Bewertung sozialer Situationen, Gefühlsregulierung und Verhaltensorientierung sind Resultate zurückliegender Erfahrungen und werden durch aktuelle soziale Beziehungen und Prozesse geformt bzw. modifiziert. Darüber hinaus sind soziale Beziehungen von hoher praktischer Bedeutung für Lebensqualität und Überleben in einer risikoreichen Umwelt. Im Falle einer Erkrankung können sie von grundlegender Bedeutung sein zur Bewältigung der erforderlichen Anpassungsleistungen und Lebensumstellungen. (Badura u.a. 1987; Pfaff 1989, 1995).

Individuelle Handlungsspielräume

Dass die radikale Einschränkung individueller *Handlungsspielräume* mit erheblichen seelischen Kosten verbunden ist, hat in der Soziologie als Erster Erving Goffman untersucht (1961). Neben erzwungener sozialer Isolation (Wegfall sozialer Unterstützung) beschneiden »totale« Institutionen wie Gefängnisse, Klöster, Krankenhäuser auch mehr oder weniger radikal die Möglichkeiten selbstbestimmten Handelns. Sie sind total, so Goffman, weil sie den ganzen Alltag, d.h. Arbeit und Privatleben umfassen, ihre Insassen von der übrigen sozialen Umwelt weitgehend isolieren und sie umfassend überwachen und reglementieren. Goffman (1961) beschreibt nicht nur ausführlich die Hausordnung und sozialen Beziehungen eines psychiatrischen Krankenhauses, sondern analysiert auch die seelischen Folgen dieser Versorgungsform sowie die sich unter diesen Umständen entwickelnden individuellen und kollektiven *Coping*-Strategien. Die wichtigsten sozialen Folgen für die Insassen sind Goffman zufolge: Rollenverlust, Unterwerfung unter eine restriktive Hausordnung und Isolation vom gewachsenen sozialen Netzwerk. Die wichtigsten seelischen Folgen fasst er unter Identitätsverlust zusammen: Minderung des Selbstwertgefühls und Verlust an Möglichkeiten zur Selbstbestimmung.

Nun sind Handlungsspielräume in allen sozialen Situationen mehr oder weniger eng definiert bzw. vorgegeben, d.h. durch Abhängigkeiten, Regeln oder durch

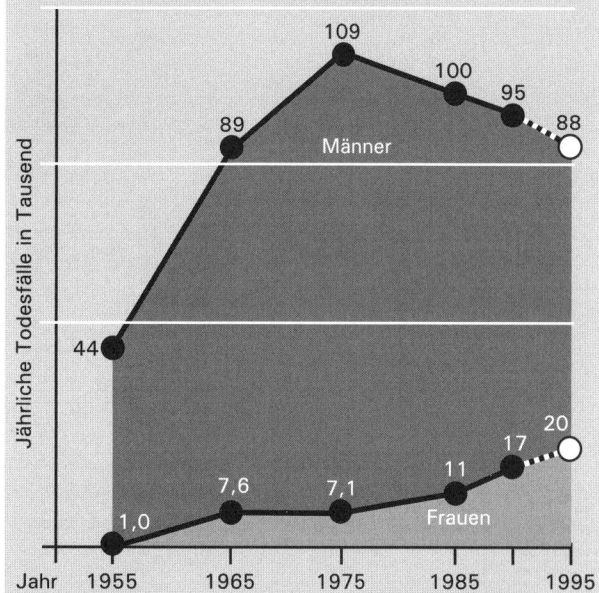

Schaubild 15.6: Die Entwicklung der Mortalität von Rauchern und Raucherinnen in Deutschland

Quelle: Statistisches Bundesamt; Mikrozensus Mai 1992.

materielle Bedingungen (z.B. knappe finanzielle Mittel) begrenzt. Der Arbeitssoziologe und Stressforscher Bob Karasek und seine Mitarbeiter haben Goffmans Analysen in ihrer sozialepidemiologisch begründeten Kritik tayloristischer Arbeitsorganisationen aufgegriffen. Sie gingen der Frage nach, inwieweit unterschiedlich große Handlungsspielräume in der Arbeitswelt einen moderierenden Einfluss auf die gesundheitlichen Folgen hoher Arbeitsbelastungen ausüben. Ihr Ergebnis lautet knapp zusammengefasst: Geistig wenig fordernde (Unterforderungsthese) und die persönliche Handlungs- und Entscheidungsfreiheit stark einschränkende Arbeitsbedingungen erhöhen deutlich das Risiko, vorzeitig an einer Herz-Kreislauf-Erkrankung zu sterben. Die pathogenen Folgen hoher Stressbelastung und geringer Handlungsspielräume sind mittlerweile in weiteren Studien erhärtet und auch arbeitspolitisch als Plädoyer für mehr Partizipation der Beschäftigten im Betriebsgeschehen verwendet worden (Karasek/Theorell 1990; Siegrist 1996).

Risikofaktor Rauchen

Zigarettenrauchen gilt heute als einer der verbreitetsten, gefährlichsten und wissenschaftlich am besten belegten

Risikofaktoren. Bereits 1982 stellte der für die öffentliche Gesundheit seines Landes zuständige oberste Bundesbeamte der USA fest: Rauchen sei die wichtigste »vermeidbare Todesursache« und »das wichtigste Gesundheitsproblem unserer Zeit«. Rauchen – so belegen zahlreiche prospektive Studien – ist die Hauptursache für Lungenkrebs und ein wichtiger Mitverursacher zahlreicher anderer verbreiteter Krankheiten, z.B. des Herz-Kreislauf-Systems und der Atemwege. Schaubild 15.6 zeigt Schätzwerte der durch das Rauchen bedingten Todesfälle der Jahre 1955-1995 auf dem Gebiet der Bundesrepublik und der ehemaligen DDR. Interna-

Bei der heutigen Kenntnis der gesundheitsschädlichen Folgen des Rauchens mutet es geradezu schockierend an, dass Ärzte sich einmal für eine besondere Zigarettenmarke ausgesprochen haben. Diese US-amerikanische Reklame von 1947 erschien in einem landesweit verbreiteten Nachrichtenmagazin. Sie war typisch für jene Zeit. Auch heute noch, wo wir wissen, dass Rauchen »der« Risikofaktor für die öffentliche Gesundheit ist, wird Tabak weiterhin angebaut und aggressiv beworben – ein deutlicher Hinweis, dass gesellschaftliche und wirtschaftliche Macht eng miteinander verflochten sind und die öffentliche Gesundheit wesentlich beeinflussen.

tionale Vergleiche zeigen, dass Deutschland mit durchschnittlich 20-24 Zigaretten pro Kopf und Tag noch nicht einmal zur Spitzengruppe der Tabak konsumierenden Länder zählt wie Polen, die Niederlande, Großbritannien, Italien oder Spanien, dafür aber deutlich höhere Raten verzeichnet als Portugal, die Schweiz oder die skandinavischen Länder. Tabelle 15.1 gibt die **Prävalenz** des Rauchverhaltens nach Alter und Geschlecht in Ost- und Westdeutschland wieder. Männer in Ostdeutschland rauchten zum Erhebungszeitpunkt 1992 etwas häufiger als Männer in Westdeutschland. Bei Frauen zeigte sich ein umgekehrtes Bild. In Deutschland sind 1990 112.400 Personen (95.900 Männer; 16.500 Frauen) vorzeitig wegen Tabakrauchens verstorben. Tabelle 15.2 zeigt die durch Tabak verursachten Todesfälle in Deutschland für das Jahr 1990 aufgeschlüsselt nach unterschiedlichen Krankheitsbildern. Laut Daten des Augsburger Monika-Projektes sank bei Männern die altersstandardisierte Häufigkeit des regelmäßigen Zigarettenrauchens von 37,7 Prozent im Jahr 1985 auf 31,8 Prozent im Jahr 1990. Bei Frauen nahm der Tabakkonsum im gleichen Zeitraum von 18,7 Prozent auf 22,8 Prozent zu. Rauchen, so belegen die Untersuchungen, variiert nicht nur in Abhängigkeit von Alter, Geschlecht, Region und Schichtzugehörigkeit, sondern unterliegt auch sozialen Einflüssen in der Familie oder durch Freunde bzw. Gleichaltrige (Weiland/Keil 1994). Anders ausgedrückt, auch bei dem singulären Risikofaktor Rauchverhalten wirken sich die

bekannten sozio-demographischen und sozialen Einflüsse aus. Auch Stress, bedingt durch Unsicherheit, Ungewissheit oder Arbeitsüberlastung, hat einen nicht unwesentlichen Anteil daran, ob bzw. wie viel Tabak ein Mensch konsumiert. Rauchen hat offensichtlich nicht nur eine sozial-kommunikative Funktion (Signal für Erwachsenenstatus beispielsweise), sondern dient auch der individuellen Gefühlsregulierung (Stressbewältigung, Erzeugung von Lustgefühlen).

Moderne Gesellschaften bieten zur individuellen Gefühlsregulierung zahlreiche mehr oder weniger ris-

Altersgruppe (Jahre)	Männer		Frauen	
	Ost	West	Ost	West
15-19	25,3	20,1	13,9	14,5
20-24	48,4	40,2	33,9	31,8
25-29	53,6	45,2	37,4	35,4
30-39	50,7	47,4	33,2	36,2
40-49	41,5	41,8	19,8	29,4
50-59	33,8	33,5	12,7	16,6
60-69	26,9	26,6	10,4	11,4
70+	21,3	18,4	4,5	5,4
Gesamt	39,4	36,3	19,5	22,0

Tabelle 15.1: Prävalenz (Prozent) des Rauchens in Deutschland im Jahre 1992

Quelle: Statistisches Bundesamt; Mikrozensus Mai 1992.

15

Tabelle 15.2: Durch Tabak verursachte Todesfälle in Deutschland im Jahre 1990. Männer und Frauen, alle Altersgruppen

Todesursachen	Männer	Frauen	Gesamt
Alle Krebsarten	39.000	4.400	**43.400**
Nur Lungenkrebs	*25.000*	*3.400*	***28.400***
Kardiovaskuläres System	31.000	6.300	**37.300**
Respiratorisches System	15.800	3.800	**19.600**
Andere Todesursachen	10.100	2.000	**12.100**
Gesamt	**95.900**	**16.500**	**112.400**

Quelle: Statistisches Bundesamt; Mikrozenzus Mai 1992.

kante und mehr oder wenige akzeptierte Konsumgüter an, z.B. Medikamente, Drogen, Alkohol und eben auch Tabakwaren. Formen der Gefühlsregulierung haben somit nicht nur eine kulturelle, sozialpsychologische und gesundheitswissenschaftliche, sondern auch eine volkswirtschaftliche und politische Dimension – zu denken wäre hier z.B. auch an die ca. 35 Millionen Packungen Psychopharmaka, die in Deutschland (alte Länder) jährlich verkauft wurden.

DIE ENTWICKLUNG DES GESUNDHEITSWESENS

Trotz seiner starken externen und internen *Regulierung* ist das deutsche Gesundheitswesen durch ein hohes Maß an *Eigendynamik* geprägt. Die verschiedenen Leistungsangebote des Gesundheitswesens sind weder quantitativ noch qualitativ Ergebnis rationaler Steuerung – ungeachtet des gesetzgeberischen Willens, die Entwicklung der medizinischen Versorgung an sozialpolitische Vorgaben zu binden. Die Gesundheitspolitik setzt lediglich Rahmenbedingungen, auf die eine Vielzahl kollektiver und individueller Akteure (Krankenkassen, Verbände, Kliniken, freipraktizierende Ärzte) interessengeleitet, d. h. nach ihren jeweils spezifischen Handlungskalkülen »eigensinnig« reagiert. So hat sich nicht nur die funktionelle Differenzierung des Gesundheitssystems erhöht, sondern auch eine Vielzahl regulativer Strukturen (professionelle Interessengruppen) und Normen (medizinische Standards) entwickelt, die den »Blick« – und letztlich auch das operative Handeln – des Systems bestimmen. Je mehr ein soziales System die Wahrnehmung von Problemen auf seine eigene Binnen-

perspektive verengt, desto größer ist die Gefahr, dass die hervorgebrachten Lösungen allein den systemischen Eigeninteressen geschuldet sind und sich von gesellschaftlichen Zielvorgaben und Aufgabenstellungen entfernen. Wenn sich systeminterne Regelungskompetenzen herausbilden und verstärken, entsteht zugleich auch ein nicht zu unterschätzender Machtfaktor, an dem externe Eingriffe und Steuerungsversuche abprallen, d. h. sie verlieren ihre beabsichtigte Wirkung oder werden ganz blockiert.

Wie sehr die Entwicklung der medizinischen Versorgung von den internen Mechanismen der **korporativen** Selbststeuerung geprägt wird und wie oft sie den Gesetzgeber zu einer Revision der Rahmenbedingungen zwingt, zeigt die jüngere Geschichte gescheiterter Reformen, Regulierungen und Interventionen im deutschen Gesundheitswesen. Die komplexe Vielfachsteuerung der medizinischen Versorgung provoziert geradezu Reformblockaden und – ohne das Korrektiv von Markt und Plan, also ohne den Zwang zur strikten Bedarfsorientierung, Effizienz und Angemessenheit – in hohem Maße *eigennützige Angebotsstrukturen und Nachfrageverhältnisse*. Durch diese kaum gebremste Anbieterdominanz trieb das deutsche Gesundheitssystem in eine Strukturkrise (Badura/Feuerstein 1994), die gegenwärtig allerdings nur als Finanzierungskrise wahrgenommen wird. Drei Entwicklungslinien sind für diese Strukturkrise symptomatisch: erstens die enorme Expansionstendenz des medizinischen Technikeinsatzes, zweitens die wachsende Spezialisierung und Fragmentierung der medizinischen Versorgung und drittens die fortschreitende Medikalisierung individueller Probleme.

Technisierung

Zu den zentralen Merkmalen der modernen medizinischen Versorgung gehört ihr hohes Innovationstempo und eine – auch durch regulative Maßnahmen – kaum zu brechende Tendenz, den diagnostischen und therapeutischen Zugang zum Patienten mit immer mehr Technik auszustatten. Die Medizintechnik hat sich inzwischen zu einer der wachstumsstärksten Komponenten des deutschen Versorgungssystems entwickelt. Der tatsächliche Entwicklungsverlauf ist zwar nicht vollständig transparent, lässt sich jedoch mit den verfügbaren Daten exemplarisch zu einem eindrucksvollen Bild verdichten.

15

Sozialpolitische Einbettung, Struktur und Funktionsweise des deutschen Gesundheitswesens

Mit der Gründung genossenschaftlicher Selbsthilfeeinrichtungen (Zünfte) begann sich die Krankenfürsorge bereits im Mittelalter aus der alleinigen Verantwortung der Familie zu lösen. Um die Folgen der Industrialisierung zu lindern, entstanden später staatliche Armenpflegeprogramme, die unter anderem auch Geldleistungen im Krankheitsfall vorsahen. Die eigentlichen Wurzeln des deutschen Gesundheitswesens liegen jedoch im *Gesetz betreffend die Krankenversicherung der Arbeiter* von 1883. Hier wurde erstmals ein reichseinheitliches Gesetz geschaffen, das die Versicherungspflicht von gewerblich Beschäftigten regelte. Die Versicherten erwarben sowohl einen Rechtsanspruch auf Geld- und Sachleistungen bei Krankheit als auch das Recht auf freie ärztliche Behandlung. Als Träger der Versicherung entstanden die ersten selbstverwalteten Krankenkassen. Die Finanzierung erfolgte aus Zwangsbeiträgen, deren Höhe sich am Bruttoarbeitsverdienst orientierte und die anteilig von Arbeitgebern und Arbeitnehmern zu entrichten waren. Mit der *Reichsversicherungsverordnung (RVO)* von 1911 wurden schließlich die Kranken-, Unfall- und Rentenversicherung zu einem umfassenden Sozialversicherungspaket zusammengeführt.

Nach Gründung der Bundesrepublik Deutschland erlangten die Krankenkassen ihr im Nationalsozialismus aufgehobenes Selbstverwaltungsrecht wieder. Ihre Aufgaben verlagerten sich sukzessive auf die kurative und – mit großem Abstand – die präventive Medizin. Hinzu kam eine Ausdehnung ihres Leistungsspektrums (z.B. auf zeitlich unbegrenzte Krankenpflege, Leistungen zum Schwangerschaftsabbruch, Maßnahmen zur Früherkennung) und eine Erweiterung des Kreises der Versicherten auf nicht erwerbstätige Gruppen (z.B. Studenten, Behinderte, Rehabilitanden, Arbeitslose) und freiwillige Mitglieder.

Mit über 39 Millionen Versicherten im Jahr 1992, die sich größtenteils aus Pflichtmitgliedern (abhängig Erwerbstätige unterhalb einer bestimmten Einkommensgrenze) rekrutieren, ist die *Gesetzliche Krankenversicherung (GKV)* die tragende Säule des deutschen Gesundheitswesens geblieben. Anders als in der *Privaten Krankenversicherung (PKV)*, deren Mitgliederzahl 1991 etwa 5,3 Millionen betrug, orientiert sich der Beitragssatz der GKV-Versicherten nicht an persönlichen Risikofaktoren (wie z.B. Alter, Geschlecht, Vorerkrankungen), sondern folgt dem **Solidarprinzip**. Da die Beiträge innerhalb gewisser Bemessungsgrenzen proportional zum Arbeitseinkommen erhoben werden, mitversicherte Familienangehörige (Ehegatten, Kinder) ohne Einkommen aber beitragsfrei bleiben, und alle Versicherten im Krankheitsfall den gleichen Leistungsanspruch haben, fungiert die GKV vor allem auch als Instanz des sozialen Risikoausgleichs: Einkommensstarke subventionieren Einkommensschwache, Ledige Verheiratete, Jüngere Alte, Kinderlose Eltern, Gesunde Kranke.

Zu den Charakteristika des deutschen Gesundheitswesens gehört die strikte *Trennung von Finanzierung und Versorgung*. Krankenkassen sind Kostenträger, d. h. für die Vergütung der Leistungen zuständig. Die medizinische Versorgung selbst obliegt dem Monopol der Leistungsanbieter: den Krankenhäusern, den frei praktizierenden Ärzten, den Rehabilitationszentren, den psychiatrischen Einrichtungen. Bis in die 1990er Jahre hinein wurde die Entwicklung des medizinischen Versorgungsangebots durch das am *Mitteleinsatz orientierte Kostenerstattungsprinzip* beeinflusst. Weil die erbrachten Leistungen – sei es in Form der pauschalierten Pflegesätze der Krankenhäuser oder in Form des auf der Gebührenordnung für Einzel- und Sachleistungen beruhenden Honorarsystems der niedergelassenen Ärzte – von den Kosten-

Laut Sachverständigenrat für die Konzertierte Aktion im Gesundheitswesen zeigte die Nutzung medizinischer Techniken im Zeitraum von 1979 bis 1989 folgende Steigerungsraten: bei Sonographieleistungen um 840 Prozent, in der Endoskopie um 184 Prozent, in der Strahlentherapie um 717 Prozent, bei EKG-Leistungen um 97 Prozent und in der Labordiagnostik, dem umsatzstärksten Leistungsbereich, um immerhin noch 52 Prozent. Parallel dazu verdoppelte sich zwischen 1982 und 1991 die Zahl der medizinischen Großgeräte (Pfaff/Nagel 1992:105). Exemplarisch für die rasche Diffusion und Leistungsentwicklung technischer Verfahren ist die klinische Kardiologie, deren Leistungszahlen zwischen 1980 und 1997 geradezu exponentiell anstiegen. Zum Problem steigender Leistungszahlen bei innovativen Techniken kommt das Problem der »Entmüllungs-Restriktionen« des medizinischen Systems: denn auch Techniken, die nach heutigem Stand als überholt betrachtet werden, kommen weiterhin zum Einsatz (Schwarz/Busse 1995:84).

Die ungestüme Wachstumsdynamik des medizinischen Technikeinsatzes vollzog sich nahezu unbeeinflusst von gesundheitspolitischen Prioritäten und Kalkülen, vom gesellschaftlichen Bedarf und von der therapeutischen Angemessenheit. Weitgehend unbestritten ist, dass die gestiegene Leistungsfähigkeit der Medizin und ihre beeindruckenden Behandlungserfolge, speziell bei akuten Erkrankungen, eng mit technischen Innovationen verbunden waren und sind. Dennoch bleibt offen, ob die erreichte Gerätedichte und das Ausmaß, in dem Medizintechniken eingesetzt werden, angesichts der Mittelknappheit im Gesundheitssystem mit dem gesellschaftlichen Bedürfnis an einer optimalen **Ressourcenallokation** zu vereinbaren sind. Problematisiert wird die Entwicklung der medizinischen Technikexpansion vor allem in folgenden fünf Hinsichten: Erstens vollziehe sich die Einführung medizinischer Techniken, ohne dass ihre therapeutische Relevanz und Wirksamkeit überprüft und bewertet werde. Zweitens habe sich ein Ungleichgewicht zwischen Diagnostik und Therapie entwickelt: Über 87 Prozent der 1991 gezählten Großgeräte gehören zu

trägern sämtlich erstattet wurden, bestanden in allen Bereichen des Gesundheitswesens starke Anreize zur mengenmäßigen und auch qualitativen Ausdehnung der Leistungen. So vollzog sich zwischen 1970 und 1994 allein im klinischen Sektor eine beträchtliche Ausgabenexpansion: 1970 betrugen die Ausgaben für die stationäre und teilstationäre Gesundheitsversorgung noch 12 Milliarden DM, 1980 bereits 52,5 Milliarden und im Jahr 1994 immerhin 130,2 Milliarden (nur alte Bundesländer). Der Kostenzuwachs ging sogar einher mit einer insgesamt reduzierten Bettenzahl (von 683.254 Betten 1970 über 669.663 Betten 1989 auf 641.957 Betten 1997) und mit einer verringerten Zahl der geleisteten Pflegetage (von ca. 220,8 Millionen 1970 auf über ca. 210,2 Millionen 1989 auf 178,6 Millionen 1997) in den Krankenhäusern und Vorsorge- oder Rehabilitationseinrichtungen des früheren Bundesgebietes. Mehr als ausgeglichen wurde diese steuerungspolitisch motivierte Verknappung durch (a) die stark gestiegene Zahl der aufgenommenen Krankenhauspatienten bei deutlich kürzerer Verweildauer (von durchschnittlich 28,7 Tagen 1960 über 16,2 Tage 1989 auf 12,6 Tage 1997), (b) die gestiegene Auslastung der noch verfügbaren Betten, (c) die Intensi-

vierung der diagnostischen und therapeutischen Leistungen pro Patient, (d) vor allem aber auch durch Kostensteigerungen im medizinisch-technischen, im Personal- und Sachmittelbereich. Die Folge davon war eine Verschiebung der sektoralen Ausgabenentwicklung im Gesundheitswesen. Betrug der Anteil des ambulanten Sektors zu Beginn der 1970er Jahre noch etwa 23 Prozent der Gesamtausgaben der GKV, so belief er sich 1988 auf noch knapp 17 Prozent.

Auf Grund der ausgeprägten Tendenz zur Kostensteigerung der klinischen Leistungen gerieten besonders Krankenhäuser in den Verdacht, Überkapazitäten aufgebaut zu haben und mit mangelnder Effizienz zu agieren. Das *Gesundheits-Strukturgesetz (GSG)* setzte daher gerade im stationären Sektor zum tiefsten – systemverändernden – Einschnitt an. Der voll pauschalierte Pflegesatz nach dem Selbstkostendeckungsprinzip wurde mit Wirkung vom 1.1.1993 aufgehoben und durch eine feste Budgetdeckelung ersetzt. Ab 1996 kann die Abrechnung durch Fallpauschalen, pauschalierte Sonderentgelte und Abteilungspflegesätze erfolgen. Die Krankenhäuser bleiben zwar in der Pflicht, den gesetzlichen Versorgungsauftrag zu erfüllen, sie können aber durch eine ineffiziente Organisation,

durch ineffektiven Mitteleinsatz, einen nicht bedarfsgerechten Kapazitätsaufbau oder eine ungünstige Patientenstruktur (Alte, Multimorbide, chronisch Kranke) ihre wirtschaftliche Existenzgrundlage verlieren. Um dem Missbrauch der pauschalierten Leistungsvergütung, also einer ökonomisch motivierten Tendenz zur Unterversorgung der Patienten vorzubeugen, sind die Krankenhäuser zur Durchführung qualitätssichernder Maßnahmen verpflichtet. Das Krankenhaus bewegt sich damit in einer Zwischenwelt von staatlicher Regulierung und wirtschaftlicher Eigenverantwortung: Wie die Entwicklung seiner klinischen Leistungen und des generellen Versorgungsniveaus weiter verlaufen wird, ist noch offen.

Das GSG beruht auf keinem inhaltlichen Gestaltungskonzept zur Neuregelung der Gesundheitsversorgung und setzt ungeachtet der propagierten »Marktöffnung« des medizinischen Leistungsangebotes – wahrscheinlich zu Recht – nur wenig Vertrauen in die regulativen Kräfte des Marktes (vgl. dazu Beske/Brecht/Reinkemeier 1995; Alber 1992; und zu den neueren Daten: Statistisches Bundesamt 1997 und 1998).

den Diagnosetechnologien. Drittens erfolge der medizinische Technikeinsatz vielfach ohne standardisierte Indikation, womit sich nicht nur unkontrollierte Expansionsspielräume eröffnen, sondern auch unnötige Kosten entstünden und Patienten überflüssigen Belastungen ausgesetzt würden. Viertens sei das Problem iatrogener (d.h. vom Arzt verursachter) Schädigungen, also unerwünschter negativer Effekte des medizinischen Technikeinsatzes, weitgehend unerforscht und auch in Kosten/Nutzen- oder Kosten/Wirksamkeits-Analysen kaum erfasst. Unerwünschte Nebeneffekte könnten jedoch selbst beim Einsatz von Technologien auftreten, von deren Harmlosigkeit man bisher überzeugt war. Stöhr (1994) verweist in diesem Zusammenhang auf behandlungsbedürftige Angstsymptome, die nach kernspintomographischen Verdachtsdiagnosen auftreten – und selbst dann noch wirksam sind, nachdem der Befund eindeutig als falsch-positiv erkannt wurde. Fünf-

tens schließlich verschiebe sich das angebotene Leistungsspektrum tendenziell zu Lasten des unmittelbaren Arzt/Patient- Gesprächs, was sowohl im Mikro- wie im Makrobereich der Versorgung Probleme aufwirft: zum einen durch die zunehmende Distanz in der Arzt/Patient-Beziehung, zum anderen durch die Gefahr, dass das Versorgungssystem durch seine Technik- und damit Akutorientierung die notwendige Anpassung an das gewandelte Krankheitsspektrum der Patienten verfehlt.

Mit Blick auf die ökonomischen und versorgungspolitischen Effekte der medizintechnischen Wachstumsdynamik entstand besonders in den USA, zunehmend aber auch in verschiedenen europäischen Ländern, das gesundheitspolitische *Bedürfnis, die Diffusion und den Einsatz diagnostischer und therapeutischer Techniken nach wissenschaftlich gesicherten Kriterien rational zu steuern.* Eine wirksame Steuerung verlangt neben Durchsetzungsvermögen vor allem auch differenzierte

15

Systemkenntnisse. Versuche einer »rationalen« Steuerung des medizintechnischen Leistungsangebotes stießen daher nicht nur an die Grenzen einer unzureichenden Evaluation (Kosten/Nutzen- bzw. Kosten/Wirksamkeits-Analysen), sondern scheiterten auch an unzureichenden Kenntnissen über die Systembedingungen der medizinischen Technikexpansion.

Eine der zentralen Fragen lautet daher: Wer oder was treibt die medizinische Technikspirale? Partielle Erklärungsversuche gibt es zuhauf (vgl. Feuerstein 1994:119 ff.). Die *medizintheoretische Interpretation* unterstellt eine innere Verwandtschaft von naturwissenschaftlich geprägtem Krankheitsverständnis und der Eigenschaft moderner Techniken,

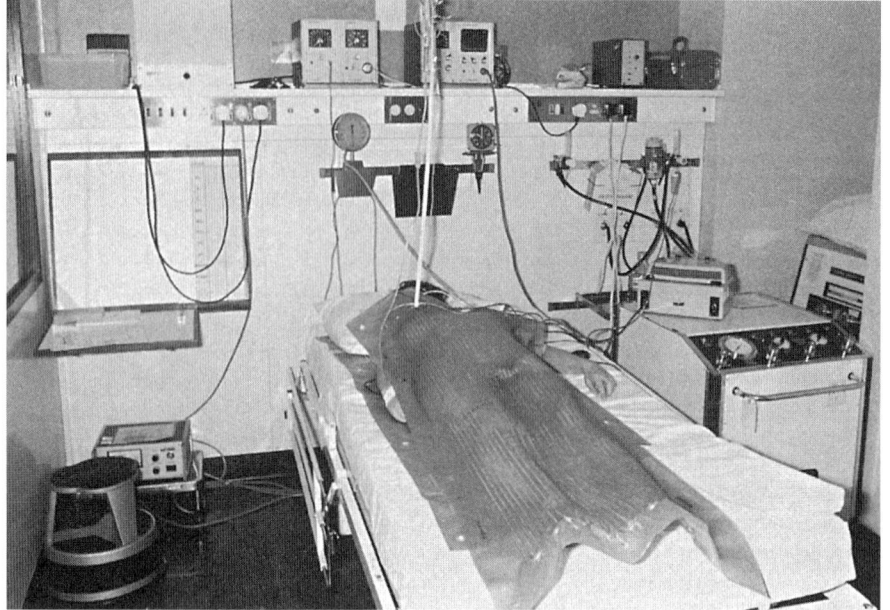

Die Medizintechnik ist heute in einem Maße fortgeschritten, dass sie ganz neue Fragen aufwirft. Soll beispielsweise bei knappen Ressourcen eine gehirntote Person mit aufwändigem technischen Einsatz weiter »künstlich« am Leben erhalten werden, wenn weite Teile der Bevölkerung – wie heute in den USA – kaum die medizinische Grundversorgung erhalten?

»objektive«, dokumentierbare Befunde zu produzieren (Arnold 1988); diese seien nicht nur geeignet, faktisches Handeln zu legitimieren, sondern auch die Nähe zum »Stand der (medizinischen) Kunst« erkennbar zu machen. Die *legitimationsbezogene Interpretation* betont darüber hinaus die Wirksamkeit nicht-professioneller Sanktionssysteme. In dem Umfang, wie sich Fragen der »Arzthaftung«, der »juristischen Legitimation des Handelns« oder der »Rationalität der Praxis und des Krankenhauses« in den Vordergrund schieben, wird die Verfügbarkeit und Anwendung medizinischer Technik zu einem zentralen Leistungsindikator (Kirchberger 1986). Die *professionsbezogene Interpretation* führt die Wachstumsdynamik des medizinischen Geräteeinsatzes vor allem auf Konkurrenz- und Kooperationsbeziehungen der beteiligten Akteure und Institutionen zurück. Daly (1989) zufolge reguliert der Einsatz modernster Techniken soziale Beziehungen insofern, als er die Definitionsmacht gegenüber abweichenden Kollegen-Urteilen erhöht. Zudem vermittelt er im Alltag medizinischen Handelns einen – realen oder auch nur symbolischen – Kontakt zur Forschung, enthält also neben Prestigeeffekten (Rutten/Bonsel 1992) die Faszination der Verwissenschaftlichung ärztlichen Handelns. Die *psychologische Interpretation* sieht die Gründe des expansiven Technikeinsatzes in einer Art Koproduktion von Arzt und Patient. Die These vom Nachfragesog des Patienten reflektiert nicht nur die Durchsetzungskraft, mit der das naturwissenschaftliche Paradigma selbst ins Laienbewusstsein vorgedrungen ist, sondern auch den Rechtfertigungsdruck, dem der Arzt bei nicht voller Ausschöpfung des medizintechnisch Möglichen ausgesetzt ist (Silomon 1983). Andere Ansätze akzentuieren die emotionale Entlastungswirkung des technikvermittelten Umgangs mit Krankheit. Arzt und Patient hätten ein gemeinsames Bedürfnis, durch die Ausblendung psychosomatischer Krankheitshintergründe ihre institutionell zugewiesene Rolle zu bewahren und die Aktualisierung innerer Konflikte zu vermeiden (Jordan/Krause-Girth 1986). Die *politisch-ökonomische Interpretation* stellt vor allem einen Zusammenhang zwischen mangelnder politischer Steuerung sowie fehlgeleiteten Anreizsystemen einerseits und den Einkommensmotiven der Ärzteschaft sowie den Wachstums-, Ausstattungs- und Prestigemotiven von Kliniken andererseits her. So führte das Kostendeckungsprinzip zu keinerlei Marktwiderstand gegen kostentreibende Produktinnovationen – wie nützlich sie auch sein mochten (Zweifel 1984:90; Knappe 1988:41 ff.). Darüber hinaus begünstigte die Gebührenordnung, rein betriebswirtschaftlich gesehen, den Einsatz von Medizintechnik gegenüber anderen, nicht-technischen Leistungen (Alber 1992).

15

Medizinische Angebote neben der Schulmedizin

Schon immer gab es neben dem Mainstream medizinischer Lehren, meist Schulmedizin genannt, ein breites Spektrum alternativer medizinischer Konzepte, angefangen bei religiösen bzw. magischen Vorstellungen verhafteten volksmedizinischen Praktiken (z.B. Gesundbeten oder Handauflegen) bis hin zu differenzierten Krankheitslehren und Therapieverfahren (z.B. Homöopathie), heute zunehmend auch aus anderen Kulturen (z.B. Akupunktur oder Ayurveda). Trotz der beherrschenden Stellung der (natur-)wissenschaftlichen Medizin, die sich im späten 19. Jahrhundert vor allem Dank der Erfolge der Bakteriologie als »Orthodoxie« (rechte Lehre) etablierte, erfreuen sich die Angebote heterodoxen (d.h. auf anderen Lehren beruhenden) medizinischen Wissens heute weiterhin großer Beliebtheit, die seit etwa 15 Jahren in Westeuropa sogar zunimmt.

In Deutschland sind die neben den klassischen **Naturheilverfahren** am meisten verbreiteten alternativen Medizinkonzepte die **Homöopathie**, die Akupunktur, die Neuraltherapie (bei der »Störfelder« durch das Spritzen von Lokalanästhetika ausgeschaltet werden) und die Chiropraktik. In anderen Ländern stehen andere Heilverfahren an der Spitze, in Großbritannien z.B. die Phytotherapie – die aus Pflanzenteilen gewonnene Heilmittel verwendet – oder in Dänemark die Reflexologie – dazu gehören u.a. die Fußzonenreflexmassage und die Akupressur. (Vgl. Fisher/ Ward 1994)

Die schon terminologisch fragwürdige Entgegensetzung von Schulmedizin und Alternativmedizin ist deshalb problematisch, weil in der Praxis unterschiedliche Heilmethoden seltener alternativ als vielmehr parallel oder zunehmend komplementär angeboten und in Anspruch genommen werden. So werden derlei Therapieformen in Deutschland nicht nur von Heilpraktikern, sondern vielfach auch von Ärztinnen und Ärzten angeboten. Und die Medizin der Anthroposophie bezeichnet sich als eine »Erweiterung der Heilkunst«, die sowohl eine universitäre medizinische wie eine geisteswissenschaftliche anthroposophische Ausbildung zur Grundlage hat (vgl. Zentrum zur Dokumentation für Naturheilverfahren 1991, Bd. 1: 221)

Die heute verbreiteten medizinischen Konzepte sind meist älter als die moderne Schulmedizin oder beruhen auf Reformbewegungen, die seit dem 19. Jahrhundert den unaufhaltsam erscheinenden Aufstieg der naturwissenschaftlichen Medizin begleiteten (vgl. Jütte 1996:15). Die **Homöopathie** entstand Anfang, viele Naturheilverfahren Mitte des 19. Jahrhunderts. Die der traditionellen chinesischen Medizin zugehörige Akupunktur ist zweitausend Jahre alt (und wurde im letzten Jahrhundert als Therapielehre konzeptualisiert). Der Ayurveda, die traditionelle indische Medizin, geht auf das 4. nachchristliche Jahrhundert zurück. Die heterodoxe Medizin wurde also von der Modernisierung in den hochentwickelten westlichen Gesellschaften nicht verdrängt, sondern in abgewandelten und oft kaum weiterentwickelten Formen stets neu produziert. Es gibt im Wesentlichen drei sich ergänzende Erklärungen für ihre Fortdauer, ja Expansion in unserer Gesellschaft:

- Die Schulmedizin stößt (wie in diesem Kapitel gezeigt) insbesondere bei chronischen und wiederkehrenden Krankheiten an die Grenzen ihrer therapeutischen Möglichkeiten und fördert damit die Nachfrage nach alternativen Heilverfahren. Ebenso dürften die mangelnde Berücksichtigung des Zusammenhangs von physischen und psychischen Befindlichkeiten, die Technikfixierung der naturwissenschaftlichen Medizin und das gesteigerte Bedürfnis nach nichtchemischen, nicht-invasiven, »sanften« und »natürlichen« Behandlungsformen diesen Prozess verstärken. (Vgl. Gross et al. 1989; Douglas 1996)
- Die Kommunikation zwischen Arzt und Patient kommt insbesondere in der hochtechnisierten Medizin zu kurz, eine Tat-

Spezialisierung und Fragmentierung

Ein weiteres Merkmal moderner medizinischer Versorgungssysteme ist ihr hoher Spezialisierungsgrad. Als Folge dieser Entwicklung wird die individuelle Erkrankung – ihrem Charakter nach ein *ganzheitlicher* Prozess – von den verschiedenen Akteuren des medizinischen Systems nicht nur selektiv wahrgenommen, sondern auch in stark fragmentierten Behandlungssettings bearbeitet. Die funktionale Differenzierung der Patientenversorgung hat sich auf sämtlichen Ebenen des medizinischen Systems vollzogen: innerhalb der beteiligten Professionen (Ärzte, Pflegekräfte), innerhalb der einzelnen Versorgungsinstitutionen (spezialisierte Stationen, Funktionsabteilungen) und interorganisatorisch, also auf der Ebene der unterschiedlichen Leistungsanbieter (frei praktizierende Ärzte, Allgemeinkrankenhäuser, Fach-

kliniken, Rehabilitationszentren). Die Intensität der erreichten Arbeitsteilung wirft eine Vielzahl von Schnittstellen-Problemen auf und äußert sich nicht selten in erheblichen Mängeln der inhaltlichen, zeitlichen und sozialen Koordination des Versorgungsablaufes.

Langzeitpatienten mit wechselnd akut-chronischen Krankheitsphasen durchlaufen in der Regel mehrere Institutionen, in denen sie mit unterschiedlichen, wenn nicht gar widersprüchlichen Krankheitsbegriffen und Therapiekonzepten konfrontiert sind. Im Innern dieser Einrichtungen durchlaufen sie verschiedene Abteilungen und bettenführende Stationen (Notaufnahme, Intensivstation, Normalstation), wo man ihrer Krankheit unterschiedliche Bedeutungen zuschreibt und mit entsprechend unterschiedlichen Verhaltensmustern agiert. Darüber hinaus erleben sie ein häufiges Hin und Her zwischen der bettenführenden Station, auf der sie

15

sache, die durch die staatlich vorgegebene Leistungshonorierung für Ärzte verfestigt wird. Immer mehr Menschen wünschen mehr Gespräche und weniger Medikamente (Wasem 1999), ein Bedürfnis, dem die heterodoxe Medizin in stärkerem Maße entgegenkommt.

- Die Menschen sind heutzutage mit einer Vielzahl sich häufig widersprechender Expertenmeinungen konfrontiert und müssen deshalb zunehmend die Kompetenz erwerben, sich innerhalb einer Vielfalt medizinischer Standpunkte zu orientieren – eine Aufgabe, die durch die neuen Kommunikationsmedien, nicht zuletzt das Internet, erleichtert wird. Im Rahmen dieser Entwicklung, in der das Einholen von zweiten und dritten Diagnosen immer häufiger wird, nimmt auch die Akzeptanz heterodoxer Angebote zu.

Allerdings ist eine Messung der sich quantitativ verändernden Nachfrage nach Alternativen bzw. Ergänzungen zur Schulmedizin methodisch nicht einfach. Eine relativ zuverlässige Untersuchung konstatiert für Großbritannien zwischen 1986 und 1991 eine Verdopplung der Inanspruchnahme komplementärer Heilverfahren (vgl. Fulder 1996:32). Die Mehrzahl derer, die sie nutzen, sind Frauen und höher Gebildete in einem relativ guten gesundheitlichen Allgemeinzustand.

Die offensichtlich zunehmende Anziehungskraft heterodoxer Behandlungsmethoden führt zu einer Öffnung der Schulmedizin und einer zunehmenden Integration solcher Angebote in die ärztliche Praxis. Die Universitätsausbildung hingegen ist noch so gut wie ausschließlich schulmedizinisch ausgerichtet (eine Ausnahme z.B. bildet der Lehrstuhl für Naturheilkunde an der FU Berlin – vgl. Andritzky 1997:49f.). Doch die Ärzte können in Deutschland durch eine rechtlich geregelte Weiterbildung (in der Regel außerhalb der Universität) Zusatzbezeichnungen wie »Naturheilverfahren« oder »Homöopathie« erwerben. Nur die Arzneimittel bedürfen eines gesetzlich vorgeschriebenen Wirksamkeitsnachweises, um den es zwischen Schul- und heterodoxer Medizin heftige Auseinandersetzungen gibt. Diese haben dazu geführt, dass die Deutsche Arbeitsgemeinschaft der Leitenden Medizinalbeamtinnen und -beamten der Länder 1997 einen Bericht verabschiedet hat, in dem eine Verbesserung der Transparenz und Qualitätssicherung der Anwendung »unkonventioneller« medizinischer Methoden gefordert wird (Freie Hansestadt Bremen 1998). Die Europäische Kommission regte 1998 die Errichtung eines European Health Care Office an, in dem Experten aus beiden Lagern kooperieren sollen.

Die Verbreitung heterodoxer Therapien ist ebenfalls quantitativ schwierig zu ermitteln. Groben Schätzungen zufolge soll Anfang der 90er Jahre die Homöopathie von 16.000 Ärztinnen und Ärzten angewandt worden sein, 6.000 sollen anthroposophisch orientiert sein und 6-8.000 die Akupunktur, 8.000 Ozon-Sauerstoff-Therapien praktizieren (Andritzky 1997:36). Dazu kommen die ca. 10.000 Heilpraktiker. Aufschlussreich ist die Zugehörigkeit zu heterodoxen Berufsverbänden: Von den insgesamt 287.000 Ärzten in der Bundesrepublik (117.000 davon niedergelassen) sind ca. 8.000 im Zentralverband der Ärzte für Naturheilverfahren, ca. 3.000 im Zentralverein Homöopathischer Ärzte und ca. 11.000 sind Mitglied der Deutschen Ärztegesellschaft für Akupunktur.

Es ist zu erwarten, dass diese Zahlen eher zu- als abnehmen, zumal mittlerweile die Krankenkassen solche Behandlungen zumindest teilweise bezahlen, wenn zuvor schulmedizinische Heilversuche ohne befriedigendes Ergebnis erfolgten.

(Gunnar Stollberg)

15

jeweils liegen, und den diversen technischen Funktionsabteilungen des Krankenhauses. Auf diesem Gang durch die Institutionen begegnen sie einer Vielzahl von Ärzten und Pflegekräften, die auf Grund ihrer jeweiligen institutionellen Verortung, als Folge der fachlichen Subspezialisierung, oder, bei gleicher Funktion, auf Grund des Dienstplanwechsels in das komplexe Mosaik der arbeitsteiligen Patientenversorgung eingefügt sind. Im Extrem führt diese fragmentierte Versorgung mit ihren jeweils spezifischen Konzepten und Relevanzstrukturen, ihren zeitlichen Koordinationsproblemen und der selektiven Weitergabe von Informationen zu erfahrbaren Brüchen im Behandlungsablauf und zu dem Eindruck, dass »die eine Hand nicht weiß, was die andere tut« (Klapp/Dahme 1988:6). Prominentestes Beispiel dafür ist die sogenannte Doppeldiagnostik.

Aus soziologischer Sicht interessiert vor allem die Frage, wie diese riskante Spezialisierung und Fragmentierung der medizinischen Versorgung zu erklären ist. Historische Besonderheiten und die vielschichtigen Erfolgsbedingungen professioneller Differenzierungsprozesse lassen dafür weder einheitliche noch monokausale Interpretationen zu. Insgesamt gesehen wird die medizinische Spezialisierung und Subspezialisierung auf folgende Faktoren zurückgeführt: auf den rapiden Wissenszuwachs, auf die Entwicklung und Anwendung neuer Techniken und Behandlungsmethoden, professionelle Konkurrenzbeziehungen, organisatorische Strukturen, ökonomische Interessen sowie den Einfluss von Forschung, Ausbildung und Politik (vgl. De Santis 1980; Hofoss 1986; Döhler 1993). Einzelanalysen und vergleichende Studien lassen jedoch erkennen, dass die genannten Faktoren in unterschiedlichen Kontexten von unterschiedlicher Relevanz sind. Darüber hinaus scheint auch die Wirksamkeit der Einflussfaktoren von der Struktur und Funktionsweise medizinischer Systeme abzuhängen. Ein äußeres Indiz dieser Varianz kann in den länderspezifischen Verlaufsformen, Ausmaßen und Strukturen der professionellen Spezialisierung gesehen werden. Nicht nur weist der Facharzt-Anteil an der praktizierenden Ärzteschaft in westlichen Industrieländern (1990 lag die Rate der Spezialisten in den USA bei 88,3 Prozent, in der BRD bei 54,8 Prozent, in GB bei 21,3 Prozent) große Differenzen auf, auch die Schwerpunkte der Spezialisierung sind national sehr unterschiedlich verteilt. In der US-amerikanischen Medizin vollzog sich die Spezialisierung vor allem im Bereich der Chirurgie, in der Bundesrepublik Deutschland überwiegend in der Inneren Medizin und in Großbritannien bevorzugt als professionelle Differenzierung von Disziplinen mit psychosozialen Komponenten (Döhler 1993:192 ff.).

Der Ausgangspunkt für die professionelle Spezialisierung und Subspezialisierung liegt vorwiegend im klinischen Handlungsfeld. Es handelt sich hier um einen »Ballungsraum« für neuartige Medizintechniken, fortgeschrittene Diagnostik und Therapie – und in der Regel um Organisationen, die ihre eigene Komplexität mit funktioneller Differenzierung beantworten. Im medizinischen Bereich hat sich dies neben der Bildung organzentrierter Settings (z.B. Nephrologie, Endokrinologie, Hämatologie) und behandlungsspezifischer Abteilungen (z.B. Intensivmedizin, Onkologie) vor allem auch in der Zentralisierung gerätetechnischer Ensembles (z.B. Radiologie; Katheterlabor) niedergeschlagen. Es handelt sich dabei durchweg um Arbeitsfelder von Spezialisten und Subspezialisten. Dennoch wäre es verkürzt, die vorherrschende Organisationslogik des Krankenhauses zum alleinigen Motor der Spezialisierung zu stilisieren. Kliniken fördern zwar die Spezialisierung und bieten den Raum, in dem Subspezialisierungen sich entwickeln und ausbreiten können, aber sie befinden sich dabei nicht nur in der Rolle des Akteurs.

Die Zunahme der professionellen Arbeitsteilung ist auch eine Reaktion auf Veränderungen im medizinischen Aufgabenfeld. Der enorme Zuwachs an medizinischem Wissen verlangt vom einzelnen Arzt eine immer stärkere Konzentration auf immer engere Teilgebiete seiner Disziplin. Häufig entstehen medizinische Subspezialisierungen (wie z.B. die Radiologie, die Nuklearmedizin oder die Transplantationsimmunologie) um neue, besonders komplexe Techniken und Verfahren herum. Fachlich legitimiert sich diese Kompe-

tenzverengung vor allem dadurch, dass Fehler und Risiken bei der Anwendung komplizierter Techniken und Verfahren noch am ehesten zu vermeiden sind, wenn die Akteure über spezialisiertes Wissen und einen hohen Übungsgrad verfügen. Diese Begründung der zunehmenden Spezialisierung ist in vielen Fällen sicher zutreffend. Sie erscheint jedoch als Sachzwang, der den Blick auf die Konkurrenzkämpfe um neue Handlungsdomänen und Märkte verstellt – und damit die aktive Rolle, die die Profession im Prozess der Spezialisierung und Subspezialisierung selbst spielt. Dass dieser Prozess für die beteiligten Akteure auch unter anderen als vordergründig ökonomischen Aspekten, nämlich mit Blick auf Forschungsressourcen, auf berufliche Identität, Erfolg und Karrierechancen höchst attraktiv sein kann, spiegelt sich nicht zuletzt in der Vielzahl neu entstandener Fachgesellschaften, neugegründeter Publikationsorgane und eigener Fachtagungen.

Spezialisierte Subdisziplinen werden dadurch ihrerseits zu einer Kraft, die neues Spezialwissen erschließt, neue Techniken und Verfahren hervorbringt und neue Handlungsfelder eröffnet. Auf diese Weise erzeugt die Spezialisierung eine Reihe von Faktoren, die vielfach als Ausgangspunkt von weiteren Spezialisierungsprozessen betrachtet werden.

Medikalisierung

»Medikalisierung« bezeichnet einen Prozess, in dessen Verlauf es den Gesellschaftsmitgliedern immer selbstverständlicher geworden ist, die Behandlung gesundheitlicher Probleme einer expandierenden Medizinkultur zu überantworten. Verstanden als Ausweitung des Marktes für medizinische Dienstleistungen steht die Medikalisierung der Gesellschaft in enger Verbindung zur Professionalisierung der Medizin und strukturellen Dominanz der Ärzteschaft. Von Ferber (1989) verweist in diesem Zusammenhang auf folgende Aspekte: die Abwertung und Verdrängung der Laienkultur, den Kompetenzverlust des Patienten und dessen wachsende Abhängigkeit von ausgewiesenen Experten, die Bevorzugung naturwissenschaftlich-somatischer Erklärungsmuster und Therapiekonzepte für Krankheit, den (Monopol-)Anspruch auf ärztliche Verhaltenskontrolle über den Kranken und die medizinische Dominanz im sozialen Setting der Versorgung.

Rein medizinisch ist die enorme Durchsetzungskraft dieses Prozesses nicht zu erklären. Von Ferber sieht in der Medikalisierung einen »zivilisatorischen Prozess«,

15

15

der sich zum einen in enger Verbindung mit sozial-staatlich geprägter Gesundheitspolitik vollzieht, zum anderen aber von kulturellen Vorverständnissen pro-fitiert, die der professionellen Medizinkultur Akzeptanz verleihen: »Technische Lösungen, auch sozio-technische Lösungen werden soziokulturellen Veränderungen, die stets Selbstveränderungen sind, vorgezogen. [...] Dies gilt für Laien und Ärzte. Beide instrumentalisieren einander, weil beide dem gleichen Vorverständnis unter-liegen. Der Patient ›bedient‹ sich des Arztes, weil er selber nicht mehr weiter weiß oder will, auf der anderen Seite sucht der Arzt den Patienten als folgsamen Erfüllungsgehilfen seiner Therapie; beide meiden im Interesse eines effizienten Umgangs miteinander den Dialog« (1989:637). In dieser Sichtweise äußert sich die Medikalisierung vor allem als Zurückdrängung von Laienkompetenz im Umgang mit und in der Bewälti-gung von Krankheitszuständen und Befindlichkeits-störungen. Allerdings hat die Medikalisierung noch eine weitere Dimension. Sie besteht in der enormen Aus-weitung dessen, was überhaupt als medizinisches Pro-blem begriffen und folglich zum Gegenstand medizini-scher Intervention und Verhaltensregulierung gemacht wird.

So hat sich die moderne Medizin sehr intensiv der Entstehung und dem Ende des Lebens zugewandt. Schwangerschaft, Geburt und Sterben wurden von einem privaten Vorgang, dessen Ort die Familie war, zu einer Angelegenheit von Kliniken, in denen Spezialisten ein biotechnisch hochgerüstetes Instrumentarium zum Einsatz bringen. Über ein Drittel der Gesundheits-kosten, die in der gesamten Lebensspanne eines Men-schen anfallen, konzentriert sich inzwischen auf die allerletzte Phase des Lebens – die Verzögerung und Ver-längerung des Sterbeprozesses.

Eine ähnliche Expansion beginnt sich im vorgeburt-lichen Bereich abzuzeichnen. Die Medizin hat sich der Familienplanung angenommen. Neben der Empfäng-nisverhütung und Schwangerschaftsunterbrechung wird zunehmend auch die Überwindung ungewollter Kin-derlosigkeit (Reproduktionsmedizin) und die Analyse fetaler Gesundheitspotenziale (genetisches Screening) zur Domäne ärztlicher Experten. Medizinisches ist dabei eng mit Sozialem verknüpft. Reproduktionsmedi-zinische Eingriffe (künstliche Befruchtung) sind zum einen an den Nachweis einer konventionellen Lebens-führung, wie z.B. der Ehepartnerschaft, gebunden, auf der anderen Seite erzeugen sie ganz neue soziale Realitä-ten, wie z.B. die anonymisierte Vaterschaft des Samen-spenders. Mit der Möglichkeit zur Identifikation erblich belasteter Feten entstehen neue Qualitätsstandards vom lebenswerten Leben (vgl. Kapitel 1).

Deutlicher noch zeigt sich der expansive Charakter der Medikalisierung in der Bemächtigung privater Probleme, die zu einem Defizit an sozialer Integration führen – sei es nun, dass die Gesellschaft jemanden als abweichend von der sozio-kulturellen Normalität registriert und mit Sanktionen belegt, oder dass der Einzelne seine körper-liche oder psychische Verfassung nicht mit seinen Erwartungen und Wunschvorstellungen in Einklang bringen kann. Beides erzeugt einen Bedarf an sozialen Anpassungsleistungen, dessen Ursprung zwar nicht in behandlungsbedürftigen Körperdefekten liegt, der aber zunehmend mit biotechnischen Methoden beantwortet wird. Die vom medizinischen System geleisteten Anpas-sungshilfen sind vielfältig. Mit der Bekämpfung von Akne oder durch kosmetische Operationen bedient die Medizin gesellschaftliche Normal- und Idealvorstel-lungen des körperlichen Erscheinungsbildes. Mit der Behandlung von Schlaflosigkeit, chronischer Müdigkeit, Konzentrationsmängeln, Lernstörungen, Kurzatmigkeit, Lustlosigkeit, Impotenz und Angstzuständen bedient sie gesellschaftliche Vorstellungen von individueller Leis-tungs- und Genussfähigkeit. Auf diese Weise wurde eine Vielzahl sozialer Probleme, für die es ebenso gut soziale Lösungsmuster geben könnte, in medizinische Probleme verwandelt (Heim 1992).

Für diese Expansion medizinischer Deutungsmuster und Problemlösungskompetenzen gibt es sehr unter-schiedliche Interpretationen. Von Ferber weist dem medizinischen System eine eher passive Rolle zu: »Ärzt-liche und medizinische Leistungen sind instrumenta-lisiert für Bedürfnisse, Ziele, Zwecke eines erleichterten, entlasteten, aber auch eines erfolgreichen gesellschaft-lichen Überlebens« (1989:640). Heim (1992) betont hingegen den kolonialen Charakter des medizinischen Übergriffs auf das Alltagsleben. Die Medikalisierung der Gesellschaft ist demnach Ausdruck einer von Machtorientierung getriebenen Tendenz, menschliches Verhalten zu beobachten, zu beurteilen, zu normieren, zu steuern und zu disziplinieren. Unter modernen Vor-zeichen hat sich der *regard médical* (»ärztlicher Blick«; Foucault 1963) in eine Rolle begeben, die ihm his-torisch bereits vertraut ist. In ehemals medizinalpolizei-licher Funktion war es der deutschen Ärzteschaft des 18. Jahrhunderts vorbehalten, obrigkeitsstaatliche Vor-stellungen vom tugendhaften Lebenswandel durch-zusetzen. Heute produziert die Medizin eigene Vorstel-lungen vom »richtigen Leben«. Sie folgt dabei einer Orientierung, die zwar politischen Gehalt hat, nicht aber den Charakter politischer Subordination. Wissenschaftlich gestützte Erkenntnisse über gesundheitsförderliche bzw. gesundheitsschädliche Lebensformen und Verhaltensweisen treffen sich wie zufällig mit dem Bedürfnis des Individuums nach *funktionaler Integration* in eine Gesellschaft, die für sämtliche Lebensbereiche ein Normalbild der erwarteten Leistungsfähigkeit entwickelt hat.

Verhaltensweisen und Lebensstile, durch biowissenschaftliche Expertise erst einmal als gesundheitsschädlich klassifiziert, geraten dadurch leicht in die Nähe des Asozialen. Medizinisch motivierte Kampagnen gegen das Rauchen, gegen Alkoholgenuss, Übergewicht und fetthaltige Nahrung haben mehr als nur Aufforderungscharakter. Eingestuft als Kosten verursachende Faktoren der Gesundheitsversorgung fallen solche Verhaltensweisen aus dem gesellschaftlichen Toleranzrahmen der individuellen Lebensführung heraus. Die individuell verantwortete Belastung der Solidargemeinschaft wird zur Legitimationsfigur der Autonomiebegrenzung, der sozialen Kontrolle und, in letzter Konsequenz, der Sanktion. Mit der lauter werdenden Forderung nach Risikozuschlägen zum Krankenversicherungsbeitrag für gesundheitsschädliches Verhalten, sei es durch Rauchen, Übergewicht oder mangelnde Bewegung (Walter/ Ullrich/Wemken 1995), wird die Ärzteschaft zunehmend in die Nähe einer medizinischen Detektei gerückt – mit der Lizenz zum Eindringen in das Privatleben und zur Anordnung von Strafgebühren. Das in durchaus humaner Absicht proklamierte Recht auf Gesundheit droht durch die Medikalisierung sozialer Probleme und Lebensweisen ungewollt in eine Pflicht zur Gesundheit umzuschlagen: Fordert man die Verantwortung für die eigene Gesundheit immer stärker ein, geraten Kranke, Behinderte und Beeinträchtigte in Verdacht, ihr »Handicap« selbst verschuldet zu haben, und werden leicht Opfer sozialer Diskriminierung.

Entwicklungsprobleme des Gesundheitswesens

Der ehemalige Bundesgesundheitsminister Seehofer hat die Probleme der politischen Regulierung des Gesundheitswesens mit der Bemerkung kommentiert, dass der Gesetzgeber nicht in der Lage sei, so schnell und so einfallsreich neue Gesetze zu erlassen, wie sie von den Akteuren des Gesundheitswesens phantasievoll unterlaufen werden. Neben den internen Systemdynamiken, die das Gesundheitswesen in seiner quantitativen, strukturellen und qualitativen Entwicklung prägen, ist es vor allem seine komplexe Einbettung in eine Vielzahl steuerungspolitisch relevanter Umweltkontexte (wie z.B. das Wirtschafts- und Rechtssystem), die ein Hindernis für die Durchsetzung grundlegender Reformprogramme bildet. Eine reine Politik der unspezifischen Kosteneinsparung droht eher ein bereits bestehendes Dilemma zu verschärfen: das Zusammentreffen von partiellen Versorgungsengpässen, mangelnder Patientenorientierung und der enormen Gesundheitsbelastung des medizinischen und pflegerischen Krankenhauspersonals. Hinzu kommt, dass die politische Forderung nach einem bedarfsgerechten Angebot an medizinischer Versorgung auf zahlreiche Transparenzprobleme stößt. Unklarheit besteht insbesondere über den »tatsächlichen« Bedarf, über die Qualität der Versorgung und die Wirksamkeit einzelner Leistungen.

DER MEDIZINISCH-INDUSTRIELLE KOMPLEX

In modernen Industriegesellschaften hat das Gesundheitswesen neben seinen humanitären und sozialpolitischen Funktionen auch eine immense ökonomische Bedeutung erlangt. Die wirtschaftliche Funktion der Gesundheitsversorgung reicht über ihre eigentliche Aufgabenstellung, die menschliche Arbeitskraft in der Volkswirtschaft zu fördern, zu erhalten und zu sichern, weit hinaus. Nach Angaben des Statistischen Bundesamtes beliefen sich 1988 die Ausgaben für Gesundheit in der Bundesrepublik auf 277 Mrd. DM. Sie überstiegen damit das Bruttosozialprodukt der Türkei. Mit einem Anteil von etwa zehn Prozent am Bruttosozialprodukt gehört das Gesundheitswesen zu einem der größten Wirtschaftssektoren der Bundesrepublik Deutschland. Hinzu kommt seine überdurchschnittliche Wachstumsdynamik. Nicht zuletzt drückt sich diese Entwicklung auch in einer relativ konstanten Nachfrage nach industriellen Produkten (Medizintechnik, Laborbedarf, pharmazeutische Erzeugnisse) aus. Insofern ist das Gesundheitswesen ein nicht zu unterschätzender Konjunkturfaktor. Seine hohe Personalintensität macht es zudem zu einem wichtigen Arbeitsmarkt für qualifizierte Dienstleistungsberufe. Zu Beginn der 1990er Jahre waren in Deutschland, einschließlich Verwaltung und Forschung, ca. 2,3 Millionen Menschen mit der Erbringung von Gesundheitsleistungen beschäftigt. Dies entsprach einem Erwerbs-

Kostendämpfung, Mittelknappheit und Versorgungsengpässe

Seit Mitte der 1970er Jahre liest sich die Geschichte der bundesdeutschen Gesundheitsreformen wie eine Kette von – offiziell für gescheitert erklärten – Anstrengungen, die Ausgabenentwicklung im Gesundheitswesen unter Kontrolle zu bringen. Dem Kostendämpfungsgesetz von 1977, in dem das Prinzip der einnahmeorientierten Ausgabepolitik des Gesundheitswesens verankert wurde, folgte mit dem Gesundheits-Reformgesetz von 1988 ein Reihe weiterer Spargesetze, die vor allem mit einer Einschränkung des Leistungskatalogs – durch Selbstbeteiligung für diverse kurative Leistungen – verbunden waren (Alber 1992:52ff.). Auch das Gesundheits-Reformgesetz, der bisher tiefste Eingriff in die Entwicklung des Gesundheitswesens, setzt die Tradition der Kostendämpfungspolitik bruchlos fort. Seine Besonderheit liegt zum einen darin, dass auch die Leistungsanbieter, insbesondere die Krankenhäuser, massiv mit ökonomischen Zwängen konfrontiert werden, zum anderen aber in den – teils unkalkulierbaren – Steuerungseffekten, die das Gesetz für die Entwicklung der klinischen Versorgung hatte. All diese Spargesetze zeigen eine gemeinsame Problematik. Weder erwiesen sie sich in der beabsichtigten Weise als kostendämpfend, noch verfolgten sie eine im eigentlichen Sinne gesundheitspolitische Zielsetzung. Nicht die strukturelle Verbesserung des Versorgungsangebots – die Korrektur offensichtlich gewordener Fehlentwicklungen (Akutorientierung) und die bessere Anpassung des Leistungsangebotes an den Behandlungsbedarf der Bevölkerung – stehen im Zentrum der politischen Interventionen, sondern allein die Beherrschung der Kosten und die Stabilisierung der Beitragssätze zur gesetzlichen Krankenversicherung (Arnold/Straub 1993; Kühn 1995a).

Durchgängig beherrscht war die politische Diskussion zur Gesundheitsreform vom Begriff der »Kostenexplosion«, die ohne zeitraubende Planungsvorläufe eine umgehend wirksame staatliche Intervention notwendig macht. Tatsächlich hielt sich die Kostenentwicklung des Gesundheitswesens durchaus in Grenzen. Gereinigt von zyklischen Schwankungen betrug der Anteil, den die Ausgaben für die gesetzliche Krankenversicherung (GKV) am Bruttosozialprodukt (BSP) einnehmen, zwischen 1975 und 1980 durchschnittlich 5,74 Prozent. Im Zeitraum von 1989 bis 1993 belief sich der Anteil auf 5,73 Prozent. Was jedoch wirklich anstieg, war die jahresdurchschnittliche Höhe des allgemeinen Beitragssatzes, der einkommensbezogen für die gesetzliche Krankenversicherung entrichtet werden musste. Während 1970 die GKV-Beiträge noch bei 8,2 Prozent des Einkommens lagen, stiegen sie bis 1980 auf circa 11,4 Prozent und erreichten 1993 schon 13,4 Prozent. Dies ist allerdings weniger Ausdruck einer Kosten- als einer Einnahmekrise. Denn die Zunahme der Arbeitslosigkeit drückt auf die Lohnsumme der Beitragszahler, verringert also ihren Anteil am gesellschaftlichen Reichtum. Um einen relativ konstanten GKV-Anteil am Bruttosozialprodukt zu finanzieren, müssen die Versicherten zwangsläufig einen immer höheren Teil ihres Einkommens aufwenden. Nicht nur verdeckt die Metapher der »Kostenexplosion« (Kühn 1995b) die eigentlichen wirtschafts- und arbeitsmarktpolitischen Ursachen der Finanzierungsengpässe des Gesundheitswesens, sie begünstigte auch eine Fehlorientierung gesundheitspolitischer Reformkonzepte.

Knappheitsprobleme im Gesundheitswesen sind daher nicht nur ein Ausdruck von Verteilungskonflikten in der Ressourcen*beschaffung*, sie sind zugleich auch Ausgangspunkt von Verteilungskonflikten in der Ressourcen*verwendung*. Dies gilt gleichermaßen für die Anbieter- wie für die Verbraucherseite medizinischer Leistungen. So wurde mit dem Inkrafttreten des Gesundheitsstrukturgesetzes (GSG) die Befürchtung laut, es könne ungeplante Verschiebungen im vorgehaltenen Leistungsspektrum auslösen, die insgesamt zu einer Verschlechterung des Versorgungsstandards führen. Verteilungskonflikte zwischen

tätigenanteil von rund 8 Prozent (Schneider u.a. 1992:166). Bereits Mitte der 1980er Jahre lag allein die Zahl der Krankenhaus-Beschäftigten (807.000) weit über der Zahl der Arbeitskräfte in der gesamten Automobilindustrie (718.000) der Bundesrepublik Deutschland (Kühn 1988:43). Dieser Bedeutungszuwachs des Gesundheitssektors für den Arbeitsmarkt hat sich bis heute fortgesetzt.

Das Gesundheitswesen ist jedoch in einem noch viel weitergehenden Sinne zu einem Dienstleistungsfeld herangewachsen, das industrielle Dimensionen erreicht hat. War die Pflege der Kranken über Jahrhunderte »Dienst am Nächsten und vornehme Pflicht kirchlicher und weltlicher Orden«, so geriet sie im Gefolge ihrer zunehmend naturwissenschaftlich-technischen Orientierung, vor allem aber mit dem Wachstum des verfügbaren Finanzvolumens, zu einem Unternehmen mit kommerzieller Bedeutung, das von vielfältigen ökonomischen Interessen durchdrungen wurde (Creutzfeldt 1993:659). Hierzu gehört in erster Linie ein breiter Kreis privatwirtschaftlicher Industriebetriebe, die das medizinische System mit zahlreichen Sachgütern unterschiedlichster Art versorgen. Auf Grund seiner engen Verflechtung mit dem System der Gesundheitsversorgung bildet das kommerzielle Umfeld der Medizin einen untrennbaren Teil dessen, was oft als *medizinisch-industrieller Komplex* beschrieben wurde (Relman 1980). Gemeint ist damit nicht nur das intensive Zusammenwirken von Akteuren, Organisationen und Institutionen innerhalb und außerhalb des medizinischen Systems. Als entscheidend gilt vielmehr der Einfluss, den medizinisch-industrielle Interessenkoalitionen auf die Entwicklung und Gestaltung der medizinischen Versorgung gewonnen haben. Ein Feld, in dem

unterschiedlichen Einrichtungen des Gesundheitswesens spielen dabei eine zentrale Rolle, insbesondere im Krankenhaussektor, der sich durch die Einführung »fester Budgets« besonderen Einsparungszwängen ausgesetzt sieht. Die Entstehung zahlreicher Versorgungsengpässe, so belegt die Gesundheitssystemforschung, ist durch die gesetzlich erzeugte Knappheitssituation bedingt: Einzelne Krankenhäuser entlasten sich wirtschaftlich, indem sie Wartelisten bilden und notwendige Operationen aus Haushaltsgründen ins nächste Jahr verschieben; medizinische Leistungen werden zunehmend vom stationären Sektor in den Pflegesektor abgeschoben; kostenaufwändige Patienten werden von frei praktizierenden Ärzten an Krankenhäuser überwiesen und von diesen wiederum an andere Krankenhäuser; Einrichtungen zur Behandlung komplizierter und seltener Krankheiten werden abgebaut; Krankenhäuser werden ökonomisch motiviert, sich auf die Behandlung von Erkrankungen zu spezialisieren, die planbar und berechenbar sind, aber auch dazu, die Bettenzahl und damit die Aufnahmekapazität in besonders teuren Behandlungseinheiten (Notfallstation) zu reduzieren (Arnold/Straub 1993; Simon 1996).

Die befürchteten und teils schon eingetretenen Versorgungsengpässe erzeugen auch einen Verteilungskonflikt auf der Seite der Leistungsnachfrager. Als Hauptverlierer der Veränderung des Versorgungsangebots gelten besonders jene sozialen Gruppen, die in besonderer Weise auf medizinische Leistungen angewiesen sind: alte, multimorbide und chronisch kranke Patienten. Angesichts der Budgetierungszwänge und eines Erstattungssystems, das auf diagnosebezogenen Fallpauschalen beruht, bilden sie ein Risiko für die ökonomische »Gesundheit« der Institution, die solche Patienten in angemessener Weise medizinisch und pflegerisch versorgt. Die Tendenz zur Unterversorgung »unrentabler« Patienten beschreibt jedoch nur einen Aspekt der drohenden *Rationierung medizinischer Leistungen*: die Vorenthaltung notwendiger Ressourcen für die Behandlung bestimmter Krankheitsbilder. Eine weitere, moralisch nicht weniger konfliktträchtige Form der Rationierung zeichnet sich auf einer anderen Ebene ab. Zu knapp ausgelegte Behandlungskapazitäten für kostenintensive Interventionen (z.B. Herzchirurgie) zwingen dazu, bestimmte Patienten für die Behandlung auszuwählen bzw. von einer eventuell lebensrettenden Therapie auszuschließen. Dass dieses Szenario, das dem deutschen Versorgungssystem »wesensfremd« schien, zur alltäglichen Realität werden kann, hob der Sachverständigenrat für die Konzertierte Aktion im Gesundheitswesen bereits in seinem Jahresgutachten 1991 hervor. Dort heißt es unmissverständlich: »Eine Allokation von Ressourcen für einen Patienten auf Kosten eines anderen wird mit dem weiteren Fortschritt und dem Auftreten von Kapazitätsengpässen immer häufiger erfolgen müssen.« (SVR 1991: 208)

Wie insbesondere die Diskussion um die Kriterien der Patientenauswahl für Organtransplantationen deutlich macht, ist die ethische Problematik der Zuteilung bzw. Verweigerung von Behandlungsressourcen keineswegs gelöst (Feuerstein 1995, 1998). Denn selbst die so genannten »rein medizinischen« Auswahlkriterien (Dringlichkeit, Erfolgsprognose) berücksichtigen häufig »quasimedizinische« Komponenten (psychische Stabilität, funktionierendes soziales Unterstützungssystem), die zu einer mehr oder weniger systematischen Diskriminierung bestimmter Patientengruppen führen können: Alte, Mehrfacherkrankte, Labile, Behinderte, Außenseiter, aber auch Patienten mit »unterdurchschnittlichem Einkommen, niedrigem Bildungsniveau, geringer Sprachkompetenz« (Kühn 1995a). Auch eine auf »rationale« Kriterien gestützte Patientenauswahl muss sich demnach der Frage stellen, ob und in welcher Weise soziale Faktoren als medizinische Effizienzkalküle maskiert werden.

sich dieser Einfluss wohl am deutlichsten zeigt, ist die Durchsetzung und Anwendung medizinischer Techniken.

So entstand unter dem Eindruck der kostensteigernden Wirkung der Medizintechnik bereits in der ersten Hälfte der 1980er Jahre das politische Ziel, die unkontrollierte Ausbreitung medizintechnischer Großgeräte (wie z.B. Computer- und Kernspintomographen, Strahlentherapiegeräte) durch eine bedarfsbezogene Standortplanung zu begrenzen. Im Einklang mit gesetzlichen Regelungen im Sozialgesetzbuch (SGB V) beschloss der Bundesausschuss der Ärzte und Krankenkassen eine bundeseinheitlich verbindliche Richtlinie über die Bedarfsplanung und den bedarfsgerechten Einsatz von medizinisch-technischen Großgeräten. Ihre praktische Umsetzung wurde 1991 offiziell für gescheitert erklärt. Denn schon 1990 lag beispielsweise die Zahl der Computertomographie-Geräte fast doppelt so hoch wie der Wert, der sich im gleichen Jahr aus den verabschiedeten Bedarfsannahmen errechnete (Wingenfeld 1992:166). Am Beispiel dieses gescheiterten Versuchs, technische Diffusionsprozesse zu steuern, zeigt sich die Stärke medizinisch-industrieller Akteurkoalitionen, die neue Medizintechniken einführen und durchsetzen wollen (Schwartz 1993:37 f.).

Nicht selten liefen die wirtschaftlichen Interessen der Gerätehersteller mit den vorwiegend wissenschaftlich-professionellen Interessen der Ärzteschaft parallel. Hierbei handelt es sich um die traditionelle Formation des medizinisch-industriellen Komplexes. Eine neuere Variante dieser Entwicklung im Gesundheitswesen zeichnete sich zunächst in den USA ab: Die wachsende Kommerzialisierung des medizinischen Leistungsangebots, verbunden mit der Herausbildung einer weit verzweigten und gewinnorientiert agierenden Versorgungsindustrie. Geprägt wird dieser *new medical-industrial complex* von kapitalkräftigen Gesundheitskonzernen, die auf privatwirtschaftlicher Basis eine Vielzahl unterschiedlicher Versorgungseinrichtungen – angefangen von Krankenhäusern, über Spezialkliniken, Rehabilitationskliniken, Laboratorien, Diagnosezentren, Dialysestationen, bis hin zur Heim-Krankenpflege – nach ausschließlich kommerziellen Motiven betreiben. Die Problematik dieser gesundheitsindustriellen Formation ist vielschichtig. Sie äußert sich in einer Tendenz zur unnötigen Leistungsausweitung, Zersplitterung der Versorgungsstruktur, Überbetonung des medizinischen Technikeinsatzes, Ausweitung profitabler Leistungssegmente, zum Aufbau gesundheitspolitischer Machtstrukturen und schließlich zur Herausbildung einer Spannung zwischen ökonomischen Interessen und professionellen Werten in der Medizin.

Anders als in den USA blieb die strukturelle Entwicklung des bundesdeutschen Gesundheitswesen von *vordergründig* kommerziellen Motiven der Leistungsanbieter weitgehend unbeeinflusst. In gesundheitsökonomischen Studien wurden daher lange Zeit allein die frei praktizierenden Ärzte als »Gewinnmaximierer« beschrieben. Demgegenüber galt, von wenigen Privatkliniken abgesehen, der gesamte Krankenhaussektor als Sinnbild einer gemeinnützigen Organisation, die ihre Chefärzte zwar hoch dotiert, der aber Profitmotive in der Patientenversorgung wesensfremd sind. Dieses gewohnte und lieb gewonnene Bild beginnt sich auf Grund neuerer Entwicklungen drastisch zu ändern. In spektakulärer Weise wurde der öffentliche Blick für kommerzielle Motive ärztlichen Handelns im Krankenhaus zunächst durch den sogenannten »Herzklappenskandal« geschärft. Überhöht in Rechnung gestellte Medizintechnik sorgte für die Aufbesserung der Budgets. Während es sich hier lediglich um das systemfremde Fehlverhalten individueller Akteure und Leistungsanbieter handelte, vollzieht sich der entscheidende, weil strukturbildende Schritt zur Ökonomisierung der klinischen Versorgung auf ganz anderer Ebene: durch die fortschreitende Privatisierung der institutionalisierten Krankenversorgung. Ein deutliches Signal in diese Richtung setzte der Gründungsboom von Spezialkliniken in besonders profitablen Leistungssegmenten der deutschen Kliniklandschaft. So wird bereits mehr als die Hälfte der jährlich 65.000 Herzoperationen in Deutschland von spezialisierten Privatkliniken ausgeführt. Problematisch ist diese Aufspaltung der medizinischen Versorgung vor allem wegen der finanziellen Austrocknung des öffentlichen Krankenhaussektors, dem in Erfüllung seines gesetzlichen Versorgungsauftrages – im ungünstigsten Fall – die Masse

der so genannten »unprofitablen« Patienten bleibt. In der Regel sind dies Patienten, deren Behandlung aufwendig und deren Krankheitsverlauf unkalkulierbar ist.

BEDARFSGERECHTE STEUERUNG DES LEISTUNGSANGEBOTS

Neben der allgemeinen Ressourcenknappheit bildet auch der ineffiziente und nicht bedarfsgerechte Einsatz der verfügbaren Mittel ein zentrales Problem des Gesundheitswesens. Problematisch ist vor allem die ungestüme Wachstumsdynamik des medizinischen Technikeinsatzes. Als **Fehlallokation** gelten vor allem die apparative Mehrfachdiagnostik, aber auch die rasche Verbreitung kostenintensiver Diagnostik und ihr Einsatz bei Erkrankungen, die teils nicht behandelbar sind, ferner die Verbreitung von Therapietechniken, deren Wirksamkeit nicht hinreichend nachgewiesen ist, und schließlich die fortgesetzte Nutzung von Medizintechniken, die dem Stand der Medizin nicht mehr entsprechen. Obgleich diese Verschwendung knapper Ressourcen weithin bekannt ist, mangelt es noch immer an wirksamen gesundheitspolitischen Interventionen und Steuerungsmaßnahmen. Dafür gibt es im wesentlichen drei Gründe: die fehlende Kenntnis des wirklichen Bedarfs, die fehlende Kenntnis des wirklichen Nutzens diagnostischer und therapeutischer Verfahren, und die Schwierigkeit, das System der Gesundheitsversorgung durch externe politische Zielvorgaben zu gestalten.

Eine bedarfsgerechte Angebotsstruktur der medizinischen Versorgung lässt sich mit objektiven Maßstäben nicht ermitteln. *Bedarf ist immer auch ein soziales Konstrukt.* So kommt Schwartz zu dem Schluss, dass eine angemessene Gesundheitsversorgung »letztlich nur durch den ständigen Austausch von Argumenten der unterschiedlichen bedarfsdefinierenden Gruppen ausgehandelt werden« kann, und zwar auf der »Grundlage möglichst vieler verfügbarer empirischer Daten und empirischer Erfahrungsberichte« (1993:26). Der zweite Teil dieser Aussage weckt die Hoffnung, dass es neben handfesten Interessen rationale Entscheidungsgrundlagen gibt, mit denen sich die Berechtigung der Interessen auf ihre sachliche Angemessenheit hin überprüfen lässt.

Die Evaluation medizinischer Techniken stößt auf einige Grundprobleme, die nicht oder nur bedingt gelöst werden können. Jaufmann und Kistler (1992:86 ff.) verweisen dabei vor allem auf die Wahl des

»richtigen« Zeitpunkts der Evaluation. Eine sehr früh einsetzende Evaluation übersieht nicht nur das hohe Entwicklungstempo medizinischer Techniken, sondern leidet auch unter den Strategien der Informationsbegrenzung seitens der beteiligten Akteure (Ärzte, Kliniken, Geräatehersteller). Hinzu kommt, dass medizinische Techniken oft erst im Verlauf ihres praktischen Einsatzes entscheidende Verbesserungen erfahren – zum einen, weil dadurch ihre Wirksamkeit (Effektivität) gesteigert wird, zum anderen, weil sie durch Änderungen in der Konstruktion und durch fortschreitende Diffusion an Wirtschaftlichkeit (Effizienz) gewinnen. Wählt man andererseits einen späten Evaluationszeitpunkt und bewertet ausgereifte Medizintechniken, so besteht die Gefahr, dass auf Grund ihrer bereits fortgeschrittenen Verbreitung eine wirksame Diffusionssteuerung nicht mehr möglich ist.

Weitere Grundprobleme sind im methodischen Bereich angesiedelt. Moderne Medizintechniken sind nicht nur heterogen, komplex und verfügen über ein breites, nicht antizipierbares Anwendungsspektrum. Ihr Einsatz in verschiedenen Diagnosefeldern oder Therapiebereichen kann sehr unterschiedliche Kosten/Nutzen- und Kosten/Wirksamkeits-Relationen zeigen. Hinzu kommt das Problem, geeignete Bewertungsmaßstäbe zu finden. Denn nur in den wenigsten Fällen verfügen neue Medizintechniken über das exakt gleiche Leistungsspektrum wie bereits vorhandene, was den Rückgriff auf rein technische Kriterien erschwert. Ein Vergleich des medizinischen Ertrags unterschiedlicher Leistungskomponenten stößt dagegen auf weitgehend ungelöste Probleme der Qualitätsbeurteilung (objektive vs. subjektive Maßstäbe). Darüber hinaus leidet die Evaluation medizintechnischer Verfahren an den kaum quantifizierbaren Erfolgseinflüssen nicht-technischer Faktoren, also des Behandlungssettings, der Mitwirkung des Patienten, seiner sozialen Unterstützung und persönlichen Bewältigungspotenziale.

Selbst wenn relativ eindeutige Erkenntnisse über den Nutzen einer Medizintechnik und den angemessenen Umfang ihres Einsatzes vorliegen, muss man bei der bedarfsgerechten Dimensionierung des Leistungsangebots damit rechnen, dass eine Steuerung nur beschränkt möglich ist. Staatliche Regulierungsversuche treffen auf ein »System komplexer Vielfachsteuerung« (Alber 1992:157 ff.), bestehend aus Verbänden, Kassen, Leistungsanbietern, Industrie und, wenn auch nur vermittelt, Leistungsnachfragern. Wesentliche Merkmale komplexer Systeme sind ihre Eigendynamik und Rückkopplungseffekte. Und diese lassen sich in der Regel

nicht mit der Funktion, die solchen Systemen aus einer gesellschaftlichen Makroperspektive zugeschrieben wird, in Einklang bringen. Schließlich weist das medizinische System einen hohen Grad an Binnendifferenzierung auf. Dieser begünstigt nicht nur die relative Verselbständigung von Teilsystemen, sondern auch die Herausbildung und Verfestigung partikularer Interessen und entsprechender Teilrationalitäten. Versuche einer bedarfsgerechten Steuerung des Leistungsangebotes werden daher speziell in den »Ballungsräumen« medizinisch-industrieller Strukturen auf eingespielte Mechanismen und den versammelten Widerstand von Akteurkoalitionen treffen.

QUALITÄTSFORSCHUNG IM GESUNDHEITSWESEN

Die Gesundheitssystemforschung erlaubt der Soziologie nicht nur die Formulierung und Klärung theoretischer Fragestellungen. Sie ist auch ein wichtiger Teil der empirischen Forschung. Zu nennen sind hier insbesondere die Arbeiten von Erving Goffman sowie von Anselm Strauss und Mitarbeitern zur Krankenhaussoziologie, von denen wesentliche Impulse auch für die allgemeine Soziologie ausgingen.

Die Gesundheitssystemforschung befasst sich heute mit drei grundlegenden Fragestellungen: der Angemessenheit von Leistungen und/oder organisatorischen Lösungen, ihrer Wirksamkeit und ihrer Wirtschaftlichkeit. Während Fragen der Wirtschaftlichkeit vorwiegend in der Volks- und Betriebswirtschaftslehre thematisiert werden, sollten die heute immer wichtiger werdenden Fragen der Qualitätsforschung zu einem Gegenstand werden, dem auch Soziologen, Mediziner und Organisationswissenschaftler Interesse abzugewinnen vermögen.

Nach einer langen Phase eines relativ ungezügelten Wachstums scheinen wir in Deutschland heute – bedingt durch eine Reihe politischer und wirtschaftlicher Veränderungen – in eine Phase des qualitativen Wachstums bzw. der Sicherung der Qualität bei zunehmendem Kostendruck und Wettbewerb im Gesundheitswesen einzutreten. Was die Qualität angeht, so sind zwei unterschiedliche, wenn auch eng zusammenhängende Problemstellungen zu unterscheiden: *Qualitätsmanagement* als eine praktisch in jeder Einrichtung des Gesundheitswesens anfallende Aufgabe des Managements, aber auch der gesamten Belegschaft; *Qualitäts-*

forschung als eine dafür Grundlagen und Orientierung liefernde wissenschaftliche Aufgabenstellung (Badura/Strodtholz 1996). Zentrale Fragestellungen der Qualitätsforschung sind: Was ist (bzw. wie definiert man) Dienstleistungsqualität? Welche Voraussetzungen bzw. Leistungen beeinflussen – beeinträchtigen oder steigern – Dienstleistungsqualität? Was sind realistische Qualitätserwartungen bei einem gegebenen Forschungsstand, gegebenen organisatorischen, technischen und personellen Voraussetzungen? Insbesondere die immer wieder festgestellte hohe Varianz der Ergebnisse klinischen Handelns (bei mehr oder weniger gut kontrollierten Ausgangsbedingungen) war Anlass für die klinische Forschung, den Gründen dafür nachzugehen, aber auch die schiere Rasanz der medizintechnischen Entwicklung und die dadurch bewirkte Intransparenz der medizinischen Versorgung für beide: Anbieter und Konsumenten. Wachstum und zunehmende Komplexität eines Systems erfordern mehr Selbstbeobachtung und Rückmeldung, mehr Wirksamkeit und Wirtschaftlichkeit. Im Gesundheitswesen erfolgen heute solche Rückmeldungen wenn überhaupt, dann nur bei der Einführung neuer Verfahren oder Wirkstoffe. Eine systematische Erforschung der Wirksamkeit und Wirtschaftlichkeit massenhaft stattfindender Routinebehandlungen findet hingegen kaum statt – das gilt insbesondere für die Erforschung der *längerfristigen* Wirkungen einzelner Behandlungsverfahren und ihrer Folgen sowie für die Berücksichtigung von *Lebensqualität* und *sozialer Integration*. Aufgabe der *klinischen* Forschung ist es, die Wirksamkeit einer neuen bzw. unerprobten Behandlung unter Idealbedingungen zu testen, Aufgabe der *Qualitätsforschung* ist es hingegen, die Wirksamkeit von unter Alltagsbedingungen im Versorgungssystem massenhaft erbrachten Routineleistungen zu bewerten.

In einer Studie zur Qualität der kardiologischen Rehabilitation hat eine Bielefelder Forschungsgruppe eine vergleichende Analyse und Bewertung der Qualität der stationären gegenüber der ambulanten Behandlung vorgenommen. Untersucht wurde dabei die Strukturqualität (Aufbau, Organisation, Ausstattung), die Prozessqualität (Arbeitsabläufe, Arbeitsprozesse) und die Ergebnisqualität (somatische, psychische, verhaltensbeeinflussende Ergebnisse). Die Untersuchung bediente sich überwiegend quantitativer Verfahren zum zweimaligen Vergleich der Ergebnisqualität (kurz vor Abschluss der Behandlung, ein halbes Jahr danach) und zur Kontrolle der Ausgangsbedingungen. Die zentrale empirische Fragestellung lautete: Gibt es Unterschiede in der Struktur- und Prozessqualität der kardiologischen Rehabilitation und wie wirken sie sich auf die erzielten Ergebnisse aus? Die Studie hat erhebliche Schwachstellen in diesem Bereich der Versorgung aufgedeckt, aber auch zahlreiche grundlegende Fragestellungen neu aufgeworfen. Beispielsweise: Wie kann man Strukturen und Prozesse einer Dienstleistungsorganisation messen, und welche Zusammenhänge gibt es zwischen beiden? Warum ist es so schwer, aus gegebenen Strukturen Prozesse und aus diesen wiederum Ergebnisse vorherzusagen (Badura u.a. 1995)?

Qualitätsforschung will einen Beitrag leisten zur Weiterentwicklung des Gesundheitswesens durch wissenschaftlich begründete Beobachtung und Analyse seiner Strukturen, Prozesse und Ergebnisse. Dazu müssen Organisation und Erbringung personenbezogener Dienstleistungen erst einmal ausreichend beobachtet und analysiert werden. Davon kann bisher, von Einzelbeispielen abgesehen, keine Rede sein. Vergleichsweise gut verstanden sind die qualitätsrelevanten Einflüsse in der industriellen Sachgüterproduktion. Die dazu entwickelten Instrumente und Ansätze sind jedoch nicht oder nur sehr begrenzt auf das Gesundheitswesen übertragbar.

15

Zusammenfassung

1. Ausgangspunkt für eine soziologische Analyse der Determinanten von Krankheit und Gesundheit ebenso wie für die Problematisierung von Strukturen und Angeboten medizinischer Versorgung war über Jahrzehnte die *These vom gewandelten Krankheitspanorama*, d.h. vom allmählichen Verschwinden der Infektionskrankheiten und der klaren Dominanz chronischer Krankheiten in Gesellschaft und Versorgungssystem. Die weltweite rasche Verbreitung der AIDS-Epidemie zeigt, dass Infektionskrankheiten nichts von ihrer Bedrohlichkeit verloren haben und auch die hochtechnisierte Medizin dieser Bedrohung – zumindest bisher – nicht gewachsen ist.

2. *Soziale Ungleichheit* hat auch in hochindustrialisierten Gesellschaften, die über 10 Prozent des Sozialproduktes für ihr Gesundheitswesen ausgeben, einen maßgeblichen Einfluss auf die Verteilung von Lebensqualität, Krankheit und Sterberisiko. Die moderne Stressforschung liefert wichtige Erkenntnisse darüber, warum dies der Fall ist, d.h. welche soziopsychosomatischen Kausalitäten diesen (statistischen) Zusammenhang zu erklären vermögen.

3. Wichtige soziologische Beiträge zur Stressforschung hat Norbert Elias mit seiner Analyse vom Wandel der *Bedrohungssituation* und der sich wandelnden *Affektstandards* geliefert.

4. Soziale Integration hat – wie Durkheim schon vor 100 Jahren behauptet hat – einen fundamentalen Einfluss auf Gesundheit und Sterblichkeit. Art, Umfang und Qualität sozialer Beziehungen der Menschen sind für ihre seelische und körperliche Gesundheit von grundlegender Bedeutung. Diese Erkenntnis ist heute durch zahlreiche auch prospektive und quasi-experimentelle Studien gut belegt.

Ähnlich gut belegt ist der Einfluss von Handlungsspielräumen und Bildung bzw. Qualifikation auf Wohlbefinden und Lebensdauer.

5. Das deutsche Gesundheitswesen ist ein hochkomplexes Funktionssystem der Gesellschaft. Zu den zentralen Merkmalen seiner Konstruktion gehört die Vielzahl unterschiedlicher Akteure, die das medizinische System in seiner Angebots- und Nachfragestruktur steuern, die große Eigendynamik seiner Entwicklung und seine starke Resistenz gegen gesundheitspolitische Interventionen.

6. Besonders deutlich zeigt sich die nahezu autonome Schwungkraft medizinischer Versorgungsangebote in der enormen Wachstumsdynamik des medizinischen Technikeinsatzes. Ihre Verlaufsform scheint von gesundheitspolitischen Prioritäten, von Fragen des tatsächlichen Bedarfs an Diagnostik und Therapie, von Anforderungen an einen wissenschaftlichen Nachweis der medizinischen Wirksamkeit und von Überlegungen zur gesundheitsökonomischen Effizienz weitgehend unbeeinflusst zu sein.

7. Für die *medizinische Technikspirale* gibt es eine Vielzahl von singulären Erklärungsversuchen und Interpretationen: medizindogmatische, legitimationsbezogene, professionspolitische, psychologische, betriebswirtschaftliche und politisch-ökonomische. Sie alle haben ihren Referenzbereich, aber keine davon ist für sich allein erschöpfend. Die Analyse ihres komplexen Zusammenwirkens im Systemkontext der medizinischen Versorgung vermittelt jedoch zusätzliche Einblicke in die Expansionsdynamik des medizinischen Technikeinsatzes. Hierbei wird deutlich, dass der Einsatz einer medizinischen Technik den Einsatz weiterer Techniken provoziert. Die Technik hat damit auch eine zentrale Bedeutung für die funktionale Koppelung, aber auch für die soziale, kulturelle und symbolische Integration des medizinischen Systems.

8. Ein weiteres Merkmal moderner medizinischer Versorgungssysteme ist ihre fortschreitende *Arbeitsteilung* und *Spezialisierung*. Durch zahlreiche organisatorische Schnittstellen im Zusammenwirken von spezialisierten Krankenhäusern, Abteilungen und Stationen, durch die professionelle Subspezialisierung der jeweils beteiligten Akteure und durch die Herausbildung unterschiedlicher Orientierungen (medical cultures) wird die zeitliche, personelle, sachliche und konzeptionelle Kontinuität von komplexen Behandlungsprozessen erschwert.

9. Eine ebenfalls international zu beobachtende Tendenz moderner Versorgungssysteme ist die *Medikalisierung* nicht-medizinischer Probleme durch medizinische Interpretationsmuster und Behandlungs-

angebote. Sozio-kulturelle Lösungen werden dabei durch technische ersetzt. Diese Expansionstendenz des Gesundheitssystems erfolgt vor allem über eine Ausdehnung des Krankheitsbegriffs. Vorstadien von Krankheitsprozessen oder auch nur erhöhte Erkrankungsrisiken (Noch-nicht-Kranke) gerieten dabei ebenso in den medizinischen Blick wie einst private Vorgänge (Schwangerschaft), Befindlichkeitsstörungen (Schlafstörungen, Kurzatmigkeit), reduzierte Leistungs- oder Genussfähigkeit (Impotenz, Konzentrationsschwäche), bis hin zum unerwünschten Sozialverhalten (Aggressivität). Die Kehrseite der Medikalisierung sozialer Problemlagen wird vor allem in einer Verringerung der Laienkompetenz, aber auch in der Zurückhaltung individueller und gesellschaftlicher Bewältigungsstrategien gesehen.

10. Die *Entwicklungsprobleme des Gesundheitswesens* sind zum einen in der strukturellen Affinität von medizinischen und ökonomischen Orientierungsmustern angelegt. Der sogenannte »medizinisch-industrielle Komplex« wurde dabei zum Schlüsselbegriff und dominanten Erklärungsmuster einer expansiven Eigendynamik der Gesundheitsversorgung. Zum anderen – und eng damit zusammenhängend – liegen sie in den Steuerungsdefiziten der Gesundheitspolitik. Das gilt für die Regulation bestehender Verteilungskonflikte sowohl bei der Ressourcenaufbringung als auch bei der Ressourcenverwendung. Die mangelnde *Bedarfsgerechtigkeit* des medizinischen Leistungsangebots beruht zwar auch, aber nicht nur auf dem Mangel an wissenschaftlich gesichertem Wissen über den tatsächlichen Bedarf und die Wirksamkeit medizinischer Leistungen. Sie beruht ebenso auf Defiziten in der Durchsetzung politischer Intentionen und Interventionen. Im Resultat verstärken sich durch die mangelnde Rationalität der Gesundheitsversorgung die Zwänge zur Rationierung medizinischer Leistungen und damit die Ungleichheit im Zugang zu medizinisch notwendigen Behandlungsmaßnahmen.

11. Die Erfassung und Messung der Qualität medizinischer Dienste und Leistungen ist heute eine zentrale Herausforderung für Wissenschaft und Praxis des Gesundheitswesens. Optimierung vorhandener Strukturen und Prozesse und Schutz der Patienten vor schlechter Qualität sind von vitalem öffentlichen Interesse. Soziologen können mit ihrem theoretischen und methodischem Instrumentarium einen wichtigen Beitrag dazu leisten, dass diese Aufgaben wirksamer als bisher wahrgenommen werden: z.B. durch vergleichende Analyse von Leistungen und Organisationen und durch Einbringen ihrer Fähigkeiten zur Projekt- und Programmevaluation.

15

Wiederholungsfragen

1. Wie lässt sich erklären, dass soziale Einflüsse, z.B. eine bevorstehende Prüfung, Partnerschaftsprobleme oder eine drohende Entlassung einen Einfluss ausüben auf physiologische Vorgänge im Menschen, z.B. Hormonspiegel und zentrales Nervensystem?

2. Warum sind soziale Beziehungen, die als hilfreich, positiv oder motivierend erlebt werden, förderlich für die Gesundheit?

3. Was ist die Struktur eines Krankenhauses und worin bestehen die Kernprozesse seines Leistungsgeschehens? Wie lassen sich diese Strukturen und Prozesse genauer klassifizieren und empirisch bestimmen?

4. Welche Akteure, Motive und Mechanismen sind bei der Expansion des medizinischen Technikeinsatzes wirksam?

5. Welche Konsequenzen hat die institutionelle und professionelle Ausdifferenzierung der medizinischen Versorgung?

6. Worin bestehen die wissenschaftlichen Defizite und wo liegen die entscheidenden Barrieren für eine rationale Steuerung des medizinischen Leistungsangebots?

Übungsaufgaben

1. Nach dem Fall der Mauer wurde AIDS auch zu einer Bedrohung in den neuen Bundesländern. Warum?

2. Wie beurteilen Soziologen den Trend vom Verfall der Verwandtschaftsbeziehungen und zur Individualisierung aus gesundheitspolitischer Perspektive?

3. Wie wird die Qualität personenbezogener Gesundheitsdienste definiert? Was können wir aus den zurückliegenden Bemühungen zur Evaluation von Bildungseinrichtungen und Sozialprogrammen für die Evaluation im Gesundheitswesen lernen?

4. Entwickeln Sie Vorschläge zur Entwicklung einer bedarfsgerechten Auslegung des medizinischen Versorgungssystems.

5. Wie bewerten Sie das deutsche Modell der Krankenversicherung und Leistungserstattung? Welche Alternativen sind dazu vorstellbar?

6. Ist die Rationierung medizinisch notwendiger Leistungen zwingend? Ist sie akzeptabel? Welche Probleme wirft die Auswahl von Patienten im Zugang zu knappen medizinischen Ressourcen auf? Ist eine gerechte Lösung überhaupt möglich?

7. Wie könnten die Probleme der gesellschaftlichen Mittelaufbringung und des medizinischen Ressourceneinsatzes besser gelöst werden?

Glossar

Epidemiologie Disziplin, die sich mit der Verteilung von Krankheiten und deren Ursachen und Folgen in einer Population befasst. Während die deskriptive E. die Entstehung, den Verlauf oder die Veränderung von Krankheiten beschreibt, ermittelt die analytische E. quantitative Aussagen über Faktoren, die an der Entstehung von Krankheiten beteiligt sind und deren Verlauf bestimmen.

Fehlallokation Nach volkswirtschaftlichen Kriterien falsche oder ineffiziente Zuteilung von Ressourcen (z.B. Zeit, Rohstoffe, Wissen) und/oder Produktionsfaktoren (Arbeit, Kapital).

Homöopathie Ein von dem deutschen Arzt Samuel Hahnemann (1755-1843) begründetes Therapieprinzip, das gemäß dem Ähnlichkeitsprinzip in minimalen, durch stufenweise Verdünnung in ihrer Oberfläche potenzierten Dosen auf Krankheitsphänomene reagiert und dabei die Konstitution der Patienten stärken will. Die Suche des richtigen Arzneimittels wird auf typisierte Eigenschaften des Patienten bezogen.

Korporativ hier: berufsständisch.

Kurative Medizin Auf Heilung ausgerichtete Medizin im Gegensatz zur Präventivmedizin.

Latenzzeit Zeitraum zwischen der Einwirkung einer Schädigung (z.B. Infektion) auf einen Organismus und dem Auftreten erkennbarer Symptome.

Medizinisch-industrieller Komplex Enge Kooperation von Akteuren, Organisationen und Institutionen inner- und außerhalb des Gesundheitswesens, deren Interessenkoalitionen die Entwicklung und Gestaltung der medizinischen Versorgung wesentlich bestimmen. Eine neuere Variante des m.-i. K.es ist die wachsende Kommerzialisierung des medizinischen Leistungsangebots, verbunden mit der Herausbildung einer weit verzweigten und in erster Linie gewinnorientierten Versorgungsindustrie.

Morbidität Relative Häufigkeit von Erkrankungen in einer Population; wird beschrieben durch M.sraten oder –ziffern, z.B. die Prävalenz (siehe dort).

Mortalität Sterbeziffer oder –rate, bezogen auf die durchschnittliche Größe einer Population.

Naturheilverfahren Präventive und akute Behandlungskonzepte unter Verwendung natürlicher bzw. naturbelassener Heilmittel. Dazu zählen physikalische Reize (Licht, Luft, Wärme/Kälte, Bewegung/Ruhe), naturbelassene Nahrungsmittel, aber auch Gespräche und Beratung in Fragen der allgemeinen Lebensführung.

Pathogenetisch Die Entstehung und Entwicklung von Krankheiten betreffend.

Prävalenz Relative Häufigkeit der Erkrankungsfälle in einer Population z.B. innerhalb einer Zeitperiode (Periodenp.); epidemiologisches (siehe dort) Maß zur Beschreibung des Krankheitsgeschehens in einer Population.

Prävention (1) Ausschaltung als gesundheitsschädlich geltender Risikofaktoren; (2) frühest mögliche Diagnose und Therapie von Erkrankungen durch Vorsorgeuntersuchungen; (3) Begrenzung von Krankheitsfolgen.

Ressourcenallokation Siehe Fehlallokation.

Solidarprinzip Grundlage der von den Sozialversicherten gebildeten Solidargemeinschaft zur kollektiven Selbsthilfe mit dem Ziel, kalkulierbare Risiken (Krankheit, Alter, Unfall) auszugleichen. Die individuellen Beiträge zur Sozialversicherung richten sich nach dem Arbeitseinkommen der Versicherten; Sachleistungen werden unabhängig von der Höhe des Beitrags gewährt. Gegensatz: Äquivalenzprinzip.

Soziale Unterstützungsthese Auf Émile Durkheim zurückgehende Auffassung, wonach die Gesellschaft generell einen wohltätigen Einfluss auf Gesundheit und Wohlbefinden ihrer Mitglieder hat.

Stress Physiologischer Vorgang, hervorgerufen durch Einflüsse aus der physischen und sozialen Umwelt; führt zur Ausschüttung von Hormonen, die Energiereserven für extreme Muskelleistungen mobilisieren.

Todesursachenstatistik In Deutschland nahezu vollständig geführte Statistik über Todesfälle und deren Ursachen; enthält neben Angaben über die Mortalität (siehe dort) auch Aussagen über das Krankheitsgeschehen bzw. tödlich verlaufende Krankheiten.

15

Kapitel 16

Wirtschaft und Arbeit

Inhalt

Am südlichen Rand der Stadt Essen, malerisch auf einem Hügel oberhalb der Ruhr gelegen, steht ein imposantes Gebäude, die »Villa Hügel«. Es handelt sich um ein Bauwerk im klassizistischen Stil, das heute vor allem für wichtige Kunstausstellungen genutzt wird. Früher einmal war die Villa Hügel der Wohnsitz der Familie Krupp, die eines der renommiertesten und wohl bekanntesten Industrieunternehmen Deutschlands gegründet hatte. Der Name »Krupp« erinnert an die weltbekannte Stahlerzeugung, an die »Waffenschmiede des Reiches«, an Rüstungsgüter und eine reaktionäre Politik. Er erinnert aber auch an die betriebliche Sozialpolitik eines patriarchalischen Unternehmers, an das Engagement für die Ostpolitik nach dem Zweiten Weltkrieg – und neuerdings an Kunstausstellungen. Darüber hinaus verbinden sich mit diesem Namen ein außergewöhnlicher wirtschaftlicher und technischer Erfolg der deutschen Wirtschaft, glückliche wie katastrophale Verflechtungen zwischen Wirtschaft und Politik, nationale Erbschaften und Erblasten. Die Ausstellungsbesucher und Spaziergänger im schönen Ruhrtal haben heute meist nur noch eine blasse Erinnerung an all das, was Krupp einmal ausgemacht hat. Aber der Name ist für viele noch immer ein Teil ihrer Heimat.

Mitte der 1960er Jahre sorgte das Unternehmen für Aufregung, als der Iran, damals noch vom Schah regiert, ein Drittel des Stammkapitals der Fried. Krupp AG erwarb. Durfte ein solches für die deutsche Wirtschaft so wichtiges Unternehmen an ein fremdes Land verkauft werden und noch dazu an ein so umstrittenes, autoritäres Regime? Nach der Machtergreifung der Ayatollahs im Iran lebte diese Kontroverse wieder auf, denn die Vorstellung, dass ein Teil des Unternehmens in den Händen religiöser Fundamentalisten lag, sorgte für ein gewisses Unbehagen. Unternehmen wie Krupp galten als ein unverzichtbarer Teil der deutschen Wirtschaft. Heute ist kontrovers, ob der Begriff der »deutschen Wirtschaft« überhaupt noch sinnvoll ist. Zumindest ist die deutsche Wirtschaft keine »geschlossene Veranstaltung« mehr. Produzenten und Konsumenten sind heute über weltweite Märkte miteinander verflochten.

Die deutsche Wirtschaft ist nicht die wichtigste Volkswirtschaft in der Weltwirtschaft, dazu ist das Land viel zu klein; aber Deutschland gehört zu den führenden Industrienationen. Diese starke Stellung zeigt sich insbesondere im internationalen Handel, denn im Export kann Deutschland sehr hohe Weltmarktanteile verbuchen.

Allerdings spielen die deutschen Stahlunternehmen auf dem Weltmarkt heute nicht mehr die dominierende Rolle wie früher. Einst starke Kohle- und Stahlregionen wie das Ruhrgebiet und das Saarland mussten erhebliche Einbußen hinnehmen. Auch andere frühere Glanzlichter der deutschen Exportwirtschaft sind mittlerweile verblasst. Gewisse Defizite zeigen sich in einigen Feldern der neuen Technologien. Mikrochips und ganze Computer werden in Deutschland häufiger importiert als exportiert – ebenso wie Fernseher, Videorecorder, Faxgeräte usw. In diesen Branchen haben andere Länder wie die USA, Japan und neuerdings auch andere asiatische Länder die Führung übernommen. Doch in anderen Branchen hat sich der Produktionsstandort Deutschland behaupten können. So konnten die deutschen Automobilhersteller trotz starker ausländischer Konkurrenz ihre Marktanteile halten oder gar ausbauen. Auch der deutsche Maschinen- und Anlagenbau, der zusammen mit der Automobil- und der Chemischen Industrie zu den wichtigsten deutschen Exportbranchen gehört, hat sich gegen die internationale Konkurrenz behauptet. In einigen Bereichen der neuen Technologien (neue Medien, Mobiltelefon) werden Erfolge gemeldet. Insgesamt gesehen steht der »Standort Deutschland« in der internationalen Konkurrenz um Weltmarktanteile recht gut da, auch wenn einige Wirtschaftszweige zurückgefallen sind.

Andererseits: Sind die Unternehmen, die in Deutschland produzieren, überhaupt noch »deutsche« Unternehmen? In ihrer großen Mehrheit sind sie doch heute, ob in deutscher oder in ausländischer Hand, Teile eines globalen Wirtschaftssystems, das die nationalstaatlichen Grenzen längst überschritten hat.

Grundlegende Aufgabe des **Wirtschaftssystems** ist es, Waren und Dienstleistungen für den Bedarf einer Gesellschaft zu produzieren und zu verteilen. Die Verwaltungsgebäude, Maschinen und Anlagen der Unternehmen sind Investitionsgüter. Sie dienen der Herstellung der von den Verbrauchern nachgefragten Produkte. Über deren Preis decken die Unternehmen ihren Aufwand ab, tilgen die Kredite, die sie bei Banken aufgenommen haben, bezahlen die Gebäudemieten, Rohstoffe und Vorprodukte, Löhne und Gehälter usw. Hat das Unternehmen gut kalkuliert und läuft die Nachfrage nach seinen Produkten wie erwartet, dann macht es auch noch Gewinn.

In diesem Kapitel beleuchten wir aus einer wirtschaftssoziologischen Perspektive das »System« der Wirtschaft. Der erste Abschnitt beschreibt das heute vorherrschende Modell – den Kapitalismus. Im zweiten Abschnitt skizzieren wir die Entwicklung des Kapitalismus in den letzten zwei Jahrhunderten. Im dritten Abschnitt steht der Sozialismus im Mittelpunkt. Nachdem der »real existierende« Sozialismus in den osteuropäischen Ländern zusammengebrochen ist, spielt der Sozialismus in der Weltpolitik nur noch eine marginale Rolle. Dennoch ist es wichtig zu verstehen, warum sich diese Alternative zum Kapitalismus nicht hat behaupten können. Im vierten Abschnitt soll gezeigt werden, dass Kapitalismus nicht gleich Kapitalismus ist, sondern dass es Alternativen *im* Kapitalismus gibt, wobei wir in einer ersten groben Annäherung an die Vielfalt der »Kapitalismen« eine angelsächsische Variante und eine kontinentaleuropäische Variante unterscheiden. Abschließend diskutieren wir im fünften Abschnitt die Frage, ob solche nationalen Sonderwege auch im Zeitalter der Globalisierung noch Bestand haben oder ob sich im Wettbewerb der verschiedenen Kapitalismen ein neuer »Einheitskapitalismus« durchsetzen wird.

Man mag darüber streiten, welcher unserer fünf Schlüsselbegriffe – *Sozialstruktur, soziales Handeln, funktionale Integration, Macht und Kultur* – im Hinblick auf die Wirtschaft und die Arbeit der wichtigste ist. Wie wir sehen werden, sind alle für eine Analyse von Wirtschaft und Arbeit wichtig und unverzichtbar. Wirtschaft und Arbeit prägen die *Sozialstruktur* unserer Gesellschaft und treiben den Wandel der Sozialstruktur voran. Wichtig ist auch der Begriff der *funktionalen Integration*, zumal im globalisierten Kapitalismus funktional integrierte Systeme gleichsam hinter dem Rücken der Individuen Inflation, Arbeitslosigkeit oder Umweltzerstörung produzieren. Solche Folgen kann kein Mensch und auch keine Organisation allein mehr unter Kontrolle halten und hat vielleicht auch niemand so gewollt. Nicht minder wichtig ist auch der Begriff der *Macht*. So üben beispielsweise die Führungsspitzen der großen Unternehmen eine ungeheure Macht aus. Ihre Entscheidungen haben weitreichende Folgen, nicht nur für einzelne Individuen, sondern auch für ganze Nationen oder sogar für die gesamte Welt.

KAPITALISMUS: DAS ÖKONOMISCHE SYSTEM MODERNER GESELLSCHAFTEN

Was ist Kapitalismus? Die Grundzüge des Modells

Wirtschaftssysteme können auf verschiedene Weise angelegt und geordnet werden, um Waren und Dienstleistungen zu erbringen. In diesem Abschnitt sehen wir uns den **Kapitalismus** als die heute vorherrschende Wirtschaftsordnung näher an. Das Problem dabei besteht darin, dass es in der Realität sehr verschiedene Arten des Kapitalismus gibt. Deshalb beginnen wir mit dem Modell des Kapitalismus und wenden uns damit zugleich den zentralen Elementen des (mehr oder weniger »reinen«) Kapitalismus zu, die in jedem kapitalistischen Land anzutreffen sind – ungeachtet der vielfältigen Unterschiede in der Realität. Was also zeichnet ein kapitalistisches Wirtschaftssystem aus?

1. Privateigentum an Produktionsmitteln.
2. Eigeninteresse und Gewinnmaximierung als die zentralen ökonomischen Anreize
3. Wettbewerb auf Märkten für Rohmaterialien, Arbeitskräfte oder Produkte
4. Investitionen von Kapital mit dem Ziel, noch mehr Kapital zu gewinnen (Kapitalakkumulation).

Diese vier Kennzeichen ergeben ein vereinfachtes Modell oder den Idealtyp des Kapitalismus. Das erste Kennzeichen ist vermutlich am einfachsten zu verstehen. Im Kapitalismus sind alle Produktionsmittel – vom Ackerland über die Ölraffinerie bis hin zur Produktionsanlage für Kugelschreiber – im Eigentum von Privatpersonen oder Privatunternehmen und nicht im Staatseigentum. Die Produktionsmittel sind Sachkapital, das dazu eingesetzt wird, noch mehr Kapital zu erzeugen. Das Modell (oder auch die Ideologie) des Kapitalismus sieht im Privateigentum von Kapital so etwas wie ein unveräußerliches Recht, was auch einschließt, dass nur die Eigentümer der Produktionsmittel (und nicht die Arbeitnehmer) die Macht haben, darüber zu entscheiden, was mit den Produktionsmitteln gemacht werden soll.

Das zweite Definitionsmerkmal des Kapitalismus beschreibt die Kriterien, an denen die Menschen ihre ökonomischen Entscheidungen orientieren. Im kapitalistischen System basieren alle Entscheidungen auf dem Eigeninteresse und der Nutzen- bzw. Gewinnmaximierung. Unterstellt wird ein *soziales Handeln*, das zweckrational ist. Die Verbraucher sind souverän und können sich die Produkte und Dienstleistungen kaufen, die ihnen – aus welchen Gründen auch immer – am besten gefallen. Ihre Souveränität endet bei ihren finanziellen Möglichkeiten, sich die Produkte und Dienstleistungen ihrer Wahl leisten zu können. Die Arbeitnehmer können ihren Arbeitsplatz frei wählen, sofern sie die erforderlichen Qualifikationen, die von den Arbeitgebern erwartet werden, mitbringen. Genauso können die Produzenten ihre Waren oder Dienstleistungen, die sie auf dem Markt anbieten wollen, frei wählen, sofern sie deren Herstellung finanzieren können, mit ihrem Angebot den Wünschen der Verbraucher entsprechen und unter dem Strich einen Gewinn erzielen.

Adam Smith hat in seinem grundlegenden Werk *The Wealth of Nations* (1776) die Funktionsweise des Kapitalismus analysiert. Nach Smith führen die wirtschaftlichen Entscheidungen von Individuen, die lediglich durch ihr Eigeninteresse motiviert sind, zu einer Produktion von Gütern und Dienstleistungen, die ihren Wünschen entsprechen, und somit auch zu einer Erhöhung der gesellschaftlichen Wohlfahrt. Kurz, die unübersehbare Vielzahl individueller Entscheidungen auf der Basis des Eigeninteresses führt in ihrer Gesamtheit zu einer optimalen *funktionalen Integration* der Wirtschaft.

Natürlich wollen die Produzenten in einem kapitalistischen System in erster Linie ihre Profite maximieren, um ihr Wohlergehen und Prestige zu erhöhen. Warum kann ein solches Motiv, das nur auf den eigenen Vorteil aus ist, zugleich für die gesamte Gesellschaft von Nutzen sein? Die Antwort lautet, dass die Produzenten bei dem Versuch, ihre eigenen Profite zu maximieren, ständig auf der Suche nach neuen Produkten oder neuen Produktionsverfahren sind. Mit den neuen Produkten hoffen sie auf zusätzliche Nachfrage, mit den neuen Produktionsverfahren erwarten sie geringere Kosten, was entweder einen höheren Gesamtumsatz (auf Grund reduzierter Preise) oder einen höheren Gewinn pro Produktionseinheit in Aussicht stellt. Im Endergebnis werden die Ressourcen möglichst effizient eingesetzt, und die Verbraucher bekommen ihre gewünschten Produkte und Dienstleistungen zu einem vernünftigen Preis. Alle ziehen demnach aus dem Kapitalismus ihre Vorteile, nicht nur die Unternehmer.

Was hält ein kapitalistisches Unternehmen davon ab, einfach die Preise in die Höhe zu schrauben, um seinen Profit zu erhöhen? Ein solches Vorgehen wird durch den Wettbewerb auf den Märkten verhindert. Verlangt eine Firma für ein Produkt einen zu hohen Preis, kaufen die Verbraucher statt dessen ein vergleichbares Produkt eines anderen Anbieters. Gleiches gilt im Modell des Kapitalismus auch für den Arbeitsmarkt. Versucht ein

Unternehmen, seinen Profit zu erhöhen, indem es den Arbeitnehmern weniger als den Durchschnittslohn zahlt, werden zumindest die qualifizierteren Arbeitnehmer woanders Arbeit suchen und auch Arbeit finden. In dem Unternehmen, das seinen Beschäftigten zu niedrige Löhne zahlt, führt dies zu Qualitätsproblemen bei den Produkten oder zu Umsatzeinbußen, so dass es letztlich gezwungen ist, die Löhne wieder zu erhöhen. Wieder ziehen alle nur Vorteile aus dem Kapitalismus. Die Produkte haben einen »fairen« Preis, die Arbeitnehmer erhalten einen »fairen« Lohn, die Ressourcen (z.B. Rohstoffe) werden möglichst effizient eingesetzt, und die Kapitaleigner erzielen einen »normalen« Profit.

Ein weiteres Ergebnis des Wettbewerbs auf den Märkten besteht darin, dass die Produzenten bzw. die Kapitaleigentümer immer wieder gezwungen sind, einen Teil ihrer Gewinne zu reinvestieren, um die Leistungsfähigkeit ihres Unternehmens zu verbessern. Die Kapitaleigner können nicht darauf vertrauen, dass ihre Unternehmen ihnen ein hohes Einkommen und ein komfortables Leben für immer garantieren. Würden sie sich auf ihren Erfolgen ausruhen, würden sie über kurz oder lang von ihren Konkurrenten eingeholt, überrundet und letztlich vom Markt verdrängt. Deshalb reinvestieren sie Teile ihrer Profite in die Entwicklung neuer Produkte und/oder neuer Produktionsmethoden, um ihre Wettbewerbsposition zu halten oder auszubauen.

Wir haben jetzt eine erste Vorstellung gewonnen, wie der Kapitalismus funktioniert – zumindest im »reinen« Modell. Natürlich kann die Realität im Einzelfall anders aussehen. Dies ist beispielsweise dann der Fall, wenn marktbeherrschende Großunternehmen mit unfairen Methoden kleine Unternehmen ausmanövrieren oder die Löhne ihrer Mitarbeiter, die keine andere Beschäftigung finden können, »drücken«.

DIE ENTWICKLUNG DES MODERNEN KAPITALISMUS

Heute erscheint es uns als selbstverständlich, dass wir in einem kapitalistischen Wirtschaftssystem leben. Aber das war nicht immer so. Erst im späten 18. und frühen 19. Jahrhundert setzte sich dieses Wirtschaftssystem durch; zunächst in Großbritannien, verbunden mit der industriellen Revolution, und kurze Zeit später in den anderen europäischen Ländern und in den USA. In diesem Abschnitt diskutieren wir vier Aspekte des wirtschaftlichen und sozialen Wandels, die alle kapitalistischen Länder gleichermaßen betreffen.

Vor dem Siegeszug des Kapitalismus bildete die Landwirtschaft in allen heute als kapitalistisch bezeichneten Ländern die Lebensgrundlage. Seitdem haben sie einen gravierenden wirtschaftlichen Strukturwandel durchlaufen – von einer Agrar- über die Industrie- hin zur Dienstleistungsgesellschaft, die sich heute weiter in Richtung einer Informationsgesellschaft verändert. Mit diesem Wandel der sektoralen Wirtschaftsstruktur war immer auch ein Wandel der *Sozialstruktur* verbunden. Eine zweite – gleichfalls die Wirtschafts- und Sozialstruktur verändernde – Entwicklung, die alle diese Länder erfahren haben, hat vor allem etwas mit der *Macht*verteilung in diesen Gesellschaften zu tun: In allen Ländern haben sich Großunternehmen gebildet, die in der Lage sind, die im Modell des Kapitalismus unterstellte »unsichtbare Hand« des Marktes in ihrer Reichweite zu begrenzen und den Wettbewerb zu beschränken. Eine dritte Entwicklung in diesen Ländern, die bis heute andauert, hat die Trennlinie zwischen Haus- und Erwerbsarbeit und damit die »Arbeitsteilung« zwischen Männern und Frauen verschoben, ein Aspekt, der auch mit traditionellen Rollenverständnissen und ihrer Veränderung, also mit der *Kultur* einer Gesellschaft zu tun hat. Abschließend befassen wir uns mit dem allen kapitalistischen Ländern gemeinsamen, allgegenwärtigen Problem der Arbeitslosigkeit.

Wandel der Wirtschaftsstrukturen

Der wichtigste Anstoß für die **industrielle Revolution** ging von den enormen Verbesserungen der Produktionsmethoden, zunächst vor allem im Bereich der Landwirtschaft, aus. Immer weniger Menschen wurden zur Lebensmittelproduktion benötigt. Daher konnten oder mussten immer mehr Menschen in die Städte

Die Entwicklung immer neuer Maschinen machte es möglich, diesen einfache Arbeitsabläufe zu übertragen. Jede Investition in arbeitssparende Maschinen erhöhte die Produktivität weiter. So ließ sich mit der gleichen Zahl an Arbeitskräften der Produktionsausstoß erhöhen bzw. der gleiche Output mit immer weniger Beschäftigten erzeugen. Im Ergebnis verloren viele Arbeiter ihre Beschäftigung, und gleichzeitig nahm der gesellschaftliche Reichtum kontinuierlich zu. Das Bild zeigt die Fließbandproduktion von Radiogeräten um 1935.

abwandern, um ihren Lebensunterhalt in den aufblühenden Manufakturen zu verdienen. Der Rückgang der Beschäftigung in der Landwirtschaft war hauptsächlich eine Folge der Mechanisierung der Arbeit und der Verbesserung der Bodenerträge. Dadurch sind nicht nur die Erträge bei gleich bleibenden Anbauflächen gestiegen, auch die **Produktivität** der in der Landwirtschaft Beschäftigten hat sich deutlich erhöht.

Auch im Handwerk und in der Industrie nahm die Produktivität als Folge der zunehmenden Spezialisierung und Arbeitsteilung zu. Der einzelne Handwerker stellte immer seltener ein Produkt von Anfang bis Ende selbst her. Statt dessen wurde der gesamte Produktionsprozess in zahlreiche kleine Einzelschritte zerlegt, die jeweils einem Arbeiter übertragen wurden, der sich auf diese Teilaufgabe zu spezialisieren hatte, um sie möglichst effizient zu erfüllen. In dem Maße, wie die Arbeitsteilung zunahm, ließ sich die Vielfalt der Aufgaben und Tätigkeiten der einzelnen Arbeiter immer weiter reduzieren. Der einzelne Arbeiter musste nicht mehr alles können, sondern nur noch bestimmte Arbeitsschritte beherrschen, im Extremfall nur noch einen einzigen Handgriff am Fließband. Die technischen und arbeitsorganisatorischen Neuerungen führten dazu, dass

16

die Unternehmen immer weniger auf qualifizierte Arbeiter angewiesen waren.

Nicht nur die periodisch auftretende Arbeitslosigkeit, sondern auch die Verteilung des wachsenden gesellschaftlichen Reichtums führte zu sozialen Konflikten. Zudem bot die Qualität der Arbeit Konfliktstoff. Die Einführung arbeitssparender Maschinen mitsamt der Reorganisation der Arbeitsplätze um sie herum – ein Prozess, der als **Automatisierung** bezeichnet wird – hatte auch zur Folge, dass an vielen industriellen Arbeitsplätzen die Arbeitszufriedenheit abnahm. Das Ergebnis war oft ein beschädigtes Selbstwertgefühl der Beschäftigten und eine zunehmende Entfremdung von ihrer Arbeit.

In der ersten Phase der kapitalistischen Entwicklung verschoben sich die Gewichte der Wirtschaftssektoren von der Landwirtschaft zur Industrie. Aber irgendwann – in einem Land früher, im anderen später – ist es mit diesem Wachstum des industriellen Sektors (gemessen an dem Anteil der Beschäftigten) vorbei. Obgleich der Beschäftigungsanteil der Landwirtschaft weiter schrumpft, kann die Industrie in der zweiten Phase ihren Beschäftigungsanteil an der Gesamtwirtschaft nicht länger ausbauen. Statt dessen gewinnt der Dienstleistungssektor an Gewicht – etwa so, wie es von Jean Fourastié (1949) vorausgesagt worden war. Auch in Deutschland ist der Anteil der Arbeitsplätze in der Industrie seit Jahren rückläufig, während der Anteil der Arbeitsplätze im Dienstleistungssektor zunimmt (vgl. Schaubild 16.1). Wir leben heute also in einer »nachindustriellen Gesellschaft« (vgl. Bell 1973). Wieder spielt der technische Wandel, der diesen wirtschaftlichen Strukturwandel und damit die *Sozialstruktur* der Gesellschaft prägt, eine zentrale Rolle.

Die führenden Wirtschaftsländer verdanken der kontinuierlichen Zunahme der Arbeitsproduktivität ihren hohen Lebensstandard. So stieg im Verlauf der 1950er und 1960er Jahre die Arbeitsproduktivität in den USA und in den führenden europäischen Ländern (auch in Deutschland) jährlich um nahezu 3 Prozent – was eine Verdopplung in nur 30 Jahren bedeutete. Doch der »Traum immerwährender Prosperität« (vgl. Lutz 1984) war nur von begrenzter Dauer. Nach dem arabischen Ölembargo 1973 erfuhr die jährliche Zuwachsrate der Arbeitsproduktivität einen Knick. Sie pendelte über Jahrzehnte um ein Prozent pro Jahr oder lag sogar darunter. Auch in Deutschland hat sie in dieser Zeit abgenommen. Weder die fortschreitende Automatisierung noch die Mikroelektronik haben daran etwas zu ändern vermocht (Sorge 1985). Gleichzeitig sind auch die Wachstumsraten der Wirtschaft zurückgegangen – sogar noch stärker als die Arbeitsproduktivität. Deshalb hat auch die Arbeitslosigkeit seit Mitte der 1970er Jahre wieder zugenommen, denn die Zahl der Arbeitsplätze sinkt, wenn die Zunahme der Arbeitsproduktivität oberhalb des Wirt-

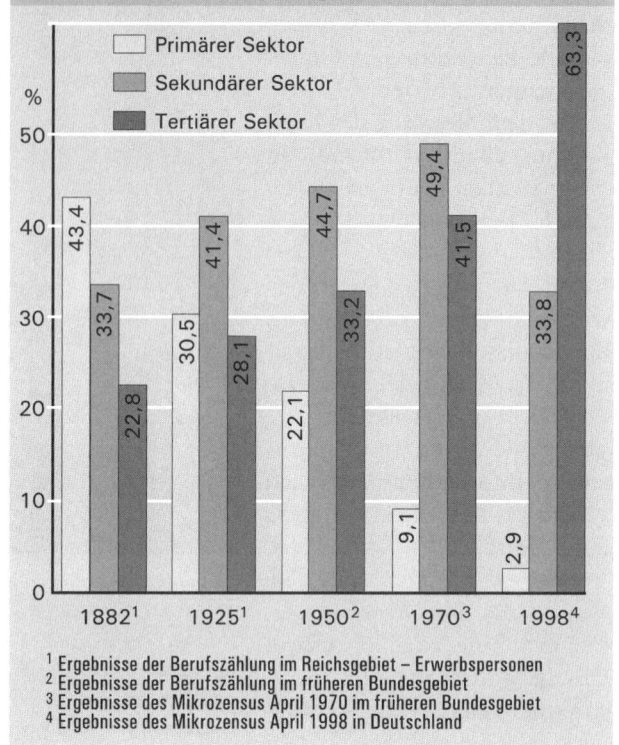

Schaubild 16.1: Erwerbstätige nach Wirtschaftsbereichen im Vergleich

[1] Ergebnisse der Berufszählung im Reichsgebiet – Erwerbspersonen
[2] Ergebnisse der Berufszählung im früheren Bundesgebiet
[3] Ergebnisse des Mikrozensus April 1970 im früheren Bundesgebiet
[4] Ergebnisse des Mikrozensus April 1998 in Deutschland

schaftswachstums liegt und die Differenz nicht durch Umverteilung der Arbeit (Arbeitszeitverkürzung) ausgeglichen wird.

Seit den 1970er Jahren verändert sich auch der Charakter der Automatisierung. Die »starre« Automatisierung wird von einer flexiblen abgelöst, d.h. die Fertigungstechnik wird von der Massenherstellung von Standardprodukten auf eine **diversifizierte** Qualitätsproduktion umgestellt. Die Produktion wird auf Vielfalt, Qualität und Modetrends ausgelegt, um möglichst schnell auf spezielle Kundenwünsche reagieren zu können (vgl. Piore/Sabel 1984). Mit einfachen Massenartikeln ist ab einem gewissen Wohlstandsniveau nicht mehr allzu viel zu verdienen, wohl aber mit Produktinnovationen, die sich an immer anspruchsvollere Konsumenten richten. Für eine solche Produktion werden im Unterschied zu früheren Zeiten wieder mitdenkende und qualifizierte Arbeiter gebraucht, weniger unqualifizierte Hilfsarbeiter mit bloßen Routinekenntnissen (vgl. Kern/Schumann 1984).

Die Macht der Großunternehmen

Ein Problem, mit dem praktisch alle kapitalistischen Länder konfrontiert sind, ist die **Macht** der Großunternehmen und der Eliten, die in diesen Großunternehmen das Sagen haben. In einem kapitalistischen Wirtschaftssystem, so nahm Adam Smith an, gibt es viele, relativ kleine Unternehmen, die miteinander konkurrieren. Der Wettbewerb sorgt für die Entwicklung immer besserer Produkte, die zugleich immer effizienter und damit zu niedrigeren Preisen hergestellt werden können. Macht und Machtmissbrauch kommen in diesem Modell nicht vor. Wenn sich aber im Wettbewerb einige Unternehmen durchsetzen, wenn zahlreiche Unternehmen vom Markt verschwinden und die überlebenden Unternehmen immer größere Marktanteile erringen, wenn die im Markt verbleibenden Unternehmen womöglich gar noch fusionieren, dann entstehen schnell Großunternehmen mit einer marktbeherrschenden Position, auf die das Bild der »unsichtbaren Hand« des freien Wettbewerbs, das Adam Smith vorschwebte, nicht mehr zutrifft.

In der Frühzeit des Kapitalismus waren die Unternehmen noch recht klein und ihre Gründer zumeist auch ihre Geschäftsführer. Eigentum und Unternehmensleitung lagen in einer Hand. Unter den frühen Unternehmensgründern dominierten technisch versierte Erfinder. Mit zunehmender Größe der Unternehmen gingen die Leitungsaufgaben zunehmend auf Angestellte über, die praktische Erfahrungen im Produktionsbereich gewonnen hatten und dank ihrer Kenntnisse und Erfahrungen in der internen Unternehmenshierarchie aufstiegen. Es entstand der Beruf des Managers.

Die ersten Großunternehmen waren extrem hierarchisch und bürokratisch organisiert, mit einer differenzierten Stufung von Machtbefugnissen und einem Vorschriftenwesen. Gerade in Deutschland bezogen die ersten großen Unternehmen ihre Organisationsvorbilder vom Militär und der staatlichen Verwaltung. So war Werner Siemens, der Gründer des Siemens-Konzerns, vor seiner Wandlung zum Erfinder-Unternehmer technischer Offizier bei der preußischen Artillerie. Das Militär besaß die größte Erfahrung in der Organisation beträchtlicher Menschenmengen und großer technischer Einrichtungen (Festungen, Geschützbatterien, Vorratsdepots, Waffenarsenale), und entsprechend durchschlagend war seine Vorbildfunktion in einer Gesellschaft mit allgemeiner Wehrpflicht am Anfang der Industrialisierung (vgl. Kap. 8). In einer solchen hierarchischen Unternehmensorganisation konnten sich einige Mitarbeiter aus der Produktion in die Unternehmensverwaltung »hochdienen« und Schritt für Schritt in der Hierarchie »befördert« werden. Was sich innerhalb solcher Unternehmen abspielte, hatte nichts mit einem freien Spiel der Kräfte zu tun, sondern nur mit Befehl und Gehorsam.

Dieses Rekrutierungsmuster für Führungspositionen hat sich mit der zunehmenden Professionalisierung des Managements geändert. Zwar sind gewisse Karrierewege innerhalb der Unternehmen von der Produktion in die Verwaltung hinein immer noch vorgesehen, aber zumindest die Spitzenpositionen werden heute nach anderen Mustern besetzt. Heute besitzen die »leitenden Angestellten« eher eine akademische Ausbildung zum Ingenieur, Betriebswirt oder Juristen. Auch die Geschäftsführer verfügen zumeist über eine formale betriebswirtschaftliche Ausbildung mit entsprechenden Fachkenntnissen im Marketing, in der Finanz- oder in der Rechtswissenschaft. Selbst in der Schwerindustrie kennen sich die leitenden Angestellten heute besser mit Computern aus als mit den Maschinen in der Produktion. Die Unternehmensleitung liegt mittlerweile in den Händen von hochgradig professionalisierten Managern, die als »angestellte Unternehmer« in kurzer Zeit ein großes Vermögen verdienen können, aber nicht mehr unbedingt Eigentümer des Unternehmens sind.

Großunternehmen gibt es heute in sehr verschiedenen Formen. Einige beschränken sich auf eine Branche, produzieren also z.B. nur Autos, Mineralölprodukte oder Elektrogeräte. Andere sind in verschiedenen Branchen gleichzeitig tätig. In diesem Fall haben sie oft zahlreiche »Töchter«, d.h. es gehören ihnen andere, rechtlich selbständige Unternehmen, die sie mehr oder weniger beherrschen. Ein gutes Beispiel für einen solchen Mischkonzern ist in Deutschland die VEBA AG, die auf verschiedenen Märkten so verschiedene Produkte wie Benzin, Diesel und Heizöl, Strom und Glas anbietet oder Transportdienste bereitstellt. Auch die einst »reinen« Stahlkonzerne wie Mannesmann sind mittlerweile Mischkonzerne.

Die Topmanager solcher Großunternehmen verfügen über eine beträchtliche Macht. Mitunter schließen sie sich zusammen, um für die gemeinsamen Wirtschaftsinteressen zu werben. Sie geben nicht nur Geld für politische Kandidaten aus, die diese Interessen unterstützen, sie versuchen auch Abgeordnete zu beeinflussen und finanzieren Werbekampagnen für ihre politischen Ziele. Auch in ihren Unternehmen treffen sie Entscheidungen, von denen das Wohlergehen nicht nur ihrer Beschäftigten abhängt. Sie entscheiden, ob in ihren Betrieben gefährliche Chemikalien eingesetzt und welche Summen für Sicherheitsmaßnahmen ausgegeben werden. Sie entscheiden ferner, ob bestehende Fabriken modernisiert werden oder ob die Produktion an einen anderen Standort, womöglich gar ins Ausland verlagert wird. Nur selten wagen es Angestellte der mitt-

16

Der früher für seine Stahlrohrproduktion berühmte Mannesmann-konzern bietet heute – nach dem Aufkauf und der Neugründung von Töchtern – vorwiegend Hydraulik- und andere Maschinenbauprodukte, Bürogeräte und Kommunikationstechnik an und betreibt ein Mobilfunknetz. Nach einer spektakulären Übernahmeschlacht ging er 2000 in den britischen Telekommunikationskonzern Vodafone über.

leren oder unteren Ebene, bei solchen schwerwiegenden Entscheidungen den Wünschen und Plänen der »Leitenden«, von denen ihre Karriere abhängt, zu widersprechen. In all diesen Hinsichten bilden die leitenden Angestellten eine Herrschaftsgruppe mit beträchtlicher gesellschaftlicher Macht inner- und außerhalb ihres Unternehmens.

Aber es wäre falsch, das Thema »Macht in der Wirtschaft« nur unter diesem Aspekt zu diskutieren. Denn es geht weniger um die Macht einzelner (und im Prinzip austauschbarer) Entscheidungsträger, sondern um die Macht, die sich hinter den Unternehmen als (Groß-) Organisationen verbirgt. So steht die Macht von Großunternehmen in einem auffallenden Gegensatz zu der eines normalen Bürgers. Wir leben in einer »asymmetrischen Gesellschaft« (Coleman 1982), in der die Macht eines Großunternehmens die eines normalen

Menschen – auch wenn er in diesem Unternehmen eine Leitungsfunktion innehat – unendlich übersteigt. Ein Großunternehmen ist in der Lage, Ressourcen (Geld, Sachverstand, Zeit usw.) aufzubieten, von denen sich der normale Mensch nicht einmal eine Vorstellung machen kann. Wenn ein Individuum seine Kräfte mit einem solchen Riesenunternehmen – zum Beispiel bei einem Rechtsstreit – messen muss, dann hat das Unternehmen meist enorme Vorteile. Man denke an die Opfer von Berufskrankheiten wie Asbestose oder Krebs, die von toxischen Substanzen am Arbeitsplatz verursacht werden. Das Unternehmen kann die Prozesse über Jahre oder gar Jahrzehnte hinausziehen, wohl wissend, dass die klagende Person irgendwann sterben wird oder ihr die Mittel für den »Gang durch die Instanzen« ausgehen werden. Das Unternehmen hingegen besteht auf unabsehbare Zeit weiter.

Noch aus einem anderen Grund ist es wichtig, aus einer strukturellen Perspektive nach der Macht von Unternehmen zu fragen. Ein Unternehmen kann Marktmacht ausüben, wenn es auf Grund seiner Größe und der fehlenden Konkurrenz eine marktbeherrschende Stellung einnimmt, kurz, als Alleinanbieter auf einem Markt auftritt. Wir sprechen dann von einem **Monopol**. Beherrschen einige wenige Großunternehmen einen Markt, bezeichnen wir die Marktstruktur als **Oligopol**. In monopolistischen oder oligopolistischen Märkten ist der Wettbewerb ausgeschaltet bzw. stark eingeschränkt, da der Markteintritt neuen Konkurrenten erschwert wird. Versuchen sie es trotzdem, kann ein Großunternehmen vorübergehend seine Preise senken, Rabatte anbieten oder eine aggressive Werbekampagne starten – Strategien, die alle die Mittel einer neuen, kleinen Firma übersteigen. Darüber hinaus können oligopolistische Firmen zusätzliche Barrieren für neue Konkurrenten errichten, indem sie über Patentrechte den Marktzugang versperren, die Rohstoffmärkte kontrollieren oder gelegentlich heimliche Absprachen untereinander treffen. Sie können zudem andere Firmen aufkaufen – Wettbewerber, Zulieferbetriebe, Hersteller verwandter Produkte – und sich zu riesigen Mischkonzernen entwickeln, die über ihre »Töchter« noch mehr Ressourcen kontrollieren.

Gelingt es einigen wenigen Firmen, sich als Nahezu-Alleinanbieter eines bestimmten Produkts zu etablieren, sind sie praktisch frei von den Zwängen und Beschränkungen, die in einem Wettbewerbsmarkt herrschen. Sie können dann für ihre Produkte so viel verlangen, wie die Konsumenten zu zahlen bereit sind. Sehr oft liegen die Preise bei Monopolen oder Oligopolen mit Kartell-

Die Entwicklung der Erwerbsarbeit von Frauen

Erwerbsarbeit war zunächst eine Domäne der Männer. Der Anteil der Frauen, die einer Erwerbsarbeit nachgingen, war deutlich niedriger, schwankte im Zeitablauf und nahm erst nach dem Zweiten Weltkrieg mehr oder weniger kontinuierlich zu. Mittlerweile sind mehr Frauen im erwerbsfähigen Alter erwerbstätig als je zuvor, auch wenn ihre Quote immer noch unter der der Männer liegt. Dieser deutliche Wandel in der Sozialstruktur hängt mit Änderungen im Rollenverständnis, im Heiratsverhalten, in der Familie, der Geburtenhäufigkeit und anderen Aspekten des Zusammenlebens zusammen (vgl. Kapitel 11 und 12).

Allerdings gibt es bereits seit der industriellen Revolution, als die ersten Frauen von den Bauernhöfen in die Fabriken wechselten, einen variierenden Anteil der Frauen an der Erwerbsbevölkerung. Typisch für die Biographie der ersten erwerbstätigen Frauen war eine vergleichsweise kurze Phase der Erwerbsarbeit, die meist nur bis zur Eheschließung andauerte. Danach gaben sie, sofern es das Haushaltseinkommen zuließ, ihre bezahlte Arbeit wieder auf, wobei nicht immer klar ist, ob sie dies freiwillig oder auf Druck des Mannes und des übrigen sozialen Umfeldes taten. Verheiratete Frauen sollten sich nach dem vorherrschenden Rollenverständnis der Familie und der »Hausarbeit« widmen.

Zu einem merklichen Anstieg der Erwerbsquote von Frauen kam es während des Ersten Weltkrieges. Die Frauen mussten in den kriegswichtigen Fabriken und Verwaltungs-einrichtungen für die Männer einspringen, die im Krieg waren. Nach Kriegsende ging die weibliche Erwerbsquote wieder steil zurück. Das gleiche Phänomen wiederholte sich während des Zweiten Weltkriegs, wenn auch nicht so drastisch wie während des Ersten Weltkrigs. Die Nazis drängten die Frauen eher in die Mutter- und Familienrolle. Der Bedarf an zusätzlichen Arbeitskräften wurde zum einen durch »Versklavung« oder Zwangsarbeit der Bevölkerung der eroberten Länder gedeckt und zum anderen durch Ausbeutung– bis hin zur Vernichtung durch Arbeit – jener deutschen Bevölkerungsgruppen, die Opfer der herrschenden Rassenideologie wurden.

Nach dem Ende des Zweiten Weltkrieges stieg die Erwerbsquote der Frauen kontinuierlich an, und ein Ende dieser Entwicklung ist nicht in Sicht.

Hierzu haben mehrere miteinander verbundene Trends beigetragen. Frauen werden durch die Technisierung des Familienhaushalts und das Angebot an Kindergartenplätzen von familiären Pflichten entlastet; zur Zeit des Arbeitskräftemangels in den 1960er und 1970er Jahren wurden Frauen gezielt zum Erwerbseintritt motiviert; Wertvorstellungen bei Frauen und Männern verändern sich und begünstigten die Berufsarbeit von Frauen; die Zunahme der Dienstleistungen erleichterte die Eingliederung von Frauen in den Arbeitsmarkt; die Verbesserung der Geburtenkontrolle erlaubt die Planbarkeit längerer Erwerbszeiten, einen bewussteren Umgang mit den Kinderwünschen und den Aufschub der Gebärphase im Frauenleben.

Tabelle 16.1: Erwerbsquoten				
Anteil der Erwerbspersonen an 100 Männern und Frauen				
Jahr	Männer	Frauen	Verheiratete Frauen	Insgesamt
Alte Bundesländer				
1950	63,2	31,3	25,0	46,2
1960	63,2	33,6	32,5	47,7
1970	58,3	30,2	35,6	43,5
1980	58,4	32,6	40,6	44,9
1985	60,3	35,9	42,5	47,6
1991	60,0	38,8	47,2	49,1
1993	59,3	39,3	48,2	49,1
1995	58,0	39,2	48,4	48,3
1997	57,3	39,6	49,2	48,2
1998	57,3	39,7	49,4	48,1
Neue Länder und Ost-Berlin				
1991	59,9	50,0	73,0	54,7
1993	55,7	47,7	68,9	51,5
1995	57,1	48,4	68,9	52,6
1997	57,6	48,5	67,7	53,0
1998	58,2	48,6	67,1	53,3

Quelle: *Statistisches Jahrbuch* 2000

16

absprachen deutlich höher als in einem Wettbewerbsmarkt; und häufig gelingt es ihnen trotz ihrer Preiserhöhungen durch massive Werbung, die Nachfrage nach ihren Produkten hoch zu halten. Wie hoch die Wettbewerbsintensität in oligopolistischen Märkten ist, hängt sehr vom Verhalten der Marktteilnehmer ab, vor allem davon, ob sie ihr Verhalten durch Absprachen abstimmen. Sie ist um so höher, je leichter andere Firmen sich als Anbieter zu einem Markt Zutritt verschaffen können.

Der Wandel der Erwerbsstruktur und Arbeit jenseits der Erwerbsarbeit

Allzu leicht übersieht man im Modell des »reinen« Kapitalismus die einfache Tatsache, dass die Wirtschaft nicht nur aus Arbeitgebern und Arbeitnehmern besteht. Nur ein Teil der Bevölkerung geht einer bezahlten Erwerbsarbeit in privaten Unternehmen oder im öffentlichen Dienst nach. Nicht jede Person tauscht ihre Arbeitskraft gegen Geldeinkommen ein. Es gibt daneben eine Vielzahl unbezahlter gesellschaftlich nützlicher Tätigkeiten außerhalb der Erwerbssphäre. An erster Stelle ist natürlich die »Hausarbeit« zu nennen, die sich nicht auf einen Arbeitsvertrag stützt, ferner die Nachbarschaftshilfe, ehrenamtliche Tätigkeiten, die Mitwirkung in Selbsthilfegruppen, Vereinsarbeit usw. Auch im kapitalistischen System existiert eine Welt der Arbeit jenseits der Erwerbsarbeit.

Häufig bezeichnet der Begriff der Arbeit ausschließlich die formelle Erwerbsarbeit. Da sich aber für so gut wie jede Aktivität im Haushalt, in der Nachbarschaft oder im Verein etwas Vergleichbares – ein funktionales Äquivalent – im Erwerbssystem finden lässt, ist es sinnvoll, Arbeit nicht nur mit Erwerbsarbeit gleichzusetzen. Man kann das Essen zu Hause zubereiten oder im Restaurant bestellen, das Vorschulkind zu Hause betreu-

Heute erfahren sich Arbeitslose meist nur als Vereinzelte. Früher war allein durch die Notwendigkeit, zum Arbeitsamt zum Stempeln zu gehen, Arbeitslosigkeit eine politisch bewusstseinsprägende Kollektiverfahrung. Hier z.B. warten Arbeitslose auf die neue Zeitung mit Stellenanzeigen (1932).

en oder im Kindergarten unterbringen, die Wäsche zu Hause waschen oder in einer privaten Reinigung waschen lassen. Es gibt also zwei Gruppen: Die einen arbeiten gegen Entgelt für den Markt, die anderen für den Eigenbedarf ohne Entgelt und Arbeitsvertrag. Hinter dieser Zweiteilung der Wohlfahrtsproduktion verbirgt sich eine tradierte Arbeitsteilung zwischen Männern und Frauen. Sie wird im Lauf der Entwicklung des Kapitalismus zunehmend in Frage gestellt, wobei auch der Wandel der Familie eine wichtige Rolle spielt (vgl. Bertram 1991).

Das allgegenwärtige Problem der Arbeitslosigkeit

Arbeitslosigkeit ist ein »normales« Phänomen in kapitalistischen Wirtschaften. Soziologen sind vor allem an der Arbeitslosenquote (Prozentsatz der Gesamtzahl der Personen in einem Arbeitsmarkt) sowie an der Frage interessiert, welche Personengruppen in welchem Maße von Arbeitslosigkeit betroffen sind.

Es gibt stets ein gewisses Maß an Arbeitslosigkeit infolge des Strukturwandels der angebotenen Arbeitsplätze und/oder des Strukturwandels der Arbeitssuchenden, die über veränderte Qualifikationen verfügen oder an anderen Wohnorten leben.

Man bezeichnet diesen Typ der Arbeitslosigkeit als *strukturelle Arbeitslosigkeit*. So führen technologische Innovationen stets zum Niedergang einiger älterer Industrien, während neue Industrien sich entwickeln und expandieren. Als das Automobil erfunden wurde, sank die Nachfrage nach Pferdefuhrwerken stetig, bis sie praktisch ganz vom Markt verschwanden. Unfreiwillig verloren dabei viele Handwerker (von Schmieden bis zu Wagenbauern und Peitschenherstellern) ihre Arbeit. Erlernten sie keine neuen Fertigkeiten oder waren sie nicht bereit, für niedrigere Löhne in ungelernten Berufen zu arbeiten, blieben sie oft für lange Zeit ohne Arbeit. Strukturelle Arbeitslosigkeit liegt also vor, wenn bestimmte Branchen im Wettbewerb mit anderen Branchen den Kürzeren ziehen, weil ihre Produkte gegenüber den neuen Angeboten an Gewicht verlieren, die alten Qualifikationen der Arbeitnehmer aber von den neuen Unternehmen nicht mehr benötigt werden.

Die zyklischen Abschwünge in kapitalistischen Wirtschaften verursachen einen anderen Typ der Arbeitslosigkeit, die so genannte *konjunkturelle Arbeitslosigkeit*. Ist das Angebot größer als die Nachfrage, entlassen die Unternehmen Arbeitskräfte. Oft lösen die resultierenden Einkommens- und Ausgabenreduktionen weitere Entlassungen aus, in deren Gefolge es zu einer Rezession kommen kann. Drohende Arbeitslosigkeit auf Grund einer oder mehrerer dieser Ursachen und der

Schaubild 16.2: Vorausgesagte Arbeitsplatzverluste und -gewinne bis 2005		

Größte vorausgesagte Arbeitsplatzverluste in Prozent. Veränderung bei mäßigem Wirtschaftswachstum		Größte vorausgesagte Arbeitsplatzgewinne in Prozent. Veränderung bei mäßigem Wirtschaftswachstum	
Signal- und Stellwerkwärter	– 75 %	Hilfspersonal im häuslichen Gesundheitsdienst	+ 138 %
Monteure von Telefonleitungen und -kabeln für Telefongesellschaften	– 75 %	Beschäftigte in Hilfsdiensten allgemein	+ 136 %
An der Peripherie arbeitendes EDV-Personal	– 60 %	Hilfspersonal in häuslichen Pflegediensten	+ 130 %
Hilfspersonal im Telefondienst	– 51 %	Computeringenieure und -wissenschaftler	+ 112 %
TelefonistInnen	– 50 %	Systemanalytiker	+ 110 %
Personal für Einbau u. Reparatur von Telefonanlagen	– 50 %	Physiotherapeutisches u. krankengymnastisches Hilfspersonal	+ 93 %
Personal an Handmaschinen	– 40 %	Physiotherapeuten	+ 88 %
Operatoren von Zentralrechnern	– 39 %	Rechtsberater	+ 86 %
Arbeiter an Schuhnähmaschinen	– 38 %	Systemprogrammierer für elektron. Paginierung	+ 78 %
Drucker von Einzelaufträgen	– 35 %	Hilfspersonal für Beschäftigungstherapeuten	+ 78 %
Kinderbetreuungspersonal zu Hause	– 35 %	Berufsschullehrer	+ 74 %
Personal an Zentrifugier- und Destilliermaschinen	– 33 %	Privatdetektive	+ 70 %
Personal für Montage und Reparatur von Gas- u. Ölfeuerungsanlagen	– 33 %	Kinderbetreuungspersonal außer Haus	+ 66 %
Reinigungs- u. Bedienungspersonal im Haus	– 32 %	Reisebürokaufleute	+ 64 %
Spuler, Tontechniker, Fertigbearbeiter	– 32 %	Bedienungspersonal für radiologische Apparate	+ 62 %
Näherinnen in der Bekleidungsindustrie	– 29 %	Personal in Tagesheimen	+ 62 %
Personal an Fakturier-, Sortier- u. Rechenmaschinen	– 29 %	Medizinisch-technische Assistenten	+ 61 %
Schriftsetzer	– 27 %	Unternehmensforscher	+ 61 %
Filmvorführer	– 26 %	Beschäftigungstherapeuten	+ 60 %
Personal für Datenerfassung in Verlagen	– 26 %	U-Bahn- und Straßenbahnwagenfahrer	+ 57 %
Monteure für Telefon- und Kabel-TV-Leitungen	– 24 %	Personal in Anwaltskanzleien	+ 57 %
Personal für Schneidmaschinen	– 23 %	Bedienungspersonal für Elektroenzephalographen	+ 54 %
Uhrmacher	– 23 %	Vorschul- und Kindergartenlehrer	+ 54 %
Holzarbeiter und Maschinisten	– 22 %	Nagelpflegerinnen	+ 54 %
Personal für Pack- und Füllmaschinen	– 22 %	Produzenten, Regisseure, Schauspieler u. Entertainer	+ 54 %

Arbeitsplatzverluste und -gewinne spiegeln allgemeine technologische und soziale Muster wider. Im 20. Jahrhundert entwickelte vollautomatisierte Anlagen werden im 21. Jahrhundert zahlreiche verschiedene Arbeitsplätze vernichten. Ähnlich werden Mitte des 20. Jahrhunderts einsetzende Bevölkerungstrends die Nachfrage nach Betreuungspersonal für älter werdende Baby-Boomers erhöhen.

Quelle: *New York Times*, 3. Sept. 1995.

16

Umstand, dass viele Menschen Arbeit suchen, wirken in einer kapitalistischen Wirtschaft disziplinierend auf die Arbeitnehmer und halten sie davon ab, wesentlich höhere Löhne zu fordern.

Vorübergehende Arbeitslosigkeit ist in allen kapitalistischen Ländern weit verbreitet. Nach Untersuchungen in den USA verlieren zwei Drittel aller Amerikaner irgendwann in ihrem Leben ihre Stellung. Aus Gründen, auf die wir später noch eingehen, liegt dieser Wert in Deutschland weitaus niedriger. Aber in den USA finden viele Arbeitslose vergleichsweise schnell eine neue Stelle; in Deutschland bereitet die Wiedereingliederung von Arbeitslosen mehr Probleme. Bei uns ist Ende der 1990er Jahre fast jede neunte Erwerbsperson arbeitslos, wobei die Arbeitslosigkeit im Osten noch um einige Prozentpunkte über diesem Durchschnitt liegt. Während in den USA Kurzzeitarbeitslosigkeit überwiegt, andererseits aber ganze Bevölkerungsgruppen auf Grund ihrer ethnischen Herkunft und ihres Schulabschlusses diskriminiert werden, sind bei uns die Menschen je nach Alter und Geschlecht dem Risiko der Arbeitslosigkeit, insbesondere langer Arbeitslosigkeit, sehr unterschiedlich ausgesetzt. Durch ihre »Strukturierung« wird bei uns jedoch die Arbeitslosigkeit ge-

Tücken der amtlichen Arbeitslosigkeitsstatistik

Als arbeitslos (stellungssuchend) gelten nach der amtlichen Definition der Bundesanstalt für Arbeit inländische Erwerbspersonen, die *bei den Arbeitsämtern als solche registriert sind.* Zur Zeit (Anfang 2001) sind dies etwa 3,7 Millionen Personen. Allerdings sind das nicht die einzigen Personen, die unfreiwillig keine Erwerbsarbeit haben. Hinzu kommt eine Personengruppe, die gewissermaßen aus Verlegenheit an geförderten Maßnahmen der Fortbildung und Umschulung teilnimmt. Gerade im Osten Deutschlands sind dies viele, vor allem Frauen. In »Arbeitsbeschaffungsmaßnahmen« (ABM) ist eine weitere Gruppe von Personen beschäftigt, die in öffentlich geförderten Programmen gemeinnützige oder quasi gemeinnützige Arbeit leisten. Sie begrünen Flächen, räumen Bibliotheken oder Archive auf, sanieren verseuchte Böden oder betreuen Kinder. Diese Arbeit wird hauptsächlich aus Beiträgen der »normal« Beschäftigten – mit Ausnahme der Beamten und Selbständigen – zur Arbeitslosigkeitsversicherung bezahlt.

Ferner gibt es die nicht unbeachtliche, aber nur schwer erfassbare »stille Reserve«. Darunter fasst das Institut für Arbeitsmarkt- und Berufsforschung der Bundesanstalt für Arbeit die Personen, die in den Karteien und Förderprogrammen der Arbeitsämter nicht mehr als arbeitslos gemeldet sind. Sie haben oft resigniert, warten auf bessere Zeiten, widmen sich der Familienarbeit, Schwarzarbeit, Nachbarschaftshilfe oder unbezahlten Projekten, oder

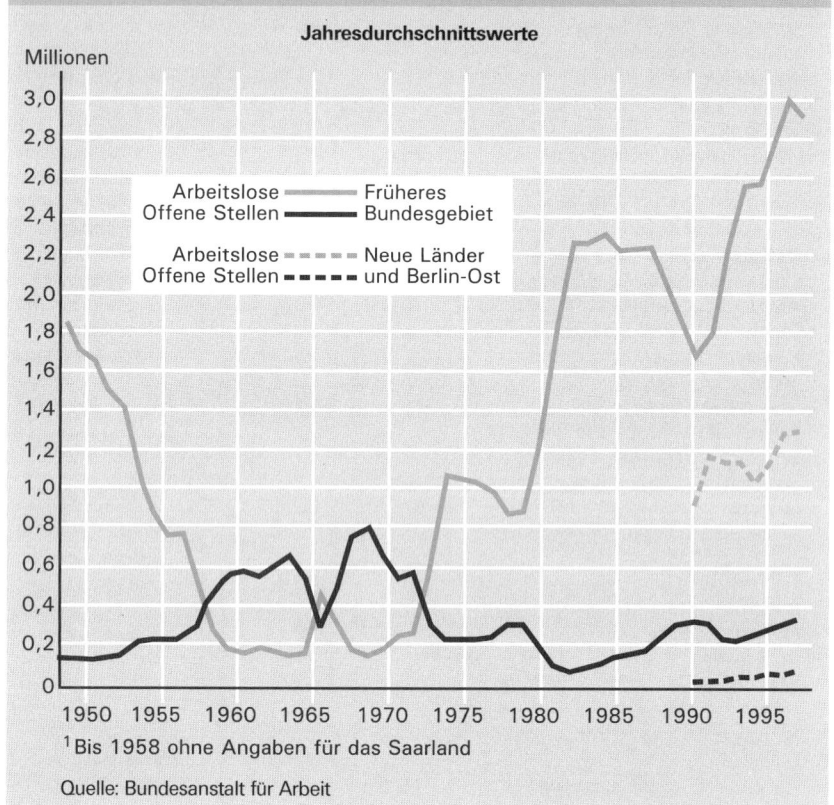

Schaubild 16.3:   Arbeitslose und offene Stellen im früheren Bundesgebiet[1] und in den neuen Ländern einschließlich Berlin-Ost

[1] Bis 1958 ohne Angaben für das Saarland

Quelle: Bundesanstalt für Arbeit

überleben mit der Sozialhilfe. Zählt man die stille Reserve und die »Maßnahmearbeitslosen« zu den gemeldeten Arbeitssuchenden hinzu, so fehlen etwa sieben Millionen Arbeitsplätze.

mildert. Der vorgezogene Ruhestand durch Sozialpläne, die frühere, mit staatlichen Mitteln unterstützte Verrentung von Frauen etwa ab Ende des 58. Lebensjahres und die Frühverrentung aus Gesundheitsgründen reduzieren die Arbeitslosigkeit und schaffen Beschäftigungsmöglichkeiten für Jüngere. Dafür ist hier das Risiko langer Arbeitslosigkeit bei Stellenverlust nach dem 50. Lebensjahr sehr groß.

Arbeitslosigkeit trifft vor allem diejenigen, die bereits arm sind und die am wenigsten in der Lage sind, finanzielle Krisen durchzustehen. Dadurch entsteht »neue Armut«. Von Arbeitslosigkeit sind inzwischen aber auch Angehörige der Mittelschicht und selbst die Reichen betroffen. So haben im Zuge der Firmenfusionen in den

USA in den 1980er Jahren viele leitende Angestellte ihren Job verloren. Und als die US-Computerindustrie Ende der 1980er und Anfang der 1990er Jahre einen Rückgang erlebte, sahen sich plötzlich viele hoch bezahlte Ingenieure und andere Computerspezialisten ohne Arbeit. Sie hatten kaum eine Chance, rasch wieder einen neuen Job zu finden. Der Rezession der frühen 1990er Jahre in den USA fielen Arbeitsplätze im mittleren und sogar oberen Management zum Opfer, die von früheren Rezessionen weitgehend verschont geblieben waren.

Arbeitslose aus der oberen Mittelschicht verfügen gewöhnlich über Ersparnisse, mit denen sie auch bei Arbeitslosigkeit über die Runden kommen. Doch sie

Die sozialistische Kritik am Kapitalismus

Für viele Zeitzeugen hatte der Kapitalismus zur Zeit der »Industriellen Revolution« schockierende Züge. Die frühen, mit Dampfmaschinen betriebenen Fabriken verpesteten die Luft. Tausende von Handwerkern verloren durch die neuen Produktionstechniken ihre Arbeit. Während die Arbeiter offensichtlich leer ausgingen, flossen sämtliche Profite in die Taschen der Produktionsmittelbesitzer, die den Arbeitern das Recht auf Koalitionsfreiheit verweigerten, weil sie die Bildung von Gewerkschaften fürchteten. Profitgier schien über Moral und das allgemeine Wohl zu siegen. Viele Arbeiter, aber auch Schriftsteller und Intellektuelle, forderten ein anderes Wirtschaftsmodell, das nicht nur die Auswüchse und Missstände des Kapitalismus (Kinderarbeit, gefährliche Arbeitsbedingungen, lange Arbeitszeiten bei sehr niedrigen Löhnen) vermied, sondern auch das traditionelle Gemeinschaftsleben bewahrte. In diesem historischen Kontext entstand die Idee einer radikalen Alternative zum Kapitalismus: der Sozialismus.

Insbesondere drei Aspekte der kapitalistischen Ideologie forderten die Kritik der frühen Sozialisten heraus: die Bedeutung, die sie dem Eigennutz der Individuen beimisst, die Vorstellung, das Profit-Machen könne die moralische Verantwortung gegenüber den Mitmenschen ersetzen, und die Überzeugung, die Kapitalisten verdienten höhere Einkommen als die Arbeiter, die in Wahrheit die Waren und Dienstleistungen produzierten. Viele der frühen Sozialisten waren Christen, die auf Grund ihres Glaubens den zügellosen Erwerbstrieb der Kapitalisten verurteilten. Andere waren gelernte Handwerker, die arbeitslos wurden, als die Fabriken entstanden. Schließlich gab es unter ihnen utopistische Sozialphilosophen, die Modelle für die beste aller Gesellschaften entwarfen.

Der weitaus einflussreichste unter diesen frühen Kapitalismuskritikern war Karl Marx. Er kritisierte den Kapitalismus nicht primär unter moralischen Aspekten, als Anwalt des traditionellen Handwerks oder als utopistischer Denker. Er verstand sich als Sozialwissenschaftler und wollte eine empirisch fundierte Theorie formulieren, die den Zusammenhang zwischen der Wirtschaft und der Organisation einer Gesellschaft erklärt. Wie wir bereits in Kapitel 1 und 9 sahen, war für Marx der zentrale Kritikpunkt die Ausbeutung der Arbeiter durch die Kapitalistenklasse. Marx zufolge ist dieser Missstand eine unvermeidliche strukturelle Konsequenz des Kapitalismus – und nicht einfach auf ein moralisches Versagen des Kapitalismus zurückzuführen. Die kapitalistischen Profite kommen hauptsächlich dadurch zustande, dass den Arbeitern nicht der volle Wert der Waren, die sie produzieren, ausbezahlt wird. Eine Anhebung der Löhne würde die Profite reduzieren oder ganz zum Verschwinden bringen. Sind andererseits die Löhne der Arbeiter nicht hoch genug, können sie sich die Waren nicht leisten, die von der kapitalistischen Industrie in immer größeren Mengen produziert werden.

Es entsteht also eine Diskrepanz zwischen individuellem rationalem Handeln und einem irrationalen System. Der einzelne Kapitalist trifft eine rationale Entscheidung, seine Profite zu behaupten, indem er den Arbeitern nur Subsistenzlöhne bezahlt und in neue Technologien zur Produktivitätssteigerung investiert. Für die Kapitalistenklasse als ganze jedoch erzeugt diese Entscheidung das doppelte Pro-

---

haben einen teuren Lebensstil zu finanzieren: Wenn sie mitansehen, wie sich alles um sie herum auflöst, kann das zu einer starken seelischen Belastung für sie werden. Auch sie geraten schnell in eine soziale Isolierung. Es ist ihnen peinlich, alte Freunde anzurufen, weil diese annehmen könnten, dass sie sich bei ihnen nur nach einer neuen Beschäftigungsmöglichkeit erkundigen wollen. Häufig geben sie sich selbst die Schuld am Verlust ihres Arbeitsplatzes statt den Wirtschaftsverhältnissen. Über kurz oder lang beginnen sie an ihrer Fähigkeit zu zweifeln, sich in einem hoch bezahlten Job halten zu können.

Wie gut Arbeitslose mit ihrer Situation fertig werden, hängt stark von der sozialen und institutionellen Unterstützung ab, die sie erhalten. Dazu gehört der Beistand der Familie und der Freunde, die der arbeitslosen Person dabei helfen können, ihr Kompetenz- und Selbstwertgefühl zu bewahren. Entscheidend sind ferner finanzielle Hilfen – beispielsweise eine Abfindung oder Leistungen aus der Arbeitslosenversicherung. Wichtig ist auch eine professionelle Arbeitsvermittlung, die bei der Suche nach einem neuen Arbeitsplatz hilft. Existieren solche Hilfen, lässt sich auch eine längere Arbeitslosigkeit leichter ertragen.

SOZIALISMUS: DIE ALTERNATIVE ZUM KAPITALISMUS?

Von Anfang an stieß der Kapitalismus auf Kritik. Konservative Kritiker machten ihm zum Vorwurf, dass er ständig nach neuen Märkten und Innovationen dränge und dabei fest begründete soziale Gemeinschaften (wie die Familie oder Dorfgemeinschaften) zerstöre. Als einflussreicher erwiesen sich aber letztlich die sozialistischen Kritiker. Seit dem frühen 19. Jahrhundert trat der **Sozialismus** (in verschiedenen Spielarten) auf den Plan. Seine Grundidee besagt, dass soziale Kooperation den Vorrang vor individueller Konkurrenz haben solle und dass die Bedürfnisse der Gesamtgesellschaft über dem Profitinteresse einer Klasse der Reichen stehen müssten.

16

blem der Überproduktion (zu viele Waren) und der Unterkonsumption (nicht genug Menschen mit genug Geld, sie zu kaufen). Sinkt die Nachfrage nach Waren, wird jeder Kapitalist selbstverständlich Arbeiter entlassen. Doch diese Reaktion verschlimmert die Situation nur, indem sie die Nachfrage noch weiter reduziert, da arbeitslose Arbeiter nicht viel kaufen können. Wenn der Kapitalismus nicht mitten in einer dieser Krisen von selbst zusammenbricht, werden Marx zufolge die Arbeiter letztlich ihre gemeinsamen Interessen erkennen und sich zum Sturz des Kapitalismus verbünden.

Marx behielt mit einigen seiner Prognosen Recht, mit anderen nicht. Er sagte korrekt die Folge sich verschärfender Krisen voraus, die in der »Großen Depression« der 1930er Jahre gipfelte. Er sagte sogar voraus, kapitalistische Gesellschaften würden manchmal durch Kriege die in wirtschaftliche Depressionen mündenden Überproduktions- und Unterkonsumptionskrisen »lösen«. Nicht vorausgesehen hat Marx indessen, dass die Kapitalisten die staatlichen Eingriffe in die Wirtschaft, die seit den 1930er Jahren eine weitere »Große

Umweltschonende Produktion ist aus betriebswirtschaftlicher Perspektive in der Regel gewinnminimierend und muss deshalb in einer kapitalistischen Wirtschaft durch die Politik vorgeschrieben werden, damit sich die Schäden für die Allgemeinheit in Grenzen halten. Das Bild zeigt den gebrochenen Damm einer Eisenerzmine in Spanien, durch den im Sommer 1998 eine Umweltkatastrophe ausgelöst wurde.

Besitz – oder Kontrolle – der Produktionsmittel durch die Gesamtgesellschaft oder eine Arbeitergemeinschaft schien das probate Mittel zur Etablierung einer sozialistischen Gesellschaft.

Sozialistische Revolution und die Entwicklung des Sozialismus

Die Sozialisten haben den Kapitalismus nicht nur kritisiert, sie haben auch versucht, bessere Wirtschaftssysteme zu entwickeln. Dabei sind zwei Varianten zu unterscheiden. In der ersten Variante geht es um die Abschaffung des Kapitalismus (Revolution), die in diesem Abschnitt behandelt wird, in der zweiten Variante um seine »Domestizierung« (Reformpolitik), mit der wir uns im nächsten Abschnitt befassen. Beginnen wir mit der ersten Variante.

Die erste erfolgreiche kommunistische Revolution fand im Oktober 1917 statt, als die Bolschewiki, eine politische Splittergruppe unter Führung Lenins, in Russland die Macht eroberten (vgl. dazu und zum folgenden Hildermeier 1998). Vor allem unter Lenins Nachfolger Stalin schufen die Bolschewiki einen diktatorischen Zentralstaat, der von Mitgliedern der kommunistischen Partei beherrscht wurde. Alle wichtigen Produktionsmittel wurden verstaatlicht. Statt die ökonomischen Entscheidungen den Marktteilnehmern zu überlassen, legte man sie in die Hände einer zentralen Planungskommission. Diese entschied in Moskau in einer Folge von Einjahres- und Fünfjahresplänen, welche Waren, in welchen Mengen, wie und wo produziert werden sollten und wie der Output zu verteilen sei. Ihre Direktiven leitete sie an die nachgeordneten regionalen Planer weiter, die ihrerseits spezifischere Planziele an die lokalen Funktionäre, die für bestimmte Industrien oder Ressourcen verantwortlich waren, ausgaben. Diese Funktionäre legten das Plansoll – die angestrebten Produktionsziffern oder -quoten – für die sowjetischen Fabriken und Unternehmen fest, die allesamt vom Staat bezahlte Arbeiter beschäftigten. Auf diese Weise hofften die Planer, ein Produktions- und

Depression« verhinderten, akzeptieren würden. Zwar kommt es noch zu Rezessionen, milderen konjunkturellen Abschwüngen, aber große Wirtschaftskrisen konnten verhindert werden. Unrecht hatte Marx auch mit der Prognose, die Arbeiter in den fortgeschrittenen kapitalistischen Ländern würden in eine so tiefe Armut absinken, dass sie sich zum Aufstand gegen ihre Ausbeuter verbünden würden. Im Lauf der letzten 200 Jahre ist es den Arbeitern in den modernen industrialisierten kapitalistischen Ländern gelungen, sich finanziell besser zu stellen, wenn sie auch die Lücke zwischen sich und den Kapitalisten nicht zu schließen vermochten.

Heißt dies, dass Marx mit seiner These, die Ausbeutung sei dem Kapitalismus immanent, vollkommen Unrecht hatte? Vielleicht nicht, wenn wir das globale kapitalistische System betrachten. Es ist durchaus wahrscheinlich, dass die steigenden Einkommen der Arbeiter in den reichen kapitalistischen Ländern zumindest partiell mit der Ausbeutung und Armut der Arbeiter in den unterentwickelten Regionen der Welt zusammenhängen. In der Tat fanden die sozialistischen Revolutionen nicht in fortgeschrittenen kapitalistischen Ländern statt, sondern in ärmeren Ländern, die sich in der Übergangsphase zu einer kapitalistischen Entwicklung befanden.

Doch nicht nur an der Ausbeutung der Arbeiter und der Tendenz zu zyklischen Krisen entzündete sich die Kritik. So warfen ihm seine Gegner vor, der Kapitalismus betone zu sehr die Konkurrenz auf Kosten der wirtschaftlichen Kooperation: Nicht nur hetze er die Menschen innerhalb einzelner Gesellschaften gegeneinander auf, er schüre auch Spannungen und provoziere sogar Kriege zwischen den Ländern. In der Tat fanden die verheerendsten Kriege aller Zeiten in der Ära des Kapitalismus statt. Heute wird der Kapitalismus auch für die intensive Ausbeutung, ja Zerstörung der Umwelt verantwortlich gemacht: Umweltverschmutzung, Giftmüllproduktion und andere Gesundheitsgefährdungen seien ein Ergebnis seines gewinnorientierten Produktionszwangs; zudem ermutige er die Unternehmen, natürliche Ressourcen, insbesondere nichterneuerbare fossile Brennstoffe wie Kohle, Gas und Erdöl zu nutzen; Anreize zum Umweltschutz biete er nur dann, wenn ein Unternehmen dadurch unmittelbar Geld spart. Schließlich lasten ihm seine Kritiker die gravierend ungleiche Reichtumsverteilung an. Durch den intensiven Wettbewerb erschwere er es, die Armut zurückzudrängen, nicht nur in deutschen Großstädten und Krisenregionen, sondern auch in der Dritten Welt (vgl. Kap. 18). Andererseits sind Kritiker heute bereit einzuräumen, dass eine moderat ungleiche Verteilung durchaus stimulierend wirken könne; doch es gebe keinen plausiblen Grund, dass ein Unternehmen seinen Führungskräften gut dreißig Mal so viel bezahlt wie seinen Arbeitern, wie es in den USA heute die Regel ist.

Verteilungssystem zu etablieren, das weniger verschwenderisch, gerechter und auch weniger anfällig für die zyklischen Krisen der Überproduktion und Unterkonsumption wäre als das kapitalistische.

Von Beginn an gab es Probleme. Bald wurden die Kleinbauern gezwungen, in Kolchosen – landwirtschaftlichen Produktionsgenossenschaften – statt auf ihrem eigenen Land zu arbeiten. Viele Bauern widersetzten sich, und die Produktionsgenossenschaften arbeiteten nie effizient. Nur selten war die Sowjetunion in der Lage, ihre eigene Bevölkerung zu ernähren, obgleich sie über beträchtliche Mengen Ackerland verfügte. Was die industrielle Entwicklung anging, waren die sowjetischen Planer zunächst erfolgreicher. Sie kurbelten die Industrieproduktion rasch an und verwandelten die primitive Ökonomie des alten Zarenreichs in eine Industriemacht. Schweres Kriegsgerät aus Stahl war für eine moderne Armee unentbehrlich, und die Schaffung einer solchen Armee und überhaupt die Militärproduktion hatten für die sowjetische Führung Priorität. Daher rangierten die Bedürfnisse der sowjetischen Bevölkerung erst an zweiter Stelle. Konsumgüter – vom Toilettenpapier bis zu Autos und Fernsehgeräten – waren chronisch knapp und von schlechter Qualität. Hinzu kam, dass die Kommandowirtschaft, forciert durch die diktatorische Macht einer kleinen Clique in der kommunistischen Partei, im Sumpf von Bürokratie und Korruption stecken blieb. Die anderen kommunistischen Länder in Osteuropa und Asien (vor allem China und Nordkorea, wo kommunistische Parteien noch heute [2001] an der Macht sind) waren in verschiedenem Maße mit den gleichen Problemen konfrontiert. Nach anfänglichen postrevolutionären Erfolgen (im Wesentlichen beim Wiederaufbau einer vom Krieg zerstörten Wirtschaft) gelang es dem kommunistischen Regime in der Sowjetunion nicht, für ein nachhaltiges Wirtschaftswachstum zu sorgen.

Obgleich viele politische und kulturelle Probleme eine Rolle spielten, war es letztlich wohl vor allem das Versagen der sowjetischen Wirtschaft, das zum Zerfall der Sowjetunion führte.

Es mangelte – und dies war ein Hauptproblem – an Anreizen zur kostenbewussten Produktion hochwertiger Güter. Anders als in einem kapitalistischen System waren die staatseigenen Betriebe nicht den Gesetzen von Angebot und Nachfrage unterworfen. Machten sie Verluste, wurden sie vom Staat subventioniert. Alles, was ein sowjetischer Fabrikdirektor zu tun hatte, war, das Plansoll zu erfüllen. Der Staat war verantwortlich für die Belieferung mit Rohstoffen, und der Staat kaufte alle Fertigprodukte, die dann in staatseigenen Läden verkauft wurden. Die Karriere von Managern hing mehr davon ab, ob sie den

16

Das Schlangestehen vor Läden wie hier in Magdeburg 1988 gehörte zum Alltag der sozialistischen Länder. Es führte der Bevölkerung die Ineffizienz der Planwirtschaft jeden Tag sichtbar vor Augen, was nicht wenig zur Erosion des Sowjetimperiums beigetragen haben dürfte.

ferung aller Unternehmen eines riesigen Landes mit sämtlichen Materialien in den richtigen Mengen zur richtigen Zeit verantwortlich zu sein! Es nimmt daher nicht Wunder, dass knappe oder zu spät gelieferte Rohstoffe in der Sowjetunion die Regel waren. Diese Probleme führten wiederum zu einer Praxis, die man »Sturmeinsatz« nannte. Ließen während der ersten vierzehn Tage eines Monats die Materiallieferungen auf sich warten, hingen die sowjetischen Arbeiter in vielen Fabriken untätig herum. Trafen sie endlich ein, kam die Produktion gegen Ende des Monats wieder in Gang und schnellte in den letzten Tagen auf ein fieberhaftes Niveau hoch, damit die Fabriken ihr Plansoll erfüllen konnten. Auch die chronische Knappheit an Zulieferartikeln führte dazu, dass man minderwertiges Ersatzmaterial – egal welches, wenn nur die Produktion hinaus kam – verwendete. Eine weitere Ursache für die dürftige Qualität der Produkte war die Eile, mit der sie hergestellt wurden. Mangelhafte Konsumgüter gab es in allen Bereichen. Haarföne verursachten Kurzschlüsse, Staubsauger hatten keine Saugwirkung, Waschmaschinen leisteten kaum mehr, als die Wäsche feucht zu machen, und Fernsehgeräte hatten die verwirrende Angewohnheit, in Flammen aufzugehen.

Obgleich die zentrale Planung eine höhere wirtschaftliche Integration schaffen sollte, als es der Kapitalismus vermochte, kam ironischer Weise genau das Gegenteil heraus: ein dysfunktionales Produktions- und Verteilungssystem, in dem die verschiedenen Wirtschaftssektoren nur schlecht integriert waren.

höher gestellten Cliquen in der Bürokratie genehm waren, als davon, ob sie die Bedürfnisse derer, die ihre Produkte kauften, befriedigen konnten. Sie waren daher nur wenig motiviert, die Qualität ihrer Produkte zu verbessern oder neue, von den zentralen Planern nicht angeforderte Innovationen zu entwickeln. Auch gab es kaum Anreize zu einer effizienten Produktionsweise, weshalb das Planwirtschaftssystem weitaus mehr Ressourcen (Rohstoffe, Arbeitskräfte) als das kapitalistische System zur Produktion derselben Gütermenge benötigte. Und wer – ob als Verbraucher oder Unternehmen – mangelhafte oder überteuerte Produkte erhielt, hatte keine wirksame Möglichkeit, Besserung zu fordern, so dass sich die Dysfunktionen im System häuften.

Ein weiteres leidiges Problem der sowjetischen Wirtschaft war die Schwierigkeit, das Plansoll so festzusetzen, dass für die zentralen Planer der Schuss nicht nach hinten los ging. Legten sie etwa Quoten nach Gewicht fest (beispielsweise so und so viele Tonnen Nägel oder Feinblech), waren die Produzenten versucht, ihre Waren schwerer zu machen, um das Plansoll leichter zu erfüllen. So kam es, dass Kronleuchter gelegentlich so schwer waren, dass sie die Decke herunter rissen. Gingen die Planer dazu über, numerische Quoten (beispielsweise so und so viele Büroklammern oder Toaster pro Monat) festzulegen, förderten sie unbeabsichtigt die Überproduktion von Kleinwaren oder schlampig hergestellter Produkte. Wie auch immer die sowjetischen Planer die Produktionsquoten spezifizierten, fast immer gab es drastische Fehlschläge.

Ein drittes der sowjetischen Kommandowirtschaft immanentes Problem war die immense Aufgabe der Koordinierung von Produzenten und Anbietern. Man stelle sich vor, was es heißt, für die Belie-

Vom Standpunkt des sowjetischen Volkes war das Wirtschaftssystem untragbar geworden. Lange Schlangen bildeten sich bei dem bloßen Gerücht, ein begehrter Artikel sei endlich in einem bestimmten Laden zu kaufen – mit ein Grund dafür, warum sowjetische Arbeitnehmer so häufig an ihrem Arbeitsplatz fehlten.

Um die Mitte der 1980er Jahre hatten die Probleme eine kritische Dimension erreicht: Nur weit reichende Reformen konnten noch Abhilfe schaffen. Michail Gorbatschow, damals Generalsekretär der kommunistischen Partei (KPdSU), startete eine Kampagne für die Perestroika – den »Umbau« – der sowjetischen Wirtschaft. Sie sollte schrittweise eine Reihe marktwirtschaftlicher Prinzipien einführen. Dazu zählen (1) die Arbeit der Betriebe auf Profitbasis (der Erlös aus dem Verkauf der Produkte eines Betriebs deckt oder übersteigt seine Produktionskosten), (2) die Ausrichtung der

Löhne an der Arbeitsproduktivität, (3) die Finanzierung von Investitionen aus dem Unternehmensgewinn, (4) die freie Entscheidung der Unternehmen, wo sie ihre Zulieferartikel einkaufen, wie sie ihren Output festsetzen und nach welchen Kriterien sie die Produktionsprozesse gestalten, und (5) die freie Aushandlung der Preise zwischen Käufern und Verkäufern. Kurz, die Perestroika stellte eine »Ehe« zwischen Kollektiveigentum und sozialistischen Idealen einerseits und einigen individuellen Anreizen des Kapitalismus andererseits dar. Doch die Reformen waren zu zaghaft und kamen zu spät. Das kommunistische Regime implodierte.

Die Republiken, die einst Teil der alten Sowjetunion waren, haben – bis auf die baltischen Länder und einige andere, die den Staatenverband ganz verließen – die »Gemeinschaft Unabhängiger Staaten« (GUS) gegründet. Obgleich sie sich alle vom Kommunismus lossagten und die meisten von ihnen sich mittlerweile zum Kapitalismus bekennen, ist es nicht klar, wie rasch diese neuen Länder zu den notwendigen Änderungen fähig sind. Die Schwierigkeit beim Aufbau einer neuen Wirtschaft, mit denen z.B. das polnische Volk konfrontiert ist, das von einer stärkeren ökonomischen Ausgangsbasis gestartet ist, sind ein Indiz dafür, welch steiniger Weg vor der früheren Sowjetunion liegt. Nicht nur eine ganze Wirtschaftsstruktur muss umgebaut werden, auch ein kultureller Wandel ist notwendig. Die Menschen müssen lernen, wie eine Marktwirtschaft funktioniert. Vorstellungen, die US-Amerikaner oder Westeuropäer für selbstverständlich halten – wie etwa die, dass Angebot und Nachfrage die Preise bestimmen – sind vielen Bürgern der früheren Sowjetrepubliken fremd. Gleichwohl sind mehrere Republiken mit der Einführung freier Märkte, wenn auch mühsam, vorangekommen und versuchen derzeit, einen Großteil ihrer Industrie und ihres Handels zu privatisieren. Ökonomische Probleme trugen entscheidend zum Zusammenbruch des Kommunismus bei und bilden erneut die größte Bedrohung für die neuen pro-kapitalistischen Länder, die aus der alten UdSSR hervorgingen.

ALTERNATIVEN IM KAPITALISMUS: NATIONALE UNTERSCHIEDE UND DIE BESONDERHEITEN DES »MODELLS DEUTSCHLAND«

Alle kapitalistischen Länder kennen das Privateigentum an Produktionsmitteln, das ökonomische Anreizsystem der Gewinnmaximierung, den Wettbewerb auf Märkten und die Kapitalakkumulation. Trotz dieser Gemeinsamkeiten wäre es völlig verfehlt zu unterstellen, dass es zwischen ihnen keine Unterschiede geben würde. Allerdings wurden diese Unterschiede in der Zeit, als noch der Systemwettbewerb zwischen Kapitalismus und Sozialismus die Kontroversen über die »gute« Wirtschaftsordnung beherrschte, als nebensächlich eingestuft. Die Gemeinsamkeiten zwischen den kapitalistischen westlichen Demokratien schienen viel wichtiger zu sein als ihre Unterschiede. Viele Autoren meinten sogar, Demokratie und Kapitalismus seien zwei Seiten einer Medaille: Das eine sei nicht ohne das andere zu haben. Allerdings gab es selbst während des Kalten Krieges mehrere Länder, die zwar als kapitalistisch, nicht aber als demokratisch galten. Nach dem Zusammenbruch des Kommunismus rücken die Alternativen im Kapitalismus in den Vordergrund.

Michel Albert (1991) hat dazu zwei Modelle des Kapitalismus unterschieden: Das angelsächsische oder »neoliberale« Modell, das auf individuellen Erfolg und schnellen Gewinn setzt, und das »rheinische« Modell, das auf Konsens und sozialem Ausgleich, auf langfristigen Strategien und dem gemeinsamen Erfolg im Wettbewerb beruht. Dem neoliberalen Modell folgen Länder wie die USA oder Großbritannien, dem rheinischen Modell Länder wie die Beneluxstaaten, die skandinavischen und vor allem die deutschsprachigen Länder. Sicher vereinfacht diese Gegenüberstellung, doch sie hat den Vorteil, dass sie den Blick schärft für die institutionellen Unterschiede zwischen den kapitalistischen Ländern, die im Hinblick auf die Eigenschaften des Kapitalismus von hoher Bedeutung sind.

Um die verschiedenen Formen des Kapitalismus zu identifizieren und zu erklären, untersucht die Soziologie die nationalen Institutionen, die auf spezifische Weise die Wirtschaft und die Arbeit in den einzelnen Ländern prägen. Dabei zeigt sich, dass es erhebliche Unterschiede in der Rolle der Politik gibt, die nicht nur den rechtlichen Rahmen für den Kapitalismus setzt, sondern mehr oder minder intensiv in die Wirtschaft eingreift und häufig auch die Ergebnisse des Marktes kor-

16

rigiert. Unterschiede gibt es auch in der Unternehmensverfassung, bei den Eigentumsrechten, im Steuer-, Wettbewerbs- und Kartellrecht, in der Unternehmensfinanzierung oder bei der Mitbestimmung von Arbeitnehmern. Die wirtschaftlichen Transaktionen werden also nicht allein durch die Marktgesetze bestimmt. Neben den erwähnten Faktoren werden die verschiedenen Kapitalismen auch von den Vorgaben der Tarifparteien (Gewerkschaften und Arbeitgeberverbände) und durch andere Institutionen (Industrie- und Handelskammern, Wirtschaftsverbände) geprägt.

Die Rolle des Staates

Adam Smith hatte nicht vorausgeahnt, dass die Nationalstaaten in einem solchen Ausmaß wie heute in die Wirtschaft intervenieren würden. Er vertrat einen funktionalistischen Standpunkt: Alle wirtschaftlichen Aktivitäten der Individuen leisten ihren Beitrag zur optimalen Gesamtintegration des Wirtschaftssystems. Der Staat, so forderte Smith, solle eine Politik des *Laissez-faire* verfolgen, d.h. Unternehmer, Arbeiter und Konsumenten sich selbst überlassen, damit sie ihre wirtschaftlichen Entscheidungen nach ihren eigenen Präferenzen treffen können. Smith zufolge sorgt der Wettbewerb dann mit seiner selektiven Wirkung dafür, dass das ganze System funktioniert, sofern sich der Staat zurückhält. Gebraucht werde der Staat nur als »Ermöglicher« (*enabler*), der öffentliche Güter und Dienstleistungen (also die unverzichtbare Infrastruktur: Geld, Straßen, Gerichte und so weiter) bereitstellt, um den Individuen und Unternehmen die Durchführung ihrer wirtschaftlichen Transaktionen auf dem freien Markt zu ermöglichen.

Von Anfang an blieb Smith nicht ohne Kritiker. Sie forderten eine weitaus stärkere Rolle des Staates, weil sich eine optimale funktionale Integration der Wirtschaft nicht von selbst, also ohne staatliche Eingriffe einstelle. In der politischen Praxis hat sich zumeist die Auffassung durchgesetzt, die weiter gehende staatliche Interventionen befürwortet. So ist das »Ermöglichen« des Marktes nur eine der drei Grundfunktionen, die der Staat heute wahrnimmt. In seiner zweiten Funktion fungiert er als »Helfer«, der den diversen sozialen Gruppen Unterstützung bietet. Solche »Hilfen« richten sich sowohl an die Kapitaleigner wie an die Beschäftigten. So haben die Staaten immer wieder Einfuhrzölle auf Importe ausländischer Waren erhoben, um die heimische Wirtschaft (und ihre Beschäftigten) vor aus-

wärtiger Konkurrenz zu schützen. Die staatlichen Eingriffe beschränken sich aber nicht auf protektionistische Maßnahmen nach außen. Andere Beispiele sind die allgemeine Arbeitslosenversicherung, Sozialhilfe, Förderprogramme für Behinderte und Langzeitarbeitslose, Arbeitsbeschaffungsmaßnahmen (ABM) und andere Programme. Drittens hat der Staat die Funktion eines »Regulators«: Er schützt die Unternehmen vor unlauterem Wettbewerb, die Verbraucher vor möglicherweise schädlichen Produkten, Minderheiten vor unfairer Diskriminierung und so weiter.

Heute nimmt der Staat diese drei Grundfunktionen in allen kapitalistischen Ländern wahr. Auch Deutschland erlebte nur eine relativ kurze Periode, die tatsächlich liberalistisch – durch eine zurückhaltende Rolle des Staates – geprägt war. Sie endete, als Ende des 19. Jahrhunderts die Reichsversicherungsordnung mit allgemeiner Krankenversicherung, Arbeitslosenversicherung und Rentenversicherung geschaffen wurde – Einrichtungen, auf die heute niemand mehr verzichten will.

Entscheidend für die Entstehung verschiedener Varianten des heutigen Kapitalismus ist aber der historische Sachverhalt, dass die politischen Entscheidungen darüber, was über den Markt und was über den Staat geregelt werden soll, nach zum Teil kontroversen Auseinandersetzungen zwischen den gesellschaftlichen Gruppen in den einzelnen kapitalistischen Ländern zu recht unterschiedlichen Ergebnissen geführt haben (Schmid 1999). In den Ländern des rheinischen Kapitalismus konzentrieren sich die Anstrengungen bis heute auf Reformen, die dem Kapitalismus mehr soziale Verantwortung aufbürden. So haben sie mit dazu beigetragen, dass Reformen wie die Festlegung von Mindestlöhnen, die Arbeitslosenversicherung und Sozialhilfe für die Armen gesetzlich verankert wurden. Diese europäischen Länder werden deshalb auch als Sozialstaaten apostrophiert.

Der westeuropäische Reformsozialismus – so genannt, weil er hauptsächlich von sozialistischen und sozialdemokratischen Regierungen durchgesetzt wurde – unterscheidet sich wesentlich von dem sozialistischen Wirtschaftssystem, das Marx vorschwebte. So schließt er nicht das Kollektiveigentum an allen Produktionsmitteln ein, und er kennt auch keine zentrale ökonomische Planung – also eine staatliche Festlegung dessen, was zu welchen Bedingungen produziert und wie es verteilt werden soll. Statt dessen setzt er trotz aller staatlichen Rahmenbedingungen und Eingriffe auf ein hohes Maß an freier Konkurrenz um Güter und Dienstleistungen, Rohstoffe und Arbeitskräfte. Die sozialistischen oder sozialdemokratischen Regierungen haben also den Kapitalismus nicht abgeschafft. Vielmehr haben sie den Staat dazu benutzt, die Auswüchse des Kapitalismus zu begrenzen und die Wohlfahrt der Arbeitnehmer und anderer Bevölkerungsgruppen rechtlich abzusichern.

Einige Elemente des westeuropäischen Reformsozialismus haben besser funktioniert als andere. Gemischte Erfolge, wenn es sie überhaupt gab, hatte die Verstaatlichung von Schlüsselindustrien. Einige verstaatlichte Unternehmen florieren bis heute, andere nicht. Probleme entstanden besonders häufig dann, wenn der Staat nahezu bankrote Firmen übernahm, um den Verlust von Arbeitsplätzen zu verhindern. Daher wird heute in vielen Ländern wieder eine Privatisierung der Unternehmen eingeleitet.

Vorteilhaft hat sich der Reformsozialismus auf die Wohlfahrt der Arbeitnehmer im privaten Sektor ausgewirkt, wo er nachhaltigere Erfolge vorweisen kann. So entstanden umfangreiche Versicherungsleistungen für Arbeitslose, die die negativen Auswirkungen von Rezessionen dämpfen, ein ausgebautes Gesundheitswesen, Altersrenten und Sozialhilfeprogramme für die Armen. Auch die Verbesserung der Arbeitsbedingungen, die Anhebung der Mindestlöhne und strengere Sicherheitsnormen am Arbeitsplatz sind hier zu nennen.

Der deutsche Sozialstaat beruht in erster Linie auf der Bismarckschen Sozialversicherung (heute: Renten-, Unfall-, Arbeitslosen-, Kranken- und Pflegeversicherung). Sie wird überwiegend aus den Abgaben der Arbeitnehmer und Arbeitgeber, ergänzt durch Zuschüsse des Staates, finanziert. Umgekehrt resultieren die Ansprüche gegenüber den sozialen Sicherungssystemen aus der vorausgegangenen Teilnahme am Arbeitsmarkt. Das deutsche Sozialversicherungssystem ist »lohnarbeitszentriert«. In anderen Ländern werden die Sozialleistungen überwiegend aus Steuermitteln finanziert, sind aber im Hinblick auf das Leistungsniveau oft weitaus bescheidener. In Deutschland leistet die Sozialversicherung der Tendenz der Versicherten zur »Besitzstandswahrung« Vorschub, während in anderen Ländern oft nur eine Grundversorgung der Bevölkerung sichergestellt wird.

Die relativ großzügigen sozialstaatlichen Maßnahmen und Einrichtungen haben die Länder, die dem rheinischen Modell folgen, keineswegs um ihren Wohlstand gebracht. So kann Schweden, das seit 1945 meist sozialdemokratisch regiert wurde, heute einen Lebensstandard vorweisen, der dem der USA nicht nachsteht. Auch Deutschland gehört mit seiner »sozialen Marktwirtschaft«, die sich in erster Linie auf einen ausgebauten Sozialversicherungsstaat stützt, zu den führenden Wirtschaftsländern.

Die Rolle der Verbände

Nicht nur der Staat, sondern auch die *Interessenverbände* haben in einer kapitalistischen Wirtschaft wichtige Funktionen. Sie sind nicht nur der verlängerte Arm von Interessengruppen, sondern wirken als Ordnungskräfte an der Regulierung der Wirtschaft und des Arbeitsmarktes mit. Wie wir aus international vergleichenden Analysen wissen, haben ihre Strukturen in den führenden kapitalistischen Ländern unterschiedliche Gestalt. Auch ihre Funktionen weichen voneinander ab. So gibt es in einigen Ländern eine unüberschaubare Vielzahl von Verbänden, die miteinander um Mitglieder und Einfluss konkurrieren. In anderen Ländern vertreten relativ große, arbeitsteilig organisierte Verbände nicht nur die Interessen ihrer Mitglieder, sondern treffen für sie mit anderen Verbänden (oder mit dem Staat) bindende Vereinbarungen, die sie gegenüber ihren Mitgliedern durchsetzen. Die Beteiligung von Verbänden an der Produktion und Umsetzung bindender Entscheidungen wird in der Politikwissenschaft als **Korporatismus** bezeichnet. In Deutschland sind die Verbände in der Politik praktisch allgegenwärtig (vgl. die Beiträge in Streeck 1994).

Besonders deutlich wird diese »Regierung durch Verbände« in den Beziehungen zwischen Arbeitgebern und Arbeitnehmern. Im Unterschied zum »reinen« Modell des Kapitalismus werden die Interessen der Arbeitnehmer und der Arbeitgeber nicht individuell, sondern kollektiv über die Gewerkschaften und Arbeitgeberverbände vertreten.

Die Reichweite der »Regierung durch Verbände« beschränkt sich aber nicht auf das Zusammenspiel von Staat, Arbeitgeberverbänden und Gewerkschaften. Es gibt zahlreiche weitere Beispiele der Kooperation von Interessenverbänden untereinander oder von Interessenverbänden mit staatlichen Instanzen. Dazu gehören die »Konzertierte Aktion im Gesundheitswesen«, die unter aktiver Beteiligung der Interessenverbände wichtige Entscheidungen in der Gesundheitspolitik verabschiedet, oder die Mitwirkung der Sozialpartner in den Leitungsgremien der Sozialversicherungen. Auch im Bereich des Umweltschutzes zieht man oft Selbstbeschränkungsabkommen mit den Industrieverbänden recht-

16

Das System der industriellen Beziehungen in Deutschland

In Deutschland gibt es ein duales System der Beziehungen zwischen Arbeitgebern und Arbeitnehmern – bestehend aus der **Tarifautonomie** (Verbandsebene) und der Betriebsverfassung (Betriebsebene) (Müller-Jentsch 1986). Dieses »duale System der Interessenvertretung« eröffnet zwei funktional getrennte Austragungsorte mit jeweils eigenen Akteuren und spezifischen Formen der Konfliktbewältigung. Auf der Verbandsebene werden im Rahmen der Tarifautonomie überbetriebliche Regelungen (Lohnsätze, Arbeitszeiten und Rahmenbedingungen der Beschäftigungsverhältnisse) festgelegt, während auf der Betriebsebene die meist gewerkschaftlich organisierten Betriebsräte und das Management betriebsspezifische Aspekte des Arbeitseinsatzes aushandeln. Diese arbeitsteilige Struktur entlastet – so die funktionalistische Interpretation – einerseits die gewerkschaftliche Interessenvertretung von betrieblichen Einzelfragen und andererseits die betriebliche Interessenvertretung von überbetrieblichen Regelungsmaterien.

Ein besonderes Kennzeichen dieses dualen Systems ist das hohe Maß an Verrechtlichung der industriellen Beziehungen. Das Tarifvertrags- und Betriebsverfassungsgesetz sowie ergänzende rechtliche Bestimmungen regeln die Zuständigkeiten der verschiedenen Organisationen und die jeweiligen Verfahrenswege der Konfliktlösung. Nicht zuletzt auf Grund des rechtlichen Stützkorsetts sorgt das deutsche System der industriellen Beziehungen dafür, dass sowohl im Rahmen der betrieblichen Interessenvertretung als auch in der Tarifautonomie übergeordnete Belange berücksichtigt werden. So soll der Betriebsrat die Interessen der Arbeitnehmer eines Betriebes vertreten, zugleich aber auch die wirtschaftlichen Entwicklungsperspektiven des Betriebes beachten. Und die rechtlich regulierte Tarifautonomie sieht vor, dass die gewerkschaftliche Interessenvertretung in überbetrieblichen Tarifverträgen die ökonomischen Effekte ihrer Forderungen beachtet und damit makroökonomische Vernunft walten lässt.

Das zentrale Element dieses Modells ist der Flächentarifvertrag, der für ganze Wirtschaftssektoren und große Regionen einheitlich ausgehandelt wird. Ihm wird in Deutschland eine positive Ordnungs- und Kartellfunktion von volkswirtschaftlicher Bedeutung zugeschrieben, auch wenn diese Interpretation heute nicht mehr unumstritten ist. Die auf der Verbandsebene vorgenommene Standardisierung der Lohnsätze und Arbeitszeiten soll sich an den sektoralen und makroökonomischen Bezugsgrößen und nicht an der Situation einzel-

---

lichen Regulierungen vor (vgl. Kap. 17). Ein weiteres Beispiel ist die berufliche Bildung (vgl. Kap. 13).

Im Gegensatz zu anderen Ländern sind bei uns sowohl der Zugang zum Arbeitsmarkt als auch die Mobilitäts- und Karrierechancen stark von formalisierten Berufsabschlüssen bestimmt. Man erwirbt sie in einer besonderen beruflichen Bildung. Dazu gehören das duale System, das die Lehre im Betrieb mit der Berufsschule kombiniert, spezielle Berufsfachschulen sowie die Fachhochschulen und Universitäten. Besonders im dualen System, in dem Arbeitgeberverbände und Gewerkschaften sich im Konsensverfahren auf bestimmte Berufsbilder und damit auf die Qualifikationsprofile einzelner Berufe verständigen, zeigt sich der hohe Stellenwert der Mitwirkung von Verbänden im »deutschen Modell« des Kapitalismus. Auf diese Weise ist die berufliche Bildung mit dem Tarifsystem und letztlich auch mit dem System der sozialen Sicherung verknüpft. Im »deutschen Modell« sollte jeder Arbeitnehmer zumindest eine Berufsbildung – und später eventuell eine Weiterbildung – durchlaufen. Standardisierte berufsspezifische Zertifikate sind für den Einstieg in das Berufsleben von zentraler Bedeutung, da sie dem Arbeitgeber Informationen über die Einsetzbarkeit, die erwartbare Produktivität und die Zuordnung zu bestimmten Arbeitsplätzen liefern. Zugleich lässt sich der Arbeitnehmer auf Grund seiner beruflichen Bildung in das Gefüge (Lohngruppen) des Flächentarifvertrags einordnen. Zumeist erübrigen sich langwierige Verhandlungen über den Arbeitsvertrag, weil zwischen Arbeitnehmer und Arbeitgeber Einverständnis darüber besteht, dass die Vorgaben des Flächentarifvertrags – verbunden mit den beruflichen Zertifikaten des Bewerbers – die sensiblen Punkte wie die Lohnhöhe, die wöchentlichen Arbeitsstunden oder den Urlaubs-

anspruch regeln. In anderen Ländern ist der Zugang zum Arbeitsmarkt nicht rigide an den Beruf bzw. an Zertifikate gebunden.

Die Rolle der privaten Unternehmen

Im rheinischen Modell wird der Kapitalismus durch staatliche Rahmensetzung und die Vereinbarungen von Verbänden stärker reguliert als im angelsächsischen Modell. Viele Bereiche wie die Gesundheitsvorsorge, die allgemeine und die berufliche Bildung oder die soziale Sicherung werden nicht nach marktwirtschaftlichen, sondern nach staatlichen oder verbandlichen Regeln geordnet. Marktwirtschaft und Sozialstaat bilden zwei nebeneinander stehende Säulen der gesellschaftlichen Wohlfahrt, und häufig werden die Verteilungsergebnisse des Marktes durch politische Interventionen und gesellschaftliche Organisationen (beispielsweise die Tarifparteien) korrigiert. So wie der Markt als praktische Erfindung zum allgemeinen Nutzen gilt, so gelten im rheinischen Kapitalismus auch die privaten Unternehmen als gesellschaftliche Einrichtungen, die allen Bevölkerungsgruppen und nicht nur den Kapitaleignern nutzen: Die Unternehmen sollen sowohl die Interessen ihrer Anteilseigner (*share-holder*) als auch die ihrer Arbeitnehmer (*stake-holder*) berücksichtigen.

ner Betriebe orientieren. Zur Ordnungs- und Kartellfunktion gehört eine überbetriebliche Vereinheitlichung der Arbeitsbedingungen und der Entgeltstrukturen für alle Arbeitnehmer eines Wirtschaftszweiges. Gleichzeitig begrenzt der Flächentarifvertrag die Lohndifferenzierung und erzeugt dadurch so etwas wie »Verteilungsgerechtigkeit«.

Im internationalen Vergleich zeichnet sich die deutsche Wirtschaft nicht nur durch hohe Wettbewerbsfähigkeit, sondern auch durch vergleichsweise hohe Löhne und eine vergleichsweise geringe Ungleichheit von Einkommen und Lebensstandards aus. Eine zentrale Stellung kommt dabei dem Flächentarif zu, da er nicht nur die Einkommen standardisiert, sondern auch die Spreizung zwischen hohen und niedrigen Einkommen reduziert. Da die Arbeitnehmer mit ihren Beiträgen zur Sozialversicherung ihre Ansprüche gegenüber ihr aufbauen und die Beitragshöhe sich nach dem sozialversicherungspflichtigen Einkommen bemisst, die Höhe ihres Einkommens aber durch den Flächentarif geregelt ist, orientieren sich auch die Transferzahlungen an jene Personengruppen, die als Alte, Kranke, Arbeitslose oder Pflegebedürftige nicht (mehr) erwerbstätig sind, an den Vereinbarungen der Tarif- und Sozialpartner. Mithin wirken sich die Vereinbarungen im Flächentarifvertrag auch auf die Einkommens- und Lebenssituation der Personengruppen aus, die außerhalb der Erwerbsarbeit Transfereinkommen aus der Sozialversicherung beziehen.

Ein weiterer volkswirtschaftlicher Vorzug des Flächentarifvertrags besteht – zumindest aus Sicht seiner Befürworter – darin, dass er die Unternehmen unter erheblichen Produktivitäts- und Innovationsdruck setzt. Bei der brancheneinheitlichen Festlegung eines Mindestniveaus der Arbeitskosten verbleibt den Unternehmen nur die Produktivitätssteigerung und Innovation, denn ein Lohndumping ist praktisch ausgeschlossen. Der regional differenzierte, letztlich aber zentral kontrollierte Flächentarifvertrag erlaubt den Unternehmen eine produktivitätsorientierte Einkommenspolitik, die ihrerseits zur Produktivitätssteigerung beiträgt. Kurz, das im internationalen Vergleich hohe Lohnniveau, kombiniert mit einer niedrigen Lohndifferenzierung, trägt zur internationalen Wettbewerbsfähigkeit der deutschen Wirtschaft bei. Rentable, innovative Betriebe werden mit den überbetrieblichen Tarifvereinbarungen zu weitergehenden Produkt- und Verfahrensinnovationen angetrieben (Tarifvertrag als »Produktivitätspeitsche«).

Die Sicherstellung der Kapitalinteressen im rheinischen Kapitalismus erfolgt nicht so selbstverständlich, wie es auf den ersten Blick erscheint. Bei kleineren Unternehmen mag die Kontrolle der Geschäftsführung durch die Eigentümer funktionieren. Doch die Zeiten, in denen die Kapitaleigner zugleich die Unternehmen führten, sind vorbei. Die Kapitaleigner haben also Grund, die Unternehmen und ihre Führungskräfte zu kontrollieren. Das ist bei deutschen Aktiengesellschaften nicht einfach, da ihre Aufsichtsräte die Kapitalverflechtung zwischen den Großunternehmen widerspiegeln. Vertikale Unternehmensverflechtungen, bei denen ein Unternehmen ein anderes (z.B. in einem Konzern) beherrscht, sind gewöhnlich auch personell verbunden: Die Vorstandsmitglieder des beherrschenden Unternehmens sitzen bei dem beherrschten Unternehmen im Aufsichtsrat. Dieser Typ der Kapitalverflechtung erstreckt sich bis weit in den Bereich mittelständischer und kleiner Firmen hinein. Auch horizontal verflochtene Unternehmen lassen Vorstandsmitglieder in den jeweils anderen Aufsichtsrat wählen. Dieser Verflechtungstyp ist besonders in Deutschland verbreitet. Deutsche Großunternehmen befinden sich zumeist in der Hand von anderen Großunternehmen oder in der Hand von Banken, die dem Unternehmen die Investitionen durch Kredite finanzieren und im Gegenzug größere Aktienpakete des Unternehmens halten. Kleinanleger sind an Großunternehmen hauptsächlich über Bankeinlagen, Bankdepots, Wertpapierfonds, Versicherungen, Anleihen usw. beteiligt. Zu sagen haben sie im Klub der sich gegenseitig besitzenden Großunternehmen und der hinter ihnen stehenden Banken nicht viel.

Kontrovers ist heute, ob die Interessen der Kapitaleigner im rheinischen Modell hinreichend gewahrt bleiben. Kritische Stimmen behaupten, die Unternehmenskontrolle durch die Kapitaleigner funktioniere in anderen Varianten des Kapitalismus besser. Sicher ist die Orientierung der Unternehmen an den kurzfristigen Gewinnerwartungen der Kapitaleigner in Ländern stärker, wo das Produktivkapital hauptsächlich an der Börse gehandelt wird, der Aktienbesitz breiter gestreut ist, weil die Menschen ihr Geld weniger in Form von Spareinlagen als in Form von Aktien anlegen, und die Unternehmen sich nicht durch langfristige Bankkredite, sondern durch den Verkauf von Anteilen finanzieren. Hingegen finanzieren die deutschen Unternehmen ihre Investitionen bislang vorwiegend durch Bankkredite; nur ein geringer Teil ihres Anlagevermögens ist Eigenkapital. Dies überrascht nicht, denn nicht ausgeschüttete Gewinne, die reinvestiert werden sollen, werden bei uns mit einem hohen Steuersatz belegt, während die

---

Schaubild 16.4: **Mitbestimmung in Unternehmen**

Betriebsverfassungsgesetz von 1952

in AG, KGaA, GmbH und eGmbH mit 501-2000 Beschäftigten

Arbeitnehmer

Aufsichtsrat

Aufsichtsratsvorsitzender

Kapitaleigner

Mitbestimmungsgesetz von 1976

in AG, KGaA, GmbH, eGmbH u. Bergrechtlichen Gewerkschaften mit über 2000 Beschäftigten

Aufsichtsrat

Bei einem Stichentscheid hat der Aufsichtsratsvorsitzende 2 Stimmen

Leitender Angestellter

Montanmitbestimmungsgesetz von 1951

in AG, GmbH, Bergrechtlichen Gewerkschaften mit über 1000 Beschäftigten im Bergbau und in der Eisen- und Stahlindustrie

Aufsichtsrat

Der Aufsichtsrat wählt ein neutrales Mitglied hinzu

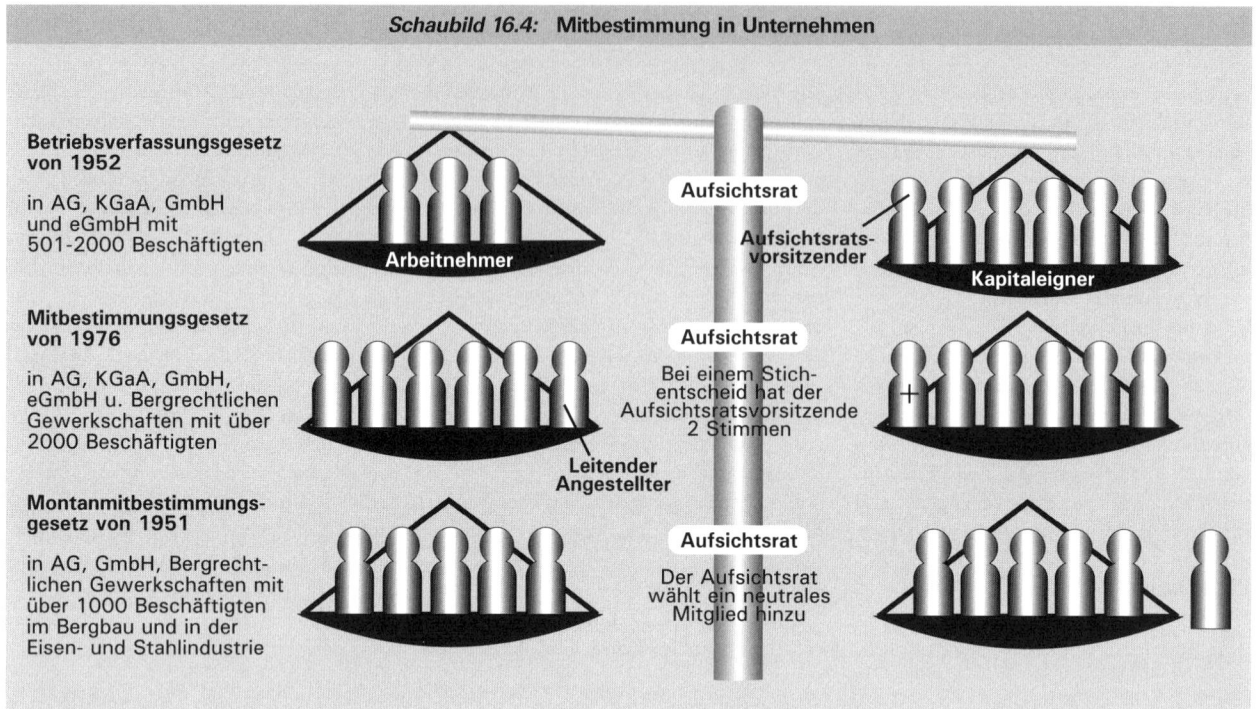

Besteuerung der ausgeschütteten Dividende sich nach dem Einkommen der einzelnen Aktionäre richtet. Anders sieht das in Gesellschaften aus, die dem angelsächsischen Modell folgen. Der deutsche Kapitalismus ist also (noch) kein unberechenbarer Börsenkapitalismus, der den hektischen Reaktionen der Aktionäre folgt.

Weitgehende Übereinstimmung besteht hingegen darüber, dass im rheinischen Modell die Arbeitnehmerinteressen institutionell besser abgesichert sind. Die Belegschaften der bei uns ansässigen Unternehmen verfügen mit ihren Betriebsräten über gesetzlich verankerte Mitbestimmungsrechte. Zusammen mit weiteren rechtlichen Bestimmungen wie dem Kündigungsschutz erschwert die **Mitbestimmung** die Entlassung von Arbeitnehmern. Deshalb liegt bei uns die durchschnittliche Beschäftigungsdauer von Arbeitnehmern in einem Beschäftigungsverhältnis deutlich höher als in anderen Ländern (in Deutschland über zehn, in den USA unter sieben Jahre). Durch die enge Bindung der Beschäftigten an »ihre« Unternehmen steigt auch deren Bereitschaft, in die Qualifikation ihrer Arbeitnehmer zu investieren. Da die Arbeitnehmer über längere Zeiträume im Unternehmen bleiben – und auch nicht nach Belieben ausgetauscht werden können – rechnet sich für die Unternehmen eine Investition in das Humankapital.

In Großunternehmen sind die leitenden Angestellten dem Aufsichtsrat des Unternehmens gegenüber verantwortlich, der bei uns seinerseits der Aktionärsversammlung, aber auch den Beschäftigten gegenüber verantwortlich ist. Die Aufsichtsräte ernennen und entlassen den geschäftsführenden Vorstand. Sie werden in Großunternehmen zur Hälfte von den Aktionären gewählt, während die andere Hälfte die Belegschaft vertritt, wobei (bei einem Aufsichtsrat von 10 Mitgliedern) ein Belegschaftsvertreter von fünf leitenden Angestellten gewählt sein muss. Bei Stimmengleichheit entscheidet die Stimme des Aufsichtsratsvorsitzenden. Auf der Kapitalseite finden sich in diesen Gremien zumeist auch Vertreter der Banken, was auf Grund der Tendenz zur Kreditfinanzierung von Investitionen nicht erstaunt. Ferner sitzen im Aufsichtsrat Gewerkschafter, Vertreter verbündeter oder befreundeter Unternehmen, sowie Vertreter öffentlicher Interessen wie Minister oder Abgeordnete (gerade bei Unternehmen, die sich zumindest teilweise in öffentlichem Eigentum befinden, z.B. VEBA, VW). Obwohl die Mitbestimmung von Arbeitnehmervertretern im Aufsichtsrat großer deutscher Kapitalgesellschaften nicht ganz die Parität erreicht, ist sie doch im Vergleich zu anderen kapitalistischen Ländern relativ hoch.

16

Schaubild 16.5: Die größten Handelspartner Deutschlands 1998 in Mrd. DM

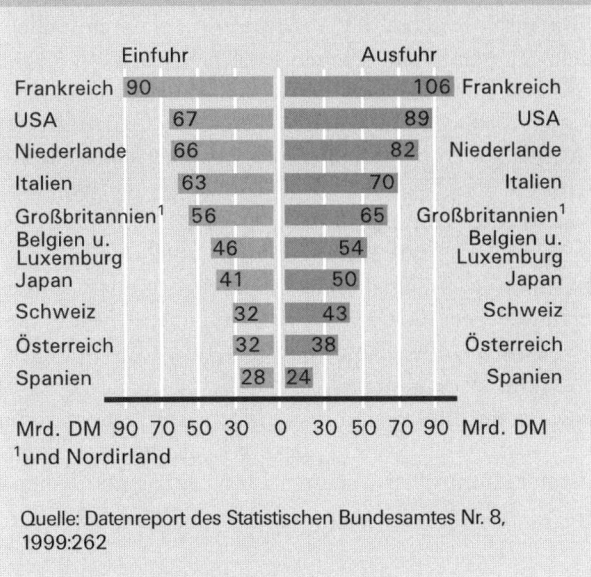

Einfuhr		Ausfuhr	
Frankreich	90	106	Frankreich
USA	67	89	USA
Niederlande	66	82	Niederlande
Italien	63	70	Italien
Großbritannien[1]	56	65	Großbritannien[1]
Belgien u. Luxemburg	46	54	Belgien u. Luxemburg
Japan	41	50	Japan
Schweiz	32	43	Schweiz
Österreich	32	38	Österreich
Spanien	28	24	Spanien

Mrd. DM 90 70 50 30 0 30 50 70 90 Mrd. DM

[1] und Nordirland

Quelle: Datenreport des Statistischen Bundesamtes Nr. 8, 1999:262

Schaubild 16.6: Deutschlands wichtigste Exportgüter

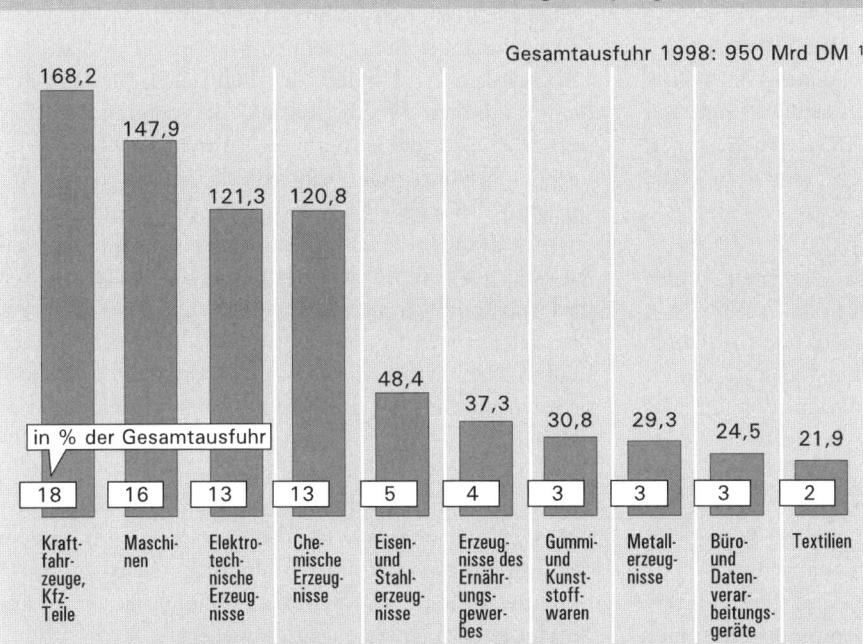

Gesamtausfuhr 1998: 950 Mrd DM [1]

in % der Gesamtausfuhr

Warengruppe	Wert	%
Kraftfahrzeuge, Kfz-Teile	168,2	18
Maschinen	147,9	16
Elektrotechnische Erzeugnisse	121,3	13
Chemische Erzeugnisse	120,8	13
Eisen- und Stahlerzeugnisse	48,4	5
Erzeugnisse des Ernährungsgewerbes	37,3	4
Gummi- und Kunststoffwaren	30,8	3
Metallerzeugnisse	29,3	3
Büro- und Datenverarbeitungsgeräte	24,5	3
Textilien	21,9	2

[1] Revidiertes Ergebnis für Ausfuhr insgesamt. Bei den nach Waren und Ländern aufgegliederten Außenhandelsergebnissen konnte aus technischen Gründen noch keine Revision für das Berichtsjahr 1998 vorgenommen werden, es kann daher zu Abweichungen gegenüber den revidierten globalen Außenhandelsergebnissen kommen.

Quelle: Datenreport des Statistischen Bundesamtes Nr. 8, 1999:262

DIE GLOBALISIERUNG DES KAPITALISMUS

Der moderne Kapitalismus hat nicht nur die Produktion von Gütern und Dienstleistungen ausgeweitet. Auch die »Reichweite« des Handels hat drastisch zugenommen. Mit dem Bau von Straßen und Eisenbahnen, dem Frachtverkehr zur See und zur Luft sind die Beschaffungs- und Absatzmärkte über die nationalen Grenzen hinweg integriert worden. Rohstoffe werden heute aus fernen Ländern importiert und die Endprodukte finden ihre Käufer weltweit. Aber die Globalisierung beschränkt sich nicht nur auf die Ausweitung des Handels.

Die starke Stellung der deutschen Wirtschaft im Export ist nicht mehr nur deutschen Unternehmen zu verdanken. Ausländische Unternehmen haben deutsche Unternehmen erworben – oder zumindest Teile davon, wie im Falle Krupp oder jüngst im Falle Mannesmann –, um in Deutschland für den heimischen oder internationalen Markt zu produzieren. So sind Grundig, Saba oder Nordmende zwar deutsche Firmen- und Markennamen für Radios und Fernsehgeräte, doch dahinter verbergen sich heute niederländische und französische Konzerne. Ähnlich erging es anderen eingeführten Elektrotechnikfirmen wie Standard-Elektrik-Lorenz und der AEG. Der größere Teil der deutschen Unternehmen der Unterhaltungselektronik ist heute in ausländischem Besitz.

Bei Dienstleistungen sieht es nicht viel anders aus. Die zuvor gewerkschaftseigene Bank für Gemeinwirtschaft ist heute im Besitz des Crédit Lyonnais, einer französischen Großbank. Immer mehr Deutsche arbeiten bei einem ausländischen Unternehmen, das im Inland produziert. Umgekehrt kaufen sich deutsche Firmen in ausländische Unternehmen ein, um dort zu produzieren. Noch komplizierter wird es, wenn man die wirtschaftlichen Verflechtungen nicht nur im Hinblick auf die Endprodukte, sondern im Hinblick auf deren einzelne Komponenten durchleuchtet.

16

Robert Reich (1991:113) bietet dafür ein gutes Beispiel:

Wenn eine Amerikanerin oder ein Amerikaner einen Pontiac Le Mans von General Motors kauft, lassen sie sich, ohne es zu ahnen, auf eine internationale Transaktion ein. Von den 20.000 an General Motors bezahlten US-$ fließen etwa 6.000 nach Südkorea für Arbeits- und Montageleistungen, 3.500 nach Japan für hochwertige Komponenten (Motoren, Antriebsachsen und Elektronik), 1.500 nach Deutschland für Styling und Modelltechnik, 800 nach Taiwan, Singapur und Japan für kleine Komponenten, 500 nach Großbritannien für Werbung und Vertrieb und etwa 100 nach Irland und auf die westindische Insel Barbados für EDV. Der Rest – etwa 8.000 US-$ – geht an die Strategen in Detroit, die Anwälte und Bankiers in New York, die Lobbyisten in Washington, das übers ganze Land [die USA] verstreute Personal im Versicherungs- und Gesundheitswesen und die Aktionäre von General Motors – von denen die meisten in den USA leben, unter denen sich aber auch zunehmend Ausländer befinden. Natürlich ahnt die stolze Besitzerin des Pontiac nicht, dass sie so viele Produkte aus dem Ausland gekauft hat. General Motors führte alle Transaktionen im Rahmen seines globalen Netzes aus.

Dieses Beispiel lässt sich als Entwicklungstrend durchaus verallgemeinern. In den 1920er Jahren deckte sich die Leistungskraft der deutschen Unternehmen noch mit der »Volks«-Wirtschaft. Die Unternehmen beschäftigten deutsche Arbeiter und Angestellte, zahlten Dividenden an vorwiegend deutsche Aktionäre und befriedigten den Bedarf deutscher Verbraucher. Infolgedessen floss wenig von ihrem Reichtum ins Ausland ab. Heute ist das Wohlergehen heimischer Großunternehmen nicht mehr gleichbedeutend mit dem der heimischen Wirtschaft. Es ist fast schon zur Regel geworden, dass die Unternehmensgewinne steigen, wenn Arbeitsplätze abgebaut werden; gleichwohl verzeichnet das Bruttoinlandsprodukt kaum einen Zuwachs. Dies hängt unter anderem damit zusammen, dass deutsche Firmen Teile ihrer Produktion ins Ausland verlagert oder ausländische Firmen aufgekauft haben. Ihnen fließen dadurch Gewinne aus ihrer ausländischen Produktion zu, die nicht von deutschen Arbeitskräften erarbeitet wurden. VW hat mittlerweile Töchter in Brasilien, Mexiko, Spanien und Tschechien; BMW produziert seit längerer Zeit auch in Südafrika, und ein neues Werk von Daimler-Chrysler wurde in Frankreich errichtet.

Einige europäische Unternehmen sind bereits international in dem Sinne, dass sie keinen Stammsitz mehr in einem einzigen Land haben. Shell und Unilever z.B. sind seit Beginn britisch-niederländische Konzerne und operieren heute in praktisch allen Ländern. Durch die Streuung des Aktienbesitzes und die Ansiedlung über Ländergrenzen hinweg werden immer mehr Unternehmen zu globalen Akteuren.

Oft erstreckt sich der Einfluss der Großunternehmen weit über die Grenze des Landes hinaus, in dem ihr Firmensitz liegt. In der Mehrzahl sind sie – einschließlich der deutschen – heute transnational aktiv, haben also in vielen Ländern Betriebe und Niederlassungen. Vielen Beobachtern bereitet dieser Machtzuwachs der »Multis« Sorgen, da eine neue wirtschaftliche Machtstruktur entsteht, die weit größer ist als die politische Macht der Nationalstaaten. General Motors, IBM, Pepsicola, General Electric, Pfizer, Shell, Volkswagen, Exxon und vielleicht hundert andere globale Unternehmen beeinflussen in zunehmendem Maße den Wohlstand, die Zahlungsbilanz und die politische Stabilität der Länder, in denen sie operieren. Dies ist eine neue Dimension der Macht profitorientierter Organisationen. Sie lässt die alte Frage, wer die Unternehmen kontrolliert, heute noch wichtiger erscheinen.

Die Folgen der ökonomischen Globalisierung für das »Modell Deutschland«

Im historischen Rückblick haben die modernen europäischen Demokratien mehrere Etappen durchlaufen. Zu Beginn haben sie den liberalen Rechtsstaat und zuletzt, zumindest in den Ländern des rheinischen Modells, den demokratischen Wohlfahrtsstaat hervorgebracht. Eine wesentliche Errungenschaft der europäischen Demokratien der Nachkriegsära war, dass sie gewisse soziale Ansprüche, also soziale Standards, dem Markt entzogen.

Im Zeitalter der Globalisierung spielen die nationalen Grenzen zumindest im Hinblick auf die Wirtschaft und ihre Transaktionen kaum mehr eine Rolle. Der Prozess der Verflechtung der nationalen Volkswirtschaften schreitet rapide fort; die grenzüberschreitenden Interdependenzen schnüren die Handlungsfähigkeit der nationalen Regierungen insbesondere im Bereich der Einkommens- und Sozialpolitik zunehmend ein (Scharpf 1999). Davon betroffen sind auch die nationalen Arrangements zwischen den Verbänden, die im Bereich der Einkommens- und Sozialpolitik wichtige Funktionen wahrnehmen. Auch der Flächentarifvertrag wird durch die Globalisierung unterminiert.

Was hat sich geändert? Als zwischen Volkswirtschaft und Nationalstaat noch eine weitgehende Übereinstimmung bestand, war es zumindest prinzipiell möglich, soziale Standards und Regeln der gesellschaftlichen Umverteilung zu beschließen und durchzusetzen, denn die mit solchen Arrangements verbunden Kosten trafen alle inländischen Unternehmen in gleicher Weise. Die Kosten (Steuern und Abgaben, insbesondere die Lohnnebenkosten), ließen sich in der noch weitgehend geschlossenen Volkswirtschaft auf die Preise umlegen. Heute sieht die Situation im europäischen Binnenmarkt anders aus. Die Unternehmen erfahren die Kosten der sozialen Solidarität als zusätzliche Kosten, die ihre Wettbewerbsposition gegenüber ausländischen Unternehmen verschlechtern.

Zwei Entwicklungen mögen dies verdeutlichen. Eine Tarifpolitik, die zwischen hoch produktiven und weniger produktiven Arbeitnehmern umverteilt und dadurch eine relativ ausgeglichene Einkommensstruktur erzeugt, funktioniert in einer geschlossenen Wirtschaft, aber nicht in einer offenen. In Letzterer sind die Unternehmen bereit, höhere Löhne für hoch produktive Arbeitnehmer zu zahlen, ja, sie müssen es sogar, um die hoch qualifizierten Kräfte, die grenzüberschreitend mobil sind, an ihrem Standort zu halten. Doch sie sind nicht mehr bereit – oder genauer: nicht mehr in der Lage –, über Umverteilungsregeln die weniger produktive Arbeit zu subventionieren. Angesichts des Wettbewerbs von außen kündigen deshalb die Mitglieder der Arbeitgeberverbände und der Gewerkschaften ihren Verbänden die Loyalität auf. Auf beiden Seiten gibt es Gruppen, die den Flächentarifvertrag verlassen wollen. Da die institutionell abgesicherte Solidarität in den industriellen Beziehungen zunehmend zur Disposition gestellt wird, werden die Kosten des sozialen Ausgleichs über Entlassungen insbesondere bei den weniger produktiven Arbeitskräften – also über Arbeitslosigkeit – an die öffentliche Hand abgegeben. Gleichzeitig stößt der Wohlfahrtsstaat an seine Grenzen; zumindest wird ihm das Geld knapp. Gerade die Unternehmen und ihre Investoren können sich dem Zugriff des Steuerstaates entziehen. Erscheint ihnen ihre Belastung als zu hoch, drohen sie bei offenen Grenzen mit einem Wechsel des Standorts. Schon der Hinweis auf geringere Belastungen im Ausland und die Drohung, notfalls abzuwandern, reicht für die Unternehmen in aller Regel aus, um Steuersenkungen zu erzwingen. Die Struktur der Einnahmen des Steuerstaates verschiebt sich deshalb. Überspitzt formuliert, muss sich der Steuerstaat sein Geld vor allem bei den Personengruppen holen, die relativ immobil sind, also bei jenen, die umgekehrt in besonderer Weise auf die Transferzahlungen der öffentlichen Hand angewiesen sind.

Beide Entwicklungen zusammengenommen führen unter den neuen Wettbewerbsbedingungen der Globalisierung zu einem sozialpolitischen Engpass, da der nationalen Sozialpolitik die Hände gebunden sind. Die interne Umverteilung – sei sie über die Tarifpolitik innerhalb der Unternehmen verankert oder als Sozialtransfer für Personengruppen außerhalb des Erwerbssektors organisiert – ist bei offenen Märkten nur noch schwer durchsetzbar (Schumann/Martin 1996).

Ein Ausweg könnte darin bestehen, den europäischen Binnenmarkt mit den Institutionen zur Domestizierung der Märkte kongruent zu machen. Theoretisch denkbar wären internationale Regime zur Verankerung globaler Sozialstandards, die aber praktisch kaum durchzusetzen sind. Weitaus einfacher zu realisieren sind entsprechende Vereinbarungen im Rahmen der EU. Noch finden die meisten grenzüberschreitenden wirtschaftlichen Transaktionen innerhalb der EU statt. Es wäre daher ein wichtiger Fortschritt, wenn die Sozialpolitik wenigstens der wirtschaftlichen Verflechtung in der EU »nachwandern« könnte. Allerdings stehen die Aussichten, dem skizzierten Engpass durch eine harmonisierte europäische Sozialpolitik zu entgehen, nicht besonders gut. Die Herstellung des Binnenmarkts gelang: Die Länder der EU waren bereit, Handelshemmnisse und Wettbewerbsbeschränkungen zu beseitigen. Sie sind aber offensichtlich nicht in der Lage, gemeinsame Interessen in der sozialen Sicherung zu definieren und durchzusetzen.

Die Zuständigkeit für die Sozialpolitik verbleibt weiter auf der nationalstaatlichen Ebene, ohne dass die Nationalstaaten die neuen Probleme unter den globalisierten Rahmenbedingungen mit den bisherigen Instrumenten lösen können. Zuständigkeit ist aber nicht das Gleiche wie Handlungsfähigkeit. Die negativen Folgen sowohl der europäischen Integration wie der Globalisierung erscheinen also in einem Politikfeld, das nicht ohne Weiteres auf die europäische bzw. globale Ebene übertragbar ist. Angesichts des Konkurrenzdrucks, der auf der rheinischen Variante des Kapitalismus lastet, wird heute diskutiert, ob und inwieweit dieser Konkurrenzdruck dazu führen wird, dass die Vielfalt der verschiedenen Kapitalismen abgelöst wird durch ein kapitalistisches Einheitsmodell. Es ist aber nicht ausgeschlossen, dass die verschiedenen Varianten des Kapitalismus ihre eigenen Wege weiter verfolgen und ihre Besonderheiten trotz der intensiven globalen Konkurrenz bewahren können.

16

Zusammenfassung

1. Die Wirtschaft ist ein soziales System für die Produktion und Verteilung von Gütern und Dienstleistungen. Heute ist der Kapitalismus die meist verbreitete Wirtschaftsordnung. Im reinen Modell des Kapitalismus befinden sich alle Produktionsmittel in Privateigentum. Alle wirtschaftlichen Akteure, ob Unternehmer, Arbeiter oder Verbraucher, orientieren ihre ökonomischen Entscheidungen an ihrem Eigeninteresse. Die Produzenten verfolgen das Ziel der Profitmaximierung. Alle Märkte unterliegen dem Wettbewerb. Und die Produktionsmittelbesitzer investieren immer wieder mit dem Ziel der Kapitalakkumulation.

2. Alle führenden kapitalistischen Länder haben in den letzten zwei Jahrhunderten einen Strukturwandel durchlaufen. Die sektorale Struktur hat sich zunächst vom Agrar- zum Industrie- und sodann zum Dienstleistungssektor verschoben. Entscheidend ist die Erhöhung der Arbeitsproduktivität, die u.a. durch die Automatisierung und Arbeitsorganisation vorangetrieben wird. Auch die Erwerbsstruktur hat sich verschoben. So ist der Anteil der Frauen in der Erwerbsarbeit kontinuierlich angestiegen.

3. Der Sozialismus versteht sich als Alternative zum Kapitalismus: Alle Produktionsmittel sind vergesellschaftet, und die Wirtschaftsplanung erfolgt zentral. Exemplarisch waren diese Prinzipien in der früheren Sowjetunion verwirklicht. Die zentralisierte Planung ist ungeheuer komplex und führt zu zahlreichen Problemen, die auch den Niedergang des Sozialismus erklären.

4. Charakteristisch für den Kapitalismus sind das Privateigentum an Produktionsmitteln, das ökonomische Anreizsystem der Gewinnmaximierung, Wettbewerbsmärkte und die Kapitalakkumulation. Allerdings unterscheiden sich die »Kapitalismen« in den einzelnen Ländern. Die Unterschiede zeigen sich in der Rolle des Staates ebenso wie in der von Verbänden. Unterschiede bestehen ferner in der Unternehmensverfassung und -finanzierung, der Mitbestimmung der Arbeitnehmer, der beruflichen Bildung usw.

5. Seit etwa einem Jahrzehnt werden die Folgen der Globalisierung immer fühlbarer. Der internationale Handel nimmt zu. Um ihre Wettbewerbsposition zu behaupten und Arbeitsplätze zu sichern, werden für die Länder ausländische Direktinvestitionen immer wichtiger. Zahlreiche Unternehmen operieren grenzüberschreitend und treffen ihre Standortentscheidungen auch nach politischen Rahmenbedingungen (z.B. nach der Höhe der Steuerbelastung, Umwelt- und Sozialstandards). Die Globalisierung wirft die Frage auf, ob die Vielfalt der Kapitalismen auch in Zukunft Bestand hat oder ob ein neues globales »Einheitsmodell« des Kapitalismus die nationalen Wege ablösen wird.

Wiederholungsfragen

1. Welches sind die wesentlichen Merkmale des kapitalistischen Wirtschaftssystems?

2. Skizzieren Sie den Wandel der sektoralen Wirtschaftsstrukturen der letzten 200 Jahre.

3. Gibt es Arbeit jenseits der Erwerbsarbeit? Ist Hausarbeit auch Erwerbsarbeit?

4. Skizzieren Sie den Anspruch des Sozialismus als der grundlegenden Alternative zum Kapitalismus.

5. Ist die Zweigniederlassung eines französischen Unternehmens in Deutschland ein deutsches Unternehmen?

Übungsaufgaben

1. Skizzieren Sie einige wirtschaftliche und soziale Folgeprobleme der Globalisierung.

2. In der aktuellen Diskussion werden verschiedene Varianten des kapitalistischen Wirtschaftssystems unterschieden. Nennen Sie einige Merkmale, anhand derer sie unterschieden werden.

3. Inwieweit kann die Regierung eines kapitalistischen Landes im Zeitalter der Globalisierung noch in das wirtschaftliche und das soziale Leben eingreifen?

Glossar

Arbeitsmarkt Mit dem Kauf und Verkauf individueller Dienstleistungen und Fertigkeiten verbundene Sozialstruktur. Die Chancen auf dem A. sind abhängig von der Zahl der verfügbaren Arbeitsplätze und der Zahl der um sie konkurrierenden Individuen.

Arbeitsproduktivität Bruttoinlandsprodukt je Beschäftigten.

Automatisierung Einsatz von Maschinen und Reorganisation der Arbeitsplätze um sie herum, um menschliche Arbeit einzusparen.

16

Beruf Institutionell verfestigtes Muster spezialisierter Fertigkeiten und Tätigkeiten, die zum Zweck der Bedürfnisbefriedigung (bzw. des Geldverdienens) im Rahmen einer gesellschaftlich definierten Form der Arbeitsteilung erworben und ausgeübt werden.

Diversifikation Unternehmensstrategie, durch Ausweitung des Produktionsprogramms auf mehrere Branchen und die Erschließung neuer Absatzmärkte das Unternehmensrisiko zu verteilen.

Industrielle Revolution bezeichnet die Umwälzung der Wirtschafts- und Gesellschaftsordnung, die mit der Einführung der maschinellen Produktion in Großbetrieben zunächst ab 1785 in Großbritannien und einige Jahre später in anderen westeuropäischen Ländern einsetzte. Seit Mitte des 20. Jahrhunderts spricht man im Zusammenhang mit der Automatisierung von einer zweiten I. R. Die Einführung der neuen Informations- und Kommunikationstechnologien wird vielfach als dritte I. R. bezeichnet.

Kapital Vermögen, das in die Produktion von weiterem Vermögen (re-)investiert wird – z.B. in Fabriken, die Investitionsgüter für die Warenproduktion sind.

Kapitalismus Wirtschaftssystem, basierend auf dem Privateigentum an den Produktionsmitteln, dem Eigeninteresse und Profitmotiv als wichtigsten ökonomischen Anreizen, der Konkurrenz auf dem Arbeits-, Rohstoff- und Warenmarkt sowie der Reinvestition von Gewinnen zum Zweck der Kapitalakkumulation.

Kommunismus In der Marxschen Theorie: Stadium der wahrhaft klassenlosen Gesellschaft, die der totalitären Kontrolle durch den Staat nicht mehr bedarf.

Korporatismus Mitwirkung von organisierten Interessen (beispielsweise Wirtschaftsverbände) an der Formulierung und Durchsetzung bindender Entscheidungen.

Mitbestimmung Beteilung der Arbeitnehmer an den sozialen, personellen und wirtschaftlichen Entscheidungen von Unternehmen (beispielsweise Festlegung der betrieblichen Arbeitsverhältnisse, Einstellung, Entlassung oder Versetzung von Mitarbeitern). In Deutschland ist die M. durch Gesetze geregelt.

Monopol Marktform, bei der das Angebot oder die Nachfrage in der Hand eines einzigen Unternehmens liegt. Durch die M.-Stellung kann das Unternehmen den freien Wettbewerb am Markt ausschalten. So kann bei einem Angebots-M. der Monopolist sowohl seine Absatzmenge als auch seine Preise im Interesse der maximalen Gewinnerzielung ohne Konkurrenzdruck optimieren.

Multinationales Unternehmen (*global corporation*, transnationaler Konzern [TNC]) Sehr großes und in der Regel diversifiziertes (s. Diversifikation) Unternehmen, das in zahlreichen Ländern operiert und Niederlassungen hat.

Oligopol Marktform, bei der wenige Anbieter den gesamten Markt beliefern (Angebots-O.) oder einige wenige Nachfrager das gesamte Angebot kaufen (Nachfrage-O.). Bei oligopolistischen Märkten kann der freie Markt schnell eingeschränkt werden (beispielsweise durch Absprachen der wenigen Anbieter oder Nachfrager).

Produktivität Menge an Arbeit, Zeit, Land, Maschinen oder eines anderen Produktionsfaktors, die erforderlich ist, um eine gegebene Outputmenge zu erzeugen.

Sozialismus Versuch, die individualistische Konkurrenz im Kapitalismus durch eine Form sozialer Kooperation zu ersetzen, die die Bedürfnisse der Gesamtgesellschaft über die Profitinteressen einer reichen Klasse stellt. Als wichtigster Schritt zum S. wurde meist die Vergesellschaftung der Produktionsmittel bzw. ihre Kontrolle durch die Gesamtgesellschaft oder durch Arbeiterräte vorgeschlagen.

Tarifautonomie Recht der Tarifvertragsparteien (Gewerkschaften, Arbeitergeberverbände, Einzelunternehmen), für ihre Mitglieder bindende Tarifverträge zu schließen.

Wirtschaftssystem Soziale Institution, die Güter und Dienstleistungen innerhalb einer Gesellschaft produziert und verteilt.

16

Kapitel 17

Staat, Demokratie und Krieg

Inhalt

Dresden, am 19. Dezember 1989: »Der Gang zur Ruine der Frauenkirche führt durch Zehntausende von Menschen, die sich zur Kundgebung des Bundeskanzlers eingefunden haben. Ich schlage mich alleine durch. Während der Rede Helmut Kohls stehe ich am Rande der Menge inmitten junger Leute. Während die Massen vor dem Rednerpult überschäumen und zahllose bundesdeutsche Fahnen schwenken, sind hier die Menschen sehr ruhig. Sie hören konzentriert zu, ihre Gefühle sind schwer auszumachen. Es herrscht kein Überschwang. Im ersten Augenblick vermute ich fast Teilnahmslosigkeit, aber sie klatschen immer wieder Beifall, der differenziert ausfällt. Kritik wird nicht laut und von Aggressionen ist nichts zu spüren. Die Gesichter bleiben jedoch auch beim Beifall sehr ernst. [...] Der Bundeskanzler trifft mit seiner Rede den richtigen Ton. Er weiß, dass diese Rede in der ganzen Welt gehört wird, vor allem in Moskau, aber auch in Washington, London und Paris. Jubel umtost ihn. Die Menge skandiert »Deutschland, Deutschland«, »Helmut, Helmut« und »Wir sind ein Volk«. Dem Kanzler selbst schnürt es die Kehle zu, als er seine Ansprache mit den Worten beendet: »Gott segne unser deutsches Vaterland«. (Teltschik 1991:91)

Was hier Horst Teltschik, Berater des ehemaligen Bundeskanzlers Helmut Kohl, im Rückblick auf die Zeit der »Wende« 1989/90 beschrieb, war das vorläufige Endresultat einer scheinbar zwangsläufigen Entwicklung. Auch wenn Teltschik darauf verweist, dass die Großmächte die mögliche Wiedervereinigung Deutschlands zum Teil argwöhnisch beäugen und von ihrem Verhalten der politische Prozess in Deutschland wesentlich beeinflusst wird, so hatten weder er noch viele andere zeitgenössische Beobachter Zweifel daran, dass die Wiedervereinigung kommen würde. Und tatsächlich kann man kaum behaupten, dass die Konfliktdynamik in der ehemaligen DDR von vornherein auf die Forderung nach Wiedervereinigung hinauslief. Die erdrückende Mehrheit der Bevölkerung der DDR wollte nicht etwa eine »andere«, demokratische DDR, sondern überhaupt keine. Der Protest gegen die SED-Herrschaft, der seit dem September 1989 in zahlreichen Demonstrationen massenhaft artikuliert worden war, stand nämlich zunächst nur unter dem Motto »Wir sind das Volk« – eine Formel, die mit der Betonung ihres ersten Wortes den Anspruch der Monopolpartei SED und der ihr verbündeten Organisationen bestritt, im Namen oder Interesse des Volkes der DDR zu handeln. Gleichzeitig wurde die Realisierung bürgerlicher und demokratischer Rechte eingefordert, und zwar zunächst durchaus, was die demonstrierenden Aktivisten anging, mit dem Ziel des Aufbaus einer demokratischen Gesellschaft innerhalb der bestehenden staatlichen Grenzen der DDR. Seit der Maueröffnung am 9. November 1989 machten sich jedoch neue Losungen breit, die auf eine veränderte Zielsetzung hindeuteten. Auf der Leipziger Montagsdemonstration vom 13. November 1989 sieht man zum ersten Mal die Losung »Deutschland, einig Vaterland«. Die in den Vorwochen noch so dominante Parole »Wir sind das Volk« wird jetzt zunehmend durch »Wir sind ein Volk« ersetzt. Die Betonung verschiebt sich auf das dritte Wort, und im Vorgriff auf die Einigung wird der staatliche Bezugsrahmen ausgewechselt. Dass dies so leicht möglich war, liegt wohl daran, dass, wie die SED-Führung durchaus wusste und auch aussprach, die DDR (anders als die staatssozialistischen »Brudernationen« im RGW) nur eine »Produktionsweise«, also ein politisch durchgesetztes wirtschaftliches und soziales Regime war, aber alle Versuche zur Begründung einer dazugehörigen Nation diesem Regime misslungen waren.

Nun hat die Zugehörigkeit einer bestimmten Bevölkerung zu einem bestimmten Staatsverband nichts Selbstverständliches oder gar Natürliches an sich; sie ist durch und durch Ergebnis sozialer Konflikte und historischer Prozesse. Die Neudefinition politischer Zugehörigkeit ist ein relativ seltenes »Naturereignis« des sozialen Lebens. Solche Neudefinitionen können entweder von außen oder von innen, und entweder im positiven oder im negativen Sinne unternommen werden. Die positive Neudefinition der Zugehörigkeit von innen ereignete sich 1871 in Gestalt der preußisch initiierten Reichsgründung. Die negative Neudefinition von außen ist der Fall der Sezession, wie sie nach 1990 in den jugoslawischen Teilrepubliken Slowenien und Kroatien stattfand. Die positive Neudefinition einer nationalen Gemeinschaft von außen ist der Fall, der uns hier interessiert: der »Beitritt« von Gebiet und Bevölkerung der ehemaligen DDR nach Art. 23 GG am 3. Oktober 1990. Auch für die negative Neudefinition von innen hält die deutsche Geschichte ein spektakuläres Beispiel bereit: Das Beispiel der Aberkennung von Bürgerrechten, welche der jüdische Bevölkerungsteil in Nazi-Deutschland erlitt.

Die Außengrenzen der »politischen Gemeinschaft« sind immer prekär und umstritten. Sie sind »kontingent« in dem Sinne, dass keine vermeintliche Ruhelage der Zugehörigkeit gegen Abänderungsabsichten immun ist. Das beweisen auch die aktuellen Debatten über das Verhältnis von »Europa« und »Nationalstaat«, von Einwanderung, Asylrecht und den Rechten der »Aussiedler«. Das »Volk« als Inhaber demokratischer Souveränität ist eine jeweils definitionsbedürftige (und gegen Versuche zur Neudefinition anfällige) Einheit. Es ist keineswegs selbstverständlich, dass alle Bürger eines Staates alle anderen als Mitbürger und Gleichberechtigte anerkennen. Die gleiche Freiheit, die sie sich gegenseitig zubilligen, steht in einem Spannungsverhältnis zu dem stets exklusiven Prinzip der Einheit, in dessen Namen Minderheiten von der kollektiven Selbstanerkennung ausgeschlossen werden.

All diese Probleme lassen sich anhand unserer fünf Schlüsselbegriffe analysieren. Bezogen auf die Wende in der früheren DDR etwa kann man zeigen, dass zu dieser Zeit die *Integrations*fähigkeit dieses Staates offensichtlich nicht mehr gegeben war und deshalb ein neuer Modus des gesellschaftlichen Zusammenhalts gefunden werden musste. In diesem Zusammenhang werden die an diesem Prozess beteiligten Akteure (*soziales Handeln*) zentral. Doch das Protestpotenzial konnte sich in dieser Form nur in einem bestimmten *sozial-strukturellen* Gefüge entwickeln, weil nur in ihm die Akteure auf unterschiedliche Ressourcen zurückgreifen konnten. Insofern in diesem Konflikt die Zielsetzungen unterschiedlicher Akteure mit jeweils unterschiedlichen Handlungsmöglichkeiten aufeinander prallten, kommt darin der *Macht*aspekt des Geschehens zum Ausdruck. Schließlich entfalteten sich die Zielsetzungen der beteiligten Akteure und das Resultat des Machtkampfes nicht in einem Vakuum, sondern waren zutiefst geprägt von *kulturellen* Erwartungen und Mustern: Die Protestformen, die Forderung nach Demokratie, die Beschwörung des Bildes einer geeinten Nation usw. sind ohne den Rückgriff auf kulturelle und historische Kontexte nicht zu verstehen.

In diesem Kapitel stellen wir die Politische Soziologie bzw. die Soziologie der Politik vor. Ihr systematischer Ort zwischen Soziologie, Politikwissenschaft, Politischer Theorie, rechtswissenschaftlicher Staats- und Verfassungslehre und (Zeit-)Geschichte ist nicht eindeutig geklärt. Dabei sind die zentralen Phänomene politisch-soziologischer Forschung unstrittig. Es handelt sich zum einen um die institutionelle Ordnung politischer Herrschaft, ihre Funktionen und die sozialen Determinanten des Wandels dieser Ordnung. Zum anderen geht es um individuelle und kollektive Akteure, die sich an materiellen und ideellen (»ideologischen«) Interessen orientieren und im Dienste dieser Interessen politische Herrschaft ausüben bzw. deren Ausübung und deren Inhalte zu beeinflussen suchen. Damit ist der Gegenstand der politischen Soziologie bezeichnet: Akteure handeln unter einem ihnen jeweils gegebenen Arrangement von institutionell geregelten »Lebensordnungen« (Max Weber). Ihr Handeln hat aber seinerseits Rückwirkungen auf diese Arrangements, die nicht »natürlich«, sondern durch Entscheidungen (sowie durch die Entscheidung selbst nicht intendierte, sondern nur verursachte Effekte) sozial konstruiert sind.

Es liegt auf der Hand, dass die empirischen Befunde und theoretischen Erklärungen auch der politisch-soziologischen Forschung (ebenso wie die anderer sozialwissenschaftlicher Teildisziplinen) dadurch öffentliches Interesse finden und Relevanz beanspruchen können, dass sie geeignet sind, als Argumente und kritische Gesichtspunkte in wert- und interessenbezogene gesellschaftliche Auseinandersetzungen einzugehen. Die Bezugswerte im Falle der Politischen Soziologie sind Werte und Prinzipien wie die der Freiheit, der Gleichheit, der Zivilität, des Friedens sowie der politischen und sozialen Gerechtigkeit.

Die Darstellung gliedert sich in eine einführende Charakterisierung des »Normalfalls« einer staatlich verfassten politischen Gemeinschaft und ihrer sozialen Voraussetzungen (1), eine Explikation des Begriffs der politischen Herrschaft (2) sowie des Gegenbegriffs der sozialen Macht (3), eine Übersicht über Ansätze einer sozialwissenschaftlichen Staatstheorie und der dynamischen Beziehungen zwischen Staat und Gesellschaft (4), eine Einführung in die Diskussion über Nation und Nationalismus (5), einen Überblick über Fragen der sozialwissenschaftlichen Theorie der liberalen Demokratie, ihrer Entstehungs- und Bestandsvoraussetzungen einschließlich der aktuellen Fragen des Übergangs von autoritären zu liberal-demokratischen Regimetypen (6) sowie einen Abschnitt, der in die Soziologie von Krieg, Frieden und internationalen Beziehungen einführen soll (7).

Wie für die meisten sozialwissenschaftlichen Teildisziplinen gilt auch für die Politische Soziologie, dass ihre Publikationen, Förderungseinrichtungen, Forschungsaktivitäten, Zeitschriften, Kongresse, Fachverbände und begrifflich-theoretischen Innovationen heute überwiegend im angelsächsischen Sprachbereich, vor allem in den USA beheimatet sind. Dabei sind die intellektuellen Grundlegungen des Fachs im wesentlichen europäischen (akademischen und politischen)

17

Autoren des 19. und 20. Jahrhunderts zu verdanken – unter ihnen dem Engländer John S. Mill, den Franzosen Alexis de Tocqueville und Émile Durkheim, den Deutschen Karl Marx, Lorenz von Stein, Max Weber, Rosa Luxemburg und Robert Michels, den Russen Wladimir I. Lenin und Moisei Ostrogorski, den Italienern Antonio Gramsci, Vilfredo Pareto und Gaetano Mosca sowie, in der Zeit nach dem 2. Weltkrieg, dem Norweger Stein Rokkan, dem Deutsch-Amerikaner Karl W. Deutsch und dem deutsch-spanisch-amerikanischen Autor Juan Linz.

DIE VERFASSTE »POLITISCHE GEMEINSCHAFT« ALS VORAUSSETZUNG »NORMALER« POLITIK

Jeder Ausnahmezustand wirft ein helles Licht auf die Normalität und bietet Gelegenheit zur Erkenntnis. So wie Struktur und Funktionsweise eines Deiches und das Höhenprofil der dahinterliegenden Landschaft erst dann augenscheinlich werden, wenn er durch die Gewalt der Fluten zerstört ist, und wie die Hinterbliebenen erst nach dem Tod eines Angehörigen erfahren, was er ihnen bedeutete, so geben sich Struktur und Funktion des Staates dann zu erkennen, wenn er durch Gewalt herausgefordert wird – sei es durch die von Teilen seiner Bürger herrührende, sei es durch die anderer Staaten. Wesen und Bedeutung einer »politischen Gemeinschaft« werden sichtbar, wenn Gruppen aktiv werden, die sich dagegen wehren, dieser Gemeinschaft von Staatsbürgern zugerechnet zu werden, und den von dieser Gemeinschaft normierten Pflichten ihre Anerkennung verweigern. Die Terrorakte von Vorkämpfern der politischen »Gemeinschaftsverweigerung« können durch ethnische, religiöse, sprachliche und historische Motive angetrieben sein (wie im Falle der Südtiroler, der korsischen, der baskischen, der nordirischen und der palästinensischen Unabhängigkeitsbewegungen der 1950er bis 1990er Jahre); sie können auch durch eine revolutionäre Ideologie, wie z.B. im Falle der Rote Armee Fraktion (RAF), bestimmt sein. Offenbar können nicht nur Minderheiten versuchen, die Integrität verfasster politischer Gemeinschaften in Frage zu stellen; das tun auch Mehrheiten (bzw. Aktivisten, die sich als Vorkämpfer von Mehrheiten ausgeben), indem sie bestimmten Minderheiten durch Gewaltakte und Diskriminierung das Recht auf gleichberechtigte Zugehörigkeit (oder auch nur auf rechtlich geschützte Anwesenheit) streitig machen, wie es bei Akten fremdenfeindlicher Gewalt in Deutschland und anderen europäischen Ländern der Fall ist.

Natürlich sind solche Aktivitäten, mit denen sich Akteure von einer staatlich verfassten politischen Gemeinschaft lossagen, »politische« Aktivitäten. Aber sie sind auch Äußerungen einer »abnormalen« und »exzeptionellen« Politik, deren Beobachtung es uns umso leichter macht, im Kontrast die Merkmale »normaler« Politik zu vergegenwärtigen. Diese »normale« Politik ist nicht etwa durch Konfliktfreiheit und allgemeinen Konsens, sondern entscheidend dadurch bestimmt, dass die Regeln und begrenzten Mittel der Austragung von Konflikten von *allen* in ihrem Handeln als verbindlich anerkannt werden – gleichgültig, ob aus reflektierter Überzeugung oder gewohnheitsmäßig oder nur aus Einsicht in die Vergeblichkeit abweichenden Handelns. Diese staatsbürgerliche Gehorsamsdisposition ist die einzige Art von »Homogenität«, die in modernen politischen Gemeinschaften vorauszusetzen bzw. anzustreben ist; sie führt dazu, dass die Ergebnisse des Konflikts (z.B. von Wahlen oder Tarifverhandlungen) von *allen* Beteiligten, d. h. insbesondere von den jeweiligen Verlierern, als verbindlich betrachtet und für die Dauer ihrer Geltung (»bis auf weiteres«) als bindend hingenommen werden. »Normale« Politik (im Sinne des englischen *politics*) kann deshalb als *regelgebundenes* (»institutionalisiertes«) Konflikthandeln mit dem Ziel der Kontrolle öffentlich relevanter Entscheidungsprozesse definiert werden, bei denen alle Beteiligten die Regeln der Konfliktaustragung, insbesondere das Gewaltverbot, beachten und bei allen anderen Beteiligten darauf vertrauen, dass sie dies ebenfalls tun werden.

Eine solche Einigkeit »zweiter Ordnung«, verstanden als Einigkeit über die Regeln, nach denen Interessengegensätze und andere Phänomene von »Uneinigkeit« behandelt werden sollen, setzt nicht nur voraus, dass diese Regeln selbst und ihre faktische Wirkungsweise als hinreichend fair und unparteiisch wahr- und hingenommen werden; es setzt weiter voraus, dass alle Bürger und ihre politischen Repräsentanten sich unverbrüchlich dem weit ausgedehnten, oft viele Millionen Personen zählenden Verband eines »Staatsvolkes« zugehörig fühlen. Während die erste dieser beiden Bedingungen durch Verfassung und Gesetzgebung festgelegt und korrigiert werden kann, ist die zweite Bedingung, also jenes effektive und unter Umständen auch belastbare Gefühl der jeweils eigenen Zugehörigkeit bzw. die Anerkennung der Zugehörigkeit »aller anderen« und ihrer gleichen Rechte als Mitglieder der politischen Gemeinschaft nicht ohne weiteres mit den Mitteln politischer Herrschaft selbst ins Leben zu rufen.

Deshalb ist die Einheit des Staatsvolkes (im vereinigten Deutschland hat sich dafür der Ausdruck »innere Einheit« eingebürgert) eine notwendige Voraussetzung »normaler« Politik – eine Voraussetzung allerdings, die mit den *Mitteln* normaler Politik und normalen Regierungshandelns (*public policy*) nicht ohne weiteres eingelöst und erfüllt werden kann.

Die eine der beiden Fragen, von deren Beantwortung die Möglichkeit »normaler« Politik abhängt, ist die »vertikale« Frage nach den Regeln, Verfahren und Institutionen, durch die der politische Konflikt (z.B. der Wettbewerb der politischen Parteien) geregelt wird. Dorniger ist die zweite, »horizontale« Frage: die Frage, ob »ich« die Gesamtheit meiner Mitbürger (die ich ja wohlgemerkt weder persönlich »kennen« kann noch mir als Mitbürger »ausgesucht« habe) gleichwohl als Akteure akzeptiere, die ein Minimum von Vertrauen verdienen und denen gegenüber ich mich auf Grund einer geteilten kollektiven Identität und Zugehörigkeit zu einer politischen Gemeinschaft zur Erfüllung von Solidaritätspflichten bereitfinde (vgl. Offe 2001).

Wie alle soziale Normen sind auch die, die das politische Leben regeln, »doppelt kontingent«. Es geht um zwei prinzipiell offene Fragen: Zum einen stellt sich im Normalfall eines Konflikts die Frage, ob nun Norm A oder Norm B Gesetzeskraft erlangen soll oder bereits besitzt. Für die Entscheidung dieser Frage sind in modernen Staaten die Gesetzgebung einerseits, die allgemeine Gerichtsbarkeit andererseits zuständig. Zum anderen aber erhebt sich die Frage, ob die so bestimmte Norm für alle Staatsbürger gleichermaßen oder nur für eine Teilmenge gelten soll. Nur wenn beide Fragen eindeutig beantwortet werden und wenn mithin in jedem Augenblick *festgestellt* werden kann, was niemals »von Natur aus« und unverrückbar *feststeht*: nämlich welche Regeln für wen gelten, – nur dann kann überhaupt von »normaler« Politik die Rede sein.

Die Frage nach der sozialen Reichweite herrschender Normen erscheint auch in Deutschland durchaus akut, wenn man die aktuellen Streitigkeiten bedenkt, die über die Frage bestehen, ob der vom Bundesverfassungsgericht bekräftigte Grundsatz der Trennung von Staat und Kirche auch jener bayerischen Praxis effektiv ein Ende setzen kann, dass in staatlichen Schulen und Universitäten, Krankenhäusern und Gerichtssälen von Amts wegen Kruzifixe angebracht werden; oder auch über die Frage, ob die Risiken, die durch die Beiträge der Arbeitgeber und der Arbeitnehmer im Wege der Sozialversicherung (etwa der Arbeitslosenversicherung) zu finanzieren sind, in Höhe der bundesdurchschnittlichen Risiken zu bemessen sind oder in Höhe der (weit variierenden) landestypischen (regionalen) Risiken. In beiden Fällen geht es ersichtlich um die Frage, ob sich wirklich alle Bürger einer einheitlichen und homogenen Ordnung von Rechten und Pflichten zu unterwerfen bereit sind oder im Konfliktfall dazu gezwungen werden können. Fragezeichen sind nicht nur dort angezeigt, wo sich Teilbevölkerungen rechtswidrig weigern, ihre »für alle« normierten Pflichten zu erfüllen, sondern auch dort, wo durch staatliches Handeln oder Unterlassen oder auch durch das kriminell diskriminierende Handeln von Bürgern Teilen der Bevölkerung die Wahrnehmung der »für alle« geltenden Rechte verwehrt bleibt.

LEGITIME HERRSCHAFT

Was ich hier als »normale« Politik bezeichnet habe, ist der Sache nach dasselbe, was Max Weber »legitime Herrschaft« genannt hat. »Legitim« ist die Herrschaft dann, wenn ihre Adressaten ihr in der Einstellung des »Gehorsams« begegnen – also einer Folgebereitschaft, die nicht allein durch die Angst vor Strafe und auch nicht durch die Erwartung eines persönlichen Vorteils motiviert ist, sondern durch den Glauben, dass die Einschränkungen, welche jede Herrschaft den Bürgern auferlegt, ihren guten Sinn haben und deshalb als verpflichtend anerkannt werden müssen. Nach Weber (1922) kann die Anerkennung einer Gehorsamspflicht dreierlei Arten von Grundlagen haben. Zum einen besteht die Grundlage in einer verpflichtenden Tradition, die für Herrschende wie Beherrschte maßgeblich ist. Zweitens können außerordentliche (»charismatische«) Persönlichkeitsmerkmale politischer Führer, die sie verkünden, zum Gehorsam motivieren. Und schließlich kann die Bereitschaft zum Gehorsam auch dadurch bedingt sein, dass die Art und Weise, wie das Führungspersonal ausgewählt wird und wie es seine (Rechts-) Befehle erlässt, durch prozedurale Regeln (z.B. allgemeine und gleiche Wahl) programmiert ist, so dass die moralische Plausibilität der Verfahrensregeln auf die verpflichtende Kraft der Herrschaftsausübung gleichsam abfärbt.

Fragen der Schlüssigkeit, Vollständigkeit und empirischen Anwendbarkeit dieser Weberschen Typologie beherrschen bis heute die theoretischen Debatten in der Politischen Soziologie. Diese Debatten erstrecken sich auch auf die Frage, wer es eigentlich ist, von dessen Bereitschaft zum »Gehorsam« die Herrschaft und ihr Bestand abhängen. Zwei Perspektiven kommen in Betracht: zum einen die Masse der Bürger, an die sich die Herrschaft richtet und die aufgefordert sind, zahllose Vorschriften in ihrem täglichen Handeln zu beachten, die sehr oft gegen ihre unmittelbaren Interessen

17

Drei Typen von Herrschaft: traditionelle, charismatische und legal/rationale.

Oben links: Die feierliche Einsetzung eines Ashanti-Königs in Schwarzafrika, der einer alten traditionellen Herrscherfamilie entstammt.

Oben rechts: Helmut Schmidt, der frühere Bundeskanzler der Bundesrepublik Deutschland, übte eine legal/rationale Herrschaft aus, die ihm in seinem Amt durch explizite Regeln und innerhalb genau festgelegter Grenzen verliehen war.

Unten: Martin Luther King, Jr., hatte kein öffentliches Amt inne, doch sein Mut und seine Vision machten ihn zu einer charismatischen Quelle von Macht, die der US-amerikanischen Bürgerrechtsbewegung die Richtung wies.

verstoßen mögen. Wahrscheinlicher ist jedoch, dass Weber einen anderen Personenkreis im Auge hatte, von dessen »Legitimitätsglauben« die Herrschaft auf Gedeih und Verderb abhängt, nämlich die Funktionäre und Sachwalter der Herrschaft, die Weber als den (zumindest für »große« Herrschaftsverbände ganz unerlässlichen) »Verwaltungsstab« bezeichnet. Für den von diesem Verwaltungsstab faktisch abhängigen Herrscher bzw. für die Stabilität seiner Herrschaft kommt alles darauf an, dass er sich auf diesen Verwaltungsstab verlassen kann – und umgekehrt sind die Angehörigen dieses Verwaltungsstabes (im modernen Staat: die beamteten Angehörigen der staatlichen Bürokratie) in der typischerweise vorteilhaften Lage, ihr verlässliches Handeln und ihren bedingungslosen Gehorsam gegen beachtliche Privilegien eintauschen zu können.

Weber hatte einen scharfen und besorgten Blick für die Verselbständigungstendenzen und geradezu erpresserischen Möglichkeiten, die sich für die Angehörigen von Verwaltungsstäben ergeben: der Herrscher (z.B. der demokratische Souverän in Gestalt gesetzgeberischer Körperschaften) ist für die »flächendeckende« Ausübung seiner Herrschaft ganz darauf angewiesen und davon abhängig, dass die »bürokratischen«, leidenschaftslos und geradezu entpersönlicht agierenden Beamten seinen Willen quasi automatisch zur Geltung bringen und durchsetzen. Aber auch dann bleibt der Herrscher genötigt, jenen Exekutiv-Funktionären Freiheiten, Privilegien und Entscheidungskompetenzen einzuräumen, als deren Ergebnis sich die Richtung der Kontrolle umkehren kann. Der Herrscher (sei es im Staat, sei es in politischen Parteien) läuft nun Gefahr, von den Eigeninteressen seines Apparats und von dessen Informations- und Geheimhaltungsinteressen selber beherrscht, jedenfalls an der freien und verantwortlichen Herrschaftsausübung empfindlich gehindert zu werden. Der einzige Weg, auf dem sich der Herrscher aus der tragischen Dialektik dieses Zauberlehrling-Effekts herausretten kann, so erschien es Weber, ist der »demokratische« Appell an die Masse der Bürger, an ihre Leidenschaften und Verehrungsbedürfnisse. Plebiszitäre Akklamation und der »caesaristische« (heute würde man wohl sagen: populistische) Beifall der Massen- und Wählerbasis ist das einzige, was der politische Führer der Macht der Verwaltung entgegenzusetzen hat.

Der Begriff der »legitimen«, d.h. einer eigentümlich gehorsamsgestützten Herrschaft, die sich deshalb nur ausnahmsweise mit der Gewalt der Bajonette behaupten muss, steht bei Weber im Mittelpunkt des Spannungsverhältnisses von Herrschaft, Bürokratie und Demokratie. Die Frage ist: Wie funktioniert und reproduziert sich jene (vermeintliche) Normalität des Gehorsams, der Unterstützung und der Identifikation? Diese Frage hat die Forschung im Felde der Politischen Soziologie anhaltend beschäftigt. Das Legitimitäts- bzw. Gehorsamsproblem, an dessen Aufklärung sowohl politische Führungsgruppen aus tagtäglichem praktischen Interesse wie Sozialforscher wissenschaftlich interessiert sind, verzweigt sich in zwei Teilkomplexe, die hier als Einstellungs- und *Akzeptanz*forschung und als Erforschung von Legitimations*prinzipien*, d. h. normativen Kriterien der Gehorsamswürdigkeit gegenübergestellt werden sollen (vgl. Kielmannsegg 1977).

Zum einen wird von der politisch-soziologischen Forschung nach der »Akzeptanz« gefragt, also nach einer am Meinen und Handeln des Staatsvolks empirisch ablesbaren Disposition zum (eventuell durchaus auch interessenrationalen und vorteilsorientierten) Gehorsam, auf den sich die Inhaber staatlicher Herrschaftspositionen gleichsam verlassen können – und nach den Einflussgrößen, denen das Ausmaß jener Akzeptanz und sein Wandel im zeitlichen Längsschnitt (Vergleich zwischen Phasen und Epochen einer Gesellschaft), im räumlichen Querschnitt (Vergleich zwischen nationalen Gesellschaften bzw. politischen Systemen) sowie schließlich im Vergleich zwischen sozialstrukturellen und kulturellen Kategorien innerhalb einer Gesellschaft unterliegt. Die mit diesen Fragen beschäftigte umfangreiche Forschung misst den Legitimitäts*glauben* der Bevölkerung, nicht die Legitimität (verstanden als »Gehorsams*würdigkeit*« einer Herrschaftsordnung und des sie tragenden Institutionensystems). Im Umkreis der Frage nach Legitimitätsglauben und Gehorsamsdispositionen liegt das Forschungsfeld der politischen Wahl- und Umfrageforschung, aber auch theoretisch anspruchsvoller Untersuchungen über die politische Kultur nationaler Gesellschaften (Almond/Verba 1959, 1989), säkularer Trends in der Veränderung politischer Gehorsamsdispositionen

(etwa eines »Endes der Ideologie«, Bell, 1960; eines Schwindens politischer Grundsatzkonflikte, Kirchheimer, 1965), sozial-struktureller Voraussetzungen für die Entstehung eines demokratischen Legitimitätsglaubens (Lipset 1959), der sozial-strukturellen Verteilung von Gehorsams- *vs.* Protest- und Widerstandsbereitschaft (Barnes/Kaase 1979). Interessant ist hier auch die Frage, wie »tief« die Anerkennung der Herrschaft reicht und ob sich eine als Gehorsam manifeste unterstützende Einstellung der Bürger zur staatlichen Herrschaft darauf gründet, dass die Bürger sich mit der nationalen politischen Gemeinschaft insgesamt oder mit der (demokratischen) Regimeform oder nur mit den wahrgenommenen Handlungszielen und -ergebnissen einer amtierenden Regierung und ihrem Personal identifizieren und einverstanden zeigen (Easton 1965).

In negativer Hinsicht hat man versucht, Ausmaß und Wandel des Legitimitätsglaubens bzw. der Akzeptanz einer Herrschaftsordnung durch Indikatoren für Illegitimität zu messen: Wehrdienstverweigerung und Fahnenflucht in militärischen Verbänden ist ein solcher Indikator, des weiteren Steuerhinterziehung und Steuerflucht, aber auch gewaltsamer Widerstand oder ziviler Ungehorsam, geringe Wahlbeteiligung u.ä.

Gerade der Indikator der politischen Beteiligung vs. politischen Nicht-Beteiligung, Desinteresse, geringe Informiertheit über politische Ereignisse und Zusammenhänge sowie politische Apathie ist jedoch aufschlussreich für die Probleme, die bei der Interpretation und Einordnung von Umfrageergebnissen und Verhaltensbeobachtungen auftreten. Wenn Personen darauf verzichten, an allgemeinen Wahlen teilzunehmen, dann kann das sehr wohl bedeuten, dass sie mit jedem denkbaren Ergebnis zufrieden sind und mithin ein so robustes Vertrauen sowohl in die Kompetenz der politischen Eliten wie in die Entscheidungen ihrer (wählenden) Mitbürger hegen, dass sie kein Risiko darin sehen, sich die geringe Mühe der Wahlbeteiligung zu ersparen, obwohl sie wissen, dass die gesetzgeberischen Konsequenzen der Wahl auch sie betreffen werden. In dieser Deutung erscheint Apathie als eine Art Blanko-Gehorsam, also als eine besonders intensive Form der Gehorsamsbindung. Und weiter wäre ein politisches System (wie das US-amerikanische), in dem die durchschnittliche Wahlbeteiligung vergleichsweise niedrig zu sein pflegt, als ein besonders fest auf die Gehorsambereitschaft der Bürger gegründetes anzusehen – und zwar gerade der weniger privilegierten Teile der Bürger, die sich typischerweise in weit unterdurchschnittlichem Umfang an den Wahlen beteiligen!

Es könnte aber auch sein, dass der Verzicht auf Stimmabgabe ganz im Gegenteil ein Ausdruck tiefen Misstrauens ist, das sich gegen sämtliche der zur Wahl stehenden Personen, Programme und Parteien gleichermaßen richtet und von Gefühlen des Zynismus und der Resignation, der Macht- und politischen Hoffnungslosigkeit begleitet ist. In diesem Falle könnte man also nicht behaupten, dass die Nicht-Wähler dem politischen System unterstützend und gehorsam gegen-

17

überstehen; sie sehen sich lediglich mangels praktikabler Alternativen genötigt, sich den Entscheidungen und Rechtsbefehlen der politischen Herrschaft bis auf weiteres zu fügen.

Sollte der letztere Fall vorliegen, dann ließe sich – und das führt zur zweiten der beiden oben unterschiedenen Fragen – daraus die kritische Diagnose ableiten, dass das politische System sich nur auf eine Schein-Legitimität stützt. Es ist zumindest Teilen seiner Bürger gegenüber nicht in der Lage, Begründungen für seine Berechtigung und moralische Vorzugswürdigkeit anzuführen und diese in einer die Bürger verpflichtenden, ihre Folgebereitschaft motivierenden Weise glaubwürdig zu machen. Ob die Bürger den Gehorsam, den sie den Trägern staatlicher Herrschaft in empirisch beobachtbarer Weise entgegenbringen, aus dumpfer Gewohnheit, aus einem individualistischen Interessenkalkül, aus fatalistischer Fügsamkeit oder aber aus autonom gewonnener Einsicht in die moralischen Vorzüge der Herrschaftsordnung selbst und der Prinzipien praktizieren, auf die sie gegründet ist – das ist eine ebenso wichtige wie umstrittene Frage, die im Grenzgebiet zwischen Politischer Soziologie und Politischer Theorie bzw. Philosophie zu verorten ist.

Ein sozialwissenschaftliches Routine-Verfahren zur Messung des Legitimitätsglaubens der Bevölkerung ist die Umfrageforschung (Demoskopie). Sie produziert wertvolle Momentaufnahmen (bzw. Zeitreihen von Momentaufnahmen), die Aufschluss darüber geben, welches Maß an Unterstützung und Anerkennung nicht eine bestimmte Regierung, sondern die Institutionen und Verfahren des politischen Systems insgesamt (also des »Regimes«) oder einzelne seiner Bestandteile genießen. Bei den Resultaten der Umfrageforschung bleibt allerdings häufig offen, wie Schwankungen bzw. sozialstrukturelle Differenzen des Legitimitätsglaubens erklärt werden können, vor allem aber: was wir über die tatsächlichen *Handlungsdispositionen* der Befragten wissen, wenn wir ihre *Einstellungen* kennen. Ein anderer empirischer Weg, einer begründeten Antwort auf die Frage nach der tatsächlichen Unterstützung des Regimes auf die Spur zu kommen, besteht darin, nach der Logik eines natürlichen Experiments »Ausnahmezustände« zu untersuchen und dabei festzustellen, ob von den Bürgern am Bestand der politischen Gemeinschaft auch dann festgehalten wird, wenn deren tragende Institutionen unter Stress geraten und ihre Fähigkeit zur effektiven Kontrolle gestört ist. Gibt es in dieser Lage »zivilgesellschaftliche« Kräfte, die willens und fähig sind, durch verständigungsorientiertes Handeln

und aus eigenen Kräften die Normalität wiederherzustellen? Der Zusammenbruch der Weimarer Republik und des staatssozialistischen Systems der Deutschen Demokratischen Republik sind Beispiele, für die diese Frage nach der »Renormalisierungsfähigkeit« eindeutig verneint werden kann. Die Betrachtung der institutionellen Herausforderungen und Krisensituationen der Bundesrepublik in den Jahren 1962 (»Spiegel-Affäre«), 1967-8 (»Studentenbewegung«) und 1977 (»Deutscher Herbst«) führt dagegen zu einem wesentlich positiveren Befund über die Fähigkeit der Gesellschaft der Bundesrepublik, Störungen von Legitimität und Legitimitätsglauben selbstkorrigierend zu überwinden.

Ein normativ-theoretischer Weg, nicht so sehr den tatsächlichen Legitimitäts*glauben* wie die Gründe für diesen Glauben, d.h. die Legitimität selbst zu bestimmen, wird von Autoren beschritten, die im Forschungsfeld der Politischen Theorie arbeiten. Sie spezifizieren Kriterien und Merkmale von Institutionen und Entscheidungsverfahren, die Bedingungen ihrer Anerkennungswürdigkeit sind. Eine zentrale Rolle bei der Bestimmung von Legitimität (oder politischer Gerechtigkeit) spielen die Kriterien der Gleichheit von Rechten und Chancen der Bürger; die Unparteilichkeit und Offenheit der Verfahren, nach denen Repräsentativorgane (Parlamente) zusammengesetzt werden und operieren; die öffentliche Sichtbarkeit, Zurechenbarkeit und Kritisierbarkeit des Handelns zumal der staatlichen Exekutive; und der effektive Schutz von Menschen- und Bürgerrechten und damit der Handlungsautonomie der Bürger (Habermas 1992). Diese Handlungsautonomie der Bürger ist außer an »innere« Voraussetzungen (des Willens und Bewusstseins der Bürger) auch an die äußeren Voraussetzungen staatlich gewährleisteter »Sicherheit« gebunden. Zu nennen sind hier außer der *rechtlichen* und der *militärischen* Sicherheit vor allem die *soziale* Sicherheit, die dazu bestimmt ist, die Auswirkungen von Armuts-, Arbeitsmarkt-, Gesundheits- und anderen Lebensrisiken auf ein »erträgliches« und »zumutbares« Maß zu reduzieren.

In der deutschen Publizistik und Politikwissenschaft, zum Teil auch von politischen Eliten selbst (Hamm-Brücher 1981) sind Zweifel an der effektiven Überzeugungskraft der Praxis demokratischer Institutionen unter Stichworten wie »Politikverdrossenheit« und einer zunehmend zynischen Einstellung der Bürger gegenüber der »politischen Klasse« (von Beyme 1993) thematisiert worden, der »Politikunfähigkeit« und »Staatsversagen« (Jänicke 1986) angelastet werden. Diese unbehagliche Diagnose hat zwei Forschungsfra-

17

gen aktuell werden lassen: Zum einen die Frage nach der »Qualität der Demokratie«, also der vergleichend zu analysierenden größeren oder geringeren Fähigkeit nationaler politischer Systeme, ihre Bürger zu Akzeptanz, Unterstützung und Gehorsamsbereitschaft zu motivieren (Berg-Schlosser/Giegel 1999; Diamond 1996; Beetham 1994); zum anderen zu der Frage, welchen Kriterien eine Herrschaftsordnung genügen müsste, um die Unterstützung der Bürger gewinnen und dauerhaft sichern zu können (Offe 1976; 1998).

MACHT

Eine andere Implikation des Begriffes der legitimen Herrschaft ist die von Weber vorgenommene, schroffe Entgegensetzung zum Begriff der *Macht*, der ja bisweilen geradezu synonym mit dem der Herrschaft gebraucht wird. Für Weber bezeichnet der Begriff der Herrschaft ein hierarchisches Verhältnis, das durch »Gehorsam« vermittelt und stabilisiert wird. »Macht« dagegen ist ein Verhältnis, in dem das vom Machthaber erwünschte Handeln des Machtunterworfenen gerade nicht durch dessen eigene Zustimmung zum Inhalt des Befehls, sondern durch Drohung, Täuschung, Nötigung, Zwang, Abhängigkeit, Bestechung, Erpressung, Manipulation usw. vermittelt ist. Soziale Macht ist ein Phänomen, das keineswegs nur in politischen Zusammenhängen vorkommt. Auch die Beziehungen zwischen Arbeitgebern und Arbeitnehmern, Käufern und Verkäufern, den Angehörigen Freier Berufe und ihren Klienten, Verwaltungen und Antragstellern, Eltern und Kindern, Männern und Frauen, Erzeugern und Konsumenten, kriminellen Erpressern und ihren Opfern usw. können durch Macht charakterisiert sein. Ein wichtiges Forschungsthema der Soziologie der Politik ist durch die Frage definiert, wessen Macht auf welche Weise in politische Herrschaft konvertiert werden kann.

Zur Vermeidung einer negativ voreingenommenen Perspektive auf das Phänomen der Macht ist es ratsam, zwischen der »Macht über« und der »Macht zu« zu unterscheiden. Wenn jemand »Macht über« andere Akteure hat, so verweist dies auf eine unter Umständen kritikwürdige, weil nicht durch normierte Gehorsamspflichten gedeckte Beschränkung von deren Handlungsmöglichkeiten.

Macht kann aber auch individuelle und kollektive Handlungschancen steigern, insofern sie als Macht zur Bewältigung von Problemen eingesetzt wird, die »mich« oder »uns alle« betreffen, oder als Macht zur Bewirkung kollektiv erwünschter Wirkungen (Arendt

1970). Beispiele können die Macht von Staaten sein, die Landesgrenzen gegen militärische Angriffe zu verteidigen; die betriebliche (»Gegen-«)Macht, welche die Organe der Mitbestimmung ausüben; die Macht, die aus wissenschaftlichem Wissen und seiner technischen Anwendung herrührt; oder die erzieherische Macht, die Eltern über ihre unmündigen Kinder ausüben und die eine notwendige Voraussetzung für die Ausbildung der Handlungskompetenzen von »Erwachsenen« sein kann. Eine kurze Überlegung zeigt aber, dass es sich bei diesen Beispielen nicht im definierten strikten Sinne um Machtphänomene handelt, weil sich nämlich die jeweiligen Ausüber von »Macht« auf eine legale »Ermächtigung« berufen können, z.B. auf das Recht der betrieblichen Mitbestimmung oder auf das Elternrecht. Das ist im Falle der Machtausübung etwa durch Bestechung oder Erpressung nicht der Fall. Anders liegen die Dinge bei »revolutionärer« Machtentfaltung und -anwendung, einschließlich der revolutionären Gewaltanwendung. Hier können sich die Ausüber von Macht zwar nicht auf legale Lizenzen und Ermächtigungen berufen, sondern höchstens auf eine »überlegale« Legitimität. Das Phänomen der Macht kann also offensichtlich nicht pauschal als ein sozialer Sachverhalt behandelt werden, den es immer und überall zu überwinden gilt (Parsons 1967).

Die Frage nach dem sozialen Ort der Macht und ihrem womöglich korrumpierenden Effekt auf die Praxis politischer Herrschaft ist ein weiteres zentrales Forschungsthema der Soziologie der Politik. Wenn Herrschaft nur dem Anschein nach auf der Grundlage neutraler, fairer, egalitärer und unparteiischer Verfahren zustande kommt und den Gehorsam der Bürger in Anspruch nimmt, in Wirklichkeit aber in ihrer Ausübung nachweislich von Inhabern (z.B. wirtschaftlicher) Machtpositionen gesteuert und zu ihrem Vorteil instrumentalisiert wird, dann ist ein solcher Befund offenbar von größtem öffentlichen Interesse und kann Anlässe zur Selbstkorrektur der Verfahrenregeln des politischen Prozesses geben. Im Felde der politisch-soziologischen Machtforschung sind vier Traditionen bzw. leitende Argumentationsfiguren zu unterscheiden, die seit den 30er Jahren v. a. in den USA entwickelt wurden und von denen jede auf beachtliche Ergebnisse verweisen kann.

Da ist zunächst ein an den *Marxismus* und andere Varianten linker Gesellschaftskritik angelehntes »klassentheoretisches« Beweisprogramm, das auf den Nachweis abzielt, dass es vor allem die Interessen der Kapitalgesellschaften und der Industrie- und Arbeitgeberverbände sind, die auf den Wegen der Parteien- und Wahlkampffinanzierung, der privatwirtschaftlichen Kontrolle über Massenmedien, der Einflussnahme von **Verbänden** (*pressure groups*) auf die Regierungspolitik, der Bereitstellung von Führungspersonal, der Informationsvermittlung, der Drohung mit negativen

17

Der Aufstieg des Industriekapitalismus schuf eine neue Klasse von Arbeitern, die in Fabriken und Städten zusammengepfercht wurden, in denen oft erbärmliche Verhältnisse herrschten. Gezwungen, neue Arten der Arbeit zu erlernen, waren sie einer strengeren Disziplin und einem größerem Leistungsdruck unterworfen als frühere Handwerker. Andererseits besaßen die Fabrikbesitzer nicht die hergebrachte Legitimität der alten aristokratischen Eliten. All diese Faktoren trugen zu den ausgedehnten Kämpfen zwischen Fabrikbesitzern und Arbeitern um die wirtschaftliche Macht bei. Streiks zählten zu den wichtigsten Waffen, über die die Arbeiter verfügten. Die frühen Kapitalisten unterdrückten die Streiks oft durch Einsatz von Gewalt oder mit Hilfe staatlicher Macht. Hier lesen im Jahr 1912 streikende Bergarbeiter an der Ruhr am Zechentor einen Erlass des Regierungspräsidenten, der der Polizei frühzeitigen Schusswaffengebrauch ermöglicht.

fahrensweisen – so das Beweisthema der genannten Eliten-Theoretiker – kein Jota ändern. Für die USA der 1950er Jahre, also die Zeit des Nachkriegsbooms und des Kalten Krieges, hat der amerikanische Sozialkritiker C. Wright Mills (1956) eine Analyse vorgelegt, die marxistische mit elitentheoretischen Perspektiven verband und den Nachweis versuchte, dass die amerikanische Demokratie nicht etwa vom Volk, sondern von einem Kartell aus politischen, wirtschaftlichen und militärischen Eliten gesteuert werde. Auf diese Provokation reagierte eine dritte Denkschule der politischen Machtforschung, die *pluralistische*. Sie interessierte sich nicht dafür, wer Macht (den Wahrnehmungen und Vermutungen von Befragten zufolge) »hat«, sondern wer sie in konkreten politischen Entscheidungsprozessen nachweislich »ausübt« – und ob es immer und auf allen Politikgebieten »dieselben« Akteure sind, die den Entscheidungsprozess dominieren. Die

Investitionsentscheidungen oder der konditionalen Zusicherung von positiven Entscheidungen usw. wirtschaftliche Macht in politische Entscheidungskompetenz zu konvertieren und so ihre wirtschaftliche Macht (gegenüber Arbeitnehmern, Käufern, Gemeinden, ausländischen Märkten, der staatlichen Verwaltung und Gerichtsbarkeit usw.) zu erweitern in der Lage sind (Miliband 1976).

Zweitens ist nach wie vor einflussreich ein *elitentheoretisches* Paradigma, das die »politische Klasse« selbst und ihre Interessen an Machtgewinn und -erhaltung als die treibende Kraft des politischen Prozesses anspricht, in dem demokratische Prinzipien der Volkssouveränität und Regierungsverantwortlichkeit nur noch den Status von Ritual und Fassade haben (vgl. Mosca 1923; Bobbio 1989; Zolo 1987). Am »ehernen Gesetz der Oligarchie« (Michels 1911), das alle staatliche Herrschaft regiert, können solche demokratischen Ver-

Pluralisten waren in der Lage, den Nachweis zu führen, dass von der Existenz eines einheitlichen und dauerhaft maßgeblichen Machtblocks, der die (US-amerikanische Kommunal-)Politik hinter den Kulissen bestimmt, nicht die Rede sein kann, sondern dass auf verschiedenen Politikgebieten verschiedene Berufs- und Wirtschaftsgruppen um Machtausübung bemüht sind, wobei aber keiner von ihnen die Etablierung eines dauerhaften Einflussmonopols gelingt (Dahl 1961).

Nachdem die zum Teil erbitterten theoretischen und empirischen Debatten zwischen diesen Denkschulen in den 1970er Jahren etwas erschöpft waren, widmete sich eine vierte Richtung der politischen Machtforschung verstärkt der Frage nicht nach dem sozialen Ort, sondern nach den mehr oder weniger *verborgenen Wirkungsmechanismen gesellschaftlicher Macht*. Neben der öffentlich sichtbaren Machtausübung wurde ein zweites und sogar drittes »Gesicht« der Macht aufgedeckt (vgl.

17

Bachrach/Baratz 1970; Lukes 1974; Isaac 1987). Bei dem »zweiten« Gesicht geht es um die ebenso einfache wie wichtige Entdeckung, dass Machthaber ihre Macht nicht nur dadurch zur Geltung bringen, dass sie Entscheidungen durchsetzen, sondern indem sie über den Satz von Alternativen entscheiden, zwischen denen überhaupt entschieden wird, und ihnen unerwünschte Themen oder Lösungsalternativen gar nicht erst zur Debatte gelangen lassen. Dieser Mechanismus kann auch auf dem Wege einer sich einschleichenden »realistischen« Selbstzensur der Angehörigen von Parlamenten und Kommunalregierungen zum Zuge kommen, so dass die »eigentlichen« Inhaber von sozialen und wirtschaftlichen Machtpositionen gar nicht mehr als Machtausübende in Erscheinung zu treten brauchen. Solche als Nicht-Entscheidungen (*non-decisions*) bezeichneten hintergründigen Mechanismen der Machtausübung wirtschaftlicher Interessengruppen sind mit zum Teil ingeniösen methodischen Verfahren nachgewiesen worden (Crenson 1971).

Noch einen Schritt weiter bei der Aufdeckung verborgener Formen der Machtausübung gehen die Autoren, die von einem »dritten« Gesicht der Macht sprechen. Damit ist jene Machtverwendung gemeint, die geeignet ist, die Willensbildung der Wähler selbst, also nicht erst die ihrer Repräsentanten und Abgeordneten, unter Kontrolle zu nehmen. Der Mechanismus der Machtausübung wirkt hier in der Weise, dass Prozesse der politischen »Deliberation«, also der autonomen Verständigung über politische Ziele und die für ihre Erreichung adäquaten Mittel durch eine funktionierende politische Öffentlichkeit (Habermas 1962), behindert und verfälscht werden. Solche Behinderungen, die von groben Repressionsmaßnahmen und Diskriminierungen »abweichenden« Gedankenguts bis zu feingesponnenen Suggestionen und Irreführungen reichen können, haben übereinstimmend die Funktion, auf individueller und kollektiver Ebene die Artikulation »wohlerwogener« Interessen zu erschweren. Sie zerstören die Bedingungen dafür, dass die Bürger herausfinden können, was sie »eigentlich« und »vernünftigerweise« wollen und was ihre »wohlerwogenen« Interessen sind, deren Verfolgung daher im zukünftigen Rückblick nicht bereut werden muss (Gaventa 1980).

Durch diese Verfeinerungen der Machtanalyse gewinnt die US-amerikanische bzw. angelsächsische Forschung gedanklichen Anschluss an Theoreme, die in der deutschen »Kritischen Theorie« und im französischen Strukturalismus entwickelt worden sind (vgl.

Honneth 1985). Sie erschwert sich aber gleichzeitig eine eindeutige und überzeugende Antwort auf die Frage, wer oder was eigentlich von jener Praxis der Machtausübung ausgeschlossen, verhindert oder unterdrückt wird, deren Wirkungsfeld das durch Machtprozesse deformierte Wissen und Wollen der Bürger selbst geworden ist. Es stellt sich hier die Frage: Ist »Macht« auch dann noch gegeben (oder sogar in besonders intensivem Maße gegeben), wenn sich keinerlei Symptome des »Widerstrebens« (Max Weber) auf Seiten der (angeblich) Machtunterworfenen feststellen lassen? Wichtig ist jedoch der Gedanke, dass soziale Macht, um wirksam sein zu können, nicht von irgendjemandem »innegehabt« oder »ausgeübt« werden muss. Vielmehr kann Macht auch anonym und subjektlos, nämlich in den kognitiven und institutionellen Strukturen einer Gesellschaft verankert sein, – und zwar umso fester, je mehr diese der Wahrnehmung und Reflexion der Betroffenen entzogen sind.

STAAT

Bertolt Brecht hat einmal auf die doppelte Semantik des Wortes »Volk« hingewiesen. Im Außenverhältnis meinen wir in einem inklusiven Sinne mit dem (»deutschen«) Volk die Gesamtheit seiner Angehörigen und Bürger. Im Innenverhältnis schleicht sich dagegen eine exklusive Bedeutung ein: das (»einfache«) Volk und seine Volkstümlichkeit als Gegenbegriff zu den gebildeten und/oder durch Vermögen maßgeblichen Kreisen. Analoge semantische Komplikationen tauchen auf, wenn wir uns den Begriff des Staates näher anschauen. Im Innenverhältnis erscheint der **Staat** als das Reich der Behörden und Regierungen, von Polizei, Beamtentum, Parlamenten, Justiz und staatlichen Anstalten. Diese Sphäre steht im Kontrast zu den sozialen Phänomenen, die der »Zivilgesellschaft« zugerechnet werden, also Eigentum, Markt und Erwerbsleben, Familie, Religion und andere Gemeinschaften, auch kulturelle und politische Öffentlichkeit. In der Außenbetrachtung dagegen, aus der Perspektive anderer Staaten und ihrer Angehörigen, werden auch alle diese Erscheinungsformen der »bürgerlichen Gesellschaft« dem Bereich des Staates zugerechnet, weil sie durch dessen Staatsgewalt reguliert und geschützt sind. Von außen betrachtet ist ein Staat das Zusammentreffen einer Staatsgewalt, eines Staatsgebiets (mit feststehenden und extern anerkannten Grenzen) und eines Staats-

17

volks (als der Gesamtheit der Angehörigen einer »politischen Gemeinschaft«).

Wenn wir in der engeren der beiden Begriffsfassungen den Staat als die Gesamtheit der Institutionen auffassen, in denen Herrschaftsbefugnis ausgebildet und verwendet wird, dann erscheint der Staat als das Gegenüber der Zivilgesellschaft. Es stellt sich in dieser Perspektive die Frage nach den Beziehungen, die zwischen dem Staat und den nicht-staatlichen, nicht in Strukturen der Herrschaftsausübung eingebundenen Teilen der Gesellschaft bestehen. Diese Beziehungen werden im modernen Staat normativ durch eine **Verfassung** geregelt. Eine solche Verfassung (in Deutschland das Grundgesetz) beschreibt vier Verhältnisse: Erstens die *Grundrechte*, die eine staatlich geschützte staatsfreie Sphäre von Freiheiten (z.B. Unverletzlichkeit der Wohnung, Meinungs-, Gewissens-, Berufs-, Religions-, Eigentums-, Koalitionsfreiheit usw.) markieren und aus dem Zugriff der Staatsgewalt ausgrenzen (freiheitlicher oder »Rechtsstaat«); zweitens die *Beziehungen zwischen Gesellschaft und Staatsgewalt* mit der für den demokratischen Regimetyp charakteristischen Bestimmung, dass die »Staatsgewalt vom Volke« aus-, d.h. aus »Wahlen und Abstimmungen« hervorgeht (»demokratischer Staat«); drittens die *staatsorganisatorischen Beziehungen*, die zwischen den einzelnen Organen bestehen, in die sich die Staatsgewalt nach dem Grundsatz der Gewaltenteilung gliedert, also die zwischen gesetzgebenden Körperschaften, Regierungen, Justiz, Verwaltung und Gebietskörperschaften (hier etwa die »Länder« in einem »Bundesstaat«); viertens die *staatlichen Gestaltungsaufgaben*; hier geht es um die Festlegung von Staats- und Politikzielen (z.B. »Sozialstaat«), durch deren Verfolgung die Gesellschaft mittels der Staatsgewalt gestaltend auf sich selbst einwirkt (Heller 1934). Hinzu kommen Bestimmungen, die das Verhältnis der Verfassung zu sich selbst regeln, d.h. die Kompetenz zur Auslegung der Verfassung in Streitfragen zuweisen (in Deutschland dem Bundesverfassungsgericht) und die Voraussetzungen, Modalitäten und mögliche Gegenstände der Verfassungsänderung bestimmen.

Unabhängig von allen expliziten Bestimmungen von Staats- und Politikzielen ist die älteste und umfassendste Funktion der Staatsgewalt die des »Schutzes« zunächst seiner Bürger, deren Leben und körperliche Unversehrtheit, deren Eigentum und Freiheit durch die Staatsgewalt geschützt werden sollen. Nach der Auffassung der englischen Vertragstheoretiker des 17. Jahrhunderts (Thomas Hobbes, John Locke) kommt es zur Begründung von Staaten und zur freiwilligen und sogar

»rationalen« Übertragung von Zwangsmitteln an die Staatsgewalt allein deswegen, weil die vereinzelten Akteure in einem vorgestellten, von Angst und Gewalt beherrschten »Naturzustand« erkennen, dass sie sich nur durch eine solche Unterwerfung unter die Staatsgewalt gegen Übergriffe aller Einzelnen gegen alle anderen Einzelnen und deren Leben, Eigentum und Freiheit schützen können. Gegenstand des Schutzes ist ferner das Kollektiv aller Bürger, die militärisch gegen äußere Feinde, aber auch gegen Naturgewalten (z.B. »Küstenschutz«, »Katastrophenschutz«) gesichert werden. Im späten 19. und dann im gesamten 20. Jahrhundert gewinnt das kollektive Schutzziel der »Sicherheit« eine wichtige neue Dimension: die Dimension der »*sozialen* Sicherheit« (Kaufmann 1970), deren Institutionen den Zweck verfolgen, die Arbeitnehmer und ihre Familien vor den Auswirkungen der Standardrisiken der Arbeitnehmerexistenz (wie Unfall, unversorgtes Alter, Krankheit, später auch Arbeitslosigkeit und Pflegebedürftigkeit) und andere Bevölkerungsteile vor Armut kollektiv zu schützen (Leibfried/Leisering 1995). Ein drittes Schutzobjekt der Staatsgewalt ist die institutionelle Ordnung des Staates und seiner Verfassung selbst (»Verfassungsschutz«), wobei die Staatsgewalt nicht nur die geltenden Gesetze und Verfassungsnormen sanktioniert, sondern auch den *Status quo* sozialer und ökonomischer Machtverhältnisse politisch konserviert.

Nicht nur in Theorien dieser Tradition ist ein zentrales Argument anzutreffen, das den fiskalischen Nexus zwischen Staat und Zivilgesellschaft betont: Weil die Staatsgewalt zur Unterhaltung ihrer eigenen Handlungsfähigkeit und zur Erzeugung der von ihr gebotenen Leistungen umfangreiche Geldmittel abschöpfen muss (und zwar im wesentlichen auf dem Wege der Besteuerung, weil dem insofern »kapitalistischen« »Steuerstaat« (Offe 1972; O'Connor 1973) das Recht zur wirtschaftlichen Verwendung »staatseigener« Produktionsmittel kontinuierlich verloren gegangen ist), ist sie – und zwar weitgehend unabhängig von der »Farbe« der amtierenden Regierung – strukturell darauf angewiesen, auf der Einnahmen- wie auf der Ausgabenseite des Staatshaushalts so zu operieren, dass die zukünftige Steuerbasis nicht – etwa durch steuerliche »Überlastung« mobilen Kapitals und daraus folgende Kapitalflucht bzw. Investitionsverzicht – geschmälert wird. Aus diesem Eigeninteresse der Träger staatlicher Herrschaftsfunktionen ergibt sich eine mehr oder weniger ausgeprägte »Komplizenschaft« zwischen Staats- und Investoren-Interessen und eine entsprechende Prioritätenordnung bei der Erfüllung von Politikzielen

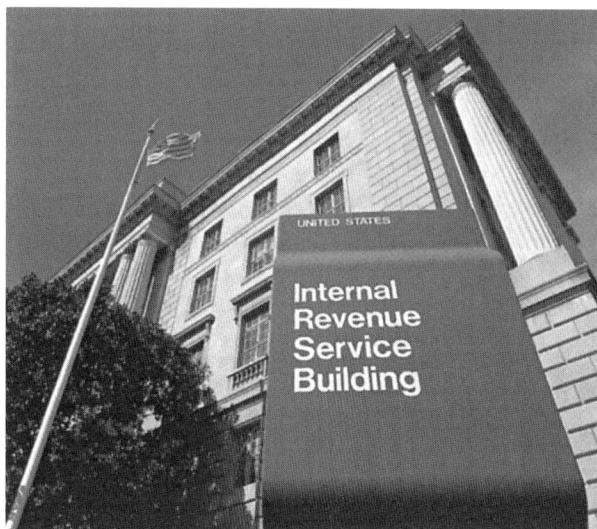

Große Könige wie Frankreichs Ludwig XIV., der »Sonnenkönig«, wurden von ihren Höflingen umschmeichelt, von ihren Untertanen verehrt und waren mit enormer Macht ausgestattet. Doch sie konnten nicht in das Leben gewöhnlicher Menschen in einer Weise eingreifen, wie dies moderne Staaten mit ihren unpersönlicheren Bürokratien vermögen.

und Schutzfunktionen. Dieser Zusammenhang kommt umso deutlicher zur Geltung, je müheloser sich im Kontext »globalisierter« Märkte Investoren von Sach- wie insbesondere von Finanzkapital steuerlichen Belastungen entziehen können – und im Interesse der am *shareholder value* orientierten Aktionäre auch müssen.

Mit den vielfältigen Schutzfunktionen, die als »Kollektivgüter« (Olson 1965) erzeugt und mit steuerfinanzierten Kosten bereitgestellt werden müssen, sind immer Pflichten verbunden, die die Staatsgewalt den Bürgern gegenüber normiert. Die Sicherheit von Leben, Eigentum und Handlungsfreiheit, welche die Staatsgewalt »liefert«, muss deshalb nach der Logik eines »Herrschaftsvertrages« von den Bürgern »bezahlt« werden, nämlich in der Münze eines Verzichts auf einen Teil eben jener politischen, ökonomischen und kulturellen Lebensgüter, die geschützt werden. Die wichtigsten dieser Pflichten bzw. Verzichtleistungen der Bürger sind die Wehr-, Steuer- und Schulpflicht, deren Befolgung nichts anderes bedeutet als (im Verteidigungsfall) die eventuelle Aufopferung des eigenen Lebens der Bürger, bei den Steuern eine Aufopferung von Teilen des erworbenen Eigentums bzw. Einkommens und bei der Schulpflicht die Aufopferung der Freiheit von Eltern, über die Erziehung ihrer Kinder autonom zu verfügen. Eine verbreitete und populäre Kritik der staatlichen Politik besteht heute darin, dass das *quid pro*

quo des Herrschaftsvertrages, das Verhältnis von Leistung und Gegenleistung aus dem Gleichgewicht geraten sei. Die entsprechende Behauptung lautet im Lager der neoliberalen Staatskritik, dass der Staat »zu viel« an Opfern (z.B durch Besteuerung) verlangt, während die parallele rechts-konservative (aber bisweilen ganz ähnlich auch die traditionssozialistische) Staatskritik darüber Klage führt, dass der Staat »zu wenig« an schützenden und sichernden Gegenleistungen für die dem Bürger abverlangten Opfer zustandebringe. Hinter diesem generellen Muster der Kritik an der staatlichen Politik verbergen sich selbstverständlich vielfältige Differenzen und Kontroversen über die Frage, wem welche Rechte zustehen und welche Pflichten aufzuerlegen sind.

Der Befund einer absolut oder relativ unzulänglichen Fähigkeit der Inhaber von Staatsgewalt, selbst elementare Formen des Schutzes und der Sicherheit zu gewährleisten, wird heute (unter Stichworten wie *crisis of governance*) in den verschiedensten Kontexten wissenschaftlich und politisch artikuliert. Beispiele sind die verarmten und von einheimischen Eliten oder korruptem Verwaltungspersonal ausgeplünderten autoritären Systeme der Dritten Welt, in denen eventuell bloße Staatsattrappen die Fassade für den fortdauernden »Naturzustand« lokaler Gewaltsamkeit liefern (World Bank 1997). In einem Schwellenland wie Brasilien sind

17

Die vier wichtigsten gesellschaftlichen Kollektivakteure

Politische Parteien

Sie sind die Träger der »territorialen« Repräsentation, d. h. sie operieren (im deutschen Fall abgesehen von den kommunalen »Rathausparteien« und Regionalparteien wie der CSU) auf dem gesamten Staatsgebiet. »Flächendeckend« operieren sie auch in einem weiteren Sinne, nämlich insofern sie für sämtliche in Gesetzgebung und Regierung zur Entscheidung anstehende Themen Kompetenz beanspruchen. Das Organisationsziel von Parteien ist der Wahlerfolg, der ihnen die Entsendung von Abgeordneten in Parlamente und ggf. die Beteiligung an (in Deutschland typischerweise: Koalitions-)Regierungen erlaubt. Nach dem Grundgesetz unterliegen die Parteien einer Reihe von Bestimmungen über ihren Organisationsaufbau, genießen aber umgekehrt bedeutende Privilegien, u. a. das der staatlichen Teilfinanzierung (Grimm 1983). Als Funktionen der Parteien werden die Aufgaben der Mobilisierung von Wählern und Mitgliedern, der Integration der Wählerschaft insgesamt, der Formulierung politischer Programme und der Hervorbringung politischer Eliten genannt. In ihrer Brückenfunktion zwischen Gesellschaft und Staat und angesichts der privilegierten Stellung der politischen Parteien im politischen Leben der Bundesrepublik Deutschland ist umstritten, ob die Parteien eher als Repräsentationsorgane der Gesellschaft gegenüber dem Staat oder ob sie (oder doch zumindest die jeweiligen Regierungsparteien) angesichts ihres privilegierten »halbstaatlichen« Status ebenso sehr als Repräsentationsorgane von Staat und Regierung gegenüber der Gesellschaft betrachtet werden müssen.

Unabhängig von der Beantwortung dieser Frage müssen jedoch Parteien als unverzichtbare Katalysatoren des Volkswillens gewürdigt werden. Diese Katalysatorfunktion ist deshalb notwendig, weil das Volk in seiner unrepräsentierten Gesamtheit nicht über die Fragen (und den Zeitpunkt der Befragung) entscheiden kann, über die es entscheiden will. Der Volkswille hat »Antwortcharakter« (Böckenförde 1983); er bedarf, um überhaupt manifest werden zu können, eines »Fragestellers« in Gestalt politischer Parteien – eine Notwendigkeit, die sich auch durch Formen der direkten Demokratie nicht beseitigen ließe (Offe 1992).

Die soziologische Parteienforschung hat zahlreiche Typologien von Parteien und Parteiensystemen (z.B. Zweiparteien- vs. Mehrparteiensysteme) entwickelt (von Beyme 1982). Die Struktur eines Parteiensystems wird bestimmt und im zeitlichen Längsschnitt verändert

– durch das *Wahlrecht* (Mehrheits-, Proportional-, gemischtes Wahlrecht, mit oder ohne Sperrklausel),
– durch das *Wahlverhalten* der Bürger (partei-, themen-, oder personenbezogenes Wahlverhalten, höherer oder geringerer Grad der Fluktuation, »Protestwahl«, Niveau der Wahlbeteiligung),
– durch kulturelle, sozialstrukturelle und demographische Verschiebungen in der *Zusammensetzung der Wählerschaft*,
– sowie schließlich durch politisch-organisatorische Verbindungen, in denen politische Parteien zu anderen gesellschaftlichen Großorganisationen (vor allem Gewerkschaften, Kirchen, auch regionalen Traditionen und Identitäten) stehen.

Verbände

Diese sind Träger der »funktionalen« Repräsentation, insofern sie sich bei ihrer Tätigkeit an sozial und sachlich begrenzten »Domänen« orientieren, deren Zuschnitt sich aus der spezifischen Funktion ihrer Mitglieder im System der gesellschaftlichen Arbeitsteilung

staatliche Verwaltung, Polizei und zum Teil die Gerichtsbarkeit durch Korruption und materielle Unterausstattung so mangelhaft funktionsfähig, dass für große Teile der Bevölkerung weder der Schutz vor physischer Gewalt (u. a. seitens der Polizei selbst) noch die Sicherheit gesundheitlich unbedenklichen Trinkwassers gewährleistet ist. Und selbst unter den begünstigten Verhältnissen Westeuropas bringen die Effekte der »Globalisierung« (Bauman 1998), vor allem aber der Europäischen Wirtschafts- und Währungsunion eine Schwächung der nationalstaatlichen Entscheidungs- und finanziellen Dispositionsspielräume mit sich, die Niveau und Inklusivität der sozialen Sicherheit negativ berühren.

Aus sozialwissenschaftlicher Sicht interessieren die Akteure und ihre Aktionsformen, die zwischen Gesellschaft und Staat wie umgekehrt zwischen Staat und Gesellschaft vermitteln. Dabei handelt es sich in der Aktions- und Kommunikationsrichtung von der Gesellschaft zum Staat überwiegend um organisierte Kollektivakteure, die auf die Repräsentation von Präferenzen und Interessen im Staat und gegenüber staatlichen Akteuren spezialisiert sind. Einzelne natürliche Personen spielen als Urheber von Kommunikationen zwischen Gesellschaft und Staatsorganen eine verschwindend geringe Rolle, z.B. als Petenten, die Eingaben an Petitionsausschüsse richten, oder als Angehörige intellektueller Eliten, die kraft moralischer und fachlicher Autorität auf die Inhalte staatlicher Herrschaftsausübung bisweilen durchaus Einfluss nehmen können. Individuen spielen selbstverständlich auch in der Wahlkabine eine persönlich ausgeübte Rolle, wenngleich sie hier nur zwischen personalen und sachlichen Alternativen, die von einem speziellen Typus politischer Kollektivakteure, den politischen Parteien, als Alternativen vorgegeben sind, wählen können.

Am Anfang und am Ende der beiden Teile des politischen Prozesses, nämlich des Prozesses »von der Gesell-

(spezifiziert z.B. nach Berufen, arbeitsrechtlichem Status, Wirtschaftssektoren, Anbieter-/Nachfragerfunktion) ergibt. Verbände sind typischerweise nach fachlichen und regionalen Gesichtspunkten differenziert und in umfassenden »Verbände-Verbänden« (mit der obersten Ebene der »Spitzenverbände«) integriert. Ihr Organisationsziel besteht in der Verteidigung und Durchsetzung von Mitgliederinteressen, die als solche keineswegs immer feststehen, sondern ihrerseits durch eine aktive Rolle der Verbandsleitungen bei der Definition und Integration von Interessen ausgehandelt, definiert und dann intern verbindlich gemacht werden müssen (vgl. Streeck 1994). Eine Sonderform der Verbände sind die Zwangsverbände (»Kammern«), denen die Mitglieder (meist die Angehörigen bestimmter Berufe) nicht auf Grund freien Beitritts, sondern auf Grund einer gesetzlich normierten Pflichtmitgliedschaft angehören; den Kammern sind öffentliche Aufgaben der Selbstverwaltung und Selbstregulierung übertragen (z.B. bei den Industrie- und Handelskammern die Regulierung von Schlussverkäufen oder die Organisation von Prüfungen im Berufsbildungswesen). Die Durchsetzung dieser Interessen erfolgt nicht nur (und oft

nicht einmal vorwiegend) gegenüber den Organen der Staatsgewalt (parlamentarische Hearings, Beratungen und Verhandlungen mit Ministerien), sondern gegenüber anderen Verbänden, mit denen die Verbände zu dauerhaften Verhandlungssystemen zusammengeschlossen sind. Sind solche Verhandlungssysteme staatlich anerkannt und genießen die Verhandlungsergebnisse denselben Status wie Rechtsnormen (wie im Fall der Kollektivverhandlungen zwischen Gewerkschaften und Arbeitgebern im Rahmen der »Tarifautonomie«), so spricht man von »korporatistischen« Arrangements (**Korporatismus**). Ihnen wird die günstige Wirkung der »Staatsentlastung« und der Dämpfung bzw. Entpolitisierung gesellschaftlicher (Verteilungs-)Konflikte zugeschrieben (Schmitter/Lehmbruch 1979, 1982; Streeck 1999).

Soziale Bewegungen

Die »neuen« sozialen Bewegungen (Frauen-, Ökologie-, Friedens-, Bürgerrechts-, Studenten-, Dritte Welt-, stadtpolitische, Schwulen-, verschiedene Solidaritätsbewegungen und Bürgerinitiativen), die in Deutschland und anderen westlichen Ländern in den 1960er bis 1980er Jahren Themen und Formen des

politischen Konflikts vielfältig geprägt haben, teilen mit den Parteien das Merkmal, »Willensverbände« und Forderungsgemeinschaften zu sein; sie verfolgen jedoch, anders als Parteien nicht das Ziel, an Wahlen teilzunehmen, um im Erfolgsfalle Funktionen in Parlament und Regierung wahrzunehmen. Sie unterscheiden sich von Parteien weiter durch ihre weniger umfassende soziale Basis, ihre weitaus geringer formalisierte Organisationsstruktur und vor allem durch eine wesentlich engere thematische Breite (»Ein-Punkt-Bewegungen«). Die bevorzugte Aktionsform neuer sozialer Bewegungen ist die oft mit unkonventionellen Mitteln vorgetragene Negativforderung (»Protest«), nicht die Werbung für Programme und Personen. Adressat dieser Protestpolitik ist einerseits die Staatsgewalt in Gesetzgebung, Regierung und Justiz, andererseits die unspezifizierte Öffentlichkeit der Gesamtheit von Mitbürgern, die für die Überzeugungen und Werte der Bewegungen und die Umsetzung dieser Werte in ihrer eigenen Lebenspraxis gewonnen werden sollen. Auf Grund ihrer eng begrenzten thematischen und sozialen Domänen sind soziale Bewegungen ein stark konjunkturanfälliges Phänomen. Auf ihren Aktivitätshöhepunkten und im

schaft zum Staat« und »vom Staat zur Gesellschaft« stehen jedoch natürliche »Personen« mit ihrer über Organisationszwecke und Amtspflichten hinausreichenden Fähigkeit zur deliberativen Urteilsbildung und zu verantwortlichem Entscheiden. »Personen« unterscheiden sich von organisierten »Kollektivakteuren« dadurch, dass sie ein »Gewissen« haben, d.h. zu den eigenen Präferenzen und Lebensäußerungen wertend Stellung nehmen können; Parteien und andere Organisationen dagegen haben Dienstvorschriften, Anordnungen und eine »Beschlusslage« (Frankfurt 1988). Gemeint sind hier einerseits die Personen der einzelnen Bürger, die als Wähler, Mitglieder von Organisationen und Klienten der staatlichen Leistungsverwaltung sowohl den »Ursprungspunkt« wie den »Bestimmungsort« der im politischen Prozess produzierten Entscheidungen darstellen. Die andere Kategorie von politisch relevanten natürlichen Personen sind die einzelnen Angehörigen der politischen Eliten, also der durch Wahl

oder Ernennung zu obersten Repräsentations- und Leitungsaufgaben berufenen personalen Akteure (vgl. Weber 1919).

In der Kommunikationsrichtung von der Gesellschaft zum Staat können vier Typen von Kollektivakteuren unterschieden werden, wobei jeder dieser Typen Gegenstand umfangreicher politisch-soziologischer Forschungstraditionen ist (vgl. Kasten).

Zu den Formen, durch die gesellschaftliche Akteure sich der staatlichen Politik gegenüber zur Geltung bringen, gehört auch eine Reihe von Erscheinungen, auf die in den 1980er und 1990er Jahren neue und zum Teil noch kontrovers diskutierte Begriffsbildungen der Politischen Soziologie die Aufmerksamkeit gelenkt haben. Zu ihnen gehört das Konzept der **Zivilgesellschaft** oder »Bürgergesellschaft«, das im Anschluss an den Systemwechsel in Mittel- und Osteuropa breite Verwendung fand (Turner 1986), und zwar auch im Bereich der OECD-Gesellschaften (so schon Keane

17

Kontext aktueller Protestthemen können sie maßgeblichen Einfluß auf die staatliche Herrschaftsausübung gewinnen, während soziale Bewegungen im »Tal« eines thematischen Aufmerksamkeitszyklus entweder zerfallen oder auf den Status von Subkulturen und lockerer (z.B. vegetarischer) Lebensstil-Gemeinschaften, lokaler Interessenverbände (z.B. zum Thema Verkehrsberuhigung) oder auf eine bestimmte Klientel spezialisierte Gewerbezweige (Hersteller umweltschonender Baustoffe, Dritte-Welt-Läden) zurückschrumpfen. In vielen Ländern haben sich auch (Kartelle von) Bewegungen in die Organisationsform der politischen Partei transformiert, so bei der Partei Die Grünen in der (alten) Bundesrepublik. (Ausführlich behandelt Kapitel 21 die sozialen Bewegungen.)

Politische Öffentlichkeit

Eine wichtige Formation von Akteuren, welche die Gesellschaft gegenüber der staatlichen Politik repräsentieren, sind die **Medien** und ihre Leser, Zuhörer und Zuschauer. Die Erzeugung von Aufmerksamkeit für politische Probleme, Entwicklungen und Programme findet außer durch die Medien auch in den direkten Kommunikationen am Arbeitsplatz, in Vereinen, Religionsgemeinschaften, informellen Netzen, Nachbarschaften und Familien statt, in denen Medienkommunikationen diskutiert und in laufende Prozesse der individuellen Meinungs- und Urteilsbildung überführt werden. Die Rolle der Medien bei der Information, Aufklärung und Willensbildung im Publikum hängt offensichtlich von den Inhalten der Massenkommunikationsmittel ab. Diese Inhalte werden beeinflusst von den professionellen Kompetenzen und dem Grad der Unabhängigkeit (»innere Pressefreiheit«) der redaktionellen Stäbe; von der Eigentumsform und Entscheidungsstruktur der Veranstalter medialer Kommunikation (staatlich vs. öffentlich-rechtlich vs. privat); vom Modus der Finanzierung (Gebühren vs. Preise vs. Werbeeinnahmen); schließlich auch von der technischen Eigengesetzlichkeit der (schriftlichen vs. akustischen vs. visuellen) Kommunikation, dem Grad der Spezialisierung von Medien auf Themen, ideologische Orientierungen und Teilöffentlichkeiten sowie von der Konkurrenz unter den Medien und Anbietern (Bourdieu 1998). Auf der Empfängerseite sind Hör-, Lese- und Sehgewohnheiten des Publikums für die Auswirkungen der Massenkommunikation maß-geblich; diese Gewohnheiten können mit publizistischen und pädagogischen Mitteln rationalisiert werden (»Medienpädagogik«).

Wie bei den politischen Parteien ist auch bei den Medien nach der vorherrschenden Richtung der Repräsentation zu fragen: Repräsentieren sie Interessen, Forderungen und Themen, die das Publikum der Staatsbürger beschäftigen und verschaffen sie ihnen Resonanz in der Tätigkeit von Gesetzgebung und Regierung? Oder handelt es sich umgekehrt um die rechtfertigende und werbende Erläuterung des Regierungshandelns gegenüber dem Publikum (bis hin zur »Hofberichterstattung«)? Für alle drei zuvor genannten Organisationsformen der Vermittlung der Gesellschaft zu den Trägern politischer Herrschaft (Parteien, Verbände, Bewegungen) erfüllen die Medien entscheidende Verstärkerfunktionen, durch die sie die Aufmerksamkeit des Publikums lenken.

1988). Dieser Begriff bezieht sich meist auf die Gesamtheit der nicht-staatlichen Kooperationsformen, durch die verantwortlich handelnde Bürger (*citoyens*) einen Teil ihrer gemeinschaftlichen ökonomischen und kulturellen Lebensinteressen verfolgen, die entsprechenden Konflikte bewältigen und damit zugleich als Nicht-Regierungsorganisationen (**NGOs**) den ambivalenten Auswirkungen staatlicher Betreuung, Versorgung und paternalistischer Bevormundung (»Klientelisierung«) Einhalt gebieten. Eine nicht-individualistisch verstandene Eigenverantwortung, eine Erneuerung des aus der katholischen Soziallehre stammenden Subsidiaritätsgedankens (Dettling 1995), die Erkundung unkonventioneller Formen der Selbstorganisation, die Entwicklung von Vertrauensbeziehungen zwischen »anonymen« (Mit-)bürgern (Hartmann/Offe 2001), die Bildung sozial-moralischer Normen in Vereinen, Netzen und Nachbarschaften (*social capital*, vgl. Putnam 1993) sind Themen einer international an Bedeutung gewinnenden Forschung, die u. a. von der sozialphilosophischen Lehre des Kommunitarismus (Honneth 1993) beeinflusst ist.

Ebenso gedrängt wie der gesellschaftliche »Input« in die Ausübung politischer Herrschaft muss jetzt die umgekehrte Richtung der Interaktion abgehandelt werden, nämlich der »Output« staatlicher Herrschaft gegenüber der Gesellschaft. Die Akteure der staatlichen Exekutive, die uns in diesem Felde begegnen, sind schnell benannt. Es handelt sich um Regierungen und ihnen nachgeordnete Verwaltungen, die allesamt in fachlicher und räumlicher Gliederung Gesetze vorbereiten, vollziehen und staatliche Programme praktisch umsetzen. Neben diesen staatlichen, mit Berufsbeamten besetzten Vollzugsagenturen gibt es eine Vielzahl von »Trägern« öffentlicher Aufgaben, die – ohne selbst Teile des Staatsapparats zu sein – mit öffentlichen Aufgaben »beliehen« sind und im Wege der Selbstverwaltung staatlich normierte und oft auch teilweise staatlich finanzierte Leistungen erbringen. Beispiele sind die bereits erwähnten Kammern einerseits, die Wohlfahrtsverbände und entwicklungspolitische Organisationen andererseits.

Aufgabe der öffentlichen Verwaltungen ist es, in eine unübersehbare Vielfalt wirtschaftlicher, sozialer und kultureller gesellschaftlicher Lebensprozesse auf der Grundlage gesetzlicher Vorgaben »hineinzuregieren«, sie zu fördern und ihnen so einen politisch erwünschten »normalen« Verlauf zu geben. Sie benötigen dazu sachliche Handlungsvollmachten, Betriebsmittel (Gebäude, Büros, EDV-Ausstattung etc.) sowie Personen, die durch Fachschulung einerseits, persönliche Eignung und berufsethische Orientierung am Ideal gewissenhafter und unbestechlicher Amtsführung andererseits qualifiziert sind. Die Arbeitsweisen verschiedener Verwaltungen sind durch das Begriffspaar Konditionalprogramm *vs.* Finalprogramm charakterisiert worden (Luhmann 1964).

Im Falle der *konditionalen Programmierung* herrscht eine »Wenn-Dann-Logik« vor. In diesem Fall läuft das Verwaltungshandeln so ab, dass externe Anlässe (z.B. die Vorlage eines Antrages auf Gewährung von Wohngeld durch einen Bürger) das Verwaltungshandeln auslösen. Der Vorgang wird nach vorgegebenen Rechtsnormen geprüft, den einschlägigen Vorschriften zugeordnet und schließlich beschieden. Das Ergebnis des Verwaltungsvorganges wird durch Subsumtion eines konkreten Sachverhaltes unter vorgegebene Tatbestandsdefinitionen und -kriterien deduktiv ermittelt, und nur relativ spärlich treten, wenn eine eindeutige Zuordnung nicht möglich ist, Akte des »Ermessens« hinzu. Ein Beispiel für diese Operationsweise bildet die tägliche Routine der Finanzverwaltung und anderer »Ordnungsverwaltungen«.

Ganz anders der Verwaltungsablauf im Falle von »Leistungsverwaltungen« und ihren *Finalprogrammen*. Ihr Handeln wird nicht durch externe Anlässe (wie Anträge aus dem Publikum der Verwaltung) und vorab feststehende Verknüpfungen von Tatbeständen und Folgen gesteuert, sondern durch oft relativ vage gehaltene Aufträge und Ziele, die dann in einer erfolgreichen (»effektiven«) und gleichzeitig wirtschaftlichen (»effizienten«) Weise durch Verwaltungshandeln zu realisieren sind. Entsprechend größer sind die Ermessensspielräume des Verwaltungspersonals – und entsprechend geringer die Formerfordernisse des Verwaltungshandelns. Im Ergebnis bedeutet beides, dass die Demarkationslinie zwischen »Politik« und »Verwaltung« bisweilen unscharf wird (Ritter 1979). Final

programmierte Verwaltungen entziehen sich den Vorgaben der politischen Leitung und operieren nach eigenen, von der Politik kaum zu überwachenden Zweckmäßigkeitskalkülen und vor Ort gewonnenen situativen Einschätzungen. Dabei wird die Grenze zwischen Verwaltung und »Publikum« durchlöchert. Strategisch wichtige Interaktionspartner der Verwaltung in ihrem gesellschaftlichen Umfeld (wie etwa die Pharma-Industrie oder die Zahnärzte-Verbände im Gesundheitswesen) sind jetzt nicht mehr nur, wie bei der konditionalen Programmierung, einfache Antragsteller und Empfänger von Bescheiden, sondern eher gleichberechtigte Partner, die über Erfolg und Misserfolg des Verwaltungshandelns mitentscheiden und für kooperative Handlungsweisen Gegenleistungen und Entschädigungen einfordern können (Willke 1992, 1997).

Verwaltungen und ihre Angehörigen »leben« paradoxerweise vom Fortbestand jener Probleme, die zu lösen sie beauftragt sind. Dieser Umstand führt das leitende Personal der Verwaltungen zu ambivalenten, aber aus der Sicht des Verwaltungspersonals und seiner Statusinteressen durchaus rationalen Strategien. Auf der einen Seite dürfen sie sich nicht dem Verdacht aussetzen, vor ihren Aufgaben (z.B. der Bekämpfung des Drogenhandels oder der Überwachung der Sicherheit von Gebäuden) zu versagen – denn dann wäre ihre budgetäre Basis im Staatshaushalt und mithin ihr Personalbestand gefährdet. Auf der anderen Seite dürfen sie aber auch in ihrem eigenen Interesse nicht »allzu« erfolgreich sein und ihre Bezugsprobleme definitiv lösen, denn dann entfiele ebenfalls ihre Existenzgrundlage, weil es einfach »nichts mehr zu tun« gäbe. Nicht nur die neoliberale Staatskritik hat die Taktiken der Budgetmaximierung, der zwischen einzelnen Verwaltungen ausgetragenen Rivalität um Kompetenzen und der Akquisition immer neuer Aufgaben scharf und kritisch beleuchtet, die das Verwaltungspersonal als durchaus eigeninteressierter Teil der politischen Herrschaftsorganisation einsetzt, um dieses Dilemma zu lösen (Jänicke 1986; Mayntz 1978).

Das Wachstum von Leistungsverwaltungen ist eine charakteristische Begleiterscheinung der Ausbildung des Sozial- oder Wohlfahrtsstaates. Dessen Programmatik ist die einer umfassenden »Daseinsvorsorge« durch Leistungsverwaltungen, zu denen auch die selbstverwalteten Träger der Sozialversicherung gehören. Deren Betätigungsfelder sind die der Stadtentwicklung und Wohnungsversorgung, der Verkehrs- und kommunikativen Infrastruktur, des Bildungs- und Gesundheitswesens, des Arbeits-, Verbraucher- und Umweltschutzes, der

17

sozialen Versicherungen, sozialen Hilfen und Dienste. Einem berühmten, wenn auch historisch nur begrenzt gültigen Schema von Marshall (1950) zufolge ist der durch diese umfassenden Leistungsprogramme definierte Wohlfahrtsstaat das Resultat eines langen Prozesses politischer Modernisierung, der sich kumulativ über die drei Stufen des Rechtsstaates, des demokratischen Staates und schließlich des Wohlfahrtsstaates durchsetzt. Zusammengenommen spiegelt sich in diesen drei Komponenten moderner Staatlichkeit ein dreifacher Bezug des Bürgers zum Staat.

Der Bürger ist erstens bedrohtes *Objekt* der Staatsgewalt und bedarf zur Abwehr dieser Bedrohung durch den übermächtigen Inhaber des Gewaltmonopols des rechtsstaatlichen Schutzes seiner Freiheitssphäre; dieser wird durch den Zugang zur allgemeinen und unabhängigen *Gerichtsbarkeit* gewährt.

Der Bürger beansprucht zweitens die Rolle eines kollektiven *Subjekts* und Urhebers der Gesetzgebung; diese Funktion wird durch gleiche politische Partizipationsrechte an der *gesetzgebenden Gewalt* implementiert.

Drittens ist der Bürger, keineswegs nur in der wirtschaftlichen Rolle als Arbeitnehmer, ein abhängiger, auf Schutz, Vorsorge und Sicherungsleistungen angewiesener *Klient* der Staatsgewalt; in dieser Eigenschaft bezieht er sich auf die Leistungsverwaltung der staatlichen *Exekutive*. Das aus diesen drei Komponenten zusammengefügte Ensemble des »freiheitlichen und demokratischen Sozialstaats« ist jedoch von zahlreichen Spannungen durchzogen (Forsthoff 1968; Abendroth 1954). Deren wichtigste und aktuellste ist durch die Frage markiert, ob das System der verwaltungsstaatlichen Daseinsvorsorge eine unverzichtbare Grundlage für die freie und verantwortliche Lebensführung der Bürger und ihre demokratische Kompetenz ist oder ob, im Gegenteil, diese Daseinsvorsorge und ihre Kosten zu einer ökonomischen und moralischen Selbstschädigung der Gesellschaft führen, die sowohl der Freiheit der Bürger wie ihrer Fähigkeit zur qualifizierten politischen Willensbildung Abbruch tun kann (Offe 1995).

NATION

Bevor Staaten Rechts-, demokratische oder Wohlfahrtsstaaten sind und sein können, muss zunächst einmal ein Herrschaftsanspruch etabliert sein, der sich auf die Gesamtheit der Einwohner eines Territoriums erstreckt. Die Nation ist eine Größenordnung politischer

Vergemeinschaftung, die *zwischen* jener des »Stammes« und jener des »Imperiums« (»Reichs«) und anderer Varianten multinationaler politischer Gemeinschaften liegt, zu denen auch die Europäische Union gehört. Die Bildung von National*staaten* ist auf dem europäischen Kontinent *der* politische Modernisierungsprozess des 19. Jahrhunderts; er folgt der doppelten Bewegungsrichtung, dass sich »Stämme« zu einer Nation zusammenschließen oder dass sich Nationen aus umfassenden imperialen Herrschaftsordnungen herauslösen. Je nachdem, ob das eine oder das andere vorwiegt, vollzieht sich die Nationalstaatsbildung in zwei Varianten (Alter 1985): als autonomisierende Ausgliederung und Erlangung von staatlicher Selbständigkeit von Nationen, die zuvor integrale Bestandteile von Imperien waren, also bei der Nationenbildung auf dem Gebiet des russischen, ottomanischen und österreichischen Reiches. Alternativ kommt Nationenbildung im Wege der Fusion von Territorien zustande, die zuvor in Fürstentümer zersplittert waren (»unifikatorischer« Nationalismus – der deutsche und (eingeschränkt) der italienische Fall). Als weitere Varianten sind zu unterscheiden die revolutionäre Bildung von Nationalstaaten (England und Frankreich) und die Nationenbildung als Folge von Unabhängigkeitserklärungen und -kriegen ehemaliger überseeischer Kolonien (die Fälle beider Amerikas).

Nationalismus*theorien* haben einen doppelten logischen Status. Zum einen handelt es sich um historisch-soziologische Erklärungen der Triebkräfte, Stufen und Funktionen der Nationalstaatsbildung. (Rokkan 1975; Gellner 1983) Zum anderen handelt es sich bei Nationalismus»theorien« um Selbstauslegungen, Rechtfertigungen und Situationsdeutungen politischer Eliten, die im Prozess der Nationenbildung eine Rolle spielen und sich selbst und die Masse der Bevölkerung über Wesen, Ziele und normative Gehalte des Prozesses zu verständigen suchen, in dem die Nation geeint und als Herrschaftsordnung geformt werden soll. Unter solchen in die politische Praxis der Nationenbildung eingebetteten Theorien der Nation werden allgemein zwei Typen unterschieden, die Theorie der *Staatsnation* und die der *Kulturnation*.

Nach der Lesart »staatsnationaler« Deutungen ergibt sich die Einheit der Nation aus der (revolutionären) Herrschaftsordnung, deren universalistische Prinzipien aus einer buntscheckigen Bevölkerung erst ein Volk von Bürgern werden lassen (vgl. Kap. 10). Wer immer sich durch Einwanderung und dauerhaften Aufenthalt zu dieser Staatsnation als zugehörig bekennt, hat teil an diesem durch eine rationale Herrschaftsordnung begründeten Bürgerstatus – das Prinzip des Territorialstaates und seines *jus soli*: Wer sich auf dem Boden der

Republik dauerhaft aufhält, bekennt sich zu ihr und erwirbt das Recht, ihr als Bürger anzugehören. Dieser republikanische Gedanke behauptet einen logischen und zeitlichen Vorrang der politischen Ordnung vor der kulturellen Identität, des *politischen* Volksbegriffs (*demos*) vor dem kulturellen (*ethnos*); die kulturelle Identität ist erst das Resultat kultur-, bildungs-, infrastruktur- und militärpolitischer Vereinheitlichungs*strategien*, der Standardisierung von Maßen und Gewichten, Feiertagen und nationalen Symbolen.

Diametral entgegengesetzt wird von den Protagonisten der Nationenbildung gedacht, die sich am Typus der *Kulturnation* orientieren. Das Volk wird als eine politisch ungeformte, durch fremde Mächte an der Selbstbestimmung gehinderte Substanz gedacht, die durch Sprache, Tradition, (erlittene) Geschichte, Territorium, Sitten und Gebräuche und Religion schon als Einheit und Gemeinschaft existiert und nur noch durch kongruente Staatsbildung ihre eigene Identität behaupten muss. Daraus ergibt sich der auch für Deutschland (»kein Einwanderungsland«), wenn auch in abgeschwächter Weise reklamierte Grundsatz des Volkes als einer auf Blutsbanden beruhenden Herkunfts- und Abstammungsgemeinschaft (*jus sanguinis*): Bürger, d. h. vollwertiges Mitglied der politischen Gemeinschaft wird man vorzugsweise durch Geburt, durch Abkunft von Volksangehörigen, nicht oder jedenfalls nicht mit gleicher Selbstverständlichkeit durch dauerhafte Einwanderung und nachfolgende Einbürgerung. Die geographische Grenze zwischen den beiden Theorien der Nation ist in Europa wahrscheinlich der Rhein, und je weiter östlich die Nationen liegen, die wir in die Betrachtung einbeziehen, desto selbstverständlicher und entschlossener wird als Grundlage der nationalen Einheit ein kulturelles, nicht ein politisches Substrat der nationalen Vergemeinschaftung in Anspruch genommen bzw. nur imaginiert (Anderson 1983). Ein wichtiges und aktuelles Forschungsthema der Politischen Soziologie bezieht sich auf die praktisch-politische Verknüpfung, in der die ideellen Interessen an der einen oder der anderen Idee der Nation mit den durchaus materiellen Interessen stehen, die in »reichen« Nationen an der Fernhaltung bestimmter Kategorien von Zuwanderern und umgekehrt bei migrationsbereiten (oder zur Flucht sogar gezwungenen) Angehörigen »armer« Länder am Zugang zu den Prosperitätszonen der globalen Gesellschaft bestehen.

Es ist aufschlussreich zu sehen, wie die beiden gegensätzlichen Theorien der Nation in der aktuellen »postnationalen Situation« (Habermas 1998) der europäischen Integration bzw. der handels-, kultur- und migrationspolitischen Globalisierung ihre Geltung behaupten. Auf der einen Seite wird die Europäische Union als ein vernunftrechtlich begründetes Gebilde vorgestellt, in dem im Interesse an Frieden und Wohlstand nationalstaatliche Grenzen und die politischen Kompetenzen des Nationalstaats einvernehmlich relativiert werden. Auf der anderen Seite kommt es aber gerade wegen der integrationspolitisch bedingten Auflösung national spezifischer Formationen zur Renaissance regionaler und anderer subnationaler Identitäten, vielleicht sogar zu einem »neuen Stammeswesen« mit Minderheitenkulturen und -sprachen als den Protagonisten einer postnationalen Fragmentierung, die auch von regionalen wirtschaftlichen Sonderinteressen angetrieben werden mag. Der markante Bedeutungsgewinn ethnischer Konfliktlinien manifestiert sich in EU-Europa (und keineswegs nur dort, wie ein Blick auf den Balkan, die Territorien der ehemaligen Sowjetunion und andere Regionen zeigt) nicht nur im neuen Selbstbewusstsein territorialer ethnischer Minderheiten, sondern vor allem in Feindschaft und Gewaltsamkeit von nationalen Mehrheiten gegenüber zugewanderten Minderheiten, deren politische, soziale und Arbeitsmarkt-Integration wachsenden Widerständen begegnet (Heitmeyer 1996).

DEMOKRATIE

Die sozialwissenschaftliche (im Gegensatz zur verfassungsrechtlichen, historischen, philosophischen) Untersuchung von Demokratien gruppiert sich um vier klar geschnittene Fragen:

1. In welchen Regeln und Institutionen besteht die definierende *institutionelle Grundausstattung* von Demokratien?
2. Worin bestehen die spezifischen sozialen Funktionen der demokratischen Herrschaftsorganisation, die, sofern sie erfüllt werden, die demokratische Regimeform als vorzugswürdig gegenüber allen anderen Regimeformen auszeichnen können?
3. Wie entstehen Demokratien?
4. Welchen Bestandsgefährdungen sind Demokratien ausgesetzt?

Die liberale Demokratie ist die Regimeform, bei der die Ergebnisse der Herrschaftsausübung ungewiss sind, die Prozeduren dagegen feststehen. Faire Wahlen erlauben zwar eventuell demoskopische Voraussagen, aber keine *Entscheidungen* darüber, wer siegt; das Ergebnis kommt auf Grund von *Regeln* zustande. Dagegen ist für autoritäre, staatssozialistische und »totalitäre« Regimes das umgekehrte Verhältnis von Regel und Entscheidung charakteristisch. *Wer* gewinnt, steht immer schon fest; nur müssen Wahlen, um zu diesem vorab feststehenden Ergebnis zu führen, notfalls gefälscht werden.

Liberale Demokratien machen Prozeduren unantastbar und entziehen sie in einem gewissen Ausmaß der strategischen Nutzung. Natürlich kann in ihnen auch das Wahlrecht geändert werden, aber Grundsätze politischer Gerechtigkeit wie die gleiche Wahlberech-

17

tigung aller (erwachsenen) Bürger und das (annähernd) gleiche Gewicht ihrer Stimmen stehen für niemanden zur Disposition. Das bedeutet indes nicht, dass die Prozeduren der liberalen Demokratie als solche bereits eine evident überlegene, moralisch eindeutig vorzugswürdige und »gerechte« Qualität an sich hätten.

Gegen eine solche Behauptung könnte man z.B. einwenden, dass die Institutionen und Prozeduren, durch die in liberalen Demokratien der »Volkswille« aus den vielen Individualwillen aggregiert wird, keineswegs neutral sind, sondern ihrerseits das Resultat in spezifischer Weise vorherbestimmen. Dies geschieht u. a. durch eine Vielzahl von »Trennungen«: die Trennung (in Deutschland) des Wahltages, also eines Sonntages, von der unmittelbaren Erfahrung des Arbeitsalltags; die Trennung (nach dem Grundsatz des Wahlgeheimnisses) der Wählenden, die in die Isolation der Wahlkabine treten, von allen anderen Wählenden (Buchstein 1997); die Trennung des Wahlvolkes von den (»repräsentativen«) parlamentarischen Beschlusskörperschaften; die Trennung des Zeitpunktes der Wahl von Zeitpunkten in späteren Phasen der Legislaturperiode, zu denen das durch eine u. U. mehrere Jahre zurückliegende Wahl gewonnene Mandat von Abgeordneten und Regierungen immer noch wahrgenommen wird (Offe/Preuß 1991); und die Trennung der Anbieter auf dem politischen Markt, also der »politischen Unternehmer« (Schumpeter 1944), die Fragen oder Entscheidungsalternativen zur Abstimmung zu stellen befugt sind (d.h. den politischen Parteien, denen in Deutschland nur knapp 5 Prozent der Wahlbevölkerung nominell angehören), vom wählenden Volk selbst.

Das Verfahren ist das einzig Feststehende in liberalen Demokratien; aber zumindest nicht jedes demokratische Verfahren ist, wie soeben gezeigt, so eindeutig über jeden Zweifel an seiner Neutralität und Fairness erhaben, dass man die Legitimität der Ergebnisse allein auf die Qualität der Prozeduren stützen könnte. Auch die liberale Demokratie kann sich nicht allein durch eine »richtige« Verfahrensordnung bewähren, sondern sie muss sich an ihren Ergebnissen prüfen lassen (Offe 1994, Kap. 5). Der von der Verfahrensordnung liberaler Demokratien institutionalisierte Grundsatz, dass ein friedlicher, durch Wahlen vermittelter Regierungswechsel möglich, die Regierung Wahlkörperschaften verantwortlich und das Regierungshandeln öffentlich einsehbar sein müssen, mögen im Normalfall starke Argumente für die Wertschätzung dieser Form politischer Herrschaft sein, machen aber eine Demokratie, die *nur* auf diese Prozeduren zu verweisen vermag, zumindest im zugespitzten Konfliktfall angreif- und verwundbar. Warum sollten sich Mehrheiten unverbrüchlich an Regeln halten, deren Einhaltung aus ihrer Sicht zu ungerechten oder widersinnigen Ergebnissen führt? Auch die »wehrhafteste« Demokratie ist anfällig für die Gefahr der Selbstzerstörung mit scheinbar

demokratischen Mitteln (sei es des Amtsmissbrauchs von Eliten, sei es der antidemokratischen Massenmobilisierung), und eine zuverlässige Abwehr dieser Gefahr kann nur aus dem überzeugenden Verweis auf die Ergebnisse des Spiels, nicht die Spielregeln selbst gewonnen werden.

Freilich sind diese Ergebnisse solche »zweiter Ordnung«, also Ergebnisse, die sich nicht als Wahlergebnisse oder Regierungszusammensetzungen messen lassen, sondern als soziale Funktionen und Folgen dieser Ergebnisse eines prinzipiell »ergebnisoffenen« politischen Prozesses. Diesen Ergebnissen zweiter Ordnung verdankt die liberale Demokratie, *sofern* sie erzielt werden, ihre herausragende Vorzugswürdigkeit gegenüber allen anderen Regimeformen, z.B. gegenüber theokratischen, militärischen, autoritären, totalitären, populistischen und ethnokratischen Regimes. Worin liegen nun diese Ergebnisse zweiter Ordnung, also die Qualität, die das gesellschaftliche Leben nur in Demokratien annehmen kann? Vier kumulative Antworten kommen in Betracht.

Die erste dieser Antworten ist von Immanuel Kant (1795) formuliert worden und hat sich als eine der am besten bestätigten Hypothesen der Sozialwissenschaften erwiesen. Diese »pazifistische« Hypothese besagt, modern gesprochen, dass Demokratien gegen die Versuchung gefeit sind, gegen andere Demokratien Angriffskriege zu führen.

Nicht ebenso gut bestätigt ist die zweite, »liberale« Hypothese. Sie besagt, dass Demokratien den inneren Frieden schützen, weil sie die liberalen Freiheitsrechte, deren Abschaffung auch einer 99-Prozent-Mehrheit nicht zu Gebote stünde, als unabdingbare und unantastbare institutionalisieren. Wie das Ende der Weimarer Republik zeigt, ist nicht unter allen Umständen ausgeschlossen, dass politische Parteien ihren Wettbewerb mit bewaffneten Banden und Schlägertrupps austragen und daran durch die Staatsgewalt nicht gehindert werden (können).

Drittens stehen liberale Demokratien in dem Ruf, dass sie eine Politik der sozialen Gerechtigkeit und des sozialen Ausgleichs generieren. Diese »sozialdemokratische« Wirkungshypothese über die Ergebnisse der Demokratie ist allerdings nur dann plausibel, wenn die am wenigsten privilegierten Teile der Bevölkerung zugleich die Mehrheit der Bevölkerung und der Wählerschaft stellen. Eine Sozialstruktur, deren Verteilungsmuster strukturell unterprivilegierte Minderheiten umfasst, bietet keine guten Aussichten für die Bestätigung der Hypothese, dass Demokratien zwangsläufig dem sozialen Ausgleich, der sozialen Gerechtigkeit oder gar dem sozialen »Fortschritt« dienen (Barry 1979).

Das vierte und letzte Argument, das man als Antwort auf die Frage antreffen kann, warum liberale Demokratien »besser« sind als alle alternativen Regimeformen, bezieht sich auf den Bildungswert des demokratischen Prozesses – also auf sein Potential, selbstsüchtige, isolierte und kurzsichtige Akteure (*bourgeois*) zu wohlinformierten, toleranten, gemeinwohlorientierten und in öffentlichen Angelegenheiten urteilsfähigen (*citoyens*) zu bilden. Diese »republikanische« Hypothese von einem inhärenten politisch-moralischen Qualifikationseffekt der Demokratie und ihrer öffentlichen Sphäre hat allerdings nur dann Aussicht auf empirische Bestätigung, wenn weitere förderliche Strukturmerkmale des öffentlichen Lebens hinzutreten, vor allem die Qualität der Bildungseinrichtungen und der Medien, aber auch jene Freiheit von Angst, die nur durch vertrauenswürdige Arrangements der sozialen Sicherheit induziert werden kann.

Die Verfahren der Demokratie sind außerordentlich vielfältig; sie wechseln von Land zu Land, und keine demokratische Verfahrensordnung gleicht der anderen. Gemeinsam sind den Demokratien nur die Garantie der Freiheitsrechte (einschließlich der speziell politisch wirkenden Grundrechte der Kommunikations-, Assoziations- und Koalitionsfreiheit, also der Freiheit, Parteien, Verbände, Gewerkschaften und Medien zu gründen bzw. zu nutzen); selbst in diesem Punkte variiert die Aussagekraft der Verfassungstexte erheblich, etwa im Vergleich zwischen dem deutschen Grundgesetz und dem bloß rudimentären Grundrechtskatalog der Verfassung Schwedens. Ferner gelten in allen liberalen Demokratien die Prinzipien des politischen Wettbewerbs, ausgetragen in allgemeinen und periodischen Wahlen, zwischen Regierung und Opposition; Gewaltenteilung; Regierungsverantwortlichkeit; die Verankerung der Grundrechte und der Staatsorganisation in einer Verfassung; und die Gleichheit der politischen Rechte für alle (erwachsenen) Staatsbürger. Unterhalb dieser Gemeinsamkeiten gibt es jedoch eine Fülle von institutionellen Ausgestaltungen (vgl. Dahl 1998), welche die liberalen Demokratien insgesamt als eine Gruppe von Fällen erscheinen lässt, zwischen denen nicht mehr als eine gewisse Familienähnlichkeit besteht.

Die wichtigsten Alternativen der formellen Ausgestaltung der demokratischen Herrschaftsorganisation sind:
– Einheitsstaat vs. Föderalismus (mit zahlreichen Varianten und Zwischenstufen) als Muster der territorialen Organisation des Herrschaftsverbandes;
– direkte vs. repräsentative Demokratie als mannigfaltig variier- und kombinierbare Verfahren der Ermittlung des »Volkswillens«;
– präsidentielle vs. parlamentarische Demokratie, wiederum mit der Mischform des »Semipräsidentialismus«;
– Mehrheits- vs. Verhältniswahlrecht, mit komplexen Kombinationsmöglichkeiten und massiven Auswirkungen auf Zahl und innere Struktur der politischen Parteien.
Hinzu kommen erhebliche Variationen von Umfang und Inhalt der Grundrechtskataloge (z.B. Todesstrafe ja (USA) oder nein (Deutschland)) sowie v. a. faktische Variationen der Qualität von Grundrechtsschutz, Regierungsverantwortlichkeit, Gewaltenteilung und (im Falle föderaler Systeme) der gliedstaatlichen Autonomie.

Die Frage nach den sozialen Entstehungsvoraussetzungen bzw. Bestandsbedingungen der demokratischen Regimeform ist Gegenstand einer umfangreichen sozialwissenschaftlichen Forschungsliteratur (Lipset 1959; Linz/Stepan 1996; O'Donnell u.a. 1986; Przeworski 1991; Karl/Schmitter 1991). Diese Forschung hat eine Vielzahl von unabhängigen Variablen herausgearbeitet, mit denen günstige Voraussetzungen für Demokratisierungsprozesse beschrieben werden können. Diese Variablen lassen sich als »Strukturen« (z.B. Stand der industriellen Entwicklung, Religion), »Ereignisse« (z.B. militärische Niederlagen, Öffnung der Berliner Mauer) und »Entscheidungen« (z.B. Runde-Tisch-Verhandlungen, gesellschaftliche Pakte) systematisieren.

Zu den strukturellen Voraussetzungen der liberalen Demokratie gehört ein relativ fortgeschrittener sozialökonomischer Modernisierungsprozess (Industrialisierung, Urbanisierung, Massenalphabetisierung) und als dessen Ergebnis das Vorhandensein einer relativ starken (städtischen) bürgerlichen Mittelschicht mit ausgeprägt nationalstaatlichen und wirtschaftsliberalen Interessen an der gebietseinheitlichen Kontrolle von Gesetzgebung, Steuerwesen und Zöllen.

Eine manchmal übersehene strukturelle Voraussetzung ist die, dass Demokratien immer »Nachfolgeregimes« sind, die auf dem (unter Umständen auch Teil-) Gebiet eines bereits zuvor unter einer nicht-demokratischen Herrschaftsordnung existierenden Territorialstaats entstehen. Zu den Ereignissen, die Demokratisierungsprozesse auslösen, gehört zunächst einmal der Zusammenbruch des (autoritären) Vorgängerregimes. Dieser Zusammenbruch findet in der überwiegenden Zahl der Fälle in der Form der militärischen Niederlage des alten Regimes in Welt- und kolonialen Befreiungskriegen statt. So sind auch die beiden Demokratiegründungen in Deutschland (1919, 1949) unmittelbare Nachkriegsereignisse. Dieses Muster verliert seine Geltung nahezu völlig, wenn man die Welle der postkommunistischen Regimes nach 1989 betrachtet (Elster/Offe/Preuß 1998). Diese Ereignisse des Zusammenbruchs und der militärischen Niederlage führen nicht unbedingt in der Weise zur Gründung einer Demokratie, dass nun, wie es im interessierten Rückblick der Akteure manchmal erscheint, eine demokratische, gar »revolutionäre« Opposition zukunftsbestimmende (verfassungs)politische Gestaltungsmöglichkeiten in die Hand bekommt und ergreift. Demokratien können auch, etwas überspitzt gesagt, nahezu ohne die maßgebliche Mitwirkung von Demokraten ins Leben treten – sei es durch Oktroi einer

17

Besatzungsmacht oder in Anlehnung an ausländische Vorbilder, sei es mangels anderer realistischer Alternativen und *by default*, sei es, weil ausländische Regierungen (geleitet von der »pazifistischen« Hypothese, s. o.) die Einrichtung von Demokratie und Rechtsstaat maßgeblich fördern oder weil ausländische Investoren, auf welche ja Staaten nach dem Zusammenbruch ihrer alten Regimes typischerweise dringend angewiesen sind, eine gewisse Präferenz für rechtsstaatliche Verhältnisse und parlamentarisch verantwortliche Regierungen an den Tag legen – eine Präferenz, die dann von den neuen politischen Eliten mehr oder weniger folgebereit und aus mehr oder weniger opportunistischen Motiven bedient wird.

Erst in der neuesten Forschung (Linz/Stepan 1996; Elster u.a. 1998; Merkel 1999) ist der Gesichtspunkt des dauerhaften Transformations*erfolgs* in den Mittelpunkt der Aufmerksamkeit getreten. Wann kann man davon ausgehen und an welchen Kriterien kann man ablesen, dass es sich bei einer neuen Demokratie um eine »konsolidierte« Demokratie handelt, für die weitere Systemwechsel oder gar die Rückkehr zum alten Regime relativ zuverlässig ausgeschlossen werden können? Denkbare und plausible Antworten auf diese Frage sind der Abschluss der Verfassungsreform, die Entstehung eines Parteiensystems, das multiple Spaltungen abbildet, die Befriedung ethno-nationaler und territorialer Konflikte, das Ereignis eines ersten friedlichen Regierungswechsels, wachstums- und verteilungspolitische Fortschritte und der einfache Zeitablauf, durch den Eliten und Masse der Bevölkerung Gelegenheit haben, sich in die neue Herrschaftsorganisation einzugewöhnen und an deren Fortbestand eingewurzelte Interessen (*vested interests*) zu entwickeln.

KRIEG, FRIEDEN UND ZWISCHENSTAATLICHE GEWALT

Wie gezeigt, ist »Herrschaft« der Inbegriff normaler Politik im Inneren von Staaten. Die politischen Theoretiker des 17. und 18. Jahrhunderts (Hobbes, Locke, Rousseau) gingen davon aus, dass zwar durch einen Herrschaftsvertrag, durch den die Gehorsamspflichten der Bürger gegenüber ihrer Staatsgewalt begründet werden, die Verhältnisse im Inneren eines politischen Gemeinwesens befriedet und zivilisiert werden können, nicht aber auch die Verhältnisse *zwischen* den Staaten; das letztere Verhältnis bleibt im »Naturzustand« ungere-

gelten Interessenkampfes befangen. Der Inbegriff internationaler Politik ist Macht, nicht Herrschaft. Noch für Max Weber ist das externe Machtverhältnis und die daraus herrührende permanente Konflikt- und Bedrohungslage zwischen den Staaten *das* ursprüngliche politische Phänomen, das Anlass und Herausforderung für die Nationalstaaten begründet, in ihrem Inneren eine Herrschaftsordnung zu konsolidieren, die sie dann nach außen, also im ungeregelten Dauerkonflikt mit anderen Staaten, zur Selbstbehauptung befähigt.

Für Max Weber ist die wechselseitige Bedrohung der Staaten nicht nur permanent, sondern auch umfassend. Die Staaten bedrohen sich durch ihre Rivalität auf den Gebieten der wirtschaftlichen Leistungsfähigkeit, des agrarischen und industriellen Wettbewerbs, ihrer Zoll-, Entwicklungs-, Infrastruktur-, Technologie- und Rü-

Vielleicht haben die rituellen Schlammmasken des Komunive-Stammes in Neuguinea ihren Ursprung in einem tatsächlichen Krieg, in dem die Überlebenden eines Überraschungsangriffs sich über Nacht in einem Flussbett versteckt hielten. Bei Tagesanbruch mag es ihnen gelungen sein, die Angreifer in die Flucht zu schlagen, da sie ihnen mit einer Schlammkruste überzogen wie die Geister bereits Getöteter erschienen. In den kurzen Kriegen früherer Gesellschaften wurden relativ wenige Menschen tatsächlich getötet – im Gegensatz zu modernen Kriegen, die weitgehend gegen Zivilisten gerichtet sind.

stungs- (vor allem Flotten-)politik, ihrer imperialistischen Handels- und Kolonialpolitik; sie schützen sich umgekehrt gegen diese Bedrohung dadurch, dass sie migrations-, kultur- und sprachpolitische, auch sozialpolitische Anstrengungen zu ihrer Selbstkonsolidierung (gleich Verteidigungsfähigkeit) unternehmen – dies alles in der Erwägung, dass innere Spaltungen der nationalen Gesellschaften gleichbedeutend sind mit äußerer Verwundbarkeit.

Auch nach den Erfahrungen des Ersten Weltkrieges konnte Carl Schmitt (1932) am Vorabend der nationalsozialistischen Machtübernahme in Deutschland proklamieren, dass Politik und Staat nur Derivate einer existenziellen »Freund-Feind-Gruppierung« darstellen, wobei zum Begriff des Feindes die »Eventualität eines Kampfes« mit der »realen Möglichkeit der physischen Tötung« gehört. Diesem Gedanken einer ebenso unbedingten wie letztlich grundlosen, daher auch unüberwindbaren äußeren Feindschaft als Voraussetzung von Staat und Politik fügt er die unverblümte Warnung vor einem Zustand (d.h. dem der parlamentarischen Republik) bei, in dem »die innerstaatlichen Gegensätze eine stärkere Intensität erhalten als der gemeinsame außenpolitische Gegensatz gegen einen anderen Staat« (32). Anders als in der berühmten Formulierung von Clausewitz (1834, »Der Krieg ist nichts als eine Fortsetzung des politischen Verkehrs mit Einmischung anderer Mittel«), in welcher der Krieg also als *Instrument* der Politik erscheint, erhebt Schmitt den Krieg und die reale Präsenz eines »Feindes« in den Rang der Bedingung der Möglichkeit aller Politik.

Soziologisch gesehen ist der Krieg ein organisiertes Gewalthandeln, ausgeführt von souveränen Staaten mittels ihrer militärischen Verbände, das gegen einen oder mehrere andere Staaten gerichtet ist und durch das anderweitig nicht zu befriedigende konfligierende Ansprüche der Kriegführenden durchgesetzt werden sollen. Der Krieg als ein solches Gewalthandeln ist zu unterscheiden von der bloßen Kriegs*drohung* als einem *Macht*handeln, das dem Bedrohten noch die Option offen lässt, die Gewaltanwendung abzuwenden und die eigene Herrschaft (wenn auch in eingeschränkter und beschädigter Form) zu erhalten. Die institutionalisierte Form einer dauerhaften Kriegsdrohung, die dieser Logik folgt, ist der Kalte Krieg mit dem Wirkungsmechanismus der wechselseitigen »Abschreckung« und eines »Rüstungswettlaufs« zur Aufrechterhaltung der Wirkung und Glaubwürdigkeit dieser Abschreckung (Senghaas 1967).

Die Entwicklung von Militärtechnik und -organisation bringt es jedoch im 19. Jahrhundert mit sich, dass die Clausewitzsche Auffassung des Krieges als einer speziellen Art des Regierungshandelns unbrauchbar wird. Man spricht von einer »Demokratisierung des

Krieges« und meint damit, dass Kriege bzw. Kriegserfolge im Industriezeitalter nicht mehr bloß einen Regierungsakt und ein Söldnerheer, sondern den »Opfermut« der kämpfenden und unter dem Kriegsgeschehen leidenden Bevölkerung zur Voraussetzung haben. Diese Kriegsbereitschaft der Bevölkerung kann entweder durch militaristische und sozialdarwinistische Massenpropaganda oder – so die linksbürgerliche und sozialistische Tradition – durch eine strikte Beschränkung der legitimen Kriegsgründe auf den *Verteidigungs*fall erzeugt werden. Diese Vorstellung wird mit der Perspektive einer Zivilisierung der internationalen Beziehungen und der Forderung nach allgemeiner Wehrpflicht bzw. Volksbewaffnung verbunden, die es dem Volke erlauben würde, sich nicht nur einer Rechtsverletzung von »außen«, sondern auch einer solchen von »oben« zu erwehren (Janssen 1982).

Zwischen Militär und Gesellschaft bzw. zwischen Krieg und Frieden bestehen eine Fülle von Zusammenhängen, die eine isolierende Betrachtung von Krieg und Militär verbieten. Zwar gibt es Hinweise auf eine reale Ausdifferenzierung der militärischen Institutionen; dazu gehören die Professionalisierung ihres leitenden Personals, die hierarchische Unterordnung des Militärs unter einen »Primat der Politik«, das Recht auf Wehrdienstverweigerung und das Vordringen des Typus der Berufsarmee. Aber charakteristisch für die Verteidigungspolitik moderner Staaten ist nicht nur die technisierte und »kapitalintensive« Form der Gewaltausübung bzw. -androhung und die dadurch bedingte (im Fall der Nuklearwaffen extreme) Verwischung der Grenze zwischen militärischen und zivilen Zielen. Auch im »Frieden« führt das Bestreben von Staaten, ihre eigene Fähigkeit zur Bedrohung anderer Staaten aufrechtzuerhalten und durch Abschreckung bzw. Erfolge im Rüstungswettlauf das eigene militärische Risiko verteidigungspolitisch zu mindern, zu weitreichenden Erscheinungen der Militarisierung der »zivilen« Gesellschaft und ihrer sozialökonomischen Strukturen. Diese Militarisierung erstreckt sich auf Arbeitsmarkt und Erwerbsbiographien (nicht mehr nur des männlichen Bevölkerungsteils), auf Forschung, Ausbildung, Technologieentwicklung und Verkehrs-Infrastruktur (»militärisch-industrieller Komplex«, vgl. Mills 1956), auf die Wirtschaftsstruktur (Rüstungsindustrie und Rüstungsexport), auf den Staatshaushalt (Steuerbelastung, Budget, Opportunitätskosten), auf öffentliche Meinung und Medien sowie schließlich auch auf die Geltung der Grundrechte; deren Inanspruchnahme wird regelmäßig unter »sicherheitsrelevante« Vorbehalte

Kriege und Wettrüsten haben die nicht vorausgesehene Folge, dass sie technischen Fortschritt hervorbringen – manchmal mit segensreichen Wirkungen. Die Computertechnologie, ursprünglich für die nukleare »Kriegführungsfähigkeit« entwickelt, macht auch die Organisation weitreichender gesellschaftlicher Entwicklungen möglich. Hier ist die Kommandozentrale des NORAD, einer gemeinsamen Einrichtung der USA und Kanadas zum Schutz von Nordamerika gegen Luftangriffe, abgebildet.

17

gestellt. Andererseits sind Kriege und Rüstungsstrategien im 20. Jh. nahezu immer begleitet gewesen von nichtmilitärischen Antikriegs-Protestbewegungen (»Krieg dem Kriege«, »Kampf dem Atomtod«, Friedensbewegung der 1980er Jahre).

Die historische und sozialwissenschaftliche Kriegs*ursachen*forschung hat weitere Zusammenhänge zwischen der »Zivilgesellschaft« und ihren militärischen Apparaten und deren Aktivitäten thematisiert. Hierher gehören Kriegsursachen, die mit sozial-ökonomisch fundierten Interessen an imperialer Gebietsausweitung, Kontrolle über Ressourcen und internationaler Einflusssteigerung von Staaten zu tun haben, ebenso aber auch eine militaristische politische Kultur und »bellizistische« Massenmobilisierung gegen »Erbfeinde«, wie sie insb. am Vorabend des Ersten Weltkrieges eine verheerende Bedeutung bis weit in die Reihen der politischen Linken und der Intelligenz hinein gewonnen haben (Joas 2000; Mommsen 1996). Der Zusammenhang von militärischer Aggressionsbereitschaft und innerem »sozialen Frieden« lässt sich modellartig auch als ein Verhältnis kommunizierender Röhren vorstellen: militärische Potenz setzt soziale Binnenintegration voraus, Abwehrfähigkeit im Kalten Krieg hängt von der inneren

Integration durch großzügige Sozialpolitik ab, so dass von einer Konfiguration des Wohlfahrts- und Rüstungsstaates gesprochen wurde (Giddens 1985).

Weniger entwickelt ist eine Kriegs*folgen*forschung, zu deren Aufgabenfeld die vergleichende Untersuchung des Krieges, insbesondere der Nachkriegszeiten, als eines höchst bedeutsamen Faktors, auch des sozialen, kulturellen und politischen Wandels gehört, wie er sich in der schubartigen politischen Modernisierung (Neubegründung der Demokratie, Ausweitung des Wohlfahrtsstaates, Neuformierung des politischen Kräftefeldes und seiner Allianzen) z.B. in Deutschland nach jedem der beiden Weltkriege niedergeschlagen hat. Auch erfolgreiche Revolutionen (die russischen von 1905 und 1917, die chinesische nach dem Zweiten Weltkrieg) sind im 20. Jh. typischerweise Nachkriegsereignisse (Skocpol 1994).

Ein soziologisches und zugleich politisch-normatives Problem von größter Bedeutung betrifft das Verhältnis von Verteidigung und Angriff. Normativ unterscheiden sich beide dadurch, dass die militärische Verteidigung und der durch sie mögliche Schutz von Leben und Eigentum der Bürger als nicht nur erlaubt, sondern in höchstem Maße geboten gilt, weil es sich hier um die elementarste Staatsfunktion des »Schutzes« (s. oben) handelt. Der Angriffskrieg dagegen gilt uns heute als schlechthin unerlaubtes und verwerfliches politisches Handeln. So diametral gegensätzlich sich beide Handlungsweisen in normativer Betrachtung ausnehmen, so schwer sind sie allerdings empirisch zu unterscheiden. Dieselben Instrumente (z.B. Panzer), deren Bereitstellung durch ihren Verteidigungszweck legitimiert wird, *können* auch als Angriffswaffen eingesetzt werden und bedrohen deshalb die Sicherheit der potentiell Angegriffenen, sofern diese keinen Grund haben, auf die friedlich-defensiven Absichten des potentiellen Gegners zu »vertrauen«. Technische Lösungen für dieses Problem sind als »Strategien struktureller Nichtangriffsfähigkeit« vorgeschlagen worden. Diese scheiden aber dann aus,

Das hoffnungsvolle Flaggenspiel der Mitgliedsstaaten vor dem UNO-Gebäude in New York steht in schroffem Gegensatz zu den Ruinen von Berlin gegen Ende des Zweiten Weltkriegs. Wer vom Weltfrieden spricht, von einer Zeit, in der die Nationalstaaten von einer Weltregierung und einem globalen Gemeinschaftsgefühl abgelöst werden, gilt oft als naiv und arglos. »Arglosigkeit« bedeutet, keine bösen Absichten gegenüber anderen zu hegen. Vielleicht ist solche Arglosigkeit in einer Welt notwendig, in der alle mit dem Wissen leben, dass die Menschen nicht nur die Fähigkeit besitzen, einander im Namen des Krieges als gesichtlose und nahezu unzählige Menschenmassen zu töten, sondern auch immer wieder von ihr Gebrauch gemacht haben.

wenn Staaten sich die Option eines Angriffs zur Verhinderung eines Angriffs, also eines defensiven Präventivschlages, vorbehalten wollen, worauf sie nicht ohne weiteres verzichten werden. Das gilt ebenso dann, wenn Staaten wegen der genannten externen Effekte von Kriegen und/oder aus humanitären Gründen die Option eines Angriffskrieges »zweiter Ordnung«, also eines Krieges zur Verhinderung oder Beendigung von Kriegen (das Problem der *out of area*-Einsätze der Bundeswehr) nicht aus der Hand zu geben bereit sind. Diese Probleme ließen sich institutionell allenfalls dann lösen, wenn eine strikte Kompetenztrennung durchgesetzt werden könnte zwischen einzelstaatlich geführten Verteidigungskriegen und durch supranationale Körperschaften (UN) autorisierten Kriegsbekämpfungskriegen. Selbst wenn das Problem der Zusammenset-

Die Internationalisierung der Sicherungspolitik

Ein Merkmal moderner Verteidigungspolitik ist ihre doppelte Internationalisierung. Damit ist zum einen gemeint, dass nicht erst im Zeitalter der Weltkriege der Krieg zwischen Staaten*bündnissen*, »Achsen« und Allianzen stattfindet, die sich, typischerweise unter der Führung einer Hegemonialmacht, als (potentielle) Angreifer und Verteidiger gegenüberstehen (im Kalten Krieg also NATO und Warschauer Pakt). In einem weiteren Sinne soll unter »Internationalisierung« der Verteidigungspolitik verstanden werden die Entwicklung bi- und multilateraler, regionaler oder globaler Friedens- und Abrüstungsverträge und entsprechender Organisationen (z.B. Organisation für Sicherheit und Zusammenarbeit in Europa, OSZE). Solche Zusammenarbeit kann durch den zu vermeidenden Schrecken des modernen Krieges für die Kriegsparteien und ihre Bevölkerungen selbst, darüber hinaus aber auch dadurch motiviert sein, dass moderne Kriege in allen ihren Varianten (Nuklearkriege, konventionelle Kriege, Bürgerkriege), verheerende Folgen auch für nichtbeteiligte Staaten und ihre Bevölkerungen haben (radioaktiver *fallout*, Flüchtlingswellen, die Kosten unabweisbarer Hilfeleistungen für den Wiederaufbau).

Die Sanktionierung solcher Verträge stellt die Partner allerdings vor spezifische strategische Probleme. Zum einen geht es um das (technisch offenbar bemerkenswert schwierige, vgl. die UN-Sanktionen gegen den Irak) Problem der »Verifikation«, also der Feststellung, ob die vereinbarten Grenzwerte der Rüstung tatsächlich eingehalten werden. Zweitens um das *moral hazard*-Problem: Wenn »ich« mich nicht an die Vereinbarung halte, während »alle anderen« es tun, steigen »meine« Aussichten, meine Kriegsziele zu erreichen, in u. U. verführerischer Weise steil an. Drittens und als Resultat das Problem der Sanktionierung von Vertragsverletzungen: bleibt die Verifikation erfolglos und kommt der *moral hazard*-Effekt zum Zuge, dann müssen, wenn die Rechnung aufgehen soll, irgendwo militärische Sanktionspotentiale mit ausreichender Abschreckungswirkung in Reserve stehen, um die vertragsverletzende Partei zu bestrafen bzw. durch Abschreckung von der Vertragsverletzung abzuhalten. Aber diese Sanktionspotentiale sind, darin liegt das Dilemma, selbst Gegenstand der Abrüstungsvereinbarungen. Insofern scheint es verfrüht, von einer »nachmilitärischen Gesellschaft« zu sprechen (Shaw 1991).

17

zung des UN-Sicherheitsrates (oder auch analoger Gremien der NATO, WEU, OSZE, EU und ihrer projektierten Gemeinsamen Außen- und Sicherheitspolitik, GASP) und der in ihnen vorherrschenden nationalstaatlichen Eigeninteressen abgeschwächt werden könnte, so bliebe das Problem, dass die militärische Implementation der Kriegsbekämpfung unvermeidlich in die Hand eines oder weniger als »Weltpolizisten« auftretender Nationalstaaten (also der USA und ihrer in wechselnden Konstellationen verbündeten Staaten) gelegt werden müsste und deshalb deren Eigeninteressen, wie im Golfkrieg, maßgeblich zur Geltung kommen. Dies wiederum tut dem politisch-moralischen Kredit von »friedenssichernden«, kriegsbekämpfenden und humanitären Interventionen erheblichen Abbruch bzw. kann es politisch und moralisch anderen Sachwaltern regionaler Sicherheitsinteressen erlauben, nun ihrerseits und gleichsam als »Nachahmungstäter« Interventionsrechte in Anspruch zu nehmen.

Politisch und soziologisch ebenso bedeutsam wie der soeben skizzierte Komplex des internationalen Friedens ist der des *intra*nationalen Friedens. Kriege, so haben wir gesehen, werden in der Absicht geführt, gewaltsam die räumlichen Grenzen der Herrschaft zu verrücken bzw. einer solchen Gebietsaneignung durch eine fremde Macht Widerstand entgegenzusetzen. Im Falle des klassischen internationalen Krieges besteht das Kriegsziel darin, die Grenzen nach *außen* zu verlegen, also den territorialen Herrschaftsbereich des Angreifers zu *erweitern* (»Eroberung«). Die (typisch oft para-)militärischen Initiatoren revolutionärer oder sezessionistischer *Bürger*kriege dagegen unterbrechen den *inner*staatlichen Frieden – sei es, im revolutionären Fall, um eine Herrschaftsordnung des Gesamtstaates durch eine andere zu ersetzen, oder sei es, um im Inneren des Staatsverbandes neue Grenzen zu errichten und Teile des Staatsgebiets und Staatsvolks aus einem bisher bestehenden Herrschaftsverband herauszulösen bzw. umgekehrt reale oder zugeschriebene sezessionistische Absichten gewaltsam im Keim zu ersticken. In diese Kategorie gehören auch koloniale Befreiungskriege, in denen es historisch um die Verselbständigung »neuer« Nationen in Nord- und Südamerika, Afrika und Asien gegenüber einem (meist europäischen) kolonialen »Mutterland« ging.

Die Situation nach dem Ende des Kalten Krieges und des bipolaren Weltsystems lässt eine neue sicherheitspolitische Problematik der »neuen Welt*un*ordnung« (Jowitt 1992) in den Vordergrund treten. Zwar besteht außerhalb Europas die Aktualität bzw. die Gefahr bilateraler zwischenstaatlicher Kriege fort (Iran/Irak, Irak/Kuweit, Indien/Pakistan). Neu dagegen ist, dass die – wie Jugoslawien – aus der unmittelbaren und mittelbaren Blockdisziplin entlassenen mittel- und osteuropäischen Staaten sowie die transkaukasischen Staaten nun zur Szene des ethno-nationalistischen Separatismus und von Aspirationen werden, »neue« Staaten zu gründen, oder, in Antizipation solcher Bestrebungen, die Abspaltung zu verhindern.

Diese Bestrebungen haben überall (mit der wichtigen Ausnahme der »gewaltlosen Scheidung« der Slowakei von der Tschechischen Republik) zu dem Versuch der jeweiligen Zentralregierungen geführt, die abtrünnig werdenden und nationalstaatliche Autonomie anstrebenden Teile des Staatsgebiets und seiner Bevölkerung mit militärischer Gewalt (z.B. Tschetschenien) einschließlich einer an den Genozid heranreichenden Praxis der Vertreibung und der »ethnischen Säuberung« (Bosnien, Kosovo) an der Sezession zu hindern und so den Fortbestand der Integrität ihres Staates zu erzwingen. Außerhalb des Gebiets der ehemaligen Sowjetunion liegt die Initiative subnationalistischen und separatistischen Gewalthandelns typischerweise bei den nach Unabhängigkeit strebenden ethnischen Gruppen selbst, wobei dieses von Untergrundarmeen (IRA in Nordirland, ETA im Baskenland, PLO in Israel, UCK im Kosovo) oder klandestinen, mit terroristischen Mitteln operierenden Banden (Korsika) ausgetragen wird. Diesem Muster folgen auch im Geiste eines »heiligen Krieges« ausgeführte islamistische Anschläge auf repräsentative Einrichtungen der westlichen Zivilisation. Der Ausbreitung dieser militärischen Gewalt, die oft mehr auf die symbolische Dramatisierung fortbestehender Konfliktmaterien als auf ihre Lösung durch eine vereinbarte ethno-territoriale Neuordnung hinausläuft, mag paradoxerweise die Tatsache Vorschub leisten, dass ein dichtes Netz von supranationalen Agenturen und Verhandlungssystemen bereitsteht, das durch erwartbare Gewährung von humanitären Hilfeleistungen, von Beistand beim Wiederaufbau kriegszerstörter Ökonomien und durch militärische Interventionen den Konfliktparteien die eventuell disziplinierende Sorge um die Folgen ihres (selbst)zerstörerischen Gewalthandelns jedenfalls teilweise abnimmt. Diesen neuen, ethnisch oder religiös motivierten Konfliktformen gegenüber ist der Typus »revolutionär« legitimierter militärischer Angriffe auf bestehende staatliche Herrschaftsverbände aus Europa praktisch verschwunden und auch in Lateinamerika deutlich auf wenige verbleibende Fälle (Mexiko, Peru, Kolumbien) zurückgegangen. Was dagegen rapide zunimmt, ist das Phänomen nicht-staatlicher organisierter Gewaltsamkeit (von Bredow 1997:171). Dem entspricht die Rolle, die nicht-staatlichen Organisationen (**NGO**) bei der Prävention, Einhegung und Beilegung solcher Konflikte zumindest zugedacht wird.

Sowohl die Interessen, die Staaten gegen andere Staaten haben, wie die Mittel, mit denen andere Staaten diese Interessen bedrohen, sind am Ende des 20. Jahrhunderts immer weniger in Kategorien militärischer Gewalt zu fassen. Wenn sich Staat A in die Lage versetzen möchte, die Rohstoffe, Arbeitskräfte und Märkte auf dem Gebiet von Staat B zu nutzen, dann stehen ihm neben den »groben«, oft ineffektiven und schlechthin illegitimen Mitteln der gewaltsamen militärischen Eroberung die Handlungsalternativen der ökonomischen »Eroberung« durch entsprechende Handels-, Währungs-, Entwicklungs- und Investitionspolitiken oder auch der politisch-kulturellen »Eroberung« zur Verfügung. Schon die Bedrohungssituation im Kalten Krieg war durchaus asymmetrisch: Der Osten bedrohte den Westen mit militärischen Mitteln, hatte aber spätestens seit dem August 1968 (Einmarsch der Warschauer Pakt-Truppen in Prag) die Reste eines moralisch-politischen Kredits im Westen verloren. Der Westen bedrohte den Osten nicht nur militärisch, sondern zusätzlich durch die schleichenden subversiven Effekte eines Lebensmodells, das durch Meinungs- und Konsumfreiheit sowie relative Prosperität und Sicherheit gekennzeichnet war und (vor allem im geteilten Deutschland) der »anderen Seite« kontinuierlich und über die elektronischen Medien als eine vorzugswürdige Alternative präsentiert wurde. Die Bedrohungen, die Staaten gegen andere Staaten zur Wirkung bringen, sind heute ganz überwiegend von einer Natur, die den Einsatz militärischer Abwehr- oder Sanktionsmittel schlicht zu einem Kategorienfehler machen. Zu diesen Bedrohungen gehören:

– klimatische und ökologische externe Effekte der internen Land- und Ressourcennutzung (z.B. der Abholzung tropischer Wälder in Brasilien, Schadstoffbelastung oder nationalstaatliche »Privatisierung« von internationalen Flüssen, z.B. Nil, Euphrat mit massiven Auswirkungen auf die nationalen Wasserhaushalte u. U. weit entfernter Länder);
– Migrationswellen, die durch lokale Kriege, politische Repression, Menschenrechtsverletzungen oder relative Verarmung von nationalen Bevölkerungen ausgelöst werden;
– mehr oder weniger absichtsvolle religions- und kulturpolitische Einflussnahmen, die vor allem auf dem Wege über transnationale elektronische Kommunikationsmedien (Radio, Fernsehen, Internet) die »Identität« nationaler Bevölkerungen unter Stress setzen und deren Loyalität gegenüber ihren nationalen Regimes schwächen;
– und illegale Märkte für Drogen und Waffen, durch die Gesundheit und Sicherheit einheimischer Bevölkerungen gefährdet werden, und die diese Märkte betreibende »organisierte Kriminalität« (vgl. Zürn 1998).

Diese Typen von Gefährdungs- und Bedrohungsverhältnissen und der aus ihnen resultierenden Konflikte sind statt mit militärischen Mitteln nur mit solchen einer »Welt-Innenpolitik« aussichtsreich zu bearbeiten, in der die Komponenten der interkulturellen Verständigung und der supranationalen regulativen Politik auf den Gebieten der Sicherung der Menschenrechte, der Kriegsverhinderung und der Klima- und Ressourcensicherung eine herausragende Rolle spielen. Außer mit entwicklungspolitischen können diese Ziele nur mit polizeilichen (im Gegensatz zu militärischen) Mitteln durchgesetzt werden. Dabei unterscheiden sich polizeiliche von militärischen Mitteln dadurch, dass jene die Herrschaftsordnung einer politischen Gemeinschaft intern zu festigen bestimmt sind, der Einsatz dieser aber dazu bestimmt ist, die Herrschaftsordnung einer externen politischen Gemeinschaft zu übermächtigen und zu zerstören.

17

Zusammenfassung

1. Die zentralen Themen der politischen Soziologie als eines interdisziplinären Forschungsfelds sind die institutionelle Ordnung politischer Herrschaft, ihre Funktionen und die sozialen Determinanten des Wandels dieser Ordnung. Hierbei stehen vor allem kollektive Akteure im Mittelpunkt, insofern sie in Verfolgung ihrer ideellen und materiellen Interessen Herrschaft ausüben bzw. die Herrschaftsausübung beeinflussen wollen.
2. Unter »normaler« Politik ist ein institutionalisiertes Konflikthandeln mit dem Ziel der Kontrolle öffentlich relevanter Entschei-

dungsprozesse zu verstehen, wobei die Beteiligten – im Vertrauen darauf, dass dies auch von den anderen gesehen wird – die Regeln der Konfliktaustragung und hier vor allem das Gewaltverbot beachten. Die Einigkeit über die Einhaltung der Regeln basiert auf deren Fairness, aber auch darauf, dass alle Bürger ein Gefühl der gleichberechtigten Zugehörigkeit zur jeweiligen politischen Germeinschaft entwickeln.
3. »Normale« Politik im Sinne von Max Webers »legitimer Herrschaft« impliziert die Anerkennung einer Gehorsamspflicht seitens

der Herrschaftsunterworfenen. Die Gehorsamspflicht kann ihre Grundlage haben in bestimmten Traditionen, in der begeisternden und motivierenden Persönlichkeit des Herrschers oder im Vorhandensein prozeduraler Regeln, denen ein moralischer Wert zugeschrieben wird. In der Politikwissenschaft umstritten ist dabei die Frage, ob der Bestand von Herrschaft von der Gehorsamspflicht *aller* Bürger abhängig ist oder – wie dies Weber vermutlich sah – von der Gehorsamspflicht der relevanten Personen *im Verwaltungsstab* des Herrschers.

4. Die Forschungspraxis zur Normalität des Gehorsams der Herrschaftsunterworfenen hat sich dabei in zwei prinzipiell zu unterscheidende Richtungen aufgespalten. Während die Einstellungsforschung mit zumeist quantitativen Methoden den Grad des Legitimitäts*glaubens* der Bürger untersucht, wird innerhalb der politischen Philosophie und Theorie nach *Gründen* für jenen Legitimitätsglauben gesucht, wobei hier wesentliche Prinzipien wie die Gleichheit aller Bürger, die Offenheit politischer und rechtlicher Verfahren, der Schutz der Menschenwürde und die rechtliche, soziale und militärische Sicherheit der Bürger hervorgehoben werden.

5. Max Weber hat scharf zwischen Macht und Herrschaft unterschieden. Während Herrschaft ein hierarchisches Verhältnis darstellt, das durch Gehorsam vermittelt und stabilisiert wird, ist Macht ein Verhältnis, das gerade nicht auf der Zustimmung der Machtunterworfenen basiert, sondern das durch Gewalt, Drohungen, Täuschungen etc. gekennzeichnet ist und auch außerhalb politischer Zusammenhänge seinen Ort hat. Freilich ist Macht nicht rein negativ zu werten, weswegen es wichtig ist, die Differenzierung zwischen »Macht über« und »Macht zu« beizubehalten. Politisch-soziologisch von höchstem Interesse ist jedenfalls die Frage, welche Bedingungen vorliegen müssen, damit Macht in Herrschaft transformiert werden kann.

6. Die politisch-soziologische Machtforschung hat immer auch nach dem sozialen Ort der Macht gesucht. In diesem Zusammenhang wurden vier unterschiedliche theoretische Positionen entwickelt: Klassentheorie, elitentheoretische und pluralistische Ansätze liefern je unterschiedliche Beschreibungen von Macht in modernen (kapitalistischen) Gesellschaften. Eine vierte Position stellt vor allem die *verborgenen* Wirkungsmechanismen der Macht ins Zentrum ihrer Analysen: Sie thematisiert Phänomene wie das »Agenda-Setting« oder ein durch verschiedenste Methoden bewirktes, nichtsdestoweniger aber systematisches Unterbinden demokratischer Diskussionen.

7. Der Staat ist die Gesamtheit der Institutionen, in denen Herrschaftsbefugnis ausgebildet und verwendet wird. Ihm gegenüber stehen die Institutionen der Zivilgesellschaft, womit sich die Frage nach dem Verhältnis beider stellt. Die älteste Funktion des Staates im Hinblick auf die Zivilgesellschaft ist die Schutzgewährung für Leib und Leben der Bürger, eine Funktion, die sich immer weiter ausgedehnt hat und – im Rahmen wohlfahrtsstaatlicher Regelungen – nun auch die Idee und Praxis sozialer Sicherung umfasst. Umgekehrt ist der Bürger zu Gegenleistungen für diese staatlichen Schutz- und Sicherungsfunktionen verpflichtet, was z.B. am Bestand der Wehr-, Steuer- und Schulpflicht deutlich wird. Die Zukunft wird zeigen, inwiefern der Staat angesichts *globaler* Probleme weiterhin jene Schutzfunktionen erfüllen und somit auch Gegenleistungen der Bürger fordern kann.

8. Zwischen Gesellschaft und Staat vermitteln Kollektivakteure, wobei in erster Linie zwischen Parteien, Verbänden, sozialen Bewegungen und Medien zu unterscheiden ist. Der Staat wirkt auf die Gesellschaft vor allem mittels der öffentlichen Verwaltungen ein, deren Arbeitsweisen – je nach konditionaler oder finaler Programmierung – sehr unterschiedlich sein können. Mit der Ausdehnung der Leistungsverwaltung im Rahmen des Ausbaus des Wohlfahrtsstaats haben sich neue Probleme ergeben; diskutiert wird in diesem Zusammenhang vor allem die überbordende Bevormundung durch den Staat, die eine verantwortliche Lebensführung der Bürger zu bedrohen scheint.

9. Nation ist eine Größenordnung politischer Vergemeinschaftung, die zwischen jener des »Stammes« und jener des »Imperiums« bzw. anderer Varianten multinationaler Vergemeinschaftung liegt. Die Bildung von Nationalstaaten ist auf dem europäischen Kontinent *der* Modernisierungsprozess des 19. Jahrhunderts. Die Nationalstaatsbildung hat sich dabei in zwei Formen abgespielt, entweder als Zusammenschluss kleinerer Einheiten zu einer Nation oder als Herauslösung von Nationen aus einer imperialen Herrschaftsordnung. Die Selbstbeschreibung von Nationen, ihr Diskurs über die Ziele und normativen Gehalte des Nationenbildungsprozesses, kann dabei entlang der Achse Staatsnation *vs.* Kulturnation analysiert werden: Während in Staatsnationen die Einheit der Nation politisch auf der Basis universalistischer Prinzipien gedacht wird, konstituiert sich in Kulturnationen diese Einheit auf der Grundlage vorstaatlicher bzw. vorpolitischer Merkmale wie der Existenz von eingelebten Bräuchen und Traditionen, einer gemeinsamen Sprache und erlebten Geschichte usw. Eine der interessantesten diesbezüglichen Forschungsfragen wird sein, wie sich diese je unterschiedlichen Selbstbeschreibungsdiskurse angesichts von globalen Entwicklungstrends behaupten werden.

10. Sozialwissenschaftliche Forschungen zur Demokratie konzentrieren sich auf mehrere fundamentale Fragen. Untersucht wird unter anderem die institutionelle Grundausstattung von Demokratien, die dort zu findenden je unterschiedlichen Regeln und Institutionen und ihre Bindungswirkung. Ein weiterer Forschungsschwerpunkt zielt auf die Ergebnisse demokratischer Verfahren, also darauf, inwieweit diese Verfahren zum friedlichen Ausgleich zwischen den Nationen, zu zivilen Umgangsformen zwischen den Bürgern eines Staates, zur Verringerung sozialer Ungleichheit usw. beitragen. Schließlich wird nach den Entstehungs- und Bestandsvoraussetzungen von Demokratien gesucht, wobei sich hier zeigte, dass sowohl auf langfristige Prozesse und Strukturen als auch plötzliche Ereignisse bzw. folgenreiche Entscheidungen zu achten ist.

11. Staaten existieren immer zusammen mit anderen Staaten, so dass die Möglichkeit einer gewaltsamen, d.h. kriegerischen Auseinandersetzung zwischen diesen nicht ausgeschlossen kann. Soziologisch gesehen ist der Krieg ein organisiertes Gewalthandeln, ausgeführt von souveränen Staaten mittels ihrer militärischen Verbände, das gegen einen oder mehrere andere Staaten gerichtet ist. Die Existenz des Militärs erzwingt die Frage nach seiner Stellung in der jeweiligen Gesellschaft, also nach dem Einfluss des Militärs, der im Extremfall eine durchdringende Militarisierung der Gesellschaft bewirken kann. Zu erwähnen ist, dass sich in vielen Ländern pazifistische Bewegungen immer wieder jener Militarisierung ihrer Gesellschaften und erst recht der Führung von (Angriffs-)Kriegen entgegengestellt haben.

12. Internationale Bemühungen um die Eindämmung und Verhinderung von Kriegen stehen immer vor dem Problem, dass es äußerst schwierig ist, Vertragsbrüche etwa in Bezug auf Abrüstungsvereinbarungen und Friedensabkommen zu sanktionieren. Es fehlt hierzu eine unumstrittene und unparteiliche Weltorganisation mit tatsächlicher Handlungsmacht. Zudem ist die Unterscheidung zwischen Angriff und Verteidigung im Feld der internationalen Beziehungen oft schwer zu treffen, so dass die Anwendbarkeit von Sanktionen innerhalb der »Weltgemeinschaft« nicht selten strittig sein dürfte. In verschiedenen Teilen der Welt wird heute angesichts von ethnischen Säuberungen der *intra*nationale Friede immer wichtiger, zu dessen Herstellung und Wahrung bislang aber die adäquaten politischen Instrumente fehlen.

Wiederholungsfragen

1. Benennen Sie Max Webers drei Typen legitimer Herrschaft!
2. Versuchen Sie den Begriff der Herrschaft von dem der Macht abzugrenzen!
3. Skizzieren Sie kurz die genauen Unterschiede zwischen klassentheoretischen, elitentheoretischen und pluralistischen Ansätzen zur sozialen Verortung von Macht!
4. Definieren Sie den Begriff »Staat«!
5. Was ist mit finaler bzw. konditionaler Programmierung des Verwaltungshandelns gemeint?

6. In welchen geographischen Regionen Europas vermuten Sie Selbstbeschreibungen von Nationen, die dem Typus »Staatsnation« nahe kommen?
7. Welche Merkmale müssen Ihrer Meinung nach alle Demokratien gemeinsam haben, damit sie zu Recht als *demokratische* Gemeinwesen bezeichnet werden können?
8. Nennen Sie einige makrosoziologische Folgen von Kriegen!

Übungsaufgaben

1. Begründen Sie, warum es für die politisch-soziologische Analyse so wichtig sein kann, den Ausnahmezustand genau zu analysieren! Was ist unter »normaler« Politik zu verstehen?
2. Diskutieren Sie anhand aktueller Beispiele, welchen herausragenden politischen Figuren das Attribut »Charisma« zuzusprechen ist! Kann bei diesen von Ihnen gefundenen Fällen stets vom Vorliegen einer charismatischen Herrschaftsform gesprochen werden?
3. Lässt sich »Macht zu« immer deutlich von »Macht über« abgenzen? Finden Sie Beispiele zu diesen Machttypen und erläutern Sie mögliche Überlappungen!
4. Im Text ist vom »Staat« die Rede bzw. von der Entgegensetzung von Staat und Zivilgesellschaft. Gibt es in verschiedenen Ländern Auffassungsunterschiede hinsichtlich des dort herrschenden Verständnisses von den Aufgaben und Funktionen des Staates? Nennen Sie Länder, in denen Ihrer Meinung nach ein anderes Staatsverständnis vorherrscht als in Deutschland!
5. Diskutieren Sie Probleme, die sich ergeben könnten, wenn man versuchen würde, das T.H. Marshallsche historische Stufenschema zur Rechtsentwicklung (vom Rechtsstaat über den demokratischen zum Wohlfahrtsstaat) auf Deutschland anzuwenden.
6. Wie erklären Sie sich das plötzliche Aufbrechen von ethnischen Konflikten im Gebiet des früheren sowjetischen Herrschaftsbereichs?
7. Nach Kant führen demokratische Staaten nicht gegeneinander Krieg. Warum nicht? Sind die von Kant angegebenen Gründe und Mechanismen Ihrer Meinung nach überzeugend?

Glossar

Bürokratie Verwaltungsstab, in dem leidenschaftslos und regelgeleitet agierende »Beamte« den Willen der Inhaber der Herrschaftsgewalt zur Geltung bringen und durchsetzen.

Charismatische Herrschaft Form der legitimen Herrschaft, bei der die Folgebereitschaft der Herrschaftsunterworfenen oder der Angehörigen des Verwaltungsstabes des Herrschers auf dem Glauben an die außergewöhnlichen persönlichen Gaben und Taten der Herrscher beruht.

Demokratischer Staat Politisches System, in dem die Freiheitsrechte (unter ausdrücklichem Einschluss der politisch wirkenden Grundrechte) wirksam durchgesetzt sind und ein echter politischer Wettbewerb garantiert ist.

Korporatismus Staatlich anerkannte Verhandlungssysteme von Verbänden (siehe dort), deren Verhandlungsergebnisse (wie im Fall der Verhandlungen zwischen Gewerkschaften und Arbeitgebern) denselben Status haben wie Rechtsnormen. Ihnen wird die günstige Wirkung der Staatsentlastung und der Dämpfung bzw. Entpolitisierung gesellschaftlicher (Verteilungs-)Konflikte zugeschrieben.

Krieg Durch souveräne Staaten mittels ihrer militärischen Verbände organisiertes Gewalthandeln, das gegen andere Staaten gerichtet ist und durch das anderweitig nicht zu befriedigende Ansprüche der Kriegführenden durchgesetzt werden sollen.

Legal-rationale Herrschaft Form der legitimen Herrschaft, bei der die Folgebereitschaft der Herrschaftsunterworfenen oder der

17

Angehörigen des herrschaftlichen Verwaltungsstabes durch die Überzeugung motiviert ist, dass die Maßnahmen der Herrscher rechtlich geregelt sind.

Legitime Herrschaft H. (engl. *authority*) als ein hierarchisches Verhältnis ist dann legitim, wenn die Herrschaftsunterworfenen ihr in der Einstellung des Gehorsams begegnen, wobei die Folgebereitschaft gegenüber dem Herrscher durch den Glauben motiviert ist, dass die Einschränkungen, die jede H. den Bürgern auferlegt, ihren guten Sinn haben und deshalb als verpflichtend anerkannt werden müssen.

Macht M. ist ein Verhältnis, in dem das vom Machthaber gewünschte Verhalten der Machtunterworfenen nicht durch deren eigene Zustimmung zustande kommt, sondern durch Drohung, Manipulation, Erpressung etc. vermittelt ist. M. basiert auf der strategischen Nutzung von asymmetrisch verteilten Handlungsressourcen und kommt keineswegs nur in politischen Zusammenhängen vor. Zu unterscheiden ist zwischen »M. über« und »M. zu«.

Medien Gehören zu den Akteuren, die die Gesellschaft gegenüber den Trägern politischer Herrschaft repräsentieren. Sie erzeugen Aufmerksamkeit für politische Probleme, Entwicklungen und Programme, tragen zur Meinungs- und Urteilsbildung bei und erfüllen für Parteien, Verbände und soziale Bewegungen eine Verstärkerfunktion. Ihre Rolle hängt von ihren Inhalten ab, die von einer ganzen Reihe von Faktoren beeinflusst werden, insbesondere aber vom Grad der Unabhängigkeit (inneren Freiheit) der Redaktionen.

Nation Politische Vergemeinschaftungsform, deren Größenordnung zwischen jener des »Stammes« und jener multinationaler politischer Gemeinschaften liegt. Das Gefühl der Zugehörigkeit zu einer Nation kann dabei politisch-universalistisch oder ethnisch-kulturell vermittelt sein.

NGOs (*Non-Governmental Organizations*) Nichtstaatliche Organisationen der Zivilgesellschaft (siehe dort), die sich vor allem in den Bereichen Entwicklungspolitik, Menschenrechte, Armutsbekämpfung, soziale Gerechtigkeit und Ökologie engagieren. Zu den NGOs gehören u.a. politische Stiftungen, private Vereinigungen und die Kirchen. In Deutschland erhalten einige von ihnen öffentliche Zuschüsse. Alle NGOs legen Wert auf Unabängigkeit vom Staat, Transparenz, klare Ziele und offene Mitgliedschaft.

Parteien Als Träger der territorialen Repräsentation operieren P.en auf dem gesamten Staatsgebiet mit dem Ziel des Wahlerfolgs, der ihnen die Entsendung von Abgeordneten in Parlamente und gegebenenfalls die Beteiligung an Regierungen erlaubt.

Staat Gesamtheit der Institutionen, in denen Herrschaftsbefugnis ausgebildet und verwendet wird; das Gegenüber der Zivilgesellschaft (siehe dort).

Totalitäre Staaten Systeme, in denen der politische Wettbewerb ausgeschaltet ist und die Freiheitsrechte systematisch dadurch verletzt werden, dass die Herrschenden umfassend jeden Lebensbereich ihrer Bürger kontrollieren.

Traditionale Herrschaft Form der legitimen Herrschaft, bei der die Folgebereitschaft der Herrschaftsunterworfenen oder der Angehörigen des herrschaftlichen Verwaltungsstabes auf der Überzeugung basiert, daß die Maßnahmen des Herrschers althergebrachten und deshalb so selbstverständlichen wie unveränderlichen Praktiken folgen.

Verbände Diese sind Träger der »funktionalen« Repräsentation, insofern sie sich bei ihrer Tätigkeit an sozial und sachlich begrenzten »Domänen« orientieren. Das Organisationsziel der V. besteht in der Verteidigung und Durchsetzung von relativ partikularen Mitgliederinteressen.

Verfassung Normativ geregelte Beziehungen zwischen dem Staat und den nichtstaatlichen Teilen der Gesellschaft. Sie beschreibt (in Deutschland das Grundgesetz) vier *Verhältnisse*: die Grundrechte der Staatsbürger, die Beziehungen zwischen Gesellschaft und Staatsgewalt, die Beziehungen zwischen den Verfassungsorganen und die staatlichen Gestaltungsaufgaben.

Zivilgesellschaft Gesamtheit der *nicht*staatlichen Kooperationsformen, durch die verantwortlich handelnde Bürger einen Teil ihrer gemeinschaftlichen ökonomischen und kulturellen Interessen verfolgen.

17

Kapitel 18

Globale Integration und globale Ungleichheit

Inhalt

D ie Reichen werden immer reicher und die Armen immer ärmer.« In der Regel wenden wir diese Binsenweisheit auf Individuen und Familien an, die gewöhnlich im Mittelpunkt von Untersuchungen zur sozialen Schichtung stehen (siehe Kapitel 9). Doch die Begriffe »reich« und »arm« charakterisieren auch die diversen Gemeinwesen eines Landes und ganze Länder. So ist Dahlem in Berlin reicher als Kreuzberg, Baden-Württemberg reicher als Mecklenburg-Vorpommern und Deutschland reicher als etwa Mali oder der Sudan. Das heißt nicht, dass es in Dahlem, Baden-Württemberg oder Deutschland insgesamt keine Armen und in Mali oder im Sudan keine wohlhabenden oder gar reichen Leute gäbe. Doch im Durchschnitt verfügen die Menschen in armen Regionen über weniger Geld, und für öffentliche Aufgaben wie den Bau von Schulen, Krankenhäusern und Straßen ist weniger Geld vorhanden. Hinzu kommt, dass Reichtum und Macht der europäischen, nordamerikanischen und anderer Industrieländer (insbesondere Japans) zugenommen haben (»die Reichen werden immer reicher«), während viele arme unterentwickelte Länder in eine wirtschaftliche, ökologische oder politische Krise nach der anderen geschlittert sind, die jeden Fortschritt, den sie inzwischen erzielt hatten, wieder zunichte machten (»die Armen werden immer ärmer«). Tatsächlich wächst die Kluft zwischen den reichen und armen Ländern ständig: Während das Pro-Kopf-Einkommen des reichsten Fünftels der Weltbevölkerung 1970 dreißig Mal so hoch war wie das des ärmsten Fünftels, betrug es 1989 bereits das sechzigfache. Mithin holt sich das reichste Fünftel 80 Prozent vom »globalen Kuchen«, während sich das ärmste Fünftel mit Brosamen (1,4 Prozent) begnügen muss (*United Nations Development Program*, UNDP 1999).

Kaum etwas könnte diese Diskrepanzen eindringlicher demonstrieren als der Kontrast zwischen Deutschland und Mali. Die Hochhäuser im Bankenviertel in Frankfurt am Main und die neuen Prachtbauten im Zentrum Berlins zeugen vom Aufstieg transnationaler Konzerne seit dem Zweiten Weltkrieg. Die Läden und Boutiquen der Edelmarken an den Prachtstraßen Kurfürstendamm in Berlin, Champs-Élysées in Paris, Fifth-Avenue in New York und Bond Street in London dienen dem Luxuskonsum der Superreichen. Für ein Zimmer in einem Fünfsternehotel kann man 200 € und mehr ausgeben; und ein Gourmet-Dinner für zwei Personen ist nicht unter 100 € zu haben. Die Besucher drängen sich vor den Theatern und in den Ausstellungsräumen der Luxusläden. Trotz aller unleug-

baren sozialen Probleme sind die großen Städte Europas und Nordamerikas die Zentren des Reichtums der Welt.

Ganz anders die Verhältnisse in Mali, einem Land in Westafrika: Mit einem Bruttosozialprodukt (BSP) von nur 270 US-$ pro Kopf ist Mali eines der ärmsten Länder der Welt (Nohlen 2000). Im Schnitt verdient eine Sekretärin in Manhattan in einem Jahr mehr als ein Malier in seinem ganzen Leben. In Mali liegt die mittlere Lebenserwartung bei 46 Jahren; jedes zweite Kind stirbt vor dem fünften Lebensjahr (vgl. dazu Kap. 19). Seit 1970 ist Mali von zwei größeren Dürren mit rasch um sich greifenden Hungersnöten heimgesucht worden. Mehr als 68 Prozent der Erwachsenen sind Analphabeten, und weniger als 20 Prozent der Kinder gehen zur Schule. Die wenigen jungen Menschen, die eine weiterführende Schule besucht haben, finden zu Hause häufig keine Arbeit und sind gezwungen, als Saisonarbeiter oder auf Dauer ins Nachbarland Elfenbeinküste oder nach Frankreich auszuwandern, wo sie meist niedrige Arbeiten verrichten.

Malis heutige Armut steht im schroffen Gegensatz zu

Mehr denn je sind Nationalstaaten Teil eines *funktional integrierten* Weltsystems, so dass alles, was in einem Land oder einer Region geschieht, auch alle anderen mit betrifft. Ein tragisches Beispiel ist AIDS. In entlegenen Teilen Afrikas entstanden, hat sich die Krankheit rund um den Globus verbreitet, zum Teil dank eines Transportsystems, das Weltreisen relativ leicht und zu etwas Alltäglichem macht. Kein Land ist gegen sie gefeit. Ob ein Land mit der AIDS-Epidemie fertig wird, hängt nicht nur von der Entwicklung seiner Gesundheits-, Bildungs- und Kommunikationseinrichtungen, sondern auch von *kulturellen* Faktoren ab. Das alles sind Indikatoren globaler Ungleichheit. Es folgt zunächst eine Skizze der Entwicklungsindikatoren der Weltbank und ein Überblick über das Erbe des Kolonialismus. Anschließend betrachten wir, wie drei führende soziologische Theorien die Kluft zwischen entwickelten und unterentwickelten Ländern erklären: die *Modernisierungstheorie*, die die Rolle *kultureller* Faktoren betont, die *Dependencia-Theorie*, die von *Macht*beziehungen ausgeht, und der *Weltsystemansatz*, der auf die globale *Sozialstruktur* abhebt. Schließlich sehen wir uns als eine der Erfolgsgeschichten in der Dritten Welt Südkorea an, ein Land, das belegt, dass Entwicklung durch *soziales Handeln* möglich ist.

18

Tabelle 18.1: Globalisierung auf einen Blick

Indikator	Trend
Welthandel	Von 1950 bis 1998 stieg der weltweite Güterexport von 311 Mrd. auf 5,4 Bio. US-$ auf das 17-fache, während die Weltwirtschaft nur um das 6-fache expandierte. Auch die Dienstleistungsexporte haben in den letzten Jahrzehnten von 467 Mrd. (1980) auf 1,3 Bio. US-$ (1997) zugenommen und machen heute fast ein Fünftel des gesamten Welthandels aus.
Private Investitionen/ Kapitalströme	Von 1970 bis 1998 nahmen die direkten Auslandsinvestitionen weltweit von 44 auf 644 Mrd. US-$ zu. Allein der Kapitalfluss in die Entwicklungsländer hat sich zwischen 1970 und 1998 von 21 auf 227 Mrd. US-$ verelffacht, wobei sich der Anteil aus privaten Quellen in diesem Zeitraum verdoppelt hat und inzwischen 88 Prozent erreicht.
Transnationale Konzerne	(TNCs) Von 1970 bis 1998 stieg die Zahl der TNCs weltweit von 7.000 auf schätzungsweise 53.600 mit rund 449.000 ausländischen Töchtern. Der Auslandsumsatz der TNCs wächst gegenwärtig um 20 bis 30 Prozent schneller als ihre Exporte. Ihre ausländischen Töchter erzielten 1997 einen Umsatz von 9,5 Bio. US-$, der somit um fast 50 Prozent höher lag als der gesamte weltweite Export.
Seetransport	Von 1955 bis 1998 stieg die Tonnage der zur See transportierten Güter um mehr als das 6-fache auf 5,1 Mrd. BRT. Im Zeitraum von 1920 und 1990 fielen die Seefrachtkosten pro Einheit um 70 Prozent (in Dollarpreisen von 1990).
Flugverkehr/ Lufttransport	Von 1950 bis 1998 nahm die Zahl der Personen-Kilometer im internationalen Flugverkehr von 28 Mrd. auf 2,6 Bio. fast um das 100-fache zu. Auch die Luftfracht schnellte in diesem Zeitraum von 730 Mio. auf 99 Mrd. Tonnen-Kilometer in die Höhe. Zwischen 1930 und 1990 fielen die Durchschnittskosten pro Meile Luftfracht von 68 auf 11 US-Cent (in Dollarpreisen von 1990).
Tourismus	Von 1950 bis 1998 nahm die Zahl internationaler Touristen von 25 auf 635 Mio. um das 25-fache zu. Etwa 2 Mio. Menschen überqueren heute jeden Tag eine internationale Grenze, gegenüber nur 69.000 im Jahr 1950.
Flüchtlinge	Von 1961 bis 1998 stieg die Zahl der internationalen Flüchtlinge, die die Kriterien für U.N.-Hilfe erfüllen und sie erhalten, von 1,4 auf 22,4 Mio. auf das 16-fache. Heute erreicht die Gesamtzahl der Flüchtlinge weltweit – einschließlich der intern zwangsumgesiedelten Personen, Asylsuchenden und in flüchtlingsähnlichen Situationen lebenden Menschen – 56 Mio.
Telefon	Von 1960 bis 1998 stieg die Zahl der Leitungen, die nicht-zellgebundene Telefone direkt mit dem globalen Telefonnetz verbinden, von 89 auf 838 Mio. um mehr als das 9-fache. In den Entwicklungsländern nahm die Zahl der Telefonanschlüsse je 100 Personen von nur 1 (1975) und 2 (1985) auf 6 (1998) zu. Die durchschnittlichen Kosten eines Drei-Minuten-Gesprächs von New York nach London fielen zwischen 1930 und 1990 von US-$ 244, 65 auf US-$ 3, 32 (in Dollarpreisen von 1990).
Internet/ Computer	Seit 1995 ist die Nutzung des Internets jährlich um etwa 50 Prozent gewachsen, nachdem sich seine Benutzerzahlen 15 Jahre lang jährlich mehr als verdoppelt hatten. 1998 waren ungefähr 43 Mio. Heim-PCs mit schätzungsweise 147 Mio. Personen mit dem Internet verbunden. Heute hat 1 von 40 Personen weltweit Internetzugang. Von 1960 bis 1990 fielen die durchschnittlichen Kosten pro Einheit Rechnerkapazität um 99 Prozent (in Dollarpreisen von 1990).
Nichtstaatliche Organisationen (NGOs)	Von 1956 bis 1998 nahm die Zahl der internationalen NGOs (Gruppen, die in zumindest drei Ländern operieren) um das 23-fache von nur 985 auf schätzungsweise 23.000 zu. Nach einer NGO-Untersuchung von 22 Ländern weltweit beläuft sich der gemeinnützige Sektor durchschnittlich auf 5,7 Prozent der nationalen Volkswirtschaft und beschäftigt 5 Prozent aller Arbeitskräfte.

Quelle: Hilary French, *Vanishing Borders: Protecting the Planet in the Age of Globalization.* New York: Norton, 2000: 3 f.

seiner reichen Geschichte als Wiege der westafrikanischen Zivilisation. Mali war im 13. Jahrhundert Rom kulturell und technisch ebenbürtig. Drei große Reiche – Ghana, Mali und Songhay – mit Ministern, Bürokraten, Schreibern und Hofmusikern blühten in seinen einstigen Grenzen. Alle drei, strategisch günstig an den Handelsrouten von Nordafrika durch die Sahara bis an die Küste von Guinea gelegen, waren Handels- oder »Marktimperien«. Ihr Reichtum beruhte vorwiegend auf dem Tausch von Gold, Elfenbein und Sklaven aus dem Süden gegen Pferde, Salz, Perlen und Tuch aus dem Norden. Die Könige von Ghana lebten in einer eigenen Königsstadt, wo sie Kaufleute aus ganz Nordafrika empfingen; die Keita-Dynastie regierte Mali länger als vier Jahrhunderte. Ihre sagenumwobene Stadt Timbuktu war im 15. Jahrhundert nicht nur ein Zentrum islamischer Gelehrsamkeit, sondern auch des transafrikanischen Handels. Doch Macht und Reichtum in einer Periode der Geschichte sind noch kein Garant für Macht und Reichtum in alle Zukunft.

Globalisierung – der internationale Geld- und Warenverkehr, aber auch die Informationsübertragung via Satellitenfunk und Internet, Treibhausgase und der grenzüberschreitende Flüchtlingsstrom – ist ein Faktum des heutigen Lebens geworden (French 2000). Gleiches gilt auch für die globale Ungleichheit. Um die neue Situation zu erklären, müssen Soziologen über den Tellerrand der Geschichte

18

einzelner Nationalstaaten wie Mali oder Deutschland hinauszublicken.

GLOBALE UNGLEICHHEIT: EIN ÜBERBLICK

Jedes Jahr sammelt die Weltbank Daten zu Entwicklungsindikatoren für Länder mit einer Million oder mehr Einwohnern, die sie entsprechend ihrem Bruttosozialprodukt pro Kopf in Volkswirtschaften mit niedrigem, mittlerem und hohem Pro-Kopf-Einkommen einteilt. (Das BSP ist ein Maß für das Ergebnis der ökonomischen Aktivitäten einer Volkswirtschaft. Es entspricht dem Wert aller in einer bestimmten Wirtschaftsperiode produzierten Waren und Dienstleistungen und addiert sich aus dem privaten und staatlichen Konsum, den Nettoinvestitionen und dem Saldo aus Export und Import.) Ausgewählte Länder aus jeder Gruppe zeigt

Tabelle 18.2. Die meisten Wissenschaftler, die globale Probleme untersuchen, stützen sich auf diese Daten. Doch wie alle Maße hat auch die Rangskala der Weltbank ihre Grenzen (Nohlen 2000).

Einkommensbasierte Rangskalen sind nicht unbedingt ein adäquates Maß für Entwicklung. Einige Länder mit hohem Pro-Kopf-Einkommen – vor allem die Wüstenscheichtümer mit großen Erdölreserven – sind relativ unterentwickelt. Nicht eingerechnet im BSP pro Kopf sind Waren und Dienstleistungen, die außerhalb des Lohnarbeitsmarkts produziert werden, vor allem Frauenarbeit. In armen Ländern bauen die meisten Menschen ihre eigenen Nahrungsmittel an, und die Frauen tragen die Hauptverantwortung für Aussaat, Ernte, Verarbeitung und Zubereitung – allesamt unverzichtbare wirtschaftliche Aktivitäten, die von den nationalen Rechnungswesen ignoriert werden. Zweifellos haben natürliche Ressourcen – nicht nur Erdöl und Bodenschätze, sondern auch Ackerland,

Tabelle 18.2: **Entwicklungsstufen und strukturelle Merkmale: Basisindikatoren 1998 (ausgewählte Länder)**						
	Bevölkerung (in Millionen 1998)	Fläche (in 1.000 qkm)	BSP pro Kopf US-$	mittlere jährliche Wachstumsrate	Lebenserwartung bei der Geburt (in Jahren)	Erwachsenenanalphabetismus (Prozent)
						Männer / Frauen
Volkswirtschaften mit niedrigem Pro-Kopf-Einkommen	3.515	42.695	520	2,1	63	22 42
Vietnam	78	332	330	2,8	68,5	5 11
Kenia	29	580	330	-0,9	52	13 28
Mali	11	1.240	250	2,2	50,5	57 72
Ägypten, Arab. Republik	61	1.001	1.290	3,3	66,5	35 60
Volkswirtschaften mit mittlerem Pro-Kopf-Einkommen	1.496	58.789	2.950	-1,5	69	10 16
Indonesien	204	1.905	680	-16,2	65	9 20
Bolivien	8	1.099	1.000	2,3	61,5	9 23
Tunesien	9	164	2.050	3,9	69,5	22 44
Türkei	63	775	3.160	...	69,5	8 26
Mexiko	96	1.958	3.970	3,0	72	8 12
Korea, Republik	46	99	7.970	-7,1	72,5	1 4
Volkswirtschaften mit hohem Pro-Kopf-Einkommen	885	32.082	25.510	1,1	77,5	... ...
Singapur	3	1	30.060	-0,4	76	4 13
USA	270	9.364	29.340	2,8	76	... ..
Deutschland	82	357	26.570	2,7 (BIP 1998)	77	... ...
Japan	126	378	32.380	-2,8	80	... ...

Quelle: Weltbank, *World Development Report 1999/2000*:230. New York: Oxford University Press, 1999.

Wälder und sauberes Wasser – einen Einfluss darauf, ob ein Land reich oder arm ist. Doch »natürlicher Reichtum« kann ein zweifelhafter Segen sein. Einer kürzlich erschienenen Studie zufolge investieren Länder, die natürliche Ressourcen exportieren, seltener in Industrien, Technologien, Know-how und Fertigkeiten, die notwendig sind, um auf dem Weltmarkt konkurrieren zu können. Maßgeblich sind die Import-Export-Muster. Im allgemeinen importieren reiche Länder Rohstoffe und exportieren Fertigprodukte und Kapital, während arme Länder Rohstoffe (und billige Arbeitskräfte) exportieren, Fertigprodukte (oft auch Nahrungsmittel) importieren und von ausländischen Investoren und Krediten abhängig sind. Arme Länder sind daher anfälliger für Schwankungen der globalen Nachfrage und der Weltmarktpreise. Auch erzeugen ihre Investitionen geringere Einkommen. So kostete 1992 in Indonesien die Herstellung eines Paars *Nike*-Schuhe, das in den USA für 45 bis 85 US-$ verkauft wurde, ganze 5,60 US-$. In Entwicklungsländern billig produzierte Sportschuhe avancieren durch Werbung zum Statussymbol und erzielen hohe Preise. *Nikes* gesamte jährliche Lohnkosten in seinen indonesischen Betrieben lagen 1992 unter den 20 Millionen US-$, die Michael Jordan von *Nike* für Produktwerbung erhalten haben soll.

Die Entwicklungsindikatoren der Weltbank berücksichtigen Kriterien wie Bildung, Stand der Gesundheitsfürsorge und mittlere Lebenserwartung. Andere Dimensionen wie die Lebensqualität spielen hingegen nur eine geringe Rolle. Eine dieser Dimensionen ist der Status der Frauen. Die Geschlechterdisparitäten sind in ihren Ausmaßen global. Weltweit, wenn auch in verschiedenem Maße, arbeiten Frauen täglich länger, verdienen weniger (sofern sie überhaupt bezahlt werden) und stellen seltener als Männer Fachkräfte, Manager und Verwaltungsbeamte – von der Bekleidung politischer Ämter ganz zu schweigen. An allzu vielen Orten der Welt haben sie noch immer nicht den gleichen Zugang zu Ausbildung und medizinischer Versorgung, sehen sich legaler Diskriminierung ausgesetzt und werden Opfer von Gewalt – von Genitalverstümmelung und ehelicher Gewalt bis hin zu Kriegen, die immer mehr Todesopfer unter Zivilisten fordern, darunter meistens Frauen und Kinder.

Zweitens erfassen die konventionellen Sozialindikatoren der Weltbank nicht die Einkommensverteilung *innerhalb* der Länder. Wäre das weiße Südafrika ein eigener Staat, würde es an der Spitze der Skala der Volkswirtschaften, das schwarze Südafrika hingegen ganz unten rangieren. Nach dem – erstmals im Ent-

wicklungsprogramm der Vereinten Nationen 1990 veröffentlichten – *Human Development Index* (HDI) stünden die Weißen in den USA an erster Stelle in der Welt, die Schwarzen an 27. (nach Luxemburg) und die Latinos an 32. Stelle (nach Uruguay). Nationale Rangskalen verschleiern also interne Disparitäten.

Um diese Probleme zu beheben, hat die Weltbank neue Rangskalen entwickelt (Passell 1995). Herkömmliche Maße für den Reichtum der Nationen basieren auf dem Finanzkapital (für Investitionen verfügbares Kapital) und dem Sachkapital (Fabriken, Raffinerien, Elektrizitätswerke, Transportmittel und andere »materielle« Dinge, die Reichtum darstellen). Neuerdings werden die konventionellen Sozialindikatoren durch Maße für das »natürliche Kapital« (fossile Energiereserven und Erzlager, fruchtbares Land, Naturschutzgebiete, sauberes Trinkwasser sowie ein Maß für die Umweltverschlechterung) und das »Human- und Sozialkapital« (Wissen und Fertigkeiten, Gesundheit und soziale Organisation) ergänzt. Diese neuen Maße ergänzen die alten nicht nur um neue Informationen, sondern verschieben in vielen Fällen die Rangpositionen der Länder. So hat Norwegen nach den alten Kriterien, die nur die laufenden wirtschaftlichen Transaktionen, nicht aber dauerhafte Ressourcen einbeziehen, Ende der 1980er Jahre sein Sachkapital jährlich um 10 Prozent – eine eindrucksvolle Wachstumsrate – vermehrt. Doch den größten Teil dieses Wachstums hat Norwegen durch die Entleerung seiner Öl- und Gasreserven wieder aufgezehrt. Nach den neuen Kriterien, die solche Verluste berücksichtigen, ist Norwegens Reichtum nur geringfügig gestiegen.

DAS ERBE DES KOLONIALISMUS UND IMPERIALISMUS

Politisch, wirtschaftlich, kulturell oder nach anderen gebräuchlichen Kriterien bilden die Entwicklungsländer keine homogene Gruppe. Viele sind Ein-Parteienstaaten oder Diktaturen, einige sind Demokratien, andere konstitutionelle Monarchien. Die thailändische Königsfamilie der Chakri ist so alt wie die britischen Windsors. Die meisten unterentwickelten Länder sind arm. Einige, insbesondere die Erdöl exportierenden arabischen Länder, sind allerdings zu großem Reichtum gelangt. Andere, wie Thailand und Indonesien, haben sich in den letzten Jahrzehnten rasch industrialisiert und produzieren High-Tech-Güter, die den in Europa, den USA und Japan hergestellten ebenbürtig sind. Dennoch haben fast alle diese Länder gewisse Merkmale gemeinsam.

Eines davon ist ihre koloniale Vergangenheit, die Geschichte ihrer Unterwerfung durch westliche Mächte. Die Geschichte kennt zahllose Beispiele, wo große Mächte kleinere überfallen, erobert und annektiert

18

haben. Doch der europäische Kolonialismus, der gegen Ende des 15. Jahrhunderts einsetzte und bis ins 20. Jahrhundert andauerte, war zumindest in drei Hinsichten singulär (Galeano 1971):

Während erstens politische Ambitionen und Hegemonialstreben die früheren westlichen und östlichen Imperien hervorgebracht hatten, war der europäische Kolonialismus meist durch individuelles Gewinnstreben motiviert. So waren die *Conquistadores* nicht etwa Offiziere königlicher Armeen, die ausgesandt wurden, um die beiden Amerikas für Spanien und Portugal zu erobern, sondern Unternehmer, die Verträge mit ihren Königen und Königinnen abschlossen, mit eigenem Kapital oder dem ihrer Freunde Schiffe kauften und ausrüsteten, Söldner anwarben und als Gegenleistung für ihre Investitionen einen Teil der Beute beanspruchten. Die ersten britischen und holländischen Außenposten in Asien und Afrika waren nicht etwa Festungen, sondern Handelsstützpunkte, die auf privates Unternehmertum und nicht auf staatliche Initiativen zurückgingen. Nur da, wo die Kaufleute von »unkooperativen« einheimischen Herrschern, Piraten oder konkurrierenden Handelsgesellschaften bedroht wurden, griffen die Staaten widerstrebend ein. Meistens war es so, dass »die Flagge dem Handel folgte, nicht umgekehrt« (Harrison 1984:43). Manche Länder (vor allem China und Japan) wurden nie systematisch erobert. Vielmehr verlegten sich die Europäer auf kurze Demonstrationen militärischer Stärke und Invasionsdrohungen, um vorteilhafte Handelsvereinbarungen zu erzwingen. Eine Ausnahme von diesem Muster bildet lediglich Afrika, das erst ab 1800 kolonisiert wurde. Um diese Zeit waren bereits so viele europäische Staaten in die Konkurrenz um überseeische Territorien eingetreten, dass politische Überlegungen Priorität gewannen.

Zweitens folgten die Europäer zunächst dem traditionellen Plünderungsschema und schafften beispielsweise die Gold- und Silberartefakte der stark geschwächten Inka- und Aztekenreiche fort. Doch mit dem Aufstieg des Kapitalismus und der fortschreitenden Industrialisierung Europas entstanden neue Nachfragepotentiale: Die Fabriken brauchten Rohstoffe und die wachsende Stadtbevölkerung Nahrungsmittel. Um diese Nachfrage zu decken, nahmen die Europäer die Umstrukturierung der traditionellen Wirtschaft ihrer Kolonien in Angriff. Weite Landstriche wurden für Plantagen aufgekauft oder schlicht konfisziert und egalitäre Systeme gemeinschaftlichen Landbesitzes durch Privateigentum ersetzt. Neue kommerzielle Agrarprodukte (Zucker, Kaffee, Baumwolle, Kautschuk) wurden eingeführt, Sklaven aus Afrika gewaltsam entführt und »Kulis« aus Asien importiert. Hinzu kommt, dass sich in Nordamerika, Australien und Neuseeland koloniale Siedlergesellschaften etablieren. Die Europäer brauchten, als das Volumen ihrer maschinell hergestellten Waren zunahm, neue und größere Märkte. Wieder hielten sie sich an ihre Kolonien. In einigen Regionen vernichteten sie bewusst die einheimische Industrie (etwa die indische Textilindustrie), um eine Nachfrage nach ihren eigenen Manufakturwaren (britisches Tuch) zu schaffen. In den Siedlerkolonien wie den USA wurde die indigene Bevölkerung in Reservate verpflanzt oder umgebracht, um Platz für die expandierende Population europäischer Bauern zu schaffen. Auch wurden traditionelle Herrscher abgesetzt, überlieferte Autoritätssysteme zerstört und durch europäische Gouverneure und Verwaltungsbeamte ersetzt, die manchmal mit einheimischen Kollaborateuren und Marionetten zusammenarbeiteten, europäisches Recht und Gerichtswesen etablierten und mit Hilfe von Polizei und Armeen durchsetzten. Bis 1914 kontrollierten die europäischen Kolonialmächte direkt oder indirekt annähernd 85 Prozent der Erde.

Singulär war der europäische Kolonialismus noch in einer dritten Hinsicht: seinem »Kulturimperialismus« (Harrison 1984). Frühere Eroberer hatten sich meist in ihren neuen Territorien niedergelassen, Mischehen mit der indigenen Bevölkerung geschlossen und viele ihrer Sitten übernommen. Anders die Europäer. Einige waren rassistischer als andere, doch im Grunde verhielten sich alle ethnozentrisch. Ihre Religion, ihre Sprache, ihre Sitten und Moral erschienen ihnen von Natur aus nichteuropäischen überlegen. Sie unternahmen daher nur wenige oder gar keine Anstrengungen, sich zu assimilieren. Missionsschulen (später auch staatliche Schulen) indoktrinierten kleine eingeborene Eliten mit europäischen Kulturvorstellungen. Andere waren einer Indoktrinierung »per Ausschluss« ausgesetzt, indem ihnen tagaus, tagein vor Augen geführt wurde, dass sie sich ihrer eigenen Rasse und Kultur zu schämen hätten. Nur wer bereit war, die Sitten der europäischen Kolonisatoren zu übernehmen und zu imitieren, konnte auf sozialen Aufstieg hoffen. Modern zu sein hieß, sich ein europäisches Äußeres zu geben und europäische Einstellungen zu praktizieren – ein Ziel, dem viele in der Welt nachstrebten, auch die Eliten in Ländern, die wie Japan nicht kolonisiert wurden.

Nach dem Ersten Weltkrieg lockerten die europäischen Mächte allmählich ihren Griff. Die Kolonien wurden neu verteilt und die Grenzen entsprechend den

Globale Probleme/lokale Folgen: Nachwirkungen des Kalten Krieges

Eine der erfreulichsten Nachrichten der letzten Jahrzehnte war das Ende des Kalten Krieges, das mit dem Kollaps der UdSSR zusammenfiel. Doch alte Konflikte haben Folgen, die über ihr Ende hinaus fortdauern. Mehr als vier Jahrzehnte lang hatten die kommunistischen Staaten und ihre Verbündeten ihre Arsenale mit Nuklearwaffen gefüllt. Gleiches galt auch für die kapitalistischen Demokratien. Scheinbar setzte das Ende des Kalten Kriegs der Drohung ein Ende, dass diese Waffen in einem neuen globalen Konflikt eingesetzt würden, der leicht das Ende allen menschlichen Lebens hätte bedeuten können. Doch diese gute Nachricht öffnete auch einer schlechten Nachricht die Tür – dass die Nuklearwaffen auf dem offenen Markt an den Meistbietenden verkauft werden könnten. Nach dem Ende des globalen Kalten Krieges wurden die lokalen heißen Kriege mit neuen, technisch fortgeschritteneren Waffen ausgetragen. Ironischerweise hatten sowohl die USA wie die UdSSR

während des Kalten Krieges zu verhindern versucht, dass lokale Kriege außer Kontrolle gerieten. Beide Seiten verfügten über bewaffnete Klientelstaaten, beide aber hielten diese in Schranken. Nach 1989 waren die Waffen noch immer da, doch die Zurückhaltung, was ihren Gebrauch anging, war geringer geworden. Der Zweite Golfkrieg von 1990-1991 war nur einer von mehreren lokalen Kriegen, die daraus resultierten.

Zwischen 1970 und dem Ende des Kalten Krieges wurden konventionelle (nichtnukleare) Waffen im Wert von 168 Milliarden US-$ in den Nahen Osten geliefert: nach Afrika für 65 Milliarden, in den Fernen Osten für 61 Milliarden, nach Südostasien für 50 Milliarden und nach Lateinamerika für 44 Milliarden US-$. Infolgedessen ist die Welt »bis zu den Zähnen bewaffnet«. Während des Kalten Krieges starben etwa 50 Millionen Menschen in Kriegen, die in den Entwicklungsländern vorwiegend mit billigen, kleinkalibrigen, serienmäßig hergestellten Waffen

ausgetragen wurden. Waffenlieferanten waren die beiden Supermächte und ihre Alliierten (Keegan 1993). Auch Militärdiktaturen in vielen Entwicklungsländern, insbesondere in Afrika, konnten sich dank der von den beiden Supermächten gelieferten Waffen an der Macht halten. In den hoch gerüsteten armen Ländern führten die Befreiungskriege nicht etwa zu Freiheit und Wohlstand, sondern zu Unterdrückung und zunehmender Armut.

Das Ende des Kalten Krieges hat das Wettrüsten und die Proliferation von Massenvernichtungswaffen nicht beendet. Neue Sicherheitsrisiken sind entstanden. Die USA nehmen Anfang des 21. Jahrhunderts einen weiteren Anlauf zur Militarisierung des Weltraums, der eine gefährliche Rüstungsspirale und neue Spannungen zwischen alten und neuen Rivalen auslösen könnte. Zudem wird auf globalisierten Schwarzmärkten waffenfähiges Plutonium angeboten; biologische und chemische Waffen werden illegal gehandelt und könnten auch in die Hände terroris-

---

Bedürfnissen der Sieger neu gezogen. Die kommunistische Revolution in Russland eröffnete eine Alternative zum kapitalistisch-kolonialen System, die nicht nur die Führer der nationalen Befreiungsbewegungen in den Kolonien, sondern auch die Arbeiterführer und Intellektuellen in Europa und den USA inspirierte. Hinzu kam, dass die USA und Japan mit Großbritannien und Europa als See-, Industrie- und quasikoloniale Mächte zu konkurrieren begannen. Japan fiel in der Mandschurei ein und begann 1937 einen Feldzug zur Eroberung Chinas. Obgleich die USA – außer den Philippinen – offiziell nie Kolonien besaßen, etablierten sie »Protektorate« in Guam, Puerto Rico, der Panama-Kanalzone, Alaska und Hawaii. Der US-amerikanische Imperialismus – Dominanz und Ausbeutung ohne intensive Besiedlung – nahm die Form militärischer Intervention und wirtschaftlicher Infiltration an, insbesondere in Lateinamerika und in geringerem Maß in den Erdöl exportierenden arabischen Ländern. Nach dem Zweiten Weltkrieg waren die USA die unbestrittene erste Wirtschaftsmacht des Westens. Die Sowjetunion festigte ihre Hegemonie über Osteuropa durch politische Blockbildung und ein weitgehend autarkes Handelsnetz. China ging nach seiner erfolg-

reichen kommunistischen Revolution 1949 einen eigenen Weg, schloss seine Grenzen, schlug Wirtschaftshilfe sogar von der Sowjetunion (nach der Mitte der 1950er Jahre) aus und verließ sich auf seine eigenen Ressourcen. Beginnend 1947 mit Indien, erkämpfte sich eine europäische Kolonie nach der anderen ihre Unabhängigkeit.

Politische Unabhängigkeit bedeutete nicht automatisch auch wirtschaftliche Unabhängigkeit. Die Politik der USA gegenüber nationalen Befreiungsbewegungen und Ländern mit neu errungener Autonomie hing weitgehend davon ab, ob sie in der kapitalistischen Welt verbleiben wollten. Gleiches galt auch für die sowjetische Politik: Auch sie war dadurch bestimmt, ob die neu entstehenden Nationen sich der sowjetischen Einflusssphäre anschlossen. Die Hilfe der USA für die Entwicklungsländer zielte darauf ab, die Welt für multinationale Unternehmen sicher – und profitabel – zu machen. Werbung und Absatzförderung im Verein mit westlicher Unterhaltung bahnten westlichen Waren, von Jeans und Coca-Cola bis zu Traktoren und Panzern, den Weg. (Siehe Kasten »Globale Probleme/lokale Folgen«.)

Kurz, der westliche Kolonialismus und Imperialis-

18

tischer Gruppen geraten; Atomwissenschaftler aus der früheren Sowjetunion sind gefragte Berater in Ländern, die den Bau von Atomwaffen vorantreiben.

Während des Kalten Krieges war der Waffenhandel aus politischen Gründen Einschränkungen unterworfen; heute wird er durch Profite angetrieben. Der Abschreckungslogik des Kalten Krieges folgend, hatten sowohl die USA als auch die Sowjetunion einen riesigen militärisch-industriellen Komplex aufgebaut, der Millionen Menschen beschäftigte. Heute können es sich weder Russland noch die USA leisten, diese Komplexe abzubauen. Die in der Sowjetunion hergestellten Autos, Fernsehapparate, elektrischen Haushaltsgeräte und dergleichen Produkte waren notorisch minderwertig; und weder Russland noch die früheren Sowjetrepubliken können mit den anderen Industrieländern auf dem Weltmarkt für Konsumgüter konkurrieren. Praktisch sind daher die einzigen High-Tech-Produkte, die Russland

heute anzubieten hat, Rüstungsgüter (Khripunov 1994). Es überrascht daher nicht, dass Russland Rüstungsgüter aggressiv vermarktet, neue Kunden in neuen Märkten sucht, modernste Technologien, die es früher unter Verschluss hielt, verkauft und sich sogar auf Tauschgeschäfte (z. B. den Verkauf von achtzehn zum Teil mit Palmöl bezahlten MiG-29 an Malaysia) einlässt. Russland steht damit nicht allein. Trotz des Zusammenbruchs der Sowjetunion und trotz heftiger Auseinandersetzungen um die Kürzung des US-Bundesetats sind die Militärausgaben der USA noch immer auf dem Niveau des Kalten Krieges. Für nahezu die Hälfte des weltweiten Waffenexports – vorwiegend in Entwicklungsländer – sind die USA verantwortlich (Commission on Global Governance 1995). Einen wesentlichen Teil des legalen und (illegalen) Waffenhandels macht der oft übersehene Verkauf von Leichtwaffen aus: Durch Handfeuerwaffen eskalieren sowohl Drogenkriege auf den Straßen der US-amerika-

nischen Städte als auch Bürgerkriege in Afghanistan, im Sudan, im früheren Jugoslawien und anderswo (Karp 1994).

Womöglich erweist sich die Beendigung lokaler Kriege als weitaus schwieriger als die des Kalten Krieges. Genau genommen haben lokale Kriege (z.B. im Nord- und Südirak, Sudan und ehemaligen Jugoslawien) zahllose verschiedene lokale Ursachen. Externe Interventionen in diese lokalen Kriege (z.B. in Somalia oder Bosnien) waren bislang nicht sehr erfolgreich (Hippler 1998). Und paradoxerweise gelangen womöglich gerade durch die Beendigung des Kalten Krieges – der denkbar größten Quelle militärischer Bedrohungen – extrem gefährliche Waffen in Regionen, die durch zahlreiche lokale Konflikte geprägt sind.

mus schufen eine Weltwirtschaft, der sich die neuen Nationen nur schwerlich zu entziehen vermochten. Früher autarke Gesellschaften wurden zu Anhängseln der europäischen Mächte: degradiert zu Lieferanten von Rohstoffen und Agrarprodukten und zu Konsumenten von Fertigwaren. Es entstand eine globale Arbeitsteilung, die mit einigen Modifikationen bis heute fortbesteht.

UNTERENTWICKLUNG UND ENTWICKLUNG: VERSUCHE ZU EINER ERKLÄRUNG

Aus der in Schaubild 18.1 gezeigten Karte der Entwicklung geht hervor, dass die meisten armen Länder in den Tropen liegen, wo sich Dürren und erbarmungslose Hitze mit Monsunregen und Fluten abwechseln. Die Tropen bieten allerlei Insekten, Pilzen, Mikroben und Krankheitserregern eine ideale Umgebung. Ist das der Grund, warum die Länder in der südlichen Hemisphäre in ihrer Entwicklung hinterherhinken? Unsinn, sagt der Soziologe Peter Worsley. Die großen Zivilisationen der

Antike – Ägypten, Mesopotamien, das Industal, die Reiche der Mayas und Chinesen, aber auch die Königreiche von Mali im Mittelalter – lagen alle auf oder nahe dem Äquator. Als die Europäer diese Regionen zum ersten Mal bereisten, trafen sie auf Zivilisationen, die weit fortgeschrittener waren als ihre eigenen.

Ihre heutige Unterentwicklung ist nicht naturbedingt, sondern etwas Unnatürliches. Sie ist gesellschaftlich-historisch bedingt, das Ergebnis einer Entwicklung; sie ist kein passiver Zustand, sondern die Folge bewussten Handelns, nicht etwas, das einfach passierte, determiniert durch die Logik eines unpersönlichen Systems, sondern etwas, das den Menschen von anderen Menschen angetan wurde (Worsley 1984:3).

Wenn globale Disparitäten Folge zielgerichteten Handelns sind, welche Handlungen könnten dann den Entwicklungsländern helfen, ihren Rückstand aufzuholen? Welche Handlungen oder Strukturen blockieren Entwicklung?

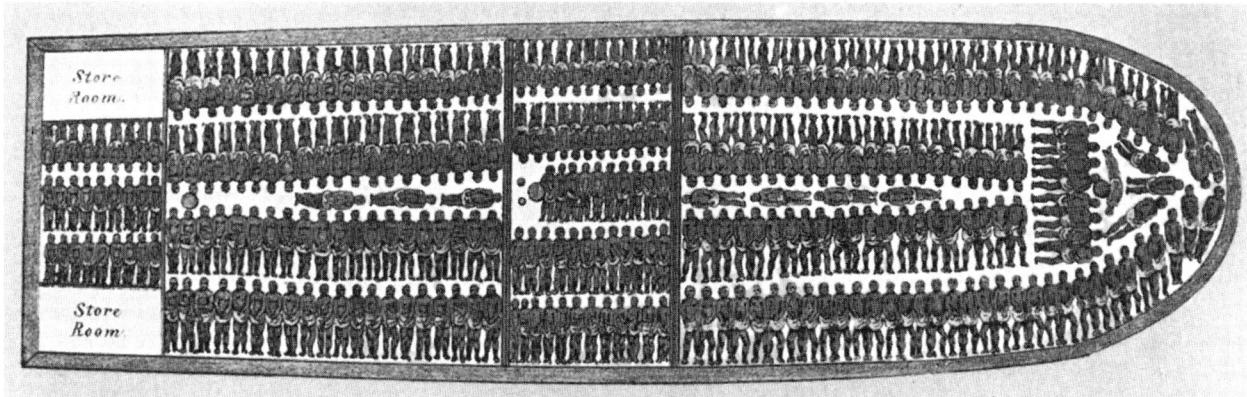

Nachdem die einheimischen Populationen getötet, vertrieben oder an von den europäischen Eroberern eingeschleppten Krankheiten gestorben waren, wurden Sklaven aus Afrika als Arbeitskräfte zuerst nach Mittel- und Lateinamerika importiert. Die in der Abbildung gezeigte effiziente Methode, Sklaven auf ein Schiff zu verladen, ist ein Beispiel für die »Rationalität« eines Systems, das den Menschen ihre Menschenwürde raubt.

Modernisierungstheorie: Kultur und funktionale Integration

In den 1950er Jahren war die Mehrzahl der Soziologen und Ökonomen Anhänger der **Modernisierungstheorie.** Danach werden die meisten armen Länder irgendwann eine industrielle Revolution erleben, wie sie sich in England, Deutschland und später den USA ereignet hatte. Die einzige Frage war, wann und wie. Man konzentrierte sich darauf, die aus der Sicht dieser Theorie notwendigen sozialen und kulturellen Bedingungen zu ermitteln, um ökonomisch »durchzustarten« (Rostow 1952; 1960). Den armen Ländern, so nahm man an, fehlten wesentliche Voraussetzungen für Entwicklung: jene *kulturellen* Merkmale – Selbstdisziplin, innerweltliche Askese und ein strenges Arbeitsethos –, die Max Weber zufolge die protestantische Reformation und die Entstehung des Kapitalismus in Europa und Nordamerika charakterisierten (siehe Kapitel 1 und 16).

Ferner fehlt ihnen die *funktionale Integration* samt der komplexen Arbeitsteilung und der Fähigkeit, starke Organisationen zu bilden – Entwicklungen, die Émile Durkheim in der organischen Solidarität verwirklicht sah (siehe Kapitel 1). Insbesondere aber fehlten ihnen die technischen und materiellen Produktionsmittel samt den kapitalistischen Eigentumsverhältnissen, auf die Karl Marx aufmerksam gemacht hatte.

In einer aktualisierten Version der Modernisierungstheorie skizziert Rostow (1960) fünf Stadien des wirtschaftlichen Wachstums:

Stadium I: Die traditionale Gesellschaft
In solchen Gesellschaften stehen Produktion und Technik wesentlich auf vorwissenschaftlichem Niveau. Die Menschen neigen zu Fatalis-mus und glauben, ihre Enkelkinder hätten nahezu die gleichen Wahlmöglichkeiten wie sie selbst.

Stadium II: Die Voraussetzungen für den Absprung (»take-off«)
Rostow zufolge ist die wichtigste Voraussetzung, dass wirtschaftlicher Fortschritt den Menschen nicht nur möglich, sondern auch notwendig erscheint, sei es der nationalen Würde, des individuellen Glücks oder der allgemeinen Wohlfahrt wegen. Den Wendepunkt markierte in Europa im 17. und 18. Jahrhundert die Entstehung der Newtonschen Naturwissenschaft – die Überzeugung, dass es mit Hilfe wissenschaftlicher Methoden möglich sei, die physikalischen Prozesse zu verstehen und vorherzusagen und die materielle Umwelt zum Vorteil des Menschen zu manipulieren. (Nichtwestlichen Gesellschaften wurde diese Auffassung, die mit traditionellen Überzeugungen und Praktiken brach, aber sie nicht ersetzte, von außen oktroyiert.) Nicht minder wichtig ist die Entstehung einer Unternehmerschaft, sei es im staatlichen oder privaten Sektor, die fähig ist, Kapital zu mobilisieren, und bereit, Risiken um des Profits willen einzugehen. Die Investitionen nehmen zu, insbesondere im Transport- und Kommunikationswesen sowie im Bereich des Rohstoffexports, der Handel weitet sich aus, Banken und andere Kapital bereitstellende Institutionen werden gegründet und die ersten modernen Produktionsfabriken erscheinen.

Stadium III: Der Absprung (»take-off«)
Die Industrien expandieren rasch und mit ihnen die Nachfrage nach Fabrikarbeitern und Dienstleistungen des tertiären Sektors. Die Städte werden größer. Die Landwirtschaft wird kommerzialisiert, ein Prozess, der nicht nur Menschen für die Industriearbeit frei setzt, sondern auch die riesigen Mengen an Lebensmitteln produziert, um eine wachsende Schicht von Fabrikarbeitern zu ernähren.

Stadium IV: Der Reifungsprozess
Das Wachstum ist mehr oder weniger stetig, das Land findet seine Nische in der Weltwirtschaft, eventuell erfolgt eine Verlagerung von der Schwerindustrie (wie der Stahlerzeugung) zu High-Tech-Produkten (wie elektronischen Bauteilen und Chemikalien).

Stadium V: Das Zeitalter des hohen Massenkonsums
Es findet eine Verschiebung von der Produktion langlebiger Gebrauchs- zu Konsumgütern statt. Das Pro-Kopf-Einkommen ist so

18

Grönland
(Dän.)

Island

Norwegen

Schw

Groß-
britannien

Dänemark

Irland

Nieder-
lande Deutsch-
land

Belgien

Tsc

Lux.

Ös

Schweiz

Frankreich

Itali

Andorra

Portugal

Spanien

Tunesie

Marokko

Algerien

Westsahara

Mauretanien

Mali

Niger

Senegal

Gambia

Bukina
Faso

Nigeria

Guinea-Bissau

Guinea

Benin

Sierra Leone

Elfen-
bein
küste

Ghana

Liberia

Togo

Kame

Äquatorial-Guinea

Gab

Alaska
(USA)

Kanada

Vereinigte Staaten
von Amerika

Bahamas

Kuba

Dominikanische
Republik

Mexiko

Haiti

Belize

Jamaika

Puerto Rico
(USA)

Guatemala

Honduras

El Salvador

Nicaragua

Trinidad u. Tobago

Costa Rica

Panama

Venezuela

Guyana

Franz. Guyana

Kolumbien

Surinam

Ekuador

Peru

Brasilien

Bolivien

Paraguay

Chile

Uruguay

Argentinien

Die einzelnen Volkswirtschaften sind entsprechend
den Weltbank-Schätzungen des BSP pro Kopf von
1999 klassifiziert. Nicht auf dieser Karte abgebildet
sind auf Grund räumlicher Beschränkungen:
Amerikanisch-Samoa (oberes mittleres Pro-Kopf-
Einkommen); Fidschi-Inseln, Kiribati, Samoa, Tonga
(unteres mittleres Pro-Kopf-Einkommen); Französisch-
Polynesien (hohes Pro-Kopf-Einkommen); Tuvalu
(keine Angaben).

18

lem Pro-Kopf-Einkommen der Länder

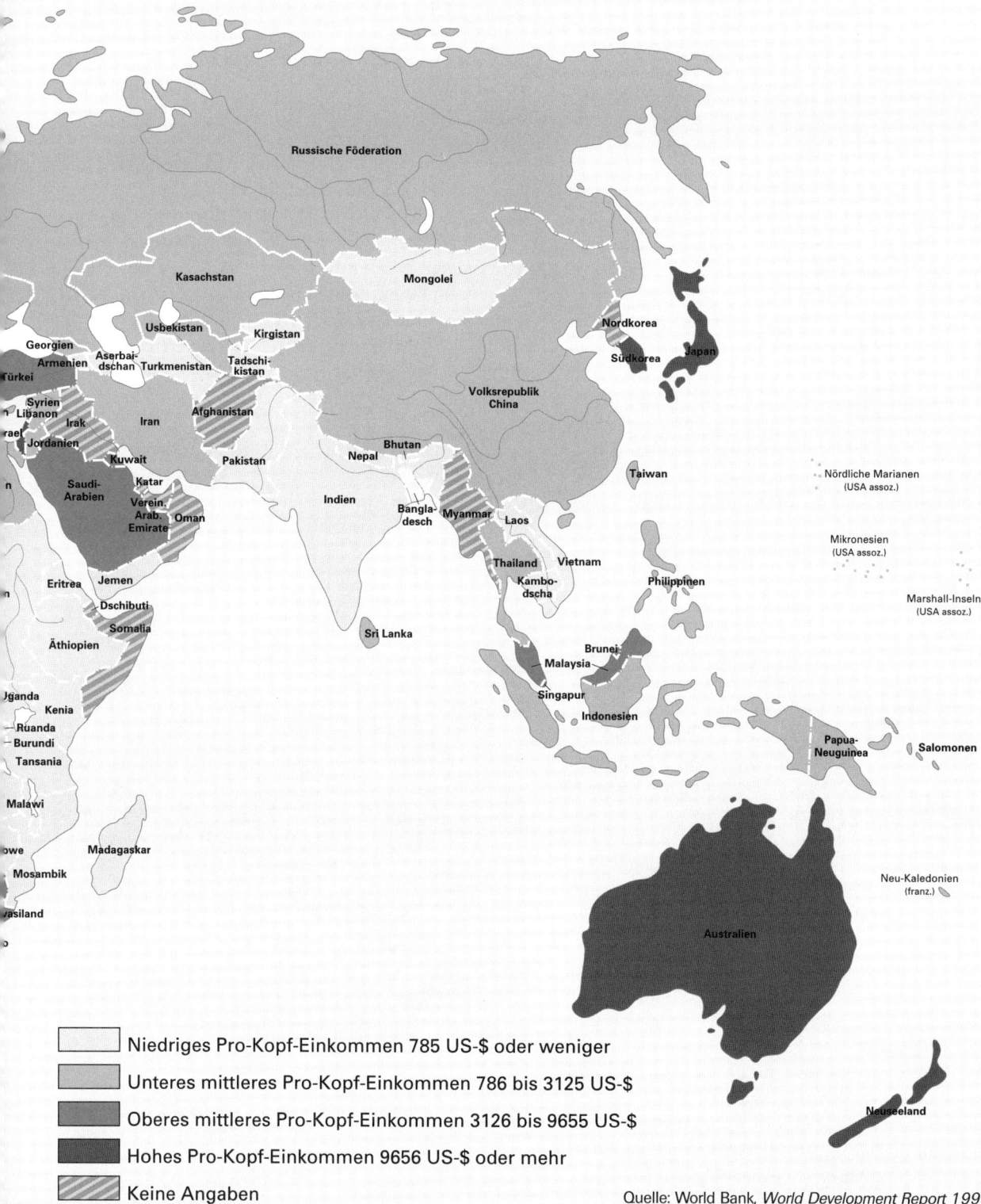

Russische Föderation

Kasachstan

Mongolei

Nordkorea

Usbekistan

Kirgistan

Südkorea

Japan

Georgien

Aserbai-
dschan

Turkmenistan

Tadschi-
kistan

Armenien

Türkei

Volksrepublik
China

Syrien

Libanon

Irak

Iran

Afghanistan

srael

Jordanien

Kuwait

Pakistan

Nepal

Bhutan

Taiwan

Nördliche Marianen
(USA assoz.)

Katar

Saudi-
Arabien

Verein.
Arab.
Emirate

Oman

Indien

Bangla-
desch

Myanmar

Laos

Mikronesien
(USA assoz.)

Eritrea

Jemen

Thailand

Vietnam

Kambo-
dscha

Philippinen

Marshall-Inseln
(USA assoz.)

Dschibuti

Somalia

Sri Lanka

Äthiopien

Brunei

Malaysia

Jganda

Kenia

Singapur

Ruanda

Burundi

Indonesien

Papua-
Neuguinea

Salomonen

Tansania

Malawi

Madagaskar

Neu-Kaledonien
(franz.)

Mosambik

vasiland

Australien

18

Neuseeland

□ Niedriges Pro-Kopf-Einkommen 785 US-$ oder weniger

▦ Unteres mittleres Pro-Kopf-Einkommen 786 bis 3125 US-$

▦ Oberes mittleres Pro-Kopf-Einkommen 3126 bis 9655 US-$

■ Hohes Pro-Kopf-Einkommen 9656 US-$ oder mehr

▨ Keine Angaben

Quelle: World Bank, *World Development Report 1999*

stark gestiegen, dass sich ein Großteil der Bevölkerung mehr als nur die Erfüllung der Grundbedürfnisse an Kleidung, Nahrung und Unterkunft leisten kann. Immer mehr Menschen wohnen in oder nahe von Städten und arbeiten in Büros oder als Facharbeiter in Fabriken. Außer für die Deckung der Nachfrage nach Konsumgütern wendet die Gesellschaft jetzt auch mehr Ressourcen für die Sozialhilfe und die Sozialversicherungssysteme auf. In diesem Stadium befinden sich heute die USA und Westeuropa sowie, in geringerem Maße, auch Japan.

Vielleicht besteht der wichtigste Beitrag der Modernisierungstheorie darin, dass sie die Bedeutung der *kulturellen* Faktoren, der Ideen und Einstellungen betont, die Kapitalakkumulation, Investitionsbereitschaft und wirtschaftliche Innovationen fördern (siehe Eisenstadt 1973; Inkeles 1983). Eine weitere Stärke liegt in ihrer Betonung der *funktionalen Integration*: Damit Entwicklung überhaupt stattfinden kann, müssen zahlreiche Elemente einer Gesellschaft zusammenwirken. In ihrer stürmischen Industrialisierung haben einige Länder die Entwicklung der Landwirtschaft vernachlässigt – mit verheerenden Folgen. Andere haben zu wenig Ressourcen für die materielle Infrastruktur (Straßen, Eisenbahnen, Telefon und die damit verbundenen Reparaturdienste) bereitgestellt.

Die Politik gegenüber den armen Ländern basierte in den 1950er und 1960er Jahren auf der Modernisierungstheorie (und auch auf politischen Erwägungen). Der Weg aus der Armut, so die generelle Hypothese, liege in der Entwicklung von Wirtschaft und Gesellschaft nach westlichem Vorbild. »Entwicklungshilfe« sollte den armen Ländern den Sprung in die moderne Welt ermöglichen – durch den Bau von Staudämmen und Straßen, den Einsatz von Traktoren und Kunstdünger zur Erhöhung des Agraroutputs, den Bau von Schulen und die Vergabe von Stipendien für westliche Universitäten, besonders an Ärzte und Ingenieure. Zugrunde lag diesem Konzept die Annahme, alle Länder würden (oder sollten) in die Fußstapfen der westlichen Industrieländer treten.

Die Modernisierungstheoretiker können auf eine Reihe von Erfolgen verweisen. Zweifellos haben die asiatischen »Tiger« – Südkorea, Taiwan, Hongkong und Singapur – den Absprung geschafft. Indien, Thailand und Malaysia liegen nicht weit zurück. Doch in den meisten armen Ländern der Welt ist die erwartete Modernisierung nicht wie erhofft – und geplant – eingetreten. Eine Erklärung für diesen Fehlschlag liefert die Theorie der *Dependencia* (»Abhängigkeit«).

Dependencia-Theorie: Die Rolle der Macht

Tendenziell hat die Modernisierungstheorie das Handeln der Kolonial- (und imperialistischen) Mächte, das zur Entstehung der globalen Disparitäten beitrug und sie aufrechterhielt, unterschlagen. André Gunder Frank (1987; 1980), ein US-Amerikaner, der lange Jahre in Lateinamerika verbrachte, hat als einer der Ersten das Problem der ungleichen globalen Machtverteilung aufgeworfen. Franks **Dependencia-Theorie** zufolge haben die Länder der Dritten Welt den »Absprung« in erster Linie deswegen nicht geschafft, weil sie von den bereits entwickelten Ländern abhängig sind (Senghaas 1983). Letztere, so Frank, richten mehr Schaden an, als dass sie Gutes tun, indem sie den armen Ländern ihre Rohstoffe abkaufen, Fabriken in ihren Städten errichten, ihre Bürger in ihnen beschäftigen, ihre Regierungen unterstützen – ja, sogar indem sie ihnen Entwicklungshilfe gewähren.

So gut die Dependencia-Theorie zu erklären vermag, warum Lateinamerika in seinem Wachstum gehemmt wird, so schwer tut sie sich mit dem ausgebliebenen Wachstum Afrikas oder der erfolgreichen Entwicklung

Gemäß der Modernisierungstheorie verläuft der Pfad zur Entwicklung über Investitionen in große Projekte wie Autobahnen, Staudämme (im Bild der Assuan-Staudamm), Kraftwerke und die Kommerzialisierung der Landwirtschaft. Jahrzehntelang ist die Vergabe von Krediten und Entwicklungshilfe diesem Modell gefolgt. Ignoriert wurden infolgedessen die lokalen Bedürfnisse und die kleinen Heimindustrien. In einigen Fällen prosperierte das Land, aber nicht die Menschen.

Abhängige Entwicklung: Das Beispiel Brasilien

Peter Evans klassische Brasilien-Untersuchung (1979) ist eine Fallstudie über abhängige Entwicklung. Anfang der 1970er Jahre wurde Brasilien weithin als Wirtschaftswunderland gepriesen – als ein Land, das sich von kaum mehr als einer riesigen Kaffee-Plantage in einen Industriestaat ersten Ranges verwandelt hatte. Nicht nur einige urbane Eliten profitierten von dieser raschen Industrialisierung, sondern auch Grundbesitzer auf dem Land, die Kaffee und Bananen in die USA verkauften. Doch die meisten Brasilianer gingen leer aus. Brasiliens rapides, wiewohl ungleichgewichtiges Wachstum hing weitgehend von Partnerschaften mit multinationalen Unternehmen ab. Um ausländische Investoren an-

zulocken und zu behalten, muss sich ein Land als gastfreundlich und verlässlich erweisen. Autoritäre Regime können garantieren, wonach multinationale Unternehmen suchen. In erster Linie suchen »Multis« politische Stabilität. Eine Regierung muss demonstrieren, dass sie die Macht ausübt und nicht ernsthaft bedroht ist von radikalen politischen Bewegungen, militanten Nationalisten, die ausländische Unternehmen bekämpfen, oder mächtigen Arbeiterbewegungen. Das Militärregime, das Anfang der 1960er Jahre in Brasilien an die Macht kam, bot diese Sicherheiten. Ferner brauchen Multis ein Potential billiger und gefügiger Arbeitskräfte, wofür die brasilianische Regierung sorgte, indem sie die

Bildung von Gewerkschaften systematisch unterband. Drittens benötigen Multis eine entwickelte Infrastruktur (Transport- und Kommunikationswesen, Energie, Zugang zu Rohstoffen). Die brasilianische Regierung erfüllte diese Bedingung, indem sie diese Wirtschaftssektoren schrittweise unter ihre Kontrolle brachte. Schließlich erwarten Multis Standortvorteile, die ihre Investitionen profitabel machen. Die brasilianische Regierung offerierte ihnen Steuerfreibeträge, niedrige Exportsteuern und ein Minimum an Regulierungen. Brasiliens Wirtschaft verzeichnete ein stetiges Wachstum – doch, so es ein früherer brasilianischer Präsident: »Brasilien geht es gut, nur seinen Menschen nicht.«

---

von Teilen Asiens. So verfügen Chile, Brasilien und Argentinien über beträchtliche natürliche Ressourcen – Brasilien sogar über außergewöhnlich große. Alle drei Länder waren zu Beginn des 20. Jahrhunderts relativ wohlhabend; ja, Argentinien war eines der zehn reichsten Länder der Welt. Zudem haben die USA und andere entwickelte Länder erhebliche Investitionen in ihnen vorgenommen. Doch alle haben gegenüber den entwickelten Ländern ökonomisch an Boden verloren. Keines von ihnen hat einen starken modernen Industriesektor mit einer stabilen kapitalistischen Mittelschicht entwickelt. Und alle waren sie politisch instabil und wurden von autoritären Militärregimen beherrscht.

Eines ihrer Probleme besteht darin, dass die Regierungen dieser und anderer unterentwickelter Länder nicht völlig autonom gewesen sind, sondern von ihren reichen »Alliierten« dominiert wurden. Sie mochten in ihren eigenen Ländern diktatorisch regieren, doch in ihren Beziehungen zu ihren Schutzstaaten und -organisationen waren sie selbst die Befehlsempfänger. Sie wurden mehr oder weniger zu Agenten der Weltwirtschaft, deren Hauptrolle darin bestand, die Arbeiter ihrer Länder an die Kandare zu nehmen. Ihre Macht hing sowohl von ihrer Loyalität gegenüber den reichen Geberländern als auch von ihrer Kooperation mit den transnationalen Konzernen ab. Infolgedessen war die Demokratie oft »auf Eis gelegt«.

Aus ähnlichen Gründen verhinderte oder verlangsamte die abhängige Entwicklung die Bildung einer starken, autonomen Mittelschicht, die von vielen Theo-

retikern als Vorbedingung für einen erfolgreichen Demokratisierungsprozess angesehen wird. Es kam vielmehr zur Bildung von strategischen Gruppen (Evers/Schiel 1988), deren Hauptziel in der Aneignung gesellschaftlicher Ressourcen lag. Bündnisse strategischer Gruppen, zum Beispiel zwischen Bürokratie, Militär und Unternehmern, erhöhten die soziale Ungleichheit und verhinderten Entwicklung.

Selbst da, wo Entwicklungshilfe offenbar ihr Ziel in gewissem Maße erreicht, kann sie zu einem Problem werden, wenn die Länder zu lange von ihr abhängig sind. Technologieimport kann die heimische Wirtschaft destabilisieren, denn er macht sie von Lieferungen und Know-how aus dem Ausland abhängig. So mag eine neue mit deutscher Hilfe gebaute Schuhfabrik zwar einige neue Arbeitsplätze schaffen, sie macht aber die heimischen Schuhmacher arbeitslos. Bei Maschinendefekten sind die Fabrikbesitzer gezwungen, für knappe Dollar deutsche Ersatzteile zu kaufen. Oft ist niemand im Empfängerland mit den Maschinen vertraut, so dass ausländische Techniker herbeigeholt werden müssen. Ein weiteres Problem ist, dass Entwicklungshilfe oft in Form von Krediten vergeben wurde. Blieb die geplante Entwicklung aus, hatten die Empfängerländer Schwierigkeiten, die Kredite zurückzuzahlen. Die Regierungen der reicheren Länder ermunterten die Banken, den Empfängerländern noch mehr Geld zu leihen. Das Ergebnis ist die internationale Schuldenkrise.

Einer der Kostenfaktoren für ein Entwicklungsland, das Geschäfte mit Multis macht, besteht im allge-

18

meinen darin, dass die Profite außer Landes fließen, statt in heimischen Unternehmen reinvestiert zu werden. Um ausländische Investoren anzulocken, müssen die Löhne künstlich niedrig gehalten werden, so dass Entwicklung den meisten Arbeitern keine Vorteile verschafft. Die Kluft zwischen den politischen und wirtschaftlichen Eliten und den einfachen Menschen wächst, ein Nährboden für soziale Unruhen entsteht. Meist reagieren die Regierungen mit scharfen Sanktionen gegen Oppositionelle. Immer repressivere Maßnahmen provozieren aber in einem Teufelskreis immer neue Unruhen. Die einzigen wahren Gewinner in dieser Situation sind – zumindest vorübergehend – die transnationalen Konzerne.

Entwicklung, so zeigt die Dependencia-Theorie, wurde beschränkt und verzerrt durch das Vertrauen auf die Hilfe von Seiten der reichen Nationen (vor allem der USA) – insbesondere in Lateinamerika, wo die natürlichen Ressourcen für lukrative Investitionen vorhanden waren. Profitiert haben die einheimischen Eliten von der Hilfe wohlhabender Länder – auf Kosten einer gleichgewichtigen Entwicklung, die der gesamten Bevölkerung zugute gekommen wäre. Die Dependencia-Theorie erklärt, warum die Disparitäten fortbestehen. Doch wie sind sie entstanden?

Der Weltsystemansatz: Die globale Sozialstruktur

Der **Weltsystemansatz** eröffnet eine dritte Perspektive auf ungleiche Entwicklung. Während die Dependencia-Theorie die internationale Machtverteilung und die Beziehungen zwischen transnationalen Konzernen und lokalen Eliten betont, geht der Weltsystemansatz von der *Struktur* globaler Ungleichgewichte aus. Nach der Definition des amerikanischen Soziologen Immanuel Wallerstein (1974; 1984; 1988) ist das moderne kapitalistische Weltsystem ein Netz von Produktions- und Konsumptionsbeziehungen, das die armen und reichen Länder seit der Entstehung des Kapitalismus verbindet. Es ist ein globales System mit einer eigenen Struktur und Logik. Charakterisiert wird es wesentlich dadurch, dass es kapitalistisch und seine Triebfeder mithin der Wettbewerbsdruck ist, der dem internationalen Handel seine Struktur aufzwingt. Länder mit hoher Kapitalakkumulation sind stets jenen mit einer niedrigeren überlegen. Reiche Länder verfügen über eine fortgeschrittene Technologie, gut ausgebildete Arbeitskräfte und andere Vorteile. Die Chancen ärmerer Länder, mit

den reicheren auf dem Gebiet der Hochtechnologie zu konkurrieren, sind gleich Null. Als Ausweg bleibt ihnen lediglich, die Löhne so niedrig wie möglich zu halten. Doch es gibt so viele arme Länder mit billigen Arbeitskräften, dass dies nicht weit führt.

Seit Beginn der Moderne hat ein System des ungleichen Handels zu einem stetigen Abfluss von Ressourcen aus den unterentwickelten in die kapitalistischen Länder geführt. *Ein* Faktor in diesem Prozess war der Kolonialismus. Doch selbst der normale Handel erfolgt zu Bedingungen, dass Produzenten von Industrie- oder Hochtechnologie-Gütern dabei mehr gewinnen als der Bergarbeiter, der Erze abbaut, oder der Bauer, der Feldfrüchte anbaut. Noch immer befinden sich die armen Länder im Stadium des Aufholversuchs gegenüber den fortgeschreneren, die nahezu zweihundert Jahre Zeit hatten, sich zu entwickeln. Sie können den Entwicklungspfad Englands oder der USA nicht einschlagen, da diese ihn bereits blockieren. Auch weiterhin ernten die reichen Länder die Früchte davon, dass sie als Erste den Industrialisierungspfad beschritten.

Das Weltsystem hat eine globale Arbeitsteilung mit drei Ebenen erzeugt: Kern, Peripherie und Semiperipherie.

Die **Kernländer** sind die mächtigen, den Weltmarkt beherrschenden Volkswirtschaften, zu denen heute die USA, der größte Teil Westeuropas und Japan zählen. Die Kernländer stellen das Management und einen Großteil der Anlagen, die zur globalen Güterproduktion erforderlich sind. Auch die Zentralen der transnationalen Konzerne befinden sich in diesen Ländern, und sie ernten den größten Profit.

Die **peripheren Länder** liegen an den Rändern des Weltsystems – nicht etwa weil sie traditionale Gesellschaften sind oder sich in einem Durchgangsstadium befinden, sondern weil sie nur billige Rohstoffe zu verkaufen haben. Die meisten sind vorwiegend Agrarländer, bis zu einem gewissen Grad von Auslandshilfe abhängig und partizipieren am Weltsystem nur zu den von den Kernländern diktierten Bedingungen. Viele sind gar nicht in der Lage, am großen internationalen Handel teilzunehmen, da sie auf den Weltmärkten keine wertvollen Güter anzubieten haben. In diese Kategorie gehören Länder wie der Tschad, Botswana, Laos, Peru und Guatemala. Die meisten hatten in den letzten Jahren nur ein geringes Wirtschaftswachstum zu verzeichnen, einige sind sogar zurückgefallen.

Zwischen dem Kern und der Peripherie liegen die **semiperipheren Länder**, die sich im System auf und ab bewegen. Sie sind aktiv in das Weltsystem integriert, doch nur eingeschränkt fähig, es zu beeinflussen. Aus dieser Gruppe sind die Schwellenländer Asiens hervorgegangen. Zur Semiperipherie gehören die Türkei, Mexiko und Malaysia, die alle in den letzten Jahren ihre globale Position verbessert haben. Ein früher mächtiges Kernland kann in die Semiperipherie abgleiten, wenn es seine Konkurrenzfähigkeit auf dem Weltmarkt einbüßt. Kritiker (Rostow 1960) halten »Semiperipherie« für einen Sammelbegriff, der lediglich dazu bestimmt sei, Länder zu klassifizieren, die nicht exakt in eine der beiden anderen Gruppen fallen. Wallerstein (1974; 1979) hingegen meint, semiperiphere Länder spielten eine entscheidende Rolle im Weltsystem, indem sie als Puffer zwischen den armen Ländern der Peripherie fungieren, die irgendwann revoltieren könnten, und den Kernländern, die den Status quo vorziehen. In der Tat ist die Semiperipherie die Mittelschicht des Weltsystems.

Chancen für Entwicklung hat nach Wallerstein ein Land vor allem dann, wenn es irgendwo in das Weltsystem des kapitalistischen Handels passt. Im Großen und Ganzen können die Kernländer die Bedingungen für diesen Handel diktieren. Sie kontrollieren das Währungssystem, das Transport- und Kommunikationswesen und die Märkte der Welt. Sie können ferner teure Maschinen und Technologien gegen Rohstoffe, Agrarprodukte und Billigwaren tauschen, für deren Herstellung man nur wenig Technologien

Das glitzernde Tokioter Zentrum ist ein Spiegel von Japans Wohlstand, den es seinem Erfolg in der Weltwirtschaft verdankt. Nach dem Weltsystemansatz konnte sich Japan von der Semiperipherie lösen und in den Kernbereich der Weltwirtschaft vordringen, weil es über den Reichtum und die Gesellschaftsstruktur verfügte, um in koordinierte Entwicklung zu investieren und Entwicklung oberste Priorität zu geben (indem es beispielsweise die Löhne niedrig und die Preise hoch hielt).

oder Können braucht. Diese Güter lassen sich nicht so teuer handeln, bieten weniger Menschen Arbeitsplätze in den Ländern, die sie herstellen, und sind überaus anfällig für ein Warenüberangebot und Marktzusammenbrüche. Zu viele periphere Länder, und das ist *eines* der Probleme, versuchen, die gleiche Art von Gütern wie Zucker und Kautschuk herzustellen.

Die Hauptstrategie zur Verbesserung der eigenen Lage für ein semiperipheres Land besteht in hohen Investitionen in Bildung, Technologie, in eine tragfähige öffentliche Infrastruktur und eine Reform der Landwirtschaft (genau das, was Japan gemacht hat). Das Ergebnis könnte eine Politik sein, die die politische und wirtschaftliche Elite der Länder reicher macht, die Massen aber relativ arm hält (wie in Mexiko). Für die Arbeiter in solchen Ländern zahlt sich diese Strategie erst in ferner Zukunft aus. Vorübergehend mag sie in Ländern funktionieren, die über wertvolle natürliche Ressourcen (Erdöl im Fall Mexikos) verfügen, oder in Ländern wie Indonesien, die gut ausgebildete Arbeitskräfte, eine solide Infrastruktur und (oft) starke, autoritäre Regierungen haben. Sie funktioniert nicht gut,

wenn die Länder von tiefen ethnischen Spannungen zerrissen werden, die durch koloniale Grenzen wie in Afrika erzeugt wurden.

Während nach der Modernisierungstheorie die einzelnen Länder als mehr oder weniger entwickelt gelten, aber alle im wesentlichen den gleichen Pfad mit einem partiell durch kulturelle Faktoren bedingten unterschiedlichen Tempo verfolgen, deckt der Weltsystemansatz die globalen Strukturen auf, die die einzelnen Länder auf verschiedene Pfade lenken. Der Weltsystemsatz erklärt auch, warum die Dependencia-Theorie am besten zu Lateinamerika passt, aber Asien und Afrika, abweichend von diesem Modell, andere Entwicklungspfade eingeschlagen haben. Zunächst gehörten Länder wie Argentinien, Brasilien und Chile nie dem Kern an, auch wenn sie im Weltmaßstab relativ reich waren. Sie gaben in der Weltwirtschaft nie den Ton an, ihre Währungen spielten im internationalen Handel keine Rolle, und sie konnten den reichen Ländern nicht die Austauschverhältnisse (*terms of trade*) diktieren. Als in einem dieser Länder das Militär putschte, gab es keine weltwirtschaftlichen Erschütte-

18

rungen, die eine politische Revolution in Japan oder den USA wahrscheinlich ausgelöst hätte. Dennoch wurden diese lateinamerikanischen Länder mit der Zeit ziemlich gut in das Weltsystem integriert, weil sie Bodenschätze und Agrarprodukte exportieren konnten: Sie produzieren Güter, für die auf dem Weltmarkt – wenn auch nicht immer zu hohen Preisen – Nachfrage besteht, sie spielen als Standorte für transnationale Konzerne eine, wenn auch untergeordnete Rolle, und sie stellen wichtige Märkte für Güter dar, die von den fortgeschrittenen industriellen Volkswirtschaften produziert werden.

Die Mehrzahl der afrikanischen Länder hingegen liegt an der Peripherie und ist kaum mit dem Weltsystem verflochten. Die transnationalen Konzerne sehen wenig Grund, in Afrika Geschäfte zu machen; wenn sie es tun, beschränken sie sich meist auf den Verkauf beliebter Konsumartikel (wie *Cola* oder *Pepsi*) oder den Kauf von Bodenschätzen oder kleiner Mengen von Agrarprodukten (wie Kaffee). Viele afrikanische Länder sind enorm anfällig für äußere Einflüsse, da sie nur ein einziges bedeutendes Exportgut besitzen. So stand Sambia mittellos da, als der Weltpreis für Kupfer in den 1970er Jahren verfiel.

Als Hauptbeispiele für den Übergang von der Peripherie über die Semiperipherie zum Kern dienen die asiatischen Länder. Japan wies den Weg. Japan besaß eine starke Regierung und war – anders als die lateinamerikanischen Länder – kulturell in hohem Maße homogen, weil das Land nicht das Kunstprodukt europäischer Kolonialmächte war oder von ihnen aufgeteilt wurde. Staatliche Unterstützung für Unternehmen – eine Tradition, welche die Gemeinschaftsinteressen von Familie, Gruppe oder Nation über die Interessen des Individuums stellt – und sein akkumuliertes Kapital gaben Japan einen Vorsprung. Andere asiatische Länder sind dem Vorbild Japans gefolgt.

Weitaus größer sind die Hindernisse, mit denen die ärmsten Länder – jene unterentwickelten Länder, die an der Peripherie hängen bleiben – konfrontiert sind.

Tabelle 18.3: Armut in den Entwicklungsländern

Region/Land	Anteil der ländlichen Bevölkerung an der Gesamtpopulation (1988)	Population unter der nationalen Armutsgrenze (1988/1994)	Gesundheit	sauberem Trinkwasser	sanitären Einrichtungen
Afrika südlich der Sahara	**67**	...	...	**50**	**56**
Elfenbeinküste	55	...	40	58	61
Ghana	63	31	75	35	45
Kenia	69	37	...	47	23
Südasien	**73**	...	...	**18**	**64**
Indien	72	...	25	19	71
Sri Lanka	77	22	10	43	37
Südostasien und Pazifik	**65**	...	...	**31**	**41**
Indonesien	62	8	57	25	41
Malaysia	44	16	12	22	6
Philippinen	43	41	...	16	25
Thailand	79	13	41	19	4
Arabische Staaten	**42**	...	...	**18**	**29**
Tunesien	36	14	10	2	20
Lateinamerika	**25**	...	...	**22**	**29**
Honduras	54	53	38	24	26
Mexiko	26	34	9	15	128
Panama	43	...	18	7	17
Peru	28	32	...	21	42
Venezuela	13	31	...	21	42

Quelle: U.N. Development Programme: *Human Development Report 1999*: 138-148. New York: Oxford University Press, 2000.

LANDWIRTSCHAFT: DIE BASIS

Die Länder auf den verschiedenen Entwicklungsstufen unterscheiden sich hauptsächlich durch den Bevölkerungsanteil, der in der Landwirtschaft tätig ist, sowie durch deren Produktivität. Nach wie vor spielt sie in den am wenigsten entwickelten Ländern die dominierende Rolle. Doch die Bauern und Hirten produzieren nur wenig – wenn überhaupt – mehr als das, was sie zum eigenen Lebensunterhalt brauchen. Infolgedessen sind viele überwiegend agrarisch strukturierte Gesellschaften nicht in der Lage, ihre wachsende Bevölkerung zu ernähren (siehe Kapitel 19). Eine der Voraussetzungen für einen Aufstieg in die mittlere oder obere Ebene der Weltwirtschaft ist es daher, die Produktivität der Landwirtschaft zu erhöhen.

Kleinbauern

Die Kleinbauern, die mit familiären Arbeitskräften und einfacher Technologie vorwiegend für den Eigenbedarf produzieren, bauen Feldfrüchte an und züchten Vieh (Shanin 1990). Wirtschaftlich, sozial und kulturell sind sie an das Land gebunden. Manchmal gehört ihnen der Boden, den sie bestellen, selbst. In einigen Fällen ist der Stamm oder die Gemeinschaft Eigentümer des Landes und teilt es nach Bedarf unter den Familien auf; in anderen Fällen gehört es einem Grundbesitzer, der einen Teil der Ernte als Pachtzins einfordern kann; in wieder anderen ist der Staat Eigentümer. Der Familienhaushalt bildet den Mittelpunkt des bäuerlichen Lebens und sorgt für die Bedürfnisse der meisten seiner Mitglieder. Außerdem ist die bäuerliche Familie in eine zumeist sehr traditionale und konformistische Gemeinschaft eingebettet. Der Status einer Person in der Gemeinschaft hängt von der Position ihrer Familie ab.

Die Kleinbauern wohnen in der Regel in einem Dorf statt einem isolierten Gehöft, und statt großer Flächen besitzen sie winzige Landparzellen. Sie werden zu modernen Bauern, wenn sie als Unternehmer auftreten, d.h. wenn sie ihre Feldfrüchte und ihr Vieh in erster Linie für einen Markt und erst sekundär für den Eigenbedarf produzieren, wenn sie sich – beispielsweise auf die Milchviehzucht oder den Orangenanbau – spezialisieren und den Erlös aus dem Verkauf für all die Dinge, die sie brauchen, ausgeben.

Kleinbauern müssen nicht arm sein. Verfügen sie über genügend Land und Arbeitskräfte und kommt noch gutes Wetter hinzu, können sie einen beträchtlichen Überschuss produzieren, den sie verkaufen oder tauschen können. Doch die meisten Kleinbauern leben am Rand des Existenzminimums. Die meisten Kleinbauern erinnern sich noch an Zeiten, in denen die Nahrungsmittel so knapp waren, dass die Jungen und Schwachen starben; den Übrigen blieb nur, ihr letztes Vieh zu schlachten, das Saatgut für die Ernte des nächsten Jahres zu essen oder sich von Tierfutter zu ernähren. Viele Menschen leben heute unter solchen Bedingungen. Die ständige Unsicherheit fördert eine »Subsistenzethik« (Scott 1976). Einerseits sind die Kleinbauern überzeugt, dass alle in der Gemeinschaft ein Anrecht auf einen Mindestlebensstandard haben und die reichen Bauern verpflichtet sind, den armen

Kleinbauern müssen mit dem auskommen, was sie selbst anbauen können. Daher investieren sie tagelange harte körperliche Arbeit in ihren Lebensunterhalt. Ihre Höfe sind jedoch meist winzig und oft der Konkurrenz von Großgrundbesitzern ausgesetzt, so dass ihre Aussichten voranzukommen im allgemeinen gering sind. Das Bild zeigt ein Reisfeld in Laos.

etwas abzugeben, dass kommunales Land und kommunale Arbeit dazu dienen, Risiken und Gewinne umzuverteilen, und Gefälligkeiten erwidert werden müssen. Andererseits misstrauen sie oft Vorschlägen oder Innovationen von Außenstehenden und klammern sich an Methoden und Praktiken, die in der Vergangenheit funktioniert haben. Aus dieser Haltung entspringt oft der Widerstand gegen Veränderungen, die zu wirtschaftlicher Entwicklung, etwa durch neue Anbaumethoden oder Bevölkerungskontrolle, führen könnten.

Die Kleinbauern arbeiten oft mit relativ primitiven Methoden, z. B. dem traditionellen Wanderfeldbau, der für magere tropische Böden gut geeignet ist. Man rodet ein Stück Niederwald, lässt ihn trocknen und brennt ihn anschließend ab. Die Asche düngt den Boden; die Baumstümpfe, die die Bodenerosion verhindern, lässt man stehen; um sie herum pflanzt man dann mit Hilfe von Hacken und Grabstöcken die Feldfrüchte. Nach zwei oder drei Jahren ist der Boden erschöpft, und ein neue Anbaufläche wird gerodet. Auf dem alten Areal lässt man Sekundärwald nachwachsen, ein Prozess, der etwa fünfzehn Jahre dauert, wonach es wieder bebaut werden kann. Diese Methode eignet sich gut für eine dünne Besiedlung mit reichlich Land, nicht aber für eine wachsende Bevölkerung mit begrenztem Land wie in großen Teilen von Afrika. Warum verwenden die Kleinbauern nicht modernere Methoden? Selbst in »fetten Jahren« verkaufen sie nicht mehr Getreide, sondern legen sich einen Vorrat für die unvermeidlichen »mageren Jahre« an. Sie zögern also, Neuerungen einzuführen, haben nur geringen Spielraum, um Risiken einzugehen, und wenig Geld für zusätzliche Anschaffungen.

Ein weiteres Problem sind die ökologischen Schäden. Die Übernutzung der Böden und Brunnen hat an vielen Orten ihre Spuren hinterlassen.

Grundbesitzlose Landarbeiter

Paul Harrison (1984) beschreibt eine Teeplantage, die er auf Sri Lanka besuchte. Aus der Luft erschien die Plantage grün und üppig; am Boden waren die Verhältnisse jedoch schlimm. Hunderte tamilischer Plantagenarbeiter lebten in von den Briten im 19. Jahrhundert in Reihen erbauten Baracken. Ganze Familien waren in feuchte, fensterlose, zehn Fuß große Zellen gepfercht und schliefen auf Säcken auf dem Zementboden. Ein Mann verdiente vielleicht sechzig Cent pro Tag durch Hacken, Jäten und Beschneiden der Zweige, wenn es Arbeit gab; seine Frau mochte es durch Pflücken der Teeblätter auf fünfundvierzig Cent pro Tag bringen. Der Staat kam für Schulbildung und Gesundheitsfürsorge auf und subventionierte die Lebensmittelpreise. Dennoch konnten sich die Plantagenarbeiter kaum mehr als Lebensmittel leisten.

Die tamilischen Arbeiter auf den Teeplantagen gehören zu dem Heer grundbesitzloser Landarbeiter: Kleinbauern, die ihren Rechtsanspruch auf Land verloren haben, Kinder von landlosen Kleinbauern oder – in einem Großteil von Lateinamerika – Indios, die früher Jäger und Sammler waren. Da sie kein eigenes Land besitzen oder keinen Rechtsanspruch auf Land haben, fehlt es ihnen immer an Selbständigkeit. Überall in der Welt ist das die sozio-strukturelle Konstante ihrer Situation. Doch ihre Lebensverhältnisse variieren. In manchen Fällen sorgt der Grundeigentümer für eine anständige Unterkunft, ein Existenzminimum, medizinische Versorgung, Schulen für die Kinder und dergleichen mehr, doch in anderen leben sie nahezu unter Sklavenbedingungen. Manchmal haben sie ständig Arbeit, manchmal aber sind sie nur saisonal beschäftigt oder arbeiten als Tagelöhner. Umfang und Ausmaß ländlicher Armut belegt der nicht abreißende Strom von landlosen Arbeitern, der aus den armen Ländern in die reichen Länder oder aus den Dorfregionen in die Großstädte ihres Heimatlandes fließt.

Kaum jemand verlässt freiwillig das Land, um sich in das Heer der landlosen Arbeiter in den Städten einzureihen. »Es bedeutet, ins Exil zu gehen, das heimatliche Dorf zu verlassen, das soziale Netz der erweiterten Familie aufzugeben, auf die komplexe Kultur von Status und Zeremonien zu verzichten, in der man eines Tages seine Rolle zu spielen hoffte. Es ist ein letzter Versuch, wenn alle anderen fehlgeschlagen sind« (Harrison 1984:140). Eine Reihe von Gründen zwingt die Menschen, das Land zu verlassen: Bevölkerungswachstum; Erbschaftsregeln, die die älteren Söhne begünstigen oder das Land in zu kleine Parzellen aufteilen, um davon leben zu können; Kriege, die Flüchtlinge erzeugen, die sich gezwungen sehen, jede Arbeit, die sie bekommen können, anzunehmen; Seuchen und Dürren, die die Kleinbauern oft in den Bankrott treiben und es den vorrückenden reichen Landbesitzern ermöglichen, ihr Land aufzukaufen (oder zu übernehmen) und sie dann womöglich für sich arbeiten zu lassen.

Oft ist Landlosigkeit eine Folgeerscheinung des Kolonialismus. So nahmen sich in Lateinamerika die *Conquistadores* und ihre Nachkommen das beste Land und zwangen die Indios, auf für den Anbau unergiebiges Land auszuweichen – mit der Folge, dass sie Arbeit auf den Gütern des neuen Grundeigentümers annehmen mussten. Als die Indios flohen oder an den Hungerrationen und den aus Europa eingeschleppten Krankheiten, gegen die sie nicht immun waren, starben, importierten die Kolonialherren Sklaven aus Afrika. Als im 19. Jahrhundert Sklaverei und Zwangsarbeit verboten wurden, führten die Grundeigentümer die Peonage (Dienstverpflichtung) ein. Sie liehen den Arbeitern Geld für den Kauf von Lebensmitteln, Kleidung und anderen Bedürfnissen des täglichen Lebens zu inflationären Preisen, sorgten aber dafür, dass sie nie genug verdienten, um ihre aufgelaufenen Schulden abzuzahlen. Zudem mussten (und müssen an einigen Orten noch heute) Landarbeiter für die Grundeigentümer – unter einem Regime, das die Opfer »Fron« nennen – mehrere Wochen pro Jahr umsonst arbeiten.

Die europäischen Kolonialherren waren nicht die einzigen Schurken in dieser traurigen Geschichte. Freigelassene US-amerikanische Sklaven gründeten, um dem Rassismus in den USA zu entkommen, einen neuen Staat in Afrika namens Liberia. Dabei nahmen sie der indigenen Bevölkerung (gelegentlich mit militärischer Unterstützung der USA) Land weg und beuteten gemeinsam mit den multinationalen Unternehmen die neuen grundbesitzlosen Landarbeiter aus. Die Kautschukplantagen von *Firestone* in Liberia gehörten zu den größten der Welt, bis der Kautschukpreis verfiel und Tausende ihre Arbeit verloren. 1980 revolutionierten indigene Liberianer gegen die »Americo-Liberianer«, die Nachkommen ehemaliger Sklaven.

Der Übergang von einer kleinbäuerlichen Landwirtschaft zu einer marktorientierten »Agrarindustrie« ist mit zahlreichen sozialen Folgen verbunden. In der Regel ist der Ertrag eines großen mechanisierten und bewässerten Agrarbetriebs weitaus höher als der von hundert kleinen Landparzellen, die manuell bewirtschaftet und vom Regen bewässert werden. Doch die Menschen, die früher das Land bebauten, können sich oft die mit modernen Methoden erzeugten Nahrungsmittel nicht leisten. Hinzu kommt, dass ein Großteil der Agrarprodukte nicht für den heimischen Verbrauch, sondern zum Verkauf auf den internationalen Märkten bestimmt ist. Kommerzialisierung und Industrialisierung – der Übergang von der dörflichen Nahrungsproduktion zur Produktion von zum Verkauf bestimmten Anbaufrüchten auf privatem Grund – höhlen die Selbstversorgung sowohl auf der individuellen wie der nationalen Ebene aus. Damit nimmt auch die wirtschaftliche Anfälligkeit zu. Viele Entwicklungsländer sind auf den Export von Grundstoffen (Brennstoffe, Bodenschätze, Metalle und Agrarprodukte) angewiesen.

Die Preise, die sie für Grundstoffe auf dem Weltmarkt erzielen, schwanken stark, so dass es für sie schwierig ist, einen Etat zu erstellen und vorauszuplanen. Viele Entwicklungsländer verwenden für den Anbau von Obst, Gemüse und Baumwolle, die zum Export in die hoch industrialisierten Länder bestimmt sind, größere Flächen als zur Nahrungsproduktion für das eigene Volk. Während die reichen Länder Luxusartikel (Kaffee, Zucker, Bananen) importieren, sind die armen Agrarländer gezwungen, Grundnahrungsmittel (Weizen, Mais, Reis) einzuführen. Die Abhängigkeit von Nahrungsmittelimporten und Auslandshilfe hat in den letzten Jahren zugenommen.

INDUSTRIALISIERUNG UND URBANISIERUNG

In Wirklichkeit begann die »große Transformation« – Industrialisierung, Urbanisierung und die Entstehung der modernen Gesellschaften, wie wir sie kennen – auf dem Land. Über einen Zeitraum von mehreren Jahrhunderten stieg die Produktivität der europäischen Landwirtschaft. So erschlossen die Bauern mehr Land für den Anbau, indem sie beispielsweise Sümpfe trocken legten, fortschrittlichere Anbaumethoden wie die Fruchtfolge erfanden (was einen kontinuierlichen Anbau ohne Brachen oder »Ruhezeiten« erlaubte) und durch Züchtung die Qualität der Feldfrüchte und des Viehs verbesserten. Das Ergebnis war ein Überschuss an Agrarprodukten – und an Arbeitern in der Landwirtschaft. Eine Möglichkeit, die frei gesetzten Menschen und Ressourcen zu nutzen, bot sich den Bauernfamilien in den »Heimindustrien«. Unternehmer belieferten arme Familien mit Rohmaterialien zum Garnspinnen, Tuchweben und Kleidernähen auf ihren eigenen Spinnrädern und Webstühlen zu Hause.

Zwischen der Mitte und dem Ende des 18. Jahrhunderts wurde die englische Textilindustrie durch eine Reihe von Erfindungen transformiert – beginnend mit dem Weberschiffchen bis hin zu der ersten brauchbaren Dampfmaschine (Lenski u.a. 1991). Neue, dampfgetriebene Maschinen erhöhten den Produktionsausstoß der Fabrikarbeiter pro Tag beträchtlich. Die schweren und teuren neuen Maschinen und Motoren dafür erforderten Unternehmer, die große Summen investieren und Gebäude für die wuchtigen Anlagen bauen würden. Das neue Fabriksystem war geboren. Fast über Nacht schossen Betriebe und Fabrikstädte in Lancaster,

18

Yorkshire und an anderen Orten aus dem Boden. England, Mitte des 18. Jahrhunderts noch ein Agrarland, war um die Mitte des 19. Jahrhunderts die erste Industriegesellschaft der Welt geworden.

England war auch die erste überwiegend urbane Gesellschaft. Da durch die gestiegene Produktivität der Landwirtschaft und das Bevölkerungswachstum die Nachfrage nach Arbeitern auf dem Land gesunken war, wanderten die Menschen in die kleinen und großen Städte aus, um Arbeit in den Fabriken zu suchen. Nicht alle Bauern, die das Land verließen, fanden Arbeit; die Arbeitslosigkeit war ein Problem (und ist es seither geblieben). Auch war die Fabrikarbeit alles andere als »angenehm«: Die Beleuchtung und Luft waren schlecht, die Maschinen gefährlich, die Arbeitszeiten lang und die Löhne niedrig. Doch die Menschen überlebten. Durch die gestiegene Produktivität der Landwirtschaft ließ sich eine wachsende Bevölkerung von nicht in der Landwirtschaft beschäftigten Menschen ernähren. Die neue städtische Bevölkerung konnte sich durch Industrie- und zunehmend auch Büroarbeit ihren Lebensunterhalt verdienen und mit der Zeit auch ihren Lebensstandard erheblich verbessern.

Zweifellos spielten bei der Zunahme der Industriearbeit die neuen Technologien eine Schlüsselrolle. Dennoch war der Handel die treibende Kraft, die hinter der Industrialisierung stand. Schon in der Frühgeschichte haben die Menschen Waren getauscht. Ein Großteil des Handels fand bis weit in unsere Zeit im lokalen Rahmen statt; die meisten Familien erzeugten Nahrung und andere Güter für den Eigenbedarf. Erst im 19. Jahrhundert entwickelte sich der Handel zu einer Hauptaktivität. »[...] Noch nie hat vor unserer Zeit«, schrieb der große Gesellschaftstheoretiker Karl Polanyi in seiner klassischen Studie *The Great Transformation*, »eine Volkswirtschaft existiert, die, und sei es auch nur im Prinzip, von Märkten kontrolliert wurde« (1944:13). In einer »Vormarkt-« oder prämodernen Wirtschaft vollzieht sich der Handel im persönlichen Kontakt, hat die Form eines Tauschgeschäfts, wird von Traditionen bestimmt und versorgt die Tauschpartner mit Luxusgütern oder Extras (Evers/Schrader 1994). Marktkontrolle bedeutet, dass Prinzipien wie Angebot und Nachfrage, Transport, Kauf und Verkauf zu zentralen Attributen der sozialen Realität werden. Märkte sind eines der Definitionsmerkmale moderner Gesellschaften. Sie bringen eine große Anzahl von Menschen miteinander in Kontakt, die nichts voneinander wissen und nie persönlich etwas miteinander zu tun haben werden. Nicht immer sind die für Märkte charakteristischen Muster *funktionaler Integration* fair oder freundschaftlich. Doch sie sind grundlegend für die bloße Existenz großer, moderner Gesellschaften.

Seit dem 19. Jahrhundert sind die marktwirtschaftlichen Gesellschaften rasch gewachsen und haben sich allmählich über die ganze Welt verbreitet. Märkte haben die Grenzen von Nationalstaaten gesprengt und dazu beigetragen, die ganze Welt in ein soziales und ökonomisches Weltsystem zu integrieren. Die mit Dampf betriebenen Webstühle im England des 19. Jahrhunderts sind der Fließbandproduktion, neuen Energiequellen sowie computergestützter Modellentwicklung und -herstellung gewichen. Die moderne Industrie ist, gleich auf welcher Technologiestufe, von der Produktion über weite Grenzen hinweg verkäuflicher Waren abhängig, die für die Kapitalisten Reichtum und für die Arbeiter Löhne bedeuten.

Die heutigen Entwicklungsländer stehen vor ähnlichen Herausforderungen wie die europäischen Gesellschaften im 19. Jahrhundert. Die Industrieproduktion – die Herstellung materieller Güter – ist ein Schlüssel für die Reichtumsproduktion. Wachsende städtische

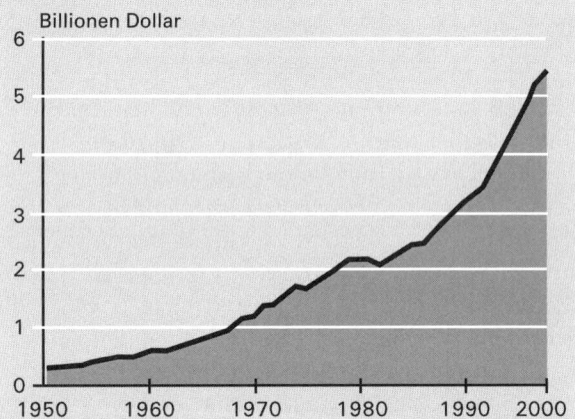

Schaubild 18.2:   Wachstum des Welthandels und der Weltwirtschaft

Quelle: Hilary French, *Vanishing Borders: Protecting the Planet in the Age of Globalization.* New York: Norton, 2000: 2.

Seit dem Zweiten Weltkrieg hat die Zunahme des Welthandels die Expansion der Weltwirtschaft Jahr für Jahr übertroffen. Während die Weltwirtschaft seit 1950 um das 6-fache von 6,7 Bio. US-$ auf 41,6 US-$ im Jahr 1998 gewachsen ist, nahmen die Exporte in diesem Zeitraum um das 17-fache zu und haben 1998 einen Wert von 5,4 Bio. US-$ erreicht. Machten die Güterexporte 1950 lediglich 5 Prozent des globalen Sozialprodukts aus, so ist diese Zahl 1998 auf 13 Prozent gestiegen.

Bevölkerungen brauchen Nahrung, Wohnungen und Arbeitsplätze. Sie brauchen Straßen, um die Produktionszentren mit Häfen zu verbinden, Kommunikationssysteme, um die Unternehmensaktivitäten zu koordinieren, und so weiter.

Doch in anderen Hinsichten sind die Entwicklungsbedingungen zu Beginn des 21. Jahrhunderts verschieden. Der Aufbau einer Infrastruktur für den Weltmarkt erfordert nicht nur Straßen und Häfen, sondern auch kostenintensive Flughäfen und Kommunikationssatelliten. Die reichen und technologisch fortgeschrittenen Länder sind Hilfs- und Investitionsquellen, aber auch übermächtige Konkurrenten. Und so wie früher die neuen landwirtschaftlichen Methoden immer mehr Menschen im primären Sektor in Europa und (später) in den USA entbehrlich machten, so reduzieren heute neue Technologien den Bedarf an Industriearbeitern.

Das Ergebnis ist eine gespaltene Welt: Während einige Länder allmählich den »Absprung« in die industrielle oder sogar postindustrielle Ära schaffen, besitzen andere nicht einmal eine Grundstoffindustrie für die Produktion von Gütern, mit denen sie auf den Weltmärkten konkurrieren könnten.

Märkte, Disparitäten und Wachstum

Überall in der Welt sind die wirtschaftlichen Ziele der Familienhaushalte die gleichen: Befriedigung ihrer Grundbedürfnisse, Erhöhung des Lebensstandards, Minimierung von Risiken und Unsicherheit sowie Chancenverbesserung für die Kinder. So wie die Dinge liegen, sind die Aussichten, diese Ziele zu erreichen, sehr ungleich verteilt.

Schaubild 18.3 zeigt die (kaufkraftbereinigten) Lohnunterschiede für fünf Berufe in den einzelnen Ländern und bei den einzelnen Berufen. Ein Ingenieur in Frankfurt am Main verdient drei Mal so viel wie eine ungelernte Textilarbeiterin in der gleichen Stadt und fünfundfünfzig Mal so viel wie eine Textilarbeiterin in Nairobi in Kenia. Die Frage ist: warum? Lohnunterschiede in den unterschiedlichen Berufen sind ein Spiegel sowohl der Produktivität als auch des Angebots- und Nachfrageniveaus (World Bank 1995). Der Marktwert oder »Ertrag« eines auf die Konstruktion einer Textilmaschine verwendeten Arbeitsjahres ist wesentlich höher als der des Trikotstoffs, den ein Arbeiter, der die Maschine ein Jahr bedient, erzeugt. Zudem ist das Angebot an hoch spezialisierten Ingenieuren weit geringer als das an ungelernten Maschinenarbeitern. Doch warum verdient ein Busfahrer im südkoreanischen Seoul drei Mal so viel wie sein Kollege im indischen Bombay? Der Grund ist nicht der, dass man mehr Geschick braucht, um einen Bus in Seoul zu lenken als in Bombay. Um die Lohnunterschiede innerhalb von Berufen zu erklären, müssen wir die Produk-

tivität einer Volkswirtschaft in toto betrachten. Die Menschen in Seoul sind bereit und in der Lage, mehr für eine Busfahrt zu bezahlen als die Menschen in Bombay, von denen sich viele ein öffentliches Transportmittel nicht leisten können. Hinzu kommt, dass es in Seoul (im Verhältnis zur Bevölkerung) mehr offene Stellen gibt als in Bombay. Infolgedessen müssen die Busunternehmen den Fahrern so viel bezahlen, dass sie diese Arbeit annehmen und ihren Lebensunterhalt nicht lieber durch eine andere verdienen.

Vergleichen wir Ghana, Malaysia und Polen, um die Folgen der Marktwirtschaft für die einzelnen Länder – und ihre sehr ungleichen Wachstumsraten – zu veranschaulichen. Ghana, südlich der Sahara gelegen, war Anfang der 1960er Jahre kaum in den Weltmarkt integriert. Wie verschiedene andere ehemalige Kolonien verfolgte das Land, statt die Bedürfnisse der internationalen kapitalistischen Märkte zu befriedigen, eine sozialistische Strategie zur Stärkung der heimischen Industrie. Der Staat hatte die Kontrolle über den Inlandsmarkt, indem er beispielsweise die Preise für die Grundnahrungsmittel fest setzte und den Bergbau und die Holzindustrie regulierte. Indessen sind staatliche Wirtschaftskontrolle und Verstaatlichungen oft eine Einladung zu Korruption, Cliquenwirtschaft und Ineffizienz. Nach zwei Jahrzehnten wirtschaftlichen Niedergangs führte ein größeres Reformprogramm zu einer bescheidenen Erholung, die bis heute andauert. Mittlerweile hat sich die Bevölkerung im Erwerbsalter verdoppelt – und die Armut vertieft. Zwischen 1960 und 1990 sanken die Löhne und beginnen erst jetzt wieder zu steigen. Doch wie im Jahr 1960 gingen auch 1989 nur 14 Prozent der ghanaischen Bevölkerung einer bezahlten Arbeit nach; mehr als die Hälfte war selbständig und arbeitete in der Schattenwirtschaft (*informal economy*); der Rest war entweder als nicht arbeitssuchend registriert oder arbeitslos.

Im selben Zeitraum hat Malaysia in Südostasien den »Absprung« geschafft. Der Staat schützte zwar die öffentlichen Unternehmen (einschließlich der Landwirtschaft) vor Konkurrenz, doch Malaysias Wirtschaft war marktorientiert und öffnete sich ausländischen Investoren. Zwischen 1960 und 1990 stieg das BSP pro Kopf um jährlich 4 Prozent, die Armut nahm ab, die Zahl der Beschäftigten stieg um das Dreifache, und die Löhne verdoppelten sich. Die meisten neuen Arbeitnehmer fanden in modernen Industrien und im Dienstleistungsbereich Jobs; auch hoch spezialisierte, besser bezahlte Jobs erschlossen sich ihnen. 1997 geraten einige asiatische Schwellenländer in turbulente Währungskrisen. In Thailand, Indonesien, Malaysia und Südkorea führen massive Kapitalabflüsse zu enormen

18

Abwertungen und Wachstumseinbrüchen. Der IWF, der den betroffenen Ländern noch bis kurz vor Ausbruch der Krise solide Wirtschaftspolitiken bescheinigt hatte, verschreibt die üblichen Rosskuren: Haushaltskürzungen, weitere Liberalisierungen, Zinserhöhungen. Doch diese Instrumente sind für Ökonomien entwickelt worden, die durch hohe staatliche Defizite, niedrige Sparquoten, hohe Handelsbilanzdefizite und schwache Export-Performance in Finanzklemmen geraten. Auslöser der Asienkrise waren jedoch vor allem fehlende Regulierungssysteme für die nationalen Finanzmärkte, um sich gegen volatile Währungsspekulationen schützen zu können. Die sozialen Folgen der Krise sind hoch, ab 1999 zeichnen sich jedoch bereits wieder beachtliche Wachstumsraten in Ostasien ab. Die endogenen Entwicklungs- und Krisenverarbeitungspotentiale der asiatischen Schwellenländer scheinen auszureichen, um den seit Jahrzehnten anhaltenden Aufstieg in der weltwirtschaftlichen Hierarchie fortsetzen zu können.

Polens Wirtschaft wuchs zwischen 1959 und 1970 ebenso rasch wie die Malaysias, aber aus anderen Gründen. Als ein Teil des früheren »Comecon« war Polens Wirtschaft zentral gelenkt. Der Staat siedelte Tausende

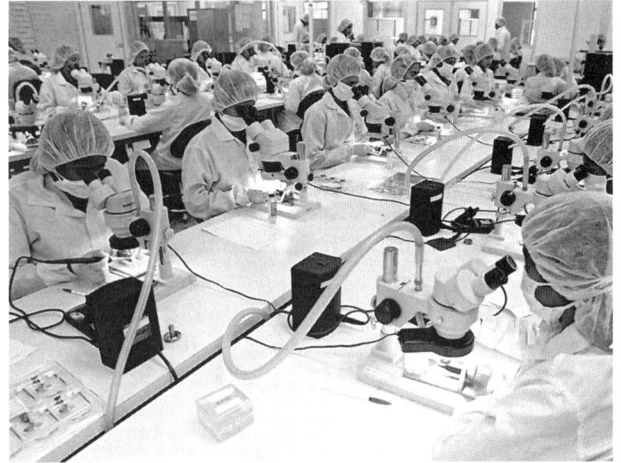

Eine Computerfabrik in Malaysia. Wie die anderen »Tigerstaaten« in Südostasien verfolgte Malaysia eine nach außen offene Entwicklungsstrategie, umwarb ausländische Investoren und offerierte ihnen ein diszipliniertes Facharbeiterpotential, um in der Weltwirtschaft Fuß zu fassen.

von Bauern in die Städte und Fabriken um und drängte fast ebenso viele Frauen in die Erwerbsarbeit. Dadurch plante und inszenierte man die Industrialisierung ohne

---

Schaubild 18.3: Die internationale Lohnstruktur: Lohnunterschiede in und zwischen den Ländern

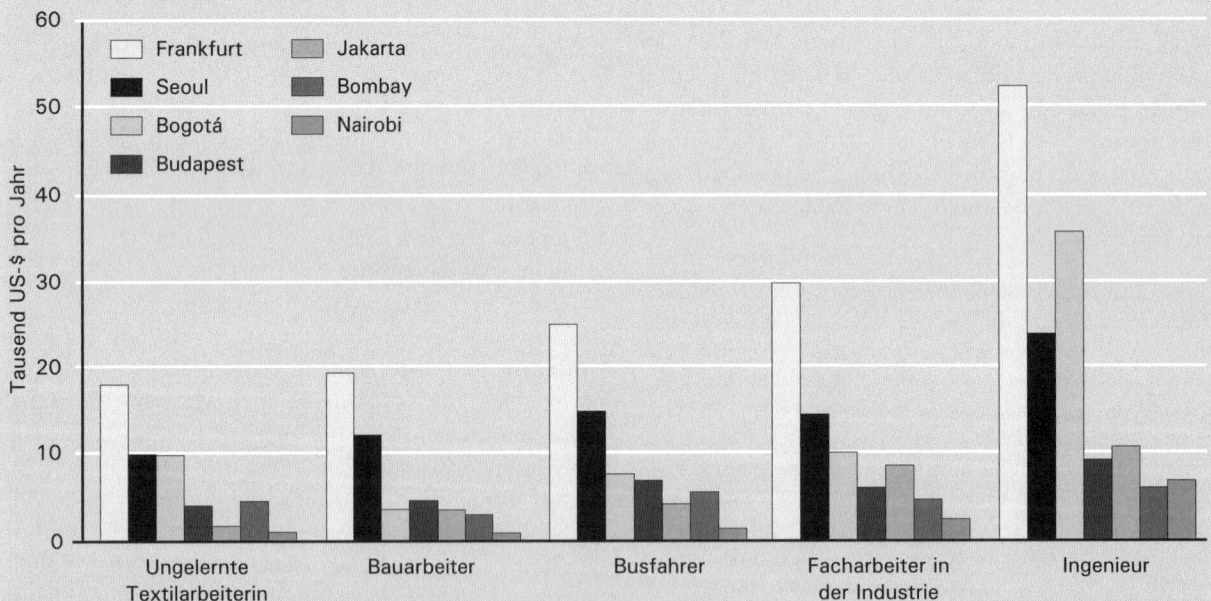

Quelle: Weltbank, *World Development Report 1995*. New York: Oxford University Press, 1995.

Wie viel die Menschen verdienen, hängt nicht nur davon ab, was sie machen und welche Ausbildung und Fertigkeiten sie für ihren Beruf brauchen, sondern auch davon, ob sie in einem Land mit hohem, mittlerem, oder niedrigem Pro-Kopf-Einkommen leben.

Rücksicht auf Angebot und Nachfrage oder Gewinne. Der Staat garantierte allen Arbeitnehmern einen Arbeitsplatz, setzte Löhne und Preise fest und trieb fast ausschließlich Handel mit anderen Ländern des kommunistischen Blocks. Da immer mehr Arbeiter in der Industrie beschäftigt waren, wuchs auch die Menge der erzeugten Güter, nicht aber die Arbeitsproduktivität – die Menge der hergestellten Güter pro Arbeiter. In den 1980er Jahren begannen die Löhne zu sinken. Zwischen 1980 und 1992 fiel Polens Bruttoinlandsprodukt um 9 Prozent, und die Industrielöhne sanken um ein Viertel. Nach seinem Sturz hinterließ das kommunistische Regime Polen veraltete Fabriken, minderwertiges Sachkapital, eine hohe Umweltverschmutzung, eine Unterversorgung mit elementaren Konsumgütern (wie z. B.

Seife) und ein Überangebot an Arbeitskräften. Gleiches gilt auch für die meisten anderen osteuropäischen Staaten und die früheren Sowjetrepubliken.

Die Weltbank zog daraus folgende Schlüsse:

(1) Eine marktwirtschaftliche Entwicklungsstrategie verhalf den Malaysiern zu einem höheren Lebensstandard, während Ghanaer und Polen für staatsdirigistische Strategien der Arbeitsbeschaffung und Lohn- und Preiskontrollen büßen mussten.

(2) Wirtschaftswachstum erhöht nicht nur das Familieneinkommen, sondern verändert auch den Beschäftigungsstatus der Arbeitnehmer: Während die Quote der selbständigen Bauern und Arbeiter, die Dienstleistungen verrichten, sinkt, nimmt der Anteil der abhängig Beschäftigten in den modernen Industrien und im Dienstleistungssektor zu.

(3) Diese Transformation ebnet den Weg für weiteres Wachstum, indem sie die Chancen für spezialisierte Berufe erhöht, Risiken verteilt und größere Einkommenssicherheit schafft.

(4) Die Suche nach Profiten ermutigt die Unternehmen – von bäuerlichen Familienbetrieben bis hin zu Großunternehmen –, in neue Maschinen, Technologie und Weiterbildung der Beschäftigten zu investieren.

(5) Parallel dazu ist es den Haushalten möglich, ihr Humankapital durch verbesserte Gesundheit und Ernährung sowie längere Schulbildung zu vermehren.

(6) Aufgabe des Staates ist es, in öffentliche Güter wie Bildung und Straßen zu investieren, die Eigentumsrechte zu schützen und »vor allem die Unternehmen und Haushalte in die Lage [zu] versetzen, in sich selbst zu investieren« (Zitat: World Bank 1995).

Nach Auffassung der Weltbank haben die Länder also durchaus Chancen, von einem Status des niedrigen Pro-Kopf-Einkommens zum mittleren und selbst hohen Pro-Kopf-Einkommen aufzusteigen – wenn die Regierungen, Unternehmen und Haushalte eine marktwirtschaftliche Strategie verfolgen. Neuerdings betont die Weltbank darüber hinaus die Bedeutung von Institutionen und aktiven Politiken zur Stärkung von Wettbewerbsfähigkeit, zur Begrenzung von Marktversagen

18

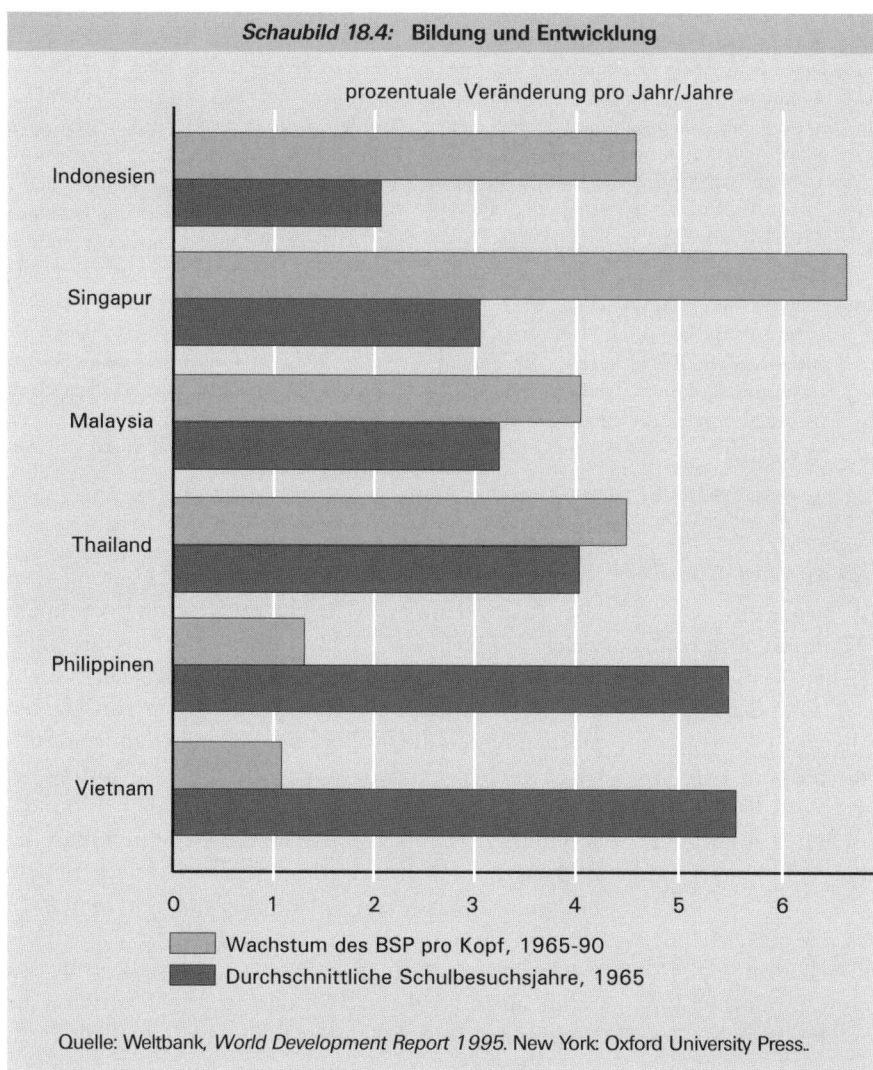

Schaubild 18.4: **Bildung und Entwicklung**

prozentuale Veränderung pro Jahr/Jahre

Indonesien
Singapur
Malaysia
Thailand
Philippinen
Vietnam

0 1 2 3 4 5 6

▢ Wachstum des BSP pro Kopf, 1965-90
▣ Durchschnittliche Schulbesuchsjahre, 1965

Quelle: Weltbank, *World Development Report 1995.* New York: Oxford University Press.

Hohe Einschulungsquoten waren kein Garant für Entwicklung, nicht einmal in Südostasien.

Globales Dorf oder globale Ausplünderung?

Bedeutet Globalisierung eine Chance oder eine Bedrohung? Entwickelt sich die Welt zu einem globalen Dorf oder werden wir Zeugen der »Ausplünderung des Planeten und seiner Menschen« (Brecher/Costello 1994:33)? Die eine Seite sieht im freien Welthandel den Schlüssel für die ökonomische Zukunft. »Wesentliche menschliche Interessen lassen sich, was ihre ökonomische Seite angeht, am besten befriedigen, wenn das freie Spiel der Marktkräfte die nationalen Grenzen überschreiten kann«, konstatierte David Rockefeller von der Chase Manhattan Bank (*International Finance*, 19. Mai 1975; zitiert in Brecher/Costello 1994:15). Ein globaler Wettbewerbsmarkt folgt der Logik des komparativen Kostenvorteils (Bhagwati 1994; Daly 1994): Die einzelnen Länder spezialisieren sich auf Produkte, die sie am kostengünstigsten herstellen können (in Italien etwa Wein, in Jamaica Zucker). Verbesserte Effizienz führt zu niedrigeren Preisen. Zwar mag es Anpassungsprobleme geben, doch auf lange Sicht profitieren alle. Als Beweis dafür, dass staatliche Kontrolle Entwicklung behindert, gilt der Zusammenbruch der kommunistischen Regime in der früheren Sowjetunion und Osteuropa.

Kritiker argumentieren, dass die Globalisierung den Menschen und Ländern schadet – und nicht etwa hilft. Nach ihrer Ansicht erhöhen die transnationalen Konzerne ihre Profite nicht durch verbesserte Effizienz, sondern indem sie Länder und Menschen in einem »Wettlauf um die niedrigsten Standards« gegeneinander ausspielen. Unterentwickelte Länder locken Investoren an, indem sie ihnen die billigsten Arbeitskräfte, die niedrigsten Steuern und ein Minimum an Regulierungen offerieren. Ihre Volkswirtschaften mögen zwar expandieren, doch nur weil ihr Lebensstandard niedrig ist. In den entwickelten Ländern sind Arbeiter und Angestellte – zum Teil infolge von »Kapitalflucht« und »Unternehmensverschlankung« – in großer Zahl entlassen worden. Die meisten neuen Jobs sind Teilzeit- oder temporäre Arbeitsplätze, sie sind zudem schlechter bezahlt und bieten wenige oder gar keine Sozialleistungen. Während einige Menschen ihren Wohlstand unter den Bedingungen der Unternehmensglobalisierung vermehren konnten, »leidet die Mehrheit der Menschen in den meisten Teilen der Welt bis heute unter steigender Arbeitslosigkeit, sinkenden Realeinkommen, Massenentlassungen, Einsparungen im öffentlichen Dienst, verschlechterten Arbeitsbedingungen, Vernichtung von kleinen Höfen und Kleinbetrieben, Beschleunigung der Umweltzerstörung und immer geringerer demokratischer Kontrolle über ihre Regierungen und Gesellschaften« (Brecher/Costello 1994:4).

Analyse

Globalisierung ist kein vollständig neues Phänomen. Sie schreitet seit Beginn der kapitalistischen Ära immer weiter voran (Robertson 1992). Die globale Verflechtung hat bereits dramatische Züge angenommen. Heute hat keines der größeren Länder der Welt mehr die Möglichkeit, sich aus der Weltwirtschaft zurückzuziehen: Alle sind durch Handelsnetze miteinander verbunden. Hinzu kommt, dass die multinationalen Unternehmen Landesgrenzen nur wenig respektieren, in ihren Betrieben Menschen aus Dutzenden anderer Länder beschäftigen und ihre Produkte in noch mehr Länder verkaufen. Die Globalisierung wird fortschreiten. Doch das heißt nicht, dass dies nur in einer einzigen Form geschehen kann. Gegenwärtig findet sie in einer Form statt, die den größten Teil der *Macht* in die Hände von Managern multinationaler kapitalistischer Unternehmen und staatlichen Eliten einiger weniger Länder legt. Einerseits haben Politiker und Behörden die Möglichkeit, Unternehmen in ihrem Profitstreben zu zügeln (z. B. durch Festlegung standardisierter Kontrollen bei der Umweltverschmutzung), andererseits suchen sie oft verzweifelt nach Investoren, um staatliche Einnahmen zu erhöhen, oder sind einfach zu schwach, sich gegen global agierende Unternehmen durchzusetzen. Gegenwärtig gibt es

und insbesondere zur Bekämpfung der Armut. Die neoliberale Ideologie der 80er und 90er Jahre wird sukzessive korrigiert. Von globalen Märkten profitieren nicht alle. Marktteilnehmer im gleichen Maße (siehe Kasten »Globales Dorf oder globale Ausplünderung?«). Nicht nur verfügen die armen Länder und die Armen in ihnen über weniger Kapital als die reichen, es fehlt ihnen auch das nötige Wissen (World Bank 1999). Es gilt daher, die Wissenslücke zwischen armen und reichen Ländern zu schließen, um eine nachhaltige Entwicklung zu ermöglichen.

Bildung ist eine notwendige, aber keine ausreichende Bedingung für Entwicklung (siehe Schaubild 18.4). Zwischen 1960 und 1990 haben sich weltweit die Einschulungsquoten auf allen Niveaus verfünffacht; die Alphabetisierungsrate von Erwachsenen in Ländern mit niedrigem und mittlerem Pro-Kopf-Einkommen ist von einem Drittel auf mehr als die Hälfte gestiegen. Warum erweist sich dann das Wirtschaftswachstum bis heute in vielen Regionen als so schwer definierbar? Bildung zahlt sich für ein Individuum oder eine Gesellschaft nicht aus, wenn es keinen Markt für die neuen Fertigkeiten gibt. So hatten die Philippinen gegenüber anderen südostasiatischen Ländern lange Zeit einen Vorsprung bei der Erwachsenenalphabetisierung und den Bildungsabschlüssen; dennoch blieb die Entwicklung hinter der Bildung zurück. Infolgedessen haben viele gebildete Filippinos ihr Können mit ins Ausland genommen. In einigen Ländern, wie z. B. in Indonesien, haben die Regierungen mehr für Schulbürokratien und den Schulbau ausgegeben als für qualifizierte Lehrer und die Versorgung der Schulen mit Bildungsmaterialien. So ist wohl die Zahl der Schulen und Einschulungen gestiegen, nicht aber die Unterrichtsqualität. Anderswo

im internationalen Rahmen nur wenige Regulierungen.

Der springende Punkt sind die *Strukturen*: Die moderne Welt ist so organisiert, dass die politische Macht im wesentlichen bei den Regierungen der Nationalstaaten liegt. Innerhalb von Nationalstaaten bieten Demokratien ihren Bürgern die Möglichkeit, am politischen Entscheidungsprozess teilzunehmen. Doch die Wirtschaft wird gegenwärtig in einem internationalen Maßstab immer mehr von Institutionen strukturiert, die sich der Kontrolle jedes Nationalstaats entziehen. Eine US-amerikanische Strohfirma kann überall Geschäfte tätigen und wird in ihren Auslandsaktivitäten nur minimal durch US-amerikanische Gesetze eingeschränkt. Die Umweltgesetzgebung der USA erstreckt sich nicht auf die brasilianischen Regenwälder am Amazonas. Brasilien kann versuchen, Umweltschäden zu begrenzen, doch steht es vor einer äußerst schwierigen Wahl: Der Schutz der Umwelt schränkt oft die ökonomischen Möglichkeiten ein – und dies kann für die Regierung in einer Demokratie bedeuten, dass sie abgewählt wird. Setzt Brasilien – oder irgendein anderes Land – den Aktivitäten der Unternehmen zu viele Schranken, können sie ihre Investitionen anderswo vornehmen. Kapital – der Reichtum hinter den Unternehmensaktivitäten – kann rasch über Landesgrenzen fließen. Gestützt auf die globalen Kommunikationsstrukturen und Computer, erreichen die internationalen Kapitalflüsse heute [1997] eine Billion US-$ pro Tag. Auch die USA bleiben von der »Kapitalflucht« nicht verschont, wenn etwa Unternehmen ihre Aktivitäten von Ohio oder Michigan nach Malaysia oder Mexiko verlegen und Arbeitslose und Wirtschaftskrisen zurücklassen. Die Verlagerung von Produktionsprozessen ins Ausland war ein Faktor, der seit 1979 zum Verlust von mehr als 43 Millionen Arbeitsplätzen in den USA geführt hat. Gleichzeitig hat natürlich die Produktion für internationale Märkte den USA viele neue Arbeitsplätze beschert, wenn diese auch nicht immer die zuvor entlassenen Personen erhalten.

Holen Staaten neue Investoren ins Land, steigern sie zwar ihr Wirtschaftswachstum, verlieren aber oft an Einfluss auf ihren wirtschaftspolitischen Kurs, den Schutz ihrer Umwelt und die Sicherheitsvorschriften am Arbeitsplatz. Indonesien hat nicht nur durch die USA Arbeitsplätze gewonnen, sondern auch von den etwas reicheren asiatischen Ländern wie Japan und Südkorea (wo die Lohnniveaus und Regulierungen die Unternehmensprofite beschnitten haben). So lassen *Reebok* und *Nike* beide dort Schuhe herstellen. Die Frauen müssen mindestens zwölf Stunden pro Tag arbeiten, sind in Baracken untergebracht, die sie nur sonntags verlassen dürfen – mit schriftlicher Genehmigung der Geschäftsleitung. Indonesiens bis zum Rücktritt Suhartos »unternehmerfreundliche« Politik wurde von einer repressiven Regierung gestützt, die gegen Gewerkschaftsführer harte Gefängnisstrafen verhängte und die Armee zur Niederschlagung von Streiks einsetzte.

Die Weltwirtschaft ist *funktional integriert*. Dies heißt nicht etwa, dass sie zum Vorteil aller funktioniert, sondern dass sich jedes wichtigere Ereignis an einem Ort oder in einem Sektor der Welt auf Ereignisse anderswo auswirkt. Eine Rezession in Nordamerika kann die Arbeitslosigkeit in Asien erhöhen – weil sie die Nachfrage nach Produkten, die von asiatischen Arbeitnehmern hergestellt werden, senkt. Wenn die herkömmlichen Kupferkoaxialkabel in Los Angeles durch Glasfaserkabel ersetzt werden, verfällt der Preis des hauptsächlich in Afrika abgebauten Kupfers. Die funktionale Integration steckt voller Fallgruben für Länder, die dem Beispiel anderer in der Entwicklung ihrer Wirtschaft folgen möchten.

Auch die *Kultur* wird von der globalen wirtschaftlichen Integration erfasst – und herausgefordert. Überall wünschen sich die Menschen einen höheren Lebensstandard für sich selbst oder zumindest für ihre Kinder. Doch heißt das nicht, dass sie die Kulturpro-

haben die Regierungen mehr in höhere Bildung als in Grund- und Sekundarschulen investiert. Wachsende Ärztezahlen sind sicher segensreich, noch segensreicher aber ist die Verbesserung des Grundwissens über Gesundheit und Ernährung. In den erfolgreicheren Entwicklungsländern haben sich Bildung und Nachfrage nach Arbeitskräften parallel entwickelt.

Geschlechtsspezifische Ungleichheiten

Der Blick auf Länder oder Regionen verschleiert eine andere Form der Ungleichheit: die zwischen Frauen und Männern. Eine Ursache der Geschlechterdisparitäten ist, wie bereits erwähnt, dass unbezahlte »Frauenarbeit« nicht »mitzählt«, d.h., in Berechnungen des BSP und anderer komparativer Maße nicht erfasst ist und sich auch nicht der gleichen Wertschätzung wie Männerarbeit erfreut. Während die Einschulungsquoten für Jungen und der Anteil der Männer an der Gesamtzahl der Arbeitskräfte weltweit nahezu dieselben sind, variieren die entsprechenden Quoten für Mädchen und Frauen enorm. So gehen 80 Prozent der rumänischen Frauen im Alter zwischen 20 und 24 Jahren einer Erwerbsarbeit nach, gegenüber wenig mehr als 40 Prozent der brasilianischen und weniger als 20 Prozent der pakistanischen Frauen (World Bank 1995). Die Geschlechterungleichheit spiegelt beides wider, die unterschiedlichen kulturellen Traditionen und die staatliche Politik.

Der *Human Development Report* der UNO kommt zu dem Ergebnis, dass keine Gesellschaft »ihre Frauen gleich gut behandelt wie ihre Männer«. Wie Tabelle 18.4 zeigt, variieren die Geschlechterdisparitäten von Gesellschaft zu Gesellschaft, doch hängen sie nicht ein-

18

duktion und -verteilung verwandelt sehen wollen in ein multinationales Unternehmensprojekt, das einheimische Traditionen und charakteristische Nationalkulturen verdrängt. Die meisten Menschen möchten ihre kulturelle Identität bewahren – und zugleich mehr Geld haben. Allerdings dürfte dies bei den herrschenden Mustern der globalen Integration nur schwer zu verwirklichen sein. Globalisierung bedeutet eben auch, dass Medien wie das US-amerikanische Fernsehen die ganze Welt erreichen – und Wünsche wecken nach modischer westlicher Kleidung (wie Miniröcke, die eventuell traditionelle moralische Normen verletzen), nach »veredelten« Nahrungsmitteln (die oft teurer und weniger nahrhaft sind als die traditionell zubereiteten Speisen), Zigaretten und so weiter. Ironischerweise werden Reaktionen gegen die Verwestlichung – wie das Erstarken des islamischen Fundamentalismus – durch die Art und Weise provoziert, wie die globale Integration die Kulturen erfasst und verändert, und stützen sich nicht nur auf deren traditionelle Kräfte. Sie sind eine Form des Widerstands gegen die bestehenden Strukturen der Macht- und Gewinnverteilung in der Weltwirtschaft (Brühl u.a. 2001).

Apropos Widerstand: damit sind wir beim *sozialen Handeln* angelangt. Offensichtlich ist die Weltwirtschaft nicht etwas, das einfach geschieht. Leitende Manager in Unternehmen treffen Investitionsentscheidungen und müssen mit Problemen wie Arbeiterunruhen fertig werden, Bankiers entscheiden, ob sie an Entwicklungsländer Kredite vergeben, Regierungsbeamte bestimmen, wer Hilfe und zu welchen Bedingungen erhält. Analog handeln Menschen überall in der Welt, wenn sie einen Arbeitsplatz wählen, wenn sie entscheiden, wie viel sie in die Ausbildung ihrer Kinder investieren oder wenn sie Politiker wählen – sofern sie diese Möglichkeit haben. Doch Menschen können auch noch in ganz anderer Weise handeln. Im mexikanischen Chiapas erhoben Rebellen auf dem Land ihre Waffen gegen die Zentralregierung wegen der Art und Weise, wie sie die Integration Mexikos in die Weltwirtschaft betrieb. Mexiko verkaufte für mehrere Milliarden US-$ Erdöl und andere Waren, doch den Löwenanteil der Gewinne heimste eine fest verwurzelte, vermögende Elite ein.

Manchmal hoffen die Protestierenden, den Prozess der globalen Wirtschaftsintegration ganz stoppen zu können (vgl. Houtart/Polet 2001). Es gibt kaum Anzeichen, dass dies gelingen könnte. Indessen lassen sich durch kollektives Handeln Richtung und Form der Integration beeinflussen. So führte beispielsweise ein weltweiter Boykott von *Nestlé*-Produkten in den 1980er Jahren schließlich dazu, dass der Schweizer Konzern seine kommerzielle Ersatzmilch für Säuglinge in Dritte-Welt-Ländern vom Markt nehmen musste, wo sie ein teurer, minderwertiger und wegen der oft schlechten Trinkwasserqualität gefährlicher Muttermilchersatz war. Globalisierung ist ein tief verwurzelter langfristiger Prozess, den wir nicht stoppen können, ohne die ganze Struktur der Weltwirtschaft aus den Angeln zu heben. Gleichzeitig kann Globalisierung viele Formen annehmen, und die Bürger haben in der Tat das Potenzial, zwischen diesen Formen zu wählen, und sind nicht gezwungen, spezifische ökonomische Arrangements zu akzeptieren, als seien diese unvermeidlich. Globalisierung im Verein mit starken sozialen Bewegungen (Gewerkschaften eingeschlossen) kann eine gleichmäßigere – oder zumindest breitere – Verteilung der Gewinne fördern (Reinicke/Deng 2000).

---

fach vom Einkommensniveau eines Landes ab. Ein Land kann, was die Gleichbehandlung der Geschlechter angeht, deutlich vor einem anderen liegen, obgleich sein Pro-Kopf-Einkommen nur einen Bruchteil des anderen ausmacht. Die skandinavischen Länder (Schweden, Norwegen, Finnland, Dänemark) liegen mit an der Spitze, vor allem weil ihre Regierungen bewusst die Gleichstellung der Geschlechter verfolgen. Afghanistan, Sierra Leone, Niger und Burkina Faso bilden die Schlusslichter. Die Frauen in diesen Ländern sind im allgemeinen in ihren begrenzten Entfaltungsmöglichkeiten doppelt benachteiligt, was noch durch die Ungleichheit der Geschlechter erschwert wird. Eine Reihe von Entwicklungsländern rangieren in der Gleichstellung der Geschlechter ziemlich weit oben; dazu gehören Barbados, die Bahamas und Uruguay. Im Idealfall werden künftige Entwicklungsprogramme die (unbezahlte) Frauenarbeit berücksichtigen und allen Erwachsenen im Erwerbsalter Arbeitsmöglichkeiten zur Verfügung stellen.

ERFOLGSGESCHICHTEN: DIE ASIATISCHEN SCHWELLENLÄNDER

In der postkolonialen Ära beherrschte ein einziges Ziel Denken und Handeln von Entwicklungsländern, Entwicklungsbehörden und bereits entwickelten Ländern gleichermaßen. »Entwicklung, darin waren sich alle bis auf ein paar radikale Geister einig, besteht darin, dem gelben Ziegelpfad ins Land Oz der Industrialisierung und des Konsumismus zu folgen, den die westlichen Gesellschaften vorgezeichnet haben« (Harrison 1981:

23). Doch ein, zwei, drei und (in Lateinamerika) sogar fünfzehn Jahrzehnte später ist die Kluft zwischen den reichen und armen Ländern so groß wie eh und je. Weder massive Auslandshilfe noch die forcierte Modernisierung hat zu den vor einer Generation erhofften Fortschritten geführt. Allerdings ist die Situation nicht ganz so aussichtslos. Einige Länder haben rasche wirtschaftli-che Fortschritte gemacht und sind auf dem Sprung, zu den industrialisierten Ländern aufzuschließen. Dieser Prozess vollzog sich jedoch keineswegs so einfach, wie die Modernisierungstheorie voraussagte. Indessen erfordert der Pfad zur Entwicklung, wie der Weltsystemansatz nachwies, ein hoch diszipliniertes, oft autoritäres Modell sozialen Handelns – mit hohen sozialen Kosten.

Tabelle 18.4: **Stand der Geschlechterentwicklung* für ausgewählte Länder**

GDI Rang	geschlechts-bezogener Entwicklungsindex 1998	Anteil am Bruttosozial-produkt (in %) 1998 weibl./männl.		mittlere Lebenserwartung (in Jahren) 1998 weibl./männl.		Alphabeti-sierungsrate bei Erwachsenen (in %) 1998 weibl./männl.		Einschulungs-quote insgesamt (in %) 1997 weibl./männl.		HDI Rang minus GDI Rang
Kanada	0,932	38,0	62,0	81,9	76,2	99,0	99,0	101	98	0
Norwegen	0,932	42,5	57,5	81,3	75,4	99,0	99,0	98	93	0
USA	0,927	38,0	62,0	80,2	73,5	99,0	99,0	97	91	-1
Schweden	0,923	45,0	55,0	81,0	76,4	99,0	99,0	108	95	0
Japan	0,916	30,1	69,6	83,0	76,9	99,0	99,0	83	86	0
Finnland	0,913	40,7	59,3	80,8	73,2	99,0	99,0	104	95	-1
Dänemark	0,909	41,1	58,9	78,4	73,1	99,0	99,0	95	90	1
Deutschland	0,905	34,0	66,0	80,3	74,1	99,0	99,0	88	90	-1
Neuseeland	0,900	39,3	60,7	79,9	74,3	99,0	99,0	99	92	3
Spanien	0,891	29,5	70,5	81,6	74,7	96,5	98,4	96	90	0
Bahamas	0,842	39,5	60,5	77,3	70,7	96,2	94,8	77	71	0
Uruguay	0,821	33,2	66,8	78,2	70,7	98,0	97,2	81	74	0
Ungarn	0,813	36,0	64,0	75,1	67,1	99,1	99,4	75	73	3
Polen	0,811	37,9	62,1	77,1	68,4	99,7	99,7	79	78	2
Thailand	0,741	38,1	61,9	72,1	65,9	93,2	96,9	59	58	3
Brasilien	0,736	28,8	71,2	71,2	63,3	84,5	84,5	82	78	-3
Saudi-Arabien	0,715	14,1	85,9	72,7	70,2	64,4	82,8	54	58	-12
China	0,700	39,5	60,5	72,3	68,1	74,6	90,7	67	71	3
Syrien	0,636	21,2	78,8	71,5	66,9	58,1	87,2	56	63	-2
Ghana	0,552	43,0	57,0	62,2	58,7	59,9	78,5	38	48	2
Pakistan	0,489	23,0	77,0	65,6	63,3	28,9	58,0	28	56	-3
Mali	0,371	38,3	61,7	55,0	52,4	31,1	45,8	20	31	0
Burkina Faso	0,290	40,9	59,1	45,5	43,9	12,6	32,0	16	25	0
Niger	0,280	36,5	63,5	50,5	47,3	7,4	22,4	11	19	0

* Der *Human Development Index* (HDI) ist ein Versuch, »wesentliche Elemente des Lebens« und den Stand menschlicher Entwicklung zu messen. Kriterien sind mittlere Lebenserwartung, Wissen und Lebensstandard. Die Skala reicht von 0 bis 1; der Index 1 würde bedeuten, dass die Menschen in einem Land ihr volles Potenzial entfalten können (kein Land erreicht diese Zahl, obgleich einige ihr nahe kommen). Der *Gender-related Development Index* (GDI; geschlechtsspezifischer Entwicklungsindex) ist dasselbe Maß, außer dass es die Geschlechterdisparitäten berücksichtigt.

Quelle: *Human Development Report 2000, Statistical Annex* (http://www.undp.org/hdro/highlights/statistics.html)

18

Südkorea zeigt *einen* Pfad zu wirtschaftlicher Entwicklung auf. Das Land, noch vor dem Beginn des Zweiten Weltkriegs von Japan besetzt und zerrissen durch den »Koreakrieg« (1950-1953), der zur Teilung des Landes und Abtrennung der Industriezentren im Norden führte, stand vor einer düsteren Zukunft. Nachdem Korea in den 1950er Jahren wesentlich auf Hilfe und Importe aus den USA angewiesen war, startete es 1961 nach einem Militärputsch ein ehrgeiziges Wirtschaftsprogramm. Statt auf die Landwirtschaft oder den Bergbau zu setzen, konzentrierte sich Südkorea auf die Entwicklung der Industrie, weil diese langfristig die besten Chancen zum Aufstieg im Weltsystem bot. Verlegten sich die ersten Fabriken noch auf Produktpiraterie, um Zulieferteile für den internationalen Markt zu produzieren, begann Korea schon bald mit der Herstellung von Fertigprodukten. Damit nahm es Industrien wie die Konsumgüterelektronik, die Stahlerzeugung und den Schiffbau ins Visier, in denen es die Kernländer unterbieten konnte. Gezielt wurde eine Diversifizierung angestrebt, um nicht von einem einzigen Exportartikel abhängig zu werden. Statt Technologien, Maschinen und Produkte aus den Kernländern zu importieren, lernten die Südkoreaner, die Produkte für ihren Eigenbedarf herzustellen. Ausländische Investitionen wurden strikt kontrolliert. Genehmigt wurden meist nur Joint-Ventures, in denen Einheimische Miteigentümer waren. Und von Anfang an war geplant, ausländische Techniker und Manager systematisch durch Südkoreaner zu ersetzen.

Der Staat überwachte und steuerte die Wirtschaftsprogramme von Anfang an. Als eine seiner ersten Handlungen nahm das Militärregime die privaten Aktienanteile an den kommerziellen Banken wieder in Besitz und eröffnete zwei neue staatliche Finanzinstitutionen. Ein Wirtschaftsplanungsrat überwachte die Planung und Aufstellung des Etats; er vergab Kredite und nutzte die Steuerpolitik und Preiskontrolle, um Unternehmen, die die Regierungspläne einhielten, zu belohnen und andere, die es nicht taten, zu sanktionieren. Großen Wert legte man auf die Produktion von Gütern für den Weltmarkt. Und in allen Stadien war eine Export-Entwicklungs-Kommission eingeschaltet – von der Hilfe bei der technischen Planung und Modellentwicklung bis zu Qualitätskontrolle, Vertrieb, der Vereinbarung von Besuchsterminen für ausländische Käufer und sogar der Verpackung.

Die südkoreanische »Wirtschaft« wird – wie bis zu einem gewissen Grad die japanische – beherrscht von einer kleinen Zahl familieneigener Unternehmen und in fester Hand befindlicher Firmen. Diese Unternehmenselite mehrt, ganz ähnlich wie früher die europäische Aristokratie, ihren Reichtum und ihre Macht durch Firmenfusionen und durch Querheiraten ihrer Töchter und Söhne. Um unnötige heimische Konkurrenz zu beschränken und gegebenenfalls die eigenen Ressourcen für den internationalen Wettbewerb zu bündeln, bedient sie sich sowohl sozialer Bande als auch formaler Unternehmervereinigungen. Diese Unternehmerfamilien sind in jeder Hinsicht extrem reich. Indessen klafft in Südkorea keine so große Lücke zwischen den Einkommen der Industriearbeiter und der Bauern wie in vielen anderen Ländern der Dritten Welt. Durch eine Reihe von Landreformen wurden kleinbäuerliche Strukturen mit privaten Betrieben geschaffen; Südkorea ist daher nicht mit einem Heer grundbesitzloser Landarbeiter wie anderswo konfrontiert. Die Industrielöhne waren zwar niedrig, doch gleiches gilt auch für die Arbeitslosigkeit. Die südkoreanischen Fabriken haben konsequent auf die Steigerung der Produktivität und den Aufbau endogener technologischer Kompetenz gesetzt. Zudem hat der Staat enorm in das »Humankapital« investiert, insbesondere durch eine verbesserte Gesundheitsfürsorge und Ausbildung, einschließlich eines Systems konkurrierender Universitäten, das Naturwissenschaften und Technologie groß schreibt. Südkorea ist ganz entschieden ein kapitalistisches Land, das durch ein hohes Maß an Privateigentum charakterisiert ist. Dennoch war es der Staat, der im Verein mit einer mehr oder weniger geeinten Unternehmerelite seinen Aufstieg zur Industriemacht geplant und koordiniert hatte. Das Ergebnis war rein ökonomisch gesehen spektakulär. Zwischen 1961 und 1972 sind die Gesamtexporte Südkoreas um das 40-fache und die Industrieexporte um das 170-fache gestiegen.

Die sozialen Kosten dieses »Gewaltmarschs in die Modernisierung« manifestierten sich in einem extrem repressiven Regime. In den frühen Stadien der Entwicklung wurde das Regime toleriert, da die Menschen sich rasch von den Kriegsfolgen erholen und die Wirtschaft wieder aufbauen wollten. Als aber der Wohlstand des Landes, nicht aber der des Durchschnittskoreaners zunahm, kam es immer häufiger zu Demonstrationen gegen die Regierung, worauf diese ihre Politik der »eingeschränkten Demokratie« beendete und den Ausnahmezustand verhängte: Die Oppositionsführer wurden verbannt, eingesperrt oder in Arbeitslager gesteckt, die Bauernvereinigungen und Gewerkschaften verboten und die Studentenrevolten gewaltsam unterdrückt. In den 90er Jahren beginnt der Prozess nachholender politischer Modernisierung und Demokratisierung. Ehemals von Militärs verfolgte Oppositionspolitiker werden an die Spitze des Staates gewählt. Gewerkschaften und zivilgesellschaftliche Gruppen gewinnen in der zweiten Hälfte der 90er Jahre an Bedeutung, und die Menschenrechtssituation verbessert sich nachhaltig. Alles spricht dafür, dass in Südkorea der Übergang zu einer modernen Gesellschaft gelingt.

Südkorea und andere Schwellenländer werden eine immer wichtigere Rolle spielen und vielleicht sogar zu den Kernländern aufschließen. Entscheidend für die Zukunft der ganzen Menschheit wird es sein, ob es den unterentwickelten, peripheren Ländern gelingt, ihre Situation zu verbessern, und wie sich weitere Entwicklungsschritte auf die Umwelt auswirken. In der Zeit, die

man benötigt, um diesen Absatz zu lesen, werden 100 Kinder geboren – sechs in den Industrie- und vierundneunzig in den Entwicklungsländern. »Was immer die Ziele der Industrieländer sein mögen«, schrieb die Weltbank (1991:157), »langfristig hängen Wohlstand und Sicherheit der Welt – auf Grund der schieren Zahlen – von Entwicklung ab.«

Zusammenfassung

1. Die von der Weltbank jedes Jahr erhobenen Daten liefern ein Maß für das Entwicklungsniveau der Nationalstaaten – und das Ausmaß der Ungleichheit zwischen ihnen. Es wurden neue Vorschläge unterbreitet, die über einkommensbasierte Rangskalen hinausgehen und sowohl Nichterwerbsarbeit (vor allem Frauenarbeit), die Einkommensverteilung innerhalb der Länder, Kriterien für das natürliche, Human- und Sozialkapital als auch die heutige Rolle der transnationalen Konzerne, der globalen Finanzinstitutionen und regionalen Assoziationen (EU, NAFTA, MERCOSUR, ASEAN) berücksichtigen.

2. Das Erbe des Kolonialismus durchzieht die Entwicklungsländer wie ein roter Faden. Der europäische Kolonialismus (und amerikanische Imperialismus) war motiviert durch Profite und durch den Hunger nach Rohstoffen und offenen Märkten. Zu diesem Zweck entmachteten die europäischen Kolonialherren die einheimischen politischen Führer, reorganisierten die lokalen Produktionsformen, zwangen den unterjochten Völkern die kulturellen Normen Europas auf und zogen die Grenzen entsprechend ihren Interessen neu. Das Ergebnis war eine globale Arbeitsteilung und ein System der sozialen Schichtung, das noch lange über das Ende der kolonialen Ära hinaus fortbestand.

3. Soziologen haben drei Erklärungen für die anhaltende Armut in vielen Ländern vorgeschlagen: die Modernisierungstheorie, die Dependencia-Theorie und den Weltsystemansatz.

4. Der Modernisierungstheorie zufolge ist Entwicklung von gewissen Vorbedingungen abhängig, insbesondere aber von positiven kulturellen Einstellungen zum Fortschritt und zu der Bereitschaft, in die Infrastruktur zu investieren.

5. Die Dependencia-Theorie führt die Unterentwicklung der armen Länder auf deren Vertrauen in ausländische Regierungen und Unternehmen zurück. Oft profitiert davon nur eine kleine Elite auf Kosten der langfristigen Entwicklung des Landes selbst (und somit auf Kosten der Mehrheit der Bevölkerung). Die Abhängigkeit verzögert

meist das Entstehen demokratischer politischer Institutionen und die Einführung sozialer Hilfsprogramme.

6. Der Weltsystemansatz stützt sich darauf, dass der Aufstieg des Kapitalismus eine globale Arbeitsteilung erzeugt hat, in der die Kernländer (Metropolen) über die Schlüsseltechnologien und -industrien verfügen, die semiperipheren, als Puffer fungierenden Länder die kleineren Fabriken besitzen und die peripheren Länder auf die Rolle als Lieferanten für Rohstoffe (und billige Arbeitskräfte) reduziert sind.

7. In einer Welt der Hochtechnologie leben die armen Länder noch überwiegend von der Landwirtschaft. Die meisten der Menschen sind Kleinbauern, die unter Verwendung einfacher Technologie sich mühsam von kleinen Landparzellen ernähren, oder grundbesitzlose Landarbeiter, die von ihrem früheren Land verdrängt worden sind und heute, oft unter erbärmlichen Bedingungen, für kümmerliche Löhne arbeiten. Übervölkerung und die Kommerzialisierung der Landwirtschaft haben die Fähigkeit zur Selbstversorgung mit Nahrungsmitteln untergraben und an manchen Orten gravierende Umweltschäden verursacht.

8. Voraussetzungen für die Entstehung moderner Industriegesellschaften (beginnend mit England) waren die gestiegene landwirtschaftliche Produktivität, technologische Innovationen, die Entwicklung von Fabriken und die Urbanisierung. Doch gerade das Definitionsmerkmal moderner Industriegesellschaften ist die Entstehung von Marktwirtschaften: An die Stelle der Subsistenzwirtschaft treten Handel, Erwerbsarbeit und die Prinzipien von Angebot und Nachfrage.

9. Globale Disparitäten spiegeln das Maß wider, in dem die verschiedenen Länder und Regionen Marktwirtschaften entwickelt haben. Der Wettbewerb mit bereits entwickelten Nationen sowie staatliche Versuche, die Marktkräfte zu umgehen, haben sowohl in den ehemaligen Kolonien als auch den exkommunistischen Ländern Entwicklung verhindert.

18

10. Die hoffnungsvollsten Zeichen kommen von den Schwellenländern. So hat Südkorea rapide Fortschritte erzielt, indem es enorm in eine auf den Weltmarkt abgestimmte Industrialisierung investiert, ausländische Beteiligungen an der heimischen Industrie beschränkt, den Landbesitz zur Sicherung der Selbstversorgung mit Nahrungsmitteln reformiert, seinen Bürgern medizinische Versorgung und Ausbildung (speziell in Naturwissenschaften und Technologie) bereitgestellt und die Unternehmen und Finanzen strikt kontrolliert hat – doch alles um den Preis eines überaus repressiven Regimes.

Wiederholungsfragen

1. Beschreiben Sie einige der Aspekte, die die Unterschiede zwischen den Lebensbedingungen in den reichsten und ärmsten Ländern der Welt beleuchten.

2. Welchen Einfluss hatten Kolonialismus und Imperialismus auf das Muster der globalen Diskrepanzen in der heutigen Welt?

3. Diskutieren Sie die Unterschiede zwischen der Modernisierungstheorie, der Dependencia-Theorie und dem Weltsystemansatz.

4. Mit welchen grundlegenden Problemen sind die Kleinbauern in der Dritten Welt konfrontiert?

5. Welche Faktoren haben zu der erfolgreichen wirtschaftlichen Entwicklung Südkoreas beigetragen?

Übungsaufgaben

1. Glauben Sie, dass die zunehmende Globalisierung die wirtschaftliche Kluft zwischen den reichen und armen Ländern vergrößert oder verringert? Warum?

2. Halten Sie die Modernisierungstheorie, die Dependencia-Theorie oder den Weltsystemansatz für am besten geeignet, die heutigen globalen Disparitäten zu erklären? Geben Sie Gründe für Ihre Wahl an.

3. Glauben Sie, dass Entwicklungshilfe ein probates Mittel ist, den ärmeren Ländern zu helfen? Sind die reichen Länder nach Ihrer Ansicht verpflichtet zu helfen?

4. Welche politischen Maßnahmen könnten Ihrer Meinung nach die Lage der Kleinbauern in der Dritten Welt am nachhaltigsten verbessern?

5. Welche Auswirkungen haben die Lebensverhältnisse der Bauern und grundbesitzlosen Landarbeiter in der Dritten Welt auf die Bürger Deutschlands und anderer reicher Länder?

6. Glauben Sie, dass es leichter ist, die Ungleichheit zwischen reichen und armen Ländern oder die zwischen Frauen und Männern zu verringern? Welches sind in beiden Fällen die größten Hindernisse?

Glossar

Dependencia-Theorie Diese behauptet, die Unterentwicklung der Entwicklungsländer sei weitgehend darauf zurückzuführen, dass sie sich auf die industriell fortgeschrittenen Staaten und transnationalen Konzerne verlassen haben, die – ungeachtet der politischen und sozialen Kosten vor Ort – ein ureigenes Interesse an der Aufrechterhaltung eines stabilen Investitionsklimas haben.

Grundbesitzlose Landarbeiter Kleinbauern, die ihren Rechtsanspruch auf Land verloren haben, Kinder grundbesitzloser Landarbeiter oder frühere Jäger und Sammler, die sich heute als Hilfskräfte verdingen müssen.

Kernländer (Metropolen) Im Weltsystemansatz (s. dort) die reichen Länder, die das Management stellen, das über einen Großteil der zur globalen Güterproduktion erforderlichen Anlagen verfügt.

Kleinbauern bauen mit familiären Arbeitskräften und einfacher Technologie, vorwiegend für den Eigenbedarf, Feldfrüchte an und züchten Vieh.

Modernisierungstheorie Theorie, wonach wirtschaftliche Entwicklung von kulturellen Faktoren (und eventuell auch von Auslandshilfe) abhängt, die ein für Investitionen in die Industrie und in die sie unterstützende Infrastruktur günstiges Klima schaffen.

Periphere Länder Im Weltsystemansatz (s. dort) Länder, die an den Rändern der kapitalistischen Weltwirtschaft angesiedelt sind und deren Rolle sich weitgehend auf die Lieferung von Rohstoffen und den Kauf kleinerer Konsumgüter beschränkt.

Semiperiphere Länder Im Weltsystemansatz (s. dort) Länder, die aktiv an der kapitalistischen Weltwirtschaft teilnehmen, aber nur begrenzten Einfluss auf die Austauschverhältnisse und Bedingungen des Handels haben.

Unterentwicklung Für Entwicklungsländer charakteristisches Fehlen des modernen Wirtschaftswachstums, das für Industrieländer typisch ist.

Weltsystemansatz Theorie von Immanuel Wallerstein, wonach die Entwicklung eines Landes von seinem Platz im Weltsystem abhängt, der vom kapitalistischen Handel bestimmt wird. Sie teilt die Welt in drei Kategorien ein: Kern-, periphere und semiperiphere Länder.

18

Kapitel 19

Bevölkerung

Inhalt

Wir alle sind Teil der Bevölkerung einer Kommune, eines Landes, aber auch eines Erdteils. Und jede bzw. jeder von uns gehört zu jenen sechs Milliarden Menschen, die heute die Weltbevölkerung bilden. »Bevölkerung« meint in diesem Zusammenhang zweierlei: zum einen die Einwohner eines bestimmten Landes oder einer Region; zum anderen aber die Summe jener Prozesse, die Zahl und Struktur der Einwohner bestimmen. Im Deutschen kommt das Wort zum ersten Mal im Jahr 1691 beim Dichter und Sprachforscher Stieler vor; damals allerdings noch nicht in seiner heutigen Bedeutung, sondern als Bezeichnung eines Vorganges. »Bevölkern« war das deutsche Wort für »Peuplieren«. Und dieses bedeutete damals: ein Gebiet mit Menschen besiedeln. Bevölkerung bezeichnete somit – im Gegensatz zu Volk – ursprünglich das Ergebnis einer staatlich geplanten Ansiedlung von Menschen (vgl. Flaskämper 1962:37 f.).

Heute verstehen wir im alltäglichen Sprachgebrauch unter »Bevölkerung« die Einwohner eines Staates, eines Bundeslandes, einer Region (z. B. des Ruhrgebiets) oder einer Gemeinde. Dabei ist die Bevölkerung keine fixe Größe. Die Zahl der Bewohner unseres Planeten, eines Landes oder einer Region ändert sich genauso wie die Zusammensetzung dieser Bewohner. Wesentliche Ursachen dieser Veränderung sind Geburten und Sterbefälle, Heiraten und Scheidungen, Einwanderungen und Auswanderungen. Dahinter steht eine Dynamik, die bewirkt, dass sich Bevölkerungen reproduzieren, obwohl alle ihre Mitglieder früher oder später sterben.

Alter, Geschlecht und Staatsangehörigkeit oder ethnische Herkunft sind die wichtigsten Kriterien, nach denen eine Bevölkerung gegliedert werden kann. Jede Bevölkerung hat eine andere Zusammensetzung nach Alter, Geschlecht und Herkunft. Unterschiedlich ist sowohl die Anzahl der Personen in den einzelnen Altersgruppen als auch der Anteil von Frauen und Männern innerhalb dieser Altersgruppen. Unterschiedlich sind schließlich in vielen Fällen die Alters- und **Geschlechtsproportion**en von Einheimischen und Zuwanderern bzw. von In- und Ausländern. Diese unterschiedlichen Verteilungen haben erhebliche Konsequenzen für die demographische, aber auch für die wirtschaftliche und soziale Situation eines Landes. Sie wirken auf Grund der **Trägheit** demographischer Prozesse weit in die Zukunft.

WAS IST BEVÖLKERUNGSWISSENSCHAFT?

Die Bevölkerungswissenschaft (Demographie) befasst sich mit den oben genannten Ereignissen, Strukturen und Prozessen. In der Analyse geht es zum ersten um den Bevölkerungsstand zu einem bestimmten Zeitpunkt – also um Größe und Struktur einer Bevölkerung. Ausgangspunkt aller Überlegungen ist die Frage: Wie viele Menschen leben in Berlin, in Hessen, in Deutschland oder in der EU? Darüber hinaus interessiert vor allem die Verteilung dieser Einwohner nach Alter, Geschlecht, Staatsbürgerschaft und Kinderzahl. Der Bevölkerungsstand verändert sich ständig: Menschen werden geboren oder sterben, Personen wandern in ein bestimmtes Gebiet ein oder verlassen es. In der Analyse geht es daher zum zweiten um demographisch und sozial relevante Ereignisse wie Geburten, Sterbefälle, Heiraten, Scheidungen, Ein- und Auswanderungen sowie Einbürgerungen. Von Interesse ist nicht nur deren absolute Häufigkeit während eines bestimmten Zeitraums, sondern auch die relative Häufigkeit und der Vergleich über die Zeit sowie der Vergleich zwischen einzelnen Ländern und Regionen (Müller/Nauck/Diekmann 2000). Dazu werden **rohe Raten**, **spezifische Kennziffern** und andere Verhältniszahlen berechnet.

Demographische Daten dienen wesentlich der Klärung unserer fünf Schlüsselbegriffe. Sie spiegeln die *Struktur*, vor allem die Altersstruktur einer Gesellschaft wider. So beschreiben sie Veränderungen im Bevölkerungsaufbau mit Folgen beispielsweise für den Eintritt in und das Ausscheiden aus dem Erwerbsleben. Sie erhellen den kumulativen Einfluss individueller *sozialer Handlungen* auf die Gesellschaft. Beispielsweise hängt die Größe einer Bevölkerung von der Zeugung von Kindern, einer wesentlich persönlichen Entscheidung, ab. Sie erhellen ferner Veränderungen in der *funktionalen Integration*: etwa rasche Veränderungen in Märkten (bezogen auf Personenzahlen), im Transportwesen und in Mustern der Migration (bezogen auf ihre räumliche Verteilung) sowie im Gesundheitswesen und im Rentenalter (bezogen auf die Altersverteilung). So kann ein rasches Bevölkerungswachstum unversehens zu einem Mangel an Schulen, Wohnungen und Krankenhäusern führen. Auch *kulturelle* Faktoren beeinflussen – etwa durch Normen, die vorschreiben, wann Frauen heiraten und Kinder bekommen sollen – die Größe einer Bevölkerung. Schließlich fehlte es nicht an Versuchen, durch politische *Macht* Einfluss auf das Reproduktionsverhalten der Individuen zu nehmen.

19

Ein wichtiges Ziel der Analyse ist es, die Größe dieser Kennziffern und ihre Veränderung über die Zeit zu interpretieren. Zu unterscheiden ist dabei zweierlei: Veränderungen – beispielsweise steigende oder sinkende Geburtenzahlen – können sich aus einem geänderten Verhalten, z.B. aus steigenden oder sinkenden Kinderzahlen pro Familie ergeben. Oder sie können das Resultat sich ändernder Strukturen sein, also z.B. aus einer altersbedingt wachsenden oder sinkenden Zahl potentieller Eltern ergeben. Beim Vergleich über die Zeit oder zwischen mehreren Ländern geht es also um die Frage: Was erklärt sich aus verändertem Verhalten? Was erklärt sich aus den sich ändernden Strukturen? Und was ist Resultat der inneren Dynamik demographischer Prozesse (Populationsdynamik)?

Zusammengefasst wird der Zusammenhang zwischen den Bevölkerungsständen zu zwei bestimmten Zeitpunkten (t-1,t) und den demographisch relevanten Ereignissen während der dazwischen liegenden Periode in der demographischen Grundgleichung:

$$Bevölkerung_t = Bevölkerung_{t-1} + Geburten - Sterbefälle + Zuzüge - Fortzüge.$$

Wichtigste Informationsquelle der Bevölkerungswissenschaft ist die amtliche Statistik. Sie organisiert und veröffentlicht die Ergebnisse von allgemeinen Volkszählungen oder Registerzählungen, registriert und aggregiert aber auch Informationen über Geburten und Sterbefälle, Krankheits- und Todesursachen, sowie Ein- und Auswanderungen. Einzelne Länder verfügen dabei über unterschiedliche Erhebungstraditionen. Dennoch wird versucht, die Klassifikationen von Lebend- und Totgeburten sowie von Krankheiten und Todesursachen international zu vereinheitlichen. Keine einheitliche Definition gibt es bisher bei der Definition und Klassifikation von Migranten. Bedeutsam für die demographische Analyse sind auch Stichprobenerhebungen, bei denen nur eine repräsentative Auswahl der Bevölkerung befragt wird. Dies gilt z.B. für den Mikrozensus, die Beschäftigtenstichprobe der EU, die in mehreren Ländern durchgeführten »Fertility and Family Surveys« (FFS) und »Demographic and Health Surveys« (DHS). Besondere Bedeutung gewinnen solche Stichprobenerhebungen in Ländern, wo es keine Volkszählungen bzw. keine amtliche Geburtenstatistik gibt.

Von Adam und Eva auf 6 Milliarden

Vor 12.000 Jahren lebten auf unserem Planeten zwischen 5 und 10 Millionen Menschen. Um Christi Geburt waren es bereits 200-400 Millionen: 40-mal mehr als zu Beginn der Jungsteinzeit. Aus Jägern und Sammlern waren sesshafte Ackerbauern und Viehzüchter geworden. Und die produzierten wesentlich mehr Nahrungsmittel als ihre nomadischen Vorfahren. Das war die Grundlage für den ersten Schub des Bevölkerungswachstums in der Geschichte der Menschheit. Danach gab es weitere Zuwächse, aber auch erhebliche Bevölkerungsrückgänge z.B. durch Pestepidemien, Hungerkatastrophen, Klimaschwankungen und Verwüstungen im Gefolge von Kriegen. Erst ab dem 17. Jahrhundert beschleunigte sich das Wachstum wieder deutlich. Im Jahr 1800 lebten auf unserer Erde bereits etwa 1 Mrd. Menschen. 125 Jahre später hatte sich die Weltbevölkerung auf 2 Mrd. (1926) verdoppelt. Wichtigste Ursachen für dieses raschere Wachstum waren die industrielle Revolution sowie beträchtliche Steigerungen der Agrarproduktion. Für die dritte Mrd. Menschen brauchte die Weltbevölkerung 34 Jahre (1960), für die vierte Mrd. (1974) und fünfte Mrd. (1987) bloß noch 14 bzw. 13 Jahre. 1999 erreichte die Zahl der Menschen 6 Mrd. Auf unserem Planeten leben somit heute 20 mal mehr Menschen als zur Zeit des Römischen Reiches.

Allein 1999 wuchs die Weltbevölkerung um 77 Millionen Menschen, also jeden Tag um etwa 211.000, jede Minute um 147 Menschen. Würde dieses Tempo des Wachstum zukünftig gleich hoch bleiben, dann hieße das: Alle zwölf bis dreizehn Jahre kommt eine weitere Milliarde Menschen dazu.

Beim Bevölkerungswachstum unterscheidet man zwischen dem natürlichen Wachstum und dem Wachstum insgesamt. Der jährliche Zuwachs oder die Abnahme lassen sich in ganzen Zahlen angeben. Die Wachstumsrate wird in der Regel in Prozent gemessen. Die Rate des natürlichen Wachstums ergibt sich aus der Differenz von Geburten und Sterbefällen während eines Jahres, jeweils bezogen auf die mittlere Bevölkerung. Bei der Wachstumsrate insgesamt werden neben Geburten und Sterbefällen auch die Ein- und Auswanderungen berücksichtigt. In diesem Fall bezieht man die Differenz aus der Bevölkerungszahl zu Jahresbeginn und zu Jahresende auf die mittlere Bevölkerung. Bezogen auf die Weltbevölkerung sind natürliches Wachstum und Wachstum insgesamt gleich groß, weil sich Zu- und Abwanderungen im Weltmaßstab ausgleichen.

19

Schaubild 19.1: **Wachstum der Weltbevölkerung**

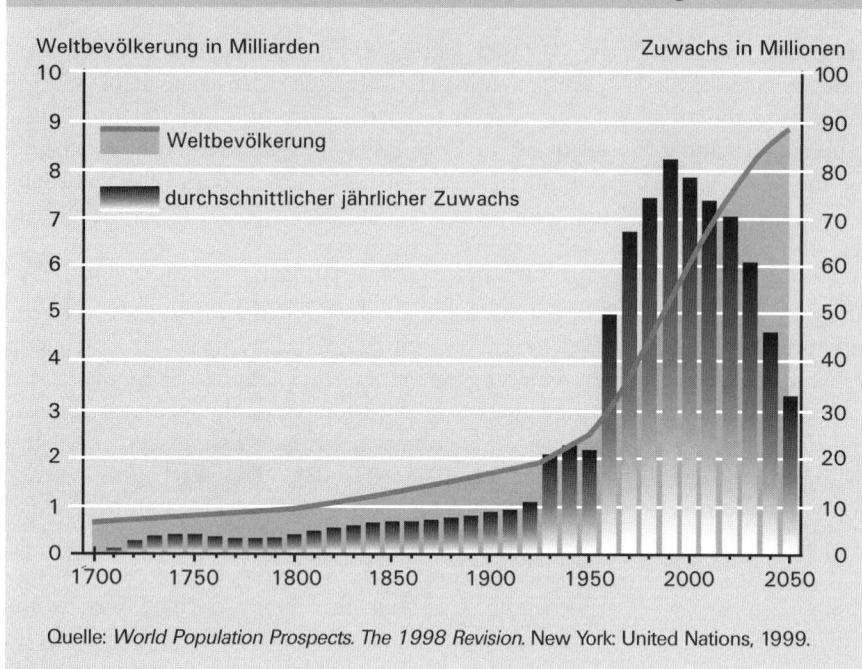

Weltbevölkerung in Milliarden   Zuwachs in Millionen

Weltbevölkerung

durchschnittlicher jährlicher Zuwachs

Quelle: *World Population Prospects. The 1998 Revision.* New York: United Nations, 1999.

abhängen, wann und bei welcher Zahl von Menschen es zu einer Stabilisierung der Weltbevölkerung kommt. Die Bevölkerungsforscher der UN veröffentlichten 1998 neue Vorausschätzungen, die bis 2050 gehen (UN 1998). Die prognostizierte Größe der Weltbevölkerung ist etwas niedriger, als dies bei früheren Prognosen – etwa den langfristigen UN-Vorausschätzungen aus dem Jahre 1992 – der Fall war. Gemeinsam ist diesen Bevölkerungsprojektionen die Darstellung mehrerer Szenarien, die von einem raschen, einem mittleren und einem langsamen Rückgang der durchschnittlichen Kinderzahlen pro Frau ausgehen (Schaubild 19.2).

Nimmt die Zahl der Erdenbürger um 77 Millionen pro Jahr zu, dann bedeutet dies eine Wachstumsrate von +1,3 Prozent. Am kräftigsten ist der Zuwachs in den weniger entwickelten Weltregionen. Dort wuchs die Zahl der Menschen Ende der 60er Jahre noch um +2,5 Prozent pro Jahr. In den 70er Jahren verlangsamte sich das Wachstum vor allem in Asien und Lateinamerika. In etlichen Entwicklungsländern blieb die Zuwachsrate allerdings noch auf einem hohen Niveau. Im Schnitt wuchs die Bevölkerung der Entwicklungsländer nach Schätzungen der UNO während der frühen 80er Jahre um +2,1 Prozent pro Jahr, in den frühen 1990er Jahren um +1,8 Prozent und an der Wende vom 20. zum 21. Jahrhundert immer noch um +1,6 Prozent jährlich.

Seit 1968 werden die jährlichen Zuwächse wieder etwas kleiner. Aber es wird voraussichtlich noch 20 Jahre dauern, bis das Wachstum der Weltbevölkerung deutlich zu sinken beginnt. Ursache dieses verzögerten Rückgangs ist die Eigendynamik des Bevölkerungswachstums, das sogenannte demographische Moment. Denn durch die hohen Geburtenzahlen der jüngeren Vergangenheit bei gleichzeitig gesunkener Säuglings- und Kindersterblichkeit gibt es in der Gegenwart und der näheren Zukunft eine vergleichsweise große Zahl von Jugendlichen und jungen Erwachsenen und damit auch eine entsprechend große Zahl potenzieller Eltern, was den Rückgang der Geburten (in absoluten Zahlen) bremst.

Alle heute verfügbaren **Prognos**en und **Projektion**en gehen langfristig von weltweit rückläufigen Kinderzahlen pro Familie (= sinkende Fertilität) aus. Entscheidend für die künftige Entwicklung ist jedoch, wie rasch oder wie langsam sich die **Fertilität** reduziert. Davon wird es

Mehr Menschen im Süden, weniger im Norden

Charakteristisch für die heutige globale Bevölkerungsentwicklung sind zwei gegenläufige Trends. Die Einwohnerzahl entwickelter Länder vergrößert sich in der zweiten Hälfte der 1990er Jahre nur noch wenig (+0,27 Prozent pro Jahr). Der Zuwachs erklärt sich zum Teil durch Einwanderungen aus den weniger entwickelten Ländern. Ohne Zuwanderung würde die Bevölkerung vieler Industriestaaten bereits jetzt schrumpfen. In den Entwicklungsländern wächst die Bevölkerung hingegen nach wie vor beträchtlich (+1,6 Prozent pro Jahr).

Mehr als 95 Prozent des Zuwachses der Weltbevölkerung entfallen derzeit auf die Entwicklungsländer. Dies hat zum Teil dramatische Folgen. Für viele Menschen in Asien, Afrika und Lateinamerika können schon heute selbst elementare Grundbedürfnisse nicht befriedigt werden. 600 Mio. Menschen sind arbeitslos, 800 Mio. Menschen sind unterernährt, 1 Mrd. Menschen (= 27 Prozent der erwachsenen Weltbevölkerung) sind Analphabeten, weitere 130 Mio. Kinder und Jugendliche im Schulalter erhalten keinerlei Unterricht. Mindestens 1,3 Mrd. Menschen leben in absoluter Armut. In dieser Situation erschwert rasches Bevölkerungswachstum die Suche nach Lösungen, über-

19

Schaubild 19.2: Langfristige Bevölkerungsprognose der UNO

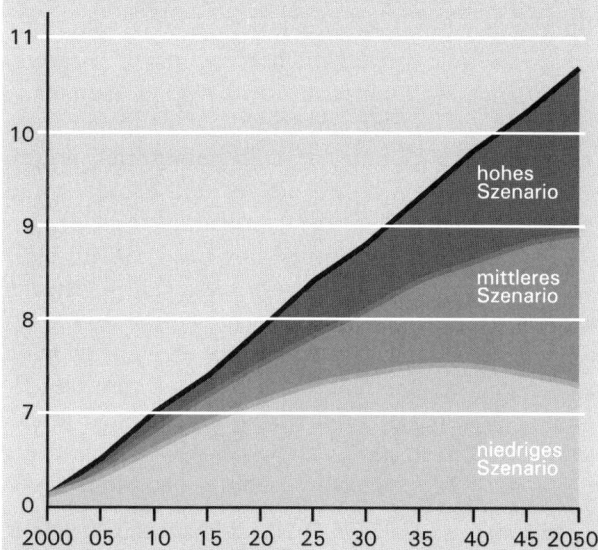

Quelle: *World Population Prospects. The 1998 Revision.*
New York: United Nations, 1999.

einten Nationen für die heutigen Industrieländer insgesamt mit einem leichten Bevölkerungsrückgang von 30 Mio. (mittlere Variante der Prognose). Ihr Anteil an der Weltbevölkerung wird dann auf 13 Prozent sinken.

Fast überall in Europa schwächte sich das Bevölkerungswachstum während der 1970er und 80er Jahre deutlich ab. Ende der 90er Jahre veränderte sich Europas Bevölkerung kaum noch (+0,03 Prozent pro Jahr). In einer Reihe von Ländern war und ist die Zahl der Einwohner bereits rückläufig: unter anderem in Bulgarien und Ungarn, in Estland und Lettland sowie in Irland. Auch die Bevölkerungszahl Deutschlands wäre ohne die Zuwanderung von Ausländern und Aussiedlern bereits in den vergangenen Jahren merklich geschrumpft.

Das Bevölkerungswachstum konzentrierte sich in der zweiten Hälfte des 20. Jahrhunderts fast ausschließlich auf die Entwicklungsländer. Ihre Bevölkerungszahl stieg zwischen 1950 und 2000 von 1,7 Mrd. auf 4,8 Mrd., also fast auf das Dreifache. Verschiedene Entwicklungsländer haben heute sogar eine mehr als viermal so große Bevölkerung wie 1950. Dabei dürfen wir eines nicht übersehen. Trotz des enormen Nord-Süd-Gegensatzes bestehen auch innerhalb der Gruppe der Entwicklungsländer beträchtliche Unterschiede.

In Lateinamerika verlangsamte sich das Wachstum bereits Ende der 1960er Jahre. Heute liegt die Wachstumsrate mit 1,5 Prozent pro Jahr knapp unter dem Gesamtdurchschnitt der Entwicklungsländer. In Asien erfolgte der Trendbruch zu kleineren Wachstumsraten in der ersten Hälfte der 1970er Jahre. Ende der 90er Jahre wuchs die Bevölkerung Asiens jährlich um 1,5 Prozent. Klammert man den Sonderfall China mit seiner restriktiven Bevölkerungs- und Familienpolitik aus, dann betrug das jährliche Wachstum in Asien immer noch 1,8 Prozent. Afrika ist die Region mit dem höchsten Bevölkerungswachstum, welches in der Geschichte der Menschheit jemals über längere Zeit erreicht wurde. Jedes Jahr nimmt die Zahl der Afrikaner um 2,4 Prozent zu. Dieses Tempo verringerte sich erst Ende der 80er Jahre etwas (vgl. den folgenden Abschnitt »Demographischer Übergang«).

fordert sowohl die Aufnahmefähigkeit lokaler Arbeitsmärkte als auch die Kapazitäten der bestehenden Infrastruktur und vergrößert damit die Zahl jener Menschen, die in Armut und Elend leben, die nicht zur Schule gehen können oder für die es im Krankheitsfall bzw. während einer Schwangerschaft keinerlei medizinische Betreuung gibt.

Extrem ungleiche demographische Entwicklungen von Industrieländern und den meisten Entwicklungsländern gab es schon in den letzten 300 Jahren, allerdings mit unterschiedlichen Vorzeichen: Zwischen 1750 und 1950 wuchs die Einwohnerzahl der heutigen Industriestaaten – Europa, Nordamerika, Russland/Sowjetunion, Japan und Australien – deutlich rascher als jene der weniger entwickelten Regionen der Erde. In diesem Zeitraum vergrößerte sich die Bevölkerung der Industrieländer um das 4,1-fache, die Bevölkerung der übrigen Weltregionen aber nur um das 2,9-fache. 1950 lebten in den Industriestaaten zusammen 813 Millionen Einwohner: damals ein Drittel der Weltbevölkerung.

In der zweiten Hälfte des 20. Jahrhunderts verschoben sich die Gewichte. In den Industrieländern fiel und fällt der Zuwachs – wenn überhaupt – nur noch bescheiden aus. Geburtenbeschränkung und Familienplanung sind hier die Regel, nicht die Ausnahme. Immer mehr Menschen bleiben ehe- und kinderlos. Zugleich bremst die Altersstruktur jeden weiteren Geburtenzuwachs. Bis 1998 wuchs die Einwohnerzahl der Industrieländer auf 1,2 Milliarden. Ende des 20. Jahrhunderts lebten somit noch rund 20 Prozent der Weltbevölkerung in den entwickelten Ländern. Bis 2050 rechnen die Ver-

»DEMOGRAPHISCHER ÜBERGANG«: THEORIE UND PRAXIS

Die Bevölkerung jedes Landes ändert sich im Laufe eines Jahres durch Geburten und Sterbefälle sowie durch Zuzüge und Fortzüge. Die Größe dieser Zu- und Abgänge hat keinen unmittelbaren Einfluss auf die Bevölkerungsentwicklung. Es ist vielmehr die Differenz

19

Das Konzept des demographischen Übergangs

Veränderungen von Sterblichkeit und Fruchtbarkeit vollziehen sich in verschiedenen Regionen der Welt, ja sogar innerhalb einzelner Länder durchaus nicht synchron. Die Suche nach Gemeinsamkeiten und Trends in der demographischen Vielfalt führte Frank Notestein vom Office for Population Research der Universität Princeton 1945 zum Konzept der **demographischen Transition**. Dieses Konzept beschreibt Gemeinsamkeiten in der Reihenfolge demographischer Veränderungen, die sich in fast allen Ländern der Welt, sowohl im Europa des 18. und 19. Jahrhunderts wie auch in den Kolonien und Entwicklungsländern des 20. Jahrhunderts, beobachten ließen und zum Teil noch beobachten lassen (Chesnais, 1986).

Der Übergang zu modernen demographischen Verhältnissen begann jeweils mit einem deutlichen Rückgang der Sterblichkeit. Davor gab es allenfalls starke Schwankungen durch Seuchen, Kriege und Naturkatastrophen. Doch ab einem bestimmten Zeitpunkt sank die jährliche Zahl der Verstorbenen pro 1.000 Einwohner (= rohe Sterberate). Später folgte ein Rückgang der Fruchtbarkeit. Damit reduzierte sich die jährliche Zahl der Geburten pro 1.000 Einwohner (= rohe Geburtenrate). Solange die Sterblichkeit bereits sinkt, die Geburtenraten aber noch hoch sind, wächst die Bevölkerung.

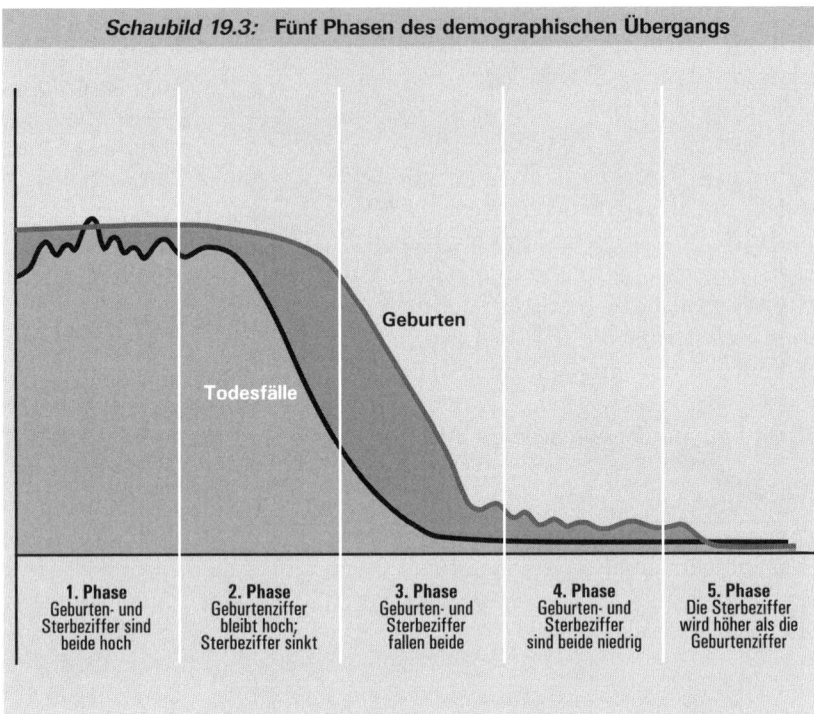

Schaubild 19.3: **Fünf Phasen des demographischen Übergangs**

Geburten

Todesfälle

1. Phase
Geburten- und
Sterbeziffer sind
beide hoch

2. Phase
Geburtenziffer
bleibt hoch;
Sterbeziffer sinkt

3. Phase
Geburten- und
Sterbeziffer
fallen beide

4. Phase
Geburten- und
Sterbeziffer
sind beide niedrig

5. Phase
Die Sterbeziffer
wird höher als die
Geburtenziffer

Ein Ergebnis des technologischen Fortschritts, der mit der Industrialisierung einhergeht, ist der auffällige Rückgang der Sterbeziffer im Verlauf der demographischen Transition. Da die Geburtenziffer noch immer hoch ist, wächst die Bevölkerung jetzt rasch. Doch dann tritt ein Rückgang der Fertilität ein, da immer mehr Menschen glauben, dass kleinere Familien den Bedürfnissen der sich wandelnden Wirtschaft besser angepasst sind. Das Resultat ist sowohl eine niedrige Sterbe- wie eine niedrige Geburtenziffer. In der letzten Phase sinkt die Geburtenziffer unter die Sterbeziffer.

Aus heutiger Sicht hat die demographische Transition fünf Phasen (vgl. Schaubild 19.3).
• Phase 1: In vorindustriellen Gesellschaften waren Geburten- und Sterberaten hoch. Die Sterblichkeit schwankte stark, mitunter von einem Jahr zum nächsten. Die durchschnittliche Lebenserwartung war gering. Die Bevölkerung wuchs – wenn überhaupt – nur sehr langsam.

zwischen Geburten und Sterbefällen (= Geburtensaldo bzw. natürliche Bevölkerungsbewegung) sowie die Differenz aus Ein- und Auswanderungen (= Wanderungssaldo), auf die es in diesem Zusammenhang ankommt. Dies lässt sich anhand eines Beispiels aus unserem Alltag gut erläutern: In einer Badewanne, in die Wasser zuläuft und gleichzeitig Wasser abläuft, kann der Wasserspiegel konstant bleiben. Dies gilt, wenn das Volumen des zufließenden Wassers gleich dem Volumen des abfließenden Wassers ist, unabhängig davon, ob viel oder wenig Wasser zu- und abfließt. Es ist die Differenz zwischen Zu- und Abflüssen, die den Wasserstand verändert, nicht die Menge des fließenden Wassers. Ganz ähnlich verhält es sich bei der Größe der Bevölkerung.

Für eine Bevölkerung bestimmt die Differenz zwischen Geburten und Sterbefällen sowie zwischen Zuzügen und Fortzügen die Größe der Veränderung. Weltweit gleichen sich Zuzüge und Fortzüge zwischen verschiedenen Ländern klarerweise aus. Global kommt es nur auf die Relation von Fertilität und Sterblichkeit an. In den 40.000 Jahren vor Christus waren Geburten und Sterbefälle – zumindest über längere Zeiträume gerechnet – ungefähr im Gleichgewicht. Wäre das nicht der Fall gewesen, wäre die Menschheit entweder ausgestorben oder stärker gewachsen. Dies schließt Phasen eines größeren Geburtenüberschusses und Phasen einer

- Phase 2: Mit Einsetzen der gesellschaftlichen Modernisierungsprozesse sank zuerst die Sterblichkeit. Die Lebenserwartung begann zu steigen. Da die durchschnittlichen Kinderzahlen anfänglich hoch blieben, begann die Bevölkerung beträchtlich zu wachsen.
- Phase 3: Mit der Zeit reagierten die Familien auf die veränderten Lebensbedingungen und die sinkende Säuglings- und Kindersterblichkeit mit einer Beschränkung ihrer Kinderzahl. Die Geburtenrate begann zu sinken. Das Bevölkerungswachstum ging wieder zurück.
- Phase 4: Geburten- und Sterberate pendelten sich in etlichen Ländern inzwischen auf niedrigem Niveau ein. Notestein und andere hatten bei der Entwicklung des Konzepts der demographischen Transition am Ende des Übergangsprozesses wieder ein demographisches Gleichgewicht zwischen Fruchtbarkeit und Sterblichkeit vor Augen. Dieses hätte in der vierten Phase wieder erreicht werden sollen.
- Phase 5: Die Erfahrungen der letzten 30 Jahre in Europa und in anderen Industriestaaten zeigen jedoch, dass die demographische Transition nicht notwendigerweise auf ein Gleichgewicht zwischen Geburten und Sterbefällen zusteuert. In einer Reihe von Ländern sank die rohe Geburtenrate bereits unter das Niveau der rohen Sterberate. In anderen Industrieländern steht diese Entwicklung noch bevor. Ursache ist die anhaltend niedrige Fertilität. Für eine

Trendwende gibt es keine Anhaltspunkte. Tatsächlich sind die durchschnittlichen Kinderzahlen pro Familie in den meisten Industriestaaten und in einigen Entwicklungsländern inzwischen so niedrig, dass dort die einheimischen Bevölkerungen längerfristig schrumpfen werden. Bislang wurde die demographische Schrumpfung in etlichen Ländern – u. a. auch in Deutschland – durch stärkere Zuwanderungen ausgeglichen. Einige Autoren sprechen in diesem Zusammenhang von einer fünften Phase der demographischen Transition.

Die demographische Transition generalisiert die historisch belegten Übergänge von hoher zu niedriger Sterblichkeit und Fertilität zu einem Modell. Der reale Verlauf in einzelnen Ländern weicht von diesem Modell z. T. erheblich ab (Chesnais 1986).

Entscheidend ist ein wesentlicher Unterschied: In Europa und Nordamerika kam der Übergang zu niedriger Sterblichkeit und weniger Geburten durch die Entstehung moderner, städtischer Industriegesellschaften quasi »von selbst« in Gang. In vielen Entwicklungsländern war und ist dies nicht der Fall. Die Sterblichkeit sank dort durch den massiven Einsatz chemischer Schädlingsbekämpfungsmittel und hoch wirksamer Arzneimittel aus den Industriestaaten. Auch ein Großteil der in Entwicklungsländern verwendeten Verhütungsmittel stammt aus Westeuropa und Nordamerika. Sie werden zum Teil

aus Mitteln der Entwicklungshilfe finanziert. Durch diesen »importierten« Fortschritt vollzieht sich der demographische Übergang heute in vielen Entwicklungsländern erheblich rascher, als dies seinerzeit in Europa der Fall war.

Die genannten Einflüsse und Eingriffe von außen sind im Modell des demographischen Übergangs nicht berücksichtigt. Aber sie haben deutlich erkennbare Folgen. Die Einwohnerzahlen der europäischen Länder erhöhten sich im Verlauf der demographischen Transition zwischen 1800 und heute auf das Doppelte bis Vierfache. In den meisten Entwicklungsländern rechnet man hingegen mit einem Anstieg auf das Sieben- bis Zehnfache, bis es zu einer Stabilisierung der Bevölkerungszahl kommt. Die Bevölkerung wächst dort in den meisten Fällen um 1,5-3 Prozent pro Jahr, also in einem Tempo, das Europa und Nordamerika auch im 19. und frühen 20. Jahrhundert nie erreichten.

Der demographische Übergang liefert zunächst keine Erklärung für die Ursachen des Wandels von Fertilität und Sterblichkeit. Aber der beschriebene Mechanismus der Entstehung eines Ungleichgewichts zwischen diesen beiden Hauptkomponenten demographischer Prozesse und die spätere Überwindung dieses Ungleichgewichts lässt sich in einer großen Zahl von Ländern beobachten. Aus diesem Grund kann man auch die Länder der Welt nach ihrem Standort in diesem Übergangsprozess klassifizieren.

großen Sterblichkeit, etwa zur Zeit der Pest im Mittelalter, ein.

In traditionellen bäuerlichen Gesellschaften bekamen und bekommen Frauen in der Regel im Laufe ihres Lebens fünf bis acht Kinder. Aber im vormodernen Europa überlebte die Hälfte der Geborenen ihre Kindheit und Jugend nicht. In den heutigen Entwicklungsländern war dies sogar bis zur Mitte des 20. Jahrhunderts der Fall. Hoch waren in traditionellen Gesellschaften daher nicht nur die Geburtenraten, sondern auch die Sterberaten. Entsprechend klein blieb – wenn überhaupt – das jährliche Wachstum: Zwischen 10.000 v. Chr. und 1750 betrug es rund 0,2 Prozent pro Jahr.

Dann setzte in Europa der Übergang von vormodernen zu modernen demographischen Verhältnissen ein.

Heute hat das globale Ungleichgewicht zwischen Fruchtbarkeit und Sterblichkeit beträchtliche Dimensionen erreicht. Am Ende des 20. Jahrhunderts starben Tag für Tag rund 148.000 Menschen, aber zugleich kamen täglich rund 360.000 Kinder zur Welt. Pro Jahr waren dies 131 Mio. Neugeborene und 54 Mio. Verstorbene. Im Jahr 1999 ergab dies einen globalen Bevölkerungszuwachs von 77 Mio. Menschen.

19

Die Sterbetafel

Die Sterbetafel ist eines der leistungsfähigsten Werkzeuge der Demographie. Sie geht von den altersspezifischen Sterbewahrscheinlichkeiten einer Bevölkerung aus und wendet sie auf eine Modell**kohorte** von 100.000 Neugeborenen an. Für jedes folgende Jahr werden die zu erwartenden Sterbefälle abgezogen, bis im höchsten Lebensalter die Anzahl der Überlebenden auf Null zugeht.

Die Tabelle 19.1 enthält einen Auszug aus der Sterbetafel der Bundesrepublik Deutschland von 1986/88 für Frauen. Spalte 2 enthält die Sterbewahrscheinlichkeiten, also die Anzahl von Personen eines Altersjahrgangs, die im Laufe des Jahres starben, in Relation zur Größe dieses Altersjahrganges am Beginn des Jahres, berechnet je 1.000 Personen. Aus Spalte 2 lassen sich sämtliche Angaben für die Berechnung der übrigen Spalten ableiten. Spalte 3 zeigt die Anzahl der Personen, die am Ende des Jahres noch leben. Sie beginnt bei 100.000 Neugeborenen. In Spalte 4 steht die Anzahl der im jeweiligen Alter gestorbenen Personen, das bedeutet rechnerisch: Wert in Spalte 4 = Wert Spalte 2 mal Wert Spalte 3.

Tabelle 19.1: Auszug aus der allgemeinen Sterbetafel für die Bundesrepublik Deutschland 1986/88

| | | | | durchlebte Jahre | | |
vollendetes Alter, J.	Sterbewahrscheinlichkeit	Überlebende im Alter	Gestorbene	d. Überlebenden in dieser Periode	inges. noch zu durchlebende Jahre	durchschn. Lebenserwartung im Alter x, in Jahren
Spalte 1	Spalte 2	Spalte 3	Spalte 4	Spalte 5	Spalte 6	Spalte 7
0	0,00702	100.000	702	99.425	7.867.941	78,68
1	0,00058	99.298	58	99.269	7.768.516	78,23
2	0,00040	99.241	40	99.221	7.669.246	77,28
3	0,00027	99.201	27	99.187	7.570.026	76,31
4	0,00020	99.174	20	99.163	7.470.839	75,33
5	0,00018	99.153	18	99.144	7.371.675	74,35
6	0,00017	99.136	17	99.127	7.272.531	73,36
7	0,00016	99.119	16	99.111	7.173.403	72,37
8	0,00015	99.103	15	99.095	7.074.293	71,38
9	0,00015	99.088	15	99.080	6.975.197	70,39
10	0,00015	99.073	14	99.065	6.876.117	69,40
11	0,00015	99.058	14	99.051	6.777.052	68,41
...	...	...	...	...	...	...

Quelle: Statistisches Bundesamt: *Allgemeine Sterbetafel für die Bundesrepublik Deutschland 1986/88*, Stuttgart 1990.

Spalte 5 enthält die im jeweiligen Alter insgesamt gelebten Jahre aller Personen, die in dieser Periode lebten. Aus den jeweils in einem Jahr gelebten Personen-Jahren lässt sich die insgesamt zukünftig noch zu erwartende Lebenszeit in Jahren kumulieren. Spalte 6 enthält Summe der jeweils noch zu lebenden Personen-Jahre. Aus der Gesamtsumme von erwarteten weiteren Lebensjahren lässt sich eine Pro-Kopf-Lebenserwartung berechnen.

Spalte 7 enthält die altersspezifische Le-

benserwartung, d.h. die Zahl der noch zu erwartenden Lebensjahre pro Kopf. Sie ergibt sich aus der Zahl der zukünftig noch zu erwartenden Lebensjahre aller Personen des jeweiligen Altersjahrganges, dividiert durch die Zahl der zu Beginn des Zeitabschnitts noch lebenden Personen, also Spalte 7 = Spalte 6 : Spalte 3. Für die 5-jährigen westdeutschen Frauen betrug die weitere Lebenserwartung demzufolge 7.371.675 dividiert durch 99.153. Daraus ergibt sich für diese Alters-

gruppe eine Lebenserwartung von zusätzlichen 74,35 Jahren. Mit dem bereits erreichten Alter sinkt die Zahl der noch zu erwartenden Lebensjahre.

Während weibliche Neugeborene eine Lebenserwartung von 78,68 Jahren hatten, konnten Frauen im Alter von 30 Jahren im Durchschnitt noch 49,8 weitere Lebensjahre erwarten.

19

Sterblichkeit und Lebenserwartung

Ein Hauptbestandteil der demographischen Entwicklung ist die Sterblichkeit. Unter Sterblichkeit verstehen wir die Zahl der Sterbefälle während eines Zeitraums (meist während eines Jahres) innerhalb der gesamten Bevölkerung oder einer Teilbevölkerung. Zwar müssen alle früher oder später sterben, aber die Wahrscheinlichkeit, in einem bestimmten Zeitraum zu sterben, hängt von Faktoren wie Alter, Geschlecht, sozialer Schicht, Berufsgruppe und ethnischer Zugehörigkeit ab. Die Verteilung der Sterbefälle sagt einiges über den Lebensstandard, die Gesundheitsversorgung und das Ausmaß sozialer Ungleichheit innerhalb eines Landes aus.

Die Sterbeziffer (auch rohe Sterbeziffer) ist die Zahl der Sterbefälle pro Jahr je 1.000 Einwohner. Sie betrug 1999 in Portugal 11 je 1.000 Einwohner. Zum selben Zeitpunkt lag sie in Äthiopien bei 21 pro 1.000 und in Kuwait bei 2 pro 1.000 Einwohner. Die rohe Sterbeziffer hängt nicht bloß von der Lebenserwartung, sondern auch von der Altersstruktur der jeweiligen Bevölkerung ab. Diese ist bei jedem Ländervergleich oder dem Vergleich zwischen zwei Zeitpunkten bzw. zwischen zwei Personengruppen zu berücksichtigen, bevor Rückschlüsse auf gesundheitliche, wirtschaftliche oder andere umweltbedingte Verhältnisse gezogen werden.

Die Sterbeziffer lässt sich sowohl für die Gesamtbevölkerung als auch für einzelne Altersgruppen berechnen. Dadurch besteht die Möglichkeit für Vergleiche nicht nur zwischen verschiedenen Zeiträumen, Ländern oder Regionen, sondern auch zwischen einzelnen Altersgruppen und Geburtsjahrgängen.

Auch die Lebenserwartung ist ein guter Indikator für den Gesundheits- und Lebensstandard eines Landes. Die Unterschiede zwischen den Ländern sind groß. 1999 betrug die durchschnittliche Lebenserwartung in Sambia 37 Jahre und in Japan 80,5 Jahre. In vielen Entwicklungsländern ist die niedrige Lebenserwartung in erster Linie auf eine hohe Säuglingssterblichkeit zurückzuführen. 1994 betrug die Lebenserwartung für neugeborene Mädchen in Bangladesch 58 Jahre. Nach dem Überleben des ersten Lebensjahrs erhöhte sich die Lebenserwartung auf 62 Jahre. Im subsaharischen Afrika geht die niedrige Lebenserwartung allerdings zunehmend auf das Konto von HIV/AIDS.

Die Verlängerung des Lebens

Die Verlängerung des Lebens und die Möglichkeit, Krankheiten zu heilen oder ihren Ausbruch sogar zu verhüten, gelten in allen Gesellschaften als Fortschritt. Die durchschnittliche Lebenserwartung gibt uns wesentliche Hinweise auf das Entwicklungsniveau und die Lebensqualität in einem Land oder einer historischen Epoche. In keiner Phase der Menschheitsgeschichte sank die Sterblichkeit rascher als während der letzten 150 Jahre. Das Zusammenwirken verschiedener Faktoren führte zu einer starken Verringerung der Sterblichkeit. Wesentlich waren:

- die Steigerung der Nahrungsmittelproduktion in der Landwirtschaft und die Verbesserung der Ernährungssituation breiter Schichten der Bevölkerung,

- die Revolutionierung des Transportwesens, wodurch eine schnellere Verteilung von Nahrungsmitteln und die Überbrückung lokaler Engpässe möglich wurde (= Vermeidung von Hungersnöten),
- die Verbesserung der öffentlichen Hygiene (Wasserversorgung, Abwasserentsorgung und Müllbeseitigung) und der privaten Hygiene (fließendes Wasser, regelmäßige Kleiderreinigung, eiserne Bettgestelle, Seife als Massenkonsumgut, Wohnungen in Steinhäusern),
- medizinischer und pharmazeutischer Fortschritt (Aseptik, Antiseptik, Impfungen auf breiter Basis, Zurückdrängung von Infektionskrankheiten),
- die Erhöhung des Bildungsniveaus und die veränderte Stellung der Kinder (Verbot der Kinderarbeit, Durchsetzung der Schulpflicht, Ausdifferenzierung der Kindheit als eigene Lebensphase).

Diese Veränderungen waren eng mit der Industrialisierung verbunden. Und sie wurden wesentlich durch wirtschaftliche und soziale Fortschritte in Europa und Nordamerika getragen. Besonders in der zweiten Hälfte des 19. Jahrhunderts beschleunigte sich der Sterblichkeitsrückgang. Die durchschnittliche Lebenserwartung eines Neugeborenen in Europa betrug 1870 rund 40 Jahre. Bis Anfang des 20. Jahrhunderts stieg sie auf 50 Jahre, bis Ende der 1930er Jahre auf 60 Jahre. 1999 lag die Lebenserwartung bereits in mehr als 30 entwickelten Ländern über 75 Jahre.

In allen Industrieländern leben Frauen im Schnitt 5 bis 6 Jahre länger als Männer. Auch Menschen mit höherem Einkommen und privilegierter beruflicher Stellung haben eine höhere Lebenserwartung. Im Zuge des Ausbaus der öffentlichen Gesundheitsfürsorge hatte man noch vor wenigen Jahrzehnten eine Verringerung der sozialen Unterschiede bei der Sterblichkeit erwartet. Dies ist jedoch nicht eingetreten. Offensichtlich sind Unterschiede im Lebensstil, bei der Ernährung und im Freizeitverhalten für Gesundheit und Lebenserwartung heute wichtiger als die Qualität medizinischer Leistungen.

Bei der Lebenserwartung holen die Entwicklungsländer seit dem Zweiten Weltkrieg durch einen raschen Rückgang der Sterblichkeit stark gegenüber den entwickelten Ländern auf. In den 1950er Jahren war die Lebenserwartung in entwickelten Ländern im Schnitt noch um 25 Jahre höher als in Entwicklungsländern. Ende der 1990er Jahre betrug der Unterschied nur noch 12 Jahre. Das Tempo des Sterblichkeitsrückganges war in den Entwicklungsländern wesentlich größer als im Europa des 19. Jahrhunderts. Die Europäer benötigten 70 Jahre, um ihre durchschnittliche Lebenserwartung von 40 auf 60 Jahre zu erhöhen. Die Einwohner aller Entwicklungsländer zusammen benötigten dafür nur die Hälfte der Zeit: nämlich von 1950 bis 1985.

19

Tabelle 19.2: Sterblichkeit in Hauptregionen der Erde				
	Lebenserwartung bei der Geburt		Säuglingssterblichkeit je 1.000 Lebendgeborene	
	1950-55	1995-2000	1950-55	1995-2000
Entwicklungsländer	40,9	63,3	178	63
Afrika	37,8	51,4	179	87
Asien	41,3	66,3	180	57
Lateinamerika	51,4	69,2	126	36
entwickelte Länder	66,6	74,9	58	9

Quelle: *World Population Prospects. The 1998 Revision.* New York: United Nations, 1999.

AIDS und Bevölkerungswachstum

In den letzten Jahren unterbrach die Verbreitung der tödlichen AIDS-Epidemie in einer Reihe von Entwicklungsländern den Rückgang der Sterblichkeit. Weltweit schätzt man, dass Ende 1999 rund 38 Mio. Personen mit HIV/AIDS infiziert waren. Mehr als 90 Prozent von ihnen lebten in Entwicklungsländern, davon allein 23 Mio. in Afrika. In den am stärksten betroffenen Ländern sind heute in den großen Städten schon mehr als 30 Prozent der jungen Erwachsenen mit der tödlichen Krankheit infiziert. Bei Risikogruppen – zum Beispiel Prostituierte, Nutzer injizierbarer Drogen, Personen mit häufig wechselnden Geschlechtspartnern – lag der Anteil der Infizierten in einigen Ländern z. T. über 70 Prozent. 1999 kamen weltweit 6 Mio. Neuinfektionen hinzu, darunter mehr als 95 Prozent in Entwicklungsländern. Jeden Tag wächst die Zahl der Infizierten um mehr als 16.000 Personen.

Vom Beginn der HIV/AIDS-Pandemie Ende der 1970er Jahre bis Ende 1999 starben rund 17 Mio. Menschen an dieser Krankheit, davon allein 3 Mio. Menschen im Jahre 1999. Eine Zeitlang wurde der demographische Einfluss dieser Krankheit unterschätzt. Mitte der 1990er Jahre gingen Experten davon aus, dass AIDS 1990 nur für 2 Prozent der Todesfälle in Entwicklungsländern verantwortlich wäre. Inzwischen hat AIDS die Malaria als Todesursache quantitativ überholt und gehört zu den wichtigsten tödlichen Krankheiten weltweit. Betrachtet man die heute bereits hohe Zahl infizierter Menschen und das rasche Tempo der Verbreitung dieser Imunschwäche-Krankheit, dann ist klar, dass AIDS zukünftig als Todesursache in Entwicklungsländern noch weiter an Bedeutung gewinnen wird (European Comission and the World Bank 1998).

Medikamente, die AIDS-Kranken in westlichen Industriestaaten das Leben verlängern, sind für infizierte Personen in Entwicklungsländern meist viel zu teuer. Die Dauer vom Beginn der Infektion bis zum Ausbruch der Krankheit und zum Tod ist in vielen Ländern der Dritten Welt aufgrund geringerer hygienischer Standards und der höheren Virulenz von Krankheitserregern unabhängig von der Medikation viel kürzer als in Westeuropa und Nordamerika.

In den bisher am stärksten betroffenen Ländern hat die Verbreitung von HIV/AIDS die durchschnittliche Lebenserwartung bereits deutlich verringert. Nach Schätzungen des U.S. Bureau of the Census verloren vor allem die Bewohner afrikanischer Länder durch AIDS 10 bis 20 Jahre an Lebenserwartung. Für Botswana schätzten die amerikanischen Statistiker 1998 eine Lebenserwartung von 40,1 Jahren. Ohne AIDS läge die Lebenserwartung dort bei 61,5 Jahren. Die Kindersterblichkeit hat sich in diesen Ländern während der 90er Jahre durch AIDS teilweise mehr als verdoppelt. Viele Kinder, die von HIV-positiven Müttern geboren werden, infizieren sich während der Geburt oder durch die Muttermilch mit der Krankheit.

Der starke Anstieg der Sterblichkeit war bislang auf jene knapp 30 Länder begrenzt, in denen sich die AIDS-Pandemie bereits in einem fortgeschrittenen Stadium befindet. In diesen Ländern verringert AIDS das Bevölkerungswachstum deutlich, z.B. in Botswana von hypothetischen 2,4 Prozent jährlich (ohne AIDS) auf 1,1 Prozent (real 1999), in Kenia von 2,5 Prozent (ohne AIDS) auf 1,7 Prozent (real 1999). Schon in wenigen Jahren wird in einigen dieser Länder das Bevölkerungswachstum zum Stillstand kommen. Für 2020 erwartet man für Botswana nur noch ein jährliches Bevölkerungswachstum von 0,2 Prozent und für Kenia nur noch eines von 0,6 Prozent.

Da die Gruppe der heute schon stark von HIV/AIDS betroffenen Länder insgesamt keinen großen Anteil an der Weltbevölkerung hat, wirkt sich diese dramatische Entwicklung bisher nur wenig auf die globale Bevölkerungsdynamik aus. Das könnte sich ändern, wenn sich die Krankheit in bevölkerungsreichen Ländern wie Indien stärker verbreiten würde.

Die Verlangsamung des Bevölkerungswachstums bringt den heute stark von HIV/AIDS betroffenen

Staaten keinerlei Vorteile, die Epidemie selbst hingegen massive Nachteile. Denn die wirtschaftlichen und sozialen Folgen dieser Krankheit sind erheblich. Betroffen sind insbesondere die städtischen und die besser qualifizierten Teile der Bevölkerung: in der Regel Personen am Beginn oder in der Mitte ihres Erwerbslebens. Ihr Wissen und ihre Arbeitskraft fehlen in der Folge. Zugleich sind Millionen von AIDS-Waisen auf Unterstützung durch nahe Verwandte oder durch Hilfseinrichtungen angewiesen. Wo diese Unterstützung fehlt, leben die Kinder auf der Straße. In den am stärksten betroffenen Ländern absorbiert AIDS schon heute einen beträchtlichen Anteil der Gesundheitsleistungen. In einigen Ländern sind mehr als 60 Prozent der Krankenhausbetten mit AIDS-Patienten belegt.

Fertilität, Geburtenziffer, Ersatzniveau

Zweiter Hauptbestandteil der demographischen Entwicklung ist die Fertilität. Für den demographischen Prozess selbst ist dabei in erster Linie die absolute Zahl der Geburten bedeutsam. Sie bestimmt die Größe eines Altersjahrgangs und damit auch die zukünftige Altersstruktur. Die Gesamtzahl der Geburten eines Jahres wird sowohl vom Verhalten der Individuen, also ihrer Fertilität, wie auch von der Altersstruktur der erwachsenen Bevölkerung bestimmt. Gibt es in einem Land oder in einer sozialen Gruppe besonders viele jüngere Erwachsene, dann ist eine höhere Geburtenzahl wahrscheinlicher. Dominieren quantitativ die Kinder und Jugendlichen oder die über 50-Jährigen, dann gibt es vergleichsweise weniger Geburten.

Unter **Fertilität** versteht man aus bevölkerungswissenschaftlicher Sicht die durchschnittliche Kinderzahl pro Frau. Mit besserer Ausbildung, steigendem Wohlstand und effektiverem Zugang zu Familienplanung sinkt in der Regel die Fertilität. Aufgrund der Trägheit des demographischen Prozesses muss eine sinkende Fertilität jedoch nicht sofort zu einer Verringerung der Geburtenzahlen führen. Durch hohe Fertilität in der jüngeren Vergangenheit kann die Zahl der potenziellen Eltern noch eine Weile zunehmen und damit die Geburtenzahl erhöhen statt verringern.

Einfachste Messgröße ist die **Geburtenziffer** (auch rohe Geburtenziffer). Sie ergibt sich aus der Zahl der Lebendgeburten eines Jahres je 1.000 Einwohner. Weltweit gibt es erhebliche Unterschiede der Geburtenziffern. 35 Geburten je 1.000 Einwohner in Kenia (1999) sind ein sehr hoher Wert, demgegenüber sind 10 Geburten je 1.000 Einwohner in Deutschland im gleichen Jahr ein relativ niedriger Wert.

Bei Vergleichen über die Zeit oder zwischen einzelnen Ländern ist zu berücksichtigen, dass die rohe Geburtenziffer stark von der Altersstruktur beeinflusst wird, weil Kinder nur von Frauen im Alter zwischen 15 und 45 Jahren zur Welt gebracht werden. Daher ist die rohe Geburtenziffer weniger aussagekräftig als etwa die allgemeine Fruchtbarkeitsziffer. Letztere bezieht die Zahl der Lebendgeburten pro Jahr nur auf 1.000 Frauen im Alter von 15 bis 45 (oder 49) Jahren. Berücksichtigt wird bei dieser Messziffer somit nicht die Gesamtbevölkerung, sondern nur der potenziell gebärfähige Teil einer Bevölkerung. Dadurch werden Verfälschungen ausgeschlossen, die aufgrund eines unterschiedlich großen Anteils der nicht gebärfähigen Gruppe an der Gesamtbevölkerung entstehen.

Die **Gesamtfruchtbarkeitsrate** errechnet jene durchschnittliche Kinderzahl, die die Frauen eines Landes, einer Region oder einer bestimmten Gruppe bekämen, wenn die altersspezifischen Geburtenziffern eines bestimmten Jahres über die Zeit konstant blieben. Die Gesamtfruchtbarkeitsrate ist somit ein synthetisches Maß: Sie unterstellt, dass sich die heute 18-Jährigen in fünf Jahren so verhalten werden wie heute die 23-Jährigen. In Wirklichkeit ändern sich die altersspezifischen Ziffern von Jahr zu Jahr, wenn auch in der Regel nur geringfügig. Dies kann mit verändertem »Timing« zu tun haben; etwa dann, wenn Geburten bis zu einem biographisch späteren Zeitpunkt aufgeschoben werden. Oder in solchen Veränderungen spiegelt sich eine steigende bzw. sinkende Fertilität. Selbst wenn man diese Einschränkungen in Rechnung stellt, gibt die Gesamtfruchtbarkeitsrate den aktuellen Stand der Fertilität einer Bevölkerung im Regelfall relativ gut wieder.

1998 betrug die Gesamtfruchtbarkeitsrate in Westdeutschland 1,41 Kinder pro Frau und in Ostdeutschland sogar nur 1,06 Kinder pro Frau. Im Gegensatz dazu hatte Kenia 1999 eine Gesamtfruchtbarkeitsrate von 4,7 Kindern pro Frau.

Ob eine Bevölkerung langfristig wächst oder schrumpft und wie schnell sie wächst oder schrumpft, hängt wesentlich davon ab, wie weit die Fertilität vom **Ersatzniveau** entfernt ist. Damit sich eine Generation vollständig reproduziert, muss die durchschnittliche Kinderzahl etwas größer sein als zwei, weil jeweils etwas mehr Jungen als Mädchen geboren werden und nicht alle Frauen ihr gesamtes gebärfähiges Alter durchleben. In westlichen Industriegesellschaften genügen im Schnitt 2,1 Kinder pro Frau, um eine Elterngeneration

19

vollständig zu ersetzen. In vielen Entwicklungsländern liegt dieses Ersatzniveau aufgrund einer höheren Säuglings- und Kindersterblichkeit bei 2,2-2,3 Kindern pro Frau. Genaue Auskunft über das Ausmaß des Generationenersatzes geben Brutto- und Netto-Reproduktionsziffer.

Die **Brutto-Reproduktionsziffer** gibt an, wie viele Töchter eine Gruppe von Frauen durchschnittlich in ihrem Leben zur Welt bringen würden, wenn sie sich entsprechend den altersspezifischen Fruchtbarkeitsziffern eines gegebenen Jahres verhalten würden. Die Brutto-Reproduktionsziffer ist demzufolge die auf die Töchter beschränkte Gesamtfruchtbarkeitsrate. Die **Netto-Reproduktionsziffer** gibt hingegen an, wie viele Töchter einer Gruppe von Frauen durchschnittlich selbst ins reproduktionsfähige Alter kommen dürften. Anders als die Brutto-Reproduktionsziffer berücksichtigt die Netto-Reproduktionsziffer, dass einige Mädchen und junge Frauen vor Erreichen des gebärfähigen Alters sterben. Sowohl Brutto- wie Netto-Reproduktionsziffern sind Periodenmaße.

Mobilität und Migration

Wir unterscheiden zwischen unterschiedlichen Typen von **Migration**. Quantitativ bedeutend waren im 20. und frühen 21. Jahrhundert **internationale Wanderungen**. Diese grenzüberschreitende Migration umfasst: Arbeitsmigration, Nachzug zu bereits ausgewanderten Familienmitgliedern, ethnische (Rück-)Wanderung, postkoloniale Rückwanderung, Wanderung zu Studien- und Ausbildungszwecken, durch Not, politische Verfolgung oder ökologische Katastrophen ausgelöste Flucht, gewaltsame Vertreibung. **Siedlungskolonisation** war hingegen bis ins 19. Jahrhundert typisch. Zu denken ist dabei an einen Großteil jener 50-60 Mio. Menschen, die zwischen 1500 und 1914 von Europa nach Übersee auswanderten. Weite Teile Nord- und Südamerikas, Australien, Neuseeland und ein kleinerer Teil des südlichen Afrika wurden auf diese Weise besiedelt. Ähnliches gilt für viele heute russischsprachige Gebiete des Kaukasus, Sibiriens und Zentralasiens. In der Gegenwart spielt Siedlungskolonisation hingegen nur noch eine untergeordnete Rolle. Zu den wenigen Ausnahmen gehört die Landnahme durch jüdische Siedler auf dem Golan und im Westjordanland sowie die Massenansiedlung von Bewohnern Javas auf anderen Inseln Indonesiens.

Bei den **Binnenwanderungen** dominieren heute

Il n'y a pas que le sexe dans la vie.

LA FRANCE A BESOIN D'ENFANTS.

CAMPAGNE RÉALISÉE PAR AVENIR. DAUPHIN. GIRAUDY.

Überall in Europa, auch in Deutschland, liegt die **Fertilität** *unter dem* **Ersatzniveau***. Die Regierungen vieler Länder ermutigen die Menschen dazu, Kinder zu haben, beispielsweise auf Reklametafeln wie der oben abgebildeten, auf der es heißt: »Im Leben gibt es nicht nur Sex … Frankreich braucht Kinder.«*

einerseits die Land-Stadt-Wanderungen. Andererseits gibt es eine wachsende Abwanderung aus den Kernstädten ins Stadtumland. Dieser Prozess wird auch als *Suburbanisierung* bezeichnet (vgl. Kap. 20). Schließlich gibt es einige Staaten mit einer hohen Zahl von Binnenvertriebenen oder unter Zwang umgesiedelten Personen.

Insgesamt lebten an der Wende vom 20. zum 21. Jahrhundert etwa 120 Millionen Menschen außerhalb der Länder, in denen sie zur Welt kamen. Dies sind rund 2 Prozent der Weltbevölkerung. Hauptziele der Arbeitsmigration waren Westeuropa und Nordamerika, Südafrika, die arabischen Golfstaaten sowie einige Staaten Südostasiens.

Unter der gewanderten Bevölkerung waren 1999/2000 weltweit 13 Mio. Flüchtlinge und Asylbewerber. Wichtigste Aufnahmeländer waren der Iran, Pakistan, Deutschland und Tansania. Allein in Westeuropa wurden 1989-1998 rund 4 Mio. Asylanträge gestellt. Hier gibt es seit Ende des Kalten Kriegs eine klare Tendenz, Asylbewerber und Bürgerkriegsopfer nicht mehr als politische Flüchtlinge anzuerkennen, sondern allenfalls befristet zu dulden. Im Gegensatz dazu hat sich die Zahl der in ärmeren Ländern Asiens und Afrikas aufgenommenen Flüchtlinge nach 1980 deutlich erhöht. Ärmere Länder in der Nachbarschaft von Krisenregionen tragen somit heute die Hauptlast bei der Bewältigung von Flüchtlingsproblemen.

Neben Flüchtlingen aus den letzten Jahren gibt es in etlichen Ländern größere Gruppen von Vertriebenen aus historisch zurückliegender Zeit; unter ihnen heute noch lebende Flüchtlinge und Vertriebene aus der NS-Zeit, deutsche Vertriebene aus der unmittelbaren Nachkriegszeit (1945-48), geflüchtete und vertriebene Palästinenser (1948, 1967), aus Indien nach Pakistan geflüchtete Moslems (1948), in die Gegenrichtung geflüchtete Hindus (1948), afghanische Flüchtlinge im Iran und in Pakistan (1979-81) etc.

Zu den unfreiwilligen Migranten gehören auch die Binnenvertriebenen. Von ihnen gab es 1999/2000 weltweit rund 17 Mio. Die meisten waren und sind Opfer von zurückliegenden oder noch andauernden Bürgerkriegen. Vielfach handelt es sich um Angehörige ethnischer oder religiöser Minderheiten sowie um Sympathisanten unterlegener Fraktionen, aber auch um Teile der von einer der Kriegsparteien terrorisierten Zivilbevölkerung.

Die europäische Auswanderung nach Übersee fand Mitte des 20. Jahrhunderts ihr Ende. Seither wurden zuerst Teile Westeuropas und später auch Mittel- und Südeuropa zum Ziel internationaler Wanderungen. Ab Mitte der 1950er Jahre kehrten im Zuge der Entkolonialisierung zuerst »weiße« Siedler, Beamte und Truppen aus Überseegebieten nach Großbritannien, Frankreich, Belgien, in die Niederlande und später nach Portugal zurück. Ihnen folgten Einheimische aus den ehemaligen Überseegebieten. Die meisten von ihnen kamen als Arbeitskräfte. Zweiter wichtiger Migrationsstrom war die Arbeitskräftewanderung aus der europäischen Peripherie (Süditalien, Spanien, Ex-Jugoslawien, Türkei, Griechenland, Portugal). Denn nach der Integration von Vertriebenen und Kolonial-Heimkehrern begannen die stärker industrialisierten Länder Westeuropas, ihren zusätzlichen Bedarf an Arbeitskräften durch Anwerbung von Migranten aus dem Mittelmeerraum zu decken. Diese »Gastarbeiter« sollten im Zielland nur für eine begrenzte Zeit tätig sein und dann wieder heimkehren (»Rotationsmodell«) (Fassmann/Münz 2000).

In der ersten Hälfte der 1970er Jahre veränderten das Nachrücken geburtenstarker Jahrgänge auf den Arbeitsmarkt und eine deutlich schlechtere Konjunktur die Lage. Auf die Krise nach dem ersten »Erdöl-Preisschock« von 1973 reagierten die westeuropäischen Staaten mit einem Anwerbestopp und mit restriktiveren Zuzugsbestimmungen für die Bewohner ehemaliger Überseegebiete. Der Anwerbestopp hatte eine unerwartete, aber höchst folgenreiche Nebenwirkung. Er wurde von vielen Arbeitsmigranten als Signal zum Dableiben und zum Nachholen der eigenen Familie verstanden. Aus Migranten, auf die der Begriff »Gastarbeiter« ursprünglich passte, wurden Einwanderer.

Ein weiterer Typ von Massenmigration begann in den 1950er Jahren als Flüchtlingsstrom aus Ostmitteleuropa und der Dritten Welt. Anfänglich spielten politische Gründe als Fluchtmotiv eine zentrale Rolle. Heute sind wir in viel größerem Umfang mit Armut, Krieg und ethnischen Konflikten als Wanderungsgründen konfrontiert. Besondere Beachtung verdienen in diesem Zusammenhang die Kriege und ethnischen Säuberungen in Kroatien, Bosnien, im Kosovo, in der Türkei sowie im Kaukasus, durch die mehrere Millionen Menschen gewaltsam aus ihren Heimatregionen vertrieben wurden.

In den 1990er Jahren betrug der Ausländeranteil in Westeuropa rund 5 Prozent. Wichtigstes Zielland war und ist Deutschland mit 7,3 Mio. (1997) ausländischen Bürgern (= 8,9 Prozent der Wohnbevölkerung). Dahinter kommen Frankreich (3,6 Mio. = 6,5 Prozent), Großbritannien (1,9 Mio. = 3,7 Prozent), die Schweiz (1,2 Mio. = 20 Prozent) und Belgien (0,9 Mio. = 10 Prozent). Insgesamt lebten 1997 rund 19 Mio. Ausländer legal in einem der Staaten Westeuropas. Etliche von ihnen sind bereits im Zuwanderungsland zur Welt gekommen, besitzen aber nicht dessen Staatsbürgerschaft.

In der östlichen Hälfte Europas ist die Situation etwas anders. Dort führte die Gründung neuer Nationalstaaten seit 1991/92 dazu, dass Personen, die nicht zur jeweiligen Mehrheit gehören, in vielen Fällen nicht automatisch eingebürgert wurden. Sie wurden damit über Nacht im eigenen Land zu Staatenlosen, zu Ausländern oder zu Angehörigen einer diskriminierten Minderheit. Das betraf zum Beispiel Russen im Baltikum, Roma in der Tschechischen Republik und anderswo in Ostmitteleuropa, Albaner im Kosovo, Serben in Kroatien.

Im Gegensatz zu den Staaten Europas verstehen sich die USA, Kanada und Australien als Einwanderungsländer. Trotzdem ist dort die Zahl der Zuwanderer nicht wesentlich größer als diesseits des Atlantik. In den USA lebten (1998) 26.3 Mio. zugewanderte Personen (= 9 Prozent der Wohnbevölkerung), in Kanada (1996) waren es 5,0 Mio. (= 17 Prozent) und in Australien (1997) 4,3 Mio. (= 23 Prozent).

MEHR MENSCHEN = MEHR WOHLSTAND?

Überall dort, wo das Bevölkerungswachstum hoch ist, überwiegen heute und auf absehbare Zeit die negativen Auswirkungen raschen Bevölkerungswachstums. Das

19

schlägt sich auch in offiziellen Einschätzungen von Entwicklungsländer-Regierungen zum Bevölkerungswachstum und in ihrer Bevölkerungspolitik nieder. Dabei ist die Bewertung der ökonomischen und sozialen Auswirkungen des Bevölkerungswachstums seit Beginn der 80er Jahre erheblich negativer geworden. Auf der UN-Weltbevölkerungskonferenz 1974 in Bukarest waren noch zwei Drittel aller Entwicklungsländer mit ihrer Bevölkerungsentwicklung zufrieden. Die UNO fragte seither die Regierungen der Mitgliedsstaaten regelmäßig nach ihrer Einschätzung. 1995 hielten bereits 76 von 134 Entwicklungsländer-Regierungen ihr nationales Bevölkerungswachstum für zu hoch. Dabei handelte es sich vor allem um bevölkerungsreiche Staaten. Immerhin 67 Regierungen informierten über nationale Anstrengungen zur Verringerung des Bevölkerungswachstums.

Offensichtlich sind die gesellschaftlichen Folgen raschen Bevölkerungswachstums nicht in allen Ländern und zu allen Zeiten gleich (Brown/Gardner/Halweil/ World Watch Institute 2000). Sie sind abhängig vom tatsächlichen Tempo des Bevölkerungszuwachses und von anderen begleitenden Umständen. Dies erklärt zu einem wesentlichen Teil die anhaltende Kontroverse zu den Auswirkungen der Bevölkerungsdynamik. Es ist nützlich, einzelne Bereiche genauer zu betrachten, in denen diese Auswirkungen deutlich werden.

Das Verhältnis zwischen den Generationen

Der Sage nach gab die griechische Sphinx Wanderern ein Rätsel auf: Welches Tier geht morgens auf vier Beinen, mittags auf zwei Beinen und abends auf drei Beinen? Oedipus löste dieses Rätsel als erster. Es ist der Mensch in seinen drei Lebensabschnitten: der Kindheit, dem Erwachsenenalter und dem Rentenalter, in dem etliche zum Gehen einen Stock benötigen. In jeder Gesellschaft ist es die Generation im erwerbsfähigen Alter, welche die anderen Generationen erhält. Deshalb ist es von erheblicher Bedeutung, in welcher quantitativen Relation diese Generationen zueinander stehen, d.h. wie viele Kinder und wie viele Rentner von der Gruppe der Erwerbstätigen individuell oder im Wege der staatlich organisierten Umverteilung (über Steuern und Beiträge zur Sozialversicherung) unterstützt werden.

In den Industriestaaten wurde diese demographische Alterung in den letzten Jahren immer im Zusammenhang mit dem wachsenden Anteil älterer Menschen, der notwendigen Umgestaltung umlagefinanzierter Rentenversicherungen und der Organisation von Pflegeleistungen für hilfsbedürftige Senioren diskutiert. In vielen Entwicklungsländern stellt sich das Verhältnis der Generationen vorläufig noch anders dar.

Für rasch wachsende Bevölkerungen mit hohen Kinderzahlen ist eine pyramidenförmige, also junge Altersstruktur typisch (vgl. Schaubild 19.4). In dieser Alterspyramide ist jeder Geburtsjahrgang stärker besetzt als der jeweils ein Jahr ältere. Daraus ergeben sich eine Reihe von Konsequenzen. Die meisten Geborenen der Jahre 2000/2001 werden um 2006/2007 eingeschult. Je nach Schuldauer werden sie das Bildungssystem zwischen 2012 und 2019 verlassen und dann Arbeit suchen. Bis dahin verursachen sie überwiegend Kosten: entweder für ihre Eltern oder für öffentliche Haushalte.

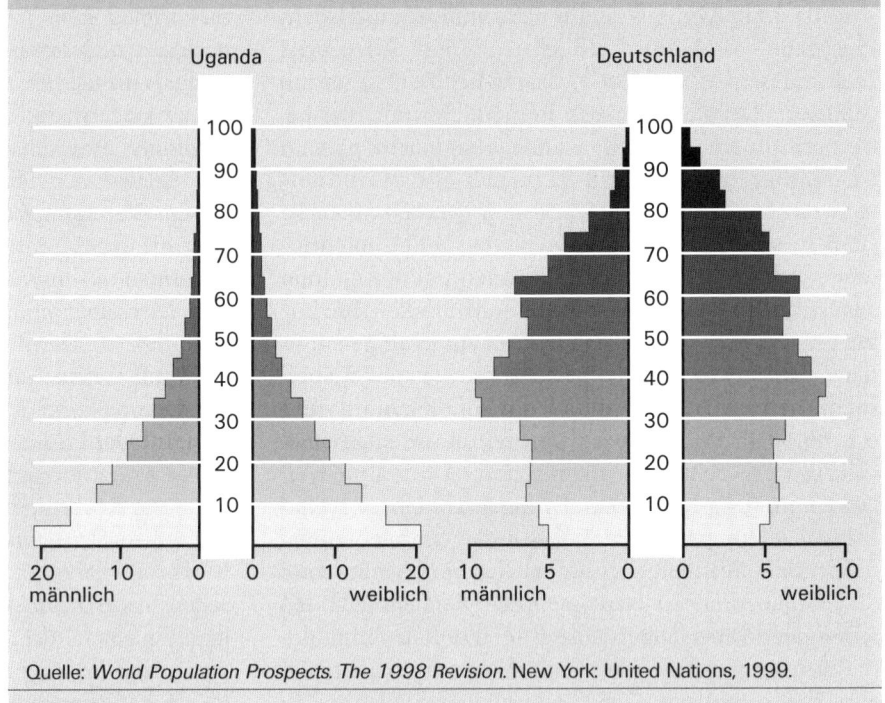

Schaubild 19.4: Altersstruktur 1995

Quelle: *World Population Prospects. The 1998 Revision.* New York: United Nations, 1999.

19

Die *Jugendlast* und die bei wachsender Zahl von Kindern und Jugendlichen benötigte Infrastruktur (Gesundheitseinrichtungen, Schulen, Ausbildungsplätze) binden in beträchtlichem Umfang wirtschaftliche Ressourcen der Entwicklungsländer.

In Afrika ist heute die Hälfte der Bevölkerung jünger als 18 Jahre, aber nur ein kleiner Teil über 60 Jahre alt. Dagegen sind in den entwickelten Ländern nur rund 20 Prozent der Bevölkerung unter 20, aber bereits zwischen 15 und 20 Prozent über 60 Jahre alt. Und das bedeutet im Wohlfahrtsstaat in der Regel höhere Rentenausgaben sowie eine höhere Inanspruchnahme von Leistungen des Gesundheitssystems. Trotz der oft beklagten *Altenlast* in Industriestaaten dürfen wir nicht übersehen, dass der Anteil der Bevölkerung im arbeitsfähigen Alter an der gesamten Bevölkerung bei uns beträchtlich größer ist als in fast allen Entwicklungsländern.

Die höhere Jugendlast in Entwicklungsländern würde weniger ins Gewicht fallen, wenn jene Jugendlichen, die jedes Jahr zusätzlich ins arbeitsfähige Alter kommen, selbst ihren Lebensunterhalt verdienen und produktiv tätig werden könnten. Statt dessen führt ihre hohe Zahl zu Unterbeschäftigung und zu offener Arbeitslosigkeit. Meist fehlt es an bezahlten Arbeitsplätzen, an Startkapital, an Qualifikation oder an Ackerland. Bestehende Wirtschafts- und Machtstrukturen sowie Mentalitäten und Tabus hemmen in etlichen Ländern unternehmerische Initiativen.

Die Märkte für die traditionellen Rohstoff- und Agrarexporte sind begrenzt. Überdies sind die Preise für Rohstoffe und Lebensmittel starken Schwankungen unterworfen, auf die die Produzenten wenig Einfluss haben. Gleichzeitig gelingt es den Entwicklungsländern in der Regel nicht, bestimmte Agrarprodukte und industriell gefertigte Güter, bei deren Herstellung sie selbst konkurrenzfähig wären, in größerem Umfang zu exportieren. Insbesondere die Agrarmärkte des reichen Nordens sind weitgehend abgeschottet. Umgekehrt müssen die meisten Entwicklungsländer sowohl Energie (v.a. Erdöl) als auch Investitions- und Konsumgüter importieren. Selbst der Einsatz moderner und arbeitssparender Technologien bietet in Asien, Afrika und Lateinamerika keinen Ausweg aus dem Kreislauf zwischen Armut, struktureller Unterbeschäftigung und Bevölkerungswachstum. Denn wenn viele Menschen keine oder nur sehr gering bezahlte Arbeit finden, kann das Bevölkerungswachstum nicht wesentlich zu einer Erweiterung der Binnenmärkte beitragen. Stagnierende Einkommen und eine extrem ungleiche Verteilung des Wohlstands innerhalb der Gesellschaft verhindern dies.

Ernährung – der Wettlauf zwischen Storch und Pflug

Zu den Begründern der Bevölkerungswissenschaft gehört der Theologe und Ökonom Thomas Robert Malthus (1766 bis 1834). Von ihm stammt die pessimistische Prognose, dass einer linear zunehmenden Nahrungsmittelproduktion eine in geometrischer Progression wachsende Bevölkerung gegenübersteht. Dies – so Malthus – führe notwendigerweise zu Krisen und Not, wodurch sich die Zahl der Menschen wieder an den Nahrungsmittelspielraum anpasse. Diese Prognose hat sich in den letzten 200 Jahren nicht bewahrheitet. Einerseits erwies sich das Modell der Bevölkerungsdynamik als zu einfach. Bis Mitte des 20. Jahrhunderts waren die Zuwächse der Weltbevölkerung weniger dramatisch als von Malthus erwartet. Andererseits unterschätzte Malthus das Potenzial zur Steigerung der landwirtschaftlichen Erträge. Bis Mitte der 1980er Jahre stieg die Weltproduktion von Getreide absolut und auch pro Kopf beträchtlich an. Seitdem kam es jedoch zunächst zu einer Stagnation und dann zu einem langsamen Rückgang der Pro-Kopf-Erträge. Und bereits Karl Marx (1818 bis 1883) führte gegen Malthus ins Feld, dass Ernährung nicht nur von der Produktion von Nahrungsmitteln abhängig ist, sondern auch von deren Verteilung. Es ist deshalb wichtig, die Entwicklung der Produktion in einzelnen Staaten und die Verteilung innerhalb dieser Staaten zu analysieren.

Die größten Ertragssteigerungen konnten in Nordamerika und in einigen westeuropäischen Ländern erzielt werden. Aber auch etliche Entwicklungsländer konnten ihre Nahrungsmittelproduktion stark steigern, u.a. im Zusammenhang mit der **Grünen Revolution**. Allein zwischen 1950 und 1990 stieg die Produktion von Getreide in Entwicklungsländern um das Dreifache. Das rasche Bevölkerungswachstum reduzierte jedoch in einer Reihe von Ländern die relative Bedeutung dieses Zuwachses. So stieg die Pro-Kopf-Produktion von Getreide in diesem Zeitraum um weniger als das Anderthalbfache. Damit waren die Spielräume für eine Verbesserung der Ernährungslage bedeutend geringer, als dies die absoluten Ertragssteigerungen erwarten ließen. Während der 1990er Jahre konnten 87 Entwicklungsländer eine Steigerung ihrer Getreideproduktion erzielen. Nur in 36 Ländern war die Produktion von Getreide am Ende der Dekade geringer als in den Jahren 1989-91. Betrachtet man allerdings die Pro-Kopf-Produktion von Getreide, dann stellt sich dieses Bild anders dar. Die Einwohner von 77 Entwicklungsländern

19

mussten mit einem Rückgang der Pro-Kopf-Produktion von Getreide zu Rande kommen, nur in 46 Ländern gab es in der zurückliegenden Dekade einen Anstieg der Pro-Kopf-Produktion.

Vielen afrikanischen Ländern fällt es besonders schwer, ihre rasch wachsende Bevölkerung zu ernähren. Durch Einsatz extensiver Bewirtschaftungsmethoden, z.B. Brandrodung und nomadische Viehwirtschaft, konnte sich die Bevölkerung über Jahrhunderte ernähren. Ab einer bestimmten Bevölkerungsgröße ist dies nicht mehr möglich. Zunächst wird der Nutzungszyklus verkürzt. Die Fähigkeit der Böden, sich zu regenerieren, wird oft überstrapaziert. So führte die Überweidung etwa in der Sahelzone südlich der Sahara zu einer Ausdehnung der Wüstenfläche. In Dürrejahren kommt es dort seit einiger Zeit zu lokalen Hungersnöten. Ähnlich ist die Situation in Teilen Brasiliens und Indiens.

Der Übergang zu moderneren Bebauungsmethoden, die Erschließung und Bewässerung neuer Ackerflächen und der Einsatz von Dünge- und Pflanzenschutzmitteln sowie der Anbau besonders ertragreicher Sorten bieten zwar die Möglichkeit zu einer beträchtlichen Steigerung der Nahrungsmittelproduktion. Dies erfordert jedoch erhebliche Anlaufinvestitionen, Bewässerung und laufende finanzielle Mittel für den Ankauf von Saatgut und Kunstdünger. Diese Form moderner Agrarproduktion stößt in vielen Regionen über kurz oder lang an ökologische Grenzen. Überdies greift sie stark in bestehende soziale Strukturen ein. Die so genannte Grüne Revolution erhöhte somit in vielen Entwicklungsländern kurzfristig die Nahrungsmittelproduktion. Zugleich wurden aber Millionen nur für ihren Eigenbedarf produzierende Bauern ruiniert. In vielen Ländern war und ist daher das Ausmaß des Hungers für die einheimische Bevölkerung nach der Grünen Revolution nicht geringer als zuvor.

Das auf absehbare Zeit weiter gehende weltweite Bevölkerungswachstum wird ständig neue Investitionen in die Landwirtschaft erfordern. Ab einem gewissen Punkt steigt dieser Aufwand überproportional. Die Anbaufläche muss zunehmend auf weniger fruchtbare Böden ausgedehnt werden. Die vorhandenen Wasserressourcen sind in der Regel begrenzt. Auch chemische Dünger und Pestizide können die Erträge nicht ständig steigern. Irgendwann stehen viele Entwicklungsländer daher vor dem Problem, dass die Landwirtschaft mit dem Tempo des Bevölkerungswachstums nicht mehr mithalten kann. Ab diesem Zeitpunkt sind diese Länder auf Importe oder internationale Hungerhilfe angewiesen. Diese Hungerhilfe beseitigt jedoch in vielen

Fällen für die Bauern vor Ort jeden Anreiz, ihre eigene Agrarproduktion zu steigern und den Überschuss zu verkaufen. Denn die Hilfe wird in der Regel gratis verteilt oder zu sehr niedrigen Preisen verkauft.

Agrarreformen, insbesondere eine Reform der agrarischen Besitzverhältnisse, könnten in vielen Entwicklungsländern zu einer Steigerung der Produktion, aber auch zu einer gerechteren Verteilung der Lebensmittel beitragen. In vielen Ländern könnte damit zumindest mittelfristig der Hunger überwunden werden. Aber solche Reformen sind unter den bestehenden Machtverhältnissen nur schwer durchzusetzen. Selbst dort, wo tiefgreifende Agrarreformen möglich waren, vermögen sie – wie das Beispiel Chinas zeigte – das Problem der Ernährung einer wachsenden Bevölkerung nicht unbedingt zu lösen.

Erneuerbare und nichterneuerbare Ressourcen

Das Nachwachsen erneuerbarer Ressourcen ist durch eine rasche Ausdehnung der Anbauflächen und deren intensive Nutzung gefährdet. So werden in vielen Teilen der Welt die Wälder abgeholzt oder niedergebrannt, um neue Ackerflächen zu gewinnen. Das Bevölkerungswachstum belastet die Ressourcen auch in anderer Weise. Für ca. 1,4 Mrd. Menschen in Asien, Afrika und Lateinamerika ist Feuerholz heute der wichtigste und auf absehbare Zukunft unverzichtbare Brennstoff und Energieträger. Der Bedarf an Brennholz wird mit wachsender Bevölkerung in Zukunft noch erheblich steigen.

Als weiteres Problem kommt die Knappheit der Ressource Wasser hinzu. Agrarische und industrielle Nutzung stehen dabei zum Teil in Konkurrenz zum Trinkwasserbedarf. Heute haben rund 800 Mio. Menschen keinen regelmäßigen Zugang zu sauberem Trinkwasser. In den westlichen Industriestaaten hat die Industrie den größten Anteil an der Wassernutzung. In vielen Entwicklungsländern ist jedoch die inzwischen intensivierte Landwirtschaft sehr stark von Bewässerung abhängig. In Asien entfallen 85 Prozent der Wassernutzung auf landwirtschaftliche Bewässerung. Deshalb ist zu erwarten, dass Wasserknappheit zumindest in einigen Entwicklungsländern zukünftig zu einem begrenzenden Faktor für weitere Steigerungen der Agrarproduktion wird.

Mit entsprechendem Aufwand lassen sich Probleme der extensiveren Nutzung erneuerbarer Ressourcen zumindest teilweise lösen, die Brennholzkrise z.B. durch verstärkte Wiederaufforstung, durch Umstellung auf schnell wachsende Bäume und durch stärkere Verbreitung alternativer Energieträger. Auch mit Wasser lässt sich in der Regel sparsamer umgehen, als dies heute der Fall ist. Allerdings wird die Problemlösung überall dort sehr teuer, wo die Bevölkerung eine bestimmte, für das lokale Ökosystem kritische Größe überschreitet. Erneuerbare Ressourcen, die bis zu einem bestimmten Punkt beinahe kostenlos verfügbar sind und quasi von selbst »nachwachsen«, müssen dann bezahlt werden. Sie werden zu einem Kostenfaktor.

Von manchen Experten wird das rasche Bevölkerungswachstum auch als Gefahr für den globalen Bestand an *nicht erneuerbaren Ressourcen* gesehen. Bisher lässt sich dies noch nicht nachweisen. Der Pro-Kopf-Verbrauch von Energie und Rohstoffen ist in den meisten Entwicklungsländern sehr gering. Rund 75 Prozent des Energieverbrauchs gehen heute auf das Konto jener 22 Prozent der Menschheit, die in den Industriestaaten leben. An der Spitze stehen die USA, wo nicht einmal 4 Prozent der Weltbevölkerung Jahr für Jahr 20 Prozent der Weltenergie beanspruchen. Umgekehrt verbrauchen 78 Prozent der Weltbevölkerung in den ärmeren Regionen der Erde nur ein Viertel der Weltenergie (Leisinger 1999).

Heute trägt das Bevölkerungswachstum in den Entwicklungsländern erheblich weniger zum Verbrauch von nicht erneuerbaren Ressourcen bei als der im Schnitt immer aufwendigere Lebensstil der Bewohner westlicher Industriestaaten. In Zukunft werden jedoch immer mehr Menschen in der südlichen Hemisphäre den westlichen Lebensstil übernehmen. Mit der Industrialisierung und mit wirtschaftlichem Wachstum steigt auch in Asien, Afrika und Lateinamerika der Pro-Kopf-Verbrauch von Energie und Rohstoffen. Damit ist das öko-soziale Dilemma vorprogrammiert. Denn selbst eine bescheidene Erhöhung des Pro-Kopf-Verbrauchs in Asien, Afrika und Lateinamerika führt rasch zu einem sehr viel größeren Weltenergiebedarf und zu mehr Emissionen. In jedem Fall wird der Anspruch auf Energie, Rohstoffe und Umweltbelastungen Mitte des 21. Jahrhunderts für jeden Menschen kleiner sein, wenn die Weltbevölkerung größer ist. Und er würde für die Menschen des Südens größer sein, wenn der Norden sich einschränkt.

Bevölkerungsoptimismus und Bevölkerungspessimismus

Seit Malthus beurteilt die Mehrheit der Bevölkerungswissenschaftler sowie der Ökonomen und Sozialwissenschaftler die Folgen raschen Bevölkerungswachstums skeptisch bis pessimistisch. Daneben gibt es jedoch auch eine relativ kleine Gruppe von *Bevölkerungsoptimisten,* die die Auffassung vertreten, dass die positiven Wirkungen des Bevölkerungswachstums überwiegen. Die fundamentale Gegenposition zur vorherrschenden Fachmeinung sicherte den Bevölkerungsoptimisten in den USA eine beträchtliche Medienaufmerksamkeit. Ein prominenter Vertreter dieser Richtung war Julian Simon (1990). Für ihn resultierte aus einer wachsenden Bevölkerung ein größerer Binnenmarkt und daraus eine höhere Produktivität. Dieser Zusammenhang konnte in der europäischen Wirtschaftsgeschichte tatsächlich beobachtet werden. Vor allem im 19. Jahrhundert erleichterte die zunehmende Bevölkerungsdichte den Ausbau einer leistungsfähigen Infrastruktur. Ein weiteres Argument der Bevölkerungsoptimisten steht etwas im Widerspruch zu den ersten Argumenten. Bevölkerungsdruck und die daraus resultierenden Probleme würden zu innovativen Lösungen zwingen. Diese Probleme wären schließlich leichter zu lösen, weil es in einer größeren Bevölkerung jeweils auch mehr Hochbegabte gebe.

Für die *Bevölkerungspessimisten* überwiegen heute die negativen Folgen des raschen Bevölkerungswachstums. Sie verweisen auf die Unterschiede zwischen dem Europa des 19. Jahrhunderts und den heutigen Entwicklungsländern. So lag das jährliche Bevölkerungswachstum in Europa nur für kurze Zeit über 1 Prozent, während es in etlichen Entwicklungsländern heute noch höher als 3 Prozent ist. Außerdem konnten die Europäer einen Teil ihres Bevölkerungsproblems durch Auswanderung nach Übersee lösen. Im Weltmaßstab ist dies unmöglich.

Noch wichtiger ist ein qualitativer Unterschied. In Europa war der demographische Übergang Bestandteil der gesellschaftlichen Umwälzung von der traditionellen Agrargesellschaft zur modernen Industrie- und Dienstleistungsgesellschaft. In vielen Entwicklungsländern kam und kommt der Anstoß zur Veränderung von Sterblichkeit und Fruchtbarkeit hingegen von außen. Agrochemischer und medizinischer Fortschritt wurden ebenso importiert wie später moderne Verhütungsmittel. Aus diesen Gründen lassen sich die positiven Erfahrungen Europas bei der Bewältigung des Bevölkerungswachstums im 19. Jahrhundert kaum auf heutige Entwicklungsländer übertragen.

19

Die Lichter der Stadt

Oft assoziiert man mit Entwicklungsländern rückständige Agrargesellschaften, in denen die meisten Menschen auf dem Lande leben. Dieses Klischee hat heute in etlichen Teilen der Welt immer weniger Berechtigung. In den Entwicklungsländern betrug der Anteil der Stadtbewohner zu Beginn des 21. Jahrhunderts im Schnitt schon 40 Prozent.

Für einige Entwicklungsländer ergibt sich die hohe Verstädterung aus ihren geographischen Bedingungen. Das gilt für Stadtstaaten wie Hongkong, Singapur und Djibouti. Das gilt aber auch überall dort, wo das Land von Wüsten dominiert wird, z.B. in Libyen, Saudi-Arabien oder im Irak. Es gibt aber auch Entwicklungsländer, die einen hohen Urbanisierungsgrad erreicht haben, der sich nicht durch geographische Bedingungen erklärt. Argentinien (90 Prozent), Venezuela (87 Prozent) und Südkorea (86 Prozent) haben heute einen ähnlich hohen Verstädterungsgrad wie Deutschland (88 Prozent). Lateinamerika erreichte als Weltregion den selben Urbanisierungsgrad wie Europa: Drei Viertel der Einwohner lebten 1999 in Städten. Demgegenüber haben die meisten Länder Asiens und Afrikas noch einen stark ländlichen Charakter. Dort lebt heute nur jeder dritte Mensch in einer Stadt. Nach Vorausschätzungen der UNO dürfte sich dies jedoch bereits in den nächsten Dekaden erheblich ändern. 2025 werden voraussichtlich mehr als die Hälfte aller Einwohner Asiens und Afrikas Städter sein.

Eine spezifische Form der Urbanisierung des 20. und wohl auch des 21. Jahrhunderts ist die Entstehung von **Megastädten** mit mehr als 10 Mio. Einwohnern. Viele Stadtbewohner Afrikas, Asiens und Lateinamerikas leben schon heute in großen städtischen Agglomerationen. 1950 war New York die einzige Megastadt der Welt. 1999 gab es bereits 20 solcher Groß-Agglomerationen, von denen 16 in Entwicklungsländern lagen.

Vor allem afrikanische und asiatische Megastädte wuchsen in den vergangenen Jahrzehnten überdurchschnittlich schnell. Die Einwohnerzahl von Lagos erhöhte sich von weniger als 300.000 im Jahr 1950 auf 12,8 Mio. Einwohner im Jahr 1999, also um fast das 44-Fache. Dazu trug sicher auch der Ölboom in Nigeria bei. Dhaka, die Hauptstadt von Bangladesch, wuchs in dieser Zeit um das 25-Fache.

Das städtische Wachstum in Entwicklungsländern entsteht sowohl durch Zuwanderung vom Land als auch durch den Geburtenüberschuss der Stadtbevölkerung. Letzterer trägt zu 20 bis 50 Prozent zum Wachstum der Stadtbevölkerung bei. In Europas Städten des 19., 20. und frühen 21. Jahrhunderts gab und gibt es dagegen fast nie Geburtenüberschüsse. Sie wuchsen ausschließlich durch Zuwanderung. Auch in den Megastädten der Entwicklungsländer ist die Land-Stadt-Wanderung meist die wichtigere Ursache des raschen Bevölkerungswachstums. Sie erklärt 50 bis 80 Prozent der Zuwächse.

Was zieht jährlich mehrere Millionen Menschen vom Land in die Städte? Viele Menschen hoffen, in der Stadt ein höheres Einkommen zu erzielen. Die durchschnittlichen Einkommen der Städter sind in Asien, Afrika und Lateinamerika oft mehrmals so hoch wie jene der Landbevölkerung. Nur wenige aus der agrarischen Peripherie Zugewanderte finden jedoch sofort ausreichend bezahlte Arbeit im modernen Industrie- oder Dienstleistungssektor. Viele bleiben zunächst arbeitslos oder müssen sich mit sehr gering bezahlten Beschäftigungen im so genannten informellen Sektor begnügen. Das zwingt die Neuzuwanderer in die Slums am Rande der Städte. Einigen Zugewanderten gelingt mit der Zeit der Sprung in eine besser bezahlte Position im modernen Sektor. Ihr sozialer Aufstieg und der damit verbundene Einkommenssprung dienen dann in den jeweiligen Herkunftsregionen als Vorbild und Anreiz für weitere Zuwanderer.

Neben den erhofften Einkommenschancen gibt es andere Gründe, in die Städte zu ziehen. So sind die medizinische Versorgung und das Bildungswesen in den Städten meist besser als auf dem Lande. Die Aussichten, die eigenen Kinder auf eine gute Schule zu schicken, sind in der Stadt erheblich besser als in vielen entlegenen Land-Regionen. Gerade junge Migranten verlassen das Land aber auch, um Bindungen und Verpflichtungen der Großfamilie zu entkommen. Modernisierungsprozesse, medial verbreitete Leitbilder und das Bildungssystem tragen dazu bei, dass solche Bindungen zunehmend als eine Einengung erlebt werden. Die »Lichter der Großstadt« versprechen sozialen Aufstieg, weniger soziale Kontrolle und den Anschluss an die moderne Zivilisation.

Das starke Gefälle zwischen den Lebensbedingungen in Stadt und Land wurde in vielen Ländern durch die staatliche Politik gefördert oder zumindest verstärkt. Zweifellos hatte und hat diese entwicklungspolitische Bevorzugung der Städte damit zu tun, dass dort die politischen und wirtschaftlichen Eliten leben. Und denen lag zweifellos zuerst an der Verbesserung ihrer eigenen Lebensbedingungen. Zugleich galten die Städte lange Zeit als Kristallisationspunkte sozialer Modernisierung. Überdies hängt die politische Stabilität vieler Entwicklungsländer und das Überleben der an der Macht befindlichen Eliten wesentlich mehr von der Bevölkerung der

Bevölkerungspolitik und Familienplanung

Die verantwortungsbewusste Entscheidung über Zahl der eigenen Kinder und Zeitpunkt ihrer Geburten ist ein Menschenrecht. Das wird heute allgemein anerkannt und schlägt sich in einer Reihe internationaler Dokumente und Konventionen nieder. Es wurde auf der Internationalen Konferenz für Bevölkerung und Entwicklung (ICPD) 1994 in Kairo und der diesem Thema gewidmeten UN-Sondergeneralversammlung 1999 in New York erneut bekräftigt. Der UN-Aktionsplan von Kairo beinhaltete zugleich einen Konsens über neue programmatische und quantitativ definierte Ziele. Die in Kairo vertretenen Staaten und Regierungen verpflichteten sich, die im Aktionsplan benannten Ziele durch geeignete politische Maßnahmen umzusetzen.

City	1950	1999	Index 1999 1950=1
Tabelle 19.3:	**Megastädte 1999**		
Tokyo	6.920	27.812	4,0
Mexico City	2.885	17.817	6,2
Sao Paulo	2.423	17.475	7,2
Bombay	2.901	17.461	6,0
New York	12.339	16.567	1,3
Shanghai	5.333	14.055	2,6
Los Angeles	4.046	12.985	3,2
Lagos	288	12.848	44,6
Calcutta	4.446	12.705	2,9
Buenos Aires	5.042	12.305	2,4
Seoul	1.021	12.094	11,8
Peking	3.913	11.886	3,0
Karachi	1.028	11.366	11,1
Delhi	1.391	11.334	8,1
Osaka	4.147	10.609	2,6
Kairo	2.410	10.556	4,4
Groß-Manila	1.544	10.512	6,8
Dhaka	420	10.492	25,0
Rio de Janeiro	2.864	10.481	3,7
Tianjin	2.374	10.074	4,2

Daten: *Urban Agglomerations 1950-2015.* New York, United Nations, 1998.

Megastädte in Industrie- wie auch in Entwicklungsländern gilt dies kaum noch. Sie sind arbeitsteilig überwiegend miteinander und mit der Weltwirtschaft verbunden. Diese Arbeitsteilung wurde durch weltweiten Transport, raschen Informationsaustausch und einen höheren Energieverbrauch möglich.

Die rasche Verstädterung hat in vielen Entwicklungsländern die Lebensbedingungen von Millionen von Slumbewohnern nur wenig verbessert, jedoch zu vielen neuen Problemen geführt. Anders als im Europa des 19. Jahrhunderts verlief der Urbanisierungsprozess in den meisten Entwicklungsländern in einem Tempo, mit dem die lokale Industrieproduktion, der Arbeitsmarkt und die städtische Infrastruktur nicht mithalten konnten. Damit wuchs in den Stadt-Agglomerationen vor allem die marginalisierte Bevölkerung beträchtlich. An der raschen Ausdehnung der Slums – auch Favelas oder Bidonvilles genannt – wird die skizzierte Entwicklung besonders augenfällig. Diese meist ungeplant entstandenen Ansiedlungen bieten ihren Bewohnern in der Regel keine öffentliche Infrastruktur. Es gibt häufig kein fließendes Wasser, keine Abwasserbeseitigung, keine Müllabfuhr, keine Schulen oder Krankenhäuser. Es gibt in vielen Fällen auch keine Anbindung an öffentliche Verkehrsmittel. Die Unterkünfte sind meist in Eigenregie aus Wellblech oder Sperrholz zusammengebaut. Die schlechten Lebensbedingungen belasten die Gesundheit der Bewohner, und fehlende Arbeitsplätze fördern Kriminalität, Alkoholismus und Prostitution.

Man schätzt, dass Ende der 1990er Jahre 72 von 100 neugegründeten Haushalten der so genannten »Dritten Welt« in Slums, Favelas, Barriadas oder Bidonvilles entstanden sind. In Kinshasa, Kairo, Ankara oder Bogota liegt der Anteil der Slumbewohner heute bei 60 Prozent. Noch höher ist er in Addis Abeba, Casablanca und Kalkutta. Wenig Erfolg hatten bisher städtische Erneuerungsprogramme. Wenn es ihnen gelang, die Lebensbedingungen in den Slums durch den Ausbau der Infrastruktur zu verbessern, wurden dadurch meist neue Zuwanderer zur Ansiedlung motiviert. Der fortgesetzte Zustrom überforderte sehr schnell die nachträglich geschaffene Infrastruktur. Eine wirkungsvolle Raumordnungs- und Entwicklungspolitik müsste auch andere Wege beschreiten. Sie müsste die ländlichen Regionen wieder attraktiver machen, gerade dort neue Einkommenschancen schaffen, in Infrastruktur investieren und damit zentrale Ursachen der Land-Stadt-Wanderung beseitigen.

großen Städte, insbesondere der Hauptstadt, ab als von der Landbevölkerung.

Das Wachstum europäischer Städte war jahrhundertelang durch eine symbiotische Beziehung mit dem Umland und insbesondere den Austausch von Agrarprodukten gegen verarbeitete Güter gekennzeichnet. Für heutige

Die Durchsetzung des Menschenrechtes auf selbstbestimmte Elternschaft ist an Voraussetzungen gebunden. Die potenziellen Eltern benötigen ausreichende Information und die Mittel zur Realisierung ihrer Vorstellungen. Dazu gehört sowohl der Zugang zu wirkungsvollen Kontrazeptiva als auch Hilfe während der Schwangerschaft und bei der Entbindung sowie die gesundheitliche Betreuung von Mutter und Kind.

Dies zu ermöglichen, ist eine zentrale Aufgabe staatlicher Familien- und Gesundheitspolitik. Zugleich hat staatliche Politik aber auch das Recht, die individuelle Entscheidung potenzieller Eltern durch Aufklärung, durch Beihilfen, steuerliche Begünstigungen oder andere ökonomische Anreize zu *beeinflussen*. Der Bevölkerungspolitik sind dabei klare ethische Grenzen gesetzt: Sie darf gesellschaftliche Zielvorstellungen (z.B.

19

die Zwei-Kinder-Familie oder Vermeidung von Schwangerschaften vor dem 18. Lebensjahr) formulieren. Aber sie muss die freie Entscheidung der Paare und Individuen ermöglichen und respektieren.

Auf der Konferenz von Kairo setzte sich die Weltgemeinschaft im Aktionsplan das Ziel, bis 2015 weltweit den allgemeinen Zugang zu einem umfassenden Angebot von Familienplanung zu ermöglichen: »Alle Länder sollten Schritte unternehmen, um die Familienplanungsbedürfnisse ihrer Bevölkerungen so schnell wie möglich zu befriedigen, in jedem Fall jedoch bis zum Jahr 2015, und sollten allgemeinen Zugang zu dem gesamten Spektrum von sicheren und verlässlichen Familienplanungsmethoden und entsprechenden Diensten der reproduktiven Gesundheit bieten, die nicht gegen das Gesetz verstoßen.« Die Verwirklichung dieses Ziels bedeutet nicht nur die Schaffung der Voraussetzungen für die weltweite Verwirklichung eines elementaren Menschenrechts: die Zahl und den Zeitpunkt der Geburt eigener Kinder selbst bestimmen zu können (Bundesministerium des Inneren 1994). Sie hätte auch eine wichtige demographische Konsequenz. Wenn bis 2015 der bisher ungedeckte Bedarf an Familienplanungsleistungen in Entwicklungsländern befriedigt wäre, würde die weitere Entwicklung der Weltbevölkerung in die Nähe des niedrigen Szenarios der UNO-Prognose von 1998 rücken. Dann wäre um 2050 mit einer Weltbevölkerung von »nur« 7,3 Mrd. Menschen statt 8,9 Mrd. Menschen zu rechnen. Zur Finanzierung der Kairo-Ziele sollten sowohl die Entwicklungsländer als auch die internationalen Geber durch eine Steigerung ihrer Aufwendungen beitragen. Der Beitrag der reichen Geber-Länder an den errechneten Gesamtaufwendungen für Familienplanung, AIDS-Prävention und reproduktive Gesundheit sollte bis zum Jahr 2000 auf ein Drittel der Gesamtaufwendungen, also 5,7 von insgesamt 17-18 Mrd. US-Dollar steigen. Tatsächlich realisierte fast keines der 21 Geber-Länder die in Kairo vereinbarte Zielvorgabe. In vielen Ländern wurden die Finanzmittel für Familienplanung und Gesundheitsfürsorge in der zweiten Hälfte der 1990er Jahre sogar reduziert.

Im Gegensatz zu den Ländern Asiens, Afrikas und Lateinamerikas ist in Europa die Geburtenförderung in den meisten Ländern ein wesentliches Ziel von Familienpolitik. Im Vordergrund stehen bei uns Zahlungen und Leistungen an Schwangere und an Eltern mit minderjährigen Kindern. In Entwicklungsländern geht es dagegen um eine Verringerung des Bevölkerungswachstums, also um weniger Kinder pro Familie.

Staatliche Politik hat dabei zwei Möglichkeiten: Sie kann versuchen, den Wunsch nach Kindern zu verringern. Und sie kann Maßnahmen setzen, die einen bereits bestehenden, aber ungedeckten Bedarf an Familienplanung besser befriedigen.

Auf dem langen Weg zur Zwei-Kinder-Familie

In traditionellen Gesellschaften waren und sind Kinder vor allem eine ökonomische Ressource. Eltern erwarten von ihnen, dass sie im bäuerlichen oder kleingewerblichen Familienbetrieb mitarbeiten. Oder es wird erwartet, dass die Kinder später einen Arbeitsplatz finden und Geld nach Hause schicken. Überdies waren und sind Kinder in traditionellen Gesellschaften, aber auch in heutigen Schwellenländern noch am ehesten Garanten der familiären Versorgung von Alten, Kranken und Hinterbliebenen.

All diese Gründe sprachen in der Vergangenheit und sprechen zum Teil noch heute für eine größere Zahl eigener Kinder. Sie sprachen bei hoher Sterblichkeit sogar dafür, Kinder in Überzahl in die Welt zu setzen. Neben den ökonomischen Erwägungen sind es in vielen Kulturen auch religiöse und soziale Wertvorstellungen, die eine große Nachkommenschaft begünstigen.

Erst wenn es den Eltern selbst keine Vorteile mehr bringt, möglichst viele Kinder zu haben, entsteht ein individuelles Motiv zur Geburtenbeschränkung. Sinkende Säuglings- und Kindersterblichkeit kann dazu den Anstoß geben. Voraussetzung dafür ist allerdings, dass sich Eltern von der traditionellen Vorstellung eines gottgewollten oder schicksalhaften Kindersegens lösen. Erst dann werden Familienplanung und Geburtenkontrolle denkbar. Voraussetzung ist ein gewisses Maß an Rationalität und die Bereitschaft zu vorausschauender Lebensplanung. Ohne diese Voraussetzungen fehlen die Grundlagen dafür, dass sich jemand eine bestimmte Zahl von Kindern wünscht und sich dementsprechend verhält.

Der Wunsch nach weniger Kindern und konkrete Vorstellungen über den richtigen Zeitpunkt der Familiengründung lassen sich erst verwirklichen, wenn potenzielle Eltern Zugang zu Mitteln und Methoden der Geburtenkontrolle haben. In vielen Gesellschaften verringern allerdings auch Sexualtabus, ein Hinausschieben der Eheschließung und das Verbot der Wiederverheiratung die Kinderzahl.

Mit der Einschränkung der Geburten begannen in Europa zuerst die Oberschichten. Sie hatten an einer

Zersplitterung des jeweiligen Familienerbes kein Interesse. Erst im 19. und frühen 20. Jahrhundert folgten in Europa die städtischen Mittelschichten, vor allem gewerbliche Kleinproduzenten, Angestellte und Beamte, für die eine große Kinderzahl keinerlei ökonomischen Vorteil, sondern zusätzliche Belastungen brachte. Hinzu kam die Gründung gesetzlicher Renten- und Krankenkassen für Angestellte und Beamte. Die soziale Absicherung hing nun nicht mehr an der eigenen Familie.

Mit einer gewissen Verzögerung begannen im 20. Jahrhundert auch Arbeiter, ihre Geburten zu beschränken. Als letzte große soziale Gruppe verringerten in Europa und Nordamerika die Bauern ihre Kinderzahlen. Ihr Interesse an weniger Kindern entstand erst durch die Vollmechanisierung weiter Bereiche der Landwirtschaft, aber auch durch ihre Einbeziehung in das soziale Sicherungssystem.

Kulturelle Normen, individuelle Zielvorstellungen und wirtschaftliche Lage der Eltern bestimmen ihren Kinderwunsch. In Teilen der Dritten Welt hängen der Wohlstand der Eltern und deren Absicherung im Alter, bei Krankheit oder Verwitwung nach wie vor von den eigenen Kindern und deren Verdienst oder Zuarbeit ab (wie hier beim Teppichknüpfen in Pakistan). All das kann den Wunsch nach einer größeren Kinderzahl begründen.

Seitdem Kinder in Europa und Nordamerika ihren Eltern kaum noch ökonomische Vorteile bringen, für die Eltern aber erhebliche Kosten erzeugen und immer mehr Zeit für ihre Erziehung nötig wird, ist es mit den hohen Geburtenzahlen vorbei. In etlichen Gesellschaften Ostasiens und Lateinamerikas geht die Entwicklung in eine ähnliche Richtung. Einige Länder – darunter die Volksrepublik China und Singapur – betreiben eine sehr restriktive Bevölkerungspolitik. In den meisten Entwicklungsländern mit sinkenden Geburtenraten ist die Hebung des Bildungsniveaus, die Verlängerung der Ausbildungszeiten und die damit verbundene spätere Heirat der Frauen von entscheidendem Einfluss. Berufstätigkeit außer Haus und ein eigenes Einkommen verändern die Stellung von Frauen auch innerhalb der Familie. Und beides lässt sich mit häufiger Schwangerschaft und einer größeren Kinderzahl schlecht vereinbaren.

In fast allen Entwicklungsländern entstanden und entstehen soziale Gruppen, die ein Eigeninteresse an der Beschränkung ihrer Kinderzahl haben. Aber auch die Einführung der allgemeinen Schulpflicht, die Erhebung von Schulgeld und ein generelles Verbot der Kinderarbeit zeigen ihre Wirkung. Kinder werden dadurch immer mehr von einer potenziellen Einkommensquelle zu einem Kostenfaktor. Untersuchungen aus vielen Ländern zeigen, dass der Wunsch nach weniger Kindern bei Frauen stärker ausgeprägt ist als bei Männern. Ganz entscheidend zum Geburtenrückgang trägt daher alles bei, was die Stellung von Frauen in Entwicklungsgesellschaften stärkt. Dazu gehören u.a. eine stärkere rechtliche und soziale Stellung innerhalb und außerhalb der Familie, eine bessere Ausbildung, die Bekämpfung des Analphabetismus, Arbeitsplätze und Verdienstmöglichkeiten sowie eine bessere medizinische Versorgung von Frauen.

Gesellschaftliche Modernisierung führt nicht in allen Fällen zu weniger Kindern. Unter bestimmten Voraussetzungen ist das Gegenteil der Fall. Unstrittig ist jedenfalls der Einfluss von Ernährung und medizinischer Versorgung. Verbessert sich beides, dann tritt in der Regel die Geschlechtsreife früher ein und unfreiwillige Sterilität wird seltener. Weniger auf der Hand liegt der Einfluss, den die Auflösung traditioneller sozialer Normen und Tabus ausübt. So vermochten Heiratsnormen und Eheverbote, etwa ein traditionell festgelegtes Heiratsalter oder das Verbot der Wiederverheiratung von

19

Familienplanungs-Programme

Über 30 Entwicklungsländer haben in der Vergangenheit versucht, den Kinderwunsch der Familien durch Anreize oder Sanktionen zu beeinflussen. So verringern sich in einigen Ländern die Beihilfen für Kinder und werdende Mütter oder die Abschläge bei der Lohn- und Einkommensteuer, sobald eine bestimmte Kinderzahl überschritten ist. Andere Länder begünstigen Kinder aus kleinen Familien bei der Zulassung zu Schulen oder ignorieren die Familiengröße bei der Verteilung von staatlichen Wohnungen. China ist das Land, das Anreize und Sanktionen bisher am stärksten eingesetzt hat. Etliche Kritiker sind der Meinung, dass die ethischen Grenzen solcher Einflussnahme durch die repressiven Maßnahmen der chinesischen Familienpolitik überschritten wurden. Umstritten ist überdies der langfristige Erfolg einer Geburtenbeschränkung, die nur unter Zwang zustande kommt. Jedenfalls ist zu erwarten, dass es im Fall einer stärkeren Demokratisierung Chinas zu einer »Welle« nachgeholter Geburten käme. Noch umstrittener als die chinesische Bevölkerungspolitik waren die in Indien eine zeitlang praktizierten Sterilisierungsprogramme, die die staatliche Familienplanung dort und in benachbarten Ländern erheblich in Misskredit brachten.

In den meisten Entwicklungsländern geht es heute nicht um Zwangsmaßnahmen, sondern um besseren Zugang zu Familienplanung und Verhütungsmitteln. Denn viele Frauen wünschen sich schon in der Gegenwart kein weiteres Kind mehr, oder sie möchten das nächste Kind frühestens in 2-3 Jahren haben. Darunter sind auch viele, die gegenwärtig keine wirksame Empfängnisverhütung betreiben. Dafür gibt es verschiedene Gründe. Oft fehlen verständliche, ausführliche und glaubwürdige Informationen über die vorhandenen

In den traditionellen Kulturen fürchten Frauen, die Geburtenkontrolle praktizieren, oft negative Reaktionen von Seiten ihrer Ehemänner und Familien. Hier warten Frauen in einer Gesundheitsstation im Jemen auf ein Beratungsgespräch zur Familienplanung.

Methoden, ihre Besonderheiten und Nebenwirkungen. Aufklärungs- und Informationskampagnen können die Akzeptanz moderner Kontrazeptiva erhöhen und den Zugang erleichtern. Zumeist ist jedoch eine qualifizierte, individuelle Beratung der Paare bzw. der betroffenen Individuen erforderlich.

Ein großer Teil der armen Landbevölkerung, aber auch viele, die in den Slums der Großstädte leben, haben kaum Zugang zu modernen Kontrazeptiva. Hinzu kommt ein finanzielles Problem. In den meisten Entwicklungsländern müssten Individuen oder Paare für die Pille oder für Kondome auf dem freien Markt mehr als 5 Prozent des Familieneinkommens aufwenden. Viele können sich dies nicht leisten.

Bei Paaren, die mit der Entscheidung für

Geburtenkontrolle noch schwanken oder sich über die Zahl eigener Kinder nicht einig sind – häufig weil der Mann noch ein weiteres Kind möchte, die Frau aber nicht –, ist der einfache Zugang zu modernen Verhütungsmethoden besonders wichtig. Familienplanungsprogramme können durch Information, Beratung und kostenlose Verteilung oder subventionierten Verkauf den Zugang zu modernen Kontrazeptiva erheblich erleichtern. Da fast überall in Entwicklungsländern ein ungedeckter Bedarf an Familienplanungsleistungen besteht, lässt sich das Bevölkerungswachstum auf diesem Weg bereits kurz- und mittelfristig verringern.

Familienplanungsprogramme hatten, wie andere Aktivitäten der Entwicklungshilfe auch, Rückschläge und Misserfolge zu ver-

19

Witwen, die Zahl der Kinder zu beschränken. Gleiches gilt für Gebote sexueller Enthaltsamkeit während religiöser Fastenzeiten oder nach Geburten und Abtreibungen. Diese Regeln und Tabus wirkten geburtenbeschränkend, ohne dass dies all jenen, die sich daran hielten, immer bewusst war. Der Bruch mit Traditionen beseitigt jeweils einen Teil dieser Beschränkungen. In

ähnlicher Weise wirken sich kürzere Stillzeiten in wenig entwickelten Gesellschaften aus.

Zwischen Anfang der 1950er Jahre und Ende der 1990er Jahre sank die Fruchtbarkeit in den Entwicklungsländern um etwa 40 Prozent. Anfang der 50er Jahre lag der Schnitt noch bei 6 Kindern pro Frau, 1999 waren es nur noch 3,2. Dabei fällt allerdings der Rückgang in China auf 1,8 Kinder (1999) besonders ins Gewicht. In den übrigen

zeichnen. So wurden z.B. Kontrazeptiva an Menschen verteilt, die sie nicht brauchten, weil sie sich schon bald ein weiteres Kind wünschten. Materielle Anreize für Mitarbeiter von Familienplanungsprogrammen führten in bestimmten Fällen zur Missachtung des Prinzips der Freiwilligkeit. Einen großen Rückschlag für das Ansehen des indischen Familienplanungsprogramms brachten Mitte der 70er Jahre zahlreiche Fälle von Zwangssterilisierung bei Männern und Frauen.

Weltweit haben Familienplanungsprogramme aus Fehlern und Fehlschlägen gelernt und ihre Ansätze weiter entwickelt. Heute versuchen sie, ihre Leistungen vor allem jenen Zielgruppen anzubieten, die ein klar erkennbares Interesse an Verhütung haben. Oft ist ein erheblicher Aufwand erforderlich, um Menschen in entlegenen Regionen zu erreichen und eine qualitativ gute Betreuung zu sichern. Viele Entwicklungsländer insbesondere in Afrika sind dabei auf finanzielle Unterstützung der reichen Industriestaaten angewiesen.

Seit Jahrzehnten bewährt hat sich die Verknüpfung von medizinischer Betreuung für Mutter und Kind mit der Beratung zu Fragen und Möglichkeiten der Familienplanung. Entsprechende Betreuungseinrichtungen bestehen inzwischen in vielen Entwicklungsländern. Es hat sich jedoch gezeigt, dass sowohl junge Frauen ohne Kinder als auch Männer solche Einrichtungen generell kaum aufsuchen. Hinzu kommt ein zweites Problem. Der Ausbau von Gesundheitseinrichtungen für Mutter und Kind konnte an vielen Orten mit den hohen Geburtenzahlen nicht Schritt halten. Verständlicherweise konzentrieren sich daher Ärzte, Hebammen und Krankenschwestern auf die jeweils dringendere Betreuung von werdenden Müttern, Neugeborenen und

kranken Kindern. Das Familienplanungsangebot dieser Einrichtungen kommt dadurch oft zu kurz. Weitere ungewünschte Schwangerschaften sind die Folge. Deutlichster Hinweis darauf sind jährlich zwischen 70 und 80 Mio. unerwünschte Schwangerschaften sowie mehr als 45 Mio. Schwangerschaftsabbrüche.

Um den genannten Problemen zu begegnen, werden verstärkt nicht-klinische Formen des Angebots von Familienplanungsleistungen eingesetzt. Gemeindezentrierte Familienplanungsangebote (Community Based Distribution) gibt es im Jahr 2000 in rund 50 Entwicklungsländern. Sie bauen auf freiwillige Helferinnen und Helfer, in der Mehrzahl auf Frauen, die für ihr Dorf ein Depot von oralen Kontrazeptiva und Kondomen verwalten und diese meist kostenlos verteilen.

Ein relativ neuer Ansatz ist die »Familienplanung am Arbeitsplatz«. Programme dieser Art unterstützen Firmen und Betriebe, die für ihre Mitarbeiter eine medizinische Basisversorgung und Familienplanungsleistungen anbieten.

Der Bedarf an Familienplanungsleistungen wird in den nächsten Jahrzehnten stark wachsen. *Quantitativ* wächst der Bedarf an Familienplanung zumindest im Tempo des Bevölkerungswachstums der jüngeren Vergangenheit. Die vor 15 Jahren geborenen Kinder kommen heute in das Alter, wo sie selber Kinder zeugen bzw. gebären können und ungewollte Schwangerschaften verhüten sollten. Auch in jenen Entwicklungsländern, die den Höhepunkt ihres Bevölkerungswachstums bereits überschritten haben, wird die Zahl der Individuen und Paare im reproduktionsfähigen Alter noch eine Weile ansteigen. Ein weiterer Rückgang der Fruchtbarkeit – wie von den meisten Bevölkerungsprognosen

angenommen – wird sich jedenfalls nicht von selbst einstellen. Er erfordert eine stärkere Verbreitung moderner Empfängnisverhütung.

An Familienplanung in Entwicklungsländern werden in den nächsten Jahren auch *qualitativ neue Anforderungen* gestellt. Nur eine qualitativ bessere Beratung über die Vor- und Nachteile der verschiedenen Verhütungsmethoden und über ihre Nebenwirkungen wird jene Personen erreichen, die bisher die Leistungen bestehender Programme nicht nutzten, obwohl sie im Prinzip Zugang dazu hätten. Eine verbesserte Beratung wird auch die Häufigkeit verringern, mit der die Verwendung bestimmter Methoden abgebrochen wird.

Die weite Verbreitung von HIV/AIDS zwingt schließlich dazu, die traditionellen Aufgaben von Familienplanungsprogrammen zu erweitern. Es ergeben sich neue Anforderungen an die Schulung des Personals und auch an die Propagierung sicherer Methoden der Verhütung. Die Eindämmung von HIV/AIDS erfordert vor allem einen gravierenden Verhaltenswandel, den universellen Zugang zu Kondomen und die Behandlung anderer sexuell übertragbarer Krankheiten, durch die das Infektionsrisiko erheblich steigt. Lokal operierende Familienplanungsprogramme haben oft gute Voraussetzungen, um einen Beitrag in dieser Richtung zu leisten. Sie werden dies jedoch nicht ohne zusätzliche Ressourcen tun können. Eine weitere qualitative Herausforderung ist die stärkere Einbeziehung von Jugendlichen und von Männern in bestehende Familienplanungsprogramme.

Entwicklungsländern lag die Fertilität 1999 im Schnitt noch bei 3,8 Kindern pro Frau.

Mit Blick auf den Fertilitätsrückgang in den heutigen Entwicklungsländern lassen sich drei Gruppen von Familien bzw. Paaren unterscheiden:

- Einem Teil der Familien erscheint eine hohe Kinderzahl weiterhin ökonomisch vorteilhaft, oder die Begrenzung der Kinderzahl ist für sie noch immer nicht in den Bereich eigener Entscheidung gerückt.

- Eine zweite Gruppe von Familien sieht eine hohe Kinderzahl zwar nicht mehr als Vorteil an, verfügt jedoch noch nicht über Mittel zur wirkungsvollen Verhütung von Empfängnissen und Geburten.

- Eine dritte Gruppe praktiziert bereits Empfängnisverhütung und Geburtenkontrolle, sei es um eine erste oder eine weitere Geburt aufzuschieben oder um keine weiteren Kinder mehr zu bekommen.

Diese Typologie illustriert ein Modell des Übergangs zu rationaler

19

Familienplanung. Die erste Gruppe dürfte in den meisten Entwicklungsländern heute bereits relativ klein sein. Mit steigendem Bildungsniveau, mit der Umwälzung der wirtschaftlichen Bedingungen und der Schwächung traditioneller Familienverbände wird diese Gruppe immer kleiner. Der Übergang von der ersten zur zweiten Gruppe hängt also von Veränderungen der sozioökonomischen Bedingungen ab.

Die zweite Gruppe hat einen ungedeckten Bedarf an Familienplanung. Sie wird kleiner, wenn sich der Zugang zu Methoden der Empfängnisverhütung schneller verbessert als der zusätzliche Bedarf danach wächst. Der Übergang aus der ersten oder zweiten in die dritte Gruppe wird auch wesentlich durch die ökonomischen und psychischen Kosten der Familienplanung beeinflusst. Das Engagement von Staat und nichtstaatlichen Organisationen (NGOs) in Familienplanungsprogrammen kann diese Kosten senken und diesen Übergang fördern. Die Größe der zweiten Gruppe ist eine wichtige Planungsgrundlage für Anstrengungen auf dem Gebiet der Familienplanung. Es ist wichtig, die Größe und Struktur dieser Gruppe annähernd zu kennen.

Die dritte Gruppe umfasst zunächst jene Frauen, die aktuell Empfängnisverhütung betreiben oder Schwangerschaften unterbrechen lassen. Empfängnisverhütung innerhalb der dritten Gruppe ist jedoch nicht notwendigerweise auf einen bestimmten Zeitpunkt bezogen. So würde eine Frau, die zur Zeit keine Empfängnisverhütung betreibt, weil sie ein gewünschtes Kind bekommen möchte, auch in diese Gruppe fallen.

Der weitere Verlauf des Fertilitätsrückgangs wird einerseits davon abhängen, wie sich der Kinderwunsch verändert. Bereits heute sind jedoch viele Geburten ungewollt. Deshalb ist es andererseits wichtig, in welchem Umfang es zukünftig gelingen wird, ungewollte Schwangerschaften zu vermeiden.

AUSWEGE?

Die Unterschiede zwischen dem reichen Norden und dem armen Süden unserer Erde sind zu gravierend, als dass wir uns heute mit der bloßen Beschreibung der Weltbevölkerungsprobleme begnügen könnten. Wir müssen uns darüber klar sein, dass hohe Geburtenraten, arbeitslose »Überschuss«-Bevölkerungen und Hungerkatastrophen in der Regel Erscheinungsformen von Abhängigkeit, Unterentwicklung, ethnischen, politischen und militärischen Konflikten sowie von extremer sozialer Ungleichheit sind.

Schuld an der Armut der Dritten Welt trägt dabei nicht in erster Linie das Bevölkerungswachstum. Ebenso wenig beruht der Reichtum der Industriestaaten Westeuropas und Nordamerikas auf den niedrigen Geburtenraten dieser Weltregionen. Dort aber, wo schon Armut herrscht, erschwert das Bevölkerungswachstum zweifellos den Kampf gegen die Not. Denn es überfor-

dert die bestehende Infrastruktur, macht viele Gebiete der Dritten Welt noch abhängiger von Nahrungsmittelimporten und vergrößert damit die Zahl jener Menschen, die in Armut und Elend leben. Deshalb sind Entwicklungshilfe und Bevölkerungspolitik notwendig. Dies bedeutet mehr Geld, mehr praktische Hilfe, mehr Engagement für Aufklärung, Familienplanung und Kontrazeption, aber auch für Basis-Gesundheitsprogramme und AIDS-Prävention (Ulrich 2000).

Praktische Hilfe kann sich jedoch nicht in der Forcierung von Familienplanung und Gesundheitsprogrammen erschöpfen. Sie muss zugleich die Lebensverhältnisse insbesondere von Frauen gezielt verbessern. Und sie muss Formen von landwirtschaftlicher und gewerblicher Produktion unterstützen, die den Mitgliedern der betroffenen Gesellschaften Afrikas, Asiens und Lateinamerikas unmittelbar zugute kommen. Außerdem müssen wir unsere Märkte für Produkte aus der Dritten Welt stärker öffnen.

Wenn heute täglich Tausende Menschen verhungern, an Mangelkrankheiten sterben oder vor diesem Schicksal in die Slums der Großstädte flüchten, bedeutet dies, dass sie weder genügend Nahrungsmittel für den Eigenbedarf noch sonst irgendetwas produzieren, was wir Europäer und Nordamerikaner ihnen im Tausch gegen unsere hochsubventionierten Agrarprodukte und unsere vergleichsweise teuren Industrieprodukte abnehmen würden. Selbst eine rasche industrielle Entwicklung des Südens muss nicht notwendigerweise etwas an der Asymmetrie der Tauschrelationen und an der extrem ungleichen Einkommensverteilung in Ländern der Dritten Welt ändern. Dies zeigt das Schicksal von Schwellenländern wie Brasilien.

Noch weniger vermag eine weltweite Industrialisierung beim derzeitigen Stand der Technik drohende Öko-Katastrophen abzuwenden. Im Gegenteil: Eine Welt, in der alle Menschen pro Kopf so viel Energie verbrauchten und Abfall produzierten wie die Europäer und US-Amerikaner von heute, wäre dem globalen Kollaps um einige Schritte näher. Eben darin steckt das Dilemma. Denn gesellschaftliche Modernisierung und bessere Lebensverhältnisse sind die wichtigste Voraussetzung für den Wunsch nach weniger Kindern.

Bleibt ein einziger Ausweg: Wir müssen nicht bloß Hilfe leisten, sondern unseren eigenen Ressourcenverbrauch reduzieren, damit auch andere eine Chance auf mehr Wohlstand bekommen. Und wir müssen weltweit erheblich mehr dafür tun, damit Menschen, insbesondere Frauen über die Zahl eigener Kinder und den Zeitpunkt ihrer Geburt selbst bestimmen können.

19

Zusammenfassung

1. Die Demographie untersucht, wie Geburten, Sterbefälle und Wanderungen die Größe, Struktur und Verteilung von Bevölkerungen verändern. Demographen benutzen statistische Informationen und spezielle Analysemethoden, um die sozialen Auswirkungen individuellen Verhaltens in diesem Bereich zu analysieren.

2. Während des größten Teils der Menschheitsgeschichte ist die Weltbevölkerung nur sehr langsam gewachsen. Erst in den letzten 200 Jahren kam es zu einem exponentiellen Bevölkerungswachstum. In dieser Zeit stieg die Weltbevölkerung von 1 Mrd. Menschen (1800) auf über 6 Mrd. Menschen.

3. Motor des Bevölkerungswachstums war die demographische Transition, die zunächst die Sterblichkeit und erst mit einer zeitlichen Verzögerung die Fertilität sinken ließ. In den meisten Ländern haben sich Geburten und Sterbefälle quantitativ auf einem niedrigen Niveau wieder angenähert, das Bevölkerungswachstum hat sich damit verringert.

4. Am Beginn des 21. Jahrhunderts gibt es noch eine kleine Zahl von Entwicklungsländern mit hohem Bevölkerungswachstum. In einer weiteren Gruppe von Entwicklungsländern ist das Bevölkerungswachstum gesunken, wird aber durch die demographische Trägheit noch einige Jahrzehnte anhalten. Insgesamt wird ein weiterer Anstieg der Weltbevölkerung auf 9 Mrd. Menschen im Jahre 2050 erwartet.

5. Der Rückgang der Sterblichkeit hat die Lebenserwartung in den entwickelten Ländern auf durchschnittlich 75 Jahre verlängert. In Entwicklungsländern haben Neugeborene im Durchschnitt eine Lebenserwartung von 63 Jahren, in Afrika nur 51 Jahre. Die HIV/AIDS-Pandemie hat die Lebenserwartung in einigen afrikanischen Ländern um mehr als 10 Jahre sinken lassen.

6. Um die Bevölkerungsgröße eines Landes auf längere Zeit konstant zu halten, wäre eine durchschnittliche Kinderzahl von 2,1 Kindern je Frau notwendig. Viele Entwicklungsländer haben heute deutlich höhere Kinderzahlen; ihre Bevölkerung wird daher noch Jahrzehnte weiter wachsen.

7. Anfang des 21. Jahrhunderts ist die jährliche Zahl der Geburten in etlichen entwickelten Ländern unter die Zahl der Sterbefälle gesunken. Nur Zuwanderungen verhindern, dass die Bevölkerungen dieser Länder schrumpfen.

8. Zuwanderungen sind für die westlichen Industriestaaten zu einem wichtigen Faktor der Bevölkerungsentwicklung geworden. Heute vorstellbare Dimensionen von Zuwanderung werden jedoch weder ein Schrumpfen der Bevölkerungen in den meisten dieser Länder noch die demographische Alterung aufhalten können.

9. Die Altersstruktur von Bevölkerungen gibt Aufschluss über ihre vergangene Entwicklung und den Einfluss besonderer Ereignisse wie Kriege und Epidemien. Die meisten Entwicklungsländer haben einen pyramidenartigen Altersaufbau. In den westlichen Industrieländern verjüngt sich der Altersbaum zunehmend nach unten.

10. Binnenwanderungen spiegeln die unterschiedliche Attraktivität verschiedener Siedlungsgebiete wieder. In den meisten Entwicklungsländern wandern Menschen vom Land in die Stadt ab. In den westlichen Industriestaaten hat dieser Prozess an Bedeutung verloren und wird teilweise bereits durch eine Abwanderung aus den Städten in das Umland ersetzt.

11. Individuelle Entscheidungen über die Anzahl der Kinder oder über eine Wanderung haben für die Gesellschaft oft andere Folgen als für das Individuum oder die Familie. So halten viele Eltern in Entwicklungsländern eine hohe Kinderzahl immer noch für einen wirtschaftlichen Vorteil, obwohl die negativen Folgen des resultierenden hohen Bevölkerungswachstums unübersehbar sind. Umgekehrt empfinden viele Eltern in westlichen Industriestaaten zweite und weitere Kinder als erhebliche wirtschaftliche Belastung, obwohl die Verbreitung der Ein-Kind-Familie zu einer demographischen Alterung führen wird und zukünftig die Stabilität der Rentenversicherung belasten wird.

12. Weltweit versuchen Staaten und Nichtregierungsorganisationen, demographisch relevante Entscheidungen von Individuen und Familien zu beeinflussen. Sie müssen jedoch letztendlich individuelle und selbstbestimmte Entscheidungen respektieren.

Wiederholungsfragen

1. Welches sind die Komponenten der Bevölkerungsdynamik?
2. Was beinhaltet das Konzept der demographischen Transition?
3. Charakterisieren Sie die demographische Vielfalt in den Nationalstaaten am Anfang des 21. Jahrhunderts!
4. Welche Ursachen hat der Rückgang der Fertilität in Entwicklungsländern?
5. Welche Auswirkungen hat rasches Bevölkerungswachstum?
6. Wie wird die Altersstruktur von Bevölkerung beschrieben?

19

Übungsaufgaben

1. Was unterscheidet die Bevölkerungswissenschaft von anderen Sozialwissenschaften?

2. Welche Gemeinsamkeiten und Unterschiede bestehen zwischen dem Sterblichkeitsrückgang in entwickelten Ländern und jenem in Entwicklungsländern?

3. Wie können Regierungen und Nichtregierungsorganisationen zu einer Verringerung des Bevölkerungswachstums in Entwicklungsländern beitragen? Sollen sie dies tun?

4. Können internationale Wanderungen die demographischen Ungleichgewichte zwischen entwickelten Ländern und Entwicklungsländern beseitigen?

5. Gibt es Faktoren, die verhindern, dass die demographische Transition durch all ihre potenziellen Stadien zu einem neuen Gleichgewicht führt, wo eine niedrige Geburtenziffer einer niedrigen Sterbeziffer auf dem Ersatzniveau entspricht?

Glossar

Altersspezifische Geburtenziffer Gibt die Zahl der Lebendgeborenen von Frauen eines bestimmten Alters, bezogen auf 1.000 Frauen dieses Alters, an.

Binnenwanderung Wanderungen von einem Landesteil in einen anderen. Heute dominiert die Land-Stadt-B., doch gibt es auch eine wachsende B. aus den Kernstädten ins Stadtumland.

Brutto-Reproduktionsziffer Gibt an, wie viele Töchter eine Gruppe von Frauen durchschnittlich in ihrem Leben zur Welt bringen würden, wenn sie sich entsprechend den altersspezifischen Geburtenziffern (siehe dort) eines gegebenen Jahres verhalten würden.

Demographische Prognose Vorhersage der zukünftigen Bevölkerungsentwicklung auf Grund bestimmter Annahmen über die für wahrscheinlich gehaltene Entwicklung von Fertilität und Lebenserwartung.

Demographische Transition (demographischer Übergang) Übergang von einer Population mit hoher Geburten- und Sterbehäufigkeit (typisch für traditionelle Gesellschaften) zu einer Population mit niedriger Geburten- und Sterbehäufigkeit (typische für heutige Industriegesellschaften). In der Übergangsphase ist das Bevölkerungswachstum hoch, da sich normalerweise zuerst die Sterblichkeit verringert und die Geburtenzahlen längere Zeit noch konstant bleiben (siehe auch Trägheit, demographische).

Ersatzniveau Damit sich eine Generation vollständig reproduziert, muss die durchschnittliche Kinderzahl etwas größer sein als zwei, weil jeweils etwas mehr Jungen als Mädchen geboren werden und nicht alle Frauen ihr gesamtes gebärfähiges Alter durchleben.

Fertilität Bezeichnet in der demographischen Analyse nicht die biologische Fortpflanzungsfähigkeit, sondern die Zahl der Lebendgeburten, die eine Frau bis zu einem bestimmten Zeitpunkt hat. Sie hängt außer von den biologischen auch von ökonomischen, sozialen, rechtlichen und kulturellen Faktoren sowie vom individuellen Kinderwunsch und der Möglichkeit von Familienplanung ab.

Geburtenziffer Statistisches Maß zur Beschreibung der Bevölkerungsveränderung durch Fortpflanzung (siehe auch Sterbeziffer). Die rohe G. ist definiert als Zahl der Lebendgeborenen in einem bestimmten Jahr je 1.000 Einwohner.

Gesamtfruchtbarkeitsrate Summe der altersspezifischen Geburtenziffern. Maßzahl für die durchschnittliche Kinderzahl, die *eine* Frau im Lauf ihres Lebens im Durchschnitt lebend zur Welt bringt, wo-bei die Sterblichkeit der Frauen außer Acht bleibt.

Geschlechtsproportion Verhältnis der Anzahl der Männer zur Anzahl der Frauen einer Bevölkerung. Sie wird im allgemeinen als die Zahl der Männer je 100 Frauen angegeben.

Grüne Revolution Seit Ende der 1950er Jahre in den Entwicklungsländern: Sprunghafte Steigerung der Flächenerträge bei Weizen, Reis und Mais durch Kombination von Hochleistungssaatgut, Bewässerung und Mineraldünger.

Kohorte Gesamtheit der Individuen, die innerhalb eines Kalenderjahres dasselbe demographische Ereignis, z.B. Geburt (Geburtsjahrgang) oder Heirat (Heiratskohorte), erleben.

Lebenserwartung Gibt die durchschnittliche Lebenszeit in einem Land an, gemessen als durchschnittliche Zahl der durchlebten Jahre. Unterschieden wird zwischen der Lebenserwartung von Neugeborenen und der sogenannten ferneren Lebenserwartung in einem bestimmten Alter; ferner zwischen der Lebenserwartung von Männern und jener von Frauen.

Migration Oberbegriff für die Ein- und Auswanderungen eines bestimmten Landes bzw. einer bestimmten Region (siehe auch Binnenwanderung; Wanderungen, internationale).

Netto-Reproduktionsziffer Gibt an, wie viele Töchter einer Gruppe von Frauen durchschnittlich selbst ins reproduktionsfähige Alter kommen. Anders als die Brutto-Reproduktionsziffer berücksichtigt die N., dass einige Mädchen und junge Frauen vor Erreichen des gebärfähigen Alters sterben.

Prognose Vorhersage einer zukünftigen Entwicklung auf Grund von allgemeinen Annahmen (Gesetzmäßigkeiten) und spezifischen Anfangsbedingungen.

Projektion P.en sagen die zukünftige Entwicklung nicht als wahrscheinliche Variante vorher, sondern berechnen mehrere Entwicklungen alternativ in Form von Wenn-Dann-Aussagen voraus.

Raten Als Raten oder Ziffern werden in der Demographie besondere Arten von Beziehungszahlen bezeichnet. Sie geben die *relative Häufigkeit* an, mit der bestimmte Ereignisse innerhalb einer Bevölkerung oder einer Teilgruppe eintreten. Ziffern werden im allgemeinen in Promille ausgedrückt.

Rohe Raten (oder Ziffern) Geben die Zahl z.B. der Geburten oder der Sterbefälle eines Jahres pro 1.000 Einwohner an.

19

Siedlungskolonisation Bis weit ins 19. Jahrhundert typische Form der Migration: betrifft den Großteil jener 50-60 Mio. Menschen, die zwischen 1500 und 1914 von Europa nach Übersee auswanderten.

Spezifische Kennziffern Geben z.B. die Fertilität einer bestimmten Altersgruppe von Frauen oder die Mortalität einer bestimmten Altersgruppe von Männern bzw. Frauen an. Auch die Säuglingssterblichkeit (= Verstorbene im ersten Lebensjahr bezogen auf 1.000 Lebendgeborene eines Jahres) ist eine solche spezifische Ziffer.

Sterbeziffer Statistisches Maß zur Beschreibung der Bevölkerungsveränderung durch Sterbefälle. Die rohe S. ist definiert als Zahl der Sterbefälle in einem bestimmten Jahr je 1.000 Einwohner.

Trägheit, demographische Im Altersaufbau einer Bevölkerung ist das Erbe der Vergangenheit quasi gespeichert, so dass es auch bei abrupten Änderungen der Fruchtbarkeit und Sterblichkeit nur zu allmählichen Änderungen in der Bevölkerungsentwicklung kommt.

Wanderungen, internationale Diese grenzüberschreitende Migration umfasst: Arbeitsmigration, Nachzug zu bereits ausgewanderten Familienmitgliedern, ethnische (Rück-)Wanderung, postkoloniale Rückwanderung, Wanderung zu Studien- und Ausbildungszwecken; durch Not, politische Verfolgung oder ökologische Katastrophen ausgelöste Flucht, gewaltsame Vertreibung.

19

Kapitel 20

Städte, Gemeinden und Urbanisierung

Inhalt

Waiblingen ist eine mittelgroße Stadt im Schwäbischen. Sie ist etwa so, wie sich die meisten Deutschen eine Stadt wünschen. Waiblingen hat einen mittelalterlichen Stadtkern mit einem Marktplatz, der von Fachwerkhäusern umgeben ist. Auf dem zentralen Marktplatz findet zweimal in der Woche ein Markt statt. Hier treffen sich jeden Samstagmorgen viele Leute, die sich noch aus der Schule kennen.

Im Stadtzentrum und in der alten Vorstadt, wo früher die ärmeren Leute lebten, sind die Häuser inzwischen saniert und modernisiert. Obwohl durch die Flüchtlingsbewegung in der Zeit unmittelbar nach dem Zweiten Weltkrieg, durch die Anwerbung von Gastarbeitern in den 1960er Jahren und durch den Zuzug von Arbeitsuchenden aus dem Norden und Osten Deutschlands inzwischen viele Fremde in der Stadt wohnen, kennen sich die echten Waiblinger untereinander. Kirchengemeinden, Sport- und Musikvereine oder die freiwillige Feuerwehr spielen eine wichtige Rolle im lokalen Leben, und die Schulabgangsklassen treffen sich regelmäßig bis ins hohe Alter.

Die Stadt ist in den letzten 50 Jahren stark gewachsen: Neubaugebiete mit noch mehr Einfamilienhäusern sind entstanden, aber auch sozialer Wohnungsbau für die weniger Betuchten – typischerweise in Hochhäusern mit mehr als vier Etagen. Dörfer des Umlands wurden eingemeindet. Sicher gibt es Gegenden, in denen die Bewohner öfter wechseln und in denen viele Ausländer wohnen, aber in den meisten Nachbarschaften wohnt man seit langem und kennt die Nachbarn sehr genau. Man hilft sich gegenseitig dabei, alles in Ordnung und sauber zu halten. Üblich sind wechselseitige Geschenke bei wichtigen familiären Ereignissen; die Stabilität der Familien ist wichtig, denn sie bilden ein enges Netz gegenseitiger Unterstützung. Auf die Nachbarn kann man sich verlassen, man braucht keine Angst vor Überfällen oder Einbrüchen zu haben, denn immer hat irgend jemand ein Auge darauf, wenn jemand in die Straße kommt, der nicht »hierher gehört«. Dass »man sich kennt« und weiß, was man voneinander zu halten hat, ist auch für die Kommunalpolitik wichtig, wo nicht die Parteien die entscheidende Rolle spielen, sondern ortsbekannte Persönlichkeiten.

Für unternehmungslustige Jugendliche sind diese Bekanntschaften manchmal lästig, weil ihre Eltern es immer irgendwie erfahren, wenn sie mal vom Pfad abgewichen sind, den man hier im allgemeinen für richtig und »anständig« hält. Aber auch sie können es in der Stadt aushalten, denn inzwischen kommt man mit der S-Bahn leicht nach Stuttgart, wo es Kinos, Theater, Konzerte, Discos und eine Universität gibt – und wo man sich mit Leuten treffen kann, die in der eigenen Wohngegend auffallen und Anstoß erregen würden.

In den innerstädtischen Schickimicki-Vierteln von Hamburg, München oder Berlin lebt man ziemlich anders. Die Altbaugebiete waren während der 1950er und 1960er Jahre in den meisten Großstädten keine besonders begehrten Wohngebiete. Die sanitären Einrichtungen waren ungenügend, meist gab es kein Bad in der Wohnung; die ziemlich heruntergekommenen Häuser standen eng aneinander. Außerdem waren die Wohnungen oft noch von vielen Personen bewohnt, so dass sich insgesamt eine hohe Bevölkerungsdichte ergab. Aus diesen Vierteln strebte weg, wer über genügend Geld verfügte, um sich eine Neubauwohnung zu mieten oder ein Häuschen am Stadtrand zu bauen. In den 1970er Jahren aber kamen die Altbaugebiete am Innenstadtrand wieder in Mode. Jüngere Leute, die mit ihrer Arbeit in den in der Innenstadt gelegenen Dienstleistungsbetrieben ganz gut verdienten, richteten sich in alten Fabriketagen und verwinkelten Wohnungen ein, nachdem diese mit hohem Aufwand wieder hergerichtet und mit moderner Technik versehen worden waren. Die modernisierten Altbauviertel sind Orte des demonstrativen Konsums. Leute, die zu Geld oder Geltung gekommen sind, füllen die Cafés und Bistros, kaufen sich die teuersten und schicksten Klamotten in den Boutiquen und nippen am Perrier für 8 DM das Fläschchen. An einem sonnigen Sonntag treffen sich dort die **Yuppies** bzw. die Jet-Setter der Region und finden das Leben großartig. Die Lokale, die »in« sind, wechseln, man kann sich den wechselnden Cliquen anschließen, auch mit wechselnden Freunden oder Freundinnen allein in der Menge mitschwimmen. Hier lebt eine »Gemeinschaft« von Fremden, die sich untereinander nicht kennen und auch gar nicht genauer kennen wollen – aber an den trendigen Klamotten, am Haarschnitt oder am Auto erkennt »man« gleich die Zugehörigkeit zu einem Milieu mit einer deutlichen ästhetischen Identität. Die meisten leben allein. Homosexuelle und Eigenbrötler werden hier nicht geschnitten, eher gelten Familien mit Kindern als exotisch. Die Leute in der Gegend kennen sich kaum, jeder hat seinen eigenen individuellen Bekanntenkreis. Aktivitäten, die von der Nachbarschaft ausgehen, gibt es kaum. Anonymität ist die Norm.

Kann man daraus schließen, dass sich diese großstädtischen Gebiete völlig von Kleinstädten wie Waiblingen unterscheiden? Nicht unbedingt. Später im Text werden wir sehen, dass auch in hoch verdichteten, städtischen Gebieten vielfältige soziale Beziehungen existieren bzw. ganz neue Beziehungsformen entstehen können.

In diesem Kapitel skizzieren wir den soziologischen Blick auf das Leben in Städten, Vorstädten und Großstädten vor allem in Europa und in den Vereinigten Staaten. Die Organisation dieser Gemeinden ist *funktional integriert* in größere Gesellschaften, von denen sie einen Teil bilden. Verflochten sind sie sowohl ökonomisch mit Orten, die ihnen Güter liefern und ihre Produkte kaufen, als auch politisch mit einer Regierung, die das gesellschaftliche Leben im ganzen Land reguliert. Gemeinden sind außerdem Einheiten einer *sozialen Struktur*. Sie gehören zu den Bausteinen, die die Organisation eines Landes ausmachen; gleichzeitig aber sind sie intern strukturiert z.B. durch Unterschiede in Einkommen und ethnischer Zugehörigkeit.

Urbanisierung (Verstädterung), in deren Verlauf kleine Städte zu Großstädten werden, ist mit einem Transformationsprozess der Sozialstruktur, der auch die *Kultur* berührt, verbunden. Gemeinden haben ihre eigenen lokalen kulturellen Traditionen. Gemeinschaft wird als eine Lebensweise geschätzt, und immer wieder wird die Frage gestellt, ob durch Wachstum und andere Veränderungen die engen sozialen Beziehungen, die mit der Kultur von Kleinstädten assoziiert werden, zu verschwinden drohen. Urbanisierung ist kein natürlicher Vorgang, sie ist ein Resultat von *sozialem Handeln* und von Machtprozessen. Individuen entscheiden, ob sie in große Städte ziehen oder in Kleinstädten bleiben; aber ihre Entscheidungen sind beeinflusst durch die *Macht* derjenigen, die in den großen Unternehmen über die Standorte von Fabriken und Büros entscheiden. Unterschiedliche Arten von Gemeinden bilden außerdem Kontexte für unterschiedliches soziales Handeln – das gilt für die Sozialfürsorge ebenso wie für kriminelle Aktivitäten und für den Gebrauch der Macht, um Vorteile für sich zu erreichen oder andere zu kontrollieren. Die Rolle von Institutionen, z.B. der Polizei und der Kirchen, ist davon beeinflusst, ob sie sich in großen, relativ unpersönlichen städtischen Gegenden oder in kleinen Städten, wo die meisten Leute sich gegenseitig kennen, befinden.

Zu Beginn dieses Kapitels diskutieren wir die Frage, ob das Wachstum von großen Städten die **Gemeinschaft** zerstört hat oder lediglich eine neue Form von Beziehungen hervorgebracht hat. Zum Zweiten werden wir den historischen Prozess der Urbanisierung betrachten: Wo und wann Städte zuerst entstanden sind, und warum und wie sie sich entwickelt haben. Drittens werden wir einen genaueren Blick auf die gegenwärtige städtische Umwelt werfen und verschiedene Theorien vorstellen, die die räumliche Organisation zu erklären versuchen. Zum Schluss betrachten wir aktuelle Trends in ländlichen, städtischen und suburbanen Gemeinden. Zur Verdeutlichung mancher Prozesse haben wir Beispiele aus den USA herangezogen, da dort auf Grund verschiedener Faktoren – z.B. weniger politische Steuerung von Stadtplanung und starke Marktkräfte – Prozesse schneller und in einer Schärfe ablaufen, die in Deutschland auf Grund der gesellschaftlichen Rahmenbedingungen, zumindest zur Zeit, nicht möglich sind.

DIE EFFEKTE DER URBANISIERUNG FÜR DIE »GEMEINSCHAFT«

Urbanisierung ist der Prozess, in dem Menschen in großer Zahl die ländlichen Regionen und kleinen Städte verlassen, um sich in Städten und umliegenden metropolitanen Gebieten niederzulassen. Urbanisierung ist daher mit der Wanderung von dünnbesiedelten Regionen in dichtbesiedelte Regionen verbunden.

Soziologen bewerten die Konsequenzen der Urbanisierung verschieden. Einige betonen die positiven Folgen. Sie halten Städte für den Gipfel humaner Zivilisation, sehen in ihnen Orte, wo Menschen mit verschiedenen Hintergründen sich vermischen, Gedanken und Perspektiven austauschen können. Städte sind für sie Zentren der Innovation im Geschäftsleben, in der Wissenschaft, Technologie und Kunst. Andere Soziologen meinen, die problematischen Seiten des städtischen Lebens wögen die Vorzüge auf. Städte, so sagen sie, leiden unter Umweltverschmutzung, sind von sozialen Problemen belastet, das Leben in ihnen ist von Hektik, die Stress und psychische Krankheiten verursacht, geprägt. Ein zentrales Thema ist, ob Urbanisierung den Verlust von Gemeinschaft impliziert. **Gemeinde**, verstanden als eine über gemeinsame Werte integrierte **Gemeinschaft**, bedeutet mehr als einen bestimmten Ort; der Begriff umschreibt auch eine bestimmte Qualität

20

von Beziehungen. Leute, die eine Gemeinschaft formen, haben gemeinsame Werte und Interessen, interagieren häufig, haben enge Beziehungen zueinander und betrachten sich selbst als Teil einer Gruppe (sie haben ein Wir-Gefühl). Eine solche Gemeinde ist eine große Primärgruppe.

Welche Effekte also hat die Urbanisierung auf Gemeinschaft gehabt? Soziologen geben drei verschiedene Antworten:

a) große, dicht bevölkerte städtische Gebiete haben alle Möglichkeiten der Gemeinschaftsbildung zerstört;

b) ein Gefühl von Gemeinschaft, ähnlich dem von Waiblingen, hat innerhalb der Nachbarschaften sogar der größten Städte überlebt: in Berlin, Paris und New York gibt es Quartiere, wo die sozialen Beziehungen ähnlich wie in kleinen Städten sind;

c) die Urbanisierung hat eine neue Art von gemeinschaftlichen Beziehungen hervorgebracht, die nicht davon abhängig sind, dass die Leute in räumlicher Nähe wohnen; Gemeinschaften müssen keine Nachbarschaften sein.

In den folgenden Abschnitten werden wir die Evidenz für jede dieser Perspektiven prüfen.

Historische Entwicklung

Der Begriff Urbanisierung bezeichnet zweierlei: zum einen den räumlichen Prozess der Konzentration der Bevölkerung in den städtischen Regionen, der mit der Land-Stadt-Wanderung im 19. Jahrhundert begann (Verstädterung) und sich bis heute in veränderter Form fortsetzt; zum anderen die Herausbildung einer Lebensweise, die in den Städten erzwungen wurde und zunächst nur dort möglich war (vgl. Ipsen 1990), inzwischen aber als »moderne« Lebensweise auch in solchen Regionen verbreitet ist, die dem äußeren Anschein nach nicht »städtisch« sind, also in dünn besiedelten Gegenden oder Dörfern (vgl. Häußermann/Siebel 1996).

Der Umfang dieser Wanderung war im 20. Jahrhundert enorm. 1900 lebten 86,4 Prozent der Weltbevölkerung in ländlichen Gebieten, nur 13,6 in Städten. 60 Prozent der Weltbevölkerung werden laut einer UN-Studie 2025 in urbanisierten Gebieten leben. Dicht bewohnte urbane Ballungsräume sind eine prägende Erscheinung moderner Landschaften geworden. Noch im 19. Jahrhundert war der Unterschied zwischen »Stadt« und »Land« ziemlich klar: auf dem »Land« wohnten vor allem Bauern und mit der Landwirtschaft verbundene Handwerker oder Arbeiter. Arbeitsort und Wohnort waren daher nicht getrennt. Es gab keine weiterführenden Schulen, in den Haushalten hatte die Selbstversorgung noch einen hohen Stellenwert; eine

große Familie und die Kirche nahmen einen zentralen Platz im Leben ein, das wenig differenzierte Leben vollzog sich in vorgezeichneten Bahnen. In der »Stadt« hingegen arbeitete man in der Industrie, im Handel oder in einem Büro, man wohnte in großen Mietshäusern und war auf vielfältige städtische Dienstleistungen für den Alltag angewiesen; die Familien wurden kleiner, weil Kinder hohe Kosten verursachten und länger zur Schule gingen; man konnte auf einem vielfältig strukturierten Arbeitsmarkt seinen eigenen Beruf wählen. Die Warenhäuser sowie die diversifizierten Wohnungs- und Kulturangebote ermöglichten für viele die Ausbildung eines individuellen Lebensstils.

Mit der Industrialisierung der Landwirtschaft, mit der Ausbreitung der modernen Massenmedien (Radio und Fernsehen), mit der massenhaften Verbreitung des Automobils als Verkehrsmittel und des Telefons als Kommunikationsmittel in den 1950er und 1960er Jahren verwischten sich die früher so eindeutigen Grenzen zwischen »Stadt« und »Land« zunehmend. Heute ist es schwierig geworden, »Stadt« und »Land« eindeutig voneinander abzugrenzen. Ob diese Kategorien überhaupt noch für die soziologische Analyse der modernen Gesellschaften sinnvoll sind, werden wir am Ende dieses Kapitels diskutieren.

Desintegration

Die Vorstellung, dass die Urbanisierung die gemeinschaftlichen Lebensformen zerstört, hat tiefe Wurzeln in der Soziologie. Schon 1887 hat der Soziologe Ferdinand Tönnies die sozialen Beziehungen von **Gemeinschaft** mit denen von **Gesellschaft** kontrastiert. Tönnies hielt kleine Städte für ein Modell von Gemeinschaft. In einer Gemeinschaft ist jede Person eingebettet in ein eng gewobenes Netzwerk von Verwandten und Freunden. Mitglieder der Gemeinschaft haben ein gemeinsames Erbe und gemeinsame Werte, Ziele und Traditionen sowie gemeinsame Rollen. Gemeinsame Geschichte, gemeinsame Aktivitäten und häufige persönliche Begegnungen führen dazu, starke soziale und emotionale Bindungen hervorzubringen. In einer Gemeinschaft wird der Status eher durch die Geburt zugeschrieben: Der Sohn des Handwerkers wird nicht Bauer, und der Sohn des Bauern heiratet nicht die Tochter eines Adligen. Die Menschen bleiben eher das, was sie bei Geburt waren. Auch die geographische Mobilität ist begrenzt: Die meisten Individuen leben und sterben in der gleichen kleinen Gemeinde. Im Ergebnis wird die Identität der Menschen durch ihren Ort innerhalb der Gemeinschaft bestimmt.

Die städtische industrielle Gesellschaft ist nach

Tönnies (1887) gänzlich anders. Es handelt sich um eine Gesellschaft, weil die Menschen eher durch formale Organisationen und Märkte miteinander verbunden sind als durch informelle Beziehungen und ein Gefühl von Zusammengehörigkeit. Die großen Städte sind Modelle von Gesellschaft. Ihre Bevölkerungsdichte sorgt dafür, dass viele der Leute, denen man im Laufe eines typischen Tages begegnet, Fremde sind. Interaktionen mit ihnen sind in der Regel unpersönlich und oberflächlich, d.h. man kennt nicht den persönlichen Hintergrund der Menschen, mit denen man es zu tun bekommt – nicht einmal den der Nachbarn. Die Nachbarn haben kein gemeinsames kulturelles Erbe, keine gemeinsamen Werte, Normen oder Verhaltensweisen. Sie haben nur selten eine ähnliche Arbeit, da die Arbeit in der städtischen Gesellschaft hoch spezialisiert ist. Alle diese Unterschiede bringen soziale Distanz hervor. Die Beziehungen der Städter sind eher fragmentiert und funktional spezialisiert, d.h. man hat mit ihnen in bestimmten zweckgebundenen Zusammenhängen zu tun und kennt sie daher nur ausschnitthaft. Während man auf dem Dorf von der Verkäuferin beim Bäcker weiß, mit wem sie zusammenlebt, wie viele Kinder sie hat und welchen Freizeitsport sie treibt, weiß man von der Verkäuferin im städtischen Supermarkt nur, ob sie freundlich ist oder nicht – Informationen, mit denen man die Stimmung an bestimmten Tagen interpretieren könnte, hat man nicht. In der Großstadt leben Freunde verstreut über das Stadtgebiet, Kollegen meilenweit entfernt, Verwandte in anderen Städten. Städter sind mobiler, die Haushalte ziehen dort öfter um. Städter sind auch sozial mobil: Sie geben alte Freundschaften auf und gewinnen neue, sie können ihre Beziehungsnetze verändern und die Personen bewusst auswählen, mit denen sie etwas zu tun haben wollen.

Tönnies hielt die Urbanisierung, die für ihn gleichbedeutend war mit dem Wandel von Gemeinschaft zu Gesellschaft, für eine grundlegende Tendenz in der modernen Zeit. Er bedauerte diese Entwicklung, da sie für ihn mit der Auflösung der Gemeinschaft verbunden war und er genossenschaftliche Lebens- und Arbeitsformen favorisierte.

URBANE LEBENSWEISE

Tönnies wollte dem Verlust von nachbarschaftlicher und familiärer Solidarität, den er mit der Großstadtbildung als Ort von »Gesellschaft« verbunden sah, genossenschaftliche Assoziationen entgegensetzen, in denen soziale Beziehungen nicht-ökonomisch vermittelt sein sollten. Illusionslos, aber auch ambivalent empfand Georg Simmel Anfang des 20. Jahrhunderts die sozialen Beziehungen in der modernen Großstadt (Simmel 1903). Beziehungen zwischen Menschen in der Stadt seien – so seine Diagnose – vergleichbar den Beziehungen zwischen Menschen auf Märkten: Man tritt, vermittelt durch Geld, zueinander in eine »rein sachliche« Beziehung, in der die zweckgerichtete Interaktion bestimmend ist, nicht die persönlichen Eigenschaften der handelnden Menschen. Diese Art von »unpersönlichen« Beziehungen wird bei Simmel zum Modell des großstädtischen Lebens und zum Charakteristikum städtischer Mentalität. So werden die sozialen Beziehungen in der Großstadt mit allgemeinen Tendenzen der modernen Gesellschaft in Verbindung gebracht – diese zeigen sich in der Großstadt lediglich früher und besonders deutlich.

Anders als Tönnies – oder die Großstadtkritik an der Wende zum 20. Jahrhundert (vgl. dazu Bergmann 1970) – weist Simmel jedoch nicht nur auf den mit der Urbanisierung verbundenen Verlust an menschlicher Nähe hin, sondern auch auf die durch sie möglichen Gewinne an Freiheit und Individualität. Weil die persönlichen Eigenarten der Menschen, mit denen man im Beruf, in der Nachbarschaft oder irgendwo in der Stadt zu tun hat, in der Regel nicht interessieren, sondern nur das, was man gemeinsam erreichen will (eine bestimmte Leistung), scheint der Umgang von Gleichgültigkeit geprägt – und deren Kehrseite ist *Toleranz* gegenüber individuellen Unterschieden und persönlichen Eigenarten. Diese kann es in kleinstädtischen oder ländlichen Lebenswelten nicht geben, weil man dort dem Einzelhändler, dem Arbeitskollegen oder dem Gemeinderat auch im Sportverein, im Elternkollegium der Schule oder in der Nachbarschaft fortdauernd begegnet. Dies lässt unterschiedliches Verhalten in verschiedenen Rollen nicht zu – man begegnet sich nicht nur als Funktionsträger, dessen sonstige Lebensgewohnheiten unbekannt und uninteressant sind, sondern als Mitbürger, mit dem man verschiedene Lebenssphären und Verkehrskreise teilt. In der Großstadt ist das soziale Umfeld – zusammengehalten nur durch ein umfassendes Netz der Arbeitsteilung – sehr viel stärker ausdifferenziert und räumlich auseinandergerissen.

Die theoretischen Grundlagen, die Simmel mit seinem Essay gelegt hat, waren für die Stadtforschung sehr einflussreich. Sie wurden von den Soziologen an der Universität von Chicago aufgegriffen, die in den

20

1920er und 1930er Jahren ein umfangreiches Stadtforschungsprogramm durchführten. Simmel war neben seinen eher sozialpsychologischen Überlegungen auch auf die ökonomischen und kulturellen Besonderheiten der Großstadtbildung eingegangen. Im Anschluss an diese neuen Aspekte thematisierten Robert Park und seine Schüler Individualisierung und Gemeinschaftsbildung als kulturelle Formen in der Großstadt (Park/Burgess/McKenzie 1925; Lindner 1990)

Während Simmel die mit dem Großstadtleben verbundenen Gewinne betonte, machten die Soziologen der »Chicago-Schule« um Park auf die Gefahr aufmerksam, dass mit der Auflösung der lokalen Bindungen und dörflichen Gemeinschaften den Individuen beim Ausleben ihrer natürlichen Triebe und angeborenen Dispositionen keine Schranken und Hindernisse mehr auferlegt seien. Weil keine soziale Kontrolle durch Familie oder Nachbarschaft mehr vorhanden sei, gebe es in der Großstadt mehr unmoralisches, abweichendes Verhalten und Kriminalität. Aber auch in der Großstadt bilden sich *communities*, also Orte, wo Menschen mit ähnlicher Herkunft, ähnlichen Einstellungen, ähnlichen Werten und ähnlichen Sitten leben. Die Bevölkerung in den Großstädten lebt segregiert. Zuwanderer bewegen sich dahin, »wo sie hingehören«, und sammeln sich somit in *natural areas*, räumlich abgegrenzten sozialen Gebilden, die durch eigene Normen, Traditionen und Verhaltensmuster geprägt sind: Dörfer in der Stadt. Die Stadt setzt sich zusammen aus solchen Gemeinschaften, sie ist ein »Mosaik sozialer Welten«.

Louis Wirth (1938) hingegen unternahm den Versuch einer eigenständigen Stadttheorie, indem er die Besonderheiten der sozialen Beziehungen in der Großstadt als Effekte von Größe, Dichte und Heterogenität zu erklären versuchte. Er verband die unpersönliche Natur des städtischen Lebens mit der Ausbreitung von sozialen Problemen. Empirische Untersuchungen aus Großstädten deuten aber eher darauf hin, dass Wirth mit seiner Behauptung, das städtische Leben bringe schwere soziale Probleme hervor, die Gefahren überschätzte. Nach Durchsicht einer Reihe von Studien kam Harvey Choldin (1978) zu dem Schluss, dass Bevölkerungsdichte nicht eine primäre Ursache für Kriminalität und Jugenddelinquenz ist. Soziale Probleme basieren eher auf sozial-strukturellen Faktoren wie zum Beispiel der ethnischen Zusammensetzung der Bevölkerung oder der Verteilung von Reichtum und Erwerbsmöglichkeiten, die sich von einer Stadt zur anderen erheblich unterscheiden.

Persistenz von Gemeinschaft

Andere Soziologen haben die These, wonach die traditionellen gemeinschaftlichen Bindungen in großen, modernen Städten nicht überleben können, bezweifelt. Aus ihrer Sicht ähneln viele städtische Viertel Kleinstädten – sowohl hinsichtlich der Sozialstruktur wie auch der Interaktionsmuster.

Herbert Gans sammelte als einer der ersten Soziologen empirische Belege für diese These. 1957 mietete er, um das Leben dort aus erster Hand zu beobachten, ein Apartment im Westend von Boston. Damals war dies eine Wohngegend mit etwa 7.000 Einwohnern, überwiegend Arbeiter mit niedrigen Einkommen, die in 3- und 5-stöckigen Mietshäusern lebten. Viele der Bewohner gehörten zur zweiten und dritten Generation von Italo-Amerikanern; doch es gab auch Enklaven von Polen, Juden, Griechen, Ukrainern und anderen Nationalitäten. In der Kommunalpolitik galt das Westend als verfallender Slum und sollte abgerissen werden. Gans fand indessen heraus, dass die soziale Struktur des Gebiets weit entfernt war von der unpersönlichen, entfremdeten Art von Orten, wie Wirth sie beschrieben hatte. Er entdeckte, dass im Westend eine Gemeinschaft existierte, mit den gleichen engen, dauerhaften Beziehungen und Netzwerken einer gegenseitigen Unterstützung, die man bis dahin nur in sehr kleinen Städten vermutet hatte. Gans gab seinem Buch über das Westend den bezeichnenden Titel *The Urban Villagers* (Gans 1962).

Für Gans waren es die persönlichen Beziehungen der Bewohner untereinander, die das Westend zu einem städtischen Dorf machten. Offensichtlich hatten nicht alle 7.000 Bewohner des Westends intime Kenntnis voneinander, aber sie kannten und sprachen regelmäßig mit den Nachbarn in ihren Blöcken. Ein sehr aktives Leben fand in den Fluren der Mietshäuser statt, in Läden und auf den Straßen. Nachbarn grüßten sich und tauschten den neuesten Klatsch miteinander aus. Auf diese Weise erfuhren die Bewohner eine Menge über andere Mitglieder ihrer ethnischen Gruppe, sogar über solche, die sie noch nie gesehen hatten. Sie kannten die Freuden und Leiden der anderen, ihre Stärken und Schwächen, ihre Siege und ihre Niederlagen. Wiewohl im Zentrum einer modernen Großstadt lebend, waren sie sich gegenseitig nicht fremd, sondern pflegten enge soziale Beziehungen, wie sie charakteristisch für eine wirkliche Gemeinschaft sind.

Das Westend in Boston ist nicht einzigartig. Auch die Altbaugebiete in europäischen Großstädten bildeten nach dem Zweiten Weltkrieg soziale Enklaven, in denen sich die sozial schwächeren Gruppen sammelten, weil sie in diesen schlecht ausgestatteten und heruntergekommenen Vierteln billige Wohnungen fanden. So konzentrierten sich dort die Ärmeren, die alleinstehenden Alten und schließlich – nachdem in den 1960er Jahren die Anwerbung von Arbeitskräften aus dem Ausland eingesetzt hatte – auch die Zuwanderer. In diesen Quartieren setzte die Stadterneuerungspolitik ein und sie wurden daher auch Gegenstand soziologischer Untersuchungen. Diese stellten übereinstimmend fest,

20

dass sich die sozialen Beziehungen in den Sanierungsgebieten von denjenigen der übrigen Gebiete in der Stadt dadurch unterschieden, dass sie funktionierende nachbarschaftliche Unterstützungsnetze aufwiesen und sich auf Grund der sozialen Homogenität ein spezifisches Milieu herausgebildet hatte – das allerdings unterschiedlich interpretiert wurde. Man sah in diesem Milieu einerseits eine kulturelle Rückständigkeit, die durch die intensiven sozialen Beziehungen Strukturen der Benachteiligung für die Bewohner verfestigte. Deshalb wurde eine grundlegende Erneuerung dieser Stadtteile mit dem Ziel einer Modernisierung der Lebensstile gefordert (Zapf 1969). Andererseits wurde dieses Milieu als ein bewahrenswertes kulturelles Gut der Bewohner bewertet, das durch die Erneuerung der Gebäude nicht zerstört werden dürfe (Gude 1971).

Die Untersuchungen von Gans und ähnliche Studien in europäischen Städten belegen, dass gemeinschaftliche Strukturen trotz Verstädterung und Urbanisierung überleben können. Besonders häufig und ausgeprägt sind solche Strukturen in den Vierteln, in denen Zuwanderer aus anderen Kulturen zusammen leben – nicht nur, weil diese häufig aus ländlichen Regionen kommen, sondern auch, weil sie für die Orientierung und die Integration in der fremden Umwelt zunächst noch besonders stark auf die Solidarität ihrer Familien und ihrer ethnisch-kulturellen Netzwerke angewiesen sind.

Wandel der Gemeinschaft

Eng verwobene ethnische Viertel sind nicht die einzigen Orte, an denen in großen Städten die Gemeinschaft überlebt. Die hohe Konzentration von Menschen in der städtischen Umwelt lässt eine andere Sozialstruktur entstehen. Die wiederum erzwingt neue Formen von gemeinschaftlicher Bindung, die nicht notwendigerweise auf gemeinsamer Herkunft oder räumlicher Nähe beruhen. So bilden Stadtbewohner häufig über die Stadtviertel oder sogar die Stadtgrenze hinausreichende soziale Netzwerke. Diese basieren auf gemeinsamen Interessen, beruflichen Tätigkeiten und anderen Aktivitäten. Zum Beispiel können sich Bergsteiger aus verschiedenen Teilen einer Stadt regelmäßig treffen, um Gedanken auszutauschen und gemeinsame Projekte zu planen. Oder Menschen, die klassische Musik lieben, gründen ein Kammerorchester und spielen einmal in der Woche zusammen. Auf dem »Land« können sich solche Netzwerke, die auf gemeinsamen Interessen ba-

sieren, nicht entwickeln, weil die Bevölkerung nicht groß genug und nicht so differenziert ist, um sie zu tragen. Nur die Stadt mit ihrer großen Menschenkonzentration erlaubt solche Subkulturen. Ironischerweise bringen also Bevölkerungsgröße und -dichte – just die Merkmale, von denen Wirth annahm, dass sie die Menschen einander entfremden – neue Formen von sozialen Bindungen, die gemeinschaftliche Formen entwickeln und konservieren, hervor.

Der Soziologe Claude Fischer (1982) überprüfte diese Theorie in Interviews mit mehr als 1.000 Befragten, die an Orten wohnten, die sich hinsichtlich ihres Urbanisierungsgrades sehr unterschieden. Eine städtische Umwelt, so fand er heraus, hinderte die Leute nicht daran, Freunde in einem größeren geographischen Gebiet zu suchen. Auch die physische Distanz zwischen Freunden schwächte die persönlichen Beziehungen, die durch diese Freundschaft entstanden, nicht. Kurz, Urbanisierung zerstört Gemeinschaft nicht. Diese wurde vielmehr durch die Erweiterung der geographischen Grenzen transformiert, innerhalb derer sich gemeinschaftliche Beziehungen aufbauen lassen. Das Leben in einem städtischen Gebiet, so fand Fischer weiter heraus, veränderte die Zusammensetzung sozialer Netzwerke. Weniger wichtig wurden Verwandtschaften; in den Vordergrund rückten ähnliche berufliche Tätigkeiten und gemeinsames Engagement in gesellschaftlichen Vereinigungen (Clubs, Interessengruppen, zivile Organisationen).

In der Öffentlichkeit umgeben sich Städter, wie Simmel es beschrieb, mit einem Schutzwall von Distanziertheit. Im privaten Leben unterhalten sie jedoch, genauso wie Leute in Dörfern und Kleinstädten, enge und fürsorgliche Beziehungen. Gleichwohl gibt es einen strukturellen Unterschied zwischen Städten und kleineren Gemeinden: Die diversen Beziehungen von Stadtbewohnern überlappen sich nicht so oft zu einem eng geknüpften Gemeinschaftsnetz. In Kleinstädten hingegen sind die Nachbarn öfter auch Kollegen im Beruf, Mitglieder der gleichen Kirchengemeinde und nehmen an den gleichen Freizeitaktivitäten teil. Man bezeichnet diese größere Zahl unmittelbarer sozialer Kontakte in kleineren Gemeinden als *ganzheitliche Kontakte* im Gegensatz zu den unabhängig von der räumlichen Nähe existierenden *segmentären Kontakten* in der Stadt.

Diese Analysen des städtischen Lebens sind bis zu einem gewissen Grad alle richtig. Das Gemeinschaftsgefühl kann in Städten zur gleichen Zeit je nachdem verschwinden, bestehen bleiben oder sich ändern: Es kommt darauf an, welchen besonderen Teil der Stadt man untersucht. Empirische Belege kann man für jede dieser drei Perspektiven finden. Aufgabe der Soziologie ist es daher, die spezifischen Bedingungen zu ermitteln, unter denen Urbanisierung zerstörerisch wirkt, das

20

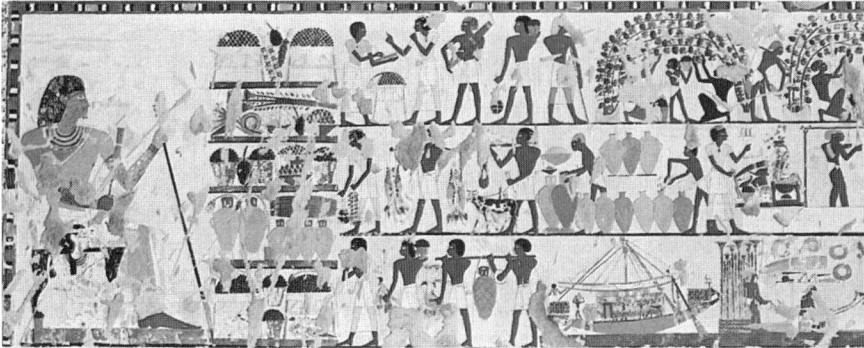

Die frühesten städtischen Zentren entstanden durch Fortschritte in der Landwirtschaft und Weiterentwicklungen auf dem Gebiet des Transportwesens, die es ermöglichten, überschüssige Nahrungsmittel vom Land in die Stadt zu transportieren. Hier überwacht ein ägyptischer Pharao die Ernteerträge seiner Ländereien. Er entscheidet, wie viele Nahrungsmittel das Volk auf welche Weise erhalten soll.

gesellschaftliche Leben stabilisiert oder gemeinschaftliche Bindungen neu hervorbringt.

GESCHICHTE DER STADT – WANDEL DES STÄDTISCHEN LEBENS

Eine Stadt ist eine relativ große, dicht bewohnte und permanente Siedlung von Menschen, die sozial verschieden sind und nicht unmittelbar ihre eigenen Lebensmittel produzieren – das ist eine allgemeine Stadtdefinition im Anschluss an Max Weber (1922). Im allgemeinen dominieren die Städte ihre ländliche Umgebung und die kleineren Städte. Seit Jahrtausenden sind dies die Merkmale von Städten – vom alten Theben in Ägypten, von Athen in Griechenland bis zum heutigen New York, Tokio, Paris oder Berlin.

Am Beginn der menschlichen Kultur lebten die Menschen in kleinen Gruppen; sie waren Jäger, Fischer und Sammler. Doch an den meisten Orten war das natürliche Nahrungsangebot nicht umfangreich genug, um mehr als eine kleine Zahl von Menschen zu ernähren. Die Menschen waren daher gezwungen, als Nomaden zu leben. Sie zogen weiter, sobald das Nahrungsangebot knapp wurde.

Was brachte die Menschen dazu, in Dörfern, Städten und Großstädten zu leben? Was führte zu diesen neuen Formen sozialer Organisation? Um diese Fragen zu beantworten, müssen wir 10.000 Jahre zurückblicken, in die Zeit, als die Menschen Pflanzen und Tiere zu domestizieren begannen. Dank neuer Techniken der Lagerhaltung für Getreide und Fleisch konnten die Menschen erstmals in kleinen, halbpermanenten Dör-

fern wohnen. Irgendwann zwischen 6.000 und 5.000 v.d.Z. entstanden in den Tälern von Tigris und Euphrat, des Nils und des Indus Siedlungen, die mehr als zehnmal so groß waren wie die frühen Dörfer. Diese ersten Städte – mit etwa 7.000 bis 20.000 Einwohnern – konnten sich vor allem dank der Innovationen in Landwirtschaft und Transport bilden, die es erlaubten, die ungemein fruchtbare Erde der Täler zu nutzen. Man begann mit der Kultivierung von Getreide mit höheren Erträgen, entwickelte den von Ochsen gezogenen Pflug, erfand Eisenbearbeitung und Bewässerung und erzeugte große Nahrungsüberschüsse. So konnten sich einige der frühen Stadtbewohner ganz ihrem Beruf als Künstler, Händler, Lehrer, Soldaten oder Priester widmen. Man musste jetzt auf Grund der einsetzenden Spezialisierung der Arbeit in der Nähe jener »Mitbürger« wohnen, von deren Fertigkeiten man abhing. Zwangsläufig entstanden dicht besiedelte Gegenden, und sowohl die Zahl als auch die Größe der Städte nahmen zu (Davis 1955).

Doch die Entstehung von Städten lässt sich nicht allein durch eine komplexere Arbeitsteilung erklären. Für ihr Wachstum benötigten sie ein zentralisiertes *Macht*system, um die neue Vielfalt sozialer und ökonomischer Aktivitäten zu koordinieren und Konflikte zwischen Gruppen mit konkurrierenden Interessen zu schlichten (Sjoberg 1960). Nicht zufällig fällt die Entwicklung der ersten echten Städte mit der Etablierung machtvoller Regierungen und der Entstehung von Verwaltung und Rechtsprechung zusammen. So wurden Rom, Peking, Istanbul und Kairo groß – alles Metropolen großer Imperien.

In Mitteleuropa gab es vor dem Jahr 1000 nur die Überreste römischer Stadtsiedlungen. In den agrarisch geprägten Gesellschaften war die Produktion von Lebensmitteln und von Produktionsinstrumenten noch unmittelbar verquickt. Wirtschaftliche Aktivitäten beschränkten sich auf die Selbstversorgung lokal abgeschlossener, untereinander wenig verbundener Wirtschaftseinheiten (Fronhöfe, Klöster). Grundlegende Veränderungen in der Landwirtschaft ab 1000 erhöhten deren Produktivität um ein Vielfaches und schufen die Voraussetzungen für viele Stadtgründungen. Die dauerhafte Spezialisierung auf entweder agrarische oder handwerkliche Produktion bildete die Basis für eine räumliche Arbeitsteilung.

20

Die Stadt im historischen Wandel

Die vorindustrielle Stadt − Beispiel Venedig

Venedig wurde auf einer Ansammlung von kleinen Inseln gebaut, die in einer großen Lagune liegen und durch ein enges Netzwerk von 177 Kanälen verbunden sind. Diese dienen noch heute als Wege, um Menschen und Güter durch die Stadt zu transportieren. 1492, zehn Jahrhunderte nach seiner Gründung, beherbergte Venedig etwa 190.000 Einwohner, die auf sehr kleinem Raum zusammenlebten.

Selbst wenn Venedig nicht auf Inseln gebaut worden wäre, wäre die Fläche der Stadt nach heutigen Standards klein geblieben. Denn der Transport war zu dieser Zeit begrenzt auf Pferde- und Ochsenwagen, auf kleine Boote oder Träger. Damit die Bewohner alle Quartiere relativ schnell erreichen konnten, durfte eine vorindustrielle Stadt nicht mehr als einige Kilometer im Durchmesser haben.

Vorindustrielle Städte waren auch in der Bevölkerungsgröße begrenzt. Wegen der Versorgungsprobleme konnte nur eine bestimmte Anzahl von Menschen innerhalb der Stadtmauern untergebracht werden. Im Fall Venedig zum Beispiel musste die Nahrung zuerst mit Wagen an das Meeresufer, dann durch Frachtschiffe zu den Inseln gebracht und dort in einzelnen Gondeln über die Stadt verteilt werden.

Ohne moderne Ver- und Entsorgungstechnologie war eine so dichtbesiedelte Stadt eine Brutstätte für Krankheiten. Der Müll und das Abwasser wurden in die Kanäle gepumpt, wo sie fauligen Gestank verursachten, der durch die Stadt zog. 1438 beschrieb ein spanischer

Städte wie Venedig, in denen wohlhabende Kaufleute als Mäzene der Kunst und Wissenschaft auftraten, spielten zur Zeit der Renaissance eine Schlüsselrolle in der Kulturlandschaft Europas. Die Stadt mit ihren großartigen Plätzen und Kirchen, angefüllt mit Kunstschätzen, scheint auf dem Wasser zu schweben. Bis heute ist Venedig Gastgeber für eine Vielzahl von Festivals, die sich auf dem Gebiet der Malerei, des Films, des Theaters und der Musik der zeitgenössischen Kunst widmen. Heutzutage hat der Tourismus den klassischen Handel im Wirtschaftsleben der Stadt abgelöst.

Besucher von Venedig, wie die Bewohner den Geruch durch das Verbrennen von süß riechenden Gewürzen in den Straßen bekämpfen wollten. Gewürze konnten allerdings nichts gegen die Verbreitung von Bakterien und Virusinfektionen anrichten. Epidemien waren daher üblich.

Das Leben im vorindustriellen Venedig war dennoch attraktiv. Venedig war eine wundervolle Stadt, ein architektonisches Meisterwerk. Wunderbare Kirchen, Plätze und Häuser –

viele dieser Bauwerke stammen aus dem 15. und 16. Jahrhundert – säumen die großen Kanäle. Reiche Venezianer waren die Sponsoren von vielen großen Malern, und die Glaswaren und Textilien aus Venedig waren in ganz Europa begehrt. Wie andere vorindustrielle Städte war Venedig ein Zentrum der Künste, des Handwerks, der Wissenschaft und des Lernens.

Trotz des harmonischen Erscheinungsbildes war die Bevölkerung deutlich nach sozia-

Daneben entstanden Fernhandels- und Exportgewerbestädte, die untereinander ein Verkehrsnetz knüpften, das den Güter- und Nachrichtentransport zuverlässig und sicher machte. Sie schlossen sich dazu in Städtebünden zusammen, die ökonomisch und militärisch stark genug waren, um den Fernhandel zu kontrollieren. Beispielsweise gehörten zur Hanse, mit den Ost- und Nordseehäfen als Zentren, die wichtigen Handelsstädte einschließlich Köln und Berlin; den Rest des Deutschen Reiches teilten sich schwäbischer, rheinischer und sächsischer Städtebund.

In den Fernhandelsstädten bildete sich eine Patrizierschicht, die ihren Reichtum durch Prachtbauten demonstrierte, die wir heute

noch als Monumente der Bau- und Kunstgeschichte bestaunen. Die Städte überboten einander mit immer größeren Kirchen und immer edler gestalteten Stadtpalästen und Rathäusern. Und die vermögenden Bürger lockten durch Aufträge die geschicktesten Baumeister, bildenden Künstler und Kunsthandwerker in ihre Städte.

Bis zum Ende des Mittelalters hatten im Deutschen Reich etwa 3.000 Orte das Stadtrecht verliehen bekommen. Sie verteilten sich im Abstand von bis zu fünf Reisestunden im Süden und Westen, mit größeren Entfernungen im Norden und Osten über das Land (Mottek 1976). 25 Städte hatten mehr als 10.000 Einwohner, waren also Großstädte. Köln war mit 40.000 Einwohnern im 14. Jahrhundert

20

In der zweiten Hälfte des 19. Jahrhunderts explodierten die Bevölkerungszahlen der Stadt: von 172.000 im Jahr 1800 stieg die Einwohnerzahl Berlins über 418.000 (1850) auf 1,885 Millionen im Jahr 1900. Innerhalb eines Jahrhunderts hat sie sich also verzehnfacht. Ähnliche Wachstumsraten erlebte auf dem Höhepunkt der Industrialisierung auch das Ruhrgebiet, wo auf grünen Wiesen innerhalb kürzester Zeit riesige Siedlungen mit Arbeiterwohnungen entstanden.

len Klassen differenziert. Im Gegensatz zum normalen Bürger war die Aristokratie sehr reich. Sie lebte in großen Palästen, reich möblierten Räumen mit Glasfenstern, benutzte zu ihren üppigen Mahlzeiten Silberbesteck und schlief in Betten mit richtigen Matratzen. Der Preis für den Mantel eines Aristokraten entsprach dem Jahresgehalt eines Arbeiters. Aber die gewöhnlichen Bewohner von Venedig waren insgesamt noch in einer besseren Situation als die gewöhnlichen Bewohner in den meisten anderen europäischen Städten. Der Beschäftigungsstand im vorindustriellen Venedig war in der Regel hoch. Und obwohl die Stadt auch ihre Bettler hatte, waren diese doch nicht so zahlreich und so arm dran wie ihresgleichen in Rom, Paris oder London. Der relative Wohlstand der Arbeiterbevölkerung ließ einen akuten Klassenkonflikt in Venedig niemals ausbrechen. Ein weiterer Grund für die politische Stabilität war die absolute Macht der regierenden Klasse. Geheime Inquisitoren denunzierten diejenigen, die sich gegenüber dem Regime illoyal verhielten, und damit wurden die meisten Venezianer unter Kontrolle gehalten.

Die Stadt in der Industrialisierung – Beispiel Berlin

Industrialisierung machte das Bevölkerungswachstum möglich, und das Bevölkerungswachstum machte die Industrialisierung möglich. Berlin war bis zum Anfang des 19. Jahrhunderts eine Residenzstadt, deren bauliche Entwicklung weitgehend von den königlichen Bauvorhaben und von den städtebaulichen Plänen der königlichen Baumeister beeinflusst wurde. Sie legten die Grundrisse für Stadterweiterungen an, planten Parks und bauten Schlösser ebenso wie militärische Anlagen. Im Laufe des 19. Jahrhunderts übernahmen andere Kräfte die Macht, Richtung und Inhalt der Stadtentwicklung zu bestimmen: die Industrie und das Immobilienkapital. Wo in der Stadt noch Platz war – und das war innerhalb der Stadtmauern praktisch nur noch in den Hinterhöfen der Fall – wurden Manufakturen und auch Dampfmaschinen errichtet, mit denen die Maschinen, die nun nach und nach in der gewerblichen Produktion eingesetzt wurden, angetrieben wurden.

Die Industrie war zum Städtegründer geworden. Sie benötigte Arbeitskräfte in den Städten. Weil viele junge Menschen auf dem Land ohne Arbeit und Brot waren, setzte ein Wanderungsstrom vom Land in die Städte ein, der kurz vor dem Ersten Weltkrieg seinen Höhepunkt erreichte. Die »Wohnungsfrage« wurde zur »sozialen Frage«. Mit der Verstädterung wurde den Zuwanderern eine ganz neue

größte Stadt, 90 bis 95 Prozent aller mittelalterlichen Städte hatten weniger als 2.000 Einwohner (Ennen 1975:201 f.).

Die Lage einer Stadt erklärt sich aus ihrer Geschichte und den dominanten Faktoren, denen sie ihre Entstehung verdankt. Die Bildung der kleinen und mittleren zentralen Orte ergab sich aus der Arbeitsteilung als *Mittelpunkt eines landwirtschaftlichen Produktionsgebiets*; andere Städte entstanden als *Niederlassungen von Händlern* und *Handwerkern am Sitz von Grundherren*, weil sie vor allem deren Nachfrage bedienten; Standorte für *überregional oder international orientierte Städte* ergaben sich aus dem Netz der Fernstraßen und schiffbaren Flüsse. *Handelspolitische und militärische Motive lagen den Stadtgründungen* zugrunde, mit denen im 13. Jahrhundert das deutsche Territorium überzogen wurde. *Edelmetall- und Eisengewinnung* waren weitere Anlässe für die Gründung von Städten. Deren Standorte waren vom Vorkommen entsprechender Bodenschätze und von Energiequellen abhängig. Da Energie für die Produktion im Mittelalter neben der menschlichen Mus-

20

Lebensweise aufgezwungen: Konnten sie früher vom Ertrag ihrer Gärten leben und sich auf die Unterstützung der Familien verlassen, mussten sie nun zunehmend ihre Lebensmittel (und auch die Wohnung) auf einem Markt kaufen bzw. mieten und wurden damit immer abhängiger von städtischen und staatlichen Dienstleistungen (etwa bei Krankheit oder Bedürftigkeit). Mit der städtischen Lebensweise wurden die Haushalte in Markt und Staat integriert.

In Berlin wurden im Rahmen eines umfassenden Stadterweiterungsplans, der 1862 im Auftrag des preußischen Königs erstellt worden war (Hobrecht-Plan), hoch verdichtete Quartiere angelegt, in denen auf den einzelnen Grundstücken ein Vorderhaus zur Straße und ein oder zwei Hinterhäuser, die durch Seitenflügel miteinander verbunden waren, gebaut wurden. Man nannte diese Häuser »Mietskasernen«, weil sie von Mietern in standardisierten Wohnungen bewohnt wurden, ohne Garten – eine Wohnform, die man bis dahin nur beim Militär gekannt hatte. Die Industrialisierung brachte zum ersten Mal in großem Stil die Trennung der Arbeitsplätze von den Wohnungen. Die Handwerksbetriebe und Manufakturen waren noch vergleichsweise klein gewesen und hatten mit Wohnungen in den Stadtteilen koexistieren können, aber die großen Fabriken beanspruchten riesige Flächen und produzierten Dreck in einem Ausmaß, das ein Wohnen in der Nähe kaum mehr zuließ. Dennoch mussten die Arbeitermassen in der Nähe wohnen, denn anders als zu Fuß konnten sie vor 1890 kaum zur Arbeit gelangen. Die Industrie wanderte mit ihrem Größenwachstum an den

Rand, und die Arbeiterviertel wurden in der Nähe errichtet – in Berlin im Norden und im Osten an den Wasserwegen, auf denen die Kohle, die die Energiebasis bildete, herbeigeschafft wurde.

Im Südwesten dagegen, in der bewaldeten Seenlandschaft des Grunewalds an der Havel, entstanden die Villengebiete für die Fabrikanten und ihre gut bezahlten Verwalter, aber auch für das hohe Militär und die höheren Beamten – ganz marktförmig, denn wer gut bezahlen konnte, der konnte auch eine gute Wohnung beziehen. Diese sozialräumliche **Segregation** bildete die sozialen Unterschiede der Klassengesellschaft deutlich ab, und bis heute ist in den Quartieren diese frühe Prägung noch erkennbar.

Im letzten Drittel des 19. Jahrhunderts entstanden mit der planmäßigen Stadterweiterung Stadtplanungsbehörden, die die Flächennutzung und Stadterweiterung (Gründerzeitquartiere) zu lenken suchten. Die Gesamtinteressen der Stadt, z.B. Bauvorschriften, mussten gegen die Eigentümerinteressen durchgesetzt werden, die in den »Hausbesitzerparlamenten« politisch dominierten (Fisch 1988), denn das Wahlrecht war nach Besitz und Einkommen gestaffelt. In die wachsenden Großstädte wurde die neue »Stadttechnik« eingebaut: Wasserversorgung, Kanalisation, Straßenbeleuchtung, Schlachthöfe usw. – vor allem, um die damals in den Städten grassierenden Epidemien unter Kontrolle zu bekommen (vgl. Rodenstein 1988). Alles, was uns heute so selbstverständlich erscheint, was das Leben in der Stadt bequem und das dichte Zusammenleben unter hygienischen Gesichtspunkten überhaupt erst

möglich macht, wurde in den Jahrzehnten um die Wende vom 19. zum 20. Jahrhundert in den Städten neu eingeführt. Dadurch veränderte sich der Alltag grundlegend, denn Selbstversorgung – wie auf dem Land oder in der vorindustriellen Stadt – war kaum noch möglich (vgl. Häußermann/Siebel 1996).

Die postmoderne Metropole – Beispiel Los Angeles

Das Bild der Stadt im 19. Jahrhundert hat wenig zu tun mit der großen zeitgenössischen Metropole, einer Ansammlung von Städten und Gemeinden, die ein ökonomisches und soziales Geflecht bilden. Los Angeles z.B. besteht aus etwa 18 verschiedenen Stadtzentren, die durch ein gigantisches System von Autobahnen miteinander verbunden sind. Diese Agglomeration wird nicht durch ein einziges Zentrum dominiert. Im scharfen Gegensatz zu älteren Industriestädten in Europa und an der amerikanischen Ostküste hat Los Angeles eine relativ niedrige Bebauungsdichte. Einfamilienhäuser sind die typische Form des Wohnens; Hochhäuser zum Wohnen gibt es kaum. Die Einkaufsbereiche, Freizeiteinrichtungen und Gewerbeparks erstrecken sich über viele Kilometer.

Obwohl für Los Angeles ein Straßenbahnnetz als wichtigstes Verkehrsmittel aufgebaut worden war, waren die Kalifornier die ersten, die Henry Fords »Modell T«, das erste in Großserie gebaute Auto der Welt, gerne benutzten. Dadurch dehnten sich die Grenzen, wo sie wohnen und noch immer zur Arbeit pendeln konnten, erheblich aus. Die Häuser mussten nicht länger entlang der Bahnstrecken stehen. Das gilt auch für Entschei-

kelkraft ausschließlich aus Wasser und Holz gewonnen wurde (Windmühlen wurden erst später benutzt), waren die Mittelgebirge wichtige gewerbliche Standorte.

Im Mittelalter stützte sich politische Herrschaft vor allem auf Gewalt und Leibeigenschaft. Die Städte bildeten zu diesem System einen Gegensatz: ihre Ökonomie beruhte auf Tausch, nicht auf persönlicher Abhängigkeit; kulturell und politisch waren die Städte durch ein neues Legitimations- und Organisationsprinzip geprägt,

nämlich durch die Stadtdemokratie: sie wurden durch die besitzenden Bürgerschichten selbst verwaltet. Viele Städte hatten sich ihre Autonomie in einem revolutionären Akt gegen ihre kirchlichen oder weltlichen Stadtherren erkämpft. Die Geschlechter- und Sippenherrschaft wurde durch die Herrschaft von Berufsverbänden ersetzt. Max Weber (1922) sah darin eine revolutionäre Neuerung mit universalhistorischer Wirkung: An diesen Orten entwickelten sich die bürgerlichen Freiheitsrechte und jene kapitalistische Mentalität und

20

dungen über gewerbliche Standorte. Die Eisenbahnlinien verloren an Bedeutung für Betriebsstandorte. Relativ billige Straßen waren alles, was notwendig war, um einen Ort mit dem anderen zu verbinden. 1920 stimmten die Bewohner von Los Angeles dafür, Autobahnen anstelle von Untergrundbahnen und Hochbahnen zu bauen. Die großen, um das Auto zentrierten Konzerne (Standard Oil, Firestone usw.) setzten sich sehr stark für das neue Autosystem ein, weil die Bewohner von Los Angeles nun vollkommen abhängig von Autos, Benzin und Reifen wurden. Der durchschnittliche Bewohner von Los Angeles fährt heute etwa 210 km pro Woche, was ein Vielfaches des Durchschnitts in deutschen Großstädten ist.

Intensive Automobilnutzung und die Zersiedlung des Stadtgebietes bedeuten für das Leben in einer Metropole wie Los Angeles einen großen Unterschied zu einer frühindustrialisierten Stadt. Während für die Bewohner von Industriestädten im 19. Jahrhundert zehn Kilometer eine erhebliche Entfernung darstellten, weil sie sie in der Regel zu Fuß bewältigen mussten, fahren die heutigen Bewohner von Los Angeles nicht selten zweimal am Tag 180 km zwischen Wohnung und Arbeitsplatz. Relativ wenig Angelinos pendeln dabei in die Innenstadt, die Mehrheit hat den Arbeitsplatz in den Außengebieten, was das tägliche Pendeln zu einem aufwendigen Hin und Her durch die ganze Region macht. Die meisten Einkaufs- und Freizeitzentren liegen in den Suburbs, üblicherweise an einer Kreuzung von Autobahnen. Sie enthalten alle Funktionen einer zentralen Stadt – Restaurants, Kinos, Kaufhäuser, Boutiquen und Feinschmecker-

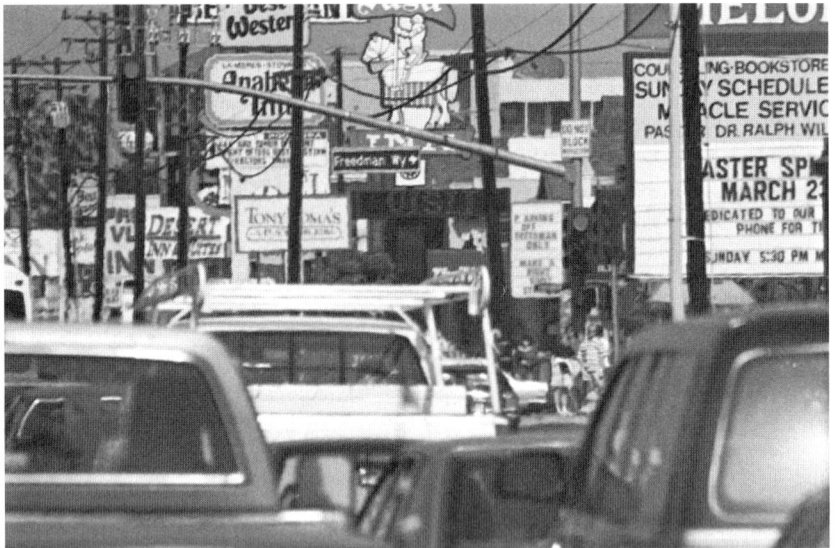

Experten der modernen Stadtentwicklung beschreiben die Region Los Angeles als eine »Galaxie« aneinandergereihter Viertel und Vorstädte – in der das Auto zum Raumfahrzeug geworden ist, das die Menschen nutzen müssen, um sich von einem »Planeten« zum nächsten zu bewegen. Die städtische Umgebung von Los Angeles ist für Fußgänger ungefähr so behaglich wie es das freie Weltall für einen ungeschützten Raumfahrer wäre.

lokale, und es gibt keinerlei Parkplatzproblem. Durch die Suburbanisierung von Einwohnern und Gewerbe dehnen sich die Stadtregionen aus, und die Bedeutung der Großstädte für Handel und Freizeit ist dadurch auch in Europa geringer geworden. Die suburbanen Gebiete entwickeln eine wachsende funktionale Eigenständigkeit. Dennoch ist das Autobahnsystem überlastet. Die Stoßzeiten ziehen sich oft über drei Stunden am Morgen und am Abend hin, und die Fahrzeuge kriechen mit 25 km/h dahin.

So außergewöhnlich Los Angeles und ande-

re amerikanische Megalopolen sein mögen, sie sind nicht die am schnellsten wachsenden oder gar die größten Städte in der Welt. Einzelne Städte in Afrika und Asien, z.B. Kairo und Kalkutta, haben in den letzten Jahrzehnten ein unglaubliches Wachstum erlebt. Die meisten Mega-Cities der Welt liegen heute auf diesen Erdteilen (Gilbert/Gugler 1992).

rationale Lebensführung, deretwegen die europäischen Städte als Wiege von Kapitalismus und Moderne bezeichnet werden können.

Die Renaissance war eine Blütezeit der Städte – politisch, ökonomisch und künstlerisch. Ein Beispiel dafür ist Venedig (vergleiche Kasten).

WIE SICH STÄDTE ENTWICKELN

Städte entwickeln sich nicht zufällig. Wie Grundstücke genutzt werden, wer wo wohnt und wie der Verkehr in einer Stadt abgewickelt wird, das ergibt sich aus einem komplizierten Geflecht von öffentlicher Planung, Entscheidungen von Grundstückseigentümern und Investoren, aus der Nachfrage von gewerblichen Nutzern und Wohnungssuchenden. Entscheidende Parameter sind dabei die Bevölkerungs- und die Arbeitsplatzent-

20

wicklung. Aus diesen beiden Größen ergibt sich, wieviel und in welchen Lagen welche Flächen benötigt werden. Auf dieser Basis legt die Stadtplanung in Deutschland Flächennutzungs- und Bebauungspläne fest, häufig schon in Abstimmung mit den Eigentümern und Investoren, denn diese führen – neben den öffentlichen Infrastrukturinvestitionen – die Baumaßnahmen letztlich aus. In den USA ist das Instrument der Flächennutzungs- und Bebauungspläne weniger stark ausgeprägt. Es gibt sogar Städte, die gar keine Pläne aufstellen. Diese Vorgehensweise beruht auf der Annahme, dass die freien Marktkräfte zu einer sinnvollen Stadtstruktur führen.

Für die Erklärung von Prozessen der Stadtentwicklung gibt es drei verschiedene Ansätze, die jeweils unterschiedliche Faktoren in den Vordergrund stellen: Die ökonomische Theorie, die sozialökologische und die politisch-ökonomische Theorie.

Die ökonomische Theorie

Die *ökonomische Theorie* der Stadtentwicklung geht davon aus, dass über die Nutzung von Grundstücken die Preiskonkurrenz entscheidet (vgl. Maier/Tödtling 1995). Wichtigste Determinante für den Bodenpreis ist seine Lage, d.h. die Erreichbarkeit. Je leichter und von je mehr Bewohnern ein Ort in der Stadt erreichbar ist, desto höher wird dieser Standort bewertet, desto höher ist also der Bodenpreis, und desto rentabler muss die Nutzung sein, für die darauf Gebäude errichtet werden. Da gewerbliche Nutzungen rentabler sind als Wohnungen, entstehen im Zentrum der Stadt Einkaufs- und Büronutzungen, Wohnungen werden zweckentfremdet oder Wohnhäuser abgerissen und durch Bürogebäude ersetzt. Das ist z.B. der Fall bei innerstädtischen Altbauquartieren, in denen wegen der schlechten Ausstattung vor allem die einkommensschwächeren Schichten wohnten; heute gibt es aber eine wachsende Zahl von gut verdienenden Bewohnern, die innerstädtische Wohnungen nachfragen, und daher werden die Altbauwohnungen modernisiert. Entsprechend der Kaufkraft werden auch die Neubauwohnungen auf eine bestimmte Einkommensschicht zugeschnitten, und so entsteht residentielle **Segregation,** also die räumliche Sortierung der Wohnbevölkerung nach dem Einkommen (vgl. Herlyn 1974).

Die Sozialökologie

Ökologie ist ein Untergebiet der Biologie, die untersucht, wie lebende Organismen mit ihrer physischen Umwelt und miteinander interagieren, um die Entwicklung ihrer Population zu steuern (vgl. Kap. 22). In den 1920er Jahren nahmen in den USA Soziologen Anleihen bei ökologischen Theorien und wandten sie auf die Untersuchung von Städten an. An der Universität von Chicago entwickelten Robert Park und Ernest Burgess (1925) so den stadtökologischen Ansatz. Sie untersuchten, wie die Nutzungsstruktur des städtischen Raums aus der Interaktion zwischen verschiedenen Gruppen von Menschen und der physischen und geographischen Umwelt entsteht.

Das früheste Modell städtischer Raumnutzung wurde von Burgess entwickelt. Nach Burgess konkurrieren die Menschen in Städten um Raum, wenn deren Bevölkerung wächst. Diese Konkurrenz produziert sechs konzentrische Entwicklungs- oder Erschließungszonen, von denen jede einer anderen Funktion dient. Die erste im Zentrum der Stadt liegende Zone ist der Geschäftsbereich (Central Business District) mit Läden und Büros. Daran schließt sich eine zweite Zone, die durch eine hohe Fluktuation ihrer Bewohner, durch niedrige Mieten, hohe Kriminalitätsquoten und verschiedene Formen von Verwahrlosung charakterisiert ist. Jenseits dieser *zone in transition* lagern ringförmig vier Wohngebiete. Das erste wird von Arbeitern bewohnt; das zweite und dritte von der Mittelschicht und den oberen Klassen; das vierte ist eine Zone reicher Pendlervorstädte. Das konzentrische Modell von Burgess trifft gut die Struktur der Stadt Chicago, die nach der industriellen Revolution, aber noch vor der Einführung des Automobils ein starkes Wachstum erlebte.

Diesem idealtypischen Modell der amerikanischen Stadt sind verschiedene andere Modelle gegenübergestellt worden, die sich woanders aufgrund anderer Entwicklungsbedingungen ergeben haben: anstelle der konzentrischen wurden sektorale Strukturen beschrieben, der vom Zentrum ausgehenden Entwicklung wurden polyzentrische Modelle gegenübergestellt. In der sozialökologischen Theorie haben ökonomische, soziale und funktionale Differenzierungen eine zentrale Bedeutung (vgl. Friedrichs 1977, 1995; Hamm/Neumann 1996). Faktoren wie Transport- und Kommunikationstechnologie sowie die Konkurrenz verschiedener Nutzungen sind die entscheidenden Faktoren für die Stadtentwicklung – die Kernthese der Stadtökologie war, dass alle

20

Städte einen vergleichbaren Stand der Produktions- und Verkehrstechnik sowie eine ähnliche Verteilung der Nutzungen im städtischen Raum aufweisen. Politik und Planung spielen praktisch keine Rolle – ein Erbe des amerikanischen Ursprungs dieser Theorierichtung, denn in den USA ist der Einfluss von öffentlicher Planung von weit geringerer Bedeutung für die Stadtentwicklung als in Europa. Die sozialökologische Theorie geht davon aus, dass sich aus den Determinanten Bevölkerungsentwicklung, Technologie und Wettbewerb eine bestimmte Struktur ergebe, die unabhängig von planerischen Eingriffen im Prinzip überall ähnlich sei – eine **Konvergenztheorie** auf der Basis als »natürlich« betrachteter Einflussfaktoren.

Die sozialökologische Theorie beansprucht, ein Modell für die Entwicklung gefunden zu haben, das im Prinzip für alle Großstädte gelten sollte, unabhängig von der gesellschaftlichen Formation, der sie angehörten. Ob daran auch die Abschaffung des Privateigentums am Boden nichts geändert habe, wollte eine Studie zum Vergleich zwischen kapitalistischen und sozialistischen Städten untersuchen (vgl. Friedrichs 1985). Trotz einiger grundlegender Divergenzen wurden in der Studie schließlich die Gemeinsamkeiten in der Entwicklung der untersuchten Großstädte betont, die jedoch aufgrund der gemeinsamen (kapitalistischen) Geschichte und der damals noch relativ kurzen Zeit unter sozialistischem Einfluss noch nicht als Beweis gelten konnten. Dass die politisch motivierten Eingriffe bis zum Untersuchungszeitpunkt erst schwache Spuren hinterlassen hatten, wurde als Beleg für die Konvergenztheorie interpretiert.

Der ökologische Prozess und der Wandel von Nachbarschaften

Ein Beispiel für die Anwendung der ökologischen Theorie ist die Beschreibung des dramatischen Wandels, den der Stadtteil Harlem von New York City im Verlauf seiner relativ kurzen Geschichte erlebt hat.

Heute ist Harlem einer der bekanntesten Slums von Nordamerika, aber das war nicht immer so. Im späten 19. Jahrhundert gehörte Harlem noch zu den begehrtesten Wohngegenden der Stadt. Die Transformation begann etwa in den 20er Jahren, als Harlem auf dem Höhepunkt seiner Reichtumsentwicklung war.

In den späten 1890er Jahren kündigte die Stadtregierung von New York an, dass die bauliche Erweiterung der Stadt entlang einer neuen U-Bahn-Linie stattfinden werde, die von der Mitte Manhattans nach Harlem führt. Diese Nachricht setzte eine Spekulationswelle in Harlem frei. Die Leute waren davon überzeugt, dass die bereits hohen Grundstückspreise sich verdoppeln und verdreifachen würden, wenn der U-Bahn-Anschluss zur zentralen Stadt fertiggestellt war. Die **Developer** begannen Wohnhäuser auf jedes freie Stück Land zu bauen. Da Harlem ein Wohngebiet für die Vornehmen und Reichen war, wurden die neuen Gebäude entsprechend ausgestattet. Die Wohnungen waren groß und hatten geräumige Wohn- und Esszimmer, Räume für Personal und Aufzüge. Der Bauboom führte bald zu einem Überangebot an neuen Wohnungen mit sehr hohen Preisen; viele Wohneinheiten waren fertig, bevor die neue U-Bahn tatsächlich fuhr; der erwartete massive Zuzug von reichen, neuen Bewohnern fand jedoch niemals statt. Die Gebäude standen teilweise oder sogar ganz leer, die Mieteinnahmen gingen zurück. Die Developer verloren ihre Investitionen.

Gleichzeitig gab es eine Bevölkerungsgruppe in der Stadt, die in großer Wohnungsnot lebte und einen starken Bedarf nach besseren Wohnungen hatte: die zunehmende schwarze Bevölkerung. Schwarze Immobilienmakler nutzten nun den Vorteil der sinkenden Mieten in Harlem und versuchten, ihre Klienten dort unterzubringen. Zuerst zogen nur wenige schwarze Familien nach Harlem, denn viele weiße Wohnungseigentümer versuchten, diese Entwicklung zu stoppen, indem sie Vereinbarungen unterschrieben, dass sie nie an schwarze Familien vermieten würden. Diese Bemühungen hatten jedoch keinen Erfolg, weil die Weißen keine einheitliche Linie einhielten. Einige versuchten, ihre Verluste zu begrenzen, indem sie ihre Gebäude für Schwarze öffneten, andere flüchteten sich in Panikverkäufe. Das Ergebnis war ein anhaltender Zuzug von Schwarzen nach Harlem. Zur Zeit des Ersten Weltkriegs war Harlem schon vorwiegend von Schwarzen bewohnt.

Für eine gewisse Zeit war Harlem das luxuriöseste von Schwarzen bewohnte Gebiet in der amerikanischen Geschichte. In den eleganten Apartments, die für die Reichen gebaut waren, hatte sich eine angenehme Nachbarschaft für schwarze Mittelschichtsfamilien entwickelt. Das Problem aber war, dass der ständige Zustrom nach Harlem die Mietpreise wieder ansteigen ließ – und zwar höher, als die meisten der schwarzen Zuwanderer bezahlen konnten. Manche Familien waren dadurch gezwungen, unterzuvermieten, und so entstand nach und nach eine Überbelegung: »Die Menschen wurden so zusammengepfercht, dass es ›unangenehm‹ wurde. Grundeigentümer vernachlässigten, nachdem sie die Häuser für schwarze Mieter geöffnet hatten, die Instandhaltung und ließen die Häuser verkommen – in den Treppenhäusern wurde es dunkel und dreckig, kaputte Wasserleitungen ließ man verrotten, die Heizkörper wurden herausgerissen, weil die Heizung kaputt war, die Kanalisation wurde zerstört, die Wohnungen wurden vom Ungeziefer befallen.« (Osofsky 1966, S. 192). Binnen kurzer Zeit war Harlem zu einem der schlimmsten Slums im ganzen Land geworden.

Von Park u.a. (1925) stammt das *Invasions-/Sukzessionsmodell*, mit dem der Wandel von Stadtvierteln erklärt werden soll. Es ist der Pflanzen- und Tierökologie entliehen. Invasion nimmt Bezug auf das Auftauchen einer neuen Spezies in einer bestimmten Umwelt, und Sukzession bezeichnet einen Wandel im Mischungsverhältnis der verschiedenen Spezies, bis sich eine neue stabile Gemeinschaft gebildet hat. In der städtischen Ökologie beginnt der Invasions- und Sukzessionsprozess, wenn steigende oder fallende Bodenwerte einen neuen Typus von Bewohnern in ein bestimmtes städtisches Quartier locken. Im Harlem der Jahrhundertwende waren die neuen Bewohner schwarze Familien. Der Invasion begegneten die Bewohner mit Widerstand, weil sie nun gezwungen waren, mit den neu Zuziehenden um Land und Wohnungen zu konkurrieren. Wettbewerb erzeugt Konflikt, weil die Gruppen um den Raum kämpfen. Manchmal wird ein Arrangement erreicht, in dem beide Gruppen nebeneinander leben können. In anderen Fällen gibt es keinen Kompromiss, und die eine oder andere Gruppe muss das Feld räumen. Wenn die bisherigen Bewohner das Viertel verlassen, wie es in Harlem der Fall war, hat ein Prozess von Sukzession stattgefunden.

Das Invasions-/Sukzessionsmodell des Wandels von Stadtvierteln wird ergänzt durch das *Lebenszyklusmodell* von Hoover und Vernon (1959). Dieser Ansatz betrachtet den Wandel in städtischen Gebieten als Teil einer größeren Kette von Invasions- und Sukzessionsprozessen. Ein Stadtviertel beginnt seinen Lebenszyklus durch extensive Entwicklung, wie es in Harlem im späten 19. Jahrhundert der Fall war. Dann folgt eine Periode des Übergangs, in der sich die dominierenden sozialen Kräfte verändern (das Überangebot in Harlem z.B., gefolgt von sinkenden Preisen und dem Einzug von schwarzer Bevölkerung). Dem folgt ein Abstieg des Stadtteils, wie es in Harlem der Fall war, als die Grundbesitzer ihr Eigentum verkommen ließen. Läden und Wohnungen verrotten dann so sehr, dass ein großer Teil der Bevölkerung wegzieht. Die Endphase wäre ein Slum, dem nach einer Stadterneuerung eine neue Entwicklung folgen kann.

Städtische Quartiere durchschreiten aber nicht notwendigerweise alle diese Stufen. Manchmal erreichen sie an einem bestimmten Punkt eine neue Stabilität. Der Verlauf des Lebenszyklusmodells ist von einer Reihe von Faktoren abhängig, zu denen die Bevölkerungsentwicklung gehört, das Ausmaß des Wohnungsneubaus, die Kaufkraft der Bewohner und schließlich auch, ob die öffentliche Verwaltung in die Entwicklung des Gebietes eingreift. In einigen Gebieten von East Harlem hat sich der Prozeß des Downgrading inzwischen bereits in ein Upgrading gewandelt: Schwarze Mittelschichtsangehörige tragen – unterstützt durch die Kommunalpolitik – zur Erneuerung der Bausubstanz bei und verändern die soziale Zusammensetzung in einigen Quartieren erheblich, was an Veränderungen im öffentlichen Raum, beim Einzelhandel und beim Dienstleistungsangebot bereits deutlich sichtbar wird.

Die ursprünglichen Theorien der Chicago-Schule waren naiv und ihr Geltungsbereich war nur auf wenige amerikanische Städte beschränkt. Ökonomische Theorien haben einen deutlich höheren Erklärungswert, und im europäischen Kulturkreis kam man ohne Berücksichtigung der Eingriffe der planenden Verwaltung nie zurecht.

Die politisch-ökonomische Theorie

Die politisch-ökonomische Theorie der Stadtentwicklung knüpft an die marxistische Gesellschaftsanalyse an und sieht die sozialräumliche Struktur einer Stadt vor allem als Ergebnis eines Machtkampfes zwischen ökonomischen und politischen Interessen, die ihrerseits wiederum eng mit den Organisations- und Machtstrukturen von Ökonomie und Gesellschaft insgesamt verbunden sind (vgl. z.B. Krämer/Neef 1985; Krätke 1995). Nach diesem Theorieansatz ist die Stadtstruktur weniger das Ergebnis einer funktionalen Anpassung – wie in der sozialökologischen Theorie – als das Resultat von bewussten Entscheidungen, die von Akteuren getroffen werden, die ihre eigenen Interessen verfolgen. Veränderungen im Muster der Stadtentwicklung können daher am besten verstanden werden als Ergebnisse von Entscheidungen über Investitionen, die von ökonomischen und politischen Akteuren innerhalb eines komplexen und sich ebenfalls wandelnden Geflechts von ökonomischen und politischen Kräften getroffen werden (Smith/Feagin 1987).

Stadtstrukturen und Stadtpolitik verändern sich demnach, wenn sich die Akkumulationsstrategien des privaten Kapitals wandeln. Nach den liberalen Revolutionen im 19. Jahrhundert ergriff das Bürgertum die Macht in den Städten und gestaltete diese weitgehend nach den Regeln der ökonomischen Rentabilität. Tiefgreifende soziale und räumliche Gegensätze innerhalb der Stadt waren das Resultat. In den europäischen Städten entwickelte sich dagegen eine breite Opposition, die zu einer Stärkung des Einflusses der öffentlichen Verwaltung in Form von eigener ökonomischer Aktivität, von Planungsrecht und öffentlich gefördertem Wohnungsbau führte. In den USA nahm unter dem Einfluss staatlicher Regulierung und starker Gewerkschaften in der ersten Hälfte des 20. Jahrhunderts die Massenkaufkraft enorm zu, die öffentliche Infrastruktur wurde ausgebaut, und die Wohnverhältnisse verbesserten sich für alle Bewohner. Dies ist die »fordistische« Phase der Stadtentwicklung, in der die Stadtverwaltungen gleichzeitig das ökonomische Wachstum und die Verbesserung der Lebensbedingungen in der Stadt anstrebten. In Europa war diese Phase sowohl durch

20

In modernen Städten wie Frankfurt am Main haben die glitzernden Hochhäuser der Banken und Dienstleitungsunternehmen die alten Fabrikgebäude und Lagerhallen, die die Innenstädte alter Industriemetropolen prägten, ersetzt.

umfangreiche Stadterneuerungsprogramme wie durch einen staatlich gefördertem (sozialen) Wohnungsbau im großen Stil gekennzeichnet, wodurch sich die Wohnmöglichkeiten in den Innenstädten erhalten ließen; in den USA hingegen war dies die Phase eines massenhaften Exodus der weißen Mittelschichten aus den Großstädten ins Umland, ermöglicht durch eine immense Verbreitung des privaten Automobils und eine starke Förderung der privaten Eigentumsbildung.

Die Entwicklungsbedingungen der Städte haben sich seit Mitte der 1970er Jahre durch zwei gleichzeitig einsetzende (und miteinander verbundene) Prozesse grundsätzlich verändert: durch den einsetzenden Übergang von der Industrie- zur Dienstleistungsgesellschaft einerseits, und durch die Internationalisierung der ökonomischen Beziehungen andererseits. Damit wandelt

sich nicht nur die Funktion der Städte innerhalb ihrer Region und der nationalen Ökonomie, sondern auch die Arbeitsplatzstruktur und mit ihr die Sozialstruktur. Die Entwicklung der Städte ist beeinflusst von der Globalisierung kommunikativer und ökonomischer Beziehungen, die durch die modernen Kommunikations- und Produktionstechniken ermöglicht wurde. Diese neue Phase der Stadtentwicklung kann als »*postfordistisch*« bezeichnet werden (vgl. Borst u.a. 1990), weil sich die Entwicklungsbedingungen der Städte, die Entwicklungsziele und die Organisationsformen der lokalen Politik ausdifferenzieren. Gleichzeitig zeigen sich innerhalb der Städte soziale und räumliche Entwicklungen, die als Spaltung der Stadt charakterisiert werden können (vgl. Häußermann/Siebel 1987).

DIE RESTRUKTURIERUNG DER STÄDTE

Mit der Industrialisierung und der Verstädterung hatte sich ein einheitliches Entwicklungsmuster der Städte herausgebildet: Wachstum von Bevölkerung und Arbeitsplätzen. Stadtentwicklung schien vollkommen identisch zu sein mit ökonomischem Wachstum und der Expansion von Siedlungsfläche. Diese Entwicklung vollzog sich nach dem räumlichen Muster der Dekonzentration: die hohe Dichte von Gewerbe und Bevölkerung, die sich während der Industrialisierung herausgebildet hatte, ging allmählich durch die Randwanderung von Gewerbe und Bevölkerung zurück, die Siedlungsfläche der Städte dehnte sich im Prozess der Suburbanisierung aus. Das relative Gewicht der Kernstädte ging dabei zurück, die sozialräumliche Struktur wurde dezentraler.

Suburbanisierung

Vermögende Haushalte zogen vor allem in der Zeit nach dem Zweiten Weltkrieg aus den überfüllten und schlecht ausgestatteten innerstädtischen Altbauquartieren in die Eigenheimquartiere bzw. in neue Großsiedlungen am Stadtrand und pflegten dort einen familienzentrierten Lebensstil (vgl. Gans 1962) – massiv gefördert durch Steuervorteile und staatliche Subventionen. In die frei werdenden innerstädtischen Quartiere zogen seit Beginn der 1960er Jahre vor allem die neuen Zuwanderer aus dem Ausland, die »Gastarbeiter«. Sozial ist eine Differenzierung zwischen Kernstadt und subur-

20

banen Gebieten nach Einkommen, ethnischer Zugehörigkeit und Familienform typisch: In den Altbauquartieren blieben im Zuge dieser Stadtflucht die Ausländer, die ethnischen Minderheiten, die Alleinstehenden (z.B. Studenten und Rentner) und die Unterprivilegierten zurück, im Umland sammelten sich dagegen die beruflich erfolgreichen jungen Familien – und in der Folge nahm der Autoverkehr zwischen den suburbanen Wohngebieten und den innerstädtischen Geschäftszentren stark zu, was die Umweltbelastungen in den Kernstädten weiter erhöhte. In den Vereinigten Staaten steigerte sich diese Bewegung zu einem krassen Gegensatz zwischen Stadt und Umland: »white flight« der Mittelschichtsfamilien in die stark segregierten Vorstädte, große Heterogenität ethnischer Minderheiten und große soziale Probleme in den Slums in den Innenstädten.

Sanierung und Gentrification

Die innerstädtischen Altbauquartiere wurden in den 60er und 70er Jahren Gegenstand der Stadterneuerungspolitik, die zunächst damit begann, ganze Altbauquartiere abzureißen und durch moderne Neubauten zu ersetzen, dann aber – wegen des Widerstandes der Bewohner und unter dem Einfluss nachlassender öffentlicher Finanzmittel – in eine erhaltende Stadtsanierung umgewandelt wurde (vgl. Pfotenhauer 1998), bei der auf die noch vorhandenen Bewohner Rücksicht genommen wird. In den 80er Jahren begann sich die Problemlage insofern zu verändern, als mit der Ausweitung von Steuervorteilen bei der Eigentumsbildung auch auf Investitionen in Altbauten, mit dem Eintritt geburtenstarker Jahrgänge ins Erwerbsleben und mit dem Wandel der Arbeitsplatzstruktur in den Städten eine neue kaufkräftige Nachfrage nach innerstädtischen Altbauwohnungen auftrat, aus deren Erträgen eine Revitalisierung der Innenstädte ohne staatliche Förderung finanzierbar wurde. Zwar war die Innenstadt in europäischen Städten nie so dem Verfall preisgegeben wie in amerikanischen, weil die Stadtpolitik eben nicht nur ökonomischem Kalkül folgte – und in vielen Städten in Europa blieben die historischen innerstädtischen Gebiete die Wohnorte mit dem höchsten Prestige; aber die Stadterweiterungsgebiete aus der Gründerzeit am Rande der Innenstadt, die alten Arbeiterquartiere, waren den Stadtverwaltungen wegen ihres schlechten baulichen Zustands zunehmend zum Problem geworden. Aufwendige Modernisierungen und die Umwandlung

in Eigentumswohnungen führten dort zu einer schleichenden Verdrängung der bisherigen Bewohner. In manchen Städten war dieser Wandel von regelrechten Straßenkämpfen begleitet. In den USA verlief dieser Konflikt jedoch ungleich heftiger als in Deutschland, da der fehlende Mieterschutz und die hohe Nachfrage durch die wachsende Zahl von Ein-Personen-Haushalten in potentiell attraktiven Innenstädten den Marktkräften freien Lauf ließen. Dort sahen viele Stadtverwaltungen, die selbst wenig Einflussmöglichkeiten hatten, diese Revitalisierung als positiv an, manche Städte unterstützten sie nach Kräften. Der englische Begriff für diesen Prozess ist **gentrification** (»Luxussanierung« innenstädtischer Altbaugebiete bei gleichzeitigem Austausch der Bevölkerung gegen eine statushöhere Gruppe; vgl. Friedrichs/Kecskes 1996). Auch in den meisten deutschen Städten nahm die Nachfrage in den attraktiven Altbaugebieten zu, weshalb dort die Mieten stiegen. Zustände wie in den USA sind jedoch auf Grund des starken Mieterschutzes die Ausnahme.

Die Revitalisierung der Innenstädte bedeutet aber kein Ende der Abwanderung ins Umland, vielmehr setzt sich die Suburbanisierung von Wohnen und Gewerbe gleichzeitig fort. In manchen Städten nehmen die Einwohnerzahlen sogar weiterhin ab, aber die Zahl der Haushalte nimmt zu. Dies hat mit der anhaltenden Verkleinerung der durchschnittlichen Haushaltsgröße zu tun: Es gibt in den Städten immer weniger Kinder und immer mehr Ein-Personen-Haushalte, deshalb wächst die Wohnfläche pro Einwohner.

Demographischer Wandel

Die Einwohnerzahl würde in allen Städten abnehmen, wenn nicht permanent neue Menschen zuziehen würden. Früher kamen diese aus den ländlichen Regionen, heute kommen sie aus dem Ausland. Der Anteil der Bewohner mit einem ausländischen Pass nimmt permanent zu.

Da in Deutschland Ausländer nur wenige politische Rechte haben, sind sie in der Stadtpolitik noch kaum repräsentiert. Gegen ihre durchschnittlich schlechteren Wohnbedingungen können sie sich auf demokratischem Weg kaum wehren. Eine der wichtigsten Möglichkeiten, sich gegenseitig zu unterstützen, ist das Zusammenleben in bestimmten Vierteln. In allen Städten konzentrieren sich die ausländischen Bewohner meist in Quartieren mit billigen Wohnungen, die von der einheimischen Bevölkerung nicht mehr nachgefragt

20

werden – nicht nur, weil sie in den besseren Quartieren nicht gerne als Nachbarn geduldet werden, sondern auch, weil sie (zumindest in der ersten Zuwanderergeneration) gerne in der Nähe ihrer Landsleute wohnen. In diesen Vierteln bildet sich ein enges Geflecht von Austauschbeziehungen und eine eigenständige Infrastruktur, die die Zuwanderer weniger abhängig von den deutschen Behörden machen und einen gewissen Schutz gegen alltägliche Diskriminierung bieten. Solche ethnischen Inseln übernehmen Integrations- und Hilfefunktionen, können aber auf Dauer auch die Integration in die Kultur des Aufnahmelandes behindern (vgl. Heckmann 1992 und Heitmeyer/Dollase/Backes 1998).

Ökonomischer Strukturwandel

Mit der Industrialisierung hatten die Arbeitsplätze im produzierenden Bereich in den Städten stark zugenommen. Inzwischen sind aber nur noch etwa 20 Prozent aller Arbeitsplätze in den deutschen Städten solche, auf denen etwas produziert wird – die meisten Menschen sind mittlerweile mit Dienstleistungen beschäftigt (z.B. Handel, Verwaltung, Banken, Rechtsberatung, Werbung, Medien und Kultur, Erziehung und Bildung, Gesundheitswesen). Diese *Tertiarisierung* der städtischen Ökonomie ergibt sich aus einer Verlagerung von Produktionstätigkeiten ins Umland, in ländliche Regionen oder ins Ausland, und sie führt nicht nur zu einer Umstrukturierung der Beschäftigung, sondern auch zu mehr Arbeitslosigkeit. Denn in manchen Städten kann das Wachstum der Dienstleistungen den Verlust bei den Fertigungstätigkeiten nicht kompensieren, und der Strukturwandel führt dann zu einer Deindustrialisierung. Beispiele finden sich vor allem in den vormaligen Industriestädten im Ruhrgebiet und in den neuen Bundesländern.

Diese Städte haben es mit besonderen Problemen zu tun. Leerstehende Fabrikgebäude und brachliegende Betriebsflächen haben regelrechte Löcher in die Stadtstruktur gerissen, für die sich oft keine neuen Nutzungen finden – nicht einmal die Altlasten (z.B. vergiftete Böden) können beseitigt werden, weil den Städten dafür das Geld fehlt (vgl. Hauser 2001). Jüngere Arbeitskräfte wandern ab, die Arbeitslosigkeit ist hoch. Gewerbe- und Einkommensteuereinnahmen der Städte gehen zurück, gleichzeitig steigen die Ausgaben für soziale Aufgaben – ein Teufelskreis des Schrumpfens, aus dem es mancherorts keinen Ausweg gibt.

Bis zum weitgehenden Verschwinden einer Stadt als Folge des ökonomischen Wandels, wie es z.B. für die Stadt Camden in den USA beschrieben wurde (vgl. Lazare 1991), kann die Schrumpfungsspirale in Deutschland allerdings nicht gehen, weil es mit den ökonomisch besser gestellten Bundesländern und Gemeinden einen Finanzausgleich gibt, und weil Arbeitslose und Rentner Transfereinkommen beziehen, die es ihnen ermöglichen, an ihrem angestammten Wohnort zu bleiben, auch wenn es keine Arbeitsplätze mehr gibt. Dennoch müssen in den Städten, die von der Deindustrialisierung stark betroffen sind, die öffentlichen Ausgaben reduziert, Versorgungseinrichtungen (z.B. Schwimmbäder, Schulen) geschlossen und neue Investitionen hinausgezögert werden.

Wachsende Probleme der Suburbanisierung

Immer mehr Städte in den USA geraten an einen Punkt, an dem eine weitere Suburbanisierung nach altem Muster nicht mehr möglich erscheint. Auf Grund des hohen, in Suburbs lebenden Anteils der Bevölkerung (knapp 60 Prozent aller US-Amerikaner) und der großen Zahl von Unternehmen, die ebenfalls außerhalb der Städte angesiedelt sind, haben sich vor allem die Verkehrsprobleme drastisch verschärft. Die Pendelzeiten von und zur Arbeitsstätte sind so stark gestiegen, dass manche Suburbs Einwohner verlieren, weil es kaum noch möglich ist, die Arbeitsstätte und die Shopping Mall an einem Arbeitstag gleichzeitig zu erreichen. Mit den Problemen des Automobilverkehrs ist auch die Umweltbelastung gestiegen; die Zahl der Smog-Tage pro Jahr nimmt zu. Um der steigenden Luftbelastung Herr zu werden, hat die US-Bundesregierung 1992 den *National Clean Air Act* erlassen. Dieser schreibt vor, dass im Falle einer dauerhaften Überschreitung der Grenzwerte für die Luftbelastung die jeweilige Stadt oder Region keine Zuschüsse mehr für weiteren Straßenbau erhält.

In Atlanta, Georgia, wurde das Gesetz bereits angewandt. Atlanta ist zur Zeit eine der am schnellsten wachsenden Städte der USA. In der Zeit von 1990 bis 1998 wuchs der Durchmesser der Stadt von 65 auf 110 Meilen. Seit 1998 entspricht die Luftqualität der Stadt nicht mehr den durch Bundesrichtlinien festgelegten Mindestwerten. Damit verlor die Stadt die Bundeszuschüsse für den Highway-Bau. Der Gouverneur des Staates Georgia setzte eine *Anti-Sprawl-Behörde* ein, deren Aufgabe darin besteht, neue Bauprojekte auf ihre Auswirkungen auf das Verkehrsaufkommen hin zu analysieren und diesen im Zweifelsfall die Anbindung an das Straßennetz nicht zu

20

Veränderungen in der Siedlungsstruktur Deutschlands

Weder die Probleme der Innenstädte noch die Suburbanisierung haben in Deutschland ein solches Ausmaß angenommen wie in den USA. Urbane Traditionen, Eigentümer- und Siedlungsstruktur, Sozialstaat, Wohnungspolitik und politische Steuerung sind für die Unterschiede in der Stadtentwicklung verantwortlich. Obwohl sich die Bedingungen für die Stadtentwicklung in Europa immer mehr denen in den USA annähern, ist es wenig wahrscheinlich, dass sie gleich werden. Noch repräsentiert die europäische Stadt einen Stadttypus, der sich sozialräumlich und strukturell deutlich vom amerikanischen Stadttypus unterscheidet.

Zur Analyse der Entwicklung von Städten und Regionen stehen die Zahlen für die Bevölkerung und für Arbeitsplätze zur Verfügung. Zusammen mit einem Maß für die Bevölkerungsdichte kann man verschiedene Siedlungstypen unterscheiden. Die Bundesanstalt für Bauwesen und Raumordnung gibt im Rahmen ihrer laufenden Raumbeobachtung jährlich Entwicklungsdaten für die von ihr definierten siedlungsstrukturellen Kreistypen heraus. Es handelt sich also um Daten, die auf der Ebene der Kreise bzw. der kreisfreien Städte erhoben werden, aus denen unterschiedliche siedlungsgeographische Typen (Agglomerationen, verstädterte Räume, ländliche Räume) zusammengesetzt werden (vgl. Schaubild 20.1), deren Entwicklung dann anhand der laufenden Statistiken beobachtet werden kann.

Die siedlungsgeographischen Tendenzen zeigen einige Ähnlichkeiten mit den USA: auch in Deutschland ist das Bevölkerungswachstum in den hochverdichteten Kreisen und in den verdichteten Kreisen am stärksten, also an den Rändern der Agglomerationsräume (vgl. Tabelle 20.1). Diese sind als Siedlungstyp den Suburbs in den USA ähnlich. Man kann der Statistik entnehmen, dass in den Kernstädten die Bevölkerungszahlen gleichzeitig abnehmen. In diesen Zahlen manifestiert sich die Suburbanisierung.

Tabelle 20.1: **Fläche und Bevölkerung in den siedlungsstrukturellen Gebietstypen der Bundesrepublik**

Raumbezug	Fläche in km²	Bevölkerung in 1.000	Bevölrungsdichte	Bevölkerungsentwicklung		Zahl der Kreise
	31. 12. 1997			80-97	90-97	1996
Bundesrepublik	357.021	82.057	230	4,7	2,9	439
Agglomerationsräume	96.265	42.799	445	4,5	2,6	150
Kernstädte	8.839	19.650	2.223	0,1	-0,6	44
Hochverdichtete Kreise	24.758	12.956	523	9,9	5,1	43
Verdichtete Kreise	30.990	6.886	222	7,5	5,8	40
Ländliche Kreise	31.678	3.308	104	5,6	5,6	23
Verstädterte Räume	152.394	28.536	187	5,4	3,7	188
Kernstädte	4.189	4.798	1.145	-2,5	-2,7	29
Verdichtete Kreise	74.317	15.505	209	7,6	5,2	91
Ländliche Kreise	73.888	8.233	111	6,2	4,8	68
Ländliche Räume	108.362	10.722	99	3,5	2,3	101
Ländliche Kreise höherer Dichte	47.639	6.461	136	6,4	3,6	58
Ländliche Kreise geringerer Dichte	60.723	4.261	70	-0,7	0,1	43

Tabelle 20.2: **Fläche und Bevölkerung in den siedlungsstrukturellen Gebietstypen der alten Länder**

Raumbezug	Fläche in km²	Bevölkerung in 1.000	Bevölrungsdichte	Bevölkerungsentwicklung		Zahl der Kreise
	31. 12. 1997			80-97	90-97	1996
Bundesrepublik	248.454	64.548	260	8,0	4,8	327
Agglomerationsräume	67.173	34.605	515	5,9	3,6	120
Kernstädte	7.247	14.927	2.060	-0,8	0,2	39
Hochverdichtete Kreise	24.123	12.707	527	10,4	5,3	41
Verdichtete Kreise	23.706	5.500	232	13,3	7,8	30
Ländliche Kreise	12.098	1.471	122	14,9	9,4	10
Verstädterte Räume	116.928	22.747	195	10,6	6,3	141
Kernstädte	2.922	3.428	1.173	1,9	1,4	21
Verdichtete Kreise	61.893	13.242	214	12,2	7,1	72
Ländliche Kreise	52.113	6.077	117	12,4	7,6	48
Ländliche Räume	64.352	7.196	112	10,8	6,1	66
Ländliche Kreise höherer Dichte	38.065	5.041	132	11,8	6,5	44
Ländliche Kreise geringerer Dichte	26.288	2.155	82	8,4	5,6	22

Bei der Betrachtung der Entwicklung in Deutschland fallen die unterschiedlichen Entwicklungen in Ost und West auf. Dem Bevölkerungsrückgang zwischen 1990 und 1997 um 3,7 Prozent im Ostteil steht eine Bevölkerungszunahme um 4,8 Prozent im Westen gegenüber (vgl. Tabelle 20.2). Dramatische Entwicklungen zeigen sich bei den Kernstädten des verstädterten Raumes in den neuen Bundesländern: von 1990 bis 1997 hat

20

Schaubild 20.1.: Siedlungsstrukturelle Kreistypen 1996

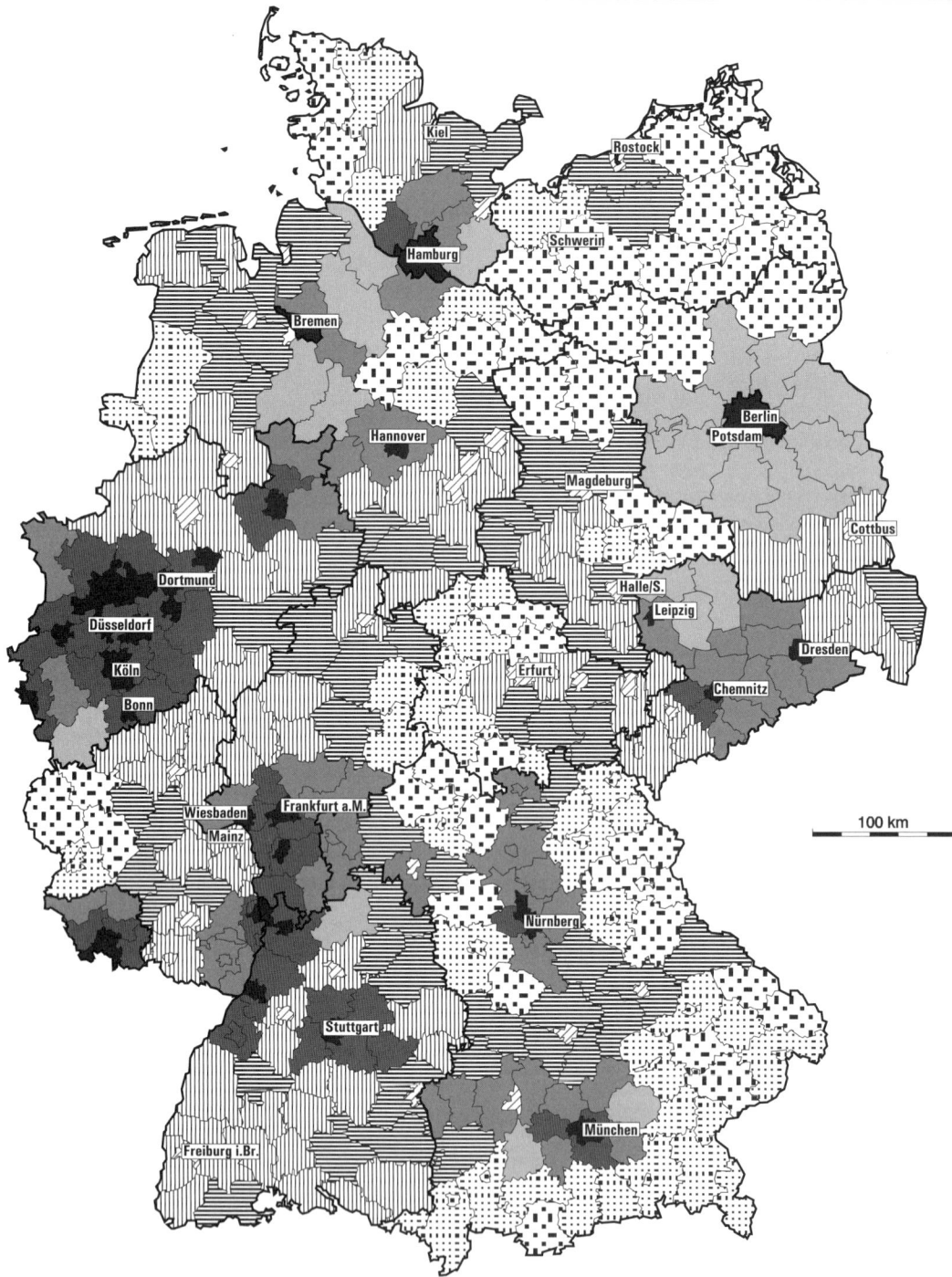

Agglomerationsräume
- ■ Kernstädte
- ▨ Hochverdichtete Kreise
- ▨ Verdichtete Kreise
- ▨ Ländliche Kreise

Verstädterte Räume
- ▨ Kernstädte
- ▨ Verdichtete Kreise
- ▤ Ländliche Kreise

Ländliche Räume
- ⦂ Ländliche Kreise höherer Dichte
- ⦂ Ländliche Kreise geringerer Dichte

Quelle: BBR Bonn, 2000.

sich die Bevölkerungszahl dort um 11,6 Prozent verringert. In den meisten dieser Städte ist die Arbeitslosigkeit hoch, und wegen der Abwanderungen stehen viele Wohnungen leer.

Während in den neuen Bundesländern die ländlichen Räume an Bevölkerung verlieren (vgl. Tabelle 20.3), weisen sie in den alten Ländern die stärksten Bevölkerungszunahmen auf. Nach der Umstrukturierung der Agrarindustrie wandern in Ostdeutschland viele Menschen – vor allem die jüngeren – in die verstädterten Regionen ab. Dieser großräumige Konzentrationsprozess ist in den alten Bundesländern seit den 70er Jahren weitgehend abgeschlossen, dort ist eher ein Dezentralisierungsprozess zu beobachten, in dessen Verlauf Arbeitsplätze und Einwohner die hochverdichteten Kernstädte verlassen. Die suburbanen und noch weiter draußen liegenden neuen Siedlungsgebiete entwickeln dort eine eigenständige Funktionsverflechtung, d.h. ihre Entwicklung ist nicht mehr lediglich als Ausdehnung der Großstädte zu betrachten, sondern auch Ergebnis endogener Wachstumspotentiale. Die starke

Tabelle 20.3: Fläche und Bevölkerung in den siedlungsstrukturellen Gebietstypen der neuen Länder

Raumbezug	Fläche in km²	Bevölkerung in 1.000	Bevölkerungsdichte	Bevölkerungsentwicklung		Zahl der Kreise
	31. 12. 1997			80-97	90-97	1996
Bundesrepublik	108.567	17.509	161	-6,0	-3,7	112
Agglomerationsräume	29.092	8.194	282	-0,9	-1,6	30
Kernstädte	1.592	4.732	2.966	3,1	-3,1	5
Hochverdichtete Kreise	635	250	393	-13,1	-3,7	2
Verdichtete Kreise	7.284	1.385	190	-10,5	-1,6	10
Ländliche Kreise	19.581	1.836	94	-0,8	2,8	13
Verstädterte Räume	35.466	5.789	163	-11,0	-5,7	47
Kernstädte	1.267	1.370	1.081	-12,0	-11,6	8
Verdichtete Kreise	12.424	2.263	182	-13,0	-5,0	19
Ländliche Kreise	21.775	2.156	99	-8,1	-2,3	20
Ländliche Räume	44.010	3.526	80	.8,6	-5,1	35
Ländliche Kreise höherer Dichte	9.574	1.521	148	-8,8	-5,3	14
Ländliche Kreise geringerer Dichte	34.435	2.105	61	-8,5	-5,0	21

Bevölkerungsabnahme in den ländlichen Räumen der neuen Bundesländer schließt auch Schrumpfungsprozesse in den zahlreichen kleinen Landstädten ein, deren Zukunft weitgehend ungeklärt ist. Sollte sich die in den letzten 10 Jahren sichtbar gewordene Entwicklung nicht umkehren, werden ganze Landstriche und darin liegende Städte bald entvölkert sein.

genehmigen. Gleichzeitig ist sie berechtigt, Projekte für den Öffentlichen Personen-Nahverkehr zu planen und zu realisieren. Das Ziel ist, kompaktere Siedlungsformen zu erwirken, die eine Nutzungsmischung von Wohnen und Arbeiten und Erholung bieten – ein städtebauliches Ziel, das auch in Europa wieder große Aufmerksamkeit genießt.

STADTENTWICKLUNG AM ENDE DES 20. JAHRHUNDERTS

Die bis heute wichtigsten Theorieansätze in der Stadtsoziologie stammen aus der Hochzeit der Urbanisierung, also den ersten Jahrzehnten des 20. Jahrhunderts. Sie hatten die Intention, das spezifisch Neue an den großstädtischen Siedlungsgebilden im Unterschied zum Land zu erfassen und die sozialen Konsequenzen der städtischen Lebensweise zu analysieren. Nach der Verallgemeinerung städtischer Lebensweise im Laufe des 20. Jahrhunderts, die einherging mit einem grundlegenden Strukturwandel der ländlichen Regionen (Industrialisierung der Landwirtschaft, Urbanisierung der Lebensweisen), ist der spezifische Gegenstand der Stadtsoziologie schwer zu bestimmen (vgl. Saunders 1981; Krämer-Badoni 1991). Im Rahmen der Stadtpolitik haben stadtsoziologische Untersuchungen eine bleibende Bedeutung, allerdings mit unterschiedlichen Themenschwerpunkten: War die Stadtsoziologie in den 60er Jahren am ehesten als Hilfswissenschaft für die Planung der Stadterweiterung gefragt, wobei insbesondere die Nachbarschaftsthematik von Bedeutung war (vgl. Hamm 1973; Zapf/Heil/Rudolph 1969, Bahrdt 1968), erfüllte sie in den 70er Jahren bei den zahlreichen Stadtsanierungsprojekten eine teils legitimierende (Sozialplanung), teils kritische Funktion mit der Forderung nach Demokratisierung der Planung. Entsprechend den Themenkonjunkturen der politischen Praxis gewannen Fragen der Zuwanderung (Krummacher/ Waltz 1996,

20

Häußermann/Oswald 1997), einer umweltgerechten Wohnweise (Gestring u.a. 1997) und einer ökologischen Stadtorganisation (Ipsen/Cichorowski/Schramm 1998) an Gewicht.

Neben zahlreichen Studien zu städtischen Problemen aus feministischer Sicht (vgl. Dörhöfer 1990; Bauhardt/ Becker 1996) stellten sich der Stadtsoziologie neue Herausforderungen durch die Transformation der ehemals kommunistischen Staaten und durch den mit der Globalisierung verbundenen tiefgreifenden sozio-ökonomischen Strukturwandel, der die räumliche und soziale Struktur der Städte verändert. Die engsten Berührungen zur allgemeinen Soziologie ergeben sich bei der Untersuchung sozialer Ungleichheit in der Stadt, einem klassischen Thema der Stadtsoziologie.

Soziale Ausgrenzung

Der ökonomische Strukturwandel der Städte führt zu einem Umbau der Beschäftigungsstruktur. Wo der Abbau der Fertigungsarbeitsplätze rascher voranschreitet als die Expansion von Dienstleistungen, nimmt die Arbeitslosigkeit zu. Das ist in fast allen Städten der Fall. Auch haben die neuen Dienstleistungsarbeitsplätze eine andere Struktur als die traditionelle Industrie: Arbeiter mit einem festen Arbeitsplatz und einem durchschnittlichen Einkommen gibt es immer weniger. Die Zahl der sehr gut verdienenden Beschäftigten bei Banken, Versicherungen, Unternehmensleitungen usw. nimmt zu – gleichzeitig aber auch die Zahl derjenigen, die nur noch zeitweilige Beschäftigung, Teilzeitarbeitsplätze oder sehr schlecht bezahlte Tätigkeiten in der Gastronomie, bei Putz- und Bewachungsdiensten usw. haben. In der postindustriellen, postfordistischen Stadt – so lautet eine in der Stadtforschung verbreitete Annahme – nehmen die Einkommensunterschiede zu, die Sozialstruktur polarisiert sich – und langfristig wird dies, weil sich der Staat aus der Wohnungsversorgung zurückzieht und diese stärker den Marktmechanismen überlässt, zu einer stärkeren räumlichen Segregation führen (vgl. Häußermann/ Kapphan 2000).

Untersuchungen über die Situation der Schwarzen in amerikanischen Großstädten waren der Ausgangspunkt für eine erneute Thematisierung von innerstädtischer **Segregation** als Ausdruck, aber auch als Ursache sozialer Ungleichheit. W. J. Wilson (1987) hat die These vertreten, dass für die starke Benachteiligung von Schwarzen in den Slums inzwischen weniger die rassische Diskriminierung als eine sozialräumliche Isolation verant-

wortlich sei. Der Wohnort war damit als Ursprung sozialer Benachteiligung benannt. Wenn räumliche Isolation zur sozialen und ökonomischen Marginalisierung hinzukommt, verstärken sich bestimmte Faktoren sozialer Ungleichheit gegenseitig so, dass von sozialer Ausgrenzung gesprochen werden muss. Wilson spricht von der Herausbildung einer »New Urban Underclass«.

Auch in Europa hat eine Diskussion über den Zusammenhang von sozio-ökonomischer und räumlicher Restrukturierung begonnen. Dabei werden sowohl Ähnlichkeiten wie Unterschiede zwischen europäischen und amerikanischen Städten beschrieben (vgl. Dubet/ Lapeyronnie 1992, Wacquant 1996). Einigkeit besteht darüber, dass die radikale Ausgrenzung ganzer Bevölkerungsgruppen in europäischen Städten durch sozialstaatliche Sicherungssysteme und den staatlichen Einfluss auf die Wohnungsversorgung verhindert wird. Europäische Forscher betonen den Prozesscharakter der Ausgrenzung, der unter bestimmten Bedingungen auch zu einer räumlichen Konzentration von marginalisierter Bevölkerung führen kann (Alisch/Dangschat 1998; Häußermann/Kapphan 2000, Keller 1999). Danach führt die kumulative Überlagerung von Problemen bzw. Benachteiligungen in verschiedenen Bereichen (Arbeitsmarkt, Bildungssystem, kulturelle bzw. ethnische Stigmatisierung, Wohnungsversorgung) zu einer gesellschaftlichen Marginalisierung, die durch die räumliche Konzentration von Personen oder Haushalten mit ähnlichen Problemen verstärkt und dauerhaft wird. Neben der Verarmung als Folge von Arbeitsplatzverlust ist die selektive räumliche Mobilität der Bevölkerung eine wesentliche Ursache für die Herausbildung von Problem-Quartieren, denn ökonomisch und sozial integrierte Haushalte fürchten beim Anwachsen von sozialen Problemen in ihrer Nachbarschaft um ihren Sozialstatus und um die Zukunft ihrer Kinder und verlassen solche Quartiere. Dadurch nimmt die soziale Entmischung zu und die verbleibenden Nachbarschaften sind immer weniger in der Lage, aus eigener Kraft notwendige soziale Integrationsleistungen (etwa gegenüber Zuwanderern) zu erbringen.

Die Privatisierung der Wohnungsversorgung, die abnehmende Bedeutung staatlicher Interventionen und Investitionen für die sozialräumliche Struktur und die wachsenden sozialen Probleme in den großen Städten führen zu der Frage, wie die kulturelle und soziale Integration der Städte in der Zukunft noch gelingen kann. Möglicherweise werden die stadtsoziologischen Theorien aus der ersten Hälfte des 20. Jahrhunderts, die auf ökonomischem Wachstum beruhen, für die Beschrei-

20

Postkommunistische Transformation

Die sozialökologische Theorie hatte den Anspruch, universal gültige Modelle der Stadtentwicklung zu formulieren. Ein Test dafür war der Versuch, mit Hilfe der sozialökologischen Theorie Struktur und Entwicklung von Großstädten in kommunistischen Ländern abzubilden. J. Friedrichs (1985) hat in einem groß angelegten Vergleich, der sozialökologischen Schule folgend, die Konvergenz der Stadtentwicklung in Ost und West zu belegen versucht; Szelenyi (1996) dagegen betonte den systemspezifischen Charakter der Städte im Realsozialismus. Für die Konvergenz sprachen die Angleichung einiger grundlegender Determinanten der Raumstruktur wie die Verkehrs- und Kommunikationstechnik und die wachsende Bedeutung von Dienstleistungen für die städtische Ökonomie. Für eine abweichende, spezifisch sozialistische Stadtentwicklung dagegen sprach der fehlende ökonomische Wettbewerb um Standorte, also die Außerkraftsetzung des **Grundrentenmechanismus** bei verstaatlichtem Grundeigentum, die geringe soziale Differenzierung der Bevölkerung und der überragende Einfluss der Politik auf Investitionen und auf die Wohnstandorte der Bevölkerung. Da es keine individuelle Wahlfreiheit bei der Wohnungssuche gab, sondern eine Zuteilung nach politischen und sozialen Kriterien, bildeten sich in den sozialistischen Städten andere Muster der residentiellen Segregation heraus als in den kapitalistischen Ländern. Die Annäherung der Klassen und Schichten war ein herausragendes Ziel der sozialistischen Wohnungs- und Stadtpolitik (vgl. Hannemann 1996).

Wo die Vorstellungen von einer »sozialistischen Stadt« in großem Stil realisiert wurden, wie z.B. in Ost-Berlin, Warschau oder Bukarest, zeigt sich das Ziel, im Unterschied zur Dominanz des Kommerzes im Zentrum die politischen, kulturellen und gesellschaftlichen Einrichtungen zu platzieren. Das Stadtzentrum wurde zu einer Bühne der Macht von Staat und Partei gestaltet, was sich in grandiosen Achsen und der Anlage von riesigen Plätzen niederschlug, die Platz für den periodischen Aufmarsch von Militär und Menschenmassen boten. Möglich war dieser radikale Eingriff in historisch gewachsene Raumstrukturen durch die staatliche Verfügung über den Boden und durch das staatliche Investitionsmonopol. Vom europäischen Erbe der bürgerlichen Stadt, die sich kleinteilig und aus dezentralen Entscheidungen im Rahmen eines von der lokalen Selbstverwaltung gesetzten Regelwerks entwickelte (vgl. Hoffmann-Axthelm 1993), war der zentral ge-

»Stalinstadt«, 1953 gegründet und ab 1961 »Eisenhüttenstadt« genannt, war neben den Bauten an der Stalinallee in Berlin das herausragende Beispiel für einen sozialistischen Städtebau in Deutschland. In dieser Stadtgründung konnten die Grundsätze sozialistischer Leitbilder in reiner Form verwirklicht werden. Der ganze Stadtgrundriss ist auf das Werkstor ausgerichtet, das im an den barocken Planstädten orientierten städtebaulichen Entwurf die Stelle des Schlosses einnimmt. Der Kerngedanke der Stadtkomposition besteht darin, Werk und Stadt durch die Magistrale (»Leninallee«) aufeinander zu beziehen. Das monumentale Werkstor und der Turm des Rathauses sollten die beiden zentralen Pole der Stadt sichtbar machen.

bung der zukünftigen Perspektiven der Stadtentwicklung in den westlichen Ländern revidiert bzw. neu formuliert werden müssen. Neben den wachsenden ökologischen Problemen sind Fragen der sozialen Integration voraussichtlich das wichtigste Thema der Stadtentwicklung im 21. Jahrhundert.

Stadtentwicklung unter den Bedingungen der Globalisierung

Die Folgen der Globalisierung für Städte und Regionen sind tiefgreifend, da gerade das an Bedeutung zu verlieren droht, was das kulturelle und ökonomische Potential der Städte war: die räumliche Verdichtung von heterogenen Funktionen und sozialen Beziehungen, die ein innovatives Milieu und eine emanzipatorische soziale Praxis zur Folge hatte. Die Städte werden mit den Folgen der Globalisierung in einer Phase konfrontiert, in der mit dem Übergang von der Industrie-

20

steuerte und an einem zentral formulierten Leitbild orientierte Stadtumbau im Sozialismus weit entfernt. Insofern handelte es sich auch um einen anderen Stadttypus. Der auffälligste Gegensatz in der Entwicklung kapitalistischer und sozialistischer Städte bestand – neben der unterschiedlichen Zentrumsgestaltung – in einer unterschiedlichen Wohnungsversorgung. Zum ersten: in den westlichen Innenstädten mussten die Wohnhäuser einer gewerblichen Nutzung weichen: Neubauten dienten Handel und Gewerbe; in den östlichen Städten wurden dagegen auch mitten im Zentrum neue Wohn(hoch)häuser errichtet, denn die Allokation der Funktionen war nicht vom Bodenpreis bestimmt, und ein kleinteiliges Dienstleistungsgewerbe existierte in der staatlichen Planwirtschaft ohnehin kaum noch. Zum zweiten: die auf der Basis der Verbreitung von privaten PKWs und privater Eigentumsbildung gewachsene Suburbanisierung, die für die Stadtentwicklung in den westlichen Ländern so typisch ist, fand in den

kommunistisch organisierten Städten nicht statt. Eine Frage ist, ob die Transformation nach dem Ende der kommunistischen Regimes nun zu einer Angleichung von Struktur und Entwicklung der Städte führt, oder ob die Prägung durch die sozialistischen Investitionen so nachhaltig ist, dass hier zumindest mittelfristig ein neuer Typ von Stadt entstanden ist: die postkommunistische Stadt (vgl. Häußermann/Neef 1996).

Ob Prozesse der Angleichung oder der Divergenz die Oberhand behalten, hängt von einer Vielzahl von Faktoren ab, die sich bis heute in den einzelnen Ländern sehr unterscheiden und keine einheitlichen Muster erkennen lassen (vgl. Andrusz u.a. 1996). Die Frage, welche Eigentumsstruktur die künftigen Entwicklungen bestimmen wird, ist noch unklar, denn nur in wenigen Ländern wird das frühere Privateigentum an die ursprünglichen Eigentümer rücküberträgt. Marktförmige Steuerung und privates Eigentum als Grundinstitutionen der Transfor-

mation werden zwar überall eingeführt, aber mit unterschiedlicher Radikalität, auf verschiedene Weise und daher auch mit unterschiedlichen Wirkungen. Welche Rolle das internationale Kapital bei der Stadtentwicklung spielen wird, ist in den einzelnen Ländern ebenfalls unterschiedlich. Und schließlich werden die Ausgestaltung der lokalen Verwaltung, der Umfang sozialstaatlicher Sicherungssysteme und die sozialen Differenzierungen, die sich aus der neuen ökonomischen und politischen Ordnung ergeben, von zentraler Bedeutung für die sozialräumliche Struktur und für die Integrationskraft der postkommunistischen Städte sein.

Der Stadtsoziologie eröffnet sich mit der Transformation der osteuropäischen Städte ein breites Forschungsfeld mit zum Teil neuartigen Problemstellungen, aber auch mit der Möglichkeit, überkommene Theoriebestände zu testen und weiter zu entwickeln.

---

zur Dienstleistungsökonomie das soziale und räumliche Gefüge der großen Städte ohnehin einem grundlegenden Wandel unterworfen ist. Deindustrialisierung, steigende Arbeitslosigkeit, Finanznot und der Zwang zur Privatisierung bzw. zur Kooperation mit privaten Investoren bilden die Koordinaten für die Stadtpolitik – die zunehmend die Lösung dieser Probleme darin sieht, die Stadt im Lichte der globalen Ökonomie als attraktiven Standort zu positionieren. Dies ist insofern realistisch, als große Investitionen in den Städten fast nur noch von internationalen Kapital- und Immobiliengesellschaften getragen werden. Für diese Branche sind die Städte der Welt tatsächlich zu einem globalen Dorf geworden, dessen einzelne Quartiere nur unter der Perspektive einer optimalen Rendite betrachtet werden – lokale Kultur interessiert nur insoweit, als sie die Rendite (positiv oder negativ) beeinflussen kann. Wer die zentralen Flächen in den großen Städten nutzt und wie sie gestaltet werden, folgt immer stärker global einheitlichen Mustern. Insofern werden die großen Städte zu austauschbaren Orten in einem globalen Investoren-Netz, sie werden selbst zum Spielball von Global Players.

Neben dieser universalen Integration aller Städte in

den Prozess der Globalisierung bildet sich ein besonderer Stadttyp heraus, die »World Cities« bzw. die **Global Cities**, von denen aus die globale Ökonomie gesteuert wird. Die weltweit verstreuten wirtschaftlichen Aktivitäten erzeugen einen hohen Bedarf an zentralen Kontroll- und Managementfunktionen, die sich in relativ wenigen Städten konzentrieren. Dies sind die *Global Cities*, gleichsam Bodenstationen der Globalisierung, zentrale Orte in einem virtuellen Raum. Insbesondere Sassen (1991 und 1994) vertritt die These, diese Rolle sei systematisch mit der sozialen Struktur, mit der Arbeitsorganisation, der Einkommensverteilung, der Konsumstruktur und einem neuen Muster sozialer Ungleichheit in diesen Städten verbunden. Der Wandel der Sozialstruktur sei geprägt von einer Polarisierung der Einkommensverteilung, einer Verschlechterung der Beschäftigungsverhältnisse und einer neuen Form von Immigration. Sassen zufolge führt das Wachstum von Dienstleistungstätigkeiten vor allem zu einer Zunahme von Arbeitsplätzen sowohl am oberen als auch am unteren Ende der Einkommensskala. Der Zusammenhang zeige sich in zwei Entwicklungen:

a) Die Restrukturierung des sozialen Raums gehörte zu den Folgen der Funktion einer Stadt als globales

Finanzdienstleistungszentrum. Denn einerseits kommt dem Bürobau eine besondere Bedeutung zu (auch als Anlagemöglichkeit für das globale Kapital), und andererseits gibt es in den international orientierten Dienstleistungsfirmen eine große Zahl junger gut verdienender Angestellter, die innerstädtische Quartiere als Wohnort bevorzugen. Durch die damit verbundenen Mietsteigerungen und durch den Bau von Luxuswohnungen in innenstadtnahen Lagen sind in den Global Cities **Gentrification**-Prozesse in bisher ungekanntem Ausmaß zu verzeichnen.

b) Sassen folgert schließlich aus der von ihr beschriebenen Polarisierung der Arbeitsmärkte, dass es in den Global Cities auch zu einer neuen Form von globalisierungsspezifischer Immigration kommt. Sie verweist auf die starke Zunahme von Arbeitsplätzen im Baugewerbe, beim Reinigungspersonal und in Kleinbetrieben wie Wäschereien oder Restaurants, die meist sehr schlecht bezahlt sind, keine soziale Absicherung beinhalten und dementsprechend zur Entstehung eines neuen informellen Arbeitsmarktes beitragen. Da vorzugsweise Immigranten die Arbeitsplätze in diesem informellen Sektor einnehmen, kann nach Sassens Auffassung auch die zunehmende bzw. gerade einsetzende Immigration in New York, London und Tokio auch als Folge der Global City-Funktion interpretiert werden.

Sassens Modell der Global City als neuem Stadttypus basiert auf einer Analyse der Städte New York, London und Tokio. Auf dieser Grundlage vertritt sie die These, die dort stattfindenden Prozesse verliefen im Prinzip in allen bedeutenden Finanzzentren der Welt ähnlich – auch im kontinentaleuropäischen Städtesystem. Dass eine Übertragung des vor allem am Beispiel New York gewonnenen Modells auf alle Weltregionen möglich ist, wird jedoch inzwischen stark bezweifelt. Sassens Aussagen über die Entwicklung der Struktur des Dienstleistungsarbeitsmarktes und über die Funktionalität von Zuwanderung auf einem gespaltenen Arbeitsmarkt beschreiben eine Realität, die typisch für alle großen Städte am Ende des 20. Jahrhunderts ist – unabhängig davon, ob sie im Globalisierungsprozess eine aktive Rolle spielen oder vor allem unter deren unerfreulichen Folgen leiden. Tertiarisierung und Zuwanderung bilden ein Paar, das in allen großen Städten zu einem ähnlichen demographischen Wandel führt. Am Beispiel der niederländischen Agglomeration Randstad zeigte Hamnett (1994), dass globalisierungsbedingte Veränderungen des Arbeitsmarktes nicht notwendigerweise polarisierende Auswirkungen auf die Einkommens- und Be-

schäftigungsverhältnisse haben müssen. Vielmehr stellt er fest, dass in der Randstad Holland, die mit den Zentren Rotterdam und Amsterdam eine wichtige Rolle für die Weltwirtschaft spielt, ein allgemeiner Professionalisierungs- und nicht ein Polarisierungsprozess zu beobachten ist. Ähnliche Aussagen macht – in direktem Gegensatz zu Sassens Beschreibung – Preteceille (2000) für Paris und London. Polarisierung von Arbeitsmarkt und Beschäftigung sind dagegen auch in Städten zu finden, die nicht im Verdacht stehen, ein Knotenpunkt globaler Finanzströme zu sein, weil der Übergang von der Industrie- zur Dienstleistungsökonomie überall tiefgreifende Wirkungen hat. Vielleicht wäre es sinnvoller, von der postindustriellen Stadt und nicht von einer Global City zu sprechen.

Keine Stadt ist unvermittelt den Kräften der Globalisierung ausgesetzt, vielmehr finden sich in allen Städten politische Strukturen, kulturelle Traditionen und soziale Institutionen, die – je nach politischem und ökonomischem System auf verschiedene Weise – als Barriere dagegen wirken, dass sich die entfesselten Kräfte des Weltmarkts unmittelbar in die Lebenswirklichkeit der Stadtbewohner umsetzen (vgl. Stratmann 1999). Globalisierung verändert die Raum-Zeit-Koordinaten sozialer Beziehungen. Soziale Spaltung und räumliche Separation verschiedener Gruppen, Probleme also, die der demographische und ökonomische Wandel in den Städten verursacht, werden durch die Globalisierung zwar nicht hervorgerufen, aber doch erheblich verschärft. Die Globalisierungsfolgen treffen die Stadtbewohner unterschiedlich. Negativ betroffen von den Möglichkeiten, Produktionsprozesse weltweit zu organisieren, sind in den Städten der hochindustrialisierten westlichen Welt vor allem die gering Qualifizierten und die weniger Anpassungsfähigen, weil deren Arbeitsplätze gleichsam auswandern. Die Gewinner der Globalisierung sind die Gruppen der neuen Dienstleister, die steile Karrieren machen und sehr viel Geld verdienen können. Da Kapitalströme staatlicher Kontrolle weitgehend entzogen sind, ergibt sich aus der gesteigerten Mobilität ein **Macht**gewinn der Kapitalseite. Teile der nationalen und der städtischen Politik geraten oder begeben sich in Abhängigkeit von internationalen Finanzmärkten. Städte, die der Suggestivkraft globaler Funktionen erliegen und in die imaginäre Klasse der Global Cities aufsteigen wollen, stehen in der Gefahr, eine faire und produktive Verknüpfung von globalen und lokalen Schichten der städtischen Milieus zu verpassen.

20

Zusammenfassung

1. Die Soziologie beschäftigt sich mit der Entwicklung von Städten und Gemeinden auf zweierlei Weise: Zum einen werden die Effekte der Verstädterung für die Lebensweise und für die sozialen Beziehungen untersucht; zum anderen stehen die Muster und Gesetzmäßigkeiten der Entwicklung von großen Städten im Mittelpunkt der Aufmerksamkeit.

2. Die Effekte der Urbanisierung für die sozialen Beziehungen und Lebensweisen werden von Soziologen unterschiedlich beurteilt. Während zu Beginn des 20. Jahrhunderts die Befürchtungen überwogen, durch die Auflösung der dörflichen Gemeinschaften würde das Zusammenleben der Menschen zerstört, abweichendes Verhalten werde um sich greifen und in der Künstlichkeit des großstädtischen Lebens gingen die menschlichen Werte unter, hat die Forschung gezeigt, dass es sich beim Übergang von der dörflichen Gemeinschaft zur großstädtischen Gesellschaft um einen Wandel von Vergesellschaftungsformen handelt, der freilich ambivalente Folgen hat. Am klarsten hat dies Georg Simmel gesehen, der auf der einen Seite die Emanzipationsgewinne für die Individualität in der Großstadt betonte, auf der anderen Seite aber auch die Verluste im emotionalen Bereich nicht vernachlässigte. Inzwischen gilt es als sicher, dass auch in der Großstadt selbstgewählte soziale Beziehungen sehr stabil sind, dass diese sich freilich nur noch in Ausnahmefällen mit der lokalen Nachbarschaft decken. Eine Großstadt ist eine Ansammlung von verschiedenen Milieus und Kulturen, zwischen denen die Bewohner auch wechseln können.

3. In Europa gründet sich die Kultur der Städte auch auf ihre Geschichte: Im Mittelalter waren sie Inseln der politischen Autonomie und bürgerlichen Freiheit in einem von Feudalherren beherrschten Land. Aus dieser Sonderstellung entwickelte sich eine besondere ökonomische und kulturelle Produktivität der Städte, die sie zu zentralen Trägern der europäischen Kultur werden ließ. Das Verhältnis zwischen Stadt und Land änderte sich im Laufe des 19. Jahrhunderts grundsätzlich, weil sich die politischen und sozialen Strukturen der Städte nach und nach auf die ganze Nation ausdehnten. Mit der Modernisierung und Demokratisierung der Flächenstaaten im Laufe des 20. Jahrhunderts sind die krassen Stadt-Land-Unterschiede verschwunden.

4. Mit der Industrialisierung entstanden auch neue Rahmenbedingungen für die Entwicklung der Städte. Die frühesten Theorien zur Stadtentwicklung, die an der Universität von Chicago in den 1920er-Jahren entwickelt wurden, lehnten sich an die Konzeptionen der Pflanzen- und Tierökologie an und identifizierten die Bevölkerungsentwicklung, die Technologie und den Wettbewerb als die entscheidenden Faktoren der Stadtentwicklung. Auf der Basis dieser Theorie wurden verschiedene Modelle der Stadtentwicklung konstruiert; es gelang allerdings nie, das angestrebte universale Stadtentwicklungsmodell auszuarbeiten. Einer solchen Vorstellung stand die politisch-ökonomische Theorie der Stadtentwicklung von vornherein ablehnend gegenüber, weil bei ihr einerseits zwar die ökonomischen Faktoren eine zentrale Rolle spielen, aber andererseits das Zusammenspiel mit Politik und Planung erst den konkreten Rahmen für die Entwicklung der Städte ergibt. Die ökonomischen Analysen zur Stadtentwicklung werden ergänzt durch die Analyse von politischen Ent-

scheidungsprozessen, die in verschiedenen Gesellschaften, aber auch in verschiedenen Städten des gleichen Landes zu durchaus unterschiedlichen Stadtstrukturen führen können.

5. Die Stadtentwicklung im 20. Jahrhundert war geprägt vom Prozess der Suburbanisierung. Haushalte und Gewerbebetriebe siedeln sich außerhalb der dicht bebauten Kernstädte von Agglomerationen an, und im Laufe der Zeit wächst das Umland sogar rascher als die Kernstädte. Am Ende des 20. Jahrhunderts haben sich die Gewichte zwischen Kernstadt und Umland verschoben: Das Umland zeigt eigenständiges Wachstumspotential, so dass die traditionelle Hierarchie zwischen Zentrum, Umland und Peripherie in Frage gestellt ist. Wo die Suburbanisierung vor allem auf der Basis des Automobils organisiert wird, wie es in den USA ausschließlich und in Europa überwiegend der Fall ist, entstehen irgendwann Grenzen der Mobilität. Daraus können sich neue Formen der Stadtentwicklung und des Verkehrssystems entwickeln.

6. Besonderes Interesse bringt die Stadtsoziologie dem Wandel von städtischen Quartieren entgegen, weil sich in einem solchen Wandel einerseits die Destabilisierung von lokalen Sozialsystemen zeigt, und weil dieser Wandel häufig durch Auseinandersetzungen zwischen Bevölkerungsgruppen mit unterschiedlichen Machtpotentialen geprägt ist: Haushalte mit höheren Einkommen können sich in einer Marktwirtschaft ihre Wohnstandorte aussuchen und die angestammten Bewohner z.B. aus attraktiven Altbaugebieten verdrängen. Andererseits gibt es eine Diskriminierung von z.B. ethnischen Minderheiten, denen der Zugang zu bestimmten Quartieren verwehrt ist und die sich deshalb häufig in ihnen zugängliche Quartiere zurückziehen. Die Konzentration von Minderheiten in bestimmten Quartieren (Segregation) hat positive und negative Effekte für die soziale Lage und die soziale Mobilität der Bewohner.

7. Im Zuge der Restrukturierung der Städte im Übergang von der Industrie- zur Dienstleistungsgesellschaft, der begleitet ist von einem Rückzug des Staates aus der Wohnungsversorgung, ergibt sich eine schärfere soziale Segregation auch in europäischen Städten, wie sie bisher nur in den amerikanischen Städten üblich war. Es besteht die Gefahr, dass sich in den Städten aufgrund von materieller und sozialer Unterprivilegierung eine räumliche Konzentration von Bevölkerungsgruppen mit großen sozialen Problemen herausbildet, die dann selber weiter benachteiligend wirkt. Auf diese Weise können Orte der Ausgrenzung in der Stadt entstehen.

8. Der Strukturwandel der Städte steht im Zusammenhang mit den neuen Kommunikations- und Interaktionsbeziehungen, die unter dem Stichwort Globalisierung zusammengefasst werden. Im Zuge der Globalisierung strukturiert sich auch das internationale Städtesystem neu, in dem sich eine Gruppe von »Global Cities« herausbildet, in denen sich die wichtigen Leitungs- und Entscheidungsfunktionen für die globalisierte Ökonomie konzentrieren. Die Global Cities stellen zwar einen neuen Typus von zentralen Orten dar, sie bilden jedoch keine besonderen sozialstrukturellen Formationen im Vergleich zu den übrigen Großstädten aus, die ebenfalls einem Tertiarisierungs- und Differenzierungsprozess unterworfen sind.

9. Ein ganz neues Kapitel hat sich für die Stadtforschung mit dem Ende der kommunistischen Systeme ergeben, die nachhaltigen Ein-

20

fluss auf die Stadtentwicklung genommen hatten. Der Umbau zur »sozialistischen Stadt«, der die Verstaatlichung des Bodeneigentums und ein vollkommen staatlich gelenktes Wohnungssystem zur Voraussetzung hatte, wird in der postkommunistischen Transformation rückgängig gemacht, denn die früheren sozialräumlichen Strukturen werden im Zuge der Privatisierung von Grund und Boden und des Wohnungswesens nach und nach wiederhergestellt. Die postkommunistische Transformation bietet ein gutes Feld für die Untersuchung der Frage, ob es tatsächlich universalistische Stadtentwicklungsmuster gibt, wie die sozialökologische Schule sie postuliert hatte, oder ob gesellschaftliche und politische Faktoren von größerer Bedeutung sind.

Wiederholungsfragen

1. Inwiefern ist das Wissen über die Stadtgeschichte nützlich, um das heutige Gemeindeleben und die Urbanisierung zu verstehen?
2. Wie verändern sich Nachbarschaften bzw. Stadtquartiere?
3. Vergleichen Sie das Leben in ländlichen, suburbanen und innerstädtischen Gegenden.

4. Wie beeinflusst der ökonomische Strukturwandel die Stadtentwicklung?

Übungsaufgaben

1. Jedes der in diesem Kapitel beschriebenen Siedlungsmuster bringt positive und negative Konsequenzen für die Individuen mit sich, die in solchen Gebieten leben. Beschreiben und bewerten Sie die jeweiligen Konsequenzen.
2. Ist Ihrer Ansicht nach der Aufstieg und der Fall von Stadtvierteln primär ein natürlicher Prozess, der auf sich verändernden Mustern funktionaler Integration beruht, oder eher ein Machtkampf? Gilt das gleiche für das Wachstum von Städten?
3. Inwiefern können die kapitalistischen ökonomischen Prozesse (wie im politisch-ökonomischen Ansatz beschrieben) Trends in der Entwicklung der Städte und im städtischen Leben erklären?

4. Wenn Sie sich an Ihren Heimatort erinnern, welcher Ansatz zur Auswirkung von Urbanisierung auf die Gemeinschaft lässt sich in diesem Ort beobachten: Desintegration, Persistenz oder Transformation?
5. Sind die Modelle von Gemeinschaft und Gesellschaft von Tönnies brauchbar, um das Wesen des aktuellen sozialen Lebens zu beschreiben?
6. Wie verändern sich Stadtgesellschaften unter den Bedingungen der Globalisierung?

Glossar

Developer Ein Berufsstand bzw. eine Branche, die sich auf die Entwicklung von Grundstücken spezialisiert hat. Das heißt: für (im ökonomischen Sinne) untergenutzte oder brach liegende Flächen werden neue Nutzungskonzepte entwickelt, Baugenehmigungen eingeholt und Finanzierungsmodelle aufgestellt. Entweder das Konzept oder das bereits realisierte Projekt wird dann an gewerbliche Investoren oder Selbstnutzer verkauft.

Gemeinde Wie im Englischen der Begriff *community* zwei Bedeutungen hat, nämlich Gemeinde und Gemeinschaft, hat im Deutschen der Begriff Gemeinde die Doppelbedeutung der administrativen Institution Gemeinde und der gemeinschaftlich integrierten Gemeinde wie z.B. eine Kirchengemeinde. Diese Doppeldeutigkeit stiftet manchmal Verwirrung, weil z.B. eine Großstadt administrativ auch eine Gemeinde ist, mit einer über gemeinsame Werte integrierten Gemeinschaft aber nicht das Geringste zu tun hat.

Gemeinschaft Von Ferdinand Tönnies benutzter Begriff zur Beschreibung von kleinen, stabilen und traditionellen Siedlungen, in denen die Einwohner von der Geburt bis zu ihrem Tod wohnen. Gemeinschaften beruhen in der Regel auf einem Wertekonsens.

Gentrification Abgeleitet vom englischen *gentry* (vornehme Bürgerschaft). Beschreibt den Austausch (Verdrängung) der eingesessenen Bevölkerung durch eine sozial höhere Schicht in innerstädtischen Altbaugebieten im Zusammenhang baulicher Aufwertung.

Gesellschaft Von Ferdinand Tönnies benutzter Begriff zur Beschreibung von Siedlungen, die durch große Bevölkerung, soziale und geographische Mobilität und relativ unpersönliche Beziehungen geprägt sind. Im Gegensatz zu Gemeinschaften haben Gesellschaften eine pluralistische und offene Wertebasis.

Global City Von Saskia Sassen vorgeschlagene, aber umstrittene Kategorie. Geht davon aus, dass transnationale Konzerne der Finanzdienstleistungen und der Medienwelt ihre Hauptquartiere in bestimmten Städten ansiedeln, die die Voraussetzungen für eine globale Kontrolle wirtschaftlicher Prozesse erfüllen. So müssen leistungsfähige Telekommunikations- und Datennetze und eine Konzentration von hochwertigen Dienstleistungen existieren. Diese werden ergänzt durch kulturelle Angebote, um Anregungen und den passenden Rahmen für die nach wie vor wichtigen persönlichen Kontakte zu bieten.

20

Grundrente Der monetäre Ertrag, der aus der Nutzung eines bestimmten Grundstücks gezogen werden kann. Dieser bemisst sich im städtischen Kontext vor allem aus der Lage, d.h. der Erreichbarkeit und Attraktivität eines Standorts. Die Grundrente, die sich im Bodenpreis zeigt, hat großen Einfluss auf die Stadtstruktur, weil die ertragreichsten Nutzungen an die günstigsten Standorte streben.

Konvergenztheorie Die Behauptung, dass Gesellschaften eine ähnliche soziale und politische Struktur annehmen, wenn sie eine ähnliche technologische Basis bzw. ein ähnliches ökonomisches Niveau haben.

Segregation Räumlicher Sortierungsprozess der Wohnbevölkerung nach der ethnischen Zugehörigkeit, der sozialen Lage oder Differenzen im Lebensstil. Wichtig ist für die Bewertung von Segregation, ob es sich um eine freiwillige oder erzwungene Segregation handelt.

Suburb Englischer Begriff für Vorort. Die Mehrzahl der amerikanischen Suburbs zeichnen sich durch ihre reine Wohngebietsstruktur aus. In der Regel existieren dort weder Arbeitsplätze noch Einkaufsmöglichkeiten oder Einrichtungen der sozialen Infrastruktur (Ämter, Kindergärten, Schulen), so dass die Bewohner auf mindestens zwei Autos pro Familie angewiesen sind.

Urbanisierung bezeichnet den Prozess, in dem große Zahlen von Menschen die ländlichen Regionen und die kleinen Städte verlassen, um sich in großen Städten und umliegenden Ballungsräumen niederzulassen. Urbanisierung ist mit einem Wandel der Lebensweise verbunden, weil staatliche und kommerzielle Organisationen Vorsorge- und Fürsorgefunktionen übernehmen und Selbstversorgung nicht mehr möglich ist; Urbanisierung bedeutet immer Individualisierung. Man kann auch zwischen Verstädterung (Land-Stadt-Wanderung) und Urbanisierung (Wandel der Lebensweise) unterscheiden.

Yuppie Der Begriff stammt aus dem Amerikanischen und ist eine Abkürzung für »Young Urban Professional«, womit die in den Großstädten wachsende Zahl von Beschäftigten in den neuen Dienstleistungsberufen (EDV, Telekommunikation, Marketing, Banken usw.) bezeichnet werden.

20

Kapitel 21

Soziale Bewegungen und kollektive Aktionen

Inhalt

Der Tod des Studenten Benno Ohnesorg war der Höhepunkt einer Kette eskalierender Auseinandersetzungen zwischen Demonstranten und Polizei im Verlauf des 2. Juni 1967. Die Zusammenstöße dieses Tages sind Teil der Studentenunruhen in der zweiten Hälfte der 1960er Jahre. Ausgelöst wurden die Proteste durch den Besuch des Schahs von Persien in Westberlin. Im Mittelpunkt standen zwei öffentliche Auftritte des Gastes und seiner Frau: ein mittäglicher Empfang im Schöneberger Rathaus und ein abendlicher Besuch der »Zauberflöte« in der Berliner Oper. Für seine Kritiker, darunter auch die meisten der in der Bundesrepublik lebenden iranischen Studenten, war der Schah der Exponent eines diktatorischen und unsozialen Regimes, das oppositionelle Regungen kraft seines gefürchteten Geheimdienstes Savak unterdrückte. Dass die Bundesrepublik einen Mann wie den Schah hofierte, wurde von einer »kleinen radikalen Minderheit«, wie die studentischen Protestgruppen anfangs bezeichnet wurden, als Skandal empfunden.

Zum Empfang des Schah-Ehepaars im Schöneberger Rathaus haben sich unmittelbar vor den Absperrungen, die dem Gebäude zugewandt sind, etwa 100 Sympathisanten des Schahs, darunter Angehörige der Savak, versammelt. Hinter diesen »Jubelpersern«, abgetrennt durch einen mehrere Meter breiten, von Polizisten gesicherten freien Kordon, wartet eine weitaus größere Menge von 2.000 bis 3.000 Menschen. Dabei sind auch rund 400 Schahgegner, die, sobald der Schah kurz sichtbar wird, mit Pfiffen und Buhrufen reagieren, während die Sympathisanten dem Schah lauten Beifall spenden. Unmittelbar nach dessen kurzem Auftritt kommt es zu tätlichen Übergriffen der Schahfreunde. Diese überqueren ungehindert den Sicherheitsstreifen und die Absperrgitter vor der Menge und beginnen unter den Augen der zunächst passiv bleibenden Polizei, mit Latten, Knüppeln und anderen Gerätschaften auf die Gruppe der Schahgegner einzuschlagen. Erst nach minutenlangen Schlägereien trennen Polizisten die streitenden Parteien, wobei sie massiv gegen die angegriffenen Schahgegner sowie unbeteiligte Dritte vorgehen. Personalfeststellungen erfolgen ausschließlich auf Seiten der tätlich Angegriffenen. Verbittert über die Haltung der Polizei geben sie die Parole aus: »Heute Abend vor der Oper«.

Nach diesem Vorfall kommt es an mehreren Stellen in der Stadt zu weiteren Zusammenstößen zwischen Anhängern und Gegnern des Schahs, wobei sich die Polizei auffällig zurückhält. Am Abend schließlich haben sich vor dem Gebäude der Oper etwa dreitausend Zuschauer auf der gegenüberliegenden Straßenseite

hinter Absperrgittern versammelt. Unter ihnen befinden sich, wie schon am Vormittag, einige hundert Schahgegner, die Schilder mit der Aufschrift »Mörder« hochhalten. Vor und seitlich der Absperrung sowie in den Nebenstraßen stehen mehrere hundert Polizisten bereit, darunter auch Hundeführer und Greiftrupps. Um 19.21 Uhr treffen rund 100 Schahfreunde ein, herantransportiert mit Bussen der Berliner Verkehrsgesellschaft. Sie dürfen sich vor der Absperrung postieren. Nun setzen die Sprechchöre und Pfiffe der Demonstranten ein; es fliegen Tomaten, Eier, Milchtüten und Rauchkerzen. Als das Schah-Ehepaar bereits in der Oper verschwunden ist und Teile der Menge sich aufzulösen beginnen, erfolgt kurz nach 20 Uhr eine überraschende polizeiliche Räumungsaktion. Die beiden Enden der schlauchartig geformten Menschenansammlung werden von Polizeikräften nahezu vollständig abgeriegelt, während ein erster und wenige Minuten später ein zweiter Polizeikeil von vorne über die Absperrung hinwegsetzt und knüppelschlagend auf die Demonstranten und teilweise auch unbeteiligte Zuschauer einstürmt. Diese versuchen, seitlich in Richtung der halbgeschlossenen Enden des Schlauches auszuweichen. Dabei müssen die Demonstranten einen Spießrutenlauf von knüppelnden und ihnen über Hunderte von Metern nachsetzenden Polizisten absolvieren. Einige Demonstranten werden krankenhausreif geschlagen. Auch Polizisten erleiden Verletzungen. In einem offenen, von Häusern eingerahmten Parkhof einer Seitenstraße werden Demonstranten eingekesselt. Zu ihnen gehört auch Benno Ohnesorg, dem von zwei Polizisten der Fluchtweg versperrt wird. Ein dritter uniformierter Beamter taucht im Rücken des Studenten auf und haut ihm den Schlagstock auf den Kopf, woraufhin der Getroffene langsam in sich zusammensinkt. Nun sind auch die beiden anderen Polizisten herangekommen und prügeln ebenfalls auf den am Boden Liegenden ein. In dieser Situation fällt ein Schuss aus dem Revolver eines Beamten in Zivil, der Ohnesorg tödlich trifft. Währenddessen und danach gehen im Hof wie in den angrenzenden Straßen die Verfolgungsjagd und damit verbundene Prügelszenen bis 21.30 Uhr weiter. Als der Schah eine halbe Stunde vor Mitternacht in sein Hotel zurückkehrt, sind auch dort einige Dutzend Demonstranten versammelt, die ihm ein lautstarkes Geleit mit Pfiffen und Schmährufen geben. Erst danach herrscht Ruhe. Die Bilanz des Abends: 28 verletzte Polizisten (davon 27 ambulant behandelt), ein Toter und eine unbekannte Zahl verletzter Demonstranten.

21

Die politisch Verantwortlichen billigten zunächst das Verhalten der Polizei. Am nachfolgenden Tag wurde vom Berliner Senat ein Demonstrationsverbot erlassen und sogar die Einrichtung von Schnellgerichten empfohlen. Tausende von Studenten, die sich am 3. Juni zur Trauerfeier auf dem Universitätsgelände versammelt hatten, sahen sich von Polizei umstellt. Allein die Flucht in ein Fakultätsgebäude schützte die Studenten vor den heranrückenden Ordnungskräften.

Erst in den nachfolgenden Tagen und Wochen sahen sich Politiker und Polizeiführung gezwungen, Fehler einzugestehen. Das Demonstrationsverbot wurde als Missverständnis ausgegeben, der Vorschlag zur Bildung von Schnellgerichten zurückgezogen. Am 8. Juni, dem Tag der Einsetzung eines parlamentarischen Untersuchungsausschusses, beurlaubte der Berliner Senat den Polizeipräsidenten. Im Laufe der mühsamen Rekonstruktion des Geschehens am Abend des 2. Juni enthüllte sich die Unverhältnismäßigkeit des Polizeieinsatzes, die fälschliche Dramatisierung der Lage (angeblich war ein Attentat auf den Schah geplant) und der tatsächliche Handlungsablauf, der zum Tode von Benno Ohnesorg geführt hatte. Sukzessive mussten verschiedene verharmlosende Versionen des Hergangs – Schädelbruch, Notwehrhandlung, Warnschuss-Querschläger, Lösen eines Schusses durch studentisches Handgemenge – zurückgenommen werden.

Die juristische Aufarbeitung des Geschehens blieb unbefriedigend. Fast alle der 92 Verfahren gegen Polizisten waren schon nach relativ kurzer Zeit eingestellt worden, während die Ermittlungen gegen 25 Demonstranten weitaus nachhaltiger betrieben wurden. Der Student Fritz Teufel, der Steine geworfen haben soll und später freigesprochen wurde, kam in Untersuchungshaft. Dagegen blieb der Todesschütze in Freiheit und wurde schließlich wegen Beweisschwierigkeiten freigesprochen.

Während liberale und bundesweite Presseorgane um die Rekonstruktion der Tatsachen bemüht waren und mit Kritik an Polizei und politischer Führung nicht sparten, zeichneten namentlich die Zeitungen des Berliner Springer-Verlages ein anderes Bild: »Die Springer-Presse manipulierte nicht nur durch redaktionelle Mittel und durch Weglassen, Zusammenstellen und Neuarrangieren von Informationen, sie dichtete, erfand und log [...]« (Sack 1984: 188). Ihre journalistischen Berichte und Kommentare, die auch anlässlich anderer Studentenproteste verbreitet wurden, waren sicher eines der Hauptmotive, das die Studenten massenhaft auf die Straße brachte, um eine Kampagne der Gegenöffentlichkeit zu betreiben und zu organisieren. Andere gingen noch weiter. Am Ende weiterlaufender Eskalationen splitterten sich aus der Studentenbewegung terroristische Vereinigungen ab, von denen eine sich den Namen »2. Juni« gab.

Der studentische Protest an diesem Tage war nicht der erste, aber doch der bis dahin folgenreichste dieser Art in der Bundesrepublik. Die Unzufriedenheit mit den Verhältnissen an den Hochschulen, mit der Innen- und Außenpolitik der Bundesrepublik, mit von den westlichen Demokratien unterstützten autoritären Systemen in der Dritten Welt, war bereits in den vorangegangenen Jahren deutlich angewachsen. Mit ähnlichen Argumenten wie gegen den Schah hatten Ende 1964 Berliner Studenten gegen den Besuch des kongolesischen Staatspräsidenten Moise Tschombe demonstriert und wenige Monate vor dem Besuch des Schahs das »Pudding-Attentat« auf den US-Vizepräsidenten Hubert Humphrey verübt, um ihre Ablehnung der Vietnam-Politik der USA zum Ausdruck zu bringen. Auch die seit 1960 von Jahr zu Jahr anwachsenden Teilnehmerzahlen an den Ostermärschen sowie die am Ende gescheiterte Massenkampagne gegen die Notstandsgesetze signalisierten das Anwachsen der Protestgruppen, die sich in ihren Kritikmomenten zunehmend verschränkten, eigene Organisationskerne ausbildeten, immer aufs Neue in kollektiven Aktionen ihre Haltung kundtaten und nicht zuletzt durch den Tenor der Reaktionen, wie sie am 2. Juni 1967 zum Ausdruck kamen, sich in ihrer Kritik bestärkt sahen. Es stabilisierte sich so über eine Kette von Interaktionen zwischen Protestgruppen, ihren Widersachern und einer zum Teil hetzerischen Presse ein kollektiver Handlungszusammenhang, der durch überwiegend studentische Zirkel und Organisationen abgestützt wurde. Dieser stellt gemäß der weiter unten vorgestellten Definition eine soziale Bewegung dar.

Wieder ziehen wir, um die erwähnten Prozesse zu beschreiben und zu erklären, unsere fünf Schlüsselbegriffe heran. Kollektive Aktionen stellen einen besonderen Fall *sozialen Handelns* dar. Sie sind eingebettet in soziale Kontexte, die *funktional differenziert* sind, also beispielsweise den Spielregeln des politischen, ökonomischen oder kulturellen Systems folgen. Kollektive Aktionen schließen *Interaktionen* ein, deren Eigendynamik zu Handlungsfolgen führt, die von den Beteiligten nicht unbedingt vorhergesehen

21

und gewollt waren. Nachweisbar ist gleichwohl, dass sich die Handlungsabläufe nicht bloß zufällig vollziehen, sondern auf Zielsetzungen und Strategien kollektiver Akteure beruhen, also auf einem Zusammenhang von Personen, Gruppen und Organisationen, deren *soziale Struktur* erfasst werden muss. Im Hinblick darauf erscheint das Phänomen sozialer Bewegungen als eine Strukturausprägung besonderer Art, die im folgenden genauer bestimmt werden muss. Stoßen in kollektiven Aktionen vor den Augen der Öffentlichkeit etwa Demonstranten und Gegendemonstranten aufeinander, und entstehen dabei Konflikte, in die »dritte Parteien«, etwa die Polizei, eingreifen, dann sind die Handlungsabläufe auch von Elementen der *Kultur* mitbestimmt. So hat sich in Deutschland in den vergangenen Jahrzehnten eine »Demonstrationskultur« entwickelt, die es vor der Studentenbewegung und zum Zeitpunkt der Ereignisse des 2. Juni 1967 noch kaum gegeben hat. Dies wird unter anderem daran erkennbar, wie protestiert wird und mit welchen Mitteln und in welchen Grenzen auf Seiten der beteiligten Konfliktparteien *Macht* angestrebt und eingesetzt wird. Zentral ist dabei die »Gewaltfrage«. Was heißt »Gewalt«? Nach welchen Maßstäben erscheint ihr Einsatz wann als gerechtfertigt? Wer hat das Recht, darüber zu entscheiden? Das sind Fundamentalfragen der »politischen Kultur« jeder Gesellschaft, die gerade am Fall sozialer Bewegungen und ihrer kollektiven Aktionen virulent werden.

Nicht jede kollektive Aktion ist unter dem langfristigen Gesichtspunkt *sozialer und funktionaler Integration* als destabilisierend anzusehen. Oft werden durch solche Aktionen gravierende Probleme aufgezeigt und dringliche Problemlösungen angestoßen. Obgleich zunächst häufig als Störungen der öffentlichen Ordnung wahrgenommen, können solche Handlungen einen heilsamen Veränderungsdruck darstellen, bedeutende Reformen auslösen und im Rückblick einer breiten Mehrheit als gerechtfertigt erscheinen.

KOLLEKTIVE AKTIONEN

Kollektives Verhalten (*collective behavior*) ist ein unscharfer Sammelbegriff, der vor allem in den USA ab den 1920er Jahren gebräuchlich wurde. Die damaligen Vorstellungen kollektiven Verhaltens wurden sehr stark von der um die Jahrhundertwende in Europa florierenden Massenpsychologie geprägt (dazu weiter unten). Als Inbegriff kollektiven Verhaltens galt die Panik oder die Massenhysterie. Als weitere Formen kollektiven Verhaltens wurden u.a. Moden, Aufstände, Revolutionen und auch soziale Bewegungen angesehen. Ihnen allen wurde das Moment der rationalen Verhaltenskontrolle und der Organisiertheit abgesprochen. Hier spiegelt sich noch die selektive Wahrnehmung des konservativen, auf den Erhalt seiner Besitzstände und Macht ausgerichteten Bürgertums, das den Aufruhr des »Pöbels« fürchtete.

In der Folgezeit begannen sich differenziertere Sichtweisen durchzusetzen. An die Stelle der Kategorie des kollektiven Verhaltens, die noch das Bedeutungsmoment des Bewusstlosen, Unkontrollierten und Sozialpathologischen in sich barg, rückte zunehmend der Begriff der **kollektiven Aktion**. Er trug stärker dem aktiven, zielgerichteten Aspekt kollektiven Handelns Rechnung. Einzelne Sozialformen, vormals im unmittelbaren Bedeutungskontext der »Masse« gesehen, wurden nun stärker voneinander geschieden und auf ihre empirischen Erscheinungsformen und Entstehungsbedingungen hin befragt. Ebenso wurde der Begriff der »Masse« nicht mehr a priori als sozialpathologische, sondern als eine im Grunde alltägliche und in sich höchst differenzierte Erscheinungsform angesehen.

Später unterschied etwa Herbert Blumer (1939) in seinem klassischen Essay über *collective behavior* zwischen vier verschiedenen Formen von Menschenansammlungen: *casual, conventional, expressive und acting crowds*. Erstere bestehen aus sich spontan zusammenfindenden Passanten, deren gemeinsame Aufmerksamkeit durch ein ungewöhnliches Ereignis geweckt wird, etwa einen lebensmüden Menschen, der sich aus dem Fenster zu stürzen droht. In *konventionellen* Ansammlungen kommen Menschen zur Verfolgung eines bestimmten Zweckes zusammen und verhalten sich dabei situations- und normgerecht. Sie verstehen sich in erster Linie als Individuen und haben nur marginale bzw. routineförmige Interaktionen. Beispiele dafür sind die Menschen in einem Supermarkt oder einem Flugzeug. Bei *expressiven* Ansammlungen spielen Emotionen, etwa Begeisterung oder Gemeinschaftsgefühle, eine dominante Rolle, so dass sich Menschen in einer ganz anderen Weise als unter sonstigen Umständen verhalten. Die ihrem Führer zujubelnden Nationalsozialisten, aber auch Rockkonzerte sind Beispiele für expressive Ansammlungen. Die *handelnde* Menge schließlich besteht aus einer Ansammlung von Per-

21

sonen, die auf ein Ereignis ausgerichtet sind, das ihren Unmut oder Ärger hervorruft und einen Handlungswunsch auslöst. Im Unterschied zur expressiven Menschenmenge, die ihre Gefühle um ihrer selbst willen auslebt, sucht die handelnde Menge einen als ungerecht oder unerträglich wahrgenommenen Zustand anzuprangern und ihn letztlich aufzuheben. Dies galt für die Studenten, die gegen den Schah demonstrierten, wie für die Sympathisanten des Schahs, welche die Kritik der Studenten als ungerechtfertigt ansahen. Andere Beispiele einer handelnden Personengruppe sind Mitglieder einer jugendlichen Bande, die einen Angehörigen einer rivalisierenden Bande aus ihrem Revier verjagen, oder Fußballfans, die einen Schiedsrichter, der eine Fehlentscheidung getroffen hat, beschimpfen.

Die beiden letzten Beispiele machen deutlich, dass nicht jede handelnde Menge Teil einer sozialen Bewegung ist, sofern der Versuch, sozialen Wandel herbeizuführen oder zu verhindern, als ein notwendiges, wenngleich nicht hinreichendes Merkmal sozialer Bewegungen angesehen wird. Andererseits ist kaum eine soziale Bewegung vorstellbar, die sich nicht immer wieder im Akt des Protests als eine handelnde Menge präsentiert, um der Einheitlichkeit und Entschiedenheit ihres kollektiven Willens sichtbaren Ausdruck zu verleihen. Erst über eine Abfolge von studentischen Protesten und dahinter stehenden Organisierungsbemühungen entstand so die Selbst- und Fremdwahrnehmung einer »Studentenbewegung«.

Protestakte, die über bloße Rhetorik hinausgehen, gehören zu jenem Teil des Repertoires politischen Verhaltens, der in der politischen Soziologie als »unkon-

ventionell« bezeichnet und von »konventionellem«, in der Regel institutionalisiertem Verhalten wie z. B. der Teilnahme an politischen Wahlen oder Volksentscheiden abgegrenzt wurde. Allerdings zeigen Untersuchungen, dass Individuen und **kollektive Akteure** oft beide Formen verbinden (Barnes, Kaase u.a. 1979). Auch kann von unkonventionellen Formen nicht in dem Sinne die Rede sein, dass diese nur in Ausnahmesituationen genutzt werden. Tatsächlich sind eine ganze Reihe der als unkonventionell bezeichneten Protestaktionen inzwischen so häufig, dass von der »Normalisierung des Unkonventionellen« gesprochen wurde (Fuchs 1991).

Empirische Untersuchungen zu Protesten, definiert als öffentliche, kollektive Handlungen nicht-staatlicher Träger, die Widerspruch oder Kritik zum Ausdruck bringen und mit der Formulierung eines gesellschaftlichen bzw. politischen Anliegens verbunden sind, zeigen, dass Proteste in der Bundesrepublik seit 1950 in zunehmendem Maße vorkommen (siehe Schaubild 21.1). Hierbei nimmt der Anteil gewaltförmiger Proteste im Zeitverlauf zu (Tabelle 21.1; zu weiteren Details vgl. Neidhardt/Rucht 1999). Er ist besonders hoch in der Phase von 1990 bis 1994, in der sich rechtsradikale Proteste häufen. Allerdings mobilisieren gewaltförmige Proteste im gesamten Betrachtungszeitraum von 1950 bis 1994 nur 0,16 Prozent aller Protestteilnehmer.

Protestgruppen können im Prinzip auf eine Vielzahl von Aktionsformen zurückgreifen. Allerdings ist das von bestimmten Gruppen tatsächlich genutzte »Protestrepertoire« zumeist viel enger. Es wird erstens beein-

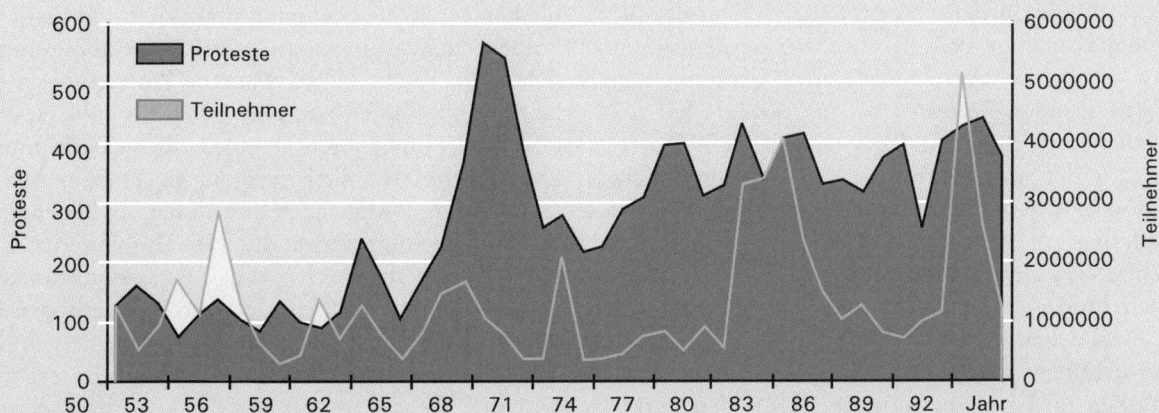

Schaubild 21.1: Proteste und Protestteilnehmer in Westdeutschland und Berlin, 1950-94

Quelle: Prodat/WZB

21

Tabelle 21.1: **Verteilung von Protesttypen in der Bundesrepublik nach Jahrzehnten (Prozentangaben)**

Form	1950-59	1960-69	1970-79	1980-89	1990-94 ABL	1990-94 NBL
Konventionell	34,7	49,6	42,5	19,8	15,9	9,0
Demonstrativ	55,0	36,7	43,5	55,8	57,2	48,2
Konfrontativ	7,4	9,2	8,8	14,4	11,9	8,5
Gewaltförmig	2,9	4,6	3,3	10,0	15,1	34,2
Gesamt	**100,0**	**100,0**	**100,0**	**100,0**	**100,0**	**100,0**
N	1.134,0	2.544,0	2.991,0	3.512,0	1.847,0	819,0

ABL: Alte Bundesländer
NBL: Neue Bundesländer
Quelle: Prodat/WZB

flusst von den Zielen, Erfahrungen, organisatorischen Voraussetzungen und der Zusammensetzung der Teilnehmer, vor allem der Initiatoren bzw. Organisatoren des Protests. Arbeiter tendieren zu anderen Protestformen als Unternehmer, zumal ihnen bestimmte Formen, etwa die betriebliche Aussperrung, gar nicht zur Verfügung stehen. Friedensgruppen greifen zu anderen Mitteln als terroristische Vereinigungen, welche durch die Bereitschaft zu kalkulierten Gewaltakten geradezu definiert werden können. Die Aktivisten von Greenpeace neigen zu spektakulären Aktionen, die den Mitgliedern eines traditionellen Naturschutzverbandes nicht in den Sinn kämen.

Proteste verlaufen aber nicht immer so, wie sie im voraus geplant sind. Sie werden zweitens von situativen Randbedingungen sowie **Interaktionsdynamiken** beeinflusst. So hat die anfängliche Zurückhaltung der Polizei bei den Übergriffen der Sympathisanten des Schahs auf die protestierenden Studenten vor dem Schöneberger Rathaus sicherlich die Bereitschaft der Studenten gesteigert, am Abend vor der Deutschen Oper noch entschiedener zu protestieren. Der dortige unverhältnismäßige Polizeieinsatz war wiederum ein Faktor, der zur weiteren Radikalisierung der Studenten in nachfolgenden Protesten beitrug. Zudem hat die wiederholte Erfahrung mit der agitatorischen Berichterstattung in der Springer-Presse diese selbst zum Objekt des Protestes werden lassen, indem die Studenten die Auslieferung von Zeitungen zu blockieren versuchten.

Schließlich sind Protestformen auch durch allgemeinere historische, politische und kulturelle Faktoren beeinflusst. Charles Tilly (1978) hat in breit angelegten Untersuchungen einen deutlichen Wandel der Protestformen am Übergang zum 19. Jahrhundert festgestellt. Vor allem aufgrund der Zentralisierung staatlicher Gewalt wurden die vormals eher lokalen und spontanen

Proteste zunehmend organisiert und fanden in überlokalem, ja nationalem Maßstab statt. Sidney Tarrow (1998) hat darauf hingewiesen, dass vormals an ganz bestimmte Themen, Gruppen und Räume gebundene Proteste im Laufe des 20. Jahrhunderts zunehmend »modular« werden. Sie sind nicht mehr länger an ihren ursprünglichen Entstehungskontext gebunden. So hat sich beispielsweise das Instrument des zivilen Ungehorsams inzwischen ausgebreitet und wird, etwa im Abtreibungskonflikt in den USA, nicht mehr allein von liberalen Bürgerrechtsgruppen, sondern auch von religiösen Fundamentalisten angewandt. Selbst das Lied der Bürgerrechtsbewegung (*We shall overcome*) wird bei Konfrontationen vor Abtreibungskliniken nun auch von Abtreibungsgegnern gesungen. Direkte Kontakte zwischen Protestgruppen, aber auch moderne Kommunikationsmittel wie das Fernsehen und das Internet tragen dazu bei, dass Slogans und Protestformen rasch von Gruppe zu Gruppe und von Ort zu Ort weitergegeben werden.

In der Bundesrepublik Deutschland wie in vergleichbaren Ländern kommen vielgestaltige Protestformen zur Anwendung (Balistier 1996), wobei sich nicht nur Protestgruppen, sondern auch etablierte Parteien und Interessenverbände gelegentlich solcher Formen bedienen. Manche Protestformen existieren bereits seit Jahrhunderten (etwa die Bittschrift oder Petition), andere kamen erst in den 1960er Jahren auf. So wurde das Teach-in und Sit-in zuerst im Rahmen der amerikanischen Studentenbewegung praktiziert und dann von Studentenbewegungen anderer Länder übernommen (McAdam/Rucht 1993). Manche Protestformen verlangen hohe Opfer bzw. eine große Risikobereitschaft (z.B. der Hungerstreik), andere nur ein minimales Engagement (etwa die Beteiligung an einer Unterschriftensammlung). Manche Protestformen sind hochgradig institutionalisiert (etwa die verwaltungsgerichtliche Klage eines Verbandes gegen den Bau eines Atomkraftwerkes), andere zeichnen sich durch ihren originellen oder spektakulären Charakter aus (etwa eine sich über 110 Kilometer erstreckende Menschenkette zwischen Stuttgart-Vaihingen und Neu-Ulm aus Protest gegen die Stationierung neuer Waffensysteme im Herbst 1983). Manche Proteste finden zu immer wieder-

21

kehrenden Anlässen statt (z.B. Tag der Arbeit, Internationaler Frauentag), andere in spontaner Reaktion auf ein bestimmtes politisches Ereignis (das Bekanntwerden eines Skandals) oder eine Katastrophe (z.B. Tschernobyl). Tabelle 21.2 gibt einen Überblick zur relativen Häufigkeit bestimmter Protestformen in der Bundesrepublik. Demnach sind der Protestmarsch und die Protestkundgebung am relativ häufigsten. Bei der Interpretation der Tabelle ist allerdings zu berücksichtigen, dass die häufig in Medienberichten nur summarisch erwähnten Streiks unterrepräsentiert sind.

Zum ganz überwiegenden Teil sind Proteste das Ergebnis organisierter Anstrengungen im Rahmen verschiedener sozialer Bewegungen. Deren Merkmale und Bedingungen sollen im folgenden genauer bestimmt werden.

SOZIALE BEWEGUNGEN

Kollektive Aktionen können unter bestimmten Bedingungen spontan entstehen – etwa wenn im Kino Feuer ausbricht und unter den Zuschauern Panik entsteht oder wenn es in einem Bierzelt zu einem Streit kommt, aus dem sich unversehens eine Massenschlägerei entwickelt. Solche Ereignisse liegen im Grenzbereich einer Soziologie, deren elementarste Mikroeinheit *soziales Handeln*, also ein Verhalten darstellt, »welches seinem von dem oder den Handelnden gemeinten Sinn nach auf das Verhalten *anderer* bezogen wird und daran in seinem Ablauf orientiert ist« (Weber 1922:I,5). In dem Maße, in dem äußere Ereignisse eine Ansammlung einzelner Personen zu spontan reaktivem Verhalten veranlassen, ist fraglich, ob sich die entstehenden Abläufe aus dem Zusammenspiel »sinnhafter Orientierungen aneinander« hinreichend begreifen lassen; hier liegt eher das Anwendungsfeld für eine »Massenpsychologie« vor, deren Erklärungen sich auf innerpsychisch wirksame Mechanismen beziehen. Soziologisch interessanter erscheinen jene Formen kollektiver Aktionen, die im Handlungsrepertoire bestimmter kollektiver Akteure bedacht und durchaus planvoll eingesetzt werden, etwa Streiks, Demonstrationen, Sit-ins und Blockaden. Auch im Rahmen solcher Aktionen kann es zu Paniken und Schlägereien kommen; aber die Aktionen selber erscheinen als Mittel zur Erreichung bestimmter Ziele – etwa zur Verhinderung von Atommülltransporten – mehr oder weniger rational kalkuliert und folgen im Prinzip der Logik von Handlungsorientierungen, auf die sich die Soziologie allgemein spezialisiert hat. Solche

zumindest im Ansatz »organisierten« kollektiven Aktionen sind in den vergangenen Jahrzehnten vor allem von bestimmten **sozialen Bewegungen** ausgegangen: Studentengruppen haben Universitätsgebäude besetzt, Atomkraftgegner haben Kernkraftwerke belagert, Friedensgruppen haben Kasernen blockiert, Frauengruppen haben vor Rathäusern und Parlamenten demonstriert – und all diese Aktionen waren Ausdruck von Programmen und Plänen bestimmter kollektiver Akteure, die mit dem Konzept sozialer Bewegungen beschrieben worden sind.

Tabelle 21.2: Aktionsformen von Protesten in der Bundesrepublik*, 1950-1994 (Prozentwerte)

Form	Prozent
Unterschriften u.ä.	20,1
Pressekonferenz	1,0
Flugblatt	2,2
Versammlung/Teach-in	3,2
Nicht-sprachlicher Protest	2,1
Demonstrationsmarsch	18,6
Protestkundgebung	15,3
Verfahrenseinspruch	0,2
Gerichtliche Klage	3,8
Verunglimpfung	0,1
Störung/Behinderung	4,0
Blockade/Sit-in	2,5
Streik	13,4
Besetzung	3,3
Diebstahl/Einbruch	0,1
Sachbeschädigung	1,3
Schwere Sachb./Anschlag	4,9
Handgemenge/Rempelei	1,7
Verletzung von Personen	0,9
Totschlag/Mord	0,1
Sonstiges	1,2
Gesamt	**100,0**
N	**13,201**

*einschließlich der Proteste in DDR/NBL ab 1989

Quelle: Prodat/WZB

21

Die aus England stammende Tradition der Ostermärsche wurde in der Bundesrepublik ab 1960 aufgenommen. Mit insgesamt rund 350.000 Teilnehmern war der Ostermarsch im Jahr 1968 der weitaus größte – und vorerst letzte – dieses Jahrzehnts. Das Bild zeigt die Spitze des Demonstrationszuges in Kiel im Jahr 1968. Ab 1982 fanden erneut jährliche Ostermärsche mit zunächst sehr hohen, dann aber stark rückläufigen Teilnehmerzahlen statt.

1969 besetzten Studierende mehrere Universitätsinstitute in der Bundesrepublik und forderten unter anderem Mitspracherechte in akademischen Angelegenheiten. Hier abgebildet ist Theodor W. Adorno, Direktor des Frankfurter Institutes für Sozialforschung, in der Diskussion mit Studenten, die gegen die Aufhebung der Besetzung durch die von Adorno gerufene Polizei protestieren.

Begriff und Merkmale sozialer Bewegungen

Soziale Bewegungen stellen soziale Gebilde aus miteinander vernetzten Personen, Gruppen und Organisationen dar, die mit kollektiven Aktionen Protest ausdrücken, um soziale bzw. politische Verhältnisse zu verändern oder um sich vollziehenden Veränderungen entgegenzuwirken.

Der Protest kann sich gegen die Zerstörung der Umwelt, gegen Männerherrschaft, gegen Ausländer, gegen den Verlust sozialstaatlicher Sicherungen und gegen vielerlei sonst richten. Er kann die Gestalt defensiver Reaktionen annehmen und sich in sozialem Rückzug ausdrücken (z.B. in der Landkommunebewegung, auch in Sekten) oder aber offensive Formen anstreben, mit denen Störungen erzeugt werden, um Entwicklungen zu blockieren oder Veränderungen auszulösen. Defensive Reaktionen sind eher bei kulturellen Bewegungen beobachtbar, deren Hauptziel die mentale und verhaltensmäßige Veränderung ihrer eigenen Anhänger ist. Solche Bewegungen rücken zumeist subjektive Identitätsfragen in den Mittelpunkt.

Offensive Reaktionen finden sich eher bei politischen Bewegungen, die sich nach außen wenden und von bestimmten Zielgruppen (z.B. der Regierung) bestimmte Entscheidungen (z.B. den Erlass oder die Rücknahme von Gesetzen) beanspruchen. Hier stehen Aspekte der strategisch kalkulierten Intervention und

damit Machtfragen im Mittelpunkt (Raschke 1985; Rucht 1988).

Als soziale Gebilde weisen soziale Bewegungen besondere Merkmale auf, die sich aus ihrer Differenz zu dem Idealtyp von Organisationen ableiten lassen (Neidhardt 1985:194 ff.). Soziale Bewegungen stellen, anders als etwa Interessenverbände und Parteien, keine durchformalisierten Gebilde dar. Oft schließen sie Organisationen ein, etwa Ausschüsse, Koordinationsbüros, Geschäftsstellen; aber sie selber sind keine Organisationen. Das lässt sich in mehrerlei Hinsicht zeigen.

Soziale Bewegungen unterscheiden sich von Vereinen, Betrieben, Behörden, Verbänden etc. (1) schon dadurch, dass sie mangels klarer Mitgliedschaftszuschreibungen nicht eindeutig von ihrer sozialen Umwelt abgrenzbar sind. Wer gehört etwa zur Friedensbewegung? Reicht eine Spende, die Unterschrift unter einen Appell, die Teilnahme an einer Aktion, ein Versammlungsbesuch oder eine bloße Sympathiekundgebung aus? Soziale Bewegungen sind schon in dieser Hinsicht relativ unbestimmte Gebilde. Man kann zwischen *Aktivisten, Teilnehmern, Unterstützern* und *Sympathisanten* unterscheiden und die ersten beiden Kategorien den Bewegungen, die anderen beiden ihrer Umwelt zurechnen; aber es ist schwer, mit dieser Unterscheidung klare Personenzuordnungen und genaue Größenbestimmungen zu verbinden.

Damit hängt (2) zusammen, dass sich in den Binnen-

Seit Anfang der 1970er Jahre kämpften im Rahmen der »Kampagne 218« vor allem Frauengruppen gegen das Verbot der Abtreibung (§ 218 Strafgesetzbuch). Die Stadt Frankfurt am Main bildete einen Schwerpunkt der Mobilisierung. Das Bild zeigt Frankfurter Frauenrechtlerinnen, die im März 1970, kurz vor der anstehenden Entscheidung des Deutschen Bundestages, gegen den Fortbestand des § 218 demonstrieren.

verhältnissen sozialer Bewegungen keine flächendeckende Durchstrukturierung horizontaler und vertikaler Differenzierungen von Positionen und Rollen verbindlich durchsetzen lässt. Das Prinzip der Arbeitsteilung mit gleichzeitiger Spezialisierung von Mitgliedern und Mitgliedergruppen auf bestimmte Rollen ist, wenn überhaupt, nur ansatzweise ausgebildet. Sicher tun nicht alle, die man einer Bewegung zurechnen kann, dasselbe. Aber die beobachtbaren Verhaltensunterschiede zwischen denen, die irgendwie mitmachen, sind eher durch unterschiedlich stark ausgeprägte individuelle Motivationen und spontane Einsätze ungleich verteilter Talente als durch verbindliche Rollendefinitionen bestimmt. Deren Formalisierbarkeit scheitert schon daran, dass die Bedingung für die innere Hierarchisierung sozialer Bewegungen kaum vorhanden ist. Die Entscheidungsstrukturen scheinen manchmal durch charismatische Führerschaft bestimmt, was dem Aufbau zweckrationaler Verwaltung keineswegs förderlich ist, oder aber – das ist vor allem bei linksgerichteten Bewegungen verbreiteter – durch starke Dezentralisierung. Starke Dezentralisierung heißt, dass die einzelnen Aktionsgruppen, aus deren Verbindung soziale Bewegungen entstehen, in relativ starkem Maße autonom sind und die Bewegung kein organisatorisches Zentrum aufweist, das verbindlich über Programmatik und Strategie entscheiden könnte. Gerlach/Hine (1970) sprechen in diesem Zusammenhang von einer SPIN-

Struktur (*s*egmented, *p*olycephaleous, *i*ntegrated *net*works). Liegt eine solche vor, so ist die Integration einzelner Aktionsgruppen in den Gesamtprozess der Bewegung nicht einfach, und Organisationsversuche, die dies erzwingen sollen, lösen in der Regel einigen Widerstand aus.

Die mangelnde Hierarchisierbarkeit sozialer Bewegungen ergibt sich (3) auch aus dem Umstand, dass sich ihre kollektive Handlungsfähigkeit allein aus dem inneren Engagement ihrer Anhänger ableitet. Organisationen, also etwa Industriebetriebe und Verwaltungsbehörden, können sich bei ihrer Zwecksetzung und Zweckverfolgung in starkem Maße auf die »bezahlte Indifferenz« (Niklas Luhmann) ihrer Mitglieder verlassen. Der Handelsvertreter verkauft nicht Schnürsenkel, weil er ihnen emotional verbunden ist, und der Monteur repariert nicht den Volkswagen, weil er ein inneres Verhältnis zu ihm besitzt. Beide werden für ihre Arbeit bezahlt; das bildet ihr primäres Motiv, nicht der immanente Zweck ihres Tuns. Demgegenüber scheint für soziale Bewegungen »die Verbindung von (individuellem) Motiv und (kollektivem) Zweck konstitutiv« (Rammstedt 1978:134). Sie besitzen keine anderen Ressourcen, um ihre Akteure langfristig an sich zu binden und zu motivieren, als das zu tun, was die Individuen und Einzelgruppen in der Bewegung wünschen und wollen. Deren Engagement müssen sie über inneres *commitment* erlangen. Es fehlen sozialen Bewegungen in der Regel Geld und Macht, um Unterstützung zu kaufen oder zu erzwingen. Besäßen sie von beidem genug, bedürfte es nicht der Mobilisierung von Menschen für kollektive Protestaktionen; sie könnten ihre Ziele über den Markt oder durch politische Einflussnahme direkt erreichen. Weil das »Kapital« sozialer Bewegungen aber aus dem freiwilligen Einsatz ihrer Anhänger besteht, sind sie auf die Motive und Interessen ihrer »Basis« in hohem Maße angewiesen. In der commitment verlangenden und zugleich bekräftigenden Handlungspraxis bildet sich ein Wir-Gefühl, bildet sich kollektive Identität heraus, die eine soziale Bewegung von einem reinen Zweckverband, etwa einem Automobilclub, unterscheidet.

Fasst man diese Charakterisierungen zusammen, so wird deutlich, dass soziale Bewegungen in struktureller Hinsicht eher als Netzwerke denn als Organisationen definiert werden sollten. Als solche können sie, wenn ihnen Mobilisierung gelingt, kollektive Akteure von großer Reichweite und hoher Durchschlagskraft bilden. Ihre Stärke kann in der Wucht beeindruckender Massenaktionen und in einer Unbestimmbarkeit liegen, der

21

auch von außen, z.B. mit sozialen Kontrollen, schwer zu begegnen ist. Dem entspricht allerdings ihre Schwäche in strategischen Belangen. Ihre Selbstkontrollkapazität ist angesichts ihres geringen Organisationsgrades und ihrer diffusen Entscheidungsstrukturen nicht hoch entwickelt. Sie eignen sich mehr zum Anstoßen oder Blockieren als zum Steuern und Durchsetzen sozialen Wandels.

Drei Beispiele für gesellschaftlich folgenreiche Bewegungen

Soziale Bewegungen, so eines der bereits genannten Definitionselemente, wollen sozialen Wandel herbeiführen oder verhindern. Dabei sind sie allerdings relativ selten erfolgreich, sei es, weil sie nicht genügend Anhänger sowie öffentliche Aufmerksamkeit und Unterstützung finden, sei es, weil sie durch Gegenbewegungen oder Abwehrmaßnahmen der Machthaber abgeblockt werden, sei es, weil sie durch mehr oder weniger symbolische Konzessionen oder die Kooptation der Bewegungseliten seitens der Träger der etablierten Ordnung ihres kritischen Impulses beraubt werden. Allerdings finden sich in der Geschichte wie in der Gegenwart auch Beispiele für Bewegungen, die eine Massenbasis und Durchschlagskraft erlangt und damit zu sozialem Wandel beigetragen haben. Am eindrucksvollsten geschah dies wohl im Falle revolutionärer Bewegungen, die die Kraft zu einem Umsturz gesellschaftlicher Verhältnisse aufbrachten. So wurde durch die Französische Revolution von 1789 eine seit Jahrhunderten bestehende Feudalordnung beseitigt. Geschichtsmächtig wirkten aber auch verschiedene Reformbewegungen, die eher in kleinen Schritten sozialen Wandel herbeigeführt haben. Drei soziale Bewegungen, die nachhaltige Auswirkungen auf die Gesamtheit der modernen westlichen Länder hatten, sollen im folgenden vorgestellt werden.

Die Arbeiterbewegung

Die Industrielle Revolution und vor allem die Kapitalisierung der vormals weitgehend ständisch geprägten Ökonomie waren mit einer Fülle negativer sozialer Folgelasten behaftet, die im Verlauf des 19. Jahrhunderts in Form einer massiven und massenhaften Verelendung des lohnabhängigen Proletariats ihren Höhepunkt erreichten. Dessen miserable Lage hat Friedrich Engels in seiner Schrift über *Die Lage der arbeitenden Klasse in England* (1845) eindrucksvoll beschrieben. Der Pro-

zess kapitalistischer Ausbeutung rief zumindest bei einem Teil der Unterdrückten und Entrechteten – jedoch selten den am meisten Benachteiligten (Kocka 1983) – Kritik und Widerstand hervor. Dazu gehörten die gezielte und keineswegs blindwütige Zerstörung kapitalistischer Produktionsmittel in Form des »Maschinensturms«, die genossenschaftliche Selbsthilfe, die Bildung von Gewerkschaften, die zunehmende Systematisierung des Streiks als eines zentralen Kampfmittels zur Durchsetzung von Forderungen nach »gerechtem Lohn«, Reduzierung der Arbeitszeit und Einführung betrieblicher Mitbestimmung. Zu den ökonomisch motivierten Protesten gesellten sich politische Forderungen wie die nach dem allgemeinen, freien und gleichen Wahlrecht.

Im Zuge eines jahrzehntelangen, von Kämpfen und Repressionsbemühungen gekennzeichneten Prozesses formte sich allmählich die organisatorische Basis und das Selbstverständnis des aktiven Teils der Arbeiterschaft zu einer sozialen Bewegung. Sie baute ihre infrastrukturelle Basis in Gestalt der drei Säulen von Genossenschaften, Gewerkschaften und eigenen politischen Parteien aus und vermochte nach und nach, teils auch gestützt durch bürgerliche Liberale und Radikaldemokraten, ihre rechtliche und politische Anerkennung zu sichern. Von Anfang an war jedoch die sich zum Sozialismus bzw. Kommunismus bekennende Bewegung von internen Richtungsstreitigkeiten und namentlich der Kontroverse um die Notwendigkeit einer entweder revolutionären oder reformerischen Strategie überschattet. Revolutionäre Erhebungen im 19. Jahrhundert (vor allem 1830 und 1848) verdeutlichten das von der Bewegung ausgehende Drohpotential (Rudé 1964), wurden teilweise aber auch, so der Aufstand der Pariser Commune von 1871, blutig niedergeschlagen. In einigen Ländern führten schrittweise Konzessionen – die Fabrikgesetzgebung und Wahlrechtsreformen in England, die Sozialgesetzgebung im Deutschen Kaiserreich – zu einer Entschärfung der explosiven Situation. Der erste vollständige Durchbruch der sozialistischen Bewegung gelang ausgerechnet im noch überwiegend bäuerlichen Russland mit der Oktoberrevolution von 1917. In Deutschland wurde unmittelbar nach Kriegsende 1918 das Kaiserreich durch revolutionäre Erhebungen beseitigt. In München konnte am Ende dieser Umbrüche sogar für die Zeit von Februar bis Mai 1919 eine sozialistische »Arbeiter- und Soldatenrepublik« etabliert werden. In diese Phase fällt auch die Spaltung der deutschen Arbeiterbewegung in einen revolutionären kommunistischen und einen reformistischen sozialdemokratischen Zweig, die fortan miteinander rivalisierten.

Sowohl auf verfassungsrechtlicher als auch auf gesetzlicher Ebene wurden von der deutschen Arbeiterschaft in der Weimarer Republik weitere wichtige Zugeständnisse, etwa die Einführung des Acht-Stunden-Tages, erkämpft. In dem Maße wie die Bewegung Teilerfolge errang und damit auch die gesellschaftlichen Verhältnisse mitgestalten konnte, erlahmte jedoch ihr revolutionärer Impetus und ihre politische Kraft. Die durch ihre Spaltung entscheidend geschwächte deutsche Arbeiterbewegung erwies sich in der Phase der Weltwirtschaftskrise als unfähig, den Aufstieg des Nationalsozialismus zu verhindern. Mit der Machtübernahme der Nazis im Jahr 1933 begann die Einverleibung bzw. Zerschlagung der Arbeiterbewegung.

In den Nachkriegsjahren geriet Deutschland in den Sog der Blockkonfrontation zwischen den Westmächten und der Sowjetunion. Mit der Schaffung zweier ideologisch verfeindeter deutscher Staaten waren ganz unterschiedliche Bedingungen für den Neuaufbau der Arbeiterbewegung entstanden. In der Bundesrepublik konnten sich erneut relativ starke, parteiunabhängige gewerkschaftliche Organisationen bilden. Ihren politischen Ausdruck fand die Arbeiterschaft in der wiedergegründeten Sozialdemokratie, während die Kommunistische Partei von Anfang an im politischen Abseits stand. Ausdruck des geradezu militanten Antikommunismus in der Bundesrepublik war nicht nur das 1956 ausgesprochene Verbot der Kommunistischen Partei, sondern auch die Marginalisierung linkskatholischer, radikalliberaler und pazifistischer Strömungen im Rahmen diverser Bewegungen der 1950er und 1960er Jahre. Sie sahen sich dem Vorwurf ausgesetzt, sie seien »kommunistisch unterwandert« bzw. die »fünfte Kolonne Moskaus« (Konrad Adenauer). Mit der prosperierenden Ökonomie (»Wirtschaftswunder«), steigendem Lebensstandard und sonstigen Errungenschaften (Tarifautonomie, Mitbestimmung, Ausbau sozialer Sicherungssysteme) bestand aus Sicht der Arbeiterschaft immer weniger Grund, sich für einen grundsätzlichen sozialen Wandel einzusetzen. Hinzu kam, dass sich das vormals relativ geschlossene Lebensmilieu der Arbeiterschaft weitgehend aufgelöst hatte (Mooser 1983). An seine Stelle trat zunehmend ein aufstiegsorientierter, kleinbürgerlicher Lebens- und Konsumstil der Arbeiterschaft, die begonnen hatte, sich in der von ihr partiell mitgestalteten sozialen und politischen Ordnung einzurichten. So war es nur konsequent, dass die Sozialdemokratie mit ihrem Godesberger Programm von

1959 eine definitive Abkehr von dem seit 1875 fixierten antikapitalistischen Kurs vollzog. Seit den 1960er Jahren kann von einer Arbeiterbewegung im ursprünglichen Wortsinne kaum mehr die Rede sein. Zwar wurde die alte Rhetorik des Klassenkampfs zum Teil beibehalten; auch mangelte und mangelt es bis heute nicht an weiteren Protestanlässen (vor allem zugunsten von Lohnerhöhungen sowie gegen Betriebsstilllegungen und Entlassungen). Doch die einstige Bewegung ist nun weitgehend befriedet und im Rahmen der Gewerkschaften durchorganisiert, der Klassenkonflikt eingehegt und in überwiegend verhandlungsförmigen Arrangements institutionalisiert.

Im »Arbeiter- und Bauernstaat« der DDR dagegen verlief die Entwicklung in mancher Hinsicht spiegelbildlich. Die kommunistische Partei eignete sich alle Macht an und erhob ihre Version des Sozialismus zur Staatsdoktrin. Mit Ausnahme der Kirchen wurden alle relevanten gesellschaftlichen Organisationen einschließlich der Gewerkschaften ihrem Diktat unterworfen, die Sozialdemokratie dagegen ausgeschaltet. Die Mobilisierung der Arbeiterschaft erfolgte weitgehend »von oben«, gleichsam auf Zuruf und strikt innerhalb der staatlich kontrollierten Massenorganisationen. Spontane Kritik war unerwünscht; oppositionelle Regungen wurden im Keim erstickt. Der Aufstand des 17. Juni 1953, der Bau der Mauer ab dem 13. August 1961, das Ausmaß an Überwachung und Bespitzelung und schließlich die gewaltlose Revolution vom Herbst 1989 machen deutlich, welche Kluft zwischen dem Anspruch einer demokratischen Republik und der repressiven Wirklichkeit bestand. Zwar gewährte das System der DDR der Bevölkerung und insbesondere der Arbeiterschaft gewisse soziale Rechte, wie sie die historische Arbeiterbewegung gefordert hatte, doch kann von einer Herrschaft der Arbeiterklasse, wie sie sozialistischen Theoretikern vorgeschwebt hatte, keine Rede sein. Das System der DDR war nicht von der Arbeiterbewegung erkämpft worden, sondern durch die Sowjetunion aufgezwungen und auch nachfolgend in allen Grundsatzentscheidungen von dieser abhängig geblieben.

Anders als von Karl Marx vorhergesagt, hat der sich im 19. Jahrhundert zuspitzende Klassenkonflikt zwischen Kapital und Arbeit nicht zur immer weiteren Verelendung des Proletariats und schließlich zur revolutionären Überwindung des Kapitalismus geführt. Gemessen an der Marxschen Vorgabe und Prognose der sozialistischen Weltrevolution ist die Arbeiterbewegung praktisch auf ganzer Linie gescheitert. Allerdings ist in Rechnung zu stellen, dass große Teile der Arbeiterbewegung im Laufe ihrer Geschichte ihre Ziele mäßigten und somit auch andere Maßstäbe des Erfolgs setzten. Welche Kriterien auch immer zugrundegelegt werden – unbestreitbar hat die Arbeiterbewegung im Verlauf von mehr als 150 Jahren wichtige Teilziele erreicht. Der rohe Manchesterkapitalismus wurde in den entwickelten

21

westlichen Ländern überwunden. Vor dieser Folie wird am ehesten deutlich, welche Erfolge die Arbeiterbewegung zu verbuchen hat. Dazu gehören inzwischen so selbstverständliche Rechte wie das der gewerkschaftlichen Assoziationsbildung und des Streiks, die Anhebung des durchschnittlichen Lohnniveaus weit über das nackte Existenzminimum, auf ein erträgliches Maß reduzierte Arbeitszeiten, institutionalisierte Formen der betrieblichen Mitbestimmung und relativ umfassende Systeme sozialer Sicherung unter Beteiligung der Arbeitgeber. Wohl keines dieser Ziele wäre ohne die Kämpfe der Arbeiterbewegung verwirklicht worden. Gerade dieses Maß an Zielverwirklichung ist wohl auch der entscheidende Grund dafür, dass die Arbeiterschaft heute kaum mehr eine grundsätzliche Systemalternative verfolgt. Dies hindert sie allerdings nicht, im konkreten Falle weiterhin ihre Interessen zu verteidigen, wenn Massenentlassungen, Lohneinbußen und Kürzungen sozialstaatlicher Leistungen anstehen.

Die Frauenbewegung

Auch wenn Forderungen nach Gleichberechtigung und Emanzipation von Frauen historisch viel weiter zurückzuverfolgen sind, ist der organisierte Protest von Frauen für Frauen erst eine Erscheinung des 19. Jahrhunderts. In der zweiten Hälfte dieses Jahrhunderts entstanden in Deutschland erste Frauenvereine und Frauenzeitschriften. Wichtigste Ziele waren die aktive Teilhabe der Frau am öffentlichen Leben, die Öffnung von Ausbildungs- und Berufsgängen sowie das Stimmrecht für Frauen, das in Deutschland im Jahr 1918 verwirklicht wurde. Wie die Arbeiterbewegung war auch die Frauenbewegung von internen Differenzen geprägt. Entscheidend war dabei der anhaltende Gegensatz zwischen der bürgerlichen und der proletarischen Frauenbewegung. Letztere, ohnehin die Klassenfrage über die Frauenfrage stellend, vollzog zudem 1918 die Spaltung zwischen Kommunisten und Sozialdemokraten in ihren eigenen Reihen mit.

In der Weimarer Republik fehlte ein übergreifendes Ziel, das die einzelnen Flügel der Frauenbewegung verbunden und ihnen eine gewisse Schlagkraft verliehen hätte. Selbst die Forderung nach Straffreiheit für Abtreibung, Brennpunkt einer großen Auseinandersetzung zu Beginn der 1930er Jahre, fand nicht ungeteilte Unterstützung der Frauenorganisationen. Weder das Wahlrecht von Frauen noch die Präsenz von Frauen in den Parlamenten hatten die erhoffte Wirkung, die Gleichberechtigung von Frauen entscheidend voranzutreiben. Innerhalb wie außerhalb der Parlamente wurde im

Zweifelsfall die Bindung zum jeweiligen ideologischen Lager und damit zu bestimmten Parteien für wichtiger erachtet als die Solidarität zwischen den Flügeln der Frauenbewegung. Mit ihrer symbolischen Aufwertung der Frauen- und Mutterrolle gelang es den Nationalsozialisten, größere Teile der bürgerlichen Frauenbewegung zu integrieren, während die radikalliberalen und proletarischen Frauenorganisationen aufgelöst wurden. Nach dem Kriege entstanden erneut einige Frauenorganisationen; sie blieben jedoch klein, voneinander weitgehend isoliert und vertraten kaum offensive Forderungen in der Öffentlichkeit. Soweit es zu einzelnen frauenpolitischen Fortschritten kam (etwa im Ehe- und Familienrecht), wurden sie nicht durch Proteste von Frauengruppen errungen, sondern durch die nach wie vor männlich dominierten etablierten Parteien gleichsam gewährt.

Unabhängig von ihren Vorläuferinnen, ja weitgehend ohne Kenntnis von deren Existenz und Wirkungsgeschichte, entfaltete sich in den späten 1960er Jahren eine *neue* Frauenbewegung. Ihre Anfänge bildeten die »Weiberräte«, die 1968 innerhalb der Studentenbewegung entstanden. Auslöser für die Existenz dieser Gruppen war das autoritäre Verhalten der männlichen Studierenden, die emanzipatorische Ideale propagierten, aber faktisch Studentinnen bevormundeten und an den Rand des Geschehens drängten. Zunächst bestanden die Weiberräte vor allem als Theorie- und Lektürezirkel, in denen profeministische sozialistische Klassiker wie August Bebel oder Clara Zetkin gelesen wurden. Erst die mit der Selbstbezichtigungsaktion (»Ich habe abgetrieben«) von 1971 öffentlichkeitswirksam gewordene Kampagne gegen den § 218 schuf einen neuen, enorm mobilisierenden thematischen Fokus. Die Kampagne erlaubte den frauenbewegten Studentinnen einen thematischen und sozialen Brückenschlag zu anderen gesellschaftlichen Gruppierungen.

Parallel zur mehrjährigen Kampagne gegen den § 218 kam nun eine Fülle frauenspezifischer Themen und Forderungen auf, die das ganze Ausmaß von noch immer existierender Benachteiligung sichtbar machte. Ein wichtiges Medium dazu waren eigene Frauenkongresse mit einer breiten Themenpalette. In Anlehnung an den in den USA geprägten Slogan *The personal is political* wurde auch die vormals latent gehaltene, vielen Frauen unbewusst gebliebene frauenspezifische Diskriminierung im Privatbereich zum Politikum erhoben. Selbstbewusst und offensiv trugen Frauen ihre Forderungen vor. Provokative Aktionen, etwa die Störung von »Schönheitskonkurrenzen«, durchbrachen überkommene und bis dato für selbstverständlich gehaltene Routinen.

Hand in Hand mit der öffentlichen Problematisierung von Frauenfragen ging auch der Ausbau einer Bewegungsinfrastruktur in Form eigener Zeitschriften und Verlage, Zentren, Cafés, Häuser für geschlagene Frauen, Notrufeinrichtungen, Therapiegruppen, Sommeruniversitäten für Frauen usw. Zu einem wichtigen Medium der Frauenbewegung dieser Phase entwickelten sich die aus den USA übernommenen Selbsterfahrungsgruppen. Vor allem deren Verbreitung hat Beobachterinnen der Frauenbewegung in dieser Phase dazu verleitet, von einer »Wende nach innen« (Schenk 1981) zu sprechen. Obgleich sich die neue Frauenbewegung in der Bundesrepublik auf eine stattliche Zahl von Gruppen und Einrichtungen stützen kann, hat sie zu keinem Zeitpunkt ihres Bestehens große, organisationsstarke Mitgliederverbände hervorgebracht, wie sie etwa in den USA existieren. In organisatorischer Hinsicht blieb es – ganz im Sinne einer »autonomen« Frauenbewegung – bei einem völlig dezentralen Netzwerk ohne Repräsentativorgane und ohne formelle Sprecherinnen. Hielt der autonome, sich als feministisch verstehende Teil der Frauenbewegung zunächst Distanz zu den konventionellen Frauenverbänden in Kirchen, Gewerkschaften, Parteien und sonstigen Interessenorganisationen, so haben inzwischen pragmatische Umgangsformen Platz gegriffen. Nach wie vor gilt allerdings, dass die autonomen Gruppen nur wenig mit dem Deutschen Frauenrat als zentraler Dachorganisation der Frauenverbände verbindet. Ohnehin ist diese Organisation, die nominell rund sieben Millionen Frauen repräsentiert, politisch harmlos; aufgrund der Heterogenität ihrer Einzelverbände ist sie außerstande, offensive politische Positionen einzunehmen.

Auch wenn spektakuläre Protestaktionen der Frauenbewegung im Vergleich zu manchen anderen Bewegungen selten sind und Massenmobilisierungen wie die der Friedensbewegung oder der Anti-Atomkraftbewegung nicht annähernd erreicht (oder gar nicht angestrebt) werden, ist die immer wieder totgesagte neue Frauenbewegung doch lebendig und kraftvoll geblieben. Insgesamt hat sie wohl ein Stück ihrer ursprünglichen Radikalität eingebüßt. Aber zugleich ist unverkennbar, in welchem Ausmaß die Ideen und das Personal der Frauenbewegung in die etablierte Politik eingesickert sind und dort Spuren hinterlassen haben. In institutioneller Hinsicht hat sich Frauenpolitik als eigenes Politikfeld etabliert, angefangen von der flächendeckenden Einrichtung von kommunalen Gleichstellungs-

stellen bis hin zu einem Bundesministerium, zu dessen Aufgaben explizit die Vertretung von Fraueninteressen gehört. Ausdruck der stärkeren Berücksichtigung von Fraueninteressen sind auch einzelne gesetzliche oder administrative Maßnahmen, die der Benachteiligung von Frauen entgegenwirken sollen. In Wechselwirkung damit steht die verstärkte Präsenz von Frauen in Öffentlichkeit und Politik, sei es im Bereich des Journalismus, in der Wissenschaft, den Führungsriegen der Parteien oder in staatlichen Ämtern und Funktionen. Umfragen zufolge wird dieser Trend zum Abbau geschlechtspezifischer Rollen und Arbeitsteilung auch von einer Mehrheit der Bevölkerung gebilligt, wenngleich allein der Begriff des Feminismus selbst bei vielen Frauen noch immer auf Distanz stößt (»Ich bin zwar keine Feministin, aber ich befürworte …«).

Diese (Teil-)Erfolge der Frauenbewegung zu würdigen heißt nicht zu verkennen, wie weit die Frauenbewegung noch von ihren grundsätzlichen Zielen entfernt ist. Dies gilt für offenkundige Benachteiligungen und Diskriminierungen, etwa die anhaltende, wenngleich sich allmählich verringernde Unterrepräsentation von Frauen zumal in Führungsfunktionen, ebenso wie für die manifeste Gewalt gegen Frauen z.B. in Ehen und Familien. Dies gilt auch für eher subtile Diskriminierungen, etwa durch einen frauenverachtenden Sexismus, bestimmte Rollenklischees oder einen von männlichen Kategorien dominierten Sprachgebrauch.

Naturgemäß gehen innerhalb der Frauenbewegung die Einschätzungen der Erfolge auseinander. Während der vornehmlich an Gleichheitspostulaten orientierte liberale Feminismus einen zurückhaltenden Optimismus an den Tag legt, beklagen Radikalfeministinnen die Ungebrochenheit patriarchaler Strukturen. Ernstzunehmen sind die vor allem auf die USA gemünzten Hinweise auf frauenpolitische Rückschritte (Faludi 1991), so dass für Selbstzufriedenheit wenig Anlass besteht.

Dies alles in Rechnung gestellt, ist doch festzuhalten, dass die Frauenbewegung im Verlaufe ihrer rund einhundertfünfzigjährigen Existenz ein großes Stück vorangekommen ist. Wer dies bestreitet, sollte die Situation um die Mitte des 19. Jahrhunderts bedenken, als Frauen das Wahlrecht noch versagt war, sie aufgrund des Preußischen Vereinsrechts nicht Mitglied in politischen Vereinigungen und Parteien werden konnten, ihnen der Zugang zum Studium verwehrt blieb und sie sich qua Gesetz der häuslichen Gewalt des Mannes unterwerfen mussten.

21

Die Umweltbewegung

Wie bei der Frauenbewegung liegen auch die Wurzeln der Umweltbewegung bereits im 19. Jahrhundert (Wey 1982; Linse 1986). Die rapide Industrialisierung und Verstädterung war mit tiefen Eingriffen in die Natur und Kulturwelt verbunden, die insbesondere von konservativer Seite, vor allem in der »Heimatschutzbewegung«, beklagt wurden. In diesen Kreisen wurde gegen Ende des Jahrhunderts erstmals die Forderung erhoben, naturnahe Flächen als besondere Schutzgebiete auszuweisen. Um die Jahrhundertwende formierten sich die ersten, zum Teil noch heute bestehenden Vogelschutz- und Naturschutzverbände. Einen kräftigen Schub erfuhr der Naturschutzgedanke durch die in dieser Phase blühende Agrarromantik und Großstadtfeindschaft, wie sie insbesondere von der Lebensreformbewegung vertreten wurde. Mit der Propagierung einer einfachen Lebensweise, von Gartenstädten, Freikörperkultur und Makrobiotik verband sich eine hohe Wertschätzung und romantisierende Ästhetisierung der Natur. In der sozialistischen Naturfreundebewegung wie den bürgerlichen Gruppierungen der Jugendbewegung setzte sich der Naturschutzgedanke fort und fand schließlich im Nationalsozialismus, konkretisiert im Reichsnaturschutzgesetz von 1935, erstmals eine systematische staatliche Anerkennung. Zwar war es bereits in den 1920er Jahren vereinzelt zu Protesten gegen einzelne technisch-industrielle Vorhaben, etwa große Wasserkraftwerke, gekommen, doch hatten die mitgliederschwachen, betulichen, oft geradezu obrigkeitshörigen Naturschutzorganisationen der fortschreitenden Naturzerstörung nichts entgegenzusetzen. Erst um 1970 setzte fast schlagartig eine Wende ein.

Einige Naturwissenschaftler, Bevölkerungswissenschaftler und vorausschauende Ökonomen hatten in den 1960er Jahren die globale, letztlich die gesamte Menschheit betreffende Bedrohung erkannt, die von der sich beschleunigenden Zerstörung der natürlichen Lebensgrundlagen ausging. Bücher wie *Silent Spring* (Rachel Carson 1962), *The Population Bomb* (Paul R. Ehrlich 1968) und *The Limits to Growth* (Donella Meadows u.a. 1972) alarmierten Teile der politisch-administrativen Eliten, aber auch der Bürgerschaft. Damit kam es zu einer fast gleichzeitigen Mobilisierung »von oben« und »von unten«. Symptomatisch dafür sind zwei große Ereignisse dieser Jahre: Die Idee zu einem »Tag der Erde« (*Earth Day*) wurde von einem US-Senator lanciert und von zahlreichen Basisaktivisten erstmals 1970 umgesetzt. In Form von Aufklärungs-, Informations- und Protestveranstaltungen, aber auch eines praktizierten Umweltschutzes dokumentierten Hunderttausende am »Tag der Erde« ihre Sorge um den Zustand der Natur. Der zuvor ungebräuchliche Begriff des Umweltschutzes war nun dank der Massenmedien in fast aller Munde. Das zweite Signal eines umweltpolitischen Aufbruchs bildete die erste Umweltkonferenz der Vereinten Nationen, die 1972 in Stockholm durchgeführt wurde. Neben den Delegationen, die an der offiziellen Konferenz teilnahmen, trafen sich auch Dutzende von kleinen, neu entstandenen bürgerschaftlichen Umweltschutzgruppen im Rahmen einer inoffiziellen Parallelveranstaltung.

Spätestens zu diesem Zeitpunkt konnte der Umweltschutzgedanke nicht mehr pauschal als rückwärtsgewandte Naturschwärmerei abgetan werden. Einzelne nationale Regierungen reagierten sehr rasch. So verabschiedete die deutsche Bundesregierung bereits 1970 ein Umweltsofortprogramm und setzte ein Jahr später mit einem ambitionierten Umweltprogramm nach. Mehrere Bundesländer, voran Bayern, etablierten Umweltministerien. Binnen weniger Jahre wurde eine ganze Reihe von Umweltgesetzen erlassen. Somit entstand eine neue Fachpolitik, die vorerst jedoch mehr durch ihren Neuigkeitswert als durch ihre praktischen Effekte bestach. Als größtes Hemmnis für einen durchgreifenden Umweltschutz erwiesen sich wirtschaftliche Schwierigkeiten und der Anstieg der Arbeitslosigkeit ab 1974. Umweltschutz wurde weithin als ökonomische Bremse interpretiert und im Konfliktfall dem Imperativ des Wirtschaftwachstums nachgeordnet.

Umweltschutz blieb aber keine reine Staatsangelegenheit. Die gesellschaftliche Mobilisierung in der Nachfolge der Studentenbewegung erstreckte sich nicht nur auf die bereits vorgestellte neue Frauenbewegung, sondern auf eine ganze Reihe weiterer Bewegungen, unter denen die Umweltbewegung und die mit ihr verschwisterte Anti-Atomkraftbewegung zumindest bis in die frühen 1980er Jahre die wohl bedeutendsten Kräfte darstellten (Brand u.a. 1983).

Am Anfang standen kleine, meist auf den lokalen Aktionsraum begrenzte Initiativen, die gezielt einzelne umweltrelevante Probleme – die Emissionen eines Bleiwerks, den Bau eines Atomkraftwerks, eine geplante Autobahn – aufgriffen und skandalisierten. Die Borniertheit eines rein projektbezogenen Widerstands, der sich z.T. mit Problemverschiebungen anstelle von Problemlösungen begnügte, aber auch die Aussichtslosigkeit voneinander isolierter Proteste gegenüber großflächigen Umweltbelastungen führte rasch zu einer zusammenhängenderen Problembetrachtung. Ausdruck davon war auch die verstärkte überörtliche Zusammenarbeit von Umweltschutzgruppen. Bereits 1972 entstand als nationaler Zusammenschluss lokaler Gruppen der Bundesverband Bürgerinitiativen Umweltschutz, der sich vor allem auf den Widerstand gegen das Atomprogramm konzentrierte. Weitere mehr oder weniger bewegungsnahe Verbandsgründungen folgten. Die Ver-

21

lagerung vom herkömmlichen, vorwiegend auf den Artenerhalt ausgerichteten unpolitischen Naturschutz zum modernen Umweltschutz und der politischen Ökologie ließ auch die traditionellen Naturschutzverbände nicht unberührt. Sie verbreiterten ihr Themenspektrum, traten mit offensiveren Forderungen auf und scheuten nicht länger vor Protestaktionen zurück. Das Rückgrat der Umwelt- und Anti-Atomkraftbewegung bildeten jedoch die zahlreichen örtlichen Gruppen, die oft nur lose miteinander vernetzt waren, aber immer wieder zu größeren regionalen oder gar bundesweiten Kampagnen zusammenfanden. Auch kirchliche und – wenngleich nur zögernd – gewerkschaftliche Gruppen öffneten sich für das Anliegen des Umweltschutzes, verbündeten sich fallweise mit den genuinen Umweltschutzgruppen oder rechneten sich selbst der Umweltbewegung zu.

Eine der erfolgreichsten weltweit aktiven Umweltorganisationen ist Greenpeace. Im Sommer 1995 protestierte der Verband gegen die geplante Versenkung der Ölplattform »Brent Spar« in der Nordsee. Zu diesem Zweck besetzten Mitglieder von Greenpeace vorübergehend die Plattform. Das Versorgungsschiff »Torbas« versuchte mit Wasserkanonen, die Besetzer zu vertreiben. Aufgrund sich ausdehnender Proteste, die auch einen Boykott von Shell-Tankstellen in mehreren europäischen Ländern einschlossen, wurde die Versenkung der Plattform zugunsten einer Demontage am Ufer aufgegeben.

Aufklärung über Bedrohungen und Zerstörungen der Umwelt sowie der Protest gegen umweltbelastende Vorhaben bilden bis heute die Aktionsschwerpunkte der Umweltbewegung. Die Mittel des Protests sind vielgestaltig. Sie reichen von Unterschriftenlisten über Aktionen des zivilen Ungehorsams bis hin zu gewaltsamen Anschlägen. In späteren Phasen der Bewegung rückte neben die allfälligen Widerstandsaktionen auch das Bemühen um konstruktive Problemlösungen, etwa im Bereich erneuerbarer Energiequellen oder in der Verkehrspolitik. Im Lauf ihres langjährigen Engagements erwarben Umweltaktivisten zunehmend auch ein fachspezifisches Know-how, griffen auf »Gegenexperten« zurück oder schufen eigene Forschungs- und Beratungseinrichtungen wie das Freiburger Öko-Institut, um Kritik und Alternativvorschläge zu fundieren. Entsprechend kam es auch zu einer deutlichen Themendifferenzierung innerhalb der Umweltbewegung, deren Gemeinsamkeiten dann oft nur noch rhetorisch beschworen wurden.

Eine Wirkungsbilanz der Umweltbewegung muss sich letzten Endes am Kriterium der Verbesserung der Umweltqualität und des schonenden Umgangs mit den natürlichen Ressourcen bemessen. In dieser Hinsicht fällt freilich ein Fazit besonders schwer. Zum ersten sind viele bereichsspezifische Parameter in Betracht zu ziehen; zum zweiten kann nicht jede sektorale Verbesserung der Umweltqualität auch ursächlich der Umweltbewegung zugeschrieben werden (z.B. hängt der Rückgang von Schadstoffemissionen auf dem Gebiet der DDR in erster Linie mit Deindustrialisierungsmaßnahmen zusammen); zum dritten können Erfolge der Umweltbewegung auch darin bestehen, Schlimmeres verhütet zu haben. Es scheint jedenfalls, als würde sich im Gesamtbild der nationalen Umweltbelastungen in der Bundesrepublik eine abnehmende Tendenz oder eine Stagnation abzeichnen; in einigen Bereichen sind sogar eindeutige Verbesserungen zu registrieren (Weidner 1991).

Im Hinblick auf konkrete Bauvorhaben ergibt sich ebenfalls eine gemischte Bilanz. Teils sind Umweltkampagnen kläglich gescheitert; teils haben sich Umweltgruppen gegen ihre Widersacher durchgesetzt; in den meisten Fällen wurden jedoch zumindest Planungsmodifikationen, Ausgleichsmaßnahmen u.ä. zugunsten des Umweltschutzes erwirkt. Zum Leidwesen vieler

21

staatlicher Planungsbehörden wie auch privater Initiatoren technisch-industrieller Bauvorhaben sind jedenfalls Umweltgruppen allgegenwärtig geworden, fordern Umweltverträglichkeitsgutachten, formulieren Einsprüche, demonstrieren, blockieren, prozessieren. Nicht von ungefähr sprach die Frankfurter Allgemeine Zeitung bereits 1976 von der »Landplage« der Bürgerinitiativen.

Wenn nicht alles täuscht, so hat der politische Druck der Umweltbewegung eher zu- als abgenommen, wobei freilich die ursprünglichen Frontstellungen weitgehend aufgeweicht sind. Teilweise sehen Behörden in Umweltschutzgruppen nicht mehr Gegner, sondern Verbündete oder zumindest Akteure, die es tunlichst im Vorfeld von Planungen einzubeziehen gilt. Auch sind die Informations- bzw. Einspruchsrechte im Rahmen des Baurechts, des Atomrechts, des Luftverkehrsrechts, Naturschutzrechts usw. ausgeweitet worden. Kommunale Umweltberater bieten ihre Dienste an. Lokale Behörden gewähren Zuschüsse z.B. für die Begrünung von städtischen Innenhöfen oder für energiesparende Maßnahmen. Zur Propagierung und Institutionalisierung des Umweltschutzes hat auch die Präsenz der Partei *Die Grünen* (heute *Bündnis 90/Die Grünen*) in Parlamenten von der lokalen bis zur europäischen Ebene beigetragen. In dem Maße, wie sich die Partei allerdings auf den parlamentarischen Routinebetrieb einlässt, entfernt sie sich von den bewegungsförmigen Gruppierungen.

Im Verlauf von einem Vierteljahrhundert ist Umweltschutz zu einer politischen Dauer- und Routineaufgabe geworden, die bei großen Teilen der Bevölkerung, aber auch bei nahezu allen organisierten politischen Akteuren zumindest rhetorisch eine hohe Wertschätzung genießt. Selbst die Chemische Industrie, vormals ein Hauptgegner der Umweltbewegung, präsentiert sich inzwischen als Anwalt der Natur. Ganze Industriezweige leben heute vom Umweltschutz. Bemerkenswert ist zudem, dass sich im Rahmen des *Öko-Sponsoring* Umweltverbände mit Industrieunternehmen zusammentun, um deren Produkte nach vorangegangener Prüfung als ökologisch unbedenklich auszuzeichnen und im Gegenzug dafür finanzielle Hilfe zu bekommen. Auch wenn viele Aktivisten der Umweltbewegung über das bislang Erreichte enttäuscht sind, so haben sie, wie die genannten Beispiele verdeutlichen, doch weit mehr als bloße Aufmerksamkeit und Sympathie gewonnen. Sieht man von Sonderfällen wie dem Nationalsozialismus ab, so ist es wohl nicht übertrieben zu behaupten, dass kaum eine Bewegung in so kurzer Zeit so viele Spuren im gesellschaftlichen Alltag wie auch in der etablierten Politik hinterlassen hat.

ERKLÄRUNGEN UND THEORETISCHE ANSÄTZE

Kollektive Aktionen und soziale Bewegungen fanden im 19. Jahrhundert die steigende Aufmerksamkeit zeitgenössischer Beobachter, als sich die von der Französischen Revolution angestoßenen Demokratisierungsansprüche in Protestereignissen ausdrückten, an denen sich eine wachsende Zahl von Klassen und Schichten beteiligte. Demokratie begann sich als »Massendemokratie« zu entwickeln; Lorenz von Stein (1815-1890) hat diese Tendenz früh beobachtet und beschrieben (*Der Socialismus und communismus des heutigen Frankreichs* 1842; *Proletariat und Gesellschaft* 1848). Es bedurfte allerdings der Entfaltung und Professionalisierung der Sozialwissenschaften, um die sozialen Phänomene genauer bestimmen zu können, die sich mit kollektiven Aktionen und sozialen Bewegungen ausdrücken.

»Aufstand der Massen«

In den Umbruchperioden zur Moderne galten kollektive Aktionen und soziale Bewegungen vor allem als Zeichen des Zerfalls der alten Ordnung. Der Franzose Gustave LeBon (1841-1931) gab dieser Deutung den klassischen Ausdruck (*Psychologie des foules*, Paris 1895): Kollektive Aktionen erschienen als Aufruhr und Panik, »Masse« als eine amorphe Ansammlung von Einzelnen, die sich gegenseitig mit ihren Affekten »anstecken«, dabei zunehmend die Kontrolle verlieren und sich von ihren »Führern« zu allem Möglichen hinreißen lassen. Im Verlust sozialer Ordnung, so LeBons These, regrediert der Einzelne auf primitive Instinkte vorzivilisatorischer Zeiten. Kollektives Verhalten wird deshalb zum Gegenstand einer »Massenpsychologie«, und es ist kein Zufall, dass auch Sigmund Freud (1856-1939) diesem Thema eine große Abhandlung (*Massenpsychologie und Ich-Analyse* 1921) gewidmet hat. Insofern kollektive Aktionen und soziale Bewegungen in diesem Zusammenhang mit Umbruch und Massendemokratisierung verbunden wurden, diente ihre massenpsychologische Deutung vor allem den konservativen Strömungen gegen einen sozialen Wandel, der sich aus dem Druck »von unten« entwickelte. Ortega y Gasset hat diese Sichtweise in *Aufstand der Massen* (1930) zu einer aristokratischen Kulturkritik verarbeitet, die auch in Deutschland weite Verbreitung fand.

Während in den USA einzelne Wissenschaftler

massenpsychologische **Zusammenbruchstheorien** übernahmen, waren Vertreter der »Chicago Schule« (vor allem Robert E. Park und Ernest W. Burgess) mit ihren interaktionistischen Perspektiven besser darauf vorbereitet, die sozialen Prozesse kollektiven Verhaltens differenziert und genau zu erfassen. Vor allem Herbert Blumer hat mit seinem Konzept von *circular interaction* in mehreren Aufsätzen die soziologische Erforschung kollektiver Prozesse vorangetrieben und mit der Einbeziehung des Konzepts sozialer Bewegungen deren Analyse zumindest vorbereitet (zuerst Blumer 1939). »Zirkuläre Interaktionen«, die sicher in und zwischen den verschiedenen Gruppierungen stattfanden, die an den Ereignissen des 2. Juni 1967 in Berlin beteiligt waren, bedeuten mehr als eine über Imitationsprozesse laufende »Ansteckung« im Sinne LeBons und seiner Nachfolger. Das Konzept verweist auf komplexe Prozesse wechselseitiger Beeinflussung von Personen und Gruppen bei ihrer Interpretation vorhandener Umstände und wünschbarer Ziele. Und mit dem Begriff der sozialen Bewegung wird deutlich, dass kollektive Aktionen in aller Regel mehr sind als unvermittelte Eruptionen triebhafter Bedürfnisse, in denen die Beteiligten sozusagen kopflos werden und außer Rand und Band geraten. Mit dem Konzept sozialer Bewegungen kommen soziale Infrastrukturen kollektiver Mobilisierung in den Blick, deren Akteure Ereignisse vorbereiten, sich über Zielsetzungen verständigen, im Hinblick darauf Strategien kalkulieren und auch die Gründe für die Notwendigkeit gemeinsamen Handelns erwägen (Klandermans 1997). Dass die Rationalität dieses Handelns in aufgeregten Massenaktionen zusammenbrechen kann und insofern reine Panik möglich ist, erscheint eher als ein Spezialfall kollektiver Aktionen denn als deren zentrales Merkmal.

In der jüngeren Literatur wurden verschiedene Theorien und Konzepte zur Analyse der externen und internen Voraussetzungen für die Entstehung und

Ein Schlüsselereignis der Französischen Revolution war der Sturm auf die Bastille, ein altes Gefängnis und Waffenlager in Paris. Doch er war nur eine kollektive Aktion in einem langen, gesellschaftlich organisierten Prozess. Wie in allen Revolutionen spielten verschiedene Gruppen eine Rolle, von denen jede mit ihren Ressourcen um Macht und Einfluss konkurrierte. Mit ausgelöst wurde die Französische Revolution durch strukturelle Bedingungen wie die Ungleichheit zwischen den sozialen Klassen und die Finanzkrise des Staates.

Stabilisierung sozialer Bewegungen ausgearbeitet. Hierzu soll nachfolgend ein Überblick gegeben werden.

Deprivation und die sozialen Bedingungen von Solidarität

Als »soziales Handeln« im Weberschen Sinne erscheinen kollektive Aktionen in dem Maße, in dem sie »sinnhaft orientiert« sind und Motive ausdrücken, die sich vom Beobachter »verstehen« lassen. Bei solchem »Verstehen« kommt Soziologie in dem Maße zum Zuge, in dem diese Motive als »kollektiv« erscheinen und auf Gründe verweisen, die als »soziale Tatsachen« im Sinne Émile Durkheims Produkte der Gesellschaft darstellen.

Gemäß diesem Verständnis ist schon im 19. Jahrhundert der Zusammenhang von kollektiven Aktionen und gesellschaftlichen Problemen beschrieben worden, die als Missstände bestimmte Bevölkerungsgruppen bedrücken. Dieser Ansatzpunkt ist etwa in Marx' Verelendungs- und Ausbeutungstheorie zur Begründung seiner Annahme vom revolutionären Mobilisierungspotential des Proletariats genutzt worden. In der Tat

21

Karl Marx über Bedingungen kollektiven Protests

»Die Parzellenbauern bilden eine ungeheure Masse, deren Glieder in gleicher Situation leben, aber ohne in mannigfache Beziehung zueinander zu treten. Ihre Produktionsweise isoliert sie voneinander, statt sie in wechselseitigen Verkehr zu bringen […] Jede einzelne Bauernfamilie genügt beinahe sich selbst, produziert unmittelbar den größten Teil ihres Konsums und gewinnt so ihr Lebensmaterial mehr im Austausch mit der Natur als im Verkehr mit der Gesellschaft. Die Parzelle, der Bauer und die Familie; daneben eine andre Parzelle, ein andrer Bauer und eine andre Familie. Ein Schock davon macht ein Dorf, und ein Schock von Dörfern macht ein Departement. So wird die große Masse der französischen Nation gebildet durch einfache Addition gleichnamiger Größen, wie ein Sack von Kartoffeln einen Kartoffelsack bildet.... Insofern ein nur lokaler Zusammenhang unter den Parzellenbauern besteht, die Dieselbigkeit ihrer Interessen keine Gemeinsamkeit, keine nationale Verbindung und keine politische Organisation unter ihnen erzeugt, bilden sie keine Klasse. Sie sind daher unfähig, ihr Klasseninteresse im eigenen Namen... geltend zu machen.« (*Der achtzehnte Brumaire des Louis Bonaparte* [1852])

bietet die Geschichte der Arbeiterbewegung viele Beispiele dafür, dass die Akteure aufgrund ihrer Erfahrung von Not und Elend bereit waren, sich zu solidarisieren und aufzubegehren. Die Arbeiterbewegung stellt sich insofern als eine Reaktion auf soziale Deprivationen dar, auf gesellschaftliche Lagen also, die einem Kollektiv von Menschen notwendige materielle, aber auch ideelle Mittel ihrer Bedürfnisbefriedigung entzogen: Nahrung, Arbeit, Anerkennung, Würde. Die Forschung hat eine Fülle von Beispielen für gesellschaftlich bewirkte Frustrationen als Voraussetzung für nachfolgende Unruhen, Aufstände und Rebellionen gefunden (Rudé 1964; Gailus/Volkmann 1994). So ging beispielsweise der Französischen Revolution ein scharfer Anstieg der Brotpreise als Folge der schlechten Ernten der Jahre 1787 und 1788 voraus. Solche Zusammenhänge müssen allerdings differenziert gedeutet werden, wenn man sie theoretisieren, also zu Gesetzmäßigkeiten verallgemeinern will. Festhalten lässt sich, dass die Existenz von gesellschaftlichen Problemen, die von bestimmten Bevölkerungsgruppen als Missstände wahrgenommen werden, die Wahrscheinlichkeit ihres kollektiven Protestes erhöht. Ob es tatsächlich dazu kommt, hängt aber von einer Reihe zusätzlicher Bedingungen ab, und der Fortschritt der Soziologie sozialer Bewegungen drückt sich darin aus, diese Bedingungen genauer bestimmt zu haben. Schon Marx hatte eine Reihe dieser Bedingungen gesehen, etwa im *Achtzehnten Brumaire des Louis Bonaparte* (1852) bei der Beschreibung der französischen Parzellenbauern, deren Mobilisierbarkeit ihm für die Entwicklung gemeinsamen Handelns angesichts ihrer isolierten Produktionsweise zu gering erschien. Sie seien nicht fähig, ein Klassenbewusstsein zu entwickeln und deshalb nicht geeignet, Träger einer revolutionären Bewegung zu sein. Erst ein Klassenbewusstsein ermögliche die Entwicklung einer gemeinsamen Definition der Situation und die Organisation gemeinsamen Handelns. Eine Grundbedingung dafür aber sei, dass die Deprivierten »in mannigfacher Beziehung zueinander« stehen, also interaktiv verflochten sind. Marx setzte auch deshalb auf das Industrieproletariat als *Subjekt* des Klassenkampfs, weil die Betriebe Drehpunkte eines regelmäßigen sozialen Zusammenhangs darstellen, also soziale Netzwerke schaffen.

Soziale Netzwerke erscheinen als unabdingbare strukturelle Voraussetzung für die Entwicklung und Stabilisierung sozialer Bewegungen. An ihrer Basis stehen entgegen den Annahmen von Massentheorien nicht isolierte Einzelpersonen, sondern soziale Gruppierungen unterschiedlicher Dichte und Größe: Nachbarschaftszirkel und Kollegenkreise, Wohngemeinschaften und Kommunen, diverse Netzwerke im Umfeld von Kirchen, Parteien, Bürgerinitiativen, Universitäten etc. Entscheidend für die Entstehung sozialer Bewegungen ist, dass solche Gruppierungen in Verbindung zueinander gebracht werden. Bewegungen stellen »mobilisierte Netzwerke von Netzwerken« dar (Neidhardt 1985:197). Mikroeinheiten verbinden sich zu größeren Aggregaten. Dabei können Liaison-Personen und -Gruppen eine Rolle spielen (Beispiele bei Kriesi 1982; Schenk 1982), aber auch »soziale Relais« im Umkreis von Märkten, Stadtteilen, Universitäten, Betrieben, Vereinen etc. Fehlen solche »Brücken der Mobilisierung« (Ohlemacher 1993), dann führen Deprivationen weder zu gemeinsamen Erfahrungen ihrer strukturellen Gründe noch zu gemeinsamen Vorstellungen über Möglichkeiten, etwas dagegen zu tun; sie bleiben voneinander isoliert und werden nicht sozial virulent. Ohlemacher zeigt dies am Beispiel von deutschen Gemeinden, die in gleichem Ausmaß von täglichen Lärmbelästigungen durch militärische Tiefflugübungen betroffen waren, sich jedoch vor allem

21

dort in kollektiven Protestaktionen mobilisierten, wo die Initiatoren des Protests mit bestimmten sozialen Relais – darunter Clubs, Vereine, Kindergärten und Volkshochschulen – verbunden waren.

Programme und Ideologien

Es gehört zu den Grundannahmen soziologischer Handlungsanalysen, dass Menschen nicht auf Grund ihrer Situation, sondern auf Grund ihrer »Definition der Situation« handeln (Robert Merton 1957). Es reicht deshalb nicht aus, Protestbewegungen als Reaktion auf vorhandene soziale Probleme zu sehen und damit zu erklären, dass sie für bestimmte Bevölkerungsgruppen Not und Elend bedeuten. Die Geschichte ist voll von Beispielen bedrückender Notlagen, ohne dass die Betroffenen aufbegehrt und gemeinsam Widerstand geleistet hätten. Eine Erklärung dieses Sachverhalts kann sich nicht mit dem Hinweis begnügen, dass Mobilisierungsstrukturen der eben beschriebenen Art fehlten; vielmehr muss sie in Rechnung stellen, dass die Betroffenen ihre Lage womöglich als nicht so deprivierend empfanden, wie heutige Beobachter es nach ihren Maßstäben guten Lebens tun würden. Deprivationstheoretiker haben deshalb ihre Ansätze verfeinert, indem sie nicht Deprivation an sich, sondern **relative Deprivation** als entscheidende Bedingung für Protestverhalten annehmen (Gurr 1970). Als relativ erscheint den Betroffenen eine Deprivation dann, wenn sie ihre objektive Situation erst in Abhängigkeit von ihren Ansprüchen als gut oder schlecht wahrnehmen. Frustration ergibt sich aus der Differenz zwischen dem, was man hat, und dem, was man erwartet und beansprucht, wobei die Wahrnehmung der Situation vergleichbarer Gruppen ein wichtiges Kriterium darstellt. Protestbereitschaft kann sich also nicht nur durch eine Verschlechterung der Situation, sondern auch – bei gleichbleibender oder sich sogar verbessernder Situation – durch ein Steigen der Erwartungen und Ansprüche ergeben. Letztere bilden also eine eigenständige Dimension soziologischer Analyse.

Deren Relevanz ist beim Studium von Revolutionen mehrfach deutlich geworden (Skocpol 1979; Goldstone 1991; Kuran 1995). Ein anschauliches Beispiel liefert auch die Geschichte der Frauenbewegung. Sie gewann entscheidend an Kraft und Bedeutung sicher nicht deshalb, weil seit Mitte des 19. Jahrhunderts die objektive Diskriminierung der Frauen zugenommen hätte; das Gegenteil ist der Fall. Entscheidend ist, dass ihre Emanzipationsansprüche erheblich gestiegen sind, und dies ist die Folge kultureller und sozialer Prozesse, die selber der Erklärung bedürfen.

Zur soziologischen Analyse kultureller und ideologischer Dimensionen von kollektiven Mobilisierungen wesentlich beigetragen hat der Ausbau *konstruktivistischer* Ansätze (siehe Kap. 5 u. 11), die mit dem Begriff des **framing** (= Rahmen im Sinne von »Deutungsrahmen«) operieren (Snow/Benford 1988; Gamson 1992). Diese Ansätze tragen der Tatsache Rechnung, dass *soziales Handeln* allgemein, also auch kollektives Handeln, durch Sinnkonstruktionen der Beteiligten bestimmt wird, mit denen Gründe, Strategien und Zielsetzungen festgelegt und strukturiert werden. Solche **frames** müssen von den einzelnen Akteuren angenommen werden, bedürfen bei kollektiven Aktionen aber auch kollektiver Definitionsprozesse, um gemeinsames Handeln zu ermöglichen. Sowohl Snow/Benford als auch Gamson unterscheiden dabei drei Dimensionen oder **subframes**. (1) *Diagnostic frames* liefern einer sozialen Bewegung Definitionen des Übels, die einen Protest rechtfertigen. Sie skandalisieren bestimmte Zustände und markieren die dafür Schuldigen. Gamson spricht in diesem Zusammenhang von *injustice frames*. (2) *Identity frames* erzeugen für die Betroffenen ein Gemeinschaftsgefühl. Sie definieren ein »Wir« gegenüber irgendeinem »Sie«, das typischerweise andere Interessen oder Werte hat. Dieses Argumentationsmuster entspricht den in der Soziologie seit den Arbeiten von William Graham Sumner (1906) bekannten »Ingroup/outgroup«-Konzepten: Der interne Zusammenhalt und der Bedarf an gemeinsamem Handeln wird durch die Fixierung rivalisierender Außengruppen motiviert. Snow/Benford sprechen daher auch von *motivational framing*: Man muss die Dinge selber in die Hand nehmen und die eigenen Ziele müssen erreichbar erscheinen; aus der Differenz zum Gegner leitet man die Notwendigkeit solidarischen Handelns der Ingroup ab. (3) *Prognostic* oder *agency frames* erscheinen notwendig, um Strategien, Taktiken oder Ziele zu bestimmen. Solche *frames* entwerfen die Utopie eigener Möglichkeiten und neigen deshalb meist dazu, günstige Gelegenheiten überzubewerten und einschränkende Bedingungen zu unterschätzen (Gamson/Meyer 1996). Ihre Funktion besteht darin, Mut zu machen.

Jürgen Gerhards hat in einer Fallstudie der Berliner »Anti-IWF-Kampagne« 1988 Inhalte und Bedeutungen solcher Deutungsmuster im Sinne von Snow/Benford ausführlich beschrieben (Gerhards 1993). Vom 21. bis 29. September 1988 fanden große Massenproteste gegen den Internationalen Währungsfonds (IWF) und die Weltbank statt,

21

die ihre Jahrestagung in Berlin abhielten. Eine Serie großer und kleiner Protestaktionen mobilisierte über mehrere Tage hinweg Zehntausende von Teilnehmern aus einer beträchtlichen Zahl unterschiedlicher Gruppierungen gegen die Politik von IWF und Weltbank: Dritte-Welt-Gruppen, Öko-, AKW- und Friedensgruppen, Kirchen und Gewerkschaften, Frauen- und Studentengruppen bis hin zu den Zirkeln von Autonomen und Anarchisten. Aus Flugblättern, Memos und Broschüren rekonstruierte Gerhards die verschiedenen *subframes* einer sowohl gemeinsamen als auch in sich differenzierten Programmatik des Protests, die den massenhaften Mobilisierungen ihren spezifischen Sinn und damit auch ihre innere Energie verliehen. Entscheidend für den Zusammenhalt der heterogen zusammengesetzten Bewegung war ein **masterframe** aus dem »Imperialismuslexikon«, zu dem die einzelnen Gruppierungen, die sich beteiligten, je nach ihrem spezifischen Programm eine Reihe von thematischen Verbindungen herstellen konnten: Verschuldung der Dritten Welt, Hunger und Armut (besonders von Frauen), ökologische Krise (Regenwälder), Waffentransporte, Krieg etc. – allesamt Probleme, die irgendwie mit dem Wirken von IWF und Weltbank in Verbindung gebracht wurden (*diagnostic framing*). Blieben die vorgestellten Lösungsmuster allgemein und vage (*prognostic framing*), so waren durch die starke Moralisierung der Schuldigen die Begründungen dafür vorbereitet, dass etwas getan werden müsse und dass dazu Blockaden und Störungen ebenso wie die Veranstaltung eines Gegenkongresses erfolgreiche Mittel darstellen würden (*motivational framing*). In der Tat zog der Protest nicht nur viele Gruppen und Teilnehmer an, sondern fand auch große öffentliche Resonanz, die nicht ohne Verständnis für die Motive der Aktivisten ausfiel. Mit Recht nennt Gerhards die Anti-IWF-Kampagne »erfolgreich« und deren framing notwendig und entscheidend.

Organisation und Unternehmertum

Die Analyse von Gerhards belegt aber auch, dass sowohl das *framing* der Anti-IWF-Kampagne als auch der Ablauf ihrer Aktionen alles andere als spontan und unorganisiert zustande kamen. An der Basis der Kampagne sind nicht einzelne Personen, sondern Gruppen und Netzwerke identifizierbar, die sich mit langem Vorlauf auf die Septemberaktionen des Jahres 1988 vorbereitet hatten: von den *Autonomen Feuerwerkern* und der *Assyrischen Union* bis hin zu *Robin Wood* und der *Deutschen Pfadfinderschaft St. Georg*. Und zur Vermittlung dieser Gruppen – Gerhards stellt 136 beteiligte Gruppen fest – entstanden Koordinationsbüros, Trägerkreise und Arbeitsausschüsse, die Monate, zum Teil sogar bis zu zwei Jahre vorher begonnen hatten, eine große Mobilisierung über Einzelgruppen hinweg in Gang zu bringen und zu organisieren.

Selbst die spontan wirkenden Berliner Proteste gegen den Schah am 2. Juni 1967 hatten eine Vorgeschichte und erforderten ein Minimum an Organisation. Der SDS hielt schon frühzeitig ein wissenschaftliches Aufklärungsseminar über die Lage in Persien und die Leistungen des Schahs ab. An einzelnen Hochschulen bildeten sich Anti-Schah-Komitees, an denen sich zahlreiche Studentenorganisationen, auch iranische Studentenvereinigungen, beteiligten. Flugblätter wurden verteilt, Aktionen eingeleitet, um dem Schah einen »gebührenden Empfang« zu bereiten (Mager/Spinarke 1967). Wir können somit annehmen, dass unter den Protestierenden in Berlin nicht nur bislang politisch inaktive Studenten wie Benno Ohnesorg, sondern auch und vor allem Mitglieder studentischer Organisationen waren und diese die Art ihres Protests abgesprochen hatten.

Solche Organisationselemente und Organisationsbemühungen sozialer Bewegungen sind von amerikanischen Autoren im Rahmen des *resource mobilization*-Ansatzes sehr stark betont worden (McCarthy/Zald 1977). Sie gehen davon aus, dass Unzufriedenheiten und Mobilisierungsbereitschaften angesichts der Allgegenwart sozialer Probleme permanent vorhanden seien und dass insofern **Deprivationen** für die Erklärung des Entstehens sozialer Bewegungen nicht entscheidend seien. Von primärer Bedeutung erscheine, ob es für bestimmte Problemlagen **Bewegungsunternehmer** gebe, denen es gelingt, **Bewegungsorganisationen** aufzubauen und mit ihnen Anhänger und Unterstützer zu mobilisieren. Stellt man die bei komplexen Sachverhalten in der Regel nicht zu klärende Frage beiseite, welche Faktoren die wirklich entscheidenden und wichtigsten seien – dies wird von Fall zu Fall variieren –, dann erscheint der Ressourcenmobilisierungsansatz für Bewegungstheorien deshalb als fruchtbar, weil er vernachlässigte Aspekte betont, die in weiterlaufenden Modernisierungsprozessen für die Organisationsausstattung und Steuerbarkeit sozialer Bewegungen wichtiger werden können. Moderne Kommunikationstechniken erhöhen die Möglichkeiten kleiner Organisationskerne, ein großes Netzwerk von Anhängern zusammenzuhalten und gegebenenfalls zu mobilisieren; auf die Bedeutung des Internet ist in diesem Zusammenhang neuerdings immer wieder hingewiesen worden. Und auch die Möglichkeiten kollektiver Aktionen verändern sich in Abhängigkeit von technischen Entwicklungen. So wird von amerikanischen Protestgruppen berichtet, sie hätten Telefon- und Faxsysteme bestimmter Regierungszentralen von außen stunden- oder gar tagelang übernutzt und damit für den Normalbetrieb lahmgelegt. Zentral für den *resource mobilization*-Ansatz aber ist die Annahme, dass Bewegungsaktionen dieser Art strategisch geplant und

Bezugsrahmen sozialer Bewegung

1) Unter den bewegungsrelevanten Bezugsgruppen nehmen in modernen demokratischen Gesellschaften *Institutionen des politischen Systems*, also Parlamente, Regierungen und Verwaltungen, einen hervorragenden Platz ein. Sie sind für die meisten Bewegungsanliegen die zentrale Zielgruppe, weil von ihnen Entscheidungen und Maßnahmen erwartet werden, die als problemlösend angesehen werden: die Veränderung des Asylbewerbergesetzes, Verordnungen gegen gentechnische Experimente, Verbot von Kernkraftwerken, Korrekturen in der Stadtplanung etc.

2) Ob es sozialen Bewegungen gelingt, solche politischen Entscheidungen und Maßnahmen in ihrem Sinne zu erreichen, wird in starkem Maße davon abhängen, ob sie Unterstützung bei politischen Parteien und mächtigen Interessenverbänden finden, also bei den *intermediären Akteuren*, die in demokratischen Gesellschaften laufend auf die Entscheidungszentralen des politischen Systems direkt oder indirekt einwirken.

3) Dies wird dann wahrscheinlicher, wenn die Protestaktionen bei dem *Publikum*, von dessen Gunst Parteien und Interessenverbände abhängen, positive Resonanz finden – ein Faktor, der durch den Einsatz moderner Umfragetechniken der Demoskopie laufend kontrolliert werden kann.

4) Ausmaß und Art der Publikumsresonanz werden wiederum in erheblichem Maße durch die Berichterstattung der *Massenmedien* bestimmt (Rucht 1994). Protestaktionen, die nicht die Aufmerksamkeit der Massenmedien finden und also nicht oder kaum bekannt werden, erreichen nur geringe Wirksamkeit. Deshalb muss es das Ziel sozialer Bewegungen sein, ihre Aktionen so auszurichten, dass sie nach der »Nachrichtenwert«-Logik der

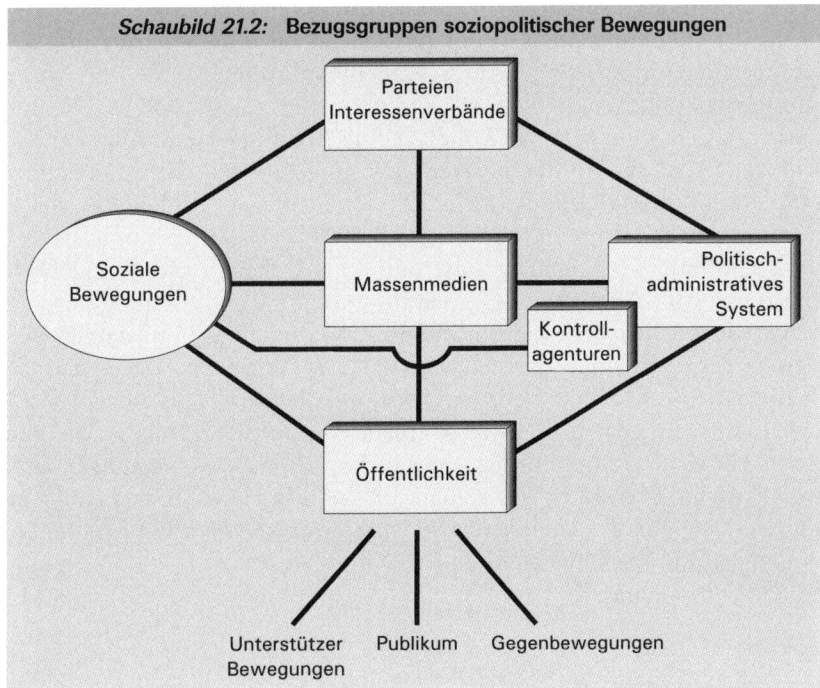

Schaubild 21.2: Bezugsgruppen soziopolitischer Bewegungen

Medien als interessant und wichtig erscheinen. Dem dienen »unkonventionelle« Aktionen in Gestalt auffälliger Demonstrationen, Blockaden, Besetzungen etc.

5) Dass Aktionen »bürgerlichen Ungehorsams« dabei nicht selten die Schwelle zur Illegalität überschreiten, bringt schließlich *Instanzen sozialer Kontrolle* ins Spiel: oft die Polizei, manchmal auch die Gerichte. Ob diese »verhältnismäßig« reagieren bzw. »unabhängig« urteilen, ist für den Erfolg sozialer Bewegungen nicht unwichtig. Entsteht der Eindruck, dass sie es nicht tun, ergibt sich daraus ein Stoff für Skandalisierungen, mit denen Bewegungsakteure wiederum – auch

unter Nutzung der Medien – zu operieren versuchen. Auf diese Weise entstehen Interaktionssequenzen, die für die Konfliktlage entweder eskalierend oder deeskalierend und für den Bewegungserfolg entweder günstig oder ungünstig verlaufen. Das Eingangsbeispiel der Anti-Schah-Demonstrationen am 2. Juni 1967 ist ein eindeutiger Fall von Eskalationen, die sich aus einer Serie unverhältnismäßiger Reaktionen am Anfang der Polizei, dann auch einer sich in Teilen bis in den Terrorismus hineinentwickelnden studentischen Protestbewegung ergab.

von quasi-professionalisierten Bewegungsmanagern zweckrational kalkuliert und gestaltet werden.

Gibt es in dieser Hinsicht zwischen Protestbewegungen erhebliche Unterschiede, so bleibt doch festzuhalten, dass eine Soziologie sozialer Bewegungen nicht versäumen darf, hinter den leicht erkennbaren kollektiven Aktionen auch die mehr oder weniger ausgeprägten Strukturen zu erforschen, die sie erzeugt haben. Die oben dargestellten Arbeiter-, Frauen- und Umwelt-

bewegungen verfügten über solche Strukturen. Oft finden zu solchen Anlässen vorbereitende Treffen statt, in denen z.B. Hintergrundinformationen zum Protestanlass ausgetauscht, Slogans vereinbart und das taktische Vorgehen abgesprochen werden. Es gibt Verbände, die vor allem bei großen Kampagnen für Koordination nach innen und im übrigen auch bestimmte Repräsentationen nach außen sorgen. Im Falle der Studentenbewegung in den 1960er Jahren bildete der

21

Sozialistische Deutsche Studentenbund (SDS) einen wichtigen Organisationskern. Im Falle der Friedensbewegung in den 1980er Jahren spielte auf nationaler Ebene der »Koordinationsausschuss«, bestehend aus 26 Gruppen und Organisationen, die sich einem Spektrum von sieben politisch-ideologischen Richtungen zuordnen lassen, eine wichtige Rolle (Leif 1990). Entscheidend sind aber in den meisten Bewegungen die zahlreichen lokalen Gruppierungen, die in der Regel nur lose miteinander vernetzt sind (Roth 1994). Dass ihr Funktionieren manchmal auch mit dem Wirken eindrucksvoller Bewegungsunternehmer zusammenhängt, ist möglich, aber nicht notwendig. Wo solche Bewegungsunternehmer vorhanden sind und sogar charismatische Qualität besitzen, bedeutet dies für soziale Bewegungen eine außerordentliche Ressource. Adolf Hitler besaß diese Bedeutung für die nationalsozialistische Bewegung, in anderer Weise Martin Luther King für die amerikanische Bürgerrechtsbewegung, Rudi Dutschke wohl auch für die deutsche Studentenbewegung.

Bewegungsumwelt – »Gelegenheitsstrukturen«

Bewegungsbeschreibungen und -analysen haben sich überwiegend auf die Entstehungsbedingungen sozialer Bewegungen bezogen, weniger auf die Voraussetzungen ihrer Stabilisierung und die Voraussetzungen ihrer Effekte. Spätestens im Hinblick darauf aber wird es unerlässlich, die soziale *Umwelt* genauer zu beobachten, in der soziale Bewegungen operieren. Dabei ist es hilfreich, in einem ersten Schritt die relevanten **Bezugsgruppen** festzustellen, also jene Gruppen, Organisationen und Institutionen, auf die sich Bewegungsorientierungen deshalb primär beziehen, weil sie für ihre Erfolgschancen besonders wichtig erscheinen.

Welche Stabilisierungsmöglichkeiten und Erfolgschancen sich im Handlungsfeld sozialer Bewegungen in Abhängigkeit von deren Bezugsgruppenkonstellationen ergeben, ist in der Bewegungsforschung mit den Konzepten der **politischen Gelegenheitsstruktur** (*political opportunity structure*; Tarrow 1983; 1998; Kriesi u.a. 1995) und des **politischen Prozesses** (*political process*; McAdam 1982) untersucht worden. Unter Rückgriff auf Ansätze einer Reihe anderer Autoren nimmt Tarrow an, dass die Gelegenheitsstruktur sozialer Bewegungen vor allem durch folgende Variablen bestimmt sei: das Ausmaß an Offenheit oder Geschlossenheit eines politischen Systems, beeinflusst durch den Grad seiner Demokratisierung, aber auch etwa durch das Ausmaß seiner föderalistischen Dezentralisierung; die Stabilität oder Instabilität der politischen Strukturen; die Durchsetzungsstärke der politischen Eliten; die Verfügbarkeit von oder der Mangel an Allianzen und Unterstützergruppen. Versucht man diese Annahmen auf die Bezugsgruppenstrukturen des Handlungsfeldes von sozialen Bewegungen anzuwenden, so lässt sich folgende Generalhypothese formulieren: Die Handlungschancen einer sozialen Bewegung werden umso größer sein, je differenzierter und dezentralisierter sich das Bezugsgruppensystem seiner Umwelt darstellt. Je differenzierter und dezentralisierter es ist, umso höher wird die Wahrscheinlichkeit sein, dass soziale Bewegungen Ansatzpunkte für die Unterstützungen finden, die sie zur Durchsetzung ihrer Ziele brauchen – eine freie Presse, oppositionelle Parteien und ein breites Spektrum miteinander konkurrierender Interessengruppen, ebenso unabhängige Gerichte, deren Gesetzesauslegung auch zum Nachteil der politischen Instanzen ausfallen kann, gegen die sich Proteste richten. In autoritären oder gar totalitären Systemen, in denen nicht nur Parteien und Interessengruppen, sondern auch Gerichte und Medien von einer in sich geschlossenen politischen Zentrale dirigiert und »gleichgeschaltet« sind, wird politischer Protest auf allen Ebenen blockiert und unterdrückt werden – solange die Macht der herrschenden Elite intakt ist. Auch das Beispiel der DDR zeigt, dass erst der Machtverfall des politischen Zentrums den kollektiven Frustrationen Spielraum gab, sich in Bewegungen und kollektiven Aktionen auszudrücken – in diesem Fall mit dem fulminanten Ergebnis, dass alle Systemstrukturen zusammenbrachen und die große »Wende« gelang. In demokratischen Systemen sind die Entwicklungs- und Stabilisierungschancen von Protestbewegungen schon mit verfassungsrechtlich garantierten Versammlungs- und Koalitionsfreiheiten im Prinzip institutionalisiert. Aber deren strukturelle Flexibilität bedeutet auch, dass Bewegungen relativ folgenlos absorbiert werden können und dass sich Bewegungserfolge, falls sie sich einstellen, in evolutionär gebremsten Schritten vollziehen und in der Regel weit unspektakulärer ausfallen als es die Bewegungsakteure ursprünglich erhofften. Dies wird auch am Beispiel der oben beschriebenen Arbeiter-, Frauen- und Umweltbewegungen deutlich. Gleichzeitig belegen diese Fälle aber auch den sozialen Wandel, der mit ihren Aktionen angestoßen und vorangetrieben wurde. Liegen dessen Ergebnisse unterhalb der Utopien der Akteure und erzeugen sie keine Zustände, in denen Proteste und Konflikte gegenstandslos würden, so demonstrieren sie doch die historische Kraft sozialer Bewegungen – wenn jene Bedingungen gegeben sind, die die Bewegungsforschung auf mehreren Ebenen als Voraussetzungen für die Entstehung und Entfaltung sozialer Bewegungen beschrieben hat.

Zusammenfassung

1. Kollektives Verhalten (*collective behavior*) bezeichnet vielgestaltige Formen gleichgerichteten bzw. koordinierten Handelns von Einzelpersonen und Gruppen. Das Spektrum reicht von Panik und Massenhysterie über Modeströmungen bis zu sozialen Bewegungen. Kollektives Handeln akzentuiert das Vorliegen einer gemeinsamen Zielorientierung, wie sie insbesondere bei Aufständen, Revolutionen und sozialen Bewegungen vorliegt.

2. Soziale Bewegungen sind mobilisierte Netzwerke von Gruppen und Organisationen, die auf der Grundlage einer kollektiven Identität mit Mitteln des Protests sozialen Wandel herbeiführen oder verhindern wollen. Bewegungen können Organisationen einschließen, aber sind als Ganze keine Organisationen. Sie haben keine formellen Mitglieder, sondern Aktivisten und Teilnehmer sowie – in ihrem Umfeld – Unterstützer und Sympathisanten.

3. Die Stärke sozialer Bewegungen liegt im *commitment*, der hohen Motivation und Begeisterungsfähigkeit ihrer Aktivisten und Teilnehmer. Aufgrund ihres insgesamt geringen Organisationsgrades und ihrer zumeist diffusen Entscheidungsstrukturen besitzen soziale Bewegungen keine hohe Fähigkeit zur Selbstkontrolle und zu strategischem Handeln. Sie können eher Entwicklungen anstoßen oder blockieren als sozialen Wandel durchsetzen.

4. Frühe Erklärungsversuche kollektiven Handelns und sozialer Bewegungen basierten zum Teil auf vorurteilsbehafteten Annahmen über das Verhalten der »Masse«, in der sich Menschen mit ihren Affekten gegenseitig »anstecken« und zu irrationalen Handlungen hinreißen lassen. Interaktionistische Theorien betonen demgegenüber komplexe Wechselbeziehungen zwischen Personen und Gruppen, welche die Notwendigkeiten und Risiken kollektiven Handelns durchaus abwägen und koordiniert handeln können.

5. Soziale Bewegungen sind keine unmittelbaren Reaktionen auf objektive Deprivationen. Es bedarf einer Reihe von Zusatzbedingungen, damit vorhandene Unzufriedenheiten in kollektive Handlungen größeren Ausmaßes und von längerer Dauer münden können. Dazu gehören (a) die Interpretation von Deprivationen als »ungerecht« und prinzipiell behebbar und (b) das Vorhandensein sozialer Netzwerke, die Menschen zusammenführen und die Organisierung ihres Protests erleichtern.

6. Die Deutung von Deprivationen erfolgt vor dem Hintergrund von Programmen und Ideologien durch ein *framing*, mit dem Gründe, konkrete Zielsetzungen, Strategien und Aktionen festgelegt werden.

7. Vor allem die Ansätze der Ressourcenmobilisierung betonen die Schlüsselrolle von Bewegungsorganisationen und Bewegungsunternehmern, die ein geplantes und koordiniertes kollektives Handeln ermöglichen.

8. Das Handlungsrepertoire von sozialen Bewegungen ist im allgemeinen sehr breit. Es kann von eher gemäßigten und unauffälligen Formen politischer Einflussnahme über spektakuläre Massenproteste bis hin zu kalkulierten Gewaltakten reichen.

9. Welche Handlungen von sozialen Bewegungen gewählt und welche Mobilisierungserfolge erzielt werden, wird nicht unerheblich bestimmt durch das Umfeld sozialer Bewegungen, insbesondere durch Bezugsgruppen und -größen wie das politische System und dessen Kontrollinstanzen, intermediäre Akteure wie zum Beispiel Parteien und Interessenverbände sowie die Öffentlichkeit einschließlich der für viele Bewegungen sehr bedeutsamen Massenmedien. Das Konzept politischer Gelegenheitsstrukturen systematisiert die externen Bedingungen, die der Mobilisierung sozialer Bewegungen förderlich oder hinderlich sind. In politischen Prozess-Ansätzen wird vor allem die Interaktionsdynamik von Bewegungen und deren Bezugsgruppen innerhalb von teils gegebenen, teils sich aber auch verändernden – und zuweilen von Bewegungen beeinflussbaren – Strukturbedingungen hervorgehoben.

10. Manche soziale Bewegungen scheitern bereits im Ansatz; viele bleiben weit hinter ihren hochfliegenden Zielen zurück. Allerdings gibt es auch Bewegungen, die eindrucksvolle Erfolge erzielt und damit tiefgreifenden sozialen Wandel bewirkt haben. Notwendige, aber nicht hinreichende Erfolgsbedingungen sind unter anderem die kollektive Wahrnehmung einer Ungerechtigkeit und ein darauf aufbauendes *framing*, günstige soziale Beziehungen für Vernetzungen und Organisationsbildung, eine strategisch geleitete Ressourcenmobilisierung sowie mobilisierungsfördernde externe Gelegenheitsstrukturen und Interaktionsdynamiken.

Wiederholungsfragen

1. Worin besteht der Unterschied zwischen dem Verhalten einer Masse und einer sozialen Bewegung? Nennen Sie jeweils konkrete Beispiele.

2. Definieren Sie vier Typen von Menschenansammlungen und geben Sie für jeden Typ ein Beispiel.

3. Aus welchen Gründen entstehen soziale Bewegungen?

4. Kann man heute noch von der Existenz einer Arbeiterbewegung sprechen?

2 1

Übungsaufgaben

1. Warum ist die Frauenbewegung entstanden, obgleich sich die Lebens- und Arbeitsbedingungen der Frauen eher verbessert als verschlechtert haben?

2. Was unterscheidet die neue Umweltbewegung von ihren Vorläufern des Natur- und Heimatschutzes?

3. Genügt Deprivation, um eine soziale Bewegung auszulösen?

4. Was bedeutet *framing* und warum ist es für Bewegungen wichtig?

5. Welche Umweltfaktoren sind für die Entwicklung und den Erfolg von Bewegungen bedeutsam?

Glossar

Bewegungsorganisationen Die Gesamtheit von Gruppen und Organisationen informeller und formeller Art, die einer sozialen Bewegung zugehören, Ressourcen mobilisieren und kollektives Handeln vorbereiten und durchführen.

Bewegungsunternehmer Schlüsselpersonen innerhalb sozialer Bewegungen, die vorwiegend mit Fragen der Organisationsbildung, Koordination und Wahl von Strategien befasst sind.

Bezugsgruppe Gruppe (Personen, Organisationen) (a) im Hinblick auf die wir unser Selbst und unser Verhalten bewerten (Vergleichsgruppe), (b) die unser Selbst und unser Verhalten bewerten und sanktionieren (normative Bezugsgruppe). Bezugsgruppen sind nicht unbedingt Gruppen, denen wir selbst angehören (Mitgliedschaftsgruppen).

Frame Deutungs- und Interpretationsrahmen, der Ursachen/Verursacher eines Problems, die Gründe zum Handeln und/oder die Träger/Richtung der Problemlösung benennt.

Gelegenheitsstrukturen Bedingungen der Umwelt sozialer Bewegungen, die der Mobilisierung förderlich oder abträglich sind, z.B. institutionalisierte Möglichkeiten zur Beteiligung an politischen Entscheidungen, die Existenz von Bündnispartnern, die Geschlossenheit von politischen Entscheidungseliten, die Existenz repressiver Apparate.

Kollektive Aktion Sozial organisiertes und bewusstes, aber noch nicht (oder wenig) routinisiertes Handeln, das auf bestimmte Ereignisse reagiert, gemeinsame Interessen einer Gruppe von Menschen durchsetzen will oder deren Ideale zu verwirklichen sucht.

Masterframe Ein allgemeiner Deutungsrahmen (z.B. Imperialismus), dem sich bestimmte konkretere *frames* zuordnen lassen und der damit auch thematische Anknüpfungspunkte für verschiedenartige Einzelthemen und mobilisierende Gruppen bietet.

Relative Deprivation Lücke zwischen den Erwartungen und den wahrgenommenen Bedingungen einer Gruppe.

Ressourcenmobilisierung Gezielte Beschaffung und Bereitstellung von materiellen und immateriellen Gütern (Zeit, Geld, Personal, Know-how, Infrastruktur) im Rahmen von Bewegungsorganisationen für kollektive Aktionen.

Soziale Bewegung Mobilisiertes, auf eine kollektive Identität gestütztes Netzwerk von Gruppen und Organisationen, das sozialen Wandel überwiegend mit Mitteln des Protests herbeizuführen oder zu verhindern sucht.

Zusammenbruchstheorien Massenpsychologische Deutungen, die kollektives Verhalten und soziale Bewegungen als Ausdruck eines Zerfalls sozialer Normen und irrationaler, durch »Ansteckung« sich ausbreitender Verhaltensweisen interpretieren.

21

Kapitel 22

Umwelt

Inhalt

Drei Tage hatte es unablässig geregnet. Meteorologisch nichts Ungewöhnliches, doch für die geologische Beschaffenheit im Süden Italiens bereits ein Risiko.« So beginnt ein Bericht in der *ZEIT* vom 14.5.98, in dem dann weiter zu lesen ist. »Am Donnerstag, dem 6. Mai, gegen 15 Uhr, gingen von dem 1.300 Meter hohen Monte Alavano – im Dreieck zwischen Neapel, Avellino und Salerno gelegen – die ersten Erdrutsche ab. Felsbrocken, Bäume, Erdreich und Wasser rissen Lawinen los, die sich als breite Schlammschlange auf vier Ortschaften zubewegten.

Über Stunden bemerkten die Bewohner nicht, was da langsam auf sie zukam. Als erster Alarm gegeben wurde, war es schon zu spät. Die bis zu zweieinhalb Meter hohe Lawine wälzte sich durch Straßen und über Plätze und drang in Wohnhäuser, Schulräume und Krankenhäuser ein.

Was sich da zusammenbraute, zeigte typische Symptome schwerer Umweltverletzungen, wie sie in Süditalien gang und gäbe sind. Dreimal hatte es allein im vergangenen Jahr in den Wäldern auf dem Monte Alvano gebrannt. Brandstiftung ist hier eine alltägliche Erscheinung. In der trockenen Jahreszeit, im Hochsommer, brennen die Wälder wie Stroh. In den Regenmonaten hingegen kann das Wasser ohne Baumschutz ungehindert in das Erdreich eindringen und alles zum Rutschen bringen. Die im 18. Jahrhundert von den Bourbonen in kluger Voraussicht angelegten Kanäle und Schutzhalden sind überwuchert und kaum noch wahrnehmbar. Forstwarte sind ebenfalls unbekannt, existieren allenfalls im kommunalen Lohnstellenregister und damit basta.

Der Hochwald ist Terra incognita, eine aufgegebene Gegend und allenfalls an den unteren Säumen von ökonomischem Interesse. Hier hat eine wilde Bebauung Platz gegriffen, breitet sich abusive Urbanisierung aus. Billigste Baumaterialien, von keiner Behörde, von keinem Architekten kontrolliert, die Konstruktionen bei keinem Katasteramt notiert. Aber kommunal geduldet und administrativ mit Augen zu und Hand auf und Schwamm darüber letztlich eingemeindet. Als die Schlammwellen diese Geisterburgen erreichten, hatte der Tod reiche Ernte. Die Hauswände knickten wie Pappkartons ein. Mit den Lawinen schwammen illegal angelegte Müllhalden und – wie vermutet wird – auch noch 22 Giftfässer, die schon vor sechs Jahren in den Wäldern entdeckt, aber liegen gelassen worden waren, von Fabrikanten angelagert, die den Sarno-Fluß ohnehin zum vergiftetsten Gewässer des Landes gemacht haben.«

Die Schlammlawine im neapolitanischen Hinterland, die mindestens 120 Todesopfer forderte, war eine »hausgemachte«, vermeidbare Naturkatastrophe. So etwas könnte in Deutschland – meint man – kaum passieren. Bauvorschriften werden hierzulande penibel überwacht, wildes Müllablagern ist sozial geächtet und steht unter Strafe, Korruption hält sich in Grenzen, die Belange des Umwelt- und Landschaftsschutzes werden durch ein engmaschiges Netz an Vorschriften gesichert. Trotz aller süditalienischen Besonderheiten weist die Katastrophe aber doch die klassischen Merkmale des »naturvergessenen« Umgangs mit den natürlichen Lebensbedingungen auf, der für moderne Industriegesellschaften zumindest bis vor kurzem typisch war und in vielen Ländern der Welt immer noch typisch ist.

Nur im Kontext ökologischer, sozialer und anderer Probleme wird das Bevölkerungswachstum in den Metropolen der Dritten Welt verständlich. Wie dieses Foto von Mexico City zeigt, hat dort die Luftverschmutzung gesundheitsbedrohliche Ausmaße angenommen – ein dramatisches Beispiel für urbanes Wachstum, das die Fähigkeit der sozialen Infrastruktur, es zu verhindern oder zumindest zu steuern, übersteigt.

22

Armut, Bevölkerungsdruck, Korruption, unklare Zuständigkeiten und persönliche Machtverhältnisse verstärken nur die Symptome.

Zweifellos ist in den vergangenen Jahrzehnten die Sensibilität für Umweltprobleme und die Risiken neuer Technologien gewachsen, wodurch dem Umweltschutz im öffentlichen Bewusstsein, wie auf der politischen Agenda, ein zumindest rhetorisch hoher Stellenwert verschafft wurde. Doch die Umweltzerstörung schreitet – trotz mancher Erfolge im Einzelnen (in Deutschland z.B. beim Gewässerschutz und der Luftreinhaltung) – auf vielen Ebenen fast ungebrochen fort. Immer wieder verseuchen havarierte Öltanker Meere und Küsten. Toxische und krebserregende Stoffe wie DDT, Schwermetalle oder polychlorierte Phenyle reichern sich weltweit über die Nahrungskette im menschlichen Körper an. Atomkraftwerke besitzen nach wie vor nicht nur ein katastrophisches Risikopotential; sie produzieren auch für Zehntausende von Jahren eine strahlende Hinterlassenschaft. Die industrialisierte Massentierhaltung produziert neue Krankheiten wie die BSE-Seuche. Die Begradigung von Flussläufen führt immer häufiger zu Überschwemmungskatastrophen. Schwerindustrie und Atombombenproduktion haben – vor allem in der ehemaligen Sowjetunion – ganze Regionen kontaminiert.

Großstädtisch-industrielle Ballungen führen, insbesondere in den ausufernden Slums der Megastädte in Ländern der Dritten Welt, zu unerträglichen Luftverschmutzungen und zu katastrophalen hygienischen Verhältnissen. Jedes Jahr gehen auf Grund unsachgemäßer landwirtschaftlich-industrieller Übernutzung Millionen Hektar ehemals fruchtbaren Landes durch Erosion verloren. Die Abholzung der tropischen Regenwälder schreitet in erschreckendem Tempo voran. Die Produktion von Fluor-Chlor-Kohlenwasserstoffen (FCKW) führte zum drastischen Abbau der Ozonschicht. Die bei allen Verbrennungen freigesetzten Treibhausgase heizen das Klima auf. Wo Emissionsprobleme mit moderner Filtertechnologie bekämpft werden, tauchen neue Probleme in Form von Sondermüll auf. Wo erhöhte technische Effizienz den Ressourcenverbrauch reduziert, werden diese Einsparungen durch zusätzlich konsumierte Mengen kompensiert. Letzteres spielt vor allem im Rahmen der nachholenden Industrialisierung armer, bevölkerungsreicher Länder wie China oder Brasilien eine zentrale Rolle.

Die Brisanz dieser Probleme zeigt, dass die für die Umweltzerstörung verantwortlichen gesellschaftlichen Faktoren – trotz eines relativ dicht geknüpften Netzes umweltpolitischer Regulierungen – in ihrer Wirkung noch kaum abgeschwächt sind. Zugleich hat sich auch die Sensibilität für Umweltprobleme, für umwelt- und technikbedingte Gesundheitsrisiken erhöht. In vielen Fällen allerdings ist umstritten, ob Belastungen, etwa durch Umweltgifte, gestiegen sind oder ob sich nur die Aufmerksamkeit verschärft hat – ob nur die Umweltängste größer, die Grenzwerte schärfer und die Messgeräte genauer geworden sind. Ob das Phänomen des »Waldsterbens« überhaupt und wenn ja, in welchem Ausmaß vorliegt, hängt von der Definition seiner Merkmale und der (umstrittenen) Klassifikation der empirischen Befunde in Schadenskategorien ab. Ob eine menschlich erzeugte Klimakatastrophe droht oder nicht, ist Gegenstand von Expertenkontrover-

In vielen Ländern der Dritten Welt ist Ackerland sehr knapp, so dass jeder kleinste Zipfel genutzt wird. An diesem Hang sind terrassierte Parzellen zum Anbau angelegt worden. Das Bevölkerungswachstum erzwingt wie hier auf Gomera oft die Aufteilung des Landes in immer kleinere Parzellen und macht es immer schwieriger, zur Ernährung einer Familie moderne landwirtschaftliche Techniken einzusetzen.

22

sen, abhängig von den verwendeten Simulationsmodellen und von institutionellen Definitionsprozessen. Ob Müllverbrennungsanlagen »Giftschleudern« oder »modernste, sauberste Technologie« sind, ist sicher eine naturwissenschaftliche, aber auch eine Frage der Bewertung (wie viele Immissionen sind, im Vergleich zu den Kosten ihrer Vermeidung, zumutbar?) und der Art ihrer kulturellen Symbolisierung (»Vermeiden« als Symbol für einen neuen, ökologischen Lebensstil; »Verbrennen« als Symbol für die Fortführung des »Ex- und Hopp«-Prinzips der industriellen Wegwerfgesellschaft).

»Gesellschaftliche Naturverhältnisse« (Görg 1999; Jahn/Wehling 1998) haben so immer eine *materielle* und eine *symbolische Dimension*. Es ist dieser Doppelcharakter, der Auseinandersetzungen über Umweltprobleme entsprechend »doppelbödig« macht und Fragen des Umgangs mit der »Natur« oder der Gefährdung unserer »natürlichen« Reproduktionsbedingungen in hohem Maße symbolisch auflädt. Die Soziologie hat sich bisher mit der systematischen Verknüpfung dieser beiden Dimensionen schwer getan. Klar scheint, dass sich eine problembezogene Umweltforschung, die dies leisten will, für interdisziplinäre Kooperation öffnen muss; dafür ist nicht nur die Soziologie schlecht gerüstet. Ob damit zugleich ihr disziplinäres Selbstverständnis, das Durkheimsche Programm »Soziales nur durch Soziales zu erklären«, in Frage gestellt werden muß, ist umstritten. Jedenfalls lässt die Neuthematisierung gesellschaftlicher Naturbeziehungen, die durch die ökologische Problematik erzwungen wird, auch das Selbstverständnis der Soziologie nicht unberührt (vgl. Brand 1998).

Wir skizzieren in den folgenden Abschnitten zunächst die Grundstruktur des Interaktionsprozesses von Gesellschaft und Natur und zeigen anschließend auf, wie sich die Soziologie der Umweltthematik theoretisch annähert. Anhand verschiedener prominenter Ansätze wird beleuchtet, welche Problemaspekte jeweils unter handlungs-, kultur-, system- und macht- oder strukturtheoretischen Perspektiven ins Blickfeld geraten – und welche Aspekte damit jeweils ausgeblendet werden. In einem dritten Abschnitt wenden wir uns dann exemplarisch einem zentralen Feld der empirischen Umweltforschung, den Problemen globaler Umweltveränderungen, zu, um zu illustrieren, was eine soziologische Perspektive zum Verständnis von Umweltproblemen und zu deren Bewältigung beitragen kann.

Auch für die Umweltsoziologie eröffnen unsere fünf Schlüsselbegriffe ein mehrdimensionales Verständnis der Problematik. Die Fokussierung auf Aspekte der *Gesellschaftsstruktur* rückt die Abhängigkeit der ökologischen Problematik von Industrialisierungsgrad, Wohlstandsniveau und sozio-demographischen Merkmalen wie Bevölkerungszahl und Urbanisierungsgrad in den Vordergrund. Der Aspekt der *funktionalen Integration* beleuchtet die Interaktionsdynamik von gesellschaftlichen und natürlichen Systemen und die daraus resultierenden Probleme gesellschaftlicher Selbstgefährdung. Unter dem Blickwinkel des *sozialen Handelns* rücken die Fragen in den Vordergrund,

- welchen Sinn individuelle Akteure mit den für sie typischen Formen umweltrelevanten Handelns verbinden,
- wie sie mit den für Umweltprobleme typischen sozialen Dilemmata umgehen
- und welche neuen Netzwerke und Vergemeinschaftungsformen sich unter Bezug auf ökologische Problemwahrnehmungen herausbilden.

Macht spielt nicht nur in der Durchsetzung umweltpolitischer Regulierungsformen eine zentrale Rolle. Ökonomische, politische oder militärische Machtpotentiale schaffen auch die Möglichkeit, sich Risiken und Umweltbelastungen stärker zu entziehen oder eine ungleiche Nutzung natürlicher Ressourcen durchzusetzen. *Kultur* spielt schließlich für die Umweltproblematik insofern ein zentrale Rolle, als sie nicht nur die Wertvorstellungen und Naturbilder prägt, die dem jeweiligen Umgang mit Natur zugrunde liegen, sondern auch das kulturelle Terrain der jeweils verfügbaren Deutungs- und Symbolbestände absteckt, auf dem Umwelt- und Risikokontroversen ausgetragen werden.

GESELLSCHAFT UND NATUR: GRUNDDIMENSIONEN DES INTERAKTIONSVERHÄLTNISSES

Grundsätzlich sind drei verschiedene Formen denkbar, »Mensch« und »Umwelt« bzw. »Gesellschaft« und »Natur« miteinander in Beziehung zu setzen:

1. *Naturalismus*: Mensch und Gesellschaft sind abhängige Teile der Natur, unterliegen ihren Bedingungen und Gesetzmäßigkeiten und können mit den theoreti-

schen Mitteln der Naturwissenschaften (z.B. der Öko-logie) hinreichend beschrieben werden. Umweltsoziologie hat sich in dieser Sicht mit der Wechselwirkung zwischen Natur im engeren und Natur im weiteren, den Menschen einschließenden Sinn zu befassen.

2. *Soziozentrismus/Kulturalismus*: Natur und Umwelt sind keine bestimmenden Größen an sich, sondern (kulturspezifische) soziale Konstrukte. Die »Macht« der Natur ist gering und wird vor allem in der Moderne immer mehr durch die der Gesellschaft (insbesondere durch Technik) zurückgedrängt. Auch zur Beschreibung der Natur können die Begriffe der Kultur- und Sozialwissenschaften herangezogen werden. Umweltsoziologie ist hier Teil eines rein sozial- bzw. kulturwissenschaftlichen Projekts.

3. *Wechselwirkung/Dialektik*: Natur und Gesellschaft sind als zwei unterschiedliche, gleichwohl in vielfältigen Wechselwirkungen aufeinander bezogene Bereiche anzusehen. Gesellschaften sind stets auch Teile ihres natürlichen Umgebungssystems und seiner Dynamik, aber sie besitzen eigene Qualitäten und unterliegen einem weitgehend intern determinierten geschichtlichen Wandel. Umweltsoziologie ist in dieser Sicht eine soziologische Teildisziplin mit starken interdisziplinären Kopplungen.

Wir folgen hier dem dritten Paradigma, wonach die Berücksichtigung ökologischer Zusammenhänge für das Verständnis sozialer Strukturen und Prozesse hilfreich und notwendig ist. So spiegeln sich Machtdifferenzen innerhalb und zwischen Gesellschaften auch in ihrem Stoff- und Energiekonsum sowie in der Raumnutzung, die zur Reproduktion dieser Macht notwendig sind. Und oft ist die soziale Ausgrenzung von Menschen mit ökologischen Nachteilen und Risiken verknüpft (Institute of Medicine 1999). Schließlich müssen die gesellschaftlichen Vermittlungen von Natur und Umwelt stets berücksichtigt werden, z.B. in der Gestalt kulturspezifischer Natur-Bilder.

Keine menschliche Gesellschaft in der Geschichte konnte überleben, ohne die Natur in irgendeiner Form zu nutzen und zu verändern. Es sind im wesentlichen vier Grundfunktionen von natürlichen Systemen (z.B. Böden, Biozönosen) und Prozessen (z.B. Reproduktion, biogeochemische Kreisläufe), die für Mensch und Gesellschaft grundsätzlich bedeutsam sind:

1. *Lebensraumfunktion*: Natur stellt für Organismen und Systeme – auch für soziale Akteure und Systeme – die Existenzgrundlage und den Raum zum Leben dar.

2. *Regelungsfunktion*: Unbelebte und belebte Systeme stellen vielfältige Leistungen für sich und andere Systeme bereit, derer sich (auch) der Mensch bedient.

Dazu gehören z.B. die Neubildung von Böden durch Verwitterung und Mikroorganismen, die Reinigung von Gewässern oder die Regulierung des Klimas durch Atmosphäre und Biosphäre. In der Regel werden diese Leistungen von Ökosystemen nicht bewusst in Anspruch genommen, sondern gehören zur gleichsam selbstverständlichen Hintergrundvoraussetzung für soziale Systeme und Akteure.

3. *Nutzungsfunktion*: Hierzu rechnen alle Leistungen der Natur, deren sich soziale Akteure und Systeme bedienen, um irgendeinen direkt intendierten materiellen oder immateriellen Nutzen daraus zu ziehen, z.B. in Bergbau, Land- und Forstwirtschaft, für Forschungszwecke usw. Obwohl im Prinzip bekannt, wird diese Naturfunktion oft nicht hinreichend im Sinne einer langfristig tragfähigen (»nachhaltigen«) Nutzung berücksichtigt und gepflegt.

4. *Kulturfunktion*: Das Kulturwesen Mensch bezieht sich niemals nur stofflich-energetisch, sondern immer auch symbolisch auf Natur. Ihren Produkten und Leistungen kommt daher auch eine kulturelle Bedeutung zu, die sich z.B. in der weit verbreiteten religiösen Haltung gegenüber dem Wasser oder der ästhetischen Bedeutung von »schönen« Landschaften ausdrückt. Wie das Beispiel des Tourismus als einer weltweit expandierenden Branche zeigt, hat der kulturelle Aspekt auch eine enorme wirtschaftliche Bedeutung.

Art und Intensität der Nutzung dieser Naturaspekte und -funktionen variieren im Zeitverlauf, was ein Blick in die Umweltgeschichte sehr deutlich belegt (vgl. Turner II u.a. 1990; Radkau 2000; Diamond 1999). Dabei zeigt sich, dass »Schlechtanpassung an die Umwelt […] kein ungewöhnlicher Sachverhalt« ist (Luhmann 1997:135).

Die Grunddimensionen der Interaktion von Gesellschaft und Natur lassen sich auf folgende Weise schematisieren (vgl. Schaubild 20.1):

Ganz allgemein lassen sich zwei Wirkungsrichtungen der Mensch-Natur-Interaktion unterscheiden: Zum einen wirkt der Mensch auf Natur ein, zum anderen wirkt Natur auf den Menschen zurück. Diese beiden »materiellen« Wirkungsrichtungen sind auf Grund der Grundverfassung des Menschen – als biologisches Wesen ist er Teil der Natur, als sozio-kulturelles Wesen tritt er aus dem Naturzusammenhang heraus – stets auch symbolisch strukturiert und vermittelt. Die materielle Wirkung in beiden Richtungen ist eingebettet in gesellschaftlich bestimmte kulturelle Deutungen. Beginnen wir mit der Einwirkung des Menschen auf die Natur.

22

Schaubild 22.1: **Grundstruktur der Mensch-Natur-Interaktion**

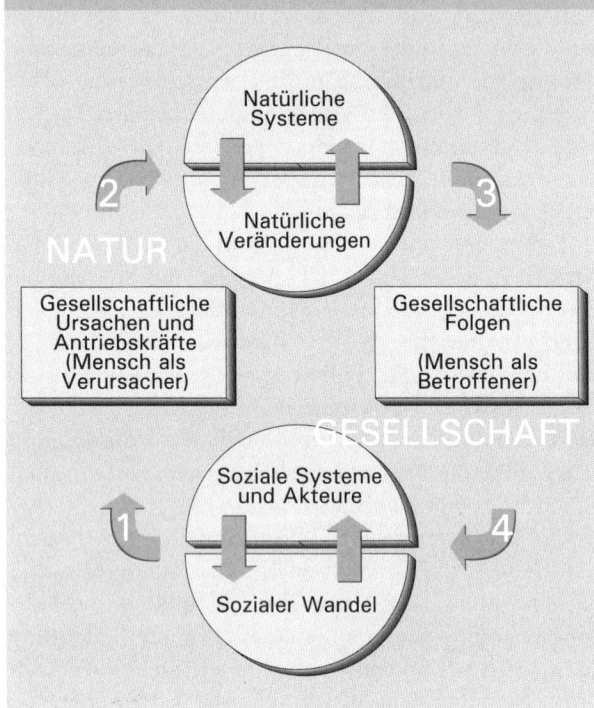

1. Die *Ursachen* und *Antriebskräfte* vom Menschen verursachter Umweltveränderungen variieren von Gesellschaft zu Gesellschaft und unterliegen dem historischen Wandel. Das Spektrum reicht von elementarer Bedürfnisbefriedigung (Nahrungsmittel, Wasser, Bekleidung, Unterkunft …) über die profitorientierte Ausbeutung von Naturressourcen (Abholzung, Erzabbau …) bis hin zur bewussten Zerstörung von Landschaften zu kriegerischen Zwecken (Strategie der »verbrannten Erde«). Anders als andere Lebewesen, die in der Gestaltungsfähigkeit ihrer natürlichen Umwelt stets durch Instinkt und/oder ökologische Regelkreise beschränkt sind, erweitert das »nicht festgestellte Tier« (Nietzsche) Mensch durch sein Wissen, seine Technik und Sozialorganisation seinen Handlungs- und Wirkungsspielraum in der Natur enorm.

Wir unterscheiden aus analytischen Gründen zwischen der Ebene sozialer Systeme und Akteure einerseits sowie der Ebene sozialen Wandels andererseits. In der Realität der gesellschaftlichen Naturverhältnisse sind diese beiden Dimensionen immer miteinander verwoben. Ihre Trennung soll den Blick für zweierlei schärfen: erstens dafür, dass auch scheinbar rein innergesellschaftliche Prozesse ökologische Folgewirkungen haben können (z.B. das Entstehen der modernen Konsumgesellschaft und ihre Auswirkungen auf unsere na-

türliche Umwelt); zweitens dafür, dass gleichsam »hinter« den Vorgängen an der direkten Interaktionsfläche Mensch-Natur stets innergesellschaftliche Antriebskräfte und Mechanismen stehen, die es zu ermitteln und zu berücksichtigen gilt.

Die grundsätzlichen Determinanten, die Art und Umfang der menschlichen Naturnutzung und -zerstörung beeinflussen, sind in der Geschichte der Umweltsoziologie schon früh (z.B. von der Chicago-Schule) und dann immer wieder diskutiert worden (vgl. Groß 2000; Stern u.a. 1992):

- *Bevölkerung* (Größe, Verteilung, Veränderung)
- *Wohlstandsniveau* (Naturintensität, Höhe, Verteilung, Veränderung)
- *Wissenschaft und Technik* (Apparate, Infrastrukturen, Effizienzen)
- *Institutionen und Organisationen* (Familie/Haushalte, Markt, Unternehmen, Staat)
- *Kultur* (Einstellungen, Wertorientierungen, Werke und Praktiken)

Ganz grob kann man sagen: Je größer die Bevölkerung, je höher ihr materielles und energetisches Lebens- und Produktionsniveau, je mächtiger ihre technologische Basis und je »naturblinder« ihre Institutionen und ihre Kultur, desto stärker und destruktiver ist ihr Einfluss auf ihre natürlichen Lebensgrundlagen. Dementsprechend gibt es auch ganz verschiedene gesellschaftliche Ansatzpunkte, um zu einer nachhaltigen, dauerhaft-umweltgerechten Entwicklung zu kommen: Bevölkerungspolitik, Reduktion des materiellen Wohlstands (nicht unbedingt: der gesellschaftlichen Wohlfahrt!), Effizienzrevolution der Technik, Institutionen- und Organisationswandel, kultureller Wandel. Viele Kontroversen über den »richtigen« Weg zu einer **nachhaltigen Entwicklung** rühren daher, dass einzelne Aspekte isoliert aufgegriffen werden, ohne auf die anderen Aspekte und die Konsistenz aller mit natürlichen Systemen und Dynamiken zu achten.

2. Menschliche Ursachen und Antriebskräfte führen zu Handlungen und Vorgängen im Naturraum, die diesen mehr oder weniger stark verändern. Auch hier unterscheiden wir analytisch zwischen den Grundeigenschaften *natürlicher Systeme* und ihren *Grunddynamiken*, also den internen Veränderungen. Natur ist kein statisches Gebilde, sondern unterliegt vielfachem Wandel. Man kann z.B. danach fragen, welchen verändernden Einfluss der Mensch im Zuge von Industrialisierungsprozessen auf das Klima nimmt oder bereits genommen hat. In einer weniger »anthropozentrischen«, längerfristig orientierten Sichtweise wird

deutlich, dass das Klima der Erde starken natürlichen Schwankungen unterworfen war – viel stärkeren (große Eiszeit!), als sie vom Menschen (derzeit) verursacht werden. Ähnliches gilt für alle Aspekte der »natürlichen« Natur: von der Geotektonik über die Ozeane bis hin zur Biosphäre. Alle diese Teilsysteme sind zudem miteinander rückgekoppelt (z.B. Biosphäre, Klima und Wasserkreislauf). Es sind diese Rückkopplungskreise in natürlichen Systemen, in die menschliches Handeln eingreift – mit oft verheerenden Folgen, wie das Beispiel zu Beginn dieses Kapitels zeigt.

Dieser letzte Punkt ist deshalb wichtig, weil in der Umweltdebatte lange Zeit eine stark verkürzte, statische Sicht auf Natur vorherrschte. Sie wurde als – wie immer gefährdete und schützenswerte – Ressource für menschliches Handeln und als Aufnahmemedium für dessen Nebenwirkungen betrachtet. Ihre Eigendynamik geriet dabei aus dem Blick. Das gilt nicht zuletzt für die Soziologie: »Die Soziologie beschrieb die Gesellschaft als im ständigen Wandel begriffen, betrachtete aber die Natur – zumindest implizit – als feste und stabile Einheit, die sich nur durch Gesellschaft ändert« (Groß 2000:20). Sicher werden die in jüngerer Zeit aufkommenden Debatten zu Themen wie Chaos, Komplexität und Unsicherheit (Küppers 1996), die sich zu einem neuen Paradigma der **integrierten Erdsystemanalyse** verdichten (Schellnhuber/Wenzel 1998), dazu führen, dass auch die (Umwelt-)Soziologie die Eigendynamik der Natur stärker berücksichtigt.

3. Zustand und Veränderung natürlicher Systeme wirken auf menschliche Systeme zurück. Der Mensch ist nicht nur »Täter«, er ist auch »Betroffener« (und manchmal »Opfer«) natürlicher Vorgänge und Veränderungen. Auf Grund alltagsweltlicher Gewohnheitsbildung bemerken wir die Abhängigkeiten und die Verletzlichkeit oft nicht, die mit der prinzipiell unaufhebbaren Einbettung sozialer in natürliche Systeme verbunden sind. Dies ist besonders bei Extremereignissen und Naturkatastrophen der Fall (z.B. Hochwasser, Sturmfluten, Dürre), zeigt sich aber auch bei längerfristigen Veränderungen (z.B. Bodenerosion, Klimawandel). Die Katastrophensoziologie (vgl. Clausen 1991) macht deutlich, dass natürliche Ereignisse, ob vom Menschen verursacht oder nicht, ab einer gewissen Stärke die Funktionsfähigkeit jeder Gesellschaft – und natürlich auch Leib und Leben der betroffenen Menschen – nachhaltig stören bzw. bedrohen können.

Gerade auf Grund ihrer hochgradigen Spezialisierung und arbeitsteiligen Vernetzung sind moderne Industriegesellschaften an sehr viel mehr Schnittstellen in die Natur »eingeklinkt«, von viel mehr als selbstverständlich vorausgesetzten Natureigenschaften abhängig. Das Kamel eines Nomaden trinkt Wasser auch solcher Qualität (z.B. was den Versalzungsgrad anlangt), die für viele industrielle Zwecke – aber auch für die meisten Verbraucher in Privathaushalten – in den Industriegesellschaften inakzeptabel oder schädlich wäre. Traditionelle Ackerbausysteme bauen mehr »Systemvariabilität« in ihre Naturverhältnisse ein als moderne Monokulturen. Letztere sind daher sehr viel anfälliger für geringfügige Störungen (z.B. Wetter, Schädlinge) und können meist nur mit erheblichem Aufwand (Energie, Arbeit, Chemikalien etc.) gegen sie (natürlich niemals vollständig!) geschützt werden. Dasselbe Erdbeben, das eine Jäger- und Sammlergesellschaft so gut wie überhaupt nicht betrifft, richtet in hochentwickelten Industriegesellschaften mit ihren großen Wertbeständen und technischen Vernetzungen enorme Schäden an.

4. Die direkten Rückwirkungen der (von Menschen beeinflussten) Natur auf den Menschen lösen ihrerseits Veränderungen bei sozialen Systemen und Akteuren aus. Das Maß, in dem eine solche Umweltveränderung ihrerseits auf die sozialen Systeme und Akteure zurückwirkt, hängt im Prinzip von vier Faktoren ab:
- der *Stärke* und *Relevanz* der Umweltveränderung selbst,
- der *Verwundbarkeit* und *Sensibilität* sozialer Systeme und Akteure,
- den *Reaktions-*, *Adaptions-* und *Alternativmöglichkeiten* seitens der Gesellschaft,
- den *Wahrnehmungs-* und *Bewertungsmustern* innerhalb der Gesellschaft.

Exemplarisch zeigt die sehr unterschiedliche Aufnahme der Reaktorkatastrophe von Tschernobyl 1986 in Deutschland und Frankreich, dass die soziale Relevanz eines Naturereignisses nicht allein von seiner Stärke abhängt. Große Krisen- und Problemlagen können verdrängt, relativ kleine dagegen hochgradig beachtet und politisch bearbeitet werden. Eine der wichtigsten Aufgaben der Umweltsoziologie besteht darin, solche Unterschiede der Prioritätensetzung und Wahrnehmungsmuster sowie der massenmedialen und politischen Bearbeitung innerhalb und zwischen Gesellschaften zu beschreiben und in ihren Ursachen zu erklären (Thompson/Rayner 1998). Angesichts der Tatsache, dass
- viele ökologischen Probleme sich der alltäglichen Wahrnehmbarkeit entziehen,
- die Komplexität der verursachenden Prozesse hoch ist

- und einmal entstandene Probleme sich leicht politisieren lassen,

kommt den Massenmedien im ökologischen Diskurs moderner Gesellschaften eine große Bedeutung zu (vgl. Brand u.a. 1997).

Vom Menschen ausgelöste Umweltveränderungen wirken auf ihn selbst zurück, greifen mehr oder weniger stark ins Gefüge der sozialen Welt ein. Umweltsoziologie hat es nicht nur mit der Frage zu tun, wodurch – durch welche Akteure und Mechanismen – Gesellschaft Natur nutzt und sich im Zuge dieser Nutzung selbst gefährdet, sondern immer auch mit der Frage, wie sich diese ökologische Selbstgefährdung der Gesellschaft auf ihre Institutionen, Akteure und deren historische Dynamik auswirkt.

THEORETISCHE ZUGÄNGE ZUR ÖKOLOGISCHEN THEMATIK

Die Soziologie hat sich mit der ökologischen Thematik bisher schwer getan. Es ist zu vermuten, dass dies einerseits mit der Hypothek der Soziologie als einer nicht nur auf »das Soziale«, sondern auf das Selbstverständnis und die Probleme der industriegesellschaftliche Moderne bezogenen wissenschaftlichen Disziplin (vgl. Beck 1991, Renn 1996), andererseits aber auch mit der Rolle zu tun hat, die die »Ökologie« – gerade auch für politisch engagierte Sozialwissenschaftler – als normative Leitwissenschaft in der polarisierten Phase des Umweltkonflikts spielte. Der typische »ökologische Naturalismus« (Oechsle 1988) der grün-alternativen Gesellschaftskritik der siebziger und frühen achtziger Jahre blockierte den soziologischen Zugang zur Thematik. Erst mit der fortschreitenden Institutionalisierung des Umweltkonflikts (vgl. Brand 1999) wird die Umweltproblematik auch für die soziologische Perspektive zugänglich.

Entscheidende Anstöße zu einer stärker soziologischen Auseinandersetzung mit dieser Problematik lieferten – im deutschen Sprachraum – Niklas Luhmanns *Ökologische Kommunikation* (1986) und Ulrich Becks *Risikogesellschaft* (1986). Vor allem letztere brachte das nach dem Unfall von Tschernobyl vorherrschende Bedrohungsgefühl auf den Begriff. Dass ökologische Fragen seit den späten achtziger Jahren auch bei Soziologen vermehrte Aufmerksamkeit finden, hat wesentlich aber nicht nur mit dem nach Tschernobyl sich verbreitenden »Risikodiskurs«, sondern auch mit

der Entwicklung der umweltpolitischen Debatte selbst zu tun. Die allseits proklamierte Umorientierung vom nachsorgenden, emissions-bezogenen zum vorsorgenden, »integrierten Umweltschutz« sowie die fortschreitende, wenn auch sehr widersprüchliche Internalisierung ökologischer Handlungsimperative in Alltag und institutionelle Handlungskontexte rücken die Fragen nach den Barrieren und Chancen für die »Ankoppelung« ökologischer Interessen an akteurspezifische Motive, Handlungsrationalitäten und Lebensstile in den Vordergrund. Die rasche Verbreitung des Leitbilds der **nachhaltigen Entwicklung** in der umweltpolitischen Debatte gegen Mitte der neunziger Jahre, die hohe Resonanz der Studie »Zukunftsfähiges Deutschland« (BUND & MISEREOR 1996) und die in vielen Kommunen und Regionen anlaufenden Versuche, konkrete Konzepte nachhaltiger Stadt- oder Regionalentwicklung auszuarbeiten, fördern zusätzlich die Verschränkung ökologischer mit sozialen und ökonomischen Problemperspektiven.

Die Umweltthematik hat damit in vielfacher Hinsicht Anschlussfähigkeit für die Soziologie gewonnen. Die Frage ist deshalb inzwischen nicht mehr, *ob* die ökologische Problematik überhaupt in die Soziologie integriert werden kann, sondern *wie* dies in den verschiedenen soziologischen Forschungs- und Diskussionssträngen geschieht. Wir wollen hier vier theoretische Positionen vorstellen, die die soziologische Umweltdebatte in Deutschland seit ihrem Beginn Mitte der achtziger Jahre mehr oder weniger stark geprägt haben: (a) das handlungstheoretische Paradigma des »rationalen Akteurs«, (b) die kulturanthropologische Perspektive der »Cultural Theory«, (c) der systemtheoretische Ansatz Niklas Luhmanns sowie (d) die institutionenkritische Position Ulrich Becks.

Diese vier Konzepte bieten keineswegs ein umfassendes Bild der theoretischen Ansätze in diesem Feld. Daneben finden sich sozialökologische Ansätze in der Tradition der Chicago-Schule (vgl. Gross 2000) sowie kybernetisch, ko-evolutionär, marxistisch oder wissenssoziologisch geprägte Ansätze, die insgesamt die Pluralität soziologischer Zugänge zur Problematik gesellschaftlicher Naturbeziehungen widerspiegeln (vgl. dazu Brand 1998; Redclift/Woodgate 1998; Wehling 1989). Es wird auch nicht der Anspruch erhoben, die hier skizzierten Ansätze würden einen geeigneteren Zugang zur ökologischen Thematik eröffnen als andere. Sie können aber exemplarisch den Ertrag unterschiedlicher soziologischer Perspektiven für die Thematisierung ökologischer Probleme sichtbar machen.

22

Das Paradigma des rationalen Akteurs: Umwelthandeln als Kosten-Nutzen-Abwägung

Das Modell des Homo oeconomicus hat in der Umweltpolitik Karriere gemacht. Prägte bis Mitte der achtziger Jahre der Gegensatz von Ökonomie und Ökologie die Umweltdebatte, so hat sich heute die Deutung durchgesetzt, dass umweltverträgliches Handeln am ehesten dann praktiziert wird, wenn es durch ökonomische Anreize begünstigt wird. Die Forderung nach Internalisierung der ökologischen Kosten des Wirtschaftens – etwa in Form einer ökologischen Steuerreform – gehört deshalb inzwischen zum Grundkanon umweltpolitischer Programme jeglicher Couleur. Wenn die Nutzung von Umwelt teurer wird, ihren »wahren Preis« widerspiegelt, dann wird jeder Produzent oder Konsument, so die dahinterstehende Logik, seinen Umweltverbrauch (Emissionen, Energie- und Wasserverbrauch, Autonutzung etc.) einschränken. Umweltfreundliches Verhalten resultiert in dieser Perspektive nicht, zumindest nicht vorrangig, aus hohem Umweltbewusstsein, sondern aus rationalem Kostenkalkül.

Dieser Überlegung liegt das theoretische Modell des sein Eigeninteresse verfolgenden, nutzenmaximierenden Individuums zugrunde. Akteure mit einer bestimmten Präferenzstruktur werden sich danach in Wahlsituationen immer für die Handlungsalternative entscheiden, die ihnen unter rationaler Abwägung der jeweiligen Kosten- und Nutzenaspekte den größten (relativen) Nutzen verspricht. In soziologischen Rational Choice-Theorien wird dieses Modell ökonomisch-rationalen Handelns allgemeiner gefasst und aus seiner Fixierung auf den Marktbereich gelöst. Nutzen wird nicht nur ökonomisch definiert, sondern kann vieles bedeuten, etwa soziale Anerkennung, die Sicherung sozialer Identität, die Stabilisierung des eigenen Weltbilds oder moralischer Überzeugungen. Auch die Grenzen »rationalen« Handelns werden thematisiert. Und anders als im atomistischen Modell des Homo oeconomicus wird der sozial-strukturelle und institutionelle Kontext, der das individuelle Handeln beeinflusst, systematischer in die Theoriebildung miteinbezogen (vgl. Diekmann 1996).

Der zentrale theoretische Beitrag dieses Ansatzes zur Analyse der Umweltproblematik liegt im Konzept des »Allmende-Dilemmas« oder der *Tragedy of the Commons*, wie es der Biologe Garrett Hardin (1968) nannte. Der Kern des Dilemmas besteht darin, dass bei freiem Zugang zu Kollektivgütern wie Luft, Wasser oder Gemeineigentum an Grund und Boden das rationale Verhalten individueller Akteure zur Übernutzung der vorhandenen Ressourcen und damit zu einer kollektiven Selbstschädigung tendiert.

Unverkennbar weist individuelles Handeln in Bezug auf Umweltprobleme gerade in modernen, hoch differenzierten Gesellschaften in mehrfacher Hinsicht einen Dilemma-Charakter auf. Das hat wesentlich mit der Entkopplung von individueller Handlungsintention und nichtintendierten, aggregierten Effekten auf der Makroebene zu tun. So erscheint dem einzelnen Verkehrsteilnehmer der Beitrag, den er durch Verzicht auf die eigene Autonutzung zur Verbesserung der Umwelt leistet, angesichts der Millionen anderer Autofahrer als äußerst gering. Solange keine Gewissheit besteht, dass auch andere ihre Autonutzung einschränken, scheinen die Kosten des persönlichen Verzichts, der Einschränkung an Bequemlichkeit usw., in keinem Verhältnis zu dem Nutzen zu stehen, der dadurch für die Umwelt erzielt wird. Das legt – aus rationalen Erwägungen – Trittbrettfahren nahe, auch wenn sonst eine hohe Präferenz für Umweltschutz besteht. Man will »nicht alleine der Dumme sein«. Diese soziale Dilemmasituation wird durch die zeitliche und räumliche Distanz, mit der die Folgewirkungen des aggregierten individuellen Verhaltens auftreten – etwa die Klimawirkungen der CO_2-Emissionen von Kraftfahrzeugen – noch weiter verstärkt (vgl. Ernst 1997).

Nun muss die Dilemma-Struktur des Umweltverhaltens keineswegs von allen, nicht einmal von der Mehrheit der Bevölkerung als solche wahrgenommen werden. Und selbst wenn sie wahrgenommen wird, muss sie keineswegs zu der rationalen Einsicht führen, dass der eigene Beitrag keine Rolle spielt. Das gilt insbesondere bei hohem Umweltbewusstsein (vgl. Franzen 1995). Generell macht es trotzdem Sinn, danach zu fragen, unter welchen Bedingungen solche Dilemmata überwunden und kooperative, auf das Allgemeinwohl bezogene Handlungsmuster entwickelt werden können. Diese Frage wird im Rahmen des rationalen Handlungsparadigmas vor allem mit Hilfe spieltheoretisch-mathematischer Kooperationsmodelle untersucht, die u.a. auf die Bedeutung von Kommunikation und Vertrauensbildung verweisen.

Dabei wird das Soziale allerdings immer nur durch den Filter individueller Kosten-Nutzen-Kalküle erfasst. Die Veränderung gesellschaftlicher Umweltwahrnehmungen und Natursymbolisierungen, die Veränderung von Umweltkommunikation und Lebensstilen, die Entwicklung neuer Umweltethiken und Umweltnormen gerät – theorieimmanent – immer nur als Veränderung

Das Allmende-Dilemma (G. Hardin)

Hardin entwickelt die »Logik« dieses Dilemmas am Beispiel der Übernutzung eines Gemeinde-Weidelands (Allmende), das von verschiedenen Bauern gemeinsam genutzt wird. Auch wenn es Anzeichen der Überweidung gibt, sei es für den einzelnen Herdenbesitzer doch rational, mehr Tiere auf die Weide zu schicken, da der Nutzen, den er davon hat, zunächst immer noch größer ist als der Schaden, den er mit allen anderen Herdenbesitzern gemeinsam teilt. Würde er (allein) sein Vieh reduzieren, böte dies den anderen nur die Möglichkeit, bessere Weidequalität für ihr Vieh zu nutzen. Er hätte also nur den Schaden, die anderen den Vorteil. Weil jeder so denkt, treibe dies die Übernutzung des (begrenzten) Weidelands bis zu seiner vollständigen Zerstörung voran.

An der Verallgemeinerbarkeit dieses Konzept wie auch an den daraus abgeleiteten Lösungsstrategien – Privatisierung des Gemeineigentums oder staatliche Regulierung der Nutzung – wurde heftige Kritik geübt. So wurde darauf verwiesen, dass der offene Zugang zu Ressourcen nur selten gegeben ist und deshalb nur einige Umweltprobleme – wie z.B. die Klimaproblematik oder die Überfischung der Meere – mit diesem Modell erklärt werden könnten. So lässt sich beispielsweise der für viele Umweltkonflikte typische Risikoaspekt – die gesundheitliche Gefährdung durch toxische Stoffe, technische Unfallrisiken oder katastrophische Rückwirkungen menschlicher Natureingriffe (Flussregulierungen, landwirtschaftliche Monokulturen, Abholzung etc.) – mit der Kollektivgutproblematik nicht erklären. Ressourcen in gemeinschaftlichem Besitz, die eigentlichen *commons*, werden dagegen, wie eine Fülle an historischen Beispielen zeigt, üblicherweise durch soziale Regulierungen der lokalen Gemeinschaft vor Übernutzung geschützt (vgl. Gardner/Stern 1997, Kap. 6; Ostrom 1990). Es sind vor allem Entwicklungen des Markts, neue Technologien (z.B.

High-Tech-Fischfangflotten) oder die Veränderung staatlicher Machtverhältnisse und Regulierungsformen, die diese kommunalen Nutzungsregeln der Allmende untergraben. McCay und Jentoft (1996) argumentieren deshalb, dass die »Tragik der Allmende« weniger – wie Umweltökonomen zumeist behaupten – mit »Marktversagen«, mit fehlenden privaten Eigentumsbeziehungen, als vielmehr mit dem »Versagen der Gemeinschaft« zu tun habe. Überhaupt stelle die Annahme eines egoistischen Nutzenmaximierers kein angemessenes Modell zum Verständnis von Allmende-Problemen dar, da die Rationalität individuellen Handelns immer in spezifische institutionelle und kulturelle Kontexte eingebettet sei. Die gleiche Kritik zielt auch auf das spieltheoretische Modell des »Gefangenendilemmas«, das meist zur Explikation der Allmende-Problematik herangezogen wird (vgl. Frey/Bohnet 1996).

---

der sozialen Randbedingungen individueller Nutzenmaximierung ins Blickfeld. Ihre soziale Konstitution kann aus dieser Perspektive selbst nicht weiter untersucht werden.

Sozialstruktur und Naturmythen: die Cultural Theory

Eine insbesondere in der Risikoforschung populär gewordene Theorieperspektive ist die der kulturanthropologischen *Cultural Theory* (vgl. Douglas/Wildavsky 1982; Schwarz/Thompson 1990; Thompson u.a. 1990). Sie geht davon aus, dass unterschiedliche soziale Organisationsformen und Lebensweisen mit unterschiedlichen Naturbildern, Risikodefinitionen und Problemlösungsstrategien verbunden sind. Aus der Kreuztabellierung von zwei, als zentral erachteten Dimensionen des Sozialen, (1) dem Ausmaß der sozialen Einbindung in Gruppen (*group*) und (2) dem Umfang und der Dichte des Netzes hierarchisch differenzierter Regulierungen (*grid*), gewinnen die Vertreter der *Cultural Theory* vier Grundmuster sozialer Beziehungen oder Lebensformen (*way of life*): *individualism, hierarchy, egalitarianism* und *fatalism*. »Individualistische«

Beziehungen weisen weder eine starke Gruppenbindung noch eine starke Kontrolle durch Verhaltensvorschriften auf. »Hierarchische« Lebensformen entstehen, wenn Individuen sowohl starker Gruppenkontrolle als auch stark regulierenden Vorschriften hierarchischer Autoritäten unterworfen sind. »Egalitaristische« Beziehungen entwickeln sich in sozialen Kontexten, die eine ausgeprägte Solidarität zwischen ihren Mitgliedern aufweisen und zugleich geringe Kontrollmöglichkeiten besitzen (wie bspw. soziale Bewegungen). »Fatalistische« Lebensformen entstehen in Kontexten, wo Individuen starker Kontrolle unterworfen und zugleich von den Gruppen ausgeschlossen sind, in denen diese Vorschriften gemacht werden.

Für die Vertreter der *Cultural Theory* bezeichnet diese Typologie universell auftretende Beziehungsmuster, die konkurrierende Formen der Wirklichkeitswahrnehmung begründen. Das gilt auch für moderne, funktional differenzierte Gesellschaften, in denen diese kulturellen Grundmuster allerdings nur in gruppen- und systemspezifischen Mischungen oder Akzentuierungen auftreten. Für unsere Zwecke ist entscheidend, dass diesen vier Grundtypen auch vier »Naturmythen«, vier Grundvorstellungen über die Stabilität oder Gefährdung natürlicher Gleichgewichte, zugeordnet werden. Dem individualistischen Typus entspricht der Mythos einer nachgiebig-toleranten Natur (*nature benign*): Was wir auch machen, die Natur kommt immer

22

wieder von selbst ins Lot. Der egalitaristische Typus hat die entgegengesetzte Vorstellung von Natur: Sie erscheint ihm als ein sehr fragiles,
durch menschliche Eingriffe stets gefährdetes System (*nature
ephemeral*). **Ökosysteme** sind deshalb mit großer Sorgfalt zu behandeln, Übergriffe stark zu sanktionieren. Dem hierarchischen Typus
entspricht dagegen die Vorstellung, dass Natur ein im Großen und
Ganzen robustes System darstellt: Durch unangemessene Inanspruchnahme kann es jedoch außer Kontrolle geraten und zusammenbrechen
(*nature perverse/tolerant*). Gesellschaftliche Institutionen müssen deshalb durch entsprechende Regulierungen dafür sorgen, dass dies nicht
geschieht. Dem fatalistischen Typus erscheint nicht nur die Gesellschaft, sondern auch die Natur als Lotteriespiel, als eine vom Zufall
regierte Welt (*nature capricious*): Gesellschaftliche Institutionen
können demnach nicht wirklich regulieren oder lernen; sie können
nur versuchen, mit zufällig eintretenden Ereignissen fertig zu werden.

Mit diesen vier kulturellen Grundtypen werden auch typische
Muster der Risikozuschreibung verknüpft. Pointiert formuliert: Menschen suchen sich die Furchtgegenstände, die zu ihrem Welt- und
Naturbild passen und die sie zur Verteidigung ihres Lebensstils
benötigen. So wird das Aufleben der Umweltdebatte auf einen Bedeutungszuwachs »sektiererischer« bzw. »egalitärer«, von Katastrophen-
ängsten und Systemkritik geprägter Welt- und Naturbilder zurückgeführt, die durch den Bildungsschub und die Ausweitung sozialer,
nicht-hierarchisch strukturierter Dienstleistungsberufe in den sechziger und siebziger Jahren eine breitere soziale Basis erlangt hätten
(Douglas/Wildavsky 1982).

So informativ der Verweis auf die sozial verankerte
Selektivität konkurrierender Natur- und Risikowahr-
nehmungen auch ist, so wirft dieses Erklärungsmodell
doch auch eine Reihe von kritischen Fragen auf (vgl.
Keller/Poferl 1998). Stellen die beiden Strukturprin-
zipien *grid/group* tatsächlich die für alle – insbesondere
auch für moderne – Gesellschaften konstitutiven
Dimensionen des Sozialen dar? Wie verträgt sich dieser
Ansatz mit den heterogenen, vielfach wechselnden
Gruppenbezügen von Individuen in modernen Gesellschaften? Wie lässt sich die relativ starre strukturelle
Zuordnung von sozialen Settings und Kosmologien mit
der zunehmenden Wählbarkeit von Selbst- und Weltdeutungen vereinbaren? Wie konstituieren und wie
reproduzieren sich die vier Naturmythen? Welche Rolle
spielt dabei der öffentliche Diskurs? Und ganz generell:
Welche empirische Geltung besitzt die Typologie der
Cultural Theory überhaupt? Das Konzept lebt nur von
plausiblen Illustrationen. Empirische Überprüfungen
wurden bisher in größerem vergleichenden Maßstab
nicht durchgeführt.

Die systemtheoretische Perspektive: Ökologische Probleme als Kommunikationsprobleme

Luhmanns Studie *Ökologische Kommunikation* (1986)
stellt zwar eine der ersten systematischen soziologischen
Abhandlungen zur Frage dar, wie moderne Gesellschaften auf die ökologische Gefährdung reagieren. Da
Luhmann soziale Systeme aber als selbstreferentiell
geschlossene Kommunikationssysteme versteht, reduziert er die ökologische Problematik auf die kommunikativen Operationen, mit denen Gesellschaften diese
Problematik bearbeiten.

»Es geht nicht um die vermeintlich objektiven Tatsachen: dass die
Ölvorräte abnehmen, die Flüsse zu warm werden, die Wälder ab-
sterben, der Himmel sich verdunkelt und die Meere verschmutzen.
Das mag alles der Fall sein, erzeugt als physikalischer, chemischer oder
biologischer Tatbestand jedoch keine gesellschaftliche Resonanz,
solange nicht darüber kommuniziert wird. Es mögen Fische sterben
oder Menschen, das Baden in Seen oder Flüssen mag Krankheiten
erzeugen, es mag kein Öl mehr aus den Pumpen kommen und die
Durchschnittstemperaturen mögen sinken oder steigen: solange
darüber nicht kommuniziert wird, hat dies keine gesellschaftlichen
Auswirkungen. Die Gesellschaft ist ein zwar umweltempfindliches,
aber operativ geschlossenes System. Sie beobachtet nur durch Kommunikation. Sie kann nicht anders als sinnhaft kommunizieren und
diese Kommunikation durch Kommunikation selbst regulieren. Sie
kann sich also nur selbst gefährden.« (Luhmann 1986:62 f.)

So provokativ diese Äußerung auch klingen mag: Dass
ökologische Gefährdungen immer erst dann gesellschaftlichen Handlungsbedarf schaffen und entsprechende Reaktionen auslösen, wenn sie in – zumeist
kontroversen – wissenschaftlichen und öffentlichen
Diskursen als Risiken oder Umweltprobleme definiert
worden sind, wird man kaum bestreiten können. Luhmanns Perspektive ist allerdings nicht auf die Analyse
öffentlicher Umweltdiskurse, sondern auf die kommunikativen Operationen gerichtet, mit denen die verschiedenen gesellschaftlichen Teilsysteme die Umweltproblematik bearbeiten.

Da moderne, funktional differenzierte Gesellschaften – nach
Luhmann – kein Zentrum und keine Spitze mehr besitzen, ergibt sich
die gesellschaftliche Resonanz auf »Störungen« und »Irritationen« der
Umwelt aus der Gesamtheit der verschiedenen systemspezifischen
Reaktionsformen. Ökologische Problemlagen erlangen nur insoweit
gesellschaftliche Relevanz, als sie in die Sprache der gesellschaftlichen
Teilsysteme (Wirtschaft, Recht, Wissenschaft, Politik usw.) übersetzt
werden können, als sie den Filter ihrer kommunikativen Codes und
Programme passieren. Dass dies geschieht, ist auf Grund der Selbst-
bezüglichkeit funktionsspezifisch differenzierter Systeme keineswegs

22

selbstverständlich. Um die darin enthaltene Möglichkeit der Selbstgefährdung zu verringern, haben moderne Gesellschaften reflexive Formen der Selbstbeobachtung installiert, die darauf angelegt sind, die Operationsweise des eigenen Systems und dessen Beschränkungen zu beobachten. Neben dieser funktional differenzierten wissenschaftlichen »Beobachtung von Beobachtungen« (Luhmann 1986:51ff) gibt es in modernen Gesellschaften allerdings auch noch eine andere, funktionsunspezifische, in lebensweltlicher Kommunikation verankerte Beobachtungsinstanz: soziale Bewegungen. Die »Angstrhetorik« der Umweltbewegungen lädt die ökologische Kommunikation mit Moral auf und »macht es zur Pflicht, sich Sorgen zu machen« (ebd.:245). Das enthalte einerseits den (system-)rationalen Aspekt, dass die gesellschaftlichen Teilsysteme durch das störende »Rauschen« zur Reaktion auf die ökologische Problematik genötigt werden; andererseits schaffe Angstkommunikation aber auch spezifische Resonanzen, die auf Grund ihres Defizits an Reflexivität gesellschaftlich destruktive Folgen haben können.

Luhmanns Perspektive schärft unseren Blick für eine Reihe wichtiger Punkte: für die gesellschaftliche Konstruktion von Umweltproblemen in gesellschaftlichen Kommunikationsprozessen, für die hochgradige Selektivität der Resonanz und Bearbeitungsfähigkeit ökologischer Probleme in gesellschaftlichen Teilsystemen sowie für die Grenzen der gesellschaftlichen Wahrnehmungsfähigkeit ökologischer Probleme und die daraus erwachsenden Handlungsrisiken. Luhmanns Entscheidung, soziale Systeme als autopoietische Systeme aufzufassen, die sich mittels selbstreferentieller Kommunikationsprozesse reproduzieren, grenzt andererseits jeden stofflich-materiellen Aspekt der soziologischen Analyse von System-Umwelt-Interaktionen aus. Untersucht und beobachtet wird nur, wie Gesellschaften ihr Naturverhältnis thematisieren – nicht dieses selbst. Damit wird der Soziologie aber die Möglichkeit abgesprochen, Sinnvolles über die Art dieser Interaktionsdynamik selbst, über darin angelegte Tendenzen akuter oder langfristiger Selbstgefährdung sowie über die Chancen und Möglichkeiten einer Umsteuerung auszusagen.

Die ökologische Problematik als »Institutionenkrise«

Ulrich Beck setzt demgegenüber – scheinbar – naturalistischer an. Ausgangspunkt seiner Argumentation ist die neue Qualität von Modernisierungsrisiken, von zivilisatorischen Selbstgefährdungen im »Atom-, Chemie- und Genzeitalter«. Gesellschaften, die durch diese neuen Großrisiken bedroht sind, nennt Beck »Risikogesellschaften«. Ein deutlicher Indikator für die

neue Qualität dieser zivilisatorischen **Risiken** ist für ihn, dass sie die Logik des herkömmlichen, auf statistisch kalkulierbare Unsicherheiten bezogenen Risikokalküls sprengen. »Die ökologischen, atomaren, chemischen und genetischen Großgefahren [...] sind erstens örtlich, zeitlich und sozial *nicht eingrenzbar* « (Beck 1988:120) – die Risikogesellschaft ist deshalb, zu Ende gedacht, eine »Weltrisikogesellschaft« (Beck 1996). »Zweitens sind sie *nicht zurechenbar* nach den Regeln von Kausalität, Schuld, Haftung und drittens *nicht kompensierbar* (Irreversibilität, Globalität) nach der gängigen Tauschregel ›Zerstörung gegen Geld‹, und müssen insofern *nachsorgelos* dem alarmierenden Sicherheitsverständnis der Bürger zugemutet werden.« (Beck 1988:120)

Beck interessieren an dieser Problematik allerdings nicht Fragen der Natur- oder »Umweltzerstörung«, sondern vorrangig ihre institutionellen Konsequenzen. Im Mittelpunkt seiner Argumentation stehen die sozialen und politischen Folgen, die neue Art von Widersprüchen und Konflikten, die sich aus der öffentlichen Thematisierung dieser neuen Großgefahren ergeben.

»Naturzerstörungen, integriert in die universelle Zirkulation der Industrieprozesse, hören auf, ›bloße‹ Naturzerstörungen zu sein und werden integraler Bestandteil der gesellschaftlichen, ökonomischen und politischen Dynamik. Der ungesehene Nebeneffekt der Vergesellschaftung der Natur ist die Vergesellschaftung der Naturzerstörungen und -gefährdungen, ihre Verwandlung in ökonomische, soziale und politische Widersprüche und Konflikte. Verletzungen der natürlichen Bedingungen des Lebens schlagen in globale medizinische, soziale und ökonomische Gefährdungen für den Menschen um – mit völlig neuen Herausforderungen an die sozialen und politischen Institutionen der hochindustrialisierten Weltgesellschaft.« (1986:107) »Die Verwandlung der ungesehenen Nebenfolgen industrieller Produktion in globale ökologische Krisenherde ist gerade kein Problem der umgebenden Welt – kein so genanntes ›Umweltproblem‹ – sondern eine tiefgreifende Institutionenkrise der ersten nationalstaatlichen Industriemoderne selbst.« (Beck 1996:131 f.)

Das wird mit dem Bild einer »reflexiv« gewordenen, mit ihren selbstproduzierten, destruktiven Nebenfolgen konfrontierten Moderne gedeutet. Während für industrielle Gesellschaften die Frage der Reichtumsverteilung und der sozialen Absicherung in einer überwiegend noch durch Mangel und Not charakterisierten Epoche im Vordergrund stand, tritt in »Risikogesellschaften«

22

die Auseinandersetzung um diese neue Art von Selbstgefährdungen in den Mittelpunkt der gesellschaftlichen Kontroversen.

Diese Risikokonflikte weisen – anders als die alten industriegesellschaftlichen Kontroversen – ein doppeltes Merkmal auf. Sie entfalten sich zum einen im Medium wissensvermittelter, symbolischer Definitionskämpfe. Radioaktivität, Schad- und Giftstoffe in Luft, Wasser oder Nahrungsmitteln »bleiben im Kern meist unsichtbar, basieren auf *kausalen Interpretationen*, stellen sich also erst und nur im (wissenschaftlichen bzw. antiwissenschaftlichen) Wissen um sie her, können im Wissen verändert, verkleinert oder vergrößert, dramatisiert oder verharmlost werden und sind in besonderem Maße *offen für soziale Definitionsprozesse*« (Beck 1986:29 f.). Risikokonflikte schaffen zum anderen neue soziale Betroffenheiten und Gefährdungslagen, die quer zu Konfliktlinien der Industriegesellschaft liegen. Gefährdungslagen lassen sich zwar in vielen Fällen unterschiedlich abfedern und kompensieren; Armut und Umweltbelastungen kumulieren aber meist in unteren Einkommensschichten und in bestimmten geographischen Regionen. Grundsätzlich lassen sich »Gefährdungslagen aber nicht als Klassenlagen begreifen« (ebd.: 48). Sie haben einen »Bumerang-Effekt«, der auch die Reichen und Mächtigen trifft: »Not ist hierarchisch, Smog ist demokratisch.« (Ebd.:48) Öltankerkatastrophen, Algenpest oder Klimaerwärmung, BSE, radioaktive Verseuchung, Gifte in Nahrungs- oder Holzschutzmitteln – alles kann von heute auf morgen Produkte und Unternehmen, ganze Wirtschaftsbranchen, Regionen und Länder zu Verlierern stempeln. In Risikokonflikten geht es somit nicht nur »um gesundheitliche Folgeprobleme für Natur und Mensch, sondern um die sozialen, wirtschaftlichen und politischen Nebenfolgen dieser Nebenfolgen: Markteinbrüche, Entwertung des Kapitals, bürokratische Kontrollen betrieblicher Entscheidungen, Eröffnung neuer Märkte, Mammutkosten, Gerichtsverfahren, Gesichtsverlust.« (Ebd.:31)

Einen zentralen Stellenwert hat dabei für Beck die politische Dimension der Risikokonflikte – und zwar in einem doppelten Sinn. Politik wird einerseits, indem sie am überholten Versprechen festhält, durch die Förderung technisch-wirtschaftlichen Fortschritts Sicherheit und Gefahrenkontrolle zu gewährleisten, zum Komplizen einer stillschweigenden technokratischen Unterhöhlung demokratischer Gestaltungsansprüche; sie degeneriert zu einem »System organisierter Unverantwortlichkeit« (Beck 1988:258). Die in Umweltgesetzen und Verordnungen übliche Kopplung der jeweiligen Regelungen an den »Stand der Technik« versetzt »die technischen Normungsinstitute in der Bundesrepublik in die Lage, verbindlich hochpolitische Sicherheitsfragen zu entscheiden« (ebd.:192). Zugleich dementiert die nicht abreißende Kette an ökologischen Katastrophenmeldungen und neu entdeckten Gesundheitsgefährdungen das staatliche Sicherheits- und Kontrollversprechen stets aufs Neue. Öffentlich thematisierte Risiken politisieren das Unpolitische. Sie schaffen neue Legitimationszwänge und nötigen zu neuen Aushandlungsprozessen. Sie eröffnen Chancen für eine **Subpolitik** von unten und für neue, unvorhergesehene Handlungskoalitionen. Einer unter dem Mantel der Demokratie an die Macht gekommenen »Niemandsherrschaft technologischer Entwicklungen« erwächst so, vorangetrieben durch die Logik der Gefahrenproduktion wie durch mediengerechte Inszenierungen ökologischen Protests, der Gegenpart eines neuen »globalen Verant-

wortungszusammenhangs«, eine neue *global technological citizenship* (Beck 1996:140f).

Die ökologische Problematik wird so in Becks Theorie in eine politische Soziologie der Risikogesellschaft transformiert. »Natur« taucht im Rahmen dieser Argumentation in einer widersprüchlich-ambivalenten Weise auf. Zum einen sind ökologische Probleme, Naturzerstörungen und technisch induzierte Gefährdungslagen der realistische Anker eines quasi automatisch wirkenden institutionellen Erosions- und Selbstdementierungsprozesses. Sie stellen eine »objektive Gegenmacht der Gefahr« (Beck 1988:155) dar, die die institutionellen Verhältnisse in einen Widerspruch mit sich selbst verwickeln und dadurch oppositionelle Handlungschancen eröffnen. Zum anderen ist Natur in Becks Argumentation immer schon kulturell gedeutete und industriell vergesellschaftete Natur. Was in Risikokonflikten aufeinander prallt, sind wissenschaftliche und soziale Gefahrenkonstrukte. Beide Sichtweisen von Natur bleiben letztendlich unvermittelt und doch aufeinander verwiesen. Beck braucht zwar für seine Argumentation den Anker real drohender Gefahren. Sein eigentliches Thema ist jedoch die gesellschaftliche Binnendydnamik der kontroversen Thematisierung ökologischer Folgeprobleme industrieller Naturaneignung: die Erosion des Institutionengefüges moderner Industriegesellschaften im Rahmen einer reflexiv werdenden Moderne.

Jeder der hier vorgestellten Ansätze rückt unterschiedliche Aspekte der ökologischen Problematik und ihrer gesellschaftlichen Folgen in den Vordergrund. Zugleich wird deutlich, dass es mit den herkömmlichen soziologischen Konzepten schwer fällt, die Vermittlung von materiellen und symbolischen Dimensionen und die daraus sich ergebende Interaktions-Dynamik zu erfassen. So pendelt die sozialwissenschaftliche Diskussion üblicherweise zwischen naturalistischen und kulturalistischen, – erkenntnistheoretisch formuliert: zwischen »realistischen« und »konstruktivistischen« Ansätzen – hin und her. Die erste Perspektive ist für *diejenigen* unverzichtbar, die von der Dringlichkeit ökologischer Probleme überzeugt sind und (mit Hilfe ihres soziologischen Sachverstands) an deren Lösung mitarbeiten wollen. Die zweite Perspektive ist typischerweise die des kritischen, aber zugleich distanzierten Beobachters. Ihn interessiert, wie Umweltprobleme von unterschiedlichen gesellschaftlichen Akteuren oder in unterschiedlichen systemischen Kontexten »sozial konstruiert« werden. Beide Positionen schließen sich aber nicht zwangsläufig aus. So wissen auch soziologische »Rea-

22

Globale Umweltveränderungen

1. *Bodendegradation*: Etwa 15 Prozent der Böden weltweit sind – hauptsächlich durch fehlangepasste landwirtschaftliche Nutzung (Bodenbearbeitung, Bewässerung, Stoffeinträge) – schwer geschädigt; pro Jahr kommt eine Fläche von ca. 80.000 km^2 hinzu. Das entspricht der Fläche Österreichs (vgl. WBGU 1994). Dafür gibt es verschiedene Ursachenkomplexe (vgl. Schaubild 22.2) In den Entwicklungsländern ist vor allem die armutsbedingte, von Bevölkerungswachstum und Politikversagen verstärkte Übernutzung und Überweidung oft marginaler Standorte die Hauptursache; in den Industrieländern ist es eine stark mechanisierte, chemisierte und häufig hoch subventionierte Landwirtschaft, die die landwirtschaftlichen Nutzflächen sowie den Wasserkreislauf belastet (Blaikie/Brookfield 1987). Kontamination durch industrielle Einträge – oft auch Altlasten – sowie der allgemeine Flächenverbrauch für Siedlungs-, Industrie- und Verkehrsflächen stellen sowohl quantitativ als auch qualitativ ein Problem dar. Dieser Trend ist vor allem für die weltweite Nahrungsmittelversorgung ein Problem: Zwischen 1975 und 1995 hat die weltweit verfügbare landwirtschaftliche Nutzfläche pro Kopf um ein Viertel abgenommen, ein weiterer Rückgang bis 2050 wird angenommen (GEO 2000, Brown u.a. 1999).

2. *Entwaldung und Biodiversitätsverlust*: In den letzten dreihundert Jahren hat der Mensch die ursprüngliche Waldbedeckung der Erde etwa halbiert. Wälder sind von hoher Bedeutung für die Aufrechterhaltung der Biodiversität, aber auch für den weltweiten Wasserkreislauf, das Klimageschehen und – nicht zuletzt – auch für die Menschen, die noch in und von Wäldern leben (in den Tropen allein sind das ca. 50 Mio. Menschen). Allerdings werden nur noch ca. 40 Prozent der Wälder ihren natürlichen Funktionen voll gerecht. Von ihnen sind wiederum ca. 40 Prozent gefährdet – durch kommerziellen Holzeinschlag zur Rohstoffgewinnung, durch den Bau von Straßen und anderen Infrastrukturprojekten (z.B. Staudämme), durch die Suche nach Rohstoffen, durch die Gewinnung von Acker- und Weideflächen sowie durch Übernutzung. Nicht nur die tropischen Regenwälder, die auf Grund ihres enormen Artenreichtums besonders sensible Bereiche darstellen, sondern auch die borealen Wälder Russlands, Kanadas und Finnoskandinaviens sind gefährdet (Cassel-Gintz 2000).

3. *Stratosphärischer Ozonabbau*: Die Reduktion stratosphärischen Ozons (»Ozonloch«) durch photochemische Prozesse – nicht zu verwechseln mit der Anreicherung bodennahen Ozons (verantwortlich für den sog. »Sommersmog«) – ist auf die Abbauprodukte von Spurengasen (FCKW, Halone, N_2O) zurückzuführen. Sie findet vor allem über dem Südpol, in jüngster Zeit aber auch über dem Nordpol statt und führt auf Grund einer Erhöhung der UV-B-Strahlung zu einer Zunahme des Hautkrebsrisikos sowie zu einer Beeinträchtigung des Pflanzenwachstums. Das Montrealer Protokoll von 1987 legt die Reduktion von acht die Ozonschicht gefährdenden Stoffen mit einem konkreten Zeit- und Mengenplan fest und gilt als Beispiel einer erfolgreichen Bearbeitung eines globalen

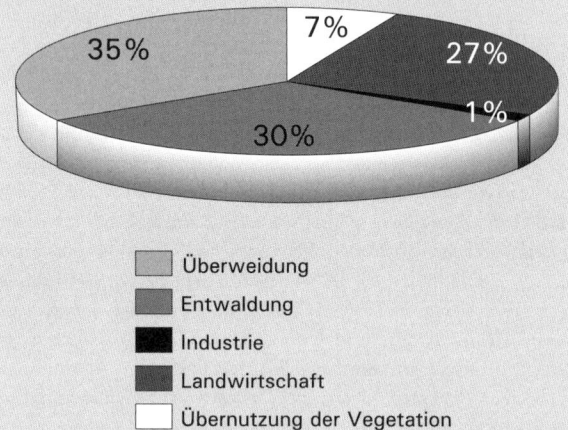

Schaubild 22.2: Ursachen der globalen Bodendegradation (nach WBGU 1994)

7% · 27% · 1% · 30% · 35%

- Überweidung
- Entwaldung
- Industrie
- Landwirtschaft
- Übernutzung der Vegetation

---

listen«, dass Umweltprobleme nicht einfach gegeben sind, sondern erst über gesellschaftliche Definitionsprozesse, über Expertenstreit, konkurrierende Problemdeutungen und Bewertungen, ihre spezifische Handlungsrelevanz gewinnen. Umgekehrt können auch »Konstruktivisten« durch die Bereitstellung von Reflexionswissen über die gruppen- und systemspezifischen Wahrnehmungs- und Bearbeitungsformen von Umweltproblemen – und deren jeweilige blinde Flecken – zu einem angemesseneren Problemumgang beitragen. Im Rahmen einer problemzentrierten, interdisziplinären Umweltforschung lassen sich beide Perspektiven fruchtbar miteinander verknüpfen.

EMPIRISCHE UMWELTFORSCHUNG: DAS BEISPIEL »GLOBALE UMWELTVERÄNDERUNGEN«

In dem Maße, in dem die ökologische Problematik das öffentliche Bewusstsein veränderte, in dem die normative Forderung eines umweltfreundlichen Verhaltens Alltagspraktiken und institutionelles Handeln – wie widersprüchlich auch immer – umzustrukturierte, gerieten Umweltfragen unter den verschiedensten Aspekten verstärkt auch ins Blickfeld der Soziologen (vgl. als Überblick Buttel 1987; Diekmann/Jäger 1996; Diekmann/Preisendörfer 2001; Redclift/Woodgate 1997).

22

Problems durch die Weltgemeinschaft. Wesentlich dazu trug u.a. der Umstand bei, dass sich die Gruppe der Verantwortlichen relativ leicht eingrenzen ließ (chemische Industrie) sowie die Tatsache, dass es technische Ersatzmöglichkeiten gab. Ferner ist es Teilen der *scientific community* gelungen, gegen große Widerstände das Thema auf die politische Agenda zu setzen. Dieses Zusammenspiel aus Ideen, Macht und Interessen ist nicht umstandslos auf andere Bereiche übertragbar (Grundmann 1997b).

4. *Süßwasserverknappung* und -verschmutzung: Süßwasser ist für Menschen, Tiere und Pflanzen lebenswichtig und nicht zu ersetzen. Der weltweite Süßwasserkreislauf ist eng mit dem Klimasystem und der Vegetation gekoppelt. Die Hauptquelle bildet der Niederschlag, der – abzüglich der Verluste durch Verdunstung und Pflanzenaufnahme – den Oberflächenabfluss bildet sowie die Grundwasserbecken speist. Da die Niederschläge sehr ungleich über Raum und Zeit verteilt sind, ergibt sich auch eine sehr unterschiedliche Wasserverfügbarkeit. Unter Wasserknappheit leiden derzeit vor allem die Länder im Trockengürtel der Erde (z.B. Naher Osten, Zentralasien) – insgesamt sind davon ca. 2 Mrd. Menschen betroffen. Temporär lässt sich dieser Zustand durch das Anzapfen von Grundwasservorräten überspielen (wie z.B. in Libyen), aber langfristig bietet dies keine Perspektive. Der weltweite Wasserverbrauch hat in den letzten 50 Jahren enorm zugenommen. Hauptursache dafür ist die Ausweitung der

Die weltweite Entwaldung schreitet trotz mancher Gegenmaßnahmen weiter voran und bedroht – neben den indigenen Völkern – die weltweite Biodiversität und das Weltklima. Die Ursachen dafür sind vielfältig: Holz wird als Ressource für Brennholz-, Möbel- und Papierherstellung gebraucht, Wälder müssen der Landwirtschaft, menschlichen Siedlungen oder dem Ressourcenabbau weichen. Oft sind es – wie hier in Amazonien – marginalisierte Bevölkerungsgruppen, die die Wälder für ihre Überlebenszwecke abholzen und sich dadurch langfristig selbst gefährden.

landwirtschaftlichen Nutzfläche sowie die Intensivierung der Landwirtschaft, besonders in den Ländern, die die »Grüne Revolution« durchgeführt haben. Zu deren Charakteristika gehört nicht nur die Verwendung von Hochertragssorten, Pestiziden und Dünger, sondern zu einem erheblichen Teil auch die künstliche Bewässerung. Gegenwärtig werden 69 Prozent des erneuerbaren Süßwassers weltweit von der Landwirtschaft genutzt, 23 Prozent von der Industrie und 8 Prozent von den Haushalten. Da sich in Zukunft viele Entwicklungs- und Schwellenländer (weiter) industrialisieren werden und da die aktuelle Unterversorgung der Haushalte mit Wasser behoben werden muss, sind Nutzungskonflikte um Wasser pro-

Schwerpunkte der empirischen Forschung waren dabei
- Arbeiten zur Umwelt- und Anti-Atomkraftbewegung (vgl. u.a. Kriesi/Giugni 1996; Rucht 1994),
- Studien zu Umweltbewusstsein, Umweltverhalten und Lebensstilen (vgl. u.a. Diekmann/Preisendörfer 1992; Dunlap/Mertig 1996; de Haan/Kuckartz 1996; Lange 2000; Poferl u.a. 1997; Reusswig 1994),
- Arbeiten zum ökologischen Diskurs und zur Risikokommunikation (vgl. u.a. Bechmann 1997; Brand u.a. 1997; Hajer 1995; Keller 1998; Krimski/Golding 1992; Lash u.a. 1996; Peters 1995),
- Studien, zumeist interdisziplinärer Art, zu verschiedenen Aspekten und Konfliktfeldern »nachhaltiger

Entwicklung« und »globalen Wandels« (vgl. u.a. Brand 1997; Flitner u.a. 1998; Rayner/Malone 1998; Redclift/Benton 1994).

Wir wollen uns im folgenden exemplarisch einen Bereich herausgreifen, der in den vergangenen zehn Jahren international eine wachsende Aufmerksamkeit erfahren und der Soziologie darüber hinaus innovative methodische Anstöße verliehen hat: die Problematik der *Globalen Umweltveränderungen*. Zu diesen Umweltveränderungen zählen eine Reihe von kritischen Veränderungen in den verschiedenen Umweltkompartimenten sowie deren Wechselwirkungen.

Insgesamt handelt es sich beim Globalen Wandel um

22

grammiert – auch ohne die zusätzlichen Risiken eines Klimawandels (WBGU 1997). Vor allem die Landwirtschaft wird effizienter werden müssen. Zwischen einigen Ländern spielt der Konflikt um Wasser bereits heute eine wichtige Rolle (z.B. Türkei und Syrien bzw. Irak, Israel und Jordanien).

5. *Klimawandel*: Seit der Industrialisierung, vor allem aber seit dem Zweiten Weltkrieg, hat der Mensch die Chemie und Physik der Atmosphäre erheblich verändert, indem er – bedingt hauptsächlich durch die Verbrennung fossiler Energieträger (Kohle, Öl, Gas), durch Landnutzungsänderungen und durch landwirtschaftliche Aktivitäten – den natürlichen Treibhauseffekt durch die Emission von klimawirksamen Gasen (CO_2, CH_4, N_2O u.a.) künstlich verstärkt hat. Dadurch stieg die globale Mitteltemperatur in den letzten hundert Jahren um 0,3° bis 0,6° C. Steigende Emissionen in den Industrie-, zunehmend aber auch in den Schwellen- und Entwicklungsländern lassen bis 2100 eine Erwärmung um 1,4° bis 4,0° C (je nach Modell) erwarten. Das hätte u.a. einen Meeresspiegelanstieg zwischen 17 und 99 cm zur Folge. Außerdem führt der enorm gestiegene Energieverbrauch im Klimasystem aller Voraussicht nach zur Zunahme von lokalen Wetterextremen (Wirbelstürme, Wärme- und Kälteeskapaden, Dürren, Überschwemmungen) (vgl. IPCC 1996). Auch Systemsprünge wie etwa das »Abschalten« des nordatlantischen Golfstroms (Rahmstorff 1999) oder die Selbstverstärkung des Treibhauseffekts durch das Auftauen der nordischen Tundragebiete mit ihren enormen Methanfreisetzungen sind nicht auszuschließen.

Die gesellschaftliche Verursacherstruktur des Klimawandels ist äußerst heterogen. Zwar spielt der Bevölkerungsdruck eine gewisse Rolle für die Treibhausgasemissionen. Wichtiger sind aber Art und Umfang des Einsatzes fossiler Energieträger sowie der Landnutzung. Beide hängen wiederum von einer Reihe von Faktoren ab, die zum Teil stark mit sozialen Statusvariablen korrelieren (z.B. Einkommen, Bildung). Als wichtig erweisen sich aber auch sozio-kulturelle Faktoren wie Werteinstellungen, Umweltmentalitäten und Lebensstile. Je industrialisierter und entwickelter ein Land ist, desto bedeutsamer werden lebensstilbedingte Umweltbelastungen. Zwei wichtige globale Trends mit ökologischer Folgewirkung sind zum einen die Pluralisierung moderner Lebensstile, zum anderen deren Ausbreitung auch in Entwicklungs- und Schwellenländer im Rahmen kultureller Globalisierungsprozesse.

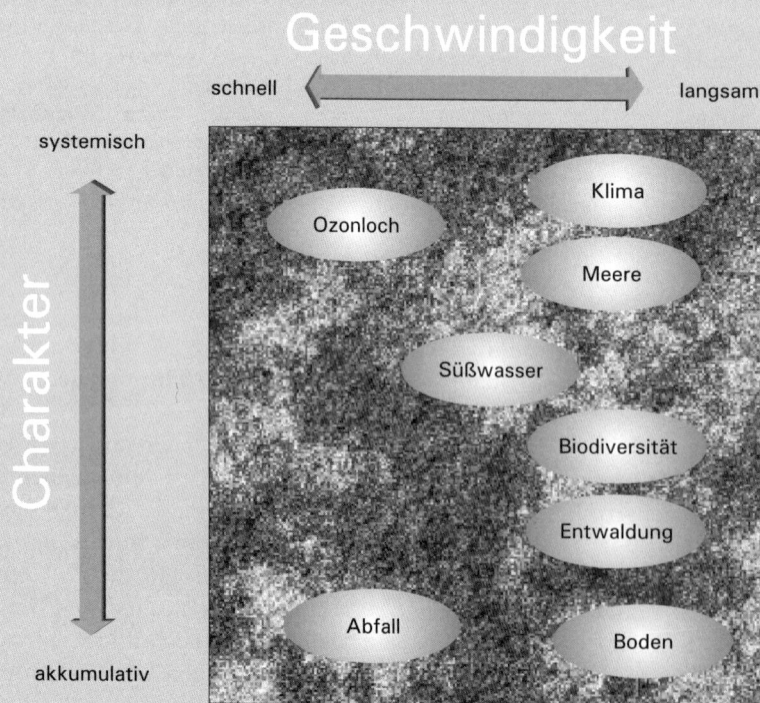

Schaubild 22.3: **Charakter und Geschwindigkeit verschiedener globaler Umweltveränderungen**

Veränderungen der Leitparameter des Systems Erde, um die Abnahme strategischer Naturgüter, die Verschiebung und Veränderung großräumiger Strukturen und Muster sowie um die Veränderung großräumiger Prozesse. Die – hoch aggregierten – Zustandsänderungen des Erdsystems sind kritisch, weil und wenn sie die Reproduktion sozialer Systeme gefährden oder gar zu katastrophischen Phasenübergängen führen können. Das Neue globaler Umweltveränderungen besteht darin, dass der Mensch erstmals in seiner Geschichte in der Lage ist, die weltweiten Ökosysteme direkt oder indirekt zu beeinflussen – bis hin zur massiven Änderung oder gar Zerstörung. Menschen haben zwar immer schon ihre Umwelt verändert und im Extremfall auch zerstört (vgl. Turner II u.a.

1990); aber erst seit ungefähr 50 Jahren ist die Eingriffstiefe und -geschwindigkeit des Menschen so groß geworden, dass sein Handeln direkt oder akkumulativ planetare Dimensionen angenommen hat. Schematisch:

Mittlerweile ist der Typus der vom Menschen beeinflussten und dominierten Ökosysteme (z.B. Wälder, landwirtschaftliche Gebiete) und Stoffkreisläufe (z.B. Stickstoffkreislauf) der Normalfall geworden (Vitousek u.a. 1997). Manche Beobachter sprechen angesichts dieser dramatischen »Internalisierung« der Natur in die soziale Welt des Menschen auch vom »Ende der Natur« (McKibben 1990) und der Heraufkunft einer Misch- und Hybridwelt (Latour 1991). Wenn diese Diagnose auch nur ansatzweise zutrifft, betrifft sie nicht allein die Umweltsoziologie, sondern die Soziologie und die Sozialwissenschaften insgesamt. Denn »Natur und Gesellschaft wurden gewissermaßen gleichzeitig ›entdeckt‹« (Bauman 1990: 251). Gesellschaft braucht Natur als ihr eigenes Außen. Wo die Grenzziehung zwischen Innen (Gesellschaft) und Außen (Natur) problematisch wird, wird auch die Definition und das Selbstverständnis von Gesellschaft ein Problem (Lau 1999). Dieser Zustand bedeutet, dass »wir« – die selber noch sehr »virtuelle« globale Gemeinschaft – faktisch die Verantwortung für Zustand und Entwicklungsperspektive des Planeten Erde übernommen haben, ohne uns dieser freilich immer bewusst zu sein und gerecht zu werden.

Bislang hat die Umweltsoziologie hierzulande auf die Herausforderung globaler Umweltveränderungen erst sehr zögerlich reagiert – anders als etwa in den USA oder Großbritannien (vgl. u.a. Redclift/Benton 1994, Yearley 1996). Sofern sich die Soziologie stärker mit diesen Problemen beschäftigen will – und das würde der Thematik angesichts der Dominanz von Naturwissenschaftlern, Modellierungspragmatikern und Ökonomen durchaus gut tun (Laska 1993, Stern u.a. 1992) – muss sie allerdings selber eine Reihe von neuen Schwerpunktsetzungen vornehmen. Diese betreffen vor allem (vgl. Reusswig/Schellnhuber 1997):

- mehr Inter- und Transdisziplinarität,
- stärkere Arbeit mit und an Modellen,
- stärkere Verknüpfung von Theorien, Modellen und Empirie,
- bessere Verknüpfung von qualitativen und quantitativen Methoden,
- stärkere Fokussierung auf langfristige Systemdynamiken.

Diese Fokussierungen würden neben dem Haupteffekt, die Umweltsoziologie bei uns auf der Höhe der Probleme zu halten und an das internationale Niveau anzuschließen, auch den wünschenswerten Nebeneffekt besitzen, der Soziologie insgesamt Anstöße für methodische Innovationen zu geben.

Zusammenfassung

1. Die Umweltsoziologie untersucht die Frage, wie soziale und kulturelle Strukturen die Art der Wahrnehmung, Nutzung und Umgestaltung von Natur prägen und wie die Folgen dieser Nutzung wieder auf Gesellschaften und ihre Institutionen zurückwirken. Zentraler Fokus der Umweltsoziologie ist der gesellschaftliche Umgang mit der ökologischen Problematik.

2. Global gesehen sind die Antriebsfaktoren der gesellschaftlichen Umweltzerstörung, trotz eines relativ dicht geknüpften Netzes umweltpolitischer Regulierungen, unvermindert wirksam und nur schwer beherrschbar. Zugleich hat sich allerdings in vielen Ländern die Sensibilität für Umweltprobleme erheblich erhöht. Im Konzept der »nachhaltigen Entwicklung« verdichtet sich die Einsicht, dass soziale und wirtschaftliche Entwicklungsbedingungen weltweit immer enger mit den Formen gesellschaftlicher Naturbeziehungen und den daraus sich ergebenden Gefährdungen verknüpft sind.

3. Gesellschaftliche Naturbeziehungen haben immer eine materielle und eine symbolische Dimension. Menschen sind, als biologische Gattung, ein von natürlichen Umweltbedingungen abhängiger Teil des biophysischen Systems Erde. Sie versuchen, diese Umweltbedingungen in einer für sie nützlichen Weise zu beeinflussen, produzieren damit aber auch nicht-intendierte Folgeprobleme. Mensch-

liche Naturbezüge sind zugleich von kulturellen Vorstellungen (einschließlich wissenschaftlicher Deutungen) geleitet. Natur gewinnt für uns nur in symbolisch vermittelter Form Handlungsrelevanz.

4. Betrachtet man den Interaktionszusammenhang von Gesellschaft und Natur, so lassen sich schematisch vier Aspekte unterscheiden: erstens die gesellschaftlichen Ursachen und Antriebskräfte der Umweltveränderung; zweitens das dynamische Gefüge natürlicher Systeme und Rückkopplungskreise, in das menschliches Handeln eingreift; drittens die (potenziell katastrophische) Rückwirkung dieser Eingriffe auf den Menschen; und viertens die dadurch ausgelösten Veränderungen bei sozialen Systemen und Akteuren. Auch indirekte, schwach gekoppelte Wirkungspfade in Gesellschaft oder Natur können füreinander erhebliche Bedeutung erlangen.

5. Der erste Aspekt lenkt das Augenmerk auf die ökologischen Folgewirkungen innergesellschaftlicher Prozesse. Zu den Faktoren, die Art und Ausmaß der Naturnutzung und -zerstörung entscheidend beeinflussen, gehören: Bevölkerung (Größe, Verteilung), Wohlstandsniveau, Wissenschaft und Technik, Institutionen und Organisationen (Haushalte, Unternehmen, Markt, Staat) und Kultur (Wertorientierungen, Naturbilder, Praktiken). Kontroversen über den »richtigen« Weg zu einer »nachhaltigen Entwicklung« greifen oft nur isoliert den

22

einen oder anderen Faktor auf; entscheidend ist aber das Zusammenwirken all dieser Faktoren.

6. Der letzte Aspekt lenkt das Augenmerk auf die Einflussgrößen, die die Art der gesellschaftlichen Reaktion auf (menschlich induzierte) Umweltveränderungen beeinflussen. Vier solcher Faktoren lassen sich unterscheiden: (a) die Stärke und Relevanz der Umweltveränderung, (b) die Verwundbarkeit und Sensibilität sozialer Systeme, (c) die gesellschaftlichen Wahrnehmungs- und Bewertungsmuster der Umweltveränderung, (d) die Reaktions-, Adaptions- und Alternativmöglichkeiten seitens der Gesellschaft.

7. Die Soziologie tut sich schwer mit der systematischen Analyse gesellschaftlicher Naturbeziehungen. Das hat wesentlich mit der Tradition der Soziologie als einer (ausschließlich) auf das »Soziale« sowie auf die (sozialen) Probleme der modernen Industriegesellschaft bezogenen Disziplin zu tun. Die öffentliche Debatte über die ökologischen Folgeprobleme und Risiken der industriellen Nutzung und Transformation von Natur – sowie über die Bedingungen einer »nachhaltigen« Gestaltung dieser Beziehungen – nötigt allerdings auch die Soziologie zu einer thematischen Integration der Umweltproblematik.

8. Gemäß dem Doppelcharakter gesellschaftlicher Naturbeziehungen lässt sich der gesellschaftliche Umgang mit ökologischen Problemen aus einer eher »naturalistischen« oder einer eher »kulturalistischen« Perspektive analysieren. Soziologische Ansätze tendieren generell zu letzterem. Gefordert wäre allerdings eine dialektische »Interaktions«-Perspektive, die Natur und Gesellschaft zwar als eigendynamische, gleichwohl miteinander rückgekoppelte Systeme betrachtet, deren stofflich-energetischer Austausch über soziale und kulturelle Prozesse vermittelt ist.

9. In der Soziologie existieren verschiedene Theorieansätze nebeneinander. Diese bieten auch unterschiedliche Zugänge zur Umweltthematik. Wir haben vier solcher Zugänge vorgestellt: das Paradigma des rationalen Akteurs, die Perspektive der *Cultural Theory*, den systemtheoretischen Zugang Niklas Luhmanns und die institutionenkritische Perspektive Ulrich Becks. Das Studium der Umweltsoziologie heißt immer auch: Berücksichtigung verschiedener theoretischer Paradigmen und Perspektiven.

10. Das Paradigma des rationalen Akteurs rückt die Dilemmata im Umgang mit der Umwelt, die aus dem »rationalen«, an individuellen Kosten-Nutzen-Abwägungen orientierten Handeln entstehen, in den Vordergrund (Allmende-Dilemma, Trittbrettfahrer-Syndrom). Es diskutiert zugleich die Bedingungen, unter denen solche Handlungsdilemmata durch entsprechende Anreize überwunden werden können.

11. Die *Cultural Theory* unterscheidet vier Grundtypen sozialer Beziehungen (Individualismus, Hierarchie, Egalitarismus, Fatalismus), denen vier Formen der Naturwahrnehmung zugeordnet werden. Das macht auf die soziokulturelle Verankerung konkurrierender gesellschaftlicher Natur- und Risikowahrnehmungen aufmerksam.

12. Aus der systemtheoretischen Perspektive Luhmanns gerät die ökologische Problematik als gesellschaftliches Kommunikationsproblem ins Blickfeld. Ökologische Probleme können danach immer nur hoch selektiv, nach Maßgabe der Binnencodes gesellschaftlich ausdifferenzierter Teilsysteme, wahrgenommen und bearbeitet werden.

13. Der Ausgangspunkt Ulrich Becks sind die als Nebenfolgen industrieller Naturbeherrschung aufgetretenen zivilisatorischen Selbstgefährdungen, die die institutionellen Regelungen und Sicherheitsversprechen der industriegesellschaftlichen Moderne in Frage stellen. Im Mittelpunkt seiner Analysen steht der neue Typus von Widersprüchen und Konflikten, der sich aus der öffentlichen Thematisierung der neuen, vielfach globalen Großgefahren ergibt (»Weltrisikogesellschaft«).

14. Sozialwissenschaftliche Umweltforschung konzentrierte sich bisher vor allem auf Fragen der Umweltkommunikation, des Umweltbewusstseins und Umweltverhaltens. Ein neues, innovatives Forschungsfeld ist das der globalen Umweltveränderungen. Dazu zählen insbesondere die Problemfelder Bodendegradation, Entwaldung und Biodiversitätsverlust, stratosphärischer Ozonabbau, Trinkwasserverknappung und Klimawandel.

15. Will sich die Soziologie nicht auf die Analyse binnengesellschaftlicher Wahrnehmungs- und (kommunikativer) Verarbeitungsformen von Umweltproblemen beschränken, sondern einen Beitrag zur Lösung regionaler wie globaler Umweltprobleme leisten, so muss sie auch die Entstehungsseite der Probleme, die Rückkopplung von gesellschaftlichen Entwicklungsprozessen und natürlichen Systemdynamiken, thematisieren. Das erfordert die Öffnung für interdisziplinäre Kooperation und die Nutzung neuer methodischer Instrumente (z.B. Modellierung).

Wiederholungsfragen

1. Was ist mit dem »Doppelcharakter« gesellschaftlicher Naturbeziehungen gemeint?

2. Worin unterscheiden sich »naturalistische« (realistische) und »kulturalistische« (konstruktivistische) Perspektiven auf Umweltfragen?

3. Welche Funktionen der Natur werden von der Gesellschaft primär genutzt?

4. Welches sind die wichtigsten Faktoren, die die menschliche Naturnutzung bestimmen?

5. Von welchen Faktoren hängt die gesellschaftliche Reaktion auf riskante oder katastrophische Umweltveränderungen ab?

6. Skizzieren Sie vier typische soziologische Zugänge zur Umweltproblematik!

7. Worin besteht das Neue und Besondere globaler Umweltveränderungen?

8. Nennen Sie fünf wichtige globale Umweltveränderungen!

Übungsaufgaben

1. Warum hat sich die Soziologie im Umgang mit der ökologischen Thematik schwer getan? Muss das Durkheimsche Paradigma, »Soziales nur durch Soziales zu erklären«, angesichts der Umweltproblematik in Frage gestellt werden?

2. Welche »blinden Flecken« weisen die vier diskutierten theoretischen Ansätze jeweils auf? Diskutieren Sie an einem Beispiel, wie sich diese vier Ansätze – problembezogen – dennoch produktiv miteinander verknüpfen lassen!

3. Wenn Sie das Handeln von individuellen und kollektiven Akteuren (Organisationen, Körperschaften, Institutionen) betrachten: Welche Faktoren hemmen bzw. begünstigen umweltfreundliches Verhalten in besonderem Maße?

4. Diskutieren Sie am Beispiel des anthropogen verursachten Klimawandels die Relevanz – oder auch die Grenzen – der fünf skizzierten Schlüsselbegriffe: Sozialstruktur, funktionale Integration, soziales Handeln, Macht und Kultur!

5. Welchen methodischen Herausforderungen sieht sich die Umweltsoziologie angesichts globaler Umweltveränderungen gegenüber?

Glossar

Integrierte Erdsystemanalyse Die Untersuchung des gesamten Systems Erde – einschließlich sozialer Systeme und Akteure – als eines komplexen und dynamischen Makro-Wirkungsgefüges unter dem Gesichtspunkt seiner Verwundbarkeiten (Vulnerabilität), seiner Steuergrößen, seiner möglichen Zukunftsentwicklungen und seiner Steuer- und Gestaltbarkeit durch den Menschen. Im Unterschied zu einer Erforschung globaler Ökosysteme umfasst die Integrierte Erdsystemanalyse explizit auch gesellschaftliche Systeme und Akteure.

Nachhaltige Entwicklung (*sustainable development*) Zielt auf ein Modell der Entwicklung der Weltgesellschaft, in dem sowohl die Bedürfnisse und Lebenschancen der aktuellen (integrative Gerechtigkeit) als auch die der zukünftigen Generation (intergenerative Gerechtigkeit) befriedigt werden können, ohne dass es zu einer Überbeanspruchung oder Qualitätsverschlechterung der natürlichen Systeme und Ressourcen (Quellen, Senken) kommt.

Ökosystem In der biologischen Ökologie das Wirkungsgefüge zwischen biologischen Systemen und abiotischen Umweltfaktoren (Klima, Boden) in einer räumlich abgegrenzten Einheit. Im Zuge der Politisierung des Umweltkonflikts in den westlichen Industrieländern (1970er und 1980er Jahre) avancierte der Begriff »Ökosystem« zu einem auch politisch und moralisch aufgeladenen Grund- und Leitbegriff. In jüngster Zeit – unter dem Einfluss sowohl der Ergebnisse der sozialwissenschaftlichen Umweltforschung als auch der naturwissenschaftlichen Ökosystemforschung – hat der Begriff seine normative Leitbildfunktion weitgehend verloren und hat sich zu einem komplexen und deskriptiv-analytischen Konzept weiterentwickelt.

Risiko Ein Risiko bezeichnet die Wahrscheinlichkeit, mit der ein potenzieller (zukünftiger) Schaden eintritt sowie die damit verknüpften (Un-)Gewissheiten. Die beiden wichtigsten Quellen des soziologischen Risikobegriffs stammen aus dem Bereich des Handels- und Versicherungswesens sowie aus den Ingenieurs- und Technikwissenschaften. In beiden Fällen geht es um den Gegensatz von Realität und Möglichkeit sowie um die (partielle) Gestaltbarkeit und Verantwortbarkeit der Zukunft. Klassischerweise wird ein Risiko durch das Produkt aus Schadensausmaß und Eintrittswahrscheinlichkeit quantifiziert. Heute wird »Risiko« in der (Umwelt-) Soziologie als mehrdimensionales soziales Konstrukt gesehen, das Elemente objektiver Gefahren, gesellschaftlicher und individueller Wahrnehmungen und Bewertungen sowie kultureller Rahmungen umfasst.

Subpolitik Dieser von Ulrich Beck in die Debatte gebrachte Begriff bezeichnet eine neue Form des Politischen, wie sie für moderne Risikogesellschaften typisch ist. Politik wird als ein Handeln und Interagieren staatlicher oder staatsorientierter Akteure (z.B. politische Parteien) verstanden. Neue soziale Bewegungen, Umweltverbände etc. haben das umweltpolitische »Monopol« des Staates zugunsten neuer Formen der Thematisierung, Mobilisierung und Koalitionsbildung aufgelöst. Angesichts globaler Umweltveränderungen sowie mit Blick auf die Globalisierung muss es allerdings offen bleiben, ob und wie stark sich eine »globale Subpolitik« etablieren kann.

22

Literaturverzeichnis

Die Ziffern in eckigen Klammern verweisen auf das Kapitel, in dem der jeweilige Titel genannt wird.

Abadinsky, Howard (1981), *Organized Crime*. Boston: Allyn und Bacon. [7]

Abbott, Andrew (1988), *The System of Professions*. Chicago: University of Chicago Press. [13]

Abels, Heinz (1993), *Jugend vor der Moderne. Soziologische und psychologische Theorien des 20. Jahrhunderts*. Opladen: Leske + Budrich. [6]

Abendroth, Wolfgang (1954), Zum Begriff des demokratischen und sozialen Rechtsstaates im Grundgesetz der Bundesrepublik Deutschland, in Forsthoff, Ernst (Hg.) (1968), *Rechtsstaatlichkeit und Sozialstaatlichkeit*: 114-144. Darmstadt: Wissenschaftliche Buchgesellschaft. [17]

Abrahamian, V. (1986), Structural Causes of the Iranian Revolution, in Goldstone, Jack (Hg.), *Revolutions: Theoretical, Comparative, and Historical Studies*: 119-127. San Diego: Harcourt Brace Jovanovich. [14]

Akers, Ronald L. (1985), *Deviant Behavior: A Social Learning Approach*. Belmont, CA: Wadsworth. [7]

Alber, Jens (1992), *Das Gesundheitswesen der Bundesrepublik Deutschland*. Frankfurt/New York: Campus. [15]

Albert, Michel (1991), *Capitalisme contre capitalisme*. Paris: Le Seuil; dt. *Kapitalismus contra Kapitalismus*. Frankfurt/New York: Campus, 1992. [16]

Albrecht, Peter-Alexis (1999), *Kriminologie. Ein Studienbuch*. München: C.H. Beck. [7]

Alder, Doris (1992), *Die Wurzel der Polaritäten. Geschlechtertheorie zwischen Naturrecht und Natur der Frau*. Frankfurt/New York: Campus. [11]

Alexander, Jeffrey (Hg.) (1988), *Durkheimian Sociology*. New York: Columbia University Press. [1]

Alisch, Monika/Dangschat, Jens (1998), *Armut und soziale Integration. Strategien sozialer Stadtentwicklung und lokaler Nachhaltigkeit*. Opladen: Leske + Budrich. [20]

Allbus, Allgemeine Bevölkerungsumfrage der Sozialwissenschaften, hrsg. vom Zentralarchiv für Empirische Sozialforschung an der Universität zu Köln. [14]

Allensbacher Jahrbuch (1993), *Allensbacher Jahrbuch der Demoskopie 1984-1992*. Bd. 9, hrsg. von Noelle-Neumann, Elisabeth/Köcher, Renate. München: K.G. Saur. [11]

– (1997), *Allensbacher Jahrbuch der Demoskopie 1993-1997*. Bd. 10, hrsg. von Noelle-Neumann, Elisabeth/Köcher, Renate. München: K.G. Saur. [14]

Allmendinger, Jutta/Hackman, J. Richard (1994), Akzeptanz oder Abwehr? Die Integration von Frauen in professionelle Organisationen, in *Kölner Zeitschrift für Soziologie und Sozialpsychologie* 46 (2): 238-258. [11]

Almond, Gabriel/Verba, Sidney (Hg.) (1959), *The Civic Culture: Political Attitudes & Democracy in Five Nations*. London: Sage. [17]

Alter, Peter (1985), *Nationalismus*. Frankfurt/M.: Suhrkamp. [17]

Ammerman, Nancy T. (1994), Accounting for Christian Fundamentalisms: Social Dynamics and Rhetorical Strategies, in Marty, Martin E./Appleby, R. Scott (Hg.), *Accounting for Fundamentalisms: The Dynamic Character of Movements: 149-110*. Chicago: University of Chicago Press. [14]

Anderson, Benedict (1983), Imagined Communities: Reflections on the Origin and Spread of Nationalism. New York: Verso; dt. *Die Erfindung der Nation: Zur Karriere eines erfolgreichen Konzepts*. Frankfurt/New York: Campus, 1988. [17]

Andreß, Hans-Jürgen u.a. (1999), *Leben in Armut. Analysen der Verhaltensweisen armer Haushalte mit Umfragedaten*. Opladen: Leske + Budrich. [9]

Andrews, Lori B. (1984), Exhibit A: Language, in *Psychology Today* 18: 28-33. [3]

Andritzky, Walter (1997), *Alternative Gesundheitskultur*. Berlin: Wissenschaft und Bildung. [15]

Andrusz, Gregory/Harloe, Michael/Szelenyi, Ivan (Hg.) (1996), *Cities After Socialism. Urban and Regional Change and Conflict in Post-Socialist Societies*. Oxford: Blackwell. [20]

Antonovsky, Aaron (1987), *Unraveling the Mystery of Health*. San Francisco: Jossey-Bass. [15]

Arendt, Hannah (1963), *On Revolution*. New York: Viking Press; dt. *Über die Revolution*. München: Piper, 1994. [17]

– (1970), *On Violence*. New York: Harcourt, Brace & World; dt. *Macht und Gewalt*. München: Piper, 1993. [17]

Arensberg, Conrad M./Nichoff, Arthur H. (1964), *Introducing Social Change*. Chicago: Aldine. [3]

Ariès, Philippe (1960), *L'enfant et la vie familiale sous l'ancien regime*. Paris; dt. *Geschichte der Kindheit*. München: Hanser, 1975. [6]

Arjomand, Said Amir (1996), Islam and Politics, in Calhoun, Craig/Ritzer, George (Hg.), *Perspectives*. New York: McGraw-Hill. [14]

Arnold, Michael (1988), Humanität contra Kostendämpfung im Krankenhaus? in Gronemann, Josef (Hg.), *Krankenhausökonomie in Wissenschaft und Praxis*. Festschrift für Prof. S. Eichhorn zum 65. Geburtstag: 22-29. Kulmbach: Baumann. [15]

– /Straub, Christoph (1993), Krankenhaus 2000, in *Das Krankenhaus* 1: 14-21. [15]

Astin, Alexander W./Kom, William S./Berz, Ellyne R. (1989), *The American Freshman: National Norms for Fall 1989*. Los Angeles: Higher Education Research Institute, University of California. [3]

Atkinson, Paul (1988), Ethnomethodology: A Critical Review, in *American Sociological Review* 14: 441-465. [4]

Aurin, Kurt (Hg.) (1990), *Gute Schulen: Worauf beruht ihre Wirksamkeit?* Bad Heilbrunn: Klinkhardt. [13]

Bachrach, Peter/Baratz, Morton S. (1970), *Power and Poverty*; dt. *Macht und Armut. Eine theoretisch-empirische Untersuchung*. Frankfurt/M.: Suhrkamp, 1977. [17]

Badura, Bernhard (1992), Soziologische Gesundheitsforschung: Ein Überblick, in Hurrelmann, Klaus/Laaser, Ulrich (Hg.) (1993), *Gesundheitswissenschaften. Ein Handbuch für Forschung, Lehre und Praxis*. Weinheim: Beltz. [15]

– u.a. (1987), *Leben mit dem Herzinfarkt*. Berlin: Springer. [15]

– /Feuerstein, Günter (1994), *Systemgestaltung im Gesundheitswesen. Zur Versorgungskrise der hochtechnisierten Medizin und den Möglichkeiten ihrer Bewältigung*. Weinheim: Juventa. [15]

– /Grande, Gesine/Janßen, Heinz/ Schott, Thomas (1995), *Qualitätsforschung im Gesundheitswesen. Ein Vergleich ambulanter und stationärer kardiologischer Rehabilitation*. Weinheim: Juventa. [15]

– /Kickbusch, Ilona (Hg.) (1991), *Health Promotion Research: Towards a New Social Epidemiology*. WHO Regional Publications. European Series, No. 37. [15]

– /Pfaff, Holger (1989), Streß, ein Modernisierungsrisiko? Mikro- und Makroaspekte soziologischer Belastungsforschung im Übergang zur postindustriellen Zivilisation, in *Kölner Zeitschrift für Soziologie und Sozialpsychologie* 41: 619-643. [15]

– /Strodtholz, Petra (1996), Qualitätsförderung und Evaluation im Gesundheitswesen, in Schwartz, Friedrich Wilhelm u.a. (Hg.), *Public Health*. München: Urban&Schwarzenberg: 574-584. [15]

Bahrdt, Hans Paul (1968), *Humaner Städtebau*. München: Nymphenburger Verlagsbuchhandlung. [20]

Balakrishnan, Radhika (1994), The Social Context of Sex Selection and the Politics of Abortion in India, in Sen, Gita/Snow, R.C. (Hg.), *Power and Decision: The Social Control of Reproduction*: 207-286. Boston: Harvard University Press. [1]

Balistier, Thomas (1996), *Straßenprotest. Formen oppositioneller Politik in der Bundesrepublik Deutschland*. Münster: Westfälisches Dampfboot. [21]

Bammé, Arno/Holling, Eckard/Lempert, Wolfgang (1983), *Berufliche Sozialisation*. München: Hueber. [5]

Bandura, Albert (1986), *Social Foundations of Thought and Action: A Social Cognitive Theory*. Englewood Cliffs, NJ: Prentice Hall. [7]

– /Walters, Richard H. (1959), *Adolescent Aggression*. New York: Ronald Press. [7]

Barnes, Samuel/Kaase, Max u.a. (1979), *Political Action: Mass Participation in Five Western Democracies*. Beverly Hills und London: Sage. [17, 21]

Barry, Brian (1979), Is Democracy Special? in Laslett, Peter/Fishkin, James (Hg.), *Philosophy, Politics and Society*: 155-195. Oxford: Blackwell. [17]

Baudrillard, Jean (1976), *L'echange symbolique et la mort*. Paris: Gallimard; dt. *Der symbolische Tausch und der Tod*. München: Matthes und Seitz, 1982. [3]

Bauereiß, Renate/Bayer, Hiltrud/Bien, Walter (1997), *Familienatlas II. Lebenslagen und Regionen in Deutschland*. Opladen: Leske + Budrich. [12]

Bauhardt, Christine/Becker, Ruth (Hg.) (1996), *Durch die Wand! Feministische Konzepte zur Raumentwicklung*. Pfaffenweiler: Centaurus. [20]

Bauman, Zygmunt (1990), *Thinking Sociologically*. Oxford: Blackwell; dt. *Vom Nutzen der Soziologie*. Frankfurt/M.: Suhrkamp, 2000. [22]

– (1998), *Globalisation. The Human Consequences*. Cambridge: Polity Press; dt. *Der Mensch im Globalisierungskäfig*. Frankfurt/Main: Suhrkamp, 2000. [17]

Bayley, David H. (1994), *Police for the Future*. Oxford: Oxford University Press. [7]

Bechmann, Gotthard (1997) (Hg.), *Risiko und Gesellschaft. Grundlagen und Ergebnisse interdisziplinärer Risikoforschung*. Opladen: Westdeutscher Verlag. [22]

Beck, Ulrich (1986), *Risikogesellschaft. Auf dem Weg in eine andere Moderne*. Frankfurt/M: Suhrkamp. [3, 4, 9, 22]

– (1988), *Gegengifte. Die organisierte Unverantwortlichkeit*. Frankfurt/M.: Suhrkamp. [22]

– (1991), Die Soziologie und die ökologische Frage, in *Berliner Journal für Soziologie* 1: 331-341. [22]

– (1996), Weltrisikogesellschaft. Weltöffentlichkeit und globale Subpolitik, in Diekmann, Andreas/Jaeger, Carlo C. (1996): 119-147. [22]

– (1997), *Was ist Globalisierung? Irrtümer des Globalismus. Antworten auf Globalisierung*. Frankfurt/M: Suhrkamp. [3, 4]

– /Beck-Gernsheim, Elisabeth (Hg.) (1994), *Riskante Freiheiten. Individualisierung in modernen Gesellschaften*. Frankfurt/M.: Suhrkamp. [6]

Beck-Gernsheim, Elisabeth (1981), *Der geschlechtsspezifische Arbeitsmarkt. Zur Ideologie und Realität von Frauenberufen*. Frankfurt/New York: Campus. [11]

– (1987), Die Inszenierung der Kindheit, in *Psychologie heute* 14: 7-11. [6]

Becker, Gary S. (1964), *Human Capital. A Theoretical and Empirical Analysis, with Special Reference to Education*. New York: Columbia University Press. [13]

– (1976), *Economic Approach to Human Behavior*. Chicago: Chicago University Press; dt. *Der ökonomische Ansatz zur Erklärung menschlichen Verhaltens*. Tübingen: Mohr Siebeck, 1982. [4]

– (1981), *A Treatise on the Family*. Cambridge, Mass.: Harvard University Press. [4]

– /Becker-Guity, Nashat (1997), *The Economics of Life: From Baseball to Affirmative Action to Immigration: How Real World Issues Affect Our Everyday Life*. New York: McGraw-Hill; dt. *Die Ökonomik des Alltags. Von Baseball über Gleichstellung zur Einwanderung: Was unser Leben wirklich bestimmt*. Tübingen: Mohr Siebeck, 1998. [4]

Becker, Hellmut/Kluchert, Gerhard (1993), *Die Bildung der Nation*. Stuttgart: Klett-Cotta. [13]

Becker, Howard Saul (1963), *Outsiders: Studies in the Sociology of Deviance*. New York: Free Press; dt. *Aussenseiter – Zur Soziologie abweichenden Verhaltens*. Frankfurt/M.: Fischer, 1973. [7]

– (1986), *Doing Things Together*. Evanston, IL: Northwestern University Press. [3]

Becker, Ingrid/Hauser, Richard (1997), Vorwort, in dies. (Hg.), *Einkommensverteilung und Armut. Deutschland auf dem Weg zur Vierfünftel-Gesellschaft?*: 7-11. Frankfurt/New York: Campus. [9]

Beckett, Katherine (1997), *Making Crime Pay. Law and Order in Contemporary American Politics*. Oxford: Oxford University Press. [7]

Beetham, David (Hg.) (1994), *Defining and Measuring Democracy*. London: Sage. [17]

Begley, Sharon (1995), The baby myth, in *Newsweek* (4. September): 38-45. [1]

Bell, Daniel (1960), *The End of Ideology. On the Exhaustion of Political Ideas in the Fifties*. New York: Free Press. [17]

– (1973), *The Coming of Post-Industrial Society*. New York; dt. *Die nachindustrielle Gesellschaft.* Frankfurt/New York: Campus, 1975. [16]

– (1980), *The Winding Passage: Essays and Sociological Journeys, 1960-1980.* Cambridge, MA: Abt Books. [3]

Bellah, Robert N. (1970), *Beyond Belief. Essays on Religion in a Post-Traditional World.* New York: Harper & Row. [14]

Benavot, Aaron (1983), The Rise and Decline of Vocational Education, in *Sociology of Education* 52: 63-76. [13]

Benhabib, Seyla/Cornell, Drucilla (Hg.) (1987), *Feminism as Cultural Critique.* Minneapolis: University of Minnesota Press. [11]

Bentham, Jeremy (1789), *An Introduction to the Principes of Morals and Legislation.* London: Methuen, 1970. [1]

Berger, Peter A. (1990), Ungleichheitsphasen. Stabilität und Instabilität als Aspekte ungleicher Lebenslagen, in Berger, Peter A./ Hradil, Stefan (Hg.), *Lebenslage, Lebensläufe, Lebensstile*: 319-350. Göttingen: Otto Schwartz. [9]

– (1996), *Individualisierung. Statusunsicherheit und Erfahrungsvielfalt.* Opladen: Leske + Budrich. [9]

– /Vester, Michael (Hg.) (1998), *Alte Ungleichheiten – Neue Spaltungen.* Opladen: Leske + Budrich. [9]

Berger, Peter L. (1963), *Invitation to Sociology: A Humanistic Perspective.* Garden City, NY: Doubleday; dt. *Einladung zur Soziologie. Eine humanistische Perspektive.* München: Deutscher Taschenbuch Verlag, 1963. [4]

– (1979), *The Heretical Imperative: Contemporary Possibilities of Religious Affirmation.* Garden City, NY: Anchor Press; dt. *Der Zwang zur Häresie. Religion in der pluralistischen Gesellschaft.* Freiburg: Herder, 1992. [14]

– /Berger, Brigitte (1979), Becoming a Member of Society, in Rose, Peter I. (Hg.), *Socialization and the Life Cycle.* New York: St. Martin's Press. [5]

– /Luckmann, Thomas (1966), *The Social Construction of Reality.* Garden City, N.Y.: Doubleday; dt. *Die gesellschaftliche Konstruktion der Wirklichkeit. Eine Theorie der Wissenssoziologie.* Frankfurt/M.: Fischer, 1969. [4]

Berger, Susanne/Dore, Ronald (1996), *National Diversity and Global Capitalism.* London: Cornell University Press. [4]

Bergmann, Klaus (1970), *Agrarromantik und Großstadtfeindlichkeit.* Meisenheim am Glan: Hain. [20]

Berg-Schlosser, Dirk/Giegel, Hans Joachim (Hg.) (1999), *Perspektiven der Demokratie. Probleme und Chancen im Zeitalter der Globalisierung.* Frankfurt/New York: Campus. [17]

Berreman, Gerald (1975), *Hindus of the Himalayas: Ethnography and Change.* Berkeley: University of California Press. [12]

Bertram, Hans (Hg.) (1991), *Die Familie in Westdeutschland – Stabilität und Wandel familialer Lebensformen.* Opladen: Leske + Budrich. [16]

– /Bayer, Hiltrud/Bauereiß, Renate (1993), *Familien-Atlas: Lebenslagen und Regionen in Deutschland. Karten und Zahlen.* Opladen: Leske + Budrich. [4]

Beske, Fritz/Brecht, Josef G./Reinkemeier, Andrea-Maria (1995), *Das Gesundheitswesen in Deutschland. Struktur – Leistungen – Weiterentwicklung.* Köln: Deutscher Ärzte Verlag. [15]

Beyme, Klaus von (1982), *Parteien in westlichen Demokratien.* München: Piper. [17]

– (1993), *Die politische Klasse im Parteienstaat.* Frankfurt/M.: Suhrkamp. [17]

Bhagwati, Jagdish (1994), Ein Plädoyer für freien Handel, in *Spektrum der Wissenschaft* 17: 34-39. [18]

Black, Douglas (1992), *Black Report.* Harmondsworth Middlexe: Penguin. [15]

Blaikie, Piers M./Brookfield, Harold C. (1987), *Land Degradation and Society.* London. [22]

Blau, Francine/Jusenius, Carol (1976), Economists' Approaches to Sex Segregation in the Labor Market: An Appraisal, in Blaxall, Martha u.a. (Hg.), *Women in the Workplace: The Implications of Occupational Segregation:* 181-199. Chicago: University of Chicago Press. [11]

Blau, Peter M. (1964), *Exchange and Power in Social Life.* New York: Wiley. [4]

– (1977), *Inequality and Heterogenity: A Primitive Theory of Social Structure.* New York: Free Press. [4]

– /Duncan, Otis Dudley (1967), *The American Occupational Structure.* New York: Wiley. [9]

– /Meyer, Marshall W. (1987), *Bureaucracy in Modern Society.* New York: Random House. [8]

– /Schwartz, Joseph E. (1983), *Cross-Cutting Social Circles: Testing a Macrostructural Theory of Inter-Group Relations.* New York: Academic Press. [4]

Bleier, Ruth (1984), *Science and Gender.* New York: Pergamon Press. [11]

Blos, Peter (1962*)*, *On Adolescence – A Psychoanalytic Interpretation.* New York: Free Press; dt. *Adoleszenz – Eine psychoanalytische Interpretation.* Stuttgart: Klett, 1973. [11]

Blossfeld, Hans-Peter (Hg.) (1995), *The New Role of Women. Family Formation in Modern Societies.* Oxford: Westview Press. [4]

– /Shavit, Yossi (1993), Persisting Barriers: Changes in Educational Opportunities in Thirteen Countries, in Shavit, Yossi/Blossfeld, Hans Peter*, Persistent Inequality. Changing Educational Attainment in Thirteen Countries.* Oxford: Westview Press: 1-24. [4]

Blumer, Herbert (1939), Collective Behavior, in Park, Robert, E. (Hg.), *An Outline of the Principles of Sociology*: 221-280. New York: Barnes & Noble, 1951. [21]

– (1969), *Symbolic Interactionism: Perspective and Method.* Englewood Cliffs, N.J.: Prentice Hall. [1, 4, 7]

– (1981), Der methodologische Standort des Symbolischen Interaktionismus, in Arbeitsgruppe Bielefelder Soziologen (Hg.), *Alltagswissen, Interaktion und gesellschaftliche Wirklichkeit*: 80-146. Opladen: Westdeutscher Verlag. [4]

Bobbio, Norberto (1989), *Democracy and Dictatorship.* Minneapolis: University of Minnesota Press. [17]

Böckenförde, Ernst Wolfgang (1983), *Demokratie und Repräsentation. Zur Kritik der heutigen Demokratiediskussion.* Hannover: Niedersächsische Landeszentrale für politische Bildung. [17]

Bodenhöfer, Hans-Joachim (1988), *Bildung, Beruf, Arbeitsmarkt.* Berlin: Duncker & Humblot. [13]

Born, Claudia/Krüger, Helga/Lorenz-Meyer, Dagmar (1996), *Der unentdeckte Wandel. Annäherung an das Verhältnis von Struktur und Norm im weiblichen Lebenslauf.* Berlin: Edition Sigma. [6]

Borscheid, Peter (Hg.) (1995), *Alter und Gesellschaft.* Stuttgart: Enke. [6]

Borst, Renate u.a. (Hg.) (1990), *Das neue Gesicht der Städte*. Basel: Birkhäuser. [20]

Bourdieu, Pierre (1979), *La distinction: critique sociale du jugement*; dt. *Die feinen Unterschiede: Kritik der gesellschaftlichen Urteilskraft*. Frankfurt/M.: Suhrkamp, 1982. [3, 9]

– (1980), *Le sens pratique*. Paris: Edition de Minuit; dt. *Sozialer Sinn. Kritik der theoretischen Vernunft*. Frankfurt/M.: Suhrkamp, 1993. [3]

– (1984), *Homo academicus*. Paris: Edition de Minuit; dt. *Homo academicus*. Frankfurt/M.: Suhrkamp, 1988. [3]

– (1991), Genesis and Structure of the Religious Field, in *Comparative Social Research* 13: 1-43. [14]

– (1998), *Sur la télévision*. Paris; dt. *Über das Fernsehen*. Frankfurt/M.: Suhrkamp, 1999. [17]

– /Chamboredon, Jean-Claude/Passeron, Jean-Claude (1973), *Le métier de sociologue*. Paris: Mouton; dt. *Soziologie als Beruf*. Berlin: de Gruyter, 1991. [1]

– /Passeron, Jean-Claude (1971), *Die Illusion der Chancengleichheit*. Stuttgart: Klett. [13]

Brain, Robert (1976), *Friends and Lovers*. New York: Basic Books; dt. *Freunde und Liebende*. Frankfurt/M.: Goverts, 1978. [3]

Brand, Karl-Werner (Hg.) (1998), *Soziologie und Natur. Theoretische Perspektiven*. Opladen: Leske + Budrich. [22]

– (1999), Dialectics of Institutionalisation: The Transformation of the Environmental Movement in Germany, in Rootes, Christopher (Hg.), *Environmental Movements: Local, National, Global*: 35-58. London: Frank Cass. [22]

– /Büsser, Detlef/Rucht, Dieter (1986), *Aufbruch in eine andere Gesellschaft. Neue soziale Bewegungen in der Bundesrepublik*. Frankfurt/New York: Campus. [21]

– /Eder, Klaus/Poferl, Angelika (1997), *Ökologische Kommunikation in Deutschland*. Opladen: Westdeutscher Verlag. [22]

Bredow, Wilfried von (1997), Global Street Workers? War and the Armed Forces in a Globalizing World, in *Defense Analysis* 13 (2): 169-180. [17]

Bretthauer, Berit (1999), *Televangelismus in den USA: Religion zwischen Individualisierung und Vergemeinschaftung*. Frankfurt/New York: Campus. [14]

Breuer, Stefan (1998), *Der Staat*. Reinbek: Rowohlt. [4]

Brose, Hans-Georg/Hildenbrand, Bruno (Hg.) (1988), *Vom Ende des Individuums zur Individualität ohne Ende*. Opladen: Leske + Budrich. [6]

Brosius, H.B./Staab, J. F. (1990), Emanzipation in der Werbung? Die Darstellung von Frauen und Männern in der Anzeigenwerbung des *Stern* von 1969-1988, in *Publizistik* 35: 292-303. [11]

Brown, Jane D./Campbell, Kenneth (1986), Race and Gender in Music Videos: The Same Beat But a Different Drummer, in *Journal of Communication* 36: 94-106. [2]

Brown, Lester u.a. (1999), *State of the World 1999. A Worldwatch Institute Report on Progress Towards a Sustainable Society*. London: W.W. Norton&Co. [22]

– /Gardner, Gary/Halweil, Brian/Worldwatch Institute (2000), *Wie viel ist zu viel? 19 Dimensionen der Bevölkerungsentwicklung*. Stuttgart: Balance Verlag. [19]

Brubaker, Rogers (1984), *The Limits of Rationality*. London: George, Allen and Unwin. [1]

Brück, Brigitte/Kahlert, Heike/Krüll, Marianne/Milz, Helga/Osterland, Astrid/Weghaupt-Schneider, Ingeborg (1992), *Feministische Soziologie. Eine Einführung*. Frankfurt/New York: Campus. [11]

Brühl, Tanja u.a. (2001) (Hg.), *Die Privatisierung der Weltpolitik*. Berlin: Dietz. [18]

Buchmann, Marlies (1989), *The Script of Life in Modern Society*. Chicago: University of Chicago Press. [6]

Buchstein, Hubertus (1997), *Öffentliche und geheime Stimmenabgabe: Eine wahlrechtshistorische und ideengeschichtliche Studie*. Baden-Baden: Nomos Verlagsgesellschaft. [17]

BUND & MISEREOR (Hg.) (1996), *Zukunftsfähiges Deutschland. Ein Beitrag zu einer global nachhaltigen Entwicklung*. Basel: Birkhäuser. [22]

Bundesinstitut für Bevölkerungsforschung (1996) (Hg.), *Materialien zur Bevölkerungsforschung 1996*. Wiesbaden. [12]

Bundeskriminalamt (Hg.) (1991), *Organisierte Kriminalität in einem Europa durchlässiger Grenzen*. Wiesbaden: Dinges und Frick. [7]

– (1996), *Lagebild Organisierte Kriminalität*. Wiesbaden: BKA. [7]

Bundesministerium des Inneren (1994), *Bericht der Regierung der Bundesrepublik Deutschland für die Internationale Konferenz für Bevölkerung und Entwicklung 1994*. Bonn: Bundesministerium des Inneren. [19]

Bundesminister für Arbeit und Sozialordnung (Hg.) (2001), *Lebenslagen in Deutschland. Der erste Armuts- und Reichtumsbericht der Bundesregierung*, 2 Bde. Berlin. Internet: www.bma.bund.de/sicherung/armutsbericht/index.htm [9]

Burridge, Kenelm O.L. (1957), A Tangu Game, in *Man* 57: 88-89. [3]

Burt, Ronald S. (1990), Kinds of Relations in American Discussion Networks, in Calhoun, Craig J./Meyer, Marshall W./Scott, William R. (Hg.) *Structures of Power and Constraint: Papers in Honor of Peter M. Blau*: 411-451. New York: Cambridge University Press. [4]

Busch, Heiner (1992), Organisierte Kriminalität. Vom Nutzen eines unklaren Begriffs, in *Demokratie und Recht* 20: 374 ff. [7]

Buttel, Frederick (1987), New Directions in Environmental Sociology, in *Annual Review of Sociology* 13: 465-488. [22]

Calhoun, Craig (1988), Populist politics, communications media, and large scale social integration, in *Sociological Theory* 6 (2): 219-241. [7]

– (1995), *Critical Social Theory*. Cambridge, MA: Blackwell. [1]

Canfield, Robert Leroy (1973), *Faction and Conversion in a Plural Society: Religious Alignments in the Hindu Kush*. Anthropological Paper No. 50. Ann Arbor: University of Michigan Press. [10]

Capaldi, Deborah M./Patterson, Gerald M. (1991), Relation of Parental Transitions to Boys' Adjustment Problems: I: A Linear Hypothesis. II: Mothers at Risk for Transitions and Unskilled Parenting, in *Developmental Psychology* 27: 189-504. [7]

Carson, Rachel (1962), *Silent Spring*. Boston: Houghton Mifflin; dt. *Der stumme Frühling*. München: Biederstein, 1963. [21]

Casanova, José (1994), *Public Religions in the Modern World*. Chicago: University of Chicago Press. [14]

Casey, M.Beth/Nurall, Ronald L./Pezaris, Elizabeth (1997), Mediators of Gender Differences in Mathematics College Entrance Test Scores: A Comparison of Spatial Skills with Internalized Beliefs and Anxieties, in *Developmental Psychology* 33: 669-680. [11]

Cassel-Gintz, Martin Andreas (2000), *Der Syndromansatz: Das Kernproblem Raubbau an globalen Waldökosystemen*. Dissertation am Fachbereich Geographie der Freien Universität Berlin. [22]

Cater, Douglass/Strickland, Stephen (1975), *TV Violence and the Child: The Evolution and Fate of the Surgeon General's Report*. New York: Russell Sage Foundation. [5]

Chambliss, William J. (1973), The Saints and Roughnecks, in *Society* 11: 24-31. [7]

– (2001), Power, Politics and American Crime, in Althoff, M. u.a. (Hg.), *Integration und Ausschliessung. Kriminalpolitik in Zeiten gesellschaftlicher Transformation*. Baden-Baden: Nomos Verlagsgesellschaft. [7]

Chandler, Alfred D. Jr. (1962), *Strategy and Structure: Chapters in the History of the Industrial Enterprise*. Cambridge, MA: MIT Press. [8]

Cherlin, Andrew F. (1995), *Public and Private Families*. New York: McGraw-Hill. [12]

– /Furstenberg, Jr., Frank F. (1994), Stepfamilies in the United States: A Reconsideration, in *Annual Review of Sociology* 20: 359-381. [12]

Chesnais, Jean-Claude (1986), *La transition demographique*. Paris: Université de France. [19]

Chodorow, Nancy (1978), *The Reproduction of Mothering: Psychoanalysis and the Sociology of Gender*. Berkeley: University of California Press; dt. *Das Erbe der Mütter. Psychoanalyse und Soziologie der Geschlechter*. München: Verlag Frauenoffensive, 1985. [5]

– (1989), *Feminism and Psychoanalytic Theory*. New Haven, CT: Yale University Press. [11]

– (1994), *Femininities, Masculinities, and Sexualities: Freud and Beyond*. Lexington, KY: University of Kentucky Press. [5]

Choldin, Harvey M. (1978), Urban Density and Pathology, in *Annual Review of Sociology* 4: 91-113. [20]

Chomsky, Noam (1968), *Language and Mind*; dt. *Sprache und Geist*. Frankfurt/M.: Suhrkamp, 1970. [3]

Chryssides, George D. (1991), *The Advent of Sun Myung Moon: The Origins, Beliefs and Practices of the Unification Church*. New York: St. Martin's Press. [14]

Clausen, John A. (1993), *American Lives. Looking Back at the Children of the Great Depression*. New York: Free Press. [6]

Clausen, Lars (1991), Katastrophe, in Reinhold, Gerd/Lamnek, Siegfried/Recker, Helga (Hg.), *Soziologie-Lexikon*: 293-297. München: Oldenbourg. [22]

Clausewitz, Carl von (1832), *Vom Kriege*. Reinbek: Rowohlt, 1963. [17]

Clifford, Mark (1990), Messianic Mission, in *Far Eastern Economic Review* 150: 24-31. [14]

Cole, Stephen (1986), Sex Discrimination and Admission to Medical School, 1929-1984, in *American Journal of Sociology* 92: 549-567. [4]

Coleman, James (1961), *The Adolescent Society*. New York: Free Press. [6]

– (1966), *Equality of Educational Opportunity*. Washington, D.C.: US-Government Print Office. [13]

– (1982), *The Asymmetric Society*. Syracuse: University Press; dt. *Die asymmetrische Gesellschaft*. Weinheim: Beltz, 1986. [16]

– (1990), *Foundations of Social Theory*. Cambridge, Mass.: Harvard University Press; dt. *Grundlagen der Sozialtheorie*, 3 Bde. München: Oldenbourg, 1991-1994. [1, 4, 14]

Colley, Linda (1992), *Britons*. New Haven, CT: Yale University Press. [2]

Collins, Randall (1975), *Conflict Sociology*. New York: Academic Press. [9]

Coltrane, S./Messineo, M. (2000), The perpetuation of subtle prejudice: Race and gender imagery in 1990s television advertising, in *Sex Roles*, Bd. 42:363-389. [11]

Commission on Global Governance (1995), *Our Global Neighbourhood: The Report of the Commission on Global Governance*. Oxford: Oxford University Press. [18]

Conklin, John E. (1992), *Criminology*. New York: Macmillan. [7]

Cook, Karen S./Emerson, Richard M./Gillmore, Mary R./Yamagishi, Toshio (1983), The Distribution of Power in Exchange Networks: Theory and Experimental Results, in *American Journal of Sociology* 83 (2): 275-305. [4]

Cooley, Charles H. (1909), *Social Organization*. New York: Scribners. [5, 8]

– (1902), *Human Nature and the Social Order*. New York: Scribners. [5]

Corsaro, William A. (1985), *Friendship and Peer Culture in the Early Years*. Norwood, NJ: Ablex. [2]

Coser, Lewis A. (1974), *Greedy Institutions: Patterns of Undivided Commitment*. New York: Free Press. [8]

Crenson, Matthews A. (1971), *The Un-politics of Air Pollution*. Baltimore/London: Johns Hopkins. [17]

Creutzfeldt, Werner (1993), Ärztliches Ethos im medizinisch-industriellen Komplex, in *Medizinische Klinik* 88 (11): 658-664. [15]

Crick, Nick R./Casas, Juan F. (1997), Engagement in Gender Normative Versus Non-Normative Forms of Aggression. Links to Social-Psychological Adjustment, in *Developmental Psychology* 33: 579-588. [11]

Crick, N.R./Gropeter, J.H. (1995), Relational Aggression, Gender, and Social-Psychological Adjustment, in *Child Development*, 66: 710-722. [11]

Crozier, Brian (1993), *Free Agent: The Unseen War. 1941-91*. London: Harper Collins. [18]

Currie, Elliott (1996), Social Crime Prevention Strategies in a Market Society, in Muncie, John/McLaughlin, Eugene/Langan, Mary (Hg.), *Criminological Perspectives. A Reader*: 343-354. London: Sage. [7]

Dahl, Robert (1961), *Who Governs? Democracy and Power in an American City*. New Haven: Yale University Press. [17]

Dähn, Horst (1988), Die Kirchen in der DDR zwischen Krise und Umbruch, in Spittmann, Ilse/Helwig, Giesela (Hg.), *Veränderungen in Gesellschaft und politischem System der DDR: Ursachen, Inhalte, Grenzen; 21. Tagung zum Stand der DDR-Forschung in der Bundesrepublik Deutschland*: 78-87. Köln: Wissenschaft und Politik. [14]

Dahrendorf, Ralf (1965), *Bildung ist Bürgerrecht*. Hamburg: Nannen Verlag. [13]

– (1967), *Pfade aus Utopia. Arbeiten zur Theorie und Methode der Soziologie*. München: Piper. [15]

Daiber, Karl-Fritz (1988), Religiöse Orientierungen und Kirchenmitgliedschaft in der Bundesrepublik Deutschland, in Kaufmann, Franz Xaver/Schäfers, Bernhard (Hg.), *Religion, Kirchen und Gesellschaft in Deutschland. Gegenwartskunde* Sonderheft 5: 61-73. [14]

– (1995) *Religion unter den Bedingungen der Moderne: Die Situation in der Bundesrepublik Deutschland.* Marburg: diagonal. [14]

Daly, Herman E. (1994), Die Gefahren des freien Handels, in *Spektrum der Wissenschaft* 17: 40-46. [18]

Daly, J. Jeanne (1989), Innocent Murmurs: Echocardiography and the Diagnosis of Cardiac Normality, in *Sociology of Health and Illness* 2: 99-116. [15]

Damon, William (1977), *The Social World of the Child.* San Francisco: Jossey Bass; dt. *Die soziale Welt des Kindes.* Frankfurt/M.: Suhrkamp, 1983. [5]

Davis, Fred (1992) *Fashion, Culture, and Identity.* Chicago: University of Chicago Press. [3]

Davis, Kingsley (1949), *Human Society.* New York: Macmillan. [5]

– (1955), The Origin and Growth of Urbanization in the World, in *American Sociological Review* 60, 429-437. [20]

– /Moore, Wilbert E. (1945), Some Principles of Stratification, in *American Sociological Review* 10: 242-249. [9]

De Vos, George E./Rommanci-Ross, Lola (Hg.) (1975), *Ethnic Identity: Cultural Continuities and Change.* Palo Alto: Mayfield. [10]

Demerath, Nicolas J. (1995), Rational Paradigms, Arational Religion, and the Debate Over Secularization, in *Journal for the Scientific Study of Religion* 3.1 (1): 105-112. [14]

Dettling, Warnfried (1995), *Politik und Lebenswelt. Vom Wohlfahrtsstaat zur Wohlfahrtsgesellschaft.* Gütersloh: Bertelsmann Stiftung. [17]

Deutsches Jugend-Institut (1997), *DJI-Jugendsurvey.* München: DJI. [6]

Dewe, Bernd/Ferchhoff, Wilfried/Radtke, Frank-Olaf (Hg.) (1992), *Erziehen als Profession.* Opladen: Leske + Budrich. [13]

Diamond, Jared M. (1999), *Arm und Reich. Die Schicksale menschlicher Gemeinschaften.* Frankfurt/M.: Fischer. [22]

Diamond, Larry (1996), Is the Third Wave Over? in *Journal of Democracy* 7 (3): 20-37. [17]

Diekmann, Andreas (1996), Homo Oeconomicus. Anwendungen und Probleme der Theorie rationalen Handelns im Umweltbereich, in ders./Jaeger, Carlo C. (1996): 89-118. [22]

– /Preisendörfer, Peter (1992), Persönliches Umweltverhalten. Diskrepanzen zwischen Anspruch und Wirklichkeit, in *Kölner Zeitschrift für Soziologie und Sozialpsychologie* 44: 226-251. [22]

– /Jaeger, Carlo C. (Hg.) (1996), *Umweltsoziologie. Kölner Zeitschrift für Soziologie und Sozialpsychologie,* Sonderheft 36. [22]

– /Preisendörfer, Peter (2001), *Umweltsoziologie. Eine Einführung.* Reinbek: Rowohlt. [22]

Diewald, Martin/Solga, Heike (1997), ›Nach dem Sturm folgte zwar Ruhe, jedoch nicht der Sonnenschein!‹. Mobilitätsprozesse und Allokationskriterien in Ostdeutschland nach 1989, in Schenk, Sabine (Hg.), *Ostdeutsche Erwerbsverläufe zwischen Kontinuität und Wandel.* Opladen: Leske + Budrich. [9]

Dilthey, Wilhelm (1883), *Einleitung in die Geisteswissenschaften. Versuch einer Grundlegung für das Studium der Gesellschaft und der Geschichte. Bd.I;* jetzt in ders., *Gesammelte Schriften. Bd.I.* Hg. v. Groethuysen, B., Stuttgart: Teubner/Göttingen: Vandenhoeck & Ruprecht, 1990. [3]

Dirk, A. u.a. (1986), *Konzept zum Vorhaben »Verwirklichung der Gleichstellung von Schülerinnen und Lehrerinnen an hessischen Schulen«.* Unveröff. Manuskript. Wiesbaden. [11]

Döbert, Rainer/Nunner-Winkler, Gertrud (1975), *Adoleszenzkrise und Identitätsbildung.* Frankfurt/M.: Suhrkamp. [11]

– /Nunner-Winkler, Gertrud (1986), Wertewandel und Moral, in Bertram, Hans (Hg.), *Gesellschaftlicher Zwang und moralische Autonomie.* Frankfurt/M.: Suhrkamp: 289-319. [11]

Döhler, M. (1993), Comparing National Patterns of Medical Specialization: A Contribution to the Theory of Professions, in *Social Science Information* 32 (2): 185-231. [15]

Dölling, Dieter/Feltes, Thomas (Hg.) (1992), *Community Policing. Comparative Aspects of Community Oriented Police Work.* Bd. 5 der Reihe »Empirische Polizeiforschung«. Holzkirchen: Felix-Verlag. [7]

Domhoff, G. William (1993), Who Rules America? in Calhoun, Craig/Ritzer, George (Hg.), *Introduction to Social Problems.* New York: McGraw-Hill. [9]

Dörhöfer, Kerstin (Hg.), *Stadt – Land – Frau.* Freiburg: Kore. [20]

Douglas, Mary (1996), The Choice Between Gross and Spiritual: Some Medical Preferences, in dies. *Thought Styles. Critical Essays in Good Taste.* London etc.: Sage. [15]

– /Wildavsky, Aaron (1982), *Risk and Culture: An Essay on the Selection of Technical and Environmental Dangers.* Berkeley: University of California Press. [22]

Dreeben, Robert (1968), *On What is Learned in School.* Reading, Mass: Addison-Wesley; dt. *Was wir in der Schule lernen.* Frankfurt/M.: Suhrkamp, 1980. [13]

Dubet, Francois/Lapeyronnie, Didier (1992), *Les quartiers d'exil.* Paris: Seuil; dt. *Im Aus der Vorstädte.* Stuttgart: Klett-Cotta, 1994. [20]

Dubiel, Helmut (1988), *Kritische Theorie der Gesellschaft. Eine einführende Rekonstruktion von den Anfängen im Horkheimer-Kreis bis Habermas.* Weinheim: Juventa. [4]

Duncan, Greg J. (1982), »Who Gets Ahead And Who Gets Left Behind?« in *American Demographics* 4: 38-41. [9]

Dünkel, Frieder (1996), *Empirische Forschung im Strafvollzug. Bestandsaufnahme und Perspektiven.* Godesberg: Forum-Verlag. [7]

Dunlap, Riley E./Mertig, Angela G. (1996), Weltweites Umweltbewußtsein. Eine Herausforderung für die sozialwissenschaftliche Theorie, in Diekmann, Andreas/Jaeger, Carlo C. (1996): 193-218. [22]

Durkheim, Émile (1893), *De la division du travail social;* dt. *Über soziale Arbeitsteilung.* Frankfurt/M.: Suhrkamp, 1992. [1, 3, 9]

– (1895), *Les règles de la méthode sociologique;* dt. *Die Regeln der soziologischen Methode,* hg. und eingeleitet von R. König, Neuwied/Berlin: Luchterhand, 1976. [1, 3, 7]

– (1897), *Le suicide;* dt. *Der Selbstmord.* Neuwied/Berlin: Luchterhand, 1973. [2, 3, 15]

– (1912), *Les formes élémentaires de la vie religieuse;* dt. *Die elementaren Formen des religiösen Lebens.* Frankfurt/M.: Suhrkamp, 1981. [14]

Easton, David (1965), *A Systems Analysis of Political Life.* New York/London: Wiley. [17]

Ebaugh, Helen Rose Fuchs (1987), *Becoming an Ex: The Process of Role Exit.* Chicago: University of Chicago Press. [4]

Ehrlich, Paul R. (1968), *The Population Bomb*. New York: Ballantine Books; dt. *Die Bevölkerungsbombe*. Frankfurt/M.: Fischer, 1973. [21]

Eiben, Jürgen (1992), Kirche und Religion: Säkularisierung als sozialistisches Erbe? in Jugendwerk der deutschen Shell (Hg.), *Jugend '92: Lebenslagen, Orientierungen und Entwicklungsperspektiven im vereinigten Deutschland*, Bd. 2: 91-104. Opladen: Leske + Budrich. [14]

Eisenstadt, Shmuel Noah (1973), *Tradition, Change, and Modernity*. New York: Wiley; dt. *Tradition, Wandel und Modernität*. Frankfurt/M.: Suhrkamp, 1979. [18]

Eisenstein, Elizabeth (1979), *The Printing Press as an Agent of Change* (2 Bd.). New York: Cambridge University Press. [3]

Eisslin, Martin (1982), *The Age of Television*. New York: Freeman Press. [3]

Elder, Glen H. (1974), *Children of the Great Depression. Social Change in Life Experience*. Chicago: University of Chicago Press. [6]

– (1985), *Life Course Dynamics. Trajectories and Transitions, 1968-1980*. Ithaca: Cornell University Press. [4]

– /Caspi, Avsholm (1990), Persönliche Entwicklung und sozialer Wandel. Die Entstehung der Lebensverlaufsforschung, in Mayer, Karl Ulrich (Hg.), *Lebensläufe und sozialer Wandel. Kölner Zeitschrift für Soziologie und Sozialpsychologie*, Sonderband 31. [6]

Elias, Norbert (1939), *Über den Prozeß der Zivilisation*. 2 Bände, um eine Einleitung vermehrte Auflage. Frankfurt/M.: Suhrkamp, 1976. [15]

– /Scotson, John L. (1965), *The Established and the Outsiders*. London; dt. *Etablierte und Außenseiter*. Frankfurt/M.: Suhrkamp, 1990. [3]

Elkin, Frederick/Handel, Gerald (1984), *The Child and Society: The Process of Socialization*. New York: Random House. [5]

Ellis, D. (1989), Male Abuse of a Married or Cohabitating Female Partner: The Application of Sociological Theory to Research Findings, in *Violence and Victims* 4 (4): 235-255. [12]

Ellwein, Thomas (1997), *Die deutsche Universität*. Wiesbaden: Fourier. [13]

Elster, Jon/Offe, Claus/Preuß, Ulrich K. (1998), *Institutional Design in Post-Communist Societies: Rebuilding the Ship at Sea*. Cambridge: Cambridge University Press. [17]

Elwert, Georg (1982), Probleme der Ausländerintegration. Gesellschaftliche Integration durch Binnenintegration, in *Kölner Zeitschrift für Soziologie und Sozialpsychologie* 4: 717-731. [10]

– (1989), Nationalismus und Ethnizität – Über die Bildung von Wir-Gruppen, in *Kölner Zeitschrift für Soziologie und Sozialpsychologie* 41 (3): 440-464. [10]

– (1998), Deutsche Nation, in Schäfers, Bernhard/Zapf, Wolfgang (Hg.), *Handwörterbuch zur Gesellschaft Deutschlands*: 123-134. Opladen: Leske + Budrich. [10]

Ember, Carol R./Ember, Melvin (1988), *Anthropology*. Englewood Cliffs, NJ: Prentice Hall. [3]

Emerson, Richard M. (1962), Power-Dependence Relations, in *American Sociological Review* 27: 31-40. [4]

Endlich, Luise (1999), *Neuland. Ganz einfache Geschichten*. Berlin: Transit. [3]

Engelmann, Jan (1999), *Die kleinen Unterschiede. Der Cultural Studies Reader*. Frankfurt/New York: Campus. [3]

Engfer, Anette (1991), *Zeit für Kinder*. Weinheim: Beltz. [12]

Ennen, Edith (1975), *Die europäische Stadt des Mittelalters*. Göttingen: Vandenhoek & Ruprecht. [20]

Epstein, Cynthia Fuchs (1988), *Deceptive Distinctions: Sex, Gender, and the Social Order*. New Haven, CT: Yale University Press, New York: Russell Sage Foundation. [11]

Erikson, Erik H. (1950), *Childhood and Society*. New York: Norton; dt. *Kindheit und Gesellschaft*. Stuttgart: Klett-Cotta, 1968. [6]

– (1959), *Identity and the Life Cycle*. New York: International University Press; dt. *Identität und Lebenszyklus*. Frankfurt/M.: Suhrkamp, 1973. [11]

– (1982), *The Life Cycle Completed*. New York: Norton; dt. *Der vollständige Lebenszyklus*. Frankfurt/M.: Suhrkamp, 1988. [6]

Erikson, Robert C./Goldthorpe, John H. (1992), *The Constant Flux*. Oxford: Clarendon Press. [9]

Ernst, Andreas M. (1997), *Ökologisch-soziale Dilemmata – Psychologische Wirkungsmechanismen des Umweltverhaltens*. Weinheim: Psychologische Verlags Union. [22]

Esser, Hartmut (1993), *Soziologie. Allgemeine Grundlagen*. Frankfurt/New York: Campus. [1, 4]

European Commission and the World Bank (Hg.) (1998), *Confronting AIDS: Evidence From the Developing World*, Brussel, Washington: The European Commission and the World Bank. [19]

Evans, Peter (1979), *Dependent Development: The Alliance of Multinational, State, and Local Capitalism in Brazil*. Princeton, NJ: Princeton University Press. [18]

Evans-Pritchard, Edward Even (1965), *Theories of Primitive Religion*. London: Oxford University Press; dt. *Theorien über primitive Religionen*. Frankfurt/M.: Suhrkamp, 1968. [14]

Evers, Hans-Dieter/Schiel, Tilman (1988), *Strategische Gruppen. Vergleichende Studien zu Staat, Bürokratie und Klassenbildung in der Dritten Welt*. Berlin: Reimer. [10, 18]

– /Schrader, Heiko (Hg.)(1994), *The Moral Economy of Trade: Ethnicity and Developing Markets*. New York: Routledge. [18]

Faludi, Susan (1991), *Backlash*. New York: Crown; dt. *Die Männer schlagen zurück*. Reinbek: Rowohlt, 1993. [21]

Fassmann, Heinz/Münz, Rainer (Hg.) (2000), *Ost-West-Wanderung in Europa*. Wien, Köln, Weimar: Böhlau. [19]

Featherman, David L./Hauser, Robert (1978), *Opportunity and Change*. New York: Academic Press. [9]

Featherstone, Mike (Hg.) (1990), *Global Culture. Nationalism, Globalization, and Modernity*. London: Sage. [3]

– /Lash, Scott/ Robertson, Roland (Hg.) (1995), *Global Modernities*. London: Sage. [3]

Feltes, Thomas (1996), Bürgernahe Polizeiarbeit – neuer Wein in alten Schläuchen? in *Jahrbuch für Rechts- und Kriminalsoziologie*: 125-148. Baden-Baden: Nomos Verlagsgesellschaft. [7]

Fend, Helmut (1980), *Theorie der Schule*. München: Urban & Schwarzenberg. [13]

Ferber, Christian v. (1989), Medikalisierung – Ein zivilisatorischer Prozeß oder eine sozialpolitische Fehlleistung, in *Zeitschrift für Sozialreform* 35 (11/12): 632-642. [15]

Festinger, Leon (1957), *A Theory of Cognitive Dissonance*; dt. *Theorie der kognitiven Dissonanz*. Bern: Huber, 1978. [3]

Feuerstein, Günter (1994), Ausdifferenzierung der kardiologischen

Versorgungsstruktur und Kliniklandschaft, in Badura, Bernhard/ Feuerstein, Günter, *Systemgestaltung im Gesundheitswesen. Zur Versorgungskrise der hochtechnisierten Medizin und den Möglichkeiten ihrer Bewältigung*: 155-209. Weinheim: Juventa. [15]

– (1995), *Das Transplantationssystem. Dynamik, Konflikte und ethisch-moralische Grenzgänge*. Weinheim: Juventa. [15]

– (1998), Symbolische Gerechtigkeit. Zur verfahrenstechnischen Ausblendung von Wertkonflikten in der Mikroallokation medizinischer Behandlungsressourcen, in ders./Kuhlmann, E. (Hg.), *Rationierung im Gesundheitswesen*: 193-210. Wiesbaden: Ullstein Medical. [15]

Fine, Gary Alan (1987), *With the Boys: Little League Baseball and Preadolescent Culture*. Chicago: University of Chicago Press. [3]

– /Kleinman, Sherryl (1979), Rethinking Subculture: An Interactionist Analysis, in *American Journal of Sociology* 85 (1): 1-20. [3]

Firestone, Juanita M./Harris, Richard J. (1991), Sexual Harassment in the U.S. Military: Individualized and Environmental Contexts, in *Armed Forces and Society* 21: 23-43. [11]

Fisch, Stefan (1988), *Stadtplanung im 19. Jahrhundert: Das Beispiel München bis zur Ära Theodor Fischer*. München: Oldenbourg. [20]

Fischer, Claude S. (1982), *To Dwell Among Friends. Personal Networks in Town and City*. Chicago: University of Chicago Press. [4, 20]

Fisher, Bernice (1991), Affirming Social Value: Women Without Children, in Maines, David R. (Hg.), *Social Organization and Social Process: Essays in Honor of Anselm Strauss*: 87-104. Berlin: de Gruyter. [11]

Fisher, Peter/Ward, Adam (1994), Complementary Medicine in Europe, in *British Medical Journal* 309: 107-111. [15]

Fishman, Paula (1978), Interaction: The Work Women Do, in *Social Problems* 28: 387-406. [4]

Flaake, Karin/King, Vera (Hg.) (1995), *Weibliche Adoleszenz. Zur Sozialisation junger Frauen*. Frankfurt/New York: Campus. [6]

Flaskämper, Paul (1962), *Bevölkerungsstatistik. Grundriß der Sozialwissenschaftlichen Statistik, Teil II: Besondere Statistik. Probleme, Methoden und wichtigste Ergebnisse der Hauptzweige der Sozialwissenschaftlichen Statistik, Bd. 1: Bevölkerungsstatistik*. Hamburg: Richard Meiner. [19]

Flitner, Michael/ Görg, Christoph/Heins, Volker (Hg.) (1998), *Konfliktfeld Natur. Biologische Ressourcen und globale Politik*. Opladen: Leske + Budrich. [22]

Forer, Lucille K./Still, Henry (1982), *Erstes, zweites, drittes Kind … Welche Bedeutung hat die Geschwisterfolge für Kinder, Eltern, Familie?* Reinbek: Rowohlt. [5]

Forsthoff, Ernst (Hg.) (1968), *Rechtsstaatlichkeit und Sozialstaatlichkeit*. Darmstadt: Wissenschaftliche Buchgesellschaft. [17]

Foucault, Michel (1963), *Naissance de la clinique: une archéologie du regard médical*. Paris: Université de France; dt. *Die Geburt der Klinik. Eine Archäologie des ärztlichen Blicks*. Frankfurt M.: Suhrkamp, 1976. [15]

Fourastié, Jean (1949), *Le grand espoir du XX. siecle*. Paris; dt. *Die große Hoffnung des zwanzigsten Jahrhunderts*. Köln: Bund-Verlag, 1954. [16]

Frank, André Gunder (1967), *Capitalism and Underdevelopment in Latin America*. New York: Monthly Review Press; dt. *Kapitalismus und Unterentwicklung in Lateinamerika*. Frankfurt/M.: Europäische Verlagsanstalt, 1968. [18]

– (1980), *Crisis in the Third World*. New York: Holmes and Meier. [18]

Frankfurt, Harry G. (1988), Freedom of the Will and the Concept of a Person, in ders., *The Importance of What We Care About. Philosophical Essays*. Cambridge: Cambridge University Press; dt. Willensfreiheit und der Begriff der Person, in Bieri, Peter (Hg.), *Analytische Philosophie des Geistes*. Bodenheim: Athenaeum-Hain-Hanstein-Verlags-Gesellschaft, 1993: 287-302. [17]

Franzen, Axel (1995), Trittbrettfahren oder Engagement? Überlegungen zum Zusammenhang zwischen Umweltbewußtsein und Umweltverhalten, in Diekmann, Andreas/Franzen, Axel (Hg.), *Kooperatives Umwelthandeln. Modelle, Erfahrungen, Maßnahmen*: 133-159. Chur: Rüegger. [22]

Freie Hansestadt Bremen, Der Senator für Frauen, Gesundheit, Jugend, Soziales und Umweltschutz (Hg.) (1998), *Unkonventionelle medizinische Methoden. Bericht erstellt im Auftrag der Arbeitsgemeinschaft der Leitenden Medizinalbeamtinnen und –beamten der Länder (AGLMB)*. Bremen. [15]

French, Hilary (2000), *Vanishing Borders: Protecting the Planet in the Age of Globalization*. New York: Norton. [18]

Freud, Sigmund (1917/18), *Vorlesungen zur Einführung in die Psychoanalyse*. Frankfurt/M.: Fischer, 1996. [5]

– (1921), *Massenpsychologie und Ich-Analyse*. Frankfurt/M.: Fischer, 1967. [21]

– (1930), *Das Unbehagen in der Kultur*. Wien: Internationaler Psychoanalytischer Verlag. [3, 15]

– /Breuer, Josef (1895), *Studien über Hysterie*. Frankfurt/M.: Fischer, 1973. [15]

Frey, Bruno S./Bohnet, Iris (1996), Tragik der Allmende. Einsicht, Perversion und Überwindung, in Diekmann, Andreas/Jaeger, Carlo C. (1996): 292-307. [22]

Friedeburg, Ludwig von (1993), *Bildungsreform in Deutschland*. Frankfurt/M.: Suhrkamp. [13]

Friedrichs, Jürgen (1977), *Stadtanalyse*. Reinbek: Rowohlt. [20]

– (Hg.) (1985), *Stadtentwicklungen in West- und Osteuropa*. Berlin: de Gruyter. [20]

– (1995) *Stadtsoziologie*. Opladen: Leske + Budrich. [20]

– /Kecskes, Robert (Hg.) (1996), *Gentrification. Theorie und Forschungsergebnisse*. Opladen: Leske + Budrich. [20]

Fries, J.F. (1983), The Compression of morbidity, in *Milbank Memorial Fund Quarterly* 61 (3): 397-419. [15]

Fuchs, Dieter (1991), The Normalization of the Unconventional. Forms of Political Action and New Social Movements, in Meyer, Gerd/Ryszka, Franciszek (Hg.), *Political Participation and Democracy in Poland and West Germany*: 148-165. Warschau: Wydawca. [21]

Fuchs-Heinritz, Werner (2000), *Biographische Forschung* (2. überarbeitete Auflage). Wiesbaden: Westdeutscher Verlag. [6]

Fulder, Stephen (1996), *The Handbook of Complementary Medicine* (3. rev. Auflage). Oxford etc.: University Press. [15]

Fünfter Familienbericht (1994), *Familien und Familienpolitik im geeinten Deutschland – Zukunft des Humanvermögens*. Bonn: Verhandlungen des Deutschen Bundestages/ Drucksachen. [12]

Fuss, Diana (1989), *Essentially Speaking: Feminism, Nature and Difference*. New York: Routledge. [11]

Gabriel, Karl (1992), *Christentum zwischen Tradition und Postmoderne*. Freiburg: Herder. [14]

Gailus, Manfred/Volkmann, Heinrich (Hg.) (1994), *Der Kampf um das tägliche Brot. Nahrungsmangel, Versorgungspolitik und Protest*. Opladen: Westdeutscher Verlag. [21]

Galeano, Eduardo (1971), *Las venas abiertas de America latina*. La Habana: Casa de las Americas; dt. *Die offenen Adern Lateinamerikas*. Wuppertal: Hammer, 1973. [18]

Gamson, William A. (1992), *Talking politics*. Cambridge: Cambridge University Press. [21]

Gans, Herbert (1962), *The Urban Villagers*. New York: Free Press. [20]

Gardner, Gerald T./Stern, Paul C. (1996), *Environmental Problems and Human Behavior*. Boston: Allyn and Bacon. [22]

Garfinkel, Harold (1967), *Studies in Ethnomethodology*. Englewood Cliffs: Prentice-Hall. [3, 4]

Garsten, Christina (1991), *Apple World: Core and Periphery in Transnational Organizational Culture*. Stockholm University Studies in Social Anthropology. [8]

Gaventa, John (1949), *Power and Powerlessness. Quiescence and Rebellion in an Appalachian Valley*. Chicago: University of Illinois Press. [17]

Gaylord, Mark S./Galliher, John F. (1988), *The Criminology of Edwin Sutherland*. New Brunswick, NJ: Transaction. [7]

Gehlen, Arnold (1940), *Der Mensch. Seine Natur und seine Stellung in der Welt*, in *Arnold Gehlen Gesamtausgabe*. Bd. 3, hg. v. Karl-Siegbert Rehberg. 2 Teilbde. Frankfurt/M.: Klostermann, 1993. [3]

– (1957), *Die Seele im technischen Zeitalter. Sozialpsychologische Probleme in der industriellen Gesellschaft*. Reinbek: Rowohlt. [3]

– (1961), Über instinktives Ansprechen auf Wahrnehmungen; jetzt in ders., *Gesamtausgabe, Bd. 4: Philosophische Anthropologie und Handlungslehre*, hg. v. Karl-Siegbert Rehberg. Frankfurt/M.: Klostermann, 1984: 175-202. [3]

Geiger, Theodor (1932), *Die soziale Schichtung des deutschen Volkes*. Darmstadt: Wissenschaftliche Buchgesellschaft, 1972. [9]

Geissler, Brigitte/Oechsle, Mechthild (1996), *Lebensplanung junger Frauen. Zur widersprüchlichen Modernisierung weiblicher Lebensläufe*. Weinheim: Deutscher Studien Verlag. [6]

Geißler, Rainer (1996), *Die Sozialstruktur Deutschlands*. Opladen: Leske + Budrich. [9]

Gellerman, Saul W. (1986), Why Good Managers Make Bad Ethical Choices, in *Harvard Business Review* 64: 85-90. [7]

Gelles, Richard J. (1985), Family Violence, in *Annual Review of Sociology* 11: 347-367. [12]

– (1995), Family Violence, in Calhoun, Craig/Ritzer, George (Hg.), *Introduction to Social Problems*. New York: McGraw-Hill. [12]

– /Straus, Murray Arnold (1988), *Intimate Violence*. New York: Simon&Schuster. [12]

Gellner, Ernest (1983), *Nations and Nationalism*. Oxford: Blackwell; dt. *Nationalismus und Moderne*. Berlin: Rotbuch, 1991. [17]

Gennep, Arnold van (1909), *Les rites de passage*. Paris: Nourry; dt. *Übergangsriten*. Frankfurt/New York: Campus, 1999. [6]

GEO 2000, *Global Environmental Outlook 2000*. Internet: *http://www.grida.no/geo2000/index.htm*. [22]

Gergen, Kenneth (1990), Die Konstruktion des Selbst im Zeitalter der Postmoderne, in *Psychologische Rundschau* 41: 191-199. [6]

Gerhard, Ute/Schwarzer, Alice/Slupik, Vera (Hg.) (1988), *Auf Kosten der Frauen. Frauenrechte im Sozialstaat*. Weinheim: Beltz. [11]

Gerhards, Jürgen (1993), *Neue Konfliktlinien in der Mobilisierung öffentlicher Meinung. Eine Fallstudie*. Opladen: Westdeutscher Verlag. [21]

Gerhardt, Uta (1989), *Ideas About Illness. An Intellectual and Political History of Medical Sociology*. McMillen: Houndmilles. [15]

Gerlach, Luther P./Hine, Virginia P. (1970), *People, Power, Change: Movements of Social Transformation*. Indianapolis: Bobbs-Merill. [21]

Gestring, Norbert/Heine, Hartwig/Mautz, Rüdiger/Mayer, Hans-Norbert/Siebel, Walter (1997), *Ökologie und urbane Lebensweise. Untersuchungen zu einem anscheinend unauflöslichen Widerspruch*. Wiesbaden: Vieweg. [20]

Geulen, Dieter (1991), Die historische Entwicklung sozialisationstheoretischer Ansätze, in Hurrelmann, Klaus/Ulich, Dieter (Hg.), *Neues Handbuch der Sozialisationsforschung*. Weinheim: Beltz: 21-54. [5]

Giddens, Anthony (1984), *The Constitution of Society*. Cambridge: Polity Press; dt. *Die Konstitution der Gesellschaft*. Frankfurt/New York: Campus, 1995. [1]

– (1985), *The Nation State and Violence*. Berkeley: University of California Press. [17]

– (1990), *The Consequences of Modernity*. Stanford, CA: Stanford University Press; dt. *Konsequenzen der Moderne*. Frankfurt/M.: Suhrkamp, 1995. [3]

– (1994), *Beyond Left and Right. The Future of Radical Politics*. Cambridge: Polity Press; dt. *Jenseits von Links und Rechts. Radikale Demokratie*. Frankfurt/M.: Suhrkamp, 1997. [3]

Giele, Janet Z./Elder, Glen H. (Hg.) (1998), *Methods of Life-Course Research. Qualitative and Quantitative Approaches*. Thousand Oaks: Sage. [6]

Gilbert, Alan/Gugler, Josef (1992), *Cities, Poverty and Development. Urbanization in the Third World*. New York: Oxford University Press. [20]

Gilligan, Carol (1982*)*, *In a Different Voice: Psychological Theory and Women's Development*; dt. *Die andere Stimme. Lebenskonflikte und Moral der Frau*. München: Piper, 1984. [11]

Gillis, John R. (1974), *Youth and History*. New York: Academic Press; dt. *Geschichte der Jugend*. Weinheim: Beltz, 1980. [6]

Gilman, Sander L. (1985), *Difference and Pathology: Stereotypes of Sexuality, Race, and Madness*. Ithaca, NY: Cornell University Press. [7]

Ginsburg, Herbert P./Opper, Sylvia (1969), *Piaget's Theory of Intellectual Development*. Englewood Cliffs, N.J.: Prentice-Hall; dt. *Piagets Theorie der geistigen Entwicklung*. Stuttgart: Klett, 1975. [5]

Glaser, Barney/Strauss, Anselm (1965), *Awareness of Dying*. Chicago, Aldine Pub. Co; dt. *Interaktion mit Sterbenden*. Göttingen: Vandenhoeck & Rupprecht, 1974. [6]

Glatzer, Wolfgang (1998), Haushalte und Haushaltsproduktion in der Bundesrepublik Deutschland, in Schäfers, Bernhard/Zapf, Wolfgang (Hg.), *Handwörterbuch zur Gesellschaft Deutschlands*: 288-299. Opladen: Leske + Budrich. [11]

– u.a. (1991), *Haushaltstechnisierung und gesellschaftliche Arbeitsteilung*. Frankfurt/New York: Campus. [11]

Gloger-Tippelt, Gabriele (1988), *Schwangerschaft und erste Geburt –*

psychologische Veränderungen der Elternschaft. Stuttgart: Kohlhammer. [12]

Goffman, Erving (1959), *The Presentation of Self in Everyday Life.* Garden City, NY: Doubleday; dt. *Wir alle spielen Theater.* München: Piper, 1969. [4, 8]

– (1961), *Asylums.* Chicago: Aldine; dt. *Asyle. Über die soziale Situation psychiatrischer Patienten und anderer Insassen.* Frankfurt/M: Suhrkamp, 1972. [4, 5, 15]

– (1963), *Stigma. Notes on the Management of Spoiled Identity.* Englewood Cliffs, N.J.: Prentice-Hall; dt. *Über Techniken der Bewältigung beschädigter Identität.* Frankfurt/M: Suhrkamp, 1967. [4]

– (1967), *Interaction Ritual. Essays in Face-to-Face Behavior.* Chicago: Aldine; dt. *Interaktionsrituale. Über Verhalten in direkter Kommunikation.* Frankfurt/M.: Suhrkamp, 1971. [4]

Goldstone, Jack A. (1991), *Revolution and Rebellion in the Modern World.* Berkeley: University of California Press. [2, 21]

Golombok, Susan/Fivush, Robyn (1994), *Gender Development.* Cambridge: Cambridge University Press. [11]

Gondolf, Edward W./Fisher, Ellen R. (1991), Wife Battering, in Ammerman, Robert T./Hersen, Michel (Hg.), *Case Studies in Family Violence*: 273-292. New York: Plenum Press. [12]

Goode, William J. (1978), *The Celebration of Heroes: Prestige as a Control System.* Berkeley: University of California Press. [9]

Görg, Christoph (1999), *Gesellschaftliche Naturverhältnisse.* Münster: Westfälisches Dampfboot. [22]

Göttlich, Udo (1996), *Reflexionsstufen kritisch-materialistischer Medientheorien am Beispiel von Leo Löwenthal und Raymond Williams.* Opladen: Westdeutscher Verlag. [3]

Gough, Kathleen (1978), *Dravidian Kinship and Modes of Production.* New Delhi: Indian Council of Social Science Research. [12]

Gould, Stephen J. (1984), Similarities between the sexes. Review of A Critique of Biology and Its Theories on Women, by Ruth Bleier. *New York Times Book Review (12. August)*: 7. [11]

Gouldner, Alvin W. (1973), The Norm of Reciprocity, in ders., *For Sociology.* New York: Basic Books. [4]

Graaf, Nan Dirk de/Flap, Hendrik Derk (1988), With a Little Help From my Friends: Social Resources as an Explanation of Occupational Status and Income in the Netherlands, the United States and West Germany, in *Social Forces* 67: 453-472. [4]

Grabner, Wolfgang-Jürgen/Pollack, Detlef (1994), Jugend und Religion in Ostdeutschland, in Gabriel, Karl/Hobelsberger, Hans (Hg.), *Jugend, Religion und Modernisierung: Suchbewegungen kirchlicher Jugendarbeit*: 91-116, Opladen: Leske + Budrich. [14]

Granovetter, Mark S. (1974), *Getting a Job: A Study of Contacts and Careers.* Cambridge, MA: Harvard University Press. [4]

– (1984), The Strength of Weak Ties: A Network Theory Revisited, in Collins, Randall (Hg.), *Sociological Theory 1983.* San Francisco: Jossey-Bass. [4]

Greenfeld, Liah (1992), *Nationalism: Five Roads to Modernity.* Cambridge, MA: Harvard University Press. [2]

Greverus, Ina-Maria (1983), Art. »Subkultur« in Langenbucher, Wolfgang R./Rytlewski, Ralf/Weyergraf, Bernd (Hg.), *Kulturpolitisches Wörterbuch. Bundesrepublik Deutschland / DDR im Vergleich.* Stuttgart: Metzler: 672f.. [3]

Grimm, Dieter (1983), Die politischen Parteien, in Benda, Ernst/

Maihofer, Werner/Vogel, Hans Jochen (Hg.), *Handbuch des Verfassungsrechts.* Berlin: de Gruyter: 599-656 [17]

Groß, Matthias (2000), *Die Natur der Gesellschaft. Eine Geschichte der Umweltsoziologie.* Weinheim: Juventa. [22]

Gross, Peter/Hitzler, Ronald/Honer, Anette (1989), Diagnostische und therapeutische Kompetenz im Wandel, in Wagner, Franz (Hg.), *Medizin – Momente der Veränderung.* Berlin: Springer: 155-172 [15]

Grundmann, Reiner (1997), Politiknetzwerke und globale ökologische Probleme: Der Fall der Ozonschicht, in *Politische Vierteljahreschrift* 38: 247-273. [22]

Gude, Sigmar (1971), Der Bedeutungswandel der Stadt als politische Einheit, in Korte, Hermann (Hg.), *Zur Politisierung der Stadtplanung.* Gütersloh: Bertelsmann: 85-125. [20]

Gurr, Ted Robert (1970), *Why Men Rebel.* Princeton N.J.: Princeton University Press. [21]

Gutierrez, Gustavo (1979), *La fuerza historica de los pobres.* Lima: Centro de Estudios y Publicaciones; dt. *Die historische Macht der Armen.* München: Kaiser, 1984. [14]

Haan, Gerhard de/Kuckartz, Udo (1996), *Umweltbewußtsein. Denken und Handeln in Umweltkrisen.* Opladen: Westdeutscher Verlag. [22]

Habermas, Jürgen (1962), *Strukturwandel der Öffentlichkeit.* Neuwied: Luchterhand. [17]

– (1981), *Theorie des kommunikativen Handelns.* Frankfurt/M: Suhrkamp. [4]

– (1998), *Die postnationale Konstellation.* Frankfurt/M.: Suhrkamp. [17]

Habich, Roland/Krause, Peter (1997), Armut, in *Datenreport 1997.* Hrsg. vom Statistischen Bundesamt. Mannheim/Berlin: 515-525. [9]

Haffter, Carl (1948), *Kinder aus geschiedenen Ehen.* Bern: Huber, 1960. [12]

Hagemann-White, Carol (1984), *Sozialisation: Weiblich – männlich? Alltag und Biographie von Mädchen*, Bd.1. Leverkusen: Leske + Budrich. [11]

Hajer, Maarten A. (1995), *The Politics of Environmental Discourse. Ecological Modernization and the Policy Process.* Oxford: Oxford University Press. [22]

Hall, Stuart (1996), *Critical Dialogs in Cultural Studies.* New York: Routledge. [3]

Halle, David (1993), *Inside Culture. Art and Class in the American Home.* Chicago: University of Chicago Press. [3]

Halperin, David M. (1989), *One Hundred Years of Homosexuality.* New York: Routledge. [11]

Halpern, Diane F. (1986), *Sex Differences in Cognitive Abilities.* Hillsdale, N.J.: Erlbaum. [11]

Hamm, Bernd (1973), *Betrifft Nachbarschaft.* Gütersloh: Bertelsmann. [20]

– /Neumann, Ingo (1996), *Siedlungs-, Umwelt- und Planungssoziologie.* Opladen: Leske + Budrich. [20]

Hamm-Brücher, Hildegard (1981), Aktuelle Probleme der demokratischen Entwicklung, in *Bulletin des Presse- und Informationsamts der Bundesregierung* Nr. 81, 22.9.81. Bonn. [17]

Hamnett, Chris (1994), Social Polarisation in Global Cities – Theory and Evidence, in *Urban Studies* 31: 401–424. [20]

Hamouda, Osamah u.a. (1999), *AIDS/HIV 1997. Bericht zur epidemiologischen Situation in der Bundesrepublik Deutschland zum 31.12.1997.* Robert Koch Institut, Berlin. [15]

Hanesch, Walter u.a. (1994), *Armut in Deutschland. Der Armutsbericht des DGB und des Paritätischen Wohlfahrtsverbands.* Reinbek: Rowohlt. [9]

Hannemann, Christine (1996), *Die Platte. Industrialisierter Wohnungsbau in der DDR.* Wiesbaden: Vieweg. [20]

Hansen, Klaus P. (1995), *Kultur und Kulturwissenschaft: Eine Einführung.* Tübingen/Basel: Francke. [3]

Hardin, Garrett (1968), The Tragedy of the Commons, in *Science* 162: 1243-1248. [22]

Harding, Sandra (1991), Die auffällige Übereinstimmung feministischer und afrikanischer Moralvorstellungen. Eine Herausforderung für feministische Theoriebildung, in Nunner-Winkler, Gertrud (Hg.), *Weibliche Moral. Die Kontroverse um eine geschlechtsspezifische Ethik:* 162-192. Frankfurt/New York: Campus. [11]

Harrison, Paul (1981), *The Third World Tomorrow: A Report from the Battlefront in the War Against Poverty.* New York: Pilgrim Press; dt. *Die Zukunft der Dritten Welt.* Reinbek: Rowohlt, 1984. [18]

– (1984), *Inside the Third World.* Harmondsworth, England: Penguin; dt. *Hunger und Armut.* Reinbek: Rowohlt, 1984. [18]

Hartmann, Martin/Offe, Claus (Hg.) (2001), *Vertrauen. Die Grundlage sozialen Zusammenhalts.* Frankfurt/New York: Campus. [17]

Hausen, Karin (1978), Die Polarisierung der »Geschlechtscharaktere«. Eine Spiegelung der Dissoziation von Erwerbs- und Familienleben, in Rosenbaum, Heidi (Hg.), *Seminar: Familie und Gesellschaftsstruktur:* 161-191. Frankfurt M.: Suhrkamp. [11]

Hauser, Susanne (2001), *Metamorphosen des Abfalls.* Frankfurt M./NewYork: Campus. [20]

Häußermann, Hartmut/Kapphan, Andreas (2000), *Berlin: von der geteilten zur gespaltenen Stadt? Sozialräumlicher Wandel seit 1990.* Opladen: Leske + Budrich. [20]

– /Oswald, Ingrid (Hg.) (1997), *Zuwanderung und Stadtentwicklung.* Leviathan Sonderheft 17. Opladen: Westdeutscher Verlag. [20]

– /Siebel, Walter (1987), *Neue Urbanität.* Frankfurt/M.: Suhrkamp. [20]

– / – (1996), *Soziologie des Wohnens.* Weinheim: Juventa. [20]

Heckmann, Friedrich (1992), *Ethnische Minderheiten, Volk und Nation: Soziologie interethnischer Beziehungen.* Stuttgart: Enke. [20]

Heidenreich, Martin (1996), Die subjektive Modernisierung fortgeschrittener Arbeitsgesellschaften, in *Soziale Welt* 1: 24-43. [13]

Heim, Nicolaus (1992), Medikalisierung sozialer Probleme, in *Mensch Medizin Gesellschaft* 17 (1): 5-13. [15]

Heintz, Bettina/Nadai, Eva (1998), Geschlecht und Kontext. De-Institutionalisierungsprozesse und geschlechtliche Differenzierung, in *Zeitschrift für Soziologie* 27 (2): 75-93. [11]

Heinz, Walter R. (1991), Berufliche und betriebliche Sozialisation, in Hurrelmann, Klaus/Ulich, Dieter (Hg.), *Neues Handbuch der Sozialisationsforschung.* Weinheim: Beltz: 397-415. [5]

– (1995), *Arbeit, Beruf und Lebenslauf.* Weinheim: Juventa. [6]

– (Hg.) (1997), *Theoretical Advances in Life-Course Research.* Weinheim: Deutscher Studien Verlag. [6]

– (Hg.) (2000), *Übergänge. Individualisierung, Flexibilisierung und Institutionalisierung des Lebenslaufs.* Weinheim: Juventa. [6]

Heitmeyer, Wilhelm (1996), *Die bedrängte Toleranz: Ethnisch-kulturelle Konflikte, religiöse Differenzen und die Gefahren politisierter Gewalt.* Frankfurt/M.: Suhrkamp. [17]

– /Dollase, Rainer/Backes, Otto (Hg.) (1998), *Die Krise der Städte – Analysen zu den Folgen desintegrativer Stadtentwicklung für das ethnisch-kulturelle Zusammenleben.* Frankfurt/M.: Suhrkamp. [20]

Heller, Hermann (1934), *Staatslehre.* Tübingen: Mohr Siebeck, 1983. [17]

Henz, Ursula/Maas, Ineke (1995), Chancengleichheit durch die Bildungsexpansion, in *Kölner Zeitschrift für Soziologie und Sozialpsychologie* 47: 605-633. [9]

Herlyn, Ulfert (1974), Wohnquartier und soziale Schicht, in ders. (Hg.*), Stadt- und Sozialstruktur.* München: Nymphgenburger Verlagsbuchhandlung: 16-41. [20]

Hild, Helmut (Hg.) (1974), *Wie stabil ist die Kirche? Bestand und Erneuerung.* Gelnhausen: Burckhardthaus. [14]

Hildermaier, Manfred (1998), *Geschichte der Sowjetunion 1917-1991.* München: C.H. Beck. [16]

Hillmann, Karl-Heinz (1986), *Wertewandel: Zur Frage sozialstruktureller Voraussetzungen alternativer Lebensformen.* Darmstadt: Wissenschaftliche Buchgesellschaft. [3]

Hippler, Jochen (1998), Konflikte und Krisenprävention, in Hauchler, Ingomar/Messner, Dirk/Nuscheler, Franz (Hg.) *Globale Trends 2000.* Frankfurt/M.: Fischer. [18]

Hirschauer, Stefan (1989), Die interaktive Konstruktion von Geschlechtszugehörigkeit, in *Zeitschrift für Soziologie* 18: 100-118. [11]

Hirschi, Travis (1969), *Causes of Delinquency.* Berkeley: University of California Press. [7]

– /Gottfredson, Michael (1988), Towards a General Theory of Crime, in Buikhuisen, Wouter/Mednick, Sarnoff A. (Hg.), *Explaining Criminal Behaviors*: 8-26. Leiden: Brill. [7]

Hirschman, Albert O. (1970), *Exit, Voice, and Loyalty.* Cambridge, Mass., dt. *Abwanderung und Widerspruch.* Tübingen: Mohr Siebeck, 1974. [10]

– (1994), Wieviel Gemeinsinn braucht die liberale Gesellschaft? in *Leviathan,* 21: 293-304. [10]

Hobsbawm, Eric (1990), *Nations and Nationalism since 1780.* Cambridge: Cambridge University Press; dt. *Nationen und Nationalismus.* Frankfurt/New York: Campus, 1996. [4]

– /Ranger, Terence (Hg.) (1984), *The Invention of Tradition.* Oxford: Oxford University Press. [10]

Hochschild, Arlie Russell (1983), *The Managed Heart. Commercialization of Human Feeling.* Berkeley: University of California Press; dt. *Das gekaufte Herz. Zur Kommerzialisierung der Gefühle.* Frankfurt M./NewYork: Campus, 1990. [3]

– /Machung, Anne (1989), *The Second Shift: Working Parents and the Revolution at Home.* New York: Viking. [2, 11, 12]

Hodge, Robert/Tripp, David (1986), *Children and Television: A Semiotic Approach.* Cambridge, England: Polity Press. [5]

Hoerning, Erika M. (Hg.) (2000), *Biographische Sozialisation.* Stuttgart: Lucius & Lucius. [6]

Hoffmann-Axthelm, Dieter (1993), *Die dritte Stadt.* Frankfurt/M.: Suhrkamp. [20]

Hoffmann-Nowotny, Hans-Joachim (1973), *Soziologie des Fremdarbeiterproblems.* Stuttgart: Enke. [10]

– (1988), Weibliche Erwerbstätigkeit und Kinderzahl, in Gerhardt,

Uta/Schütze, Yvonne (Hg.), *Frauensituation. Veränderungen in den letzten zwanzig Jahren*: 219-259. Frankfurt/M.: Suhrkamp. [11]

Hofoss, Dag (1986), Health Professions: The Origin of Species, in *Social Science & Medicine* 22 (2): 201-209. [15]

Höllmann, Thomas (1992), Kritische Gedanken zum Ethnos-Begriff in der Völkerkunde – am Beispiel festländisch-südostasiatischer Bevölkerungsgruppen, in *Tribus* 41: 177-186. [10]

Homans, George C. (1961), *Social Behavior: Its Elementary Forms*. New York: Harcourt Brace and World; dt. *Elementarformen sozialen Verhaltens*. Köln: Westdeutscher Verlag, 1968. [4]

Honegger, Claudia/Heintz, Bettina (1984), *Listen der Ohnmacht. Zur Sozialgeschichte weiblicher Widerstandsformen*. Frankfurt/M.: Europäische Verlagsanstalt. [11]

Honig, Michael-Sebastian/Leu, Hans Rudolf/Nissen, Ursula (Hg.) (1996), *Kinder und Kindheit: Soziokulturelle Muster, sozialisationstheoretische Perspektiven*. Weinheim: Juventa. [6]

Honneth, Axel (1985), *Kritik der Macht: Reflektionsstufen einer kritischen Gesellschaftstheorie*. Frankfurt/M.: Suhrkamp. [17]

– (Hg.) (1993), *Kommunitarismus: Eine Debatte über die moralischen Grundlagen der Gesellschaft*. Frankfurt/New York: Campus. [4, 17]

Hoover, Edgar Malone/Vernon, Raymond (1959), *Anatomy of a Metropolis*. Cambridge, MA: Harvard University Press. [20]

Hopf, Dieter (1970), *Differenzierung in der Schule*. Stuttgart: Klett. [13]

Horkheimer, Max/Adorno, Theodor W. (1944/1947), *Dialektik der Aufklärung. Philosophische Fragmente*. Frankfurt/M.: Fischer, 1969. [3]

Hörning, Karl H./Winter, Rainer (Hg.) (1999), *Widerspenstige Kulturen. Cultural Studies als Herausforderung*. Frankfurt/M.: Suhrkamp. [3]

Horster, Detlef (Hg.) (1998), *Weibliche Moral – ein Mythos?* Frankfurt/M.: Suhrkamp. [11]

Horx, Matthias (1987), *Das Ende der Alternativen. Was aus den Kommunen, den Aussteigern und Spontis geworden ist*. München: Heyne. [3]

Houtard, Francoise/Polet, Francoise (2001) (Hg.), *The Other Davos*. London: Zedbook. [18]

Howard, Robert (1985), *Brave New Workplace*. New York: Viking. [8]

Hradil, Stefan (1999), *Soziale Ungleichheit in Deutschland*. Opladen: Leske + Budrich. [9]

Hübinger, Werner (1996), *Prekärer Wohlstand. Neue Befunde zu Armut und sozialer Ungleichheit*. Freiburg: Lambertus. [9]

Huinink, Johannes (1991), Familienentwicklung in der Bundesrepublik Deutschland, in Mayer, Karl Ulrich u.a. (Hg.), *Vom Regen in die Traufe – Frauen zwischen Beruf und Familie*, Frankfurt/M. [12]

– /Mayer, Karl Ulrich/Diewald, Martin/Solga, Heike/Sørensen, Annette/Trappe, Heike (1995), *Geschichte und Eigensinn. Lebensläufe in der DDR und danach*. Berlin. [9]

Hunter, James Davison (1990), Fundamentalism in its Global Contours, in Cohen, Norman J. (Hg.), *The Fundamentalist Phenomenon: A View From Within; A Response from Without*: 56-71. Grand Rapids, MI: Eerdmans. [14]

Huntington, Samuel (1993), The Clash of Civilisations, in *Foreign Affairs* 72: 23-49. [9]

Hurrelmann, Klaus (1994), *Lebensphase Jugend*. Weinheim: Juventa. [6]

Huster, Ernst-Ulrich (Hg.) (1997), *Reichtum in Deutschland. Die Gewinner in der sozialen Polarisierung* (2. erw. Auflage). Frankfurt/New York: Campus. [9]

Hutten, Kurt (1968), *Seher, Grübler, Enthusiasten. Sekten und religiöse Sondergemeinschaften der Gegenwart*. Stuttgart: Quell-Verlag. [8]

Hyde, Janet S. (1984), How Large are Gender Differences in Aggression? A Developmental Meta-Analysis, in *Developmental Psychology* 20: 722-736. [11]

– u.a. (1990), Gender Differences in Mathematics Performance: A Meta-Analysis, in *Psychological Bulletin*, 107: 139-155. [11]

Inglehart, Ronald (1989), *Kultureller Umbruch*. Frankfurt/New York: Campus. [9]

– (1998), *Modernisierung und Postmodernisierung: Kultureller, politischer und wirtschaftlicher Wandel in 43 Gesellschaften*. Frankfurt/New York: Campus. [3]

Inkeles, Alex (1983), *Exploring Individual Modernity*. New York: Columbia University Press. [18]

Institute of Medicine (1999), *Toward Environmental Justice. Research, Education, and Health Policy Needs*. Washington, D.C.: National Academy Press. [22]

IPCC (Intergovernmental Panel on Climate Change) (1996), *Climate Change 1995. The Science of Climate Change*. New York. [22]

Ipsen, Detlev (1990), Stadt und Land – Metamorphosen einer Beziehung, in Häußermann, Hartmut u.a., *Stadt und Raum*. Pfaffenweiler: Centaurus: 117-156. [20]

– /Cichorowski, Georg/Schramm, Engelbert (Hg.) (1998), *Wasserkultur. Beiträge zu einer nachhaltigen Stadtentwicklung*. Berlin: Analytica. [20]

Isaac, Jeffrey (1987), *Power and Marxist Theory: A Realist View*. Ithaca: Cornell University Press. [17]

Jacobson, Edith (1964), *The Self and the Object World*. New York: International University Press; dt. *Das Selbst und die Welt der Objekte*. Frankfurt/M.: Suhrkamp, 1973. [11]

Jagodzinski, Wolfgang/Dobbelaere, Karel (1993), Der Wandel kirchlicher Religiosität in Westeuropa, in *Kölner Zeitschrift für Soziologie und Sozialpsychologie*, Sonderheft 33: *Kultur und Religion*: 68-91. [14]

Jahn, Thomas/Wehling, Peter (1998), Gesellschaftliche Naturverhältnisse – Konturen eines theoretischen Konzepts, in Brand, Karl-Werner (Hg.) (1998), *Soziologie und Natur. Theoretische Perspektiven*. Opladen: Leske + Budrich: 117-142. [22]

Jänicke, Martin (1986), *Staatsversagen – die Ohnmacht der Politik in der Industriegesellschaft*. München: Piper. [17]

Janis, Irving L. (1972), *Victims of Groupthink: A Psychological Study of Forein-Policy Decisions and Fiascoes*. Boston: Houghton Mifflin. [8]

– (1982), *Groupthink: Psychological Studies of Policy Decisions and Fiascoes*. Boston: Houghton Mifflin. [8]

– (1989), *Crucial Decisions*. New York: Free Press. [8]

Janssen, Wilhelm (1982), Art. »Krieg«, in Brunner, Otto/Conze, Werner/Koselleck, Reinhart (Hg.), *Geschichtliche Grundbegriffe*, Bd. 3: 567-615. Stuttgart: Klett. [17]

Jaufmann, Dieter/Kistler, Ernst (1994), Genese, Diffusion und Folgen von Medizintechnologien, in *Jahrbuch Sozialwissenschaftliche Technikberichterstattung*: Berlin: edition sigma: 17-147 [15]

Jencks, Christopher u.a. (1972), *Inequality. A Reassessment of the Effect of Family and Schooling in America.* New York: Basic Books. [13]

Joas, Hans (1980), *Praktische Intersubjektivität. Die Entwicklung des Werkes von G.H. Mead.* Frankfurt/M.: Suhrkamp. [4]

– (1985), *Das Problem der Intersubjektivität. Neuere Beiträge zum Werk George Herbert Meads.* Frankfurt/M.: Suhrkamp. [4]

– (1992a), *Die Kreativität des Handelns.* Frankfurt/M.: Suhrkamp. [4]

– (1992b), *Pragmatismus und Gesellschaftstheorie.* Frankfurt/M.: Suhrkamp. [4]

– (1997), *Die Entstehung der Werte.* Frankfurt/M.: Suhrkamp. [4]

– (2000), *Kriege und Werte. Studien zur Gewaltgeschichte des 20. Jahrhunderts.* Weilerwist: Velbrück. [17]

– (Hg.) (2000), *Philosophie der Demokratie. Beiträge zum Werk von John Dewey.* Frankfurt/M.: Suhrkamp. [4]

Johnson, Michael P. (1995), Patriarchal Terrorism and Common Couple Violence: Two Forms of Violence against Women, in *Journal of Marriage and the Family* 57: 283-294. [12]

Jordan, Jochen/Krause-Girth, Cornelia (1986), Technologische Entwicklung der Medizin aus psychosomatischer Sicht, in *Argument-Sonderband AS,* 141: 69-85. [15]

Jordan, Nick (1983), You've Run a Long Way, Baby, in *Psychology Today* 79. [11]

Jowitt, Kenneth (1992), *New World Disorder: The Leninist Extinction.* Berkeley: University of California Press. [17]

Jugendwerk der Deutschen Shell (Hg.) (1992), *Jugend 92: Lebenslagen, Orientierungen und Entwicklungsperspektiven im vereinigten Deutschland.* Opladen: Leske + Budrich (5 Bände). [5, 6]

– (1997), *Jugend '97.* Opladen: Leske + Budrich. [5]

– (2000), *Jugend 2000.* Opladen: Leske + Budrich. [5]

Jung, Heike (1993), Viktimologie, in Kaiser, Günther/Kerner, Hans-Jürgen/Sack, Fritz/ Schellhoss, Hartmut (Hg.), *Kleines Kriminologisches Wörterbuch.* Heidelberg: C.F.Müller Juristischer Verlag: 582-588. [7]

Jütte, Robert (1996), *Geschichte der alternativen Medizin.* München: C.H. Beck. [15]

Kadushin, Alfred (1985), *Supervision in Social Work.* New York: Columbia University Press. [4]

Kaesler, Dirk (Hg.) (1999), *Klassiker der Soziologie*, 2 Bde. München: C.H. Beck. [1]

– /Vogt, Ludgera (Hg.) (2000), *Hauptwerke der Soziologie.* Stuttgart: Kröner. [1]

Kant, Immanuel (1795), *Zum ewigen Frieden. Ein philosophischer Entwurf*, in Weischädel, Wilhelm (Hg.), *Kant. Werke*, Bd. 9: 194-251. Darmstadt: Wissenschaftliche Buchgesellschaft. [17]

Kanter, Rosabeth Moss (1977), *Men and Women of the Corporation.* New York: Basic Books. [8]

Karasek, Robert A./Theorell, Töres (1990), *Healthy Work: Stress, Productivity, and the Reconstruction of Working Life.* New York: Basic Books. [15]

Karl, Terry Lynn/Schmitter, Philippe C. (1991), What Democracy is … and is not, in *Journal of Democracy* 3 (3): 75-88. [17]

Karp, Aaron (1994), The rise of the black and gray markets, in Harkavy, Robert E./Newman, Stephanie G., *The Arms Trade: Problems and Prospects in the Post – Cold War World.* Thousand Oaks, CA: Sage Publications. [18]

Kaufmann, Franz-Xaver (1970), *Sicherheit als soziologisches und sozialpolitisches System: Untersuchungen zu einer Wertidee hochdifferenzierter Gesellschaften.* Stuttgart: Enke. [17]

– (1995), *Zukunft der Familie im vereinten Deutschland. Gesellschaftliche und politische Bedingungen.* München: C.H. Beck. [12]

Keegan, John (1993), *A History of Warfare.* London: Hutchinson; dt. *Die Kultur des Krieges.* Berlin: Rowohlt, 1995. [18]

Keller, Carsten (1999), *Armut in der Stadt. Zur Segregation benachteiligter Gruppen in Deutschland.* Wiesbaden: Westdeutscher Verlag. [20]

Keller, Reiner (1998), *Müll – Die gesellschaftliche Konstruktion des Wertvollen. Die öffentliche Diskussion über Abfall in Deutschland und Frankreich.* Opladen: Westdeutscher Verlag. [22]

– /Poferl, Angelika (1998), Vergesellschaftete Natur – Öffentliche Diskurse und soziale Strukturierung. Eine kritische Auseinandersetzung mit der Cultural Theory, in Brand, Karl-Werner (Hg.), *Soziologie und Natur. Theoretische Perspektiven.* Opladen: Leske + Budrich: 117-142 [22]

Kerbo, Harold R. (1991), *Social Stratification and Inequality.* New York: McGraw-Hill. [9]

Kern, Horst/Schumann, Michael (1984), *Das Ende der Arbeitsteilung? Rationalisierung in der industriellen Produktion.* München: C.H. Beck. [16]

Kerner, Hans-Jürgen (1993), Kriminalstatistik, in Kaiser, Günther/Kerner, Hans-Jürgen/Sack, Fritz/Schellhoss, Hartmut (Hg.), *Kleines Kriminologischer Wörterbuch.* Heidelberg: C. F. Müller Juristischer Verlag: 294-301. [7]

Kesselring, Thomas (1988), *Jean Piaget.* München: C.H. Beck. [5]

Kessen, William (Hg.) (1975), *Childhood in China.* New Haven, CT: Yale University Press; dt. *Kindheit in China.* München: Hanser, 1975. [5]

Keupp, Heiner/Höfer, Renate (Hg.) (1997), *Identitätsarbeit heute.* Frankfurt/M.: Suhrkamp. [6]

Khripunov, Igor (1994), Russia's Arms Trade in the Post-Cold War Period, in *Washington Quarterly*, 17; 4: 3-19. [18]

Kielmannsegg, Peter Graf (1977), *Volkssouveränität. Eine Untersuchung der Bedingungen demokratischer Legitimität.* Stuttgart: Klett. [17]

Kirchberger, Stefan (1986), Technischer Fortschritt in der Medizin. Strukturen der Leistungsentwicklung und der Leistungserbringung, in *Argument-Sonderband AS* 141: 7-28. [15]

Kirchheimer, Otto (1965), Germany: The Vanishing Opposition, in Dahl, Robert A. (Hg.), *Political Oppositions in Western Democracies*: 237-259. New Haven/London: Yale UP; dt. Deutschland oder der Verfall der Opposition, in ders., *Politische Herrschaft. Fünf Beiträge zur Lehre vom Staat*: 58-91. Frankfurt/M.: Suhrkamp, 1967. [17]

Kirchliches Handbuch (1992), hrsg. vom Sekretariat der Deutschen Bischofskonferenz, Bd. XXXI: 1989-1990. Bonn. [14]

Klages, Helmut (Hg.) (1979), *Wertewandel und gesellschaftlicher Wandel.* Frankfurt/New York: Campus. [12]

– (1985), *Wertorientierungen im Wandel.* Frankfurt/New York: Campus. [14]

Klandermans, Bert (1997), *The Social Psychology of Protest.* Oxford: Blackwell. [21]

Klapp, Burghard F./Dahme, Bernhard (1988), Die koronare Herzkrankheit – ein ganzheitlicher Prozeß und die notwendige ganzheitliche Betrachtung dieser Krankheit, in Klapp, Burghard F./ Dahme, Bernhard (Hg.), *Psychosoziale Kardiologie*. Berlin: Springer: 3-19. [15]

Klein, Thomas/Lauterbach, Wolfgang (1999), Nichteheliche Lebensgemeinschaften. Analysen zum sozialen Wandel partnerschaftlicher Lebensformen, in Klein, Thomas/Lauterbach, Wolfgang (Hg.), *Der Einfluß vorehelichen Zusammenlebens auf die spätere Ehestabilität*. Opladen: Westdeutscher Verlag: 309-324. [12]

Klocke, Andreas/Hurrelmann, Klaus (Hg.) (1998), *Kinder und Jugendliche in Armut. Umfang, Auswirkungen und Konsequenzen*. Opladen: Leske + Budrich. [9]

Knapp, Gudrun-Axeli (1998), Differenz ohne Differenzierung? Anmerkungen zur Debatte um eine »Weibliche Moral«, in Horster, Detlef (Hg.), *Weibliche Moral – ein Mythos?*. Frankfurt/M.: Suhrkamp: 162-188. [11]

Knappe, Eckhard (1988), Innovations- und Diffusionsprozesse technischer Entwicklungen im ambulanten und stationären Sektor, in Gäfgen, Gérard/Oberender, Peter (Hg.), *Technologischer Wandel im Gesundheitswesen*. Baden-Baden: Nomos Verlagsgesellschaft: 35-56. [15]

Köbl, Ursula (1995), *Frau und Beruf*. München: Deutscher Taschenbuch Verlag. [11]

Köcher, Renate (1987), Religiös in einer säkularisierten Welt, in Noelle-Neumann, Elisabeth/Köcher, Renate, *Die verletzte Nation: Über den Versuch der Deutschen, ihren Charakter zu ändern*. Stuttgart: Deutsche Verlagsanstalt: 164-281. [14]

Kocka, Jürgen (1983), *Lohnarbeit und Klassenbildung. Arbeiter und Arbeiterbewegung in Deutschland 1800-1875*. Berlin: Dietz. [21]

Kohlberg, Lawrence (1995), *The Philosophy of Moral Development*. Cambridge: Harper&Row; dt. *Die Psychologie der Moralentwicklung*. Frankfurt/M.: Suhrkamp. [5, 6]

Köhler, Helmut (1992), *Bildungsbeteiligung und Sozialstruktur in der Bundesrepublik*. (Studien und Berichte, 53). Berlin: Max-Planck-Institut für Bildungsforschung. [13]

– (1996), Bildung ist Ländersache. Zur Entwicklung des Schulwesens im föderalistischen Staat, in Leschinsky, Achim (Hg.), *Die Institutionalisierung von Lehren und Lernen*. Weinheim: Beltz: 49-70. [13]

Kohli, Martin (Hg.) (1978), *Soziologie des Lebenslaufs*. Neuwied: Luchterhand. [4]

– (1985), Die Institutionalisierung des Lebenslaufs, in *Kölner Zeitschrift für Soziologie und Sozialpsychologie* 37: 1-29. [6]

– (1989), Institutionalisierung und Individualisierung der Erwerbsbiographie; in Brock, Ditmar u.a. (Hg.), *Subjektivität im gesellschaftlichen Wandel*. München: Deutsches Jugend-Institut. [6]

– (1994), Die DDR als Arbeitsgesellschaft? Arbeit, Lebenslauf und soziale Differenzierung, in Kaelble, Hartmut/Kocka, Jürgen/Zwahr, Hartmut (Hg.), *Sozialgeschichte der DDR*. Stuttgart: Klett: 31-61. [9]

– /Künemund, Harald (Hg.) (2000), *Die zweite Lebenshälfte*. Opladen: Leske + Budrich. [6]

Kohn, Melvin L. (1959), Social Class and Parental Values, in *American Journal of Sociology* 64: 337-351. [5]

– (1981), *Persönlichkeit, Beruf und soziale Schichtung*. Stuttgart: Klett. [5]

– /Naoi, Atushi/Schoenbach, Carrie/Schooler, Carmi/Slomczynski, Kazimierz M. (1990), Position in the Class Structure and Psychological Functioning in the United States, Japan, and Poland, in *American Journal of Sociology* 95 (1): 964-1008. [5]

– /Schooler, Carmi (1983), *Work and Personality: An Inquiry into the Impact of Social Stratification*. Norwood, NJ: Ablex. [5]

– /Slomczynski, Kazimierz, M./Schoenbach, Carrie (1986), Social Stratification and the Transmission of Values in the Family: A Cross-National Assessment, in *Social Forces* 1 (1): 73-102. [5]

König, Werner (1996), *dtv-Atlas zur deutschen Sprache*. München: Deutscher Taschenbuch Verlag. [10]

Körfgen, Peter (1983), Alternativkulturen, in Langenbucher, Wolfgang, R./Rytlewski, Ralf/Weyergraf, Bernd (Hg.), *Kulturpolitisches Wörterbuch. Bundesrepublik Deutschland/DDR im Vergleich*. Stuttgart: Metzler: 26-31. [3]

Kottak, Conrad Phillip (1991), *Anthropology: The Exploration of Human Diversity*. New York: McGraw-Hill. [12]

Krähenbühl, Verena u.a. (1986), *Stief-Familien*. Freiburg: Lambertus. [12]

Krämer, Jürgen/Neef, Rainer (Hg.) (1985), *Krisen und Konflikte in der Großstadt im entwickelten Kapitalismus*. Basel: Birkhäuser. [20]

Krämer-Badoni, Thomas (1991), Die Stadt als sozialwissenschaftlicher Gegenstand, in Häußermann, Hartmut u.a., *Stadt und Raum. Soziologische Analysen*. Pfaffenweiler: Centaurus: 1-30. [20]

Krappmann, Lothar (1971), *Soziologische Dimensionen der Identität*. Stuttgart: Klett. [13]

– (1991), Sozialisation in der Gruppe der Gleichaltrigen, in Hurrelmann, Klaus/Ulich, Dieter (Hg.), *Neues Handbuch der Sozialisationsforschung*. Weinheim: Beltz: 355-375. [5]

Krätke, Stefan (1995), *Stadt, Raum, Ökonomie*. Basel: Birkhäuser Verlag. [20]

Kreppner, Kurt (1991), Sozialisation in der Familie, in Hurrelmann, Klaus/Ulich, Dieter (Hg.), *Neues Handbuch der Sozialisationsforschung*. Weinheim: Beltz: 321-334. [5]

Kriesi, Hanspeter (1982), *AKW-Gegner in der Schweiz. Eine Fallstudie zum Aufbau des Widerstands gegen das geplante AKW Gaben*. Diessenhofen: Rüegger. [21]

– /Koopmans, Ruud/Duyvendak, Jan Willem/Giugni, Marco G. (1995), *New Social Movements in Western Europe: A Comparative Analysis*. Minneapolis: University of Minnesota Press. [21]

– /Giugni, Marco G. (1996), Ökologische Bewegungen im internationalen Vergleich, in Diekmann, Andreas/Jaeger, Carlo C. (1996): 324-349. [22]

Krimsky, Sheldon/Golding, Dominic (1992), *Social Theories of Risk*. Westport, CT: Praeger. [22]

Kromrey, Helmut (2000), *Empirische Sozialforschung. Modelle und Methoden der Datenerhebung und Datenauswertung* (9. korr. Auflage). Opladen: Leske + Budrich. [2]

Krummacher, Michael/Waltz, Viktoria (1996), *Einwanderer in der Kommune. Modelle für eine multikulturelle Stadtpolitik*. Essen: Klartext. [20]

Kübler-Ross, Eisabeth (1969), *Gespräche mit Sterbenden*. Berlin: Kreuz. [6]

Kühn, Hagen (1988), Krankenhauspolitik im Zeitalter der Kostendämpfung, in *Jahrbuch für Kritische Medizin* 13, Argument-Sonderband 155: 30-46. [15]

– (1995a), Gesundheitspolitik ohne Ziel: Zum sozialen Gehalt der Wettbewerbskonzepte in der Reformdebatte, in Deppe, Hans-Ulrich/Friedrich, Hannes/Müller, Rainer (1995), *Qualität und*

Qualifikation im Gesundheitswesen: 11-35. Frankfurt/New York: Campus. [15]

– (1995b), Zwanzig Jahre »Kostenexplosion«. Anmerkungen zur Makroökonomie einer Gesundheitsreform, in *Jahrbuch für Kritische Medizin* 24: 145-161. [15]

Künzler, Jan (1994), *Familiale Arbeitsteilung – Die Beteiligung von Männern an der Hausarbeit.* Bielefeld: Kleine Verlag. [12]

Küppers, Günther (Hg.) (1996), *Chaos und Ordnung. Formen der Selbstorganisation in Natur und Gesellschaft.* Stuttgart: Reclam. [22]

Kuran, Timur (1995), *Private Truths, Public Lies: The Social Consequences of Preference Falsification.* Cambridge, Mass.: Harvard University Press; dt. *Leben in Lüge. Präferenzverfälschungen und ihre gesellschaftlichen Folgen.* Tübingen: Mohr, 1997. [21]

Laaser, Ulrich u.a. (1995), *Armut und Gesundheit: Aufgaben für die Gesundheitswissenschaften.* Weinheim: Juventa. [15]

Lange, Hellmuth (Hg.) (2000), *Ökologisches Handeln als sozialer Konflikt.* Opladen: Leske + Budrich. [22]

Lash, Scott/Szerszynski, Bronislaw/Wynne, Brian (1996), *Risk, Environment and Modernity. Towards a New Ecology.* London: Sage. [22]

Laska, Shirley (1993), Environmental Sociology and the State of the Discipline, in *Social Forces* 72 (1): 1-17. [22]

Lasker, Judith N./Borg, Susan (1994), *In Search of Parenthood: Coping with Infertility and Hi-tech Conception.* Philadelphia: Temple University Press. [1]

Latour, Bruno (1991), *Nous n'avons jamais eté modernes.* Paris: Edition La Découverte; dt. *Wir sind nie modern gewesen. Versuch einer symmetrischen Anthropologie.* Berlin: Akademie-Verlag, 1995. [22]

Lau, Christoph (1999), Vergesellschaftung oder Naturalisierung – Grenzkonflikte zwischen Natur und Gesellschaft, in Hradil, Stefan/Traxler, Franz (Hg.), *Grenzenlose Gesellschaft?* Verhandlungen des 29. Kongresses der Deutschen Gesellschaft für Soziologie in Freiburg. 1998, Teil 2: 288-304. Opladen: Leske + Budrich. [22]

Lazare, Daniel (1991), Collapse of a City: Growth and Decay of Camden New Jersey, in *Dissent* 17: 267-275. [20]

LeBon, Gustave (1885), *Psychologie des foules.* Paris: Alcan; dt. *Psychologie der Massen.* Leipzig: Klinkhardt, 1908. [21]

Leibfried, Stephan/Leisering, Lutz u.a. (1995), *Zeit der Armut.* Frankfurt/M.: Suhrkamp. [6, 9, 17]

Leif, Thomas (1990), *Die strategische (Ohn-)Macht der Friedensbewegung: Kommunikations- und Entscheidungsstrukturen in den achtziger Jahren.* Opladen: Westdeutscher Verlag. [21]

Leisinger, Klaus M. (1999), *Die sechste Milliarde: Weltbevölkerung und nachhaltige Entwicklung.* München: C.H. Beck. [19]

Leiss, Wiliam/Kline, Stephen/Shelly, Sut (1986), *Social Communication in Advertising: Persons, Products, and Images of Well-Being.* Toronto: Methuen. [3]

Lemert, Edwin M. (1951), *Human Deviance, Social Problems and Social Control.* New York: McGraw-Hill. [7]

Lenhardt, Gero/Stock, Manfred (1997), *Bildung, Bürger, Arbeitskraft.* Frankfurt/M.: Suhrkamp. [13]

Lenski, Gerhard E. (1966), *Power and Privilege: A Theory of Social Stratification.* New York: McGraw-Hill; dt. *Macht und Privileg: Eine Theorie der sozialen Schichtung.* Frankfurt/M.: Suhrkamp, 1973. [9]

– /Lenski, Jean/Nolan, Patrick (1991), *Human Societies: An Introduction to Macrosociology.* New York: McGraw-Hill. [9, 18]

Lentz, Carola (1995), »Tribalismus« und Ethnizität in Afrika. Ein Forschungsüberblick, in *Leviathan* 22 (3). [10]

Lepsius, Rainer M. (1966), *Extremer Nationalismus – Strukturbedingungen vor der nationalsozialistischen Machtergreifung.* Stuttgart: Kohlhammer. [10]

LeVay, Simon (1991), A Difference in Hypothalmic Structure Between Heterosexual and Homosexual Men, in *Science* 23: 1034-1037. [11]

Levinson, Daniel J. u.a. (1978), *The Seasons of a Man's Life.* New York: Knopf; dt. *Das Leben des Mannes.* Köln: Kiepenheuer & Witsch, 1979. [6]

Levy, Frank (1987), *Dollars and Dreams: The Changing American Income Distribution.* New York: Norton. [9]

Lewin, Miriam Papanek (1957), *Authority and Interpersonal Relations in the Family.* Doctoral Dissertation. Radcliffe College, Harvard University, Cambridge, MA. [11]

– /Tragos, Lilli M. (1987), Has the Feminist Movement Influenced Adolescent Sex Role Attitudes? A Reassessment after a Quarter Century, in *Sex Roles* 16 (3/4): 125-135. [11]

Lewontin, Richard C./Rose, Steven/Kamin, Leon J. (1984), *Not in our Genes: Biology, Ideology, and Human Nature.* New York; dt. in *Kursbuch* 80, 1985: 22-38. [11]

Lincoln, James/Kalleberg, Arne (1990), *Culture, Control, and Commitment: A Study of Work Organizations and Work Attitudes in the U.S. and Japan.* New York: Cambridge University Press. [8]

Lindemann, Gesa (1994), Die Konstruktion der Wirklichkeit und die Wirklichkeit der Konstruktion, in Wobbe, Theresa/Lindemann, Gesa (Hg.), *Denkachsen. Zur theoretischen und institutionellen Rede vom Geschlech.* Frankfurt/M.: Suhrkamp: 115-146. [11]

Lindenberg, Michael (1997), *Ware Strafe. Elektronische Überwachung und die Kommerzialisierung strafrechtlicher Kontrolle.* München: AGSPAK. [7]

Lindner, Rolf (1990), *Die Entdeckung der Stadtkultur.* Frankfurt/M.: Suhrkamp. [20]

Link, Jürgen (1999), *Versuch über den Normalismus. Wie Normalität produziert wird.* Opladen: Westdeutscher Verlag. [3]

Linse, Ulrich (1986), *Ökopax und Anarchie. Eine Geschichte der ökologischen Bewegungen in Deutschland.* München: Deutscher Taschenbuch Verlag. [21]

Linton, Ralph (1947), *The Study of Man.* New York: Appleton Century Crofts; dt. *Mensch, Kultur, Gesellschaft.* Stuttgart: Hippokrates, 1979. [3, 4]

Linz, Juan J./ Stepan, Alfred (1996), *Problems of Democratic Transition and Consolidation: Southern Europe, South America & Post-Communist Europe.* London: John Hopkins University Press. [17]

Lipp, Wolfgang (1986), Geschlechtsrollenwechsel, in *Kölner Zeitschrift für Soziologie und Sozialpsychologie* 38: 510-528. [11]

Lipset, Seymour Martin (1959), Some Social Requisites of Democracy, in *American Political Science Review* 53: 68-105. [17]

Little, Todd D. u.a. (1995), Childrens – Action Control. Beliefs about School Performance: How Do American Children Compare with German and Russian Children? in *Journal of Personality and Social Psychology* 69 (4): 686-700. [13]

Livingston, Eric (1987), *Making Sense of Ethnomethodology.* New York: Routledge & Kegan Paul. [4]

Loder, Nathasha (1999), Gender Discrimination »Undermines Science«, in *Nature* 402: 337. [11]

Logan, Charles H. (1985), *Incarceration, Inc.: The Privatization of Prisons.* Vortrag gehalten während der Jahrestagung der Gesellschaft zur Erforschung sozialer Probleme, Washington, DC, 23.-26. August. [7]

Lorber, Judith (1994), *Paradoxes of Gender.* New Haven, CT: Yale University Press. [11]

Luckmann, Thomas (1991), *Die unsichtbare Religion.* Frankfurt/M.: Suhrkamp. [14]

Luhmann, Niklas (1964a), Lob der Routine, in *Verwaltungsarchiv* 55: 1-33. [17]

– (1964b), *Funktionen und Folgen formaler Organisationen.* Berlin: Duncker & Humblot. [8]

– (1969), *Legitimation durch Verfahren.* Neuwied: Luchterhand. [10]

– (1977), *Funktion der Religion.* Frankfurt/M.: Suhrkamp. [14]

– (1982), *Liebe als Passion. Zur Kodierung von Intimität.* Frankfurt/M.: Suhrkamp. [3]

– (1986), *Ökologische Kommunikation – Kann die moderne Gesellschaft sich auf ökologische Gefährdungen einstellen?* Opladen: Westdeutscher Verlag. [22]

– (1996), *Die Realität der Massenmedien* (2. erw. Aufl.). Opladen: Westdeutscher Verlag. [3]

– (1997), *Die Gesellschaft der Gesellschaft.* Erster Teilband. Frankfurt/M: Suhrkamp. [4, 22]

Lukatis, Ingrid/Lukatis, Wolfgang (1989), Protestanten, Katholiken und Nicht-Kirchenmitglieder: ein Vergleich ihrer Wert- und Orientierungsmuster, in Daiber, Karl-Fritz (Hg.), *Religion und Konfession: Studien zu politischen, ethischen und religiösen Einstellungen von Katholiken, Protestanten und Konfessionslosen in der Bundesrepublik Deutschland und in den Niederlanden.* Hannover: Lutherisches Verlagshaus: 17-71. [14]

Lukes, Steven (1974), *Power. A Radical View.* New York: Macmillan Press. [17]

Lutz, Burkart (1984), *Der kurze Traum immerwährender Prosperität.* Frankfurt/New York: Campus. [16]

Lyotard, Jean-François (1979), *La condition postmoderne.* Paris: Edition de Minuit; dt. *Das postmoderne Wissen.* Graz/Wien: Böhlau, 1986. [3]

Lytton, Hugh/Romney, David M. (1991), Parents Differential Socialization of Boys and Girls: A Meta-Analysis, in *Psychological Bulletin* 109 (2): 267-296. [11]

Maccoby, Eleanor E./Jacklin, Carol N. (1974), *The Psychology of Sex Differences.* Stanford, CA: Stanford University Press. [11]

MacNaughton-Smith, P. (1968), The Second Code. Toward (or Away from) an Empiric Theory of Crime and Delinquency, in *Journal of Research in Crime and Delinquency* 5: 189-197; dt.: Lüderssen, Klaus/Sack, Fritz (Hg.), *Seminar: Abweichendes Verhalten* II: 197-212. Frankfurt/M., 1975. [7]

Mager, Friedrich/Spinnarke, Ulrich (1967), *Was wollen die Studenten?* Frankfurt/M.: Fischer. [21]

Maier, Gunther/Tödtling, Franz (1995), *Regional- und Stadtökonomik. Standorttheorie und Raumstruktur.* Berlin: Springer. [20]

Mann, Thomas (1984), Gedanken im Kriege, in ders., *Von deutscher Republik. Gesammelte Werke in Einzelausgaben.* Hrsg. v. Peter de Mendelson. Frankfurt/M.: Fischer: 7-25. [3]

Mansel, Jürgen/Neubauer, Georg (Hg.) (1998), *Armut und soziale Ungleichheit bei Kindern. Über die veränderten Bedingungen des Aufwachsens.* Opladen: Leske + Budrich. [9]

Markefka, Manfred/Nauck, Bernhard (Hg.) (1993), *Handbuch der Kindheitsforschung.* Neuwied: Luchterhand. [6]

Markovsky, Barry/Willer, David/Patton, Travis (1988), Power Relations in Exchange Networks, in *American Sociological Review* 53: 220-236. [4]

Marsden, George M. (1990), Defining American Fundamentalism, in Cohen, Norman J. (Hg.), *The Fundamentalist Phenomenon: A View from Within a Response from Without:* 22-37. Grand Rapids, MI: Eerdmans. [14]

Marsden, Peter V. (1983), Restricted Access in Networks and Models of Power, in *American Journal of Sociology* 88: 686-715. [4]

– (1987), Core discussion networks of Americans, in *American Sociological Review* 52: 122-131. [4]

– (1990a), Network diversity, substructures, and opportunities for contact, in Calhoun, Craig/Meyer, Marshall W./Scott, Richard W.(Hg.), *Structures of Power and Constraint: Papers in Honor of Peter M. Blau:* 397-410. New York: Cambridge University Press. [4]

– (1990b), Network data and measurement, in *Annual Review of Sociology* 16: 435-463. [4]

Marshall, Gordon (1982), *In Search of the Spirit of Capitalism: An Essay on Max Weber's Protestant Ethic Thesis.* New York: Columbia University Press. [14]

Marshall, Thomas H. (1950), *Citizenship and Social Class and Other Essays.* Cambridge: Cambridge University Press; dt. *Bürgerrechte und soziale Klassen. Studien zur Soziologie des Wohlfahrtsstaates.* Frankfurt/New York: Campus, 1992. [17]

Martin, David (1978), *A General Theory of Secularisation.* New York: Harper & Row. [14]

Martwich, Barbara (1992), Architektinnen. Frauen in einem untypischen Ingenieurberuf, in Wetterer, Angelika (Hg.), *Profession und Geschlecht. Über die Marginalität von Frauen in hochqualifizierten Berufen.* Frankfurt/New York: Campus: 173-186. [11]

Marty, Martin E. (1985), *Pilgrims in Their Own Land.* New York: Penguin Books. [14]

Marx, Karl (1852), *Der achtzehnte Brumaire des Louis Bonaparte,* in ders./Engels, Friedrich, Ausgewählte Schriften in zwei Bänden, I. Berlin: Dietz, 1960: 222-318. [21]

– (1867), Das Kapital. Kritik der politischen Ökonomie, Bd. 1-3, in *Marx-Engels-Werke (MEW),* Bd. 23-25, Berlin: Dietz, 1976. [1, 9]

– /Engels, Friedrich (1848), Manifest der kommunistischen Partei, in *Marx-Engels-Werke (MEW),* Bd. 4, Berlin: Dietz, 1974: 459-512. [9]

Masse, Michelle A./Rosenblum, Karen (1988), Male and Female Created They Them: The Depictions of Gender in the Advertising of Traditional Women's and Men's Magazines, in *Women's Studies International Forum* 11 (2): 127-144. [11]

Maxwell, Nan L. (1990), Changing Female Labor Force Participation: Influences on Income Inequality and Distribution, in *Social Forces* 68 (4): 1251-1266. [11]

Mayer, Karl Ulrich (Hg.) (1990), *Lebensläufe und sozialer Wandel.*

Kölner Zeitschrift für Soziologie und Sozialpsychologie, Sonderband 31. [**4, 6**]

– /Müller, Walter (1989), Lebensverläufe im Wohlfahrtsstaat, in Weymann, Ansgar (Hg.), *Handlungsspielräume*. Stuttgart: Enke. [**6**]

– /Blossfeld, Hans-Peter (1990), Die gesellschaftliche Konstruktion sozialer Ungleichheit im Lebensverlauf, in Berger, Peter A./Hradil, Stefan (Hg.), *Lebenslagen, Lebensläufe, Lebensstile*. Soziale Welt. Sonderband 7. Göttingen: Schwartz, 297-318. [**13**]

– /Solga, Heike (1994), Mobilität und Legitimität, in *Kölner Zeitschrift für Soziologie und Sozialpsychologie* 46: 193-208. [**9**]

– /Baltes, Paul B. (Hg.) (1996), *Die Berliner Altersstudie*. Berlin: Akademie Verlag. [**6, 12**]

Mayntz, Renate (1978), *Soziologie der öffentlichen Verwaltung*. Karlsruhe: C. F. Müller. [**17**]

McAdam, Doug (1982), *Political Process and the Development of Black Insurgency, 1930-1970*. Chicago und London: The University of Chicago Press. [**21**]

McAdam, Doug/Rucht, Dieter (1993), Cross-National Diffusion of Social Movement Ideas and Tactics, in Dalton, Russell (Hg.), *Citizens, Protest, and Democracy*. The Annals of the American Academy of Political and Social Science 528: 56-74. [**21**]

McCarthy, John/Mayer, N. Zald (1977), Resource Mobilization and Social Movements: A Partial Theory, in *American Journal of Sociology* 82: 1212-1241. [**21**]

McCay, Bonnie/Jentoft, Svein (1996), Unvertrautes Gelände: Gemeineigentum unter der sozialwissenschaftlichen Lupe, in Dieckmann, Andreas/Jaeger, Carlo C. (1996): 272-291. [**22**]

McHoul, A.W. (1978), The Organisation of Turns at Formal Talk in the Classroom, in *Language Sociology* 7: 183-213. [**4**]

McKeown, Thomas (1976), *The Role of Medicine*. London: Nuffield Provincial Hospitals Trust; dt. *Die Bedeutung der Medizin: Traum, Trugbild oder Nemesis?* Frankfurt M.: Suhrkamp, 1982. [**15**]

McKibben, Bill (1990), *The End of Nature*. New York: Anchor Books; dt. *Das Ende der Natur*. München: List, 1990. [**22**]

Mead, George Herbert (1934), *Mind, Self and Society*. Chicago: University of Chicago Press; dt. *Geist, Identität und Gesellschaft*. Frankfurt/M.: Suhrkamp, 1968. [**1, 5**]

– (1938), *The Philosophy of the Act*. Chicago: University of Chicago Press; dt. *Philosophie der Sozialität*. Frankfurt/M.: Suhrkamp, 1969. [**4**]

– (1980), *Gesammelte Aufsätze* (Hrsg. von Hans Joas), Band 1. Frankfurt/M.: Suhrkamp. [**4**]

– (1983), *Gesammelte Aufsätze* (Hrsg. von Hans Joas), Band 2. Frankfurt/M.: Suhrkamp. [**4**]

Meadows, Donella u.a. (1972), *The Limits to Growth*. New York: Universe Books. [**21**]

Mehan, Hugh (1979), *Learning Lessons*. Cambridge, MA: Harvard University Press. [**4**]

Merkel, Wolfgang (1999), *Systemtransformationen*. Opladen: Leske + Budrich. [**17**]

Merton, Robert K. (1957), *Social Theory and Social Structure;* New York: Free Press; dt. *Soziologische Theorie und soziale Struktur*. Berlin: de Gruyter, 1995. [**1, 5, 7, 8, 21**]

Meulemann, Heiner (1992), Expansion ohne Folgen? Bildungschancen und sozialer Wandel in der Bundesrepublik, in Glatzer, Wolfgang (Hg.), *Entwicklungstendenzen der Sozialstruktur*. Frankfurt/New York: Campus: 123-156. [**13**]

Meuschel, Sigrid (1981), *Kapitalismus oder Sklaverei. Die langwierige Durchsetzung der bürgerlichen Gesellschaft in den USA*. Frankfurt/M.: Europäische Verlagsanstalt. [**11**]

Meyer, John W. (1977), The Effects of Education as an Institution, in *American Journal of Sociology* 83(1): 55-77. [**13**]

Meyrowitz, Joshua (1985), *No Sense of Place: The Impact of Electronic Media on Social Behavior*. New York: Oxford University Press; dt. *Die Fernsehgesellschaft – Wirklichkeit und Identität im Medienzeitalter*. Weinheim: Beltz, 1987. [**3**]

Michels, Robert (1911), *Zur Soziologie des Parteiwesens in der modernen Demokratie: Untersuchungen über die oligarchischen Tendenzen des Gruppenlebens*. Stuttgart: Kröner, 1989. [**17**]

Mielk, Andreas (Hg.) (1994), *Krankheit und soziale Ungleichheit*. Opladen: Westdeutscher Verlag. [**15**]

Miliband, Ralph (1969), *The State in Capitalist Society*. London: Quartet Books; dt. *Der Staat in der kapitalistischen Gesellschaft. Eine Analyse des westlichen Machtsystems*. Frankfurt/M.: Suhrkamp, 1972. [**17**]

Mills, C. Wright (1956), *The Power Elite*. Oxford: Oxford University Press; dt. *Die amerikanische Elite: Gesellschaft und Macht in den Vereinigten Staaten*. Hamburg: Holsten, 1962. [**17**]

– (1959), *The Sociological Imagination*. New York: Pelican; dt. *Kritik der soziologischen Denkweise*. Neuwied: Luchterhand, 1963. [**1**]

Ministerium für Arbeit, Gesundheit und Sozialordnung (MAGS), Baden-Württemberg (1983), *Eine Repräsentativuntersuchung unter Frauen, ihren Partnern und Kindern über die Situation der Frau im Spannungsfeld von Beruf und Familie*. Allensbach: Institut für Demoskopie. [**11**]

Moen, Phyllis (1989), *Working Parents: Transformations in Gender Roles and Public Policies in Sweden*. Madison: University of Wisconsin Press. [**11**]

Mommsen, Wolfgang (Hg.) (1996), *Kultur und Krieg. Die Rolle der Intellektuellen, Künstler und Schriftsteller im Ersten Weltkrieg*. München: Oldenbourg. [**17**]

Monaghan, Peter (1993a), Facing Jail, a Sociologist Raises Questions about a Scholar's Right to Protect Sources, in *Chronicle of Higher Education* 27. [**2**]

– (1993b), Sociologist is Jailed for Refusing to Testify About Research Subject, in *Chronicle of Higher Education* 27. [**2**]

– (1993c), When the Source is a Suspect, in *Science* 261. [**2**]

Mooser, Josef (1983), Abschied vom »Proletariat«. Sozialstruktur und Lage der Arbeiterschaft in der Bundesrepublik in historischer Perspektive, in Conze, Werner/Lepsius, Rainer M. (Hg.), *Sozialgeschichte der Bundesrepublik Deutschland. Beiträge zum Kontinuitätsproblem*: 143-186. Stuttgart: Klett-Cotta. [**21**]

Mörth, Ingo/Fröhlich, Gerhard (Hg.) (1994), *Das Symbolische Kapital der Lebensstile: Zur Kultursoziologie der Moderne nach Pierre Bourdieu*. Frankfurt/New York: Campus. [**3**]

Mosca, Gaetano (1923), *Elementi di scienza politica*. Turin: Bocca; dt. *Die herrschende Klasse. Grundlagen der politischen Wissenschaft*. München: Lehnen, 1950. [**17**]

Moskos, Charles (1990), Army women, in *The Atlantic Monthly* 132 (8): 71-78. [**11**]

Mottek, Hans (1976), *Wirtschaftsgeschichte Deutschlands*, 1. Band, Berlin: VEB Deutscher Verlag der Wissenschaften. [20]

Mueller, Ulrich/Nauck, Bernhard/Diekmann, Andreas (Hg.) (2000), *Handbuch der Demographie*. Berlin: Springer. [19]

Mühlmann, Wilhelm E. (1962), *Homo Creator. Abhandlungen zur Soziologie, Anthropologie und Ethnologie*. Wiesbaden: Harrassowitz. [10]

– (1964), Chiliasmus, Nativismus, Nationalismus, in ders., *Rassen, Ethnien und Kulturen*. Berlin: Reimer: 323-352. [10]

Müller, Walter/Haun, Dieter (1994), Bildungsungleichheit im sozialen Wandel, in *Kölner Zeitschrift für Soziologie und Sozialpsychologie* 46: 1-42. [9]

Müller-Fahrnow, Werner/Klosterhuis, Here (1993), Einkommensabhängige Sterblichkeit männlicher Angestellter im mittleren Lebensalter – BRD 1986, in *Gesundheitsreport NRW 1994*. Bielefeld 1995. [15]

Müller-Jentsch, Walther (1986), *Soziologie der industriellen Beziehungen*. Frankfurt/New York: Campus. [16]

Murdock, George Peter (1949), *Social Structure*, New York: Macmillan. [12]

Myrdal, Gunnar (1944), *An American Dilemma*. New York: Harper & Row. [10]

Nagl-Docekal, Herta/Pauer-Studer, Herlinde (Hg.) (1993), *Jenseits der Geschlechtermoral. Beiträge zur feministischen Ethik*. Frankfurt/M.: Fischer. [11]

Nauck, Bernhard (1991), Familien- und Betreuungssituation im Lebenslauf von Kindern, in Bertram, Hans (Hg.), *Die Familie in Westdeutschland. Stabilität und Wandel familialer Lebensformen*. Opladen: Westdeutscher Verlag: 389-428. [12]

– (1995), Kinder als Gegenstand der Sozialberichterstattung – Konzepte, Methoden und Befunde im Überblick, in Nauck, Bernhard/Bertram, Hans (Hg.), *Kinder in Deutschland: Lebensverhältnisse von Kindern im Regionalvergleich*. Opladen: Westdeutscher Verlag: 11-87. [12]

Nave-Herz, Rosemarie (1988), *Kinderlose Ehen – Eine empirische Studie über die Lebenssituation kinderloser Ehepaare und die Gründe für ihre Kinderlosigkeit* Weinheim: Juventa. [12]

– (1992), *Frauen zwischen Tradition und Moderne*. Bielefeld: Kleine Verlag. [12]

– (2002), *Familie heute. Wandel der Familienstrukturen und Folgen für die Erziehung*. Darmstadt: Primus. [4, 12]

– (Hg.) (2002a), *Kontinuität und Wandel der Familie in Deutschland*. Stuttgart: Lucius & Lucius. [12]

– /Markefka, Manfred (Hg.) (1989), *Handbuch der Familien- und Jugendforschung, Bd. 1: Familienforschung*. Neuwied: Luchterhand. [5]

– /Onnen-Isemann, Corinna/Oßwald, Ursula (1996), *Die hochtechnisierte Reproduktionsmedizin – Strukturelle Ursachen ihrer Verbreitung und Anwendungsinteressen der beteiligten Akteure*. Bielefeld: Kleine. [12]

– /Sander, Dirk (1998), *Heirat ausgeschlossen? Ledige Erwachsene in sozialhistorischer und subjektiver Perspektive*. Frankfurt/New York: Campus.

Neidhardt, Friedhelm (1985), Einige Ideen zu einer allgemeinen Theorie sozialer Bewegungen, in Hradil, Stefan (Hg.), *Sozialstruktur im Umbruch. Karl Martin Bolte zum 60. Geburtstag*. Opladen: Westdeutscher Verlag: 193-204. [21]

– /Rucht, Dieter (1999), Protest und Protestgeschichte in der Bundesrepublik 1950-1994, in Kaase, Max/Schmid, Günther (Hg.), *Demokratie in der Bewährungsprobe*. Jahrbuch 1999 des WZB: 129-165. Berlin: edition sigma. [21]

Nohlen, Dieter (Hg.) (2000), *Lexikon Dritte Welt*. Reinbek: Rowohlt. [18]

Noll, Heinz-Herbert (1996), Trend zum frühzeitigen Ausstieg aus dem Erwerbsleben bisher ungebrochen; in *ISI 16*, Mannheim: Zuma: 8-13. [6]

Nunner-Winkler, Gertrud (1991), Gibt es eine weibliche Moral? in Nunner-Winkler, Gertrud (Hg.), *Weibliche Moral. Kontroverse um eine geschlechtsspezifische Ethik*. Frankfurt/New York: Campus: 147-161. [11]

O'Connor, James (1973), *The Fiscal Crisis of the State*. New York: St. Martins Press; dt. *Die Finanzkrise des Staates*. Frankfurt/M.: Suhrkamp, 1974. [17]

Oberg, Kalvero (1960), Cultural Chock. Adjustment to New Cultural Environments, in *Practical Anthropology* 7: 177-182. [3]

Oechsle, Mechthild (1988), *Der ökologische Naturalismus*. Frankfurt/New York: Campus. [22]

Oeckl, Albert (Hg.) (1999), *Taschenbuch des Öffentlichen Lebens 1998/99*. Bonn: Festland Verlag GmbH. [11]

Oehler, Christoph (1989), *Hochschulentwicklung in der Bundesrepublik Deutschland seit 1945*. Frankfurt/New York: Campus. [13]

Oevermann, Ulrich (1996), Theoretische Skizze einer revidierten Theorie professionalisierten Handelns, in Combe, Arno/Helsper, Werner (Hg.), *Pädagogische Professionalität*. Frankfurt/M.: Suhrkamp: 70-182. [13]

Offe, Claus (1972), *Strukturprobleme des kapitalistischen Staates. Aufsätze zur politischen Soziologie*. Frankfurt/M.: Suhrkamp. [17]

– (1976), Überlegungen und Hypothesen zum Problem politischer Legitimation, in Ebbinghausen, Rolf (Hg.), *Bürgerlicher Staat und politische Legitimation*: 80-105. Frankfurt/M.: Suhrkamp. [17]

– (1992), Wider scheinradikale Gesten. Die Verfassungspolitik auf der Suche nach dem »Volkswillen«, in Hofmann, Gunter/Perger, Werner A. (Hg.), *Die Kontroverse. Weizsäckers Parteienkritik in der Diskussion*: 126-142. Frankfurt/M.: Eichborn. [17]

– (1994), *Der Tunnel am Ende des Lichts. Erkundungen der politischen Transformation im Neuen Osten*. Frankfurt/New York: Campus. [17]

– (1995), Schock, Fehlkonstrukt oder Droge? Über drei Lesarten der Sozialstaatskrise, in Fricke, Werner (Hg.), *Jahrbuch Arbeit und Technik*: 31-41. [17]

– (1998), Bewährungsproben. Über einige Beweislasten bei der Verteidigung der liberalen Demokratie, in Saage, Richard u.a. (Hg.), *Zwischen Triumph und Krise*: 359-372. Opladen: Leske + Budrich. [17]

– (2001), Wie wir unseren Mitbürgern vertrauen können? in Hartmann, Martin/Offe, Claus (2001) (Hg.). [17]

– /Ulrich K. Preuß (1991), Democracy and Moral Resources, in Held, David (Hg.), *Political Theory Today*: 143-171. Cambridge: Polity Press. [17]

Ohlemacher, Thomas (1993), *Brücken der Mobilisierung. Soziale Re-*

lais und persönliche Netzwerke in Bürgerinitiativen gegen militärischen Tiefflug. Wiesbaden: Deutscher Universitätsverlag. [21]

Okun, Lewis (1986), *Woman Abuse*. Albany: State University of NewYork Press. [12]

Oliver, Pamela (1984), »If You Don't Do It, Nobody Will«: Active and Token Contributors to Local Collective Action, in *American Sociological Review* 49: 601-610. [4]

Olson, Mancur (1965), *The Logic of Collective Action*. Cambridge: Harvard University Press; dt. *Die Logik des kollektiven Handelns*. Tübingen: Mohr Siebeck, 1998. [17]

Onnen-Isemann, Corinna (2000), *Wenn der Familienbildungsprozess stockt – Eine empirische Studie über Streß und Coping-Strategien reproduktionsmedizinisch behandelter Partner*. Berlin: Springer. [12]

Opp, Karl-Dieter (1972), *Verhaltenstheoretische Soziologie*. Reinbek: Rowohlt. [4]

– (1991), DDR '89. Zu den Ursachen einer spontanen Revolution, in *Kölner Zeitschrift für Soziologie und Sozialpsychologie* 43: 302-321. [4]

Orenstein, Peggy (1995), Looking For a Donor to Call Dad, in *New York Times Magazine* (18. Juni): 28-58. [1]

Ortega y Gasset, José (1930), *La Rebellion de las masas*. Madrid: Espasa-Calpe; dt *Aufstand der Massen*. Reinbek: Rowohlt, 1976. [21]

Ortner, Helmut/Pilgram, Arno/Steinert, Heinz (Hg.) (1998), New Yorker »Zero-Tolerance«-Politik. *Jahrbuch für Rechts- und Kriminalpolitik '98*. Baden-Baden: Nomos Verlagsgesellschaft. [7]

Orwell, George (1933), *Down and Out in Paris and London*. London: Gollancz; dt. *Erledigt in Paris und London*. Zürich: Diogenes, 1978. [4]

Osofsky, Gilbert (1966), *Harlem: The Making of a Ghetto. Negro New York, 1890-1930*. New York: Harper & Row. [20]

Ostner, Ilona (1994), Soziologie der Sozialpolitik: Die sozialpolitische Regulierung der Vereinbarkeit von Familie und Beruf – Sozialpolitik als Geschlechterpolitik, in Deutsche Forschungsgemeinschaft, Senatskommission für Frauenforschung (Hg.), *Sozialwissenschaftliche Frauenforschung in der Bundesrepublik Deutschland:* 120-135. Berlin: Akademie Verlag. [11]

Ostrom, Elinor (1990), *Governing the Commons. The Evolution of Institutions for Collective Action*. Cambridge: Cambridge University Press; dt. *Die Verfassung der Allmende*. Tübingen: Mohr Siebeck, 1999. [22]

Ott, E. Marlies (1989), Effects of the malefemale ratio at work: Policewomen and male nurses, in *Psychology of Women Quarterly* 13: 41-57. [11]

Ouchi, William G. (1981), *Theory Z*. Reading, MA: Addison-Wesley. [8]

Pape, Günther (1990), Zeugen Jehovas, in Gasper, Hans/Müller, Joachim/Valentin, Friederike (Hg.), *Lexikon der Sekten, Sondergruppen und Weltanschauungen: Fakten, Hintergründe, Klärungen*. Freiburg: Herder. [8]

Pappi, Franz Urban (Hg.) (1987), *Methoden der Netzwerkanalyse*. München: Oldenbourg. [4]

Paradiso, Louis V./Wall, Shauvan M. (1986), Children's Perceptions of Male and Female Principals and Teachers, in *Sex Roles* 14 (1/2): 1-7. [11]

Park, Robert/Burgess, Ernest W./Mc Kenzie, Roderick D. (1925), *The City. Suggestion for Investigation of Human Behavior in the Urban Environment*. Chicago: University of Chicago Press, 1984. [20]

Parkin, Frank (1976), *Marxism and Class Theory: A Bourgeois Critique*. New York: Columbia University Press. [9]

Parsons, Talcott (1937), *The Structure of Social Action*. London: McGraw-Hill. [1]

– (1964), *Social Structure and Personality*. New York: Free Press of Glencoe; dt. *Sozialstruktur und Persönlichkeit*. Frankfurt/M.: Europäische Verlagsanstalt, 1968. [13]

– (1966), *Societies. Evolutionary and Comparative Perspectives*. Englewood Cliffs, N.J.: Prentice Hall; dt. *Gesellschaften. Evolutionäre und komparative Perspektiven*. Frankfurt/M.: Suhrkamp, 1975. [4]

– (1967), On the Concept of Political Power, in ders., *Sociological Theory and Modern Society*. New York: Free Press. [17]

– (1971), *The System of Modern Societies*. Englewood Cliffs: Prentice Hall; dt. *Das System moderner Gesellschaften*. Weinheim: Juventa, 1972. [4]

– /Platt, Gerald M. (1973), *The American University*. Cambridge: Harvard University Press; dt. *Die amerikanische Universität*. Frankfurt/M.: Suhrkamp, 1990. [13]

Passell, Peter (1995), The Wealth of Nations: A »Greener« Approach Turns the List Upside Down, in *New York Times* (28. September): B-5, B72. [18]

Patterson, Orlando (1975), Context and Choice in Ethnic Allegiance: A Theoretical Model and Carribean Case Study, in Glazer, Nathan/Moynihan, Daniel P. (Hg.), *Ethnicity Theory and Experience*. Cambridge, Mass.: Harvard University Press. [10]

Peisert, Hansgert/Framhein, Gerhild (1990), *Das Hochschulsystem in der Bundesrepublik Deutschland*. Bad Honnef: K.H. Bock Verlag. [13]

Peter, Lawrence F./Hull, Raymond (1969), *The Peter Principle*. New York: William Morrow. [8]

Peters, Hans Peter (1995), Massenmedien und Risikogesellschaft, in Joußen, Wolfgang/Hessler, Armin G. (Hg.), *Umwelt und Gesellschaft:* 229-256. Berlin: Akademie Verlag. [22]

Peterson. Richard A. (1979), Revitalising the Culture Concept, in *Annual Review of Sociology* 5: 137-166. [3]

Peto, Richard u.a. (1994), *Mortality From Smoking in Developed Countries: 1950-2000*. Oxford: Oxford University Press. [15]

Peuckert, Rüdiger (1991), *Familienformen im sozialen Wandel*. Opladen: Westdeutscher Verlag. [5]

Pfaff, Holger (1989), *Streßbewältigung und soziale Unterstützung. Zur sozialen Regulierung individuellen Wohlbefindens*. Weinheim: Beltz. [15]

– (1995), *Arbeit, Technik und Gesundheit: Zur Soziologie der Gesundheit am Beispiel der Ingenieurarbeit*. Habilitationsschrift. [15]

– /Nagel, F. (1992), Probleme und Ansatzpunkte für eine ökonomische Bewertung der Medizintechnologie, in *Sozialer Fortschritt* 5/6: 105-112. [15]

Pfotenhauer, Erhart (1998), Stadterneuerung, Sanierung, in Häußermann, Hartmut (Hg.), *Grossstadt. Soziologische Stichworte*. Opladen: Leske + Budrich: 245-255. [20]

Phillips, David (1974), The Influence of Suggestion on Suicide: Substantive and Theoretical Implications of the Werther Effect, in *American Sociological Review* 39: 340-351. [2]

Phillips, David P. (1986), The Found Experiment: A New Technique for Assessing the Impact of Mass Media Violence on Real-World Aggressive Behavior, in Comstock, George (Hg.), *Public Communication and Behavior, Vol.l.* San Diego: Academic Press. [2]

– /Carstensen, Lundie L. (1986), Clustering of Teenage Suicides After Television and News Stories About Suicide, in *New England Journal of Medicine* 315: 685-689. [2]

Piaget, Jean (1924), *Le jugement et le raisonnement chez l'enfant.* Neuchatel: Delachaux et Niestle; dt. *Das moralische Urteil beim Kinde.* Frankfurt/M.: Suhrkamp, 1973. [5]

Pieterse, Jan Nederveen (1998), Der Melange-Effekt. Globalisierung im Plural, in Beck, Ulrich (Hg.), *Perspektiven der Weltgesellschaft.* Frankfurt/M.: Suhrkamp: 87-124. [3]

Piore, Michael/Sabel, Charles F. (1984), *The Second Industrial Divide.* New York: Basic Books; dt. *Das Ende der Massenproduktion.* Berlin: Wagenbach, 1985. [16]

Pittkowski, Wolfgang/Volz, Rainer (1989), Konfession und politische Orientierung: Das Beispiel der Konfessionslosen, in Daiber, Karl-Fritz (Hg.), *Religion und Konfession: Studien zu politischen, ethischen und religiösen Einstellungen von Katholiken, Protestanten und Konfessionslosen in der Bundesrepublik Deutschland und in den Niederlanden.* Hannover: Lutherisches Verlagshaus: 93-112. [14]

Plogstedt, Sybille (1990), Sexuelle Belästigung am Arbeitsplatz, in Lucke, Doris/ Berghahn, Sabine (Hg.), *Rechtsratgeber Frauen.* Reinbek: Rowohlt. [11]

– /Bode, Kathleen (1984), *Übergriffe – Sexuelle Belästigung in Büros und Betrieben.* Reinbek: Rowohlt. [11]

Poferl, Angelika/Schilling, Karin/Brand, Karl-Werner (1997), *Umweltbewußtsein und Alltagshandeln. Eine empirische Untersuchung sozial-kultureller Orientierungen.* Opladen: Leske + Budrich. [22]

Pohl, Katharina (1985), Wende oder Einstellungswandel? Heiratsabsichten und Kinderwunsch 18-28jähriger deutscher Frauen 1978 bis 1983, in *Zeitschrift für Bevölkerungswissenschaft* 11: 89-110. [12]

Polanyi, Karl (1944), *The Great Transformation.* New York: Rinehart; dt. *The Great Transformation – Politische und ökonomische Ursprünge von Gesellschaften und Wirtschaftssystemen.* Frankfurt/M.: Suhrkamp, 1978. [18]

Pollack, Detlef (1994), *Kirche in der Organisationsgesellschaft: Zum Wandel der gesellschaftlichen Lage der evangelischen Kirchen in der DDR.* Stuttgart: Kohlhammer. [14]

– /Pickel, Gerd (Hg.) (2000), *Religiöser und kirchlicher Wandel in Ostdeutschland 1989-1999.* Opladen: Leske + Budrich. [14]

Pomian, Krzysztof (1985), *Der Ursprung des Museums. Vom Sammeln.* Berlin: Wagenbach. [3]

Postman, Neil (1982), *The Disappearance of Childhood.* New York: Delacorte Press; dt. *Das Verschwinden der Kindheit.* Frankfurt/M.: Fischer, 1983. [6]

– (1985), *Amusing Ourselves to Death.* New York: Viking; dt. *Wir amüsieren uns zu Tode.* Frankfurt/M: Fischer, 1985. [3, 5]

Préteceille, Edmond (2000), Segregation, Class and Politics in Large Cities, in Bagnasco, Arnaldo/Le Galès, Patrick (Hg.), *Cities in Contemporary Europe*: 74-97. Cambridge: Cambridge University Press. [20]

Przeworski, Adam (1991), *Democracy and the Market: Political and Economic Reforms in Eastern Europe and Latin America.* Cambridge: Cambridge University Press. [17]

Psacharopoulos, George/Woodhall, Maurenn (1985*), Education for Development.* Oxford: Oxford University Press. [13]

Putnam, Robert D. (1993), *Making Democracy Work. Civic Traditions in Modern Italy.* Princeton: Princeton University Press. [17]

Radkau, Joachim (2000), *Natur und Macht. Eine Weltgeschichte der Umwelt.* München: C.H. Beck. [22]

Rahmstorf, Stefan (1999), Shifting Seas in the Greenhouse? in *Nature* 399: 523-524. [22]

Ramb, Bernd-Thomas/Tietzel, Manfred (Hg.) (1993), *Ökonomische Verhaltenstheorie.* München: Vahlen. [4]

Ramirez, Francisco O./Boli-Bennett, John (1982), Global Patterns of Educational Institutionalization, in Altbach, Philip G./Arnov, Robert. F./Kelly, Gail P. (Hg.), *Comparative Education.* New York: Macmillan. 15-38. [13]

Rammstedt, Otthein (1978), *Soziale Bewegung.* Frankfurt/M.: Suhrkamp. [21]

Raschke, Joachim (1985), *Soziale Bewegungen. Ein historisch-systematischer Grundriß.* Frankfurt/New York: Campus. [21]

Rawls, John (1971), *A Theory of Justice.* Cambridge, Mass: Belknap Press; dt. *Eine Theorie der Gerechtigkeit.* Frankfurt/M: Suhrkamp, 1975. [4]

– (1993), *Political Liberalism.* New York: Columbia University Press; dt. *Politischer Liberalismus.* Frankfurt/M: Suhrkamp, 1998. [4]

Rayner, Steve/Malone, Elizabeth L. (Hg.) (1998), *Human Choice and Climate Change,* Bd. 4. Columbus, Oh.: Battelle Press. [22]

Rebmann, Matthias (1998), *Ausländerkriminalität in der Bundesrepublik Deutschland.* Diss. Univ. Freiburg. [7]

Redclift, Michael/Benton, Ted (Hg.) (1994), *Social Theory and the Global Environment.* New York: Routledge. [22]

– /Woodgate, Graham (1997), *The International Handbook of Environmental Sociology.* Northampton: Edward Elgar. [22]

Rehberg, Karl-Siegbert (1986), Kultur versus Gesellschaft? Anmerkungen zu einer Streitfrage in der deutschen Soziologie, in Neidhardt, Friedhelm/Lepsius, Rainer M./Weiß, Johannes (Hg.), *Kultur und Gesellschaft.* Sonderheft 27 der *Kölner Zeitschrift für Soziologie und Sozialpsychologie*: 92-115. [3]

Reich, Robert B. (1991), *The Work of Nations: Preparing Ourselves for 21st Century Capitalism.* New York: Knopf; dt. *Die Neue Weltwirtschaft. Das Ende der nationalen Ökonomie.* Frankfurt/M.: Ullstein, 1993. [16]

Reinicke, Wolfgang/Deng, Francis (2000), *Critical Choices. The United Nations, Networks and the Future of Global Governance.* Ottawa: International Development Research Center. [18]

Reiter, Laura (1989), Sexual Orientation, Sexual Identity, and the Question of Choice, in *Clinical Social Work Journal* 17 (2). [11]

Relman, Arnold S. (1980), The New Medical-Industrial Complex, in *The New England Journal of Medicine* 17 (303): 963-970. [15]

Renn, Ortwin (1996), Rolle und Stellenwert der Soziologie in der Umweltforschung, in Dieckmann, Andreas/Jaeger, Carlo C. (1996): 28-58. [22]

Reusswig, Fritz (1994), Lebensstile und Ökologie. Gesellschaftliche Pluralisierung und alltagsökologische Entwicklung unter besonderer Berücksichtigung des Energiebereichs, in Institut für sozial-ökologische Forschung (Hg.), *Sozial-ökologische Arbeitspapiere*: AP 43. Frankfurt/M.: Verlag für interkulturelle Kommunikation. [22]

– /Schellnhuber, Hans-Joachim (1997), Die globale Umwelt als Wille und Vorstellung. Zur transdisziplinären Erforschung des Globalen Wandels, in Daschkeit, Achim/Schröder, Winfried (Hg.), *Umweltforschung quergedacht. Perspektiven integrativer Umweltforschung und –lehre.* Berlin: Springer: 259-307. [22]

Richmond-Abbott, Marie (1992), *Masculine and Feminine: Gender Roles Over the Life Cycle.* New York: McGraw-Hill. [11]

Riley, Mathilda W./Riley, John W. (1992), Individuelles und gesellschaftliches Potential des Alterns; in Baltes, Paul B./Mittelstrass, Jürgen (Hg.), *Zukunft des Alterns und gesellschaftliche Entwicklung.* Berlin: de Gruyter. [6]

Ringer, Fritz K. (1987*), Die Gelehrten. Der Niedergang der deutschen Mandarine.* München: Deutscher Taschenbuch Verlag. [13]

Rippl, Susanne (1995), Vorurteile und persönliche Beziehungen zwischen Ost- und Westdeutschen, in *Zeitschrift für Soziologie* 23: 273-283. [4]

Ritter, Ernst-Hasso (1979), Der kooperative Staat, in *Archiv des öffentlichen Rechts* 104: 389. [17]

Robertson, Roland (1992), *Globalization: Social Theory and Global Culture.* Newbury Park, CA: Sage. [18]

Robinson, Jerry W./Preston, James D. (1975), Equal-Status Contact and Modification of Racial Prejudice: A Reexamination of the Contact Hypothesis, in *Social Forces* 54: 911-924. [4]

Rodenstein, Marianne (1988), *Mehr Licht, mehr Luft.* Frankfurt/New York: Campus. [20]

Roethe, Thomas (1999), *Arbeiten wie bei Honecker, leben wie bei Kohl. Ein Plädoyer für das Ende der Schonfrist.* Frankfurt/M.: Eichborn. [3]

Roethlisberger, Fritz Jules/Dickson, William John (mit H.A. Weight) (1939), *Management and the Worker.* Cambridge, MA: Harvard University Press, 1961. [2, 8]

Rogers, Everett M. (1979), Network Analysis of the Diffusion of Innovations, in Holland, Paul W./Leinhardt, Samuel (Hg.), *Perspectives on Social Network Research.* New York: Academic Press: 137-164. [4]

– (1986), *Communication Technology: The New Media in Society.* New York: Free Press [3]

Rokkan, Stein (1975), Dimensions of State-Formation and Nation-Building: A Possible Paradigm for Research on Variations within Europe, in Tilly, Charles (1975), *The Formation of National States in Western Europe.* Princeton: Princeton University Press: 562-600. [17]

Rosen, Jay (1991), The Trashing of Our Public Time, in *The Raleigh News and Observer* (4. April): 17A. [3]

Rosenbaum, James E./Kariya, Takehiko (1989), From High School to Work: Market and Institutional Mechanisms in Japan, in *American Journal of Sociology* 94 (6): 1334-1365. [4]

– /Kariya, Takehiko/Settersten, Rick/Maier, Tony (1991), Market and Network Theories of the Transition from High School to Work: Their Application to Industrialized Societies, in *Annual Review of Sociology* 16: 263-299. [4]

Rosenbrock, Rolf/Schaeffer, Doris/Moers, Martin/Dubois-Arber, Francoise/Pinell, Patrice/Setbon, Michel (1999), *Die Normalisierung von Aids in Westeuropa. Der Politik-Zyklus am Beispiel einer Infektionskrankheit.* Berlin: edition sigma. [15]

Rosenholtz, Susan/Simpson, Carl (1984), The Formation of Ability Conceptions: Developmental Trend or Social Construction? in *Review of Educational Research* 54 (1): 31-63. [13]

Rostow, Walt Whitman (1952), *The Process of Economic Growth.* New York: Norton. [18]

– (1960), *The Stages of Economic Growth: A Noncommunist Manifesto.* Cambridge, Mass: Cambridge University Press; dt. *Stadien wirtschaftlichen Wachstums: Eine Alternative zur marxistischen Entwicklungstheorie.* Göttingen: Vandenhoeck & Ruprecht, 1960. [18]

Roth, Roland (1994), *Demokratie von unten. Neue soziale Bewegungen auf dem Wege zur politischen Institution.* Bonn: Bund. [21]

Rubin, Lillian Breslow (1976), *Worlds of Pain: Life in the Working-Class Family.* New York: Basic Books. [5]

Rucht, Dieter (1988), Themes, Logics, and Arenas of Social Movements: A Structural Approach, in Klandermans, Bert/Kriesi, Hanspeter/Tarrow, Sidney (Hg.), *From Structure to Action: Comparing Social Movement Participation Across Cultures.* Greenwich, Conn.: JAI Press: 305-328. [21]

– (1994a), Öffentlichkeit als Mobilisierungsfaktor für soziale Bewegungen, in Neidhardt, Friedhelm (Hg.), *Öffentlichkeit, öffentliche Meinung, soziale Bewegungen.* Sonderheft 34 der *Kölner Zeitschrift für Soziologie und Sozialpsychologie*: 337-359. [21]

– (1994b), *Modernisierung und neue soziale Bewegungen.* Frankfurt/New York: Campus. [22]

Rudé, George (1964), *The Crowd in History. A Study of Popular Disturbances in France and England; 1730 – 1848.* New York: Wiley; dt. *Die Volksmassen in der Geschichte. Unruhen, Aufstände und Revolutionen in England und Frankreich.* Frankfurt/New York: Campus, 1977. [21]

Ruether, Rosemary Radford (1992), A World on Fire with Faith, in *New York Times Book Review* (26. Januar): 10-11. [14]

Russell, Charles H. (1989*), Good News about Aging.* New York: Wiley. [6]

Rutten, Frans F.H./Bonsel, Gouke J. (1992), High Cost Technology in Health Care: A Benefit or a Burden? in *Social Science & Medicine* 4: 567-577. [15]

Sack, Fritz (1984), Die Reaktion von Gesellschaft, Politik und Staat auf die Studentenbewegung, in Sack, Fritz/Steinert, Heinz, *Protest und Reaktion.* Analysen zum Terrrorismus, hrsg. vom Bundesminister des Innern, Bd. 4/2: 107-226. Opladen: Westdeutscher Verlag. [21]

Sagan, Leonard A. (1987), *The Health of Nations. True Causes of Sickness and Well-being.* New York: Basic Books; dt. *Die Gesundheit der Nationen. Die eigentlichen Ursachen von Gesundheit und Krankheit im Weltvergleich.* Reinbek: Rowohlt, 1992. [15]

Sampson, R.J./Laub, J.H. (1990), Crime and Deviance over the Life Course: The Salience of Adult Social Bonds, in *American Sociological Review* 55: 609-627. [7]

Santis, Grace de (1980), Realms of Expertise: A View from Within the Medical Profession, in *Research in the Sociology of Health Care* 1: 179-236. [15]

Sassen, Saskia (1991), *The Global City: New York, London, Tokyo.* Princeton, N.J. : Princeton University Press. [20]

– (1994), *Cities in a World Economy.* Thousand Oakes: Pine Forge

Press; dt. *Metropolen des Weltmarkts. Die neue Rolle der Global Cities.* Frankfurt/New York: Campus, 1996. [20]

Saunders, Peter (1981), *Social Theory and the Urban Question.* London: Hutchinson; dt. *Die Soziologie der Stadt.* Frankfurt/New York: Campus, 1987. [20]

Saussure, Ferdinand de (1906), *Cours de linguistique générale*; dt. *Grundfragen der allgemeinen Sprachwissenschaft*, hrsg. v. Charles Bally. Berlin: de Gruyter, 1967. [3]

Schäfers, Bernhard (1982), *Soziologie des Jugendalters.* Opladen: Westdeutscher Verlag. [5]

– (1997), *Politischer Atlas Deutschland. Gesellschaft, Wirtschaft, Staat.* Berlin: Dietz. [4]

– (1998), *Sozialstruktur und sozialer Wandel in Deutschland. Mit einem Anhang: Deutschland im Vergleich europäischer Sozialstrukturen.* Stuttgart: Enke. [4]

Scharpf, Fritz W. (1999), *Regieren in Europa. Effektiv und demokratisch?* Frankfurt/New York: Campus. [16]

Scheler, Max (1924), Probleme einer Soziologie des Wissens; in ders., *Gesammelte Werke Bd. 8., Die Wissensformen und die Gesellschaft.* Hrsg. v. M. Scheler. München: Franke 1960: 15-190. [3]

Schellnhuber, Hans Joachim/Wenzel, Volker (Hg.) (1998), *Earth System Analysis: Integrating Science for Sustainability.* Berlin: Springer. [22]

Schelsky, Helmut (1957), *Die skeptische Generation. Eine Soziologie der deutschen Jugend.* Düsseldorf: Diederichs. [6]

– (1963), *Einsamkeit und Freiheit. Idee und Gestalt der deutschen Universität und ihrer Reformen.* Reinbek: Rowohlt. [13]

Schenk, Herrad (1981), *Die feministische Herausforderung. 150 Jahre Frauenbewegung in Deutschland.* München: C.H. Beck. [21]

Schenk, Michael (1982), *Kommunikationsstrukturen in Bürgerbewegungen.* Tübingen: Mohr. [21]

– (1993), Die ego-zentrierten Netzwerke von Meinungsbildnern (»opinion leaders«), in *Kölner Zeitschrift für Soziologie und Sozialpsychologie* 45: 254-269. [4]

Schieder, Rolf (1987), *Civil Religion: Die religiöse Dimension der politischen Kultur.* Gütersloh: Gütersloher Verlagshaus Gerd Mohn. [14]

Schlee, Günther (1985), Interethnic Clan-Identities among Kushitic Speaking Pastoralists of Northern Kenia, in *Africa* 55 (1): 17-38. [10]

Schluchter, Wolfgang (1979), *Die Entwicklung des okzidentalen Rationalismus. Eine Analyse von Max Webers Gesellschaftsgeschichte.* Tübingen: Mohr. [1]

Schmähl, Winfried/Rische, Herbert (Hg.) (1999), *Wandel der Arbeitswelt – Folgerungen für die Sozialpolitik.* Baden-Baden: Nomos Verlagsgesellschaft. [6]

Schmerl, Christiane (1984), *Das Frauen- und Mädchenbild in den Medien.* Opladen: Westdeutscher Verlag. [11]

Schmid, Josef (1996), *Wohlfahrtsstaaten im Vergleich. Soziale Sicherungssysteme in Europa: Organisation, Finanzierung, Leistungen und Probleme.* Opladen: Leske + Budrich. [16]

Schmitt, Carl (1932), *Der Begriff des Politischen.* Berlin: Duncker & Humblot, 1991. [17]

Schmitter, Philippe C./Lehmbruch, Gerhard (1979), *Trends Toward Corporatist Intermediation.* Beverly Hills: Sage. [17]

Schneewind, Klaus A./Vaskovics, Lazlo A./Backmund, Veronika/

Gotzler, Petra/Rost, Harald/Salih, Amina/Sierwald, Wolfgang/ Vierzigmann, Gabriele (1992), *Optionen der Lebensgestaltung junger Ehen und Kinderwunsch.* Berlin: Kohlhammer. [12]

Schneider, Markus u.a. (1992), *Gesundheitssysteme im internationalen Vergleich.* Augsburg: BASYS. [15]

Schneider, Norbert F. (1990), Woran scheitern Partnerschaften? Subjektive Trennungsgründe und Belastungsfaktoren bei Ehepaaren und nichtehelichen Lebensgemeinschaften, in *Zeitschrift für Soziologie* 19: 458-470. [11]

Schuchard, Margret/Speck, Agnes (Hg.) (1997), *Mutterbilder – Ansichtssache. Beiträge aus sozialwissenschaftlicher und psychoanalytischer, juristischer, historischer und literaturwissenschaftlicher, verhaltensbiologischer und medizinischer Perspektive.* Heidelberg: Mattes. [12]

Schudson, Michael (1984), *Advertising: The Uneasy Persuasion.* New York: Basic Books. [3]

Schultz, Theodor W. (1961), Investment in Human Capital, in *American Economic Review*, 51: 1-17. [13]

Schulze, Gerhard (1992), *Die Erlebnisgesellschaft. Kultursoziologie der Gegenwart.* Frankfurt/New York: Campus. [9, 10]

Schumann, Harald/Martin, Hans-Peter (1996), *Die Globalisierungsfalle. Der Angriff auf Demokratie und Wohlstand.* Reinbek: Rowohlt. [16]

Schumpeter, Joseph A. (1942), *Kapitalismus, Sozialismus und Demokratie.* Tübingen: Francke, 1993. [17]

Schütz, Alfred/Luckmann, Thomas (1973/1989), *Structures of the Life World*, 2 Bd. Evanston: Northwestern University Press; dt. *Strukturen der Lebenswelt.* Neuwied: Luchterhand 1979/1984. [1, 4]

Schütze, Yvonne (1986), *Die gute Mutter. Zur Geschichte des normativen Musters »Mutterliebe«.* Bielefeld: Kleine Verlag. [11]

Schuman, Howard/Presser, Stanley (1981), *Questions and Answers in Attitude Surveys.* New York: Academic Press. [2]

Schwartz, Friedrich Wilhelm (1993), Entscheidungsprozesse im Gesundheitswesen, in Nagel, Eckhard/Fuchs, Christoph (Hg.), *Soziale Gerechtigkeit im Gesundheitswesen.* Berlin: Springer: 21-50. [15]

– /Busse, Reinhard (1995), Morbidität, Demographie und technischer Fortschritt als Determinanten künftiger Entwicklungen im Gesundheitswesen, in *Die Betriebskrankenkasse* 2: 80-85. [15]

Schwarz, Michiel/Thompson, Michael (1990), *Divided We Stand. Redefining Politics, Technology and Social Choice.* Philadelphia: University of Pennsylvania Press. [22]

Schwendter, Rolf (1971), *Theorie der Subkultur.* Berlin: Kiepenheuer & Witsch. [3]

Scott, James C. (1976), *The Moral Economy of the Peasant.* New Haven, CT: Yale University Press. [18]

– (1985), *Weapons of the Weak.* New Haven, CT: Yale University Press. [10]

– (1987), Resistance without Protest and without Organization, in *Comparative Studies in Society and History* 29. [10]

Secord, Paul F./Backman, Carl W. (1964), *Social Psychology.* New York: McGraw-Hill; dt. *Sozialpsychologie.* Frankfurt/M.: Fachbuchhandlung für Psychologie, 1976. [8]

Seifert, Wolfgang (1998), Ausländische Bevölkerung, in Schäfers, Bernhard/Zapf, Wolfgang (Hg.), *Handwörterbuch zur Gesellschaft Deutschlands.* Opladen: Leske + Budrich: 49-60. [10]

Senghaas, Dieter (1969), *Abschreckung und Frieden: Studien zur Kritik organisierter Friedlosigkeit.* Frankfurt/M.: Europäische Verlagsanstalt. [17]

– (1974), *Weltwirtschaftsordnung und Entwicklungspolitik.* Frankfurt/M.: Suhrkamp. [18]

Shanin, Teodor (1990), *Defining Peasants.* Oxford: Blackwell. [18]

Shavit, Yossi/Müller, Walter (1998), *From School to Work. A Comparative Study of Educational Qualifications and Occupational Destinations.* Oxford: Oxford University Press. [4]

Shaw, Martin (1991), *Post-Military Society: Militarism, Demilitarization, and War at the End of the Twentieth Century.* Philadelphia: Temple University Press. [17]

Sherman, Barry L./Dominick, Joseph R. (1986), Violence and Sex in Music Videos: TV and Rock and Roll, in *Journal of Communication* 36: 79-93. [2]

Shirley, Edward G. (1995), Is Iran's Present Algeria's Future? in *Foreign Affairs* 74 (3): 28-44. [14]

Siegrist, Hannes (Hg.) (1988), *Bürgerliche Berufe. Zur Sozialgeschichte der freien und akademischen Berufe im internationalen Vergleich.* Göttingen: Vandenhoeck & Ruprecht. [13]

Siegrist, Johannes (1996), *Soziale Krisen und Gesundheit. Eine Theorie der Gesundheitsförderung am Beispiel von Herz-Kreislauf-Risiken im Erwerbsleben.* Göttingen: Hogrefe. [15]

Signorielli, Nancy (1989), Television and Conceptions about Sex Roles: Maintaining conventionality and the status quo, in *Sex Rules* 21 (5/6): 341-360. [11]

Silomon, Hero (1983), *Technologie in der Medizin. Folgen und Probleme.* Stuttgart: Hippokrates-Verlag. [15]

Simmel, Georg (1900), *Philosophie des Geldes.* Berlin: Duncker & Humblot, 1987. [3, 4]

– (1903), Die Großstädte und das Geistesleben, in ders. *Das Individuum und die Freiheit.* Berlin: Wagenbach, 1984: 192-204. [20]

– (1908), *Soziologie. Untersuchungen über die Formen der Vergesellschaftung.* Berlin: Duncker & Humblot, 1968. [8]

Simon, Julian Lincoln (1990), *Population Matters: People, Resources, Environment, and Immigration.* New Brunswick, N.J.: Transaction. [19]

Simon, Michael (1996), Die Umsetzung des GSG im Krankenhausbereich: Auswirkungen der Budgetregelung auf die Aufnahme- und Verlegungspraxis von Allgemeinkrankenhäusern, in *Zeitschrift für Gesundheitswissenschaften* 4 (1): 20-40. [15]

Sjoberg, Gideon (1960), *The Preindustrial City: Past and Present.* Peoria, Ill.: Free Press. [20]

Skocpol, Theda (1979), *States and Social Revolutions: A Comparative Analysis of France, Russia, and China.* Princeton: Princeton University Press. [2, 21]

– (Hg.) (1994), *Social Revolutions in the Modern World.* Cambridge: Cambridge University Press. [17]

Smith, Adam (1776), *The Wealth of Nations*; dt. *Der Wohlstand der Nationen.* München: Deutscher Taschenbuch Verlag, 1999. [1, 16]

Smith, Anthony (1993), *National Identity.* Harmondworth, England: Penguin. [2]

– (1998), *Nationalism and Modernism.* New York: Routledge. [4]

Smith, Michael Garfield (1974), Pre-Industrial Stratification Systems, in ders. (1974), *Corporations and Society.* London: Duckworth. [9]

– (1991), Pluralism and Social Stratification, in Ryan, Selwyn (Hg.), *Social and Occupational Stratification in Contemporary Trinidad and Tobago.* St. Augustine, Trinidad: Institute of Social and Economic Research, University of the West Indies. [9]

Smith, Michael Peter/Feagin, Joe R. (Hg.) (1987), *The Capitalist City: Global Restructuring and Community Politics.* New York: Basil Blackwell. [20]

Snow, David A./Benford, Robert D. (1988), Ideology, Frame Resonance, and Participant Mobilization, in Klandermans, Bert/Kriesi, Hanspeter/Tarrow, Sidney (Hg.), *From Structure to Action: Comparing Social Movement Research Across Cultures.* Greenwich, Conn.: JAI Press: 197-218. [21]

Snow, Margaret Ellis /Carol, Nagy Jacklin/ Maccoby, Eleanor E. (1953), Sex-of-Child Differences in Father-Child Interactions at One Year of Age, in *Child Development* 54: 227-232. [11]

Soeffner, Hans-Georg (1992), Stil und Stilisierung. Punk oder die Überhöhung des Alltags, in ders. *Die Ordnung der Rituale.* Bd. 2: 76-101. Frankfurt/M.: Suhrkamp. [3]

Solga, Heike (1995), *Auf dem Weg in eine klassenlose Gesellschaft? Klassenlage und Mobilität zwischen Generationen in der DDR.* Berlin: Akademie Verlag. [9]

Somers, Margareth R./Gibson, Gloria D. (1994), Reclaiming the Epistemiological »Other«: Narrative and the Social Construction of Identity, in Calhoun, Craig (Hg.), *Social Theory and the Politics of Identity.* Oxford: Blackwell. [5]

Sommerkorn, Ingrid N./Liebsch Katharina (2002), Erwerbstätige Mütter zwischen Beruf und Familie: Mehr Kontinuität als Wandel, in Nave-Herz 2002a:99-130.

Sorge, Arndt (1985), *Informationstechnik und Arbeit im sozialen Prozeß.* Frankfurt/New York: Campus. [16]

Sorrentino, Constance (1990), The Changing Family in International Perspective, in *Monthly Labor Review* 79 (3): 41-58. [11]

Spencer, Herbert (1974), *The Evolution of Society: Selections from Herbert Spencer's »Principles of Sociology.«* Hrsg. von Robert L. Cirnicro. Chicago: University of Chicago Press. [9]

Spitz, René D. (1951), The Psychogenic Diseases of Infancy: An Attempt at their Etiological Classification, in *Psychoanalytic Study of the Child* 6: 255-275. [5]

Stacey, Judith (1990), *Brave New Families,* New York: Basic Books. [12]

Stack, Steven/Gunlack, Jim (1992), The Effect of Country Music on Suicide, in *Social Forces* 7: 211-218. [2]

Stanley, J. (1990), We Need to Know Why Women Falter in Math, in *The Chronicle of Higher Education* 19 (1). [11]

Stark, Rodney/Bainbridge, William Sims (1985), *The Future of Religion: Secularization, Revival and Cult Formation.* Berkeley: University of California Press. [14]

Statistischer Bericht 1988/90, Kirchengemeinden, Kirchenkreise, Theologiestudierende, Ausbildung zum Pfarrdienst, Pfarrstellen, Theologinnen und Theologen in den Gliedkirchen der EKD in den Jahren 1988, 1989 und 1990. *Statistische Beilage Nr. 87 zum Amtsblatt der EKD,* Heft 2, 15. Februar 1993. [14]

– 1992, Statistik über Äußerungen des kirchlichen Lebens in den Gliedkirchen der EKD im Jahre 1992. *Statistische Beilage Nr. 90 zum Amtsblatt der EKD,* Heft 1, 15. Januar 1995. [14]

Statistisches Bundesamt (1997), *Gesundheitswesen,* Fachserie 12, Reihe 1, *Ausgewählte Zahlen für das Gesundheitswesen.* Stuttgart: Metzler-Poeschel. [15]

– (1998), *Gesundheitsbericht für Deutschland.* Stuttgart: Metzler-Poeschel. [15]

– (Hg.) (1991), *Statistisches Jahrbuch 1991 für die Bundesrepublik Deutschland.* Stuttgart: Metzler-Poeschel. [6]

– (1994), *Im Blickpunkt: Kultur in Deutschland*, bearb. v. Udo Kleinegees, Christiane Krüger-Hemer, Gregor Kyi, Christine Weller und Uwe Zimmermann. Stuttgart: Metzler-Poeschel. [3]

– (1996ff.), *Statistisches Jahrbuch 1996 für die Bundesrepublik Deutschland.* Stuttgart: Metzler-Poeschel. [9, 11, 12]

– (1998), *Datenreport.* Bonn: Bundeszentrale für politische Bildung. [12]

Stein, Lorenz von (1842), *Der Socialismus und Communismus des heutigen Frankreichs.* Leipzig: Wiegand. [21]

– (1848), *Proletariat und Gesellschaft.* Leipzig: Wiegand. Hrsg. von Manfred Hahn. München, 1972 (Auszug aus: Der Socialismus und Communismus des heutigen Frankreichs.). [21]

Steinkamp, Günther (1991), Sozialstruktur und Sozialisation, in Hurrelmann, Klaus/Ulich, Dieter (Hg.), *Neues Handbuch der Sozialisationsforschung.* Weinheim: Beltz: 251-277. [5]

Stern, Paul C./Young, Oran R./Druckman, Daniel D. (1992), *Global Environmental Change. Understanding the Human Dimensions.* Washington, D.C.: National Academy Press. [22]

Stöhr, Manfred (1994), Eine iatrogene Schädigung durch Kernspintomographie, in *Deutsches Ärzteblatt* 91 (46): C-2014-2015. [15]

Stratmann, Bernhard (1999), *Stadtentwicklung in globalen Zeiten. Lokale Strategien, städtische Lebensqualität und Globalisierung.* Basel: Birkhäuser. [20]

Strauss, Anselm (1991), *Creating Sociological Awareness. Collective Images and Symbolic Representations.* London: Transactions. [4]

Streeck, Wolfgang (1999), *Korporatismus in Deutschland. Zwischen Nationalstaat und Europäischer Union.* Frankfurt/New York: Campus. [17]

– (Hg.) (1994), *Staat und Verbände.* Opladen: Westdeutscher Verlag. [16, 17]

Sullivan, Harry Stack (1953), *The Interpersonal Theory of Psychiatry.* New York: Norton; dt. *Die interpersonale Theorie der Psychiatrie.* Frankfurt/M.: Fischer. [5]

Sumner, Wiliam Graham (1906), *Folkways: A Study of the Sociological Importance of Usages, Manners, Customs, Mores and Morales.* New York: Dover. [21]

Sutherland, Edwin (1949), *White Collar Crime.* New York: Dryden Press. [7]

SVR Sachverständigenrat für die Konzertierte Aktion im Gesundheitswesen (1991), *Jahresgutachten 1991. Das Gesundheitswesen im vereinten Deutschland.* Baden-Baden: Nomos Verlagsgesellschaft. [15]

Swanson, Guy E. (1974), *The Birth of the Gods.* Ann Arbor: University of Michigan Press. [14]

Szelenyi, Ivan (1996), Cities Under Socialism – and after, in Andrusz; Gregory/Harloe, Michael/Szelenyi, Ivan (Hg.), *Cities After Socialism.* Oxford: Blackwell: 286-317. [20]

Tarrow, Sidney (1983), Struggling to Reform: Social Movement and Policy Change During Cycles of Protest, in *Western Societies Program*, Occasional Paper No. 15, Cornell University. [21]

– (1998), *Power in Movement: Social Movements, Collective Action and Politics.* Cambridge: Cambridge University Press. [21]

Taylor, Charles (1985), Legitimation Crisis? in *Philosophy and the Sciences of Man*; dt. in ders. (1988), *Negative Freiheit – Zur Kritik des neuzeitlichen Individualismus.* Frankfurt/M.: Suhrkamp. [1]

Taylor, Ian (1999), *Crime in Context. A Critical Criminology of Market Societies.* Oxford: Oxford Polity Press. [7]

Teichler, Ulrich (1995), Hochschule und Beschäftigungssystem, in Huber, Ludwig (Hg.), *Ausbildung und Sozialisation in der Hochschule.* (Enzyklopädie Erziehungswissenschaft. Bd. 10). Stuttgart: Klett: 59-77. [13]

Teltschik, Horst (1991), *329 Tage: Innenansichten der Einigung.* Berlin: Siedler. [17]

Thomas, Elisabeth Marshall (1959), *The Harmless People.* New York: Vintage; dt. *Meine Freunde, die Buschmänner.* Berlin: Ullstein. [9]

Thomas, William I./Thomas, Dorothy Swaine (1928), *The Child in America.* New York: Knopf. [1, 4]

– /Znaniecki, Florian (1918-20), *The Polish Peasant in Europe and America. Monograph of an Immigrant Group.* Boston: Richard G. Badger/ The Gorham Press (5 Bände). [4]

Thompson, Michael/Ellis, Richard/Wildavsky, Aaron (1990), *Cultural Theory.* Boulder, CO: Westview Press. [22]

– /Rayner, Steve (1998), Cultural Discourses, in Rayner, Steve/Malone, Elizabeth L. (Hg.), *Human Choice and Climate Change.* Bd 1. Columbus/Oh.: Batelle Press: 265-343. [22]

Tilly, Charles (1978), *From Mobilization to Revolution.* New York: Random House. [21]

– (1984), Social Movements and National Politics, in Bright, Charles/Harding, Susan (Hg.), *Statemaking and Social Movements: Essays in History and Theory.* Ann Arbor: University of Michigan Press: 297-317. [21]

Toman, Walter (1991), *Family constellation.* New York: Springer; dt. *Familienkonstellationen.* München: C.H. Beck, 1965. [5]

Tönnies, Ferdinand (1887), *Gemeinschaft und Gesellschaft – Grundbegriffe der reinen Soziologie.* Darmstadt: Wissenschaftliche Buchgesellschaft. [20]

Townsend, Peter (1979), *Poverty in the United Kingdom.* Hardmondsworth: Penguin Books. [9]

Troeltsch, Ernst (1912), *Die Soziallehren der christlichen Kirchen und Gruppen*, 2 Bde. Tübingen: Mohr Siebeck, 1994. [14]

Troiden, Richard (1984), Self, Self-concept, Identity and Homosexual Identity, in *Journal of Homosexuality* 10 (3/4): 97-109. [11]

Tumin, Melvin M. (1953), Some Principles of Stratification: A Critical Analysis, in *American Sociological Review* 18: 387-393. [9]

Turner II, Billie Lee/Clark, William C./Kates, Robert W./Richards, John F./Mathews, Jessica T./Meyer, William. B. (Hg.) (1990), *The Earth has Transformed by Human Action: Global and Regional Changes in the Biosphere over the Past 300 Years.* Cambridge: Cambridge University Press. [22]

Turner, Bryan S. (1986), *Citizenship and Capitalism.* London: Allen & Unwin. [17]

Tyrell, Hartmann (1986), Geschlechtliche Differenzierung und Geschlechterklassifikation, in *Kölner Zeitschrift für Soziologie und Sozialpsychologie* 38: 450-489. [11]

U.S. Department of Health and Human Services (1995), *Morbidity and Mortality Weekly Report* 44: 289-291. [2]

U.S. Department of Justice, Office of Justice Programs (1996), *Correctional Population in the United States, 1994*. Washington, D.C.: U.S. Department of Justice. [7]

U.S. Department of Labor (1988), *Employment and Earnings* (Januar): 183-188. Washington, DC: U.S. Government Printing Office. [4]

Ulrich, Ralf E. (2000), Explosion der Weltbevölkerung oder Implosion? in *Internationale Politik* 55. [19]

United Nations (1991), *The World's Women, 1970-1990: Trends and Statistics*. New York: United Nations. [11]

– (1999), *World Population Prospects. The 1998 Revision*. New York: United Nations. [19]

United Nations Development Program, *Human Development Report 1999*. Oxford: Oxford University Press. [18]

Vaillant, George E. (1977), *Adaptation to Life*. Boston: Little Brown. [6]

Van Creveld, Martin (1985), *Command in War*. Cambridge, MA: Harvard University Press. [8]

Van den Berghe, Pierre (1978), *Race and Racism: A Comparative Perspective*. New York: Wiley. [10]

Van Evra, Judith (1990), *Television and Child Development*. Hillsdale, NJ: Erlbaum. [5]

Vaskovics, Lazlo A./Buba, Hans Peter/Früchtel, Frank (1992), Postadoleszenz und intergenerative Beziehungen in der Familie, in *Jugendwerk der Deutschen Shell, Jugend 92: Lebenslagen, Orientierungen und Entwicklungsperspektiven im vereinten Deutschland*, Bd. 2. Opladen: Westdeutscher Verlag. [12]

Veblen, Thorstein (1899), *Theory of the Leisure Class*. New York: Macmillan; dt. *Theorie der feinen Leute*. Köln: Kiepenheuer & Witsch, 1958. [3, 9]

Veith, Hermann (1996), *Theorien der Sozialisation. Zur Rekonstruktion des modernen sozialisationstheoretischen Denkens*. Frankfurt/ New York: Campus. [5]

Vester, Michael (1995), Deutschlands feine Unterschiede. Mentalitäten und Modernisierung in Ost- und Westdeutschland, in *Aus Politik und Zeitgeschichte* B20/95: 16-30. [9]

– /Oertzen, Peter v./Geiling, Heiko/Hermann, Thomas/Müller, Dagmar (1992), *Soziale Milieus im gesellschaftlichen Strukturwandel*. Köln: Bund-Verlag. [9]

Villmow, Bernhard (1993), Ausländerkriminalität, in Kaiser, Günther/Kerner, Hans-Jürgen/Sack, Fritz/Schellhoss, Hartmut (Hg.), *Kleines Kriminologisches Wörterbuch*. Heidelberg: C.F. Müller Juristischer Verlag: 39-48. [7]

Viorst, Milton (1995), Sudan's Islamic Experiment, in *Foreign Affairs* 74 (3): 45-58. [14]

Vitousek, Peter M./Mooney, Harold A./Lubchenco Jane/Melillo, Jerry M. (1997), Human Domination of the Earth's Ecosystems, in *Science* 277: 494-499. [22]

Vögele, Wolfgang (1994), *Zivilreligion in der Bundesrepublik Deutschland*. Gütersloh: Kaiser. [14]

Wacquant, Loïc J.D. (1996), Red Belt, Black Belt: Racial Division, Class Inequality and the State in the French Urban Periphery and the American Ghetto, in Mingione, Enzo (Hg.), *Urban Poverty and the Underclass*. Oxford: Blackwell Publishers: 234-274. [20]

Wagner, Wolf (1996), *Kulturschock Deutschland*. Berlin: Rotbuch. [3]

Wajcman, Judy (1994), Delivered Into Men's Hands? The Social Construction of Reproductive Technology, in Sen, Gita/Snow, Rachel C. (Hg.), *Power and Decision: The Social Control of Reproduction*. Cambridge, MA: Harvard University Press: 153-175. [1]

Waldmann, Peter (1985), Gewaltsamer Separatismus. Am Beispiel der Basken, Franco-Kanadier und Nordiren, in *Kölner Zeitschrift für Soziologie und Sozialpsychologie*, 37: 203-228. [10]

Walker, Leonore (1979), *The Battered Woman*. New York: Harper & Row; dt. *Warum schlägst du mich?* München: Piper, 1994. [12]

Wallerstein, Immanuel (1974), *The Modern World System, Bd. I*. New York: Academic Press. [18]

– (1979), *The Capitalist World Economy*, New York: Academic Press. [18]

– (1984), *The Modern World System, Vol. II*. New York: Cambridge University Press; dt. *Das moderne Weltsystem. Kapitalistische Landwirtschaft und die Entstehung der europäischen Weltwirtschaft im 16. Jahrhundert*. Frankfurt/M.: Syndikat, 1986. [3, 18]

– (1988), *The Modern World System, Vol. III*. New York: Cambridge University Press. [18]

Wallerstein, Judith S./Kelly, Joan B. (1980), *Surviving the Breakup: How Children and Parents Cope with Divorce*. New York: Basic Books. [12]

Walper, Sabine (1995), Kinder und Jugendliche in Armut, in Bieback, Karl Jürgen/Milz, Helga (Hg.), *Neue Armut*. Frankfurt/New York: Campus: 181-219. [9]

Walter, Heike/Ullrich, Carsten G./Wemken, Ingrid (1995), Malus- und Bonus-Regelungen als Steuerungsinstrumente im System der Gesetzlichen Krankenversicherung, in *Zeitschrift für Gesundheitswissenschaften* 2 (3): 100-110. [15]

Walther, Andreas (2000), *Spielräume im Übergang in die Arbeit*. Weinheim: Juventa. [6]

Waltz, Millard/Badura, Bernhard (1990), Social Support and Chronic Illness: Conceptual and Methodological Problems, in *International Journal of Health Sciences*, 1 (3): 177-183. [15]

Walzer, Michael (1983), *Spheres of Justice. A Defense of Pluralism and Equality*. New York: Basic Books; dt. *Sphären der Gerechtigkeit. Ein Plädoyer für Pluralismus und Gleichheit*. Frankfurt/New York: Campus, 1992. [4]

Wasem, Jürgen (1999), Einstellungen und Erwartungen der Bevölkerung an das Gesundheitssystem. Eine repräsentative Studie, in *Die Betriebskrankenkasse* 87: 434-440. [15]

Waters, Mary C. (1990), *Ethnic Options: Choosing Identities in America*. Berkeley: University of California Press. [10]

Watson, John B. (1925), *Behaviorism*. New York: Norton; dt. *Der Behaviorismus*. Berlin: Deutsche Verlagsanstalt, 1930. [5]

WBGU (Wissenschaftlicher Beirat der Bundesregierung Globale Umweltveränderungen) (1997), *Welt im Wandel. Wege zu einem nachhaltigen Umgang mit Süßwasser*. Berlin: Springer. [22]

Weber, Alfred (1921), Gesellschaftsprozeß, Zivilisationsprozeß und Kulturbewegung, in ders., *Prinzipien der Geschichts- und Kultursoziologie*. München: Piper, 1951: 44-92. [3]

Weber, Max (1904), Die protestantische Ethik und der Geist des

Kapitalismus, in *Gesammelte Aufsätze zur Religionssoziologie.* Tübingen: Mohr Siebeck, 1998: 17—205. [14]

– (1919), Politik als Beruf, in ders., *Gesammelte politische Schriften.* Bd.2: 483-548. Tübingen: Mohr Siebeck, 1958. [17]

– (1922), *Wirtschaft und Gesellschaft. Grundriß der verstehenden Soziologie.* Tübingen: Mohr Siebeck, 1972. [3, 8, 17, 20, 21]

Wehling, Peter (1989), *Ökologische Orientierung in der Soziologie. Sozial-ökologische Arbeitspapiere* 26. Frankfurt/M.: IKO-Verlag. [22]

Weidner, Helmut (1991), Umweltpolitik – Auf dem Weg zu einer internationalen Spitzenstellung, in Süß, Werner (Hg.), *Die Bundesrepublik in den achtziger Jahren.* Opladen: Leske + Budrich: 137-152. [21]

Weiland, Stephan K./Keil, Ulrich (1994), Die Rauchgewohnheiten von Kindern und Jugendlichen: Eine Herausforderung für die primäre Prävention, in Opitz, Klaus/Wirth, W. (Hg.), *Tabakrauchen und Raucherentwöhnung in Deutschland 1994.* Stuttgart: Fischer. [15]

Weinberg, Martin S./Williams, Colin J. (1975), Gay Baths and the Social Organization of Impersonal Sex, in *Social Problems* 23 (2): 124-136. [2]

Weiß, Johannes (1975), *Max Weber's Grundlegung der Soziologie. Eine Einführung.* München: utb. [3]

Weiss, Linda (1998), *The Myth of the Powerless State.* New York: Cornell University Press. [4]

Welsch, Wolfgang (1987), *Unsere postmoderne Moderne.* Weinheim: VCH. [3]

– (1988), *Wege aus der Moderne. Schlüsseltexte der Postmoderne-Diskussion.* Weinheim: VCH. [3]

West, Candace (1984), *Routine Complications: Troubles With Talk Between Doctors and Patients.* Bloomington: Indiana University Press. [4]

– /Zimmerman, Don H. (1977), Women's Place in Everyday Talk: Reflections on parent-child interactions, in *Social Problems* 24: 521-528. [4]

Wetterer, Angelika (Hg.) (1992), *Profession und Geschlecht. Über die Marginalität von Frauen in hochqualifizierten Berufen.* Frankfurt/New York: Campus. [11]

Wey, Klaus-Georg (1982), *Umweltpolitik in Deutschland. Kurze Geschichte des Umweltschutzes in Deutschland seit 1900.* Opladen: Westdeutscher Verlag. [21]

Weymann, Ansgar (1989), *Handlungsspielräume. Untersuchungen zur Individualisierung und Institutionalisierung von Lebensläufen in der Moderne.* Stuttgart: Enke. [4]

– (1995), Modernisierung, Generationsverhältnisse und die Ökonomie der Lebenszeit, in *Soziale Welt* 46: 1-16. [4]

– (1998), *Sozialer Wandel. Theorien zur Dynamik der modernen Gesellschaft.* Weinheim: Juventa. [4]

– (1999), Gesellschaft/Gesellschaftstheorie, in Sandkühler, Hans Jörg (Hg.), *Enzyklopädie der Philosophie.* Hamburg: Felix Meiner. [4]

– /Heinz, Walter R. (Hg.) (1996), *Society and Biography.* Weinheim: Deutscher Studien Verlag. [6]

Whorf, Benjamin Lee (1956), *Language, Thought, and Reality.* Cambridge, Mass.: Technology Press of Massachusetts Institute of Technology; dt. *Sprache, Denken, Wirklichkeit: Beiträge zur Metalinguistik und Sprachphilosophie.* Reinbek: Rowohlt, 1963. [3]

Wiatrowski, William J. (1990), Family-Related Benefits in the Workplace, in *Monthly Labor Review* 71 (3): 28-33. [11]

Wichert, Agnes (1988), Die Systematik der Diskriminierung im Rentenrecht, in Gerhard, Ute/Schwarzer, Alice/Slupik, Vera (Hg.), *Auf Kosten der Frauen. Frauenrechte im Sozialstaat.* Weinheim: Beltz: 173-191. [11]

Willis, Paul (1990), *Common Culture: Symbolic Work at Play in the Everyday Cultures of the Young.* Boulder, CO: Westview Press; dt. *Jugend-Stile: Zur Ästhetik der gemeinsamen Kultur.* Hamburg: Argument Verlag, 1991. [5]

Willke, Helmut (1992), *Ironie des Staates: Grundlinien einer Staatstheorie polyzentrischer Gesellschaft.* Frankfurt/M.: Suhrkamp. [17]

– (1997), *Supervision des Staates.* Frankfurt/M.: Suhrkamp. [17]

Wilson, Edward O. (1978), *On Human Nature.* Cambridge, MA: Harvard University Press; dt. *Biologie als Schicksal. Die soziobiologischen Grundlagen menschlichen Verhaltens.* Frankfurt/M.: Ullstein, 1978. [5]

Wilson, James Q./Kelling, George L. (1982), The Police and Neighborhood Safety: Broken Windows, in *The Atlantic Monthly* 125 (3): 29-39; dt. Polizei und Nachbarschaftssicherheit: Zerbrochene Fenster, in *Kriminologisches Journal* 28 (2), 1996: 121-137. [7]

Wilson, William Julius (1987), *The Truly Disadvantaged. The Inner City, the Underclass, and Public Policy.* Chicago: Chicago University Press. [20]

Wingenfeld, Klaus (1992), Zur Entwicklung der Großgeräteplanung in der Bundesrepublik, in *Jahrbuch für Kritische Medizin* 18, *Argument-Sonderband* 198: 149-168. [15]

Wirth, Louis (1928), *The Ghetto.* Chicago, Ill.: Chicago University Press. [3]

– (1938), Urbanität als Lebensform, in Herlyn, Ulfert (Hg.), *Stadt- und Sozialstruktur.* München: Nymphenburger Verlagsbuchhandlung, 1974: 42–66. [20]

Wissenschaftlicher Beirat für Frauenpolitik beim Bundesministerium für Frauen und Jugend (Hg) (1993), *Schriftenreihe des Ministeriums für Frauen und Jugend.* Bd.13. Bonn. [12]

Wobbe, Theresa/Lindemann, Gesa (Hg.) (1994), *Denkachsen. Zur theoretischen und institutionellen Rede vom Geschlecht.* Frankfurt/M.: Suhrkamp. [11]

Wolter, Werner (1977), *Die langfristige Vorausbestimmung der Ausbildungsleistungen des Hoch- und Fachschulwesens in der DDR.* (Studien zur Hochschulentwicklung, 85). Berlin: Institut für Hochschulbildung. [13]

World Bank (1991), *World Development Report 1991: The Challenge of Development.* Oxford: Oxford University Press. [18]

– (1995), *World Development Report 1995.* Oxford: Oxford University Press. [18]

– (1997), *World Development Report 1997. The State in a Changing World.* Oxford: Oxford University Press. [17]

– (2000), *World Development Report 2001.* Oxford: Oxford University Press. [18]

Worsley, Peter (1984), *The Three Worlds.* Chicago: University of Chicago Press. [18]

Wuthnow, Robert (1988), *The Restructuring of American Religion.* Princeton, NJ: Princeton University Press; dt. *Die Umstrukturierung der amerikanischen Religion.* Würzburg: Ergon-Verlag, 1995. [14]

Yamagishi, Toshio/Gillmore, Mary R./Cook, Karen S. (1988), Network Connections and the Distribution of Power in Exchange Networks, in *American Journal of Sociology* 93 (1): 833-851. [4]

Yearley, Stephen (1996), *Sociology, Environmentalism, Globalization.* London: Hyman. [22]

Yellen, J. E. (1990), Die Kung der Kalahari – Wandel archaischer Lebensformen, in *Spektrum der Wissenschaft* 13 (6): 88-97. [9]

Zapf, Katrin (1969), *Rückständige Viertel: Eine soziologische Analyse der städtebaulichen Sanierung in der Bundesrepublik.* Frankfurt/M.: Europäische Verlagsanstalt. [20]

– /Heil, Karolus/Rudolph, Justus (1969), *Stadt am Stadtrand. Eine vergleichende Untersuchung in vier Münchener Neubaugebieten.* Frankfurt/M.: Europäische Verlagsanstalt. [20]

Zapf, Wolfgang (1994), *Modernisierung, Wohlfahrtsentwicklung und Transformation.* Berlin: sigma. [4]

Zentrum zur Dokumentation für Naturheilverfahren und Forschungsinstitut Freie Berufe, im Auftrag des Niedersächsischen Ministeriums für Wirtschaft, Technologie und Verkehr (1991), *Dokumentation der besonderen Therapieeinrichtungen und natürlichen Heilweisen in Europa.* Bd. 1. Essen: VGM. [15]

Zimbardo, Philip G. (1972), Pathology of Imprisonment, in *Transaction/Society* 9: 1-8. [2]

Zinnecker, Jürgen (1987), *Jugendkultur 1940 bis 1985.* Opladen: Leske + Budrich. [6]

– (Hg.) (1975), *Der heimliche Lehrplan.* Weinheim: Beltz. [5]

Zinser, Hartmut (1993), Moderner Okkultismus als Phänomen unter Schülern und Erwachsenen, in *Aus Politik und Zeitgeschichte* B 41-42: 16-24. [14]

Zolo, Danilo (1987), *Complessità e democrazia.* Turin: Giappichelli; engl. *Democracy and Complexity.* Cambridge: Polity Press, 1992. [17]

Zulehner, Paul M./Denz, Hermann (1993), *Wie Europa lebt und glaubt: Europäische Wertestudie.* Tabellenband. Düsseldorf: Patmos. [14]

Zürn, Michael (1998), *Regieren jenseits des Nationalstaates. Globalisierung und Denationalisierung als Chance.* Frankfurt/M.: Suhrkamp. [4, 17]

Zweifel, Peter (1984), Medizinisch-technischer Wandel und sein Einfluß auf den privaten Arzt: Eine theoretische und empirische Untersuchung, in Münnich, Frank E. /Oettle, Karl (Hg.), *Ökonomie des technischen Fortschritts in der Medizin*, Bd. 6. Robert Bosch Stiftung, Gerlingen: 57-95. [15]

Webliographie

Soziologen sind, wie andere Wissenschaftler auch, ständig auf der Suche nach neuen Informationen: nach den aktuellsten Zahlen zur Arbeitslosigkeit, zu landesüblichen Verdiensten, zu Migration oder zur Geburtenrate. Sozialwissenschaftliche Forschung produziert darüber und über viele andere Themen ständig neues Wissen. Die Ergebnisse von Untersuchungen kann man mehr und mehr nicht nur in Bibliotheken, sondern ebenso im Internet finden.

Das Internet verbindet über Telekommunikation Computer in der ganzen Welt. Einzelne Computernutzer werden zu zentralen Rechnern (Servern) mit größerer Kapazität verbunden; diese wiederum sind untereinander über das Telefonnetz oder direkt über Standleitungen gekoppelt. Jeder Server speichert eine Vielzahl von Informationen, zu denen man sich von überallher Zugang verschaffen kann. Die Universität Texas zum Beispiel besitzt eine der besten digitalisierten Datensammlungen der Welt zum Thema Lateinamerika. Man muss selbstverständlich nicht extra nach Texas reisen, um Einblick zu bekommen; es genügt, über das Internet das entsprechende Computersystem aufzurufen. Das *Texas Center for Latin America Studies* unterhält eine Seite im Internet, die erstaunlich vielfältige Fakten bereithält.

Das so genannte *World Wide Web* ist derjenige Teil des Internet, der am einfachsten zu nutzen ist. Die Informationen sind hier über ein System von verbundenen Dokumenten – so genannte Homepages – die auf Web-Servern gespeichert sind, organisiert. Die Dokumente werden mittels einer Software, dem http (hypertext transfer protocol), zum einzelnen PC befördert. Jede Homepage beinhaltet Informationen und bietet eine Reihe von Verbindungen (Links) zu anderen Homepages, die ebenfalls Daten bereithalten. Wenn Sie die Homepage einer wichtigen Universität aufrufen, zum Beispiel die der Freien Universität Berlin, werden Sie auf eine große Auswahl nützlicher Dinge stoßen: Hinweise zum Bewerbungsverfahren, Informationen über Mitglieder der Fakultäten und deren jeweilige Forschungsschwerpunkte oder über unterschiedliche Veranstaltungen im Rahmen des Lehrprogramms. Spezielle Abteilungen, der Universitätssport oder andere Einrichtungen präsentieren sich ebenfalls im Internet und sind über die Homepage zu erreichen. Auch können Sie sich über momentane Lehrveranstaltungen informieren oder mit Ansprechpartnern per Email korrespondieren. Aktive Buttons auf dem Bildschirm öffnen Ihnen Türen zu Informationen jeglicher Art. Auf jeder aufgerufenen (geladenen) Seite befinden sich weitere Buttons, die Sie zu anderen, detaillierteren Dokumenten oder über Links zu Seiten mit verwandten Informationen führen. Verschiedene Institute der Universitäten, Forschungseinrichtungen oder Programme unterhalten ihre eigenen Homepages. Viele davon sind nicht lediglich von lokalem Interesse, sondern bieten Wissenschaftlern und anderen Nutzern in der ganzen Welt wichtige Fakten.

Man kann das Internet nutzen, um herauszufinden, welche Universität man besuchen möchte oder welche Berufsmöglichkeiten in verschiedenen Branchen offenstehen, man kann sich Informationen für das Verfassen einer Seminararbeit besorgen oder Ergebnisse der eigenen Forschung anderen Nutzern zur Verfügung stellen.

Diese Webliographie ist ein Verzeichnis einiger Seiten im World Wide Web, die wichtige Informationen zur Soziologie, hauptsächlich in Deutschland, bereithalten. Sie bietet Homepages, die zu Soziologieinstituten verschiedener Universitäten, zu Fachzeitschriften und Forschungseinrichtungen oder zu Berufsverbänden führen. Sie ist lediglich als kurze Einführung gedacht und Sie sollten dabei bedenken, dass täglich neue Seiten ins Netz gestellt werden und existierende ständig hinsichtlich neuer Informationen und neuer Links verbessert werden. Wir haben diese Webliographie entwickelt, um Ihnen den Einstieg in die Arbeit mit dem Internet zu erleichtern. Wenn Sie mehr über ein bestimmtes, der im Buch dargestellten soziologischen Themenfelder, wissen wollen, kann Ihnen das Internet sehr behilflich sein.

Eigentlich ist es unwichtig, wo man beginnt; das Internet lässt sich über viele Wege entdecken. Sie können auf einer Seite starten, die in dieser Webliographie angegeben ist, und ausprobieren, was von dort aus zu finden ist. Die meisten Seiten bieten nicht sofort Informationen an, sondern führen lediglich zu anderen Seiten. Einige beinhalten Links, beispielsweise zum Statistischen Bundesamt; dort wird eine große Bandbreite statistischer Informationen bereitgestellt.

Sie können aber auch Suchmaschinen benutzen, um das Netz zu entdecken. Wenn Sie den Begriff »Soziologie« in eine Suchmaschine eingeben, werden Sie eine riesige Anzahl von Seiten finden, die nicht zu überblicken sind. Deshalb ist diese Webliographie zum Einstieg nützlich. Wenn Sie allerdings nach einem spezielleren Thema suchen – beispielsweise nach Daten zur Reform des Wohlfahrtsstaates – kann eine Schlagwortsuche direkt zu relevanten Daten führen, zum Beispiel zur Homepage des Bundessozialministeriums oder des Bundesverbands der Deutschen Industrie; so können Sie widerstreitende Sichtweisen und Argumentationen aufspüren und vergleichen. Eine erfolgreiche Suche im Internet erfordert aufgrund der dort verfügbaren Datenmenge ein bisschen Übung. Zwar werden die Suchmaschinen ständig benutzerfreundlicher, trotzdem ist es wichtig zu wissen, wie die jeweiligen Suchdienste aufgebaut sind, um befriedigende Ergebnisse zu erzielen. Man kann drei Arten von Suchdiensten unterscheiden:

1. Hierarchisch gegliederte, manuell erstellte Kataloge (z.B. Yahoo). Dort werden Seiten bereitgehalten, die von einer Redaktion ausgewählt werden und über einen Schlagwortkatalog organisiert sind. Vorteilhaft daran ist, dass man keine Dokumente findet, in denen das Schlagwort nur zufällig enthalten ist.

2. Automatisiert erstellter Index: Diese Suchmaschinen durchsuchen ständig das Netz, strukturieren die Datenmengen und werten diese nach den relevanten Schlagwörtern aus. Hier kann man unter Umständen mehr Daten finden, muss aber geübt darin sein, Schlagworte zu präzisieren (siehe unten).

3. Spezielle Suchmaschinen: Hier werden die beiden ersten Suchprinzipien verbunden oder ein Schlagwort gleichzeitig an mehrere Suchmaschinen weitergegeben und zu einem Ergebnis zusammengefasst.

Schlagwörter kann man folgendermaßen spezifizieren:

- Mit »AND« oder + können mehrere Begriffe verbunden werden.
- »OR« bewirkt, dass je einer der beiden Begriffe im gesuchten Dokument vorhanden sein muss.
- »NOT« schließt das nachfolgende Wort aus.
- »NEAR« verknüpft zwei Schlagwörter so, dass diese im gesuchten Dokument nur in einem bestimmten Abstand (zwischen 10 und 200 Wörtern, je nach Suchmaschine) vorkommen dürfen.
- Eine Phrase als Schlagwort kann mit Anführungszeichen zusammengefasst werden.

Wenn Sie eine Homepage finden, die Ihnen für ihre Zwecke besonders nützlich und interessant erscheint, bieten die meisten Software-Produkte (wie z.B. Netscape) die Funktion, ein Lesezeichen (bookmark) zu setzen, so dass Sie die Seite leicht wiederfinden können. Wenn Sie sich beispielsweise für die sozioökonomischen Daten Deutschlands interessieren und deshalb immer wieder die Homepage des Statistischen Bundesamtes, des Bundesministeriums für Wirtschaft oder anderer Schlüsselbehörden einsehen wollen, führt Sie ein Lesezeichen immer wieder dorthin zurück. Interessieren Sie sich speziell für soziologische Theorie, sollten Sie sich Zugang zu den Seiten der jeweiligen Fachzeitschriften verschaffen. Dort kann man das Inhaltsverzeichnis nach publizierten Artikeln durchsuchen und mit anderen Soziologen, die ähnliche Interessen hegen, online diskutieren (chatten). Wenn Sie selbst einen Artikel schreiben wollen, können Sie herausfinden, nach welchen Regeln man diesen bei der Zeitschrift einreichen muss. Darüber hinaus finden sich Links zu anderen Seiten mit Informationen zu soziologischer Theorie.

Wenn Sie neue Verbindungen zwischen unterschiedlichen Themen herstellen möchten, können Sie allein oder mit anderen zusammen eine eigene Webpage einrichten. Viele Universitäten bieten ihren Studenten Beratung und Unterstützung, aber auch Speicherplatz auf den Servern der Universität für eine eigene Homepage an.

Zwar ersetzt das Internet nicht die konventionelle Bibliothek, ist aber eine sehr wichtige Ergänzung. Für viele Recherchezwecke ist es der effektivste Ausgangspunkt und manchmal sogar alles, was man braucht. Zum Schluss noch eine Warnung: Das Internet kann auch zu einer Sucht werden. Es zu nutzen, ist nicht nur informativ, sondern macht auch viel Spaß.

Ausgewähle Internetseiten zur Soziologie im World Wide Web

Da sich das Internet ständig verändert, können wir nicht garantieren, dass die hier aufgeführten Internetseiten immer noch in dieser Form existieren oder abrufbar sind.

Internetsuche

http://www.ubka.uni-karlsruhe.de/suchmaschinen/
http://www.metacrawler.com/customize/index.php
http://www.google.de
http://de.yahoo.com/

http://www.fireball.de/
http://www.altavista.com/

Internet-Ressourcen

Diese Seiten ermöglichen einen übersichtlichen Einstieg ins Internet und bieten Verbindungen zu verschiedenen Forschungsinstituten, zu Zeitschriften und Bibliotheken oder zu anderen Link-Sammlungen.
http://www.soziologie.de/links/index.htm
(Links der Deutschen Gesellschaft für Soziologie)
http://llek.de/english/thematic/sozial_e.htm
(Sozialwissenschaftliche Kataloge wissenschaftlicher Suchmaschinen)

Soziologie

Die Adressen der Universitäten Heidelberg und Köln bieten eine große Sammlung von Links. Die englischsprachige Startseite hält internationale Links zu sozialwissenschaftlichen Themen bereit.
http://www.soz.uni-heidelberg.de/internet.html
(Sozialwissenschaftliche Links der Universität Heidelberg)
http://infosoc.uni-koeln.de:80/sf/002.html
(Sozialwissenschaftliche Links der Universität Köln)
http://sosig.esrc.bris.ac.uk/welcome.html
(Social Science Information Gateway)
http://www.social-science-gesis.de/uebersicht.htm
(Gesellschaft Sozialwissenschaftlicher Infrastruktureinrichtungen)
http://www.social-science-gesis.de/Information/SOLIS/index.htm
(Datenbank SOLIS für sozialwissenschaftliche Literatur)
http://www.social-science-gesis.de/Information/FORIS/index.htm
(Datenbank FORIS zu sozialwissenschaftlichen Forschungsprojekten)

Berufsverbände und Organisationen

Diese Adressen führen zu Berufsorganisationen für Soziologinnen und Soziologen, in Deutschland zur Deutschen Gesellschaft für Soziologie und dem Berufsverband Deutscher Soziologen.
http://userpage.fu-berlin.de/~ifs/bds/bds.html
(Berufsverband Deutscher Soziologen)
http://www.soziologie.de/
(Deutsche Gesellschaft für Soziologie)
http://www.soz.uni-linz.ac.at/oegs/
(Österreichische Gesellschaft für Soziologie)
http://www-sagw.unine.ch/members/SGS/
(Schweizerische Gesellschaft für Soziologie)
http://www.ucm.es/info/isa/colmemb/fra.htm
(Französische Gesellschaft für Soziologie)
http://www.valt.helsinki.fi/esa/
(European Sociological Association)
http://www.britsoc.org.uk/
(British Sociological Association)
http://www.asanet.org/
(American Sociological Association)

Zeitschriften

Über diese Links sind einige der wichtigsten nationalen und internationalen soziologischen Fachzeitschriften zu erreichen. Mittlerweile existieren auch Zeitschriften, die nur im Netz abrufbar sind, so genannte E-Journals. Die letzten beiden Adressen führen zu solchen.

http://www2.hu-berlin.de/bjs/
(Berliner Journal für Soziologie)
http://www.uni-koeln.de/kzfss/
(Kölner Zeitschrift für Soziologie und Sozialpsychologie)
http://www.uni-bielefeld.de/soz/zfs/index.html
(Zeitschrift für Soziologie)
http://www.soz.univie.ac.at/os02g.htm
(Österreichische Zeitschrift für Soziologie)
http://uk.cambridge.org/journals/eur/eurifc.htm
(European Journal of Sociology)
http://www.journals.uchicago.edu/AJS/
(American Journal of Sociology)
http://www.pop.psu.edu/ASR/asr.htm
(American Sociological Review)
http://www.arts.ualberta.ca/cjscopy/
(Canadian Journal of Sociology)
http://www.irss.unc.edu/sf/
(Social Forces)
http://www.sociology.org/frametoc.html
(Electronic Journal of Sociology)
http://www.clas.ufl.edu/users/gthursby/socsci/ejournal.htm
(weitere Links zu elektronischen Zeitschriften)

Statistiken

Das Statistische Bundesamt vermittelt eine Vielzahl von statistischen Auswertungen online; für spezielle Auswertungen muss man allerdings bezahlen. GESIS, die Gesellschaft Sozialwissenschaftlicher Infrastruktureinrichtungen bietet verschiedene Dienstleistungen an.

http://www.statistik-bund.de/
(Statistisches Bundesamt)
http://www.gesis.org/zuma/
(Zentrum für Umfragen, Methoden und Analysen in Mannheim)
http://europa.eu.int/comm/eurostat/
(Statistisches Amt der Europäischen Gemeinschaft)
http://www.census.gov/
(United States Department of Commerce)
http://www.unu.edu/p&g/wgs/
(World Governance Survey)

Bibliotheken

Viele Bibliotheken unterhalten Kataloge im Netz. Unter der ersten Adresse finden Sie ein übersichtliches Verzeichnis. Über das Deutsche Bibliotheksinstitut in Berlin kann man ebenfalls zu verschiedenen Datenbanken gelangen und bundesweite Literaturrecherchen durchführen. Sehr viele weltweit erscheinende Titel sind in der *Library of Congress* in Washington gespeichert.

http://www.biblio.tu-bs.de/allegro/ac-dbs.htm
(Links zu deutschsprachigen Bibliotheken)
http://dbix01.dbi-berlin.de:6100/DBI/login.html
(Login-page des Deutschen Bibliothek Instituts, Sie müssen sich als »Guest« anmelden)
http://lcweb.loc.gov/z3950/gateway.html#lc
(OPAC der Library of Congress/Washington)
http://www.bl.uk/
(OPAC der British Library London)

Praktikum und Job

Das Internet bietet auch interessante Möglichkeiten, sich für ein Praktikum oder eine Stelle zu bewerben. Diese Adressen sind speziell für die Bedürfnisse der akademischen Arbeitswelt ausgelegt. Allerdings sind viele der Stellendatenbanken im Internet stark auf Tätigkeiten in Wirtschaftsunternehmen ausgerichtet. Trotzdem kann man sein Glück versuchen. Für Praktika empfiehlt es sich, die Homepage der jeweils ausgewählten Institution zu sichten. Häufig sind dort Praktikumsplätze ausgeschrieben.

http://www.alma-mater.de/
http://www.soziologie.de/stellenmarkt/index.htm

Weitere nützliche Links

http://www.pscw.uva.nl/sociosite/
(Sociosite Amsterdam; sehr umfangreiche Linksammlung zu sozialwissenschaftlichen Datenbanken, Instituten, Bibliotheken etc.)
http://www2.widener.edu/Wolfgram-Memorial-Library/webevaluation/webeval.htm
(Diese Seite enthält Kriterien, anhand derer man die Qualität von Internetseiten beurteilen kann.)
http://www.soz.uni-heidelberg.de/dbases.htm
(Hier sind nochmals Adressen wichtiger Datenbanken verzeichnet.)

Bildnachweise

Autorenverzeichnis

Bernhard Badura, geb. 1943, studierte Soziologie, Philosophie und Politikwissenschaften in Tübingen, Freiburg, Konstanz und Harvard/Mass. Er lehrt an der Fakultät für Gesundheitswissenschaften der Universität Bielefeld. Er ist Leiter der Arbeitsgruppe Sozialepidemiologie und Gesundheitssystemgestaltung, Sprecher des Nordrhein-Westfälischen Forschungsverbunds Public Health und Vorstandsvorsitzender der Deutschen Gesellschaft für Public Health.

Peter A. Berger ist seit 1994 Professor für Allgemeine Soziologie – Makrosoziologie an der Universität Rostock. Nach wissenschaftlicher Tätigkeit an den Universitäten Bamberg und München promovierte er 1985 und habilitierte 1994 an der Universität München. Seit 1995 ist der Sprecher der Sektion »Soziale Ungleichheit und Sozialstrukturanalyse« in der DGS.

Karl-Werner Brand, geb. 1944, ist Professor für Soziologie an der TU München sowie Leiter des Bereichs »Umwelt und Gesellschaft« an der Münchner Projektgruppe für Sozialforschung e.V. (MPS). Seine Forschungsschwerpunkte waren: »Neue soziale Bewegungen« im internationalen und historischen Vergleich, Wahl- und Politische Kulturforschung; Sozialwissenschaftliche Umweltforschung und nachhaltige Entwicklung. Zusammen mit Ulrich Beck Begründer und langjähriger Sprecher der Sektion »Soziologie und Ökologie« der DGS.

Craig Calhoun ist Professor für Soziologie an der New York University und Präsident des Social Science Research Counil.

Georg Elwert, geb. 1947, studierte Ethnologie und Soziologie in Mainz und Heidelberg. 1973 promovierte er dort mit einer Arbeit zum Sklavenraub als Wirtschaftsform. 1980 Habilitation mit einer Arbeit zu Bauern und Staat in einer westafrikanischen Gesellschaft in Soziologie und Sozialanthropologie an der Universität Bielefeld. Mehrere Feldforschungen in Westafrika, vor allem in Bénin, der Türkei und Usbekistan. Er lehrt Ethnologie und Soziologie an der Freien Universität Berlin.

Hans-Dieter Evers ist Senior Fellow am Zentrum für Entwicklungsforschung (ZEF) der Universität Bonn und lehrt an der Abteilung für Südostasien-Wissenschaft der Universität Bonn. Er war von 1974-2001 Professor für Entwicklungsplanung und Entwicklungspolitik an der Universität Bielefeld und leitete dort den Forschungsschwerpunkt Entwicklungssoziologie.

Günter Feuerstein arbeitet seit 1997 in der Forschungsgruppe Technologiefolgenabschätzung der modernen Medizin am Forschungsschwerpunkt Biotechnik, Gesellschaft und Umwelt der Universität Hamburg. Er ist Privatdozent an der Fakultät für Gesundheitswissenschaften der Universität Bielefeld. Frühere Stationen der wissenschaftlichen Arbeit waren die Technische Universität Berlin, das Institut für Zukunftsstudien und Technologiebewertung, das Wissenschaftszentrum Berlin und die Universität Bielefeld.

Dieter Geulen, geb. 1938, studierte Soziologie, Psychologie und Philosophie in Freiburg, München und Berlin. Seit 1964 Diplom-Soziologe, 1975 Promotion im Fach Psychologie. Seit 1980 ist er Professor für Allgemeine Erziehungswissenschaft an der Freien Universität Berlin.

Hartmut Häußermann, geb. 1943, studierte Soziologie, Politik und Volkswirtschaft an der Freien Universität Berlin. Von 1970 bis 1976 arbeitete er als Wissenschaftlicher Assistent am Institut für Soziologie der Freien Universität Berlin. Danach Lehrtätigkeit an der Universität (Gesamthochschule) Kassel und an der Universität Bremen. Seit 1993 ist er Professor für Stadt- und Regionalsoziologie an der Humboldt-Universität zu Berlin.

Walter R. Heinz studierte Soziologie an der Universität München, der University of California, Berkeley und der Harvard University. Er promovierte 1969 an der Universität Regensburg. Seit 1972 ist er Professor der Soziologie und Sozialpsychologie an der Universität Bremen und seit 1988 Sprecher des *Sfb 186 Statuspassagen und Risikolagen im Lebenslauf.*

Hans Joas, geb. 1948, studierte Soziologie in München und an der Freien Universität Berlin, wo er 1979 promovierte und sich 1981 habilitierte. Er ist Leiter des Max-Weber-Kollegs für kultur- und sozialwissenschaftliche Studien an der Universität Erfurt und Professor für Soziologie an der University of Chicago. Seine Arbeitsschwerpunkte liegen in der soziologischen Theorie und Sozialphilosophie, der Soziologie Nordamerikas, der Soziologie des Krieges sowie der Religionssoziologie.

Gero Lenhardt, geb. 1940, Dr. und Diplom-Soziologe, ist wissenschaftlicher Mitarbeiter am Max-Planck-Institut für Bildungsforschung in Berlin. Daneben lehrte er als Gastdozent unter anderem an der Stanford University, an der Universität von Tel Aviv und an der Universität Tartu/Estland. Er veröffentlichte zahlreiche Publikationen zu den Themen Bildung, Nationsbildung und Weltgesellschaft.

Michael Lindenberg, geb. 1954, Prof. Dr. phil, Diplom-Kriminologe, Diplom-Sozialarbeiter, zehnjährige Tätigkeit in der Strafjustiz als Sozialarbeiter, wissenschaftlicher Mitarbeiter am Aufbau- und Kontaktstudium Kriminologie der Universität Hamburg, leitender Mitarbeiter in der Jugendhilfe, seit 1998 Professor für Organisationsformen Sozialer Arbeit an der Evangelischen Fachhochschule des Rauhen Hauses in Hamburg.

Rainer Münz, geb. 1954, Promotion 1978, Habilitation 1986 an der Universität Wien, bis 1992 Direktor des Instituts für Demographie der Österreichischen Akademie der Wissenschaften, seit 1992 Professor für Bevölkerungswissenschaft an der Humboldt-Universität zu Berlin. Regelmäßige Lehrtätigkeit an der Universität Wien. Gastprofessor und Gastdozent an den Universitäten Bamberg, Berkeley, Frankfurt/M., Klagenfurt und Zürich. Einschlägige Forschungen und Publikationen zu Fragen von Migration und Bevölkerungsentwicklung, Familien- und Sozialpolitik sowie zu Sprachgruppen- und Minderheitenfragen.

Rosemarie Nave-Herz, geb. 1935, Studium der Soziologie, Wirtschaftswissenschaften und Germanistik an der Universität zu Köln, 1963 Promotion, 1965 bis 1967 wissenschaftliche Mitarbeiterin am Max-Planck-Institut für Bildungsforschung, Berlin, 1967 bis 1971 Hochschuldozentin, 1971 bis 1974 Lehrstuhl für Soziologe an der Universität zu Köln, seit 1974 Professur für Soziologie an der Carl-von-Ossietzky Universität Oldenburg.

Friedhelm Neidhardt, geb. 1934, Studium und Promotion in Volkswirtschaftslehre und Soziologie. Seit 1968 Professuren für Soziologie in Hamburg, Tübingen, Köln und an der Freien Universität Berlin. Seit 1988 Direktor am Wissenschaftszentrum Berlin für Sozialforschung. Von 1994-2000 war er Präsident des WZB. Seit 1993 Mitglied der Berlin-Brandenburgischen Akademie der Wissenschaften und Ehrenmitglied der Humboldt-Universität. Veröffentlichungen unter anderem über Familie und Jugend, Gewalt und Terrorismus, soziale Bewegungen, Öffentlichkeit, Wissenschaft.

Gertrud Nunner-Winkler, geb. 1941, studierte Soziologie an den Universitäten München, Hull (Großbritannien), der Freien Universität Berlin und an der University of Chicago. 1970 promovierte sie an der FU Berlin. 1979 folgte die Habilitation an der Universität Bielefeld. Seit 1981 arbeitet sie am Max-Planck-Instiut für Psychologische Forschung über Identitätsprobleme, die Entwicklung moralischer Motivation, die These geschlechtsspezifischer Ethiken und über den Wandel in den Moralvorstellungen. Seit 1991 ist Gertrud Nunner-Winkler Privatdozentin an der Universität München.

Claus Offe, geb. 1940, studierte Soziologie, Volkswirtschaftslehre und Philosophie in Köln und Berlin. Von 1965 bis 1969 war er Assistent am Soziologischen Seminar der Universität Frankfurt, wo er 1968 promovierte. 1973 folgte die Habilitation für Politikwissenschaft an der Universität Konstanz. Seit 1995 Professor für Politikwissenschaft an der Humboldt-Universität zu Berlin. Zuvor lehrte er an den Universitäten Bielefeld und Bremen sowie als Gastprofessor in den USA, den Niederlanden, Kanada und Australien.

Corinna Onnen-Isemann, geb. 1962, Studium der Sozialwissenschaften an der Carl-von-Ossietzky Universität Oldenburg. 1992 Promotion, Lehrbeauftragte an den Universitäten Magdeburg, Vechta und Oldenburg für allgemeine Soziologie, Familien- und Jugendsoziologie, Statistik und Empirie, Habilitation 1999, Mitheraus-

geberin der Zeitschrift für Deutsches und Europäisches Familienrecht (DeuFamR). Vertretungsprofessorin in Berlin (HU) und Erlangen-Nürnberg.

Detlef Pollack, geb. 1955, in Weimar, Studium der Theologie und Religionswissenschaften in Leipzig. 1984 Promotion mit einer Arbeit zur Religionstheorie Niklas Luhmanns. 1994 Habilitation im Fach Soziologie an der Universität Bielefeld. Seit 1995 Professor für vergleichende Kultursoziologie an der Europa-Universität Viadrina in Frankfurt/Oder. 1994-1998 Sprecher der Sektion Religionssoziologie in der Deutschen Gesellschaft für Soziologie, 1996/97 Fellow am Wissenschaftskolleg zu Berlin.

Karl-Siegbert Rehberg, geb. 1943, ist Inhaber des Lehrstuhls für Soziologische Theorie, Theoriegeschichte und Kultursoziologie an der Technischen Universität Dresden. 1991-1994 Sprecher der Sektion »Kultursoziologie« der Deutschen Gesellschaft für Soziologie (DGS), seit 1997 Mitglied des Vorstands der DGS sowie Vorstandsmitglied im Dresdner DFG-Sonderforschungsbereiches 537 »*Institutionalität und Geschichtlichkeit*«; Mitglied des Europäischen Graduiertenkollegs (mit der École Pratique des Hautes Études in Paris) »*Institutionelle Ordnungen, Schrift und Symbole*; Gastprofessor an der Università degli Studi di Trento (2000-2003), in Rom (1986, 2001) und in Leiden (1992). Herausgeber der Arnold-Gehlen-Gesamtausgabe.

Fritz Reusswig, geb. 1958, Dr. phil., Diplom-Soziologe, Wissenschaftlicher Mitarbeiter am Potsdam-Institut für Klimafolgenforschung (PIK), Abteilung Globaler Wandel & Soziale Systeme. Erster Sprecher der Sektion »Soziologie und Ökologie« der DGS. Schwerpunkte derzeit sind soziologische Fragen globaler Umweltveränderungen, globale Lebensstildynamik, Nachhaltigkeit und Umweltkommunikation sowie wissenschaftstheoretische und -soziologische Fragen der Erdsystemanalyse.

Dieter Rucht, geb. 1946, ist Professor für Soziologie am Wissenschaftszentrum Berlin für Sozialforschung. Studium in München, Lehr- bzw. Forschungstätigkeit in München, Berlin, Paris, Cambridge (USA), Ann Arbor (USA) und Canterbury (England). Forschungsschwerpunkte: Politische Soziologie, Partizipation, soziale Bewegungen und soziale Konflikte, Protest.

Fritz Sack, geb. 1931, Professor em. für Soziologie und Kriminologie, 1970 Habilitation an der Universität Köln, von 1970 bis 1974 Professor für Soziologie an der Universität Regensburg, danach Professur für abweichendes Verhalten und soziale Kontrolle an der Universität Hannover. Von 1984 bis 1996 Inhaber des Lehrstuhls für Kriminologie am Aufbau- und Kontaktstudium Kriminologie Universität Hamburg.

Uwe Schimank, geb. 1955, studierte Soziologie in Bielefeld. Nach seiner Promotion war er bis 1996 Mitarbeiter am Max-Planck-Institut für Gesellschaftsforschung in Köln. Seit 1996 ist er Professor an der FernUniversität Hagen mit den Arbeitsschwerpunkten soziologische Akteur- und Systemtheorien, Gesellschaftstheorie, Wissenschafts-, Sport- und Organisationssoziologie.

Ralf E. Ulrich, geb. 1954, arbeitete u.a. am Institut Ökonomik der Entwicklungsländer in Berlin (Promotion 1982, Habilitation 1989), am Wissenschaftszentrum Berlin, der Gesamthochschule-Universität Paderborn, der Humboldt Universität Berlin sowie als Berater in verschiedenen Entwicklungsländern. Anfang 2000 gründete Ralf E. Ulrich die Eridion GmbH, deren Geschäftsführer er ist.

Helmut Voelzkow, geb. 1957, Studium der Soziologie an der Universität Bielefeld. 1989 Promotion an der Gesamthochschule Paderborn. Bis 1995 wissenschaftlicher Assistent an der Fakultät für Sozialwissenschaft der Ruhr-Universität Bochum. Dort 1995 Habilitation und anschließende Tätigkeit als Hochschuldozent. Seit 1996 ist er Forschungsgruppenleiter am Max-Planck-Institut für Gesellschaftsforschung.

Ansgar Weymann, geb. 1945, ist Professor für Soziologie an der Universität Bremen, Vorstandsmitglied des *Sfb 186 Statuspassagen und Risikolagen im Lebenslauf* sowie Leiter des Instituts für Empirische und Angewandte Soziologie (EMPAS). Er war Fellow des Netherlands Institute for Advanced Study (NIAS) und German and European Chair am Munk Center for International Studies der Universität Toronto. Seine Arbeitsschwerpunkte sind Soziologische Theorie und Gesellschaftstheorie, Bildungsforschung, Beruf und Arbeitsmarkt, Lebenslaufforschung.

Glossarregister

Sachregister

Mitunter kommt es vor, dass in diesem Verzeichnis Sachbegriffe aufgeführt werden, die auch im Glossarregister vermerkt sind. Auf die auch im Glossar verzeichneten Begriffe wird hier nicht nochmals verwiesen. *Kursiv* gedruckte Begriffe und Wortansammlungen bezeichnen im Text besprochene Filme, Buchtitel oder Zeitungs- und Zeitschriftenangaben; **fett** gedruckte Zahlen verweisen auf Sachwörter und Begriffe in Tabellen, Kästen oder (Schau-)Bildern; = verweist auf einen synonymen Ausdruck; *siehe...* oder *siehe auch...* bezieht sich auf einen Querverweis im Register selbst und → verweist auf ein durch ein eigenes Kapitel oder Unterkapitel ausgewiesenes Stichwort, das im Zusammenhang mit dem verzeichneten Begriff steht. Der Norm moderner Lexika folgend, wurden diakritische Zeichen (ä, ç, é, ï etc.) bei der Alphabetisierung nicht berücksichtigt, ß wie ss behandelt. Zitate sind als solche kenntlich gemacht. Sozialstrukturelle und demographische Angaben sind in der Regel auch noch einmal länderspezifisch geordnet.

Personenregister

Personen, auf die im Text lediglich als Quelle verwiesen wird, wurden mit einem * hinter der Seitenzahl versehen. **Fett** gedruckte Zahlen verweisen auf Personen in Tabellen, Kästen oder (Schau-)Bildern; Namen, die in der jeweiligen Kapitel-Zusammenfassung wiederholt werden, wurden nicht berücksichtigt. Diakritische Zeichen (ä, ç, é, ï etc.) wurden bei der Alphabetisierung wie gewöhnliche Buchstaben, ß wie ss, behandelt.